なぜ弁護士は訴えられるのか

―判例からみた現代社会と弁護士の法的責任―

中央大学法科大学院教授
弁護士　升田　純　著

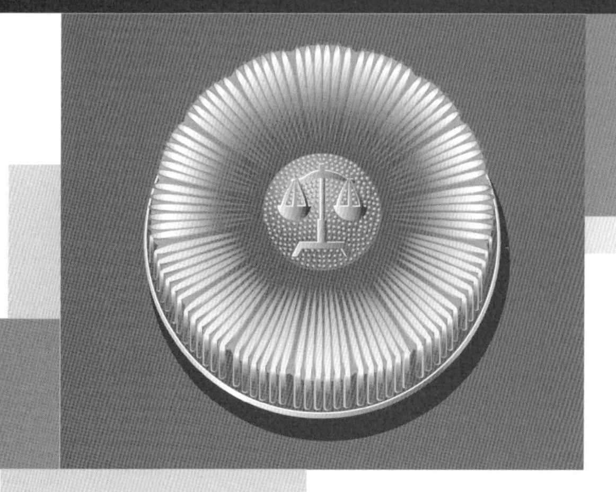

発行　民事法研究会

はじめに

本書は、戦後における弁護士の法的な責任が主として問題になった判例、裁判例を紹介したものであり、判例時報の2185号から2237号までの連載を基に整理、加筆したものである。

筆者がそもそも弁護士の法的な責任（主として民事上の責任を対象としている）をめぐる裁判例等を収集し、紹介しようと思い立ったのは、弁護士になって間もなく、ある講演会で講演した際、先輩の弁護士と弁護過誤の状況が話題になり、過去の裁判例等を網羅的に紹介した文献がないとの指摘を受けたことがきっかけである。当時、筆者は、判例時報において「現代型取引をめぐる裁判例」の連載を行うことを企画していたところであり、以来、この連載の中で取り上げることも念頭に裁判例等の収集、検討を行ってきた。

また、筆者は、裁判官の時期から担当事件等を介して弁護士の言動、責任を興味をもって観察したり、弁護士の登録をした後は、自ら弁護士の倫理、法的な責任のリスクを身をもって認識したりしていたが、聖心女子大学の教授から現職に転職し、実際に弁護士等を目指す学生に民事関係の教科を教え、弁護士の活動、役割により関心をもつようになり、弁護士の実像をより広く見聞する機会が増えるとともに、より深い分析をすることができるようになった。

筆者の認識、分析の内容は、本書を読んでいただきたいが、一口で言えば、①躊躇することなく問題を生じさせうる言動を行う弁護士もいるし、細心の注意を払ってリスクを回避する言動を行う弁護士もいること、②弁護士が激増し（法科大学院の修了生が弁護士に登録し始めてから、全国においても、各地域の弁護士会においても活動する弁護士数は約２倍に増加しているところであり、様々な側面で弁護士の過渡期を迎えている）、経験の浅い弁護士の中には十分な現場教育、リスク回避の実務教育を受ける機会が少ない弁護士が増加していること、③弁護士の活動において主観的に不正・不当と正当の境界が動揺し、曖昧になっていること、④依頼者等が弁護士に対してクレームを付ける事例が増加していること、⑤クレームの中には、懲戒請求、損害賠償等を請求する訴訟の提起もあり、深刻化する事例が増加していること、⑥弁護士の法的な責任を肯定する裁判例が増加していること、⑦裁判例上、弁護士の法的な義務が拡大し、法的な責任が拡大していることを指摘することができる。弁護士の法的な責任を分析する場合、弁護士と同様に歴史のある高度の専門職である医師の法的な責任との違いが参考になるが、従来の裁判例においては、この数十年の間、医師の法的な責任が厳格化されてきたのに対し、弁護士の法的な責任は比較的緩いか、一部に厳格に判断する裁判例がみられてきたと評価することができ、近年は、従来と比べると、厳格化されつつあるということができる。

本書は、弁護士の法的な責任をめぐる裁判例と法理を、「第１部　現代社会と弁護士をめぐる概況」、「第２部　弁護士の責任をめぐる裁判例」と題して紹介しているが、これは、本書が、本書を手に取る弁護士諸氏の視点のみから執筆したものではなく、これとともに弁護士に事件を依頼し、相談する依頼者、あるいは事件の関係者の視点も踏まえて作成したことによるものである。筆者の弁護士としての業務において、弁護士の実像がわからない、どのような弁護士に事件を依頼してよいかわからない、弁護士はどのような責任をとってくれるのかなどとの声を聞くことがあったが、実際上、筆者自身もわからないのである。本書は、このような視点から、過去の弁護士の法的な責任をめぐる裁判例の事案の特徴と判断基準、判決の結論等と弁護士の業務の実情を分析し、紹介することによって弁護士だけでなく、弁護士に関わる方々にも参考に供しようとしたものである。もっとも、本書で紹介する弁護士の実情・実像は弁護士全体の活動状況からみると、その一部にすぎないが、一部であっても読者諸氏に参考になる内容・程度のものは紹介することができたとも考えている。

現在も弁護士の法的な責任を追及するクレームが付けられ、訴訟が提起され、裁判例として公表されているものもある。事件の内容も従来みられなかった類型のものも登場しているし、従来型の類型の事件を含め事件の内容が変化することも不可避である。弁護士をめぐる法的な責任の状況については、訴訟等における将来の動向が注目されるが、今後、弁護士の法的な責任、その判断基準が緩和される事情はみられず、逆に厳格化の方向に進行し、医師等のような高度な専門職の法的な責任の程度に厳格化されるものと予想される。筆者の認識では、弁護士は相当なリスクを伴う専門職であり、そのリスクが現実化する可能性が高まっているだけでなく、法的な責任が肯定される可能性も高まっている。弁護士と依頼者、その関係者、事件の相手方、その代理人である弁護士との関係も従来と比べて変化しており、特に依頼者との関係は大きく変化しつつあるのが現代社会である。本書が現代社会において弁護士の法的な責任に関心をもつ様々な立場にある読者諸氏にとって少しでも参考になり、また、弁護士諸氏にとっては転ばぬ先の杖にでもなれば、本書執筆の意義もある。

なお、本書の執筆にあたっては、民事法研究会の田口信義・松下寿美子両氏に大変お世話になったものであり、この機会に感謝申し上げる。

平成28年10月吉日

升田　純

『なぜ弁護士は訴えられるのか』

目 次

第2部 弁護士の責任をめぐる裁判例

第1章 昭和年代の裁判例 ……114

1 昭和40年代の裁判例

判決1 債権回収につき委任契約上の債務不履行を認めた事例〔東京地判昭和40・4・17判タ178号150頁〕……114
判決2 訴訟活動上の名誉毀損を認めた事例〔千葉地館山支判昭和43・1・25判時529号65頁〕……116
判決3 控訴につき不法行為を認めた事例〔東京地判昭和46・6・29判時645号89頁〕……118
判決4 仮差押えの執行につき不法行為を認めなかった事例〔東京地判昭和49・3・13判時747号75頁〕……122
判決5 債権の回収につき委任契約上の債務不履行を認めた事例〔東京地判昭和49・3・25判時753号36頁〕……123
判決6 訴訟の追行につき委任契約上の債務不履行を認めた事例〔東京地判昭和49・8・28判時760号76頁〕……125
判決7 控訴につき不法行為を認めた事例〔東京地判昭和49・12・19判時779号89頁〕……126

2 昭和50年代の裁判例

判決1 訴訟の追行等につき債務不履行を認めた事例〔東京地判昭和52・9・28判時886号71頁〕……130
判決2 訴訟の追行につき債務不履行を認めた事例〔東京地判昭和54・5・30判タ394号93頁〕……131
判決3 訴訟の追行につき、損害との因果関係を否定し、不法行為を認めなかった事例〔東京地判昭和54・11・13判時657号63頁、

判タ409号126頁〕……133
判決4 法律相談に係る債務不履行、不法行為を認めなかった事例〔東京地判昭和57・5・10判時1064号69頁、判タ485号128頁〕……135
判決5 仮処分の申請の説明につき職務違反を認めなかった事例〔高知地判昭和58・4・14判タ530号208頁〕……139
判決6 債権の回収につき債務不履行を認めなかった事例〔大阪地判昭和58・9・26判時1138号106頁、判タ533号185頁〕……141

3 昭和60年代の裁判例

判決1 控訴につき、損害との因果関係を否定し、債務不履行等を認めなかった事例〔横浜地判昭和60・1・23判時1181号119頁、判タ552号187頁〕……146
判決2 競売につき債務不履行を認めなかった事例〔京都地判昭和60・2・28判時1166号127頁、判タ554号270頁〕……149
判決3 不動産取引の立会いにつき不法行為を認めなかった事例〔東京地判昭和60・9・25判タ599号43頁〕……151
判決4 遺言書作成、遺言執行につき債務不履行を認めた事例〔東京地判昭和61・1・28判タ623号129頁〕……154
判決5 不動産取引につき不法行為を認めた事例〔東京地判昭和62・10・15判タ658号149頁〕……157

第2章 平成年代の裁判例……160

1 依頼者との関係における弁護過誤をめぐる裁判例

判決1 和解をした弁護士の過誤を認めなかった事例〔東京地判平成２・３・２判時1364号60頁〕……160
判決2 和解をした弁護士の債務不履行責任を認めなかった事例〔千葉地松戸支判平成２・８・23判タ784号231頁〕……162
判決3 債権回収のための訴訟提起を受任した弁護士の債務不履行責任を認めなかった事例〔福岡地判平成２・11・９判時1379

号119頁〕……………………………………………………………… 165
判決4 損害賠償請求を受任した弁護士の不法行為責任を認めなかった事例〔東京地判平成2・12・20判タ758号209頁〕……………… 169
判決5 債務整理を受任した弁護士の不法行為責任を認めた事例〔東京地判平成4・1・31判時1435号75頁〕…………………………… 171
判決6 訴訟追行を受任した弁護士の債務不履行責任を認めた事例〔東京地判平成4・4・28判時1469号106頁、判タ811号156頁〕……………………………………………………………………………… 175
判決7 法律相談、仮処分申請を受任した弁護士の債務不履行責任等を認めた事例〔大阪地判平成5・9・27判時1484号96頁、判タ831号138頁〕………………………………………………………… 179
判決8 訴訟上の和解をした弁護士の債務不履行責任を認めなかった事例〔東京地判平成6・8・25判タ894号216頁〕………………… 187
判決9 上告を受任した弁護士の債務不履行責任を認めた事例〔東京地判平成6・11・21判タ881号191頁〕………………………………… 188
判決10 訴訟上の和解をした弁護士の債務不履行責任を認めた事例〔東京地判平成7・2・22判時1554号85頁、判タ905号197頁〕… 191
判決11 法律相談で助言をした弁護士の債務不履行責任を認めた事例〔広島地判平成7・7・17判時1564号98頁、判タ895号153頁〕… 193
判決12 訴訟提起を受任した弁護士の注意義務違反を認めたものの、損害の発生を否定し、債務不履行責任等を認めなかった事例〔東京地判平成7・8・25判タ911号125頁〕……………………… 198
判決13 建物の賃借人から明渡請求事件を受任した弁護士の事務処理、訴訟上の和解に係る債務不履行責任を認めた事例〔東京地判平成8・4・15判時1583号75頁〕………………………………… 200
判決14 損害の発生を否定し、弁護士の債務不履行を認めなかった事例〔千葉地判平成8・6・17判時1620号111頁〕…………………… 202
判決15 上告を受任した弁護士の債務不履行責任を認めた事例〔千葉地判平成9・2・24判タ960号192頁〕………………………………… 206
判決16 裁判上の和解をした弁護士の債務不履行責任等を認めなかっ

た事例〔東京地判平成10・２・５判タ1008号178頁〕……………211
判決17　弁護士の委任事務処理上の受取金の返還拒否につき不法行為責任を認めた事例〔大阪地判平成10・２・27判時1660号86頁〕……………212
判決18　訴訟追行を受任した弁護士の債務不履行責任を認めなかった事例〔東京地判平成10・３・18判タ1013号170頁〕……………215
判決19　株券の信託を受任した弁護士の債務不履行責任を認めた事例〔東京地判平成10・３・18判タ1029号288頁〕……………217
判決20　弁護士の依頼者による委任契約解除後の原状回復責任を認めた事例〔東京地判平成10・11・13判タ1039号157頁〕……………219
判決21　刑事事件の国選弁護人を受任した弁護士の不法行為責任を認めなかった事例〔東京地判平成11・１・26判タ1041号220頁〕…221
判決22　上告を受任した弁護士の債務不履行責任を認めた事例〔大阪地判平成11・２・15判時1688号148頁〕……………223
判決23　訴訟追行、相続放棄の申述を受任した弁護士の債務不履行責任を認めた事例〔福岡高判平成11・８・10判時1714号87頁〕…‥226
判決24　訴訟で請求された権利と異なる、関連する権利につき弁護士の和解権限を認めた事例〔最二小判平成12・３・24民集54巻３号1126頁、判時1708号110頁、判タ1027号101頁〕……………230
判決25　相続問題の処理を受任した弁護士の債務不履行責任を認めた事例〔高松地判平成12・７・14判時1769号79頁〕……………231
判決26　相続問題の処理を受任した弁護士の債務不履行責任を認めた事例〔高松高判平成12・12・14判時1769号76頁〕……………234
判決27　債権回収を受任した弁護士の債務不履行責任を認めなかった事例〔東京地判平成12・12・26判タ1069号286頁〕……………235
判決28　債権回収を受任した弁護士の債務不履行責任を認めた事例〔大阪地判平成13・１・26判時1751号116頁〕……………238
判決29　遺産分割を受任した弁護士の債務不履行責任を認めなかった事例〔東京地判平成14・１・28判タ1107号233頁、金判1158号45頁〕……………242

判決30　遺産をめぐる紛争に関与した弁護士の債務不履行責任を認めなかった事例〔東京地判平成15・12・1判タ1153号161頁〕……245
判決31　債務処理等を受任した弁護士の債務不履行責任を認めなかった事例〔東京地判平成16・4・27判タ1187号241頁〕……247
判決32　債務整理を受任した弁護士の債務不履行責任を認めた事例〔東京地判平成16・7・9判時1878号103頁〕……250
判決33　事故調査、損害賠償請求を受任した弁護士の債務不履行責任を認めた事例〔東京地判平成16・10・27判時1891号80頁、判タ1211号113頁〕……253
判決34　訴訟追行を受任した弁護士の債務不履行責任を認め、依頼者の弁護士に対する不法行為責任を認めた事例〔東京地判平成17・3・23判時1912号30頁〕……255
判決35　刑事事件を受任した弁護士の債務不履行責任等を認めなかった事例〔大阪地判平成17・10・14判時1930号122頁〕……260
判決36　会社と取締役間に紛争が生じている状況において、取締役の質問に応じた弁護士の会社に対する不法行為責任を認めなかった事例〔東京地判平成17・11・14判タ1203号201頁〕……262
判決37　預り金の支出、精算に係る弁護士の債務不履行責任等を認めず、預り金の一部返還拒否に係る弁護士の不法行為責任を認めた事例〔東京地判平成18・11・21判タ1246号210頁〕……264
判決38　訴訟追行を受任したボス弁、イソ弁の義務違反を認めたものの、損害の発生を否定し、債務不履行責任を認めなかった事例〔大阪地判平成18・12・8判時1972号103頁〕……267
判決39　訴訟追行を受任した弁護士が違法に入手された可能性の高い証拠を提出したことによる債務不履行責任を認めた事例〔福岡地判平成19・3・1判タ1256号132頁〕……272
判決40　顧問先から補助金の保管を受任した弁護士の債務不履行責任を認めた事例〔大阪地判平成20・5・14判タ1287号185頁〕……274

判決41 弁護士の報酬に関する説明義務違反を認めなかったが、報酬合意の公序良俗違反による一部無効を認めた事例〔東京地判平成20・6・19判タ1314号256頁〕……277
判決42 訴訟追行を受任した弁護士の提起遅延の債務不履行責任を認め、事務処理内容の債務不履行責任等を認めなかった事例〔東京地判平成21・3・25判タ1307号174頁〕……278
判決43 債務整理を受任した弁護士の受任時の説明義務違反を認めなかったが、辞任時の説明義務違反を認めた事例〔鹿児島地名瀬支判平成21・10・30判時2059号86頁〕……282
判決44 第三者の紹介により訴訟追行を受任した弁護士が解任された後、紹介者に解任の事情を説明したことによる守秘義務違反の不法行為責任を認めた事例〔大阪地判平成21・12・4判時2105号44頁〕……285
判決45 債権回収を共同受任した弁護士の回収方法の選択に関する債務不履行責任を認めなかった事例〔東京地判平成22・1・27判タ1328号126頁〕……288
判決46 債務整理を受任した弁護士の事務処理内容の説明義務違反を認めた事例〔鹿児島地名瀬支判平成22・3・23判時2075号79頁〕……292
判決47 第三者の紹介により訴訟追行を受任した弁護士が解任された後、紹介者に解任の事情を説明したことによる守秘義務違反の不法行為責任を認めた事例〔大阪高判平成22・5・28判時2131号66頁〕……295
判決48 刑事事件を受任した弁護士の債務不履行責任を認めた事例〔東京地判平成22・12・17判タ1355号169頁〕……296
判決49 債務整理を受任した弁護士の説明義務違反を認めなかった事例〔福岡高宮崎支判平成22・12・22判時2100号50頁〕……300
判決50 債務整理を受任した弁護士の事務処理内容の説明義務違反を認めなかった事例〔福岡高宮崎支判平成22・12・22判時2100号58頁〕……302

判決51　債務整理を受任した弁護士法人・弁護士の辞任につき債務不履行にあたるが、損害の発生がないとし、責任を認めず、書面の送付につき名誉毀損の不法行為責任を認めなかった事例〔東京地立川支判平成23・４・25判時2117号28頁〕……305
判決52　債務整理を受任した弁護士の事務処理上のリスクに関する説明義務違反を認めた事例〔鹿児島地名瀬支判平成23・８・18金判1418号21頁〕……308
判決53　債務整理を受任した弁護士の事務処理上のリスクに関する説明義務違反を認めなかった事例〔福岡高宮崎支判平成23・12・21金判1418号17頁〕……312
判決54　遺言に係る訴訟追行を受任した弁護士の遺産調査義務違反、和解案の説明義務違反を認めなかった事例〔東京地判平成24・２・10判タ1404号156頁〕……314
判決55　保険金の請求を受任した弁護士の債務不履行責任を認めなかった事例〔大阪地判平成24・９・13判時2174号120頁〕……317
判決56　相続問題、債務整理を受任した弁護士の債務整理、不動産の売却に係る債務不履行責任を認めた事例〔東京地判平成24・11・27判時2188号66頁〕……319
判決57　債権回収を受任した弁護士の債務不履行責任を認めなかった事例〔東京地判平成25・３・28判時2238号32頁〕……322
判決58　債務整理を受任した弁護士の事務処理上のリスクに関する説明義務違反を認めた事例〔最三小判平成25・４・16民集67巻４号1049頁、判時2199号17頁〕……324
判決59　債務整理を受任した弁護士の債務不履行責任等を認めなかった事例〔東京地判平成25・６・18判時2203号78頁〕……326
判決60　債務整理を受任した弁護士の事務処理上のリスクに関する説明義務違反を認めた事例〔福岡高判平成25・10・３判時2210号60頁〕……328
判決61　債権回収を受任した弁護士の債務不履行責任を認めなかった事例〔東京高判平成25・12・16判時2238号19頁〕……330

2 依頼者以外の者との関係における弁護過誤をめぐる裁判例

判決1 事件を受任し、報酬を受領した弁護士に対する依頼者の債権者による詐害行為取消権の行使を認めなかった事例〔東京高判平成2・8・29判時1364号38頁〕……333

判決2 請求異議訴訟の追行を受任した弁護士の訴訟追行等に係る不法行為責任を認めなかった事例〔京都地判平成3・4・23判タ760号284頁〕……334

判決3 請求異議訴訟の追行を受任した弁護士の訴訟追行等に係る不法行為責任を認めなかった事例〔大阪高判平成4・1・28判タ792号176頁〕……337

判決4 訴訟追行を受任した弁護士の仮執行宣言、仮執行免脱宣言付勝訴判決による強制執行に係る不法行為責任を認めなかった事例〔東京地判平成4・6・17判時1435号27頁〕……340

判決5 弁護士の訴訟提起、記者会見等に係る不法行為責任を認めなかった事例〔東京地判平成7・7・26判時1558号45頁〕……344

判決6 訴訟追行等を受任した弁護士の仮差押えの不当執行に係る不法行為責任を認めた事例〔東京地判平成7・10・9判時1575号81頁〕……345

判決7 弁護士の交渉相手に対する書面送付等に係る不法行為責任を認めなかった事例〔東京地判平成7・10・31判タ922号268頁〕……349

判決8 不動産売買の売主の代理人になった弁護士の買主に対する不法行為責任を認めた事例〔東京地判平成7・11・9判タ921号272頁〕……351

判決9 弁護士の訴訟提起に係る不法行為責任を認めなかった事例〔東京地判平成8・2・23判時1578号90頁〕……354

判決10 仮差押えの申立て等を受任した弁護士の不当執行に係る不法行為責任を認めなかった事例〔大阪地判平成9・3・28判タ970号201頁〕……358

判決11 刑事事件を受任した弁護士の被害者との示談交渉等に係る不

法行為責任を認めた事例〔高松高判平成17・12・8判時1939号36頁〕……361
判決12 訴訟追行を受任した弁護士の不法行為責任を認めなかった事例〔東京地判平成18・9・25判タ1221号289頁〕……365
判決13 弁護士の行政書士に対する懲戒請求に係る不法行為責任を認めなかった事例〔東京地判平成19・6・25判時1989号42頁〕……369
判決14 弁護士の依頼者の取引の相手方に対する不法行為責任を認めなかった事例〔名古屋地判平成20・4・9判時2060号91頁〕……371
判決15 破産の申立てを受任した弁護士の破産管財人に対する不法行為責任を認めた事例〔東京地判平成21・2・13判時2036号43頁〕……372
判決16 弁護士の依頼者の取引の相手方に対する不法行為責任を認めなかった事例〔名古屋高判平成21・3・19判時2060号81頁〕……375
判決17 破産の申立てを受任した弁護士の破産管財人に対する不当利得返還責任を認めた事例〔大阪地判平成22・8・27判時2110号103頁〕……379
判決18 弁護士の依頼者の取引の相手方に対する不法行為責任を認めなかった事例〔大阪地判平成22・10・21判時2106号83頁〕……380
判決19 債務者から債務の弁済等の交渉を受任した弁護士の交渉の相手方に対する不法行為責任を認めなかった事例〔東京地判平成22・12・2判タ1349号150頁〕……383
判決20 訴訟提起を募った弁護士の不法行為責任を認めなかった事例〔大阪地判平成23・5・13判時2127号64頁〕……385
判決21 債務整理を受任した弁護士の破産管財人に対する不法行為責任を認めた事例〔横浜地判平成23・12・22金判1442号37頁〕……388
判決22 債務整理を受任した弁護士の破産管財人に対する不法行為責任を認めなかった事例〔東京高判平成24・8・30金判1442号26頁〕……392
判決23 破産の申立てを受任した弁護士の破産管財人に対する不法行為責任を認めた事例〔東京地判平成25・2・6判時2177号72

頁〕……………………………………………………………………395
判決24　破産の申立てを受任した弁護士の破産管財人に対する不法行為責任を認めた事例〔東京地判平成26・4・17判時2230号48頁〕……………………………………………………………………398
判決25　債務整理、破産の申立てを受任した弁護士らの破産管財人に対する不法行為責任等を認めた事例〔東京地判平成26・8・22判時2242号96頁〕……………………………………………………401

3　訴訟活動等に伴う名誉毀損等をめぐる裁判例

判決1　弁護士の答弁書の作成、提出等の訴訟活動に係る名誉毀損の不法行為責任を認めなかった事例〔東京高判平成元・3・22判タ718号132頁〕……………………………………………………405
判決2　仮処分申請事件を受任した弁護士らの興信所の作成に係る調査報告書を疎明資料として提出したことに係る名誉毀損の不法行為責任を認めた事例〔京都地判平成2・1・18判時1349号121頁、判タ723号151頁〕……………………………………409
判決3　訴訟追行を受任した弁護士の準備書面の作成、陳述に係る名誉毀損の不法行為責任を認めた事例〔東京地判平成5・7・8判時1479号53頁、判タ824号178頁〕……………………413
判決4　訴訟代理人である弁護士の相手方の訴訟代理人である弁護士に関する主張、供述に係る名誉毀損の不法行為責任を認めた事例〔東京高判平成9・12・17判時1639号50頁、判タ1004号178頁〕……………………………………………………………………415
判決5　訴訟代理人である弁護士の相手方の訴訟代理人である弁護士に関する主張に係る名誉毀損等の不法行為責任を認めなかった事例〔東京地判平成9・12・25判タ1011号182頁〕……………419
判決6　訴訟代理人である弁護士の相手方当事者に関する準備書面の作成、陳述に係る名誉毀損の不法行為責任を認めなかった事例〔東京地判平成9・12・26判タ1008号191頁〕………………421
判決7　訴訟代理人である弁護士の相手方の訴訟代理人である弁護士

らに対する不法行為責任を認め、相手方の弁護士らの名誉毀損の不法行為責任を認めなかった事例〔東京地判平成10・2・27判タ1028号210頁〕……422

判決8　弁護士の準備書面の作成、陳述に係る名誉毀損の不法行為責任を認めなかった事例〔東京地判平成10・11・27判時1682号70頁〕……425

判決9　弁護士の仮処分申請事件における疎明資料の提出に係るプライバシー侵害の不法行為責任を認めた事例〔東京高判平成11・9・22判タ1037号195頁〕……428

判決10　訴訟追行等を受任した弁護士の相手方に対する準備書面等に係る名誉毀損の各不法行為責任を認めた事例〔水戸地判平成13・9・26判時1786号106頁〕……432

判決11　訴訟追行を受任した弁護士の準備書面の作成、陳述に係る名誉毀損の不法行為責任を認めなかった事例〔東京地判平成14・6・17判タ1114号190頁〕……436

判決12　訴訟代理人である弁護士の相手方の訴訟代理人である弁護士に対する準備書面等の作成、陳述に係る名誉毀損の不法行為責任を認めなかった事例〔東京地判平成16・8・23判時1865号92頁、判タ1179号261頁〕……440

判決13　訴訟追行を受任した弁護士の相手方に対する準備書面の作成等に係る名誉毀損の不法行為責任を認めた事例〔東京地判平成18・3・20判時1934号65頁、判タ1244号240頁〕……442

判決14　上告審の弁論における訴訟代理人である弁護士らの答弁書の作成、陳述による相手方の訴訟代理人である弁護士に対する名誉毀損の不法行為責任を認めた事例〔東京地判平成22・5・27判時2084号23頁〕……447

判決15　弁護士が元依頼者との間の訴訟において元依頼者の離婚原因等を主張・立証したことにつき、弁護士の名誉毀損、プライバシー侵害の不法行為責任を認めなかった事例〔東京地判平成24・1・30判タ1374号156頁〕……450

4 弁護士の付随業務等をめぐる裁判例

判決1 賃貸人の顧問弁護士の賃借人に対する家財搬出等の不法行為責任を認めた事例〔浦和地判平成6・4・22判タ874号231頁〕……452

判決2 破産管財人である弁護士らの不法行為責任を認めなかった事例〔東京地判平成8・9・30判タ933号168頁〕……455

判決3 破産管財人である弁護士の不法行為責任を認めなかった事例〔東京高判平成9・5・29判タ981号164頁〕……457

判決4 禁治産者の後見人から事件を受任し、報酬を受領した弁護士の不当利得返還義務を認めた事例〔東京地判平成11・1・25判時1701号85頁〕……459

判決5 破産管財人である弁護士の管財業務上の不当利得返還義務を認めた事例〔横浜地判平成16・1・29判時1870号72頁〕……461

判決6 破産管財人である弁護士の管財業務上の不当利得返還義務の一部を認め、不法行為責任を認めなかった事例〔東京高判平成16・10・19判時1882号33頁〕……464

判決7 破産管財人である弁護士の管財業務上の不当利得返還義務を認めなかった事例〔東京高判平成16・10・27判時1882号39頁〕……467

判決8 禁治産者の後見人職務代行者である弁護士の債務不履行責任を認めなかった事例〔東京高判平成17・1・27判時1909号47頁、判タ1217号272頁〕……470

判決9 弁護士の税務の助言に係る債務不履行責任等を認めなかった事例〔東京地判平成17・6・24判タ1194号167頁〕……475

判決10 破産管財人である弁護士の管財事務上の不当利得返還義務を認めた事例〔最一小判平成18・12・21民集60巻10号3964頁、判時1961号53頁〕……479

判決11 破産管財人である弁護士の管財事務上の不当利得返還義務を認めた事例〔最一小判平成18・12・21判時1961号62頁〕……482

判決12 特別代理人に選任された弁護士の不法行為責任を認めた事例〔岡山地判平成22・1・22判時2146号59頁〕……484
判決13 破産管財人である弁護士の管財事務上の善管注意義務違反を認めた事例〔釧路地判平成23・7・13金判1395号34頁〕……487
判決14 特別代理人に選任された弁護士の不法行為責任を認めた事例〔広島高岡山支判23・8・25判時2146号53頁〕……490
判決15 破産管財人である弁護士の管財事務上の善管注意義務違反を認めた事例〔札幌高判平成24・2・17金判1395号28頁〕……491
判決16 弁護士が犯罪利用預金口座等に係る資金の被害回復分配金の支払等に関する法律に基づく措置を求めたことによる不法行為責任を認めなかった事例〔東京地判平成24・9・13判タ1384号212頁〕……492
判決17 後見監督人である弁護士の債務不履行責任を認めた事例〔大阪地堺支判平成25・3・14金判1417号22頁〕……494

5 弁護士の懲戒をめぐる裁判例

判決1 弁護士に対する懲戒請求に係る不法行為責任を認めた事例（双方代理、守秘義務違反をめぐるトラブル）〔東京地判平成4・3・31判時1461号99頁〕……500
判決2 弁護士の弁護士らに対する懲戒請求等に係る不法行為責任を認めた事例（告訴をめぐるトラブル）〔東京地判平成5・11・18判タ840号143頁〕……504
判決3 弁護士らに対する懲戒請求に係る不法行為責任を認めた事例（土地の明渡しをめぐるトラブル）〔東京地判平成7・12・25判タ954号205頁〕……506
判決4 懲戒請求を受けた弁護士の懲戒請求人、弁護士会、綱紀委員会委員に対する訴えを却下し、弁護士会会長等の不法行為責任を認めなかった事例〔京都地判平成8・7・18判時1615号102頁〕……508
判決5 弁護士の懲戒請求につき戒告処分をした弁護士会、懲戒委員

会委員長の不法行為責任を認めなかった事例〔京都地判平成８・７・18判時1615号112頁〕……511
判決６　弁護士会の懲戒請求に対する議決、所属弁護士の行為に係る不法行為責任を認めなかった事例〔横浜地判平成８・12・20判時1609号135頁〕……513
判決７　弁護士の懲戒請求をした者、その代理人弁護士の不法行為責任を認めなかった事例（報酬をめぐるトラブル）〔東京高判平成９・９・17判タ982号216頁〕……515
判決８　弁護士に対する懲戒請求に係る不法行為責任を認めた事例（利益相反をめぐるトラブル）〔名古屋地判平成13・７・11判タ1088号213頁〕……518
判決９　弁護士の懲戒処分を認めた事例（法律違反等の助言をめぐるトラブル）〔東京高判平成14・３・27判時1791号49頁〕……520
判決10　弁護士に対する懲戒請求に係る不法行為責任を認めた事例（質問に対する回答等をめぐるトラブル）〔神戸地判平成15・４・18判時1837号74頁〕……522
判決11　弁護士の懲戒処分を認めた事例（利益相反をめぐるトラブル）〔東京高判平成15・４・24判時1932号80頁〕……523
判決12　訴訟の当事者の相手方の訴訟代理人である弁護士に対する準備書面の作成等による名誉感情の侵害の不法行為責任を認めず、懲戒請求の不法行為責任を認めた事例〔東京地判平成17・２・22判タ1183号249頁〕……525
判決13　弁護士の懲戒処分を認めた事例（報告をめぐるトラブル）〔最一小判平成18・９・14判時1951号39頁〕……527
判決14　弁護士の懲戒処分を認めた事例（職務外の行為をめぐるトラブル）〔東京高判平成18・９・20判タ1240号192頁〕……531
判決15　弁護士の懲戒請求をした者、その代理人弁護士の不法行為責任を認めた事例（訴訟の提起をめぐるトラブル）〔最三小判平成19・４・24民集61巻３号1102頁、判時1971号119頁、判タ1242号107頁〕……534

判決16　弁護士の懲戒請求をした者の日弁連に対する業務妨害を認めた事例〔東京地判平成19・7・20判タ1269号232頁〕……………537
判決17　懲戒された弁護士の弁護士会綱紀委員会委員に対する損害賠償請求等の訴えを却下した事例〔東京地判平成20・3・17判時2041号85頁〕……………539
判決18　弁護士の懲戒請求をした弁護士の不法行為責任を認めなかった事例（非弁提携をめぐるトラブル）〔東京地判平成20・8・26判タ1283号157頁〕……………541
判決19　タレントである弁護士がテレビ番組で刑事事件の弁護人らを批判し、懲戒請求を呼びかけたことにつき不法行為責任を認めた事例〔広島地判平成20・10・2判時2020号100頁〕……………543
判決20　タレントである弁護士がテレビ番組で刑事事件の弁護人らを批判し、懲戒請求を呼びかけたことにつき不法行為責任を認めた事例〔広島高判平成21・7・2判時2114号65頁〕……………548
判決21　弁護士の懲戒請求に係る不法行為責任を認めなかった事例（公正証書原本不実記載等をめぐるトラブル）〔東京高判平成21・7・29判時2055号66頁〕……………550
判決22　弁護士の登録請求の進達拒絶をした弁護士会の会長の個人責任を認めなかった事例〔京都地判平成21・11・19判タ1339号94頁〕……………553
判決23　弁護士の懲戒請求に係る不法行為責任を認めなかった事例（利益相反をめぐるトラブル）〔東京地判平成22・3・12判タ1328号147頁〕……………554
判決24　弁護士の登録請求の進達拒絶をした弁護士会の会長の個人責任を認めなかった事例〔大阪高判平成22・5・12判タ1339号90頁〕……………556
判決25　弁護士の懲戒請求に関与した弁護士の不法行為責任を認めなかった事例〔東京地判平成23・3・25判時2115号57頁〕……………557
判決26　タレントである弁護士がテレビ番組で刑事事件の弁護人らを批判し、懲戒請求を呼びかけたことにつき不法行為責任を認

なかった事例〔最二小判平成23・7・15民集65巻5号2362頁、判時2135号48頁〕……560
判決27 弁護士の懲戒処分を認めなかった事例（公正な裁判をめぐるトラブル）〔東京高判平成24・11・29判時2198号59頁〕……563
判決28 弁護士の懲戒処分を認めた事例（名誉毀損、プライバシーの侵害をめぐるトラブル）〔東京高判平成25・5・8判時2200号44頁〕……564
判決29 弁護士の懲戒処分を認めた事例（誠実・公正な業務遂行等をめぐるトラブル）〔東京高判平成25・9・18判時2212号26頁〕……566
判決30 弁護士の懲戒処分を認めた事例（プライバシーの侵害をめぐるトラブル）〔東京高判平成25・10・30判時2232号19頁〕……570

6 弁護士の業務全般の責任をめぐる裁判例

判決1 弁護士の報酬等の受領につき否認権の行使を認めなかった事例〔東京地判平成9・3・25判時1621号113頁〕……573
判決2 弁護士の弁護士に対する週刊誌におけるコメントにつき名誉毀損を認めなかった事例〔東京地判平成10・1・30判タ984号219頁〕……575
判決3 共同法律事務所の解散・清算の事例〔東京地判平成13・12・26判時1864号108頁〕……577
判決4 会社の仮代表取締役である弁護士の不法行為責任を認めた事例〔千葉地判平成14・3・27判タ1106号170頁〕……579
判決5 共同法律事務所の解散・清算の事例〔東京高判平成15・11・26判時1864号101頁〕……582
判決6 訴訟提起の際の記者会見における弁護士の名誉毀損の不法行為責任を認めた事例〔東京地判平成17・3・14判時1893号54頁〕……583
判決7 弁護士が主導して行った債権譲渡が公序良俗違反により無効であるとした事例〔東京地判平成17・3・15判時1913号91頁〕……587

判決8　共同法律事務所の解散・清算の事例〔東京地判平成18・4・26判時1966号78頁〕……590
判決9　弁護士の留置権の行使を認めた事例〔東京地判平成18・7・19判時1962号116頁〕……593
判決10　訴訟提起の際の記者会見における弁護士の不法行為責任を認めなかった事例〔東京高判平成18・8・31判時1950号76頁〕……595
判決11　弁護士の過誤につき弁護士賠償責任保険契約の免責を認めた事例〔大阪地判平成18・9・1金判1334号50頁〕……598
判決12　弁護士の開設したホームページに送信された情報につき弁護士の守秘義務違反の不法行為責任を認めた事例〔大阪地判平成18・9・27判タ1272号279頁〕……600
判決13　民事再生手続開始決定の申立てに関与した弁護士の資産売却に係る不法行為責任を認めなかった事例〔東京地判平成19・1・24判タ1247号259頁〕……603
判決14　弁護士の開設したホームページに送信された情報につき弁護士の守秘義務違反の不法行為責任を認めなかった事例〔大阪高判平成19・2・28判タ1272号273頁〕……606
判決15　弁護士がマンション紛争の関係者につき調査会社に身辺調査を依頼し、作成された調査報告書をマンションの区分所有者らに開示したことによる不法行為責任を認めた事例〔東京地判平成19・3・26判タ1252号305頁〕……610
判決16　弁護士の過誤につき弁護士賠償責任保険契約の免責を認めた事例〔松山地判平成19・6・25金判1334号62頁〕……613
判決17　弁護士の過誤につき弁護士賠償責任保険契約の免責を認めた事例〔大阪高判平成19・8・31金判1334号46頁〕……615
判決18（決定）　弁護士の報酬の受領に対する否認権の行使を認めた事例〔神戸地伊丹支決平成19・11・28判時2001号88頁〕……616
判決19　弁護士の過誤につき弁護士賠償責任保険契約の免責を認めた事例〔高松高判平成20・1・31金判1334号54頁〕……619
判決20　雇用された弁護士の経営弁護士に対する報酬請求を認めた事

例〔東京地判平成20・12・16判時2034号46頁、判タ1303号168頁〕……620
判決21 弁護士の弁護士賠償責任保険契約に基づく保険金の支払請求を認めなかった事例〔東京地判平成21・1・23判タ1301号226頁〕……623
判決22 雇用された弁護士の経営弁護士に対する報酬請求を認めた事例〔東京高判平成21・7・30判タ1313号195頁〕……625
判決23 弁護士の過誤につき弁護士賠償責任保険契約の免責を認めた事例〔大阪地判平成21・10・22判タ1346号218頁〕……626
判決24 弁護士法人の事業協力契約上の債務不履行責任を認めた事例〔東京地判平成22・3・12判時2085号113頁〕……629
判決25 弁護士の弁護士賠償責任保険契約に基づく保険金の支払請求を認めた事例〔東京地判平成22・5・12判タ1331号134頁〕……630
判決26 弁護士の告訴、記者会見における発言等に係る不法行為責任を認めた事例〔長野地上田支判平成23・1・14判時2109号103頁〕……633
判決27 会社の顧問弁護士らの会社のホームページにおける記載に係る不法行為責任を認めなかった事例〔東京地判平成24・4・11判タ1386号253頁〕……636
判決28 弁護士らの記者会見等における発言につき名誉毀損の不法行為責任を認めなかった事例〔広島地判平成24・5・23判時2166号92頁〕……638
判決29 弁護士報酬の一部が暴利行為にあたり無効とした事例〔東京地判平成25・9・11判時2219号73頁〕……641
判決30 弁護士法人におけるパワハラを認めた事例〔東京地判平成27・1・13判時2255号90頁〕……643

7 弁護士をめぐるその他の裁判例

判決1 弁護士の受任した税務につき、弁護士の死後、その手伝いをしていた子が処理したときの原状回復義務を認めた事例〔東

京地判平成元・12・25判時1361号72頁〕……………………………645
判決２　弁護士に対する名誉毀損を認めた事例〔大阪地判平成４・10・23判時1474号108頁〕……………………………………………647
判決３　弁護士による顧問弁護士に関する解任通知に係る名誉毀損を認めなかった事例〔東京地判平成５・５・25判時1492号107頁〕……………………………………………………………………648
判決４　弁護士と司法書士会の紛争につき双方の名誉毀損を認めた事例〔浦和地判平成６・５・13判時1501号52頁〕…………………651
判決５　弁護士と司法書士会の紛争につき双方の名誉毀損を認めた事例〔東京高判平成７・11・29判時1557号52頁〕……………………654
判決６（決定）　弁護士の破産を認めた事例　〔東京高決平成12・３・２判タ1054号223頁〕…………………………………………………655
判決７　裁判官の弁護士に対する名誉毀損を認めた事例〔前橋地判平成15・７・25判時1840号33頁〕……………………………………657
判決８　書籍による弁護士に対する名誉毀損を認めた事例〔東京地判平成15・12・17判タ1176号234頁〕……………………………………660
判決９　月刊誌による弁護士に対する名誉毀損を認めなかった事例〔東京地判平成16・２・10判時1860号86頁〕………………………661
判決10　裁判官の弁護士に対する名誉毀損を認めなかった事例〔東京高判平成16・２・25判時1856号99頁〕……………………………663
判決11　月刊誌による弁護士に対する名誉毀損を認めた事例〔東京地判平成16・４・22判時1864号114頁〕……………………………666
判決12　相手方当事者の答弁書による弁護士に対する名誉毀損を認めた事例〔京都地判平成18・８・31判タ1224号274頁〕……………668
判決13　弁護士に対するプライバシーの侵害、名誉毀損を認めなかった事例〔東京地判平成18・９・７判時1970号56頁〕………………671
判決14　弁護士の不正につき弁護士会、日弁連の不法行為責任等を認めなかった事例〔奈良地判平成20・11・19判時2029号100頁〕…673
判決15　弁護士法人の主張に係る不法行為を認めなかった事例〔東京地判平成21・２・19判時2059号72頁〕……………………………676

判決16（決定） 債権回収を受任した弁護士の債権譲渡が公序良俗に反するとはいえないとした事例〔最一小決平成21・8・12民集63巻6号1406頁、判時2059号61頁〕…… 678
判決17 共同法律事務所における弁護士間の紛争の事例〔東京地判平成22・3・29判時2099号49頁〕…… 679
判決18 会社を経営する高齢者が会社の顧問弁護士に全財産を遺贈する遺言を無効とした事例〔京都地判平成25・4・11判時2192号92頁〕…… 682
判決19 顧問契約が弁護士法72条に違反し、公序良俗に反して無効とした事例〔東京地判平成25・8・26判時2222号63頁〕…… 685
判決20 成年後見人である弁護士に対する名誉毀損、業務妨害の不法行為を認めた事例〔東京地判平成26・7・9判時2236号119頁〕…… 687
判決21 未成年後見人を監督する家事審判官の過失を認めた事例〔宮崎地判平成26・10・15判時2247号92頁〕…… 690
判決22 顧問契約が弁護士法72条に違反し、公序良俗に反して無効とした事例〔東京地判平成27・1・19判時2257号65頁〕…… 693

・判例索引 …… 695
・著者略歴 …… 705

第1部

現代社会と弁護士をめぐる概況

第１章　弁護士がおかれている現況

はじめに

近年、判例時報等の法律雑誌に弁護士の取引の過誤等をめぐる裁判例が掲載されることが増加しているように思われるが、どうであろうか。

筆者は、裁判官を退官し、約20年を過ごし、限られた範囲ではあるが、実際に弁護士の登録をし、弁護士としての業務を行い、弁護士の様々な活動を見聞してきた。裁判官、法務省民事局参事官時代に抱いていた弁護士像は、良い意味でも、悪い意味でも、実像と相当に異なることを実感している。筆者のように弁護士の経験をし、弁護士の友人、知人をもっている者にとっても、他の弁護士の実際の活動、考え方等を正確かつ詳細に知ることは困難であるし、実際に知っているものではないが、弁護士に事件を依頼したり、相談したりする者（弁護士の利用者ということができよう）にとっては、弁護士の実際の活動、考え方、さらに個々の弁護士のことについて知ることは、弁護士に顧問をしてもらったり、具体的な事件を依頼する等したりする経験のある場合を除き、不可能であるか、著しく困難である。

仮に弁護士に関する情報を得ようとした場合、近年は、弁護士の広告宣伝が自由化されていることから、実際に弁護士の広告宣伝を見聞したり（弁護士がホームページを開設する等する事例も増加しているが、これもまた広告宣伝の一つということができる）、友人・知人を介して弁護士に関する情報を得たり、弁護士会に問い合わせをしたりすることがあるが、弁護士の利用者が自己の需要に必要で適切な情報を的確、正確に得ることができるかは、大いに疑わしい。同様なことは、弁護士自身にとっても、程度の差はあるものの、当てはまるところがあり、特定の分野、特定の類型の事件を得意とし、あるいは豊富な経験・知識を有する有能な弁護士の紹介を依頼、相談されることがあるが、この紹介は相当に困難であることが少なくない。

世の中には、弁護士の業務、日常生活等を紹介したり、特定の弁護士の特定の事件に関する活躍を紹介したり、特定の弁護士を伝記、一代記等として紹介し、書籍として出版されているものもあるが、これらの書籍によって弁護士の利用者が自己の需要に必要な情報を適切、十分に得るとは到底いえない。これらの書籍は、弁護士の業務、活動、生活を断片的に加工して紹介するものであり、弁護士の業務、活動、人柄等の全容を明らかにするものではない。個人にしろ、企業等の法人にしろ、弁護士の利用者は、どのような情報を基に、あるいはどのような根拠で自己の抱える法律問題等を相談、依頼する弁護士を探し、選択するものであろうか。関心と疑問は尽きないのである。

ところで、この10年間は、司法試験制度の改革、日本型ロースクール（法科大学院）の新設、司法試験の合格者数の増加等によって弁護士が激増しており（すでに弁護士の登録番号は、５万台になっているが、実際に弁護士として業務を行っている者の数は、死亡、登録抹消等によって、この数より少ないものの、３万人を相当に超えていると推測される）、利用者にとって弁護士に関する適切な情報を得ることが困難になり、弁護士の選択が一層困難になっている。この10年間の弁護士の激増状況は、弁護士が登録し、所属する各地域の弁護士会ごとに事情が異なるところがあるが、概ね２倍程度になっている。この10年間に実施された司法制度の改革は、弁護士不在地域の解消、法テラスの開設等の努力がされてきたものの、実際には主として弁護士等の法曹の観点から行われてきたと評価することができるものであり、利用者にとって弁護士の適切な利用の観点からは改革にはほど遠いのが実情である。

本書は、司法制度の改革等の制度的な問題を論ずるものではなく、弁護士が業務を遂行し、依頼者等との取引を行う等の場面において発生した紛争、法律問題について、主として弁護士の法的な責任が問題になった裁判例を時代の経過を踏まえて分析し、紹介するとともに、これによって現代社会における弁護士の実像、現実の活動の一部を紹介しようとするものである。時代を追って弁護士の法的な責任等が問題になった裁判例を収集していると、法律雑誌等に公刊される裁判例が増加しているようであり、これは、単に公刊数が増加しているのではなく、実際にも裁判例の数そのものが増加しているものと推測される。また、法律雑誌に公刊される裁判例は、実際に言い渡された判決の一部にすぎないし、訴訟に至って判決が言い渡されたものは実際の紛争のごく一部にすぎない。しかも、近年、弁護士が激増し、知識・経験等の不足している弁護士も従来以上に増加していること等の事情に照らすと、弁護士がその法的な責任等を追及される事例だけでなく、訴訟によって追及される事例も増加すると予想されるのである。利用者の立場からすると、弁護士の法的な責任等を追及せざるを得ない事例が増加するものと予想される。この背景には、弁護士の個々の利用者、さらに社会全体の弁護士を見る目が変化してきたし、現在も、今後も大きく変化することがあると推測される。

1　最近の弁護士をめぐる環境

(1)　弁護士をめぐる最近の状況と需要の変化

弁護士をめぐる近年の話題の主なものは、読者諸氏の立場、関心によって多様であることは確かであるが、一時期の過払金返還事件の激増を除けば、ロースクールの開校、司法試験の合格者数の増加、弁護士数の全国各地における激増、経済情勢の動向、日本企業の国内・海外における企業活動の動向、訴訟等の事件数の変化（近年における減少）、潜在的な利用者である国民の意識・常識の変化等の事情によって引き起こされた弁護士に対する需要の変化、弁護士あるいは法律事務所間の競争の激化を指摘することができる。特に平成年代に入ってからは、バブル経済の崩壊、企業の不祥事・倒産の続発、官僚制度の基盤の動揺、日本の諸制度に対する国際調和の要請（主として米国の構造問題協議等による要請）等の諸事情によって、弁護士の諸活動に対する期待が高まった分野があるものの、弁護士の需要の横ばい、景気低迷、国内産業の空洞化等に伴う弁護士の需要の低下がみられる一方、司法試験の合格者数の継続的な増加、ロースクールの開校とこれに伴う司法試験の合格者数の激増がみられ、新規参入者の就職難が深刻化し、その状況が継続している。

筆者の見聞する範囲であっても、弁護士に依頼する事件、弁護士に対する需要は近年低迷しているようであり、大手、中堅等の各層の法律事務所、弁護士においては事件の受任をめぐる競争が激化し、法律事務所の合併、東京と地方の法律事務所間の提携、法律事務所の全国的な事務所の開設・展開、インターネットを利用した弁護士間の提携、各種の手段を利用した広告宣伝の増加、潜在的な依頼者に対する営業活動の積極的な展開、依頼者との関係の強化、依頼者志向の事務処理の徹底、報酬額の値下げ等の現象もみられるようになっている。

筆者が弁護士として業務を始め、数年間、当時の大手の法律事務所に勤務した後、個人で事務所を開設し、10年を経たのは、たまたま、弁護士を取り巻く環境が大きく変化した時期であったが、法律事務所所属の弁護士数だけをみても、弁護士になった頃には100人を数える法律事務所はなかったものの、現在は、300人を超える法律事務所も４つ、５つを数えるようになっているほどである（平成28年には500人を超える法律事務所も登場している）。法律事務所の規模の拡大が今後どのように推移するかは、興味深い事柄であるが、規模の拡大は、中小規模の法律事務所に対する事件の依頼等に大きな影響を与えるものであり、中小規模の法律事務所への影響は筆者のような零細規模の事務所、個人事務所へ影響を与えることになる。法律事務所への影響は当然のことながら、所属する個々の弁護士（経営を担当する弁護士、それ以外の弁護士、勤務弁護士、見習い弁護士）にも直接に影響が及ぶことになる。法律事務所の規模の変動は、規模の拡大等自体に動機、目的があるものではなく、弁護士に対する需要の変動、弁護士業務をめぐる経済環境の変化が主要な原因になっているが、このような状況の中で、法律事務所、個々の弁護士の競争が激化している。競争の状況は、地域によって大きく異なり、現在、東京において著しいものがある。

⑵ 弁護士間の競争激化に対する対応

今後は、弁護士業務をめぐる経済環境の変化だけでなく、ロースクールの出身の弁護士が相当の経験を積むに従って、これらの弁護士層が実質的に競争に参加することになることも競争の激化の原因になることが容易に予想される。弁護士間の競争が激化する状況において、法律事務所、さらに個々の弁護士がどのように対応するかが重大な関心事になるが、一方で積極的に顧客獲得のための様々な仕掛け、営業努力を行うところもあれば、他方で関心はもちつつも日々をそのままに過ごすところもあり、全体としては試行錯誤の段階である。

大手の法律事務所においては、近年、所属弁護士の増員、法律事務所の合併等によって規模の拡大とともに、日本企業の海外進出等に伴ってアジア諸国への法律事務所の開設を行い（なお、中国への進出は、相当前から進行しているし、アジア諸国への進出も近年の事例が最初のものではない）、競争に対応しようとしているが、中規模の法律事務所、小規模の法律事務所、零細規模の法律事務所、個人の法律事務所においては、専門化の推進、依頼者との関係の強化、広告宣伝の活用、新規分野への進出、低報酬による受任等の事例がみられるし、今後も様々な対応がみられることになろう。なお、弁護士の競争の状況は、弁護士間だけでなく、隣接する専門家（司法書士、税理士、行政書士）との間でもみられるところであり、この競争を背景とした紛争が訴訟に発展した事例もある。

弁護士の業務、弁護士業界は、個々の弁護士、地域によって程度、内容、態様は異なるものの、競争の激化を背景とした大きな変動の時代を迎えている。しかも、この変動は今後終わることなく続くものである。

2　弁護士のリスクの基盤

(1)　依頼者の認識・期待との齟齬

弁護士は、様々な依頼に応え、多様な業務を行っているが、弁護士に事件を依頼し、あるいは相談をしようとする個人、企業にとっては、弁護士に依頼した経験がある者、弁護士の家族、親族、友人である者、弁護士の公益活動を利用したことがある者等の特段の事情がない限り、弁護士の業務、弁護士との委任契約、準委任契約による取引、弁護士そのもの、それらの実相はよくわからないし、知識があったとしても、断片的であるのが実情である。事件を受任した弁護士と事件を依頼した依頼者、その関係者との間には、依頼の趣旨、内容、事務処理の仕方、内容、依頼の結果に対する認識・期待等をめぐる様々な齟齬が生じるが、近年は、このような齟齬が生じることが多くなっているのではなかろうか。弁護士への相談者・依頼者は、相談・依頼をすれば、自分の抱える紛争が解決したり、解決に向うものと期待するが、実態は必ずしもそうではない。相談・依頼後に紛争が悪化したり、さらに派生的な紛争が発生する事例もみられる。

(2) クレーム・苦情の増加

弁護士を取り巻く社会環境の変化、特に弁護士数の激増、経済環境の変化、日本社会における国民等の意識の変化、依頼者の弁護士に対する認識の変化、特に弁護士と依頼者との関係の変化がみられる現在、社会、あるいは受任事件の依頼者、関係者の弁護士を見る視線は厳しいものがあるように感じられる。実際に弁護士に対する懲戒請求の事例が増加しているようであり（弁護士の事務処理、対応に対して依頼者等からクレーム、苦情が出される事例も増加しているようである)、弁護士の事務処理の過誤につき保険金の支払請求がされたり、弁護士に対して損害賠償請求訴訟が提起された事例もみられるところである。

弁護士の業務、弁護士の依頼者との事件の依頼・受任、相談等の取引については、法的な視点、それ以外の視点から様々な検討、分析が必要であり、特に今後弁護士の業務を積極的に展開しようとする者にとっては重要であると考えられるが、弁護士を取り巻く社会環境の変化、経済環境の変化、国民の意識の変化、依頼者の弁護士に対する認識の変化等の事情は、弁護士数が激増する現在の状況において、弁護士が業務を行う場合のリスクを増加させ、多様化させている。弁護士の抱えるリスクがクレーム、示談、懲戒請求、訴訟の提起等として実際に現実化する可能性が相当に存在することに鑑みると、弁護士の業務は、相当に危険な職業になりつつあるということができよう。

3 弁護士の報酬をめぐる紛争

(1) 弁護士の報酬をめぐる主な裁判例

本書は、弁護士がその業務の遂行に関連して訴訟を提起される等した場合に、最終的に判決に至った事例（裁判例）を紹介し、分析し、弁護士の法的な責任の実情、あり方を説明しようとするものである。弁護士の業務に関する取引は、依頼者との間の事件の依頼・受任、相談の取引が一般的であるが、これらの取引の中で訴訟に至った深刻なものとして、報酬をめぐる紛争が最も多いと推測されるところ（弁護士の報酬をめぐる紛争については、訴訟のほか、示談、調停等によって解決されたりすることがあり、訴訟に至る事例は他の事例と比べると少ないと推測される)、実際にも、法律雑誌に公刊された裁判例をみると、弁護士報酬をめぐる裁判例が最も多い。なお、個人的な体験であるが、筆者が裁判官に任官した頃、弁護士の報酬をめぐる紛争において、弁護士が依頼者に対して訴訟を提起するという手段をとることについて職場で話題になったことがある。弁護士の事件の受任は委任であり、有償ではあるものの、訴訟を提起することはいかがかという意見が大勢であったとの記憶があり、時代の変遷を感じている。

法律雑誌に公刊された弁護士報酬をめぐる裁判例としては、以下のとおりである。

【法律雑誌に掲載された主な裁判例】

【昭和年代】

▷東京高判昭和28・5・11判時7号14頁（肯定事例）
▷神戸地洲本支判昭和30・3・28判時47号16頁（肯定事例）
▷東京高判昭和31・11・20判タ66号56頁（肯定事例）
▷東京高判昭和34・3・13判時185号21頁（肯定事例）
▷東京地判昭和35・3・3判タ105号64頁（肯定事例）
▷最一小判昭和37・2・1民集16巻2号157頁、判時289号12頁（肯定事例）
▷最三小判昭和37・5・8集民60号559頁（否定事例）
▷東京高判昭和38・7・1判タ151号74頁（肯定事例）
▷福岡高判昭和38・7・31判時352号65頁（肯定事例）
▷東京地判昭和38・8・14判タ154号70頁（肯定事例）
▷東京地判昭和38・11・28判タ157号74頁（肯定事例）
▷大阪地判昭和41・6・6判タ191号187頁（肯定事例）
▷東京地判昭和41・12・17判時473号14頁（肯定事例）
▷東京地判昭和42・5・12判タ209号209頁（否定事例）
▷神戸地判昭和42・9・18判時517号76頁（肯定事例）
▷大阪地判昭和43・1・30判タ219号168頁（肯定事例）
▷東京地判昭和43・7・31判時547号58頁、判タ227号194頁（肯定事例）
▷新潟地判昭和43・9・27判時547号68頁（否定事例）
▷東京地判昭和45・4・7判タ253号278頁（肯定事例）
▷福岡地判昭和45・9・30判タ257号246頁（肯定事例）
▷京都地判昭和48・7・27判時722号87頁（否定事例）
▷大阪高判昭和48・9・28判時725号52頁（肯定事例）

▷最二小判昭和48・11・30民集27巻10号1448頁、判時725号42頁、判タ303号145頁（否定事例）
▷東京地判昭和50・6・25判時800号72頁、判タ330号333頁（肯定事例。なお、更生債権とされた事例）
▷名古屋高判昭和50・11・28判時810号42頁（肯定事例）
▷東京地判昭和51・8・30判時847号67頁（肯定事例）
▷東京高判昭和53・2・21判時893号40頁（肯定事例）
▷東京地判昭和54・4・27判タ394号111頁（肯定事例）
▷大阪地判昭和55・8・22判タ449号228頁（否定事例）
▷福岡高判昭和55・9・17判時999号72頁、判タ435号115頁（肯定事例）
▷東京地判昭和55・10・24判時1001号69頁（肯定事例）
▷東京地判昭和56・1・26判タ452号137頁（肯定事例）
▷東京地判昭和56・5・20判時1028号73頁、判タ465号150頁（否定事例）
▷京都地判昭和58・6・28判タ533号189頁（肯定事例）
▷東京地判昭和58・11・14判時1115号106頁、判タ519号167頁（肯定事例）
▷東京地判昭和59・5・28判時1151号91頁（肯定事例）
▷東京地判昭和60・1・28判時1169号66頁、判タ556号158頁（肯定事例）
▷横浜地判昭和61・10・17判時1227号114頁、判タ637号145頁（肯定事例）
▷東京地判昭和61・12・24判タ648号185頁（肯定事例）
▷東京地判昭和62・1・26判時1264号81頁、金判790号37頁（報酬の合意が要素の錯誤による無効事例）
▷東京地判昭和62・6・18判時1285号78頁（否定事例）
▷大阪高判昭和63・8・10判タ679号185頁（肯定事例）

【平成年代】

▷東京地判平成元・10・31判時1353号63頁（肯定事例）
▷東京地判平成２・３・２判時1364号60頁（肯定事例）
▷東京地判平成２・12・20判時1398号80頁（肯定事例）
▷東京地判平成３・４・19判時1403号42頁（肯定事例）
▷東京地判平成３・６・６判タ773号196頁（否定事例）
▷東京高判平成３・12・４判時1430号83頁、判タ786号206頁（肯定事例）
▷東京地判平成４・２・25判時1444号99頁（肯定事例）
▷東京地判平成４・４・28判時1469号106頁、判タ811号156頁（肯定事例）
▷東京地判平成７・２・22判時1554号85頁、判タ905号197頁（肯定事例）
▷東京地判平成７・３・13判タ890号140頁（肯定事例）
▷東京高判平成７・11・29判時1595号60頁、判タ904号134頁（肯定事例）
▷東京地判平成８・１・30判タ953号204頁（肯定事例）

▷東京地判平成８・７・22判タ944号167頁（肯定事例）
▷東京地判平成９・12・19判タ981号173頁（肯定事例）
▷東京地判平成10・２・５判タ1008号178頁（肯定事例）
▷東京地判平成10・２・27判タ997号229頁（否定事例）
▷東京地判平成10・３・16判タ1015号168頁（肯定事例）
▷東京地判平成10・６・26判タ1046号182頁（肯定事例）
▷東京地判平成11・６・29判タ1081号220頁（肯定事例）
▷東京地判平成14・３・29判時1795号119頁（肯定事例）
▷東京地判平成15・３・25判時1839号102頁（合意が公序良俗違反により無効とされた事例）
▷東京地判平成17・６・28判タ1214号243頁（黙示の合意による肯定事例）
▷東京地判平成17・７・８判タ1252号275頁（肯定事例）
▷東京地判平成17・10・12判タ1196号77頁（肯定事例）
▷東京地判平成18・11・21判タ1246号210頁（肯定事例）
▷東京地判平成19・７・31判タ1294号108頁（肯定事例）
▷東京地判平成19・８・24判タ1288号100頁（黙示の合意による肯定事例）
▷大阪地判平成20・４・21判タ1286号163頁（肯定事例）
▷東京地判平成20・５・30判時2021号75頁（肯定事例）
▷横浜地判平成20・７・10判時2074号97頁（消費者契約法９条１号による無効事例）
▷東京地判平成20・11・14判タ1309号225頁（肯定事例）
▷東京地判平成20・12・16判時2034号46頁、判タ1303号168頁（肯定事例）
▷東京高判平成20・12・25判時2051号54頁（肯定事例）
▷横浜地判平成21・７・10判時2074号97頁（肯定事例）
▷大阪高判平成22・５・28判時2131号66頁（否定事例）
▷東京地立川支判平成23・５・25判時2117号28頁（肯定事例）
▷東京地判平成24・１・30判タ1374号156頁（否定事例）
▷東京地判平成24・３・29判タ1384号180頁（肯定事例）
▷東京地判平成24・11・30判タ1394号191頁（肯定事例）
▷東京高判平成25・３・13判時2194号22頁（否定事例）
▷東京地判平成25・７・18判タ1410号332頁（否定事例）
▷神戸地尼崎支判平成26・10・24金判1458号46頁（否定事例）

(2)　報酬をめぐる近時の動向

現在までに多数の弁護士の報酬をめぐる訴訟が提起され、判例時報等の法律雑誌にも多数の判決が掲載されている。筆者が法律実務家になった当時は、弁護士が受任事件を処理することは、民法の委任契約における無償の原則を尊重しつつも、有償であるのが原則であるが、依頼者に対して報酬を訴訟において請求することは想定外のことであると聞かされていた。当時のそのような現象は、弁護士とか、医者といった高度の専門家は、金銭の事柄を軽々に語るべきものではないし、委任の無償の原則は高級な業務であることが沿革的な根拠であるなどと学んだことが背景にあったものと思われる。弁護士が法律相談を行い、あるいは事件を受任し、処理をしたとしても、相談者が相談料を、依頼者が報酬を支払わないことがあったとしても、訴訟を提起して報酬を請求することまではしないものと聞いた記憶がある。また、当時は、事件を受任するにあたって、委任契約書を取り交わすことは少なかったであろうし、報酬の合意を明確にすることや、報酬に関する書面を取り交わすことも少なかったであろう（当時の判決などを振り返ってみると、報酬の合意がない場合における報酬の算定した判決の事例がみられるのである）。

時代は変わったのである。平成15年の弁護士法改正により、弁護士の報酬に関する標準を示す弁護士会の会則事項が廃止され、日弁連の報酬等基準規程、各単位弁護士会の弁護士報酬規程も廃止されるとともに、日弁連において弁護士の報酬に関する規程が制定され、各弁護士が報酬基準を作成し、備え置き、報酬の説明を行うこと等が義務づけられている（なお、従来の弁護士の報酬をめぐる訴訟において報酬等基準規程が裁判所の判断の根拠、参考とされているのは、弁護士の報酬に関する法制度があったからである）。弁護士職務基本規程は、弁護士報酬に関する規定を設け、弁護士は、経済的利益、事案の難易、時間および労力その他の事情に照らして、適正かつ妥当な弁護士報酬を提示しなければならないと定めている（同規程24条）。弁護士は、各自、報酬基準を作成し、備え付けたうえ、相談、依頼の予定者に説明し、適正かつ妥当な弁護士報酬を提示し、合意をすることが必要であり、この範囲で自由に報酬の額、算定方法を定めることができる。

弁護士が相談、依頼の予定者との間で実際にどのように報酬の額、算定方法を交渉し、合意をしているかの詳細は個々の弁護士ごとに異なるであろうが、近年は、一方で弁護士の激増、他方で弁護士に対する需要の低下、低迷がみられるため、一般的には弁護士間の競争の激化、弁護士の報酬額の低額化の現象がみられるようである。法律事務所は、その規模を問わず、事業として経営される側面が大きいため、弁護士の報酬の低下は、法律事務所の経営の悪化に直結することになる。経営が悪化した法律事務所の対策は、個々の弁護士、個々の法律事務所ごとに異なるものであろうが、経費の削減、人件費の削減、弁護士・事務員のリストラ、法律事務所の賃料の減額、賃料の安い事務所への移転、事務処理の効率化、安い報酬による事件の受任、他の事件・業務への参入、新規の業務への参入、営業活動の拡大等の対策がとられているようである。もっとも、現在、弁護士の増加が継続するため、従来とられてきた対策によっては現状を打開することは困難であると思われ、新たな観点からの対策、対応が求められている（このような対策、対応は、現状を認識した個々の弁護士の努力、挑戦が重要であり、誰かが環境を整備したり、提供したりするといった発想は誤っているであろう）。このような時代には、弁護士の金銭をめぐる不祥事の増加が予想されるため、貧すれば鈍することも注意することが重要である。

4　弁護士とコンプライアンス

⑴　弁護士業務における法令遵守

弁護士の業務の中心は、法律の適用に関する事務処理であり、法律を適切、有効かつ適法に適用するとともに、依頼者らに法律の適切な遵守等を指導、助言することであり、法律の適用・遵守が基本である（なお、弁護士にとっては、このほかに、弁護士倫理を遵守して事務処理を行うことも重要である）。このような法律の適用に関する事務処理は、見方を変えるとコンプライアンスの要請を満たすことが必要である。現代社会においては、コンプライアンスの要請は会社に限らず、事業者一般に強く求められているものであり、弁護士だけが例外ではない。弁護士は、その業務の中心が法律の専門家として行う法律の適用に関する事務処理であり、他の事業者と比較すると、より一層コンプライアンスの要請が求められるものである。

弁護士は業務として依頼者から事件を受任したり、相談者から法律相談を受けたりして、事務処理を行い、意見を開陳するが、これらの業務を行うにあたっては、弁護士法等の法令を遵守し、弁護士倫理（現在は、弁護士職務基本規程として具体化されている）を遵守するだけでなく、公序良俗に違反したり、社会常識から著しく逸脱した事務処理、言動をしたりすることを控えることは当然のことであると理解されている。法令の中でも、弁護士法は、弁護士の資格だけでなく、弁護士の使命および職務、弁護士の権利および義務、懲戒、罰則等に関する諸規定を定めており、弁護士が業務を行うにあたって基本的で重要な規定が明らかにされている。弁護士法に違反した場合、刑罰規定に違反したときは、刑罰の制裁を受けるものであるし（懲戒の請求を受け、懲戒処分の制裁も受けることになろう）、他の規定に違反したときは、懲戒の理由になることが多いであろう。なお、弁護士にとってのコンプライアンスの要請は、弁護士法のみを遵守すれば足りるものでないことはいうまでもなく、法律全体の遵守が求められている。

(2) 弁護士法違反

弁護士が弁護士法に違反する事務処理を行う等の業務を行った場合、私法上の問題が生じることがあるが、この場合には、弁護士法の諸規定の内容が私法上の問題を前提としたものではないことから、弁護士法違反の事実が直ちに私法上の効果を生じるものではないということができる。しかし、弁護士が弁護士法の規定に違反する契約を締結したりして契約の効力が問題になったり、弁護士法の規定に違反する事務処理によって依頼者等との間で不法行為の成否が問題になったりすることがあるが、この場合には、公序良俗違反、錯誤、詐欺等の契約の効力が問題になる場面とか、違法な権利・法益の侵害の有無等の不法行為の成否が問題になる場面において、弁護士法の規定に違反した事実が重要な事実として考慮されるものである（弁護過誤の事案について、弁護士の債務不履行責任が問題になった場合も同様である）。

前記のとおり、弁護士法には弁護士の業務に関する様々な規定が設けられているところであり、弁護士法違反といっても、個々の規定の内容、違反の内容・態様・程度によって違反の内容・程度が異なるものであるから、私法上の問題が生じた場合には、個々の事案ごとに検討し、判断することが必要であるが、弁護士法の規定の重要性に照らすと、前記のとおり、弁護士法の規定に違反した事実が私法上の問題につき重要な事実として考慮されると解することができる。なお、弁護士のコンプライアンスにおいて遵守すべき法令が弁護士法に限らず、法令全般であることは前記のとおりである。

⑶　弁護士の倫理違反

弁護士の倫理違反の場合については、弁護士職務基本規程においては、基本倫理、一般規律、依頼者との関係における規律（通則、職務を行い得ない事件の規律、事件の受任時における規律、事件の処理における規律、事件の終了時における規律）、刑事弁護における規律、組織内弁護士における規律、事件の相手方との関係における規律、共同事務所における規律、弁護士法人における規律、裁判の関係における規律、弁護士会との関係における規律、官公署との関係における規律について、解釈適用指針が定められている。弁護士職務基本規程は、平成16年11月10日、日本弁護士連合会（日弁連）臨時総会において可決され、制定されたものであるが（平成17年４月１日に施行されている）、従前の弁護士倫理（弁護士会の会則に基づき制定されたものではなかった）を見直す形で制定されたものである。弁護士職務基本規程には様々な規定が設けられており、その一部は弁護士法の規定と重複する部分もあるが、大半は弁護士の職務上の倫理を定めたものであるということができる。弁護士職務基本規程に違反した場合、直ちに懲戒処分に付されるものではなく、実質的に解釈、判断されるとの解釈が明らかにされているが（日本弁護士連合会編「自由と正義」56巻６号〔臨時増刊号〕参照）、弁護士の倫理について定めたものであり、日頃からその遵守に努めるべきことが要請されているところである。弁護士職務基本規程は、前記の弁護士の事務処理、業務の遂行が私法上問題になった場合、どのような機能、役割をもつかが問題になるが、倫理上の要請と法令上の要請は異なる側面があるものの、規程違反の事実が私法上弁護士にとって不利な事情として考慮されることがあり得ることは否定できないし（私法の分野では、通常の弁護士の事務処理の基準、あるいは注意義務の水準を検討し、判断するにあたって規程が考慮されることは当然であろう）、現に裁判例においては規程、あるいは規程違反を考慮したものも登場しているところである。

弁護士の業務のうち、通常の業務は、弁護士法、弁護士職務基本規程を前提とし、依頼者、相談者との間で委任契約、準委任契約を締結し（主として準委任契約にあたる契約を締結するものであるが、本書においては、特段の指摘をしない限り、委任契約と呼ぶことにしたい）、事件を受任し、受任に係る事務処理をしたり、相談に応じた助言、意見を述べたりすることになる。もっとも、弁護士の業務の内容、地位等の事情によっては委任契約以外の契約を締結することもあり得る。

弁護士と依頼者、相談者との間の法律関係は、前記のとおり、弁護士法、弁護士職務基本規程を前提としつつ、締結された契約の内容、適用される民法の規定によって個々の場合ごとに具体的な内容が明らかにされることになる。弁護士と依頼者等との間の法的な紛争が発生した場合には、刑罰、懲戒の問題を除き、私法の法律問題としては、契約関係の問題として検討することが必要であるが、事案ごとに不法行為等の契約関係を前提としない法理の適用を受けることもあり得るところである。弁護士が直面する法的な紛争は、契約関係のある依頼者等だけではなく、契約関係のない者との間にも発生することがあるが、この場合には、関連する民法の規定を適用して検討することになる。

5 弁護士法と弁護士

(1) 弁護士法の概要

弁護士がその業務を行うにあたって、法令、倫理を遵守することが必要であり、重要であるが、法令の中でも、弁護士法は、弁護士の資格を定め、弁護士の権利および義務、懲戒、罰則等に関する諸規定を設けているものであるから、弁護士がその業務を行う場合には、日常的に密接に関係する法律である。弁護士法は、弁護士にとって重要な法律であるだけでなく、弁護士に隣接する業務を行う者、法律事件に関わる事務を行う者、さらには弁護士への相談者、依頼者にとっても重要な法律である。実際に弁護士法の適用をめぐる問題として、非弁活動が問題になったり、弁護士に対する懲戒が問題になったりする事例を見かけることは少なくない。

弁護士となるには、入会しようとする弁護士会を経て、日本弁護士連合会（日弁連）に登録の請求をしなければならず（弁護士法９条）、日弁連に備えた弁護士名簿に登録されなければならないとされているものであり（同法８条）、弁護士として業務を行うためには、地域にある各弁護士会に入会し（この弁護士会は、単位弁護士会と呼ばれることがあるが、東京都に三つの弁護士会、北海道に四つの弁護士会があるほか、全国の府県にそれぞれ一つの弁護士会が設置されてる)、日弁連の名簿に登録されていることが必要である（業務停止等の懲戒を受けていないことも、業務を適法に行うためには必要である)。

弁護士の職務は、法定されており、弁護士は、当事者その他関係人の依頼または官公署の委嘱によって、訴訟事件、非訟事件および審査請求、異議申立て、再審査請求等行政庁に対する不服申立事件に関する行為その他一般の法律事務を行うことを職務とするとともに（弁護士法３条１項)、当然、弁理士および税理士の事務を行うことができる（同条２項）とされている。この規定は、非弁護士の問題にも関連しており、非弁護士の法律事務の取扱い等の禁止等の諸規定が設けられている（同法72条ないし74条)。

弁護士の職責の根本基準も法定されており、「弁護士は、常に、深い教養の保持と高い品性の陶やに努め、法令および法律事務に精通しなければならない」とされている（弁護士法２条)。法令および法律事務に精通していることは、弁護士の職責の根本基準として法定されているが、精通という言葉のもつ意義は重いものである。新人弁護士、経験の浅い弁護士、あるいは経験のある弁護士であっても新規の分野の業務を行う弁護士の場合、当該業務につき法令および法律事務に精通しているといえるのかが問題になり得る。弁護士が前記のとおり依頼者等の相談、依頼によって法律事務を行う場合、法令および法律事務に精通しなければならないとされていることは、弁護士が提供するサービスが精通している水準にあることを要請するものである。弁護士が依頼者等との間でトラブルが発生し、訴訟に発展する等した場合、弁護士の善管注意義務等の注意義務違反が問われることがあるが、弁護士法の規定、あるいは規定違反が私法上の問題につきそのまま適用されるものではないものの、規定の趣旨、内容等の事情を踏まえて、通常の弁護士という基準の内容となる等し、これらの注意義務違反の判断基準として考慮されることがある。

弁護士法は、弁護士の権利および義務についていくつかの規定を設けており、法律事務所（弁護士法20条)、法律事務所の届出義務（同法21条)、会則を守る義務（同法22条。なお、弁護士職務基本規程も会則に含まれる)、秘密保持の権利および義務（同法23条)、報告の請求（同法23条の２。これは弁護士照会と呼ばれることがある)、委嘱事項等を行う義務（同法24条)、職務を行い得ない事件

（同法25条）、汚職行為の禁止（同法26条）、非弁護士との提携の禁止（同法27条）、係争権利の譲受の禁止（同法28条）、依頼者の不承諾の通知義務（同法29条）、営利業務の届出等（同法30条）に関する規定が定められている。これらの諸規定のうち、弁護士が日常的に業務を行うにあたって特に遵守につき注意を払っているのは、会則を守る義務（同法22条）、秘密保持の義務（同法23条）、職務を行い得ない事件（同法25条）、汚職行為の禁止（同法26条）、非弁護士との提携の禁止（同法27条）である。法律事務の相談、受任をし、これらの規定に違反した場合、相談者、依頼者、関係者が弁護士に対して債務不履行、不法行為に基づき損害賠償責任を追及したときは、弁護士法の前記の諸規定違反は、それ自体が債務不履行、不法行為にあたるとはいえないとしても、その規定の趣旨、内容、事案の内容等の事情とともに弁護士に不利益に考慮されることになる。

⑵ 様々な勧誘への対応

弁護士が業務を遂行する場合、法律事務所を経営し、事件を受任する等のために様々な立場、事業を行う者との間で取引を行うことが必要であるが（勤務弁護士、事務職員を雇うことも、そのような取引の一つである）、弁護士との接触を求める者の中には、弁護士法に違反し、あるいは違反するおそれがある者が存在することがあるし、このような関係者が少なくないことも見かけるところである。弁護士の経験が少なく、弁護士としての経験が長いとはいえず、稼働時間が多いとはいえない筆者のような者であっても、弁護士になった後、特に自分の法律事務所を開設した後において、幾度か、前記のような者から勧誘を受け、あるいは接触が求められた経験がある（中には、弁護士から勧誘を受けた経験もある）。もちろん、知り合いの弁護士からも、弁護士法上問題になるような勧誘を受けることがあることに注意をしたほうがよい旨の忠告を受けたこともある。弁護士法においては、弁護士または弁護士法人でない者は、法律に別段の定めがある場合を除き、報酬を得る目的で訴訟事件、非訟事件および審査請求、異議申立て、再審査請求等行政庁に対する不服申立事件その他一般の法律事件に関して鑑定、代理、仲裁もしくは和解その他の法律事務を取り扱い、またはこれらの周旋をすることを業とすることはできないとされ（弁護士法72条）、何人も、他人の権利を譲り受けて、訴訟、調停、和解その他の手段によって、その権利の実行をすることを業とすることができないとされる（同法73条）。さらに、弁護士または弁護士法人でない者は、弁護士または法律事務所の標示または記載をしてはならないし、弁護士または弁護士法人でない者は、利益を得る目的で、法律相談その他法律事務を取り扱う旨の標示または記載をしてはならない等とされ（同法74条）、この規定の違反につき刑罰が科せられることになっている（同法77条3号・4号、77条の2）。弁護士がこのような非弁と提携等した場合には、弁護士法違反の共犯となることがある。なお、弁護士職務基本規程上、弁護士が弁護士法72条から74条までの規定に違反する者またはこれらの規定に違反すると疑うに足りる相当の理由のある者から依頼者の紹介を受け、これらの者を利用し、またはこれらの者に自己の名義を利用させてはならないとされている（弁護士職務基本規程11条。なお、旧弁護士倫理12条参照）。

弁護士が業務の遂行上、取引を行った場合、弁護士法のこれらの規定に違反することは重大なリスクであり、違反しないよう十分な注意をすることが必要であるが、弁護士職務基本規程の前記規定に違反することも懲戒事由になることがあるほか、民法90条の公序良俗に違反するとされることもある。弁護士が自ら取引を行い、あるいは取引に関与し、当該取引が強行規定に違反して無効であるとされたり、公序良俗に違反して無効であるとされることがあるから、この観点から無効のリスクを的確に回避する検討と判断が必要である。

6　弁護士と依頼者等との委任契約

(1)　委任契約書作成の重要性

弁護士と依頼者との間の法律関係は、両者の間には委任契約が締結されていることから、契約の解釈によって定められる。弁護士と依頼者等との間の紛争が発生した場合には、契約の成否、内容が問題になることがあるが、事件の依頼の場合にはいうまでもなく、法律相談等の場合であっても、契約が締結されていることが多い。なお、このような場合に弁護士が契約を締結するといっても、委任契約書を作成するとか、明示の口頭の契約が成立すると認められるだけでなく、黙示の契約の成立が認められることがある（このような契約の成否、内容は、後日、弁護士と依頼者等との間で紛争が発生した場合において、紛争解決の重要な内容、基準等として機能するものである)。

弁護士と依頼等に係る契約書の関係については、弁護士職務基本規程にも規定が設けられており、次のように定められている(30条の「委任契約書の作成」に関する規定)。

「弁護士は、事件を受任するに当たり、弁護士報酬に関する事項を含む委任契約書を作成しなければならない。ただし、委任契約書を作成することに困難な事由があるときは、その事由が止んだ後、これを作成する。」(弁護士職務基本規程30条1項)

「前項の規定にかかわらず、受任する事件が、法律相談、簡易な書面の作成又は顧問契約その他継続的な契約に基づくものであるときその他合理的な理由があるときは、委任契約書の作成を要しない。」(弁護士職務基本規程30条2項)

弁護士職務基本規程は、このように、事件の受任には原則として委任契約書の作成が必要であるとしつつ(委任契約書の作成の時期は、原則として受任に係る事務処理を行う前であるとしている)、例外的に、法律相談、簡易な書面の作成等の合理的な理由があるときは、委任契約書の作成を要しないとする規律を定めている。この弁護士職務基本規程の規律は、弁護士の実務の実情をほぼ反映したものである。もっとも、筆者の見聞する限りでは、弁護士ごとに委任契約書の作成を要する事件の範囲・要否の判断は異なるところがあり、訴訟等の裁判等に限定的に委任契約書を作成したりする事例もあるようである。

現在の弁護士の実務においては、依頼者との相談、依頼者との協議によって、まず依頼の内容、範囲を明らかにしたうえ、特段の事情のない限り、契約書を作成し、訴訟、示談等の法律事務を受任することが通常である。実際上、契約書にどの程度の内容を記載するかは、個々の弁護士によって、依頼者の意向によって、あるいは地域によって異なるところが多いが(契約書を作成すること自体についても、相当に事情が異なるであろう)、契約書を委任の内容に従って適切な事項を記載しておくことが(委任の基本的な事項、中心的な事項については、契約書上明記することが重要である)、受任した弁護士の事務処理・権限の範囲を明確にし、依頼者との後日の紛争を予防するために重要である(実際に弁護士と依頼者との間に紛争が発生した場合には、紛争解決の重要な内容、基準になることはいうまでもない）。弁護士が法律事務の受任にあたって契約書を作成することは、従来、依頼者との間の委任の内容、範囲、事務処理の内容等をめぐるトラブルが少なくないこと、委任した法律事務の終了の時期、報酬の支払時期・額をめぐるトラブルが少なくないこと、弁護士の受任事項、受任に係る権限の範囲を明確にする必要が高いことに照らして極めて重要である。

(2)　委任契約に関する規定の取扱い

弁護士が法律事務の受任にあたって委任契約を締結する場合、民法所定の委任契約に関する規定（民法643条ないし656条）をどのように取り扱うかは、個々の契約ごとに異なるものの、実際にはこれらの規定を排除しない内容の契約がほとんどであると推測される（弁護士が委任契約を締結するにあたって民法の規定をどの程度盛り込むかは、個々の弁護士の委任契約の実務ごとに相当に異なる）。弁護士と依頼者との法律関係は、前記の契約書のほか、民法所定の委任に関する規定によって定められ、明確にされることになる（民法総則、債権総論における一般法理が適用されることはいうまでもない）。弁護士の委任契約書の解釈にあたっては、契約書の規定の内容、文言、規定相互の関係のほか、契約締結の目的・動機、締結の経過、弁護士の説明等の事情を総合し、法律関係の内容を明確化、具体化することが必要である。契約書の解釈、委任に関する規定の解釈にあたっては、信義則の法理、合理的な意思解釈の法理によって裁判官によって契約書の内容が修正されたり、新たな義務が追加されたりすることがあるが、この理は、弁護士の委任契約も例外ではない。

また、近年、弁護士と依頼者との間の法律関係の解釈にあたって注意をすることが必要であるのは、依頼者が消費者（個人のうち、個人事業者を除くものである）である場合には、委任契約が消費者契約にあたることから、消費者契約法の適用を受けることである。消費者契約法の規定を委任契約書の内容に盛り込むことはないが、弁護士の委任契約の内容によっては、消費者契約法の契約の効力に関する規定（たとえば、消費者契約法４条、８条、９条、10条）に該当するとして委任契約の取消し、無効が問題になることがあり得る。弁護士と依頼者との間の従来のトラブルの実態を踏まえると、これらの消費者契約法の規定のうち、８条ないし10条の規定は、消費者を相手方とする弁護士の委任契約に適用され、契約の一部が無効とされる可能性がある。

ところで、弁護士と依頼者との間の法律関係においては、弁護士職務基本規程等の弁護士倫理が法律関係に含まれる内容であるかどうかが問題になることがあるが、現に裁判例において問題になった事例もある。倫理は、法律関係とは別であるとの見解もあろうが、高度の専門職の依頼者との法律関係においては、現時点では、倫理そのものが法律関係の内容になるとか、倫理によって定められた内容が高度の専門家の提供するサービス等の品質であるとか、信義則、善管注意義務（民法644条）を介して法律関係の内容になるとの見解のほうが合理的であり、相当である（倫理規定の内容を個別に検討することが必要であり、すべての倫理規定が同様な取扱いを受けるわけではない）。

弁護士と依頼者との法律関係は、委任契約であるとの基本は変化がないものの、その内容は時代とともに、法律等の制定・改正とともに、社会の弁護士に対する認識・意識の変化とともに大きく異なっているということができる。この意味では、本書が紹介する裁判例も、比較的古い時代のものは、現時点においてどの程度妥当するかは、個々の裁判例の内容を慎重に検討することが必要になっている。

7 弁護士の事件の受任、相談のきっかけとクレーム

(1) 受任、相談のきっかけ

弁護士が行う法律事務は、相談者の法律相談、依頼者の依頼に係る契約書等の検討、依頼者との面談・助言、依頼者の依頼に係る会議の出席・助言、依頼者の依頼に係る各種文書の作成、専門家としての意見書の作成、依頼者の依頼に係る各種手続の履行、契約・示談等の交渉・合意、訴訟等の受任事件の諸活動、これらに付随する諸活動等が主要なものである（民事関係の事件に限定している）。これらの法律事務は、依頼者（相談者を含む）との関係の観点からみると、通常、顧問契約を締結している依頼者、顧問契約は締結していないものの継続的に依頼のある依頼者、従前に依頼のあった依頼者、初めての依頼者であり紹介者のある者、初めての依頼者であり紹介者のない者、弁護士会の紹介による依頼者等に分けることができるが（弁護士にとって、友人、知人、親族の関係にある依頼者もある）、これらの分類は、弁護士が依頼者から依頼を受けた法

律事務を行うにあたって重要な意義をもっている。紹介者がある場合でも、紹介者にも様々な者がみられ、顧問先、従前の受任事件の関係者、弁護士、親族、友人、知人等が紹介者になることがあるが、紹介者との関係、紹介者の信頼性等も多様である。なお、近年は、弁護士の広告宣伝が原則として自由になったこと等の事情から、紹介者のない初めての依頼者も相当に増加していることが推測される（特に過払金返還事件の依頼者は、テレビ、ラジオ、雑誌、新聞、車内広告等の実態に照らすと、紹介者がなく、広告宣伝を見聞した初めての依頼者が圧倒的に多いものと推測される）。

また、同様に、依頼者の属性の観点からみると、個人、株式会社等の会社、その他の法人、団体等の依頼者があるが、会社、その他の法人、団体は規模、業務の種類・内容、経営者・運営者等の事情によって相当に異なるところ、これらの分類もまた、弁護士が依頼者から依頼を受けた法律事務を行うにあたって重要な意義をもっている。

(2)　紹介者がある場合の注意点

事件の相談、依頼にあたって依頼者に紹介者がある場合には、紹介者がない場合と比べると、一般的には依頼者には信用があると考え、事件を受任する方向で判断することが多いが（紹介者との関係によっては、依頼者の依頼に係る事件の受任を断りきれないことがある）、紹介者との関係、紹介者の属性等の事情によっては、依頼者の依頼を断ったほうが賢明であることが少なくないし、依頼を受任した後、受任に係る事件の事務処理をめぐって対立が生じ、依頼者との関係が悪化し、トラブルに発展することがある。依頼者との間でこのようなトラブルが発生した場合、紹介者との関係に配慮し、依頼者の意向に従ったりすると、後日、より深刻なトラブルを抱えるおそれがあるし（依頼者と紹介者との関係によっては、依頼者がクレームを付けやすいと考えていることもある）、紹介者に依頼者とのトラブルを伝えたりすると、依頼者から守秘義務違反を問われるおそれもある。しかも、紹介者に対する従来の好感情が逆に悪感情に変化し、紹介者との関係にもひびが入ることも少なくない。紹介者のある依頼者であるからといって、依頼者の属性、信頼性、依頼の内容等については、自らの判断と責任で受任するかどうかを決めることが、後日の後悔を避けるために重要である。

依頼者、相談者の中には、弁護士の家族、近い親族、親しい友人がいるが、これらの関係にある者の依頼、相談については、一般的な相談は別として、個別具体的な事件の相談、さらに依頼は、人間関係が密接であること、事件に対する主観的、情緒的な判断が優先するおそれがあることから、客観的、専門的な判断、事務処理に支障が生じることが少なくない。これらの関係にある者にとっては、弁護士に対する主観的、個人的な期待が強すぎるし、依頼等を受ける弁護士にとっては、期待に対する過剰な対応が生じ、事件の見立てが冷静で客観的、専門的な観点から困難になることがある。事件の依頼を受任し、相当期間にわたって事務処理を適切、的確に行うためには、その期間依頼者との間に専門家としての弁護士と依頼者との間の信頼関係、協同関係が形成されることが重要であるが、これらの関係は家族、親族、友人といった密接、個人的な関係とは異なるものであり、後者の関係が前者の関係の形成、維持の障害になることがある。

(3) クレームの発生

弁護士は、依頼者から依頼を受け、法律事務を受任した場合、依頼の趣旨・内容・範囲が具体的に明確にされ、その依頼の趣旨・内容が実現されるよう、通常の弁護士として期待される水準の法律事務を行うことに努めることになるが（特定の分野等につき高度の知識、経験、地位等を考慮し、通常の弁護士の水準を超える高度の専門家である弁護士であることが期待されることもある）、その反面、現代取引社会におけるクレームの実情等を反映し、弁護士と依頼者との関係においてもクレームの発生が予想されるため、クレームが発生しないような対策をとり、法律事務を行うことにも努めることが多い。

本書で紹介する弁護士の取引をめぐる裁判例は、弁護士と依頼者、関係者との間に発生した紛争が訴訟に発展し、法律雑誌に公表された事例であるが、その背後には訴訟に発展した事例、懲戒請求に発展した事例、示談交渉に発展した事例、単なるクレームに終わった事例等の多くの事例があったことは容易に推測されるところである。筆者も裁判官を退官し、実際に弁護士の登録をし、弁護士としての業務を行っていると、その数は少ないものの、様々なクレームの事例を見聞することがあったし、「自由と正義」に公表されたり、雑誌、書籍に記載されたりする事例も見かけたところである。弁護士が依頼された法律事務を行う際、通常の弁護士に期待される内容・程度の事務を行っている場合には、事務処理の過誤、水準の低い事務処理が行われた場合と比較すると、依頼者等からのクレームが少なくなると推測され、予想されるが、通常の水準の法律事務を行っていたとしても、クレームがなくなるものではないし、クレームが少なくならないこともある（なお、慎重な配慮を行って法律事務を処理していても、クレームがつけられることがある）。法律事務の処理にあたってクレームをつけるのは、依頼者に限らないが、依頼者が多いことは様々な事例から推測される。弁護士にとってクレーム対策は、法律事務を適正、円滑に処理するために重要であるだけでなく、弁護士としての業務、事務所の運営を適切に遂行するためにも重要であり、その重要性は近年ますます増しているように思われるのである。弁護士がクレーム対策をとる場合、様々な事情を考慮するが、前記の依頼者との関係、依頼者の属性に関する諸事情を重要な事情として考慮しているものと推測される。なお、弁護士がその業務を遂行するにあたってクレーム対策をとることが重要になっているが、クレームの発生原因、クレームの悪化原因等の実情を考慮すると、クレーム対策を検討する場合には、弁護士の立場だけでなく、法律事務を依頼する依頼者等の立場、考え方をも十分に配慮して検討することが重要である。

他方、弁護士に法律相談、事件の依頼をしようとしている個人、企業等にとっては、以前から相談、事件を依頼しているとか、知人であるとか、紹介者を特に信用しているといった特別の事情があれば別であるが、電話等を利用して連絡し、面談している弁護士の人柄、能力、経験、事務処理の仕方、人間関係の持ち方、信用性等の属性を知り得ないため、相当に緊張し、不安な状態にある。このような依頼者等が弁護士に法律相談をし、助言を受けたり、事件を依頼し、事務処理をしてもらう場合、その間、弁護士の態度、話の聞き方、話し方、話の内容、助言の内容、事務処理の内容、事務処理の仕方等の事情によって様々な不満、不信感を抱くことは容易に推測されるし、これらの過程において不満等が一層高まることもあり得る。依頼者等は、弁護士の些細な言動、態度等によって容易に不満等を抱くことがあり、これらの不満等がクレームの原因、さらに重大なクレームである懲戒請求、訴訟の提起を誘発することも十分にあり得る。

依頼者等が弁護士にクレームをつける場合、弁護士のみに原因があったり、依頼者等のみに原因があったりすることもあるが、弁護士、依頼者等の双方に原因があることも少なくない。弁護士が依頼者等に助言をし、依頼に係る事件の事務処理を行う場合、その内容にもよるが、双方の協同関係が必要であり、助言・事務処理の間の人間関係が良好に維持されることが重要であるところ、これらの関係が双方の様々なやりとりを経て動揺し、相互に不満等を抱くことが十分にあり得るのである。

8 弁護士の事件の受任、相談とクレーム対策

(1) 受任の際における考慮

弁護士が法律相談、訴訟の追行等の法律事務を行うにあたっては、依頼の内容・趣旨に沿った法律事務を処理するように努めることになるが、これだけでは、弁護士にとって十分ではない。弁護士が依頼者等からの依頼に係る法律事務を処理するには、通常の弁護士の水準による事務処理をすることが最小限度必要であるが（弁護士が特定の分野において高度の専門家として事件を受任する等した場合には、特定の分野における専門家としての水準による事務処理をすることが必要である）、このような事務処理をするとともに、相談者、依頼者等からのクレーム、苦情を防止、回避するための対策を講じることが重要である。後者の観点からは、弁護士は、依頼に係る事務処理をするにあたって、依頼者等との関係、依頼者等の属性を考慮し、配慮することが重要である。しかし、クレーム等の対策のためには、このほか、弁護士が受任する訴訟の追行等の法律事務の内容、依頼者の依頼の目的、法律事務の処理の内容、法律事務の処理の方法・手続、法律事務の処理の過程（依頼者への説明、依頼者への報告、依頼者との協議、依頼者の了解等の過程）、法律事務の処理の結果、相手方、関係者の属性等の事情を考慮し、配慮することも重要である。

弁護士が法律相談、訴訟の追行、契約・示談の交渉・締結等の法律事務を受任するにあたっては、受任する法律事務の内容等につき知識、経験を有するかを考慮するほか、法律事務の内容（依頼者の期待する結果が実現できるか、実現のためにどのような方法・手続が必要であるか等のほか、その内容が法令、公序良

俗、社会倫理、弁護士倫理、社会常識に合致するかの事情）も考慮して判断するものである。依頼者、相談者の中には、違法であったり、公序良俗に反する等の内容の相談、事件の依頼をする者もいるが、弁護士として違法、公序良俗に反する助言をすることは許されないし、そのような依頼を受任することも許されない。違法であるか、公序良俗に反するか等の境界付近にある相談、事件の依頼に応じるか、あるいは背景事情に照らして違法、公序良俗違反等が疑われる相談、事件の依頼に応じるかは、慎重に検討し、判断すべきである。仮にこのような相談、事件の依頼に応じる場合には、後日依頼者等からのクレームが生じる可能性が相当あるということができよう。相談、事件の依頼に応じた弁護士の法律事務、社会における信用を低下させるおそれもあるが、特定の依頼者等にとっては、逆にその信用を得ることもある。

また、法律相談、依頼に係る訴訟の追行等の法律事務の内容が違法、公序良俗違反等の事情はなくても、事件の種類、内容によっては紛争の内容が深刻であったり、深刻になりがちなことがあり、このような相談、事件の受任は、相談者、依頼者からのクレームが生じやすいものである。なお、法律相談、依頼に係る法律事務は、法的な観点、法的な方法・手続によって解決することができないことがあるし、適切な解決にならないことがあるが、このような場合、相談、依頼を受けた弁護士が助言、受任したとしても、弁護士ができる事柄には大きな限界があり、相談者、依頼者のクレームを呼び起こしやすいこともある。

⑵　クレーム対策の重要性

経験の豊富な弁護士は、法律相談、依頼に係る法律事務の内容に照らして違法、公序良俗等のクレーム、相談者、依頼者等の期待に照らしてクレームを呼び起こしやすい事態を予測する力量、ノウハウを蓄積していることが多く、クレームの防止、回避を相当に確実に行っているが、十分な経験、ノウハウ等がない弁護士にとってはこの観点からのクレーム対策が重要であるように考えられる。

弁護士が依頼者、関係者との間でトラブルを抱えるかは、事件を受任した後の事務処理の過程において処理した事務の内容、弁護士の言動、依頼者等の言動、事務処理の結果等の事情によるところが大きいが、実際には事件の受任の相談・打診、委任契約の締結交渉、委任契約の締結の段階において相当程度予測が可能であるし、これらの段階における言動、対応によっても影響を受けるところがある。弁護士が依頼者との主として委任契約の締結、履行という取引を円滑、円満に進行させ、終了させるためには（このことは、見方を変えれば、不要なクレーム、不要なトラブルを回避することでもある）、事件の受任の相談・打診、委任契約の締結交渉、契約締結の段階における様々な考慮と配慮が重要であることは、弁護士にとっては実務経験上明白な事柄であろう。

ところで、弁護士が日常的に行っているこれらの考慮と配慮は、どのような観点から検討され、実施されているのであろうか。弁護士にとっての考慮と配慮であるから、弁護士の立場からの見方、予測が基本となりがちであることはやむを得ないが、依頼者の立場からの見方、予測を重視することも重要であろう（依頼者等が弁護士の態度、言動、事務処理の仕方等によって不満等を抱かされ、クレームを誘発されることも少なくない）。そもそもトラブルを抱え、弁護士に相談し、事件として依頼するのは、依頼者、その関係者であるが、正式な依頼に踏み切るか、どのような依頼をするか、依頼した弁護士が受任した後はどのように事件が進行するのか、依頼した弁護士を信頼できるのか、依頼した弁護士が希望、意向どおりに事務処理をするのか、希望した結果が得られるのかなどの期待と疑問をもつことは当然である。依頼の相談・打診をする場合、依頼者、関係者は、弁護士に対してこれらの関心事を明示に質問することがあるが、明示の質問をしない場合であっても、関心と疑問を持っていることは間違いはない。

⑶ 依頼者への説明

弁護士は、近年、事件の受任の相談・打診から委任契約の締結の段階において必要な事項を依頼者に説明することが通常であるし、質問があれば、可能な限り、質問に対応していることが通常であろうが、業務の性質に照らし、依頼の予定者、依頼者に対する依頼に係る事件、事務処理に関して必要かつ相当な説明義務を法的に負うと解すべきである。弁護士職務基本規程においては、第３章（依頼者に対する関係における規律）に受任の際の説明等（29条）、不利益事項の説明（32条）、法律扶助制度等の説明（33条）の規定を設けており、このうち、29条１項は「弁護士は、事件を受任するに当たり、依頼者から得た情報に基づき、事件の見通し、処理の方法並びに弁護士報酬及び費用について、適切な説明をしなければならない」と定めているが、この規定は倫理にとどまらず、法的な義務というべきであろう。

依頼者が事件の受任の相談・打診、委任契約の締結交渉、契約締結を行う段階においては、依頼者の相談・打診、弁護士の説明、依頼者の質問等の過程を経て、依頼者と弁護士との間で、これらのコミュニケーションを通じて、相互の信頼性、事件の内容等の確認が行われるが、この過程は、委任契約の締結、履行という取引を円滑、円満に進行させ、終了させるために重要であるだけでなく、依頼者、その関係者らからの不要なクレーム、不要なトラブルの回避を図るためにも重要であるということができる。依頼者と弁護士との間では、事件の受任の打診の段階から事件のための事務処理を経て、事件の終了、終了後の事務処理を行う段階に至るまで、良好なコミュニケーションを維持することは、極めて重要な機能をもつものであるとともに、重要な手段である。従来は、依頼者と弁護士との間における信頼関係の維持が話題になることが多かったが、良好な信頼関係の維持を図るためには、良好なコミュニケーションの維持が重要な手段であり、コミュニケーションの具体的な手法は、弁護士の経験等に照らして、個々の依頼者、個々の受任に係る事件ごとに様々な工夫が必要である。

⑷　新たなクレームの種類と対応

弁護士が事件を受任し、関係する事務処理を行っていたり、行った場合、依頼者、その関係者等から弁護士に対して苦情が申し立てられたり、不満が伝えられたり、事務処理の過誤が指摘されたりすることがある。依頼者らからのクレームは、弁護士にとっては、一般的に常にあり得る依頼者らの反応、対応の一つであり、ありふれた反応、対応であり、例外的な出来事ではない。弁護士に対するクレームは、弁護士に実際に事務処理上の過誤があったり、報酬、費用の額、支払につき不満が生じたりする、従来からみられるクレームの場合もあるが、最近は、従来からみられるクレームが増加しているもののようであるほか、事務処理の内容、方向につき弁護士と意見が対立したり、依頼者への説明、報告が十分でないと指摘されたり、事務処理につき依頼者の個別の了解を得ていなかったり、依頼者の指示するような事務処理をしないと不満を告げられたり、裁判官、相手方等にもっと強硬に主張してほしいと不満を告げられたり、弁護士の証拠の評価、事実の認識等につき齟齬が大きかったり、裁判所に提出する準備書面等の内容に細かな不満を述べられたり、証拠の提出に不満を述べられたり、事件の進行、結果につき不満を告げられたり、深夜、早朝、休日の対応をしないと不満を述べられたり等する事例は少なくない。

依頼者らが弁護士に対してクレームをつける場合には、依頼者の地位、性格、弁護士との従来の関係によるところがあるが、本来、依頼者らにとっても相当の覚悟が必要であると思われがちであるものの（クレームをつけることに心理的な障害があったのであろう）、近年は、このようなクレームを見かけることが少なくないし、むしろ日常的に見かけるようになっている。近年は、依頼者らのクレームを意識しているかどうかは明らかではないものの、弁護士は、依頼者に対する説明を丁寧に行い、事務処理後の報告は迅速、詳細かつ丁寧に行っているし（依頼者との間で、認識の齟齬、誤解を防止し、納得、理解を求めるものである）、できる限り依頼者の意向を汲んだ内容、方向で事務処理を行うよう努めているものが多いと推測される。弁護士のこれらの事務処理は、依頼者らからのクレームを実際上減少させるものである。

弁護士の事務処理の仕方が変化している現在、依頼者らからのクレームが増加し、クレームの理由が多様化しているとすれば、弁護士の事務処理の仕方以外にも原因があると推測せざるを得ないが、この原因の調査、分析は、事柄の性質上容易ではない。一般的には、弁護士の依頼者らとの関係が変化しつつあることが顕著にみられるところであり、たとえば、弁護士・法律事務所の宣伝広告の増加・多様化、法律事務所の経営の悪化、弁護士・法律事務所間の競争の激化、弁護士・法律事務所の顧客獲得の手法の多様化・拡大、法律事務の需要の減少、法律事務市場の変化、弁護士の事件の受任基準の変化、弁護士の事件の受任の仕方の変化、弁護士と依頼者との間の信頼関係の希薄化・変貌、弁護士と依頼者との間の力関係の変化、知識・経験・研修の不十分な弁護士の激増、依頼者らの法律知識の増加、依頼者らの弁護士に対する意識の変化、弁護士らのクレーム対策の不足等を指摘することができよう。

弁護士が依頼者らからクレームを受けた場合、その対応の仕方、クレームの内容、弁護士の事務処理の内容等の事情によっては、懲戒請求、あるいは損害賠償等を請求する訴訟の提起といったより深刻なクレームに発展する可能性がある。本書においては、弁護士と依頼者らとの紛争が訴訟に発展し、裁判例として法律雑誌に公表されたものの紹介をしているだけであるが、その数、内容は実際に訴訟等のクレームの氷山の一角にすぎない。

9　弁護士の広告宣伝

弁護士が依頼者等から相談を受けたり、法律事務を受任したりする取引を行う場合、依頼者等が特定の弁護士に相談、委任等を行うきっかけには様々なものがあるが、そのきっかけは、弁護士間、法律事務所間の競争が激化するにつれ、多様化し、弁護士、法律事務所にとって積極的なものになっている。たとえば、近年盛んに利用されるようになっているのは、新聞、テレビ、ラジオ、電車広告、雑誌等による業務広告とか、インターネット上のホームページがあるが、これらは、一昔前には見られないものであった。弁護士の業務広告については、筆者が昭和56年頃、たまたま米国において在外研究に従事していた折、米国における広告の自由化をめぐる議論の末、自由化されてさほど年月が経過していない時期であったため、テレビによる弁護士の広告を見る機会があり、興味深く様々な弁護士のテレビ広告を視聴したが、当時は、日本においてもいずれはテレビで弁護士の広告を見ることになると漠然と予測したことがあった（筆者が視聴した弁護士の広告は、個人的な印象では、顧客を誘引する影響力がさほどありそうではなかったが、弁護士本人の動画とともに、弁護士の氏名等を繰り返す内容であったことから、弁護士の氏名を周知させる効果は得られるように思われた）。

弁護士の業務広告については、日本弁護士連合会会則（以下、「会則」という）が、弁護士は、自己の業務について広告をすることができるとし（会則29条の2第1項本文）、広告に関し必要な事項は、会規をもって定めるとしている（同条2項）。弁護士の業務広告に関する規程（以下、「業務広告規程」という）がこの規定に基づき制定されている（平成12年制定）。これらの諸規定によって弁護士の業務広告が原則として自由化されたものである（それ以前は、原則として禁止されていた）。

弁護士の業務広告に関する規程による広告は、弁護士が、口頭、書面、電磁的方法その他の方法により自己または自己の業務を他人に知らせるために行う情報の伝達および表示行為であって、顧客または依頼者となるように誘引することを主たる目的とするものをいうと定義している（業務広告規程２条)。業務広告規程は、相当に詳細な規定を設けており、たとえば、禁止される広告として、事実に合致していない広告、誤導または誤認のおそれのある広告、誇大または過度な期待を抱かせる広告、困惑させ、または過度な不安をあおる広告、特定の弁護士もしくは外国法事務弁護士または法律事務所もしくは外国法事務弁護士事務所と比較した広告、法令または本会会則もしくは所属弁護士会の会則または会規に違反する広告、弁護士の品位または信用を損なうおそれのある広告が列挙されているし（業務広告規程３条)、表示できない広告事項として、訴訟の勝訴率、顧問先または依頼者（ただし、依頼者の書面による同意がある場合を除く)、受任中の事件（ただし、依頼者の書面による同意がある場合および依頼者が特定されずかつ依頼者の利益を損なうおそれがない場合を除く)、過去に取扱いまたは関与した事件（ただし、依頼者の書面による同意がある場合および広く一般に知られている事件または依頼者が特定されない場合で、かつ依頼者の利益を損なうおそれがない場合を除く）が列挙されている（業務広告規程４条)。業務広告規程は、そのほかにも、訪問等による広告の禁止（業務広告規程５条)、特定の事件の勧誘広告（業務広告規程６条)、有価物等供与の禁止（業務広告規程７条)、第三者の抵触行為に対する協力禁止（業務広告規程８条)、広告をした弁護士の表示（業務広告規程９条)、通信手段により受任する場合の広告記載事項（業務広告規程９条の２)、広告であることの表示（業務広告規程10条）等の重要な規定を設けている。

他方、弁護士職務基本規程も、広告および宣伝に関する規定を設け、弁護士は、広告または宣伝するときは、虚偽または誤導にわたる情報を提供してはならないとし（９条１項)、弁護士は、品位を損なう広告または宣伝をしてはならないとも定めている（同条２項)。なお、広告、宣伝は、依頼の勧誘等に密接に関連するものであるが、弁護士職務基本規程は、弁護士は、不当な目的のため、または品位を損なう方法により、事件の依頼を勧誘し、または事件を誘発してはならないと定めている（10条)。

弁護士の業務広告は、過払金返還事件の急増をきっかけにして増加、多様化したということができるが（事件の性質上、これらの業務広告によって相当の効果があったことは容易に推測される）、他の類型の事件についても、想定される依頼者、顧客、事件の内容等の事情を背景として、業務広告がセミナー、研究会、講演会、視察旅行会、相談会、ニュースレター等の様々な方法、場を利用して行われている。弁護士の業務をめぐる弁護士間、法律事務所間の競争が激化する現在、業務広告は、ますます利用度が増加するし、その手法もますます精緻になると予想できよう。

様々な意味で社会的に話題になっている事件を受任し、積極的に記者会見をしたり、マスコミに情報提供することも、実質的には広告宣伝になろう。

10　事件の受任の検討

⑴　受任を検討するにあたっての留意点

㋐　打診を受けた場合

弁護士は、法律相談、法律事務、裁判等の事件の受任につき打診を受けた場合、相談者、依頼の予定者の属性、当該事件の知識、経験、能力等を考慮し、事件の受任を検討するだけでなく、法律上、弁護士倫理上、職務を行うことができない事件（弁護士法25条等、弁護士職務基本規程27条、28条等）の該当性を判断し、事件の受任を検討する必要がある。法律相談、事件の依頼の打診があった場合、これらの検討を無視したり、怠ったりしたりすると、後日、当該依頼等の打診者だけでなく、他の事件の依頼者、関係者等との間でトラブルが発生する原因となるだけでなく、法律上、あるいは倫理上責任を負わされる相当の可能性が生じることになる。

㋑　関連規程に違反するおそれがある場合

弁護士法の関連規定、弁護士職務基本規程の関連規定の内容に照らすと、特定の事件の当事者、関係者をめぐる当該事件、関連事件、派生事件については、職務を行うことができないもののようであり、関連規定上は、その範囲が極めて限定的であるように考えられるが、実際には特定の分野の事件を相当数受任していたり（専門分野の事件についても妥当する）、特定の業界に関係する事件を相当数受任していたり、比較的狭い地域で弁護士の業務を行っていたりすると、前記の関連規定に該当する可能性が飛躍的に高まる。株式会社等の法人の顧問弁護士を受任している場合にも、法人の役員、幹部従業員、幹部職員の法律相談等の場で前記の関連規定違反が問題になることがある。

弁護士が法律相談に応じたり、訴訟を受任したりすることを前提とし、事件の受任の打診を受けた場合には、依頼の希望者、関係者から事情を聴取する等して弁護士法、弁護士職務基本規程の関連規定の該当性を検討し、判断することになるが、事情を聴取した段階では関連規定に違反する事情が明らかでないだけでなく、このような事情が窺われないにもかかわらず、その後、事件を受任し、準備のための事務処理を行っていたり、訴訟の審理が進行したりした段階で前記の関連規定に違反するおそれのある事情が疑われたり、明らかになることがある。この段階では、受任した事件の処理を中止し、依頼者に説明するとともに、辞任等の適切な措置を講ずることになる。

当初は事件の依頼の希望者と同行する等していた関係者が後日利害が対立する等し、事件を受任した後に、弁護士法、弁護士職務基本規程の前記規定に違反する事情として浮上することもある。事件の受任の打診がされている段階においては、弁護士法、弁護士職務基本規程の前記規定に該当する可能性をも考慮しつつ、依頼の希望者、関係者から事情を聴取するものであるが、最初から闇雲に関連規定に違反する事情を聴取することは困難であるし、事情聴取の範囲、仕方によっては関連規定に違反する事情が表面化しないことがある。他方、法律相談、事件の内容に照らし、当初からこのような事情が窺われることもある。

また、仮に弁護士法、弁護士職務基本規程の前記関連規定に違反する事情が疑われる場合であっても、その判断が容易でなかったり、事情によっては事務処理を受任し、継続することができる場合もあるため、最終的に事件を受任し、継続するか等の判断が困難であることもある。弁護士がこのような事態に直面した場合、先輩、同僚の弁護士に相談したり、弁護士法、弁護士倫理に関する専門書を読んだりして検討し、判断することになるが、当該弁護士の自己責任に基づく判断によることになる。

弁護士法25条違反については、刑罰の制裁は定められていないが（弁護士法

26条違反には刑罰の制裁がある。弁護士法76条)、弁護士職務基本規程27条、28条違反とともに懲戒事由には該当する可能性があり、懲戒の制裁を受けるおそれがある。また、これらの規定違反がある場合とか、規定違反が相当程度疑われる場合には、受任した事件の当事者、関係者からクレームがつけられ、クレーム対応に迫られることがある。クレーム対応がどのように進行するか、どのようにしたら終了するか、終息するかは、受任に係る事件の内容・進行状況、個々のクレームの内容、クレームをつけている者の属性、クレーム対応の仕方等の諸事情によるところが大きく、クレームをつけている者に主導権があることにも注意をすることが必要である。

弁護士が事件の依頼を希望する者から事件の依頼を受け、受任する過程は、個々の弁護士、個々の事件ごとに様々であるが、弁護士の事件の受任が基本的には委任契約、準委任契約の締結であるうえ、弁護士職務基本規程の関係規定を遵守することが要請されていることに留意して行うべきことは、すでに指摘したとおりである。依頼される事件の中には、相当の長期間を要し、解決困難であると予想される事件、関係する事件が複数あり、複雑困難であると予想される事件から、さほどの期間を要しないと予想される事件、相手方が争わないと予想される事件、簡易な法的な手続によって解決が予想される事件まで、様々な内容の事件がある。なお、事件の困難さは、事件に関わる法律問題が複雑であるという側面がないではないが、実際には、事件の経過（事件の当事者、関係者の言動等によって事件の内容が錯綜し、混乱することがある)、証拠関係(証拠そのものが乏しいとか、信頼できる証拠が少ないとか、矛盾する証拠が多数出現することがある)、事件の当事者、関係者の属性に強く影響を受け、複雑になることが多い（代理人になった弁護士の考え方、助言・事務処理の意向によっても影響を受ける)。

(2)　トラブルを防止するための方策

弁護士が事件を受任するかどうかを検討する場合には、依頼者が顧問契約を締結していたり、継続的に依頼されている場合とそれ以外の場合とでは、検討の内容、方向、必要な時間は全く異なる。前者の場合には、特段の事情のない限り、依頼者、依頼者の担当者等から事情を聴取し、短期間に受任することが通常である。他方、後者の場合には、紹介者の紹介、依頼者の相談、事情説明等を経て、依頼の希望者が依頼をするかどうかを判断し、事件を受任するかどうかを検討することになるが、この段階で事件の依頼に伴う費用、弁護士報酬の説明をすることが多いし、他の事項についても説明が必要であることがある（弁護士職務基本規程29条ないし33条参照。弁護士の依頼の予定者に対する説明義務は、現在、倫理上の問題にとどまらず、法的な義務であるというべきであり、問題は、説明の範囲、程度にあり、説明義務の存否にあるのではない）。なお、依頼の希望者から質問があれば、事件の内容、受任に伴う関係事項につき説明をすることになるし、このような説明を十分かつ適切に行うことは、後日の依頼者等との間のトラブルを防止するために重要である。

依頼の希望者が主として関心をもつ事柄は、事件によって異なるとはいえ、費用・報酬の額、希望の実現度（訴訟の場合には勝訴・敗訴の可能性等）、依頼後の手間・期間であることが多い。依頼の希望者にとっては、その前提として、依頼しようとしている弁護士の知識、能力、経験、年齢、信頼性、誠実性、熱意、人格等に大きな関心をもっているが、面談している弁護士にあからさまに質問することはなかなか困難であり、面談の際の受け答え、見かけ、法律事務所の様子、評判等を考慮して判断するほかない（紹介者がいる場合には、紹介者の説明等も考慮するし、肩書きも考慮することがある）。依頼の希望者は、過去に弁護士に依頼した経験を有する場合は別として、自分が抱える事件をどのような弁護士に依頼したらよいのか、どの弁護士に依頼することが最善であるのかといった判断基準を持っていないし、仮に抽象的に持っていたとしても、具体的に面前の弁護士がそのために最善の選択であるかを判断することは困難であるし、他に適切な弁護士がいるかはさらに困難な判断と選択になるわけである。日頃多忙であると、依頼の希望者側の判断の仕方にまでは心配りをすることが困難であるが、依頼の希望者にとって特定の弁護士に自分が抱える事件を依頼することは相当の決断が必要であることは容易に推測される。筆者も特定の分野につき弁護士の紹介を依頼されたり、特定の弁護士の評判に関する質問を受けたりすることがあるが、相当に限定された前提を置かない限り、なかなか返事をすることができないのが通常である。

弁護士の報酬については、弁護士の報酬に関する規程が日本弁護士連合会会則等に基づき制定されており、この規程に沿った運用がされており（もっとも、具体的にどのような運用がされているかは、個々の弁護士、個々の法律事務所ごとに異なるであろう）、筆者も、報酬基準を作成し、備え置く等して説明し、委任契約書に報酬等に関する事項を定める等している。事件の受任に伴う費用、報酬は、依頼の希望者にとって重要な関心事であるから、事前に十分に説明しておくことが信頼関係を形成するためにも重要であるし、後日、実際に報酬を請求するにあたって不要なトラブルを回避するためにも重要である。一般的にみて、個人の依頼者等は報酬が高額であるとの印象をもつ者は、事件の内容にかかわらず、多いようであるし、事件が決着し、落ち着いた段階ではなおさらそのような気持をもつ者は多いようである。すでに本書で指摘したように、過去において弁護士の報酬をめぐる裁判例が多数公表されているし（実際の判決数からみれば氷山の一角である）、裁判例も増加傾向にあるように思われる。また、弁護士の預り金をめぐるトラブルが依頼者との深刻な紛争に発展し、懲戒請求、刑事告訴に至ったような事例も散見されるようであり、一層の注意が必要になっているところである。

11　弁護士の説明義務

現在、事業者間の取引、事業者と消費者との間の取引においては、事業者にとって広く説明義務（名称を問わず、情報の提供を内容とする義務を含む）が認められ、説明義務違反の内容、態様によっては説明義務違反として損害賠償責任を負うとの法理が形成されている。どのような事業者に説明義務が認められるか、どのような義務違反に損害賠償責任が認められるか、さらに説明義務違反の効果は損害賠償責任にとどまるか等の問題については議論がある。説明義務の法理は、その内容が比較的単純であり、義務違反の主張・立証の負担も重大ではなく、義務違反の判断基準も比較的明確であり、一部の事業者に法律上明文で規定されてきたこと等の事情から、説明義務を負う事業者の範囲が拡大し、説明の内容、程度も拡大してきたところである。説明義務を負う事業者の取引の相手方にとっては、事業者の法的な責任の根拠として援用しやすくなってきたということができる。

弁護士は、法律事務の分野においては事業者であり、専門家であるが、取引の相手方である依頼者、相談者にとって法律事務に関する事項について必要な情報を提供してほしいと期待することは当然である。弁護士が法律事務を受任する等した場合、弁護士職務基本規程上、依頼者に対して説明すべきであるとされる場面がいくつか定められている。弁護士職務基本規程29条は、受任の際の説明等につき、同規程32条は、不利益事項の説明につき、同規程33条は、法律扶助制度等の説明につき、同規程36条は、事件処理の報告および協議につき、同規程44条は、処理結果の説明につきそれぞれの場面における説明すべきこと等を定めている（なお、同規程30条は、委任契約書の作成に関する規定を定めているが、契約の交渉、契約書の作成にあたっては、その内容を説明する義務を負うと解することができる）。これらの説明に係る諸規定は、たとえば、弁護士は、事件を受任するにあたり、依頼者から得た情報に基づき、事件の見通し、処理の方法並びに弁護士報酬および費用について、適切な説明をしなければならないと定め（弁護士職務基本規程29条1項）、弁護士は、必要に応じ、依頼者に対して、事件の経過および事件の帰趨に影響を及ぼす事項を報告し、依頼者と協議をしながら事件の処理を進めなければならないと定め（同規程36条）、弁護士は、委任の終了にあたり、事件処理の状況またはその結果に関し、必要に応じ法的助言を付して、依頼者に説明しなければならないと定めているが（同規程44条）、基本的には倫理としての性質を有するものである。問題は、これらの諸規定が法的な義務を定めたものと解することができるかであるが、これらの諸規定が依頼者保護の内容をもつこと、事業者に広く説明義務が認められていること、弁護士が法律分野の専門家として専門家でない依頼者に対する関係で専門性の格差があること等の事情に照らすと、これらの諸規定の内容、事案の内容を考慮し、適切な内容の法的な説明義務を負うと解すべきである。これらの諸規定が基本的に倫理規定であることは、このような解釈の妨げになるものではない（なお、弁護士以外の専門家、事業者等について説明義務の有無等が問題になった場合、専門家、事業者等に関する内部規制、自主規制、取締規制等の内容が法的な説明義務の根拠として援用されることは珍しくなく、多数の訴訟代理人である弁護士が同様な主張を繰り返して行っているところであり、判例、裁判例上説明義務が認められた事例が散見される）。

近年は、弁護士の法律事務処理上の過誤等が問題になった事案において、弁護士の説明義務が問題になり、法的に説明義務を認めたうえ、説明義務違反を肯定した判例、裁判例もみられるようになっているところであり、弁護士の法律実務において説明義務は今後重要で基本的な義務として問題になることが増加するものと予想される。

12　弁護士の紛議の解決と保険

(1)　弁護士と依頼者等との紛争

本書において紹介している弁護士の取引をめぐる裁判例の多くは、弁護士と依頼者らの事件関係者との間に紛争が発生し、訴訟に至った事案に関する裁判例であるが、訴訟に至り、判決がされたものは相当数あるものの（もっとも、これらの裁判例のうち法律雑誌等に公表される裁判例は少ない）、弁護士の抱える紛争からみればごく一部である。

弁護士と依頼者等との間の紛争は、まず、依頼者等の弁護士に対する各種のクレームから始まることが多く（依頼者が報酬を支払わないような場合には、弁護士が依頼者に報酬の支払を求め、催告をする等することもある）、弁護士の説明、当事者間の交渉等を経て解決することが多いと推測されるが、当事者間の自主的な努力によって解決されない事態もある。当事者間の自主的な努力によって解決されない場合、事件の依頼に係る関係者の仲介等によって解決されることがないではないが、弁護士、依頼者等の関係者が紛争の解決を図ろうとするときは、訴訟の提起等の裁判手続のほか、弁護士会に調停を請求することができ、調停による解決手続を利用することもできる。

弁護士職務基本規程は、弁護士は、依頼者との信頼関係を保持し紛議が生じないように努め、紛議が生じたときは、所属弁護士会の紛議調停で解決するよう努める旨を定めている（26条）。この規定は、弁護士と依頼者等の関係者との間における紛争のうち、弁護士と依頼者との間の紛争に限定しているようであるが、依頼者（当事者）以外の受任事件の関係者との紛争も含むものと解される（なお、この紛議は、受任事件に関係する紛議であるが、厳格に法的な紛争に限られないものとも解される）。この規定は、弁護士と依頼者との間の紛議は、弁護士にとって、依頼者との信頼関係に配慮し、紛議が生じないよう努めることが重要であることを前提とし、仮に紛議が生じたときは、非公開の紛議調停の手続において解決するよう努めることが重要であることを示しているものである。この規定が依頼者等の関係者を拘束するものでないことはいうまでもないし、紛議を表面化させないとの弁護士の利益を図るために認められるものでないことも明らかである。

各弁護士会は、紛議調停制度を構築し、その手続を明確にする規程を設けているところであり、筆者の属する第一東京弁護士会においては、第一東京弁護士会会則を制定し、同会則において紛議調停委員会に関する規定が設けられ(81条ないし86条)、紛議調停委員会を設置し、紛議調停の手続の主要なものを定めるとともに、第一東京弁護士会紛議調停委員会規則を制定し、同規則において紛議の調停に関して必要な手続を詳細に定めているところである。なお、これらの諸規定による調停は、紛議の当事者間の交渉、合意に基づく解決を図るものであり、合意が成立した場合には、調停調書が作成されることが予定されている。

また、弁護士が業務の遂行上、あるいは取引の実行上様々なリスクに曝されていることは、本書で紹介している裁判例だけでなく、実際に見聞する事例を通じてその概要を認識したり、推測することができる。弁護士が曝されているリスクを回避し、あるいは軽減するためには、日頃から個々の事務処理を通じて過誤が生じないような注意を払うことが重要であることはいうまでもない。しかし、個々の事務処理につき注意を尽くしても、様々な過誤、さらにクレームが発生し得ることは否定できないし、その注意も担当の弁護士のみが行うだけでなく、弁護士を支援する事務職員、弁護士を指導、監督する弁護士が密接に連携してはじめて効果的にリスクを軽減させることができる（過誤、クレームの発生を完璧に防止することは、おそらく不可能であろう）。弁護士の業務の遂行、取引の実行においては、弁護士にとって内容、程度を問わなければ、過誤、クレームは不可避であり、その回避、防止を完璧に行うことは不可能であるから、法律事務所内における過誤、クレーム回避のシステムを築いたり、弁護士が受任事件を処理するにあたって複数の担当者間で過誤回避の注意を払ったり、いったん過誤が発生した場合における事後対応を迅速かつ的確に行う事務処理を行ったりし、これらの対策を重畳的に実施することによってリスクの現実化を減少させるとともに、現実化したリスクを重大化、深刻化させないことが重要である（これが弁護士にとってのリスク対策の現実の目標ということができる）。

(2)　弁護士賠償責任保険

弁護士のリスクが現実化すると、苦情、クレーム、紛議、懲戒請求、訴訟の提起、敗訴判決、敗訴判決の確定等の事態に深刻化することになるが、これらの事態のうちには法的な責任、特に損害賠償、不当利得等の金銭的な負担を負う場合のリスクに備えるため、弁護士賠償責任保険が利用されていることは周知のところである。本書においては、損害保険会社に対して保険金の支払を請求する訴訟の裁判例をいくつか紹介しているが、これらの裁判例においては特に弁護士賠償責任保険契約上の免責特約の解釈、適用が重要な争点になっている。弁護士賠償責任保険契約上の免責特約の解釈、適用は、弁護士にとって極めて重要な問題であり、その解釈、適用のあり方によっては、弁護士のリスク回避、軽減に有用ではなく、実際的ではなくなるおそれがある。この免責特約の運用の実情は、単に裁判例を概観するだけでは十分ではなく、損害保険会社の実際の運用状況を知っておくことも必要である。最近、全国弁護士協同組合連合会編『弁護士賠償責任保険の解説と事例〔第５集〕』が送付され、従前も同書のシリーズ版が送付されてきているが、実際の対応として参考になるものである。

13　弁護士の懲戒

(1)　懲戒請求

弁護士が依頼者等からクレームを付けられた場合、弁護士としては、クレームの内容、態様に応じて様々な対応を迫られるが、クレームが懲戒請求に発展した場合には、弁護士法所定の対応を行うことが必要である。弁護士として業務を行っていると、依頼者等から懲戒請求を受けるリスクは、抽象的な問題ではなく、常に現実の問題として意識される事柄であるし、現実に意識していない弁護士にとっては意識すべき事柄である。実際に懲戒処分を受けるかどうかは別として、懲戒請求を受けた事例を見聞することは珍しいことではない。

弁護士の懲戒については、弁護士法56条以下に規定が設けられており、弁護士および弁護士法人は、弁護士法または所属弁護士会もしくは日本弁護士連合会の会則に違反し、所属弁護士会の秩序または信用を害し、その他職務の内外を問わずその品位を失うべき非行があったときは、懲戒を受けることになっている（弁護士法56条１項）。弁護士の懲戒事由は、弁護士法違反、会則違反（弁護士職務基本規程等が含まれる）だけでなく、職務の内外を問わずその品位を失うべき非行があったことも該当する。

懲戒は、弁護士または弁護士法人の所属弁護士会が行うものであり（弁護士法56条２項）、弁護士に対する懲戒としては、戒告、２年以内の業務の停止、退会命令、除名であり、弁護士法人に対する懲戒としては、戒告、２年以内の業務の停止またはその法律事務所の業務の停止、退会命令、除名が定められている（同法57条１項・２項。なお、弁護士法人については、主たる法律事務所、従たる法律事務所ごとに規定が定められている。同法57条２項ないし４項、58条）。

弁護士の懲戒は、何人も、弁護士または弁護士法人について懲戒の事由があると思料するときは、その事由の説明を添えて、その弁護士または弁護士法人の所属弁護士会にこれを懲戒することを求めることができるとされ（弁護士法58条１項）、何人にも懲戒請求権が認められている（請求権の権利の性質については、議論がある）。懲戒請求をした者が根拠を欠き、あるいは根拠が乏しいのに懲戒請求をした場合、請求の対象となった弁護士が請求者、代理人に対して不法行為責任を追及することができるかが問題になることがあり、判例時報等に相当数の裁判例が公表されている。弁護士の懲戒を請求する者は、受任事件の依頼者、相手方に限られないものであり、何人も請求が可能である。

⑵ 弁護士会による懲戒

懲戒の請求を受けた弁護士会は、所属の弁護士または弁護士法人について、懲戒の事由があると思料するときまたは懲戒の請求があったときは、懲戒の手続に付すことになり、まず、綱紀委員会に事案の調査をさせなければならないとされている（弁護士法58条２項）。弁護士の懲戒は、前記の懲戒の請求のほか、弁護士会が職権で懲戒手続を行うことができることになっているし、懲戒手続は、綱紀委員会の調査によって実際上に開始することになっている。懲戒の請求がされたり、所属する弁護士会から懲戒に付された場合には、弁護士は、綱紀委員会の調査を受けることになるが（綱紀委員会については、同法70条以下に規定が設けられている）、弁護士によっては調査に不満を抱く場合があり、綱紀委員会、所属する委員との間でトラブルが生じることがあり、訴訟に発展した事例もみられる。

綱紀委員会の調査が終了すると、綱紀委員会は、対象弁護士等（懲戒の手続に付された弁護士または弁護士法人のことである）について、事案の審査を求めるか、求めないかを決定することになる（前者の場合には、懲戒の可能性が生じることになるのに対し、後者の場合には、一応その可能性がないことになる）。綱紀委員会は、対象弁護士等につき懲戒委員会に事案の審査を求めることを相当と認めるときは、その旨の議決をし、これを受けた弁護士会は、当該議決に基づき懲戒委員会に事案の審査を求めることになる（弁護士法58条３項）。他方、綱紀委員会は、懲戒の請求が不適法であると認めるときもしくは対象弁護士等につき懲戒の手続を開始することができないものであると認めるとき、対象弁護士等につき懲戒の事由がないと認めるときまたは事案の軽重その他情状を考慮して懲戒すべきでないことが明らかであると認めるときは、懲戒委員会に事案の審査を求めないことを相当とする議決をし、これを受けた弁護士会は、当該議決に基づき、対象弁護士等を懲戒しない旨の決定をすることになる（同法58条４項）。

弁護士会から事案の審査を求められた懲戒委員会は、対象弁護士等につき懲戒することを相当と認めるときは、懲戒の処分の内容を明示し（懲戒委員会については、弁護士法65条以下に規定が設けられている）、その旨の議決をし、これを受けた弁護士会は、対象弁護士等を懲戒することになる（同法58条５項）。他方、懲戒委員会は、対象弁護士等につき懲戒しないことを相当と認めるときは、その旨の議決をし、これを受けた弁護士会は、当該議決に基づき、対象弁護士等を懲戒しない旨の決定をすることになる（同法58条６項）。

対象弁護士等は、懲戒委員会に対して弁明の機会を与えられ、弁明することができる。

(3)　日本弁護士連合会による懲戒

弁護士または弁護士法人は、所属する弁護士会において懲戒されることがあるだけでなく、日本弁護士連合会（日弁連）が懲戒することがある（弁護士法

60条)。日弁連において弁護士が懲戒される場合には、日弁連に設置された綱紀委員会が調査等を行い、懲戒委員会が事案の審査、懲戒等の決定をすることになっている(同法60条2項ないし6項)。

ところで、弁護士または弁護士法人が懲戒処分を受けた場合、これに対する不服申立ては、所属弁護士会による懲戒処分については、日弁連に行政不服審査法に基づき審査請求をすることができ、日弁連は、懲戒委員会に事案の審査を求め、その議決を経て、審査請求に対する裁決をすることになる(弁護士法59条)。

日弁連が自ら懲戒処分をした場合、また、日弁連が審査請求を受け、審査請求を却下され、または棄却された場合、懲戒処分を受けた弁護士は、東京高裁にその取消しの訴えを提起することができ(弁護士法61条1項)、訴訟による救済の途が認められている。なお、所属弁護士会の懲戒処分がされ、日弁連に審査請求をした場合には、日弁連の裁決に対してのみ取消しの訴えを提起することができることになっている(弁護士法61条2項)。懲戒処分等の取消しの訴えに関する判決は、比較的古い時期のものは法律雑誌に相当数公表されており、懲戒の事由の有無等を判断した事例が示されている。

懲戒は、懲戒の請求の場合であれ、職権で開始する場合であれ、懲戒の事由があった時から3年を経過したときは、懲戒の手続を開始することができないとされ、3年間の除斥期間が定められている。

なお、綱紀委員会の調査等、懲戒委員会の事案の審査等の各手続については、各弁護士会において会規が定められており、筆者の所属する第一東京弁護士会においては、第一東京弁護士会綱紀委員会会規、第一東京弁護士会懲戒委員会会規が定められている。

他方、懲戒手続が開始された場合であっても、弁護士が懲戒されないこと等があるが、これらのうち、懲戒の請求があったときは、異議の申出等の手続が認められている(弁護士法64条以下)。具体的には、弁護士または弁護士法人に対する懲戒の請求(同法58条)があったにもかかわらず、弁護士会が対象弁護士等を懲戒しない旨の決定をしたときまたは相当の期間内に懲戒の手続を終えないときは、その請求をした者は、日弁連に異議を申し出ることができるし、弁護士会がした懲戒の処分が不当に軽いと思料するときも、同様に異議を申し出ることができるとされている（同法64条１項）。異議の申出によって、弁護士が懲戒処分されたり、より重い懲戒処分されることがあり得るのである。

14　競争下の弁護士、法律事務所

(1)　弁護士の増加と業務の減少

弁護士の業界は、現在、ロースクールの修了等を経た司法研修所の修習生の就職難の問題だけでなく（就職難の原因の一つとして、新人弁護士の就職を満たすだけの弁護士に対する業務の需要がない等と指摘されている）、弁護士に対する法律事務、事件の需要自体が縮小傾向にあることが囁かれているし、実際に売上げの大幅な減少、顧問先の減少、不景気を指摘する弁護士が少なくない。なお、弁護士の増加状況は、個々の弁護士会ごとに異なるところがあるものの、概ねこの10年間に所属する弁護士数が倍増している。

弁護士に対する各種法律事務、事件の需要の動向は、個々の弁護士、個々の法律事務所ごとに相当に異なることはいうまでもないが（このような減少傾向がすでに何年経過しているかも、個々の弁護士等によって異なるところであり、数年前からこの減少傾向があったとの指摘が少なくない）、現在、少数の弁護士、少数の法律事務所の例外を除き、多くの弁護士、法律事務所は、地域、事件の種類を問わず、需要が減少傾向にあり、弁護士、法律事務所によっては急激な減少傾向にあると推測することは的外れではないのであろう。

弁護士に対する法律事務、事件の需要の減少傾向は、現在の一過的な現象であるのか、あるいは構造的な現象であるのかに関心が寄せられ、一過的、一時的な現象であるとの希望的な見解があるほか、構造的な現象であるとの見解も根強いのが現実である。弁護士、あるいは法律事務所をめぐる現象は、近年、法律事務所の規模の拡大がみられたが（法律事務所の合併、弁護士の中途採用の増加が従来になく活発であった）、最近は、法律事務所の海外進出、大規模法律事務所の地方進出、依頼事件の競争入札の増加、事件報酬の値引き、営業活動の活発化等の現象がみられる。これらの諸現象は、減少傾向にある法律事務、事件について法律事務所間の事件の受任競争が激化していることを背景にしているということができるが、これらの現象のうち、大規模法律事務所の地方進出等は、法律事務、事件の受任競争を東京だけでなく、地方の中核都市、さらには地方の主要な都市に波及することになり、受任競争が徐々に、あるいは急激に激化すると予想される。

法律事務所間の事件の受任競争の現状をみると、法律事務所、あるいはその経営を担当する弁護士は、現在の法律事務、事件の減少傾向が一過性のものではなく、構造的な原因による構造的な現象であるとの見解を抱いているとみることはあながち不合理ではないであろう。弁護士を取り巻く経済的な環境をみると、個人の相談、依頼は別として、企業等の相談、依頼に係る法律事務、事件の減少が指摘されているが、近年、企業の事務部門の縮小・節約、国内の企業活動の低迷・縮小、国内企業の競争力・業績の低下、企業の海外進出の増加、企業活動の国際化の拡大とこれに伴う法律問題の国際化、外国人弁護士の定着、国内企業の企業内弁護士の増加等の現象がみられるところであり、これらの事情がどの程度弁護士に対する需要の減少に影響を与えているかは不明であるものの（仔細に調査、分析すれば、他の原因を指摘することもできよう）、弁護士に対する法律事務、事件の需要に構造的な影響を与えていることは否定できない。

一方で弁護士に対する法律事務、事件の需要が減少し、あるいは低迷し、他方で新規の弁護士の参入がみられるとすると、弁護士にとっては、事件等の受任競争が様々な内容・態様で激化することは容易に予想されるところであり、法律事務所の経営悪化、経営破綻が現実化することも容易に予想される。法律事務所のパートナー、アソシエイト等の解雇、法律事務所の破産等の事態は、制度は異なるものの、米国においてはすでに珍しい現象ではなくなっており、米国の雑誌等に取り上げられていたところ、このような状況を明らかにしたSteven. J. Harper著『THE LAWYER BUBBLE』を読んだことがあるが、日本の業界にも参考になるところがある。

⑵ 弁護士の将来性

日本社会における弁護士間の競争は、日本の弁護士資格を有する弁護士間だけでなく、外国の弁護士資格を有する弁護士との間の競争もあり、国際的な視点からの競争も視野におくことが重要になっている。ロースクールにおける教育の現状は、司法試験の合格者数の問題等を背景として、要件事実の志向が過度に強調され、司法試験対策の傾向が強まりつつあるように考えられ、国際的な法律実務の分野においても通用する法律実務家の育成にも役立つかには疑問が残るし、日本の弁護士がますます国内の法律実務に志向する傾向が強まることは、弁護士間の競争によって好ましい効果が期待できないことになる。

また、ロースクールの導入等によって促進しようとされてきた弁護士業界の競争は、競争によってより好ましい法律実務のサービス、より合理的な対価による法律実務のサービス、より高品質の法律実務のサービスが提供されるとともに、競争によってより品質等の劣るサービスが駆逐されることが期待されるとの暗黙の前提に立っているが、実際には、弁護士報酬の値引き競争、廉売競争が生じること、これによって法律実務のサービスの品質が低下すること、適切な経験・知識の不足する弁護士が激増すること、競争上劣位におかれた弁護士層が増加すること、これらの弁護士層の不祥事が増加するおそれがあること等の現象が生じ得る。しかも、これらの弁護士業界の競争によって好ましい効果が現実にみられるのは、相当の年月が必要であるが、この年月の間には、前記の競争による弊害も同時にみられるものであり、これらの弊害による損失、被害も無視できないだけでなく、事案によっては重大なものもあろう。

弁護士業界の競争について視点を変えてみると、この競争は法律事務所の規模の拡大を促進しているということができるが、この競争は、法律事務所と個々の弁護士にとって異なる意味をもつことにも注意を払うことが重要である。弁護士間の競争において、法律事務所間の競争に打ち勝ったとしても、所属する個々の弁護士にとって好ましい結果が得られるとはいい難いが、競争の下においては後者の視点はしばしば忘れられがちである。

第2章 弁護士の事件処理をめぐる諸問題

1 弁護士の研鑽の重要性と新人弁護士の研鑽

(1) 新人弁護士がおかれている現状

ロースクールの開校以来、司法研修所を修了した新人の弁護士の就職難が様々な場で指摘され、弁護士業界全体の需要の状況、景気も話題になって久しいが、弁護士の業務が社会の経済事情、経済環境、弁護士の業務に対する需要の状況に大きく影響を受けることは、内容、態様、程度は異なるものの、他の事業者と同様である。すでに近年は、新人の弁護士のみならずベテランの弁護士を含め、一部の弁護士を除き、弁護士の業界に広く、事件・法律事務の依頼の減少、売上げの減少等の現象がみられ、今後の動向が懸念されている。このような状況の下、新人の弁護士にとっては、すでにマスメディアにおいても報道されているように、従来の「イソ弁」のほか、「軒弁」とか、「即独」とかの業務態様を選択せざるを得なかったり、「イソ弁」の場合であっても、勤務期間が１年、２年という従来みられなかったほどの短期間を選択せざるを得なかったりする事例が増加しているようである。

弁護士の業務に新規に参入する新人の弁護士にとっては、参入時、あるいはその後相当期間は、弁護士としての実務の教育を先輩等の弁護士から受け、経験、知識、ノウハウを蓄積するために極めて重要な時期であるが、現在、相当多数の弁護士がこのような教育を受けることも、経験等を蓄積することもなく、弁護士の業務を行っており、今後も行わざるを得ないところ、このような実情は個々の弁護士にとっても、弁護士全体にとっても重大な悪影響を及ぼすおそれがあると考えられる。特に個々の新人の弁護士にとっては、将来にわたって悪影響を受け、無視できない問題を抱えるおそれがある。

弁護士として受任した事件を適切、的確に処理し、対応するためには、単に法律の条文、法理、判例等を知っているだけでは到底足りないことは自明である（法律実務を適切に遂行するためには、これらの知識はごく一部にすぎず、他に多くの分野に関する知識のほか、実務の経験、ノウハウ、依頼者等との対応の経験等、きわめて多くの総合的な知識、経験、ノウハウが必要であり、しかも常にこれらを向上させる必要があることもまた、自明である）。しかし、新人の弁護士にとっては、法律の条文、法理、判例等をある程度知っていると、当てはめる事実関係が法理等に付いてくるような気持になり、事件の処理、依頼者等との対応ができると考えがちであるといった姿があちこちでみられるのである。依頼者も、相手方も、事件も、事実関係も、証拠も法律の条文、法理等に沿って行動したり、現れたりするものではなく、自分の知る法理等を振りかざして事件を構成し、事務処理を行うことは、とかく空理空論になりがちである。これらのほかにも、弁護士としての品位、品格を備えることが必要であるが、その前提として弁護士の倫理を遵守したり、社会人としての社会常識、社会倫理も身に付けることが必要である。すでに紹介した弁護士法２条は、「弁護士は、常に、深い教養の保持と高い品位の陶やに努め、法令および法律事務に精通しなければならない」と定めているが、この規定の持つ意味は実に重いものがある。

⑵　経験、研鑽の重要性

弁護士が新人の時期において適切で的確な実務上の教育を受け、経験、ノウハウを蓄積することは、個々の弁護士にとって極めて重要であるところ、この時期に十分な蓄積を得ることができないと、将来、事件の受任から事務処理に至る間、その前後を含め、弁護士倫理、法的な責任を含め、様々な問題を抱える重要な原因になるものと予想される。弁護士が深い教養を保持し、高い品位をもち、法令および法律事務に精通していたとしても、依頼者らからのクレームがつけられるリスクがあるが、新人の弁護士、あるいは十分な経験、研鑽を積んでいない弁護士にとってこれらのリスクが高いことはいうまでもない。

リスクが現実化した場合、深刻なリスクとしては依頼者らから法的な責任を追及されることがあるが、弁護士が事件の依頼者等から委任契約上の債務不履行、不法行為等に基づき損害賠償責任等の法的な責任が問われた場合、その責任の成否は、事案の事情を踏まえ、通常の弁護士の知識、経験を基準として判断されるものであり、新人の弁護士について通常の新人弁護士の知識、経験が基準になるものではない。弁護士としての業務を行うにあたっては、少なくとも法令および法律実務に精通していることが弁護士法上も、通常の弁護士の水準を維持するためにも必要であるが、新人の弁護士、十分な経験、研鑽を積んでいない弁護士は、法律事務所の経営弁護士、先輩弁護士、あるいは相当の経験の弁護士と共同、支援を受けないで、一人で法律相談に応じて助言し、事件を受任し、事務処理を行うこと自体問題になり得るだけでなく、様々な過誤が発生した場合、その法的な責任が容易に認められる可能性がある。弁護士が、新人の時期に、一人で法律事務を処理すること等は、リスクが高い。

弁護士法２条の「精通」の言葉、また、弁護士職務基本規程には、弁護士は、教養を深め、法令および法律事務に精通するため、研鑽に努めると定められているが（弁護士職務基本規程７条）、これらの「精通」の意味は、法律実務の現場に身を置くと、極めて重要であることが痛感される。

弁護士の業務の遂行に関連して債務不履行責任、不法行為責任が問題になる場合、弁護士の善管注意義務等の法的な義務違反の判断基準は、前記のとおり、通常の弁護士としての業務の遂行を基準とすることが相当であるが、この場合の通常性は、法律事件、法律事務一般を前提とした通常性というべきではない。通常の弁護士基準における通常性は、問題になった特定の類型の事件を前提とし、その類型の法律事件、法律事務を取り扱う通常の弁護士を基準とするという意味に解するのが相当である。現在、日本の法律実務においては、弁護士の業務の専門性、専門分野は、一部の分野において相当程度形成されているとはいっても、固定し、確定しているものではないが、弁護士の債務不履行責任、不法行為責任が問題になった場合、法律事件、法律事務一般における通常の弁護士基準によって責任の成否、内容を判断することは、依頼者等の合理的な期待、信頼を裏切ることになろう。

弁護士の業務の遂行にあたって法的な責任が問題になり、その責任の成否等が通常の弁護士基準によって判断されると、この基準を満たすに足りる事務処理を行うにあたっては相当の年月の知識、経験、ノウハウの蓄積が必要になるが、実務経験等の少ない弁護士にとっては実務経験等の少ない時期に事務処理を行うことは慎重な注意を払うことが必要であり、事務処理上の過誤等による責任追及の相当なリスクを抱えることになる。また、最近のように新人の弁護士にとってボス弁、先輩弁護士等の指導、助言を得て実務経験等を十分に蓄積する機会が少ない場合には、このようなリスクは格段に高まることになる。しかも、実務経験等の少ない時期には、依頼に係る法律事件等の事務処理に伴うリスクを的確に判断することもなく、法律事件等を受任する可能性も高いと思われるが、この場合には、さらにこのようなリスクが一層高まることになる。

現代社会における弁護士にとって法律事件等を受任し、業務を遂行することは、その法的、事実的な根拠の有無、内容は別として、依頼者等からのクレームを受ける事例が増加し、懲戒上の責任、法的な責任を追及される事例も増加しているように思われ、筆者のさほど長くない弁護士生活においてもあちこちでそのような事例を見聞している。

⑶　法曹養成制度の現状

法曹の養成は、この10数年間、法科大学院制度、司法研修制度を中心に行われているが、現在、法科大学院制度、司法試験制度の見直しが現実化している（すでに相当数の法科大学院が廃止されたり、募集を停止した）。筆者は、現在、法科大学院で教育の現場にいるとともに、平成４年度以来、１、２年の間を除き、平成25年度までの間、新旧の司法試験の考査委員を務めてきた経験からいくつかの感想を抱いているが、個人的な感想は別として、現在最も関心があるのは、法曹の大半を占める弁護士の教育、訓練が制度的に十分に行われる体制にあるか、個々の弁護士が適切な教育、訓練を十分に受けているかどうかである。新人・若手の弁護士同士の間では、弁護士として一人前になるなどの会話が交わされることがあるが（法律実務に精通するのと同じ水準をいうのか、より低い水準でよいのかも議論があろう）、一人前の弁護士として事件を受任し、事務処理をするためには、弁護士としてどの程度の知識、経験、能力が必要であるかはさほどはっきりしていない。司法試験の合格者が500人といった時代には、その当否は別として、同じ釜の飯を食った関係の形成、維持を前提とし、入所した法律事務所のボス弁、先輩弁護士の実地教育、実地訓練が相当に重きを占めていたことは疑いがない（弁護士としての長い活動期間においては、教育、訓練を受けた当時にはさほど重要であると認識しなかった事柄であったとしても、後日、その重要性を身をもって体験することは少なくない）。当時のボス弁、先輩弁護士の中には、自分がその先輩弁護士から受けてきた教育、訓練に対する恩返しとして熱心に教育、訓練に取り組む姿も見られたものである。自分も先輩に育てられたから、後輩も育てる責任があるとの意識もあったようである。もちろん、例外もあったであろう。

若手弁護士の教育、訓練は、ボス弁、先輩弁護士と教育等を受ける若手弁護士との間の意識の差、齟齬は相当に大きいものがあり、若手弁護士の中には、司法研修所を修了し、弁護士登録をすると、一人前であると誤解する豪の者もいたり、先輩弁護士の教育、訓練を疎ましいと思う者もしたりして、教育、訓練にあたっては、ボス弁、先輩弁護士は相当の努力と忍耐が必要である。若手弁護士の中には、ボス弁、先輩弁護士の心情を全く理解しなかったり、誤解したりすることが少なくない。この場合、誤解の幅は自然と拡大することになる。

(4) 実地教育・訓練の重要性

現在、若手弁護士の実地の教育、訓練は十分な機会もなく、十分な時間もなく、十分な熱意もなく行われているのではないかと懸念される。法科大学院の学生の中には、目前の司法試験を重視する者が多いことは現状の自然の勢いであるし（このような傾向は、法科大学院の初期の時期にも存在したが、法科大学院への入学希望者の激減、司法試験における法科大学院の修了生の合格率の低下が進行するにつれ、より顕著になっている）、司法修習も従来の修習と比較すれば短縮化されているし、しかもこれらの教育は弁護士としての実地の教育、訓練とは質的に大きく異なるものである（実際に法科大学院の修了生による司法試験の合格率が低下するにつれ、法科大学院の学生等の司法試験の合格対策に関心が強まり、理論と実務の架け橋となるべき法科大学院の教育や教員、学生の意識が変容しつつあるように思われるが、どうであろうか）。法科大学院の実務教育、司法修習は、いわば畳の上の水練であり、実際の水泳ではないのである。法科大学院の学生、若手弁護士の中には、実地の教育、訓練は不要であり、おのずと身に付くなどと考える者がいないではないが、誤解である。弁護士にとって、初期の段階における実地教育、実地訓練が極めて重要であり、これが十分に行われ、身に付かないと、弁護士にとって将来の負担、リスクになるおそれがある。実地の教育、訓練を十分に身に付けないまま弁護士の活動、取引を行う場合には、個々の弁護士にとって将来の紛争発生のリスクになるだけでなく、長期的にみて法曹に対する社会の信頼性の基礎を抉る原因になり、社会にとっても負担、リスクになるおそれがあろう。

法科大学院の修了生、司法試験の合格者のすべてが弁護士になるわけではないが、弁護士になった場合には（現在、司法試験の合格者が500人の時代と比べると、同世代人口の減少・数を併せ考慮すると、司法試験に合格する可能性は遙かに高くなり、容易になっているが、このことによる弁護士の能力低下等の様々な影響、現象もみられる）、すでに紹介している弁護士法２条は、弁護士の職責の根本基準として、「弁護士は、常に、深い教養の保持と高い品性の陶やに努め、法令および法律事務に精通しなければならない」と定めているところ、法科大学院の学生の時期からこのような根本基準を想定して勉学に努めることが重要であろう。

2　高齢社会における弁護士

⑴　依頼者である高齢者をとりまく法律問題

日本の社会が高齢社会を迎え、現在は、高齢社会化が急激に進行している状況にあるが、弁護士にとっても、個人の依頼者の中で高齢者が増加しているものと推測される。

高齢者は、身体能力、判断能力が低下する状況において様々な法律問題を抱えるものであるが、筆者は、平成10年、その法律問題の概要と裁判例を紹介するため、『高齢者を悩ませる法律問題：成年後見制度をめぐる裁判例』を上梓したことがある。高齢者が法律問題、法的な紛争に巻き込まれた場合には、身体能力、判断能力、生活環境、余命の期間等の事情に照らし、適切な解決を図ることが著しく困難であること、被った損失、不利益を自らの努力で回復することが著しく困難であること、加害者から損害賠償等によって被害の救済を図ることが困難であるうえ、被害の救済が実際に役立たないおそれがあること等があるから、筆者は、前記書籍において、高齢者の法的な紛争の防止、被害が発生した場合における迅速な救済が極めて重要であることを指摘してきた。高齢者から相談を受けたり、事件を受任したりする場合には、高齢者からの事情の聴取、事実関係・証拠の調査等の面で様々な困難があるが、高齢者にとっても法的な紛争の防止、被害の救済には前記の重要な特徴があることに配慮して事務処理を行うことが必要であろう。

ところで、近年、弁護士、司法書士らが成年後見人に選任され、成年被後見人である高齢者の財産を私的に費消した事例が報道される等しているが、このような被害を受けた高齢者の救済はどのように行われているのであろうか。高齢者が保有する財産は、老後の生活を支えるため等のものであり、高齢者の人生にとって不可欠なものであるが、そのような生活、人生を制度的に確保することが成年後見制度の趣旨、目的である。成年後見制度に弁護士、司法書士らの専門職が成年後見人に選任されて関与するのは、専門的な知識を活かすだけでなく、専門職に対する社会的な信頼性があるからである。成年後見人が不正・不当な財産管理等を行い、しばらくの間発覚しないことには、成年後見人の責任、監督に関する様々な問題があると推測されるが、成年被後見人の被る深刻な被害は、回復が困難である性質のものであることに照らすと、原因の究明と将来における被害の防止、さらに迅速な被害の救済・回復のための措置（専門職である個々の成年後見人における被害の救済を充実させるだけでなく、制度的な措置を講じることが極めて重要である）を含めた対策をとることが必要である。成年後見制度は、各種の専門職が成年後見人に選任される場合には、適正な後見事務が行われ、不正・不当な財産管理等が行われないという安心感、信頼感が得られることが予定されていたはずであるが、現実に前記のような不祥事が発生してきたことに鑑みれば、関係機関、関係団体において必要かつ適切な措置がとられ、同様な不祥事の再発を防止すべきことは当然であろう。前記書籍において強調したところであるが、高齢者が生活、人生のために保有していた財産はいったん失われると、その回復が極めて困難な状況になり、高齢者の残りの生活、人生が悲惨で深刻なものになることは多言を要しない。

高齢者が弁護士に相談し、あるいは事件を依頼する場合、高齢者に事務処理を説明し、納得してもらう等するには、通常の場合と比較して相当の時間と丁寧さが必要である。高齢者に説明し、いったんは納得したとしても、説明の内容や納得したこと自体が忘れられるおそれもあるが、高齢社会においては、高齢者の相談、依頼は、遺言、相続、扶養等にとどまらず、民事関係全体の分野につき、ますます増加すると予想できるから、今後は、依頼者、相談者が高齢者である場合の事件の受任、事務処理の特別の対応が必要になる可能性がある。

⑵　遺言における弁護士の関与のあり方

高齢者が相談する事項のうち遺言の問題は現在でも多いと推測されるが、弁護士が関与した遺言の事件について、次のような裁判例が公表されている。

名古屋高判平成5・6・29（判時1473号62頁、家月46巻11号30頁）は、公正証書遺言の効力が問題になった事案であり、遺言者が78歳当時、中等度ないし高度な痴呆状態にあった際にほとんど交流もなく、親族でもない者（弁護士）に包括遺贈する旨の公正証書遺言をしたため、遺言者の相続人が遺言の無効を理由に受贈者に対して不動産の所有権移転登記の抹消を請求し、第1審判決が請求を認容したため、被告（弁護士）が控訴したところ、この判決は、遺言者が遺言の当時意思能力を欠いていたとして、控訴を棄却し、「以上の事実が認められるところ、＜証拠略＞では、老人痴呆の重症度を軽度、中等度、高度、最高度の四段階に分類し、①通常の家庭内での行動はほぼ自立でき日常生活上の助言や介助の必要は軽度で、日常会話・意思疎通はほぼ普通だが、同じことを繰り返して話したり尋ね、他に興味や関心が乏しく、能力低下が目立つものを軽度とし、②知能低下のため日常生活が一人ではおぼつかなく、助言や介助が必要で、簡単な日常会話はどうやら可能だが、意思疎通は不十分で時間がかかり、金銭管理、服薬等に他人の援助が必要なものを中等度とし、③日常生活が一人では無理で、その多くに助言や介助が必要であり、逸脱行為が多く目が離せない。また簡単な日常会話すらおぼつかなく、意思疎通が乏しく困難で、さっき言ったことすら忘れるものを高度とし、④自分の名前や出生地すら忘れる、身近な家族と他人の区別もつかないものを最高度としていることが認められる。そこで、前記認定の戊田園入所前後の松夫の異常な言動及び遺言時の状況等を右判定基準に照らして検討し、＜証拠略＞を併せ考えると、松夫は、生前専門医の診断を受けていなかったが、本件遺言当時は正常な判断力・理解力・表現力を欠き、老人特有の中等度ないし高度の痴呆状態にあったものと推認される。＜証拠略＞。

しかして、前記認定のとおり、松夫には記銘・記憶力の障害があり、簡単な日常会話は一応可能であっても、表面的な受け答えの域を出ないものであり、丙野園長が本件遺言書作成の翌日松夫に対して昨日の出来事を尋ねても、本件遺言をしたことを思い出せない状況であったこと、戊田園入所に際し、乙野係長が出発を促しても反応がなく、うつろな状態であったこと、松夫は控訴人一郎と、これまでほとんど深い付き合いがなかったので、本件不動産35筆を含む全財産を同控訴人に包括遺贈する動機に乏しいし、全財産を遺贈し、松夫姉弟の扶養看護から葬儀まで任せることは重大な行為であるのに、姉春子には何らの相談をしていないのみならず、控訴人一郎から話が出てわずか5日の間に慌しく改印届をしてまで本件遺言書を作成する差し迫った事情は全くなかったこと等を総合して考えると、松夫は、本件遺言当時、遺言行為の重大な結果を弁識するに足るだけの精神能力を有しておらず、意思能力を欠いていたものと認めるのが相当であり、本件遺言は無効というべきである」と判示している。この判決は、遺言の作成につき弁護士の関与のあり方として考えさせる事例を提供するものである。

3 弁護士の事務処理の基本

(1) 法律の適用の論理の重要性

弁護士が相談者から法律相談をされ、依頼者から法律事務を依頼された場合、相談者、依頼者に対して説明し、助言し、事務処理をするにあたっては、法律の適用の論理を基にすることが必要であり、重要である。法律の適用の論理は、法律論と呼ぶことができるが、事実関係の認定と法律の解釈・適用の作業が基本である（なお、このような法律論は、弁護士、裁判官等の法律実務家のみが行っているものではなく、行政、政治の場においても行政担当の公務員等によって日常的に行われているし、一般の人々によっても、程度、内容の差はあっても行われている）。

弁護士にとっては、法律事務の相談、受任を業として行うものであり、前記の法律論に習熟し、精通することが極めて重要であるところ（弁護士職務基本規程7条参照）、弁護士職務基本規程は、弁護士は、事件の処理にあたり、必要な法令の調査を怠ってはならないとし（37条1項）、事件の処理にあたり、必要かつ可能な事実関係の調査を行うよう努めるとしている（同条2項）。

弁護士職務基本規程が弁護士の業務の基本について規定を設けていることは、その重要性を強調しておきたいとの趣旨がうかがわれる反面、弁護士にとって常識で基本的な事柄を明文化せざるを得ない事情があることもうかがわれるところである。弁護士が事件を受任した場合、当該事件の処理にあたり、当該事件は、法律事務が中心的な内容であるから、関係する法令を的確に取り上げ、受任に係る事件につき適切に解釈、適用することが求められることは当然であるにもかかわらず、必要な法令の調査を怠ってはならないことが規定されていることは、必要な法令の調査を行うべきことを強調せざるを得ない実務の実情が存在するのであろう。確かに、日本には法律だけでも約2000を数えるため（政令、府省令を含めれば、さらに多数になる）、事件を受任し、その検討をするにあたって法律全部を検索し、調査することはないが、自分が知っている法律だけを検討すれば足りるというものではない。法律事務を受任した場合、どの範囲で法令を調査する必要があるかは、個々の事案ごとに異なるが、実際には受任した弁護士の知識、経験、能力に相当依存する分野であり、弁護士によっては調査すべき法令の調査を怠り、この懈怠が弁護過誤の原因になり、実際にも弁護過誤に伴う責任が問われた事例もある。法令の調査に関連する分野として、判例の調査が問題になるが、日本は判例法の国ではないものの、実際には最高裁の判例、事情によっては下級審の裁判例が問題になることがあり、近年は判例、裁判例が引用される事例が増加しているところであり、最高裁の判例等の重要な判例の調査が重要であることに照らすと、法令の調査に関連して最高裁の判例等の重要な判例の調査も法令の調査に含まれ、議論される可能性がある。

(2)　事実関係の調査の重要性

他方、事実関係の調査は、弁護士職務基本規程においては、「必要かつ可能」な範囲で事実関係の調査を行うよう「努める」ことが規定されている。法律事務を受任した場合、弁護士としては、受任した事件の事実関係を適切かつ的確に認識することが最も基本的で、重要な作業であることは自明であるが、実際には容易な作業ではないし、結果的に事実関係の認識を誤ることは、内容、程度を問わなければ、通常の出来事であるといってよい。

事実関係の適切かつ的確な認識を行うためには、依頼者からの事情聴取、事実関係の調査、証拠の収集、証拠の内容の吟味、証拠の評価、事実関係の認識等の作業を行うことになるが、それぞれの過程、段階において種々の障害、限界がある（なお、これらの作業に要する費用、手間も限界の原因の一部である）。訴訟を前提とした事件を受任した場合には、訴訟の相手方の反論、反証によって事実関係の調査等を行わざるを得ない事態もあるため（訴訟前において相手方の反論、反証を予想して事実関係の調査等を行うことが通常であるが、限界がある）、事実関係の調査の限界はさらに大きいものである。弁護士が受任した法律事務につき事実関係を適切かつ的確に調査することは当然の要請であるが、事柄の性質上、相当に困難であるため、前記のとおり、「可能」な範囲で行い、また、調査に「努める」ことが弁護士職務基本規程上明記されているのであろう。

事実関係の調査は、弁護士が受任に係る法律事務を処理するにあたって極めて重要であり、依頼者の利益を図るために基本的で重要であることはいうまでもないところ、どの程度、どの範囲で調査を行い、適切かつ的確な事実関係を認識することできるかは、弁護士の知識、経験、能力、洞察力、処理時間に大きく依存している。なお、弁護士職務基本規程が前記の「可能」な範囲で調査を行うことを定めているのは、個々の弁護士の知識、能力を前提とするものではないであろう。

4 弁護士の守秘義務、プライバシーの保護義務

(1) 弁護士の守秘義務

弁護士は、相談者からの法律相談を受け、依頼者から事件の依頼を受け、事務処理を行う場合、依頼者、相手方、関係者の秘密、個人情報、プライバシー、名誉・信用等の法的な保護が必要な情報に接したり、収集したり、利用したりすることが多い。特定の者から法律相談を受けたり、事件の依頼を受けたりした事実やその内容に関する事実自体、特段の事情のない限り、相談者、依頼者との関係で秘密に属する情報であるのが通常である。

弁護士が取り扱うこれらの情報のうち、秘密については、法律上、弁護士ま

たは弁護士であった者は、法律に別段の定めがある場合を除き、その職務上知り得た秘密を保持する権利を有し、義務を負うとされ（弁護士法23条）、厳格な取扱いが求められている（なお、秘密漏示罪に関する刑法134条参照）。弁護士法23条の定める秘密は、依頼者、相談者に関する秘密情報に限らず、職務上知り得た秘密であるところに特徴がある（なお、弁護士が職務上知った秘密に限らず、職務上知り得た秘密が対象になっていることにも注意が必要であるが、知り得た秘密はその判断が困難なことがあり、知り得た秘密の範囲をめぐって問題が生じるおそれがある）。秘密については、弁護士職務基本規程は、弁護士は、正当な理由なく、依頼者について職務上知り得た秘密を他に漏らし、または利用してはならないと定めているが（23条）、この場合の秘密は、職務上知り得た秘密のうち依頼者に関する秘密に限定され、漏洩、利用が禁止され、禁止行為が具体化されている。弁護士法23条所定の秘密保持義務違反行為と弁護士職務基本規程23条所定の漏洩・利用行為の広狭が問題になり得るが、利用については、弁護士法23条所定の秘密保持義務違反行為よりも広い場合があり得る。弁護士法、刑法、弁護士職務基本規程のこれらの規定に違反した場合、弁護士は、民事上、法的な責任を負うかが問題になるが（主として損害賠償責任である）、秘密の保護は、秘密情報の主体の保護を図るという側面が強いことに照らすと、特段の事情のない限り、民事上も漏洩等された秘密情報の主体に対して不法行為責任を負うと解することができる。また、秘密情報が事業者の経営、事業上の秘密である場合には、秘密情報が漏洩、利用等されたときは、業務妨害、営業妨害としての不法行為が認められることもある。なお、刑法134条は、弁護士についていえば、弁護士またはこの職にあった者が、正当な理由がないのに、その業務上取り扱ったことについて知り得た人の秘密を漏らしたことが犯罪になるとしている。

(2)　訴訟活動とプライバシーの侵害

弁護士が職務上取り扱う情報が依頼者等の個人情報である場合には、個人情報保護法が適用される範囲においては、同法違反の問題が生じるし、個人情報の内容、開示の態様等の事情によってはプライバシーの侵害として法的な責任を負うことがある。また、弁護士が職務上取り扱う情報が依頼者等のプライバシーに属する場合には、開示の態様等によってはプライバシーの侵害として法的な責任を負うことがある。弁護士が訴訟の追行を受任し、訴訟活動を行うにあたって、依頼者、相手方、証人、その他の関係者の個人情報、プライバシーに属する情報を開示することは通常の活動であるが、裁判例上、これらの情報を利用する活動については、その関連性、必要性、相当性等の要件の下、相当に広い範囲で正当な活動（正当業務行為）と認められ、法的な責任を免れることができる。訴訟の内容は、当事者双方、あるいは関係者の私的な事項、情報を公開の手続である民事訴訟手続において主張・立証する活動が多く、許容されているところであり、このことが弁護士の正当な活動の判断に影響を与えている。訴訟活動以外の弁護士の業務、活動の場面については、これを取り扱った裁判例は少なく、違法・適法の境界は必ずしも明確ではないが、個々の業務、活動の内容を考慮し、訴訟活動に準じて検討することになろう。

弁護士が職務上取り扱う情報が依頼者等の名誉・信用毀損にあたるものである場合には、名誉毀損、信用毀損として法的な責任を負うことがある。名誉毀損、信用毀損にあたる情報は、プライバシーに属する情報と比較すると、弁護士が業務を行うにあたってより慎重な注意と配慮が必要であり、情報が名誉毀損、信用毀損にあたることをあえて利用することは、その関連性、必要性、相当性が認められる範囲が狭いということができる。裁判例上、名誉毀損、信用毀損にあたる情報を利用する訴訟活動が正当な活動として認められた事例が公表されているが、情報の利用範囲、表現の内容等に注意が必要である。

(3)　弁護士職務基本規程による秘密の保持義務の拡大

弁護士職務基本規程は、共同事務所に所属する弁護士、弁護士法人に所属する弁護士について、秘密保持の要請を拡大している。弁護士職務基本規程56条は、共同事務所における規律の一つとして、所属弁護士は、他の所属弁護士の依頼者について執務上知り得た秘密を正当な理由なく他に漏らし、または利用してはならないし、その共同事務所の所属弁護士でなくなった後も、同様であると定めている（なお、60条参照）。また、弁護士職務基本規程62条は、弁護士法人における規律の一つとして、「社員等（61条により、「弁護士法人の社員又は使用人である弁護士」のこととされている）、その弁護士法人、他の社員等又は使用人である外国法事務弁護士の依頼者について執務上知り得た秘密を正当な理由なく他に漏らし、または利用してはならないし、社員等でなくなった後も、同様とする」と定めている。

弁護士職務基本規程上、弁護士の秘密の保持義務（この場合の保持は、漏洩をしないことだけでなく、利用することを含むものである）は、共同事務所、弁護士法人の場合には、前記の範囲で拡大されているが、筆者のような単独事務所の場合には、自ら取り扱う秘密情報の保持義務の遵守に努めれば足りるため、秘密の保持範囲は明確である。現在、弁護士法人の数は少なく、複数の弁護士が勤務する法律事務所のほとんどは共同事務所であるが、共同事務所といっても、共同事務所の規模、弁護士の数・地位、弁護士同士の関係、弁護士の勤務場所等は多様であり（なお、近年の法律事務所の実態に照らすと、共同事務所といえるかの判断が容易でない事例もありそうである）、所属弁護士が他の所属弁護士の依頼者について執務上知り得た秘密の保持義務としても、具体的に保持義務を負う範囲は必ずしも明確ではない。共同事務所の規模が大きく、所属弁護士の数が多くなり、所属弁護士の関係が緊密でない場合には、「他の所属弁護士の依頼者について執務上知り得た秘密」の範囲の判断が困難になることは容易に推測される。

弁護士のこの秘密の保持義務は、所属事務所を退職したり、独立したりした場合にも引き続き負うとされるものであるが（秘密の保持義務は、退職等によって消滅しない）、弁護士の退職、独立、移籍、法律事務所の合併等は、従来から通常にみられる現象であり、このような場合にも、弁護士は、従来から負っていた秘密の保持義務を負うものであり、保持すべき秘密の範囲がより複雑になり、判断が困難になっている。特に近年は、大規模、中規模の法律事務所が合併、分割・合併を行う事例がみられるが、これらの場合には、所属する弁護士の秘密の保持義務の範囲、違反の判断が相当に複雑で、困難になるように推測される。同様な複雑さと困難さは、利益相反等をめぐる問題にもみられる。

5　弁原紛争、弁原事件

⑴　事務処理によって発生する新たな紛争

弁護士の業務、これら関連する取引は、当事者の一方が法律事務の高度の専門家である弁護士であり、相手方の当事者は、個人であれ、法人であれ、弁護士が通常の弁護士としての水準の法律事務を遂行することを予定して取引を行うものであり（弁護士の専門性、契約によっては、通常の弁護士の水準ではなく、特定の分野における高度の専門性を有する弁護士の水準を前提とすることもある）、その水準の品質の法律事務を行うことを期待している。弁護士が依頼者から依頼され、法律事務を行う場合、法律事務の内容は多種多様であるが、法的な紛争を抱える依頼者が、これらの水準の弁護士として提供するサービスとして、依頼者が抱える紛争を自己の権利、正当な利益を実現する内容で解決すること（弁護士職務基本規程21条参照）を依頼することが多い。法律事務、事件を受任した弁護士としては、受任した範囲内で前記の水準の事務処理をすることになるが、事務処理の過程で潜在的な紛争が現実化したり、当初見過ごしていた紛争が顕在化したり、さらに事務処理によって新たな紛争が発生したりすることがあるし、事務処理の結果によっては派生的な紛争が発生したり、別の紛争が発生したりすることがある。弁護士が依頼者から法律事務、事件を受任し、事務処理を行う場合、その事務処理の仕方、結果によって、あるいはこれをきっかけにして受任した法律事務、事件以外の紛争が発生し、あるいは現実化、顕在化することがあるが、このような事態が弁護士と依頼者との間に緊張関係を生じさせることがある。

筆者は、裁判官をしていた時期、提起された訴訟を担当していると、同一の当事者間、密接に関係する者の間でほぼ同じ原因、あるいは関連する原因で複数の訴訟が同時に提起され、係属していたり、複数の訴訟が順次提起されたりする事例を見聞することがあった（これらの関連する訴訟は同一の裁判官に併合されることもあれば、併合されないこともある）。関連する訴訟の一部を担当した場合、筆者は、代理人である弁護士、あるいは当事者から関連する訴訟の概要、紛争の全容、将来の訴訟提起の可能性等の事情を聴く機会が多かったが、これらの訴訟の中には、最初の頃における紛争の解決が十分でなかったり、あるいは代理人である弁護士、当事者を含む関係者らの解決の方法、内容が適切でなかったりして、紛争が拡大したり（寝た子を起こすような紛争拡大の事例もあった）、派生的な紛争が発生したりする事例もあったし、さらに弁護士の弁護活動、紛争解決の方法等が原因となって紛争の拡大、新たな紛争の発生といった事態に至った事例もあった。

筆者が弁護士になり、実際に代理人として訴訟の追行を受任したり、さらに他の弁護士の弁護活動を見聞したりしても、裁判官の時期に見聞した事例と同様な事例を見聞することがある。法的な紛争を抱える依頼者が弁護士に事件の処理、解決を依頼した場合、依頼者としては、紛争が解決の方向に向かうこと、自己に有利な方向で解決されることを期待することが通常であるが（自己に有利な方向で迅速な解決がされることを期待することになろう）、実際にはどうであろうか。相手方も弁護士に依頼し、法的な紛争がより本格的になったり、代理人間の相互の弁護活動が繰り返され、紛争がより激化したり、示談の機会を逸して訴訟が提起されたり、複数の訴訟に発展したりする事態は珍しいものではない。このような事態の進行は、法的な紛争の内容、当事者らの関係者の意向等の事情によってはやむを得ない事態であるというべき場合もあるが、弁護活動が主要な原因となって紛争が悪化、拡大し、新たな紛争が発生する事態もないではない。

⑵　弁原紛争（事件）の態様

従来、専門家の活動が原因となって新たな問題が発生するような事態として、医師の医療行為が取り上げられてきた。医原病（医源病）がそれである。医原病は、その原因、範囲については議論があるところ、医療は、人の病気を治療するために行われるが、医療行為に起因して病気が発生することがあり、これを医原病と呼ぶことが可能である。

弁護士が前記のように法律事務、事件を受任し、事務処理等の弁護活動を行い、この活動に起因して紛争が悪化、拡大したり、新たな紛争が発生したりする現象は、医原病に準えると、「弁原紛争」とか、「弁原事件」と呼ぶことができよう（なお、訴訟が提起され、裁判官の審理、判決によって同様な現象がみられることがあるが、これも含め、広く弁原紛争と呼ぶこともできよう）。弁護士に法律事務、事件を依頼する依頼者は、少なくとも弁護士が行う事務処理によって紛争が解決する方向に向かうと期待していると考えられるが、事情によっては弁原紛争に発展することがあることを踏まえつつ、受任した法律事務、事件に対して様々な配慮をしながら適切な事務処理に努めることが重要である。医師の診断、治療等の医療行為を受け、医原病に罹患した場合には、医療過誤として医師、病院の損害賠償責任が追及される可能性があるが、弁護士についても、弁原紛争が発生した場合には、同様な法的なリスクを抱えるおそれがある。

弁護士の中には、紛争、事件の全容をある程度把握しながら、受任した事件を全体的な解決の方向に向けず、次々と拡大するかの方向に事務処理をするような事例を見聞することがあるし、そのような事例の中にはその背景に報酬に対する期待が窺われるものもある。受任事件は、関連する事件も含め、長期にわたって形式的に解決したとしても、事件の依頼者、関係者にとっては何ら益することのない事態に陥る事例もある。

(3) 説明不足・事務処理懈怠が起因となる紛争

弁護士が事件を受任し、事務処理をしている間、依頼者の依頼の趣旨、期待に反して、事務処理に派生して事件が発生したり、事件が拡大して新たな紛争が発生したりし、その派生的な事件の発生、事件の拡大が受任した弁護士の事務処理上の過誤や弁護士の説明不足等に起因する場合、弁護士が依頼者等から法的な責任を問われることは当然であろう。弁護士が依頼者、その関係者から相当に詳細な事情の説明を受けたとしても、事件を受任し、事務処理を行っていると、事件の性質、内容、全容について当初の認識が必ずしも正確、的確でないことがあり、新たな解決の方向を探ったり、新たな事件を受任したりすることになるが、この場合、弁護士が適切に説明、事務処理を行っている弁護士の法的な責任を問うことはできないとしても、他方、通常の弁護士の基準に照らして、事務処理を怠り、あるいは事件の解決の方向等につき説明不足があったりした場合には、前記の弁原紛争、弁原事件の発生、解決の負担、損失につき弁護士の法的な責任が追及され得るものである。

従来は弁護士に事件を依頼し、事務処理が行われ、不利な結果が生じると、その結果をめぐる原因、責任が現実に問題になることがあるとしても、その結果の有利、不利にかかわらず、あるいは結果が現実化する前であっても、その事件に関連して新たな紛争、事件が発生すると、新たな紛争、事件への対応を迫られるが、この紛争、事件の発生については、弁護士の法的な責任が意識されることはないのが通常であった。しかし、この新たな紛争、事件の発生が弁護士の説明、事務処理に起因する事態がみられるところ、この場合には、弁原紛争、弁原事件として、その対応に迫られた依頼者らが弁護士の法的な責任を追及することができることは、他の類型の弁護士の過誤と同様である。

医療事故においては、医原病を問題視されてきているが、弁護過誤においても、内容、態様は異なるものの、弁原紛争、弁原事件が現に発生しているし、これを問題視すべき事情が同様に認められるのであり、今後の動向が注目される。

6　弁護士のストレスとストレス対策

(1)　弁護士が抱えるストレス

法律事務、事件を受任して事務処理をしたり、あるいは法律相談を受けて助言をしたり、弁護士としてその他の業務を行う場合、少なくとも通常の弁護士としての水準の業務を行うことは当然のことであり、通常の水準の事務処理を行うことができるために必要な知識、経験、ノウハウを蓄積し、法律実務において活用するための日々の研鑽、努力が必要であるが、このためには日々相当な時間を使い、緊張感を持続し、不規則な職業生活を継続することが必要になる。

これらの知識、経験、ノウハウの蓄積等の準備を踏まえ、実際に法律事務を受任する等し、様々な事務処理を行う場合には、準備段階における長期間の時間の費消、緊張感の持続、不規則な職業生活の継続とは別に、さらに長期間の時間を使い、さらに重大で複雑な緊張感を持続し、不規則な職業生活を継続することが余儀なくされる。しかも、事件の依頼者は、事件として取り上げられた紛争だけでなく、その背後にある紛争等を抱えた状況において、相当に重大な精神的、経済的、社会生活上の負担、緊張感を抱え（企業等の場合には、これらのほか、事業活動、経営上の負担、緊張感を抱えることになる）、事案によっては相当に長期の年月の期間、これらの負担、緊張感を抱えていることもあるが、このような依頼者から事件を受任し、事務処理を行うことは、弁護士にとって、それ自体が精神的にも、身体的にも相当な負担、緊張感を強いることは通常である（弁護士にとっては、このような負担、緊張感を抱える依頼者らと協同して事務処理を行うことは、事務処理全般にわたって大変な緊張感、精神力、判断力、体力が必要であることが多い）。また、弁護士が実際に受任した事件等が予定、予想したとおりに行われず、依頼者に不利益な方向に事態が進んだり、事務処理上の過誤が生じたり、事態が深刻化したり、拡大したりすると、一層深刻な緊張感が間歇的に生じたり、継続したりし、さらに生活、事務処理が不規則になり、不安定になり、日常生活にも重大な悪影響が生じることもある。

弁護士が事件を受任すると、依頼者は、自分の抱える紛争が有利な方向に進行するとか、自分の手を離れて事態が好転するなどと考えたり、期待したりしがちであるが、期待と実態は大きく異なる。弁護士が事件を受任すると、事件の相手方によっては余計に頑張ったり（戦闘意欲が増すことになる）、自分も弁護士に依頼したりすることによって事件の進行がより悪化することも珍しくないし、弁護士間の交渉も弁護士同士が各依頼者の意向を重視し、膠着することも珍しくなく、訴訟が提起された場合には、裁判官も加わって手続の進行が一層遅くなり、依頼者の意向がより反映されなくなることは常識である。

弁護士も、その依頼者も、事件の相手方も、その代理人である弁護士も、精神的にも、事務処理上もこのような負担、緊張感を抱きながら、事件が進行することが通常である。弁護士は、受任事件の事務処理等の業務を遂行する等して弁護士の職業を行う場合、精神的にも、身体的にも、事務処理等の職業生活上も、継続的に様々なストレスにさらされてるということができる。一般的にも、個人が生活を送っていく場合、日々の生活のストレスにさらされているが、弁護士の場合には、一般的な社会人、家庭人として受けるストレスのほかに、業務の性質上、相当に重大な、場合によっては深刻なストレスにさらされること（弁護士の業務は、継続的にストレスを生じさせる性質である）、継続的なストレスにさらされること、一年中様々なストレスを受けること、ストレスの原因（ストレッサー、ストレス因子と呼ばれることがある）が多様であること、ストレスの原因の排除、解決が困難であることが多いこと、弁護士の肩書きから外部に弱みを見せたくない態度があること、適切な診断、判断に基づき適切なストレス対策をとることが少ないか、稀であることといった特徴がある。

⑵ ストレスの原因

ストレスの原因としては、一般的に、物理的なもの、化学的なもの、生物学的なもの、精神的なものに分類されることがあるが、弁護士が職業上、業務遂行上受けるストレスの原因は、物理的なもの、化学的なものもあり得るものの、病気等の生物学的なもの、緊張感、不安、事務処理、人間関係等の精神的なものがほとんどである。精神的な原因によって病気等になることも考えると、精神的な原因によるストレスは、弁護士の職業、業務に重大な悪影響を及ぼすものであるということができる（なお、精神的な原因によるストレスは、弁護士にとって悪いだけではない。適度の緊張感を伴うストレスは、弁護士にやる気を起こさせ、その業務遂行を充実させる側面がある）。弁護士の仕事は、見方を変えれば、ストレスの原因に満ちているということもできよう。弁護士にとっては、日々繰り返し生じ、あるいは蓄積してくる様々なストレスとどのように付き合うか、どのように適正なレベルに押さえ込むか、ストレス反応を悪化させないか等を意識し、対策を実行するかが極めて重要である。

弁護士が日々受けるストレスは、弁護士としての業務の分野に限らず、家庭生活上、社会生活上のストレスも、弁護士の業務遂行に影響を与えるものであるが、弁護士としての業務の分野に限定してみても、事務処理自体に伴うストレス（事務処理に要する我慢・疲労・緊張、事務処理の内容の検討、判断の困難さ、想定どおりに進行しない不満、苛立ち、想定どおりに解決しない不安、苦痛等）があり、精神的にも、身体的にも様々なストレスにさらされている。業務の遂行に伴う人間関係も、個々の受任事件ごとに、依頼者、その関係者、相手方、その代理人である弁護士、訴訟の場合には、裁判官、さらに所属する法律事務所のボス弁、先輩弁護士、同僚弁護士、チームを組む弁護士等の様々な立場、属性の者との人間関係が生じるものであり、業務が継続的に進行する状況において、継続的、重畳的にいろいろなストレスにさらされるものである。しかも、弁護士が業務を日常的に遂行する場合、受任する事件は１件であるわけではなく、同時期に多数の受任事件を抱えながら、業務を行うものであるから、同時期に複数の受任事件に係るストレスを受けることになる。弁護士が業務の遂行にあたって人間関係から受けるストレスは、受任事件の進行が自ら想定したとおりに推移している場合であっても、相当のストレスになるが、想定しない方向、内容に推移したり、依頼者に極めて不利な方向、内容に推移したりする場合には、ストレスの影響が重大であったり、深刻になったりする事態も珍しいものではない。弁護士が業務の遂行にあたって受けるストレスのうち、受任事件の人間関係から受けるストレスはこのように継続的、重畳的、多面的なものであり、弁護士は、いわば四面楚歌の状況の下、ストレス反応を適正なレベルに押さえ込みつつ、的確、妥当な判断をし、適切、迅速に事務処理を行うことが必要である。

弁護士が業務の遂行上受ける緊張感、負担感等、ストレスは、弁護士の家庭生活、社会生活にも悪影響を及ぼすことがあるが、弁護士の業務自体に悪影響を及ぼすか、どのような内容・態様・程度の悪影響を及ぼすかは、当該弁護士にとっても、所属する法律事務所の経営弁護士、先輩弁護士、同僚弁護士、後輩弁護士にとっても重要な関心事である（事件の依頼者にとっては、なかなかわかりにくい事柄であるが、本来は重大な関心事である）。

(3) 弁護士のメンタルヘルス

弁護士が業務を行う場合、精神的、身体的、社会的に受けるストレスの原因は多種多様であるが、業務の遂行上不可避である（ストレスの原因、反応、病気との関係、治療等については、20世紀初頭から本格的な研究、議論が始まり、ストレス学説等の提唱、研究等を経て、現代社会においては、特に職業上のストレス等について長年の研究、実践が行われ、メンタルヘルスとして重要な問題として様々な分野で取り上げられている）。ストレスの人に対する悪影響については、段階的に進行すると考えられており、たとえば、警告期、抵抗期、疲弊期があると説明されたりしており、抵抗期には、睡眠障害、不安障害、心身症等が現れ、疲弊期には、自律神経失調症、過敏性腸症候群、胃潰瘍、十二指腸潰瘍、円形脱毛症、虚血性心疾患、うつ病等の病気が罹患し、あるいは悪化すると考えられている。

ストレスに関する医学等の書籍を読むと、ストレスが多種多様な病的な状態、病気の原因になっていることが示されており、消化器系の疾患として、胃潰瘍、十二指腸潰瘍、慢性胃炎、過敏性腸症候群等、呼吸器系の疾患として、気管支喘息、過呼吸症候群等、循環器系の疾患として、高血圧、狭心症、心筋梗塞、脳梗塞等が指摘されたり、そのほか、食欲不振、自律神経失調症、めまい、慢性疲労、不眠症、不安障害、倦怠感、円形脱毛症、うつ病等が指摘されている。これらの病気が悪化する場合には、入院治療が必要になるだけでなく、人身事故の原因になったり、病死、過労死、自殺の原因になったりすることもある。いうまでもないが、これらの病気、病的な状態によって、弁護士の精神的能力、身体的能力、事務処理能力、人間関係の調整能力等の各種の能力は著しく減退し、弁護士の業務遂行に重大な悪影響、事情によっては深刻な悪影響を及ぼすことは容易に予想される。また、ストレスによる病気として、対人恐怖症、赤面恐怖症、不安障害、パニック障害も指摘されているが、訴訟を受任した弁護士の中には、法廷に出廷することの不安障害、法廷恐怖症がみられることもあるし、弁護士として業務遂行中、発声、発語、記憶、気力に障害が生じ、精神的に逃避の姿勢がみられることもある。

弁護士がストレスにさらされ、ストレスがたまると、このような重篤な病気になる可能性があるし、重篤な病気にならないとしても、弁護士の業務に様々な悪影響が生じ得るものである。弁護士が業務遂行上、あるいは社会生活上ストレスを受け続けると、病的な状態とか、病気に罹患するだけでなく、弁護士としての受任事件の事務処理等の業務の遂行全般にわたって、受任事件の放置、事務処理の放置・遅滞・過誤、判断能力の低下・喪失、判断の過誤、自暴自棄、不正行為の実行、依頼者らとの関係の破綻等の悪影響を受けることがある。一般的には弁護士の業務がストレスと無縁と考えられたりすることがあるが、これは、弁護士の容貌のほか、弁護士がその業務上行う攻撃的な言動、事務処理の態度から受ける全くの誤解である。

⑷　ストレス解消の重要性

弁護士が業務を行う場合においてどのようなストレスを受けるかは、個々の弁護士の人格（パーソナリティ）、抵抗力、人生経験、弁護士としての経験・能力・ノウハウ、弁護士の支援態勢、事件の種類・内容、依頼者等の関係者の属性等の事情（訴訟の場合には、相手方の弁護士、裁判官に関する諸事情も含まれる）によって大きく異なるものであり、弁護士自身の事情を取り上げても相当に大きな個人差がある。一般的には、経験を積み重ねた弁護士は、様々なストレスを受けながら、自分に合った方法、対策でストレスを解消し、現在に至っているのに対し、新人弁護士、経験の少ない弁護士は、ストレスを受けた経験が少なく、その解消の方法、対策を適切に選択することができないおそれがある。新人弁護士、経験の少ない弁護士であっても、ストレスにさらされる経験と対策の実践を通じて、ストレス対策に慣れることは可能であるが、受任事件の種類・内容、依頼者らの属性は多様であり、また、自分の人格等の個々人の固有の事情に影響を受けるため、ストレスに対する抵抗力、ストレス対策の強化には相当の年月と十分な経験が必要である。

弁護士として業務を行うことは、精神的にも、身体的にも、生活時間上も、事務処理上も、職業上のストレスを受け続けるものであり、不健康であるだけでなく、不健康な事態が継続することに特徴がある。ストレスを受け、不健康な事態が継続すると、精神的、身体的な病的な状態、病気を誘発することがあり、最初は軽微な体調不良を感じたり、軽微な病気の兆しを感じる程度であるとしても、これらを放置する等すると、重大な病気に罹患することが判明したり、人によっては最悪の結果になったりすることもないではない。軽微な体調不良、睡眠障害、不安障害、疲労感とか、精神的な緊張感であっても、健康な状態とはいい難いが、弁護士が置かれた地位、状況においては、これらの状態を解消させる時間もなく、対策もとらないまま、受任等した法律事務等の事務処理を行うことが通常であろう。弁護士によっては、自ら自覚して時間を見つけてストレスの解消を図る者もいるが（弁護士によっては、何をしなくても自然と解消する者もいる）、これを放置し、ストレスによる不健康な状態が病的な状態に悪化し、病的な状態が一層悪化することがあり、現実に病気に罹患し、さらに放置することもある。弁護士によっては、このような状況において、自分の不健康な状態を無視する者もいるし、気がついても、仕事が忙しい、時間がない等の理由を見つけて放置する者もいる（弁護士の中には、定期的な健康診断を自覚的に受診しない者が相当数いるし、不健康な状態を自覚的に無視する者も相当数いる）。

⑸ ストレスが事務処理に及ぼす悪影響

弁護士が精神的、身体的に不健康な状態で受任事件等の事務処理を行うことは、事務処理全般に悪影響を及ぼし、事務処理上の過誤を誘発しやすいが、これが病的な状態、病気に悪化すると、弁護士の専門家としての判断能力、身体能力に重大な悪影響を及ぼすものであり、現実に受任事件の事務処理等の業務の遂行全般にわたって様々な過誤を誘発する可能性が高まるものであり、たとえば、受任事件の放置、事務処理の放置・遅滞・過誤、判断能力の低下・喪失、判断の過誤、自暴自棄、不正行為の実行、依頼者らとの関係の破綻等の事態を引き起こすことがある。

弁護士が受任事件等につき通常の法律専門家としての水準を確保しつつ、適切、的確に事務処理を行うことは、弁護士にとっていかなる環境、状況においても維持し、確保することが必要である。弁護士としては、様々な考慮、配慮を払いつつ、常に精神的にも、身体的にも、生活環境上も、業務環境上も、健康、正常、平常な状態を維持することも極めて重要である。弁護士がストレス等によって精神的、身体的等が不健康な状態、病的な状態、さらに病気であったりすると、その悪影響は徐々に、あるいは突然に弁護士としての業務の遂行に現れ、些細な過誤が頻発し（この段階では、弁護士自身が過誤を認識していないこともあるし、過誤を認識したとしても、自分の責任によるものではないとして無視することがある）、事案によっては重大な過誤が発生し、さらに深刻な過誤、取り返しのつかない過誤が発生することがある。弁護士が受ける悪影響は、業務遂行上の過誤だけではなく、場合によっては病気の悪化、自殺、過労死等の事態に至ることもある。なお、ストレスによってうつ状態、うつ病になることがあり、現代社会においては、従来の社会では見られなかった自分自身に対する愛情が強いという自己愛を特徴とする現代型うつ病も見られるようになっているが（ほかに、不適応症、逃避型うつ病も特徴的にみられる）、弁護士もこの例外ではない。

⑹　ストレス対策の方法

弁護士が自らストレスを認識したり、これによる悪影響の発生を現実に認識したりすると、ストレス対策を自らとったり、他人と協力してとったりすることが必要になるが、弁護士の地位、置かれた状況、環境によってはストレス対策を行うことに躊躇したり、ストレス対策を忌避することがある（特にイソ弁、アソシエイト等と呼ばれる弁護士の場合には、簡単に弱音を吐くことができないため、ストレス対策をとることに躊躇することになる）。ストレスを受けた者が警告期、抵抗期、疲弊期にとるストレス対策は、症状が重大であれば、医師の治療を中心に対策をとることが重要であるが、軽微である場合には、弁護士の性格、地位、置かれた状況、環境に応じて、休憩、レジャー、趣味、酒、運動、憂さ晴らし、他人への相談・助言等の自助努力によってストレスの解消、軽減を図ることができることがある。弁護士が自助努力によってこれらのストレス対策をとったとしても、ストレス、その悪影響が解消、軽減されるとは限られず、事情によってはかえって悪化することもあり、ストレス対策による悪循環に陥ることもある。

弁護士のストレス対策は、相当の経験を有する者にとっては、明確に意識するにせよ、しないにせよ、ある程度の対策をとって現在を迎えているものと推測されるが、ストレス対策は、個々の弁護士、あるいは個々の法律事務所によって様々なものがある。弁護士が一人事務所の場合には、文字どおり、自ら自覚的に対策をとるほかはない。弁護士が共同事務所に所属する場合には、自らの対策とともに、事務所全体の対策を利用することが可能であるが、共同事務所の場合には、事務所の規模・組織、共同の関係、人間関係、弁護士の事務所内における地位、事務所の組織風土、経営弁護士の個性・人格、所属弁護士の人格等の事情によって利用できるストレス対策は多様である。共同法律事務所によっては、事務所全体の対策に無関心なところもあるが、筆者の見聞する限りでは、軽視するところが通常であり、少なくとも重視するところは稀である。

⑺ パワー・ハラスメント問題

共同事務所の場合には、弁護士、職員のためのストレス対策が問題になるだけでなく、弁護士の間、弁護士と職員との間、職員の間におけるパワー・ハラスメント等によるストレスが問題になる。共同事務所の規模が大きくなればなるほど、関係する弁護士数、職員数が増加するところ、多数の人間が関係する場合には、それだけパワー・ハラスメント等のハラスメント、これによるストレスが問題になる場面も拡大し、問題になるストレスも増加することになる。

弁護士が受任事件の処理等の業務を遂行中にストレスを受け、パワー・ハラスメント等を受ける場面は、所属法律事務所のパートナー、先輩弁護士、同僚弁護士、依頼者、その関係者、共同受任した事件の弁護士、受任事件の相手方、関係者、訴訟等の裁判における担当裁判官等と関係する場面が想定される。なお、弁護士は、弁護士の業務以外の生活上においても通常の社会人としてストレス等を受ける様々な場面があり、これらの場面におけるストレス等も弁護士としての業務に影響を及ぼし得るものである。

これらの場面のうち、所属法律事務所のボス弁、パートナー、先輩弁護士、同僚弁護士と関係する場面は、企業等の職場におけるストレス、パワー・ハラスメント等と同じものであるところ、職場におけるストレス等としてすでに社会的にも、法律上も問題になり、これに関する判例も多数公表されているものである。法律事務所における各階層の弁護士の関係は、企業等の従業員等の関係とは異なる側面があるものの、実質的には共通する側面も多いから、すでに企業等の職場で一般的にみられるストレス、パワー・ハラスメント等の現象をめぐる諸問題が現実化する可能性は高いということができ（すでに法律事務所において職場での死亡事例、職務遂行中の死亡事例等を仄聞することがある）、問題が生じ、紛争に発展した場合には、企業等の職場におけるメンタルヘルスをめぐる判例が参考にされよう。

弁護士が受けるストレス、パワー・ハラスメント等は、所属する法律事務所だけでなく、依頼者、その関係者、共同受任した事件の弁護士、受任事件の相手方、関係者、訴訟等の裁判における担当裁判官等、多方面からであり、それぞれストレス、パワー・ハラスメント等の内容、態様、程度も異なるものであり、同じ受任事件について複数のストレス、パワー・ハラスメント等を受けることもあるから、受任事件の内容、事務処理の状況、関係者の属性等の事情によっては相当に深刻な事態が生じることもあり、これらの適切な対策を日頃から立て、精神的に健全な状態を維持することは相当に重要な事柄になっている。

(8) ストレスチェック制度の活用

ストレスをめぐる諸問題は、日本全国の事業所において長年にわたって問題になっており、平成26年には労働安全衛生法が改正され（平成27年12月１日施行）、労働者数が50人以上の事業場におけるストレスチェック制度が義務付けられている。ストレスチェック制度の実施については、厚生労働省労働基準局労働衛生部労働衛生課産業保健支援室等から実施マニュアル（「労働安全衛生法に基づくストレスチェック制度実施マニュアル」）が作成、公表されているので、弁護士、あるいは法律事務所にとってもストレス対策として参考にすることができる。また、日弁連は、平成27年10月、「弁護士のためのメンタルヘルスガイダンスブック」を作成し、会員に送付しているが、これも全国各地の弁護士においてストレスをめぐる諸問題が重大になっていることを示すものということができよう。

7 弁護士の品位・品格

(1) 社会人・職業人・教養人としての品位・品格の研鑽

弁護士が法律相談を受け、法律事件の依頼を受ける等し、業務を遂行する場合、関連する法律の知識、法律適用の実務を熟知していることは当然であるが（これらの知識、経験、ノウハウが自分の経験として体得されていることが必要であり、重要である）、適切で的確な助言をしたり、事務処理を行うためには、関係する諸分野、諸科学の知識、常識、慣行、経験則といった広範な分野の知識が極めて重要であることはいうまでもない。しかし、弁護士が事務処理を行い、相談者に助言をしたり、法律事件の関係者と対応したりするには、弁護士に対する要請を満たすには、これだけで足りるものではない。

弁護士に対する信頼と信用は、法律の知識、法律適用の実務、諸分野・諸科学の知識のみによって獲得されるものではなく、社会人、教養人としての品位・品格も極めて重要であり、この品位・品格をも備えることによって獲得されるものである。弁護士は、自分の事務所を運営し、業務を遂行する場合には、直接には相談者、依頼者等の関係者に対して適切かつ的確な事務処理を行うだけで足りることが多いが、自分の信用を高め、弁護士業（弁護士としての職業）の信用を高め、さらに弁護士の業界の信用を高めることも重要である。

弁護士職務基本規程はこのような弁護士に対する社会的な要請について規定を設けており、たとえば、弁護士は、名誉を重んじ、信用を維持するとともに、廉潔を保持し、常に品位を高めるように努めると定め（6条）、弁護士は、教養を深め、法令および法律事務に精通するため、研鑽に努めると定めている（7条）。これらの諸規定は、一部が努力規定であるものの、弁護士の業務の実務と社会との関係に照らすと、極めて重要な意義を有するものである。これらの規定によって要請される名誉、信用、廉潔、品位、品性、品格、教養といった項目は、いずれも社会人として生活し、活動するために求められる重要な徳目であるが、弁護士も、弁護士である前に社会から信頼され、信用される社会人であることが必要であるから、これらの徳目を身に付けるべきことは当然であろう。法律実務家の教育、修習というと、とかく法律の知識、法律適用の技術に関心が集まりがちであるが、常日頃もっと基本的な社会的な価値、徳目を体得すべく努力することが重要である。日々の多忙な業務の中、名誉、信用、廉潔、品位、品性、品格、教養といった項目を体得することは容易ではないが、日々の努力は必要不可欠である。

⑵　品位・品格の維持・確保の現状

ところで、弁護士の業務の実務において、弁護士の品位・品格は維持、確保されているのであろうか。これは、弁護士である読者諸氏、依頼者らの弁護士との取引の関係者諸氏、弁護士と接触のあった関係者諸氏らによって様々な意見、印象があろう。筆者の裁判官としての経験、弁護士としての経験において見聞した範囲では、品位・品格のない弁護士も稀ではなかったし、品位・品格の低い弁護士は少なくなかったのが偽らざる実感である。法令に違反したり、弁護士倫理に違反したり、民事訴訟における基本的なルールを遵守する気持すらなかったり、訴訟指揮を平然と無視したり、弁護士間の合意を平然と無視したり、冷静さを失った言動をしたり等する弁護士の言動、諸活動を見聞したところである（服装、話し方、議論の仕方等社会常識に反する等の事例も少なくない）。弁護士が受任し、依頼者の相手方、その代理人と面談し、協議し、示談交渉をする等の事務処理をしたり、訴訟において対立当事者の代理人として訴訟活動を行ったりする場面は、依頼者らの間に利害が深刻に対立する状況にあり、正に権利のための闘争が行われているから、依頼者らだけでなく、代理人である弁護士らもヒートアップした状況にあり、とかく品位・品格に欠ける弁護士の諸活動が展開されるおそれがある。近年は、弁護士間の競争、弁護士の実務・常識の変貌等の事情を背景として、依頼者の意向を重視した弁護士の諸活動が積極的に行われる傾向が強まっているため、従前と比較して、一段と品位・品格に欠ける弁護士の諸活動がみられるようである。

弁護士が法律実務の分野における高度の専門家として、社会の信頼と信用を勝ち得るためには、常に、どのような状況においても、冷静かつ沈着に、専門家としての品位・品格を保ちつつ、必要かつ相当な諸活動を行うことが重要である。前記の弁護士職務基本規程の規定は、弁護士の歴史を踏まえた貴重なものであり、弁護士の生活上時々思いを馳せるべき重要な規定である。

8 法律事務所の経営

(1) 規模・構成による分類

弁護士が依頼者らから事件を受任し、あるいは相談に応じて助言等をするといっても、弁護士の活動の基盤となる法律事務所を開設し、堅実な経営を行うことが必要である。弁護士が適切かつ充実した業務を遂行するには、所属する法律事務所が組織的にも、財政的にも、人材的にも、設備的にも、機能的にも適切かつ充実して構成され、運用されていることが極めて重要である。

法律事務所は、その規模、構成の観点から大雑把に分類することができ、前者の観点からは、一人法律事務所（単独法律事務所）と共同法律事務所とか、一人法律事務所、小規模法律事務所、中規模法律事務所、大規模法律事務所に分類することができ（大規模の意義、構成員の数は、時代によって異なる）、後者の観点からは法人化の有無によって弁護士法人とそれ以外の法律事務所に分類することができる（法人化されていない法律事務所の権利・義務の帰属主体、帰属の法的な方法等については、特段の事情がない限り、民法上の組合と認めることが相当である）。

法律事務所に所属する人員は、弁護士のほか、事務担当の職員、税理士、司法書士、公認会計士、弁理士、社会保険労務士等が所属することがある。最も簡単な組織の法律事務所は、一人法律事務所のうち、弁護士一人のものであり、次に簡単な組織の法律事務所は、弁護士が一人のほか、事務職員が一人または数人のものである（事務職員が家族であることもある）。共同法律事務所は、所属する弁護士が二人等の複数であることが基本的な特徴であるが、共同の関係、特に法律関係は多様である。日本の多くの法律事務所は、弁護士と事務処理一般を担当する事務職員で構成されているものが多いが、規模が大きな法律事務所の場合には、事務職員が担当する事務を総務、会計、準法律事務（パラリーガルと呼ばれることがある）、弁護士の補助等の各種の事務を分担することがある（なお、法律事務所の中には、そのほかに事件屋等と考えられる者が、その関係の内容を問わず、提携、雇用する等しているところもあり、時々問題が浮上することがある）。また、法律事務所の中には、弁護士、事務職員のほか、税理士、司法書士、公認会計士、弁理士等の専門家を雇用する等するものもある（これらの専門家との関係は、外部の専門家と提携する形態も多い）。

弁護士が安定的かつ依頼者らの信頼を得て業務を遂行するためには、法律事務所の組織、運用が適切に行われることが極めて重要であるが、この法律事務所の経営は、基本的には他の業種の事業者の場合と同様な特徴がある。特に複数の弁護士が所属し、事務職員を雇用するような法律事務所の経営は、基本的には中小企業の経営と同じであり、弁護士間の関係、対外的な取引関係、経営弁護士と事務職員の関係等は、企業において生じる法律関係、人間関係等と同様な関係が生じるものであり、法律事務所の組織、財政、職務分担等の関係を適切に運用し、健全な経営を図ることが弁護士の信用、事件の受任、業務の遂行等に重要な影響を与える。

(2)　人的設備と物的設備

法律事務所に所属する弁護士としては、経営弁護士（ボス弁、パートナー等と呼ばれることがある）、勤務弁護士（イソ弁、勤務弁護士と呼ばれることがある）、客員弁護士（その実態は多様である）がいるし（ほかに、顧問などの名称の者が所属することがあり、それらの者の中には弁護士の資格を有する者もいるし、近日は横文字の肩書きの者も登場している）、最近は、法律事務所の一部（軒先）を借り受ける者の意味であろうか、ノキ弁と呼ばれる弁護士も存在する。法律事務所においては、弁護士が所属するほか、前記のような各種の事務職員が雇用されたり、外部の専門家と業務を提携することもある。法律事務所がどのような人材によって構成されるかは、少なくとも一人の弁護士がいること以外は、個々の法律事務所ごとに様々であり、これらの人材が法律事務所の人的設備を構成するものであるが、これらの人的設備を確保するための取引が必要である（複数の経営弁護士、パートナーがいる場合には、これらの者の間で組合契約等の契約を締結することになる）。

他方、法律事務所は、特定の場所（建物）に所在する事務所を開設し、法律事務所の看板を掲げて経営が行われているが、経営弁護士の自己所有の建物を除き、建物を賃借し、事務所用の諸設備を賃借、購入等し、什器備品を購入等して整備するものであり、これらの物的設備を確保するための取引が必要である。一人の弁護士によって構成される法律事務所であっても、中規模な法律事務所であっても、大規模な法律事務所であっても、その規模は大きく異なるものの、基本的には、人的設備、物的設備を整備、確保したうえで、弁護士が事件を受任する等して弁護士の業務を遂行して経営されているものであり、毎月、あるいは一定の期間ごとに資金を調達し、各種の取引を履行する等の取引が実行されている。法律事務所は、所属する弁護士が一人であっても、弁護士業務を行う有機的な事業組織であるということができ、規模が大きくなればなるほど、有機的な事業組織としての側面が強くなり、小規模な法律事務所であっても、事業体として経営すべき要請が重要になってくる。中規模、大規模な法律事務所においては、弁護士業務を行う事業体としての経営すべき要請が必要不可欠であり、その経営状態が法律事務所の基盤を左右することになる。

(3) 経営基盤の安定の重要性

法律事務所は、人的設備、物的設備を整備、確保したうえで、所属する弁護士が事件を受任する等して弁護士業務を遂行し、展開するものであるが、弁護士業務の遂行にあたっても各種の取引を行い、取引を実行することになる（この取引の実行に伴って資金を調達し、履行することが必要である）。法律事務所においては、日常的に受任した事件のための調査、準備、事務処理のための資金を準備していることが多いが、受任の種類、内容、規模によっては自ら資金を調達することが困難であることがあり、受任事件が有利な結果になり、相当額の報酬を期待し、金融機関からの借入れを利用することもないではない。法律事務所が資金を調達するために金融機関から資金を借り入れることもあり、法律事務所によっては、金融機関と融資枠契約を締結することもある。

弁護士の業務、活動というと、世間においては、受任に係る訴訟代理人、刑事事件の弁護人、法律相談の法律専門家、企業等の調査委員会の委員等の活動が目立つようであるが、その背景には、前記の法律事務所の経営が行われており、弁護士の業務、活動が充実して遂行されるためには、法律事務所の健全な経営が基盤になっているということができよう。

弁護士が法律事務所の経営に関与する場合には、仮に一人事務所であっても、事件の受任、事務処理等に関する弁護士業務を行うほか、経営に関する各種の業務を行うことが必要である。弁護士が弁護士業務を適切に依頼者等の権利、正当な利益を実現して遂行するにあたっては、事件の受任、事務処理等の適切、的確に行うだけでなく、自己の属する法律事務所の経営基盤が安定して構築され、運用されていることが重要である。弁護士がその業務を遂行することは、見方を変えると、事件の受任、事務処理等につき依頼者らとの間で契約を締結し、契約の内容を適切に履行するものであるし、法律事務所の経営には多種多様な契約を締結し、契約の内容を適切、適時に履行し、相手方にも適切、適時に履行してもらうことが重要であるし、契約の種類、内容によっては適切、適時に履行してもらうことが極めて重要である。弁護士の業務を取引上の観点から眺めてみると、前記の各種の契約の管理を適切、的確に実行することが法律事務所の経営のため、さらに弁護士の業務を適切に遂行するために重要である。

(4)　契約管理の重要性

法律事務所における契約の管理においては、一般的にみて契約上の様々なリスクを可能な限り軽減させるため、契約内容の合理化・明確化、契約書の作成、将来を予測した条項の明文化、契約の履行状況の監視・確認、相手方の信用等の監視・調査、契約の履行準備の確認、契約の不履行の対策等の対策を実施することが必要である。契約のうち、一回的な給付を目的とする契約については、契約の管理には比較的手間がかからないものの、継続的契約、一定の期間法律関係を設定する契約については、契約上のリスクも複雑で重大であるため、契約の管理に相当の手間が必要になることがある。

弁護士の業務の遂行にあたって、相談者、依頼者から契約に関する相談、依頼を受けることは多く、また日常的であり、契約書の作成の必要性・重要性、トラブル防止のための契約条項の規定の仕方等を助言等することが多いが、自分が締結する契約については、相談者らに助言等するとおりに契約の管理を適切、的確に行っているのであろうか、頭のどこかに自分の場合には、法律の専門家であり、トラブルが発生しないと思い込んでいるのであろうか。現実には、訴訟に至らないまでも契約上のトラブルが発生することが相当にあるし、事案によっては訴訟に至ることもある。弁護士が自ら直面する契約上のトラブルは、債務の履行を求められる場合と債権を行使する場合があるが（事例は少ないが、保証人の責任等の責任を追及されることがある）、債権を行使する場合などには、自ら債権を行使し、債権を満足させることは、他人に助言したり、代理人として権利を行使する場合と比べると、ストレスが蓄積する等の苦労が多いものであろう。

弁護士が弁護士業務を遂行するにあたって締結する各種の契約の中でも、個々の弁護士、個々の法律事務所によって重要な意義をもつ契約が多数あるが、たとえば、弁護士が法律事務所の経営のための運営資金を金融機関から借り入れる金銭消費貸借契約は、その性質上、極めて重要な契約である。

弁護士が法律事務所を経営するにあたっては、少なくとも毎月の資金繰り計画を立てているが（法律事務所の規模が大きくなれば、資金の使途は多様で複雑であり、要する資金額も多額になる等の事情から、財務会計の専門家の助言だけでなく、専門的な経験を有する担当者の雇用が必要である）、弁護士の稼動状況、報酬の支払状況等の事情によっては金融機関からの金銭の借入れが必要になることがある。

弁護士、法律事務所によっては、事前に金融機関との間で融資枠契約等の契約を締結し、将来の資金不足に備えているところもある。この場合には、金銭の借入れ、担保の提供、保証人の提供、返済計画、返済の実行等の金銭消費貸借契約の管理が極めて重要になる。また、近年は、弁護士になる過程における借金とか、弁護士になった当初の頃の様々な経費の支出のための借金をしている事例があるようであり（事情によっては多重債務の状況に陥ることもあるようである）、この場合には、金融機関らの債権者に対する適時の返済等、金融機関らとの間の金銭消費貸借契約の適切、的確な管理が極めて重要である。

9 共同法律事務所の経営と経営弁護士らの責任

(1) 共同法律事務所の形態

法律事務所のうち、弁護士が一人である一人法律事務所以外は、二人以上の弁護士が所属し、何らかの形態で共同関係を形成している共同法律事務所である（経営弁護士が一人で、ほかに一人以上の弁護士が所属する場合の経営弁護士と他の弁護士との関係は、個々の弁護士ごとに異なるが、本書では、他の弁護士を雇用する場合も含め、共同法律事務所として紹介する。複数の経営弁護士によって構成される場合が共同法律事務所とされることが少なくないが、本書では、それ以外の場合にも複数の弁護士が同じ法律事務所に所属することによって特有の問題が生じることに着目している)。

(ア)　弁護士間の契約関係

共同法律事務所を構成する複数の弁護士間の関係は、弁護士の間に濃密な人間関係が存在する場合も少なくないし（特に所属する弁護士がそれぞれ経営弁護士の地位にある場合には、その関係は相当に個人的な信頼関係がみられることが多い)、共同の内容は、個々の法律事務所ごとに多様であり、共同であるといって一様なものではない（共同の内容である法律関係は、経営弁護士等の複数の弁護士間の契約によって定められているものであり、弁護士間の取引によって形成されている)。

弁護士が業務を遂行するにあたって行う各種の取引の中では、共同法律事務所を構成する弁護士間の取引は、取引の当事者である弁護士以外の者にとってはわかりにくい分野の取引であろう。弁護士法人を設立する場合を除き、複数の弁護士が共同して法律事務所を構成し、弁護士の業務を行う事例は、日本全国にみられる普通の形態の法律事務所である。共同法律事務所は、複数の弁護士が契約の当事者として法律事務所を構成し、共同して法律事務所を経営する内容、形態のものもあり、一人または複数の経営弁護士と勤務弁護士によって構成される内容、形態のものもあるが、その内容、形態は一様なものではない。

(イ)　経営弁護士と勤務弁護士

複数の経営弁護士が弁護士の業務を共同して行う場合には、各自法律事務所の経営に出資、負担、責任、利益等を内容とする契約を締結するが（民法上の組合契約であることが多いであろう)、共同の内容、態様は、個々の法律事務所ごとに多様である（なお、このような共同法律事務所においても、勤務弁護士等の経営に関与しない弁護士が所属することが多いが、経営に関わらないものの、勤務弁護士等との関係も共同の内容に含まれる)。一人の経営弁護士が一人または複数の勤務弁護士等の経営に関与しない弁護士と弁護士の業務を共同して行う場合にも、経営自体は経営弁護士が行うものの、弁護士業務の共同の内容、態様は個々の法律事務所ごとに異なるところがある（なお、この場合の経営弁護士とその余の弁護士との契約は、民法上の組合であることは少ないであろうが、雇用契約であるのか等は、個々の契約ごとに判断するほかない)。後者の場合には、勤務弁護士等は、経営弁護士の受任した事件を経営弁護士の指示によって担当することは当然であるとしても、自分だけで事件を受任することができるか、その場合の収入を所属する法律事務所の収入とすべきか、経費の負担をどうするか等の事項に関する異なる取扱いがみられる。複数の弁護士が経営に関与する共同法律事務所の契約の当事者となる弁護士は、パートナーと呼ばれることが多いようであるが、この呼称に限定されているものではないし、当該法律事務所に所属する弁護士であるからといって、当該契約の当事者となるものではない(このような弁護士は、イソ弁、勤務弁護士、アソシエイトなどと呼ばれることがあるが、これもこの呼称に限定されるものではないし、近年は、勤務の仕方が多様化しているようである)。共同法律事務所における契約の当事者である弁護士間の契約関係は、事務所開設の出資、収入の取扱い、事件の受任、事件の処理、経費の負担、利益の分配、外部との取引関係等について様々な内容のものがあり、個々の法律事務所ごとに相当に異なるものである(共同法律事務所といっても、同一の法律事務所の名称の使用、同一の事務所スペースの賃借、経費の分担について共同関係があり、相当に緩やかな共同関係のものもある)。共同法律事務所における共同関係の契約は、書面のもの、口頭のものがあるが、小規模の法律事務所においては口頭の契約によるものが多いと推測される。共同法律事務所に関する契約は、その内容が多様であるため、個々の契約ごとにその性質を決定することになるが、収入、経費、利益等の諸事項が契約の内容に含まれる場合には、組合契約(民法667条以下)であることが多い。

(ウ) 経営、運営

共同法律事務所の経営、運営は、その規模、契約内容によって相当に異なる。小規模の法律事務所の場合には、契約の当事者である弁護士間の協議によって決められることが多いが(法律事務所によっては、最初に法律事務所を開設した弁護士が経営、運営を行うものもみられる)、大規模な法律事務所の場合には、これらの弁護士の中から経営を担当する弁護士を選任し、これらの弁護士間の協議によって行われることが多い。共同法律事務所の規模が大きくなればなるほど、出資、収入の取扱い、事件の受任、事件の処理、経費の負担、利益の分配、外部との取引関係等の共同関係が緊密になり、法律事務所における検討、判断、決定すべき事項が増加し、拡大するが、これらの諸事項を検討、決定等することも複雑で、困難になりがちであり、経営、運営を担当する弁護士間の意見も対立することが予想され、その調整も時間を要することになろう。共同法律事務所の経営、運営がどのような過程を経て行われるかは、法律専門家の組織運営のあり方の観点から興味深い問題であるが、現在のところ、米国の法律事務所に関する書籍が出版されているものの、日本の事例は見あたらない。共同法律事務所の経営、運営の財政的な基盤は、弁護士の出資、売上げ、借入れであり、特に売上げが重要な位置を占めているが、売上げの基本は所属する弁護士が顧客に提供する法律実務サービスの対価である報酬であるから、法律事務所全体によって、あるいは個々の弁護士によって法律実務サービスを増加し、拡大するための様々な営業努力が行われるところであり、その営業努力も多様化しているところである。

共同法律事務所における経営弁護士の実力、能力は、依頼者からの報酬等の売上額によって評価されることが多く、鵜を操る鵜匠に例えることができる。多くの魚を捕る鵜を上手に、多くの鵜を操る鵜匠が実力のある経営弁護士であり、共同事務所内における実力、発言力も高まることになる。

(2)　多様化する弁護士の勤務形態

法律事務所内における弁護士間の取引としては、事務所の経営、出資に関する契約だけでなく、勤務弁護士（イソ弁とか、アソシエイトと呼ばれることがあるが、勤務の内容、地位は一様ではない）との間の契約がある。法律事務所内における勤務弁護士は、弁護士法人の場合には、弁護士法人との間に勤務に関する契約を締結することになるが、弁護士法人以外の場合には、経営弁護士、法律事務所との間で勤務に関する契約を締結するものである。近年は、新人の弁護士については、従来型のイソ弁の類型の勤務形態だけでなく（イソ弁の場合にも、勤務期間の定めの有無、期間、勤務の内容、勤務の対価の内容・額〔定額、歩合、ボーナス〕等が多様化しつつあるようである）、軒弁・ノキ弁（法律事務所の軒先を借りるとの意味合いである）、即独（弁護士登録をするや否や独立するとの意味合いであるが、従来型の法律事務所の施設を備えるような形態のものだけでなく、自宅を事務所としたり、机を借りたりするような形態のものもある）等の形態のものもみられ、多様化しつつあるが、既存の法律事務所との関係によっては、当該法律事務所との間で勤務に関する契約を締結することがある。なお、裁判官、検察官、大学の教員等の経験者等との間においても、法律事務所との間で客員弁護士、顧問、オブ・カウンセル等の名称の契約が締結されることがあるが、このような契約も弁護士の勤務に関する契約である。

法律事務所内における勤務弁護士との間の勤務に関する契約は、個々の法律事務所、勤務弁護士ごとに多様であり、口頭の契約であることも少なくない。特に近年は、勤務期間の定めの有無・期間、勤務の対価が従来と比べて勤務弁護士に不利な内容になる傾向がみられるとともに、契約の内容・形式によっては経営弁護士と勤務弁護士との間で勤務等をめぐる紛争が発生しやすくなっている。また、勤務弁護士が法律事務所の業務を行っている間に事故に遭ったり、過労、心身の故障のために病気、死亡する事態もみられるようであるが（中には法律事務所内で死亡した事例もあるようである）、このような事故・事態においては勤務弁護士等と法律事務所、経営弁護士との間で紛争が発生する可能性もあり、勤務弁護士との間の契約の性質、内容が問題になることがあり、これらが明確でない場合には、勤務弁護士にとっても勤務のリスクであるし、経営弁護士にとっても法律事務所の経営のリスクになっている。

(3) 法律事務所内の紛争

弁護士の取引をめぐる紛争は、自分が所属する法律事務所の外部の者（法律事務所を基準とする第三者）との紛争があるだけでなく、法律事務所内における紛争もある。弁護士が法律事務所の経営弁護士（経営弁護士といっても、法律事務所の規模、組織等の事情によって異なる地位があり、小規模な法律事務所の場合には、代表弁護士、所長弁護士、経営弁護士、パートナーなどと呼ばれているし、大規模な法律事務所の場合には、経営弁護士、マネージング・パートナーなどと呼ばれている。筆者は弁護士一人の法律事務所であるが、自ら名乗ったことはないものの、所長弁護士と呼ばれたことがある）である場合には、他の経営弁護士、勤務弁護士、所属する事務職員、税理士、司法書士、事務職員等の法律事務所を構成し、あるいは勤務する者との紛争が生じることがある。他方、弁護士が勤務弁護士である場合には、法律事務所、経営弁護士、他の勤務弁護士、専門職員、事務職員等との紛争が生じることがある（紛争の内容、態様も多様である）。

法律事務所内の紛争は、関与者、内容、態様等によって当事者、関係者らの間で話し合いを基調に解決することが多いであろうが、解決の内容としては、共同関係の解消、弁護士の勤務関係の解消、金銭の支払、弁護士の独立（弁護士のグループが集団で独立することもある）等に至ることもある（このような紛争の過程で、さらに紛争が派生的に発生することもある）。

⑷　法律事務所内の金銭問題

法律事務所内における紛争のうち最も深刻なものとしては、法律事務所内の金銭問題をきっかけにした内部分裂、債務超過、倒産の事態であるが、これらのうち、内部分裂の事例は噂にのぼることがあり、実際にも生じているものと推測される（弁護士が所属していた法律事務所を退所したり、独立したりする場合、退所、開業の挨拶状を作成し、関係者に送付することが多いが、この挨拶状には当該弁護士の挨拶だけでなく、所属していた法律事務所の経営弁護士等の挨拶も併せて記載したり、また、円満退所、独立であることを明記したりすることが多く、このような挨拶状の慣行は、円満退所、円満独立の旨を公表するためのものとして行われているようである。筆者が現在の弁護士一人の個人法律事務所〔一人法律事務所〕を開業した際の挨拶状は、単に独立開業の挨拶のみを記載したものであったが、今から振り返ってみると、少ない事例に属するものであったようである）。

倒産の事態は、破産者になることが弁護士の欠格事由に該当すること（弁護士法７条５号）等から、破産によって解決する事例は極めて例外的なものであると推測されるが、債務超過、支払不能等の事態は、一人法律事務所だけでなく、共同法律事務所、弁護士法人にも生じ得るところ、債務の整理、清算等は、法律事務所の法的な地位・性質によって異なるところがある。法律事務所のうち、弁護士法人は、法人としての任意、法定の倒産手続をとることが必要であるが（社員である弁護士については、法人とは別に債務の整理等を行うことが必要であり、弁護士法人の財産をもってその債務を完済することができないときは、連帯して弁済責任を負うものであり、厳格な責任が法定されている。弁護士法30条の15第１項）、弁護士法人以外の共同法律事務所の場合には、その法的な地位・性質によってどのように債務の整理、清算等を行うかが異なるところがある。共同法律事務所は、その法的な性質、地位について、民法上の組合であると認められるものがあるが、共同法律事務所の契約の内容、規模の大小、組織の内容・態様等の実情に沿って検討し、判断されるべきである。共同法律事務所は、単に同じ法律事務所名を使用したり、物理的に同じ事務室を使用したりするだけの法律事務所もある等、その実情は多様であり、一律に民法上の組合ということはできない（実情によっては、権利能力のない社団と認められるものもあろう）。共同法律事務所が民法上の組合と認められる場合には、組合員である弁護士間の組合契約、民法上の組合に関する規定によって法律問題を解決することになり、各組合員の出資その他の組合財産は総組合員の共有に属すること（団体財産を構成するものである）等の民法上の規定を前提として倒産、債務の整理、清算等の問題を取り扱うことになる。他の法的な性質・地位の共同法律事務所については、契約の内容等を前提とし、契約の当事者である弁護士をめぐる法律問題を解決することになる。

弁護士の業務をめぐる経済環境、社会環境等の環境は、常に変動し、法律事務所の経営に大きな影響を与えるだけでなく、個々の弁護士も、大きな影響を受ける。同じ法律事務所内であっても、専門分野の業務の栄枯盛衰はしばしばみられるし、依頼者・顧問先の依頼の動向も大きく変動するのが常であり、弁護士によって受ける影響の内容・程度は大きく異なる。米国における法律事務所に関する書籍を読むなどしていると、大規模な法律事務所の倒産事例、倒産に至るまでの弁護士の行動・判断の事例、発生する法律上の諸問題などが活写されており、事例として参考になる。

⑸　弁護士間の人間関係・信頼関係が重要な基盤

共同法律事務所においては、経営弁護士間の契約、経営弁護士または法律事務所と勤務弁護士との間の契約のほか（経営弁護士と従業員との間の契約もある）、訴訟事件等の事件を受任した場合における依頼者と弁護士との間の契約（弁護士が共同受任した場合には、複数の弁護士らと依頼者との間の契約になる）、経営弁護士または法律事務所と外部の者らとの間の契約が弁護士にとって主要な取引になる。これらの各種の契約が円滑、円満に履行されることは、法律事務所の経営にとって重要であることはいうまでもないが、双方の当事者が弁護士である場合、弁護士が事件を共同受任する場合には、複数の弁護士間の人間関係（この基本は、一言で言えば、弁護士間の信頼関係である）が契約の履行にあたって極めて重要である。共同法律事務所において、複数の弁護士が共同する場合には、その人間関係のきっかけ、性格・相性、年齢、交友関係、得意分野、専門分野、顧問先、契約締結の動機・決断、出資の規模・内容、経営の姿勢、日々の経営の事務処理、経営方針の決定、業務の遂行、事件処理の姿勢、受任事件の事務処理、売上げ、経費、経理等の様々な事情が反映するものであり、その人間関係は、共同法律事務所の開設の時点、加入の時点、継続的な経営の時点において変化する。共同法律事務所においては、経営弁護士間の人間関係だけでなく、経営弁護士と勤務弁護士間の人間関係、勤務弁護士間の人間関係が折り重なって形成されているものであり、この関係が共同法律事務所の経営、業務を円滑に行う基礎になっているといって過言ではない。特に共同法律事務所の規模が小さい場合には、弁護士間の人間関係、信頼関係が相当に濃密であるが、現在、中規模、大規模な共同法律事務所においても、経営弁護士間の人間関係、信頼関係が経営、業務に重要な役割をもっているように思われる。弁護士間の人間関係、信頼関係が動揺した場合には、共同法律事務所の経営、業務、受任事件の事務処理に支障が生じることがあるし、さらに喪失する等した場合には、共同法律事務所の解散、脱退等の問題が生じることになる。

共同法律事務所において経営、業務、受任事件の事務処理等が円滑、円満に行われるためには、弁護士間の人間関係、信頼関係が重要な基盤になっているが、これらの関係は、一面協働関係であるとともに、他面競争関係でもある。経営弁護士が法律事務所の経営を行うにあたって、経営の安定、発展を図るために各弁護士の売上げ、顧問先が重要な意義をもつことは否定できないところ、弁護士の競争関係も重要な意義をもつことになる。他方、勤務弁護士については、経営弁護士との間で競争関係は生じないのが通常であるが（事件の受任、顧問先との関係等で競争関係が生じることがある）、勤務弁護士間では競争関係が生じる。特に中規模、大規模な共同法律事務所においては、勤務弁護士から経営弁護士に選抜される数が限定されているため（規模が大きくなれば、選抜される数が少なくなるのが現実であるが、選抜の過程についても、いくつかの勤務弁護士の段階、いくつかの経営弁護士の段階に分けられていることがあり、それぞれの段階ごとに選抜が行われる）、勤務弁護士間の競争関係はそれだけ厳しいものになり、現実にも厳しいものと推測される。特に新人弁護士の間は、その競争の内容・態様・程度に関する知識、経験、ノウハウが不足しているようであり、気がついたときは遅いという事態も少ないないし、競争社会においては、鶏口になれとはいわないものの、「牛後となる勿れ」との格言は相当に根拠があると思われる。

(6) 法律事務所の経営実態

法律事務所の経営の実態は、その性質上、なかなか把握し難く、個々の弁護士、あるいは弁護士全体の活動、取引の全容を知ることは、事柄の性質上、事実上できないが、日本弁護士連合会において平成14年から弁護士白書が刊行されている（現在、最新のものとしては、弁護士白書2015年版）。弁護士白書には、弁護士、弁護士会の実態を幅広く知ってもらうために、弁護士等の実勢、刑事弁護に関する活動、弁護士の活動領域の拡大、弁護士の活動実態、日弁連・各弁護士会の活動状況等について様々な統計情報等が記載されている。弁護士白書2015年版によると、平成27年３月31日現在、全国の法律事務所について、都市部を中心に事務所の共同化が進み、近年では二人以上の事務所が増加していること、弁護士数が100人を超える事務所が９事務所であること（平成21年には７事務所であった）、このうち400人を超える事務所が１事務所（499人）、300人台が４事務所、100人台が４事務所であることが示されている。また、同書によると、一人事務所が全体の59.52％（9125事務所）、二人事務所が17.94％（2751事務所）、３～５人事務所が16.12％（2471事務所、8929人所属）、６～10人事務所が4.42％（677事務所、4958人所属）、11～20人事務所が1.44％（221事務所、3036人所属）、21～30人事務所が0.31％（47事務所、1163人所属）、31～50人事務所が0.14％（21事務所、818人所属）、51～100人事務所が0.06％（９事務所、601人所属）である。

日本における法律事務所の共同化が進行しているといっても、過去との比較であり、日本の大規模な法律事務所といっても欧米諸国と比較すると、大規模とはいえないこと、弁護士の専門化も明確に進化、深化しているものではないこと、一人事務所、二人事務所の割合が圧倒的に多数であること（合計して法律事務所の全体の77.46％を占めている）に大きな特徴がある。法律事務所の共同化といっても、共同化の内容、態様、弁護士の地位等の事情は様々であり、一人事務所の延長のようなものから、収支、組織が明確に共同化されているものまで多様な類型があるし、所属弁護士の数による規模によっても大きく異なるものである。法律事務所の規模の拡大、共同化は、その目的、経緯によって様々なものがあろうが、中規模、大規模な法律事務所においては競争力の強化(国内的な競争力の強化が主要なものであるが、一部国際的な競争も視野に入っているようである)、法律業務全体の受任の確保、全国的な業務の受任の確保等のために行われているようであり、そのために法律事務所の合併、弁護士の引抜き等の方法が取られている事例がみられる。一人事務所、二人事務所、小規模な法律事務所における共同化、規模の拡大は、個々の事情、目的、経緯によって行われているようであり、法律事務所を経営する弁護士の個性が強い等の特徴があり、共同化等が想定された目的を達成されるかどうかは、弁護士の協力、意向、個性、実績、経済情勢等に相当に影響されるようであり、離合集散が繰り返される可能性も相当にある。法律事務所の合併、弁護士の離合集散が行われる場合には、法律事務所、各弁護士の依頼者、顧問先について、利益相反、守秘義務違反等の問題が生じ得ることが容易に予想されるが、これらの問題は、合併等が正式に成立した時点で初めて認識されるものではなく、交渉の開始の時点で認識され、現実化するものであるところ、実際にはどの時点で、どのような基準によって解決、回避されているのか関心が寄せられるものである(米国の文献を読んだりすると、交渉の段階から問題視され、The Hot Potato Doctrine(ホットポテト理論)などの法理が採用されている)。日弁連の前記の評価によると、法律事務所の共同化が近年進行しているということであり、今後もこの傾向が続くとすれば、共同化に係る弁護士間の取引が弁護士にとってさらに重要な意味をもつことになり、共同化が想定された目的を達成されるか、弁護士間の紛争の回避がされるか等は、個々の弁護士の努力のほか、取引の内容にもよるところであり、弁護士間の取引の交渉、契約内容がますます重要になるものと予想される。同時に、法律事務所の共同化の交渉、合意、実行の過程においては、既存の法律事務所、所属する弁護士の依頼者、顧問先等との関係の適切な調整、紛争の回避、倫理上のリスクの回避、法律上のリスクの回避といった問題の解決が必要である。

(7)　共同法律事務所・弁護士法人における規律の遵守

共同法律事務所については、取引上の問題だけでなく、一人事務所とは異なり、共同事務所特有の倫理上の問題が生じ得る。弁護士職務基本規程においては、共同法律事務所に関する特有の倫理について、第7章として「共同事務所における規律」、第８章として「弁護士法人における規律」を設けている。弁護士職務基本規程においては、複数の弁護士が法律事務所を共にする場合であって、弁護士法人の法律事務所を除くものを、「共同事務所」と位置づけ、55条から60条の各規定を設け、弁護士法人の場合には、61条から69条の各規定を設けている。

共同法律事務所における規律としては、遵守のための措置（弁護士職務基本規程55条）、秘密の保持（同規程56条）、職務を行い得ない事件（同規程57条）、受任後の職務を行い得ない事件（同規程58条）、事件情報の記録等（同規程59条）が設けられ、また、これらの規定は、弁護士が外国法事務弁護士と事務所を共にする場合にも準用されている（同規程60条）。

共同法律事務所においては、所属する弁護士がそれぞれ弁護士職務基本規程を遵守することは当然であることに加え、所属弁護士を監督する権限のある弁護士は、所属弁護士が本規程を遵守するための措置をとるよう努めるとし（55条）、努力義務を認めている。共同法律事務所の共同関係の内容・態様は、個々の法律事務所ごとに多様であり、経営・運営、監督の権限・内容も多様であり、本規程にいう監督権限のある弁護士の意義、範囲が明らかでないことがあろう。

共同法律事務所においては、複数の弁護士が常に共同して事件を受任するところもあるし（所属弁護士全員が共同して受任するところもあるようである）、個別に受任することを広く認めるところもある（これらの中間的な共同関係も多様である）。共同法律事務所に所属する複数の弁護士については、各弁護士の守秘義務、利益相反事件等の職務上行い得ない事件の範囲（他の所属弁護士への影響）が問題になるが、弁護士職務基本規程は、守秘義務につき、所属弁護士は、退所、独立、解散等の前後を問わず、他の所属弁護士の依頼者について執務上知り得た秘密を正当な理由なく他に漏らし、または利用してはならないと定め（弁護士職務基本規程56条）、弁護士全員が守秘義務を負うものとしている（なお、弁護士法23条参照）。この規定は、依頼者の秘密保持のために重要な規律である反面、共同法律事務所の所属弁護士にとっては、自分の受任、相談に係る事件の依頼者、相談者以外の依頼者等に関する秘密の保持が求められるものであり（共同法律事務所全体で所属弁護士に秘密保持義務を拡大していることになる)、日頃の執務上注意すべき重要な事柄である。

また、弁護士職務基本規程は、共同法律事務所においては、所属弁護士は、他の所属弁護士が職務を行い得ない事件（27条、28条）について、職務の公正を保ち得る事由がある場合を除き、職務を行ってはならないと定め（57条)、さらに、事件を受任した後に職務を行い得ない事件であることを知ったときは、速やかに、依頼者にその事情を告げて、辞任その他の事案に応じた適切な措置をとらなければならないと定めている（58条。なお、59条所定の措置参照)。この規定は、所属弁護士にとっては、職務を行い得ない事件の範囲が拡大しているものであり、共同法律事務所全体に拡大されていることになる。

弁護士にとっての法律事務所は、現在、単独で法律事務所（一人法律事務所)、共同法律事務所のほか、現在法人化することが認められている（弁護士法30条の２ないし30条の30)。弁護士法人は、弁護士が単独でも設立することができ、必ずしも共同法律事務所ではないものの、共同法律事務所により適した組織形態であろう（弁護士白書2015年版によると、平成27年３月31日現在、全国で所属弁護士が一人である弁護士法人は、137を数えるが、他方、大規模な法律事務所であっても、法人化していない法律事務所もある)。弁護士職務基本規程においても、弁護士法人の特徴に応じた規定が設けられている（61条ないし69条)。弁護士職務基本規程は、弁護士法人における規律として、遵守のための措置（61条)、秘密の保持（62条)、職務を行い得ない事件（63条)、他の社員等との関係で職務を行い得ない事件（64条)、業務を行い得ない事件（65条、66条、67条)、事件情報の記録等（68条)、準用（69条）の各種の規定を設けている。

弁護士法人制度が導入された際（平成14年４月１日施行）は、筆者の身近なところでも法人化のメリット、デメリット等が話題になったようであるが、弁護士白書2015年版によると、平成27年３月31日現在、全国の弁護士法人数（清算中の法人を含む）は820法人であり、年々増加している。従来の法律事務所の動向に照らすと、当分の間は、弁護士法人の設立数が増加すると予想されるが、弁護士法人においては、法人としての組織運営が求められ、より複雑な規律が求められる等の特徴もあり、法律事務所の組織、運営のあり方とは別に、個々の弁護士によってどのような意義がある等、様々な利害が錯綜しているように思われる。

(8) 事務処理上の過誤が発生した場合の責任の所在

(ア) 使用者責任が認められる場合

共同法律事務所において所属弁護士の受任事件の事務処理上の過誤について、受任した弁護士の損害賠償責任をめぐる紛争が発生した場合、損害賠償責任を負うのは、事件を受任した弁護士に限られるのかどうかも問題になる。弁護士が法律事務所を経営し、あるいは所属し、受任事件に関する事務を処理する場合には、法律事務所に所属する事務担当者（主として法律事務所に雇用された者）、外部の会社等に依頼し、事務の一部を担当する者が弁護士の受任事件に関与することがあるが、この場合、法律事務所に所属する事務担当者の過誤については、事務担当者の不法行為責任が認められ得ることは別として、弁護士の事務処理につき履行補助者として位置付けることが通常であることから、弁護士の委任契約上の債務不履行責任が認められ、あるいは弁護士の使用者責任が認められることになる（なお、受任した弁護士が弁護士を復代理人に選任し、事務処理を行うことがあるが、この場合には、民法105条参照)。外部の会社等に事務処理の一部を依頼した場合には、依頼に係る事務の性質・内容、外部の会社等との関係、依頼者の承諾の有無等の事情によって異なるところがあるが、これらの外部の会社等の不法行為責任が認められ得るとともに、受任した弁護士にとって履行補助者として位置付けることができることがあり、この場合には、弁護士の委任契約上の債務不履行責任が認められるし、あるいは弁護士の使用者責任、共同不法行為責任が認めら得ることもある。

(イ) 受任した弁護士全員が損害賠償責任を負う場合

複数の弁護士が所属する法律事務所においては、事件を受任した弁護士のほかに、他の弁護士、あるいは所属する弁護士全員が名目的に受任することがあるが、実際に事件を受任した弁護士の事務処理上の過誤によって、他の弁護士が損害賠償責任を負うかの問題が生じる。この場合、名目的であろうと、形式的であろうと、受任した弁護士全員が実際に事務処理を行った弁護士とともに損害賠償責任を負うと解するのが相当である（その旨を明示した裁判例がある)。

(ウ) 受任していない弁護士も損害賠償責任を負う場合

同じ法律事務所に複数の弁護士が所属し、その一部の弁護士が事件を受任し、他の弁護士が受任していない場合、受任しない弁護士は、受任した弁護士の事務処理上の過誤について損害賠償責任を負わないかが問題になる（同様な問題は、受任した弁護士の倫理違反についても生じる）。法律事務所によっては、その規模、組織の構造等によって共同関係の内容・態様が多様であり、所属する弁護士の事務所内の地位、権限、経営の関与の内容・程度、事件の関与の内容・程度も多様である。法律事務所によっては、経営弁護士、パートナー間の会議によって受任事件の選択、リスクのある事件の選択、審査・監督・監査等を組織として実施するところもあるし、事務所の規模によっては、少数の経営弁護士の日常的な協議によって受任事件の処理方針等を決めるところもある。また、法律事務所によっては、経営弁護士、パートナーが事件を受任しない場合であっても、所属する弁護士の受任事件の事務処理につき相談を受けたり、審査、監督、助言をしたりすることがあるし、審査、監督をすべき組織が構築されていることがあるが（所属する弁護士の売り上げは事務所の経営に不可欠に関係する事項であり、経営弁護士等は、事務所の収支に最大の関心を抱いているから、事務所の損失、信用毀損に関わる事柄には重大な関心をもっている）、この場合には、受任した弁護士が民法715条１項所定の被用者に該当するということができ（現在の被用者に関する諸判例に照らせば、経営弁護士等にとって、勤務弁護士等、所属する弁護士が被用者に該当すると認定、判断されることに違和感はない）、同項所定の使用者責任を負うと解することができるし、経営弁護士等の関与の事情によっては、共同不法行為責任（民法719条１項・２項）を負うと解されることもある。

共同法律事務所においては、その名称の下において、その名称の信用、所属する弁護士のうち経営弁護士等の信用を基盤に事件の受任、事務処理を行っているものであり、事件を依頼する個人、会社等はこれらの名称、信用を重視し、事件の依頼、相談を行うものと容易に推測される。共同法律事務所においては共同の関係、収支・利益分配の仕方、事件の受任の仕方、事件の事務処理の仕方、事務処理に対する審査、監督等の仕方が多様であるが、多様であるといっても、共同法律事務所における信用の基盤、収入の基盤等の事情を考慮すると、特段の事情がない限り、共同法律事務所の経営弁護士、パートナーは、組織の実態、関与の実情によって監督義務違反による不法行為責任（民法709条）、使用者責任（同法715条）、共同不法行為責任（同法719条）を負うことがあるというべきである。

(エ) 弁護士法人の場合

同様な問題は、弁護士法人の場合にも生じ得るものである。

弁護士法人の組織、運営については、弁護士法の定めるところ（弁護士法3条、30条の2ないし30条の30）のほか、定款の定めるところによるが、法令、定款に反しない範囲では、内部規程を設け、細目を定めて行うこともできる。弁護士法人の実際の組織、運営は、その規模等によって異なるところがあるが、本稿においては、事柄が複雑になりがちな複数の弁護士が所属する弁護士法人を前提として検討したい。弁護士法人に所属する弁護士は、社員である弁護士（弁護士法30条の4第1項）、使用人である弁護士（同法30条の6第1項参照）が存在し得るが（使用人である弁護士は、必ず存在するわけではない）、社員である弁護士以外の弁護士は、その名称、肩書きにかかわらず、使用人である弁護士になる。社員である弁護士は、定款または総社員の同意によって代表社員、業務執行社員を定めることができるから（弁護士法30条の12、30条の13）、代表社員、業務執行社員の地位、肩書きの弁護士がいる弁護士法人も存在する（なお、同法30条の12によると、定款に別段の定めがない限り、個々の社員が業務執行権を有し、義務を負うものであり、同法30条の13第1項によると、業務執行社員は、各自代表権を有するとされている）。なお、これらの地位、肩書きの弁護士のほかに、特定の事件について、業務を担当する社員を指定することができるとされ、これが指定社員と呼ばれている（同法30条の14）。

弁護士法人の場合には、法人の業務に属する各種の取引は、法人の取引として行われることが予定されているが、取引に関与した弁護士が法的な責任を負うかは別として、法人が債務、義務等の法的な責任を負うものであり、法人の財産が引当てになるほか、各社員が連帯責任を負うものである（弁護士法30条の15。なお、社員であると誤認させた者の責任については、弁護士法30条の16参照）。

また、弁護士法人については、一般社団法人および一般財団法人に関する法律、会社法の多くの規定が準用されているが（弁護士法30条の30）、これらの準用規定の中には、弁護士法人、社員の法的な責任に関するものもある。たとえば、弁護士法人は、代表社員である弁護士が職務を行うについて第三者に加えた損害の賠償責任を負い（会社法600条の準用）、業務執行担当の社員である弁護士が任務を怠ったときは、弁護士法人に対し、連帯して、損害の賠償責任を負うとされている（同法596条の準用。もっとも、業務を執行する有限責任社員の第三者に対する損害賠償責任に関する同法597条は準用されていない）。

なお、弁護士法人においても、代表社員である弁護士、パートナー、担当弁護士の事務処理を審査、監督等を行う弁護士については、その関与の内容・態様によって、民法709条所定の不法行為責任、同法719条所定の共同不法行為責任を負うことがあるし、弁護士法人が同法715条所定の使用者責任を負うことがある。

10　弁護士のヒヤリ、ハット

弁護士が相談者から法律相談を受け、助言をしたり、訴訟、示談等の事件を受任し、事務処理を行う場合、助言の内容が誤っていたり、受任事件の事務処理が誤っていたりすると、相談の趣旨・内容、受任の趣旨・内容を考慮し、通常の法律専門家の基準に照らして、善管注意義務等の法的な義務に違反するときは、相談者、依頼者に対して損害賠償責任を負うものであり、相談者、依頼者以外の者に対しても個々の事案の事情によっては法的な義務が認められ、義務違反があるときは、損害賠償責任を負うことがある（なお、実際に弁護士の損害賠償責任が認められるかは、債務不履行、不法行為の他の要件が満たされるかによることはいうまでもない）。これらの場合、仮に法的に損害賠償責任が認められないとしても、弁護士の倫理上問題になることがあるし、実際に懲戒上の責任が認められることもある。

ところで、弁護士として法律相談、受任事件の事務処理等の弁護士としての業務を行っていると、相談者、依頼者等から法的な責任、倫理上の責任を問われないとしても、助言、事務処理等の過程において様々な判断過誤、説明過誤、事務処理過誤を犯すことは珍しいことではない。これらの判断過誤、事務処理過誤等は、判断ミス等とも呼ばれるが、その多くは、過誤の内容を迅速に是正することができるもの、軽微な内容・態様の過誤であるもの、過誤が助言、事務処理の結果に影響しなかったもの、過誤であることが認識されなかったものである。また、これらの過誤は、弁護士自らこれらの過誤を犯したもののほか、弁護士が共同で事務処理をする弁護士、イソ弁等が犯し、弁護士が見過ごしたもの、弁護士が雇用する事務職員が犯し、弁護士が見過ごしたもの、弁護士が調査等を依頼した者が犯したもの等があり得る。弁護士の業務を行うにあたっては、各弁護士ごとに過誤の発生の防止、過誤のままで事務処理等が外部へ伝達されることの防止等に努めているものと推測されるが、相当の努力を払っても、これを完璧に防止することは事実上不可能であろう。過誤の発生、外部への流出等の防止のため、複数の弁護士が関与したりすることなどの方策をとったり、あるいは複数の弁護士が関与していれば過誤を防止することができるなどと考えたりすることがあるが、複数の弁護士が関与していても、弁護士相互の間に他人依存の傾向、業務環境が生じたりしていると、想定外の大きな過誤が生じることもあるし、完璧に過誤を防止することができるものではない。

弁護士が業務を行うにあたって過誤の発生等を防止するには、自ら過誤の発生等があり得ることを前提とし、業務の遂行に十分な注意を払うだけでなく、共同して事務処理を行うイソ弁、雇用する事務職員等の事務処理にもこれに劣らない注意を払うこと（むしろ、自分の行う事務処理以上に注意を払うことが重要である）が日頃から必要であるし、些細な過誤であっても、いったん過誤が発生した場合には、過誤の原因、発生過程等を分析し、過誤の防止対策を実施することが重要である。従来から、製品の製造、販売、使用等の分野においては、ヒヤリ・ハットの原則が指摘されているところであり、重大な事故が発生するに至るまでには、300件のヒヤリとする事象が発生しており、29件のハットする軽微な事故が発生しており、これらの事象、軽微な事故を無視ないし軽視すると重大な事故に至るという経験則が話題になって、事故防止対策の策定、実施にあたって考慮されているが、この経験則は、法律実務のサービスを提供する弁護士にとっても、その内容、態様、頻度は別として、基本的に参考になる経験則であるということができる。

11　弁護士の過誤への対応

(1)　過誤対応の基本

弁護士が業務を行うにあたっては、業務の種類、性質、内容等に応じて、業務の遂行の全過程において、様々な認識過誤、判断過誤、事務処理の過誤等の様々な種類、性質、内容、態様の過誤を行うことは、程度を問わず、不可避である。

弁護士が業務の遂行過程において行う可能性のある過誤を事前に防止することは、当該弁護士にとっても、弁護士の所属する法律事務所にとっても（経営弁護士、同僚の弁護士、見習いの弁護士だけでなく、事務職の者も含む)、重要であるが、それだけでなく、弁護士の当該業務が依頼者の依頼に係る事件であったり、相談に係る事件である場合には、依頼者、相談者、それらの関係者にとっても、重要である。弁護士の弁護過誤を話題にすると、弁護士にとっては、弁護士の法的な責任、倫理上の責任等の責任問題に関心が寄せられがちであるが、前記のような事件の処理の過程においては依頼者らにとっても密接、かつ、重大な関心事であり、依頼者らが弁護過誤によって不利な結果が生じる損失を被ることになる。他方、弁護士が業務の遂行過程において弁護過誤を行い、あるいは行った可能性があることを認識した場合には（弁護士がこのような認識を抱くに至ったきっかけ、場面、時期は多様であるが、過誤に係る行動が行われた後、短期間のうちに認識することができるわけではないし、事情によっては、弁護過誤に係る行動が行われた時から相当の期間が経過し、しかも、過誤の内容が第三者に書面等で伝わったような場合には、事態はより重大になったり、より深刻になったりすることがある)、過誤に係る内容を訂正する措置を講じたり、さらに過誤の内容を踏まえて積極的、実質的に過誤の内容を是正する措置を講じたりすることが必要になることがある。

弁護士が過誤に係る行動の後に短期間のうちに認識した場合には、依頼者らに対して迅速に説明をするとともに、訂正・是正の措置を迅速に講じることが重要であり、説明を怠ったり、訂正・是正の措置を躊躇したりすると、後日、訂正・是正の機会を失ったり、依頼者らとの間で紛争が発生し、弁護士の責任の追及の根拠となることがある（弁護士が業務遂行上の過誤を行った後、時間が経てば経つほど、認識した後に時間が経てば経つほど、説明、訂正・是正の措置を取り辛くなる)。弁護士が自己の行動による過誤を認識した場合には、当該過誤による責任問題の現実化というリスクが生じるとともに、過誤の認識に伴うストレス、精神的不安・負担等による新たな過誤を誘発しやすい状況に陥ることがあり、新たなリスクが生じることがある。なお、弁護士がその業務を遂行し、過誤の可能性がある行動をした場合、弁護過誤にあたるかどうかが明らかでなかったり、事務処理の進行によっては過誤にあたらないことが十分に見込まれたりすることがあり（たとえば、認識過誤、判断過誤は、行動の当時、事務処理の進行中、事務処理の結果が明らかになった当時等において行動の評価が異なることは少なくない)、この場合、慌てて前記の訂正・是正の措置を取ることが躊躇されたり、是正等の措置をとることによってむしろ不利益な事態を招来するおそれが予想されたりすることがあることも留意すべきであろう。弁護士の過誤が紛争を拡大、悪化させるだけでなく、新たな紛争、事件を発生させ、是正等の措置が新たな紛争を発生させることがあるが、これらの紛争、事件はすでに本書で指摘しているように、弁原紛争、弁原事件と呼ぶことができる。

弁護士が事務処理上過誤を行ったものの、依頼者らに伝達、送付される等したにすぎないような場合には、訂正、是正も、依頼者らに対する説明、訂正・是正に係る措置を再度講じることによって比較的容易に行うことができるが、過誤の内容が第三者に書面等で伝わったような場合には、前記の依頼者らに対する説明を行うことは当然であるとしても、前記の訂正・是正の措置を取ることは、困難であることが少なくない。後者のような事態に直面した場合には、事態の重大度、訂正・是正の措置の内容・可能性等の事情を考慮し、必要かつ効果的であると考えられる訂正・是正の措置を取ることが重要であり、この事態を放置したり、是正等の措置をとることを躊躇していると、事態が一層深刻になることがある。

(2) 過誤の防止と心得

弁護士がその業務を遂行するにあたって、様々な過誤を犯すことは不可避であることに照らすと、事前に弁護士自身、所属する法律事務所において日頃から適切、的確な過誤防止体制を整備するとともに、個々の事務処理ごとに過誤を発見し、防止することができる事務処理を行う手順を取ることが必要である。弁護士が行う個々の事務処理ごとに、過誤防止のための監視、監督を行うことが必要であり、重要であるところ、多くの弁護士、法律事務所においては、程度、内容の差はあっても、このような監視、監督が行われていても、実際にはこれらの監視、監督が万全でないし、複数の弁護士、多数の弁護士が関与していても、万全ではない（複数、多数の弁護士が関与している場合には、合理的な根拠のない信頼関係、依存関係が生じたり、弁護士同士が他人依存の意識があったりすると、そのこと自体、過誤発生の原因になることがある）。

弁護士が自己の行動による過誤が生じ、当該過誤を認識した場合には、過誤により生じた事態を解決、解消することが必要になるが、その対策を取り得る体制、姿勢を堅持するとともに、対策として必要な説明、訂正・是正の措置を取るための体制、姿勢を活用することが重要である。誰であっても、自己の行動による過誤を認識することは、精神的に苦痛であり（これが悪化すると、ストレスを引き起こし、さらに重篤な事態になることがある)、法的にリスクが生じるが、このような事態の克服は、弁護士にとって日常的に注意すべき事柄である。

弁護士が業務を行う場合、内容、態様、程度を問わなければ、過誤、失敗、ミスの発生は不可避であることは、これまでも指摘したところであるし、筆者の経験に照らしても、同様である（なお、弁護士の研修、会合等の場においても、先輩弁護士の失敗談を聞く機会が何度かあったが、いくつかの話は、失敗の防止に参考になるものではなく、自慢話のようなものであった)。設備、製品の企画、設計、製造等の分野においては、事故防止のための様々な事故の原因分析、多角的な対策を実施するにあたって、失敗学が提唱され、実践されているが、最近は、弁護士にも同様な発想が生まれているようである（最近、高中正彦他編著『弁護士の失敗学——冷や汗が成功への鍵』を読む機会があったが、弁護士の失敗事例と防止対策を紹介する文献として参考になる)。もっとも、弁護士が現実に直面する過誤、失敗、ミスが生じ得る業務は、文献で紹介された分野を超える、業務全体に及ぶ広範な分野であるから、さらに様々な分野における分析、検討、実践、紹介が必要であると考えられるところであり、今後とも同様な試みが期待される。「他人の振り見て、我が振り直せ」との格言は、弁護士の業務にも通じるところがある。

また、弁護士の過去における失敗事例、過誤事例の分析にあたっては、重大な失敗、深刻な過誤の場合には、関係した弁護士が重大な懲戒処分を受けたり、損害賠償責任を負わされたりする等し、失敗事例、過誤事例の十分な分析が困難であることが多いし、他人が事案の真相を踏まえて客観的かつ的確に分析することには相当な限界がある。

しかも、過誤、失敗等の防止にあたっては、自ら経験することが最も効果的であるかのような印象があるが、このような教訓にも大きな限界があることも確かである。自ら過誤を行い、重大な制裁を受けた場合には、弁護士として立ち直れない事態もあり得る。軽微な過誤を行い、その経験を生かすといっても、過誤を行った場合、その過誤の内容、態様によっては、弁護士個人の性格等に根ざしたものも少なくないのであり、同様な過誤を行いがちである事例もみられるのである。

過誤、失敗、ミスの防止は、その発生が不可避であることを前提とし、原因の事前の分析、発生の可能性の高い事務処理の抽出、防止対策の策定・実施、発生後の対応策の策定を迅速、的確に行うだけでなく（個々の弁護士だけでなく、法律事務所全体で行うことも重要である）、実際に過誤等の事態が発生した場合には、絶えず見直すことが重要である。さらに忘れてはならないのは、絶えず適切な緊張感を保持して事務処理を行うことであるが、「言うは易く、行うは難し」の格言も妥当するものであり、弛まぬ努力が必要であることであろう。

12 コンピュータ社会における弁護士

(1) 手書きからパソコンへ

弁護士が業務の遂行上、取引等の諸活動を行うにあたっては、従来は、書面、電話、口頭の手段によることが通常であったが、現在は、インターネット、電子媒体の手段によることが増加し、取引の手段が大きく変化している。

筆者が裁判官に任官し、最高裁事務総局総務局に在任した昭和57年当時、第二次世界大戦前を含め従来の裁判官の事務処理と当時の裁判官の事務処理について手段の観点から事務処理のあり方を概観し、歴史を振り返ってみたことがある。この間、毛筆による文書作成の時代から万年筆による原稿の作成、和文タイプによる文書作成の時代（タイプも進化がみられた）が主要な変化であり、事務処理の迅速化、効率化の観点から新たな情報処理、文書の作成に係る事務処理の改善が望まれていたものである。筆者が裁判官に任官した昭和52年当時、判決の原稿は、鉛筆による文字がタイピストには読みづらいという事情があり、万年筆による原稿の作成が推奨されていたほどである。当時は、判決の原本が和文タイプによって作成されていたこと等の事情から、裁判官が自らパーソナルコンピュータ（PC）を利用して判決の原稿、原本を作成する現在と異なり、判決文の内容が簡潔であり、その長さは相当に短いものであった（最近の判決文の中には、同じような内容の文章が繰り返されるものが多く、その内容も冗長であるものもある）。なお、民事訴訟の準備書面については、和文タイプによるものもあり、また、手書きのものもあり、手書きの準備書面も珍しいものではなかった（文書を証拠として提出する場合についても、現在のような複写機がなかったこと等から、文書を手書きによって写しを作成し、最後に複写文言、正写文言を入れ、写しの作成責任を明確にしていた）。

訴訟実務における長い歴史の中において、事務処理にコンピュータが導入されたことは、画期的な出来事であったが、当初は、電子計算機の名称どおりに各種の計算から導入され、組織的な記録処理に利用されて、弁護士、裁判官による個々の文書の作成に利用され始めたのは、ワードプロセッサ（ワープロ）が広く利用できるようになってからである。筆者が昭和56年、57年頃、東京地裁に勤務当時、代理人である弁護士からワープロによって作成した準備書面を提出してよいかとの問い合わせがあった記憶があるが、その後、ワープロの性能が著しく向上し、ワープロによる訴状、準備書面等の文書作成が普及し、裁判官にもワープロが配布され、裁判官が自らワープロによって判決の原本を作成することが増加していったものである（ワープロを利用しない裁判官もみられたが、その数は減少していった）。さらに、平成３年には、Windows 95が発売され、社会にPCブームともいうべき現象が発生し、裁判官にもPC（デスクトップ型）が配布され、裁判官が自らPCによって判決の原本を作成する時代が到来したわけである。裁判所においては、一時期は、従来どおりワープロを利用する裁判官、PCを利用する裁判官、全く利用しない裁判官が混在していたが、徐々にPCの利用が一般化し、文書作成に関する事務処理がPCを中心に効率化されていったのである。弁護士におけるPCの利用度、利用範囲は、個々の弁護士、あるいは法律事務所ごとに様々であったが、裁判所よりも先行する弁護士、法律事務所がある一方、伝統的な事務処理を行う弁護士も一部にはみられたところである。

⑵ 新たなトラブルの発生

㈠ 文書作成上の過誤

PCによる訴状、準備書面、その他の文書の作成が一般化するにつれ、事務処理の迅速化、充実化が図られる一方、文書の内容の点検、確認が不十分になったこと、予想外の誤字、杜撰な誤字が増加したこと、文書の内容が冗長化したこと、文書の内容に繰り返し、重複が増加したこと（繰り返しのある文書の中には、繰り返し部分の一部には訂正がされているのに、他の繰り返し部分には訂正がされていないようなものをみかけることも少なくない）、網掛け、ゴシック、カラー等による文章の強調が増加したこと等の現象が顕著にみられるようになったが、文書作成の迅速化等と相まって文書作成上の過誤も増加しているように見受けられる。弁護士の業務においては文書の作成事務は相当の分野を占めているし、その重要性も高いものがあるが、PCの利用に伴う文書作成上の過誤がみられることは、十分に注意すべき事柄であろう。

㈡ インターネットの危険性

社会全体だけでなく、弁護士にとってもPCの利用が一般化し、現在でも利用分野が著しく拡大しているが、利用分野の中でも、インターネットの利用の範囲、頻度の拡大が顕著であることはいうまでもない。もっとも、インターネットの利用範囲、利用頻度は、弁護士、あるいは法律事務所ごとにそれぞれであるのが現状であり、一方ではPCだけでなく、スマートフォン、タブレット、ウェアラブル端末等、新たに開発されるコンピュータ機器を積極的に利用する弁護士等がみられる反面、デスクトップ型のPCを事務職員に利用させる弁護士等がみられる。確かにインターネットは、検索システム等を通じて情報収集の手段として重要であるだけでなく、同じ法律事務所に所属する弁護士等の間の文書等の情報の提供・交換、依頼者、法律事務の交渉の相手方等との間の情報の提供・交換等にあたっては、便利な情報伝達の手段になっており、日常的に必要不可欠な手段になっているが、情報の漏洩、誤操作のおそれ、セキュリティシステムの陳腐化等の事態も日常的に予想されるものであり、特に秘密の保護が必要な情報の提供・交換、情報の保護が必要な相手方との情報の提供・交換については、インターネットの利用、インターネットに接続するPCの利用は相当なリスクがあるというべきである。後者の類型の情報の提供・交換にあたっては、インターネット、あるいはインターネットに接続するPCの利用をしないで、他の手段（面会、会議、電話、書類の直接送付等）を利用することがリスクを減少させるために重要である。

また、現在、インターネットは、取引交渉、示談等の法律事務の交渉においても広範囲に利用されており、法律事務の交渉にあたっても、双方の弁護士等の間で相当に利用されているが、インターネットを介して交渉を行う場合には、伝統的な文書の送付の場合（内容証明郵便、文書の郵送、文書の宅配便による送付、ファックス）と比較すると、インターネットによる文書送付を利用することは、文書の内容、送付の時期について十分かつ冷静な検討がされず、安易かつ無造作に送付されることが少なくないように推測される（後日、後悔することも少なくないようである）。インターネットによる交渉等の情報の交換は、手軽に利用することができ、迅速な対応ができるという大きな長所がある反面、弁護士が事件を受任して行う事務処理に利用する場合には、前記のような短所、リスクも無視できないものであり、十分な注意が必要である。

(ウ)　ウェブサイト開設のメリット・デメリット

さらに、近年は、弁護士がホームページ等のウェブサイトの開設することによって、インターネットを利用する事例も増加し、目立つようになっている。弁護士、あるいは法律事務所がウェブサイトを開設し、利用する動機、目的は様々であろうが、広告宣伝、潜在的な顧客の勧誘が主要な動機、目的である事例が多いと推測される。ウェブサイトによっては、単なる情報の提供にとどまらず、情報の提供を求めたり、部外者による書込みを勧めたり、法律相談に応じたりする事例もみられ、その利用も多様化しつつある。弁護士が多様な利用目的のためにウェブサイトを開設すること等によってその業務を展開することには相当のメリットがあることは容易に想像できるが、反面、書き込みをした者とのトラブル、相談者の属性等を的確に確認することができない状況における法律相談に伴うトラブル、面談しないことを前提とする法律相談に伴うトラブル、ウェブサイトへの不正な侵入に伴うトラブル等の多様、重大なトラブルの発生が予想されるため、その利用には相当の注意が必要である。

インターネットの利用は今後ますます増加し、拡大することは否定できないところであり、弁護士は、この趨勢から逃れることはできないが、その取り扱う情報が依頼者等の秘密に属するものであり、情報の漏洩事故、誤操作事故等によって依頼者等に重大な被害を及ぼすおそれがあることに留意し、その利用を検討し、実施することが極めて重要である。

⑶ 法律事務所のＩＴ化

最近は、コンピュータ利用については、コンピュータ化の用語が廃れ始め、ＩＴ（インフォメーション・テクノロジー）化の用語が浸透している。法律事務所の経営、弁護士の業務においても、他の事業者と同様に、経営、業務全般にコンピュータ利用が拡大し、深化しているが（弁護士だけでなく、税理士、公認会計士等の他の専門家の業務においても同様な傾向がみられ、各種の専門家の業務の性質、内容によってその程度は相当に異なっているが、弁護士のＩＴ化対応は比較的遅れているということができる）、このような状況に照らして、ＩＴ化の用語、概念が広く利用されている。

法律事務所の経営の場面では、その経営は基本的には企業等の他の事業者と同様であり、ＩＴ化の必要性が高まっていることはいうまでもない（どのような内容、程度のＩＴ化が採用されるかは、個々の法律事務所の規模、業務の内容等の事情によって異なる）。法律事務所における弁護士の業務遂行の場面では、ＩＴ化は、各種の書類の作成、法律の検索、判例の検索、証拠の検索、依頼者等との情報交換、協議等の一部の分野に限定されていることが多いが、今後は、弁護士、補助職員による情報の分析、問題の抽出、類型的な問題の解決の提示、解決の方向の提示、問題・争点の判断等の分析、判断に関わる業務にも利用することが考えられる。弁護士の判断業務については、弁護士という法律専門家、法律実務家としての高度の判断が必要であるなどの反論が予想されるが、判断業務を詳細に分析すると、ＩＴ化による分析、判断に委ねることが可能な業務もあるし（今後のＩＴ化の進化によってその業務は拡大すると予想される)、ＩＴ化による分析、判断のほうがより信頼できる業務があることも忘れてはならないであろう。

弁護士の行う業務、事務処理、判断過程についてＩＴ化が可能であるか、合理的であるか、有用であるか、実効的であるか、実際的であるか等は、個々の業務の遂行の過程を踏まえつつ分析し、検討することが重要であるが、今後、ＩＴ化の分野の検討、採用が法律事務所の経営、個々の弁護士の業務の遂行、事務処理の場面で極めて重要である。もっとも、弁護士の業務においてＩＴ化が進行するにつれ、弁護士のＩＴ依存の現象が現れ（現在でも見られる現象である)、ＩＴ依存の傾向が強まることになり、結果的に弁護士の能力、実務経験の低下を招くおそれがあるし、依頼者との関係でより迅速、正確な事務処理が求められるだけでなく、対価である報酬の減額が求められることも予想される。法律事務所、弁護士にとっては、経営、業務の全般にＩＴ化の要請を避けて通ることはできないが、ＩＴ化による弊害、不利益にも対応する必要が生じることになろう。

13　弁護士と日本語力

(1)　日本語力の向上が重要

弁護士の業務は、見方を変えると、相談であれ、示談交渉であれ、訴訟であれ、あるいは意見書を作成する場合であっても、相談者、依頼者、相手方、裁判官等に対して日本語を使用して情報を伝達し、情報を交換し、助言をし、意見を述べ、合意をとりまとめ、依頼者の利益、権利を可能な限り確保する活動を行うものであるとみることができる。この場合、弁護士の業務の基本は、日本語を使用して、可能な限り適切かつ正確な情報の伝達、情報の交換、可能な限り依頼者の利益、権利を確保する情報の伝達、情報の交換、それらの結果としての合意の成立に関する事務処理を行うことであるが、読者諸氏は、どうであろうか、また日常的に日本語の使用能力（最近の流行言葉を捩れば、日本語力とでもいうことができよう）の向上を図る努力をどの程度行っているであろうか。

筆者は、日本語力はさほどないことを自覚し、できるだけ平易な言葉、表現で様々な文章を書くことに心がけているが、たとえば、訴訟上作成する書類については、一般的に、訴訟書類は、簡潔な文章で整然かつ明瞭に記載しなければならないとされている（民事訴訟規則５条）ほか、訴状、答弁書、準備書面については、それぞれ特有の記載に関する要請が定められている（同規則53条１項・２項、79条１項ないし４項、80条１項、81条）。訴訟上作成する書類については、これらの民事訴訟規則の定めに従うことは当然であるが、これを踏まえて、訴訟書類による具体的な訴訟活動の内容を日本語を通じて明らかにすることが必要であるだけでなく、説得的な内容の訴訟活動を行うことが重要である。弁護士が訴訟書類を作成する場合、どのような経緯で、何の目的で、どのような内容の訴訟活動を行うかを明らかにする書類を作成することが、最小限度要請される。実際に裁判所に提出される訴訟書類の中には、弁護士の作成に係るものであっても、趣旨が不明なもの、内容に明瞭さを欠くもの、日本語として適切さを欠くもの、論理の飛躍が著しい等、論理が整っていないもの、明白に根拠を欠くもの、意気込みのみが強く、冷静さを欠くもの、誹謗にわたるもの等が散見される。訴訟書類の中でも準備書面は、訴訟においては闘いの主要な書類であり、訴訟活動として重要な機能を有するものであり、特に説得力が必要な書類であるところ、趣旨、目的が明確であること、内容が明確であること、論理が整然としていること、記載内容につき証拠等の根拠があること、内容がその段階で提出する準備書面として適切かつ的確であること、記載の表現が主張しようとする内容に照らして適切かつ的確であること、日本語の意味として適切な表現が使用されていること、記載内容の構成が論理的であること、記載内容が全体的にも、個々の事項についても説得的であること、過大な形容、誇大な表現等が使用されていないこと、簡潔・明瞭な記載であり、無駄な重複、繰り返しがなく、冗長でないこと、記載内容、表現に不適切、不当なものがないこと（合理的な理由も、必要もなく、プライバシーの侵害、名誉毀損、人格権の侵害になり得る表現を使用しないこと等）、不要な争いを挑発するものでないこと等の要請を満たすことが重要である（なお、誤字、脱字、変換ミスをなくすことは当然である）。実際には、これらの問題のある準備書面を目にすることがある。

弁護士が作成し、あるいは作成に関与する書面については、法的に論理的であることは当然の要請であるが、法的・事実関係上の根拠の欠如・薄弱、過大な表現、誇大な表現、不当・不要な表現、違法な表現、日本語の意味を誤解している表現が含まれるものをみかけることも事実である。弁護士の作成等に係る書面は、準備書面であっても、他の種類の書面であっても、依頼者等に影響するものであることに照らすと、使用する日本語の文章、言葉を適切かつ的確に選択し、記載することが必要である。日本語は、弁護士にとって日常的に使用し慣れているといった経験から、国語辞書等の特段の検討もなく、安易に日本語を使用したり、気持の流れの勢いから日本語を使用したりすることは、書面の信用性に大きく影響することに十分に留意することが必要である。日本語力を向上させることは、日常の弁護士業務にとって重要であり、国語辞書等の日本語に関係する書籍を日頃から使い慣れていることは、日常の弁護士業務にとって有益である。

(2)　書類作成上の留意点

(ア)　見直しの重要性

弁護士がその事務処理上様々な目的、種類、内容の書面を作成することは、法律事務所における日常的な風景であり、弁護士としての日常的な業務であるが、書面の形式は、各種の書面ごとに異なり、自ら、あるいは先輩諸氏の作成した書面の形式を参考に作成すれば足りることが多い。書面の内容については、書面の目的、種類ごとに若干異なるところはあるものの、依頼に係る個々の事案に即して作成するものであることから、個々の事案ごとに異なることは当然である。準備書面以外の書面を概観してみると、その書面の内容に関する最少限の要請として、抽象的ではあるが、書面の作成目的に照らして、適切な内容を的確な表現によって作成することが必要であろう。実際にこれらの書面の内容を見聞すると、事実関係の根拠に欠き、あるいは根拠に乏しいもの、内容自体の意味、趣旨が判然としないもの、論理的に疑問があるもの、論理が矛盾するもの、表現が社会常識を相当に逸脱するもの、いたずらに誹謗中傷をするもの等があるほか、法律の適用（たとえば、法律の時間的な適用関係、事項的な適用関係）を明らかに誤っているものも見受けられるのである。

弁護士が業務の遂行上内部の記録として作成する書面については、内部文書であり、さほどの制約はないが、依頼者、さらに交渉の相手方、関係者に対して送付され、あるいは開示される書面の場合には、法律の専門家としての慎重さと注意を払って起案し、検討し、作成することが必要である。この類型の書面の作成にあたっては、特に起案後、若干の時間をおいて再度、あるいは数度読み直して、書面の内容が適切であり（事実関係、法律の適用関係が適切であることも求められる）、表現が的確であるか（社会常識に照らして相当な表現であることも求められる）等の検討を慎重に行うことが重要である。弁護士が書面を作成する場合、作成、送付の時間が限られ、時間的な制約の中で作業を行うことが多く、過誤が生じやすい状況にあるだけでなく、自分で作成した書面を見直すことは、起案時の思い入れが強く、的確で正確な見直しが困難であるため（起案書面を読み直したとしても、現実に注意を払って読んでいない事態も珍しいことではない）、書面の作成過誤が生じる可能性が相当にある。なお、書面の作成を複数の弁護士が担当した場合であっても、起案書面の検討、見直しを他の弁護士がどの程度的確に行うかは、当該弁護士の能力だけでなく、弁護士同士の関係にも相当に影響されるところがあり、起案を行った弁護士が相当程度の経験を有するとか、先輩の弁護士である等の事情があるときは、見直しを行う弁護士が起案した弁護士の信用等に依存し、実際上見直しの機能が果たせない事態も珍しいものではない。

(イ)　将来の展開に対応ができる内容

弁護士が依頼者に依頼された事件につき作成する書面は、送付される相手方、その代理人に対する効果を期待して作成されるものであるが、同時に、後日、証拠として利用される可能性が相当にあるうえ、その内容が当時の弁護士、その依頼者の認識、見解を証明するものとして利用されるものであり、事情によっては不利な影響を与えることに留意することが必要である。

作成する書面の内容をどのようにするかは、個々の事案の内容、書面作成の目的だけでなく、受任した事件の進行状況に照らして、書面の作成時期も考慮して検討することが重要である。弁護士が受任した事件について書面を作成する場合、書面の内容は、当時における弁護士、依頼者の認識に係る事実関係、法律関係を前提とするものであるが、事件の内容、態様、進行はその後の事情によって様々に変化することが多かったり、少なくないところである。作成された書面は、その作成、送付当時には、適切な内容であったとしても、その後の事情の変化に従って、適切でなくなったり、あるいは不利になったりすることが珍しくないため、作成当時にある程度の将来の事態の進行を想定しながら、その進行状況を踏まえた内容とすることが重要であるが、実際には予測外れも少なくないため、後日、自ら作成、送付した書面によって苦労を強いられることもある。弁護士が書面を作成するにあたっては、受任事件の進行状況を踏まえ、将来の展開をある程度想定しながら、将来においても的確な対応ができるよう検討することが重要である。

また、弁護士が書面を作成する場合、書面を内容証明郵便とするか、通常の郵便、あるいは直接交付する書簡、書面にするか、ファクシミリによって送付するかを検討することも重要であり、実際上、書面の重要性の送付先に対する位置付けが異なるものである（書面の証拠としての価値にはさほどの差はないであろう）。

弁護士が受任事件につき依頼者の依頼によって書面を作成する場合、様々な事情を考慮して作成等することになるが、内容が作成当時に適切であることを検討するだけでは十分でないことは明らかであるため、弁護士として悩まされる事務処理の一つである。

14　弁護士の論理構成力

法律の初学者の段階においては、一時期、民法等の法律上の規定、概念、法理を一応勉強し、これらの知識を得たとの自覚ができるときがあるが、具体的な法律問題の事例についてこれらの概念、法理を使用しようとしても、なかなか適切に使用することができず、的外れな場面にやたら使用し、的外れな論理を展開する時期を経ることがある。初学者の段階においては、法律上の規定、概念、法理に関する知識を一応得たとの自覚（これは、根拠のない自信であり、誰しも経験するところであるが、根拠のない自信の状況は素早く脱することが重要であり、現実に自分の置かれた状況、知識の実態を理解したうえ、法律の体系、法律の内容、法律適用の実務等について謙虚に知識、経験を積み重ねないと、法律実務に通用する法律実務家に成長することは困難である）ができると、様々な具体的な法律問題、法律の適用場面に自分の知識を基に概念、法理を適切かつ的確に適用できるとの思いが強い余り、適用すべき場面でないのに、適用できると考え、論理を展開し、的外れの結論を導くなどといったことは誰しも間々経験することである。初学者によっては、概念、法理の適用を誤ると、直ちに法律の規定、法理の類推適用に走る論理に訴える者もいるが、これも誤りである。これは、法律の規定、概念、法理は、それぞれ適用される場面、分野が相当程度定まっており、これを超えて適用されることは法律の規定上、あるいは法理上明らかであることを理解していないからであろう。法律上の規定、概念等を具体的で多様な法律問題に適切かつ的確に適用できるようにするためには、民法等の民事実体法全体の体系を理解したうえ、その体系の中で具体的な法律上の規定、概念等がどの場面、どの問題に適用できるのか、見方を変えると、ある場合にはどの法律上の規定、概念、法理を適用することができるか、適用することが適切であるかを十分に理解していることが重要である。個々の法律上の規定、概念等を理解しても、この体系を理解しないまま、法律上の規定等を適用しようとしても、自分がどのような場面で何を適用しているかの認識、理解を失い、適切かつ的確な論理の展開ができなくなる。法律上の規定、概念、法理を勉強する段階においては、個々の法律上の規定等を学ぶだけでなく、常に当該法律の属する体系を踏まえ、自分が体系の中のどの部分を勉強しているかを理解することが重要であり、前記の段階を少しでも早く脱することが、法律実務の諸知識を得るための法律の勉強に重要であることを、日々痛感される。

ところで、同様な事態は、訴訟事件を受任し、法律実務サービスを提供する場合にも生じる。訴訟を受任し、主張・立証を行うにあたって、当該訴訟で提示された訴訟物に関連する事実関係、法律上の規定、概念、法理を取り上げ、説得的に主張・立証することが重要であるが、後日、当該訴訟に関連する紛争、訴訟が提起されたような場合、紛争の内容、訴訟の内容、双方の主張、立証の内容等の事情によっては、当該訴訟における主張・立証が後日の紛争、訴訟における立場に不利に影響したり、矛盾したりする事態が生じることがある。訴訟事件を受任し、主張・立証等の訴訟活動を行う場合、訴訟の背景にある当事者、関係者間の紛争の全容に関心をもたないまま、受任に係る事件のみの勝敗に関心を持っていると、当面の問題に関する事務処理に視野が狭まり、将来における紛争、訴訟において主張・立証に問題が生じることがある。訴訟における主張・立証を行う場合、当事者、関係者の間に現実的に発生している紛争の全容だけでなく、将来発生する蓋然性のある紛争の全容をある程度認識したうえ、相互に矛盾がなく、説得力のある一貫した主張・立証を行うことが重要である（現実に複数の訴訟が当事者、関係者の間に係属している場合には、矛盾する主張・立証、一貫しない主張・立証を行うことは、それだけ主張・立証に悪影響が生じることは否定できないであろう）。紛争の全容につき、ある程度の認識を有しないまま、紛争の全容の中で受任した訴訟事件がどのような位置付けになるかを的確に認識していないと、受任に係る訴訟の勝敗のみの観点から行った主張・立証が将来の紛争、訴訟において足枷、手枷になり、主張・立証に苦慮することが生じることがある。法律実務の初心者の段階においては生じがちな事態である。受任に係る訴訟において主張・立証の内容、時期を検討するにあたっては、自ら紛争の全容の中でその意味、役割を十分に理解しておくことが重要であり、闇雲に主張・立証を繰り返し、自分が受任した訴訟の進行状況の中、さらには紛争の全容の中で訴訟のどのような意味、役割をもたせて主張・立証を行っているかを認識、理解をしないままに訴訟活動を行うことは、後日、依頼者との間にトラブルを発生させるリスクになる。

15　法律事務所の将来

弁護士の取引、その前提になる弁護士の業務自体が、今後どのように変化するのかは、筆者のような弁護士にとって興味のある事柄であるだけでなく、日本において生活する個人、活動する企業等にとっても、直接・間接に関係する事柄であろう。この場合、変化とは、より良い方向であるとの意味合いは全く含まないものであり、単にそれ以前と異なるという意味をもつにすぎない。

弁護士の業務の変化の方向・内容は、個々の弁護士、あるいは法律事務所の意識、組織、業務等のみによってもたらされる部分もあろうが、主に弁護士を取り巻く社会環境、経済環境、弁護士に対する需要等の外部環境によって影響を受けるものと推測される。個々の弁護士、あるいは法律事務所は、取り巻く環境とその変化に応じて、事件の勧誘のあり方、事務処理のあり方、法律事務所の組織のあり方、諸活動等の側面で様々な対応策をとって弁護士業界の競争に打ち勝っていくことが従前以上に重要な課題になると予想される（なお、現在においても、このような競争が進行中であり、従来以上に競争が激化し、多様化している現象を目にすることができる）。

弁護士、あるいは法律事務所間の競争が激化することは、それぞれの生き残りのために重要であるものの、この競争が弁護士が提供する法律実務サービスの内容を向上させるか、あるいはより良質のサービスを提供する弁護士等の生き残りを確実にするかの問題については、肯定できる部分があるとしても、否定的になる部分も相当にある。しかもこの競争は、その主体、対象、方法、態様を変化させつつ、絶えず行われるものであり、ある時期における勝者は、後の時期の敗者に陥ることになり（盛者必衰の理が妥当するが、逆にある時期の敗者が勝者の地位を勝ち得る可能性はあるものの、いったん競争に負けると、これから復帰し、勝者の地位を勝ち得る可能性は相当に低いであろう）、個々の弁護士も法律事務所も、常に競争の場において緊張と闘争を強いられることになる。弁護士が従来と比べると、激増している状況においては、新規に参入する弁護士の能力、知識自体に相当な開きがあるところ、このような競争が今後絶え間なく行われることになると、その結果、日本における弁護士業務の現場に何がもたらされるのか、弁護士の法律実務サービスの利用者である個人、企業らに何がもたらされるのか、個々の弁護士らにどのような影響が及ぶのか等の興味深い問題である。新規に参入する弁護士は、弁護士の激増を背景として能力、知識等は従来と比べて開きがあるうえ、従来のように比較的均質な経験を蓄積する機会はなくなっているし、競争から脱落する弁護士も増加することとなるため、弁護士間の様々な観点からの格差はますます拡大することが予想される。

実際、法律実務サービスの利用者である個人らが自己の抱える案件につき弁護士を選択しようとする場合、弁護士の能力、知識、経験、専門性、性格等は非常に大きく異なっているところ（能力、知識、経験、専門性等の事項については、大きな格差があるのが実情である）、弁護士に関する利用可能な情報は極めて限られ、情報の内容、確度も問題がある等の事情があり、利用者にとって十分かつ適切な情報を利用することができる状況にないうえ、利用者が的確に情報を利用し、自己の案件に適切な弁護士を選択するすることができるわけではないのが実情である。今後は、弁護士、法律事務所の中には、自ら情報を提供するにあたって、虚偽の情報、誇大な情報を提供したり、第三者の評価を装った情報を提供したりする事例も増加することが予想されるところ、利用者にとって弁護士に関する情報の入手、弁護士、法律事務所の選択が一層困難になるだけでなく、弁護士、法律事務所が自ら、あるいは第三者を介して提供する情報の正確性、相当性を担保する必要性がますます高まることになる。

第2部

弁護士の責任をめぐる裁判例

第1章　昭和年代の裁判例

1　昭和40年代の裁判例

本書は、弁護士の法的な責任等が問題になった裁判例をいくつかの基準、分類によって紹介するものであるが、昭和年代（戦後のものに限る）については、その数が少ないので、判決が言い渡された年月日を基準として順次紹介したい。

判　決　1	債権回収につき委任契約上の債務不履行を認めた事例 〔東京地判昭和40・4・17判タ178号150頁〕

【事案の概要と判決要旨】

事案の詳細は明らかではないが、弁護士が依頼者から受任した150万円の金銭債権回収の事件に関して、債務者と15万円で和解を成立させた場合について、委任契約上の債務不履行にあたるかが問題になった事案について、この判決は、債務不履行を肯定し、請求を認容した。

〈判決文〉

そこで債務不履行に基く損害賠償の主張について判断する。被告が本件債権金150万円のうち僅か一割の15万円の弁済を受けただけで、残額135万円の債権を放棄する旨の本件和解をしたことは前示のとおりであるが、凡そ受任者たるものは委任の本旨に従い善良なる管理者の注意を以て委任事務を処理する義務を負つているものであつて、本件の如く、金銭債権取立の委任を受けた（和解の権限を含む）者は、特段の事情がない限り全額の回収に努めるべきは勿論、それが困難であるとすれば、債務者の当時の弁済能力及び履行に対する態度債権者側の意嚮等諸般の事情を斟酌して、具体的な金額を見極めその取立に努力すべきものというべきである。これを本件についてみると、証人佐野のぶ、同野口務の各証言及び被告本人尋問の結果によれば、当時昭和広告社及び野口両名はともに無資力であつたけれども、昭和広告社はともかく、野口は読売興業株式会社野球部（プロ野球巨人軍）の嘱託であり、同時に日本野球連盟の役員でもあつて、相当の地位、収入があつたし、また常時ではないとしてもスポーツ雑誌に野球に関する記事を書いて、その原稿料を得るなどの収入があつたこと、然しその年間収入は100万円以下であり、従つて近い将来150万円全額を回収することは不可能であること、ただ、長年月を費やしてもその額は兎も角回収の見込みが全くないとは即断できないこと、そこで佐野としては被告に対し本件和解に際し、総額（一時金及び割賦金を含め）で100万円前後の回収を期待しており、金15万円のみの弁済を受けただけで残額金135万円の債権全部を放棄するような内容の和解には到底同意しないことが推測され、被告としてもそのことは予想できたこと等の事実が認められ、これに反する被告本人尋問の結果は信用せず、他に右認定を左右するに足りる証拠はない。そこで考えると、以上のような事実関係の下において受任者である被告が前示のような内容の和解契約を締結することは特段の事情のない限り委任の本旨に反し、善良なる管理者の注意を以て委任事務を処理しなかつたものというべきところ、右特段の事情を公認すべき証拠はない。

〈判決の意義と指針〉

この事案は、弁護士が依頼者から債権の回収を依頼され、債権額の1割の弁済を内容とする和解を成立させたため、依頼者が弁護士に対して債務不履行に基づき損害賠償を請求した事件である。

この事案の特徴は、

① 弁護士が債権回収を依頼されたこと

② 弁護士が債務者と債権額の1割で和解を成立させたこと

③ 債権額の1割の弁済を受け、残債務を放棄したこと

④ 依頼者が善管注意義務違反を問い、弁護士に対する債務不履行責任を追及したこと

があげられる。この事案は、弁護士の依頼者に対する弁護過誤の類型の事件である。

この判決の特徴は、

① 弁護士が受任事務の処理につき善管注意義務を負っているとしたこと

② 金銭債権取立の委任を受けた（和解の権限を含む）者は、特段の事情がない限り、全額の回収に努めるべきは勿論、困難であれば、債務者の当時の弁済能力および履行に対する態度、債権者側の意向等諸般の事情を斟酌して、具体的な金額を見極め、取立に努力すべきであるとしたこと

③ この事案では、依頼者が150万円の債権額のうち100万円前後の回収を期待しており、15万円の回収では同意しないことが推測される等したものであり、弁護士が前記和解をしたことが善管注意義務違反に当たるとしたこと

があげられる。

この判決は、債権回収を受任した弁護士の善管注意義務違反を肯定した事例判断として参考になるものであるが、現在の弁護士の事務処理の実務においては、和解をする場合には、事前に依頼者に説明をし、和解の内容につき同意を得たうえ、和解契約を締結する等することが通常であり、この事案のような事件の発生は相当程度防止されている。もっとも、弁護士が事件を受任し、和解を行うにあたって、事前の説明、同意を得たと理解していても、後日、依頼者が意向を変えたり、不満をもったりすると、同意の有無、内容をめぐる紛争が発生することがあり、依頼者の

意向の確認、同意も書面を得ることが重要になっている。

判　決　2	訴訟活動上の名誉毀損を認めた事例 〔千葉地館山支判昭和43・１・25判時529号65頁〕

【事案の概要と判決要旨】

弁護士Ｘは、数件の訴訟において弁護士Ｙが相手方代理人となったが、口頭弁論、証拠調べ、答弁書、準備書面において、ＹがＸについて人格が零であるとか、証拠を偽造したとか、刑事訴追を受けたとか、刑事事件で告訴され、近く何らかの処置が取られるとか、高度の法律知識を使い、法律の裏をかくあらゆる途を講ずる処置をしている等の発言等したため、ＸらがＹらに対して不法行為に基づき損害賠償を請求した（X、Ｙ以外の者はそれぞれの依頼者であるが、省略）。

この判決は、名誉毀損を認め、請求を認容した（慰謝料として５万円、３万3333円の合計８万3333円の損害を認めた）。

〈判決文〉

(4)　当事者主義、弁論主義を採る我が国の民事訴訟においては、当事者は互に自由に主張を尽し、攻撃防禦の方法を尽させる必要がある。従って、かなり強い表現をし、場合によっては相手方の名誉を侵害するような主張、陳述も已むを得ない場合もある。即ち、その訴訟において争われる権利又は事実関係の成否を決するような重要な争点に関し、名誉を侵害するような主張も、その内容が真実である限りは違法性を阻却するものと考えられる。しかし、相手方本人又は代理人について、虚偽の事実や、その訴訟に関係のない事実を、悪意をもって述べ、それらの名誉を侵害すれば、それは違法性を阻却せず、不法行為となるものと解するのが相当である。本件について、前記認定事実によれば、被告山本は、訴訟毎にその訴訟に直接関係のない原告木村の以前の刑事々件を殊更繰返し述べ、今回の告訴事件について検察庁も以前の刑事事件の関係もありまだ処置していない等と殊更以前の刑事々件と関連させて述べているし、又千葉地方裁判所高野元一対小川健太事件において、訴訟は本人がしているではなく、その代理人である原告木村が自分の利益のためや、別件訴訟を有利に導くためにしているものであると述べ、更にその訴訟に直接関係のないことであるのに、原告木村等を不動産窃盗、器物毀棄等で告訴したが、近く処置される段階に来ていると述べ、（この告訴は結局嫌疑不十分で不起訴となった）、又東京高等裁判所青木きみ外７名対小川健太事件において、原告木村は、訴訟において、或いは訴訟前の段階で、法律知識を悪用し素人を指揮し、法律の裏をかくあらゆる途を講じていると述べている。これらは、被告山本の準備書面の全体からみても、その訴訟において争われる権利又は事実関係の成否を決するような重要な争点には関係のない事実を述べたり、原告木村を誹謗したりしたものであり、弁護士としての原告木村をいかにもあくどい弁護士として印象づけようとしているものであり、原告木村の名誉を侵害しているものであると認められる。従って、これらの被告山本の陳述の内容により原告木村が精神的苦痛を受けたであろうことは推認できる。このようなその訴訟に関係ないことを述べたり、相手方代理人を誹謗することにより、名誉を侵害する場合は、仮令民事訴訟の法廷において述べたものであっても違法性を阻却しないし、又被告山本の行為が、公共の利益に関する事実にかゝり、専ら公益を図る目的に出た場合であって、且つその摘示された事実が真実であることの証明もないのであるから違法性は阻却されないものと認められる。弁護士はその職務上特に社会的信用を重んずるものであり、その職務上関連の深い裁判官に対して前記のようなことを述べることは違法性が強いと云わなければならない。そして、右のような名誉侵害の陳述には少なくとも被告山本に過失のあったことが認められる。よって、被告山本の原告木村の名誉侵害は不法行為となるものと認められる。

〈判決の意義と指針〉

この事案は、二人の弁護士が数件の訴訟においてそれぞれ双方の代理人となり、訴訟活動を行ったところ、一方の弁護士が他方の弁護士に対して、口頭弁論、証拠調べ、答弁書、準備書面による名誉毀損を主張し、損害賠償を請求した事件である。この事案は、弁護士の訴訟活動における相手方の弁護士に対する名誉毀損の類型の事件である。

この事案の特徴は、

① 二人の弁護士が対立する数件の当事者のためにそれぞれ訴訟代理人となったこと

② 一方の弁護士の訴訟活動が他方の弁護士につき人格が零であるとか、証拠を偽造したとか、刑事訴追を受けたとか、刑事事件で告訴され、近く何らかの処置が取られるとか、高度の法律知識を使い、法律の裏をかくあらゆる途を講ずる処置をしている等の内容の批判をしたこと

③ 批判の内容が訴訟の重要な争点に関係のない事柄であったこと

④ 弁護士の弁護士に対する名誉毀損が問題になったこと

⑤ 弁護士の不法行為責任が追及されたこと

があげられる。この事案は、弁護士の訴訟活動に伴う名誉毀損という弁護士の業務に付随的な事件である。

この判決の特徴は、

① 当事者主義、弁論主義をとる民事訴訟においては、当事者は互いに自由に主張を尽くし、攻撃防御の方法を尽くさせる必要があるから、かなり強い表現をし、場合によっては相手方の名誉を侵害するような主張、陳述もやむを得ない場合もあるとしたこと

② 係属中の訴訟において争われる権利または事実関係の成否を決するような重要な争点に関し、名誉を侵害するような主張も、その内容が真実である限りは違法性を阻却するとしたこと

③ 相手方本人または代理人について、虚偽の事実や、その訴訟に関係のない事実を、悪意をもって述べ、それらの名誉を侵害する場合には、違法性は阻却されず、不法行為となるとしたこと

④ この事案では、訴訟の重要な争点に関係なく、相手方の代理人である弁護士

を誹謗するものである等とし、名誉毀損を認めたこと
に特徴がある。この判決は、訴訟代理人である弁護士の活動の範囲を比較的広く認めたうえ、訴訟活動につき弁護士の相手方の弁護士に対する名誉毀損を肯定した事例判断として参考になる。なお、この判決は、歴史的にみて早い時期における訴訟活動による弁護士の名誉毀損を肯定した事例である。

訴訟活動は、法廷内における闘いであるとの側面があり、相手方を挑発したり、挑発に乗ったりする事例を見かけることがあるところ（法廷におけるルールとしてだけでなく、社会常識に照らしても常識に従った冷静な対応が常に必要であり、重要であることはいうまでもない。法廷内における闘いであるといっても、単なるジャングルの闘いに堕することがなくはなく、実際に、社会常識を欠き、弁護士としての品位・品格のない訴訟活動を見かけることがある)、批判の内容、方法が訴訟の内容、主張・立証の範囲を逸脱した場合には、名誉毀損、プライバシーの侵害、人格権の侵害、人格的利益の侵害として不法行為が成立する可能性がある。訴訟実務を見聞していると、訴訟の争点に関係のない事項を主張・立証したり（もっとも、背景事情として主張等することがあり得るため、その範囲、限界が問題になることがある)、ことさらに社会常識に照らして行き過ぎた表現をとったり、根拠のない事項を主張・立証したりする事例があるが、事案によっては前記の法的な根拠に基づく不法行為が問題になるおそれがあり、十分に注意をする必要がある。

この事案と同様な事件は、依頼者から依頼され、相手方の当事者、その代理人を誹謗等する準備書面を作成したり、陳述書を作成したり、弁論、尋問において発言をしたりすることによって生じることがあり、当事者である依頼者の不法行為とともに、弁護士の不法行為が問題になることもある。訴訟活動は、基本的には法廷における闘いの側面があるものの、その準備活動は、法廷外で行われ、訴訟の当事者は双方が長年にわたって紛争が継続し、相手方の当事者、弁護士にあれこれ批判され続けたりしていることから、常に反駁したいとの気持を強く抱いていることが少なくないから、前記のような訴訟に付随し、派生的に名誉毀損等の不法行為をめぐる紛争が発生しやすい状況にあることに留意することが賢明である。

判　決　3	控訴につき不法行為を認めた事例 〔東京地判昭和46・６・29判時645号89頁〕

【事案の概要と判決要旨】

弁護士が訴訟の被告となった依頼者から訴訟の追行を依頼され、敗訴判決を受け、送達を受けたものの、依頼者が帰省中で不在であり、報告をしないままに控訴期間が徒過した事案について、この判決は、委任契約上の義務違反による不法行為を認め（慰謝料として20万円の損害賠償を認めた)、請求を認容した。

〈判決文〉

2 ところで、訴訟当事者から訴訟委任を受けた弁護士は、委任者に不利益な第１審判決がなされその判決正本の送達を受けたときは、遅滞なくこれを委任者に通知して、控訴期間内に控訴するか否かを判断し適切の処置をとる機会を与え、出張等により不在となるときは、不在中に判決正本の送達がなされても委任者に対する連絡ができるよう事務員等に対し適切な指示を与え、また万一控訴期間内に連絡をとる方法がない場合には、控訴申立に対する特別授権がある限りは、取り敢えず控訴を申立てその後において委任者に控訴を維持するかどうかを諜る等、委任者をして控訴期間を徒過して控訴の機会を失わしめることのないよう適切な処置をとることが、委任者たる弁護士の当然なすべき委任契約上の義務であることは多言を要しない。

3 〈略〉

4 よって、次に原告が蒙った損害ならびに被告の賠償義務の範囲の点について判断する。

(一) まず、原告が前記判決に対し控訴した場合における勝訴の見込みの有無について考えるに、成立に争のない甲第１号証（判決正本）によると、前記判決は、本訴原告（反訴被告）である和田急太郎及びその訴訟承継人である和田正夫（以下両名を通じて和田という）が賃貸借契約の解除原因として原告の賃料延滞を主張し、これに対して原告が、本件建物は地代家賃統制令第23条第２項但書にいう併用住宅であって賃料の統制があり、原告が従前支払った賃料のうち統制額を超える部分は和田が不当に利得したものであって、その返還請求権をもってする未払いの賃料との相殺により、賃料の遅滞はないと主張したのに対し、本件建物は右の併用住宅にはあたらないとの認定の下に、原告の抗弁を排斥して契約解除による賃貸借の終了を認め、原告による増築部分については合意による和田の所有権取得を認定して、和田の原告に対する本訴請求を損害金の請求の一部を除いて認容し、また原告の和田に対する反訴については、本件建物は地代家賃統制令の適用がないとの理由により、原告が支払った権利金42万円に相当する損害金ないし不当利得金の請求を棄却したものであるが、〈証拠略〉はたやすく信用し難く、他に右判決の事実認定を覆すに足りる証拠はなく、また甲第一号証を仔細に検討しても、右判決の法律判断は正当であって理由にかけるところはなく、要するに原告が右判決に対し控訴した場合に勝訴の見込があったことを認めるに足りる資料はない。

(二) してみれば、原告はもともと賃貸借契約の解除後は本件建物を占有使用する権原なく、和田正夫に対して右判決の命ずるとおり本件建物を明渡しかつ賃料及び賃料相当の損害金を支払う義務があり、また同人に対し42万円の債権を有しないものと認められ、右判決の確定によって右義務を負担し右権利を喪失したものとは解せられないから、これによって原告に損害が発生したとは認められない。

(三) 原告は、この点に関し、弁護士が控訴期間を徒過し敗訴判決を確定せしめた場合に賠償すべき損害の範囲は、適法に控訴すれば当事者が得られる可能性のあった利益の全部に及ぶ旨、勝訴の見込の有無を問わず損害が発生するとするような主張をするけれども、右の見解は採用できない。

(四) もっとも、もしも原告が前記判決に対し控訴しかつ仮執行につき停止の裁判を得たときには、少なくとも控訴審の判決がなされるまでは前記判決に基き本件建物の明渡を強制されることはないこというまでもないところ、〈証拠略〉によると、原告は昭和41年

10月中、原告が本件建物の一階店舗部分で営んでいた飲食店の経営を原告主張のような約定で訴外渡辺徳造に委任した事実が認められ、(1)右経営委任により原告が渡辺から交付を受くべき利益配分金は1ヵ月2万8000円ないし3万円であって、前記判決により原告が和田正夫に支払うべき1ヵ月1万1198円の損害金よりは高額であるから、原告は控訴審の判決があるまではその差額を利得することができたと考えられ、(2)更に控訴審判決が昭和44年10月以降となり、原告がそれまで渡辺に対する経営委任を継続した場合には、原告は渡辺との間の約定により預託を受けた保証金のうち50万円を取得することができるのであるから、控訴審判決までの期間として見込まれる期間の長短により、原告は(1)及び(2)の利益又は少なくとも(1)の利益を、前記判決の確定により喪失したものということができる。しかし、原告はもともと本件建物を占有使用する権原を有せず、したがって渡辺に飲食店の経営を委任して利益を挙げる資格を有しなかったのであるから、被告が前記判決を確定させて原告の得べかりし右のような利益を喪失させたからといって、原告が被告に対し右利益に相当する損害の賠償を求めることは到底正当な権利の行使にあたるとは考えられず、被告は右損害の賠償義務を負わないものと認めるのが相当である。

(五)　しかし、訴訟事件で敗訴の第1審判決を受けた当事者は、これに対し控訴し控訴審の判断を受ける当然の権利を有し、これを行使すると否とは全くその自由に属するのであるから、自らの判断により第1審判決に対し控訴することの是非を判定して控訴する権利を放棄する場合は格別、訴訟を委任した弁護士の過失により右の権利を行使する機会を失わしめられた場合には、第1審判決の当否にかかわらず、精神的打撃を受けることは当然であり、この場合に当該弁護士は委任者たる当事者に対し慰藉料支払の義務あるものと解するのが相当である。

そして、原告が前記認定のような被告の過失により控訴の機会を失わしめられた事実自体や、〈証拠略〉によって認められる被告が原告及びその家族に対してとった態度に照らし、原告の憤激や忿懣は著しいものがあると認められ、これに対する慰藉料の額は、これまでに示した諸般の事情や、〈証拠略〉によって認められる、原告は被告に対し前記事件と他に1件の事件の着手金として合計3万円を支払った事実を総合して、20万円をもって相当と認める。

〈判決の意義と指針〉

この事案は、弁護士が訴訟の被告となった依頼者から訴訟の追行を依頼され、敗訴判決を受け、送達を受けたが、控訴期間が徒過したため、依頼者が弁護士に対して委任契約上の義務違反による不法行為に基づき損害賠償を請求した事件である。この事案は、弁護士の依頼者に対する弁護士過誤の類型の事件である。

この事案の特徴は、

① 弁護士が訴訟を受任し、敗訴判決を受けたこと
② 弁護士が判決の送達を受けたこと
③ 弁護士が控訴の検討のために依頼者と連絡をとろうとしたものの、依頼者に連絡がとれなかったこと
④ 控訴期間を徒過したこと

⑤ 依頼者が弁護士に対して不法行為責任を追及したこと

があげられる。

この判決の特徴は、

① 訴訟当事者から訴訟委任を受けた弁護士は、委任者に不利益な第1審判決がなされその判決正本の送達を受けたときは、遅滞なくこれを委任者に通知して、控訴期間内に控訴するか否かを判断し適切の処置をとる機会を与え、出張等により不在となるときは、不在中に判決正本の送達がなされても委任者に対する連絡ができるような事務員等に対し適切な指示を与える義務があるとしたこと

② 万一控訴期間内に連絡をとる方法がない場合には、控訴申立てに対する特別授権がある限りは、取りあえず控訴を申し立て、その後において委任者に控訴を維持するかどうかを諜る等、委任者をして控訴期間を徒過して控訴の機会を失わしめることのないよう適切な処置をとる義務があるとしたこと

③ 訴訟を受任した弁護士の不法行為を肯定したこと

④ 損害については、控訴をしても、勝訴の見込みがあるといえないとし、勝訴判決によって得る利益の損害を否定したこと

⑤ 訴訟を委任した弁護士の過失により控訴をする権利を行使する機会を失わしめられた場合には、第1審判決の当否にかかわらず、精神的打撃を受けるとし、慰謝料の損害（20万円）を認めたこと

があげられる。この判決は、不変期間である控訴期間を訴訟を受任した弁護士が徒過したことにつき委任契約上の義務違反による不法行為を認めた事例判断として参考になるものであるが（委任契約上の債務不履行としても認められ得る）、この事案では、依頼者との連絡が容易でなかった事情、控訴に伴う手数料の負担があり、この判決が説示する弁護士の各種の義務には若干の違和感がないではない。もっとも、弁護士が訴訟を受任し、判決の言渡しを迎える場合には、事前に依頼者の予定を確認し、判決書を受領した後の対応の予定も打ち合わせておき、打合せの機会を確保しておくことが通常であり、その対応の中には敗訴判決の場合も想定し、控訴の有無・当否、仮執行宣言に関する強制執行の停止等も含まれているものであるから、この事案のような事態の大半は事前の準備によって回避することができる。

損害論については、この判決は、弁護士の前記内容の不法行為による損害について、控訴による勝訴の見込みがなかったとし、勝訴によって得られる依頼者の利益相当額の損害を否定したものであるが、この判断は事例を提供するものである。また、この判決は、訴訟を委任した弁護士の過失により控訴をする権利を行使する機会を喪失したことによる慰謝料を肯定したものであるが、現在に至るまで、弁護過誤の事例で裁判例が分かれているところであり、この時期に慰謝料を肯定した事例判断として参考になる。

判　決　4	仮差押えの執行につき不法行為を認めなかった事例 〔東京地判昭和49・3・13判時747号75頁〕

【事案の概要と判決要旨】

弁護士Yは、Aの依頼を受け、XがAに振り出し交付した約束手形金50万円につき、AのXに対する債権を保全するため、X所有の建物に仮差押えを申請し、申請が認容され、執行されたところ、約束手形金債権が原因関係の消滅に伴って消滅していたため、Xが原因関係の調査をすべき義務に違反した等と主張し、Yに対して不法行為に基づき損害賠償を請求した。

この判決は、手形債権者が手形を所持している以上、弁護士が手形金が決済されていないと信じたとしても過失がない等とし、不法行為を否定し、請求を棄却した。

〈判決文〉

三　ところで、原告は本件仮差押申請当時、被告は右事実を知っていたか、或いは弁護士として調査すれば容易に知りうべきであった旨主張するので、この点について判断する。

〈証拠略〉を総合すると、被告は、小宮より同人が所持している本件手形及び前記金30万円の約束手形について振出人たる原告が再三にわたる支払請求に応じてくれない旨、また、原告は本件仮差押の差押物件となった建物を売却して支払う旨言明はしているものの、この売却代金を他に利用される取立も困難になるとして、その解決策の相談を受けたことから、小宮に右各手形金を被保全権利として右建物を差押えることをすすめたところ、同人もこれを了承し、本件仮差押申請に及んだこと、被告は、その際右各手形の原因関係は消費貸借に基づくものであることは小宮より聞き込んだが、弁済関係、利息、損害金の支払関係については同人から説明を受けなかったことなどの事実を認めることができ、右認定に反する証拠はない。

右事実によれば、被告は、原告の小宮に対する本件手形金債務が本件仮差申請当時すでに弁済されて消滅していたことは知らなかったものというべく、他にこれを覆えして被告が右事実を知りながら本件仮差押に及んだことを認めるに足りる証拠はない。

また、前記認定のような小宮からの相談を受けた経過、また同人が現に前記各手形を所持していることに照らすと、被告がそれ以上弁済関係を調査しなかったとしても弁護士として本件仮差押申請に当ってなすべき事前調査に特に疎漏な点があったということはできず、他にこの点に関し、被告の過失を認めるに足りる適確な証拠はない。

〈判決の意義と指針〉

この事案は、弁護士が約束手形の所持者から手形金債権の回収を依頼され、手形の振出人（手形債務者）に対して手形金債権を保全するために不動産の仮差押えを申請し、申請が認容されたため（仮差押えが執行された）、債務者が弁護士に対して不法行為に基づき損害賠償を請求した事件である。この事案は、債権回収を依頼された弁護士の依頼者の相手方・債務者に対する弁護過誤の類型の事件である。

この事案の特徴は、

① 弁護士が約束手形の所持人から債権の回収を依頼されたこと
② 弁護士が手形の振出人の不動産につき仮差押えを申請したこと
③ 手形の原因関係が消滅していたこと
④ 手形の振出人が弁護士に対して不法行為責任を追及したこと
⑤ 弁護士の手形の原因関係の調査義務違反が問題になったこと
があげられる。

この判決の特徴は、

① 弁護士が手形金債権の回収の受任にあたって、依頼者から手形の原因関係が消費貸借に基づくものであることは聞き込んだが、弁済関係、利息、損害金の支払関係につき説明を受けなかったこと
② 弁護士は手形金債務が仮差押え申請当時すでに弁済されて消滅していたことは知らなかったとし、弁護士が弁済の事実を知りながら仮差押えに及んだことを認めるに足りる証拠はないとしたこと
③ 依頼者が手形を所持している場合には、弁済関係を調査しなかったとしても、過失はないとしたこと
④ 弁護士の不法行為責任を否定したこと

があげられ、手形金債権の回収を依頼された弁護士の不法行為責任を否定した事例判断を提供するものである。

弁護士が手形金債権の回収を依頼された場合、手形の取得の経緯等につき依頼者から事情を聴取するが、この場合、原因関係の内容、存否についても事情を聴取することが多いと考えられる（手形金債権の存否をめぐる紛争の発生、内容をある程度予測しておくことが、仮差押え等の裁判手続をとる場合には、後日の対応を予測するために重要である)。

この事案では、弁護士が手形金債権の回収のために仮差押えを選択し、その前提として行った依頼者に対する具体的な事情聴取（質問）の内容が必ずしも明らかではない。弁護士が依頼者に手形の原因関係の内容、存否につき質問したのに、依頼者が虚偽の回答をした場合には、特段の事情のない限り、弁護士の過失を認めることは相当ではないが、全く質問をしなかった場合には、弁護士の過失を肯定するのが相当であろう。

判　決　5	債権の回収につき委任契約上の債権不履行を認めた事例 〔東京地判昭和49・3・25判時753号36頁〕

【事案の概要と判決要旨】

Ｘ株式会社は、Ａ株式会社に対して手形金債権を有していたところ、弁護士ＹにＡがＢ府に対して有している請負代金債権の仮差押え、差押え、転付命令による弁

済の受領を委任し、Yは、仮差押えの申請をし、仮差押決定を得たが、Aの代理人弁護士Cとの間で、仮差押えの執行の取消し、Aの請負代金の受領、AのXへの現金の交付、手形の振出し、交付を合意したものの（Xは、これに同意した）、仮差押えが取り消されたのに、現金等の交付を受けることができなかったため、XがYに対して手形金債権の保全を委任された弁護士としての善管注意義務違反による債務不履行、不法行為に基づき損害賠償を請求した。

この判決は、いったん仮差押決定を得た弁護士としては、仮差押えの執行取消しによって債権の回収不能の危険性があることを依頼者に十分に説明し、仮差押えに代わる人的、物的担保を受けるなどして依頼者が損害を被ることのないような措置を講ずべき義務違反を認め、委任契約上の債務不履行責任を肯定し、請求を認容した（回収不能になった債権額の損害賠償を認めた）。

〈判決文〉

二㈠　ところで、債権の執行保全につき委任を受けた弁護士が一たん仮差押決定を得た後に債務者あるいはその代理人から右執行取消の申入れを受けて右取消申請手続をするにあたっては、同弁護士には、依頼者に対し右取消によって債権の回収不能の危険性があることを十分説明し、同人と協議のうえ債務者から右仮差押に代る人的、物的担保を受けるなど右取消により依頼者が損害を被むることのないような措置を講ずべき義務がある。

㈡　しかるに、被告は、前記一で認定のとおり、加藤弁護士から同弁護士が本件手形金債務を保証し、あるいはこれを引き受ける旨の申入れがなかったにも拘わらず、原告に対し、右申入れがあったかの如き誤解を招き易い語句を用いて右執行取消を促して原告代表者らをしてこれに同意させたうえ訴外寺内に右申請書類を手渡し、また訴外会社から物的、人的担保をとることもせず、しかも、訴外寺内が大阪府から工事代金の支払いを受けた際これに立ち会わなかったために、本件手形金債権のうち別紙手形目録㈣、㈤を除くその余の債権合計343万7000円の回収不能を生じ、原告に対し右同額の損害を与えた。

㈢　したがって、被告が本件執行取消契約の前後を通じとった右一連の行為は、本件手形金債権の執行保全につき委任を受けた弁護士としての債務不履行に該当するし、被告には右不履行につき過失があったといわなければならない。

〈判決の意義と指針〉

この事案は、弁護士が依頼者から手形金債権の保全、回収の依頼を受け、債権の仮差押えをした後、手形債務者の代理人弁護士から申出を受け、依頼者の同意を得て仮差押えの執行取消し等の合意をしたが、結局、債権の回収が不能になったため、依頼者が弁護士に対して債務不履行、不法行為に基づき損害賠償を請求した事件である。この事案は、債権回収を依頼された弁護士の依頼者に対する弁護過誤の類型の事件である。

この事案の特徴は、

①　弁護士が手形金債権を有する者から債権の回収等を依頼されたこと

②　弁護士が手形債務者の債権につき仮差押えをしたこと

③ 弁護士が手形債務者の代理人弁護士から仮差押えの執行の取消し等の申出を受けたこと
④ 弁護士が仮差押えの執行の取消しに代えて、請負代金の弁済による現金の一部交付、手形の振出し、交付を受けることにつき、依頼者を説得したこと
⑤ 弁護士と手形債務者の代理人弁護士との間でその旨の合意がされたこと
⑥ 弁護士が請負代金の受領に立ち会わず、現金の交付を受けなかったこと
⑦ 手形金債権の回収ができなくなったこと
⑧ 依頼者が弁護士に対して善管注意義務違反による債務不履行責任、不法行為責任を追及したこと

があげられる。

この判決の特徴は、

① 手形金債権の保全を委任され、いったん仮差押決定を得た弁護士としては、仮差押えの執行取消しによって債権の回収不能の危険性があることを依頼者に十分に説明し、仮差押えに代わる人的、物的担保を受けるなどして依頼者が損害を被ることのないような措置を講ずべき義務があるとしたこと
② この事案では手形債務者の代理人弁護士から同弁護士が手形金債務を保証し、あるいはこれを引き受ける旨の申入れがなかったにもかかわらず、依頼者に対してこのような申入れがあったかのような誤解を招きやすい語句を用いて執行取消しを促して依頼者らをしてこれに同意させたうえ、物的、人的担保をとることもせず、工事代金の支払いを受けた際これに立ち会わなかったものであり、債務不履行につき過失があるとし、弁護士の債務不履行責任を肯定したこと
③ 損害として回収不能になった債権額を認めたこと

があげられる。

この判決は、債権の回収を依頼された弁護士の依頼者に対する債務不履行責任を肯定し、回収不能の債権額を損害として認めた事例として参考になる。

判　決　6	訴訟の追行につき委任契約上の債務不履行を認めた事例 〔東京地判昭和49・8・28判時760号76頁〕

【事案の概要と判決要旨】

弁護士Xは、A株式会社の破産管財人であるとともに、債務者Bらからの受任者であったが、弁護士YにA、BらがC株式会社らに対して有する手形金債権につき訴訟の提起、追行を委任したところ、Yが訴訟の進行状況を報告せず、Xからの照会にも応じず、所在不明になり、訴訟の期日にも出頭せず、訴訟記録の所在も不明になる等したため、XがYに対して善管注意義務違反、報告義務違反の債務不履行に基づき損害賠償を請求した（Yは、準備書面を提出せず、期日に出頭しなかった）。

この判決は、請求原因事実を自白したものとみなし、損害額として30万円を認め、請求を認容した。

〈判決文〉

一　前記争のない事実によれば、被告は原告に対しその主張の委任事務の受任者としての義務を怠ったことにより原告が破産管財人であり、弁護士である訴訟事件の委任者として蒙った財産的損害のみならず、精神的苦痛に対しても損害賠償として慰藉料の支払義務を負うものといわねばならない。

（破産管財人としての慰藉料請求権はその任務を終了した現在結局原告自身に直接帰属するものとはいうことができる）。

二、しかして、右争のない事実および〈証拠略〉を総合すると、破産管財人であり、又弁護士である原告から委託を受けた弁護士である被告の高度な職務上の義務、内容およびその重大な懈怠の態様およびこれによって原告の蒙った職務上の障害、遅延、これによって予期しなかった原告が事後に執らねばならなかった措置、これらによって受けた精神上の負担、管財人、弁護士としての信用について関係者から受けたいくらかの影響、金銭関係の清算未了、これらに対しとった事後の被告の態度等を総合して被告の原告に支払うべき慰藉料額は金30万円を以て相当と認める。

〈判決の意義と指針〉

この事案は、弁護士が破産管財人等である弁護士から訴訟の提起、追行を受任したところ、訴訟の期日に出頭せず、訴訟の進行状況を報告せず、照会にも応じなかった等があったため、依頼者である弁護士が受任者である弁護士に対して債務不履行に基づき損害賠償を請求した事件である。この事案は、訴訟の提起等を依頼された弁護士の依頼者に対する弁護過誤の類型の事件である。

この判決は、弁護士が期日に出頭しなかったものであるが、弁護士の債務不履行責任を肯定したものであり、その旨の事例判断を提供する。

判　決　7	控訴につき不法行為を認めた事例 〔東京地判昭和49・12・19判時779号89頁〕

【事案の概要と判決要旨】

Xは、Aから賃借建物の明渡し等を請求する訴訟を提起され、弁護士Yに訴訟の追行を依頼したが、敗訴判決を受けたところ、Xは弁護士Bに控訴の追行を依頼し、BがYの法律事務所に電話で判決正本送達の日を問い合わせたところ、Yの事務員が誤った回答をしたことから、Bが控訴期間が徒過したため（Xの控訴は却下された）、XがYに対して委任契約上の義務違反による不法行為に基づき損害賠償を請求した。

この判決は、弁護士は、控訴期間の徒過により適法な控訴の途を失わせることがないように、十分に調査のうえ、送達の効力の生じた日を正しく回答すべき義務があるのに、法律事務所の事務員がこれを誤って回答したものであるとし、Yの不法行為を肯定し（慰謝料として50万円を認め、うち30万円はB弁護士から示談金として支払済みであるとした）、請求を認容した。

〈判決文〉

三 〈略〉によると、昭和45年4月1日原告から訴訟委任を受けた丙川弁護士は、控訴期間確認のため、直ちに東京北簡易裁判所に判決送達の日を電話で照会したが、送達報告書未着のため不明とのことであつたこと、そこで同弁護士は被告の法律事務所に電話で問い合わせたところ、被告の被用者として同事務所において業務に従事中の女子事務員某が応対に出て、被告が不在のため、自分で判決受領の日を調べ、判決受領の日は同年3月27日である旨の誤つた返答をしたこと、丙川弁護士が控訴期間満了の翌日に控訴状を提出したのは、この返答を軽信し、他になんら調査、確認の手段をとることなく、控訴期間の最終日を右控訴状提出の日と誤信した結果によるものであることが認められ、〈略〉によると、前記女子事務員が右のような誤りを侵した原因は、被告が送達書類の受領場所を被告の所属する東京弁護士会としていたために、前記判決も同年3月26日同弁護士会に送達せられ、被告事務所にはその翌日に届いたところから、誤つて被告事務所に届いた日を答えたことによるものと推認することができる。

ところで、第1審の訴訟委任を受けた弁護士は、控訴審の訴訟委任を受けた他の弁護士からの照会に応じて、敗訴の第1審判決の送達を受けた日を回答する場合、右送達のときから控訴期間が進行を始めることに鑑み、控訴期間満了の日の判断を誤らせ、控訴期間の徒過により適法な控訴の途を失わせるようなことがないように、十分調査のうえ、送達の効力を生じた日を正しく回答すべき注意義務があり、この義務は、特段の事情のないかぎり、弁護士事務所の女子事務員についても同様であると解するのが相当である。本件の場合、前認定の事実によると、被告の前記女子事務員がこの注意義務を怠つたことは明らかであり、そのことと原告が控訴期間徒過により適法な控訴の途をとざされたこととの間には相当因果関係があるというべきであるから、このために原告に生じた損害につき、被告は右女子事務員の使用者として賠償の義務を免れないものといわねばならない。

四 〈略〉によると、原告が適法な控訴の途を閉ざされたために精神的苦痛を受けたことは明らかである。

〈判決の意義と指針〉

この事案は、弁護士が訴訟の被告になった者から訴訟の追行を依頼され、敗訴判決を受けたところ、依頼者が別の弁護士に控訴審における訴訟の追行を依頼し、その弁護士が第1審の訴訟を追行した法律事務所に判決正本の送達日を問い合わせたが（控訴期間を判断するためであった）、弁護士が不在であり、事務員が自分で判決の受領日を調査して回答したものの、誤った回答であり、問い合わせた弁護士が控訴期間の判断を誤り、控訴期間を徒過したため、依頼者が第1審の弁護士に対して不法行為に基づき損害賠償を請求した事件である。この事案は、訴訟の追行を依頼された弁護士が敗訴判決後、控訴審の訴訟を受任した弁護士に控訴期間の起算日につき誤った回答をしたことによる依頼者に対する弁護過誤の類型の事件である。

この事案の特徴は、

① 弁護士が訴訟の追行を受任し、敗訴判決を受けたこと
② 依頼者は別の弁護士に控訴審の訴訟の追行を依頼したこと
③ 別の弁護士が控訴期間の判断のため、第1審の受任弁護士の法律事務所に判決正本の送達日を問い合わせたこと
④ 第1審の受任弁護士が不在であったこと
⑤ 事務員が自分で調査し、誤った回答をしたこと
⑥ 控訴審の受任弁護士は他の調査をすることなく、回答を信じて控訴をしたこと
⑦ 控訴が控訴期間の徒過により却下されたこと
⑧ 依頼者が第1審の受任弁護士に対して不法行為責任を追及したこと
⑨ 控訴審の受任弁護士は依頼者との間で示談をし、30万円の示談金を支払ったこと

があげられる。

この判決の特徴は、

① 第1審の受任弁護士は、控訴審の訴訟委任を受けた弁護士からの照会に応じて、敗訴の第1審の送達を受けた日を回答する場合、控訴期間満了の日の判断を誤らせ、控訴期間の徒過により適法な控訴の途を失わせることがないように、十分調査のうえ、送達の効力を生じた日を正しく回答すべき注意義務があるとしたこと
② この注意義務は、特段の事情のない限り、第1審の受任弁護士の法律事務所の事務員についても同様であるとしたこと
③ この事案では事務員がこの注意義務を怠ったことは明らかである等とし、弁護士の不法行為責任を肯定したこと
④ 適法な控訴の途を閉ざされたことによる依頼者の損害として慰謝料を認め、慰謝料額が50万円としたこと（前記の示談金を控除すると、20万円になる）

があげられ、事例判断として参考になる。

この事案では、控訴期間の起算日、満了日の調査、判断は、控訴審の受任弁護士が自ら調査すべき義務を負うということができるが、第1審の受任弁護士も自ら関与した事務処理上知り、または知り得た事実関係については、控訴審の受任弁護士の照会に応じるべき義務を負うものであり、控訴期間の起算に重要な事実である判決正本の送達日の照会につき正確な事実を回答すべき義務を負うことも肯定することができよう。

この事案では、第1審の受任弁護士が不在であり、事務員が対応したものであるが、対応すべき事柄の内容によるものの、事務員としては弁護士に問い合わせる等し、対応の仕方、内容の指示を受け、これによって問い合わせに対応することが通常であるところ、事務員が自ら調査し、回答し、この回答の内容が誤っていたことから、弁護士の不法行為責任が問われたものである。事務員の対応の過誤は、原則

として弁護士の過誤にあたるものであるから（不法行為責任の場合には、弁護士の監督義務違反等の弁護士自身の不法行為責任、事務員の使用者としての使用者責任が問題になり、債務不履行責任の場合には、事務員の履行補助者としての債務不履行責任が問題になる)、日頃から事務員の過誤リスクの対策の重要性をあらためて示す裁判例である。なお、この判決は、控訴期間の徒過の事案について、控訴審における勝訴の蓋然性を問うことなく、依頼者の控訴の途が閉ざされたことによる慰謝料を損害として認めたものであるが、この意味の事例判断としても参考になる。

2 昭和50年代の裁判例

判　決　1	訴訟の追行等につき債務不履行を認めた事例 〔東京地判昭和52・9・28判時886号71頁〕

【事案の概要と判決要旨】

Ｘ株式会社は、昭和36年７月頃、弁護士ＡにＢ株式会社に対する債権残額の返還請求訴訟の追行を委任し、Ａが訴訟を提起していたところ、Ａが死亡したことから、昭和39年２月、弁護士Ｙに訴訟の追行（続行）、Ｃらに前記債権に関する抵当権設定契約に基づく抵当権の保全処分、抵当権設定登記請求訴訟の提起、追行を委任したが、Ｙが前記提起済みの訴訟の期日に出頭せず（その後、休止満了になった）、保全処分等の裁判を申し立てる等しなかったため（結局、昭和44年６月、前記債権が消滅時効により消滅し、抵当権も付従性により消滅した）、ＸがＹに対して委任契約上の債務不履行に基づき損害賠償を請求した。

この判決は、Ｙが委任契約上の債務を履行していれば、前記債権残額の回収は十分に可能であった等とし、委任契約上の債務不履行を肯定し（回収不能になった債権額の損害賠償を認めた）、請求を認容した。

〈判決文〉

二１　請求原因２㈠の事実は当事者間に争いがなく、また、同㈡の事実のうち、昭和39年神吉弁護士が死亡したこと、同年２月弁護士である被告が原告から本件前訴の追行の委任を受けたことも当事者間に争いがない。

２　〈証拠略〉を総合すると、原告は、被告に対し本件前訴の追行を委任した際、本件抵当権を保全するため本件㈠ないし㈢の土地及び本件建物につき保全処分の措置をとり、その本案訴訟として訴外坂根吉人、同坂根タイ及び同坂根陸弘に対し、本件各抵当権の設定登記手続を求める訴を提起するよう委任し、被告がこれを受任することを約したことが認められる。〈証拠略〉

三　請求原因３の事実は当事者間に争いがない。

四１　そこで被告の帰責事由の不存在の抗弁について判断する。

被告は本人尋問において抗弁１の事実に沿う供述をしているが、右被告本人尋問の結果は、〈証拠略〉に照らしてたやすく信用することができず、他に右抗弁１の事実を認めるに足りる証拠はない。

〈判決の意義と指針〉

この事案は、弁護士によって訴訟が追行されている間に弁護士が死亡し、依頼者が他の弁護士に訴訟の追行、抵当権の保全処分等を依頼したものの、新たに受任した弁護士が係属中の訴訟の期日に出頭せず、抵当権の保全処分等もしなかったことから、依頼者が消滅時効によって債権、抵当権を失ったため、依頼者が弁護士に対して債務不履行に基づき損害賠償を請求した事件である。

この事案は、訴訟の追行等を依頼された弁護士の依頼者に対する弁護過誤の類型の事件である。

この事案の特徴は、

① 弁護士が係属中の訴訟の追行等を依頼されたこと
② 弁護士が訴訟の期日に出頭しなかったこと
③ 弁護士が抵当権の保全処分等の裁判の提起をしなかったこと
④ 訴訟に係る債権、抵当権が消滅時効によって消滅したこと
⑤ 弁護士の委任契約上の債務不履行責任が追及されたこと
⑥ 債権の回収不能の損害が問題になったこと

があげられる。

この判決の特徴は、

① 受任した弁護士の委任契約上の債務不履行責任を肯定したこと
② 回収不能になった債権額の損害を認めたこと
③ 損害として回収不能になった債権額を認めたこと

があげられ、その旨の事例判断として参考になる。

判　決　2	訴訟の追行につき債務不履行を認めた事例 〔東京地判昭和54・5・30判タ394号93頁〕

【事案の概要と判決要旨】

事案の詳細は不明であるが、弁護士Ｙが依頼者Ｘから訴訟の追行を受任し、Ｘに直接面談せず、事情を聴取せず、進行状況を報告しないまま敗訴判決を受けたため（この背景には、Ｙと前記委任契約を締結したのは、Ｘの代理人Ａであり、Ｙは、Ａと打ち合わせをし、相談をして訴訟の追行をし、報告をしていた）、ＸがＹに対して債務不履行に基づき損害賠償を請求した。

この判決は、ＹがＸの代理人であったＡと打ち合わせ、相談、報告等をしたからといっても、Ｘ本人に報告等をしていないとし、報告義務違反を認め、Ｙの債務不履行を肯定し、請求を認容した。

〈判決文〉

一般に、民事事件について訴訟委任を受けた弁護士は、委任の趣旨に従い、善良な管理者の注意をもつて委任事務すなわち依頼者（事件本人）の権利及び正当な利益を擁護するために必要な訴訟活動に従事すべき義務を負うものである。そして、右義務を適切に履行するために、適宜事件関係者なかんずく依頼者（事件本人）と面談の上事情を聴取するなどして事

実関係を調査し、その結果に基づいて有効かつ適切な主張・立証活動を行うべきであることはいうまでもないところであるし、依頼者からの請求があつた場合はもちろん、請求がない場合でも、時宜に応じて事件の進行状況すなわち委任事務処理の状況を報告し、爾後の事件処理方針について依頼者と打ち合わせるなどして、事件処理について依頼者の意向が十分反映されるよう努めるべきであり、さらに、判決、和解の成立その他の原因により委任事務が終了したときは、遅滞なくその顛末を報告すべき義務があるというべきである。(民事事件について訴訟委任を受けた弁護士が依頼者に対して右のような注意義務を負うことは、被告も争わないところである。)

そこで本件についてこれを見るに、前記訴訟の第1審から上告審に至るまでの間、中村弁護士が、一度も直接原告に面談せず、事件についての事情聴取をしなかつたこと、また、訴訟の進行状況及び結果を一度も直接原告に報告しなかつたことは、当事者間に争いがなく、同弁護士が右の各措置をとつておれば原告からの事情聴取に基づき右訴訟上当然主張・立証できた筈の前記占有面積の相違及び前記賃貸借合意解除に伴う土地明渡の各事実が主張されなかつた結果、原告が過大な賃料相当損害金の支払いを命じられるに至つたことは、既に認定した事実関係に照らして明らかであるから、反証のない限り、同弁護士は、民事事件の訴訟委任を受けた弁護士としての前記注意義務に違反したものといわざるを得ない。被告は、この点に関し、中村弁護士は、原告の代理人として同弁護士と訴訟委任契約を締結した訴外戸田小太郎と打合せをし、相談の上で訴訟の追行に当り、その進行状況及び判決結果を逐一同人に報告したから、同弁護士に債務不履行はない旨主張し、証人戸田小太郎（第1、第2回）及び真下成夫の各証言によれば、右被告主張事実を認めることができる（訴外戸田小太郎が原告の代理人として中村弁護士と訴訟委任契約を締結したことは、先に見たとおり、当事者間に争いがない。）けれども、前記のような事情聴取等の措置は、依頼者が事件本人でないとか、依頼者（事件本人）が事件に関する事実関係を熟知しておらず、むしろその代理人として訴訟委任契約を締結した者等依頼者以外の者の方が事実関係に精通し、かつ、依頼者（事件本人）の利益を代弁し得る立場にあるなど特別の事情がある場合を除き、事柄の性質上、依頼者本人についてあるいはこれに対してなされるべきものであると解するのを相当とするところ、本件については右のような特別の事情があつたものとは認められないから、前記のような被告主張の事実関係があつたからといつて、中村弁護士が債務不履行責任を免れる理由とはなり得ないというべきである。

〈判決の意義と指針〉

この事案は、訴訟事件を受任した弁護士が依頼者に直接面談せず、事情を聴取せず、進行状況を報告しないまま敗訴判決を受けたため、依頼者が弁護士に対して債務不履行に基づき損害賠償を請求した事件である。この事案は、弁護士の依頼者に対する弁護過誤の類型の事件である。

この事案の概要は、

① 弁護士が訴訟事件を受任したこと
② 依頼者本人と面談等をしなかったこと
③ 依頼者の代理人との間で委任契約が締結されたこと
④ 弁護士が依頼者の代理人と面談し、報告をしていたこと

⑤　弁護士の報告義務違反（民法645条）が問題になったこと
⑥　依頼者が弁護士の債務不履行責任を追及したこと

があげられる。

この判決の特徴は、

①　民事事件について訴訟委任を受けた弁護士は、委任の趣旨に従い、善良な管理者の注意をもって委任事務、依頼者の権利および正当な利益を擁護するために必要な訴訟活動に従事すべき義務を負うとしたこと
②　弁護士は、この義務を適切に履行するために、適宜事件関係者なかんずく依頼者（事件本人）と面談のうえ事情を聴取するなどして事実関係を調査し、その結果に基づいて有効かつ適切な主張・立証活動を行うべきであるとしたこと
③　弁護士は、依頼者からの請求があった場合はもちろん、請求がない場合でも、時期に応じて事件の進行状況すなわち委任事務処理の状況を報告し、爾後の事件処理方針について依頼者と打ち合わせるなどして、事件処理について依頼者の意向が十分反映されるよう努めるべきであるとしたこと
④　弁護士は、判決、和解の成立その他の原因により委任事務が終了したときは、遅滞なくその顛末を報告すべき義務があるとしたこと
⑤　この事案では弁護士が直接依頼者に面談せず、事件についての事情聴取をせず、訴訟の進行状況および結果を一度も直接依頼者に報告しなかったものであるとし、弁護士の債務不履行責任を認めたこと

があげられ、弁護士の委任契約上の債務不履行責任を肯定した事例判断として参考になる。この判決が指摘する訴訟事件を受任した弁護士の注意義務は、弁護士の依頼者に対する重要な義務であると考えられているし、実際にも通常の弁護士が行っている法律実務における事務処理である。

判　決　3	**訴訟の追行につき、損害との因果関係を否定し、不法行為を認めなかった事例** **〔東京地判昭和54・11・13判時657号63頁、判タ409号126頁〕**

【事案の概要と判決要旨】

Y_1は、Aから金銭を借り受け、X所有の不動産にY_1を債務者、Aを債権者とする根抵当権を設定したところ、Aが競売の申立てをしたことから、X、Y_1はAに対して債務不存在確認、抵当権設定登記の抹消登記手続を請求する訴訟を提起する等したが、B地方裁判所C支部はXらの請求を棄却する判決をし、控訴をし、弁護士Y_2に控訴審における訴訟の追行を委任したところ、Y_2は、Y_1から控訴の取下げの依頼を受け、Xの意思を確認することなく、控訴を取り下げたため、XがY_1、Y_2に対して不法行為に基づき損害賠償を請求した。

この判決は、Xが控訴審において勝訴するとは認められないとし、控訴の取下げとXの主張に係る損害との間の因果関係を否定し、請求を棄却した。

〈判決文〉

二　ところで、原告は、前記認定の控訴取下が原告に無断でなされたことを理由に、900万円の損害を被ったとして、被告両名に対して損害賠償の請求をしているものであるところ、右控訴取下と900万円の出捐との間に因果関係を肯定するためには、右控訴取下がなければ、原告が控訴審において勝訴できたことが前提とならなければならない。

1〜3㈢〈略〉

右の事実によれば、仮に前示自白の撤回が認められたとしても、被告鈴木は基本代理権を有し、訴外小野には権限ありと信ずべき正当の理由があった、すなわち、控訴審において表見代理の成立が肯定される可能性があったと認められる。

以上のとおり、前示1㈠で認定した被告鈴木の控訴審における供述は存在するが、同人の供述の信用性は必ずしも高くなく、また、原告が控訴審において前示1㈡で認定したと同趣旨の供述を行ったとしても、前示2及び3で検討したところに照らせば、被告鈴木の控訴審における右供述及び原告本人が控訴審で行ったであろう供述によって、原告が昭和44年(ネ)第2573号債務不存在確認請求控訴事件において勝訴したと直ちに推認することは難しく、他に原告が右控訴審において勝訴したであろうと認めさせるに足る証拠はない。

〈判決の意義と指針〉

この事案は、弁護士が第１審で敗訴判決を受けた者らから控訴審における訴訟の追行を受任し、依頼者の一人から控訴の取下げを依頼され、控訴を取り下げたため、他の依頼者が弁護士に対して不法行為に基づき損害賠償を請求した事件である。この事案は、弁護士の依頼者に対する弁護過誤の類型の事件である。

この事案の特徴は、

①　弁護士が敗訴の当事者らから控訴審の訴訟事件を受任したこと、依頼者の一人から控訴の取下げを依頼されたこと

②　他の依頼者の意向を確認せず、同意を得なかったこと

③　弁護士が控訴を取り下げたこと（第１審判決が確定することになる）

④　他の依頼者が弁護士、取下げを依頼者に対して不法行為責任を追及したこと

⑤　控訴の取下げと依頼者の主張に係る損害との間の因果関係の存否が重要な争点になったこと

があげられる。

この判決の特徴は、

①　不法行為の因果関係が肯定されるためには、控訴取下げがなければ、依頼者が控訴審において勝訴できたことが前提であるとしたこと

②　この事案では依頼者が控訴審において勝訴したであろうと認めるに足りる証拠がないとし、因果関係を否定したこと

③　弁護士らの不法行為を否定したこと

があげられる。この判決は、訴訟事件を受任した弁護士が依頼者に対して不法行為

に基づき損害賠償責任を負うためには、因果関係の問題として、弁護士の不法行為によって依頼者が勝訴判決を受ける可能性があったことが必要であるとの見解の下、勝訴判決を受けたと認めるに足りる証拠がないとし、因果関係を否定し、弁護士の不法行為責任を否定した事例判断を提供するものである。

この事案と同様に、訴訟事件を受任した弁護士に過誤があった場合、その過誤と勝訴判決の関係が因果関係の存否、損害の発生の有無の問題として取り上げられ、重要な争点になることがあるが、弁護士の過誤と勝訴判決の獲得との間の可能性、蓋然性、高度の蓋然性、確実性等の様々な程度の関係が裁判例ごとに取り上げられ、一様ではない。また、この関係の取り上げ方によっては、弁護士の過誤があっても、容易に弁護士の損害賠償責任が免責されることになり得るが、法律事務の高度の専門家である弁護士が依頼者に対して負う善管義務等の注意義務のあり方、弁護士に対する依頼者の期待侵害としても問題になり得るところである。この判決については、依頼者の信頼・期待、事務処理の経緯等によっては、弁護士の不法行為責任が認められる可能性は相当にあるということができ、疑問がある。

判　決　4	法律相談に係る債務不履行、不法行為を認めなかった事例 〔東京地判昭和57・5・10判時1064号69頁、判タ485号128頁〕

【事案の概要と判決要旨】

弁護士 Y_1 は、Y_2 都（東京都）の行う無料法律相談を依頼され（Y_2 の嘱託であった）、法律相談を担当していたところ、X_1、X_2 の夫婦がAから借地をしており、Aから地代の増額請求を受け、増額地代の支払の催告を受けたことから（従前から地代を供託していた）、法律相談において Y_1 に対応を相談し、増額に係る合意につき証拠がなければ否認できる等の回答をしたところ、X_1 らが増額に係る地代の支払をせず、Aが借地契約を解除し、X_1 らに対して建物の収去、土地の明渡し等を請求する訴訟を提起し、Y_1 が訴訟の追行を受任したが、敗訴判決を受けたため、X_1 らが Y_1、Y_2 に対して債務不履行、不法行為に基づき損害賠償を請求した。

この判決は、相談担当者が故意に不当な意見を述べまたは通常期待される助言指導としての適切さを著しく欠き、相談者が回答を信頼して行動した結果損害を被った場合には不法行為が成立する余地があるが、相談が短時間で資料も限定されている場合には、回答には違法性がない等とし、Y_1 の債務不履行、不法行為を否定する等し、請求を棄却した。

〈判決文〉

1　法律相談の法律的性格について、被告らは単なる参考意見の提供にすぎず、最終的決定をくだすのは、相談者自身であるから、回答そのもののために相談者の権利を侵害することはありえないと主張する。なるほど、法律相談における回答は、本質的には、相談者に対するなんらの拘束力を伴うものではなく、相談を受ける相談員から相談者に対する指導、助言の域をでないものと解するのが相当であり、その採否は最終的には相談者自身の決定に委ねられるし、実質的にも、相談者から提供される一方的資料によらざるをえず、相手方による反論、反証にさらされていないために、どうしても一面的傾向のものとなりがちであり、それだけ客観性は低くなる点は否めない。

しかしながら、法律相談にも種々その態様を異にするものがあり、その回答が相談者に対し決定的影響力を及ぼす場合のありうることも否定できないので、被告ら主張のように一概に論断すべきではなく、ことに、その法律相談において相談員が故意に不当な意見を述べて相談者を誤導した場合とか、回答が通常法律相談に期待される助言ないし指導としての適切さを著しく欠くものであるとき、もし相談者がその回答を信頼して行動したために損害を被ったという事実が発生したならば、右相談員に故意、過失があるとして不法行為成立の余地もあるものというべく、その判断は、相談事項をめぐる事実関係、証拠の有無、法律上の問題点、法律相談を求める相談者の目的、意図並びに当該法律相談を設けた主催者の目的など諸般の事情を考慮のうえ、決定すべきものと思われる。

これを本件についてみると、〈証拠略〉によれば、本件当時における東京都の法律相談の実態を成文化したものとみられる東京都生活局相談員設置要綱（昭和46年９月22日46都調発第147号）によると、東京都は法律及び交通事故に関し、相談を求める都民に対し適切な指導及び助言を行うため都民生活局に法律相談担当及び交通事故相談担当の相談員を置くものとされ、相談員は非常勤職員として一定の報酬を受けること、法律相談担当の相談員は、弁護士の資格を有するもののうちから任用され、その職務は「都民の法律に関する相談に応じ、指導及び助言を行う」ものと定められていることが認められ、なお、〈証拠略〉によれば、本件当事の被告東京都の法律相談においては、午前中の約３時間の間に、７人ないし８人の相談を捌くため１人平均20分程度となったことを認めることができるのであるから、判断資料の入手は、時間的にも非常に限定されていたといわざるをえない。

原告らは、前田喜七からの催告書への対応に迷って、法律相談を訪ねたところ、被告甲野が放っておいてよい旨を述べたので、それに従って放置したのであり、本件の場合には、通常の弁護士であれば、地主の要求に応じて支払うか、又は増額の合意は窮迫の事情によるもので公序良俗に反するとか、脅迫による意思表示として取り消しうるということを回答するものであるとして、被告甲野は、最善の方法を指示すべき義務がありながら、最悪の指針を与えたものである旨主張し、被告甲野が原告薫に対して、地主からの催告につき放っておくように回答したという点については、これに沿う原告薫本人の供述も存する。

しかしながら、前記事実関係を合わせ考えれば、被告甲野の回答は、まず、地主との話合いを勧めるものであったが、原告薫から賃料増額の合意をしながらその合意に基づく支払をしないですむ方法を聞きたいという質問がされたため、被告甲野としては、右合意の事実も証拠がなければ訴訟において否認しうる旨の一般論を述べ、相手の出かたを見るために、支払わないでおくこともひとつの方法としてありうる旨を述べたにとどまるものと解されるところ、原告薫は、被告甲野の右回答に接し、従前からの経緯により地主に対し強い反発の念を抱くとともに、借地人共助会の会長である妻たつ代の立場に苦慮していたところから、前記合意の証拠がないのであるからこれを否認しようと決意したものと推認することができる。したがって、右によれば、確かに原告らが前田喜七からの催告書に対して支払を拒絶する態度を選択するについて被告甲野の回答が影響を与えたであろうことがうかがわれるものの、被告甲野より地主との話合いをすすめられていたのにそれをせず、同人の上記回答から直ちに賃料支払の決断をした原告らは、むしろ軽率の譏りを免れない。

また、公序良俗違反ないし強迫による意思表示といいうるかどうかの点は、付随的事情によることでもあり、その判断は絶妙、かつ、困難であるから、これを本件の如き短時間の法律相談において期待することは、難を強いるものというべきである。

以上によれば、被告甲野の回答が直ちに原告らの主張の不法行為を構成すだけの違法性を有するものとは到底断ずることができないのである。

〈判決の意義と指針〉

この事案は、地方自治体から委嘱された弁護士の法律相談において、弁護士が借地をめぐる相談を受け、回答をしたところ、相談者が相談者が地主から借地契約を解除され、建物の収去、土地の明渡し等を請求する訴訟を提起されたことから、相談者が弁護士に訴訟の追行を委任したものの、敗訴判決を受けたため、相談者・依頼者が弁護士、地方自治体に対して債務不履行、不法行為に基づき損害賠償を請求した事件である。

この事案は、弁護士の相談者に対する法律相談の過誤の類型の事件である。この事案の特徴は、

① 地方自治体が弁護士に委嘱して法律相談を実施していたこと

② 借地人である相談者が地主から地代増額請求を受けたことから借地問題につき法律相談をしたこと

③ 弁護士が増額に係る合意につき証拠がなければ否認できる等の回答をしたこと

④ 相談者が弁護士の回答に沿った対応をしたこと

⑤ 地主が借地契約を解除し、前記内容の訴訟を提起したこと

⑥ 相談を担当した弁護士が訴訟を受任したこと

⑦ 相談者・依頼者が敗訴判決を受けたこと

⑧ 相談者・依頼者が弁護士の損害賠償責任を追及したこと

があげられる。この事案は、弁護士の法律相談につき相談者から損害賠償責任が追及された事件であるが、法律相談は、弁護士にとって日常的な業務であることから、影響の大きな事件である。

この判決の特徴は、

① 法律相談にも種々その態様を異にするものがあり、その回答が相談者に対し決定的影響力を及ぼす場合のありうることは否定できないとしたこと

② 法律相談において相談員が故意に不当な意見を述べて相談者に誤導した場合とか、回答が通常法律相談に期待される助言ないし指導としての適切さを著しく欠くものであるとき、もし相談者がその回答を信頼して行動したために損害を被ったという事実が発生したならば、相談員に故意、過失があるとして不法行為の成立の余地もあるとしたこと

③ 不法行為の成否の判断は、相談事項をめぐる事実関係、証拠の有無、法律上の問題点、法律相談を求める相談者の目的、意図並びに法律相談を設けた主催者の目的など諸般の事情を考慮して決定すべきであるとしたこと

④ この事案では相談が短時間で資料も限定されていた等とし、相談員であった弁護士の回答には違法性がない等とし、弁護士の債務不履行責任、不法行為責任を否定したこと

があげられる。

この判決の地方自治体等が主催する弁護士による法律相談と不法行為の成否に関する判断の一般的な指摘は、相当に合理的であるということができ、今後の同種の事件に参考になるものである。地方自治体等の主催する法律相談であるからといって、弁護士の回答が不適切であった場合、回答者である弁護士が一切の損害賠償責任を負わないと解することはできないであろう。この判決が指摘するように相談を担当した弁護士につき不法行為の成立する余地があるが、どのような場合に不法行為が成立するかは、理論的にも、弁護士の法律相談の実務にとっても重要な関心事である。もっとも、法律相談といっても、実施主体、法律相談の趣旨、目的、時間、内容、相談者の属性、相談者の説明、持参した資料、法律問題の内容、相談者に対する質問と説明、弁護士の回答の前提、弁護士の回答等の事情は様々であり、弁護士の回答に係る不法行為責任の成否は、これらの事情を総合考慮して、通常の弁護士の基準によって判断することになるが、弁護士の回答等の事情によっては弁護士の不法行為責任が認められることは十分に考えられるし、不法行為責任を認めることが相当である場合もあろう（法律相談においては、特に事実関係の認識、見分できる証拠等に大きな限界があるものの、一定の仮定的な事実関係を想定し、その事実関係を前提とする法律問題の相談を受けた場合、弁護士がその法律問題に関する回答を誤ったときは、不法行為責任を肯定する有力な事情として考慮されることは否定できない)。

法律相談は、この事案のような地方自治体が実施するもののほか、業界団体、弁護士会、弁護士グループ、企業等が実施するものも多数見かけるところであり、法律相談の回答を誤った弁護士の不法行為責任のリスクは、法律相談に付随するものであるから、回答にあたっては相当の注意が必要である。

判　決　5	仮処分の申請の説明につき職務違反を認めなかった事例 〔高知地判昭和58・4・14判タ530号208頁〕

【事案の概要と判決要旨】

事案の詳細は必ずしも明らかではないが（判タには、判決理由の一部のみが紹介されている）、Xは、山林ブローカーであるAから山林の取引に資金的な支援を依頼され、これに応じて資金を提供し、山林の所有権名義を取得したところ、別の山林ブローカーであるBから買主としてCを紹介され、Cから売買の保証金を受け取る等したが（Xは、調査したところ、本件山林が公図上記載のないものであること等が判明した）、B、Cとの間で紛争が発生し、他に売却し、代金から1500万円をCらに支払う等の詫び状を差し入れたことから、本件山林上の立木を伐採搬出することを計画したり、また、D会社が代理人Eを介して本件山林の買受けの申込みがあった。そこで、Aが知り合いの弁護士Yに相談したところ、本件山林の隣接地の所有者らを相手方として伐採搬出禁止の断行仮処分によって公図の問題が解明できる旨の説明を受け、Dが断行仮処分を得て伐採搬出をしたうえ、売買代金を定めて売り渡すとの約定で申込みを承諾し、XらがYに対して断行仮処分の可能性等を相談した。断行仮処分のためにはDに登記簿上の所有名義が必要である等のYの説明を得て、Xらは断行仮処分申請が不成功に終わったときは、所有名義をXに返還することを条件に本件山林の所有名義を移すことを合意し、Yは、Dから断行仮処分の申請を受任し、資料を受領する等し、Dが別途依頼したF弁護士とともに断行仮処分の申請をし、保証決定（保証金額1500万円）を得たところ、Dが保証金を用意することができず、Yらは断行仮処分申請を取り下げたものの、Aらが本件山林を他に転売し、所有権移転登記を経由したため、XがYに対して弁護士としての職務違反に基づき損害賠償を請求する等した。

この判決は、Yの職務違反を否定し、請求を棄却した。

〈判決文〉

三　次に原告は、被告の弁護士として許されない無責任かつ誤つた説明によつて損害を蒙つた旨るる主張し、原告本人の供述はこれに副うけれども、前記一、二に認定の諸事実、とりわけ原告と協栄産商間の売買契約が架空でないこと、本件仮処分の申請が被告の説得によつて初めて、開始されたものでなく、まず岡村、寺尾、原告らの間において結合を遂げたうえでなされたものであること、本件仮処分申請の目的は本件山林地上立木の伐採搬出によつて利益を得ようとしたことにあること、本件仮処分が不成功に終つたときは本件山林の所有名義を原告へ返還する約束は、原告と協栄産商間にはあつても、決して被告との間に成立したものではないこと、原告は岡村、寺尾らに協力して本件仮処分を成功させるため努力したが、寺尾、岡村からその期待を裏切られる結果に終つたことなどの事実に照らすと原告本人の右供述もにわかに採用し難く、他に原告の右主張を認めるに足りる証拠はない。

なお、原告の右主張中には、弁護士である被告はその職務の性質に照らして境界が明確でないなどの事情のある山林については軽々に本件仮処分の如き断行仮処分を当事者に助言すること自体が違法であるとの趣旨を含むと解されるのでこの点から更に検討する。

なる程、高度の知識、経験と良識に基づき社会正義の実現に寄与することを期待されている弁護士としては、事件によつては、依頼者あるいはこれに協力する者の希望を制して、仮処分の申請あるいは協力を中止するよう説得する必要のある場合もあると思われるけれども、その判断は第一次的には当該弁護士に任されていることであつて、一見明らかにこれが誤つていると認められるものでない限り、同弁護士のとつた措置の適否を論ずるのは許されないと解される。これを本件についてみると、本件全証拠によつても、被告が本件仮処分申請当時、岡村、寺尾らの本件山林についての説明が全くでたら目であつて、本件山林がほとんど無価値であることを知つていたとの事実を認めるには足りないし、かえつて、被告は前記のとおり、本件仮処分申請事件を東京に本社のある協栄産商から著名な弁護士をとおして依頼を受ける一方、協栄産商の代理人という寺尾、仲介者である岡村らは、本件山林について境界に不明確な点はあるものの、本件山林が現地に間違えなく存在することをその根拠について資料を示すなどして強調し、これに対し、売主である原告も右寺尾らの説明に対し格別疑義を挟むことなく、これに協力する態度に出ていたなどの事情の下において、被告としては協栄産商に対してはもとより原告に対しても本件仮処分の申請及びその協力行為を中止するように説得すべき義務はないものといわなければならず、他に被告において弁護士としての職務に違反した事実を認めるに足りる証拠はない。

〈判決の意義と指針〉

この事案は、山林ブローカーの関与する山林の取引において山林を購入した者が取引にトラブルが生じた際、関与した者らが弁護士に相談し、山林の登記上の所有名義を他の者に移転したうえ、仮処分を行うことの説明を受け、所有名義の移転を受けた者が仮処分申請を弁護士に委任し、申請が行われたものの、保証金の用意ができず、取り下げられたところ、所有名義を有する者が他に山林を転売したため、前記山林の購入者が弁護士に対して損害賠償を請求した事件である。

この事案の特徴は、

① 山林ブローカーの関与する山林売買取引が行われたこと
② 別の山林ブローカーが関与し、山林の買主が山林を転売したこと
③ 山林の買主が調査したところ、売買の対象になった山林が公図上存在しないことが判明し、事実関係に疑義が生じたこと
④ 山林の売買、転売をめぐるトラブルが生じたこと
⑤ 弁護士が山林の買主側の者から法律相談を受け、山林の隣接地所有者による仮処分による事態の解明をすることができると説明したこと
⑥ 弁護士が仮処分のために登記簿上の所有名義が必要である等を説明したこと
⑦ 買主側は仮処分申請が不成功に終わったときは、所有名義を買主に返還することを条件に山林の所有名義を移すことを合意したこと
⑧ 弁護士は、所有名義の移転を受けた者から仮処分の申請を受任し、他の弁護

士とともに仮処分の申請をしたこと

⑨ 保証金が用意されず、弁護士らは仮処分申請を取り下げたこと

⑩ 所有名義を有する者が山林を他に転売し、所有権移転登記を経由したこと

⑪ 前記の買主が弁護士に対して損害賠償を請求したこと

があげられる。この事案は、仮処分申請事件の依頼者が弁護士に対して弁護過誤に係る責任を追及したものではなく、その前提となる弁護士の法律相談の過誤の類型の事件である。山林ブローカーが山林取引に関与する事例は、過去、相当数判決に登場したことがあるが、近年は、判決上見かけることがなかった。山林の取引が行われる地域では、さまざまな山林ブローカーが取引に関与する事例が相当にあり、山林ブローカーの中には、登記簿上存在するものの、現地に存在しない山林を取引したり、公図上存在しない山林を取引したり、境界が明確でない山林を取引したりする事例が見かけられた（山林の登記簿、公図、境界は、日本全国においては問題のあるところが相当にあり、このような事情が山林ブローカーの関与する背景にあるし、取引の中には、詐欺事案もあった）。この事案は、弁護士が相談等を受けた山林取引が境界が明確でなく、山林ブローカーが関与する等の複雑な事情があったものである。

この判決は、原告の主張を全般的に排斥したこと、高度の知識、経験と良識に基づき社会正義の実現に寄与することを期待されている弁護士としては、事件によっては、依頼者あるいはこれに協力する者の希望を制して、仮処分の申請あるいは協力を中止するよう説得する必要がある場合もあるとしたこと、依頼者らの希望を制すること等の判断は第一次的には当該弁護士に任されていることであり、一見明らかにこれが誤っていると認められるものでない限り、弁護士のとった措置の適否を論ずるのは許されないとしたことを判示するものであるが、弁護士の損害賠償責任を追及する者の主張が排斥された事例判断を提供するものである。

判　決　6	債権の回収につき債務不履行を認めなかった事例 〔大阪地判昭和58・9・26判時1138号106頁、判タ533号185頁〕

【事案の概要と判決要旨】

Xは、弁護士Yに手形10通の取立てを依頼したところ、Yが手形債務者からの手形書換え要求に対して保証裏書等の権利保全措置を講ずることなくこれに応じたり、手形振出人が不渡異議申立預託金を預託して支払を拒絶したのに対して預託金の差押え等の手段をとらなかったりしたため、XがYに対して委任契約上の善管注意義務違反を主張し、委任契約上の債務不履行に基づき損害賠償を請求した。

この判決は、手形の書換えに応じたのは、弁護士の経験に基づき債務者の言葉を信用できると考え、書換えに応じるのが債権回収のため最も賢明な方法であると判

断したものであり、裁量権を逸脱しないとし、差押えをしなかったことは、実質的な債務者からの任意支払を受けることができると判断したものであり、裁量権を逸脱しない等とし、Yの債務不履行を否定し、請求を棄却した。

〈判決文〉

2　ところで、弁護士は、依頼者から事件の処理を委任された場合、委任の本旨に従い、法律専門家としての善良な管理者の注意をもって、誠実に右受任事務を処理すべきことはいうまでもないが、その事務の性質上、右受任事務の処理にあたっては、専門的な法律知識と経験に基づいて具体的状況に応じた適宜の判断を下す必要があり、その意味において、弁護士の受任事務の処理については、相当の範囲において弁護士の裁量に委ねられているものというべきである。したがって、弁護士は、その裁量的判断に基づいて誠実に受任事務を処理したものと認められる場合には、それが依頼者の指示に反し、あるいは、裁量権の範囲を逸脱したものと認められないかぎり、委任契約上の債務不履行責任を問われることはないと解するのが相当である。

3　そこで、被告が一旦取立銀行に取立を委任した2の手形を、山下の依頼を受けて取り戻したうえ支払期日を延期して3の手形に書換えることに応じた措置の当否について判断する。一般に、手形所持人から手形の取立を委任された弁護士が手形債務者の依頼を受けて支払期日を延期するための手形の書換えに応じようとするときには、一応取立依頼者の意思を確認するのが適宜の措置であるというべきである。しかし、手形所持人が手形金の回収を図ろうとする場合に、手形債務者の資金繰り等を考慮して、支払期日を延期する手形の書換えに応ずることが手形金回収のためにもっとも賢明な方法である場合が少なくないことはいうまでもない。そして、前記1の認定事実及び〈証拠略〉によれば、㈠被告が前記手形の書換えに応じたのは、弁護士としての経験に基づき平田の言葉を信用できると考え、右書換えに応ずるのが手形金を回収するためにもっとも賢明な方法であると判断した結果であること、また、㈡原告が被告に対して1、2及び6の各手形の取立を委任した趣旨は、被告が手形債務書と交渉したうえその裁量的判断に基づき手形の書換えに応じる等、右取立の目的を達するために適宜の措置をとることをも含めて委任する趣旨であったことを推認することができ、右推認を覆すに足りる証拠はない。そして、被告がした前記㈠の判断がその当時の客観的事情に照らして誤りであったと認定すべき資料を定めるに足りる証拠はない。そうすると、被告が前記のとおり2の手形の書換えに応じた措置自体をもって本件委任契約の本旨に反するとも、また被告の裁量権を逸脱するともいうことができない。

原告は、被告が保証のための裏書等の権利保全策をとらずに右書換えに応じたことをもって、本件委任契約上の任務を懈怠したものであると主張する。しかし、支払期日を延期するための手形の書替えに応ずるにあたっては、原告主張のような何らかの権利保全策をとるのが通常の措置であるとは認められず、また、被告が前記のとおり2の手形の書換えに応ずるにあたり、たやすく保証のための裏書を求めるなどの権利保全の措置をとることができたことを認めるに足りる証拠もない。そうすると、被告が特に原告主張のような権利保全の措置をとることなく前記のとおり2の手形の書換えに応じたからといって、本件委任契約に基づき受任事務を処理するにつき任務を懈怠したものということができず、原告の前記主張は採用することができない。

また、2の手形の書換手形である3の手形は、前記のとおり不渡りとなったが、それは、振出人の資金不足を理由とするものではなく、前記1㈧の認定のとおりの事情により契約不履行を理由に支払が拒絶されたのであって、その際支払銀行に対し手形金相当額の不渡異議申立預託金が預託されていることに照らすと、被告が2の手形の書換えに応じたことと原告が右手形金を回収することができないこととの間に相当因果関係があるということもできないといわなければならない。

4　次に、被告が3の手形についての不渡異議申立預託金の返還請求権を差押えなかったことの当否について判断する。一般的には、手形の支払拒絶に伴い不渡異議預託金が預託された場合には、手形金の回収を図ろうとする手形所持人としては、右預託金返還請求権につき仮差押えをしたうえ、債務名義を得て右請求権の差押・換価をし、もって手形金の回収を図ることが有効な方法であるといえよう。しかしながら、前記1㈥ないし㈨の認定事実によれば、被告は、従前山下から3の手形はその実質的債務者である竜王産業において支払うとの確約を得ていたが、その後同人より、原告がセブン・エイトに詐取された竜王産業振出の手形三通を暴力団を使って取立てており、原告が右取立てを止めない限り3の手形の支払を拒絶すると言われ、被告から問い質された原告においても右取立の事実を否定しなかったことから、原告が山下の言うとおり竜王産業振出にかかる手形の不法な取立行為に及んでおり、原告がこれを中止すれば、竜王産業から直ちに3の手形の支払を受けることができるものと判断し、本件3の手形が、契約不履行を理由として不渡りになり前記不渡異議申立預託金が預託された後も、原告に対し、前記不法な手形の取立を中止し、竜王産業との円満な話合によって同社から3の手形の任意支払を受けるよう勧告し、そのことを期待してあえて右預託金返還請求権の仮差押等の法的な手段に訴えることをしなかったことを認めることができる。そして、前記認定事実によれば、被告が前記のように判断したことに合理性がないとはいえず、また、右のような判断に立って前記法的手段に出なかったことをもって弁護士としての裁量権を逸脱したものということもできない。よってこの点に関する原告の主張も失当である。

〈略〉

三　次に、原告は、被告が、住専振出の6の手形について、住専が計画倒産を企てているとの情報を入手しながら、何らの権利保全策を講ずることもなく、順次7ないし10の手形に書替えることに応じたことは、弁護士として受任事務を処理するにつき任務を懈怠したものである旨主張するので、この点について以下判断する。

被告が、原告から取立を委任された住専振出の6の手形につき、別紙約束手形目録7ないし10に記載のとおり、住専から内入弁済を受けて7ないし10の手形に順次書替えることに応じたことは、前記のとおりであり、被告が右各書替えにあたり、住専に保証のための裏書を要求するなどの権利保全策を講じていなかったことは、〈証拠略〉により認めることができる。

しかしながら、〈証拠略〉に、前記一記載の争いのない事実、前記二の1において認定した事実及び弁論の全趣旨を総合すると、㈠被告が原告から取立の委任を受けた6の手形は、別紙約束手形目録4ないし6に記載のとおり、すでに住専から内入弁済を受けて数次の書替えを経た書替え手形であったこと、㈡被告は、6の手形の取立を受任した後、住専から、建売業界が不況であるため6の手形を支払期日に全額支払うことができないが、手形金の一部内入弁済をするから支払期日を延期して手形を書替えて欲しい旨の申出を受けたこと、㈢そのため、被告は、原告にその旨を伝え、原告に対し、住専の手形は、従前どおり内入弁済を受けて手形の書換えを重ねつつ、少しでも多くの手形金を回収しようと提案したところ、原告もこれを承諾したこと、㈣そこで、被告は、右方針に従い、前記のとおり、順次6から10の手形まで内入弁済を受けて書替えに応じていったが、住専が同年11月10日倒産したため、10の手形金140万円の回収が不能に帰したこと、以上の事実を認めることができる。〈証拠判断略〉

右認定事実によれば、被告は、原告との合意により定まった取立方針に従って、前記のとおり内入弁済を受けつつ手形の書替えに応じていたことが認められるのであって、原告が被告に対して手形の書替えの際には何らかの権利保全策を講ずるよう指示したこと、被告が前記各手形の書替えの際住専が計画倒産を企てているとの情報を入手していたこと、また、被告が前記各書替えに応ずるにあたりたやすく何らかの権利保全策をとることができたことについては、いずれもこれを認めるに足りる証拠がない。そうすると、被告が何らの権利保全策を講ずることなく前記各手形の書換えに応じたからといって、本件委任契約に基づき受任事務を処理するにつき任務を懈怠したものということができず、原告の前記主張は採用することができない。

〈判決の意義と指針〉

この事案は、弁護士が依頼者から手形の取立てを依頼されたところ、手形債務者からの手形の書換え等の希望に応じる等したため、依頼者が弁護士に対して債務不履行に基づき損害賠償を請求した事件である。この事案は、弁護士の依頼者に対する債権回収の弁護過誤の類型の事件である。

この事案の特徴は、

① 手形の所持者が弁護士に手形の取立てを依頼したこと

② 弁護士が取立ての過程で手形債務者から書換え等の希望を告げられ、交渉したこと

③ 弁護士が手形の書換え等に応じたこと

④ 弁護士が保証裏書等の権利保全措置を講じなかったこと

⑤ 手形振出人が不渡異議申立預託金を預託して支払を拒絶したのに、預託金の差押え等の手段をとらなかったこと

⑥ 手形の一部が回収できなかったこと

⑦ 依頼者が弁護士の委任契約上の債務不履行責任を追及したこと

⑧ 弁護士の善管注意義務違反が問題になったこと

があげられる。

この判決の特徴は、

① 取立てを依頼された手形の取立状況を検討し、弁護士が手形の書換えに応じたのは、弁護士の経験に基づき債務者の言葉を信用できると考え、書換えに応じるのが債権回収のため最も賢明な方法であると判断したものであり、裁量権

を逸脱しないとしたこと

② 弁護士が不渡異議申立預託金の差押えをしなかったことは、実質的な債務者からの任意支払を受けることができると判断したものであり、裁量権を逸脱しないとしたこと

③ 弁護士が依頼者との合意により定まった取立方針に従って、内入弁済を受けつつ手形の書換えに応じていたものであり、任務懈怠がないとしたこと

④ 依頼者の主張に係る依頼者が弁護士に対して手形の書換えの際には何らかの権利保全策を講ずるよう指示したこと等の主張を排斥したこと、弁護士の債務不履行責任を否定したこと

があげられ、手形の取立て、債権の回収を依頼された弁護士の債務不履行責任を否定した事例判断を提供するものである。手形債権の回収は、一般の金銭債権の回収と異なり、手形という特性を反映した権利行使の手段、方法、手続が認められているものであり、一般の金銭債権の回収に加えて手形債権の特有の手段等をも十分に考慮して債権の回収を図ることが必要であるが、この判決は手形債権の回収事務を受任した弁護士が手形の書換え等に応じて手形債権の一部の回収ができなかった事案について、弁護士の経験に基づき債務者の言葉を信用できると考え、書換えに応じるのが債権回収のため最も賢明な方法であると判断したものであり、裁量権を逸脱しないとしたり、依頼者との合意に基づく取立方針に従って書換えに応じていたこと等を理由に、弁護士の委任契約上の善管注意義務を否定したものであり、限界的な判断を示したものである。

3 昭和60年代の裁判例

判　決　1	控訴につき、損害との因果関係を否定し、債務不履行等を認めなかった事例 〔横浜地判昭和60・1・23判時1181号119頁、判タ552号187頁〕

【事案の概要と判決要旨】

X_1有限会社（代表者はX_2）は、ＡからＢ地方裁判所Ｃ支部に社員総会決議不存在確認訴訟を提起されたことから、弁護士Ｙに訴訟を委任し、訴訟が追行されたが、昭和54年５月９日にX_1の敗訴判決がされ、同月11日にＹに判決正本が送達された後、X_1とＹは、協議をし、控訴をすることを決め、控訴の提起、追行をＹに委任した。Ｙは、同月26日、東京高裁に控訴を提起したものの、同年７月、控訴期間の経過を理由に控訴却下の判決を受けたため、X_1らがＹに対して控訴期間内に控訴手続を行うべき注意義務違反を主張し、X_1につき債務不履行、X_2につき不法行為に基づき損害賠償を請求した。

この判決は、Ｙの事務員が正本送達の日を誤って伝えたのを信じて控訴期間の日時を確認せず、控訴期間を徒過したものであるとし、委任契約上の義務違反を認めたが、控訴しても勝訴の見込みがあったと認めるに足りないとし、控訴期間の徒過とX_1の主張に係る損害との因果関係が認められない等とし、請求を棄却した。

〈判決文〉

1　〈証拠略〉によれば、昭和54年５月11日別件判決の正本が被告に送達されたが、当日被告は不在で、被告の法律事務所の女子事務員が右正本を受領し、被告宛の他の封書等と共に自己の机の引出しの中に納め、同月15日になってこれを被告に渡したこと、その際被告は右事務員から右正本を前日の14日に受領したときいて、これを信じ、他に右送達日時を確認する格別の手段をとることなく15日から２週間内が控訴期間と考えたこと、そして、右15日か翌16日に原告会社に対して敗訴判決があった旨電話連絡した上、控訴することをすすめ、その手続の委任を受けたので、直ちに訴訟委任状用紙を原告会社に送り、１週間位を経過した頃同原告から送られてきた委任状を受取り、同月26日東京高等裁判所に控訴状を提出したこと等の事実を認めることができる。

2　ところで、訴訟当事者から訴訟委任を受けた弁護士は、委任者に不利益な第１審判決がなされ、その判決正本の送達を受けたときは、控訴期間を確認し、これを委任者に通知して控訴期限を徒過しないよう注意を促すと共に、同人から控訴手続の委任を受けたときは自らもこの点に細心の注意を払うべき委任契約上の義務あることは多言を要しない。

しかるに、前記１認定のとおり、被告は女子事務員＜証拠略＞によれば、同事務員は採用後日が浅く、事務に不慣れであったことが認められる）の言を漫然信用して判決正本の送達日時を確認する手段をとらなかったため、上記のとおり控訴期間の計算を誤り、控訴期限を徒過したのであるから、これを委任契約上の義務に違反したものといわなければならない。

三 ところで、被告の控訴期限徒過による敗訴判決の確定と原告会社主張の損害及び原告和夫主張の物的損害との間に因果関係を肯定するためには、控訴期間内に適法な控訴がなされていたならば、原告会社が控訴審において確実に勝訴できたことを前提としなければならない。

１～７〈略〉

８ 証人森村ノブは、四郎は１円の出捐もしていないのであって、635口の出資持分を同人名義にしたのは単に名義を借りただけであると供述するが、にわかにこれを信用することはできず、そのほか本件に顕われた証拠すべてを検討しても、未だ、原告会社が別件判決に対して控訴した場合に勝訴の見込があったことを認めるに足りない。

四 してみると、被告の控訴期限徒過と原告会社主張の損害及び原告和夫の物的損害との間には因果関係の存在は認められず、右各損害の請求についてはその余の点について判断を加えるまでもなく理由がないこと明らかである。

五 原告和夫は、原告会社の当時の代表者で被告に別件判決に対する控訴を委任した者として慰藉料金300万円の支払を請求するところ、原告和夫が別件訴訟当時原告会社の代表取締役であり（この点は前掲甲第八号証、乙第１号証により認める）、右訴訟の控訴につき原告会社代表者として被告に訴訟代理を委任したとしても、原告和夫自身は右訴訟の当事者ではないのであるから、被告の控訴期限徒過により右訴訟における原告会社の敗訴が確定しても、そのことにより原告和夫の被告に対する信頼が裏切られたとはいえず、従って、原告和夫が精神的苦痛を被ったともいうことができない。

〈判決の意義と指針〉

この事案は、有限会社が社員総会決議不存在確認訴訟を提起され、弁護士に訴訟の追行を委任し、訴訟が追行されたが、敗訴判決を受け、判決正本が弁護士の事務所に送達され（当日、弁護士が不在で事務員が受領した）、その後、弁護士と会社が協議をして控訴をすることになり、控訴状を提出したものの、控訴期間が徒過していたことから、控訴が却下されたため、会社、その代表者が弁護士に対して債務不履行等に基づき損害賠償を請求した事件である。この事案は、弁護士の依頼者に対する弁護過誤の類型の事件である。

この事案の特徴は、

① 弁護士が被告になった会社から訴訟の追行を受任したこと

② 敗訴判決を受けたこと

③ 判決正本が弁護士の事務所に送達されたこと

④ 当日、弁護士が不在であり、事務員が判決正本を受領したこと

⑤ 事務員が机の中に判決正本を保管し、弁護士から判決正本の受領日を問われ

た際、誤った回答をしたこと（3日後の日を回答した）

⑥　弁護士が誤った回答を前提とし、控訴期間を計算したこと

⑦　弁護士が会社と協議をし、控訴することになったこと

⑧　弁護士が誤った控訴期間を前提として控訴状を裁判所に提出したこと

⑨　提出日が控訴期間後であったこと

⑩　控訴が却下されたこと

⑪　会社が弁護士の債務不履行責任、会社の代表者が弁護士の不法行為責任を追及したこと

があげられる。

この判決は、

①　訴訟当事者から訴訟委任を受けた弁護士は、委任者に不利益な第1審判決がなされ、その判決正本の送達を受けたときは控訴期間を確認し、これを委任者に通知して控訴期限を徒過しないよう注意を促すとともに、同人から控訴手続の委任を受けたときは自らもこの点に細心の注意を払うべき委任契約上の義務あるとしたこと

②　この事案では弁護士が事務員の説明を漫然信用して判決正本の送達日時を確認する手段をとらず、控訴期間の計算を誤り、控訴期限を徒過したものであり、委任契約上の義務に違反したとしたこと

③　控訴期間徒過による敗訴判決の確定と会社らの主張の損害との間に因果関係を肯定するためには、控訴期間内に適法な控訴がなされていたならば、会社が控訴審において確実に勝訴できたことを前提とするとしたこと

④　この事案では、控訴した場合に勝訴の見込みがあったことを認めるに足りないとしたこと

があげられ、弁護士の債務不履行、不法行為を否定した事例判断を提供するものである。

この事案で問題になった控訴期間の算定は、他の不変期間の場合も同様であるが、期間を徒過することによって、依頼者の権利行使の機会が失われるため、法律実務において弁護士は常に慎重な調査、確認、検討、判断を行っている事柄であるところ、この事案における控訴期間の起算日、満了日の判断は委任契約上の注意義務違反にあたることは明白である。この事案では、判決の言渡日から事務所に判決正本が送達される日が事前に相当程度推測することができるということができ、特段の事情のない限り、事務員の説明と3日の違いがあることは別途確認すべき事情があったということができる。

ところで、弁護士の債務不履行、不法行為の責任原因が認められる場合、損害の発生、損害の発生との因果関係の問題として勝訴の蓋然性・可能性が問題になる。この判決は、因果関係の問題として取り上げ、控訴されていれば控訴審において確実に勝訴したことが必要であるとしているが、従来から同様な問題が生じており、

議論の対象になっている。この判決のように「控訴審において確実に勝訴できたことを前提としなければならない」とすることは、相当ではないし、合理的な根拠を欠くものである（この判決のいう「確実」の意義は、可能性、蓋然性、高度の蓋然性を超えるものであり、この判決のこの判断には疑問が多い）。依頼者は法律実務の高度の専門家である弁護士に訴訟事件を依頼した場合、高度の専門家としての高度の事務処理を期待することは当然であり、その期待が控訴期間の徒過という過誤によって裏切られたときは、その訴訟の勝敗、勝敗の背後にある経済的な利益・損失、期待侵害等の損害の発生を推測することは容易であり、これらの損害が放置されることには疑問が残る。

判　決　2	競売につき債務不履行を認めなかった事例 〔京都地判昭和60・2・28判時1166号127頁、判タ554号270頁〕

【事案の概要と判決要旨】

Ｘ株式会社は、その代表者らの所有する不動産が裁判所の競売に付されたことから、弁護士Ｙとの間で、他に入札者がいない等落札されそうな状況がなければ入札を見送り、他に入札者があって、落札されそうな状況にあるときは、ＹがＸのために入札手続をする旨の委任契約を締結し、Ｘは、競売期日に入札者が予想され、入札に参加することとし、Ｙとの間で、入札価格を合意し、Ｙが入札手続をしたものの、入札書に事件番号を誤記したため、入札が無効とされたため、ＸがＹに対して債務不履行に基づき損害賠償を請求した。

この判決は、Ｘは、実際には競落の資金が足りず、競売の延期を望んでおり、Ｙは、落札を阻止できる方法を提案し、Ｘが競売期日を流すための提案として受け入れ、前記の方法をとったものである等とし、委任契約が適正な不動産競売手続の実施の妨害を図るものであったとして公序良俗に反して無効であるとし、債務不履行を否定し、請求を棄却した。

〈判決文〉

3　そこで、前記１の認定事実より考察すれば、虎谷は、本件土地の所有者である松宮長三郎と本件建物の所有者である松宮俊雄から本件土地・建物を管理する京都実業の経営を委任されて以来、競売に付されていた本件土地・建物の競売対策を講じて、松宮父子の利益のために行動していたものであるところ、本件競売期日において特別売却条件の存在を知るや、その趣旨（すなわち、右特別売却条件は本件土地・建物の所有者がことなるためいずれもなるべく高価格で売却されるように配慮した条件である。）を潜脱して、本件土地の入札価格を最低に、本件建物の入札価格を原告が準備した入札保証金の範囲内で最高価格で入札しようとしたものであって、当時、本件土地・建物の合計の入札価格は金２億5000万円を超える可能性は少なく、しかも、原・被告の企図を知らない他の入札者は、入札価格を金２億7,000万円以上にしなければ、土地と建物の両方につき原告の入札価格を上回ることが事実上むつかしい状況にあったこと、そこで、原告と被告は、右の状況を了知したうえで、原告の本件土地・建物の入札価格の合計額2億5,000万円の範囲内では、他の入札者はどのように入札価格を設定しても原告と同様の入札価格でなければ落札することが不可能であることを十分予想して、右入札をなす事を合意したこと、したがって、原告と被告は、その際、本件競売期日における入札を、実質上、阻止して、専ら競売期日を延期することのみ目的とする旨合意したものであり、かかる目的は、他の入札者の買受けを防げ、競売の適正な実施を妨害することが甚だしい事項を内容とする不法なものであるというべきである。そうすると、原告主張の委任契約は、民法90条所定の公の秩序善良の風俗に反し、無効であるものといわなければならない。

三　してみれば、被告及び補助参加人の抗弁は理由があるから、その余の請求の原因事実について判断するまでもなく、原告の被告に対する委任契約の債務不履行に基づく各損害の賠償請求は理由がない。

〈判決の意義と指針〉

この事案は、弁護士が会社からその代表者の所有に係る不動産の競売につき入札等の依頼を受け、委任契約を締結し、入札手続を行ったところ、入札書に事件番号を誤記したため、入札が無効とされる等したため、会社が弁護士に対して債務不履行に基づき損害賠償を請求した事件である。この事案は、不動産競売の入札の受任した弁護士の依頼者に対する弁護過誤の類型の事件である。

この事案の特徴は、

①　会社が弁護士に裁判所で進行中の不動産競売の入札を依頼し、委任契約が締結されたこと

②　弁護士が会社との事前の合意に従って入札したこと

③　入札が競売期日における入札を実質上阻止することを目的とするものであったこと

④　弁護士が入札書に事件番号を誤記し、入札が無効とされたこと

⑤　会社が弁護士に対して債務不履行責任を追及したこと

⑥　委任契約につき公序良俗違反が争点になったこと

があげられる。

この判決の特徴は、

①　入札の経過を詳細に認定したうえ、弁護士と会社は競売期日における入札を実質上、阻止して、もっぱら競売期日を延期することをのみ目的とする旨合意したこと

②　このような入札の目的は、他の入札者の買受けを妨げ、競売の適正な実施を妨害することが甚だしい事項を内容とする不法なものであるとしたこと

③　会社の主張する委任契約は、民法90条所定の公の秩序善良の風俗に反し、無効であるとしたこと

④　弁護士の債務不履行を否定したこと

があげられ、その旨の事例判断を提供するものである。もっとも、この事案は、委任契約の内容が公序良俗に違反するほどのものであり、このような委任契約を締結することにも問題が残るところであり、この判決は、弁護士としてのクレームに関するリスク管理として参考になる裁判例である。

判　決　3	不動産取引の立会いにつき不法行為を認めなかった事例 〔東京地判昭和60・9・25判タ599号43頁〕

【事案の概要と判決要旨】

A株式会社（代表取締役はY_1）は、Bの代理人と称するCから買戻特約付きで不動産を買い受け（弁護士Y_2は、契約締結に立ち会った）、X株式会社は、Aから買戻特約付きで、建物に居住するD夫婦が立ち退く旨の即決和解を成立させる旨の約定で同不動産を買い受け（不動産業者Y_3が売買を仲介した）、代金を支払って所有権移転登記を経由したところ、AとBとの間の売買はBの娘Cが無断で行ったものであり、Dが立ち退きに同意しておらず、BがXに対して所有権移転登記の抹消登記手続を請求する訴訟を提起され、抹消に応じる旨の訴訟上の和解を成立させたため、XがY_1につき商法266条ノ3、Y_2につき意思確認を怠った不法行為、Y_3につき債務不履行に基づき損害賠償を請求した。

この判決は、Y_1の任務懈怠、Y_3の仲介契約上の債務不履行を認め、請求を認容したが、Y_2について立会人が弁護士であっても、契約の当事者の権限につき調査する義務はないとし、請求を棄却した。

〈判決文〉

3　被告後藤について

前記認定の事実によれば、被告後藤は弁護士であり、本件売買契約締結に立会人として立ち会い、原告から右立会い等の報酬として10万円の支払を受けているのであるが、一般に、契約締結の立会人とは、後日契約締結の事実を証明するための証拠とする目的で契約締結の場に立ち会わせる者をいい、右立会人が弁護士であつても、法律専門家である弁護士であるということに伴つて、付随的に契約内容につき法律上の観点から適切な指導、助言をすることが期待されることがあるとしても、立会人としての本質に変わりはなく、契約当事者の代理人あるいは仲介人とは異なり、契約の相手方当事者と自ら交渉したり、契約の目的である権利関係の帰属、内容あるいは契約当事者の権限の有無等を自ら調査したりする義務はないものというべきである。そして、本件についてみると、前記認定のとおり、被告後藤は、本件売買契約の締結のみではなく本件先行売買契約の締結にも立ち会うことを依頼され、本件先行売買契約において石渡が吉田の代理人として行動していることを知つていたのであるが、風土社の代表者である被告萩原に対して吉田に会つて本件不動産売却の意思の有無及び石渡に対する代理権授与の有無を確認するよう指示し、本件先行売買契約締結の際には石渡がその代理権を証するものとして提示した本件委任状につきその作成が本人の意思に基づくものであるかどうか説明を求め、また、本件売買契約締結の際には原告の代表者である石橋らに対して自分は直接吉田に会つていない旨をわざわざ述べ、更に、その後の司法書士事務所における右各売買契約の売買代金授受の際にも石橋に対して本件売買契約において契約条件の一つとされていた黒木夫妻の即決和解がいまだ成立しないうちに売買代金全額を支払つてしまつてよいのかと注意しているのであるから、被告後藤は、本件売買契約につき立会人として期待される指導、助言を一応尽くしているものと認めるのが相当である。原告は、石渡の代理行為の態様がいわゆる署名代行の方法によるものであること、被告後藤は石渡の代理権限を証する本件委任状が本人である吉田の書いたものではないことを認識していたこと及び本件委任状の文言に不備があることをもつて、被告後藤は吉田に石渡の代理権の有無を確認すべきであつたと主張するが、立会人にすぎない被告後藤は、前示したとおり、右のような義務を負うものではないものというべきである。

また、原告は、被告後藤は、風土社から黒木夫妻との間に本件建物からの立退きについての即決和解を成立させることを依頼され、原告に対しては、右即決和解を成立させることを約していたから、黒木夫妻と事前に会い、右即決和解応諾の意思を確認すべき注意義務があつたと主張する。しかしながら、被告後藤が原告に対し右即決和解を成立させることを約したとの点は、これを認めるに足りる証拠はない。また、右即決和解を成立させることが本件先行売買契約及び本件売買契約において契約条件の一つとされていたこと、被告後藤が風土社から右即決和解の申請手続を依頼されていたこと並びに被告後藤が本件売買契約締結の際原告の代表者である石橋に対し風土社から右即決和解の申請手続をとることを依頼されていると述べたことは、前示のとおりであるが、これらの事実が存在することを考慮しても、被告後藤は、原告に対する関係では立会人にすぎないのであるから、原告に対し、事前に黒木夫妻との間に右即決和解応諾の意思の有無を確認すべき注意義務を負う理由はないものというべきである。

したがつて、被告後藤には本件売買契約締結の立会人として尽すべき注意義務に格別の懈怠があるものということはできないから、原告の被告後藤に対する請求は、その余の点について判断するまでもなく、理由がない。

〈判決の意義と指針〉

この事案は、弁護士が立ち会い、買戻特約付きで不動産の売買契約が締結され、転売されたところ、元の売買が所有者に無断で行われたこと等が判明したため、転売の買主が弁護士に対して意思確認を怠ったと主張し、不法行為に基づき損害賠償を請求した事件である。この事案は不動産の売買契約に立ち会った弁護士の依頼者に対する過誤の類型の事件である。

この事案の特徴は、

①　弁護士が不動産の売買契約への立会いを依頼されたこと
②　弁護士が立ち会い、買戻特約付きで不動産の売買契約が締結されたこと
③　当該不動産が転売され、所有権移転登記がされたこと
④　元の売買契約が所有者に無断で行われたこと

⑤ 所有者が所有権移転登記の抹消登記手続を請求する訴訟を提起し、抹消をする旨の訴訟上の和解が成立したこと
⑥ 弁護士が売主、仲介業者とともに損害賠償責任を追及されたこと
⑦ 弁護士の不法行為責任が問題になったこと
⑧ 弁護士の売主の意思確認義務違反が問題になったこと

があげられる。

この判決の特徴は、

① 不動産取引の立会人は、一般に、契約締結の事実を証明するための証拠とする目的で契約締結の場に立ち会わせる者をいうとしたこと
② 立会人が弁護士であっても、法律専門家である弁護士であるということに伴って、付随的に契約内容につき法律上の観点から適切な指導、助言をすることが期待されることがあるとしても、立会人としての本質に変わりはないとしたこと
③ 立会人は、契約当事者の代理人あるいは仲介人とは異なり、契約の相手方当事者と自ら交渉したり、契約の目的である権利関係の帰属、内容あるいは契約当事者の権限の有無等を自ら調査したりする義務はないとしたこと
④ この事案では、弁護士は売買契約につき立会人として期待される指導、助言を一応尽くしているとし、立会人として尽くすべき注意義務違反はないとしたこと

があげられる。不動産の売買等の取引に弁護士が取引の当事者、関係者から立会いを依頼されることがあるが、立会いの際にどのような内容の事務処理を行うかは、依頼の内容・趣旨によるものであり、実際的にも様々な内容・趣旨の立会いが見られるところである。この事案のような弁護士が立会いを行う場合には、法律専門家としての何らかの事務処理を行うことが依頼の内容であったり、依頼者によって期待されていることが多いが、単に契約締結の事実を証明することは最小限度の依頼であるとしても、外形的であっても、法的に有効に締結されたことの確認、証明が依頼の内容であったり、期待されていることも含まれていることも多いし、契約締結の場面において依頼者からの法的な質問に回答することも多い。法律専門家である弁護士が契約締結の場面に立会いが依頼され、弁護士が立ち会った場合には、他の立会人とは異なる内容・趣旨の依頼がされているとも考えられ、結論は別として、前記内容のこの判決の論理には若干の違和感が残る。

判　決　４	遺言書作成、遺言執行につき債務不履行を認めた事例 〔東京地判昭和61・１・28判タ623号129頁〕

【事案の概要と判決要旨】

Ａは、病院に入院中、弁護士Ｙ、Ｂらを証人として立ち合わせ、Ｃ株式会社所有の財産を売却処分し、得られた代金からＸ（Ａの妻）に4000万円を遺贈する、Ｙを遺言執行者に指定する旨の遺言を口授する等して遺言書と題する書面を作成し、本件書面をＹに保管を依頼したところ（Ｙは、Ａから依頼され、本件書面の作成に関与した）、その後間もなく死亡したが、Ｘが遺贈を受けることができなかったため、ＸがＹに対して債務不履行、不法行為に基づき損害賠償を請求した（損害として慰謝料2000万円を主張した）。

この判決は、遺言執行者に就任した弁護士が外見上の受遺者に遺言が効力を有しないことを告げ、遺産に権利行使の機会を失することのないようすべき注意義務違反による債務不履行を認め、請求を認容した。

〈判決文〉

２　ところで、原告に対する右支払の約束は、金銭をその目的とするものであるが、前掲甲第１号証によれば、右の支払は関東機械製作所の財産を処分清算した残余をもつてなされることとされていることを認めることができ、右の事実に鑑みると、これは、むしろ、同会社の財産につき、その分割方法を指定した趣旨と解するのが相当である。この点について、原告本人尋問の結果（第１、第２回）中には、同社の財産全部が清美の財産であるかのような供述部分があるが、清美と関東機械製作所は法律上別人格であるから、仮に実質的には右供述のとおりであるとしても同社の財産が清美の相続財産を構成するものでないことは明らかであり、右のような内容の指定はそもそも遺言としてなすことはできないものというべきである。従つて、本件書面は、その後の手続如何にかかわらず、遺言としての効力を有しえないのであるから、これによつて原告が受遺者としての権利を取得することはありえず、右取得を期待すべき法律上の利益もない。してみれば、その余について判断するまでもなく、請求原因１は理由がない。

二１　〈略〉

２　右１で確定した事実によれば、被告は外見上遺言書の方式を具備した本件遺言書の作成に関与した法律の専門家である弁護士として関与し、その執行の任務を負う遺言執行者への就職を予め承諾したことになる。そして、本件書面が遺言としての効力を有しないことは前記判示したとおりであるけれども、その記載の方式からみれば、法律の専門家でない一般人がこれを見た場合には遺言書としての効力を有するものと誤信するおそれは決して少なくないものというべきであるから、右のような立場にある被告としては、すくなくとも外見上の受遺者である原告に対しては速やかに本件書面が遺言書としての効力を有しえないことを告げ、原告が本件書面によつてその記載内容のとおりの遺贈を受ける権利を有するものと誤信して清美の遺産に対する権利行使の機会を失することがないようにすべき専門家としての注意義務があるものと解するのが相当である。

3 〈略〉

4 抗弁2の主張について

〈証拠略〉を総合すれば、原告は、清美死亡後、被告に対してしばしば本件書面による金4000万円の交付につき問い合せをしたが、被告からは、㈱関東機械製作所精算内訳と題する書面（甲第2号証）の交付を受けただけで詳しい事情の説明はなされなかつたため、やむなく他の弁護士に相談に行つたこと、その後、原告は、昭和54年2月5日、被告及び田中を相手方として、東京家庭裁判所に対し、金4000万円の支払を求める調停を申し立てたこと、右調停は不調となり、原告は、本訴請求をするに至つたこと、以上の事実が認められる。右事実によれば、原告が当初、本件書面を遺言と考えて被告に対してその履行を求めたことはやむをえないものであるけれども、その後、これに関して弁護士に相談した時点においては、右相談により、本件書面が遺言とは認められないことを十分知りえたはずであり、そうすると、原告は、速やかに遺産分割、相続回復請求等の方法をとることにより、自己の法定相続分に相当する分の清美の相続財産を確保することができたと言わなければならない。

右事情の下では、原告には自己の相続上の権利の確保について落ち度があつたと言わざるを得ず、被告の責任を検討するにあたつては、公平の見地からこれを斟酌するのが相当である。そして弁論の全趣旨によれば、原告には、前記損害のうち、金500万円程度の賠償を得せしめれば、自己の権利主張の機会を失したことによつて被つた損害の賠償として、十分であると考えられる。

〈判決の意義と指針〉

この事案は、弁護士が病院に入院中の者から遺言書の作成において証人としての立会い等を依頼され、病院において遺言者の口授等の手続がとられ（民法976条参照）、遺言書と題する書面が作成され、弁護士が保管していたところ、遺言者が死亡し、遺言書に財産を贈与されると指定された者（遺言者の妻）が遺言執行者として指定された前記弁護士に遺言書の内容の履行を求めたが、拒否され、遺言書として効力を有しないとされたため、前記の外見上の受遺者である遺言者の妻が弁護士らに対して損害賠償を請求した事件である。この事案は遺言書の作成をめぐる派生的な事務についての弁護士の弁護過誤の類型の事件である。

この事案の特徴は、

① 弁護士が遺言者から遺言書の作成の立会い、作成の関与、遺言執行者の受諾を依頼されたこと

② 遺言者の口授等の手続によって遺言書と題する書面が作成されたこと

③ 内容は遺言者が経営する会社の財産を売却し、代金から4000万円を妻に遺贈するものであったこと（会社の財産は遺産ではないため、実質的には遺贈の効力を有しないものである）

④ 弁護士が遺言執行者に指定されたこと

⑤ 遺言の依頼者が死亡した後、外見上の受遺者が弁護士に前記金員の支払を求

めたものの、拒否されたこと

⑥　外見上の受遺者が相続人として遺産の分割等による相続分を確保する機会を失ったこと

⑦　外見上の受遺者と弁護士との間には契約関係がないこと

⑧　外見上の受遺者が弁護士に対して債務不履行、不法行為に基づく損害賠償責任を追及したこと

があげられる。

この判決の特徴は、

①　この事案では外見上遺言書の方式を具備した遺言書の作成に法律の専門家である弁護士として関与し、その執行の任務を負う遺言執行者への就職をあらかじめ承諾したことを前提とし、この弁護士は、記載の方式からみれば、法律の専門家でない一般人がこれをみた場合には遺言書としての効力を有するものと誤信するおそれは決して少なくないから、外見上の受遺者に対しては速やかに遺言書としての効力を有しえないことを告げ、記載内容のとおりの遺贈を受ける権利を有するものと誤信して遺産に対する権利行使の機会を失することがないようにすべき専門家としての注意義務があるとしたこと

②　この事案では弁護士の注意義務違反を認めたこと

③　外見上の受遺者が自己の権利主張の機会を失ったことによる損害として500万円の損害を認めたこと

があげられる。この判決は、遺言者から遺言書の作成の関与、立会いを依頼された弁護士が遺言書と題する書面を作成したものの、その内容に照らし、効力を有しなかった場合において、遺言執行者としても指定された弁護士が受遺者とされた者に損害賠償責任を負うかが問題になった事案について、これを肯定したものであるが、その前提となる弁護士の注意義務として、遺贈を受ける権利を有するものと誤信して遺産に対する権利行使の機会を失することがないようにすべき専門家としての注意義務を認め、その注意義務違反を肯定したものであり、前記のような依頼の内容、弁護士の地位に照らすと、弁護士が受遺者とされた者に対して前記のような注意義務があるとは必ずしも言い難いものである。前記の依頼を受けた弁護士は、依頼者に対して遺言の内容、適法性、有効性につき確認し、依頼の趣旨に沿った事務処理をすべき注意義務を負うことがあるとしても、遺言によって利益を受ける者に対しても法的な義務を負うかは別の問題であり、法的な義務がどのような根拠に基づき、どのような内容の義務を負うかが検討されるべきである。この判決の前記の論理には慎重な議論が必要である。

判 決 5	不動産取引につき不法行為を認めた事例 〔東京地判昭和62・10・15判タ658号149頁〕

【事案の概要と判決要旨】

Aは、土地、その上の建物を所有していたところ、死亡し、妻B、子Y_1、X、C、養子Y_2（Y_1の夫）が相続し、遺産分割調停において本件土地、建物をBの単独所有とする旨の調停が成立し、Bが本件土地上に建物（本件建物）を新築し、その後、Bは、所有財産を分配することとし、Aの遺産分割の形式をとり、遺産分割協議書を作成したり、公正証書遺言をしたりする等したところ、Bが死亡し、Bの死亡により、Xが相続により本件建物の持分3分の1を取得したが、本件建物の持分3分の2を取得したY_1、Y_2、Y_3（Y_1とY_2の子）が弁護士Y_4に売却を委任し、Y_4がY_5に売却し（敷地も売却された）、Y_5がXの承諾を得ないで本件建物の取壊しを解体業者Y_6に依頼し、Y_6が本件建物を取り壊したため、XがY_1、Y_2らに対して不法行為に基づき損害賠償を請求した。

この判決は、Y_4は、Y_5、Y_6が購入後何らかの違法な手段、場合によってはXに無断で本件建物を取り壊し、更地にすることを察知していた等とし、Y_4、Y_5、Y_6の不法行為を認め、請求を認容し（建物が取り壊されることによって被った財産的損害の3分の1の損害を認めた）、その余の請求を棄却した。

〈判決文〉

3　被告山分について

被告山分が被告羽石に対して本件建物を取壊しても何ら法律的に問題がないと述べたという事実は、右のとおりこれを認めることはできない。

被告羽石本人は、昭和58年2月21日に被告山分に会つた際には、被告田島から、「解体の羽石です」と紹介され、自分が解体をすると述べた旨供述するが、被告田島の本人尋問の結果と対比して措信することができない。また、原告本人は、小野建設の担当者川野から、川野が売買契約前に被告山分の事務所を訪問し、被告山分に本件建物を本当に取壊すことができるのかと聞いたところ、被告山分は川野に必ず取壊すと述べたと聞いていると供述しているが、川野が事実を述べているか疑問であり、右供述を直ちに採用することはできない。被告山分が、原告に無断で取壊すと述べたという趣旨であるかどうかも明らかではない。

結局、被告山分が被告羽石に本件建物の解体を指示し、あるいは被告田島、同羽石らと本件建物の解体を共謀したことを認めるに足りる証拠はない。

しかし、〈証拠略〉によれば、昭和57年12月に被告井上ら所有土地を買受けたいとの希望を持つていた小野建設の担当者を被告田島が被告山分の事務所へ同道し、被告山分が小野建設の担当者に被告井上らと原告との間の争いについて説明し、小野建設で更地にすることは無理だから右土地を買受けるのは断念したらどうかと話し（小野建設は右土地を更地にして利用したいという意向であつた。）、小野建設が右土地を買取るという話は一時中止になつた事実があることが認められる。ところが、昭和58年2月23日には、小野建設も参集して売買契約の締結とその履行等をしているのであるから、被告山分は遅くともこの時点では被告井上ら所有土地を羽石建材から買受けるのは小野建設であるということを知つたはずである。そして、小野建設はかねて更地になつた上でこれを買受けることを希望していたのであり、被告山分はこのことを知っていたのであるから、被告山分としては、被告井上らと小野建設との間に介在する羽石建材が、本件建物の原告の持分3分の1の問題について何らかの解決をして、土地を更地にした上で小野建設に引渡すことを約しているものであることは推測しえたはずである。ところで、被告山分は昭和57年10月には被告井上らの代理人として本件建物の所有権の放棄について原告と交渉し、また、原告が申請した本件建物取壊し禁止の仮処分事件においても被告井上らの代理人として関与していたのであるから、原告が本件建物について持分三分の一を有することを強く主張し、話合いには容易に応じない意向であることを十分に知つていたはずである。したがつて、被告山分としては、被告羽石あるいは被告田島がどのような方法で原告との間の問題を円満に解決し、あるいは将来解決しようとしているのか、疑問を抱くのが当然である。ところが、被告山分は、被告井上らと羽石建材との間の売買契約書に「羽石建材は引渡後は使用等の処分について原告と協議してこれをなすものとし、将来原告より被告井上らに対し異議請求のないようにする」との条項を入れただけで、被告羽石あるいは被告田島に対し、原告との紛争の解決方法等について問い質したことを認めるに足りる証拠はない。また、被告田島あるいは被告羽石が敢えて違法な行為をするようなことのない信用するに足りる人物であること、あるいは少なくとも外観上はそのような人物であるように見えたことを認めるに足りる証拠もない。したがつて、被告山分は、被告田島及び被告羽石が何らかの違法な手段、場合によつては原告に全く無断で本件建物を取壊すという方法で被告井上ら所有土地を更地にしてこれを小野建設に転売する意図を有していることを察知しながら、これを黙認し、右土地及び本件建物の持分三分の二の羽石建材への売却に関与したものと推認せざるをえない。原告との間で話合い等による解決ができたのかどうかは、当の原告に問い合せれば直ちに判明するはずであり、弁護士である被告山分がこのことに思い及ばなかつたはずはない。ところが、被告山分がこのような問合せをしたことを認めるに足りる証拠はなく、この点も右の推認を裏付けるものである。

そして、被告山分が被告井上らに代つて右売却を承諾した結果、本件建物は被告田島、同羽石によつて取壊されたのであるから、被告山分の行為と本件建物の取壊しとの間には相当因果関係があり、また、これについて被告山分には少なくとも被告田島、同羽石に対して原告との紛争をどのように解決したのか、あるいは今後解決するのか確認しなかつた点に過失がある。被告山分は弁護士であり、弁護士は社会正義を実現すること等の使命に基づき、誠実にその職務を行い、社会秩序の維持に努力しなければならないとされている（弁護士法1条）のであるから、自己の受任した法律事務に関連して違法な行為が行われるおそれがあることを知つた場合には、これを阻止するように最大限の努力を尽すべきものであり、これを黙過することは許されないものであると解される。そして、これは単に弁護士倫理の問題であるにとどまらず、法的義務であるといわなければならない。

〈判決の意義と指針〉

この事案は、弁護士が相続財産である建物の持分3分の2を取得した共同相続人から売却を委任され、敷地とともに他に売却をしたところ、買主が解体業者に依頼して建物を解体したため（買主は、敷地を更地として転売する意図を有していた）、持分3分の1を有する相続人が弁護士らに対して不法行為に基づき損害賠償を請求した事件である。この事案は建物の売却を受任した弁護士の共有者に対する弁護過誤の類型の事件である。

この事案の特徴は、

① 共同相続により相続財産である建物につき共同相続人の共有関係が生じたこと

② 弁護士が多数の持分を有する共同相続人から建物の売却を依頼されたこと

③ 弁護士が建物を売却したこと

④ 買主は敷地を更地として転売することを意図していたこと

⑤ 買主は建物を解体業者に依頼し、解体させたこと

⑥ 共同相続人の一人が建物の売却、解体により損害を被ったと主張し、弁護士らに対して不法行為に基づく損害賠償責任を追及したこと

⑦ 共同相続人の一人と弁護士との間には契約関係はなかったこと

があげられる。

この判決の特徴は、

① この事案の弁護士は従来から共同相続人間の紛争、買主の建物購入の意図等の事情を知り、関係する取引に関与していたことを認定したうえ、弁護士は、場合によっては共同相続人の一人に全く無断で建物を取壊すという方法で敷地を更地にしてこれを転売する意図を有していることを察知しながら、これを黙認し、建物の持分3分の2、敷地の売却に関与したものと推認されるとし、弁護士の不法行為を認めたこと

② 弁護士は社会正義を実現すること等の使命に基づき、誠実にその職務を行い、社会秩序の維持に努力しなければならないとされている（弁護士法1条）から、自己の受任した法律事務に関連して違法な行為が行われるおそれがあることを知った場合には、これを阻止するように最大限の努力を尽すべきものであり、これを黙過することは許されず、これは単に弁護士倫理の問題であるにとどまらず、法的義務であるとしたこと

があげられ、弁護士の不法行為を認めた事例判断として参考になる。弁護士法の前記規定を取り上げるまでもなく、弁護士が他人の不法行為に関与した場合には、関与の内容・態様の事情によっては共同不法行為が認められ得るものであり（民法719条1項・2項参照。特に同条2項の教唆、幇助の責任は相当に広いということができる）、違法な行為、不法行為がうかがわれる事情がある場合には、リスク管理の観点から相当に慎重な対応が必要である。

第2章　平成年代の裁判例

1　依頼者との関係における弁護過誤をめぐる裁判例

平成年代の裁判例は、昭和年代の裁判例と比較すると、その数が増加していること、その内容が弁護士の各種の活動に拡大していることという特徴がある。平成年代の裁判例を紹介するにあたっては、弁護士の活動の内容と弁護士の法的な責任を追及する主体の二つの事項を基軸として分類し、裁判例を紹介したい。

まず、弁護士が事件を受任し、法律相談に応じて助言するという弁護士の基本的な業務をめぐる弁護士の過誤を取り上げたいが、そのうち、依頼者・相談者との関係で弁護士の過誤が問題になった裁判例を紹介することとする。

判　決　1	和解をした弁護士の過誤を認めなかった事例 〔東京地判平成2・3・2判時1364号60頁〕

【事案の概要と判決要旨】

弁護士Xは、YからA株式会社との地代の増額をめぐる訴訟事件の委任を受け、地代増額確認訴訟等の訴訟を代理人として提起した。Xが弁論、証拠調べ、和解に関与し、訴訟上の和解、訴訟外の和解によって解決をしたので、Yに対して報酬の支払を請求したところ、Yが反訴として和解に係る弁護過誤を理由に債務不履行または不法行為に基づき損害賠償を請求した。

この判決は、相当報酬額を認定し、Xの請求を一部認容し、弁護過誤を否定し、Yの反訴請求を棄却した。

〈判決文〉

1　原告は、被告との間で本件各訴訟委任契約を締結するに当たり、弁護士報酬規定所定の経済的利益を基準としたうえ、1000万円以下の部分については右利益の15パーセント相当額を、1000万円を越える部分については右利益の8パーセント相当額を謝金とすることを合意した旨主張し、原告本人尋問の結果（第一回）中にはこれに副う部分がある。
　しかしながら、原告は当初右謝金の支払約定が存しないことを前提として弁護士報酬規定所定の最高額を算定したうえ、その一部請求をしていたところ、被告が独自の見解であるいわゆる純益論を基礎とする右謝金割合を主張したのを契機として、右基礎を弁護士報酬規定所定の経済的利益に変更したうえ、右謝金割合を援用し、右主張をするにいたったことは本訴の経過上明らかであるところ、この事実に〈略〉に照らすと、前記原告本人の供述部分はたやすく措信することができず、他に前記主張事実を認めるに足りる的確な証拠はない。

2　してみると、本件各訴訟委任契約には明示的には謝金支払約定が存しなかったことになるが、弁護士と訴訟依頼者との間の訴訟委任契約は、特別の事情のないかぎり、右明示の約定がなくても相当の謝金を支払うべき旨の暗黙の合意がある有償委任契約と解すべきである。
　そして、この場合の謝金額は、訴額、依頼者の得た経済的利益、事件の性質及び難易、紛争解決に要した労力及び報酬規定等諸般の事情を斟酌して算定すべきである。
〈略〉
㈠～㈢　〈略〉
㈣　以上の事実を前提として謝金額を検討するに、被告が本件和解により得た経済的利益の価額、これを基準とした弁護士報酬規定による標準謝金額、本件賃料増額請求事件の訴訟物である賃料増額による経済的利益と訴訟物の対象外である本件交換、返還による経済的利益の比率、右事件の対象土地が多数あるうえに、賃貸条件も区々に分かれ、鑑定も数回実施されていることもあってその解決に長期間を要していること及び被告は本件和解において当初から区画整理事業の施行には反対するとともに、日立製作所において約定どおり原状に回復したうえ、賃貸土地を返還すべきである旨主張していたところ、原告に説得されたこともあって区画整理事業に対する協力条項の挿入及び現状有姿返還に応じたけれども、結局、本件和解成立後に数回の地権者会議を通しての自らの努力により従前の主張どおり区画整理事業を施行することなく、原状回復のうえでの賃貸土地の返還の目的を達したこと等諸般の事情を斟酌すると、謝金額は800万円と算定するのが相当である。

二1　〈略〉
2　道路敷地の評価
　〈略〉さらに被告は、原告が故意又は過失によって右賃貸借契約終了の事実を看過し、賃借権の存在を前提とした鑑定申請をし、その鑑定価格に従って本件和解を成立させた過誤がある旨主張するが、右賃貸借契約が本件和解時においてすでに終了していて、これを更地価格により評価すべきであったことを認めるに足りる証拠が存しないうえ、道路敷地部分をどのように評価するかの点は水野鑑定後も本件和解の交渉過程で争点の一つになり、被告は右交渉時においても右と同様の主張をしたものの、日立製作所の容れるところとならず、結局被告が譲歩して水野鑑定の評価により和解をまとめることになった経緯は前記本件和解成立にいたる経緯において認定した事実及び〈略〉のとおりであって、被告はもとより原告を被告の主張する右問題を十分認識し、そのうえで被告の了承を得て和解成立に至ったのであるから、被告主張のような原告の過誤を認めることはできない。

3、4〈略〉

三　争点3（権利濫用の抗弁）について

被告は、本件和解に当たり原告に対しては本件交換、返還につき相手方と和解をする権限を授与していないのに、原告は勝手に交換、返還を含む本件和解を成立させたばかりでなく、右交換に際しては故意又は過失により水野鑑定の誤りに気づかず被告に損害を与えたにもかかわらず、謝金支払請求権を行使するのは権利濫用である旨主張するが、原告が本件和解を成立させるに当たり交換、返還についてもその権限を授与されていたこと及び水野鑑定には被告主張の如き誤りが存しないことは前記認定のとおりであるから、右主張はその前提を欠き理由がない。

〈判決の意義と指針〉

この事案は、弁護士が訴訟の追行を受任し、審理を行い、訴訟上の和解、訴訟外の和解をし、依頼者に報酬の支払を請求したのに対し、依頼者が和解に係る弁護過誤による損害賠償請求権の相殺を主張し、反訴を提起した事件である。

この事案の特徴は、

①　弁護士が依頼者から地代の増額をめぐる訴訟の追行を受任したこと

②　訴訟の審理が行われ、弁護士が代理人になり、訴訟上の和解、訴訟外の和解が成立したこと

③　弁護士が依頼者に報酬の支払を求めたものの、拒絶されたこと

④　弁護士が依頼者に対して報酬の支払を請求する訴訟を提起したこと

⑤　依頼者が和解に同意をしていない、権限を付与してしない、地代鑑定の評価が誤ったなどと弁護過誤を主張したこと

⑥　弁護士に対する損害賠償請求権につき相殺を主張するとともに、反訴を提起したこと

があげられる。この事案は、弁護士が依頼者に対して報酬の支払を請求したことに派生的に発生した事件である。

この判決は、弁護士の報酬を算定するとともに、依頼者の主張に係る弁護過誤を否定したものであり、弁護過誤を否定した事例判断を提供するものである。

判　決　2	和解をした弁護士の債務不履行責任を認めなかった事例 〔千葉地松戸支判平成2・8・23判タ784号231頁〕

【事案の概要と判決要旨】

Xは、昭和49年7、8月頃、父の死亡に係る遺産相続について、母A、兄Bに対する相続回復、所有権移転登記抹消登記手続等を請求する訴訟の提起、追行を弁護士Yに委任した。Yは、弁護士Cに協力してもらい、YとCが共同して訴訟を追行し

（ＹがＣに事務処理を依頼していた）、昭和53年４月、訴訟上の和解が成立したところ、Ｘが、昭和63年、和解内容が不当であるなどと主張し、Ｙに対して債務不履行に基づき損害賠償を請求した。

この判決は、Ｃの債務不履行が認められず、Ｃに委ねたことが債務不履行にあたらないとし、請求を棄却した。

〈判決文〉

2　前項事案の概要２のロについてみるに、証人川村幸信の証言および被告本人尋問の結果によれば、原告から委任を受けた被告は、事案処理に手間がかかることが予想されたために、かねてから協力関係にあった若手弁護士である川村幸信弁護士に協力を依頼し、同弁護士を原告に紹介して同弁護士に対しても委任させて、その後は、訴訟の追行を川村弁護士に任せて自らは弁論や和解期日に出頭せず、川村弁護士から適宜、事件進行の報告を受けたり、処理方針についての相談に応じたりしていたことが認められる。

一件の事件を複数の弁護士が受任した場合に、その一人が訴訟活動を担当し、他の弁護士は必要に応じてこれに協力するにとどめることは、委任者からこれを不満とする明示の意思表示がなされない限りは、委任の趣旨に反するものではないから、右認定に事実によって直ちに被告に契約上の義務不履行があったとは言えず、ただ、右認定のような川村弁護士に対する委任の経緯があるときには、被告は川村弁護士の訴訟活動について、原告に対して責任を負う場合がありうるものである。

3　〈一部略〉

イ　相続回復請求事件の審理は、４回の弁論期日の後、２回和解が試みられて、更に６回の弁論及び証拠調べ期日が重ねられ、その最終である昭和51年10月13日の原告本人尋問期日の後、裁判所の和解勧試によって８回の和解期日が重ねられたすえ、再び２回の証人及び本人尋問の期日が開かれ、その後、昭和53年４月７日に前記内容の和解が成立した。

ロ　原告は、これらの弁論期日及び証拠調期日のほとんど全部に川村弁護士とともに出席して審理を見聞していた。原告本人尋問期日後に重ねられた８回の和解期日には原告は出席しなかったが、そのうち４回の和解期日については、その期日の直前に和解の対応について川村弁護士との打合せがなされ、その間に、最終的に和解で原告が取得することになった本件土地を川村弁護士とともに見分して確認した。

和解成立の期日には、原告は川村弁護士とともに出席して、原告が相続権を有することを確認する旨の和解条項を加えることを主張して譲らず、担当裁判官を困惑させたが、結局これを容れた条項が作成された。

ハ　相続回復請求事件の争点は、当該事件の被告らが主張した原告の相続放棄の成否であったところ、当該事件の被告らの主張および立証の経過に照らし、また、担当裁判官の訴訟指揮や発言内容に鑑みて、川村弁護士は勝訴の見込みに危惧を抱いたので、頑固に自己の考えに固執する原告に対して、和解に応ずるよう説得に努めた。

ニ　和解が成立して、登記手続も完了した昭和53年５月、被告および川村弁護士と原告との間で、弁護士報酬の額の確定および支払いが円満裡になされ、和解内容について原告の不満が漏らされるようなことはなかった。

その後も、原告は他の問題について川村弁護士に相談し、同弁護士の意見を求めたことがあった。

原告本人尋問の結果は、原告の主張に添うもので右認定に反するものであるが、前記証人川村幸信の証言は前掲の各書証に裏づけられて信用するに足るものであり、これに照らして原告本人尋問の結果は採用できず、他に原告主張事実を認めるにたる証拠はない。

右認定の事実によれば、原告は、相続回復請求事件の審理の進行に応じて審理内容と訴訟の状況を承知し、和解の諾否の判断に必要な弁護士の意見を提供され、和解の諾否による利益損失の考慮をする機会を与えられて、和解に応じたものと認められる。

そうすると、弁護士川村幸信に訴訟受任契約に関する債務不履行があったとは言えないから、同弁護士に訴訟活動をゆだねていた被告に、訴訟受任契約の不履行があったことを原因とする原告の損害賠償請求は理由がない。

〈判決の意義と指針〉

この事案は、弁護士が共同相続人の一人から他の共同相続人に対する相続回復、所有権移転登記抹消登記手続等を請求する訴訟の提起、追行を依頼され、他の弁護士に事務処理を依頼し、訴訟上の和解が成立した後、依頼者が和解内容が不当であるなどと主張し、弁護士に対して債務不履行に基づき損害賠償を請求した事件である。

この事案の特徴は、

①　弁護士が共同相続人間の訴訟につき受任したこと

②　弁護士が訴訟に手間がかかることが予想され、他の弁護士（若手弁護士）に協力を依頼したこと（実際には依頼者に紹介し、依頼者が他の弁護士にも事件を委任した共同受任の事例である）

③　実際の法廷への出頭等の事務処理の多くは若手弁護士が行ったこと

④　訴訟上の和解勧告がされ、依頼者の意見につき若手弁護士が出頭する等して説得したこと

⑤　訴訟上の和解が成立したこと、依頼者は和解当時は不満を表さなかったものの、和解に不満をもつに至ったこと

⑥　依頼者が債務不履行に基づき弁護士に対して損害賠償責任を追及したこと

⑦　受任した弁護士が若手弁護士に事務処理を任せたことが債務不履行の事由として主張されたこと

があげられる。

この判決の特徴は、

①　一件の事件を複数の弁護士が受任した場合に、その一人が訴訟活動を担当し、他の弁護士は必要に応じてこれに協力するにとどめることは、委任者からこれを不満とする明示の意思表示がなされない限りは、委任の趣旨に反するものではないとしたこと

②　若手の弁護士に訴訟活動を担当させたことから、直ちに依頼した弁護士の契

約上の義務不履行があったとはいえないとしたこと
③ 若手弁護士に訴訟活動等の事務処理を担当させた場合、事情によっては依頼した弁護士が責任を負うことがあるとしたこと
④ この事案では若手弁護士が主として訴訟活動を担当し、訴訟上の和解を担当したものの、依頼者が了解して訴訟上の和解を成立させたこと
⑤ 若手弁護士に債務不履行はなかったこと等の事情から依頼した弁護士の債務不履行を否定したこと

があげられ、共同受任の弁護士の債務不履行責任を否定した事例判断として参考になる。

複数の弁護士が事件を共同して受任する事例は多々みられるところであり、同一の法律事務所に所属する弁護士だけでなく、複数の法律事務所に属する弁護士についてもみられるところである（事件によっては数百人、数十人の弁護士が受任した事例を見かけることがあるし、そのような裁判例を判例時報誌等の法律雑誌で見かけることもある）。共同受任した弁護士等がどのような分担で事務処理を行うかは、個々の事例ごとに様々であるが、一部の弁護士が実際に担当し、他の弁護士はほとんど実質的に関与しなかったり、名目上代理人等になっているような場合、一部の弁護士に任せきりにしていたことが依頼者との関係で委任契約上の債務不履行にあたるかは興味深い問題である。また、一部の弁護士が実際上事務処理を担当し、債務不履行に該当する事務処理を行った場合に、任せきりにしていた他の弁護士にも債務不履行が認められるかどうかも興味深い問題である。この事案は、前者の類型の事件であり、この判決は、訴訟活動を若手弁護士に任せたことだけでは債務不履行は認められないとしつつ、事情によっては債務不履行が認められる可能性を認めたものであり、弁護士の実務に参考になる判断を示したものである。

なお、この事案は、複数の弁護士の共同受任の事件であるが、事件を受任した弁護士が復代理人を選任し、復代理人に事務処理を担当させた場合には、この判決の射程外である（民法105条参照）。

判　決　3	債権回収のための訴訟提起を受任した弁護士の債務不履行責任を認めなかった事例 〔福岡地判平成２・11・９判時1379号119頁〕

【事案の概要と判決要旨】

Ｘは、Ａに貸金債権を有しており、昭和55年４月、銀行業を営むＢ株式会社の法律相談に赴き、担当弁護士であったＹに貸金の回収を相談し、着手金45万円を支払い、債権の回収のために訴訟の提起を委任した。Ｙが訴訟代理人となってＡを被告として貸金返還請求訴訟を提起した。Ｙがその後勝訴判決を得て、判決が確定した

ものの、Aが不動産を妻Bの名義にしたことから、詐害行為として処分禁止の仮処分、移転登記の抹消登記手続請求訴訟を提起する等し、勝訴判決を得て確定した。Yが判決に基づく抹消登記をしない間に抵当権者が競売開始決定を得て差し押さえる等したが、配当金が抵当権者に配当されるにとどまり、貸金債権を回収することができなかったため、XがYに対して抹消登記手続の懈怠、説明義務違反等を主張し、委任契約上の債務不履行に基づき貸金元本相当額等の損害賠償を請求した。

この判決は、貸金回収につき依頼を受けた弁護士は訴訟業務以外に強制執行等の現実の回収を図る方策を依頼者に説明し、具体的にどのような手段を講じるかの助言をすべき義務があるとしたものの、本件では訴訟委任当時、差押えの委任の事実はなく、かつ、助言すべき義務違反もない等とし、委任契約上の債務不履行を否定し、請求を棄却した。

〈判決文〉

ところで、一般には、訴訟と強制執行の区別も知らない者も少なくなく、その訴訟に勝訴するか否かよりも現実に貸金が回収できるかどうかが一番の関心事であるから、貸金の回収について弁護士に相談に行き貸金返還請求訴訟を依頼した者が弁護士に対し貸金の回収に向けて種々の手段を講じてくれることを期待していることが多いと考えられる。一方、依頼を受けた弁護士は、回収の可能性が全くないのに訴訟の提起、追行を受任するということは、税務上あるいは会計処理上の理由等の特段の事情のないかぎり考えられず、ある程度の回収の可能性を前提にして事件を受任した以上は、法律業務の専門家として、訴訟業務以外に強制執行等の現実の回収を図る方策を依頼者に説明し、依頼者の負担となる費用や報酬の額、貸金の回収の可能性の程度、その手段を採ることの難易等の情報を提供して、依頼者が回収に向けていかなる手段を具体的に講じるかを決めるためのアドバイスをすべき義務があるものと解するのが相当である。

しかしながら、弁護士に訴訟を委任したことによって依頼者との関係では当然には保全処分や強制執行までも委任したものと解することはできない。なるほど、民訴法上は、訴訟代理権を有する代理人は保全処分や強制執行についても当然に代理権を有するが（同法81条1項）、右は訴訟法上の権限を定めたに過ぎず、依頼者との関係では、各手続ごとに費用を要し、報酬も訴訟と別に受けることができるとされているので、原則として個別の委任を要するものと解するのが相当である。

そこで、本件について具体的に検討するに、まず、原告の主張するように、昭和55年5月6日の訴訟の委任当時においてすでに原告が被告らに対して本件貸金債権の回収を図るべく、本件建物の家賃の差押えを依頼していたという事実は、認めがたい。右の時点では、本件建物の賃借人の特定ができてもいなかった〈証拠略〉し、そもそも直ちに家賃を差し押さえるには債務名義がまず必要であり、まずは正夫に対する訴えを提起して勝訴判決を得ることが必要だからである。

証人鳥巣勝代の証言によっても、右訴訟をする意味があるかどうか、すなわち、本件貸金債権の回収ができるかどうかの点に関して、原告が正夫に対して採りうる手段の中の一つとして家賃の差押えが例示されたというのであるが、それ以上に具体的に貸金請求訴訟において原告が勝訴したときには必ず右家賃の差押えをするという合意まであったとは認められないといわざるをえない。その後に債権の回収のためにいかなる手段を講じるかは、その時の相手の状況、依頼者に負担させることになる費用や報酬の額、貸金の回収の可能性の程度、その手段を採ることの難易等諸般の事情を総合考慮して、依頼者と相談のうえ決まることであるからである。

また、被告乙山は、勝榮に対する控訴審判決があった翌日に、本件建物の家賃を差し押えられないかと考えて本件建物の貸借状況を事務員に調査させたが、その結果は、14室ある賃室のうち5室が明らかに空室で2室が入居者不明というものであり、このため、家賃からの回収はたいして望めないと判断したことが認められる〈証拠略〉。この判断にも責められるべき点は認められない。もっとも、実際は株式会社サンチェーンが一階の一部の店舗部分の家賃として1か月約20万円の支払を続けていたものと確認されるが〈証拠略〉、被告乙山が右賃借人の本社所在地や1か月の家賃額を容易に知りえたと認めるに足りる証拠はないので、右調査の時点で家賃の差押えを原告に勧めなかったとしても、被告乙山に過失があるとは認められない。

次に、被告乙山は、本件の解決の見通しとして、貸金請求訴訟の提起の時点では、正夫の資産として本件不動産があり、かなりの額の資産であるから、原告の債権が右不動産の価値と比べれば金750万円と少額であることを考慮して、右訴訟を提起することで、正夫も解決のレールに乗ってくるだろうと考え、本件不動産あるいは本件建物の家賃を仮差押えする必要まではないと判断していた〈証拠略〉ので、右仮差押えをすることの合意があったということも認めることはできない。

また、勝榮に対する判決確定後においても、具体的に被告乙山と原告との間で競売予納金等について話合いをした形跡がないので、右時点でも被告らに対し原告が本件不動産の強制競売を委任していたとはみとめられず、これに反する証人鳥巣勝代の証言、甲第32、第33号証の供述内容は採用できない。そして、後述のとおり、右判決確定日頃は、本件不動産の差押えをしても回収が困難であることが判明していたから、右時点で被告らが原告に本件不動産を直ちに差し押えるよう勧告しなかったことが、弁護士としての業務上の義務を怠ったものということはできない。

〈判決の意義と指針〉

この事案は、弁護士が依頼者から貸金債権の回収のため訴訟の提起を依頼されて受任し（法律相談がきっかけになった）、訴訟を提起し、勝訴判決を受けて確定したものの、債務者に詐害行為があり、詐害行為として処分禁止の仮処分、移転登記の抹消登記手続請求訴訟を提起する等し、勝訴判決を得て確定した。ところが、判決に基づく抹消登記をしない間に抵当権者が競売開始決定を得て差し押さえる等し、貸金債権を回収することができなかったため、依頼者が弁護士に対して委任契約上の債務不履行に基づき損害賠償を請求した事件である。

この事案の特徴は、

① 弁護士が依頼者から貸金債権の回収のため訴訟の提起を依頼されたこと
② 弁護士が貸金返還訴訟を提起し、勝訴判決を得て確定したこと
③ 債務者の詐害行為につき詐害行為取消訴訟を提起し、勝訴判決を得て確定したこと

④　抵当権者が抹消登記手続請求に係る不動産につき抵当権を実行し、依頼者が貸金債権を回収できなかったこと

⑤　依頼者が弁護士に対して委任契約上の債務不履行責任を追及したこと

⑥　依頼者が弁護士の抹消登記手続の懈怠、説明義務違反等を主張したこと

があげられる。

この判決の特徴は、

①　債権回収のために訴訟の提起を依頼された弁護士は、法律業務の専門家として、訴訟業務以外に強制執行等の現実の回収を図る方策を依頼者に説明し、依頼者の負担となる費用や報酬の額、貸金の回収の可能性の程度、その手段をとることの難易度の情報を提供して、依頼者が回収に向けていかなる手段を具体的に講じるかを決めるためのアドバイスをすべき義務があるとしたこと

②　弁護士に訴訟を委任したことによって依頼者との関係では当然には保全処分や強制執行までも委任したものではなく、原則として個別の委任を要するとしたこと

③　この事案では弁護士は依頼者から保全、強制執行につき受任していなかったこと

④　弁護士に業務上の義務懈怠がなかったとしたこと

があげられ、債権回収に係る訴訟提起の委任契約上の債務不履行を否定した事例判断として参考になるものである。

債権回収のために訴訟の提起を受任した場合、弁護士は、訴訟手続だけでなく、判決確定後に必要になる強制執行等の手続についても説明することが通常であるが、この判決が指摘するように強制執行等の手続についても当然に受任するものではない。もっとも、債権回収のための訴訟手続に関係する範囲については、依頼者から質問があれば、依頼者に対して必要な回答をするし、債権回収に関係する事情を認識した場合には、依頼者に対して必要な助言をすることも通常であろう。仮差押え、仮処分といった民事保全手続については、訴訟の提起に関係する事情であり、訴訟の提起の前、あるいは訴訟の進行中において依頼者に手続の概要を説明し、必要に応じて助言をすることが通常であるが、費用負担、敗訴の際のリスク等の負担があり、最終的には依頼者の判断に従うものである。この判決の提示する法的な枠組みは、弁護士の実務に沿ったものであり、参考になる。

判　決　4	損害賠償請求を受任した弁護士の不法行為責任を認めなかった事例 〔東京地判平成２・12・20判タ758号209頁〕

【事案の概要と判決要旨】

海難事故に遭い死亡したＡ漁船の船員の遺族Ｘらは、事故を発生させたＢ輸送船の船主Ｂに対する損害賠償請求等を弁護士Ｙに委任した。Ｘらに対しては、死亡した船員らの雇主Ｃから一人あたり2000万円が支払われていた。Ｙは、Ｂと和解を成立させ、災害死亡補償相当分についてはＣがＸらに代位してＢに対して賠償請求権を取得しているという解釈の下でＸらに引き渡さなかったため、ＸらがＹに対して横領を理由に不法行為に基づき損害賠償を請求した。

この判決は、横領の主張に理由がないとし、請求を棄却した。

〈判決文〉

労働者の死亡について第三者が不法行為に基づく損害賠償責任を負担する場合には、労働基準法第79条（業務上死亡した労働者の遺族補償）に基づく補償義務を履行した使用者は、民法422条の損害賠償者の代位の規定の類推により、遺族に代位して第三者に対して賠償請求権を取得するものとされている（最高裁昭和36年１月24日判決民集15巻1号35頁）。この代位に関する法理は、船主が船員法第93条の遺族補償の規定を実現するものとして協定された労働協約に基づき災害補償金を支払った場合にも等しく妥当するものといわねばならない。したがって、労働協約に基づいて船主が死亡船員の遺族に災害死亡補償金を支払ったときは、船主はその死亡について船員の遺族が第三者に対して有する損害賠償請求権に代位するものと解される。

そして、船主が災害補償金を支払うに当たって、その資金をいかなる方法によって調達したのかは、補償金の支払を受ける遺族の利害になんら影響するものではない。また、右の代位の法理は、同一の損害について債権者に二重の利得を得させないとの考えに基づくものである。そうであれば、船主がどのような方法で補償金支払の資金を調達したかによって、代位の効力が発生したり、発生しなかったりするものではないと解するのが相当である。

したがって、船主が保険によって資金を調達していた場合には代位の規定の適用がないかのようにいう原告の主張は、採用することができない。

以上のとおりであるから、被告甲野弁護士が遺族の受領すべき和解金を横領したとする原告の請求は、理由がなく、棄却を免れない。

〈判決の意義と指針〉

この事案は、弁護士が海難事故に遭って死亡した漁船の船員の遺族らから事故を発生させた輸送船の船主に対する損害賠償請求等を受任したが、死亡した船員の雇主（漁船の船主）から一人あたり2000万円が支払われており、輸送船の船主との間で和解を成立させ、災害死亡補償相当分は漁船の船主（雇主）が遺族らに代位して輸送船の船主に対する賠償請求権を取得しているという解釈をし、遺族らに引き渡さなかったため、依頼者である遺族らが弁護士に対して不法行為に基づき損害賠償を請求した事件である。

この事案の特徴は、

① 弁護士が海難事故の被害者（漁船の船員）の遺族らから損害賠償請求を受任したこと

② 遺族らは漁船の船主（雇主）からすでに2000万円の支払を受けていたこと

③ 弁護士が輸送船の船主（加害者）と和解し、災害補償金相当分は漁船の船主が遺族らの輸送船の船主に対する損害賠償請求権を代位取得していると解釈し、その範囲で遺族らに支払わなかったこと

④ 遺族らが弁護士の不法行為責任を追及したこと

⑤ 遺族らが弁護士の横領を主張したこと

があげられる。

この判決の特徴は、

① 労働者の死亡について第三者が不法行為に基づく損害賠償責任を負担する場合には、労働基準法79条に基づく補償義務を履行した使用者は、民法422条の損害賠償者の代位の規定の類推により、遺族に代位して第三者に対して賠償請求権を取得するとしたこと

② この代位に関する法理は、船主が船員法93条の遺族補償の規定を実現するものとして協定された労働協約に基づき災害補償金を支払った場合にも等しく妥当するとしたこと

③ 労働協約に基づいて船主が死亡船員の遺族に災害死亡補償金を支払ったときは、船主はその死亡について船員の遺族が第三者に対して有する損害賠償請求権に代位するものとしたこと

④ この事案では、災害死亡補償相当分は漁船の船主（雇主）が遺族らに代位して輸送船の船主に対する賠償請求権を取得したとし、弁護士の横領を否定したこと

があげられ、弁護士の不法行為を否定した事例判断として参考になる。この事案のような事件を処理するにあたって弁護士は、依頼者である遺族らに和解の内容、法的な見解を説明し、たとえ説明したとしても遺族らが納得せず、遺族らとの間に意見の対立が生じるという事態に直面する場合もあり、極めて悩ましい状況になることもある。この事案は、依頼者である遺族らから訴訟を提起され、リスクが現実化したものである。この判決の論理、結論は合理的なものであるが、その間の手間、費用等の多大な負担が生じることは否定できないものであり、どのような対応をするかは、弁護士として自らの責任によって判断するほかない。

判　決　5	債務整理を受任した弁護士の不法行為責任を認めた事例 〔東京地判平成４・１・31判時1435号75頁〕

【事案の概要と判決要旨】

Ａは、娘婿X_1とともに病院の債務整理を弁護士Ｙに委任し、Ｙは、債権者であるＢ、Ｃ株式会社と交渉し、Ｂとの間で750万円の支払い、支払と引換えにＢが有する抵当権の抹消を内容とする和解をし、Ｃとの間で元金3000万円等の支払義務を認めること、Ｙが債務を重畳的に引き受けること、Ｙが元金を支払うのと引換えに債権、抵当権をＹに譲渡することを内容とする和解をし、X_1らがＹを通じて750万円をＢに支払った。その後、Ｙが抵当権を抹消せず、自己の報酬請求権を担保するために抵当権を自己に移転させ、付記登記をしたり、X_1が3000万円をＣに支払ったところ、Ｙへの報酬の支払をめぐって関係が悪化した。Ｙが辞任すると、今度はX_1らを困惑させるため、Ｙが有していた抵当権の付記登記を抹消し、Ｂに抵当権設定登記を復帰させ、その抵当権を実行させたり、Ｃとの間の和解を解除し、Ｃに貸金返還請求訴訟を提起させる等したため（Ｙは、X_1らから受任した際に得た知識をＢ、Ｃに提供した）、X_1、Ａの相続人X_2らがＹに対して、弁護士の後に紛争を残さないようにする注意義務違反等を主張し、不法行為に基づき損害賠償を請求した。

この判決は、依頼者の利益のために誠実に行動する義務違反、弁護士法25条１号所定の義務違反を認め、応訴を余儀なくされたための弁護士費用、和解金、慰謝料の損害を認め、請求を認容した。

〈判決文〉

二㈠　被告の違法行為（乙山関係）

⑴　以上のとおり、被告は、原告浅川らから乙山との間に存する債権の存否に関する紛争について依頼を受けこれを承諾し、同人との間で同人の債権につき合計750万円を支払って第一抵当権を全て抹消する旨の和解契約を成立させ、乙山にその抵当権を主張させる機会を失わしめたものにもかかわらず、これを抹消せず、自己の報酬請求権を担保するため、自己にこれを移転させた。その後の第一抵当権の移転、付記登記及びその抹消や①ないし③事件の申立、提起は前記のとおりであるが、前記認定の経緯、事情を総合すれば、被告は、原告浅川らが被告の要求に応じないことに立腹し、同人らを困惑させるため、被告が主導的に①ないし③事件の申立、提起をさせ、かつ、報告書を作成するなどして原告浅川らから受任した際に得た知識を乙山のために提供し、乙山に積極的に協力したものといわなければならない。被告は、弁護士として依頼者の利益のために誠実に行動すべき義務及び弁護士法25条１号にいう「弁護士は、相手方の協議を受けて賛助し、又はその依頼を承諾した事件については、その職務を行ってはならない。」義務があるにもかかわらずこれを怠ったものであり、かつ民法709条により原告らに対し慰謝料を支払うべき義務がある。

⑵　さらに、①及び③事件については、前認定のとおり、乙山は原告浅川ら３名との間

に、同原告らが750万円を支払って第一抵当権をすべて抹消する旨の合意を成立させ、右750万円の支払いを受けたのであるから、これを抹消すべき義務を負い、また、被告は同原告らの代理人として右和解を成立させたのであるから、同抵当権を抹消すべき義務を負うにもかかわらず、これを自己名義に移転し、さらに丁原工業あるいは乙山名義に移転することによって同人が競売申立てをする契機を作出したものであり、被告が第１抵当権の登記を抹消していれば、現に①及び③事件の申立てはなかったものと認めることができる。したがって、被告は、原告浅川らがこれに対抗する手段をとるため、同原告が支払った弁護士費用を支払う義務がある。

しかし、②事件については、抵当権の登記の有無に関わらず、乙山が佐藤の債権を譲り受けることによってこれを請求できる関係にあったものであり、本件全証拠をもってしても、被告がそもそも債権請求の意思を有していなかつた乙山を翻意させて訴え提起をさせたとか、被告が乙山に協力したことによって初めて原告らが乙山との関係で和解金9000万円を支払わなければならなくなったとの事実を認めることはできず、また、被告が佐藤の債権について説明しなかったことと右和解金の支払いとの間に因果関係はないから、この点について不法行為をいう原告らの主張は採用できない。

㈡　被告の違法行為（丙川商事関係）

⑴　また、同様に、前記認定の経緯事情を総合すれば、被告はいったんは丙川商事との間に和解を成立させ、これに従い原告浅川らが3000万円を支払ったことを知りながら、原告浅川らに対して立腹し、同原告らを困惑させるため一方的に右和解を解除し、被告が主導的に④ないし⑥事件の申立、提起をさせ、かつ原告浅川らから受任した際に得た知識を丙川商事に提供して、積極的に協力したものといわなければならない。被告は、弁護士法25条１号の義務があるにもかかわらずこれを怠ったものであり、かつ、民法709条により原告らに対し慰謝料を支払うべき義務がある。

⑵　また、前認定のとおり、被告は原告浅川ら３名、被告及び丙川商事との間で、原告浅川ら３名は丙川商事に貸金元本3000万円及び利息損害金1500万円の債務があることを確認し、被告は重畳的にこれを引受け、かつ、右3000万円については昭和51年12月25日、右1500万円については昭和55年12月末日までに支払う旨の和解を成立させ、右3000万円については同原告らが支払ったのであるから、同被告としては、同原告らまたは被告が遅延損害金を1500万円を昭和55年12月末までに支払うことにより右紛争を円満に解決すべき義務があったにもかかわらずこれを怠り、かえって、自らが負担した義務を免れる目的から一方的に右和解を解除したとして丙川商事の原告らに対する抵当権実行に協力し、原告浅川が丙川商事ないし丁原工業から④及び⑤事件の競売申立を受ける事態を作り出した。被告は、民法709条により、同原告がこれに対抗する手段をとるため支払った弁護士費用を支払うべき義務がある。

⑶　さらに、その後被告は自己が丙川商事に対して有する報酬請求権を確保する目的から丙川商事が原告浅川らに対して有する債権を事実上譲り受け、⑥事件を被告の費用において提起したが、丙川商事が原告らに対する関係で債権放棄の意思表示をした後に、被告は丙川商事に対して自己の譲受債権の侵害であるとして強く抗議し、やむなく丙川商事は⑥事件について控訴し、⑦事件において原告らは丙川商事に対して和解

金300万円を支払ったことなどの事実が認められる。これらの事実からすれば、被告は、弁護士法28条に反して修得した自己の債権を確保するため、原告らに対して貸金を請求する意思を放棄した丙川商事をして、⑥事件について勝訴した原告らに対して控訴を提起させるに至ったものであり、右被告の行為がなければ、同原告らは和解金を支払うことはなかったものと認めることができる。したがって、被告は、⑦事件について、民法709条により原告浅川が支払った弁護士費用及び和解金を支払う義務を負うものと解されるが、⑥事件は訴え提起当時原告浅川らが本来利息、損害金1500万円を支払うべき義務を負担していた（元本については訴え取下げ）ものであるから、応訴の弁護士費用を被告に負担させるべきではない。

三　被告は、乙山との関係で、「佐藤から異議が出た場合責任をもって善処する旨約していたが、原告らが一方的に解任してしまったため、被告乙山に対する約束は履行不能になってしまった。そこでやむなく、被告は乙山に対しその旨陳謝し、佐藤に対する対策すなわち佐藤の有する2600万円の債権を原告らから回収する対策を講ぜざるを得なくなってしまった。」旨、丙川商事との関係で、「原告浅川らが被告を一方的に解任してしまったため、丙川商事に対する1500万円の引受債務を履行する理由がなくなってしまった。」旨、両者の関係で「亡喜治が丙川商事、丁原工業、被告、乙山の４名を被告として根抵当権抹消登記請求訴訟を提起したため、被告は他の共同被告とともに応訴のため亡喜治の請求に対する対策を講ぜざるを得なくなってしまった。」、「従来の経緯に熟知している被告が乙山、丙川商事に協力せざるを得なかったことは当然であり、右協力行為が原告らに対する不法行為となるものではない。」旨主張する。

しかし、前認定のとおり、被告は、原告浅川らが被告提案の報酬の支払い及び債権、抵当権の譲渡について承諾をしなかったことや、被告の態度に疑問を抱いた原告浅川が日本画の表装代170万円の立替代金について領収書の提示を求めたことに立腹し、一方的に辞任したものであり、原告浅川らとの間に紛争が生じたからといって反対当事者に協力等して、同原告らに対する債権を取り立てることが許されるわけではなく、さらに、被告は亡喜治の訴訟に単に応訴しただけではなく、前記認定の目的で、乙山、丙川商事らに積極的に協力したものであるから、被告の主張はいずれも理由がない。

〈判決の意義と指針〉

この事案は、事案の内容・経過がやや複雑であるが、弁護士が病院の債務整理等を依頼されて受任し、債権者らとの間で和解契約を締結し、依頼者から弁済資金を受け取り、和解の内容に従って債権者に弁済が行われたものの、弁護士が自己の報酬請求権を担保する行動をとる等したため、依頼者との間で報酬をめぐるトラブルが発生し、辞任した後、前記の和解契約を解除したり、債権者らに元依頼者らに対して訴訟を提起させ、受任した際に得た知識を債権者らに提供したため、元依頼者らが弁護士に対して不法行為に基づき損害賠償を請求した事件である。

この事案の特徴は、

①　弁護士が債務者（依頼者）らから債務整理を受任したこと
②　弁護士が債権者らとの間で和解契約を締結したこと
③　依頼者らが弁済資金を弁護士に渡したこと

④　弁護士が和解契約に従って債権者らに弁済したこと
⑤　弁護士が、自己の報酬請求権を担保するために債権者が有していた抵当権を抹消せず、自己への付記登記をしたこと
⑥　弁護士と依頼者らとの間に報酬をめぐるトラブルが発生したこと
⑦　弁護士が辞任したこと
⑧　弁護士が債権者の一部との間の和解契約を解除したこと
⑨　弁護士が債権者らに元の依頼者らに対する貸金返還訴訟を提起させたこと
⑩　訴訟の提起の際、元の依頼者らに関する情報を提供したこと
⑪　元の依頼者らが弁護士に対する不法行為責任を追及したこと
⑫　弁護士法25条１項違反が問題になったこと

があげられる。なお、この事案では、弁護士が債権者との和解契約において自ら依頼者の債務を重畳的に引き受けること、自ら債務を弁済したときは、債権者の有する債権、抵当権の譲渡を受けること等を内容とする契約を締結したものであるが、弁護士倫理上問題を残すものである。

この判決の特徴は、

①　事件の経過を詳細に認定したうえ、弁護士が元の依頼者らが自己の要求に応じないことに立腹し、元の依頼者らを困惑させるため、弁護士が主導的に訴訟の提起等をさせ、かつ、報告書を作成するなどして元の依頼者らから受任した際に得た知識を債権者らのために提供し、債権者らに積極的に協力したものとしたこと
②　弁護士は、依頼者の利益のために誠実に行動すべき義務および弁護士法25条１号を遵守すべき義務があるにもかかわらず、これを怠ったとしたこと
③　弁護士の不法行為を肯定したこと
④　応訴を余儀なくされたための弁護士費用、和解金、慰謝料の損害を認めたこと

があげられる。この判決は、弁護士が元の依頼者らとの報酬をめぐるトラブルが発生したことをきっかけにして、元の依頼者らを困惑させるため、元の依頼者らの債権者らに訴訟を提起させる等したという特徴的な事案について、弁護士の不法行為責任を肯定した事例判断として参考になる。

この判決は、弁護士が依頼者の利益のために誠実に行動すべき義務があるとし、その義務違反を肯定したものであるが、この判決が指摘する弁護士としての誠実行動義務は、その法的な根拠、従来の議論の経過は必ずしも明らかではないものの、法律専門家、法律実務家である弁護士が業務を行うにあたって当然に要請されるものということもできるし、弁護士と依頼者との間の委任契約上要請される義務ということもできる。弁護士の依頼者との関係については、弁護士職務基本規程には、様々な規定が設けられているが（職務規程20条以下）、21条には、「弁護士は、良心に従い、依頼者の権利及び正当な利益を実現するように努める」と定められており、

倫理上の努力義務であるものの、弁護士の依頼者に対する委任契約上の基本的な趣旨を明らかにしているということもできる（なお、この事案の当時は、弁護士倫理が適用されていた時代であり、弁護士倫理19条が「弁護士は、良心に従い、依頼者の正当な利益を実現するように努めなければならない」と定めていた）。

また、この判決は、弁護士法25条1項違反が問題になっているが、同条項は、弁護士の職務を行い得ない事件として法定しているものであり、「相手方の協議を受けて賛助し、又はその依頼を承諾した事件」と定めている（職務規程27条1号も同旨の内容である）。弁護士法の法的な性格については、不法行為法との関係で議論があろうが、弁護士法違反が直ちに不法行為法上違法であるとか、義務違反を構成するものではないとしても、公序良俗の規定を介して、あるいは弁護士法の規定の中には依頼者の権利・利益の保護を図る規定があるとし、このような規定違反は不法行為法上違法であるとか、依頼者に対する義務違反を構成するとの解釈が可能である。この判決は、その根拠の説示はないものの、弁護士法25条1号が依頼者に対する義務を定めたものとの解釈のうえ、この義務違反を認めているものであり、この意味の事例としても参考になる。

判　決　6	訴訟追行を受任した弁護士の債務不履行責任を認めた事例 〔東京地判平成4・4・28判時1469号106頁、判タ811号156頁〕

【事案の概要と判決要旨】

Xは、Aから福岡地裁小倉支部に訴訟を提起され、Bから岡山地裁に訴訟を提起され、その訴訟代理を弁護士Cに委任していたところ、Cが辞任したため、Yに訴訟代理を委任し、訴訟関係資料の一部を交付し、着手金100万円を支払った。Yは、口頭弁論期日に欠席し、実質的な審理が行われないまま弁論が終結され、X敗訴の判決を受け、財産に差押えを受ける等したため、委任契約を解除し、XがYに対して債務不履行に基づき100万円の返還、損害賠償を請求した。

この判決は、Yの債務不履行を肯定し、原状回復として100万円の返還請求を認め、慰謝料として200万円を認めたが、強制執行による損害を否定し、損害賠償請求を一部認容した。

〈判決文〉

1　被告が、原告（別件被告）から本件各訴訟の訴訟委任を受けて遅くとも平成元年10月31日に本件委任契約を締結した者であることは前示二のとおりであるところ、このように訴訟委任を受けた弁護士は、善良なる管理者の注意をもって、依頼者の法律上の権利・利益を擁護し、損害を防止するのに必要な最善の訴訟活動を行う義務を負うが、その義務には、口頭弁論に出頭して、有効適切と判断される主張立証を行い、依頼者の裁判を受ける機会・期待を確保すること、依頼者に対し、事件の進行状況、見込み等を適宜報告し、これに基づき処理方針の検討をするなどして、依頼者の利益を図り、かつ、その意向が反映されるような措置を講ずること、及び事件の終了後は、その結果を依頼者に報告し、爾後の処理を検討し、特に敗訴した場合には、遅滞なく報告して依頼者が上訴するか否かを判断する機会を与え、裁判を受ける権利の喪失や判決確定による損害を防止することを包含するものと解される。

2　そして、前示二の事実によれば、被告が、原告吉川の本人尋問が施行された別件訴訟の期日につき、その呼出状を受け、かつ、原告（別件被告）から右期日の出頭方の依頼を受けていながら欠席し、結局、別件訴訟終結まで実質的な主張立証活動をしなかったこと、被告が、別件訴訟判決の言渡の口頭弁論期日の呼出状の送達による弁論が終結し、別件訴訟の判決正本の送達により原告（別件被告）が敗訴したことを知りながら、これを原告に報告しなかったことは明らかである。

3　被告は、訴訟進行に関し、平成元年11月1日付け期日変更申請の後、受訴裁判所及び相手方代理人弁護士からの電話連絡で期日の打合せをしてきたと主張するけれども、右主張を前提としても口頭弁論期日に欠席し、実質的な主張立証活動をしなかったことを何ら正当化するものでない。また、被告は、結果を報告しなかったことにつき、原告（別件被告）が勝訴する見込みはなかったと主張するが、訴訟経過に鑑み弁護士としての専門的見地からは敗訴判決はやむを得ないと判断される場合であっても、依頼者の意向を十分尊重し、かつ、依頼者の損害を最小限にとどめるために、訴訟の結果を報告し、依頼者が検討する機会を確保すべきことも当然であり、被告の右主張によっても、右報告を怠ったことを正当化するものではない。

また、被告は、原告が、着手金の一部である100万円を支払ったのみで、旅費、宿泊費等の必要経費を支払わずに被告に口頭弁論期日への出頭を強いようとしたのであり、被告が右期日に欠席したのは無理からぬことであり、債務不履行には当たらず、仮に債務不履行になるとしても、経済的に逼迫し必要な費用も賄い得なかった原告が被告に対して債務不履行責任を訴求することは信義則に反すると主張する。確かに、受任者には費用前払請求権（民法649条）が認められ、必要欠くべからざる費用の支払いを委任者が拒絶するときは、受任者において事務処理を中断することができる場合もあると解されるが、右は、同条が示すとおり、必要性と内容を示してする前払請求を要件とするところ、本件において、被告が原告に対し右請求をしたことを認めるに足りる証拠はない。のみならず、現行の民事訴訟手続において、手続や期日の懈怠は、訴訟関係者の迷惑となるにとどまらず、各種の失権効が伴い依頼者に多大な不利益を与えるものであるから、特段の事情のない限り、いったん訴訟代理を受任した弁護士が、費用前払いのないことを理由に出頭等を怠ることは許されず、出頭等に支障が生じるやむを得ない場合でも、裁判所に事情を疎明して期日変更申請等の措置を講ずるべきであると解するのが相当であり、本件においては、右特段の事情及び被告が何らかの措置を採ったことを認めるに足りる証拠はない。したがって、被告の右主張は失当である。

さらに、被告は、原告が経済的に逼迫し、別件訴訟判決について執行停止や控訴の費用を賄い得なかったから、右判決が確定し、原告が執行を受けたこともやむを得なかったと主張するが、右は、被告が判決結果を報告した後、その後の推移や執行の可能性の見込み、残された処理方法等を依頼者に説明し、その経済状況等に応じた適切な指導助言をした上で、依頼者自身の意向を尊重してその最終的判断に委ねられるべきことがらであって、代理人限りの判断で判決確定を容認することが許されるものでなく、右主張も失当である。

4　その他、前示の被告の所為がやむを得ないものであったことを認めるに足りる証拠はなく、被告は、専門的資格を有する弁護士として、訴訟代理人としての自己の行為の結果を認識していたことは明らかであって、被告の前示の各所為は、その余の義務違反の存否にかかわらず、本件委任契約を解除させるに足りる義務違反に当たる。そして、原告が、平成２年４月18日ころ、被告に対し、本件委任契約を解除する旨の意的表示をしたことは、当事者間に争いがなく、前示二の経緯に照らすと、右解除が信義則に反するとはいえず、被告は、原告に対して債務不履行による原状回復及び損害賠償の責めを負うものというべきである。

四１～２(二)(3)〈略〉

(4)　以上の検討によれば、被告が、別件訴訟において原告（別件被告）のため相当なものと認めるに足りる主張立証活動を行っていたとしても、なお原告（別件被告）の主張のように吉川の請求が棄却され、原告（別件被告）が勝訴したことが確実であったとまでは認められないというべきであり、これを理由とする請求は理由がない。

(三)　慰謝料について

原告は、被告と本件委任契約を締結し、着手金も一部ながら支払い、資料も授受した上、専門的資格を有する弁護士である被告が、少なくも平均的水準にかなう相当な方法によって訴訟活動及び原告に対する指導助言をし、原告の権利・利益を保護してくれ得るものと期待を抱くことは当然であると解されるところ、前示二のとおり、実質的な主張立証活動もされず、訴訟の状況・判決言渡の事実も知らされず、控訴の機会も失い、債権差押命令の送達を契機として事の顛末を知るに至った原告が、精神的打撃を被ったことは明らかであり、被告はこれに対する慰謝料を支払う義務があると解するのが相当である。そして、前示二の本件の経緯、別件訴訟後の被告の応対・言動等を総合考慮すれば、慰謝料額として200万円をもって相当とする。

〈判決の意義と指針〉

この事案は、弁護士が他の弁護士が受任し、追行していた訴訟につき、他の弁護士の辞任後、依頼者から訴訟の追行を受任したが、口頭弁論期日に欠席し、実質的な審理が行われず、弁論が終結され、敗訴判決を受ける等したことから、依頼者が弁護士に対して委任契約を解除し、支払済みの着手金の返還、債務不履行に基づく損害賠償を請求した事件である。

この事案の特徴は、

①　依頼者が被告とされた訴訟につき他の弁護士に依頼し、訴訟の追行がされていたこと

②　他の弁護士が辞任したこと

③　弁護士が訴訟の追行を依頼され、受任したこと

④　着手金100万円が支払われたこと

⑤　弁護士が口頭弁論期日（依頼者の当事者本人尋問が予定されていた）に欠席したこと
⑥　その後、実質的な審理がされないまま弁論が終結されたこと
⑦　敗訴判決を受けたこと
⑧　依頼者が判決言渡しを知らされなかったこと
⑨　依頼者が控訴の機会を失ったこと
⑩　依頼者が判決に基づき強制執行等を受けたこと
⑪　依頼者が弁護士との間の委任契約を解除したこと
⑫　依頼者が着手金の返還を請求したこと
⑬　依頼者が委任契約上の債務不履行に基づき弁護士に対して損害賠償責任を追及したこと

があげられる。

この判決の特徴は、

①　訴訟委任を受けた弁護士については、善良なる管理者の注意をもって、依頼者の法律上の権利・利益を擁護し、損害を防止するのに必要な最善の訴訟活動を行う義務を負うとしたこと
②　弁護士の負う義務には、ⓐ口頭弁論に出頭して、有効適切と判断される主張・立証を行い、依頼者の裁判を受ける機会・期待を確保すること、ⓑ依頼者に対し、事件の進行状況、見込み等を適宜報告し、これに基づき処理方針の検討をするなどして、依頼者の利益を図り、かつ、その意向が反映されるような措置を講ずること、ⓒ事件の終了後は、その結果を依頼者に報告し、爾後の処理を検討し、特に敗訴した場合には、遅滞なく報告して依頼者が上訴するか否かを判断する機会を与え、裁判を受ける権利の喪失や判決確定による損害を防止することを包含するものとしたこと
③　この事案については、ⓐ弁護士が口頭弁論期日に欠席し、実質的な主張・立証をしなかったこと、ⓑ判決の言渡しを知らせなかったこと等から弁護士の委任契約上の債務不履行を肯定したこと、ⓒ委任契約の解除を肯定したこと、ⓓ損害論として、依頼者の勝訴を前提とした損害は、勝訴したことが確実であったとまでは認められないとし、否定したこと、ⓔ専門的資格を有する弁護士が、少なくとも平均的水準にかなう相当な方法によって訴訟活動および依頼者に対する指導助言をし、依頼者の権利・利益を保護してくれ得るものと期待を抱くことは当然であるとし、慰謝料として200万円を認めたこと

があげられる。この判決は、弁護士の依頼者に対する委任契約上の損害賠償責任を肯定した事例判断として参考になるだけでなく、訴訟事件を受任した弁護士の依頼者に対する法的な義務の内容を具体的に説示して明らかにしたことも参考になる。また、訴訟事件を受任した弁護士の依頼者に対する債務不履行責任が認められる場合における損害について、この判決は、勝訴の確実性の証明がないとし、勝訴を前

提とした損害を否定したものの、依頼者の期待の侵害による慰謝料として200万円を認めたことは、議論のある問題であるが、理論的にも、事例判断としても参考になる。

判　決　7	法律相談、仮処分申請を受任した弁護士の債務不履行責任等を認めた事例 〔大阪地判平成5・9・27判時1484号96頁、判タ831号138頁〕

【事案の概要と判決要旨】

Xは、自己所有の8筆の土地、建物が父名義になっており、遺産分割登記がされたため、所有権を回復するために弁護士Yに法律相談をし、持分権登記者Aらに対する所有権移転登記等抹消登記手続請求訴訟の提起を依頼した。Yは2筆の土地・建物につき訴訟を提起し、勝訴判決を得た後（その後、上告を経て勝訴判決が確定した）、Aが別の6筆の土地のうち1筆の土地上にプレハブの建物を建てて占有したため、XがYに土地の占有回復措置を講じるように依頼し、YがAを相手方として明渡し断行の仮処分を申請し決定を得たものの、プレハブの占有者Bを相手方としていなかったため、仮処分決定を執行することができず、Yが報酬を請求したものの、Xが8筆の土地が戻らなかったことからYを解任した。Yが報酬請求権を被保全権利として仮処分の担保金を仮差し押さえる等したことから、XがYに対して受任した事件につき訴訟等を提起しなかった委任契約上の債務不履行、不当な仮差押えに係る不法行為に基づき損害賠償等を請求したのに対し、Yが反訴として報酬の支払、不当訴訟の提起を理由とする損害賠償を請求した。

この判決は、Yが一部の不動産に係る事件につきXの依頼を拒否する通知をしなかったとし、訴訟の提起・追行の受任を認めたうえ、長期にわたって事件を処理しなかったとして委任契約上の債務不履行を肯定し、仮処分委任契約上の債務不履行も肯定し、さらに仮差押えが不当であったとして不法行為を肯定し、債務不履行による損害については、民事裁判を受ける権利が侵害されたという損害であり、他の弁護士に委任した場合に支払うべき着手金額とYに支払うことになったであろう着手金の差額の損害を認め（125万円と139万円の損害を認めた）、不法行為による損害については、仮差押えの排除に要した弁護士の着手金・報酬額を損害と認め（40万円の損害を認めた）、Xの損害賠償の本訴請求を認容し、一部の訴えを却下し、Yの反訴請求については、報酬請求権の行使が信義則上許されない等とし、これを棄却した。

〈判決文〉

四　争点4（争点2の委任契約上の被告の債務不履行）について

1 〈略〉

２　そこで、さらに進んで被告の債務不履行の有無について検討する。

思うに、依頼者が弁護士に悩み（事件）の解決を依頼する場合、通常、依頼者の弁護士に対する法律相談、依頼者からの事情聴取、資料などの分析・検討、弁護士による法的助言・指導（アドバイス）という過程を経るものであり、右アドバイスには、弁護士において依頼者の抱えている悩み（事件）を解決する方法として訴訟提起などの法的手続を選択することも含まれるものである。もっとも、依頼者の事件依頼に対し、弁護士は事件を受任するか否かの自由を有するものであるから、右アドバイスをする前に受任を断る場合もあろう。しかし、弁護士は、基本的人権の擁護及び社会正義の実現を使命とし（弁護士法１条１項）、依頼者のために誠実に職務を行う（同条２項、３条１項）とされていること、また、弁護士は極めて高度の専門的・技術的な法律知識・経験を有するものであって、依頼者は、かかる弁護士を信頼して自らの法的悩みの解決を相談・依頼するものである。そして、同法29条は、弁護士は事件の受任を断る場合には、速やかにその旨を依頼者に通知しなければならない旨規定しており、右規定は、弁護士の法律専門家としての地位、依頼者の弁護士に対する信頼などからすれば当然の規定であるといえる。そして、依頼者（相談者）と弁護士の法律相談は、それ自体弁護士が依頼者に対し、当該相談に対する法的助言・指導などのアドバイスというサービスを提供し、依頼者はその対価として相談料を支払うことを内容としていることに鑑みれば、法律相談自体、委任又は準委任契約（法律相談契約）とみることができる。以上の諸点に鑑みれば、依頼者の法律相談を受けた弁護士が、依頼者の事件依頼を受任しない場合には、速やかにその旨を依頼者に通知するとともに、他の弁護士に法律相談することを勧めたり、依頼者が自ら事件を解決するための方策を教えるなどして、依頼者が当該事件について速やかに何らかの法的措置を講じたり、解決できるようにするために助言・指導（アドバイス）をする義務があるというべきである。そして、弁護士が右義務に違反し、その結果依頼者に不測の損害を与えた場合には、弁護士は、法律相談契約上の善管注意義務違反による債務不履行として右損害を賠償する義務を負うというべきである。

３　これを本件についてみるに、前記一の認定事実によれば、原告が被告に対し、昭和57年７月ころ、本件不動産の全部について所有権の取戻しなどについての法律相談を行った事実が認められる。そして、〈略〉によれば、原告は、第一の訴訟の提起の前後にわたり、被告に対し、残りの不動産についても法的措置を講じてほしい旨依頼したが、被告は順番に行うなどと言ったままであったこと、原告が被告から事件受任の範囲は261番ほかの土地建物のみであると言われたのは、原告が被告を解任して本件紛争が発生した後であること、第一の訴訟の提起から第二の訴訟の提起まで約８年が経過していること、以上の事実が認められる。

右認定事実によれば、被告は、原告から本件不動産の全部について所有権の取戻しについての法律相談を受け、法的措置を講じることの依頼を受けたにもかかわらず、261番ほかの土地建物についてのみ事件の依頼を受けて訴訟を提起し、残りの不動産については本件紛争が生じるまでの間、一度も原告に対し、受任しない旨の通知をしないばかりか、本件紛争が生じるまでの約５年間、原告に対し、他の弁護士をして何らかの法的措置を講じる機会を与えないまま漫然と放置したことを推認することができる。被告のかかる態度は、原告との法律相談契約における善管注意義務に違反したものであるといわざるを得ない。

被告は、本件訴訟委任契約の締結から本訴の提起まで実に10年近い年月が経過しているにもかかわらず、その間、原告及び被告との間で残りの不動産につき委任の話は全く出ていないのであり、そのようなことは現在の契約社会における社会通念上、極めて不自然である旨主張する。しかしながら、前記認定事実によれば、原告は、被告に対し、残りの不動産についても所有権回復などの法的措置を講じることを依頼したが、被告は、「順番にやります。」などと言って、右依頼受任の諾否の通知を原告にしなかったため、原告は、被告が右依頼を受任したものと信じ、原告の被告に対する解任通知のなされた昭和62年10月３日までの約５年間、原告は残りの不動産についてそのまま放置したことが推認されるのであり、以上の事実に照らすと、被告の右主張は採用することができない。

また、被告は、原告の持参した資料（登記簿謄本）などの分析により残りの不動産の所有権が原告に属するとは考えられないと判断し、残りの不動産につき原告の依頼を受けなかった旨主張する。しかしながら、仮に、被告の主張するとおりであるとしても、前記認定事実のとおり、被告は、原告に対し、原告の依頼を受けない旨の通知をしなかったことが推認されることに照らすと、被告の主張は、前記判断を左右するものではない。

4　よって、被告は、原告に対し、法律相談契約上の債務不履行に基づき、原告が被った損害を賠償する義務があるというべきである。

五　争点５（本件仮処分委任契約上の債務不履行の成否）について

1㈠　〈略〉

㈡　右認定事実をもとに、被告の債務不履行の有無について検討する。

不動産の明渡しなどの断行の仮処分を申立てる場合、通常、第三者の執行妨害が予想されるものであることは、弁護士としては当然認識して然るべきものであろう。したがって、弁護士が、依頼者の相談を受けて不動産の明渡しなどの仮処分申立ての措置を講じることを決定した場合には、依頼者からの事情聴取や資料分析、また弁護人自らの資料入手、分析などをすることにより、当該不動産の占有状況や占有当事者の特定などを把握、確定し、当該仮処分を申立てることによって、執行妨害をも排除して暫定的な占有回復又は現状の変更禁止などの初期の目的を十分達成しうるよう、万全の準備、態勢を整える義務があるというべきである。そして、本件では、被告は、261番ほかの土地及び本件プレハブについて、明渡し断行の仮処分を申立てることとし、原告と本件仮処分委任契約を締結したのであるから、被告は、右契約上の義務として、本件仮処分が初期の目的、すなわち、暫定的な占有の回復という目的を十分達成しうるように、万全の準備、態勢を整える義務があるというべきである。

これを本件についてみるに、前記㈠の認定事実のとおり、被告は、本件プレハブに乙田の表札がかかっていることは十分認識していたのであるから、たとえ、本件プレハブが人の居住できるような構造ではなかったとしても、事実上の占有によって執行妨害をし、又は妨害するおそれがあることは十分良そうできたはずである。したがって、このような場合、被告は、乙田の占有という一事によって本件仮処分の執行ができなくなるという事態を回避すべく、乙田をも本件仮処分の相手方にすることにより、本件仮処分の目的、すなわち、暫定的な占有の回復という効果を十二分に達成できるよう万全の準備・態勢を整える義務があったというべきである。にもかかわらず、被告は、右の点を看過し、漫然と本件プレハブ内に乙田が居住している事実はないと判断し、乙田を仮処分の相手方に加えないまま本件仮処分決定を得た結果、本件仮処分執行の際、執行官において、乙田が本件プレハブを占有している旨認定されて本件プレハブの撤去並びに本件プレハブ敷地部分及び通路部分の明渡し執行をなすことができず、仮処分の目的を達成することができなかったのであるから、被告に本件仮処分委任契約上の善管注意義務に違反した債務不履行があるといわざるを得ない。

㈢　〈略〉

㈣　そうすると、被告が本件仮処分の際、乙田を当事者に加えなかった点に本件仮処分委任契約上の善管注意義務違反による債務不履行があるというべきであり、被告は、右債務不履行によって原告の被った損害を賠償する義務があるというべきである。

2　本件仮処分執行後の措置について

㈠　〈略〉

㈡　右認定事実をもとに、被告の債務不履行の有無について検討する。

思うに、不動産明渡しの断行の仮処分手続の依頼を受けた弁護士が、右依頼によって当然に、建物収去土地明渡しなどの本案訴訟の提起の委任事務まで委任されたものと解することはできないというべきである。なぜなら、弁護士は、依頼者との関係では、仮処分手続や本案訴訟などの手続ごとに着手金、報酬を受けることができるとされており、また、各手続ごとに費用を要することを考えれば、各手続ごとに個別の委任を要すると解されるからである。もっとも、依頼者の立場からみれば、仮処分手続と本案訴訟手続の区別を知らない者が少なくなく、依頼者の関心事は結局、依頼の目的（不動産の明渡し）を達することができるかどうかにあるのであるから、不動産の占有の回復について弁護士に相談に行き、不動産明渡し断行の仮処分や占有移転禁止又は処分禁止の仮処分の申立てを依頼した者は、弁護士に対し、不動産の占有回復に向けて種々の法的措置を講じてくれることを期待しているのが普通であろう。一方、依頼を受けた弁護士が、将来本案訴訟を提起したり、話し合いで解決を図ったりすることを前提にしないで、単に仮処分手続だけを受任するということは余程の事情のない限り考えられない。そうだとすれば、不動産明渡しの断行の仮処分手続の委任を受けた弁護士は、法律業務の専門家として、右委任の一内容として、仮処分手続業務以外に、本案訴訟の提起や新たな仮処分手続を講じることなど、究極的な事件の解決を図る方策を依頼者に説明し、依頼者の負担となる費用や着手金・報酬の額、不動産の占有の回復の可能性の程度、その手段を採ることの難易等の情報を提供し、依頼者が不動産の占有の回復に向けて、いかなる手段を具体的に講じるかを決めるための助言・指導（アドバイス）をする義務があるというべきである。そして、弁護士が右アドバイスをする義務に違反して依頼者が損害を被った場合には、委任契約上の善管注意義務違反による債務不履行として右損害を賠償する義務を負うというべきである。

これを本件についてみるに、前記㈠の認定事実及び弁論の全趣旨によれば、被告は、本件仮処分執行後、仮処分執行のできなかった本件プレハブ並びにその敷地部分及び通路部分について、改めて丙河及び乙田を相手方とする建物収去土地明渡し断行の仮処分を申立てること、その容易さなどを原告に説明しなかったこと、被告は、丙川らを相手方とする261番ほかの土地及び本件プレハブについての建物収去土地明渡しなどの本案訴訟を提起しないと最終的な解決を図ることができないこと、本件仮処分の執行の時点では、第一の訴訟の控訴審が係属中であり、261番ほかの土地建物の所有権が原告にある旨の第一審判決がなされていたのであるから、右控訴審において、丙川に対する建物収去土地明渡し請求を追加したり、また、丙川らに対する建物収去土地明渡しなどの別訴を提起することは容易であったことが推察されるにもかかわらず、被告は、その容易さなどを原告に説明しなかったこと、その後、被告は、原告と何らかの善後策を協議したことはないこと、以上の事実が認められる。

右認定事実によれば、被告は、原告に対する前記アドバイスを怠ったといわざるを得ず、本件仮処分委任契約上の善管注意義務に違反した債務不履行があるというべきである。

㈢、㈣　〈略〉

3㈠～㈢　〈略〉

六　争点7（本件仮差押の違法性）について

1　思うに、仮処分命令が、その被保全権利が存在しないために当初から不当であるとして取り消された場合において、右命令を得てこれを執行した仮処分申請人が右の点について故意又は過失があったときは、右申請人は民法709条により、被告申請人がその執行によって受けた損害を賠償すべき義務があるというべく、一般に、仮処分命令が異議もしくは上訴手続において取り消され、あるいは本案訴訟において原告敗訴の判決が言い渡され、その判決が確定した場合には、他に特段の事情のない限り、右申請人において過失があったものと推定するのが相当である（最高裁昭和43年12月24日判決・民集22巻13号3428頁参照）。そして、右の理は、仮処分命令又は仮差押（以下「保全処分」という。）が、保全の必要性が存在しないために、後日異議もしくは上訴手続において取り消された場合にも妥当すると解するのが相当である。なぜなら、保全処分は、仮の地位を定める仮処分の場合を除き、原則として、債権者の主張、疎明資料のみで審理し、決定を行うという迅速性、密行性に鑑みれば、保全処分が、事後の不服申立手続において、その被保全権利の不存在によって取り消された場合と保全の必要性の不存在によって取り消された場合とで別異に解する理由はないからである。

2　これを本件についてみるに、〈証拠略〉及び前記争いのない事実によれば、原告は、本件仮差押について保全異議を申立て、大阪地方裁判所は、平成3年7月23日、保全の必要性がないことを理由に、保全異議を認容して本件仮差押を取消したこと、保全抗告審である大阪高等裁判所も、同年12月19日、原審の判断を支持して保全抗告を棄却し、原告（ママ）の決定は確定したことが認められる。

以上によれば、他に特段の事情のない限り、本件仮差押につき被告に過失があったものと推定されるというべきである。

3　〈略〉

4　よって、被告は、原告に対し、不法行為に基づき、本件仮差押によって被った原告の損害を賠償する義務があるというべきである。

〈判決の意義と指針〉

この事案は、依頼者（相談者）から複数の不動産の所有権移転登記等抹消登記手続請求訴訟の提起等の法律相談を受け、訴訟の提起・追行を受任した弁護士が、一部の不動産につき訴訟を提起し、勝訴判決を得たものの（どの範囲の不動産につき訴訟の提起を依頼されたかが争点になっている）、他の不動産についても、土地の一部の上にプレハブの建物を建てられて占有されたことから、依頼者から土地の占有回復措置を講じるように依頼され、弁護士が明渡し断行の仮処分を申請し、決定を得たが、プレハブの占有者の一部を相手方としていなかったため、仮処分決定を執行することができなかった等したことから、依頼者が弁護士を解任し、債務不履行、不法行為に基づき損害賠償等を請求したのに対し、弁護士が反訴として報酬の支払、損害賠償を請求した事件である。

この事案の特徴は、

①　弁護士が不動産に関する紛争の相談を受けたこと

②　複数の不動産の所有権登記の回復（取得）を依頼されたこと

③　弁護士が依頼者から受任した事件の範囲が争点になったこと

④　弁護士が一部の不動産につき訴訟の提起・追行を受任し、訴訟を提起し、勝訴判決を受け、確定したこと

⑤　残りの不動産のうち、土地の一部に建物が建築されたため、依頼者から土地の占有回復措置をとることを依頼されたこと

⑥　弁護士が土地の明渡断行の仮処分を申請したが、占有者の一部を相手方としなかったこと

⑦　仮処分決定を得たものの、決定を執行することができなかったこと（仮処分決定に記載されていない占有者がいたためである）

⑧　依頼者が委任契約を解除し、弁護士を解任したこと

⑨　依頼者が弁護士の債務不履行責任を追及したこと

⑩　弁護士が報酬請求権を被保全権利として前記仮処分の担保金につき仮差押えをしたこと

⑪　依頼者が不当な仮差押えを主張し、弁護士の不法行為責任を追及したこと

⑫　弁護士が依頼者に対して報酬の支払を請求したこと

⑬　弁護士が依頼者の訴訟の提起につき不当訴訟の提起に係る不法行為責任を追及したこと

⑭　依頼者と弁護士の双方がそれぞれ相手方に対して訴訟を提起したこと

があげられる。

この判決の特徴は、

① 依頼者（相談者）と弁護士の法律相談は、弁護士が依頼者に対し、相談に対する法的助言・指導などのアドバイスというサービスを提供し、依頼者はその対価として相談料を支払うことを内容としており、法律相談自体、委任または準委任契約（法律相談契約）とみることができるとしたこと
② 依頼者の法律相談を受けた弁護士が、依頼者の事件依頼を受任しない場合には、速やかにその旨を依頼者に通知するとともに、他の弁護士に法律相談することを勧めたり、依頼者が自ら事件を解決するための方策を教えるなどして、依頼者が事件について速やかに何らかの法的措置を講じたり、解決できるようにするために助言・指導（アドバイス）をする義務があるとしたこと
③ 弁護士がこの義務に違反し、その結果依頼者に不測の損害を与えた場合には、弁護士は、法律相談契約上の善管注意義務違反による債務不履行として損害賠償義務を負うとしたこと
④ この事案では、相談者から不動産の全部について所有権の取戻しについての法律相談を受け、法的措置を講じることの依頼を受けたにもかかわらず、本件紛争が生じるまでの間、一度も相談者に対し、受任しない旨の通知をしないばかりか、本件紛争が生じるまでの約５年間、相談者に対し、他の弁護士をして何らかの法的措置を講じる機会を与えないまま漫然と放置したとし、法律相談契約における善管注意義務に違反した債務不履行を肯定したこと
⑤ 弁護士が不動産の明渡しなどの断行の仮処分を申し立てる場合、通常、第三者の執行妨害が予想されるものであることは、弁護士としては当然認識すべきであるとしたこと
⑥ 弁護士が依頼者の相談を受けて不動産の明渡しなどの仮処分申立ての措置を講じることを決定した場合には、依頼者からの事情聴取や資料分析、また弁護士自らの資料入手、分析などをすることにより、不動産の占有状況や占有当事者の特定などを把握、確定し、仮処分を申し立てることによって、執行妨害をも排除して暫定的な占有回復または現状の変更禁止などの初期の目的を達成しうるよう、万全の準備、態勢を整える義務があるとしたこと
⑦ 弁護士は依頼者と明渡断行の仮処分を申し立てることの仮処分委任契約を締結したから、契約上の義務として、仮処分が所期の目的、すなわち暫定的な占有の回復という目的を十分達成しうるように、万全の準備、態勢を整える義務があるとしたこと
⑧ この事案では、弁護士が占有者の認定・判断を誤ったものであり、仮処分委任契約上の善管注意義務違反による債務不履行を肯定したこと
⑨ 不動産明渡断行の仮処分手続の委任を受けた弁護士は、法律業務の専門家として、委任の一内容として、仮処分手続を講じるなど、究極的な事件の解決を図る方策を依頼者に説明し、依頼者の負担となる費用や着手金・報酬の額、不動産の占有の回復の可能性の程度、その手段をとることの難易等の情報を提供

し、依頼者が不動産の占有の回復に向けて、いかなる手段を具体的に講じるかを決めるための助言・指導（アドバイス）をする義務があるとしたこと

⑩　この事案では、弁護士がこのアドバイスをする義務に違反したとし、仮処分委任契約上の債務不履行を肯定したこと

⑪　この事案では、弁護士の仮差押えについての不法行為を肯定したこと

⑫　債務不履行による損害については、民事裁判を受ける権利が侵害されたという損害であり、他の弁護士に委任した場合に支払うべき着手金額とこの事案の弁護士に支払うことになったであろう着手金の差額の損害を認め、それぞれ125万円と139万円の損害を認めたこと

⑬　不法行為による損害については、仮差押えの排除に要した弁護士の着手金・報酬額を損害と認め、40万円の損害を認めたこと

⑭　弁護士の報酬請求権の行使が信義則に反するとし、これを否定したこと

があげられる。

この判決は、まず、法律相談契約上の弁護士の善管注意義務の内容を詳細に提示したうえ、弁護士の相談者に対する債務不履行責任を肯定したものであり、事例判断を提供するものであるが、相談内容は個々の相談ごとに相当に異なるものであり、この判決の提示する各種の義務はこの事案を前提とするものである。なお、相談者が事件の依頼をした場合には、弁護士職務基本規程上、速やかに、その諾否を依頼者に通知することが必要であるとされており（34条）、実際にも遵守されていることが通常であるが（諾否の通知が速やかにされることは、依頼者にとって法律問題の解決を図るために重要である）、この規定は、弁護士にとって倫理にとどまらず、法律専門家としての法的な義務であると解するのが相当である。実務上、事件の依頼があったかが判断に迷うような場合があるが、このような場合には、依頼の有無、範囲を確認することが重要である。

この判決は、また、仮処分申請委任契約上の弁護士の善管注意義務の内容を詳細に提示したうえ、弁護士の依頼者に対する債務不履行責任を肯定したものであり、事例判断を提供するものであるが、詳細な内容の義務の妥当性、射程範囲については、事案によるところがあること、十分な議論が必要であることの問題がある。

さらに、この判決は、弁護士が報酬請求権を被保全権利として依頼者の財産に仮差押えをしたことについて、弁護士の不法行為責任を肯定したものであるが、その判断の枠組みは従来の最高裁等の判例に沿ったものであるものの、事例判断として参考になるものである。

なお、この判決は、前記のとおり、債務不履行による損害については、民事裁判を受ける権利が侵害されたという損害であり、他の弁護士に委任した場合に支払うべき着手金額とこの事案の弁護士に支払うことになったであろう着手金の差額の損害を認め、125万円と139万円の損害を認める判断を示しているが、その論理、内容には議論があり、さらなる検討が必要である。

判　決　8	訴訟上の和解をした弁護士の債務不履行責任を認めなかった事例 〔東京地判平成6・8・25判タ894号216頁〕

【事案の概要と判決要旨】

X_1の法定代理人X_2は、Aらとの間の認知事件、親子関係存在確認事件の訴訟の追行を弁護士Yに委任し、X_2は、この訴訟に利害関係人として参加するにあたり、Yに委任したところ、Yは、X_1の父親Bの遺産に関する遺産分割調整金として4億円を支払う等の内容の訴訟上の和解を成立させ、報酬として1850万円を受け取ったが、X_1が後に相続税として1億1700万円の支払を迫られたため、その是正措置を講ずるように依頼したものの、これを拒否され、X_1、X_2がYに対して債務不履行に基づき損害賠償を請求した。

この判決は、Yが誤った説明をしたとのX_1の主張を排斥し、請求を棄却した。

〈判決文〉

2　争点1について原告両名は、被告が原告恵子に対し、昭和58年3月30日、東京地方裁判所において、本件和解前に原告博喜の相続税額を1000万円程度と誤った説明をしたため、原告両名が本件和解に応じた旨主張するが、これを証する的確な客観的な証拠はない。

もっとも、原告両名の右主張に沿う原告恵子本人の供述部分、原告恵子作成の陳述書（甲16、21）の記載部分が存するが、乙1ないし7、証人小島新一の証言に照らしいずれもにわかに措信できない。

なお、原告恵子は、被告に対し、原告博喜の課税につき苦情を記載した書簡（甲6、14）を送付しているが、被告若しくは前記弁護士小島新一が本件和解前に原告博喜の相続税額を1000万円程度と誤った説明をしたとの具体的記載はなく不自然であるうえ、本件全証拠によっても、被告が原告両名に対し、その損害額の全額を負担する旨を約したことを認めることもできない。

〈判決の意義と指針〉

この事案は、弁護士が認知等に関係する訴訟の追行を受任し、遺産分割調整金の支払等を内容とする訴訟上の和解が成立した後、依頼者が相続税の支払を余儀なくされたことから、依頼者らが弁護士に対して債務不履行に基づき損害賠償を請求した事件である。

この事案の特徴は、

①　弁護士が訴訟の追行を受任したこと

②　訴訟上の和解が成立したこと

③　和解によって得た利益につき依頼者に多額の相続税の負担が生じたこと

④　弁護士の誤った説明が主張されたこと

⑤　弁護士の委任契約上の債務不履行が問題になったこと

があげられる。

この判決は、訴訟上の和解前において弁護士による相続税額に関する誤った説明が認められないとし、弁護士の委任契約上の債務不履行を否定したものであり、その旨の事例判断を提供するものである。

判　決　9	上告を受任した弁護士の債務不履行責任を認めた事例 〔東京地判平成６・11・21判タ881号191頁〕

【事案の概要と判決要旨】

Ｘは、弁護士ＹにＸのＡに対する土地所有権確認、所有権移転登記手続を請求する訴訟の提起、追行を委任し、第１審判決で勝訴したものの、控訴審判決で敗訴したため、上告の申立てを委任した。Ｙが上告状を適法に提出したものの、上告理由書を所定の期間内に提出しなかったため、上告が却下され、Ｘの敗訴判決が確定した。Ｘは、ＹがＡからの土地明渡しの仮処分事件等を無料で受任するのに対し、上告却下の件につき損害賠償請求権を放棄する旨の念書を差し入れていたが、Ｙに対して上告却下につき債務不履行に基づき損害賠償を請求した。

この判決は、Ｙの債務不履行責任を認め、損害賠償請求権放棄の和解契約を錯誤により無効とし、上告審において破棄されるべき違法が判決にあったとはいえないとして経済的損害が認められなかったものの、依頼者が上告審の判断を受けることができなかったことにより被った精神的損害の慰謝料（50万円）を認め、請求を認容した。

〈判決文〉

4　以上の次第で、２審判決には、法律審である上告審において破棄されるべき違法の点があったことを認めることができず、被告が上告理由書をその提出期間内に提出していれば、２審判決が上告審で破棄される見込みがあったと認めることはできない。

したがって、争点１に関する原告の主張を認めることはできない。

そうであるならば、原告の被告に対する財産的損害のうち金５億円の賠償を求める請求は、争点２（原告に生じた財産的損害の額）について判断するまでもなく、理由がないことになる。

二１　〈略〉

㈠　原告は、原判決に対する上告審の判断を切望し、弁護士である被告に対し、上告審における訴訟活動を委任した時点で、２審判決につき、上告審においてさらに争えるとの合理的な期待を有するに至り、被告が、上告理由書の提出期間内にその提出を失念することにより本件上告が却下となるというような事態は、原告において全く予想できなかった。

㈡　本件における被告の職務懈怠は、法律専門家たる弁護士として極めて初歩的なミスであり、重過失ともいいうるものであるところ、原告は、被告の職務懈怠により上告が却下されて以来、自己が訴訟遂行等を委任した弁護士を心から信頼することができなくなった。

㈢　一方、被告は、前訴第１審及び同控訴審を通じ、約10年間にわたり、原告のために訴訟を遂行し、原告から、着手金200万円及び諸費用の支払を受け取ったのみで、前訴第１審の勝訴に対する成功報酬並びに同控訴事件及び上告審の着手金等は一切受け取っていない。また、被告は、本件上告が却下となった後、原告から、原告と小林との間の調停事件、仮処分事件等を無料で受任し、原告の代理人として活動した。

2　以上認定した各事実に照らせば、被告の職務懈怠によって本件上告が却下されたことにより、原告が被った精神的損害に対する慰謝料の額は、50万円と認めるのが相当である。

三、四１　〈略〉

㈠　原告は、前訴第１審及び同控訴事件において、一貫して本件土地の真の所有者は自分であると主張し、本件上告却下決定の送達（甲１の1399丁）後である昭和59年12月26日にも、被告に対し、本件土地の所有者は自分である趣旨を電話で依然として強く主張するなど、本件土地に対する強い権利主張の態度を示していた。

㈡　ところで、原告は、韓国籍であり、本件念書に署名捺印した当時、日本語を読み書きする能力は極めて低かった。また、原告は、右当時、法的な知識がほとんどなく、たとえ２審判決について再審請求をしたとしても、再審事由が限られていて、その請求が認められる可能性は極めて低いということを知らなかったばかりでなく、むしろ再審請求をすれば、前訴事件について、適法な上告申立てがあった場合と同様に最高裁判所の審理を受けられるものと誤信していた。

㈢　そして、本件上告が却下となった後の昭和60年１月初めころ、原告は河の自宅において、河及び野田と善後策を協議した際、小林から本件土地を取り返すには再審請求しかない旨のアドバイスを野田から受け、次いで同月10日、被告の法律事務所において、本件念書に署名捺印するに先立ち、野田から、被告の面前で、再審請求に対して前記のような期待を抱かせるような話を聞いたが、被告は、野田の右発言をあえて打ち消すような発言はせず、再審請求をしても、その請求が認められる可能性が極めて低く原告の本件土地に対する権利主張がとおる見込みがほとんどないことまでは説明しなかった。そのため、原告は、本件念書は、原告が、被告に対し、再審請求を委任する趣旨をも含む書面であり、被告に対する損害賠償請求権を放棄しても、再審請求によって、適法な上告申立てがあった場合と同様の訴訟活動を被告に期待することができるものと誤信し、これに署名捺印した。しかし、実際は、右念書には被告に対し再審請求を委任する趣旨の記載はなく、また、原告がその後、他の弁護士らに委任してした再審の訴え（東京高等裁判所平成元年（ム）第45号事件）も判決により却下された（甲80）。

2　以上認定の事実によると、原告は、本件和解契約を締結する際、２審判決に対する再審請求をしさえすれば、適法な上告申立てがあった場合と同様の訴訟活動を被告に期待することができるものと誤信して、被告に対する損害賠償請求権を放棄する旨を記した本件念書に署名捺印したものであり、その趣旨は、被告に対し、黙示的に表示されていたものと認められるから、原告の本件和解契約締結の意思表示には要素の錯誤があると認められる。

3　そうであるならば、本件和解契約は原告の錯誤により無効であるといわざるを得ない。

〈判決の意義と指針〉

この事案は、弁護士が依頼者から訴訟の提起、追行を受任し、控訴審判決で敗訴し、上告の申立てを受任し、上告状を適法に提出したものの、所定の期間内に上告理由書を提出せず、上告が却下されたため、依頼者が弁護士に対して債務不履行に基づき損害賠償を請求した事件である。

この事案の特徴は、

①　弁護士が依頼者から訴訟の提起、追行を受任したこと

②　第1審判決で勝訴したものの、控訴審判決で敗訴したこと

③　弁護士が上告の申立てを受任したこと

④　上告理由書の提出期間内に上告理由書を提出しなかったこと

⑤　上告が却下され、敗訴判決が確定したこと

⑥　弁護士と依頼者との間で、弁護士が仮処分事件等を無料で受任し、依頼者が上告却下の件につき損害賠償請求権を放棄する和解契約を締結したこと

⑦　依頼者が弁護士に対して委任契約上の債務不履行に基づき損害賠償を請求したこと

⑧　弁護士の債務不履行は争点にならなかったこと

⑨　最高裁における破棄判決による損害の発生が争点になったこと

⑩　和解契約の効力が問題になったこと

があげられる。

この判決の特徴は、

①　弁護士の債務不履行を前提としたうえ、上告理由書が適法に提出されたとしても、控訴審判決が上告審で破棄される見込みがあったと認めることはできないとし、財産的損害に関する主張を排斥したこと

②　弁護士の職務懈怠によって上告が却下されたことにより、依頼者が被った精神的損害に対する慰謝料の損害を認めたこと

③　慰謝料の額として50万円を認めたこと

④　和解契約の効力につき、依頼者が控訴審判決に対する再審請求をしさえすれば、適法な上告申立てがあった場合と同様の訴訟活動を弁護士に期待することができるものと誤信して、弁護士に対する損害賠償請求権を放棄する旨を記した念書に署名捺印したものであるとし、動機が黙示的に表示されていたとして、和解契約の要素の錯誤を肯定したこと

があげられる。

また、この判決は、以下の点において事例判断として参考になる。

①　上告理由書の提出期間徒過という単純な弁護士過誤による委任契約上の債務不履行を肯定したこと

② 債務不履行の損害賠償として、上告審における控訴審判決の破棄の見込みを認めず、経済的損害を否定したこと
③ 債務不履行の損害賠償として、依頼者の弁護士に対する合理的な期待を前提とし、精神的損害を認め、慰謝料として50万円の損害を認めたこと

特に③の判断は、重要な事例判断として参考になる。

弁護士が依頼者に対して受任に係る訴訟事件の債務不履行、不法行為が認められる場合、勝訴の蓋然性、見込みが認められなければ損害が認められないのか、弁護士に対する合理的な期待の侵害として損害が認められるかが重要な問題であるが、前者の見解をとる裁判例がある中、この判決は、後者の見解をとり、実際に慰謝料の損害賠償を認めたものであり、参考になるものである。依頼者が弁護士に訴訟を委任する場合、通常の弁護士の基準に従った事務処理が行われるとの合理的な期待をもつことができ、この合理的な期待が侵害されたときは、実際に実損害が生じたかどうかを問わず、合理的な期待の侵害による損害（精神的苦痛）の賠償を認めることが合理的である（合理的な期待の侵害以外に別に損害が発生したものと認められる場合には、事実的因果関係、相当因果関係の範囲内で損害賠償が別途認められることは当然である）。さらに、この判決は、弁護士の事務処理上の債務不履行責任に関する依頼者との和解契約について、動機の錯誤による無効を認めたものであるが、重要な事例判断として参考になる。

判 決 10	訴訟上の和解をした弁護士の債務不履行責任を認めた事例 〔東京地判平成7・2・22判時1554号85頁、判タ905号197頁〕

【事案の概要と判決要旨】

弁護士Xは、Aを原告とし、Yを被告とする建物の明渡請求訴訟の追行を、Yから依頼され、和解交渉によって、Yが希望する金額を超える4000万円の立退料の支払と引換えに建物を明け渡す旨の訴訟上の和解を締結し、Xの事務所で和解の履行をした。YがAから立退料の一部1000万円を受領しただけで、残金の支払を受けないままに、和解の不履行が高額な違約金を発生されることから、建物を明け渡させたものの、Aに資力がなく、残金の支払を受けることができなかったため（預金債権の差押えをしたが、預金債権を有していなかったため、成功しなかった）、XがYに対して弁護士報酬等の支払を請求したのに対し、Yが委任契約上の債務不履行による損害賠償請求権による相殺を主張した。

この判決は、Xの債務不履行による損害賠償請求権を肯定し（新住居等の賃借費用として、14カ月分の損害として170万8000円の損害を認め、仲介手数料、礼金、管理費用、弁護士の紹介料、立退料残額の回収のための弁護士費用、借入金の利息に

関する主張を排斥した)、相殺を一部認め、請求を一部認容した。

〈判決文〉

2　そして、前記争いのない事実及び前記認定の事実、特に、ⅰ本件建物及びその敷地には、債権額及び極度額の合計66億3000万円の抵当権及び根抵当権が設定されており、右1㈠の事実に照らし、原告も右事実を認識していたと推認することができること、ⅱセイコーから被告に対し、本件建物の明渡しと引換えに支払われるべき本件立退料残金は3000万円と多額であったこと、ⅲ本件和解においては、被告は、セイコーが本件残金を被告に提供するまでの間、本件建物等の使用損害金の支払を免除されていたものと認められること、ⅳ本件建物等の早期の明渡しに多大の利益を有していたと思われるセイコーが意外にも平成3年1月11日の立退料残金との引換えによる被告の早期明渡しの申出に資金面で応じなかったこと、等の事実に照らすと、本件において、原告は、被告に本件建物からの立退きを促すに先立ち、セイコーの資産状況等を調査すべき義務を負っていたものと認めるのが相当である。

そして、右1で認定したとおり、原告は、セイコーの資産状況等について格別の調査をしないまま被告を本件建物等から立ち退かせたのであるから、この点について原告に過失があったというべきである。

3　この点、原告は、ⅰ被告が本件建物の明渡義務を遅滞すると、本件和解により1000万円の損害金の支払義務が生じること、ⅱセイコーの立退料支払義務は、裁判上の和解によるものであるうえ、別件訴訟当時、本件共同住宅に居住していた者は被告のみであり、セイコーには被告が本件建物を明け渡すことにつき多大の利益があったこと等を理由に、原告に過失はなかった旨主張する。しかしながら、右ⅰについては、前記認定事実に照らし、原告らが早期にセイコーの資産状況を調査すれば、具体的な明渡時期及び立退料の支払期日の延長等につき、セイコーと交渉するなどして、損害発生の危険を未然に回避することも可能であったと認められるし、ⅱについても、セイコーに資金がなければ、本件残金が期限に支払われないことは十分予想し得たと認められるから、原告の右主張には理由がない。

〈判決の意義と指針〉

この事案は、弁護士が建物の賃借人から、賃借人が被告となった建物明渡請求訴訟の追行を受任し、訴訟上の和解交渉が行われ、依頼者が希望する金額を超える立退料の支払を受けること、立退料の支払と引換えに建物を明け渡すこと等を内容とする訴訟上の和解が成立したが、弁護士の事務所で和解の履行がされた際、依頼者が立退料の一部の支払を受け、残額の支払を受けないまま建物を明け渡させ、残額の回収ができなくなったことから(依頼者が弁護士に対して報酬の支払を拒絶した)、弁護士が依頼者に報酬の支払を請求したため、依頼者が委任契約上の債務不履行に基づく損害賠償請求権による相殺を主張した事件である。

この事案の特徴は、

①　訴訟の追行を受任した弁護士の訴訟の追行、訴訟上の和解の交渉、締結についての債務不履行が問題になったものではなく、訴訟上の和解が成立し、和解の履行の段階において依頼者の相手方の資産調査の債務不履行が問題になったこと

② 弁護士が依頼者に対して報酬の支払を求めたが、依頼者がこれを拒否したこと
③ 弁護士が依頼者に対して報酬の支払を請求したのに対し、依頼者が債務不履行に基づく損害賠償請求権による相殺を主張したこと
④ 弁護士の報酬の支払請求に派生して発生した事件であること

があげられる。

特に、訴訟上の和解において、賃借人である依頼者が4000万円の立退料の支払を受けることと引換えに建物を明け渡す旨の訴訟上の和解を締結した後、弁護士の事務所で和解の履行がされたが、依頼者の相手方は立退料の一部1000万円を支払っただけで、依頼者が残金の支払を受けないまま、和解の不履行が依頼者に高額な違約金を発生させることから、弁護士は依頼者に建物を明け渡させたが、相手方に資産がなく、残金の支払を受けることができなかったという経緯があるため、弁護士が依頼者のために訴訟上の履行の際に適切な助言をすべきであったか、その前に相手方に対する資産調査をすべきであったか等が問題になった。

この判決の特徴は、

① 弁護士が依頼者に建物からの立退きを促すに先立ち、相手方の資産状況等を調査すべき義務を負っていたとしたこと
② この事案では、弁護士が相手方の資産状況等について格別の調査をしないまま依頼者を建物等から立ち退かせたのであるから、弁護士に過失があったとし、弁護士の債務不履行を肯定したこと
③ 損害について、新住居等の賃借費用として、14カ月分の損害として170万8000円の損害を認め、仲介手数料、礼金、管理費用、弁護士の紹介料、立退料残額の回収のための弁護士費用、借入金の利息に関する主張を排斥したこと

であり、事例判断を提供するものである。なお、この判決は、弁護士に前記のような依頼者の相手方の資産状況等の調査義務を認めたものであるが、この判断は、この事案の特性を前提とするものであり、個々の事案の事情によるところがあり、弁護士が一般的にこのような調査義務を負うとはいえないであろう。

判　決　11	法律相談で助言をした弁護士の債務不履行責任を認めた事例 〔広島地判平成7・7・17判時1564号98頁、判タ895号153頁〕

【事案の概要と判決要旨】

Xは、受取人白地の約束手形を所持していたところ、弁護士Yに裏書人に対して手形金の回収を相談したが、その際YがXに対し、白地の補充をすることを助言することなく、Xが白地のままで支払のための提示をした。Yから紹介された弁護士Aが訴訟代理人になり、裏書人らに対して手形金の支払を請求する訴訟を提起した

ものの、白地のままで提示したことから、Ｘが裏書人との間で訴訟上の和解で手形金の一部を回収するにとどまったため、ＸがＹに対して委任契約の債務不履行に基づき回収不能の手形金相当額、弁護士費用相当額の1600万円の損害賠償を請求した。

この判決は、弁護士の法律相談における委任契約上の債務不履行責任を認め、請求を認容した（回収不能になった手形金相当額1800万円のうち、受領済みの800万円を控除した1000万円、弁護士費用100万円の損害を認め、過失相殺を否定した）。

〈判決文〉

1　説明・指示義務の範囲について

㈠　被告は、弁護士に対する法律相談は、弁護士と相談者との間の会話の上に成立するものであるから、相談者の資質や会話の具体的な内容に応じて、回答者たる弁護士が相談者に対して行うべき説明・指示の範囲も異なる旨主張するところ、右見解は、本件委任契約における被告についても一般論としては一応妥当するものということができる。

㈡　そこで、本件に即して具体的に検討するに、原告及び城坂が約束手形に関する基礎的な知識を有していたことを認めるに足りる証拠はない。前記のとおり、原告は、平成２年２月ころ、安佐南農協に初めて当座預金の口座を開設し、同月ころ及び同年７月ころの２回にわたって、フロンティアから受領した約束手形を預託し、取立てに回してもらっていたという事実はあるが、〈略〉によれば、その約束手形が不渡りになったことがあったものの、直ちに現金で決済されたため、原告が手形によって債権の回収をした経験はこれまでになかったことが認められるので、右の事実があるからといって原告に約束手形に関する基礎的な知識があったとはいい難い。特に、本件において問題とされるのは、裏書人に対する遡求権保全の方法という、より高度の法律知識であり、この知識を原告が有していたことを認めるべき証拠は見当たらない。また、被告は、原告において本件手形が正常な取引によって振り出されたものでないことを知っていたはずである旨主張するけれども、原告において、本件手形が不渡りとなる可能性があること以上に、右の点を認識していたことを認めるに足りる証拠はない。

なお、原告及び城坂が相談に際して約束手形に関する基礎的な知識を有していない旨、特に被告に告知したことについては、これを認めるには至らないけれども、弁護士に相談する者は、とかく法律的な知識に乏しいのが一般であり、または、一応の知識を有していても、それを確認することに十分意義があるというべきであるから、右の告知が認められないからといって、それが直ちに被告の説明・指示義務を減殺する事情となるとはいい難い。

㈢　ところで、本件手形は、振出日欄と受取人欄が白地であったから、本件手形によって、法律上有効に裏書人の責任を追及するためには、支払呈示に先立って、振出日欄を補充するだけでなく、受取人欄に第一裏書人たる京都新聞事業の社名を記入してこれを補充し、裏書が連続した手形にする必要があるものであることはいうまでもないところである。

そこで、前記のような原告の被告に対する相談の経過及び前記一のような本件委任契約の内容に、右(二)の事情を総合すれば、本件手形が現実に持参されており、具体的な相談の過程において、その第一裏書人として表示されている京都新聞事業に対する責任追及の方法につき助言を求められているのであるから、相談を受けた弁護士たる被告としては、原告に対し、本件手形によって裏書人の責任を法律上有効に追及するためには、振出日欄とともに裏書人欄を補充するよう、そして、必要に応じて、振出日としてどのような日付を記入すべきかについて、また、受取人欄に第一裏書人たる京都新聞事業の社名を記入してこれを補充しなければならない旨を具体的に説明・指示すべき義務があったというべきである。〈略〉

2(一)　〈略〉

(二)　〈一部略〉

そして、〈略〉によれば、被告は、原告が本件訴訟を提起するまでの示談交渉の場において、原告ないし原告訴訟代理人に対し、本件手形の受取人欄を補充するよう原告に指示しなかったことを自認するかのような発言をしていたことが窺われるのである。

以上の事実関係からすると、被告は、本件手形の第一裏書人欄に京都新聞事業の記入があったことから、受取人欄にも同様の記入がされているものとばかり思い込んでしまったものと、むしろ推認されるのである。

(三)　以上によると、被告は、当時、本件手形の受取人欄が白地であることを認識しておらず、それゆえ、原告に対しその補充をするよう具体的に説明ないし指示する義務を怠ったものと認めざるを得ない。

三　争点3（原告の被った損害）について

1　原告が被告に相談した後の経過、原告が丙川弁護士に委任して提起した手形訴訟（通常訴訟に移行）の経過は、前記のとおりである。

これらによれば、被告は、本件委任契約の前記債務不履行により原告の被った損害を賠償する責任があるものというべきである。

2　原告は、京都新聞事業から本件手形金2250万円全額の回収ができたものであるとして、和解によって現実に回収できた800万円との差額1450万円が本件債務不履行による損害であると主張している。

原告の右主張は、原告が京都新聞事業に対する訴訟において、全部勝訴の終局判決を得ることができたことを前提とするものである。

しかしながら、本件手形は、本件貸付金の担保として原告が受領したものであるところ、原告が被告に委任して京都新聞事業に宛てた前記内容証明郵便には、その旨を明示し、手形金額と原因関係の債務の元利とを清算する用意がある旨記載したこと（この当時、原告と被告の間には十分な信頼関係があったことは明らかである。）、前記訴訟においても、京都新聞事業からの和解の申出に対し、原告は、本件貸付金の元本に若干の費用の上積みを考慮した金額として一応1900万円を要求することとするが、これが無理であれば、京都新聞事業提案の1800万円を受諾するつもりで和解期日に臨んだこと等の前示の事実関係からすれば、右訴訟が終局判決にまで至ったであろうとは推認することはできず、むしろ、和解で終局した蓋然性が極めて高いものというべきである。

本件の原告訴訟代理人も、本件訴訟提起に先立つ被告の代理人に対する書簡〈甲7号証の6〉において、このことを暗黙に肯定しているものと理解することは不可能ではない。そうすると、原告の被った損害は、終局判決の認容額を基準とするのではなく、成立に至ったと推認される和解金額に基づいて算定するのが相当というべきである。

そして、前記の事実関係に照らせば、原告は、右訴訟手続中の和解において、1800万円を下らない和解金を取得できたものと推認できるから、本件債務不履行によって原告の被った損害は、現実の取得額800万円との差額である1000万円と認めるのが相当である。

3　また、〈略〉によれば、原告は、本件訴訟の提起を原告訴訟代理人に委任し、その着手金として150万円を支払ったことが認められるところ、本件訴訟の内容等に照らし、右のうち100万円についても、本件債務不履行と相当因果関係のある損害と認めるのが相当である。

4　なお、付言するが、右のとおり、原告が京都新聞事業から実際に本件手形金を回収できなかった以上、右の次第で京都新聞事業から回収が不能となった1000万円の範囲で、原告には当然に損害が生じたものというべきである。

したがって、前記のとおり、本件手形は、原告がフロンティアから本件貸付金の担保として受領したものであるが、原因債権たる本件貸付金（その元金は1723万6928円）を基準として、原告に生じた損害を算定することは相当でなく、また、京都新聞事業以外の本件手形の債務者や本件貸付金の連帯保証人に資力があったかどうかを考慮することも相当でない（もっとも、総和が倒産状態にあったことは前記のとおりであり、また〈略〉を総合すれば、京都新聞事業以外の本件手形の債務者、本件貸付金の連帯保証人にも資力がなかったことが認められる。）。

また、法律相談における相談者である原告と回答者としての弁護士である被告との相互の関係を考慮すれば、本件において、過失相殺の対象とすべき過失が原告にあったものとは認めることはできない。

〈判決の意義と指針〉

この事案は、受取人白地の約束手形の所持人が弁護士に裏書人に対して手形金の回収を相談し、弁護士が白地の補充をすることを助言することなく、所持人が白地のままで支払のための呈示をし、弁護士から紹介された別の弁護士が訴訟代理人となり、手形金の支払を請求する訴訟を提起したが、白地のままで呈示したことから、所持人が裏書人との間の訴訟上の和解で手形金の一部を回収するにとどまったため、所持人である依頼者が弁護士に対して委任契約上の不履行に基づき損害賠償を請求した事件である。

この事案の特徴は、

①　受取人白地の約束手形の所持人が弁護士に裏書人に対する手形金の回収を相談したこと

②　弁護士が白地の補充をすることを助言しなかったこと

③　所持人が白地のままで支払のための呈示をしたこと（裏書人に対して遡及権

を有効に行使するには、白地を補充して支払のための呈示をすることが必要である）

④ 裏書人が支払を拒否したことから、他の弁護士を紹介したこと

⑤ 他の弁護士が訴訟代理人となり、裏書人らに対する訴訟を提起したこと（訴訟の提起にあたり、白地部分を補充したこと）

⑥ 裏書人が呈示の無効を主張したこと

⑦ 訴訟上の和解交渉が行われ、手形金2250万円のうち、800万円の支払を内容とする和解が成立し、所持人が800万円を受領したこと

⑧ 手形の所持人が法律相談した弁護士に対して法律相談に係る委任契約上の債務不履行責任を追及したこと

⑨ 損害として回収不能の手形金相当額、弁護士費用相当額が主張されたこと

があげられる。

この判決の特徴は、

① 弁護士が法律相談における相談者に対して行うべき説明・指示義務を認めたうえ、この事案につき、第一裏書人に対する責任追及の方法につき助言を求められているから、相談を受けた弁護士としては、相談者に対し、裏書人の責任を法律上有効に追及するためには、振出日欄とともに裏書人欄を補充するよう、必要に応じて、振出日としてどのような日付を記入すべきかについて、また、受取人欄に第一裏書人の社名を記入してこれを補充しなければならない旨を具体的に説明・指示すべき義務があったとし、この義務違反が認められるとしたこと

② 弁護士の法律相談における委任契約上の債務不履行責任を肯定したこと

③ 相当因果関係のある損害として、回収不能になった手形金相当額1800万円のうち、受領済みの800万円を控除した1000万円、弁護士費用100万円の損害を認めたこと

があげられる。この判決は、手形金の回収を法律相談された弁護士の委任契約上の債務不履行を肯定した事例、損害として回収不能の手形金相当額の損害を認めた事例として参考になる。なお、余談ながら、筆者の裁判官時代、白地部分が補充されないまま支払のために呈示された手形を見かけたことがあるが、それも１度とか２度ということではなかった。

判　決　12	訴訟提起を受任した弁護士の注意義務違反を認めたものの、損害の発生を否定し、債務不履行責任等を認めなかった事例 〔東京地判平成7・8・25判タ911号125頁〕

【事案の概要と判決要旨】

X、Aは、B株式会社に勤務していたが、Bから懲戒解雇され、法律扶助協会の扶助決定を得て、弁護士Yに訴訟の提起、追行を委任したところ、Yがその1年11カ月後に不当解雇を理由とする損害賠償を請求する訴訟を提起したものの、XがYを解約する意向を明らかにしたことから、Yが法律扶助協会の承認を得て裁判所に訴訟代理権の消滅の通知をしたため、XがYに対して賃金債権の消滅時効、相手方らとの内通、証拠書類の不提出、証人尋問の不実施等を理由として債務不履行、不法行為に基づき損害賠償を請求した（Xは、本人訴訟である）。

この判決は、打合せが終了した時点から訴訟の提起まで約1年間を要したことは注意義務に違反して違法であるとしたが、未払賃金の支払請求の委任はなく、未払賃金相当の損害賠償請求には理由がないとし、Yの立証方針につき訴訟委任契約の本旨に反する義務違反は認められない等とし、Xの主張を排斥し、請求を棄却した。

〈判決文〉

1　右一において認定したところによれば、被告は、昭和63年5月12日付けで、原告及び梅景と被告及び扶助協会との間で、エイワほかに対する損害賠償請求事件についての委任契約を締結しながら、平成2年4月2日に至ってようやく受任に係る右損害賠償請求の訴えを提起し、また、その間、平成元年2月の打合せの時までには、不当解雇を理由とする損害賠償請求（慰謝料請求）のみを訴訟物とする方針を固めて原告らの了解を得るとともに、原告らから訴訟委任状の交付を受けていながら、さらに約1年以上も右訴えの提起に着手しなかったというのであり、右平成元年2月の打合せ以降原告らに右一6の平成2年3月25日付けの書簡を送るまでの間、原告らから事情聴取を行ったり、原告らに対して訴えの提起が遅延していることについての詳細な説明を行ったりした形跡は証拠上うかがわれない。

もっとも、本件記録からうかがわれるエイワほかに対する訴訟事件の事案の内容・性質さらには依頼者である原告らの性格・言動にかんがみると、被告において受任事件の内容の把握に時間を要し、通常の場合に比してその処理が遅延せざるを得なかった事情については理解できないでもなく、平成元年2月ころまで事情聴取を重ねた点については、直ちにその遅延が受任弁護士としての注意義務に違反するとまではいえないように思われる。

しかしながら、右に判示した事実によれば、平成元年2月の打合せが終了した時点においては、訴訟物についての方針も固まり、原告らから訴訟委任状の交付も受けていたというのであるから、遅滞なく訴えの提起に着手し得る状態にあったものと認められるのであり、右時点から被告が訴えの提起に着手するまでさらに1年以上の期間を要した点については、右に判示した事案の内容・性質や依頼者の性格・言動さらには右一6において認定した被告側の事情を斟酌しても、なお、相当性を逸脱した行為といわざるを得ず、受任弁護士として誠実に職務を行うべき注意義務に違反した違法な行為と認めざるを得ないものというべきである。

2　そこで、次に、被告の右訴え提起の遅延により原告が被ったと主張する損害について検討するに、右一において認定した事実によれば、原告は、訴え提起前の被告からの事情聴取の際に、被告に対し、職場復帰の意思がない旨明確に回答しており、原告がエイワを解雇された後、エイワに対して就労の意思を表示した事実を認めるに足りる証拠はない（原告自身、その本人尋問において、解雇後職場復帰をする意思はなかった旨供述しているところである。）上、右認定事実によれば、原告らは、訴訟物を不当解雇を理由とする慰謝料請求として提訴することについても了解していたというのであり、被告との間で紛議になるまで被告に対し未払賃金請求の機会を逸したことについての異議を述べた形跡は証拠上うかがわれない。以上の事実にかんがみると、原告は、そもそも、解雇無効を理由とする未払賃金請求手続を被告に委任しなかったものと認められ、したがって、被告の右訴訟提起の遅延により右未払賃金債権が時効消滅し原告が右請求の機会を逸したことを理由とする原告の被告に対する損害賠償請求は、その前提において失当というべきである。

〈判決の意義と指針〉

この事案は、会社の従業員が会社から懲戒解雇され、法律扶助協会の扶助決定を得て、弁護士に訴訟の提起、追行を委任したが、1年11カ月後に不当解雇を理由とする慰謝料の損害賠償を請求する訴訟を提起したことから、依頼者が弁護士に対して訴訟提起の遅滞等を主張し、未払賃金債権相当額の損害賠償を請求した事件である。

この事案の特徴は、

①　弁護士が法律扶助協会の扶助に係る訴訟を受任したこと

②　依頼者が会社から懲戒解雇され、弁護士が解雇に係る訴訟を受任したこと

③　弁護士が受任の約1年11カ月後に不当解雇を理由とする慰謝料の損害賠償を請求する訴訟を提起したこと

④　弁護士が訴訟代理人を辞任したこと

⑤　依頼者が弁護士の損害賠償責任を追及したこと

⑥　損害として未払賃金相当額の損害が主張されたこと

があげられる。

この判決の特徴は、

①　弁護士の調査、事情聴取に相当の期間が経過したことについては、直ちに注意義務違反とはいえないとしたこと

②　依頼者との打合せが終了した時点から約1年を経過したことについては、遅滞なく訴えの提起に着手し得る状態にあったものと認められ、事案の内容・性質や依頼者の性格・言動さらには弁護士側の事情を斟酌しても、なお、相当性を逸脱した行為といわざるを得ず、受任弁護士として誠実に職務を行うべき注

意義務に違反した違法な行為であるとしたこと

③　依頼者が損害として主張する未払賃金は、就労の意思を表示した事実がなく、訴訟物を不当解雇を理由とする慰謝料請求として提訴することを了解していたこと等から、認められないとし、損害の発生を否定したこと

があげられ、その旨の事例判断を提供するものである。なお、この判決は、前記のとおり、訴訟の受任弁護士としての注意義務違反を肯定しているから、損害の主張の仕方によっては損害の発生が認められる可能性があろう。

判決13　建物の賃借人から明渡請求事件を受任した弁護士の事務処理、訴訟上の和解に係る債務不履行責任を認めた事例

〔東京地判平成8・4・15判時1583号75頁〕

【事案の概要と判決要旨】

Xは、Aから建物を賃借していたところ、Aから建物の明渡しを請求され、弁護士Yに事件の処理を依頼した。XがYに賃料を預託したが、Yがこれを支払うことも、供託することもしなかったため、AがXに対し建物の明渡しを請求する訴訟を提起した。YがXのために訴訟代理人になったものの、Xが知らない間に建物の明渡し等を内容とする訴訟上の和解を成立させ、Xが建物の明渡しを余儀なくされたため、XがYに対し委任契約上の債務不履行に基づき損害賠償を請求した。

この判決は、Yが賃料を供託しなかったこと、了解を得ずに和解を成立させたことにつき委任契約上の債務不履行を認め（新たに建物を賃借するために要した費用合計323万円余の損害を認めた）、請求を認容した。

〈判決文〉

一　争点1について

1　〈略〉

2　右の主張は、それ自体賃料を供託しなかった理由を無理にこじつけるものに過ぎず、前後矛盾し、経験則に反し、正に苦し紛れの弁解という他はなく、まともに検討するに値しない。円満解決のため賃料を供託しないなどという論理が通用しないことはいうまでもなく、被告は要するに当初から、又は遅くとも家主が賃料の受領拒絶をすることが明らかとなった段階で預託された賃料を供託する手続をとるべきであったのであって、それをせず賃料不払いを理由に賃貸借契約を解除されては、どのような弁解も通るものではない。被告に弁護士として委任契約の債務不履行があったことは明らかである。

二　争点2つにいて

1　本件和解の内容は、原告にメリットの考えられないものである。調停段階の申立てのように、建物の朽廃を理由とする明渡しの要求であれば、朽廃度の鑑定等に日時を要し、仮に原告敗訴としても係属一年程度で訴訟が終了する見込みはない。建物の朽廃の有無の判断は必ずしも容易ではないから、場合によっては、原告に有利な判断が出る可

能性もないとはいえない（現に証人清水威寛は、和解成立当時本件店舗において酒屋業を営んでおり、特に支障を感じなかったと述べる。）。仮に立退きを内容とする和解となったとしても、立退きの期限なり、立退料の額なりで相当の譲歩が引き出せた筈である。平成5年4月21日の和解成立で、その年の末に建物を明渡し、その対価としては、平成2年11月1日から明渡し済みまでの賃料又は賃料相当損害金の免除というのでは、金額としても酒屋を営む店舗の明渡料として些少に過ぎるというべきであるし、何より原告は、被告にその免除の対象とされた賃料額を支払っているのであるから、被告からその返還を受けるのであればともかく（被告は、返還していないことを自認している。）、返還されないのであれば、経済的に全くメリットがないことになる。そのような和解をすることを、原告ないしその子息の威寛が承諾するはずはない。このような和解は、結局被告が賃料を供託せず、賃料不払いの事実は動かし難いし、その主張するところによっては、不払いによっても信頼関係が破壊されていないなどという抗弁の通らないことも明らかであるため（原告の代理人の事情で賃料を支払わなかったなどということが家主に対して有効な主張になる筈がない。）、殆ど敗訴同然の内容となったとか解し得ない。このような弁護士によって、このような結果とされたことは誠に遺憾の極みである。

2　以上のとおり、被告本人尋問の結果は採用できず、〈証拠略〉によれば、本件和解は、原告の意思に基づかないで行われたものと認めるべく、被告は、この点においても委任契約の債務不履行があったものというべきである。

〈判決の意義と指針〉

この事案は、賃貸人から建物（店舗）の明渡しを求められた賃借人が弁護士に事件を依頼し、弁護士に賃料を預託したものの、事件を受任した弁護士が賃料の支払、供託をしなかったことから、賃貸借契約が解除され、賃貸人が賃借人に対して建物の明渡しを請求する訴訟を提起し、弁護士が訴訟の追行を受任し、賃借人が承諾しないまま明渡し等を内容とする訴訟上の和解を成立させたため、依頼者である賃借人が弁護士に対して損害賠償を請求した事件である。

この事案の特徴は、

①　弁護士が建物の賃借人から明渡事件を受任したこと
②　弁護士が依頼者である賃借人から賃料の支払に充てる金銭を預託されたこと
③　弁護士がこの金銭を賃料として支払わず、また、供託もしなかったこと
④　賃貸人が賃貸借契約を解除し、賃借人に対して建物の明渡請求訴訟を提起したこと
⑤　弁護士が賃借人が訴訟の追行を受任したこと
⑥　弁護士が依頼者である賃借人の承諾を得ることなく建物の明渡し等を内容とする訴訟上の和解を成立させたこと
⑦　依頼者が建物の明渡しをしたこと
⑧　依頼者が弁護士に対して委任契約上の債務不履行責任を追及したこと
⑨　弁護士が賃料の支払、供託をしなかったこと、承諾もなく前記和解をしたこ

とが問題になったこと

⑩　損害として新規に建物の賃借に要する諸費用が主張されたこと

があげられる。この事案で依頼者が主張した弁護士の債務不履行の事由は、弁護士にとって初歩的な受任事件の事務処理上の過誤である。

この判決は、弁護士が依頼者から賃料を預託されながら、賃料の支払、供託をしなかったことと、賃貸人から訴訟を提起され、依頼者の承諾もなく訴訟上の和解をしたことにつき委任契約上の債務不履行があるとし、新規に建物を賃借することに必要な諸費用等の損害を認めたものであり（預託された賃料の返還もされておらず、この相当額の損害賠償も認められた）、弁護士の債務不履行責任を肯定し、相当多額の損害賠償額を認めた事例判断として参考になる。

判　決　14	損害の発生を否定し、弁護士の債務不履行を認めなかった事例 〔千葉地判平成８・６・17判時1620号111頁〕

【事案の概要と判決要旨】

産業廃棄物処理業を営むＸ株式会社（代表取締役はＡ）は、最終処分場を営むＢ株式会社に対してＸの搬入権を被保全権利とし、汚泥搬入妨害禁止の仮処分申請の手続を弁護士Ｙに委任して申請し、仮処分決定を得た後、Ｂから仮処分異議が出され、異議手続において、裁判上の和解が成立した（その後、当事者間で和解と異なる修正契約が締結され、ＹはＸの代表者との信頼関係が失われたとし、Ｃ弁護士を紹介した）。Ｂが合意に違反し、Ｘの内部で紛争が発生した際、Ｙ、Ｙの事務所に勤務する弁護士Ｄ、ＥがＡに対する仮処分の申請の代理人になったり（Ｙは、前記のＢに対する仮処分申請事件のＸの代理人を辞任した）、ＤがＢの代理人としてＸに対する仮処分を申請したりしたため（Ｘは、Ｙにつき懲戒の請求をしたところ、所属弁護士会は、業務停止３カ月の懲戒処分をし、日弁連に対する審査請求の申立てがされたが、棄却された）、ＸがＹに対して委任契約上の債務不履行を理由に損害賠償を請求した。

この判決は、委任の趣旨に反し債務不履行になる可能性があるとしたものの、財産的損害との間の因果関係がないとし、請求を棄却した。

〈判決文〉

1　和解における弁護士の一般的義務について

一般に、民事事件において訴訟、保全処分等の裁判上の手続を受任した弁護士は、委任の趣旨に従い、善良な管理者の注意をもって委任者の権利及び正当な利益を擁護し、そのために必要な訴訟活動をすべき義務がある（民法644条）。

そして、右義務を適切に履行するために、弁護士が裁判上の手続においてどのような具体的措置を選択すべきかについては、原則として、その専門的知識、経験等に基づき、適正な裁量によって決定すべき事項であり、またそれらの具体的措置につき必ずしも逐一委任者に報告し指示を受ける必要はないと考えられる（弁護士倫理18条参照）。裁判上の和解においても、和解を求めるか、和解内容としてどのような条項を求めるか、相手方の要望をどの程度受け入れるか、和解の打ち切りを求めるか等については、弁護士の専門的知識、経験に基づく裁量があると考えられる。しかし、裁判上の和解は、当事者の合意によって成立するものであり、しかも判決と同じ効力を有するものであるから、弁護士の裁量といっても無制限のものではなく、弁護士としては、⑴　当該事件の性質や紛争の内容、実態などを考慮して、委任者の利益を擁護すべく可能な限りの方策を検討するとともに（同19条参照）、⑵　委任者に適宜審理の進行状況を報告し、事件の処理方針について打ち合わせ、和解の内容及びその結果について委任者に説明し、和解の諾否について委任者の意向を十分反映させるように努める義務（報告・説明義務）（民法645条、弁護士倫理31条参照）があるというべきである。

2㈠～㈢　〈略〉

㈣　以上に認定判断したところによれば、被告が本件の和解条項を受け入れて和解を成立させたことをもって、当該紛争の解決策として著しく不合理であり、被告の弁護士としての裁量の範囲を逸脱したものということはできないし、原告代表者も和解の進行状況を了知し、和解案を受諾することを了承したといわざるをえないから、結局、被告が本件和解成立に至る過程で委任者たる原告の利益を擁護する方策を検討すべき義務の本旨に従った履行をしなかったことを認めることはできない。

3、4　〈略〉

二　争点一の2（裁判上の和解の成立後の義務違反）について

1　弁護士の委任事務の範囲について

委任契約において、受任者は委任事務の終了に至るまで善良な管理者としての注意義務を負うが、弁護士が民事事件について訴訟行為を受任した場合には、通常、当該事件に関する一切の訴訟行為、並びに和解その他の裁判上及び裁判外の行為を受任したことになり、右委任事務の終了まで右善管注意義務を負うことになる。

そして、裁判上の和解は、和解が成立し、調書に記載されると、その範囲で当該事件に関する訴訟は当然に終了するという効力を有するから、裁判上の和解が成立した場合には、当該事件についての弁護士の委任事務は、原則として終了するものというべきである。

原告は、裁判上の和解が成立しただけでは委任事務は終了せず、和解の履行の確保も委任事務の内容として当然に含まれると主張する。しかし、弁護士が民事事件の訴訟を受任した場合には、当該訴訟の終了までを受任するのが通常であって、当該民事事件の背景にある訴訟当事者間の利害関係が解決され委任者の利益が確保されるまでを委任事務の範囲とするのは、委任事務の範囲を不明確かつ広範なものとし、当事者の合理的意思解釈とはいえない。また、当該和解調書の条項が具体的給付義務を内容とする場合には、和解調書には執行力が付与されている。これらのことを考慮すれば、和解の内容や委任事項等から和解成立後もその履行確保について当該弁護士が委任契約上の義務を負うと解するのが相当と判断されるような特段の事情がある場合は別として、そうでなければ、和解の成立により原則として委任事務は終了し、和解の履行の確保までは委任事務の範囲に含まれないというべきである（なお、訴訟委任状において弁済の受領に関する事項が委任されている場合において、和解で弁済に関する事項が定められ弁護士が受領権限を与えられたと認められるような場合には、弁済受領まで委任事務が終了しないと解される余地があるが、通常は和解成立によって弁護士の委任事務は終了するものと解される。）。

2　〈略〉

3㈠　右のように、被告の委任事務の処理は、和解成立により、そうでないとしても被告が松本弁護士を紹介した時点で終了したものであるから、その後は、和解内容の履行を確保する等の義務は存在しないというべきである。

しかし、委任事務の終了後であっても、弁護士は、委任を受けていた事件に関し、委任者の利益に積極的に反する行為等をしないという義務を委任者に対して負担しており、委任者の相手方の代理人になるなどして、委任者の利益を害するような行為をすることは許されないというべきであり、このような行為をした場合には、単に、弁護士法や弁護士倫理に抵触する場合があるのみならず、委任の趣旨に反するものとして債務不履行に該当する可能性があるというべきである。

なお、原告は、前記のとおり、本件和解成立後に日産建設と前記のような和解に反する内容の契約を締結しており、これは、被告との信頼関係をある程度失わせるものではあるが、そうとしても、被告が依頼者であった原告の相手方の代理人となって、それまでの依頼者の利益を害するような行為をすることは、いまだ正当化されないというべきである。

㈡　ところで、事案の概要二の2の㈢、3の㈠、㈡及び㈣で認定した被告の一連の行為は、被告自ら又は被告の事務所に所属する弁護士を介して、日産建設の側に立って原告ないし原告代表者を相手方として行動するものであり、いずれも原告の利益に反するものであって委任契約の趣旨に反する可能性があるから、債務不履行を構成する可能性があるといわざるをえない。

しかし、本件訴訟において原告らが主張する損害は、日産建設が本件基本契約に基づく原告の搬入する産業廃棄物の受入義務を履行しなかったこと自体による損害であるか、同社の本件和解契約に基づく右義務の不履行自体による損害であって、被告の右行為によって生じた損害と認めることはできない（なお、原告は、法人であって、被告の行為によって精神的損害を被ったとも認めがたい。）。

〈判決の意義と指針〉

この事案は、株式会社が汚泥搬入妨害禁止の仮処分申請の手続を弁護士に委任し、弁護士が仮処分を申請し、仮処分決定を得た後、相手方から仮処分異議が出され、異議手続において、裁判上の和解が成立する等したところ、相手方の合意違反等による紛争が発生し、弁護士、その事務所に所属する弁護士が依頼者であった会社、代表者と対立する相手方の代理人になる等して活動したため、会社が弁護士に対して委任契約上の債務不履行に基づき損害賠償を請求した事件である。

この事案の特徴は、

① 弁護士が株式会社から仮処分事件の申請、追行を受任したこと
② 仮処分決定を経る等した後、裁判上の和解が成立したこと
③ その後、会社と相手方との間で和解内容を修正する契約（合意）が締結されたこと
④ 会社の代表者と弁護士との間の信頼関係が失われ、弁護士が他の弁護士を会社に紹介したこと
⑤ 相手方に合意違反、会社の内部紛争が発生し、弁護士、その事務所に所属する弁護士が会社の代表者と対立する者、相手方の側の代理人になる等して活動したこと
⑥ 会社が弁護士につき懲戒の請求をし、所属弁護士会が業務停止３カ月の懲戒処分をしたこと（日弁連に対する審査請求の申立てがされたが、棄却された）
⑦ 会社が弁護士に対して委任契約上の債務不履行に基づき損害賠償責任を追及したこと
⑧ 会社は、裁判上の和解につき会社の利益を擁護すべき義務違反があった、和解内容を説明しなかった、和解の履行状況を監督する方策をとらなかった、和解成立後、会社の利益に反する行為をしたなどを債務不履行の理由として主張したこと
⑨ 弁護士と元の依頼者との間の利益相反が問題になったこと

があげられる。

この判決の特徴は、

① 裁判上の和解につき会社の利益を擁護すべき義務違反があった、和解内容を説明しなかった、和解の履行状況を監督する方策をとらなかったなどの依頼者であった会社の主張を排斥したが、委任事務の終了後であっても、弁護士は、委任を受けていた事件に関し、委任者の利益に積極的に反する行為等をしないという義務を負うこと
② 弁護士は、委任事務の終了後であっても、委任者の相手方の代理人になるなどして、委任者の利益を害するような行為をすることは許されず、このような行為をした場合には、単に、弁護士法や弁護士倫理に抵触する場合があるのみならず委任の趣旨に反するものとして債務不履行に該当する可能性があること
③ この事案では、弁護士の委任事務の終了後における一連の行為は、弁護士自らまたはその事務所に所属する弁護士を介して、仮処分事件の相手方の側に立って依頼者であった会社ないし会社代表者を相手方として行動するものであり、いずれも会社の利益に反するものであり、委任契約の趣旨に反し、債務不履行を構成する可能性があること
④ 会社の損害に関する主張は、相手方が会社の搬入する産業廃棄物の受入義務を履行しなかったこと自体による損害であるか、和解契約に基づく義務の不履行自体による損害であって、弁護士の行為によって生じた損害と認めることは

できないこと

⑤　会社は法人であって、弁護士の行為によって精神的損害を被ったとも認めがたいこと

を判示したものである。委任事務の終了後であっても依頼に係る仮処分事件の相手方の側に立って、仮処分事件に関連する事件につき弁護士が代理人になる等して活動したことは、弁護士法25条１項、56条１項に反するだけでなく、委任契約の債務不履行にあたるか、あるいは不法行為にあたると解するのが相当であるところ、この判決は、債務不履行の可能性を認めたものであるが、債務不履行を認めるのが相当である（なお、この判決は、委任事務の終了を認めたうえ、終了後の弁護士の活動について委任契約上の債務不履行を認めているが、その理由を説示していない)。また、この判決は、弁護士の委任契約上の債務不履行について、依頼者であった会社の損害に関する主張を排斥したものであり、この判断も事例を提供するものであるが、依頼者が法人であり、精神的損害を被ったとは認めがたいとする判断は、従来の判例、裁判例と整合しないものであり、疑問である。

判　決　15	上告を受任した弁護士の債務不履行責任を認めた事例 〔千葉地判平成９・２・24判タ960号192頁〕

【事案の概要と判決要旨】

Ａ有限会社の代表取締役Ｂが死亡し、Ａの経営権をめぐって紛争が発生し、Ｂの相続人Ｃらは、X_1、Ａを被告とし、Ｃらの社員権の存在確認、X_1の社員権の不存在確認、X_1を取締役とする社員総会決議の不存在確認等を請求する訴訟を提起し、X_1は、訴訟代理人として弁護士Y_1を選任し、後にY_1と同じ事務所の弁護士Y_2を復代理人に選任した。第１審、控訴審とも敗訴したため、X_1は、上告の申立てを依頼したが、Y_1らが上告理由書を提出期間内に提出せず、上告が却下され、X_1の敗訴が確定した後、X_1の事実上の代理人でＡの従業員X_2（X_1の夫）がＡから解雇される等したため、X_1、X_2がY_1、Y_2に対して訴訟代理人としての義務違反を理由に委任契約上の債務不履行に基づき損害賠償を請求した。

この判決は、弁護士の善管注意義務違反、誠実義務違反を認め、X_1に対する債務不履行責任を肯定し、X_1の請求を認容し、X_2の請求を棄却した。

〈判決文〉

2　民事訴訟を受任した弁護士の一般的義務について

一般に、民事事件において訴訟等の裁判上の手続を受任した弁護士は、委任の趣旨に従い、法律実務の専門家として善良な管理者の注意をもって依頼者の権利及び正当な利益を擁護し、そのために必要な訴訟活動をすべき委任契約上の義務を負う（善管注意義務、民法644条、弁護士倫理19条参照）のみならず、右委任契約に基づき、受任した事

件の処理及びこれに密接に関連する事項について、誠実にその職務を行い、依頼者のために適正妥当な法的措置を探究し、その実現を期すべき法的義務を依頼者に対して負っているというべきである（誠実義務、弁護士法１条２項参照）。

ところで、右義務を適切に履行するために、弁護士が受任した訴訟に関連してどのような具体的措置を採るべきかについては、右具体的措置の内容、性質、特に依頼者のどのような利益と関連して右措置が問題となるかによって、以下のとおり異なるというべきである。

㈠　訴訟においてどのような主張立証を行い、その他いかなる訴訟行為を選択すべきかは、原則として弁護士の専門的な知識、経験等に基づく適正な判断によって決すべき事項であり、当該受任者たる弁護士の判断に基づく行為が著しく不適正なものであったなどの特段の事情のない限り、右選択の適否が委任契約上の善管注意義務その他の義務違反を招来するものではないと考えられる。原告らが被告らの各義務違反行為として主張するもののうち、主張の提出、弁論再開の申立て、補助参加の申立て等については、右見地から判断されるべきである。

㈡　一方訴訟の進行状況や結果等についての依頼者への報告、説明、打合せ等に関しては、一般的に弁護士は適宜依頼者に審理の進行状況等を報告し、事件の処理方針について打合せを行う委任契約上の義務を負うと解される（民法645条、弁護士倫理31条参照）。

右の報告、打合せ等の義務を尽くすべき具体的事項についてみると、訴訟委任の最大の目的がその最終的な訴訟結果の獲得にある以上、判決その他の当該事件の終局的解決に際しては、特段の事情のない限り、これを依頼者に報告し、その内容等について十分に説明して、依頼者が上訴その他の措置を採る上で適切な判断材料となる情報を提供すべき義務がある。これに対し、当該訴訟の終局的解決に至るまでの手続的経過の詳細や、弁護士の裁量の範囲内に属する専門的事項等については、その全てについて逐一依頼者に報告しその指示を受ける必要は必ずしもないというべきであり、ただそのような手続的、専門的事項についても、終局的結果に重大な影響を与える事項については、当該事件の帰趨に関する依頼者の最終的な自己決定権を保障するために、依頼者に右事項を報告し、必要な範囲で説明、打合せ等をすべき義務を負うというべきである。

㈢　さらに、上訴などの不服申立てによって審判を受けるべき機会ないし期待という依頼者の手続的利益を確保するために、上訴期間内に上訴の申立て等を行うことなどについては、原則として弁護士の裁量権は認められず、上訴等の手続を特別に受任した弁護した右期間内に上訴の申立て等の措置を採らなかったために敗訴判決が確定するなどして、依頼者の前記手続的利益が奪われた場合には、特段の事情のない限り弁護士には委任契約上の善管注意義務違反ないし誠実義務違反が認められると解するのが相当である。〈略〉

３～10㈠　〈略〉

㈡　以上認定した事実を前提に、原告らの主張する前訴控訴審判決の説明義務違反、上告理由書提出義務違反について検討すると、まず依頼者から控訴事件を受任した弁護士としては、委任契約上の善管注意義務ないし誠実義務の一環として、控訴審の判決の全部又は一部が依頼者敗訴の内容である場合には、上告について特別に受任するか否かを問わず、上告理由の有無等の観点から判決理由を検討し、依頼者に右検討の結果を説明するなどして、依頼者が上告等の措置を採る機会を失わせないようにする必要があると解される。

本件においては、前訴控訴審判決後、被告乙川は原告敏子の代理人として行動していた原告充男に対し、条文を引用するなどして上告には憲法違反等の上告理由が必要であること等を説明したものであり、右説明を受けた上で原告充男は本件上告をすることを決めたのであるから、この点については被告らに説明義務違反等はないというべきである。

㈢　次に、上告事件を受任した弁護士は、特段の事情のない限り、委任契約上の善管注意義務ないし誠実義務の一環として、上告期間内に上告を提起するとともに、上告理由書提出期間内に上告理由書を原裁判所に提出すべきであり、もって上告が各期間の徒過を理由として不適法却下され、依頼者が上告理由の当否の審査を受ける機会のないまま敗訴判決の確定という不利益を受けることのないようにすべき義務を負うというべきである。また、上告事件を受任した弁護士が上告理由書を提出しない場合には、上告理由書提出期間内に上告理由書を提出しないと上告が不適法却下されることを事前に依頼者に説明し理解させた上で、依頼者の了解を得なければ、上告理由書の不提出による善管注意義務違反、誠実義務違反の債務不履行責任等を免れることはできないというべきである。

本件においては、前記認定した事実に照らせば、被告乙川は原告充男に対し、本件上告を受任した際に上告理由書を提出しない場合もあり得ることを暗にほのめかす程度の説明をしたにとどまり、原告充男から等価交換の和解案が不調に終わった旨の連絡を受ける前後を通じて、和解が成立しなかった場合には上告理由書を提出しないことを原告充男に対し口頭で明確に説明し、これについて同人の了解を得ることまではしなかったと認められる、そして、原告充男が特段の法律的知識を有しない者であることを考慮すると、右の程度の被告乙川の説明で、原告らが上告理由書の不提出による法的効果を理解し、これを納得した上で、本件上告の不適法却下、敗訴判決の確定という不利益を受け入れたものと認めることはできない。右認定に反する被告らの主張は採用できない。

したがって、被告らには、本件上告に際し上告理由書不提出について原告らに対し説明しないまま上告理由書をその提出期間内に提出せず、本件上告の不適法却下、敗訴判決の確定という不利益を原告らに生じさせた点において、善管注意義務違反、誠実義務違反があると認められる。

㈣　〈略〉

二1～3㈠　〈略〉

㈡　慰謝料額について

⑴　原告らは慰謝料として原告ら各自についてそれぞれ2000万円を主張するが、右金額は原告らの主張によれば、前訴の訴訟物であった「清すみ」の出資持分の清算配

当額について4億円相当とした原告らの試算を前提とするものであり、前記のとおり上告理由書をその提出期間内に提出しても前訴控訴審判決が破棄される見込みがなかった以上、右金額相当の精神的損害を被ったとする原告らの主張は理由がない。

(2) しかし、前記認定した事実に弁論の全趣旨を総合すると、原告敏子は本件上告を被告らに委任したことによって、少なくとも前訴控訴審判決についての上告理由が上告審で審理され、上告理由の有無が上告審の本案判決によって明らかになるまでは、前訴控訴審の敗訴判決の確定による不利益を回避することができ、また前記のとおり上告理由がないとして上告棄却の判決がされていたとしても、本訴請求(1)ないし(3)、反訴請求(2)の当否に関する原告敏子の主張が上告審で最終的に排斥されることによって納得を得ることができるという期待を有していたところ、被告らの上告理由書不提出による本件上告却下決定によって、右期待を奪われ、これにより一定の精神的損害を受けたものと認められる。

そして、争いのない事実等に乙第16号証、被告乙川本人尋問の結果及び弁論の全趣旨を総合すると、原告敏子は本件上告を被告らに委任した際、被告甲山に対し、着手金50万円のほか、前訴第一審からの実費約8万5000円を支払ったこと(原告らは合計80万円を支払った旨主張するが、これについて特段の立証はなく、採用できない。)、右着手金額は本件上告却下決定後、被告らから原告敏子に対し返還等はされていないことが認められ、右の事実と本件紛争及び前訴の経緯を総合すると、被告らの上告理由書不提出の善管注意義務、誠実義務違反によって本件上告が却下されたことにより、原告敏子が被った精神的損害に対する慰謝料の額は、100万円と認めるのが相当である。

一方、原告充男については、前訴第1審から本件上告却下に至る被告らとの打合せ、本件上告の委任等の過程において、原告敏子の事実上ないし法律上の代理人としての行為をしたことが認められるが、被告らに対する原告敏子の着手金等を立て替えたなどの事情は特段認められないことなどを考慮すると、慰謝料を生じさせるような精神的損害を被ったと認めることはできないというべきである。

〈判決の意義と指針〉

この事案は、有限会社の経営権をめぐる内紛において、弁護士が会社の経営者の相続人から訴訟の追行を受任し、第1審、控訴審と敗訴し、上告を受任したが(同じ法律事務所に属する弁護士が復代理人となったが、その後、他の法律事務所に移った)、上告理由書を提出期間内に提出せず、上告が却下される等したため、依頼者、その夫(依頼者の代理人であった夫)が弁護士らに対して債務不履行、不法行為に基づき損害賠償を請求した事件である。

この事案の特徴は、

① 弁護士が依頼者から訴訟の追行を受任したこと

② 弁護士が同じ法律事務所に属する弁護士を復代理人に選任したこと

③ 訴訟は、第1審、控訴審とも敗訴判決を受けたこと

④ 弁護士らが上告手続を受任したこと

⑤　弁護士らが上告をしたものの、提出期間内に上告理由書を提出せず、上告が却下されたこと

⑥　依頼者、その夫が弁護士らの損害賠償責任を追及したこと

⑦　弁護士らの義務違反の内容として、訴訟の進行状況の報告懈怠、期日の準備の打ち合わせの懈怠、口頭弁論期日への不出頭、X_1らの主張を記載した準備書面の陳述懈怠、第1審判決、控訴審判決の説明懈怠、上告受理書の提出懈怠等が主張されたこと

があげられる（なお、弁護士の過誤として主張されている事由は多岐にわたるものであり、詳細は、判決文参照）。

この判決の特徴は、

①　訴訟事件を受任した弁護士の一般的な義務を提示したうえ、報告義務については尽くしたこと、打合せについては必要な打合せをしたこと

②　期日への不出頭については、不出頭はあったものの、期日によっては出頭の必要がないことがあるとし、出頭義務違反はないとしたこと

③　準備書面の陳述等については、依頼者の夫が他の弁護士に依頼して作成させたものであること等から、弁護士の判断として著しく不適正ではなく、義務違反はないとしたこと

④　判決の内容の説明については説明義務違反はないとしたことを判示したが、上告理由書の提出については、これを提出せず、上告の却下、敗訴判決の確定という不利益を生じさせたことは依頼者に対する善管注意義務違反、誠実義務違反が認められるとしたこと

⑤　損害については、上告審において控訴審判決が破棄される見込みがあったとはいえないとし、財産的な損害に関する主張を排斥し、慰謝料として100万円を認めたこと

⑥　依頼者の夫に対する不法行為を否定したこと

があげられる。

この判決は、弁護士の受任事務の処理上の各種の義務違反を否定した事例判断を提供するとともに、上告理由書の期間内の提出懈怠について弁護士の善管注意義務違反、誠実義務違反を肯定した事例判断、上告による控訴判決の破棄の見込みがない場合において慰謝料を認め、慰謝料100万円を認めた事例判断として参考になるものである。

特にこの事案のように上告、上告受理の申立てによる破棄の見込みがないような場合において慰謝料を認めた、この判決の判断は、裁判例の傾向に照らし、参考になる判断である。もっとも、事件を受任した弁護士が受任事務の処理にあたって、通常の弁護士を基準として、善管注意義務等の義務違反が認められ、依頼者の合理的な期待を損なった場合には、事情によって慰謝料の損害賠償責任を認めることができるとしても、慰謝料の算定事情、内容、額の認定、判断は、個々の事案ごとに

検討し、妥当な判断が必要である。この判決は、この意味で参考になる事例判断を提供するものである。

判　決　16	裁判上の和解をした弁護士の債務不履行責任等を認めなかった事例 〔東京地判平成10・2・5判タ1008号178頁〕

【事案の概要と判決要旨】

Ａ病院の病院長Ｘは、Ａの理事会で解任されたが、病院長として勤務を続け、Ａから病院長の職務権限停止の仮処分の申請を受けたため、Ａに対して病院長の地位保全の仮処分等を申請するなどのため、弁護士Ｙを選任した。審尋期日が開催され、Ｘ、Ｙが出席し、ＡとＸとの間に裁判上の和解が成立したものの、Ａが和解の一部を履行せず、Ｙが弁護士報酬を請求したため、ＸがＹに対して債務不履行、不法行為に基づき損害賠償を請求した（Ｘについては、本人訴訟である）。

この判決は、ＸがＹと対立したものの、最終的には和解案を了解した等とし、インフォームド・コンセントを欠いていないとし、債務不履行、不法行為を否定して請求を棄却した。

〈判決文〉

原告は、被告がインフォームド・コンセントを欠如した状態で委任事件の処理を行ったとしてるる主張する。

㈠　本件仮処分事件は本件和解が成立することによって終了しているところ、前記認定の事実関係、とりわけ、原告と被告との間で事務処理方針に意見の対立が生じたことから、原告はその代理人として友人の服部を選任して、被告との折衝・連絡に当たらせたこと、服部は被告と面談するなどして和解条件等について打合せを行い、その結果を原告にファックス等で連絡し、原告も被告の和解案に対して修正意見を述べるなどして、最終的に原告は被告の和解案を了解したことの各事実に照らすと、本件和解条項は服部を介して、原告の意向を反映して作成されたものであり、原告はその内容を事前に了解して、これに同意して和解期日に出頭したことが認められるから、被告がインフォームド・コンセントを欠如した状態で本件委任事件の処理を行ったとすることはできない。請求原因２㈥の主張は到底採用できない。

㈡　原告は、弁護士報酬についてそのよってきたる根拠を示さなかったことをもってインフォームド・コンセントを欠如した旨主張するが、原告は受任当時において、着手金額、報酬（最高金額）とも明確に示しているうえ、これらの額が一般の報酬額に照らし著しく不相当に高額であると認めるに足りる証拠はなく、また、本件報酬額である250万円は被告と原告の代理人である服部との間で予め合意され、原告もこれを事前に承諾しているものであることなどの諸般の事情を考慮すると、仮に被告が弁護士報酬の具体的な根拠を示さなかったことがあるとしても、これをもって原告に対する不法行為に当たるものとすることはできない。請求原因2㈠の主張は採用できない。

〈判決の意義と指針〉

この事案は、病院長が病院の理事会で解任され、病院から仮処分を申請され、逆に仮処分等を申請する等し、弁護士を代理人に選任し、審理が行われ、裁判上の和解が成立したところ、病院が和解の一部を履行せず、弁護士が報酬を請求したため、元病院長が弁護士に対して損害賠償を請求した事件である。

この事案の特徴は、

① 病院長（医師）が病院の理事会で解任されたこと
② 元病院長と病院との間で仮処分の申請等をめぐるトラブルが発生したこと
③ 元病院長が弁護士を代理人に選任し、仮処分事件で裁判上の和解が成立したこと
④ 病院が和解の一部を履行しなかったこと
⑤ 弁護士が元病院長に報酬の支払を求めたこと
⑥ 元病院長が弁護士に対して損害賠償を請求したこと（本人訴訟である）
⑦ 元病院長がインフォームド・コンセントの欠如を主張したこと
⑧ 元病院長が弁護士に対して債務不履行責任、不法行為責任を追及したこと
⑨ 弁護士が元病院長に報酬の支払を請求したことに派生的に発生した紛争であること

があげられる。この訴訟で主張されたインフォームド・コンセントの欠如は、現在、弁護過誤の事件で主張された事例を見かけることはないが、実質的には、弁護士の説明義務違反、同意取得義務違反として構成することができるものであろう（なお、医療過誤の事件では、現在でも、インフォームド・コンセントの法理が主張されている）。

この判決は、裁判上の和解の交渉、締結の経緯を認定し、インフォームド・コンセントを欠如した状態で裁判上の和解が成立したものとはいえない等としたものであり、弁護士の裁判上の和解に係る債務不履行責任、不法行為責任を否定した事例判断を提供するものである。

判　決　17	弁護士の委任事務処理上の受取金の返還拒否につき不法行為責任を認めた事例 〔大阪地判平成10・2・27判時1660号86頁〕

【事案の概要と判決要旨】

Ｘは、弁護士Ｙに公正証書の有効性につき調査し、相手方Ａとの間の遺産相続に関する交渉をすることを委任し、ＹがＡと交渉をし、合計700万円をＡから受け取ったが、Ｙが報酬額につき十分な説明をせず、受取金の返還を拒否したため、ＸがＹ

に対して700万円の返還を請求するとともに、受取金の返還拒否に係る不法行為に基づき慰謝料として90万円の損害賠償を請求した。

この判決は、XとYとの間で300万円を報酬とする合意の成立を認めたが、この報酬の合意が暴利行為にあたり、無効であるとしたものの、弁護士報酬として相当な額を支払う旨の黙示の合意を認め、相当報酬額が60万円であるとしたうえ、委任事務の終了により700万円の返還義務を負担する等していたのに、これを拒絶し、本件訴訟の提起を余儀なくさせたとして不法行為を肯定し（弁護士費用相当額40万円の損害を認め、慰謝料の損害は認めなかった）、請求を認容した。

〈判決文〉

一　被告が700万円を花子より受け取った事実、右金員を被告が原告に返還していない事実、被告と金井塚弁護士とが話し合いをした事実及び大阪弁護士会紛議調停委員会において調停が行われた事実は当事者間に争いがなく、右争いのない事実に、〈証拠略〉を総合すれば、次の事実が認められる。

1　本件合意では平成８年５月10日までに700万円から報酬額の300万円を差し引いた400万円を原告の指定する銀行口座に振り込んで支払うこととされたが、平成８年５月10日を過ぎても被告から入金がなかったことから、原告の妻である甲野春子（以下「春子」という。）が被告事務所に電話をかけ、いまだ400万円を入金していない理由を問いただしたところ、丙川は、原告が平成８年５月10日までに被告に会いに来てくれなかったから入金しなかった等を答えるにとどまり、合理的な説明をしなかった。そこで春子は、被告に騙されたのではないかとの疑念を感じ、大阪市の天王寺区役所が開催していた法律相談において、公正証書遺言や弁護士の報酬規定等について右区役所の法律相談を担当していた金井塚弁護士から説明を受け、同弁護士から本件契約における被告の報酬額の根拠等について被告から更なる説明を受けるべきとの助言を受けた。

2　そこで、原告、春子及び三郎は、同月14日、被告事務所において被告と会い、300万円の報酬の根拠等についての説明を求めたが、被告からは合理的な説明を受けられなかった。このため原告は、さらに、同月15日から同月17日にかけて、被告事務所に10回程度電話をし、被告との面会を求め、また、報酬の根拠等についての説明を求めたが、被告に電話がとりつがれることはなく、また、被告から電話がかかってくることもなく、結局、被告から報酬の根拠についての合理的な説明を受けることができなかった。

3　そこで、春子及び三郎は、原告の意を受けて、同月20日、大阪弁護士会の市民苦情相談窓口で相談し、その際、大阪弁護士会紛議調停委員会への紛議調停の申立てを勧められ、原告は、同月23日、大阪弁護士会に紛議調停の申立てを行った。

4　その後、同月28日、原告から委任を受けた金井塚弁護士と被告との間で、大阪弁護士会館において、交渉が行われたが、被告は、300万円から多少の減額はする旨の申し出をしたものの、右300万円のみならず400万円についても即時返還を拒否した。

5　また、大阪弁護士会の紛議調停委員会における調停においても、被告は、400万円の即時返還も拒否し、平成８年９月20日、右委員会は、調停不成立により終結する旨の決議をなし、同月25日ころ、原告に通知された。

6　その後、同年10月８日、本件訴訟が提起された。

二　そこで、被告の右態度が不法行為に該当するのか否かについて検討するのに、前記第一、三、2の㈠で認定の事実によれば、被告は、花子との和解契約締結により、本件契約に基づく委任事務を終了し、その受取物である700万円の返還義務を負担しているところ、仮に本件合意が有効と仮定しても、弁護士として、平成8年5月10日までに少なくとも400万円を返還すべきであって、これを拒むいかなる理由も存在しないことを知悉しながら、あくまでも右400万円を原告に返還しようとしなかったものであって、その結果、原告は本件訴訟の提起を余儀なくされたものであるから、かかる被告の行動態度はそれ自体不法行為に該当するものというべきである。

したがって、被告は、民法709条に基づき、後記三で認定の損害を賠償すべき義務がある。

〈判決の意義と指針〉

この事案は、弁護士が依頼者から公正証書の有効性の調査、遺産相続に関する交渉を委任し、交渉の相手方から700万円を受け取ったが、依頼者からの返還（引渡し）要求を拒否し、報酬を主張する等したことから、依頼者が700万円の返還（引渡し）のほか、返還（引渡し）拒否に係る不法行為を主張し、損害賠償を請求した事件である。

この事案の特徴は、

①　弁護士が依頼者から遺産相続の交渉等の法律事務を受任したこと
②　弁護士が交渉の相手方から700万円の支払を受けたこと
③　弁護士が依頼者から受取金の返還要求を受け、弁護士報酬を主張したこと
④　依頼者が報酬額につき疑問をもち、他の弁護士に相談したこと
⑤　弁護士が報酬額につき合理的な説明をしなかったこと
⑥　依頼者と弁護士との間で弁護士会紛議調停委員会への紛議調停等の場で紛争が現実化したこと
⑦　報酬の合意の効力が問題になったこと
⑧　弁護士が受取金の返還を拒否したこと
⑨　依頼者が弁護士に対して前記金員の返還を請求するとともに、受取金の返還拒否が不法行為にあたると主張し、損害賠償責任を追及したこと

があげられる。

この判決の特徴は、

①　報酬の合意が暴利行為による公序良俗に違反し、無効であるとしたこと
②　弁護士報酬として相当額を支払う旨の黙示の合意が成立したとしたこと
③　返還すべき金員の返還を拒否するいかなる理由も存在しないことを知悉しながら返還を拒否したことが不法行為にあたるとしたこと
④　損害として本件訴訟の提起を余儀なくされたことを認め、弁護士費用相当額の損害額を認めたこと（慰謝料の主張を排斥したこと）

があげられる。この判決は、弁護士と依頼者との間の報酬に関する合意が暴利行為にあたるとし、無効としたものであるが、数少ない事例判断として参考になる。もっ

とも、この判決は、相当額の弁護士報酬を支払う旨の黙示の合意を認め、相当額を算定しているが、この合意の認定は擬制というべきであり、同様な結論は、弁護士報酬の合意の一部無効によっても導くことができたであろう。また、この判決は、弁護士が委任事務処理上受け取った金額の返還（引渡し）拒否について、金員の返還を拒否するいかなる理由も存在しないことを知悉しながら返還を拒否したことが不法行為にあたるとしたものであり、単なる返還拒否、あるいは返還義務の不履行が不法行為にあたるとするものではないが、返還拒否に係る不法行為の法理、事例判断としても参考になる。

判　決　18	訴訟追行を受任した弁護士の債務不履行責任を認めなかった事例 〔東京地判平成10・3・18判タ1013号170頁〕

【事案の概要と判決要旨】

Ｘ有限会社は、３件の訴訟を抱えていたところ、Ａ株式会社の代表者ＢからＹ弁護士を紹介され、Ｙに訴訟の追行を委任し、Ｙがそのうち１件の訴訟について、土地を１億円で売却する旨の訴訟上の和解を成立させたが、その直後、Ｘは、Ａに１億円の範囲内で不動産の買取り等を賄うこととし、１億円をＡに預託する覚書を取り交わし、Ｙの保管する１億円をＡに交付する等したことから、ＸがＹに対して１億円をＡに交付して費消されたなどと主張し、債務不履行に基づき損害賠償を請求した。

この判決は、１億円の預託は、Ｘの代表者がＡと覚書を締結し、これに基づくものであり、Ｙが金員の交付を思い止まらせるよう助言する義務を負うとはいえない等とし、Ｙの債務不履行を否定し、請求を棄却した。

〈判決文〉

1　訴訟委任を受けた弁護士は、依頼人に対して、委任事務処理に関し善管注意義務を負うが、具体的にいかなる義務を負うかは、依頼人の意思及び属性並びに依頼者と弁護士との法律的素養の差異などを考慮して決すべきものと解される。

2　そこで検討するに、トキヱは、自らホテル経営などを手掛ける事業家であり、かつ、甲10号証への押印を拒否していること（甲第17号証）からすると、トキヱが本件覚書に押印したのは、その内容を十分理解した上で、これに納得したからであるものと推認できる。また、トキヱは、高齢の女性ではあるが、右のとおり自ら事業をなしていることからすれば、その経済的判断能力が通常人より劣っているものとは到底いえない。

そして、訴訟②の和解金をいかに捻出すべきかの判断は法律的素養の有無とは直接関係なくなし得る事柄であるから、近藤ないし貢立の訴状などを考慮しても、被告において近藤が本件金員を費消する現実的な危険性があることを具体的に認識していたことを窺わせるような事情が存しない以上、被告が原告に対し、近藤への本件金員の交付を思い止まらせるように助言するなどの義務を委任契約上負うものとは解されず、むしろ、被告が近藤に対し鈴縫から受け取った本件金員を交付したことは依頼者である原告の意向に沿うものである。

したがって、被告が近藤に対し、本件金員を交付したことが委任契約上債務不履行責任を構成するものとはいえない。

〈判決の意義と指針〉

この事案は、弁護士が紹介者（株式会社の代表者）の紹介により有限会社から複数の訴訟の追行を受任し、そのうちの１件で訴訟上の和解が成立し、１億円を受領し、保管していたところ、有限会社が別件訴訟に係る土地買取りを行うにあたり、弁護士の保管に係る金員を前記の紹介者に預託したところ、費消され、有限会社が弁護士に対して債務不履行に基づき損害賠償を請求した事件である。

この事案の特徴は、

①　弁護士が紹介者の紹介により複数の訴訟事件を受任したこと

②　弁護士が訴訟を追行し、訴訟上の和解が成立し、１億円を受領し、保管したこと

③　別件訴訟において土地の買取りを行うことになり、依頼者と紹介者との間で覚書を締結し、弁護士が紹介者に１億円を預託したこと

④　金員を受託した紹介者が金員を費消したこと

⑤　依頼者が弁護士において金員の交付を思い止まらせるよう助言義務違反を主張したこと

⑥　弁護士の委任契約上の債務不履行責任が追及されたこと

があげられる。

この判決の特徴は、

①　訴訟委任を受けた弁護士は、依頼人に対して、委任事務処理に関して善管注意義務を負うとしたこと

②　具体的にどのような善管注意義務を負うかは、依頼人の意思および属性並びに依頼者と弁護士との法律的素養の差異などを考慮して決すべきものとしたこと

③　この事案では、弁護士が受託者において金員を費消する現実的な危険性があることを具体的に認識していたことを窺わせるような事情が存しないとしたこと

④　弁護士が依頼者に対し、金員の交付を思い止まらせるように助言するなどの義務を委任契約上負うものではないとしたこと

⑤　金員の交付は、依頼者が締結した覚書に基づくものであり、依頼者の意向に沿うものであるとしたこと

があげられ、弁護士の債務不履行を否定した事例判断を提供するものである。

判　決　19	株券の信託を受任した弁護士の債務不履行責任を認めた事例 〔東京地判平成10・3・18判タ1029号288頁〕

【事案の概要と判決要旨】

Ａ株式会社の代表者Ｘは、Ａの発行済株式総数14万株を有し、弁護士Ｙに管理目的で信託していたところ、５万株をＸの妻Ｂに贈与し、ＡのＸに対する債権に基づき９万株の引渡請求権が差し押さえられ、競売により売却される等したため、ＸがＹに対して債務不履行に基づき損害賠償を請求した（Ｙは、その後、除名処分の懲戒処分を受けた)。

この判決は、贈与がＸの同意によってされたものであるとしたものの、ＡのＸ以外の役員に働きかけて差し押さえさせ、競売により信託契約の終了による原状回復義務の履行を不能にしたものであるとし、Ｙの債務不履行を肯定し（株式の時価と債務減少額の差額が損害額であるとし、１億149万円の損害を認めたが、預り金の不返還相当額等に関する損害の主張は排斥した)、請求を認容した。

〈判決文〉

㈠　信託契約の終了に伴う原状回復義務の履行遅滞

被告は、原告から本件株式の信託契約を解除されたにもかかわらず、受託していた９万株の本件株式を返還しなかったのであり、これは、信託契約の終了に伴う原状回復義務の履行遅滞である。

㈡　原状回復義務の責に帰すべき履行不能

そして、被告は、この不返還という原状回復義務の履行遅滞状態を正当な理由もなしに継続し、加えて㈱飯高の原告を除く執行部に働きかけて㈱飯高の原告に対する貸金債権の執行のために第三債務者となる被告保有の本件株式９万株を差し押さえさせ、これを競売させ、正子をして競落させ、正子から同一株式の信託をさせ、不返還の状態を不動のものとした。すなわち、被告は、原告からの本件株式９万株の返還請求は拒否しながら、他方で原告以外の㈱飯高の実質的執行部に働きかけて同社の原告に対する５、６年近くも放置していた貸金についての公正証書の執行として本件株式９万株を差押競売させ、その執行における第三債務者としての立場においては何ら抵抗せず執行を容認し、それにより原告への本件株式九万株の返還義務を消滅させ、原告の右株式回復手段を喪失させた。受託者として本来右株式を適正に管理する立場にありながら、被告は、これをせず、反対に他人（㈱飯高）をして要急でもない権利の行使をさせて信託の目的物を委託者が回復できないようにさせ、被告自身から見ると信託の目的物の不返還の債務不履行の状態を解消するとともに、恒久的に返還不要の事実状態を作り出したわけである。責に帰すべき事由により原状回復義務の履行を不能にしたものである。

なお、被告に信託契約上の何らかの報酬請求権がありそれを担保するために被告が本件の九万株の全部又は一部の株券を留置することが出来たと仮定しても、受託者としての地位にありながら自身の権益の擁護発展のために、留置権の行使にとどまらず留置目的物についての相手方の権利を巧妙な手段を用いて奪うのは、当初原状回復義務の履行遅滞がなかっただけで、履行不能にしたことについて有責事由があることに変わりはない。

したがって、原告は、被告による信託契約終了に伴う原状回復義務の有責事由による履行不能により本件株式を回復する手段を失ったのであるから、これに代わる損害賠償が可能となるというべきである。

〈判決の意義と指針〉

この事案は、弁護士が株式会社の代表者から会社の発行済株式（14万株）の保管を依頼され、管理目的の信託を受託していたところ、うち5万株につき依頼者の妻に贈与し、9万株につき会社の代表者に対する債権に基づき株式の引渡請求権が差し押さえられ、競売により売却される等したため（妻が買い受けた）、依頼者が弁護士に対して債務不履行に基づき損害賠償を請求した事件である。

この事案の特徴は、

①　弁護士が会社の代表者から会社の株券につき管理目的の信託の受託を依頼されたこと

②　弁護士が株券を保管中、一部を代表者の妻に贈与したこと

③　弁護士が会社の役員に働きかけて、会社の代表者に対する債権に基づき株券の引渡請求権の差押えを行わせたこと

④　代表者の妻が競売により株券を取得したこと

⑤　弁護士の依頼者に対する信託契約の終了による原状回復義務が不能になったこと

⑥　依頼者である会社の代表者が弁護士に対して債務不履行責任を追及したこと

⑦　弁護士の利益相反が問題になったこと

⑧　弁護士が除名処分の懲戒処分を受けたこと

があげられる。

この判決の特徴は、

①　妻への贈与は依頼者の同意によってされたものであるとしたこと

②　弁護士が会社の役員に働きかけて差押え、競売をさせたものであり、弁護士が信託契約の終了による原状回復義務（株券の返還義務）を履行不能にしたことについて有責事由があるとし、債務不履行責任を認めたこと

③　損害として株式の時価と債務減少額の差額が損害額であるとし、1億149万円の損害を認めたものの、預り金の不返還相当額等に関する損害の主張は排斥したこと

があげられ弁護士の信託の目的物の返還不能につき債務不履行責任を肯定した事例判断を提供するものである。

この判決は、この事案の債務不履行に基づく損害賠償額として、「㈢　損害額　その場合の損害の額であるが、競売では競落代金が6672万円であったわけであるから、

原告は競落代金から競売費用を引いた金額だけ㈱飯高に対する債務を減少させた反面本件株式9万株を失ったのであり、これによる㈱飯高に対する支配権喪失は原告にとって絶え難いものであったと推認される。ただし、これをそのまま損害に計上することは計算上困難であるし、㈱飯高の純資産の20分の9を損害というのは、会社清算の場合ではないので相当ではない。したがって、株式の評価の手法に従って、取引価格（時価）を算定し、少なくとも右株式の時価と債務減少額との差額をもって損害というのが相当である。そうすると、右の時価としては、他に適当な評価額に関する証拠がない本件においては、競売時にいくらかでも近接した4のとおりの贈与時（平成4年11月）の評価を採用することとし、少なくとも1株1869円、9万株で1億6821円と評価することが妥当である。したがって、原告は、これと競売代金の差額である1億0149万円の損害を被ったと認めるのが相当である」と判示しているが、株式の喪失に係る損害額の算定事例として参考になるものである。なお、この判決が指摘するように、この事案では依頼者が会社の支配権を喪失したものであり、これも株式喪失とは別個の損害として観念することができ、損害額を算定することが可能であるが、この判決は、支配権の喪失による損害賠償額に関する主張を排斥しているところ、疑問が残る。

判　決　20	弁護士の依頼者による委任契約解除後の原状回復責任を認めた事例 〔東京地判平成10・11・13判タ1039号157頁〕

【事案の概要と判決要旨】

病院を開設するXは平成9年1月、Xが保有する東京都国民健康保険団体連合会、東京都社会保険診療報酬支払基金に対する診療報酬債権等を弁護士Yに譲渡し、Yがこれを管理し、Xの病院の従業員の給料の支払、業者への銀行振込等を委任する契約を締結した。Xは、国保等に債権譲渡を通知したが、その後Xは、委任契約を解除し、債権譲渡も当然に取り消されると主張したものの、Yがこれを争ったため、XはYに対してXが診療報酬債権の債権者たる地位を有することの確認、Xが診療報酬の支払を受けることの同意の通知をすること、Yが支払を受けてはならないこと等を請求した。

この判決は、委任契約が解除されたときは、債権譲渡も当然に取り消されたものであり、その趣旨に沿った通知をすべき義務を負う等とし、請求を認容した。

〈判決文〉

一　本件委任契約の内容が前記「第二　事案の概要」の「一　争いのない事実等」3記載のとおりであることは、当事者間に争いがなく、右事実によれば、本件債権譲渡は、本件委任契約における委任事務処理の手段として行われたものと認められる。

二　また、原告が本訴において自らに帰属するものと主張する診療報酬債権は、本件債権譲渡の目的とされたもののうち、本件委任契約が解除された後に支払期が到来する診療報酬債権であって、被告が本件委任契約に基づいて行った事務処理等に関して発生したものとは認められない。

　また、本件債権譲渡に係る債権が被告の報酬等の担保であると解すべき事情は認められない。

三　したがって、本件委任契約が解除されたことに伴い、少なくとも、別紙診療報酬債権目録一及び二記載の診療報酬債権については、原告と被告との間では債権譲渡が当然に取り消されたものと認めるべきであり、被告は、国保及び社保に対し、右の趣旨に沿った通知をなすべき義務がある。

〈判決の意義と指針〉

　この事案は、弁護士が病院の経営者である医師から依頼され、診療報酬債権の譲渡を受け、病院の従業員の給料の支払、業者への銀行振込等を委任する契約を締結し、支払等を行っていたところ、依頼者が委任契約を解除したが、弁護士が依然として譲渡に係る債権の債権者の地位にあることを主張したため、依頼者が弁護士に対して自分が診療報酬債権の債権者たる地位を有することの確認、自分が診療報酬の支払を受けることの同意の通知をすること、弁護士が支払を受けてはならないこと等を請求した事件である。

　この事案は、弁護士の依頼者に対する委任の終了後の原状回復の類型の事件である。この事案は、弁護士が病院の経営者から従業員の給料の支払、取引先への債務の弁済等を受任し、診療報酬債権の譲渡を受け、診療報酬を取得する等していたところ、委任契約が解除されたにもかかわらず、弁護士が診療報酬債権につき自己が債権者であるとか、自己に帰属するとか、報酬債権の担保であると主張し、紛争が生じたものであるが、その背景には、弁護士の報酬をめぐる紛争があることが推測される。この事案では、弁護士と依頼者との間で前記内容の委任契約が締結され（債権譲渡は、委任に係る事務処理のためのものであり、委任契約の内容になっている）、委任契約が解除された場合には、債権譲渡も当然に終了として取り扱うのが合理的である。

　この判決は、この事案の債権譲渡は委任契約における委任事務処理の手段として行われたとしたこと、診療報酬債権は弁護士の委任契約に基づいて行った事務処理等に関して発生したものではないとしたこと、債権譲渡に係る債権が被告の報酬等の担保であると解すべき事情は認められないとしたことに特徴があり、診療報酬債権が依頼者に帰属すること等を判断した事例として参考になる。

判　決　21	刑事事件の国選弁護人を受任した弁護士の不法行為責任を認めなかった事例 〔東京地判平成11・1・26判タ1041号220頁〕

【事案の概要と判決要旨】

Xは、3名の被害者に対する殺人、2名の被害者に対する殺人未遂により起訴され、地裁で死刑の判決を受け、控訴し、控訴審において弁護士Yが国選弁護人に選任され、控訴趣意書を提出し、被害弁償を勧める等の弁護活動を行った。控訴が棄却されたため、XがYに対して示談をすれば死刑判決が軽減されると誤信させたこと、精神鑑定の申出をしなかったこと等を主張し、不法行為に基づき損害賠償を請求した。

この判決は、弁護人としての裁量を逸脱したものとは認められないとし、請求を棄却した。

〈判決文〉

一　刑事被告事件における国選弁護人は、憲法第37条3項後段、刑事訴訟法第36条以下の規定により、貧困その他の事由により弁護人を選任することができない被告人のために裁判所が職権をもって付する弁護人であって、被告人自身が選任する私選弁護人の場合と異なり被告人との間に直接の委任契約関係が存在するものではないが、その性質上私選弁護人と同様に善良な管理者の注意義務をもって弁護活動を行うべき法律上の義務を被告人に対して負担するものと解するのが相当である。

そして、刑事事件の被告人は、一方当事者である検察官に比して、法律的権限の点においても、法律的知見の点においても劣勢にある上、特に、その身柄を拘束されている場合には、外界との交通が著しく制限されて強い不安感を抱いているのが通常であるから、被告人としては、弁護人を頼みとして、自己の立場を補強し、自己に有利な弁護活動がされることを期待することが当然であり、弁護人制度の第一次的意義は、この点に存するものというべきである。したがって、弁護人は、まず、被告人の言い分を十分に聴取し、その意図するところを十分に汲みとらなくてはならないものというべきである。

他方、弁護人も刑事訴訟に関与する者として刑訴法1条所定の目的達成に協力すべき公共的立場をも兼有することは否定できないから、弁護士としての良心及び右公共的責務の観点からみて、被告人の意にただ従わなければならない法的義務はないものというべきことは当然であって、これらの義務をどのように調和させて具体的弁護活動をすべきかについては、弁護人の活動が高度に技術的かつ複雑であることも考慮すると、当該弁護人に幅広い裁量が認められているというべきであって、当該活動が著しく右裁量権を逸脱したと認められる場合に限って、違法と評価されるものと解するのが相当である。

二　〈略〉

1　死刑判決が軽減されると誤信させたことについて

(一)　原告は、被告が、第一回接見時に、原告に対して被害弁償をすれば刑が軽減されるとの趣旨を述べたので、これを信用してしまったと主張し、甲5号証（原告の陳述書）及び原告本人の供述はこれに沿う。

㈡　しかしながら、第一回接見時において、被告が原告に対し右の点についていかなる説明をしたのかについて、甲５号証（原告の陳述書）及び原告本人によると、被害弁償をすれば間違いないと被告が述べたということにとどまるのであって、それ自体刑が軽減される趣旨を明言したとはいいがたいし、甲４号証（上告　趣意書）によると、被告が、第一回接見時に、俺は高裁の裁判長をやった、被害弁償すれば裁判長は見てくれるだろうと原告に対して述べたとの内容の上告審の弁護人に語ったというのである。

ところで、前記のとおり、本件は、Ａら３名に対する殺人及びＤら２名に対する殺人未遂という重大な結果を生じたものであり、現行の刑事裁判の実情に照らせば、たとえ、300万円程度の被害弁償をしたとしても、控訴審において、原告の刑が軽減される見通しは相当困難であったことは明らかというべきであるから、これまでの長い刑事裁判実務の経験に照らして、被告が刑の軽減の見込みにつき楽観的な認識を示し、それを原告に告げたことは、到底認めることはできない。

㈢　以上によると、被告から１審判決で指摘された被害弁償を実行することが情状上必要であり、これを行えば裁判長はみてくれるだろうとの説明を受けた原告が、死刑判決からの軽減を強く望んでいたことから、右説明を被害弁償すれば刑が軽減されるのではないかと希望的に解釈したにとどまるものと推認するのが相当というべきである。

右のとおりとすれば、被告が右認定の態様で原告に対し被害弁償を勧めたことは、控訴審における弁護人としてなすべき当然の助言というべきであるから、これを違法と評価することはできないものというべきである。

㈣　〈略〉

２　〈略〉

３　精神鑑定の申出をしなかったことについて

㈠　原告が、被告に対する手紙で、原告は本件犯行当時飲酒状態にあり、善悪の判断がつかない状態にあったと主張し、控訴審において精神鑑定を受けることを希望していたことは前記のとおりであり、被告もこの希望を認識していたことは明らかである。

㈡　ところで、第１回接見において、原告の精神鑑定については格別問題とされなかったことは前記のとおりであり（原告も鑑定申出に固執しなかったものと推認される。）、第２回接見においても同様であったと推認できる。

そして、被告は、刑事記録を詳細に検討し、原告に接見した上で、本件において原告の精神鑑定は不要であると判断し、この判断に基づき、被告作成の控訴趣意書においても、原告は物事の判断ができないような精神状態ではなかったと記載し、控訴審の公判前の事前打ち合せの際にも、精神鑑定についての申出の意思を表明しなかった結果、控訴審においては精神鑑定は実施されなかった。加えて、本件第一審において、弁護人が原告の精神鑑定の申出をしたところ、裁判長からその必要性につき釈明があり、その結果右申出が取り下げられた経緯があり（乙22号証）、１審判決においても、原告の犯罪性向は責任能力に影響しないと判示されたことは前記のとおりである。

そして、控訴審判決も、原告の責任能力に疑問を懐いていないことは、その判示に照らして明らかである。

(三) 以上のような事実関係を総合考慮すると、控訴審において原告の精神鑑定の申出をしなかった被告の措置は、合理的な根拠に基づいたものと評価できるから、弁護人としての注意義務に違反するものとはいえず、もとより、弁護人として有する裁量の範囲を逸脱しているということはできない。

甲3号証及び6号証によると、原告の上告審における弁護人が、上告理由として原告の責任能力の欠如を主張していることが認められるけれど、前記の事実関係の下における被告の判断が違法であることを認めるには足りないものというべきである。

〈判決の意義と指針〉

この事案は、弁護士が殺人事件等で起訴され、第1審で死刑判決を受けた被告人の国選弁護人に選任され、弁護活動を行ったものの、控訴が棄却されたため、被告人が弁護士に対して不法行為に基づき損害賠償を請求した事件である。この事案は、弁護士の国選弁護の刑事事件における弁護過誤が問題になったものである。弁護士の懲戒事例を概観していると、時々国選弁護の刑事事件について弁護士が懲戒された事例が報告されていることがあるが、弁護士にとって、私選弁護の場合と比較すると、被告人、その関係者との間で異なるリスクがあり、場合によっては損害賠償責任の問題に発展することがあることを示している。

この判決は、控訴審における弁護士の国選弁護活動につき合理的な根拠に基づいたものと評価でき、弁護人としての注意義務に違反するものとはいえないとしたこと、弁護人として有する裁量の範囲を逸脱しているということはできないとしたことに特徴があり、国選弁護人の被告人に対する不法行為を否定した事例判断を提供するものである。

判決 22 上告を受任した弁護士の債務不履行責任を認めた事例〔大阪地判平成11・2・15判時1688号148頁〕

【事案の概要と判決要旨】

Xは、Aから建物収去、土地明渡請求訴訟を提起され、第1審判決で敗訴したため、弁護士Yに控訴審の訴訟の追行を委任したが（Yは、Xに和解を勧め、交渉が行われたが、和解が成立しなかった）、控訴審で敗訴判決を受けたものの、Yが上告の申立ての後、適法に上告理由書を提出せず、職務の報告をしなかったこと等から、XがYに対して債務不履行に基づき損害賠償、謝罪広告を請求した。

この判決は、上告審での勝訴が認め難いものの、上告審で適切な裁判を受ける機会を失ったとしたうえ、和解の進行につき充分な説明をしなかったとし、Yの債務不履行を認め、損害賠償請求の一部を認容した（慰謝料として100万円を認めた）。

〈判決文〉

1　前記一認定の事実によれば、被告は、原告から上告審追行についての委任を受けながら、上告理由書の提出を失念したため、上告却下決定を受けたことが認められる。

被告の右行為は、弁護士としてなすべき本件委任契約上の義務についての債務不履行に当たることは明らかであるところ、仮に被告が適正に上告手続を取っていたとしても、原告が上告審で勝訴することができたものとは認められない（原告も、被告の債務不履行と上告審での敗訴判決との間に因果関係があるとは主張しない。）が、被告は、原告が上告審において適正な裁判を受けることができる機会を喪失させたものであって、このことによって原告が被った精神的損害を賠償する債務不履行責任がある。

2　また、前記一認定の事実によれば、被告が原告に対し、和解が成立するからと確定期限を付して本件建物の明渡しを故意に確定的に命じ指導をしたとまでは認めがたいが、被告は、原告が中華料理店に来客が多く忙しい時間帯に原告の店舗に架電し、２、３分程度の極めて短い話の中で、それに近い内容の、そのように極めて誤解されやすい内容の話を申し述べて、原告にそのような確定期限を付した明渡しの命令・指導を受けたと誤信させただけでなく、その後、依頼者である原告が更に詳細な内容を確認するべく何度も被告と連絡をとろうと努力したにもかかわらず、約９か月の間被告と連絡が取れない状態のままに放置していたものであって、原告はこれによって右のような確定的な命令・指導を受けたと誤信した結果、平成６年７月に本件建物を離れそこでの営業を廃して、原告肩書地の新住所に移転し店舗を構えるに至ったことが認められる。

本件委任契約により弁護士として事件処理を受任した被告は、依頼者である原告から請求があった場合はもとより請求がない場合でも、時宜に応じて事件の進行状況、委任事務処理の状況を正確に誤解のないように報告して原告に理解させ、爾後の事件処理方針について原告と十分に打ち合わせるなどして、事件処理について依頼者である原告の意向が遺漏なく反映されるように努めるべき注意義務を負っているところ、被告の右行為は、本件委任契約上の右債務を誠実に履行して、委任者に損害を被らせないようにすべき善管注意義務に違反しているものといわなければならない。

したがって、被告には被告の債務不履行行為によって原告が被った損害を賠償する債務不履行責任があるが、原告は、いずれにせよ遅かれ早かれ本件建物を収去して土地を明け渡さなければならない法律上の義務がある上、近年の不況の影響も考慮すると、平成６年７月の移転後に店舗の売上が、移転によってそれ以前に比較して格段の減少を来しているとも認めがたく、転居費等の諸経費は早晩原告が負担しなければならないものであるから、原告に財産的損害が発生したとは明らかに認めがたい。しかしながら、原告が被告の債務不履行行為によって、精神的損害を被ったことは容易に認められるので、被告は原告が被った精神的損害を賠償する責任がある。

3　本件委任契約の態様、被告の債務不履行行為に至る経緯、債務不履行の態様、右の結果原告が被った損害、原告の対応関係、その他本件に顕れた諸般の事情を勘案すると、前記１、２の被告の債務不履行行為によって原告が被った精神的損害を慰謝するには、100万円をもってするのが相当である。

〈判決の意義と指針〉

この事案は、弁護士が第１審で敗訴判決を受けた依頼者から訴訟の追行を受任し、和解の交渉、控訴審において敗訴判決を受けた後に上告の申立てをしたものの、適法に上告理由書の提出をせず、上告が却下される等したため、依頼者が弁護士に対して債務不履行に基づき損害賠償を請求した事件である。

この事案の特徴は、

① 依頼者が建物収去、土地明渡請求訴訟を提起され、第1審判決で敗訴したこと

② 控訴審における訴訟の追行を弁護士に委任したこと

③ 弁護士は、和解の方向で審理が進行し、和解の交渉をしたこと

④ 依頼者は書面による報告を求めたものの、書面による報告がされなかったこと

⑤ 弁護士は依頼者に電話による報告をしたこと

⑥ 依頼者の和解への希望を伝えたところ、弁護士は努力する旨を説明したこと

⑦ 依頼者が和解の内容につき詳細な説明を求めたものの、連絡がとれなくなったこと

⑧ 和解交渉が不調に終わり、結局、控訴棄却の敗訴判決を受けたこと

⑨ 依頼者が敗訴判決の連絡を受けたのは、上告期間の経過の2日前であったこと

⑩ 弁護士が上告の申立てをしたこと

⑪ 弁護士が期間内に上告理由書を提出しなかったこと

⑫ 上告が却下されたこと

⑬ 依頼者が弁護士に対して債務不履行責任を追及したこと

があげられる。

この判決の特徴は、

① 弁護士は、上告審追行についての委任を受けながら、上告理由書の提出を失念したため、上告却下決定を受けたこと

② 弁護士としての委任契約上の義務の債務不履行にあたることは明らかであるとしたこと

③ 仮に弁護士が適正に上告手続をとっていたとしても、依頼者が上告審で勝訴することができたものとは認められないものの、弁護士は依頼者が上告審において適正な裁判を受ける機会を喪失させ、これによって依頼者が被った精神的損害を賠償する債務不履行責任があるとしたこと

④ 事件処理を受任した弁護士は、依頼者から請求があった場合はもとより、請求がない場合でも、時宜に応じて事件の進行状況、委任事務処理の状況を正確に誤解のないように報告して依頼者に理解させ、爾後の事件処理方針について原告と十分に打ち合わせるなどして、事件処理について依頼者の意向が遺漏なく反映されるように努めるべき注意義務を負っているとしたこと

⑤ この事案では、弁護士は和解の進行につき充分な説明をしなかったものであ

り、委任契約上の債務を誠実に履行して、委任者に損害を被らせないようにすべき善管注意義務に違反したとしたこと

⑥　慰謝料として100万円を認めたこと

があげられる。

この判決の判断のうち、上告の申立てをしながら、上告理由書の提出を怠り、上告が却下されたことは、委任契約上の債務不履行にあたるが（この意味では、事例判断を提供するものである）、従来、勝訴の蓋然性がない場合には、損害の発生が認められないとする裁判例が多数であったところ、この判決は、適正な裁判を受ける機会を喪失させ、これによって依頼者が被った精神的損害を賠償する債務不履行責任があるとしたものであり、合理的で重要な判断を示したものとして参考になる。もっとも、弁護士に委任契約上の債務不履行、あるいは義務違反があり、これによって適正な裁判を受ける機会、あるいは期待を侵害したことによる損害賠償責任については、債務不履行、義務違反が軽微なものであっても認められるかとか、勝訴判決、有利な判決の蓋然性の存在、可能性の存在が必要であるかといった問題はなお議論が必要である。

この判決の判断のうち、和解の進行状況に関する報告が充分でなかったことも、委任契約上の債務不履行、報告義務違反にあたるというべきであるが（この意味では、事例判断を提供するものである）、問題は、これによる損害の発生、損害賠償の範囲であるところ、この判決は、前記の債務不履行と併せて慰謝料として100万円の損害を認めたものである。弁護士の説明義務違反、報告義務違反による損害の発生、損害賠償の範囲については、個々の事案の内容ごとに検討し、判断するほかはないが、慰謝料としての損害を認める判断も相当であることがある。

判　決　23	**訴訟追行、相続放棄の申述を受任した弁護士の債務不履行責任を認めた事例** **〔福岡高判平成11・8・10判時1714号87頁〕**

【事案の概要と判決要旨】

Xは、Aとの間で過払金返還請求訴訟が係属し、Aが控訴したため、弁護士Yに訴訟の追行を委任したつもりであったほか（訴訟委任状が裁判所に提出されていない）、Yに委任してAに対して請求異議訴訟を提起した。Yは、訴訟の口頭弁論期日に欠席し、訴えが取り下げられたものとみなされ、訴訟が終了し、Xは、Yに委任して相続放棄の申述をしたところ、これが却下され、即時抗告をしたものの、抗告理由書を提出せず、抗告が棄却された。XはYに対して委任契約上の債務不履行、不法行為に基づき損害賠償を請求した。

第1審判決は、請求を棄却したため、Xが控訴した。

この判決は、Yの善管注意義務違反を認め、原判決を変更し、請求を認容した（慰謝料として100万円を認めた）。

〈判決文〉

4　請求原因5について

前記のとおり、請求原因5の事実のうち、太郎が昭和62年12月9日受付で福岡家庭裁判所小倉支部に相続放棄の申述書を提出したこと、被控訴人が控訴人に相続放棄の手続を説明をしたこと、平成元年9月1日に被控訴人が太郎の相続放棄の申述の代理人となったこと、太郎の相続放棄の申述が却下され、即時抗告も棄却されたことは、当事者間に争いがなく、太郎の相続放棄の申述についての福岡家庭裁判所小倉支部の審理経過は、前記のとおりであり、右事実に照らすと、太郎に行為能力があり、真意により相続放棄の申述をしたというには、多大の疑問が残るといわざるを得ないところである。しかも、相続人が、相続開始の原因たる事実及びこれにより自己が法律上相続人となった事実を知った場合であっても、右各事実を知った時から3か月以内に限定承認又は相続放棄をしなかったのが、被相続人に相続財産が全く存在しないと信じたためであり、かつ、相続人において右のように信ずるについて相当な理由があると認められるときには、熟慮期間は相続人が相続財産の全部又は一部の存在を認識した時又は通常これを認識しうべき時から起算すべきものと解するのが相当であるが（最判昭和59年4月27日）、本件においては、前記認定のとおり、夏子が貸金業を営んでいたこと、太郎及び花子に対し、過払金返還事件の期日呼出状等が送達されたことに照らすと、太郎が夏子の相続財産が全く存在しないと信じたとはいえないし、仮に、そのように信じていたとしても、信じるについて相当な理由があるとはいえないものと考えられるから、熟慮期間を過払金返還請求事件の判決が送達された時からとすることはできないものと解される。そうすると、いずれにしても、太郎の相続放棄の申述は、これを却下すべきものである。

そのうえ、前記認定のとおり、被控訴人が太郎の相続放棄の申述の代理人となったのは、福岡家庭裁判所小倉支部が太郎に対し、相続放棄に関する文書による照会をし、家庭裁判所調査官による関係者の調査も終了した後の、審判官の判断を待つだけの段階であって、代理人としての活動の余地の乏しい時期であったというべきであり、さらに、前記認定のとおり、被控訴人は、太郎から他の訴訟事件等を受任務し、訴訟活動をしていたのであり、太郎に訴訟能力があると判断していたものと推認できるから、太郎が心神喪失の常況にある、あるいは、心神耗弱であるとして、禁治産宣告ないし準禁治産宣告の申立を指導することは、被控訴人の判断と矛盾することになり、被控訴人にこれを期待することは困難であると考えられる。

右によれば、被控訴人カ（ママ）太郎の申述能力に関する留意点ないし申述の受理を実現するための方法について、控訴人に対し、十分な説明、指導をしなかった旨の控訴人の主張は、直ちに採用し難いし、仮に、被控訴人が控訴人の主張するような説明、指導をしたとしても、太郎の相続放棄の申述が受理されたものとは認め難い。

しかしながら、被控訴人が、前記認定のとおり、相続放棄の申述却下の審判に対し、即時抗告をしながら、抗告理由書を提出しなかったことは、委任された事務処理を放置したものといわざるを得ず（控訴人の主張には、右の趣旨を含むものと解する。）、受任者として要求される善管注意義務に違反したものであり、債務不履行というべきである。
三1　〈略〉
　2　請求原因9について
　二に述べたところによれば、被控訴人には、不注意により、前記請求異議訴訟の口頭弁論期日に出頭せず、その結果、相続放棄の申述事件の審理がなされる前に、右訴訟を終了させてしまった点において、受任者として要求される善管注意義務違反、債務不履行があり、また、相続放棄の申述却下の審判に対し、即時抗告をしながら、抗告理由書を提出しなかった点においても、同様に債務不履行があったというべきであり、これによって、委任者である太郎は、請求異議事件につき、裁判所の判断を得る機会を失うとともに、抗告理由を主張した上で、抗告審の判断を得ることができず、相当の精神的苦痛を蒙ったものというべきであり、本件に顕れた諸般の事情を考慮すると、右精神的苦痛に対する慰謝料としては、100万円が相当である。

〈判決の意義と指針〉

　この事案は、依頼者らを被告とする過払金返還請求訴訟が係属し、第1審判決が勝訴判決であり、控訴されたため、弁護士に訴訟の追行を委任したつもりであったが（委任の有無が争点になった）、弁護士に依頼し（この委任の有無も争点になった）、同一の相手方に対して請求異議訴訟を提起したところ（後記の相続放棄が争点になった）、弁護士が訴訟の口頭弁論期日に欠席し、相続放棄の申述をしたところこれが却下され、即時抗告をしたものの、弁護士が抗告理由書を提出せず抗告が棄却されたため、依頼者が弁護士に対して損害賠償を請求した控訴審の事件である（第1審判決は、弁護士の損害賠償責任を否定し、請求を棄却した）。

　この事案の特徴は、

①　弁護士が依頼者から控訴事件の追行を依頼されたと主張されたこと
②　弁護士が依頼者から訴訟の追行を依頼されたと主張されたこと
③　弁護士が依頼者から相続放棄の申述等の手続の追行を依頼されたと主張されたこと
④　依頼者が弁護士の損害賠償責任を追及したこと
⑤　委任契約上の債務不履行、不法行為が主張されたこと

があげられる。この事案では、弁護士に対する依頼の有無、範囲が複数の事件で問題になっている。

　この判決の特徴は、

①　控訴事件については弁護士が事件を受任していないとしたこと
②　仮に依頼者の主張が認められたとしても、依頼者が敗訴判決を免れたと認めるべき確たる証拠はなく、弁護士の訴訟活動と損害の発生との間の因果関係を認めることはできないとしたこと
③　弁護士が請求異議訴訟の口頭弁論期日に出頭しなかったことは弁護士の善管注意義務違反、債務不履行があるとしたこと
④　請求異議訴訟は弁護士の不出頭により訴えが取り下げられたものとみなされ

たこと

⑤ 請求異議事由である相続放棄の事実が立証できず、敗訴を免れないから、弁護士の債務不履行との間の因果関係がないとしたこと

⑥ 弁護士が代理人となり、相続放棄の申述をしたものの、要件を欠くとして却下されたところ、これは却下されるべきものであり、弁護士が説明、指導しても受理されたものとは認め難いとしたこと

⑦ 弁護士が相続放棄の申述却下の審判に対して即時抗告をしながら、抗告理由書を提出しなかったことは、受任事務処理を放置したものであり、善管注意義務に違反する債務不履行にあたるとしたこと

⑧ 前記の各債務不履行によって裁判所の判断を得る機会を失うとともに、抗告理由を主張したうえで、抗告審の判断を受けることができなかった精神的損害があるとしたこと

⑨ 慰謝料として100万円を認めたこと

⑩ 依頼者のその余の損害に関する主張を排斥したこと

があげられる。

この判決は、まず、訴訟追行の委任の有無が問題になった事案について、一部これを否定したものであるが、複数の事件が絡む事件の相談、委任があった場合における委任の有無を判断した事例として参考になる。弁護士の業務を遂行していると、依頼者の話、説明、相談等が多方面にわたることがあるし、特定の問題についての相談であっても、実態として複数の法律事件が含まれることがあるが、このような場合、弁護士としては、依頼者の依頼の範囲を具体的に明らかにしながら、受任の有無、範囲を明確にし、その旨を依頼者に正確に理解してもらうことが重要である。依頼者の相談を聞きながら、受任の有無、範囲を具体的に明らかにしていないと、依頼者との間で受任をめぐるトラブルが発生し、事情によっては損害賠償責任を問われたり、責任を認められたりするリスクが相当にある。なお、特定の事件を具体化して受任したと考えた場合であっても、その事件から派生的に生じる事件が顕在化したようなときには、受任の有無が問題になり、トラブルに発展することもある。

また、この判決は、一方で訴訟活動の過誤があった場合、予定した結果が得られなかったこととの間の因果関係を否定しつつ、他方で弁護士が代理人として、請求異議訴訟の口頭弁論期日に欠席し、また、相続放棄の申述却下の審判に対して即時抗告をしながら、抗告理由書を提出しなかったことについては、受任事務処理を放置したものであり、善管注意義務に違反する債務不履行にあたるとし、裁判所の判断を得る機会を失うとともに、抗告理由を主張したうえで、抗告審の判断を受けることができなかった精神的損害があるとし、慰謝料として100万円を認めたことは、新たな裁判例の傾向を示すものとして参考になる。

判　決　24	**訴訟で請求された権利と異なる、関連する権利につき弁護士の和解権限を認めた事例** **〔最二小判平成12・３・24民集54巻３号1126頁、判時1708号110頁、判タ1027号101頁〕**

【事案の概要と判決要旨】

Ｙは、Ａ株式会社（代表者はＸ）との間で、Ｙの所有に係る保養所を厚生年金基金等に利用させ、Ａが諸経費を負担する等の内容の契約（本件契約）を締結し、ＡがＢ基金と保養所の利用契約を締結した。しかし、その後、ＹとＡとの間で紛争が発生し、Ｙが本件契約の更新を拒絶し、ＹがＢとの間で直接に利用契約を締結する等していたところ、Ａが本件契約上負担すべき諸経費を水増し請求したと主張し、Ｙに対して損害賠償を請求する訴訟を提起した。他方、Ｙは、諸経費の一部が未払であると主張し、Ａに対して経費の支払を請求する訴訟を提起し、Ａは、Ｃ弁護士に両訴訟の追行を委任し、和解も授権し、両事件が併合審理され、ＣとＹの訴訟代理人であるＤ弁護士が双方の請求権を確認し、対当額において相殺され、同額において消滅したこと、別件の督促事件に係る債権を除くその余の権利を放棄し、双方に何らの債権債務のないことを確認する等の内容の訴訟上の和解が成立したところ、Ａがその後、Ｙが直接契約をしたことが債務不履行、不法行為にあたり、損害賠償請求権を有するとし、Ｘに債権譲渡をし、ＸがＹに対して損害賠償を請求した（その後、Ｙが死亡し、相続人であるＺらが訴訟を承継した)。

第１審判決は、Ｃが清算条項につき和解の権限を有し、有効であるとし、請求を棄却したため、Ｙが控訴した。

控訴審判決は、本件請求権と前訴事件において請求されていた権利とは別個の権利であり、ＡがＣ弁護士に本件請求権を放棄する旨の和解をする権限を与えていたとは認められず、本件請求権については本件放棄清算条項は無効である等とし、第１審判決を取り消し、請求を認容したため、Ｚらが上告した。

この判決は、本件請求権について和解をすることについて具体的に委任を受けていなかったとしても、前訴事件において本件請求権を含めて和解をする権限を有していたものと解するのが相当であるとし、原判決を破棄し、Ｙの控訴を棄却した。

〈判決文〉

三　原審は、本件請求権は前訴事件において請求されていた権利とは別個の権利であり、訴外会社が坂和弁護士に本件請求権を放棄する旨の和解をする権限を与えていたとは認められないから、本件請求権については本件放棄清算条項は無効であるとして、本件請求権につき本件放棄清算条項の効力を認めて本件請求を棄却すべきものとした第１審判決を取消し、本件を第１審に差し戻した。

四　しかしながら、原審の右判断は是認することができない。その理由は、次のとおりである。

前記二の事実関係によれば、本件請求権と前訴における各請求権とは、いずれも、本件保養所の利用に関して同一当事者間に生じた一連の紛争に起因するものということができる。そうすると、坂和弁護士は、訴外会社から、前訴事件について訴訟上の和解をすることについて委任されていたのであるから、本件請求権について和解をすることについて具体的に委任を受けていなかったとしても、前訴事件において本件請求権を含めて和解をする権限を有していたものと解するのが相当である。

〈判決の意義と指針〉

この事案は、訴訟上の和解をした代理人である弁護士の和解の権限の有無、範囲が問題になった上告審の事件である。この事案は、弁護士の法的な責任が直接に問題になったものではないが、潜在的には弁護士の法的な責任にも密接に関係するものであり、取り上げたものである。訴訟上の和解においても、示談においても、弁護士が受任事件につき和解の交渉、締結をするにあたっては、事前に依頼者に和解の範囲、内容を説明し、同意を得て行うものであり、その際、授権の範囲も確認することが通常である。この事案で問題になったのは、訴訟の追行を受任した弁護士が民事訴訟法55条２項の特別の委任を受けていた場合（訴訟委任状には、通常、特別の授権事項として、民事訴訟法55条２項所定の諸事項が記載されるのが通常である）、清算条項を含む和解の権限の授与が認められるか、清算条項がどの範囲で効力を有するか（清算条項が前記の本件請求権をも含むものとして効力を有するか）が問題になったものである。

この判決は、控訴審判決が比較的狭く弁護士の代理権を解したのに対し、本件と別件（前訴）の同一当事者間に生じた一連の紛争に起因する両請求権について、弁護士が依頼者から、前訴事件について訴訟上の和解をすることについて委任されていたのであるから、本件請求権について和解をすることについて具体的に委任を受けていなかったとしても、前訴事件において本件請求権を含めて和解をする権限を有していたものと解するのが相当であるとしたものであり、重要な先例である。もっとも、この判決は、訴訟上の和解の効力が問題になった事案についての判断を示したものであり、事件を受任した弁護士の依頼者に対する説明、代理権の具体的な授与をめぐる法律問題は一応別であることに注意が必要である。

判　決　25	相続問題の処理を受任した弁護士の債務不履行責任を認めた事例 〔高松地判平成12・７・14判時1769号79頁〕

【事案の概要と判決要旨】

Ａは、相続人に相続分を指定する内容の公正証書遺言（「財産全部を包括して、妻に４分の２、長女に４分の１、長男に４分の１の各割合で相続させる。養子は相続させない」との内容の遺言）をし、昭和63年９月に死亡し、Ａの妻、長女、長男は遺産分割協議をした。Ａの非嫡出子Ｘは、弁護士Ｙに相続問題の処理を委任し、Ｙは、Ｘの代理人として家庭裁判所にＡの遺産分割調停の申立てをし、遺産分割協議が無効である等と主張したところ（Ｙは、調停手続において、相手方の代理人から遺言の存在および内容を知らされた）、不調になった（調停委員会は、相手方らがＸに500万円を支払うとの調停案を提示したが、ＹがＸの代理人として拒否した）。Ｙは、Ｘの訴訟代理人として、平成８年３月、Ａ所有不動産につき所有権移転登記の更正登記手続を請求する訴訟を提起し、平成９年５月、遺留分減殺請求権を行使したが、時効消滅により請求が棄却され、判決が確定した。ＸはＹに対して遺留分減殺請求権の行使を怠ったことが委任契約上の債務不履行にあたると主張し、損害賠償を請求した。

この判決は、消滅時効が完成するまでに遺留分減殺請求権の行使をすべきであったのに、これを怠ったとし、債務不履行を認め（遺留分減殺請求をしなかったことによる財産上の損害として、Ｘの主張した500万円の損害を認めた）、請求を認容した。

〈判決文〉

㈢　本件遺言による相続分の指定が原告の遺留分を侵害することは明らかであるところ、前示のとおり、本件遺産分割協議が無効であるともいえないのであるから、亡太郎の相続問題の処理につき原告から委任を受けた弁護士である被告としては、本件遺言の内容を知ったなら、遅くとも原告の遺留分減殺請求権の消滅時効が完成する前に、原告を代理して、右遺言により相続分の明示的指定を受けた丙川梅子、丁原及び一郎に対し、遺留分減殺請求権行使の意思表示をすべきは、当然であるといわなければならない。

前記第二、一、７の事実によれば、被告は、遅くとも本件調停が不調となった平成７年９月29日には、本件遺言の存在及び内容を知ったことが明らかであるから、被告は、右の日以降、原告を代理して遺留分減殺請求権行使の意思表示をなすべき委任契約上の債務を負っていたと解されるところ、被告が、右の日から起算して一年を経過し、遺留分減殺請求権の消滅時効が完成したことが明らかな時点まで右遺留分減殺請求権行使の意思表示をしなかったのは、右契約上の債務の不履行であり、被告は、右債務不履行につき過失があるというべきである。

以上の認定説示に反し、法定相続分による分割がなされるべきであるから、原告は遺留分を侵害されていないので、遺留分減殺請求権を行使する必要がなかったとの被告の主張は、本件遺産分割協議が無効であるとの前提部分が失当であるから、採用できない。

㈣　被告は、法定相続分による分割を求めた本件調停以来の原告の主張には遺留分減殺請求権行使の意思表示が含まれている、すなわち、被告は、消滅時効完成前から原告を代理して遺留分減殺請求権行使の意思表示をしていた旨主張するが、採用できない。確かに、遺留分を侵害する処分行為がなされた場合、遺留分権者が、法定相続分による遺産分割を求めたときには、遺留分減殺請求権行使の意思表示があったとみるべき場合があり得る。

しかし、〈証拠略〉によれば、被告は、本件調停の過程において本件遺言の存在及び内容を知って以降も、平成９年５月29日までの間は、原告が法定相続分による遺産分割を受けられるとの見解を固持し、仮定的にせよ、原告を代理して、遺留分減殺請求権行使の意思表示をする意思はなかったものと認められる。そうだとすると、被告が、原告を代理して、法定相続分による分割を求めたからといって、そこに遺留分減殺請求権行使の意思表示が含まれていると認めることはできないというべきである。

したがって、前訴判決が、被告の右主張と同旨の見解を採らなかったのは相当であり、被告が本件前訴の控訴審の訴訟代理人を委任されたとしても、右控訴審において、被告の右主張が容れられる可能性はなかったというべきである。

〈判決の意義と指針〉

この事案は、相続人の一部の者に相続させる旨の公正証書遺言がされている状況において、遺言の対象から外された相続人（非嫡出子）から相続問題の処理を受任した弁護士が受任後数年を経て、遺留分減殺請求権を行使したため、同請求権の消滅時効を理由に敗訴判決を受ける等したため、依頼者が弁護士に対して委任契約上の債務不履行に基づき損害賠償を請求した事件である。

この事案の特徴は、

① 相続人らに相続分を指定する内容の公正証書遺言がされ、遺言者が死亡したこと

② 相続分を指定された相続人ら（遺言者の妻、長女、長男）が遺産分割協議を成立させたこと

③ 遺言者の非嫡出子は、弁護士に相続問題の処理を委任したこと（遺言の対象にもされず、協議にも参加していなかった）

④ 弁護士は依頼者の代理人として遺言の対象となった相続人らを相手方として遺産分割調停の申立てをしたこと

⑤ 弁護士は、調停の段階で相手方らの代理人弁護士から遺言の存在、内容を知らされたこと

⑥ 調停が不調になったこと

⑦ 数年を経て、弁護士が前記非嫡出子の代理人として不動産につき所有権移転登記の更正登記手続を請求する訴訟を提起し、訴訟の審理中、遺留分減殺請求権を行使したこと

⑧ 被告らから遺留分減殺請求権の消滅時効が主張されたこと（民法1042条）

⑨ 判決は、遺留分減殺請求権の消滅時効を認め、請求を棄却し、同判決が確定したこと

⑩ 依頼者が弁護士に対して委任契約上の債務不履行に基づく損害賠償責任を追及したこと

があげられる。

この判決の特徴は、

① この事案で弁護士が本件遺言の内容を知ったなら、遅くとも消滅時効が完成する前に、依頼者を代理して遺留分減殺請求権行使の意思表示をすべきは当然

であるとしたこと

② 弁護士は、この事案では遅くとも本件調停が不調となった時点で本件遺言の存在および内容を知ったことが明らかであるから、依頼者を代理して遺留分減殺請求権行使の意思表示をなすべき委任契約上の債務を負っているとしたこと

③ 弁護士がこの日から起算して1年を経過し、遺留分減殺請求権の消滅時効が完成したことが明らかな時点まで遺留分減殺請求権行使の意思表示をしなかったのは、委任契約上の債務の不履行であり、過失があるとしたこと

④ 弁護士の、「法定相続分による分割を求めた本件調停以来の依頼者の主張には遺留分減殺請求権行使の意思表示が含まれている。消滅時効完成前から依頼者を代理して遺留分減殺請求権行使の意思表示をしていた」旨の主張については、遺留分を侵害する処分行為がなされた場合、遺留分権者が、法定相続分による遺産分割を求めたときには、遺留分減殺請求権行使の意思表示があったとみるべき場合があり得るとしたものの、この事案では法定相続分による分割を求めたからといって、そこに遺留分減殺請求権行使の意思表示が含まれていると認めることはできないとしたこと

⑤ 弁護士の債務不履行を肯定し、損害賠償額として500万円を認めたこと

があげられる（500万円については、前記の調停委員会の調停案参照）。

遺言がされた場合、遺言の内容と異なる遺産分割協議をすることは可能であるが、仮に協議が無効である場合、遺言の効力が否定されるものではない。また、遺言、遺産分割協議の無効等を主張する場合、同時に遺留分減殺請求権を行使することは、無効等を主張する立場が軟弱なものとの印象を与えるが、そのため明確に遺留分減殺請求の意思表示をしない場合には、関連する他の法律行為の解釈に委ねるという重大なリスクが生じることになる。この判決は、相続問題を受任した弁護士にとって、遺留分減殺請求権の行使のあり方、この権利行使をめぐる債務不履行の判断基準を提示したものとして参考になる。

判　決　26	**相続問題の処理を受任した弁護士の債務不履行責任を認めた事例** **〔高松高判平成12・12・14判時1769号76頁〕**

【事案の概要と判決要旨】

前記【判決25】高松地判平成12・7・14判時1769号79頁の控訴審判決であり、Yが控訴した。

この判決は、第1審判決を引用し、控訴を棄却した。

〈判決文〉

前記【判決25】高松地判平成12・7・14判時1769号76頁参照。

〈判決の意義と指針〉

この判決は、前記の第１審判決と同様に、弁護士の依頼者に対する遺留分減殺請求権の行使を怠ったことによる債務不履行責任を肯定した事例として参考になる。

判　決　27	債権回収を受任した弁護士の債務不履行責任を認めなかった事例 〔東京地判平成12・12・26判タ1069号286頁〕

【事案の概要と判決要旨】

X（大正15年生まれ）は、Aから老人ホーム建設の協力を持ちかけられ、他から金銭を借り受け、所有不動産に根抵当権を設定する等し、Aに金銭を貸し付けたが（複数回にわたり合計6163万円余を貸し付けた）、企画に実体がなく、騙されたため、弁護士Yに抵当権を設定した不動産の回復、貸付金の返還を依頼したところ、Aが実質的に経営するB会社が不動産を所有していたことから、Yが仮差押えを申請したものの、十分な疎明ができず、申請を取り下げ、後に別に仮差押えをし、本案訴訟を提起し、訴訟上の和解をする等したものの（Xは、Yにその間、経費、報酬等を支払った）、XがYに債権全額を回収できた等と主張し、Yに支払った経費、報酬等の不当利得の返還、損害賠償を請求した。

この判決は、弁護士が依頼された事務処理を誤ったとはいえない等とし、Yの善管注意義務に違反するものとはいえないとし、請求を棄却した。

〈判決文〉

⑵　原告は、本件事件処理の委任を受けた弁護士としては、登記申請書類を調査すれば根抵当権設定登記の抹消登記請求が極めて困難であると認識できたはずであるから、根抵当権設定契約及び連帯保証契約の効力を争うのではなく、これを前提として、丙山に対する受託保証人の事前求償権に基づく求償金を請求する方針を立てるべきであったにもかかわらず、被告がこれを怠ったと主張する。

確かに、本件事件処理の委任を受けた被告としては、①本件根抵当権設定契約及び連帯保証契約を否認する方針で臨むか、②これらの契約の成立を前提として、受託保証人の事前求償権の行使などで対応する方針で臨むかの両様の選択肢があったものといえる。このような場合、弁護士としては、依頼者の意向を聴取し、関係資料を検討し、それぞれの選択の見通しないし利害得失を吟味した上で、方針決定をすべき注意義務があるものと解される。

⑶　そうした観点から、原告の意向がどのようなものであったか、被告が、連帯保証契約の存在についてどのように認識していたかについて、本件を検討する。

そこで、原告の意向についてみると、前記一２で認定したとおり、原告は、被告に対し、「金融業者に囲まれていわれるままに書類を作成された」という趣旨の説明をしていたのである。また、弁論の全趣旨によれば、原告が本訴に書証として提出した連帯保証契約書は、⑤事件及び⑥事件において、アサヒが書証として提出したものと認められる。そうすると、原告自身、根抵当権設定契約や連帯保証契約を締結したという正確な認識はなく、これらの契約が存在するとすれば、この効力を争うという意向であったと評価することができる。

また、そうすると、①事件申立て当時、被告は、原告が連帯保証契約を締結していたことを示す契約書等の文書を受領していなかったものと推認され、被告が右連帯保証契約の存在を確認できる裏付け資料はなかったということになる。もっとも、甲第18号証によれば、①事件の仮差押申立書には、「丙山は、原告の不動産に設定した根抵当権を利用して金融機関から借り入れた借金の額は7500万円に達しており、これに原告が保証の押印をされている。」旨記載されているが、甲第19号証、第48、第49号証の各1ないし3によれば、原告が保証した借入れの額は合計7000万円であって、金額が異なっていることからすると、被告は、連帯保証の事実を正確に認識して記載したのではなく、原告作成のメモに、「相模原抵当4500万円」「河辺抵当3000万円」と記載されていることから、物上保証と同時に連帯保証契約をも締結しているのではないかと推測して、金額を右メモに合わせて記載したものとみることができる。

ところで、被告において、登記申請書類に原告の自筆の署名があり、実印が押印され、印鑑証明者が添付されていることが分かったとしても、根抵当権設定契約及び連帯保証契約の効力を争う法的構成としては、錯誤、強迫、詐欺等の可能性も考えられるところである。そして、登記の抹消が認められる見込みが必ずしも高いとはいえない場合であっても、根抵当権設定当時の事情や相手方の訴訟の取り組み方等によっては、訴訟の中で和解的解決が図られる見込みがないわけではない。甲第18号証によれば、被告は、原告の右意向を受けて、①事件の申立書でも、「文書偽造の可能性があるので、調査の上、担保権の抹消の裁判を提起する用意がある」旨記載しており、現実にも、そのように認識していたことが認められる。

そうすると、このような事情の下においては、被告としては、原告の意向を尊重し、これに沿う解決を図るために、根抵当権設定契約の成立を否認する方針を立て、根抵当権設定登記抹消登記請求を試みようと考えることは決して不合理とはいえない。

(4)　さらに、受託保証人の事前求償権の行使については、その要件として、連帯保証契約の存在のほか、債務が弁済期にあること、即ち、本件についていえば、丙山が期限の利益を喪失したことが必要である。しかし、本件では、前記のとおり、原告自身が裏付け資料を伴う形で連帯保証の内容を正確に把握していたとはみられないし、丙山が弁済を怠ったことについては、原告がアサヒの従業員に聞いたという伝聞のほか客観的な資料がないのであるから、丙山が期限の利益を喪失したことを証拠により証明できる状態にあったとは認められない。もっとも、弁済状況の開示等債権者であるアサヒの協力を得ることは考えられないでもないが、本件全証拠によっても、当時そのような協力を得られる見通しがあったことを認めることはできない。

その上、事前求償権を行使する場合は、主債務者から立担保の申立てがあれば、求償額と同額の担保を立てなければならない（民法461条）ところ、丙山が立担保の申立てをすることは十分想定することができるし、そうした場合、当時、老後の蓄えをだまし取られたと訴えていた原告の財産状態からして、原告に7000万円もの担保を用意できたとは考えられない。

この点について、原告は、事前求償権の疎明方法として、原告がアサヒの社員から丙山が利息の支払を怠っていることを聞いたことについての原告の報告書と、金融業者は物上保証人に連帯保証させるのが通常であること及び保証人には金銭消費貸借契約書の控えは渡されないことの経験則をあげている。しかし、原告がアサヒの社員から右の点を聞いたというだけでは、弁済期の到来についての疎明資料としては不十分とみられるし、原告が主張する金融業者は保証人に金銭消費貸借契約書の控えを渡さないという経験則が存在することを認めることはできない。したがって、原告の右主張を採用することはできない。

(5) 以上によれば、本件事件処理を委任された弁護士である被告が、本件において、訴訟提起の内容について、その方針決定を誤ったということはできないというべきである。

〈判決の意義と指針〉

この事案は、高齢者が老人ホーム建設の協力を持ちかけられ、所有不動産に根抵当権を設定したり、金銭を貸し付けたり等したが、企画に実体がなく、弁護士に抵当権を設定した不動産の回復、貸付金の回収を依頼し、弁護士が仮差押えを申請したり、本案訴訟を提起したりしたものの、全額の回収がされなかったこと等から、依頼者が弁護士に対して支払済みの経費、報酬等につき不当利得の返還、善管注意義務違反による債務不履行責任に基づき損害賠償を請求した事件である。

この事案の特徴は、

① 高齢者が他人から不動産の企画の協力を持ちかけられたこと
② 高齢者が所有不動産に根抵当権を設定したり、連帯保証契約を締結し、保証人になったり、金銭を貸し付けたり等したこと
③ 高齢者が取引の相手方との間で法的な紛争が発生したこと
④ 高齢者が抵当権を設定した不動産の確保、貸付金の回収を弁護士に依頼し、弁護士が事件を受任したこと
⑤ 弁護士は、貸付金の回収にあたって、債権者代位権、法人格否認を主張し、不動産の仮差押えを申請する等したこと
⑥ 弁護士が貸金返還請求訴訟、根抵当権抹消登記手続請求訴訟を提起する等したこと
⑦ 弁護士が貸付金の一部を回収したこと
⑧ 高齢者が弁護士に経費、報酬等を支払ったこと
⑨ 高齢者が弁護士に対して経費、報酬等が過払いであったと主張し、不当利得の返還を請求したこと
⑩ 高齢者が弁護士に対して善管注意義務違反による債務不履行責任に基づき損害賠償を請求したこと

があげられる。

この判決の特徴は、

① 事件処理の委任を受けた弁護士としては、本件では根抵当権設定契約および

連帯保証契約を否認する方針で臨むか、これらの契約の成立を前提として、受託保証人の事前求償権の行使などで対応する方針で臨むかの両様の選択肢があったとしたこと

② このような場合、弁護士としては、依頼者の意向を聴取し、関係資料を検討し、それぞれの選択の見通しないし利害得失を吟味したうえで、方針決定をすべき注意義務があるとしたこと

③ この事案の事情の下では、弁護士としては、依頼者の意向を尊重し、これに沿う解決を図るために、根抵当権設定契約の成立を否認する方針を立て、根抵当権設定登記抹消登記請求を試みようと考えることは決して不合理とはいえないとしたこと

④ この事案の事情の下では、弁護士が訴訟提起の内容について、その方針決定を誤ったということはできないとしたこと

⑤ 弁護士の善管注意義務違反を否定したこと

があげられる。この判決は、債権の回収等を依頼された弁護士が事件処理にあたって複数の選択肢が考えられる状況において、弁護士が実際に採用した事件処理が善管注意義務違反にあたらないとし、弁護士の債務不履行責任を否定した事例として参考になる。

判　決　28	**債権回収を受任した弁護士の債務不履行責任を認めた事例** **〔大阪地判平成13・1・26判時1751号116頁〕**

【事案の概要と判決要旨】

Xは、Aに対する貸金債権を有しており（合計3110万円の貸金債権）、その回収を弁護士Yに委任したところ、Yは、Aの生命保険業を営むB相互会社に対する高度障害保険金請求権を仮差押えしたが、Bから同請求権が具体化していない旨の上申書が提出され、AにBに対する高度障害保険金の請求手続をしてもらう必要があったところ、Yが保険約款を取り寄せたり、Bに問い合わせる等して権利の保全方法を確認すること等が必要であったのに、確認をせず、前記保険金請求権の代位行使をせず、Aの死後、Bから保険金の受取人に死亡保険金が支払われ、Aに他に資産がなかったため、貸金債権の回収が不能になったことから、XがYに対して善管注意義務違反による委任契約上の債務不履行に基づき損害賠償を請求した。

この判決は、事実調査をすれば、高度障害保険金の請求前に被保険者が死亡したときは、保険金が支払われないことが約款に明記されているから、平均的弁護士の水準に照らし、Yとしては、保険金請求権を代位行使してXがAに代わってBに請求することを助言する義務があったところ、事実調査を行う義務を怠り、その結果、

助言義務を怠ったとし、債務不履行責任を肯定し、請求を認容した（少なくとも仮差押えの効力が及んでいた2500万円につき回収が不可能になったとし、同額の損害を認定した）。

〈判決文〉

2　そこで、更に進んで検討するに、まず、一般に受任者は、委任事務を処理するに当たり、善管注意義務を負うが、弁護士のように受任者が専門的な知識、経験を基礎として依頼者から事務の委託を引受けることを業としている場合には、この善管注意義務は平均的な水準の専門家を基準とする高い程度のものになると解される。したがって、弁護士は委任事務の処理に当たって、事実調査においては、依頼者から情報を適切に引き出し、その意図するところを的確に理解するとともに、事実を一応の資料の裏付けをもって認識すべき義務を負い、法的吟味の場面においては、平均的な弁護士の技能水準に照らして、当該事象に対して、およそ考えられるあらゆる面から法的に吟味すべき義務を負うものと解すべきである。

3　次に、被告が本件仮差押えの決定を得るという委任事務を処理するに当たり、債権者代位権の行使の可能性を説明、助言、指導、教示する義務を負っていたかについて検討する。

前記のとおり、本件仮差押えの委任の目的が前原に高度障害保険金が支払われることを防ぐことにあったことからすれば、本件仮差押えの決定が発令され、右決定が三井生命に送達された時点において、右仮差押えの決定の効力が生じ、三井生命は前原に対して高度障害保険金を支払うことを禁じられるから、前原が三井生命に対して、高度障害保険金の請求をしたとしても、本件仮差押の決定の範囲では前原に対して高度障害保険金が支払われることはなかったものと認められる。

そうすると、本件仮差押えについての委任事務の目的は一応、達成したことになるものと認められるし、三井生命からの「具体化していない」という上申書が提出されたことに対しても、原告自身が前原に請求手続をしてもらうと言っていたことからすれば、その後の高度障害保険金の請求手続については、原告自身が前原に働きかけることを意図しており、被告において、前原が請求しない場合における高度障害保険金請求権の帰趨について、事実調査を行い、法的吟味の上で、その場合にとるべき手段について助言する義務までは認められないというべきである。

したがって、被告は、本件仮差押えの決定を得るという委任事務の処理に際して、債権者代位権の行使の可能性を説明、助言、指導、教示する義務を負っていたとは認められない。

4　さらに、前原が死亡した場合に高度障害保険金請求権を保全するための手段をとるという委任の事務処理にあたり、債権者代位権の行使の可能性を説明、助言、指導、教示する義務を負っていたかについて検討する。

右委任事務の目的は、まさに、前原が死亡した場合に、高度障害保険金請求権が消滅し、死亡保険金が受取人に支払われてしまうことを防ぐことにあったのであるから、少なくとも、右委任事務の依頼を受けた時点において、いかなる手続をとれば、高度障害保険金請求権を保全することができるかについて、約款を取り寄せたり、三井生命に問い合わせたりするなどして調査する義務を負っていたものというべきである。

また、右調査を行えば、高度障害保険金の請求前に被保険者が死亡したときには、高度障害保険金は支払われないことは約款に明記してあるのであるから、前原の死亡後も高度障害保険金請求権を保全するためには、被保険者による請求が必要であることは、容易に判明したものと認められる。さらに、これらの事実調査の結果を前提とすると、平均的な弁護士の水準に照らしても、高度障害保険金請求権を保全する手段として、被保険者である前原が危篤の状態で、高度障害保険金の請求をすることができない以上、債権者代位権を行使して、原告が前原に代わって三井生命に請求することを助言する義務を負っていたものといわざるを得ない。

この点、被告は、当時、高度障害保険金請求権が債権者代位権の客体となりうるかについて裁判例や学説においても判断が分かれている状況であったことを理由に、債権者代位権の行使を助言することを求めるのは、高度に過ぎる要求であると主張するが、そもそも、被告が債権者代位権の行使を助言しなかったのは、前記認定（一、1、㈩）のとおり、高度障害保険金保険金請求権が債権者代位権の客体になるかどうかについて疑問を有していたからではなく、事実調査を十分に行わなかったために、前原が高度障害の状態にある事実を三井生命に了知させれば、高度障害保険金請求権を保全できるものと誤信したからであるに過ぎないと認められるので、右主張には理由がない。

そうすると、被告は、前原が死亡した場合に高度障害保険金請求権を保全するための手段をとるという委任の事務処理にあたり、高度障害保険金請求権を保全するための手続について事実調査を行う義務を負っていたにもかかわらず、これを怠り、その結果、債権者代位権の行使について助言すべき義務を負っていたにもかかわらず、これを怠ったものと認められる。

したがって、被告は委任者としての善管注意義務に違反したものであり、委任契約の債務不履行責任は免れないと解すべきである。

〈判決の意義と指針〉

この事案は、貸金債権を有する者が弁護士にその回収を委任し、弁護士は、債務者が保険会社に対して有する高度障害保険金請求権を仮差押えしたところ、同保険金請求権が具体化していない旨の指摘を受けたにもかかわらず、同保険金の請求手続をとってもらうか、債権者代位による権利行使をしないまま、債務者が死亡し、同保険金が受取人に支払われ、債権を回収することができなかったことから、依頼者が弁護士に対して債務不履行に基づき損害賠償を請求した事件である。

この事案の特徴は、

① 貸金債権を有する者が弁護士に回収を依頼したこと
② 弁護士は債務者が保険会社に対して有する高度障害保険金請求権の仮差押えの申立てをしたこと
③ 仮差押決定がされたものの、弁護士は保険会社から同保険金請求権が具体化していない旨の指摘を受けたこと
④ 高度障害保険金の支払は、原則として被保険者に支払われるが、請求前に死亡したときは、同保険金は支払われず、死亡保険金が受取人に支払われること

になっていたこと
⑤ 弁護士は保険約款を取り寄せたり、保険会社に問い合わせる等しなかったこと
⑥ 債務者が死亡したこと
⑦ 死亡保険金が受取人に支払われたこと
⑧ 依頼者は別の弁護士らに依頼し、保険会社に対して高度障害保険金の支払を請求する等の訴訟を提起し、地裁、高裁で敗訴判決を受けたこと
⑨ 依頼者の貸金債権の回収が事実上不可能になったこと
⑩ 依頼者が弁護士に対して損害賠償責任を追及したこと
⑪ 法的な根拠として委任契約上の債務不履行が主張されたこと
があげられる。
この判決の特徴は、
① 弁護士のように受任者が専門的な知識、経験を基礎として依頼者から事務の委託を引き受けることを業としている場合には、善管注意義務は平均的な水準の専門家を基準とする高い程度のものになるとしたこと
② 弁護士は委任事務の処理にあたって、事実調査においては、依頼者から情報を適切に引き出し、その意図するところを的確に理解するとともに、事実を一応の資料を裏付けをもって認識すべき義務を負い、法的吟味の場面においては、平均的な弁護士の技能水準に照らして、当該事象に対して、およそ考えられるあらゆる面から法的に吟味すべき義務を負うとしたこと
③ 弁護士は、本件では仮差押えの決定を得るという委任事務の処理に際して、債権者代位権の行使の可能性を説明、助言、指導、教示する義務を負っていたとはいえないとしたこと
④ 本件の委任事務の目的は、債務者が死亡した場合、高度障害保険金請求権が消滅し、死亡保険金が受取人に支払われてしまうことを防ぐことにあったから、弁護士には、少なくとも、委任事務の依頼を受けた時点において、いかなる手続をとれば、高度障害保険金請求権を保全することができるかについて、約款を取り寄せたり、保険会社に問い合わせたりするなどして調査する義務を負っていたとしたこと
⑤ 調査を行えば、平均的な弁護士の水準に照らしても、高度障害保険金請求権を保全する手段として、被保険者である債務者が危篤の状態で、高度障害保険金の請求をすることができない以上、債権者代位権を行使して、依頼者が債務者に代わって保険会社に請求することを助言する義務を負っていたとしたこと
⑥ 弁護士は、債務者が死亡した場合に高度障害保険金請求権を保全するための手段をとるという委任の事務処理にあたり、高度障害保険金請求権を保全するための手続について事実調査を行う義務を負っていたにもかかわらず、これを怠り、その結果、債権者代位権の行使について助言すべき義務を負っていたに

もかかわらず、これを怠ったとしたこと

⑦　弁護士の債務不履行責任を肯定したこと

⑧　この事案では依頼者につき少なくとも仮差押えの効力が及んでいた2500万円につき回収が不可能になった損害があったとしたこと

があげられる。

この判決は、弁護士の委任契約上の事務処理の基準として、善管注意義務は平均的な水準の専門家を基準とする高い程度のものになるとし、平均的な水準とはいいながら、実際上高度な内容の善管注意義務を前提として判断すべきであるとの見解を採用しているものであり、注目されるとともに、弁護士にとってこのような判断基準が採用されることを踏まえつつ、受任事務の処理を行うことが重要であることを示している。また、この判決は、実際に弁護士の債務不履行を肯定した事例、損害として依頼者の貸金債権の回収不能額を認めた事例としても参考になる。

判　決　29	遺産分割を受任した弁護士の債務不履行責任を認めなかった事例 〔東京地判平成14・1・28判タ1107号233頁、金判1158号45頁〕

【事案の概要と判決要旨】

Xは、父Aが平成4年9月に死亡し、他の共同相続人Bらと共同相続し、遺産の中に株式等が含まれていたところ、Bらとの間で遺産分割をめぐる紛争が生じる等したため、弁護士Yに相続に関する相談をし、平成7年9月、遺産分割に関する調停が成立し、相続税の申告をし、取得した株式を売却する等したが、Yの事務処理が善管注意義務に違反すると主張し、XがYに対して債務不履行に基づき損害賠償を請求した。

この判決は、Yが遺産分割事務を受任したものの、税務申告を受任したとはいえず、Yが標準的な弁護士に期待される注意義務を怠ったとはいえない等とし、請求を棄却した。

〈判決文〉

1　争点(1)（本件委任契約の内容）について

(1)、(2)〈略〉

(3)　以上の認定事実に加え、相続税申告を含む税務代理及び税務書類の作成は特殊専門的分野に属する事務であり、税務に関する専門的知識を必要とするから、弁護士が遺産分割事務を受任したことをもって直ちに、相続税申告事務に関しても受任したと認めるのは相当ではないこと、被告は相続税申告の手続等に関し専門的知識を有しておらず、当該事務に関しては税理士等に依頼して事務を行っていたこと（被告本人）に照らすと、本件100円申告の妥当性に関する判断及び本件申告は、原告との間の委任契約締結に基づき本件相続税申告事務を受任した訴外Aが専ら行っており、本件委任契約に基づく被告の委任事務に本件相続税申告事務が含まれていたと認めるのは困難である。

(4)〜(6) 〈略〉

2 争点(2)(被告の責任原因)について

弁護士は、委任契約に基づき、依頼者に対し、依頼者が委ねた裁量権を依頼者の利益のために適切に行使し、法律専門家として要求される客観的な基準に従って委任事務を行うべき注意義務を負う。弁護士が、委任事務の執行に当たり、前記注意義務を怠り、依頼者に対し損害を与えた場合には、当該弁護士は、依頼者に対し、因果関係の認められる範囲内で損害を賠償する責任を免れない。そして、弁護士が、前記注意義務を怠ったか否かの具体的判断は、事務委任を受けるに至った経緯、委任事務の内容、委任事務を行う際に弁護士が有していた情報、依頼者の意向等の具体的事情の下で、当該弁護士が関連法令及び実務に通暁した標準的な弁護士に期待される注意義務の程度を怠ったか否かにより判断すべきである。そこで以下、このような観点から、本件委任契約に基づく委任事務の執行に当たり、被告に注意義務違反が認められるか否かについて検討する。

(1)、(2)ウまで 〈略〉

エ 以上の認定事実及び弁論の全趣旨によれば、①本件相続人らには、合同資源産業株式を売却し、本件遺産分割協議を早期に解決する必要があったこと、②本件相続人らが売却しようとしていた合同資源産業株式は113万7500株という大量の数量であり、取引代金も多額に上ることが予想され、同社株式購入を検討していたのは、当時、関東天然瓦斯開発だけであったこと、③関東天然瓦斯開発以外に対する譲渡は合同資源産業から承認が得られない可能性が高かったことが認められる。以上によれば、本件株式売買契約の締結に当たっては、関東天然瓦斯開発が優位に売買交渉を進めていたものと推認できる。

また、証拠(乙8)によれば、合同資源産業株式は、平成2年9月20日には一株当たり1000円で9000株が、同年12月19日には一株当たり850円で51万6000株が、同月21日には一株当たり700円で1万2155株が、同3年9月30日には一株当たり600円で5000株が売買された実績があることが認められ、本件売買単価は、当該売買実績と対比し、不当な価格とまではいえない。

そして、本件全証拠を検討しても、原告らが、関東天然瓦斯開発以外の第三者に対し、合同資源産業株式を、本件売買単価より高額で売却し、かつ、当該売買について、合同資源産業から承認を得られたと認めるに足りる証拠は存在せず、また、原告らが、被告に対し、同社株式を本件売買単価で関東天然瓦斯開発に売却することについて反対の意向を示していたと認めるに足りる証拠もない。

オ 小括

以上によれば、本件株式売買契約を締結したことについて、被告に注意義務違反は認められず、この判断を覆すに足りる証拠は存在しない。

〈判決の意義と指針〉

この事案は、株式等を含む高額の遺産につき共同相続が発生し、共同相続人間に紛争が生じていた状況において、弁護士が共同相続人の一人から相続に関して依頼を受け、依頼者が相続に関して相談し、遺産分割に関する調停が成立し、相続税の申告をする等をしたが、依頼者が弁護士に対して債務不履行に基づき損害賠償を請求した事件である。

この事案の特徴は、

① 高額の遺産につき共同相続が開始したこと
② 共同相続人の間に紛争が発生したこと
③ 弁護士が共同相続人の一人から遺産分割、相続に関する事件を受任したこと
④ 相続人らの間で遺産分割の調停が成立したこと
⑤ 依頼者が相続税の申告をする等したこと
⑥ 依頼者が弁護士の委任契約上の善管注意義務違反を主張したこと
⑦ 依頼者が不適切な相続税の申告、株式の不当な廉価の売却、課税当局による相続税の申告の否認を主張したこと
⑧ 委任契約の範囲、弁護士の委任契約上の善管注意義務違反が重要な争点になったこと

があげられる。

この判決の特徴は、

① 相続税の申告が委任契約に含まれると判断することは困難であるとしたこと
② 弁護士は、委任契約に基づき、依頼者に対し、依頼者が委ねた裁量権を依頼者の利益のために適切に行使し、法律専門家として要求される客観的な基準に従って委任事務を行うべき注意義務を負うとしたこと
③ 弁護士が前記注意義務を怠ったか否かの具体的判断は、事務委任を受けるに至った経緯、委任事務の内容、委任事務を行う際に弁護士が有していた情報、依頼者の意向等の具体的事情の下で、弁護士が関連法令および実務に通暁した標準的な弁護士に期待される注意義務の程度を怠ったか否かにより判断すべきであるとしたこと
④ この事案では弁護士に善管注意義務違反は認められないとしたこと

があげられる。この判決は、まず、相続税の申告事務が委任契約の内容に含まれていないとしたものであり、契約の解釈事例として参考になる。

また、この判決は、弁護士の善管注意義務の判断基準を具体的に明示しつつ、この注意義務違反を否定した事例としても参考になる。

弁護士が依頼者から事件を受任したり、相談者からの相談につき助言をしたりする場合、税務に関する事項が事務処理、助言にあたって重要であることが少なくない。弁護士は、税理士の資格を有するといっても、実際に税務に関する法令、取扱いを熟知していることは少なく、税務に関する具体的な内容、手続につき事務処理、助言をすることは相当なリスクを伴うことになる。この事案では、相続税の申告に関する受任の有無が問題になったものであるが、依頼者に受任をしたかのような印象、期待を持たせることは、後日、トラブルの源になることには注意が必要である。

判 決 30	遺産をめぐる紛争に関与した弁護士の債務不履行責任を認めなかった事例 〔東京地判平成15・12・1判タ1153号161頁〕

【事案の概要と判決要旨】

Xの父Aは、桶類の製造業を営んでいたところ、仕事場兼住居がAの長男B、二男Cらの名義となっており、A、Cの死亡後、これらの不動産が売却される等したため、Xが弁護士Yに100万円を交付し、遺産をめぐる交渉を依頼したものの（委任契約の締結の有無、内容が重要な争点になっている）、Yが何らの行動をしなかったことから、Xが弁護士Dに委任し、Bに対して売却代金の法定相続分相当額の支払等を請求する訴訟を提起し、控訴審、上告審で勝訴判決を得（Yは、Bの訴訟代理人になった）、弁護士Eに委任し、Cの相続人らに対して同様な訴訟を提起し、訴訟上の和解を成立させた後、XがYに対して法定相続分に相当する金員の支払の交渉を委任したのにこれを怠ったと主張し、債務不履行に基づき回収可能な金員等の損害賠償を請求した（Yは、所属弁護士会により業務停止1カ月の懲戒処分を受けた）。

この判決は、Xの主張に係る委任契約の成立を否定し（遺産からさらに多くの金銭の交付を受けるよう交渉することを委任したことはあるが、後日、解除されたとした）、Xの主張に係る損害との間の相当因果関係も認められない等とし、請求を棄却した。

〈判決文〉

2 争点(1)（委任契約の有無）について

(1) 前記争いのない事実等及び前記1で認定した事実を前提に、原告が主張する委任契約、すなわち、原告が被告に対し本件不動産の売却代金26億1075万円について原告の相続分である5分の1に当たる5億2215万円を一郎及び二郎相続人らから取り戻すとの委任契約が原、被告間で成立したといえるか否かについて検討する。

(2) 前記争いのない事実等及び前記1で認定した事実並びに弁論の全趣旨によれば、①被告は本件不動産の売却に当たり二郎相続人ら及びたろうレヂデンスの代理人として活動する中で一郎及び原告らと接触するようになったこと、②本件不動産の売却代金の分配に当たり原告及び三郎は一郎が取得した売却代金から分配を受け、春子は二郎相続人らが取得した売却代金から分配を受けることとなっており、原告、三郎、春子はそのことに異議をとどめていないこと、③原告は一郎から本件不動産の売却代金の分配として1億4000万円の本件アパートの贈与を提案されたこと、④原告は一郎の提案を拒否したところ、被告が一郎の委任を受けて、原告に対し、「もらえるものはもらっておけ、後のことはまた話をしてあげるから」といって一郎の提案をのむように説得し、原告は一旦はこれを了解したこと、⑤原告は、被告が一郎を説得してくれるものと考え、被告との話合いの2日後に、被告方に100万円を持参し、これを被告の妻に交付したこと、⑥原告の提供した100万円は、5億2215万円を取り戻す委任契約の着手金としては安く、被告は、原告らから一郎に対する不当利得返還訴訟において一郎の訴訟代理人として活動していること、⑦東京弁護士会懲戒委員会は、被告が原告から受けた委任内容を、一郎と原告との間の不動産処分に関する相続分相当額の不当利得返還請求について原告と一郎間の利害対立の調整役を依頼されたと認定していること、⑧原告も当初二郎相続人らを相手に本件不動産の売却代金の返還を求めた形跡はなく、専ら一郎を相手に本件不動産の売却代金の返還を求める訴え（第1訴訟）を提起していることが認められる。

以上の認定事実によれば、原告が被告に対し委任した内容は、原告と一郎との間の利害を調整し、一郎から原告に対し本件アパートだけでなく更に多くの金銭を交付するよう交渉してほしいという内容であり、被告も100万円を受領することにより暗黙のうちにこれを了承したと認めるのが相当であり、原告が主張するような委任契約が成立したと認めるに足りる証拠はないというべきである。そして、前記のとおり原告が被告に対し委任した契約は、前記争いのない事実等⑵、前記1⑶で認定したとおり、原告が荒木弁護士に対し第1訴訟の提起を委任し、荒木弁護士が被告に対し原告が交付した100万円の返還を求めた平成4年春ころまでには解除されたとみるのが相当である。

⑶、⑷〈略〉

3　争点⑵（相当因果関係の有無）について

⑴　前記2で判示したとおり、原被告間に原告主張の委任契約の成立は認められないから、その余の争点について判断するまでもなく、原告の請求には理由がないが、なお念のため、原告の請求の当否について、因果関係の点からも検討することにする。

⑵　まず、原告が荒木、田伏両弁護士に支払った弁護士報酬について検討するに、原被告間に原告主張の委任契約の成立が認められたと仮定しても、被告が本件不動産の売却に関与し、その後一郎の訴訟代理人を務めたことを考慮しても、一郎が第1訴訟の第2審で敗訴したにもかかわらず、上告して争っていること等の事情からすれば、平成3年3月の時点で被告が一郎に返還交渉をすれば直ちに当該委任契約が功を奏して一郎が翻意し、相続分に応じた金銭の分配がされ、第1訴訟を防ぎ得たとまで認めることは困難である。また、第1訴訟における一郎側の訴訟活動が、被告でなければ行うことができない内容であったと認めるに足りる証拠はなく、被告が一郎から受任しなかったとしても、他の弁護士により同様の訴訟活動がされた蓋然性は高いというべきである。したがって、原告において他の弁護士を頼まざるを得なかったことについて被告の債務不履行との間に相当因果関係は認められないというほかない。そして、原告が支払った弁護士報酬は、荒木、田伏両弁護士の実働の対価として支払ったものであり、平成4年春ころには原告から被告への委任は既に解除されていることをも併せ考慮すると、これを原告の損害ということも困難である。

次に、原告が回収し得なかった遺産分について検討する。原告は、被告が一郎及び二郎相続人らと平成3年時点で交渉していれば、二郎相続人らに対する請求が時効にかかることはなかったとするが、前記1⑶で認定したとおり、原告は、平成3年6月に荒木弁護士に対して自己の相続分の回復を依頼し、更に同年12月には二郎相続人らに対する請求も含めて兄弟間でその分配比率を合意している事情からすれば、荒木弁護士に対し、二郎相続人らに対する相続分の返還を依頼していたと認めるのが相当である。したがって二郎相続人らに対して訴訟提起あるいは返還の交渉等を行わなかったのは、原告あるいは原告訴訟代理人であった荒木弁護士の選択であって、被告の債務不履行とは関係がないというべきである。

さらに、被告が、平成３年当時、一郎及び二郎相続人らと交渉していれば、約４億円の返還が実現したとの原告の主張についても、本件全証拠を検討するも、これを証するに足る証拠はないといわざるを得ず、原告の主張は採用できない。

〈判決の意義と指針〉

この事案は、父の死亡後、兄弟間で遺産をめぐる紛争が発生し、共同相続人の一人が弁護士に遺産に関する交渉を依頼したものの（100万円を受領した）、弁護士が期待された事務処理に対応しなかったことから、他の弁護士に委任し、訴訟を提起し（前記の弁護士は、相手方の訴訟代理人になった）、勝訴判決を得る等した後、共同相続人の一人である元の依頼者が前記の弁護士に対して法定相続分に相当する金員の支払の交渉を委任したのにこれを怠ったと主張し、債務不履行に基づき回収可能な金員等の損害賠償を請求した事件である（なお、弁護士は、所属弁護士会から業務停止１カ月の懲戒処分を受けたものである）。

この判決は、共同相続人の一人の主張に係る不動産の売却代金26億1075万円について法定相続分である５分の１にあたる５億2215万円を他の共同相続人から取り戻す旨の委任契約の成立を否定したこと、遺産からさらに多くの金銭の交付を受けるよう交渉することを委任したことはあるが、後日、解除されたとしたこと、弁護士が交渉したとしても、共同相続人の一人の主張に係る損害との間の相当因果関係も認められないとしたことに特徴があり、弁護士の債務不履行を否定した事例として参考になる。

判　決　31	債務処理等を受任した弁護士の債務不履行責任を認めなかった事例 〔東京地判平成16・４・27判タ1187号241頁〕

【事案の概要と判決要旨】

Ｘは、妻ＰがＸに無断でＸを保証人として金銭を借り受けたり、Ｘの名義を使用して金銭を借り受けていたため、叔母Ｑから弁護士Ｙを紹介され、Ｙは、連帯保証債務の免責または軽減等につき事務処理を受任し、Ｐの所有不動産の任意売却、Ｐに対する損害賠償請求訴訟を提起する等したが、Ｐの所有不動産が競売に付され、Ｐのために1496万円余の支払を余儀なくされる等したため、ＸがＹに対して債務不履行に基づき損害賠償を請求した。

この判決は、Ｙが与えられた裁量の範囲内の事務処理であった等とし、債務不履行を否定し、請求を棄却した。

〈判決文〉

ア　確かに、前記認定事実によれば、原告が平成3年10月ころ被告に相談した主たる目的は、花子のために原告が多額の債務を負担せざるを得ない状況に至ったことから、その損害を最小限に止める措置を講じるためであり、被告は、原告から経過説明を受けた中で、花子が富士銀行から金銭を借り入れるに際し、原告を連帯保証人としたほか、花子所有不動産も担保に提供していたことの説明も受けて、これらの事情を知っていた上、花子に対する訴訟を提起した後、花子から、数回にわたり、花子所有不動産のうち本件不動産を売却して、その売買代金をもって原告が連帯保証している富士銀行に対する借入金債務を返済する意向を示され、その都度、花子に対して、売却が実現しそうであれば買い受け希望者や富士銀行から直接被告に電話をさせるよう指示して対応していたのであるから、本件委任の目的には、原告の連帯保証債務の免責又は軽減を図ることを目的とする事務も含まれていたこと、その目的を達成するための方法として本件任意売買も視野に入れ、その実現についての交渉権限を原告から与えられていたものというべきである。

しかし、本件任意売買は、原告の前記委任目的を達成するための1つの方法に過ぎないところ、原告が被告に本件委任をするに際し、本件任意売買を方法に限定して原告の保証債務の免責又は軽減を図ることを指示したことを認めるに足りる証拠はない。

したがって、被告としては、本件任意売買の実現の可能性、他の方法によることとの利害得失、原告の意向等を踏まえ、本件任意売買の方法によって原告の保証債務の免責又は軽減を図るべきか否かを選択することができる裁量が与えられていたというべきところ、被告は、原告から、花子が原告に無断でその財産を処分したり、原告名義で借入れをしたりするなどの行為を繰り返していた旨聞き及んでいた上、原告から本件委任を受けて花子に対する訴訟を提起した後も、花子が原告に無断で委任状を偽造して登録印の改印を企てたり、本件不動産の売却がまもなく実行されるとの連絡をしながら実行されないことが繰り返されてきた経過にも照らして、この際、花子を破産させてその財産管理権を喪失させ、破産手続の中で原告の負担した債務の弁済を受ける方が確実であると考えて、花子に対する破産宣告の申立てをしたという事情に加え、売買契約書（写し）の体裁の不完全さから、その審尋手続の中で、花子側から受けた本件任意売買の申入れは信用できないとし、また、仮に本件不動産が売却されてもその売却代金を花子が費消してしまう危惧を抱いて、その申入れを拒絶したとしても、本件委任の趣旨に反するものとはいえず、被告に与えられた裁量の範囲内の事務処理であったというべきである。

また、花子は、本件任意売買を進めていたとする平成4年当時、本件不動産について、平成4年2月5日には新たに貸金業者である株式会社A及び有限会社B商事を根抵当権者とする根抵当権設定登記を行い、同年7月1日には同じく株式会社Cを権利者とする根抵当権設定仮登記もなされていた。（甲1ないし8）から、富士銀行に対する債務を弁済しただけでは本件不動産に対する担保権を全部消滅させることはできず、本件任意売買を実現することは客観的には困難な状況にあり、被告の行為が相当性を欠くものとはいえないというべきである。

イ　ところで、原告作成の陳述書（甲24）及び原告の供述中には、破産事件の審尋手続の中で花子側から被告に対し本件任意売買の実行が可能となった旨の申入れとともにその契約書の写しの提出があったのに、被告は原告にそのことを告げないで、独断で本件任意売買に関する申入れを断ったとして、その対応が原告の意思に反するものであったとする部分がある。

この点、被告が審尋手続の中で花子側から受けた上記申入れを原告に報告したか否かは本件証拠上判然としないが、原告の供述によれば、当時、原告と花子は、利害が相対立する関係にあったものの、相互に電話で自由にやり取りをしており、原告は花子から本件任意売買の件についてもその買主や値段について相当具体的な話を聞いていたことが認められるから、本件任意売買の実行について被告が信用し難いとして消極的態度を示し、これが原告の意向に反するものであったのであれば、原告は花子からの電話を通じて上記経過を知り、被告に本件任意売買の受入れを前提とした対応を求めたであろうし、仮に、花子からの電話連絡がなかったとしても、その後、花子に対して破産宣告がされ、本件不動産に対して競売手続が開始され、競売による売却が実施されたことを知る過程で、本件任意売買が実現されなかったことを知るに至るはずであり、それが原告の意向と反するものであったのであれば、その知った時点で被告に説明を求めるなどの行動に出るのが自然であるところ、本件全証拠によっても、平成11年12月に原告と花子が一緒に被告の法律事務所に赴くまで、本件任意売買が原告の意向に反するものであったことを被告に述べた事情は窺われないところである。のみならず、被告は、前記第3の(1)コで認定したとおり、花子の懲戒請求書に、本件任意売買の件を被告が原告に報告しなかったとして被告を非難する発言を原告が花子にしていた旨の記載があったことから、原告に対しその発言の存否を尋ねたところ、原告がその発言の事実を否定したため、被告は、原告から受任中の訴訟事件の代理をそのまま続けて、平成12年5月、富士銀行との間で裁判上の和解を成立させていることにも照らすと、被告が花子側からの本件任意売買に関する申入れを断り、花子に対する破産宣言を求めた事務処理方法は、原告の意向に反するものであったということはできない。

ウ　そうすると、本件委任に基づく被告の事務処理の過程に、原告の主張するような債務不履行の事実はないというべきである。

〈判決の意義と指針〉

この事案は、弁護士が妻に無断で保証人にされる等した夫から連帯保証債務の免責または軽減等につき事務処理を受任し、事務処理をしたものの、依頼者が弁護士に対して委任契約上の債務不履行に基づき損害賠償を請求した事件である。

この事案の特徴は、

① 夫が妻によって無断で保証人にされたり、夫名義で金銭を借り入れる等されたこと

② 夫の叔母が弁護士を紹介したこと

③ 弁護士が夫から連帯保証債務の免責または軽減等につき事務処理を受任したこと

④ 弁護士が夫のために事務処理をしたものの、夫が金銭の支払を余儀なくされる等したこと

⑤　弁護士が依頼者である夫から委任契約上の債務不履行責任を追及されたことがあげられる。

この判決は、弁護士が依頼者のために行った事務処理は、弁護士に与えられた裁量の範囲内の事務処理であったとし、債務不履行を否定したものであり、その旨の事例判断として参考になる。

判　決　32	債務整理を受任した弁護士の債務不履行責任を認めた事例 〔東京地判平成16・７・９判時1878号103頁〕

【事案の概要と判決要旨】

Ｘは、貸金業者から金銭の借入れ、弁済を繰り返し、多重債務者になっていたところ、Ａ株式会社との間でＡが債務を引き受け、Ｘの名義で借入債務を支払う旨の契約を締結し、Ａの紹介により、弁護士Ｙとの間で債務整理を委任する契約を締結し、Ｙが貸金業者と交渉し、和解契約を締結し、その旨をＡに報告をし、ＡがＸの名義で和解金を支払い、ＸがＡにその支払資金を支払ったが（Ｙは、本件で所属弁護士会の懲戒委員会から業務停止６カ月の処分を受け、日弁連に審査請求を申し立てた）、ＸがＹに対して、Ａの行為が非弁行為であり、Ａの手足として行動し、債務整理の状況をＸに報告しなかった等と主張し、債務不履行に基づき損害賠償を請求した。

この判決は、報告義務違反の債務不履行を認め、請求を認容した。

〈判決文〉

(1)　債務整理の主体について

デットから被告に対し原告の債務整理につき指示はなく、また、被告は、デットから相談を受けなかったこと、債務整理は原告代理人である被告名で行われたことが認められることからすれば、債務整理はあくまでも被告自身が行ったものであり、その他本件全証拠によっても、デットが主体的に債務整理を行い、被告がその手足であったと認めることはできない。

なお、デットは、原告に対し、貸金業者に対する負債状況や資産状況について聞き取りをし、その内容を記載させているが、融資をしようとする者にとって、融資を受ける者の資産、負債状況の調査は、融資の可否や融資可能額についての重要な判断要素となるから、デットが原告の負債状況等についての聞き取りをしたことをもって、デットが主体的に債務整理を行ったということはできない。

この点について、原告は、本件債務引受契約は、減額後の金額をデットが原告に貸し付けるものではなく、貸金業者が主張する額の九割相当額を貸し付ける体裁が採られており、デットに多大な利益が生じるように設定されたと主張する。しかし、本件債務引受契約では、貸金業者に対する債務整理が全部完了した場合に、実際に支払った額を前提とした清算が予定されているから、デットが不法な利益を得るようにされていたということはできないので、原告の主張を採用することはできない。

また、原告は、被告がデットにのみ貸金業者との和解状況、結果について報告をしていたことをもって、被告がデットの債務整理の手足であったと主張するが、前記認定によれば、被告がデットに対し和解金額等について連絡していたのは、デットが原告に代わって弁済するための必要があると解されるのであって、原告に連絡しなかったことが、委任者に対する報告義務違反となるかどうかは別として、そのことから直ちに被告がデットの債務整理の手足であったということはできないから、原告の主張は採用することができない。

(2)　弁護士としての善管注意義務違反

ア　まず、原告は、被告が行った武富士、栄光との債務不存在確認の和解について、過払金が発生することが十分予想できたのに過払金返還訴訟等を提起せずに和解を行ったことを受任者として不相当な事件処理であると主張する。しかし、第一東京弁護士会発行の「クレジット・サラ金事件処理マニュアル2000年３月」によれば、債務整理を受任した弁護士は、取引履歴を開示せず将来利息を要求する貸金業者に対し、債務不存在確認の裁判を辞さないと述べ譲歩を引き出し、債権放棄の示談をすることも交渉の一方法であるとされていることが認められ、また、取引履歴を開示しなかった武富士と栄光との間で早期に債権債務を確定させて多重債務者である依頼者の経済的更正を図るため、その同意を得て過払金を請求せず、債権債務不存在確認の和解を行うことも必ずしも不相当な事件処理であるとはいえないと考えられるから、この点に関する原告の主張は理由がない。

イ　次に、被告は、原告を代理して、貸金業者との間で和解契約を締結するに際し、過払金の不当利得返還請求権を放棄する場合を除き、個々に原告の事前の了承を得ていないことは前記認定のとおりであって、被告は、すべての貸金業者との和解が成立し委任事務が終了したときにも、原告に対し直接その旨の報告をしたと認めることはできない。したがって、被告には、受任者としての委任事務処理状況の報告義務、顛末報告義務を怠った債務不履行があるものといわざるを得ない。

被告は、デッドに対して和解金額等を報告し、その後、原告から貸金を回収する立場であるデッドから原告に対して報告がされているので、原告は和解状況を確認できる立場であったと主張するが、被告は、原告とデッドとの間の本件債務引き受け契約とは別個に原告から債務整理を受任したのであって、まして、貸主と委任者である借主の利益は、対立することもあり得るのであるから、受任した弁護士としては、事務処理の状況及びその結果を委任者に対して直接報告すべきであることは当然であって、委任が委任者と受任者との間の信頼関係に基礎をおくものであることをも考慮すれば、デッドに対する報告によって受任者である被告が原告に対する報告すべき義務が免除されると解されることは到底困難であるから、この点に関する被告の主張は採用することができない。

〈判決の意義と指針〉

この事案は、多重債務者が債務整理業者との間で債務整理に関する契約を締結し、その紹介により、弁護士に債務整理を委任し、弁護士が貸金業者ら４社との間で和解をし、債務整理を行う等した後、多重債務者である依頼者が弁護士に対して非弁行為である等と主張し、委任契約上の債務不履行に基づき損害賠償を請求した事件である。

この事案の特徴は、

① 多重債務者が債務整理業者との間で業者が債務を引き受け、債務者の名義で借入債務を支払う旨の契約を締結したこと

② 多重債務者が業者の紹介により、弁護士との間で債務整理を委任する契約を締結したこと

③ 弁護士が貸金業者らと交渉し、和解契約を締結したこと

④ 弁護士が債務整理業者にその旨をに報告をし、債務整理業者が債務者の名義で和解金を支払ったこと

⑤ 債務者が債務整理業者にその支払資金を支払ったこと

⑥ 債務者が弁護士に対して債務整理業者の行為が非弁行為であると主張したこと

⑦ 債務者が弁護士に対して債務不履行に基づく損害賠償責任を追及したこと

⑧ 弁護士の善管注意義務違反が主張されたこと

⑨ 弁護士が所属弁護士会の懲戒委員会から業務停止6カ月の処分を受けたこと

があげられる。

この判決の特徴は、

① 弁護士が債務整理業者の手足であった旨の主張を排斥したこと

② 弁護士が訴訟を提起しないで和解契約を締結したことが不相当な事件処理とはいえないとしたこと

③ 弁護士が和解契約の締結後、債務整理業者に報告し、依頼者である債務者に報告をしなかったことは、受任者としての委任事務処理状況の報告義務、顛末報告義務を怠った債務不履行があるとしたこと（弁護士の善管注意義務違反を認めた）

④ 弁護士の報告義務違反による損害として、債務整理業者に支払った金額から実際に貸金業者に支払われた金額、弁護士の報酬額の差額が損害であるとしたこと

があげられる。この判決は、弁護士が債務整理業者の紹介により、多重債務者から債務整理を受任し、貸金業者らと和解契約を締結し、債務整理業者に報告をし、依頼者に報告をしなかった事案について、弁護士の善管注意義務違反を肯定し、受任者としての委任事務処理状況の報告義務、顛末報告義務を怠った債務不履行があるとした事例判断として参考になるものである。なお、この事案で主張された損害は、特異なものであるが、この判決が債務整理業者に支払った金額から実際に貸金業者に支払われた金額、弁護士の報酬額の差額が損害であるとした判断も事例として参考になる。

判　決　33	事故調査、損害賠償請求を受任した弁護士の債務不履行責任を認めた事例 〔東京地判平成16・10・27判時1891号80頁、判タ1211号113頁〕

【事案の概要と判決要旨】

Aは、深夜、都内の道路上に横臥中、Bの運転する自動車に轢かれ死亡し、Aの遺族X_1、X_2らは、弁護士YにAの死亡事故の真相の究明、加害者に対する損害賠償請求を委任した（着手金10万円が支払われた）。その後、Yが訴訟の提起等を怠り、事故後3年間を経過したため（Yは、代理人をその後辞任した）、X_1、X_2らがYに対して委任契約上の債務不履行に基づく損害賠償を請求した。

この判決は、Yが事故現場の調査、専門家への事情聴取等を怠り、漫然と消滅時効期間を進行させ、完成させたものであるとし、債務不履行を認め（総額約6800万円の損害を認めた）、請求を認容した。

〈判決文〉

(1)　調査活動の懈怠について

ア　被告が、本件委任を受けた後、これを辞任するまでに、本件現場の調査、丁原や戊原からの事情聴取、丁原車や一郎の遺体写真の接写、一郎の担当医、監察医及び村井教授らの事情聴取、法医学や自動車工学の専門家からの意見聴取をしていないことは当事者間に争いがない。

以上の事実に加え、前記第二の二の争いのない事実等(9)及び前記二(9)ないし(12)、(14)、(16)、(24)で認定した事実を総合すれば、被告は、本件刑事記録や村井鑑定書を入手し、戊原からの事情聴取を試み、原告乙山らの調査結果、本件刑事記録及び村井鑑定書についての検討を行ってはいたものの、その他、本件事故に関する特段の事実調査や証拠を保全するための措置をしていなかったことが認められる。特に、一郎の着衣の保存指示、監察医との面会、法医学や自動車工学の専門家による再鑑定については、原告乙山から具体的な問題点を挙げて、その検討や対応を要請されていたにもかかわらず、これに対する被告の対応は極めて不十分なものであったといわざるを得ない。しかも、前記一で認定判断したところによれば、本件委任の当時に存在した資料と、これに基づく法医学及び自動車工学の専門家による鑑定等の結果により、本件委任の当時においても、加害者の特定まではできなかったとしても、先行事故の存在自体を明らかにすることは十分に可能であったのであるから、上記のとおり被告が一定の調査活動を行っていたことを考慮しても、弁護士としての活動は、原告らの委任の趣旨に沿わない不十分なものであったといわざるを得ず、被告には、委任契約に基づく債務の不履行があったと判断するのが相当である。

イ　〈略〉

(2)　消滅時効の完成について

ア(ア)　既に認定判断したとおり、被告は、原告甲野ら及び原告松子から、丁原に対して損害賠償を請求することを委任されていたところ、弁護士である被告としては、丁原らと当面は示談しないとの意向を表明していた原告甲野ら及び原告松子に対し、消滅時効に関する正確な知識を提供するとともに、丁原らに対する損害賠償請求権の消滅時効期間が経過する平成５年８月31日までに、丁原らに対する方針の再考を促し、訴え提起等の時効中断のための措置を講ずるべきであったというべきである。また、消滅時効期間の経過は、丁原らに対する損害賠償請求権の消滅事由となる重要な事項であったから、弁護士である被告は、委任者である原告甲野ら及び原告松子と、その対応を十分に協議すべきであったというべきである（民法第645条参照）。

したがって、弁護士である被告が、これらの措置を何ら講じないまま漫然と消滅時効期間を進行させ、原告甲野ら及び原告松子と、その対応を協議しなかったことは、委任契約に基づく債務の不履行に当たると判断するのが相当である。

〈判決の意義と指針〉

この事案は、交通事故の被害者の遺族が弁護士に死亡事故の真相の究明、加害者に対する損害賠償請求を委任したものの、弁護士が訴訟の提起等を怠り、事故後３年間を経過したため、依頼者らが弁護士に対して委任契約上の債務不履行に基づき損害賠償を請求した事件である。この事案においては、交通事故の原因の解明に困難な事情があり、依頼者である遺族らから具体的な指摘等がされた状況において、事件を受任した弁護士が事故後３年を経過しても訴訟を提起しなかったことに特徴がある。

この判決の特徴は、

①　事件を受任した弁護士が刑事記録や鑑定書を入手し、関係者からの事情聴取を試みる等し、事件の調査、検討を行っていたものの、その他、本件事故に関する特段の事実調査や証拠を保全するための措置をしていなかったこと

②　弁護士が、依頼者から被害者の着衣の保存指示、監察医との面会、法医学や自動車工学の専門家による再鑑定につき具体的な問題点をあげて、その検討や対応を要請されていたにもかかわらず、適切な対応をしなかったこと

③　弁護士の活動は、依頼者らの委任の趣旨に沿わない不十分なものであり、委任契約に基づく債務不履行があったとしたこと

④　弁護士が、依頼者らへの説明等の措置を何ら講じないまま漫然と消滅時効期間を進行させたことは、委任契約に基づく債務不履行にあたるとしたこと

⑤　損害として約6800万円を認めたこと

があげられる。この判決は、前記内容の事案につき弁護士の委任契約上の債務不履行責任を肯定し、高額の損害賠償額を認めた事例として参考になる。

判　決　34	訴訟追行を受任した弁護士の債務不履行責任を認め、依頼者の弁護士に対する不法行為責任を認めた事例 〔東京地判平成17・3・23判時1912号30頁〕

【事案の概要と判決要旨】

平成3年6月、交通事故に遭い、被害を受けたXは、弁護士Aらに対して民事訴訟の追行等を委任し、着手金として250万円を支払い、Aらは、Xの代理人として損害保険業を営むB株式会社らに対して訴訟を提起する等した。平成10年6月頃、Xは、委任契約を中途で解約し、平成10年8月、弁護士Yに前記訴訟（別件訴訟）の遂行、事実調査を依頼し、着手金として100万円を支払い、その後、追加の着手金として150万円を支払い、訴訟が追行された。Xは、平成12年4月、委任契約を解約し、Yの事務所を訪れ、面談し、Yを批判し、録音し、事務所内を物色したり、Yの不在中、Yの事務所を訪れ、内部を写真撮影する等し、その後、自ら前記訴訟を追行し、Bらとの間でBらが損害賠償債務を負うなどの内容の訴訟上の和解をした。Xは、Yに対して着手金のうち150万円の返還、債務不履行、不法行為に基づき50万円の損害賠償を請求したのに対し（甲事件）、YがXに対して委任契約の解約後、Yの法律事務所内で無断録音、事務所内の物色、無断の写真撮影等を理由に不法行為に基づき損害賠償を請求した（乙事件）。

この判決は、別件訴訟におけるYの訴訟活動が委任契約上の善管注意義務違反にあたるとし、甲事件の請求を認容し（着手金の返還のほか、慰謝料として50万円を認めた）、無断の写真撮影が不法行為にあたるとし（慰謝料として15万円を認めた。無断録音、無断物色等については、不法行為を否定した）、乙事件の請求を認容した。

〈判決文〉

(1)ア　依頼者から、訴訟遂行を委任された弁護士は、善良なる管理者の注意義務をもって、依頼者の法律上の権利及び利益を擁護し、損害を防止するのに必要な最善の訴訟活動をする義務を負い、その義務には、期日に出頭して、有効適切と判断される主張立証を行い、依頼者の裁判を受ける機会や期待を確保すること、依頼者に対し、事件の進行状況、見込み等を適宜報告し、これに基づき処理方針を検討し、自ら又は依頼者に指示して必要な事実の調査や証拠収集をするなどして、依頼者の利益を図り、その意向が反映されるような措置を講ずることが包含されるものと解するべきである。

イ　第二の二の争いのない事実等に加え、前記一で認定した事実によれば、被告は、本件事故には隠された真相があるとの原告の見解に基づき、一定の事実調査や証拠収集の活動を行ない、別件訴訟の弁論準備手続期日に出頭し、裁判所に若干の書面を提出したことは認められる。

しかしながら、被告が行ったと主張する事実調査や証拠収集の活動の具体的な目的、内容やその結果を、被告は原告に対して説明しておらず、また、本件各証拠によっても必ずしも明らかなものとはいえないこと、被告は、本件委任の後の約一年半の間に、陳述が許されなかった準備書面二通（一⑿、⒁イ）を除き、全く準備書面を提出しておらず、また、この間に被告が裁判所に提出した書面（一⑹アないしエ）も極めて簡単な内容に止まっており、被告が行ったと主張する事実調査や証拠収集の活動の成果がこれに反映しているとは到底考えられないこと、被告は、担当裁判官が原告に不利な心証を抱いていることを口実に、具体的な主張立証活動をほとんど行なっていないこと、被告は、原告に対して、別件訴訟の進行状況について十分な説明をしなかったのみならず、原告や支援者が裁判所に出頭し、期日に同席するのを阻止しようとしていたこと、被告は、原告から、平成12年３月１日、原告作成の書面を受領し、裁判所への提出を依頼されたものの、何らの理由も説明しないまま裁判所に提出しなかったため、原告の不信感を強めたことが認められる。原告は別件訴訟において、被告が、裁判所から指示された書面等を約束の期限に提出せず、また、期日に遅刻を繰り返したと主張するところ、本件訴訟における被告の訴訟活動も同様であって、別件訴訟での訴訟活動も同様であったものと推認されるのであり、原告が、被告の訴訟活動、訴訟に取り組む姿勢や態度に不満を抱いたことは十分に肯けるところである。したがって、被告の本件委任の事務処理の内容は、原告の権利及び利益を擁護するは程遠いものでもあり、また、法律の専門家である弁護士として、依頼者に対する説明責任も十分に果たしていないところ、これにより、原告は、被告に対する不信感を強めて、ついには、本件委任を解約するに至ったものであり、被告の事務処理には、委任契約における善良なる管理者としての注意義務に反する債務不履行があったというべきであるから、本件委任は、被告の責めに帰すべき事由により解約されたものと判断するのが相当である。

⑵、⑶〈略〉

三〈略〉

四　争点⑶（本件面談の際の誹謗中傷、無断録音及び物色行為の違法性）について

⑴　前記一⒃によれば、原告らが、本件面談の際、被告の事務処理の不適切さを批判し、謝罪や着手金の返還を要求したことは明らかであり、その際の言動に不適切な部分があったことは窺われるところである。しかしながら、既に認定判断した被告の本件委任に関する事務処理の内容に照らすと、本件面談の際の原告らの言動には相応の根拠があり、また、被告の事務処理の不誠実さに加え、本件委任の解約後も預託物を速やかに返還しないなど被告の言動に対する原告の不満を考慮すると、原告らの言動にはやむを得ないものがあったというべきであり、本件全証拠によっても、本件面談の際の原告らの言動が、社会的に許容される限度を超えていたとは認めることができないから、原告らの本件面談の際の言動が、不法行為に当たるほどの違法性を有するとまではいうことはできない。

なお、丙山らは、証人尋問において、本件面談の際、被告を批判する発言をしたことについて謝罪の意を表明し、丁川作成の謝罪文及び丙山作成の陳述書にも同趣旨の記載がある。しかし、前記一⒆で認定した事実に加え〈証拠略〉によれば、その後、原告と丙山らとは対立する関係にあることが明らかであるから、丙山らが、被告に対して、本件面談の際の言動について謝罪の意を表明しているからといって、前記判断が左右され

るものではない。

(2) 前記一⒃によれば、原告らが、被告の制止にもかかわらず、被告事務所内で預託物を捜索したことが認められ、そのこと自体は必ずしも相当なものであったということはできない。

しかしながら、被告は、本件委任が解約された後も、原告から預託物の返還を再三にわたり求められていたにもかかわらず、これに応じないでいたことに加え、〈証拠略〉によれば、その態様は、預託物全部の返還を求める原告らに対する被告の対応に不審を感じた原告らが、預託物の有無を確認する限度で、資料の束や袋の内部を点検したにすぎず、別件訴訟と無関係な書類等の内容を閲覧するようなものではなかったことが認められるのであり、また、原告らの上記行為に起因して、被告に何らかの具体的な被害が生じたことを認めるに足りる証拠もない。したがって、原告らの上記行為は、被告の意思に反するものであり、また、弁護士事務所には、依頼者の秘密に係る資料が保管されているから、これを害するおそれのある不相当な行為であったというべきであるものの、上記行為により、被告の具体的な権利又は利益を侵害し、被告に何らかの形で損害を生じさせたとはいえないから、乙事件請求のうち、原告らの物色行為による損害賠償を求める部分も理由がないと判断するのが相当である。

(3) 本件録音について

前記一⒃によれば、丁川は、被告の同意を得ないまま本件面談の際の会話を録音し、原告も、これを制止していないことは明らかであり、本来ならば、被告の承諾を得て録音するのが相当であったというべきである。

しかしながら、本件録音の対象は、原告らと被告との間の会話であって、その内容も、被告の弁護士としての事務処理の在り方に関することであり、私生活上の事実に関わるものではなく、その目的も、被告との紛争の発生に備えて、面談の内容を正確に記録することにあり、不当なものとまではいえない。また、本件録音に起因して、被告に何らかの具体的な被害が生じたとの主張立証もない。そして、前記一⒃イで認定したとおり、本件録音自体は丁川が行ったものであるのみならず、丁川は、その後、このテープを紛失したと供述しており、本件録音にかかる本件テープを原告が所持していると認めるに足りる証拠はない以上、本件テープに関する被告の請求は理由がない。また、被告は、原告が、丁川とは別に、本件面談の際の会話を録音していたとも主張するが、これを認めるに足りる証拠はないから、この点に関する被告の主張も採用することはできない。

(4) 以上によれば、被告の乙事件請求のうち、本件面談の際の不法行為を理由とする部分はいずれも採用することができない。

五 争点(4)（本件撮影の違法性）について

原告は、被告の事務員から写真撮影の承諾を得たと供述し、原告作成の陳述書及び書簡にも同趣旨の記載がある。しかしながら、この証拠だけでは、被告の事務員が、本件撮影を承諾したとは認めることができず、他に本件撮影が被告の事務員の承諾に基づくものであることを認めるに足りる証拠はない。したがって、本件撮影は、被告の事務所内の管理権を有する者の同意なく撮影された違法なものであったというべきである。

ところで、前記一⒄で認定した事実に加え、〈証拠略〉によれば、本件撮影の対象となった場所は、来客を応接するための部屋であり、来客がその状況を認識することは当然に予定されていたこと、撮影された写真には、若干の書類が写っているものの、その内容を判読することは困難であること、本件撮影の目的は、被告の弁護活動の状況を示す資料の一つにしようとしたにとどまることが認められ、また、本件撮影に起因して、被告に何らかの具体的な被害が生じたことを認めるに足りる証拠もない。

以上によれば、本件撮影は、被告の事務所内の管理権を有する者の同意なく撮影された違法なものであり、被告に対する不法行為に該当するというべきであるところ、その経緯及び態様、被害の程度その他本件に現れた諸般の事情を総合考慮すると、原告は、これに対する慰謝料として15万円を支払う義務があり、かつ、これをもって足りると判断するのが相当である。

〈判決の意義と指針〉

この事案は、その内容がやや複雑であるが、弁護士がすでに提訴された訴訟事件を受任し、着手金、追加着手金の支払を受け、訴訟を追行したところ、依頼者が委任契約を解約した後、弁護士と面談し、批判、物色をしたり、弁護士の不在の中、弁護士の事務所を訪問し、内部を写真撮影する等したことから（依頼者はその後自ら訴訟を追行し、訴訟上の和解をした）、依頼者が弁護士に対して着手金の一部の返還、不法行為に基づき損害賠償を請求したのに対し、弁護士が依頼者に対して法律事務所における無断録音、事務所内の物色、無断の写真撮影等を主張し、不法行為に基づき損害賠償を請求した事件である。

この事案の特徴は、

①　交通事故の被害者が弁護士に依頼し、訴訟が提起されたこと
②　審理の係属中、委任契約が解約されたこと
③　別の弁護士が訴訟の追行を受任し、着手金、追加着手金の支払を受けたこと
④　別の弁護士が訴訟を追行したこと
⑤　委任契約が解約されたこと
⑥　依頼者とその弁護士（別の弁護士）との間で紛争が発生したこと
⑦　依頼者がその弁護士の不在の中、弁護士の事務所を訪問し、内部を無断で写真撮影、録音、物色する等したこと
⑧　依頼者がその弁護士に対して着手金の一部の返還を請求するとともに、不法行為責任を追及したこと
⑨　弁護士が依頼者に対して無断撮影等の不法行為責任を追及したこと

があげられる。この事案は、依頼者が弁護士の事務所に行き、無断撮影等を行う等したことは、弁護士の事務処理をめぐる紛争の派生的な紛争であり、特徴的な内容である。

この判決の特徴は、

①　弁護士の不法行為については、訴訟遂行を委任された弁護士は、善良なる管理者の注意義務をもって、依頼者の法律上の権利および利益を擁護し、損害を

防止するのに必要な最善の訴訟活動をする義務を負うとし、その義務には、ⓐ期日に出頭して有効適切と判断される主張・立証を行い、依頼者の裁判を受ける機会や期待を確保すること、ⓑ依頼者に対し、事件の進行状況、見込み等を適宜報告し、これに基づき処理方針を検討し、自らまたは依頼者に指示して必要な事実の調査や証拠収集をするなどして、依頼者の利益を図り、その意向が反映されるような措置を講ずることが包含されるとしたこと

② この事案では、弁護士は、事実調査や証拠収集の活動の具体的な目的、内容やその結果を説明しておらず、簡単な準備書面を提出したほか、全く準備書面を提出しなかったこと等から、弁護士の事務処理が不十分、不適切なものであり、弁護士には委任解約における善良なる管理者としての注意義務に反する債務不履行があったとしたこと

③ 慰謝料として50万円を認めたこと

④ 弁護士に対する不法行為については、面談の際の依頼者らの言動が、社会的に許容される限度を超えていたとはいえないとしたこと（不法行為を否定した）

⑤ 依頼者らの事務所内での探索は依頼者から預託物の返還を再三にわたり求められていたにもかかわらず、これに応じないでいたこと等から、弁護士の具体的な権利または利益を侵害し、弁護士に何らかの形で損害を生じさせたとはいえないとしたこと（不法行為を否定した）

⑥ 依頼者が無断で録音したことは、その対象が弁護士と依頼者との間の会話であり、その内容も、弁護士としての事務処理の在り方に関することであり、私生活上の事実に関わるものではなく、その目的も、弁護士との紛争の発生に備えて、面談の内容を正確に記録することにあり、不当なものとまではいえない等としたこと（不法行為を否定した）

⑦ 依頼者が無断で事務所内を撮影したことは、管理権を有する者の同意なく撮影された違法なものであり、弁護士に対する不法行為にあたるとしたこと

⑧ 慰謝料として15万円を認めたこと

があげられる。この判決は、弁護士と依頼者との間の紛争が、弁護士の弁護過誤だけでなく、弁護士の事務所における依頼者の言動、物色、録音、撮影等という深刻な派生的な紛争に発展した事案について、弁護士の弁護過誤による債務不履行責任を肯定するとともに、依頼者の無断撮影の不法行為責任を肯定した事例判断として参考になる。

判　決　35	刑事事件を受任した弁護士の債務不履行責任等を認めなかった事例 〔大阪地判平成17・10・14判時1930号122頁〕

【事案の概要と判決要旨】

X_1は、平成10年4月、Aに対するわいせつ誘拐、強制わいせつの容疑で逮捕された後、起訴され、その後、Bに対するわいせつ誘拐、強制わいせつの容疑で追起訴され、同年10月、弁護士Yとの間で弁護人選任契約を締結し、Yが弁護したが、第1審で懲役3年、控訴審で懲役2年6月に処する旨の判決を受け（控訴審が係属中、Bとの示談が成立した）、刑務所に服役したところ、X_1、その母X_2がYに対して、刑事事件の記録をX_1に開示、交付せず、謄写した刑事事件記録の一部をX_1が提起した民事訴訟事件（前記刑事事件の係属中、X_1の代理人YとA、その父との間で示談が成立していたところ、X_1がAらに対して示談の錯誤無効、詐欺取消しを主張し、示談の無効確認等を請求する訴訟を提起していたが、請求が棄却された）の相手方当事者の訴訟代理人である弁護士に交付した等と主張し、債務不履行、不法行為に基づき損害賠償を請求した。

この判決は、弁護人が謄写した刑事事件記録を被疑者ないし被告人に対して閲覧ないし交付すべき義務がなく、民事事件の相手方の弁護士に刑事事件の訴訟に関する書類の一部を交付しても、本件では交付に正当な理由があるとし、債務不履行、不法行為にあたらないとし、請求を棄却した。

〈判決文〉

(4)　原告は、被告が、中田弁護士に対し、本件刑事事件に係る書類を交付したことが、原告に対する本件契約上の債務不履行ないし不法行為に該当する旨主張する。

ア　確かに、上述のとおり、被告は、中田弁護士に対し、本件刑事事件に係る本件各書類を交付している。そこで、被告の上記行為が原告に対する本件契約上の債務不履行又は不法行為に当たるかにつき検討する。

イ(ア)　〈略〉

(イ)　原告は、大阪地方裁判所に対し、平成13年5月23日、丙川及び戊田夏子を被告とする本件民事訴訟を提起した。

原告は、本件民事訴訟において、本件刑事事件につき原告が実刑判決を受けたのは丙川及び戊田夏子らが虚偽の事実を申告したからである、原告が丙川と示談をしたのは丙川及び戊田夏子の脅迫行為ないし同人らによって仕組まれた検察官及び裁判所による強迫によるものである、などと主張して、不法行為に基づく損害賠償及び上記示談契約が錯誤無効ないし強迫取消しを理由に無効であることの確認等を請求していた。

(ウ)　被告は、丙川の父から、平成13年8月、本件民事訴訟に関する相談を受けたが、被告は本件刑事事件における原告の弁護人であったことから、自ら丙川の代理人とはならなかった。そして、被告は、中田弁護士に、本件民事訴訟における丙川及び戊田夏子の代理人になるよう依頼し、中田弁護士は、被告の紹介により、丙川及び戊田夏子の本件民事訴訟における代理人となった。

㈤ 被告、中田弁護士及び丙川らは、平成13年9月、本件民事訴訟につき、本件会合を持った。

被告は、中田弁護士に対し、本件会合の際、本件刑事事件に係る本件各書類を交付した。

㈥ 大阪地方裁判所は、平成14年3月7日、本件民事訴訟に係る原告の請求を棄却する旨の判決を言い渡した。

ウ 以上認定の事実等によれば、被告は、本件刑事事件の被疑者及び被告人であった原告の弁護人としての資格及び権限に基づいて取得した本件刑事事件の訴訟に関する書類の一部を原告の意思を確認することなく原告を当事者とする民事訴訟事件（本件民事訴訟）の相手方当事者の訴訟代理人である中田弁護士に交付したものであるが、本件民事訴訟における原告の請求には、被告が原告の弁護人として原告を代理して丙川の法定代理人であった同人の父母との間で締結した本件刑事事件の公訴事実に係る示談契約の錯誤無効ないし脅迫取消しを理由とする無効確認請求が含まれていたことに加えて、本件民事訴訟は、本件刑事事件において有罪の確定判決を受けた原告が、本件刑事事件の公訴事実に係る被害者の一人である丙川及びその母を被告とし、原告が本件刑事事件において実刑判決を受け、また、丙川らと示談をするに至った責任は専ら丙川らにあるといった趣旨の主張をして、損害賠償等を求めるという、有罪判決により確定した自己の刑事責任をいわば被害者に転嫁する内容のものであったこと、本件刑事事件において原告の有罪が確定された公訴事実は、わいせつ目的で当時一四歳であった丙川を誘拐した上強制わいせつの行為に及んだというものであること、本件各書類は本件刑事事件に係る公開の法廷でその要旨が陳述又は告知されたものであること、以上にかんがみると、本件事実関係の下においては、被告が中田弁護士に対して本件各書類を交付したことには正当な理由があるというべきであり、被告の上記行為は、原告に対する本件契約上の債務不履行にも不法行為にも該当しないというべきである。

〈判決の意義と指針〉

この事案は、刑事事件の弁護人が被告人と弁護人選任契約を締結し、弁護活動を行ったものの（被害者らと示談が成立した）、有罪判決を受けた後、元被告人が、被害者らに対して示談の無効確認等を請求する訴訟を提起したところ、元弁護人が民事訴訟の被害者らの訴訟代理人に刑事事件の訴訟に係る書類の一部を交付する等したため、元被告人、その母が元弁護人に対して債務不履行、不法行為に基づき損害賠償を請求した事件である。この事案は、弁護人であった弁護士の依頼者に対する記録の不開示、秘密漏洩、プライバシーの侵害等の類型の事件であり、弁護活動に派生して発生した事件である。この事案では、主として刑事事件の記録の被告人対する不開示、刑事事件の被害者らの訴訟代理人に刑事事件の訴訟に関する書類の交付、秘密漏洩等が問題になったものである。

この判決は、刑事事件の記録の不開示につき弁護人としての義務に反しないとし、債務不履行、不法行為を否定したこと、依頼者であった元被告人が刑事事件の被害者らに対して提起した民事訴訟において被害者らの訴訟代理人に刑事事件の訴訟に関する書類の一部を交付したことにつき、各書類が刑事事件の公開の法廷でその要旨が陳述または告知されたこと等の本件の事情の下では、元弁護人が訴訟代理人に交付したことには正当の理由があるとし、債務不履行、不法行為を否定したことに特徴がある。弁護人が依頼者である被告人のために行った弁護活動において入手した刑事事件に関する各種の書類、情報については、書類、情報の内容、性質に照らし、被告人の秘密、プライバシー、個人情報に含まれるものであるため（被告人だけでなく、被害者、関係者に関するものも含まれる）、その取扱い、保管、廃棄、民事訴訟における利用等にあたっては相当に慎重な対応が必要であると理解されているし（たとえば、弁護士職務基本規程18条）、実際にも慎重な検討、対応が実施されている。この判決は、刑事事件の弁護人が、依頼者であった元被告人が刑事事件の被害者らに対して提起した民事訴訟において、被害者らの訴訟代理人の紹介、事情の説明、刑事事件に関する記録の一部の交付に広く関与した事案について、本件の事情の下では元弁護人の行為には正当な理由があるとし、債務不履行、不法行為を否定したものであるが、結論を急ぐあまり、論理と判断が説得力に乏しく、疑問の残るものである。この判決が列挙する本件の事情は、この事案の基となった刑事事件の悪性等を列挙するものであるが、この事情と弁護士としての注意義務の履行の問題は同列ではないといえよう。

判　決　36	**会社と取締役間に紛争が生じている状況において、取締役の質問に応じた弁護士の会社に対する不法行為責任を認めなかった事例** **〔東京地判平成17・11・14判タ1203号201頁〕**

【事案の概要と判決要旨】

X株式会社は、A株式会社の取締役Bらを解任するために株主総会の招集請求をし、Bの妻Cらの議決権行使を禁止する等を内容とする仮処分命令を得ていたところ、Aから多数の事件を受任していたY弁護士が、Bから質問を受け、Cらの有する株式につき新株引受が錯誤無効であると主張させ、取締役の引受担保責任によること等を説明し、Bらが引受担保責任によって新株を引き受け、議決権を行使して解任決議案を否決したことから（その後、XがAを吸収合併した）、XがYに対して不法行為に基づきAから受領した弁護士報酬等の損害賠償を請求した。

この判決は、Yの説明はBの質問に応じて商法の規定を一般的に解説したにすぎず、違法な指導をしたものではないとし、不法行為を否定し、報酬の受領、報酬金額に違法がないとし、請求を棄却した。

〈判決文〉

一　一次的請求について

1　被告が乙野らに対して、春子、秋子及び夏子に新株引受の錯誤無効（商法280条の12）を主張させるとともに、同人らが引き受けていた株式を乙野、丁木及び丙川らの取締役が引受担保責任（同条の13）によって引き受ければ、本件仮処分命令を潜脱して、春子、秋子及び夏子が有していた株式の議決権を行使できるようになると教示し、かつ、本件株主総会の具体的な進行方法を指導したとの請求原因事実については、これに沿う丁木及び丙川の札幌弁護士会による聴取調書、陳述書及び電話聴取書（甲10ないし15）が存在するが、後記のとおり丁木及び丙川の供述は、被告の供述と比較して信用性が認められず、他に右事実を認めるに足りる証拠はない。

2㈠〜㈤　〈略〉

㈥　以上によれば、被告が乙野らに新株引受の錯誤無効及び取締役の引受担保責任の規定を説明した経緯は、被告の供述内容の要旨に記載したとおりであると認められる。結局、被告は、本件仮処分命令を潜脱して乙野らに本件新株の議決権を行使させるためにそれらの規定を説明したものではなく、乙野らの質問に応じて商法の規定を一般的に解説したにすぎないものと認められる。また、被告がそれらの規定の説明以外に株主総会の具体的な議事進行を指導したとは認められない。

被告は、前記のような経緯で乙野らに商法の規定を一般的に説明したものであって、その状況からすれば、乙野らがその規定を利用して本件仮処分命令を潜脱して本件新株の議決権を行使することを予見することは通常の注意をもってしては不可能というべきであるから、被告が過失によって違法指導行為をしたとも認められない。

3　よって、原告の一次的請求は認められない。

二〜四1　〈略〉

2　以上の認定事実に基づいて検討するに、被告による札幌弁護士会報酬規程に基づく前記試算（経済的利益の額に応じて段階的に異なるパーセントによって計算せずに一律に最も少ないパーセントで計算している点では同規程よりも控えめな計算である）はおおむね妥当なものと認められ、被告が現実に受領した弁護士報酬（仮処分関係を除く）はその試算をも下回るものであり、仮処分関係についても不当に高額であると評価すべき事情を認めるに足りる証拠はないのであるから、被告が前記金額の弁護士報酬を受領した行為が不法行為に該当するとは認められない（四次的請求については、原告において、被告の受け取った金額が不法行為法上も違法の評価を受けるほどに弁護士会報酬規程から逸脱した法外な報酬であるという事情を立証する必要があるが、本件ではそのような事情を認めるに足りる証拠はない）。

なお、別紙3の仮処分については、被告は、X北海道のみならず、乙野ら個人からも委任を受けているが、X北海道も事件の当事者であるから、同社との間の委任契約に基づき被告が同社から弁護士報酬を受領したことに特段の問題があるとは認められない。

なお、原告は、戊谷に対する損害賠償請求事件（別紙1の1，2）についての和解において、戊谷に4億5576万5494円の支払義務があることを確認させておきながら、1億1225万円の支払のみで、3億4351万5494円の免除を認める和解をしていることから、X

北海道は何ら経済的利益を得ていないと主張しているが、右和解内容は当時同社の代表取締役であった乙野の意向に添ったものであり（乙76）、実際に１億1225万円の債務名義を取得したことからすれば、同社が同額の経済的利益を得たとみるべきであり、原告の主張には理由がない。

〈判決の意義と指針〉

この事案は、内容が複雑であるが（判決文を参照されたいが、第四次請求までされている）、会社から多数の事件を受任していた弁護士が、会社の役員らの依頼により新株の発行、株主権の行使、引受人の責任等につき助言し、会社から報酬を受け取ったこと等について、会社が吸収合併された後（消滅会社は、存続会社のグループ会社であった）、存続会社が弁護士に対して不法行為に基づき弁護士報酬等の損害賠償を請求した事件である。この事案は、会社から多数の事件を受任していた弁護士が、会社から解任されようとしていた取締役、関係者に説明等したものであり、会社の経営をめぐる紛争から派生的に発生した事件である。会社と取締役との間に紛争が発生した場合、顧問弁護士など会社の仕事をしていた弁護士が、取締役の質問に応じるなど関与するときは、後日トラブルの発生する可能性があり、十分慎重な対応が必要であるが、この事案もそのような一例である。

この判決は、弁護士の説明が違法な指導行為とはいえず、弁護士が委任契約に基づき弁護士報酬を受領したことに特段の問題がない等とし、不法行為を否定したものであり、その旨の事例判断を提供するものである。この判決は、関係者の供述が対立する状況において、弁護士の供述を信用し、これを基に前記の判断をしたものであり、弁護士の説明の評価と相まって微妙な判断であるというべきである。

判　決　37	**預り金の支出、精算に係る弁護士の債務不履行責任等を認めず、預り金の一部返還拒否に係る弁護士の不法行為責任を認めた事例** **〔東京地判平成18・11・21判タ1246号210頁〕**

【事案の概要と判決要旨】

X_1株式会社（代表者はＡ）は、弁護士Y_1に対して根抵当権者への弁済資金として数千万円を預け、弁済交渉が行われ、交渉が決裂したものの金銭はそのまま預託され、X_1は弁護士Y_2に請負契約の精算金等を、X_2株式会社（代表者はＡ）はY_2に競売の配当金をそれぞれ数千万円預けていた。Ａが脱税の容疑で逮捕され、Y_1が捜査段階で弁護人を務め、Y_2が捜査段階から上告審まで弁護人を務め、Ａが懲役４年の刑を受け、刑務所に入所していた。Y_1、Y_2が多数回にわたり保管中の金銭を支出し、残金がY_2の手許に残っていたが、Ａが出所した後、X_1がY_1、Y_2に対して、X_2がY_2に対して預託金の返還または債務不履行、不法行為に基づき損害賠償を請求した。

この判決は、弁護士の預り金からの支出、精算が正当なものとされ、債務不履行、不法行為にあたらないとしたものの、Y_2による一部の預り金の返還拒否が不法行為にあたるとし、Y_1に対する請求を棄却し、Y_2に対する請求を認容した。

〈判決文〉

(3) 争点②（被告Y_1の不法行為責任の成否）について

ア、イ(オ) 〈略〉

(カ) また、後記のとおり、被告Y_1による預り金の最終精算は、適正になされたと認められるから、この点についても不法行為は成立しない。

(キ) 以上のとおり、被告Y_1による、預り金からの各支出及び精算は、不法行為を構成するとはいえないから、この点についての原告X_1社の主張は理由がない。

(4) 争点③（被告Y_1の債務不履行責任）について

ア、イ 〈略〉

ウ 以上の検討によれば、被告Y_1の預り金返還債務は履行されたというべきであり、同被告に債務不履行責任を肯定することはできない。

(5) 〈略〉

2 原告X_2社の被告Y_2に対する請求（被告Y_2の不法行為責任）

(1)〜(3) 〈略〉

(4) 被告Y_2の不法行為

ア 以上の経過につき、被告Y_2は、上記配当金の受領を否定したのは甲野に関係する別件の東京地裁における競売事件において配当金の交付請求権を国税に差し押さえられ、受領できなかったことがあったため、上記別件についての事実関係を混同して報告してしまったと供述し、また、預り金出納帳に上記配当金の入金を記載しなかったのは、被告Y_2の事務所の事務局による記載漏れである旨供述する。しかし、上記配当金の金額の大きさからみて、かかる供述自体、にわかに信用し難く、これを採用することはできない。

イ また、後記のとおり、甲野と被告Y_2との間には、預り金の中から被告Y_2が受任した事件の報酬等を充当できるとする包括的合意があったと認められるが、上記(3)エの「弁護士報酬未受領事件一覧」と題する文書においても、同オの書簡においても、被告Y_2は、各受任事件における報酬額等を明示せず、ようやく同カの文書においてその一部を明示したのみで、いたずらに上記配当金の精算を拒んでいたのであり、被告Y_2のこのような行為態様に照らすと、たとえ上記の包括的合意が存在したとしても、これをもって直ちに不法行為の成立が妨げられることはなく、後記の別紙各事件の報酬等として相当であると認められる金額を超える預り金については、上記の被告Y_2の行為は、原告X_2社からの預り金を正当な理由なく拒絶したものとして不法行為となる。

ウ 〈略〉

3、4(5) 〈略〉

(6) 預り金の弁護士報酬への充当

ア　前記１⑴エ③のとおり、同被告と甲野との間には、長期間にわたり継続された委任関係を基礎とする緊密な信頼関係が認められること、上記⑷アないしキの民事事件は、いずれも甲野が逮捕された当時、係属中であるか逮捕後に受任したものであること（乙36ないし乙60)、証拠（乙61）によって推認できる被疑事実からみて、甲野は、逮捕後、しばらくの間、同人の経営する会社の現金、預金等を現実に管理できる見通しが立っていなかったと認められること、別紙各事件の当事者である原告X_2社、原告X_1社、有限会社A_6、A_1社、A_3社、有限会社A_{11}、A_4社、A_7社は、いずれも甲野が実質的に支配する関連会社であること（前記第２，１⑴イ及び前記第３，１⑴ア、有限会社A_{11}については説示されていないが、乙49号証の訴状及び乙50号証の和解調書の内容からみて、上記各社と同様の会社と認められる。)、甲野は、被告Y_2に預り金の管理を委ね、そこから甲野本人のための諸費用、同人が実質的に支配していた原告ら及びその関連会社の従業員らの給料等の費用、甲野の親族らの生活費等を支出することを包括的に認容していたこと（前記第３，３⑵ウ）を総合すると、甲野が逮捕された後の弁護士接見の中で、被告Y_2と甲野の間では、上記各民事事件及び所得税法違反の刑事事件についての同被告への弁護士報酬の支払につき、原告らから受領した預り金を被告Y_2の指定に従って充当する旨の合意があったものと認めるのが相当である。また、証拠（〈証拠等略〉）及び前記第３，１⑴アの事実を総合すると、原告ら及び上記各社は、形式的には別個の法人格を有しているが、実質的には甲野が自己の意思と計算において行う取引にこれら原告ら及び上記各社の名義が利用されていたと認められるのであり、甲野の行為の法的効果は、原告ら及び上記各社にも及ぶと認めるのが相当である。

イ　被告Y_2は、前記第３、３⑶のとおり、原告X_1社からの預り金の中から600万円を同被告名義の定期預金としたのは、甲野の所得税法違反被告事件にかかる刑事弁護費用に充てるためであった旨の供述をしており、上記刑事弁護費用を原告X_1社からの預り金の残額をもって充当する指定をしているものと認められる。

ウ　また、前記第３，２⑶エのとおり、被告Y_2は、原告X_2社からの預り金である配当金受領分につき、甲野から返還請求を受けた際に、「弁護士報酬未受領事件一覧」と題する文書を甲野に送付しているところ、証拠（甲24）によれば、同文書に記載されているのは、いずれも民事事件であった。したがって、上記の経緯に照らすと、被告Y_2は、上記刑事事件を除く本件各事件の報酬を原告X_2社からの預り金をもって充当する指定をしているものと認められる。

エ　以上の指定に従って、被告Y_2の弁護士報酬等を原告らからの預り金から充当すると、原告X_2社からの預り金は、1606万5666円となり、原告X_1社からの預り金は、全額報酬に充当されてゼロとなる。そして、被告Y_2の不法行為による損害は、これら弁護士報酬充当後の預り金残額について発生すると解されるから、被告Y_2の不法行為と相当因果関係があると認められる弁護士報酬100万円（原告ら訴訟代理人が全員、本件口頭弁論終結後、辞任したことは当裁判所に顕著な事実であり、この点を加味して算定した。）と合わせて、原告X_2社の被告Y_2に対する損害賠償請求は、1706万5666円及びこれに対する平成13年８月７日から支払済みまで民法所定年５分の遅延損害金の限度で理由があり、原告X_1社の損害賠償請求は理由がないということになる（前記第３，２(3)イのとおり、遅くとも平成13年８月７日には、同被告による原告X_2社からの預り金を拒絶する旨の意思表示がなされたと認められるから、同日に不法行為が行われたものといえ、同被告は、同日以降の遅延損害金の支払義務を負う。）。

〈判決の意義と指針〉

この事案は、２名の弁護士がそれぞれ同じ者が代表者である会社らから特定の目的のための金銭を預かっていたところ、代表者が脱税の容疑で逮捕され、起訴された際、弁護士らが弁護人に就任し、代表者が実刑判決を受け、刑務所に入所していた間、弁護士らが保管金を多数回にわたって支出したことから、代表者が出所した後（当時、一人の弁護士の保管金には残金があった）、前記各会社らが弁護士らに対して預託金の返還、損害賠償を請求した事件である。この事案は、弁護士の保管金に係る弁護過誤の類型の事件であるが、保管金の詳細な使途・支払状況は、判決文参照。

この判決の特徴は、

① 一人の弁護士の保管金の使途、支払については、適正に行われ、精算されたとしたこと

② 当該弁護士の債務不履行、不法行為を否定したこと

③ 他の弁護士については、２社の会社からの預り金を正当な理由なく返還を拒否したことが不法行為にあたるとし、不法行為を肯定したものの、１社の会社との関係では事務処理の費用との充当を認めたこと

があげられる。この判決は、長年の間、弁護士らと依頼者らとの間に事件の依頼がされ、依頼者らからの預託金の使途、精算の妥当性が問題になった事案について（なお、依頼者らの代表者が長年刑務所に入所していたという特殊な事情が背景にある）、使途、支払状況、精算の妥当性について検討し、一人の弁護士については債務不履行、不法行為を否定し、他の弁護士については一部の預託金の返還拒絶に正当な理由がないとし、不法行為を認めた事例判断として参考になるものである。

判　決　38	訴訟追行を受任したボス弁、イソ弁の義務違反を認めたものの、損害の発生を否定し、債務不履行責任を認めなかった事例 〔大阪地判平成18・12・8判時1972号103頁〕

【事案の概要と判決要旨】

Ａ法律事務所の弁護士Ａと勤務弁護士Y_3は、ＸからＢに対する貸金の返還等を請求する訴訟の追行を委任され、訴訟代理人として訴訟を提起した。Ａは、第３回口頭弁論期日以降、裁判所から提出を求められた書面を提出せず、期日にも出頭せず、

２度にわたり書面を提出しないと弁論を終結する旨の通告を受けたものの、書面を提出せず、弁論が終結され、Ｘ敗訴の判決を受けた（その間、Y_3は、Ａ法律事務所を退職していた）。Ａは、Ｘの了解を受けることなく控訴をしたものの、必要な印紙を貼付しなかったことから、裁判長から補正命令を受けたが、これに応ぜず、控訴状が却下される等した。ＸはＡ、Y_3に対して委任契約上の債務不履行に基づき損害賠償を請求した（Ａが死亡したため、相続人であるY_1、Y_2が訴訟を承継した）。

この判決は、Ａの訴訟活動上の義務違反（第１審判決の言渡しの後の受任者としての義務違反は否定した）、Y_3の訴訟活動を監視すべき義務違反を認めたものの、義務違反と敗訴判決確定の間の因果関係については、勝訴の高度の蓋然性がない等とし、請求を棄却した。

〈判決文〉

⑴　亡乙山について

ア　別訴第１審の訴訟活動について

亡乙山は、原告から別訴第１審につき訴訟委任を受けており、訴訟の進行に応じて適切な訴訟活動を行う義務を負う。

亡乙山の別訴第１審における訴訟活動の経過は、前記第二の二⑵に認定したとおりであり、亡乙山は、第３回弁論準備手続期日（平成13年１月16日）以降、裁判所から提出を求められた書面を提出せず、期日に出頭しないなどし、その後、裁判所が二度にわたり書面を提出しない場合には弁論を終結する旨告げたにもかかわらず、書面を提出せず、また期日にも出頭しなかった。別訴第１審において、第１回口頭弁論期日に陳述・提出された訴状、平成12年８月29日付準備書面一及び書証（別訴甲一ないし一〇）のほか、別訴原告につき有効な主張立証活動がなされていない。

以上によれば、亡乙山に、別訴第１審の訴訟活動に関して、訴訟委任契約上の義務違反があることは明らかである。

イ　〈略〉

⑵　被告丙川について

ア　別訴第１審の訴訟活動について

㈠　被告丙川は、上記判示のとおりの本件委任契約その二に基づき、原告から別訴第１審につき訴訟委任を受けており、訴訟の進行に応じて適切な訴訟活動を行う義務を負う。

なお、一般に、訴訟委任契約において、複数の弁護士が受任者となる場合、共同してこれを受任したものと解すべきであり、訴訟委任契約の法的効果として、連帯して当該委任契約による債務を負担するというべきである。もっとも、具体的場面において、すべての訴訟活動について、受任者であるすべての弁護士が共同でこれを行うことまでは要求されないものの、受任者たる弁護士は、自ら訴訟活動を行わない場合においては、訴訟委任契約の法的効果として、依頼者に対し、善良な管理者としての注意義務を負う（民法644条）のであるから、ほかの弁護士の行う訴訟活動につき監視をし、必要があれば、ほかの弁護士の訴訟活動を是正・補完するなどして、適正な訴訟活動が行われるようにすべき義務を負うと解するのが相当である。

別訴において、被告丙川は、平成12年9月末日に本件事務所を退職するに当たり亡乙山に引継ぎを行った後、別訴の訴訟活動に関与していない。また、被告丙川は、平成12年10月以降、亡乙山の別訴第1審における訴訟活動につき監視をすることもなく、前述したように亡乙山において本件委任契約その一上の義務違反があるにもかかわらず、これを是正・補完しなかった。〈略〉

よって、被告丙川には、本件委任契約その二上の義務違反があるというべきである。

(イ)(ウ) 〈略〉

イ 〈略〉

(3) 〈略〉

三(1)ア、イ(ア)(イ)a b 〈略〉

c 以上によれば、本件全証拠によっても、原告・戊田間の(I)ⅰ、ⅱ及びⅳないしⅶの消費貸借契約並びに(II)の取立委任契約の成立は、これを認めるに足りる証拠はなく、加えて、戊田が主張するように、原告が丁川寺再建事業への出資の趣旨で金員を交付した可能性もある程度認められることに照らせば、別訴において、仮に、前記認定に係る亡乙山及び被告丙川の上記の各義務違反が存在しなかったとしても、原告が勝訴したという高度の蓋然性が認められるとはいい難い。

ウ 以上から、亡乙山及び被告丙川の上記各義務違反と原告の敗訴確定との間に因果関係は認められないというべきである。

(2) 勝訴機会利益の喪失について

原告は、亡乙山及び被告丙川の上記の各義務違反により、原告は、別訴における勝訴機会利益を喪失した旨主張する。しかしながら、勝訴機会利益といった適切な訴訟活動を受ける機会に対する一種の期待権は法的に保護される権利・利益ということはできず、亡乙山及び被告丙川の上記の各義務違反によって、原告の勝訴機会利益が侵害されたと認めることはできない。

〈判決の意義と指針〉

この事案は、ボス弁（経営弁護士）とイソ弁（勤務弁護士）が、貸金の返還等を請求する訴訟の追行を委任され、訴訟代理人として訴訟を提起し、第3回口頭弁論期日以降、裁判所から提出を求められた書面を提出せず、期日にも出頭しなかったこと等から、依頼者が敗訴の判決を受け（その間、イソ弁は、A法律事務所を退職し、訴訟に関与しなかった）、ボス弁が依頼者の了解を受けることなく控訴をしたものの、控訴状が却下される等したため、依頼者がボス弁、イソ弁に対して損害賠償責任を追及した事件である。

この事案の特徴は、

① 法律事務所に所属する経営弁護士、勤務弁護士が訴訟事件を共同受任したこと

② 依頼者が貸金の返還請求事件を依頼したこと

③　弁護士らは訴訟代理人として貸金返還請求訴訟を提起したこと
④　勤務弁護士は、前記法律事務所に約2カ月間勤務していたこと
⑤　勤務弁護士は、前記法律事務所を退職したが、その際、代理人を辞任する等しなかったこと
⑥　勤務弁護士は、退職後、前記訴訟に関与しなかったこと
⑦　経営弁護士は、第3回口頭弁論期日以降、裁判所から提出を求められた書面を提出しなかったこと
⑧　経営弁護士は、期日にも出頭しなかったこと
⑨　経営弁護士は、裁判所から2度にわたり書面を提出しないと弁論を終結する旨の通告を受けたものの、書面を提出しなかったこと
⑩　弁論が終結され、依頼者の敗訴の判決を受けたこと
⑪　経営弁護士は、依頼者に連絡をとろうとしたものの、連絡がとれず、依頼者の了解を受けることなく控訴をしたこと
⑫　経営弁護士は、控訴に必要な印紙を貼付せず、裁判長から補正命令を受けたものの、これに応ぜず、控訴状が却下される等し、敗訴判決が確定したこと
⑬　訴訟の係属中、経営弁護士が死亡し、相続人らが訴訟を承継したこと
⑭　依頼者が弁護士らの委任契約上の債務不履行責任を追及したこと

があげられる。

この判決の特徴は、 経営弁護士については、

①　依頼者から別訴第1審につき訴訟委任を受けており、訴訟の進行に応じて適切な訴訟活動を行う義務を負うとしたこと
②　訴訟活動に照らし、別訴第1審の訴訟活動に関して、訴訟委任契約上の義務違反があることは明らかであるとしたこと
③　別訴控訴審において訴訟委任契約の受任者としての義務違反は否定したこと

があげられ、勤務弁護士については、

①　依頼者から別訴第1審につき訴訟委任を受けており、訴訟の進行に応じて適切な訴訟活動を行う義務を負うとしたこと
②　複数の弁護士が受任者となる場合、共同してこれを受任したものと解すべきであり、訴訟委任契約の法的効果として、連帯して当該委任契約による債務を負担するとしたこと
③　具体的場面において、すべての訴訟活動について、受任者であるすべての弁護士が共同でこれを行うことまでは要求されないとしたこと
④　受任者たる弁護士は、自ら訴訟活動を行わない場合においては、訴訟委任契約の法的効果として、依頼者に対し、善良な管理者としての注意義務を負う（民法644条）のであるから、ほかの弁護士の行う訴訟活動につき監視をし、必要があれば、ほかの弁護士の訴訟活動を是正・補完するなどして、適正な訴訟活動が行われるようにすべき義務を負うとしたこと

⑤　この事案では、経営弁護士の訴訟活動の是正等をせず、委任契約上の注意義務違反があるとしたこと

経営弁護士と勤務弁護士については、

①　別件訴訟において依頼者が勝訴したという高度の蓋然性が認められるとはいい難く、弁護士らの義務違反と依頼者の敗訴判決確定との間に因果関係は認められないとしたこと

②　勝訴機会の利益に関する主張は、勝訴機会利益といった適切な訴訟活動を受ける機会に対する一種の期待権は法的に保護される権利・利益ということはできないとし、採用しなかったこと

があげられる。

この判決のうち、経営弁護士の訴訟事件の依頼者に対する注意義務違反を認め、委任契約上の債務不履行を肯定した判断は、事例として参考になる。勤務弁護士の依頼者に対する注意義務違反については、この判決は、共同受任であると認めたうえ、複数の弁護士が訴訟代理人となった場合における注意義務の内容、範囲、相互の関係、特に他の弁護士に対して監視をし、必要があれば、ほかの弁護士の訴訟活動を是正・補完するなどして、適正な訴訟活動が行われるようにすべき義務を負うとしたものであるが、この判断は、参考になる見解を提示したものであるだけでなく、勤務弁護士であり、かつ、所属法律事務所を退職した後にも同様な注意義務を負うとしたものであり、弁護士の義務に重要な影響を与え得る見解を提示したものである。この判決は、訴訟事件を共同受任する弁護士、勤務弁護士にとって注意義務に関する重要な法理を示したものである。

また、この判決は、訴訟事件を受任した弁護士に過誤があり、依頼者が敗訴判決を受けた場合における損害の有無・内容が問題になった事案について、この事案では勝訴につき高度の蓋然性がないとし、弁護士らの義務違反と依頼者の敗訴判決確定との間に因果関係は認められないとしたことは、事例を提供するものであるが、この見解を一般論として採用することには重大な疑問がある。

依頼者が弁護士に訴訟事件の追行を依頼した場合、法律専門家である弁護士の善管注意義務等の各種の義務を適切に履行されることを内容とする委任契約が成立しているし、依頼者はそのような義務が適切に履行されることを期待することができ、この期待は合理的で妥当なものである。弁護士がこのような各種の義務を適切に履行せず、その期待を著しく損なった場合には、委任契約の内容、義務違反の内容・態様、期待の侵害の内容・程度、事件の内容等の諸事情を考慮し、法律専門家としての高度の各種の義務が適切に履行されなかったことによって、依頼者の権利、利益が適切に主張・立証される機会を失ったことの損害を認めることができることがあるから、この場合には、当該弁護士の債務不履行、あるいは不法行為に基づく損害賠償責任を肯定することが合理的である。

判　決　39	訴訟追行を受任した弁護士が違法に入手された可能性の高い証拠を提出したことによる債務不履行責任を認めた事例 〔福岡地判平成19・3・1判タ1256号132頁〕

【事案の概要と判決要旨】

Ａ銀行の支店長Ｘは、妻Ｂとの離婚訴訟を弁護士Ｙに委任していたところ、訴訟において財産分与が争点になり、ＸがＢの財産を明らかにするため、Ａ銀行の職場のパソコンを使用してＢの父Ｃ名義の銀行預金取引明細書を出力し、他の資料とともにＹに渡した。Ｙは、銀行預金取引明細書等を証拠として裁判所、Ｂの代理人に提出したところ（離婚訴訟は、Ｂが訴訟を提起し、第１審判決は、離婚請求、慰謝料請求、財産分与の申立てを認容し、Ｘが控訴し、控訴審で審理が係属中であった）、Ｃが承諾なしに銀行預金取引明細書を提出したことにつきＡ銀行に強い抗議をし、Ｘは、離婚訴訟を早期に解決するために協議離婚を成立させた。ＸはＹに対して銀行預金取引明細書を精査しないで証拠として提出したと主張し、債務不履行、不法行為に基づき損害賠償を請求した。

この判決は、銀行預金取引明細書を証拠として提出したことに落ち度があり、弁護士としての善管注意義務の違反を認め、請求を認容した（財産的損害に関する主張は排斥したが、慰謝料として150万円を認めた）。

〈判決文〉

原告は、平成16年５月13日午後４時ころ、被告の法律事務所において、被告に対し、花子が父親名義の預金通帳を使っていたようであると説明をしたところ、被告から、花子が隠し財産を有していることを明らかにするための資料の一つとして、花子の父親名義の預金取引明細書を入手して同年６月７日までに被告に提出するよう指示を受けたと主張し、陳述書（甲22）及び原告本人尋問においてその旨供述（陳述）し、上記日時に被告との打合せの予定を記載した手帳（甲７）を提出する。

しかしながら、原告は、被告から合法的に用いることができない証拠であるから裁判所には提出しないと説明を受けたとも陳述しているが（甲22）、被告があえてそのような説明をしたのに１か月余り後にこれを準備書面に記載した上、証拠として提出するということは通常考え難いこと、原告が被告の法律事務所で被告から上記指示を受けたという同年５月13日午後４時ころ、被告は福岡県歯科医師会医療管理部の部会に出席していたことが認められること（乙２、３、４の１）、原告が福岡県弁護士会へ懲戒請求をした際には、同日午後４時ころ被告との打合せがあってそこで上記指示を受けたことは主張されておらず、かえって、平成15年10月の婚姻費用分担の調停の際に、原告が花子が父親名義の預金口座を使用していることに言及したところ、被告から父親の預金取引明細書は証拠としては使えない旨説明を受けたと述べていること（甲16, 17）、被告は、婚姻費用分担の調停の際に、原告から、花子は父親名義の銀行口座を利用しているというような話を聞いたことがあるだけであり、平成16年５月ころに本件預金取引明細書を提出するように原告に指示をしたことはない旨供述（陳述）していること（被告本人尋問、乙６）などに照らすと、原告の上記供述（陳述）部分及び手帳の記載部分は採用できない。他に被告が原告に対し本件預金取引明細書を提出するように指示したことを認めるに足りる証拠はない。

2　和解の強制について

原告は、別訴離婚事件を解決するためには、控訴を取り下げ、一審判決を確定させることが可能であったにもかかわらず、本件預金取引明細書の件で不利な立場に立たされ、被告からより不利な内容の本件和解をするよう強制されたと主張する。

確かに、本件預金取引明細書の件で原告は勤務先において不利益な処分を受けるかも知れない不利な立場に立たされたことはうかがえるが、平成16年７月２日に成立した本件和解は、そのような状況の中で、原告も出席して裁判官の面前で合意されたものであって、原告にとって不本意であったことはうかがえるものの、被告から不利な内容の本件和解を強制されたと認めることはできない。

3　以上によれば、被告は、訴訟委任を受けた弁護士として委任者である原告に対し善管注意義務（民法644条）を負っているところ、原告が被告に届けた本件預金取引明細書について、これが名義人の承諾を得ることなく違法に入手されたものである可能性が高く、このことが露見すれば勤務先において原告が不利益処分を受ける可能性が高いことを容易に予見することができたにもかかわらず、これを漫然と書証として提出したものであって、弁護士としての善管注意義務に反しているというべきであり、これにより原告が被った損害を賠償すべき責任がある。

〈判決の意義と指針〉

この事案は、離婚訴訟を受任した弁護士が、依頼者（銀行の支店長）から争点である財産分与につき職場（銀行の支店）のパソコンを使用し、妻（訴訟の相手方）の父名義の銀行預金取引明細書を出力したものを提供され、この文書を裁判所に証拠として提出する等したことから、依頼者が弁護士に対して損害賠償責任を追及した事件である。一読すると問題の所在の理解が困難なところがあるが、依頼者が違法に取得した文書を弁護士に提供し、弁護士が証拠として使用したことに伴って、依頼者と弁護士との間に生じた紛争である。

この事案の特徴は、

①　弁護士が夫から離婚訴訟を受任したこと

②　夫である依頼者は銀行の支店長であったこと

③　財産分与が訴訟の争点になったこと

④　夫が勤務先の銀行の支店のパソコンを使用し、妻の父名義の銀行預金取引明細書を出力し、弁護士に提供したこと

⑤　弁護士がこの明細書を裁判所に証拠として提出し、妻の代理人である弁護士にも交付したこと

⑥　妻の父が銀行に強く抗議したこと

⑦　訴訟は協議離婚を内容とする訴訟上の和解によって解決されたこと

⑧　依頼者が弁護士に対して銀行預金取引明細書を精査しないで証拠として提出したと主張したこと
⑨　損害賠償の根拠として弁護士の委任契約上の債務不履行責任、不法行為責任が問題になったこと
があげられる。

この判決の特徴は、
①　依頼者による弁護士が隠し財産を有していることを明らかにするための資料の一つとして、依頼者の妻の父親名義の預金取引明細書を入手し、提出するよう指示を受けたとの主張を排斥したこと
②　離婚の和解を強制されたとの依頼者の主張を排斥したこと
③　訴訟委任を受けた弁護士として委任者（依頼者）に対し善管注意義務を負っているところ、委任者が届けた預金取引明細書が名義人の承諾を得ることなく違法に入手されたものである可能性が高く、このことが露見すれば勤務先において委任者が不利益処分を受ける可能性が高いことを容易に予見することができたにもかかわらず、これを漫然と書証として提出したとし、弁護士としての善管注意義務の違反を肯定したこと
④　財産的損害に関する依頼者の主張を排斥したこと
⑤　慰謝料として150万円を認めたこと
があげられる。

弁護士が訴訟の追行上、違法、不当な方法、目的で証拠を収集し、証拠として裁判所に提出すること自体問題であるが、依頼者、関係者が違法、不当な目的で収集した証拠の提供を受け、証拠として裁判所に提出することもまた問題になり得る。この事案は、後者の場合において、弁護士が、依頼者によって違法な方法で取得した証拠の提供を受け、裁判所に提出したことに伴って、その依頼者から損害賠償責任が追及されたという特殊な事情のあるものである。この判決は、弁護士の善管注意義務違反（依頼者に対する債務不履行責任）を肯定した事例判断として参考になるものであり、弁護士にとって厳しい判断を示したものである。

判　決　40	顧問先から補助金の保管を受任した弁護士の債務不履行責任を認めた事例 〔大阪地判平成20・5・14判タ1287号185頁〕

【事案の概要と判決要旨】

Y_1は、特別擁護老人ホームを運営するX社会福祉法人の代表理事長であり、Y_1の母Y_2は、A株式会社を経営し、弁護士Y_3はAの顧問弁護士であり、Y_1の友人であったところ、Y_1は、Y_3にB府（大阪府）から交付される補助金の保管を依頼し、B

は、平成９年度のＸに対する補助金として６億6173万円余を交付し、Ｘ名義の預金口座に振り込み、Y_3は、補助金の一部５億8219万円余を自己の預り金口座に預かったが、Y_1の依頼により、補助金の一部２億6755万円をＸ名義の口座に振り込み送金したところ、Y_2がこれを引き出し、Ａの営業上の用途等に費消したため、ＸがY_3に対して不法行為、債務不履行に基づき損害賠償、Y_1らに対して不当利得の返還等を請求した（Y_1、Y_2は、破産宣告を受けた後、免責決定がされている）。

この判決は、Y_1、Y_2については免責決定によって免責されたとし、Y_3については、不法行為に基づく損害賠償請求権については消滅時効により消滅したとし、利得がないとし、不当利得の理由がないとしたものの、Y_3の債務不履行については、委任の趣旨に反して金員を交付することは受任者の善管注意義務違反にあたるとし、これを肯定し（１億8655万円の損害を認めた)、Y_1、Y_2に対する請求を棄却し、Y_3に対する請求を認容した。

〈判決文〉

イ　以上のとおり、被告乙川は、本件補助金が南野組の下請業者等による差押等を受けることを避けつつ、オレンジ荘建設のために使用することを依頼され、その管理を開始したものである。もとより、被告乙川は、本件補助金がオレンジ荘建設のために大阪府から交付されたものであって、他の目的に流用してはならないものであることを熟知していた。

これらの事実を前提とすると、本件管理契約は、単に「原告の請求があれば無条件で原告に返還すれば足りる」というような寄託契約ではなく、「管理の目的に即して適正に管理・支出を行う」ことを内容とする(準)委任契約たる性質を有する契約であったと解するのが相当である。

そうである以上、被告乙川は、原告からの委任の本旨に従い、「南野組の下請業者等による差押等を受けることを避けつつ、オレンジ荘建設のために使用する」という目的に即して、適正な管理・支出を行うべき義務があったものと認められる。

なお、被告乙川は、委任契約を解除されたら返還を余儀なくされる旨を主張するが、本件管理契約が解除されたという事実は存しないから、被告乙川の上記主張はその前提を欠く。

ウ　しかるに、被告乙川は、被告花子が私的に流用することを知りながら、本件補助金を原告名義口座に振込送金し、被告花子が私的に流用しうる状態を作出した。これは、委任者である原告に対する関係で、善管注意義務違反に当たるものというべきである。このことは、被告二郎の承諾を得ていたのだとしても、同じである。代表者である被告二郎においても、本件補助金をオレンジ荘建設費以外に流用する権限などなかったからである。

もとより、原告は、被告花子から確実な返金を受けられるような措置を講じてはおらず、仮に後日被告花子から確実に流用金の返金がなされると信じていたのだとしても、その責任を免れることはできない（実際には、被告乙川は、被告花子に返金を求めても「すぐにお金を返せない」等と言われたのに、その後も送金を続けており、被告花子から確実な返金が受けられない可能性を十分に認識していた疑いもある。)。

また、もともと被告花子が私的に流用することを知っていたのであるから、被告花子が故意に横領行為を行っていたのだとしても、これと被告乙川による本件送金との間に因果関係が認められることは当然である。

エ　次いで損害額について検討する。

(ア)　被告乙川は、被告花子による流用の可能性を知りながら、上記のとおり、合計2億6755万円の振込送金を行った。

その後、被告花子は上記金員を原告に返還をしないまま破産し、現在無資力であって、将来的にも被告花子から上記金員を回収することは不可能である。

よって、一応、上記金員全額が被告乙川の債務不履行行為によって原告に生じた損害ということができる（なお、原告は、将来大阪府から本件補助金の返還を求められるおそれがあることも原告の損害であると主張する。しかしながら、原告が本件補助金の返還を余儀なくされるとしても、それは、虚偽申請によって過大な補助金の交付を受けたことが原因であって、被告乙川が本件送金を行った結果ということはできない。）。

(イ)　被告乙川は、被告花子らが日航建設に対して手形金の支払をしたことにより、原告に損害は生じていないと主張する。

この点、甲9及び弁論の全趣旨によれば、原告は日航建設に対してオレンジ荘建設工事残代金2億2118万4695円の支払ができなくなったことから、被告花子振出の手形等を交付して分割支払を行ったこと、しかしながら、結局は8100万円の支払・手形決済しかできず、残金については被告花子の倒産等により手形決済ができなかったこと、今後もその見込みがないことが認められる。

上記のとおり、被告花子らが交付した手形金は完全に決済されたわけではなく、原告に損害が生じていないとは認められない。

しかしながら、被告花子らが支払・手形決済をした上記8100万円は、本件補助金の当初の目的であったオレンジ荘建設費の支払に充てられたものであって、実質的に原告の損害を填補するものと評価できるから、これを損害額から控除すべきである。

(ウ)　さらに、被告乙川は、仮に被告乙川に債務不履行が認められたとしても、その賠償額は報酬額相当額等に制限されるべきである旨を主張する。

しかしながら、債務不履行と相当因果関係ある損害額が上記のとおり明確である本件において、そこからさらに損害額を制限しなければならない理由は見当たらない（被告乙川の主張は、いわゆる弁護過誤と結果との因果関係が不明である場合でも、なお期待権侵害を理由として一定の損害賠償が認められるべきであるとの立場を前提として、その場合の賠償額をどう見るべきかの議論であって、本件とは事案を異にする。）。

オ　結局、本件送金額から上記8100万円（エ(イ)）を控除した1億8655万円が原告の損害額と認められる。

〈判決の意義と指針〉

この事案は、特別擁護老人ホームの運営法人（社会福祉法人）が地方自治体から補助金の交付を受けるにあたり、顧問弁護士が補助金の保管を依頼され、自己の預り口座に保管中、法人の代表者の依頼により送金したが、私的に費消されたため、法人が代表者らとともに、弁護士に対して債務不履行、不法行為に基づく損害賠償責任等を追及した事件である。

この事案の特徴は、

① 弁護士が補助金の保管を受任した契約は、寄託契約ではなく、管理の目的に即して適正に管理・支出を行うことを内容とする準委任契約たる性質を有する契約であったとしたこと

② 弁護士は、依頼者からの委任の本旨に従い、他からの差押え等を受けることを避けつつ、施設建設のために使用するという目的に即して、適正な管理・支出を行うべき義務があったとしたこと

③ 弁護士が依頼者である法人の代表者が私的に流用することを知りながら、補助金を法人名義口座に振込送金し、代表者が私的に流用しうる状態を作出したものであり、委任者である法人に対する関係で、善管注意義務違反にあたるとしたこと

④ 損害として1億8655万円を認めたこと

があげられる。

この判決は、弁護士が依頼者から金銭の保管を依頼され、預り保管中、保管の趣旨に反する返還の求めに応じて返還し、受領者が私的に費消した事案について、弁護士の適正な管理・支出に関する善管注意義務違反（債務不履行責任）を肯定したものであり、事例判断として参考になるものであるとともに、他人のための金銭の保管に関する重大な注意義務の意義を改めて示すものである。なお、この判決は、弁護士にとって高額な損害賠償責任を肯定した事例判断を提供するものである。

判　決　41	弁護士の報酬に関する説明義務違反を認めなかったが、報酬合意の公序良俗違反による一部無効を認めた事例 〔東京地判平成20・6・19判タ1314号256頁〕

【事案の概要と判決要旨】

Aは、X_1株式会社の代表取締役であり、X_2は、Aの妻であったが、Aと長期にわたって不仲であり、X_1の経営にも関与していなかったところ、平成12年12月、Aが緊急入院し、入院中、X_2がX_1の経理状況を調査し、多額の債務を負っていることが判明したことから、弁護士Yに相談し、平成13年11月、X_1の所有不動産をB都に売却する売買契約を締結し、平成14年9月、競売物件に入札することを相談し、落札する等し、Yの請求により、X_1が合計3516万1500円の報酬を支払ったことから、X_1が76万円を超える報酬の支払合意が公序良俗に反する、説明義務違反があった等と主張し、不当利得の返還、損害賠償を請求し、X_2が株券の返還を請求したのに対し、YがX_1に対して残余の報酬の支払を請求した。

この判決は、合計3516万1500円の報酬の合意が暴利行為であり、公序良俗に反して無効であるとし、2000万円の範囲で報酬を認め、弁護士報酬の説明義務違反を否

定し、X_1の請求を一部認容し、X_2の請求、Yの請求を棄却した。

〈判決文〉

エ　また、原告会社は、前記第2の1(2)イ(ア)のとおり、被告が、請求する報酬額の根拠について、弁護士報酬会規に則ったものであるとのみ説明し、その具体的な算定根拠を明らかにしていないことから、被告は、報酬の算定根拠に関する説明義務に違反したものであると主張し、被告に対し、合計3440万1500円の損害の賠償を求めているが、弁護士が、依頼者に請求する報酬額の根拠について、弁護士報酬会規に則ったものであるとのみ説明し、その具体的な算定根拠を明らかにしなかった場合であっても、弁護士と依頼者との関係のほか、弁護士が受任した事務の内容や報酬額いかんによっては、説明義務違反に当たらない場合もあると解されるから、原告会社の主張はたやすく採用できない。

〈判決の意義と指針〉

この事案は、基本的には弁護士の報酬をめぐる紛争であるが、弁護士の損害賠償責任の範囲に限定して紹介すると、依頼者が弁護士に高額な報酬を支払ったところ、説明義務違反を主張し、弁護士に対して損害賠償を請求した事件である。

この判決の特徴は、

①　この事案の弁護士報酬が暴利行為にあたり、公序良俗に反するとし、一部を無効としたこと

②　弁護士報酬会規に則ったものであるとのみ説明し、報酬額の具体的な根拠を明らかにしなかった場合であっても、事情によっては説明義務にあたらないことがあるとしたこと

③　この事案では説明義務違反を否定したこと

があげられ、その旨の判断事例を提供するものである。なお、報酬に関する弁護士の説明義務の内容、方法については、現在、この判決の論理、結論は合理的ということができず、厳格になっていることに留意が必要である。

判　決　42	訴訟追行を受任した弁護士の提起遅延の債務不履行責任を認め、事務処理内容の債務不履行責任等を認めなかった事例 〔東京地判平成21・3・25判タ1307号174頁〕

【事案の概要と判決要旨】

XとAは、所有するA土地、B土地の造成をC有限会社に注文し、必要な委任状を交付したところ、Cが無断でA土地をDに、B土地をEに売却し、DがA土地上に建物を建築し、昭和63年1月、XとAは、Eから売買契約の不履行による損害賠償請求訴訟を提起され（判決文上、B訴訟である)、弁護士Yを代理人に依頼し、応訴する等し（この訴訟は、第1審で敗訴判決を受けたが、控訴審で勝訴判決を受けた)、Xは、昭和63年8月、A土地をめぐる紛争につき訴訟委任状をYに交付し、着

手金を支払うなどしたが、Yは、平成7年12月、依頼に係る訴訟（判決文上、A訴訟である）をDに対して提起し（この間、Yは、Dと交渉を行い、Dから調停を申し立てられる等した）、第1審判決は概ねXらの主張を認め、請求を認容し、控訴審において訴訟上の和解をする等したことから、X、Aの相続人であるZ_1、Z_2ら（Xが選定当事者となった）がYに対してA訴訟、B訴訟に関する委任契約上の債務不履行、不法行為に基づき損害賠償を請求した。

この判決は、弁護士が法律事務を受任したときは、事務内容に応じた合理的期間内に、事務を適切に処理する義務があり、合理的な理由なく事務処理を不当に遅延したときは、依頼者に対して債務不履行責任を負うとし、本件ではA訴訟の提起につき合理的な理由なく事務処理を遅延したとして債務不履行を認め、訴訟追行に関する債務不履行等は否定し、請求を認容した（Xにつき慰謝料40万円、Z_1らにつき慰謝料各2万5000円の損害を認めた）。

〈判決文〉

1　争点(1)（A土地の明渡請求訴訟の提起が遅れたことが、被告の債務不履行ないし不法行為になるか否か。）について

(1)　〈略〉

(2)　以上の事実関係を前提に判断する。

ア　弁護士は、法律事務を受任したときは、依頼者の正当な利益を害することがないよう、その事務内容に応じた合理的な期間内において、その事務を適切に処理する義務があり、合理的な理由がなく、事務処理を不当に遅延した場合には、依頼者に対し債務不履行責任に基づき、その遅滞によって依頼者に生じた損害を賠償する義務を負うと解すべきである。

イ　〈略〉

ウ　次に、A土地の明渡請求訴訟の提起が合理的な理由なく不当に遅延してされたものか否かを検討する。

前記認定のとおり、被告が、昭和63年8月にA土地の明渡請求訴訟の提起及び追行を受任してから、平成7年12月にA訴訟を提起するまで、約7年が経過しており、弁護士が訴訟提起を受任してから訴えを提起するまでに通常必要な合理的期間を超えていることは明らかであるから、それが正当化される特別な事情のない限り、被告は、原告らに対し、債務不履行責任を負うと解すべきである。〈略〉

しかし、亡乙川が昭和63年7月に乙川・甲野訴訟を提起したのは、甲野産業等が甲野・乙川確約書で定めた返済合意を履行できなかったためであるから（第2の2⑽）、亡乙川が、同年8月当時、A土地の買取資金を早期に調達できる具体的見込みがなかったことは明らかであり、原告も被告も、亡乙川が甲野産業から代金を現実に回収できる見込みが薄いと認識していた（(1)エ）状況の下、第2委任状を作成し、着手金を自ら算定して交付した原告が、話合いによる解決や敗訴の危険を考えて、A訴訟提起に消極的であったとは考えにくい。そして、被告自身、A土地に関しては、早期に訴訟提起をすべき事案であると考えていたというのであり（被告本人40頁）、A事件

について、最終的には和解による解決を目指すとしても、乙川との交渉を継続することや乙川・甲野訴訟の展開をうかがうことは、亡乙川に対してA土地の明渡請求訴訟を提起した上でもできることからすれば、被告は、訴訟委任を受けた昭和63年8月以降速やかに、亡西村の訴訟委任状を準備させた上で、A土地の明渡請求訴訟を提起すべきであったというべきである。

被告は、その後、平成2年10月ころには、訴訟外で亡乙川と交渉を行い、平成5年から6年にかけて、亡乙川から申立てを受けた調停手続（A調停）の中で、原告の代理人として交渉を継続しており、その後、平成7年1月18日の阪神・淡路大震災によって、被告事務所が入居していたビルが全壊するなどの被害を受けたという事情もあるが、これらの事情も、昭和63年8月当時の上記提訴義務を事後的に解消するものとはいえない。また、原告は、平成3年にはC訴訟について、平成5年にはA調停事件について、いずれも被告を代理人として選任しており（もっとも、A調停事件については荒木弁護士にも委任している。）、また、平成7年に提起されたA訴訟の追行やその後のA仮処分申請等も含め、被告に事件処理を委ねていることに照らせば、原告と被告との間の信頼関係は、少なくとも解任をしない程度で維持されていたことが推認できるが、このことも上記義務違反を否定する直接の根拠にはならない。

結局、本件において、上記7年の経過を正当化する特別な事情に当たるものがあるとはいえず、被告は、合理的な理由がないのに、A土地の明渡請求訴訟の提起を不当に遅延したものとして、依頼者である原告及び亡西村に対し、債務不履行責任を負うというべきである。

2　争点(1)イ（被告の事件処理が原告に対する誠実さを欠き、被告の債務不履行ないし不法行為となるか否か。）について

(1)　A訴訟における訴訟追行について

ア　原告は、被告が、A訴訟において、準備書面の作成を怠り、原告が作成した文案を清書しただけで裁判所に提出したり、相手方の主張に対する反論を11か月間行わなかったことが原告に対する債務不履行ないし不法行為に当たると主張する。しかし、訴訟代理人である弁護士は、受任した訴訟において提出する攻撃防御方法の取捨選択及びその提出時期について一定の裁量を有しており、依頼者にとって主張や反論したい事実があるとしても、弁護士の立場で、これを不要と考えたり、留保すべきと考えた場合には、自らの判断で、その主張をせず、又は時期を待って主張することもできる。また、弁護士は、依頼者が作成した原案をどの程度活かして準備書面を作成するかについても一定の裁量を有している。したがって、被告が、原告本人の作成した文案を清書した準備書面を提出し、あるいは相手方の主張に対する反論を11か月間行わなかった事実のみをもって直ちに債務不履行ないし不法行為が成立するとはいえず、また、本件において、被告が弁護士として上記裁量の範囲を逸脱したことを認めるに足りる証拠もない。

イ　次に、原告は、被告が、A訴訟の控訴審において、原告が拒否していたにもかかわらず和解を強要したと主張する。

そこで検討するに、証拠〈略〉によれば、原告は、A訴訟の控訴審係属中、被告に

対し、判決を希望する旨を伝えていたこと、しかし、被告は、同事件は和解で解決するのが原告の利益になると考え、和解案を作成したこと、同控訴審の担当裁判官は、原告に対し、同和解案による和解を強く勧めたこと、被告も、紛争の長期化を回避するという観点から、原告に対し、和解を強く説得したこと、選定者春子も裁判所に出廷し、裁判所からの和解勧告を受けて、原告に対し和解に応じたらどうかという話をしたこと、原告も最終的には裁判所和解案による和解を受け入れたことが認められる。

訴訟委任を受けた弁護士は、依頼者が和解に否定的な意向を示していたとしても、自らの専門的知識に基づく判断として、和解が依頼者の利益になると考える場合には、依頼者の翻意を促すべく説得することは許される。もとより、依頼者の任意の意思形成を阻害するような強要にわたる行為は許されないが、原告がA訴訟で和解に応じた上記経緯において、被告が、原告に対し、かかる任意の説得を超えた行為に及んだ事実は認められない。したがって、被告が原告に対し和解を勧めた点について、被告に債務不履行ないし不法行為が成立するとはいえない。

〈判決の意義と指針〉

この事案は、複数の事件が関係し、複雑なところがあるが、本書の観点から関係する部分に限定して紹介すると、弁護士が依頼者から訴訟の追行を受任した後、約7年余を経過し、訴訟を提起し、第1審判決に勝訴し、控訴審において訴訟上の和解を成立させたところ、依頼者が弁護士に対して債務不履行、不法行為に基づき損害賠償を請求した事件である。この事案では、弁護士の債務不履行、不法行為の理由として、訴訟提起の遅延、事務処理の不誠実等が主張されたものである。

この判決の特徴は、

① 訴訟提起の遅延について、弁護士は、法律事務を受任した場合には、依頼者の正当な利益を害することがないよう、その事務内容に応じた合理的な期間内において、その事務を適切に処理する義務があるとしたこと

② 弁護士が合理的な理由がなく、事務処理を不当に遅延した場合には、依頼者に対し債務不履行責任に基づき、その遅滞によって依頼者に生じた損害を賠償する義務を負うとしたこと

③ この事案では、遅延した7年の経過を正当化する特別な事情にあたるものがあるとはいえず、弁護士は合理的な理由がないのに訴訟の提起を不当に遅延したものであるとし、債務不履行責任を肯定したこと

④ 事務処理の不誠実については、弁護士としての裁量の範囲を逸脱したとはいえないとか、任意の説得を超えて和解を説得したとはいえない等とし、弁護士の債務不履行、不法行為を否定したこと

⑤ 依頼者全員の慰謝料として合計50万円の損害を認めたこと

があげられる。この判決は、訴訟を受任した弁護士の訴訟提起の遅延による債務不履行責任を肯定した事例として参考になるとともに、訴訟が勝訴、その後の訴訟上の和解によって処理された場合につき、訴訟提起の遅延による慰謝料を認めた事例としても参考になるものである。なお、この判決は、訴訟の追行による債務不履行、

不法行為を否定した事例判断も提供するものである。

判　決　43	債務整理を受任した弁護士の受任時の説明義務違反を認めなかったが、辞任時の説明義務違反を認めた事例 〔鹿児島地名瀬支判平成21・10・30判時2059号86頁〕

【事案の概要と判決要旨】

弁護士Ｙは、Ａ連合会（日本弁護士連合会）が開設した公設事務所の初代所長であり、Ｂ市で多数の多重債務事件を取り扱っていたところ、Ｘから債務整理を受任したものの、委任事務を放置し、異動等にあたって辞任通知を債権者に送付し、Ｘが債権者から給料債権を差し押さえられる等したため、ＸがＹに対して債務不履行に基づき損害賠償を請求した（Ｘの代理人は、二代目の所長である）。

この判決は、受任時の説明義務違反を否定したものの、辞任の際において事件処理の状況等につき説明義務を怠ったとし、債務不履行を認め（慰謝料として180万円を認め、公平の見地から２割を減殺した額を損害額とした）、請求を認容した。

〈判決文〉

⑴　弁護士の説明義務について

受任者は、委任の本旨に従い、善良な管理者の注意をもって、委任事務を処理する義務を負う（民法644条参照）。そして、弁護士が委任事務を処理する場合には、委任事務の法的専門性を踏まえると、弁護士は、自由かつ独立の立場を保持して職務を行うことができるよう合理的な裁量を与えられるべきであるものの、他方で、弁護士は、委任の趣旨に関する依頼者の意思を尊重してその自己決定権を十分に保障するために、適切な説明をする必要があるというべきである。

したがって、弁護士が、委任の趣旨から依頼者の意思決定に当たって重要となる事項について、一般的に期待される弁護士として著しく不適切な説明しかしなかったと認められる場合には、弁護士は、委任契約の付随義務として、信義則上、説明義務に違反するものとして、債務不履行責任を負うと解するのが相当である。

⑵　事件の受任時における説明義務違反について

弁護士が事件を受任するに当たっては、委任の本旨を明確にする必要があるから、事件の見通し、処理の方法並びに弁護士報酬及び費用については、委任の趣旨から依頼者の意思決定にとって重要となる事項であるというべきである（弁護士職務基本規程22条１項、29条１項参照）。

そこで、被告が、一般的に期待される弁護士として著しく不適切な説明しかしなかったか否かを検討するに、前記認定事実（前記一⑵イ(ｲ)参照）によれば、被告は、原告が破産することを躊躇っていたにもかかわらず、原告の理解を得られるように丁寧な説明をするどころか、高圧的な態度で破産を覚悟させたものであって、この点において不適切であったといわざるを得ない。しかし他方で、原告の債務の内容、生活状況その他の原告から聴取した内容（前記一(2)イ(ア)参照）によれば、本件については、月に一度の家計簿の指導によって原告に生活の見直しをさせた上、債務整理の処理の方法として破産手続を選択して、原告の経済的再生を図ろうとしたことが、弁護士の裁量を超えた不適切なものであったとまでいうことはできない。

そうすると、高圧的な態度で原告の意向を一切考慮しなかったこと、困難な事由がないにもかかわらず弁護士報酬に関する事項を含む委任契約書を作成していないこと、法律扶助制度に関する説明を一切していないこと等、債務整理の事件処理としては不適切なところもあるといわざるを得ないものの、前記補足説明（前記二(1)イ(イ)、二(2)イ参照）のとおり、被告は、特定の債権者に対する支払を求めるような説明をしているとまでは認められないこと、生活改善を図るために家計簿や陳述書を記載させることに重きをおいて指導してその提出を求めるとともに、弁護士費用につき一応明らかにした上で支払える範囲で分割で支払を求めるなど、原告が今後行うべきことについて一応の説明をしていることを踏まえると、弁護士倫理上の問題はともかく、本件については、委任契約上、被告が一般的に期待される弁護士として著しく不適切な説明しかしなかったとまで認めることはできないというべきである。

したがって、原告の主張は理由がない。

(3) 事件の辞任時おける説明義務違反について

弁護士が事件を辞任するに当たっては、依頼者が辞任によって委任の本旨に反する不利益を被る可能性があるから、事故処理の状況及びその結果については、委任の趣旨から依頼者の意思決定にとって重要となる事項であるというべきである（民法645条、弁護士職務基本規程22条１項、44条参照）。

そして、弁護士が、債務整理事件を受任している場合には、辞任通知を債権者に送付すれば、依頼者は、当該債権者から直接支払の請求を受けたり、又は訴訟を提起される等の不利益を被る可能性が極めて高くなるから、一般的に期待される弁護士としては、辞任通知を債権者に送付するに当たっては、事前に、事件処理の状況及びその結果はもとより、辞任による不利益を依頼者に十分に説明する必要があるというべきである。

これを本件についてみるに、被告は、原告に辞任予告通知を送付する際はもとより、辞任通知を債権者に送付するに当たっても、事前に事件処理の状況及びその結果並びに辞任による不利益を一切原告に説明していないから、一般的に期待される弁護士としては、著しく不適切なものであって、この点において説明義務に違反するものとして、債務不履行責任を負うものといわざるを得ない。

もっとも、被告は、原告に文書を送付するなどして連絡したにもかかわらず、原告が被告に連絡しなかったため、辞任するに当たって説明をすることができなかったものであるから、被告の責めに帰することができない事由によって説明義務を履行することができなくなったと主張している。

そこで、この点について検討するに、前記認定事実（前記一(2)キ及びク参照）によれば、被告は、第二回辞任予告通知、第三回辞任予告通知及び辞任通知を送付するに当たって、いずれも原告への連絡を試みたとまで認めることができない上、少なくとも第二回辞任予告通知を送付してから辞任通知を債権者に送付するまでに一年以上も原告に連絡する機会があったにもかかわらず、確実に連絡が取れる原告の職場その他の当時判明していた連絡先に電話連絡をしたことすら認められないものである。そして、被告は、第二回辞任予告通知及び第三回辞任予告通知という極めて重要な文書を送付するに当たっても、クロネコメール便を利用して原告の受領を確認する方法すら講じなかったものである。

これらの事情を踏まえると、被告は、適切な方法を講ずれば原告と連絡を取って説明することができたものといわざるを得ず、原告からの連絡がなかったことをもって、被告の責めに帰することができない事由によるものであるとまで認めることはできない。

〈判決の意義と指針〉

この事案は、日本弁護士連合会が開設した公設事務所の所長である弁護士が、債務整理を受任したものの、委任事務を放置し、異動等にあたって辞任通知を債権者に送付したことから、依頼者が債権者から給料債権を差し押さえられる等したため、依頼者が弁護士に対して債務不履行に基づき損害賠償を請求した事件である。

この事案の特徴は、

①　弁護過誤の責任が追及されたのが、日弁連の開設した公設事務所の初代所長であり、依頼者の代理人が次の所長であること

②　弁護士の受任時・辞任時における説明義務違反が問題になったこと

③　他にも同種の訴訟が提起されたこと

があげられる。

この判決の特徴は、

①　弁護士は、委任の趣旨に関する依頼者の意思を尊重してその自己決定権を十分に保障するために、適切な説明をする必要があるとしたこと

②　弁護士が委任の趣旨から依頼者の意思決定にあたって重要となる事項について、一般的に期待される弁護士として著しく不適切な説明しかしなかったと認められる場合には、委任契約の付随義務として、信義則上、説明義務に違反するものとして、債務不履行責任を負うとしたこと

③　受任時の説明義務違反については、依頼者に生活改善を図るために家計簿や陳述書を記載させることに重きをおいて指導してその提出を求め、弁護士費用につき一応明らかにしたうえで支払える範囲で分割で支払いを求めるなど、一応の説明をしていることを踏まえると、弁護士倫理上の問題はともかく、委任契約上、被告が一般的に期待される弁護士として著しく不適切な説明しかしなかったとまで認めることはできないとし、説明義務違反を否定したこと

④　辞任時の説明義務違反については、依頼者に辞任予告通知を送付する際はもとより、辞任通知を債権者に送付するにあたっても、事前に事件処理の状況およびその結果並びに辞任による不利益を一切原告に説明していないことから、一般的に期待される弁護士としては、著しく不適切なものであるとし、説明義務違反を肯定したこと

⑤　慰謝料として180万円の損害を認めたこと

があげられる。この判決は、債務整理を受任した公設事務所の弁護士の受任・辞任時の説明義務を提示し、受任時の説明義務違反を否定し、辞任時の説明義務違反を肯定した事例として参考になるが、特に説明義務の根拠・内容を明らかにしたことは参考になろう（説明義務違反の法的な位置づけとして、債務不履行責任か、不法行為責任かの問題があり、この判決は、前者の見解によるが、この判断には議論、疑問があろう）。なお、この判決は、弁護士の受任時の説明の実情について、「高圧的な態度で原告の意向を一切考慮しなかったこと、困難な事由がないにもかかわらず弁護士報酬に関する事項を含む委任契約書を作成していないこと、法律扶助制度に関する説明を一切していないこと等、債務整理の事件処理としては不適切なところもあるといわざるを得ない」などと指摘しているが、丁寧な説明に努めるべき実務上の要請に照らし、問題の残る事務処理である。

判　決　44	第三者の紹介により訴訟追行を受任した弁護士が解任された後、紹介者に解任の事情を説明したことによる守秘義務違反の不法行為責任を認めた事例 〔大阪地判平成21・12・４判時2105号44頁〕

【事案の概要と判決要旨】

X_1、X_2夫婦とその子Ａ、Ｂは、自動車が故障したことから道路上にいたところ、Ｃ運転の大型貨物自動車に衝突され、Ａ、Ｂが死亡し、X_1、X_2が負傷したことから、X_1が勤務するＤ株式会社の代表取締役Ｅの紹介により、弁護士Ｙに損害賠償請求訴訟の追行を委任し（Ｙは、Ｄの顧問弁護士であった）、Ｙは、Ｃ、その使用者であるＦ株式会社に対して損害賠償を請求する訴訟を提起したところ、訴訟の係属中、Ｅに相談、通知することなく、Ｙを解任したことから、ＹがＥに解任の事実を告げ、ＥがX_1に解任の原因を尋ねたところ、X_1がＹが主張する逸失利益の額がＣの主張する逸失利益の額よりも低いことなどを指摘し、Ｙに逸失利益の点を尋ねたのに対し、Ｙが当事者双方の主張が記載された準備書面を見せて双方の主張を解説し、準備書面の一部の写しを作成して交付したため、X_1、X_2がＹに対して着手金の返還、委任契約上の守秘義務違反による債務不履行、不法行為に基づき損害賠償を請求し、Ｙが反訴として報酬の支払を請求した。

この判決は、解任の事実、逸失利益、その基礎となる事実は秘密にあたり、ＹがＥに開示した行為は守秘義務に違反し、不法行為になるとし（慰謝料として、X_1ら各自につき15万円を認めた）、報酬請求権は消滅時効により消滅したとし、X_1らの本訴請求を一部認容し、Ｙの反訴請求を棄却した。

〈判決文〉

三　争点(2)（本件解任後の委任契約上の義務違反の有無）について

(1)ア　弁護士は、正当な理由なく、依頼者について職務上知り得た秘密を第三者に開示してはならない（弁護士法23条、弁護士職務基本規程第23条）。

ここで、秘密とは、一般に知られていない事実であって、本人が特に秘匿しておきたいと考える性質の事項と一般人の立場から見て秘匿しておきたいと考える性質を持つ事項の双方をいう。

イ(ア)　前記認定事実のとおり、原告らは甲田社長に相談することなく被告を解任し、被告は、原告らから本件解任に係る解任通知を受領した際、本件解任の事実を甲田社長に告げ、その後、甲田社長に対して、本件損害賠償請求訴訟における亡一郎及び亡二子の逸失利益に関する双方の主張が記載された準備書面を見せ、双方の主張について解説するとともに、当該準備書面の一部の写しを作成した上、これを甲田社長に交付した。

(イ)　依頼者と弁護士との間の委任関係の存否に関する事実は、依頼者が法的紛争の当事者となっていることやその紛争の現状に関わる事実であって、一般人の立場から見て秘匿しておきたいと考える性質を持つ事実である。

原告らが被告を訴訟代理人から解任した事実は、一般に知られていない事実であり、依頼者と弁護士との間の委任関係の存否に関する事実に当たるから、原告らにとって秘密に当たる。

したがって、これを第三者である甲田社長に開示した被告の行為は、弁護士が依頼者に対して負う守秘義務に違反し、不法行為となる。

なお、被告は、原告らに被告を紹介したのは甲田社長であるから、本件解任通知を受領した被告が紹介者である甲田社長に相談を持ちかけるのは当然であると主張するが、委任契約の当事者は飽くまでも依頼者と弁護士であって、紹介者は締結された委任契約との関係では第三者にすぎないのであって、相手方が紹介者であるとしても、依頼者が明示又は黙示に秘密を開示することに同意していない以上、それだけでは秘密の開示を正当化する理由にならない。

(ウ)　亡一郎及び亡二子の遺失利益に関する主張は、亡一郎及び亡二子の年収、職歴、健康状態、年令、同居の家族に関する情報等のプライバシーに関わる事実を基礎としており、逸失利益及びこれらの基礎となる事実は一般に知られておらず、一般人の立場からみて秘匿しておきたいと考える性質をもつ事項である上、原告らが特に秘匿しておきたいと考える性質の事項であることは明らかである。

そうすると、亡一郎及び亡二子の遺失利益及びその基礎となる事実は秘密に当たるから、これを第三者である甲田社長に開示した被告の行為は、弁護士が依頼者に対して負う守秘義務に違反し、不法行為となる。

〈判決の意義と指針〉

この事案は、交通事故の被害者らが勤務する会社の代表取締役の紹介により、弁護士に損害賠償請求訴訟の追行を委任し、弁護士が訴訟を提起し、係属中、依頼者らが弁護士を解任したことから、弁護士が紹介者である代表者に解任の事実を告げ、代表者の質問に応じて、解任の原因を説明し、準備書面を見せる等したため、依頼者らが弁護士に対して守秘義務違反による損害賠償を請求した事件である。

この事案の特徴は、

① 弁護士が交通事件の被害者から訴訟追行を受任したこと
② 弁護士が被害者の勤務する会社の社長から被害者の紹介を受けたこと
③ 弁護士が会社の顧問弁護士であったこと
④ 訴訟の提起後、依頼者が訴訟活動が原因で弁護士を解任したこと
⑤ 解任の際、依頼者が紹介者の社長に何ら連絡しなかったこと
⑥ 弁護士が紹介者の社長に解任の事実のみならず、その原因を求められるままに説明する等したこと
⑦ 依頼者が弁護士に対して債務不履行、不法行為に基づき損害賠償責任を追及したこと
⑧ 弁護士の守秘義務違反の有無が主要な争点になったこと
⑨ 弁護士が反訴を提起し、報酬の支払を請求したこと

があげられる。

この判決の特徴は、

① 弁護士法23条、弁護士職務基本規程23条を引用したうえ、秘密とは、一般に知られていない事実であって、本人が特に秘匿しておきたいと考える性質の事項と一般人の立場からみて秘匿しておきたいと考える性質を持つ事項の双方をいうとしたこと
② この事案の解任の事実、逸失利益に関する主張が秘密にあたるとしたこと
③ 紹介者であっても第三者であり、依頼者が明示または黙示に秘密を開示することに同意していない以上、秘密の開示を正当化する理由にならないとしたこと
④ この事案では弁護士の開示は守秘義務違反にあたるとし、不法行為を認めたこと
⑤ 依頼者ら各自につき慰謝料15万円を認めたこと

があげられる。

弁護士が相談・助言したり、事件を受任したりする場合、紹介者の紹介によって面談し、事情を聴取し、説明をすることは少なくないし、紹介者が同席することも少なくない。紹介者と相談者・依頼者との関係は多様であり（同時に弁護士と紹介者との関係も多様である）、弁護士がその関係の概要は別として、その関係の詳細を知っていることが多いわけではない（この事案のように、顧問先であるとか、従来仕事の関係のあった会社の代表者の紹介により、会社の従業員の相談を受けたり、事件を受任することは珍しいことではない）。紹介者によっては、相談者、依頼者からすでに話を聞き、紹介することもあるし、相談者、依頼者から同席を頼まれていることもあるし、さらに訴訟事件の委任の場合、訴訟の係属中に依頼者と同行して受任した弁護士との面談に同席する紹介者がいることもある。

この事案は、顧問先である会社の代表者の紹介により、会社の従業員から訴訟事

件を受任し、解任された弁護士の前記内容の守秘義務違反が問題になり、この判決は、弁護士が紹介者である代表者に解任の理由等を開示したことが守秘義務違反にあたるとしたものであり、事例判断として参考になるとともに、弁護士にとって厳格な責任を認めたものとして、実務上十分に注意すべき事項を明らかにしたものというべきである。この事案のような事態に直面する可能性のある弁護士は多いと推測されるが、事情によっては守秘義務違反の不法行為が認められ得ることに注意が必要である。

判　決　45	債権回収を共同受任した弁護士の回収方法の選択に関する債務不履行責任を認めなかった事例 〔東京地判平成22・１・27判タ1328号126頁〕

【事案の概要と判決要旨】

Ｙ弁護士、Ａ弁護士は、同じ法律事務所に勤務していたところ、建築請負業を営むＸからＢ、Ｃに対する請負代金の請求事件を受任し（同じ法律事務所に所属する他の４人の弁護士も共同して受任した）、Ａが担当し、Ｄ地方裁判所に訴訟を提起したものの（仮差押え等はしなかった）、Ａが出産により休業することに備えて、Ｙが引き継いで担当した。Ｄ裁判所がＸの全部勝訴の判決（仮執行宣言付）をしたところ、Ｂらが控訴し、Ｙは、Ｘと面談し、Ｃの所有不動産に係る賃料債権の差押えの申立てをしたほか、同不動産の強制競売の準備をする等していたが、Ｂらによって強制執行の停止の決定がされた。Ａが所属する法律事務所を替えて弁護士業務を再開し、Ｙから訴訟を引き継いだところ、Ｃが前記不動産を第三者に譲渡したことが判明し、停止決定に係る担保（250万円）を差し押さえ、詐害行為取消訴訟を提起したが、敗訴判決を受ける等した。ＸはＹに対して第１審判決の認容額と差し押さえた担保額の差額につき債務不履行に基づき損害賠償を請求した（Ｘは、Ｙに対して懲戒を請求したが、所属弁護士会によって懲戒しない旨が決定され、異議を申し出たが、日弁連が異議の申出を棄却した。なお、本件訴訟は、Ｘの本人訴訟である）。

この判決は、本件不動産の価値からみてＹが速やかに強制競売の申立てを行わなかったことは結果的には適切ではなかった側面があるものの、Ｃが本件不動産を譲渡する危険性は客観的には高いものではなかった等、Ｙの選択は当時の具体的な状況の下における法的措置の選択として合理的な裁量の範囲を逸脱した違法なものとはいえないとし、債務不履行を否定し、請求を棄却した。

〈判決文〉

２　被告の注意義務について

(1)　前示１によれば、被告は、前訴請負代金請求事件について、原告との間で、Ｚ法律事務所の丙川弁護士を含む他の５名の弁護士とともに訴訟委任契約を締結したことが認められるから、委任の本旨に従い、弁護士としての専門的な知識・経験等を用いて、迅速かつ確実に債権回収を図るために誠実に職務を遂行すべき善管注意義務を負うとともに、そのための具体的な方法については、原告の意向等も踏まえ、その当時の具体的な状況の下において、依頼者である原告の正当な利益を実現するために最も適正妥当と思われる法的措置を選択すべき合理的な裁量を有していたものと解するのが相当である。

(2) 被告は、前訴請負代金請求事件につき、原告の代理人として委任状に名を連ねていたが、これはあくまでも形式上であり、丙川弁護士から引継ぎを受けるまで、事件内容も知らず、処理方針の決定について全く関わっていなかった旨弁解するが、本件において、被告の原告に対する上記内容の注意義務を軽減し得る根拠となる事情ということはできない。

3(1)(2) 〈略〉

(3) 争点3（前訴請負代金請求事件において被告が本件不動産に対する強制競売の申立てをしなかったことにつき債務不履行責任を負うか否か）について

ア 被告は、前訴請負代金請求事件について、原告との委任契約の本旨に従い、弁護士としての専門的な知識・経験等を用いて、迅速かつ確実に債権回収を図るために誠実に職務を遂行すべき善管注意義務を負うとともに、そのための具体的な方法については、原告の意向等も踏まえ、その当時の具体的な状況の下において依頼者である原告の正当な利益を実現するために最も適正妥当と思われる法的措置を選択すべき合理的な裁量を有していたものと解するのが相当であることは、前示2のとおりである。

なお、被告は、同事件における債権回収の方法に関する原告の意向が、まずは賃料債権等に対する差押えを行い、それが奏功しなかった場合にはじめて不動産強制競売の申立てをするというものであって、被告はこのような原告の意向に従ったにすぎない旨主張し、また、前訴強制執行停止決定が出されたことについても、原告からはやむを得ないとの発言があった旨主張するが、原告が本件不動産に対する強制競売の申立てよりも賃料債権等に対する差押えの方を優先するとの明確な意向を有し、これを被告に示していたことや、前訴強制執行停止決定が出されたことを原告が容認する趣旨の発言をしたことを認めるに足りる的確な証拠はないから、上記の被告の主張はいずれも採用できない。

むしろ、前示1によれば、原告は、同事件については、ただ単に迅速かつ確実な債権回収を希望していたにすぎず、それ以上に、実際にいかなる債権回収の方法を用いるか、具体的には、前訴第1審判決に基づき、本件不動産に対する強制競売の申立てをするか、それとも、本件不動産に係る賃料債権等に対する差押えの申立てをするか等については、特に優先順位を付すことまではせず、被告の弁護士としての専門的かつ合理的な選択に委ねる意図を有していたものと認められ、この判断を左右するに足りる証拠はない。

イ 上記アを踏まえて更に検討するに、前示1並びに証拠（甲6の1、乙5、乙10の1、2）及び弁論の全趣旨によれば、本件不動産については、平成18年4月6日設定の債権額5000万円の抵当権の存在を考慮しても、なお、前訴第1審判決に係る原告の債権の全額を満足させるに足りる資産価値を有していた可能性もうかがわれるところ、仮に、被告が仮執行宣言付きの前訴第1審判決（平成17年12月22日言渡し）に基づき、速やかに、本件不動産に対する強制競売の申立てをしていれば、前訴強制執行停止決定（平成18年3月6日付け）にさえぎられることなく、本件不動産に対する差押えの効力を維持することができ、最終的には、本件不動産から上記債権全額の満足を得られることとなった可能性もあること、しかるに、被告は、本件不動産に係る債権差押命令の取得の方を優先させたため、前訴被告夏子が同月9日に本件不動産を第三者に売却する契機となり、本件不動産に対する強制競売の申立ての機会を失ってしまうこととなった可能性も否定できないこと等の事情が存するのであり、そうすると、前訴請負代金請求事件における債権回収の方法に関する被告の判断及び選択は、結果的には適切でなかったといわざるを得ない側面があることは否定できない。

ウ　しかしながら、前示1によれば、丙川弁護士は、前訴請負代金請求事件の訴訟提起に先立ち、原告との間で、本件不動産に対する仮差押え等の保全処分を申し立てるか否かを協議したが、訴額に比して多額の保証金が必要となる可能性等を考慮して保全処分を申し立てることはしなかったし、平成17年11月初旬ころの丙川弁護士から被告への引継ぎ文書（乙8）中にも、前訴被告丁谷らによる財産隠匿又は執行妨害等の危険性に関する言及はなく、さらに、丙川弁護士は、平成18年4月1日ころに被告から再び同事件の引継ぎを受けておきながら、同年5月15日ころに至るまで、本件不動産が第三者に売却されていたことに気付かなかったというのであるから、前訴被告丁谷らがその財産を不正に譲渡等する危険性は、客観的にはそれほど高いものではなかったことがうかがわれる。このような事情に照らすと、原告が、同年1月19日に被告と面談した際、被告に対し、前訴被告丁谷らがその所有している不動産を譲渡又は仮装譲渡する危険性が高いことを十分に訴え保全を依頼したとの原告の主張は、容易に採用し難い。

むしろ、原告は、被告に対し、前訴被告夏子が本件不動産を賃貸して1か月に100万円程度もの賃料収入を上げているようである旨説明し、この説明を踏まえた被告からの指示を受けて、前訴第1審判決に基づく本件不動産に対する強制競売の申立て及び賃料債権差押えの申立てに必要な費用として70万円を送金するとともに、本件不動産及びその管理会社と思われるA株式会社の看板を撮影した写真を送るなどしていることに加え、被告が、本件不動産に関し、前訴被告夏子を債務者とし、A株式会社を第三債務者とする債権差押命令を申し立てるなどしたことについても、異議を述べるなどした形跡はうかがわれず、かえって、別件に関することとはいえ、被告の訴訟活動に感謝する旨の礼状を送付するなどしていることからしても、前訴請負代金請求事件における債権回収のための方法として、本件不動産に対する強制競売の申立ては留保しながら債権差押命令を申し立てたことについては、少なくとも当時の原告の意思に反するものではなかったと推認するのが相当である。

エ　上記ウで説示したところに加えて、被告が、平成18年2月中旬ころから同年3月初めころにかけて、前訴第1審判決について執行文の再度付与の申立てをするとともに、本件不動産の公図、建物図面の写しを入手するなど、本件不動産に対する強制競売の申立ての準備をしていたことも考慮すれば、前訴請負代金請求事件における債権回収の方法に関する被告の選択は、その当時の具体的な状況の下における法的措置の選択として、合理的な裁量の範囲を逸脱した違法なものであったということはできない。

〈判決の意義と指針〉

この事案は、同じ法律事務所に所属する6人の弁護士が依頼者から請負代金の支払請求事件を受任し、うち一人が実際に担当し（主任代理人）、訴訟を提起し、追行した後、出産のため休業することになり、他の担当弁護士が引き継いで担当することになり、他の弁護士が訴訟を追行し、仮執行宣言付きの全部勝訴判決を得、控訴審が係属中、被告の所有不動産に係る賃料債権を差し押さえたほか、同不動産を差し押さえる準備等を行ったものの、強制執行停止決定がされ、最初に担当した主任代理人が弁護士業務を再開したところ、前記不動産が第三者に譲渡されたことが判明し、前記停止決定に係る担保（250万円）を差し押さえる等したことから（詐害行為取消訴訟を提起したが、敗訴判決を受ける等した）、依頼者が途中で事件を引き継いだ担当弁護士に対して損害賠償を請求した事件である。

この事案は、同じ法律事務所の6人の弁護士が共同して訴訟事件を受任し、一人の弁護士が担当し、訴訟の提起、追行を担当した後、出産のため休業し、他の弁護士に訴訟の追行を引き継ぎ、勝訴判決に基づく債権回収の事務処理を行った後、再度、最初の担当弁護士（主任代理人）が債権回収の事務処理を行う等した場合において、他の担当弁護士の債権回収に係る過誤の債務不履行に基づく損害賠償責任の有無が問題になったことに特徴がある（他の5人の弁護士の損害賠償責任は問われていない）。

この判決の特徴は、

① 債権回収に係る訴訟事件を受任した弁護士は、委任契約の本旨に従い、弁護士としての専門的な知識・経験等を用いて、迅速かつ確実に債権回収を図るために誠実に職務を遂行すべき善管注意義務を負うとともに、その具体的な方法については、依頼者の意向等も踏まえ、その当時の具体的な状況の下において依頼者の正当な利益を実現するために最も適正妥当と思われる法的措置を選択すべき合理的な裁量を有していたとしたこと

② この事案では、弁護士が不動産の公図、建物図面の写しを入手する等、不動産に対する強制競売の申立ての準備をしていたことも考慮すれば、債権回収の方法に関する弁護士の選択は、その当時の具体的な状況の下における法的措置の選択として、合理的な裁量の範囲を逸脱した違法なものであったということはできないとしたこと

③ 弁護士の債務不履行を否定したこと

があげられ、その旨の事例判断として参考になる。もっとも、この判決は、債権回収の方法に関する弁護士の判断および選択は、結果的には適切でなかったといわざるを得ない側面があることは否定できないと指摘していることは、実務における同

種の事案の事務処理上留意する必要があろう。複数の弁護士が訴訟事件を共同して受任する場合、弁護士の数、弁護士間の関係、関与の内容・程度・態様は様々であり、この事案の弁護士らによる共同受任はその一つの事例であり、他にも多様な共同受任がある。共同受任した弁護士らの依頼者に対する法的な責任は、同様なものであり、実質的に関与していない等の理由で法的な責任を免れるものではない（この判決も、その旨を明示している）。この事案では、実際に担当した弁護士が途中で訴訟の追行等を引き継ぐ等の経過があるが、他の弁護士が行っていた事務処理を引き継ぐことは、実際に共同で事務処理を行っていた場合は別として、事件の認識、情報、依頼者との関係等において相当のリスクがあるということができる。

判　決　46	債務整理を受任した弁護士の事務処理内容の説明義務違反を認めた事例 〔鹿児島地名瀬支判平成22・3・23判時2075号79頁〕

【事案の概要と判決要旨】

弁護士Ｙは、Ａ連合会（日本弁護士連合会）が開設した公設事務所の初代所長であり、Ｂ市で多数の多重債務事件を取り扱っていたところ、Ｘから債務整理を受任したものの、過払金の回収以外の委任事務を放置し、Ｘがホームレスの生活をしたため、ＸがＹに対して債務不履行に基づき損害賠償、弁護士報酬の名目で回収した過払金を不当に利得したと主張し、利得金の返還を請求した（Ｘの代理人は、二代目の所長である）。

この判決は、過払金返還訴訟で和解をするときは、和解の内容、返還金の額につき十分に説明すべき義務があったのに、これを一切説明しなかったとして債務不履行を認め、Ｘは、Ｙに生活再建への一縷の望みを託したものの、自立の意思がありながら、生活を支える唯一の財産である回収した過払金を最低限度の生活確保のための費用に充てる機会を失い、ホームレスの生活を送る等した損害を認め（慰謝料として160万円を認めた）、弁護士報酬、事件の見通しおよび処理並びに民事法律扶助制度に関する説明義務違反を否定し、損害賠償請求を一部認容し、弁護士報酬額につき合意が成立したとし、不当利得の返還請求を棄却した。

〈判決文〉

(1)　弁護士の説明義務について

受任者は、委任の本旨に従い、善良な管理者の注意をもって、委任事務を処理する義務を負う（民法644条参照）。そして、弁護士が委任事務を処理する場合には、委任事務の法的専門性を踏まえると、弁護士は、自由かつ独立の立場を保持して職務を行うことができるよう合理的な裁量を与えられるべきであるものの、他方で、弁護士は、委任の趣旨に関する依頼者の意思を尊重してその自己決定権を十分に保障するために、適切な説明をする必要があるというべきである。

したがって、弁護士が、委任の趣旨から依頼者の意思決定に当たって重要となる事項について、一般的に期待される弁護士として著しく不適切な説明しかしなかったと認められる場合には、弁護士は、委任契約の付随義務として、信義則上、説明義務に違反するものとして、債務不履行責任を負うと解するのが相当である。

(2) 予測される不利益に関する説明義務違反について

弁護士が事件を受任した場合において、事件の処理に当たって依頼者に不利益を与えるおそれがあるときは、その不利益は、委任の趣旨からもとより依頼者の意思決定に当たって重要となる事項であるから、一般的に期待される弁護士としては、依頼者に対し、その理解が得られるように、その不利益につき十分に説明しなければならないというべきである。

これを本件についてみるに、前記認定事実（前記二(2)イ参照）のとおり、被告が選択した時効待ちの方法とは、債権者に対し、被告による和解の提案に同意するか、訴訟を提起するか、あるいは債務を時効によって消滅させるかのいずれかを求めるものであって、債権者がその提案に同意しない場合には、被告は、債権者に支払をする代わりに、残金を原告の離婚した妻に子供の養育費として渡すなどして、原告に対し、時効期間の満了まで債権者から訴訟を提起されて給料の差押えを受けるなどのリスクを負わせたまま、委任事務を事実上終了させてしまうというものである。このような不利益は、原告による将来の経済的再生を阻害するものであって、そもそも委任の趣旨に反するといえるから、一般的に期待される弁護士としては、原告に対し、その不利益につき十分に説明しなければならないことは明らかである。

しかしながら、原告が知人を頼って東京で新しい仕事を探すつもりであるなどと被告に相談して生活再建への意欲を示していたにもかかわらず、被告は、原告に対し、時効待ちの方法を選択するに当たって、その不利益につき原告に一切説明しなかったものであるから、一般的に期待される弁護士として著しく不適切なものであって、この点において説明義務に違反するものとして、債務不履行責任を負うといわざるを得ない。

(3) 委任事務の経過に関する説明義務違反について

債務整理事件の目的は、依頼者の経済的再生を図ることにあるから、弁護士が、債務整理事件を受任する場合において、過払金の返還を求める訴訟で和解をするときは、返還を受ける過払金の額、支払時期その他の和解の内容は、当該訴訟の帰趨に影響を及ぼす事項であるとともに（弁護士職務基本規程22条1項、36条参照）、事件処理の方法又は依頼者の生活再建に直接影響を及ぼすものであるから、委任の趣旨から依頼者の意思決定に当たって重要となる事項である。

そして、弁護士が、過払金の返還を受けた場合には、その過払金の額は、和解の内容と同様に、事件処理の方法又は依頼者の生活再建に直接影響を及ぼすものであるから、委任の趣旨からもとより依頼者の意思決定に当たって重要となる事項である。

そのため、一般的に期待される弁護士としては、依頼者に対し、和解の内容及び返還を受けた過払金の額につき十分に説明しなければならないというべきである。

これを本件についてみるに、被告は、原告に対し、和解の内容及び返還を受けた過払金の額につき一切説明していないから、一般的に期待される弁護士として著しく不適切なものであることは明らかであって、説明義務に違反するものとして、債務不履行責任を負うといわざるを得ない。

もっとも、被告は、過払金の返還を求める訴訟における和解の基準が他の弁護士よりも高額であることを理由として、和解の内容を説明する必要はないと供述するものの、過払金の額を譲歩しても和解による早期解決を希望する者もいるから、被告の供述は、依頼者の意向を尊重するものではなく、過払金の回収額に拘泥する独自の見解であるというほかなく、これを採用することはできない。

したがって、被告の主張は理由がない。

〈判決の意義と指針〉

この事案は、すでに紹介した【判決43】鹿児島地名瀬支判平成21・10・30判時2059号86頁の関連事件であり、日本弁護士連合会が開設した公設事務所の所長である弁護士が、債務整理を受任したものの、回収以外の事務処理を放置したため、依頼者が弁護士に対して債務不履行に基づき損害賠償等を請求した事件である。

この判決の特徴は、

① 弁護士は、委任の趣旨に関する依頼者の意思を尊重してその自己決定権を十分に保障するために、適切な説明をする必要があるとしたこと

② 弁護士が委任の趣旨から依頼者の意思決定にあたって重要となる事項について、一般的に期待される弁護士として著しく不適切な説明しかしなかったと認められる場合には、弁護士は、委任契約の付随義務として、信義則上、説明義務に違反するものとして、債務不履行責任を負うとしたこと

③ 弁護士は、受任事件の処理にあたって依頼者に不利益を与えるおそれがある場合には、不利益が依頼者の意思決定にあたって重要となる事項であるから、依頼者に対し、その理解が得られるように、その不利益につき十分に説明しなければならないとしたこと

④ この事案では、弁護士が時効待ちの方法を選択するにあたって、その不利益につき依頼者に一切説明しなかったものであるから、一般的に期待される弁護士として著しく不適切なものであり、説明義務に違反するし、債務不履行にあたるとしたこと

⑤ この事案では、弁護士は和解の内容および返還を受けた過払金の額につき一切説明していないから、一般的に期待される弁護士として著しく不適切なものであり、説明義務に違反するものとして、債務不履行責任を負うとしたこと

⑥ 弁護士報酬および費用に関する説明義務違反を否定したこと

⑦ 民事法律扶助制度に関する説明義務違反を否定したこと

⑧ 時効待ちの方法に関する委任事務処理違反の主張については、依頼者が行方不明になり、連絡できなかったことによるとし、その主張を排斥したこと

⑨ 慰謝料として160万円を認めたこと

があげられる。この判決は、弁護士につき委任契約上の付随義務として説明義務を認めたうえ、事務処理上の不利益事項、和解の内容等に関する説明義務違反の債務

不履行責任を肯定した事例を提供するものであり、従来の裁判例と比較すると、弁護士の説明義務を相当に広く認めるものであるが、一つの見解として参考になるものである。

判　決　47	**第三者の紹介により訴訟追行を受任した弁護士が解任された後、紹介者に解任の事情を説明したことによる守秘義務違反の不法行為責任を認めた事例** **〔大阪高判平成22・5・28判時2131号66頁〕**

【事案の概要と判決要旨】

前記【判決44】大阪地判平成21・12・4判時2105号44頁の控訴審判決であり、X_1らが控訴した。

この判決は、委任契約がＹの責に帰すべき事由による解任により終了したとし（Ｙが従来の弁護士と弁護士報酬をめぐる紛争になったことを認識しながら、すでに成立した契約内容を無視して追加着手金を請求したため、X_1らがＹに対する信頼を失ったことは無理からぬことであるとした）、着手金全額の返還義務を認め、守秘義務違反に関する第1審判決を引用する等し、原判決を変更し、X_1らの請求を一部認容した。

〈判決文〉

第三一　判断の大要

〈略〉③被控訴人を解任したこと並びに上記交通事故によって死亡した控訴人らの子である亡一郎及び亡二子の逸失利益並びにその基礎となる事実を控訴人花子の雇用主の代表取締役である甲田に開示した行為は、弁護士が依頼者に対して負う守秘義務に違反して、不法行為となり、控訴人らそれぞれは、被控訴人に対し、上記不法行為に基づき、18万円の損害賠償請求権を有しているものと判断する。

二(1)～(9)〈略〉

(10)　原判決29頁3行目から14行目までを以下のとおり改める。

「なお、前記認定事実のとおり、被控訴人が主張した亡一郎の逸失利益の金額は、後に加害者らが主張した金額や高等裁判所において成立した和解において合意された逸失利益の金額よりも低かったが、その差異は4000万円程度の逸失利益の金額と比較すれば必ずしも大きな差があるとはいえないし、逸失利益は原則として実収入額を基準として算定されるものであるところ、亡一郎の本件事故当時の実収入額は280万円程度であるのに対し、被控訴人が算定基準として選択した全労働者計平均給与額はこれを大きく上回る485万4000円である。また、逸失利益の算定の基準額として適切な基準が複数ある場合に、いずれの金額を採用して主張するかは、依頼人の意向、立証の難易、訴訟の進行状況等の諸事情を総合的に考慮した上での、法律専門家である弁護士の裁量的判断によるところが大きく、後に加害者らが主張した金額や高等裁判所において成立した和解における金額も、亡一郎の本件事故当時の年収に照らして逸失利益の主張の選択肢としてあり得たとはいえるが、被控訴人が訴え提起の段階において、これらよりも低い逸失利益額を主張したからといって、不合理であるとはいえない。さらに、被控訴人は、次回期日までに加害者らの主張する金額まで請求を拡張する予定であったと主張しており、実際にも、第１審の口頭弁論が終結されるまでに加害者らが主張する金額まで逸失利益の額を増額しなかったとは考え難いところである。したがって、亡一郎の逸失利益に係る被控訴人の訴訟活動が弁護士としての善管注意義務に違反したものであるとはいえない。」

〈判決の意義と指針〉

この判決は、交通事故の被害者らが勤務する会社の代表取締役の紹介により、弁護士に損害賠償請求訴訟の追行を委任し、弁護士が訴訟を提起し、係属中、依頼者らが弁護士を解任したことから、弁護士が紹介者である代表者に解任の事実を告げ、代表者の質問に応じて、解任の原因を説明し、準備書面を見せる等したため、依頼者らが弁護士に対して守秘義務違反による損害賠償を請求した控訴審の事件である。

この判決の特徴は、

①　弁護士法23条、弁護士職務基本規程23条を引用したうえ、秘密とは、一般に知られていない事実であって、本人が特に秘匿しておきたいと考える性質の事項と一般人の立場からみて秘匿しておきたいと考える性質を持つ事項の双方をいうとしたこと

②　この事案の解任の事実、逸失利益に関する主張が秘密にあたるとしたこと

③　紹介者であっても第三者であり、依頼者が明示または黙示に秘密を開示することに同意していない以上、秘密の開示を正当化する理由にならないとしたこと

④　この事案では弁護士の開示は守秘義務違反にあたるとし、不法行為を認めたこと等を内容とする第一審判決の理由を引用し、維持しているが、慰謝料について18万円（第１審判決は15万円）としていること

があげられるこの判決は、弁護士の守秘義務違反の不法行為を肯定した事例判断を提供するものであるが、ほかに、訴訟の提起にあたって逸失利益の算定、主張が低額であったことについては、弁護士としての善管注意義務に違反したものであるとはいえないとした判断は、善管注意義務を否定した事例を提供するものである。

判　決　48	刑事事件を受任した弁護士の債務不履行責任を認めた事例 〔東京地判平成22・12・17判タ1355号169頁〕

【事案の概要と判決要旨】

Ｘは、Ａ、Ｂ、Ｃに対する傷害等の容疑で逮捕、拘留され、弁護士Ｙに被疑事件の弁護を依頼し、Ｙがこれを受任し、Ｘから示談の意思を告げられ、Ｘが釈放され

た間に、Ａと示談を成立させたが、Ｂ、Ｃには示談の申入れの書面を送付したものの、返送されたまま放置し、Ｘに報告しなかった等したため（Ｘは、その後、弁護士Ｄに依頼し、Ｂ、Ｃとの間で示談を成立させ、検察官に報告したこと等から、不起訴処分となった）、ＸがＹに対して善管注意義務違反等を主張し、債務不履行に基づき損害賠償を請求した。

この判決は、弁護人として示談交渉・報告義務を負うとしたうえ、示談交渉等をしなかったことにつき義務違反を認め、債務不履行責任を肯定し、弁護士費用相当額の損害を認め、請求を認容した。

〈判決文〉

⑵ア　弁護士は、基本的人権を擁護し、社会正義を実現するとの使命に基づき、誠実にその職務を行わなければならず（弁護士法１条２項）、殊に、刑事弁護においては、被疑者の防御権が保障されていることにかんがみ、その権利及び利益を擁護するため、最善の弁護活動に努めるべきである（弁護士職務基本規程46条）ところ、被害者のある事件で被疑事実に争いがない場合は、被害者との間で示談交渉を行い、この結果を担当検察官に報告することは、担当検察官が、被疑者の起訴、不起訴の処分を決定する際、示談交渉の事実を、被疑者に反省の意思がある、あるいは、被害者に宥恕の意思があることを示す被疑者に有利な情状の一つとして考慮することにつながるから、被疑者が示談をする意思を示す場合には、刑事弁護人としては、刑事弁護の委任契約に基づき、被害者との間で示談交渉を行い、この結果を担当検察官に報告すべき義務（以下「示談交渉・報告義務」という。）があるものというべきである。

イ　これを本件についてみると、上記⑴で認定した事実によれば、原告は、本件被疑事件を起こしたことを認め、本件被疑事件の被害者と示談する意思を示していたと認められるから、被告には、本件契約に基づき、示談交渉・報告義務があったものというべきである。

被告は、原告が本件被疑事件の被疑事実を否認していたとして、被害者との間で示談交渉をする義務はなかったと主張するが、上記のとおり、原告は、本件被疑事件発生当時、酒に酔っていたため記憶がはっきりしないと述べていたものの、本件被疑事件を起こしたことを否認していたわけではなく、被告に対しても、被害者との間で示談をする意思があることを示していたのであるから、上記被告の主張は、採用することができない。

また、被告は、本件被疑事件を起訴するに足りる十分な証拠がなかったから、原告が釈放された６月18日の時点で、事実上、不起訴処分は確定しており、刑事弁護人としての活動は事実上終了したと主張する。

しかしながら、上記⑴で認定した事実によれば、①本件担当検察官は、釈放後の８月下旬ころ、原告を検察庁に出頭させ、示談交渉の状況について報告させたこと、②同検察官は、この原告からの報告を聞いて、原告に、自分から被害者らに連絡をとってみる旨を伝えたこと、③その後、原告は、原告訴訟代理人を通じて、本件担当検察官に対し、丙山、丁木、亥井との間で示談契約を締結したことを報告したところ、11月５日、本件被疑事件について不起訴処分となったことが認められ、これらの事実に照らすと、本件被疑事件については、原告を起訴するに足りる十分な証拠がなく、原告が釈放された時点で事実上不起訴処分が確定していたとは認められない。

さらに、被告は、6月18日、原告との間で、本件契約とは別に、民事事件として被告が本件被疑事件の被害者と示談交渉を行うという内容の無償の委任契約を締結したとし、7月3日、原告に対し、原告の示談申し入れに対する亥井の回答書面を交付し、至急検討するよう指示したにもかかわらず、原告は、これを怠ったため、8月18日、上記無償の委任契約を解除したと主張し、被告の陳述書にはこれに沿う部分がある。

しかしながら、原告は、本人尋問において、被告から、示談は民事事件であるから刑事事件とは別の報酬が必要であるとの説明は受けなかった旨を供述し、被告との間で、上記無償委任契約を締結したことを否定しているところ、既に認定説示したところによれば、本件契約には、被害者との間で示談交渉を行うことも含むと認められるのであり、刑事弁護の委任契約とは別に、無償の委任契約を締結したとは認めることができないし、本件全証拠によっても、被告が主張する原告の約束違反の事実を認めることもできない。

(3)　上記(1)で認定した事実によれば、被告は、丙山及び丁木に送った書面が返送されてきた後、丙山及び丁木との示談交渉を全く行わず、本件担当検察官に示談交渉の結果を全く報告しなかったものであり、この行為は、本件契約に基づく示談交渉・報告義務に違反し、原告に対する債務不履行を構成するものというべきである。

2　損害について

(1)　刑事弁護のための弁護士費用について

前提事実、上記1(1)で認定した事実、証拠〈略〉及び弁論の全趣旨によれば、原告は、被告による上記債務不履行により、丙山及び丁木との示談交渉を進展させることができず、そのため、原告訴訟代理人に委任して上記交渉を行うことを余儀なくされ、そのための弁護士費用31万5000円の支払義務を負担することとなり、同額の損害を被ったものと認められる。

(2)　本訴提起のための弁護士費用について

原告は、上記債務不履行に基づき、本訴提起のための弁護士費用につき損害賠償の支払を求めている。

しかしながら、本件訴訟は、被告が本件被疑事件についての示談交渉やその報告を怠ったとして、原告が、被告に対し、債務不履行に基づき、損害賠償及びこれについての遅延損害金の支払を求める訴訟であり、その内容に照らし、原告が本件訴訟のために負担した弁護士費用は、債務不履行の発生原因となった事実との間に相当因果関係のある損害であるとはいえない。

〈判決の意義と指針〉

この事案は、弁護士が傷害等の被疑者から弁護を依頼され、被害者の一部と示談をまとめたものの、他の被害者との示談に関する事務処理を一部行ったが、示談をまとめることもなく、依頼者に報告もしなかったため、依頼者が弁護士に対して損害賠償責任を追及した事件である。

この事案の特徴は、

① 弁護士が被疑者から弁護を依頼され、受任したこと
② 依頼者から示談の意向を告げられたこと
③ 弁護士が三人の被害者のうち一人とは示談を成立させたこと、その余の被害者には示談の申入れの書面を送付したものの、返送され、その後の事務を放置したこと
④ 弁護士が依頼者にその旨を報告しなかったこと
⑤ 依頼者が他の弁護士に依頼し、その余の被害者との間で示談を成立させたこと
⑥ 検察官に示談を報告したこと等から、不起訴処分となったこと
⑦ 依頼者が弁護士の善管注意義務違反等を主張したこと
⑧ 依頼者が債務不履行責任を追及したこと

があげられる。

この判決の特徴は、

① 弁護士は、受任した刑事弁護においては、被疑者の防御権が保障されていることにかんがみ、その権利および利益を擁護するため、最善の弁護活動に努めるべきであるとしたこと
② 被疑者が示談をする意思がある場合には、刑事弁護人としては、刑事弁護の委任契約に基づき、被害者との間で示談交渉を行い、この結果を担当検察官に報告すべき義務があるとしたこと
③ この事案では、弁護士は、被害者に送った書面が返送されてきた後、被害者との示談交渉を全く行わず、検察官に示談交渉の結果を全く報告しなかったものであり、示談交渉・報告義務に違反したとしたこと、弁護士の債務不履行責任を肯定したこと
④ 損害として別に弁護士に依頼し、示談交渉を行う等した弁護士費用の損害を認めたこと
⑤ 本件訴訟の提起に伴う費用については相当因果関係を否定したこと

があげられる。この判決は、刑事弁護を受任した弁護士について、示談交渉義務、検察官への報告義務を認めたうえ、これらの義務違反（債務不履行責任）を肯定した事例判断として参考になるものである。

判　決　49	**債務整理を受任した弁護士の説明義務違反を認めなかった事例** **〔福岡高宮崎支判平成22・12・22判時2100号50頁〕**

【事案の概要と判決要旨】

前記【判決43】鹿児島地名瀬支判平成21・10・30判時2059号86頁の控訴審判決であり、Yが控訴し、Xが附帯控訴した。

この判決は、Yが辞任の連絡をしなかったが、Yが相当回電話連絡を試みたこと、それまでにXから連絡がなかったこと等から、Yの説明義務違反を否定し、Yの控訴に基づき原判決中Yの敗訴部分を取り消し、請求を棄却し、Xの附帯控訴を棄却した。

〈判決文〉

2　争点⑴（説明義務違反の有無）について

⑴　受任時における事件の見通し等に関する説明

前記1⑵ア、イによれば、控訴人が、平成17年5月23日の初回面談に際し、被控訴人から提出を受けた法律相談カード等の記載内容や同人から聴取した内容（債務総額が1000万円を超えるのに対し、申告された取引期間からすると過払金を回収できる見込みが大きくないこと、被控訴人が資産を有せず、収入のない扶養家族を何人も抱えていることなどが確認できる。）を踏まえ、自己破産を選択するほかないと判断したことには合理性があるというべきである。

そして、控訴人は、被控訴人から委任を受ける際に、抱えている負債額が非常に大きいので自己破産するほかない旨を告げ、債務整理に関する委任状に署名してもらい、自ら又は乙野を介して、借金を抱えて払えなくなった経緯を記載した陳述書や、家計簿を作成して提出するように指示しており（前記1⑵イ）、被控訴人に対し、事件の見通しや当面の事件処理について一応説明したものと認められる。

これに対し、被控訴人は、控訴人が被控訴人の意向を考慮せずに破産しかないと決めつけた旨主張するところ、被控訴人が控訴人の破産しかないとの説明を聞いた上で、債務整理に関する委任状に署名していることからすると、破産を選択することもやむを得ないものとして承諾していたものと認めるのが相当である。

そうすると、控訴人が委任契約上の説明義務に違反したとまではいえないから、これに反する被控訴人の主張は理由がない。

⑵〜⑷〈略〉

⑸　辞任時における説明

前記1⑹アのとおり、控訴人は、平成20年1月23日に被控訴人の各債権者に対し、被控訴人の代理人を辞任する旨の通知書をファックス送信している。そして、控訴人や乙野ら、奄美ひまわり事務所の事務職員らは、前記ファックス送信に先立ち、被控訴人に対して辞任する旨の電話連絡をしていない。

しかしながら、前記1⑶、⑸のとおり、①控訴人が平成17年5月下旬から同年6月中旬にかけて被控訴人の債権者らにいわゆる介入通知を送付したころから、奄美ひまわり事務所から被控訴人と連絡を取るのが困難になったこと、②乙野が同年7月15日ころ及び同年9月6日にそれぞれ至急事務所に連絡するよう求める文書を送付したほか、③控訴人も、同月30日の打合せに赴いた被控訴人に対し、連絡が取れなくなるのは困るなどと厳しく指導したこと、④その後、体調不良を理由に被控訴人が打合せ日の変更を申し出、都合のいい打合せ日を連絡するよう指示されたほか、⑤平成18年3月ころには控訴人が花子の携帯電話に電話し、折り返し連絡するよう伝言を受けたにもかかわらず、被控訴人が一度も奄美ひまわり事務所に連絡をしなかったこと、その後、⑥乙野が、被控訴人に対し、同年9月19日ころ、このまま連絡がなければ辞任もやむを得ないなどと記載された文書を送付したほか、平成19年7月23日ころにも、同年8月6日までに連絡がなければ辞任するので必ず連絡してほしいなどと記載された文書を送付したところ、いずれの文書も事務所に返送されなかったのに、被控訴人からの連絡がなかったことがそれぞれ認められる。

被控訴人は、債権者からの取立てがなくなり、控訴人が破産手続を進めていると思って連絡を取らなかったなどと述べるが、これらの事実に照らせば、不合理な弁解というべきである。

このほか、被控訴人が、勤務先の総務課においても、電話での連絡や郵便物が届きにくく、問題のある職員と受け止められていたことや（乙31の2）、乙野をはじめとする奄美ひまわり事務所の事務職員が、連絡文書を送付する以前にも、相当回に亘って被控訴人に電話で連絡をとろうと試みたであろうと推認できること（弁論の全趣旨）にかんがみれば、控訴人が被控訴人の各債権者に辞任通知をファックス送信しようとした時点で、あらかじめ被控訴人やその関係者に電話で連絡を取ろうとせず、その結果、被控訴人が、債権者から訴訟提起されるまでそのことを知らなかったとしても、その責めはもっぱら被控訴人が負うのが相当であって、これをもって控訴人に辞任に関する説明義務違反があったとはいえない。

3　争点(2)（委任事務処理義務違反の有無）について

(1)　前記1(3)のとおり、控訴人は、被控訴人の債務整理について、債権者らに介入通知を送付し、平成17年10月下旬ころまでに各債権者から取引履歴の開示を受けたものの、その後、被控訴人について破産手続開始の申立てを行わず、準備のための諸手続を行わなかったことが認められる。

とはいえ、控訴人による破産手続の処理方針としては、半年から1年は債務者に継続的に家計簿をつけさせた上で、それを関連資料として添付する形で破産申立てを行う扱いになっていたもので（甲30）、これに対し、被控訴人は、一度も奄美ひまわり事務所に家計簿を持参しなかった（被控訴人は持参したことがあった旨を供述するが、裏付けが乏しいほか、乙野の供述内容とも整合しておらず、信用できない。）。また、負債を抱えたいきさつを記載した陳述書についても持参せず、分割して支払うよう指示された弁護士報酬等も2万円しか支払わなかった（前記1(5)ウ）。

そうすると、控訴人が委任事務を完了させることができなかったのは、控訴人が被控訴人と連絡を取ることができず、家計簿や陳述書の提出を受けることができなかったために、破産申立ての準備ができなかったことによるというべきである。これは控訴人の責めに帰することができない事由によるものであるから、控訴人に委任事務処理を怠った債務不履行があるとはいえない。

〈判決の意義と指針〉

この事案は、日本弁護士連合会が開設した公設事務所の所長である弁護士が、債務整理を受任したものの、委任事務を放置し、異動等にあたって辞任通知を債権者に送付したことから、依頼者が債権者から給料債権を差し押さえられる等したため、依頼者が弁護士に対して債務不履行に基づき損害賠償を請求した控訴審の事件である。第1審判決である前記【判決43】鹿児島地名瀬支判平成21・10・30判時2059号86頁は、受任時の説明義務違反を否定したものの、辞任時の説明義務違反を肯定し、請求を認容したものである。

この判決の特徴は、

① 第1審判決の事実認定を実質的に変更したうえ（依頼者の供述等の信用性を否定している）、受任時の説明義務違反だけでなく、辞任時の説明義務違反も否定したこと

② 債権者から訴訟を提起されたこと等の責めはもっぱら依頼者が負うのが相当であって、これをもって弁護士に辞任に関する説明義務違反があったとはいえないとしたこと

③ 弁護士の委任に係る事務処理上の義務違反を否定したこと

があげられ、その旨の事例判断として参考になるものである。第1審判決と控訴審判決が結論を分けたのは、主として委任に係る事務処理の経過、内容に関する事実認定、依頼者の言動に対する評価によるものであり、弁護士の依頼者に対する説明義務の法理そのものの理解によるものではない。

判　決　50	債務整理を受任した弁護士の事務処理内容の説明義務違反を認めなかった事例 〔福岡高宮崎支判平成22・12・22判時2100号58頁〕

【事案の概要と判決要旨】

前記【判決46】鹿児島地名瀬支判平成22・3・23判時2075号79頁の控訴審判決であり、Yが控訴し、Xが附帯控訴した。

この判決は、Yが事件の処理状況を説明しているし、Xに破産免責の不許可事由に該当する事情があった等とし、Yの説明義務違反を否定し、Yの控訴に基づき原判決中Yの敗訴部分を取り消し、請求を棄却し、Xの附帯控訴を棄却した。

〈判決文〉

2　争点(1)（説明義務違反の有無）について

(1) 事件の見通し及び事件処理の方法に関する説明

上記1の認定事実によれば、控訴人は、被控訴人に対し、初回相談時及び平成19年11月16日に、その時点における事件の見通しや事件処理の方法について説明をしたものと認められるから、控訴人が委任契約上の説明義務に違反したとはいえない。これに反する被控訴人の主張は理由がない。

(2) 法律扶助制度に関する説明

控訴人が債務整理事件を受任するに当たって法律扶助制度を被控訴人に説明していない事実は、当事者間に争いがない。

しかしながら、上記1の認定事実によれば、控訴人は、費用を立て替えて、過払金の回収その他の事件処理を進めていた上、被控訴人は、回収した過払金によって弁護士報酬及び費用を支払うことができたものであるから、被控訴人が法律扶助制度につき説明を受けなかったとしても、その権利の保障に欠けるとまではいえない。

したがって、この点について控訴人に委任契約上の説明義務違反があったということはできない。これに反する被控訴人の主張は理由がない。

(3) 弁護士報酬及び費用に関する説明

上記1の認定事実によれば、控訴人は、被控訴人に対し、平成19年11月16日の打合せの際、任意整理報酬と過払金報酬につき説明し、被控訴人は、これに同意したものであり、被控訴人が逮捕・起訴された後は、控訴人は、被控訴人に対し、文書を送付して、過払金報酬の内容を改めて確認するとともに、任意整理報酬を21万円とする旨の申込みをした上、平成20年7月9日の面会の際にも、任意整理報酬を21万円、過払金報酬を156万3872円とする申込みをして、被控訴人はこれを承諾したものと認められる。

以上によれば、弁護士費用及び報酬に関しても、説明義務違反があったとはいえない。これに反する被控訴人の主張は理由がない。

(4) 回収した過払金の額その他の事件処理の状況に関する説明

上記1の認定事実によれば、控訴人は、平成19年11月16日、被控訴人に対し、その時点で明らかになった過払金の額と債務の額を整理した一覧表を作成した上、過払金の額及び債務の額並びに以後の事件処理の基本的な方針について説明をしたものと認めるのが相当である。

この点、被控訴人は、当時、被控訴人は生活に困窮していたから、控訴人から過払金の額について説明を受けていれば、その過払金の返還を受けて生活再建のための費用に充てていたはずであり、それをせずに被控訴人がホームレスの生活を余儀なくされたのは、上記説明を受けていなかったからであるなどと主張する。

しかしながら、被控訴人自身、原審における本人尋問で、平成19年11月16日の控訴人の説明により、貸金業者から相当額、1000万円前後の過払金があると認識していた旨述べており〔591ないし594、603〕、上記本人尋問の結果中、過払金の額について説明を受けなかったとする部分はにわかに信用できない。

また、被控訴人が控訴人に依頼した委任事務の内容は、単に過払金の回収にとどまるものではなく、その目的は債務整理であるところ、弁護士が過払金を回収しても、債権調査により未払額を確定して、各債権者に対する和解の提案を行い、これに対する債権者の対応が明らかになるまでは、依頼者に返還すべき金額は定まらないのであって、それまでの間は、依頼者は、当然に過払金の返還を求めることができるわけではない。もっとも、依頼者があくまで過払金の返還を求めるのであれば、弁護士としては委任契約を解消した上で、過払金から弁護士報酬及び費用を控除した残額を返還するほかないが、被控訴人が多額の債務を負っていたこと、手形詐欺の被害者である丙原社に対し、和解の提案をしないまま控訴人との委任契約を解消した場合、丙原社から刑事告訴されるおそれがあったこと、被控訴人が、過払金の残金を養育費として韓国の元妻に送金することを希望していたこと（原審における被控訴人本人〔178、179〕、同控訴人本人〔150〕）などに照らせば、平成19年11月16日の時点においてもその後の時点においても、被控訴人が、控訴人との間の委任契約を解消してまで過払金の返還を求めていたはずであるとはいえない。

なお、控訴人は、過払金の回収等の事件処理の方針については依頼者から事前に包括的な委任を受けているとして、過払金を回収するに際し、和解金額について個別に被控訴人の了解を求めたことはない（乙11〔7頁〕、原審における控訴人本人〔397、403〕）。しかしながら、過払金の返還を求める訴訟において、いかなる基準で和解を成立させるかについては、弁護士にある程度の裁量が認められているというべきであるところ、この点について、控訴人が著しく低額での和解を成立させるなど、弁護士としての裁量を逸脱したとは認められず、かえって、控訴人は、訴え提起から相当期間内に、過払金元金及び過払利息の全額の支払を受けるとの内容の和解を成立させている（乙16ないし21〔枝番を含む。〕）のであるから、控訴人が事前に被控訴人から和解金額についての了解を得なかったからといって、その権利の保障に欠けるとまではいえず、この点についての説明義務違反があるということもできない。

もっとも、上記1(4)ウの認定事実によれば、控訴人は債権者に支払をしないまま委任事務を事実上終了させてしまうことによって今後債権者から訴訟を提起されるリスクその他の被控訴人が被る不利益を説明しなったことが認められる。しかし被控訴人については、手形割引名下に多額の金員を騙し取ったという免責不許可事由に該当する事情があったため、破産を選択する余地はほとんどなく、また、平成19年11月16日の時点においては、最終的な過払金の額と債務の額は未だ明らかになっていなかったものである。なお、上記1(4)ウの認定事実によれば、控訴人は、債権者が控訴人による和解の提案を拒否した場合には、残金を債権者に支払う代わりに養育費として子供に渡す旨説明していることが認められるが、上記説明内容が上記の時点における確定的な方針であったとまではいえず、具体的な事件処理の方針については、最終的な過払金の額と債務の額が明らかになった段階、また、和解の提案に対する債権者の対応が明らかになった段階において、それぞれ被控訴人と協議の上決定すべきものであったというべきである。したがって、平成19年11月16日の時点で、控訴人が債権者に支払をしないまま委任事務を事実上終了させることを前提に、その場合の具体的なリスク等を説明すべき義務があったとまではいえず、また、その後は被控訴人が行方不明となり、連絡が取れない状態になったものであるから、結局のところ、この点についての説明義務違反があったということもできない。

〈判決の意義と指針〉

この事案は、すでに紹介した【判決43】鹿児島地名瀬支判平成21・10・30判時2059号86頁、【判決49】福岡高宮崎支判平成22・12・22判時2100号50頁の関連事件であり、日本弁護士連合会が開設した公設事務所の所長である弁護士が、債務整理を受任したものの、回収以外の事務処理を放置したため、依頼者が弁護士に対して債務不履行に基づき損害賠償等を請求した控訴審の事件である。第1審判決である【判決46】鹿児島地名瀬支判平成22・3・23判時2075号79頁は、時効待ちの方法を選択するにあたっての不利益につき依頼者に一切説明しなかった説明義務違反、和解の内容および返還を受けた過払金の額につき一切説明していなかった説明義務違反を肯定し、請求を一部認容したものである。

この判決の特徴は、

① 事実認定を実質的に変更したうえ、弁護士の依頼者に対する事件の見通しおよび事件処理の方法に関する説明義務違反、法律扶助制度に関する説明義務違反、弁護士報酬および費用に関する説明義務違反、回収した過払金の額その他の事件処理の状況に関する説明義務違反をいずれも否定したこと

② 特に、弁護士が依頼者から事前に包括的な委任を受けているとし、過払金を回収するに際し、和解金額について個別に依頼者の了解を求めたことはなかったものの、説明義務違反を否定したこと

③ 弁護士が債権者に支払をしないまま委任事務を事実上終了させてしまうことによって今後債権者から訴訟を提起されるリスクその他の依頼者が被る不利益を説明しなかったものの、説明義務を否定したこと

④ 弁護士の委任に係る事務処理上の義務違反を否定したこと

があげられる。この判決は、前記の【判決49】福岡高宮崎支判平成22・12・22判時2100号50頁と同一の裁判官らによるものであり、同様な事例判断として参考になるものである。

判　決　51	債務整理を受任した弁護士法人・弁護士の辞任につき債務不履行にあたるが、損害の発生がないとし、責任を認めず、書面の送付につき名誉毀損の不法行為責任を認めなかった事例 〔東京地立川支判平成23・4・25判時2117号28頁〕

【事案の概要と判決要旨】

Xは、多重債務を負ったことから、Y_1弁護士法人（弁護士Y_2が代表社員。A市にも法律事務所を開設している）に相談し、Y_1との間で債務整理委任契約を締結し、Y_1は、Xの債権者らである資金業者と過払金の返還の交渉を行い、42万3585円を回

収したところ、Xとの間で連絡がとれなくなる等したが（Y_1は、受任者を辞任し、その旨をXに通知した）、その後、XがA弁護士会らの法律相談を受け、B弁護士に自己破産の申立てを依頼する等したことから、紛議が発生し、Xが委任契約の解除、錯誤無効、債務不履行、Y_2の誹謗中傷する内容の書面につき名誉毀損を主張し、Y_1に対して預り金の返還、Y_1、Y_2に対して損害賠償を請求した。

この判決は、錯誤無効を否定したものの、Y_1に後見的配慮がないまま辞任したことにつき帰責事由があり、委任契約が終了したとしたうえ、相当額の報酬を認め、Y_1に対する預り金の一部の返還請求を認容し、Y_1の債務不履行を否定し（損害の発生を否定した）、Y_2がXとの交渉において「非常にクセのある人物」などと記載した書面を送付し、弁護士会での紛議調停手続でもその記載の撤回を拒否したことが不法行為にあたらないとし、Y_1、Y_2の不法行為を否定し、損害賠償請求を棄却した。

〈判決文〉

4　争点⑶（債務不履行による損害賠償責任）について

前記2、3の認定判断によれば、被告法人の辞任は、原告に対し、損害賠償責任を発生させるべき解除に当たるというべきであるが、前記3での認定判断に照らすと、本件預り金のうち、金22万9133円は返還請求権が認められるから、この部分につき、別に損害賠償請求権は発生しないというべきであり、本件預り金のその余の部分である金20万4452円は被告法人の報酬として相当な額であるから、その返還を受けられないことをもって、損害ということはできない。そのほか、原告に本件預り金の返還を受けられないこと以外に、被告法人の辞任によって、損害が生じているとの具体的な主張立証はない。

以上によれば、被告法人に金22万9133円を超える金員の支払を命ずべき債務不履行に基づく損害賠償請求権を肯定することはできない。

5　争点⑷（誹謗中傷による不法行為の成否）について

⑴　私人間において、権利義務を巡る紛争が生じ、その解決を図るため、交渉や訴訟、調停等の法的手続が行われる場合には、当事者双方に、その権利利益を防御するため、自己の意見を自由に表明することを保障する必要があり、そのため、相手方の名誉又は名誉感情を損なうかのような表現が含まれることもある程度やむを得ないこと、一方の当事者の表明した意見に、相手方の名誉又は名誉感情を損なうかのような言動がされたとしても、あくまで一方当事者の立場から見た意見にとどまり、相手方には、これに反論する機会があること、私的紛争の渦中においては、感情的対立が激しくなることにもやむを得ない面があることにかんがみれば、交渉や訴訟、調停等の法的手続における一方当事者の表明した意見に、相手方の名誉ないし名誉感情を損なうような表現にわたるものがあったとしても、相手方を害する意図で、ことさら虚偽の事実や、当該紛争と何ら関連性のない事実を主張したり、相応の根拠もないままに防御の必要性を超えて、著しく不適切な表現内容、方法、態様を用いたりするものでない限りは、正当な防御の範囲にとどまり、違法性が阻却されると解するのが相当である。

⑵　前記第2の2前提事実⑽ないし⒀によれば、9月28日付け回答書での「なお、元依頼者（原告）は非常にクセのある人物ですので、当職の二の舞とならないよう、委任事務の履行についてはご留意されることを、老婆心ながら念のため申し添えます。」との記

載は、断定的ともいえる表現を用いて、原告が秋山弁護士との委任関係の維持にも支障を生じさせるような問題を抱える人物のような記載であり、原告と秋山弁護士との間の信頼関係の維持に容喙しようかのようにも読み取れないではなく、原告がこの記載に反発し、秋山弁護士を介して、その撤回を求めるのも理解でき、その余の記載、さらには11月18日付け回答書の記載も併せれば、原告及び秋山弁護士に対する被告らの攻撃的な態度の一環をなしているといえ、被告らが弁護士ないし弁護士法人で、一般人以上に名誉の尊重と品位の高揚を要請される立場にあること（弁護士法1条、2条、弁護士職務基本規程6条、70条）にもかんがみると、その相当性はかなり疑問である。

(3) しかしながら、①9月28日付け回答書は、全体として見るに、原告が、被告法人との連絡が途絶えがちで、弁護士費用の支払も滞るなど、非協力的な態度を継続していたことを強調し、被告法人の辞任には正当性があることを主張しようとする趣旨であり、原告と被告法人との紛争に関連する原告の人となりを秋山弁護士に指摘することは、交渉における防御の範囲を明らかに超えるとはいえないこと、②前記二で認定したところによれば、原告にも、被告法人との連絡、資料提出、弁護士費用の支払に十分でなかった点が認められ、被告らの評価が全くの無根拠とまでは言い難いこと、③「非常にクセのある人物」との表現は、特に激烈とまではいえず、全体に占める割合や頻度も大きくないこと、④9月28日付け回答書は、公然性を有さず、第三者が9月28日付け回答書を閲読するとしても、原告又は秋山弁護士の関係者、東京弁護士会の紛議調停委員会等に限られ、それらの者において、被告らが、原告に対し、そのような評価を下しているという事実を超えて、そのまま、真実間違いなく原告が「非常にクセのある人物」と受け取るとは考えにくく、原告の社会的評価としての名誉を毀損する具体的なおそれは認めがたいこと、⑤原告及び秋山弁護士に対する被告らの攻撃的な態度も、原告と被告らとの間の紛争における防御の範囲を著しく逸脱するものとまではいえないことに照らすと、9月28日付け回答書が、原告の名誉又は名誉感情を損害賠償を認めるに足りるほどの違法性をもって、侵害するものとは認められない。

(4) 以上によれば、原告の本件請求のうち、誹謗中傷による不法行為の成否を不法行為として、損害賠償を求める部分は、その余の点を判断するまでもなく、理由がない。

〈判決の意義と指針〉

この事案は、多重債務者が弁護士法人に債務整理を依頼し、弁護士法人が貸金業者らと過払金の返還交渉を行い、過払金の回収を受けたが、依頼者との間で連絡がとれなくなる等し、受任者を辞任したところ、元依頼者が弁護士会の法律相談を受ける等し、別の弁護士に依頼をする等し、弁護士会の紛議調停事件に発展する等したことから、元依頼者が弁護士法人、代表弁護士に対して預り金の返還、損害賠償を請求した事件である。この事案で弁護士法人、代表弁護士の損害賠償責任として主張されたのは、債務不履行、「非常にクセのある人物」などの記載のある書面の作成、開示による名誉毀損に係る責任である。

この判決の特徴は、

① 弁護士法人の受任者の辞任は、依頼者に対する後見的配慮がなかった債務不履行であるとしたこと

②　貸金業者らからの回収金は一部は弁護士報酬、他は預り金として返還すべきものであり、他の損害の主張、立証がないとし、損害の発生を否定したこと
③　私的紛争の渦中には、感情的対立が激しくなることもやむを得ない面があることにかんがみれば、交渉や訴訟、調停等の法的手続における一方当事者の表明した意見に、相手方の名誉ないし名誉感情を損なうような表現にわたるものがあったとしても、相手方を害する意図で、ことさら虚偽の事実や、当該紛争と何ら関連性のない事実を主張したり、相応の根拠もないままに防御の必要性を超えて、著しく不適切な表現内容、方法、態様を用いたりするものでない限りは、正当な防御の範囲にとどまり、違法性が阻却されるとしたこと
④　この事案では、「なお、元依頼者（原告）は非常にクセのある人物ですので、当職の二の舞にならないよう、委任事務の履行についてはご留意されることを、老婆心ながら念のため申し添えます」との書面の記載については、相当性はかなり疑問であるとしたこと
⑤　この記載は元依頼者の名誉または名誉感情を損害賠償を認めるに足りるほどの違法性をもって、侵害するものでないとしたこと

があげられる。この判決が債務不履行による損害の発生を否定した判断は、事例判断を提供するものであるが、前記の書面の記載については、紛議の内容に照らしても、不要、不相当な内容、表現であり、弁護士法人らの不法行為責任を否定した判断には議論があろう。

判　決　52	債務整理を受任した弁護士の事務処理上のリスクに関する説明義務違反を認めた事例 〔鹿児島地名瀬支判平成23・８・18金判1418号21頁〕

【事案の概要と判決要旨】

Ａは、消費者金融業者らから合計約250万円の債務を抱えている等とし、Ａ連合会（日本弁護連合会）の開設した公設事務所の初代所長である弁護士Ｙに債務整理を相談した。Ｙは、Ａから債務の返済状況等の事情聴取を実施し、過払金が発生しているとし、過払金を回収すること、他の債権者らに一括弁済する和解を提案し、債務整理をすること、債務整理の費用が30万円であること、報酬が回収額の３割であることなどを説明し、債務整理を目的とする委任契約を締結した後、消費者金融業を営むＢ株式会社、Ｃ株式会社、Ｄ株式会社に対して過払金の返還を請求する訴訟を提起した。Ｙは、Ｂらとの間で訴訟上の和解をし、Ｅ株式会社、Ｆ株式会社に対する支払原資が確保できたと判断し、和解の提案をしたところ、Ｅが和解に応じたものの、Ｆが和解に応じなかったことから、ＹはＡに電話をし、Ｆとの関係は消滅時効を待つとの方針を立て、費用、報酬を控除して金額をＡに送金する等したが、Ａ

がＹによる債務整理に不安を抱き、Ｙを解任し、弁護士Ｈに債務整理を委任し、Ｆと和解をした。ＡはＹに対して委任契約上の債務不履行に基づき損害賠償を請求した（Ａが死亡し、妻Ｘが相続し、訴訟を承継した）。

この判決は、弁護士の事務処理の懈怠による債務不履行を認め、慰謝料20万円、弁護士費用２万円の損害を認め、請求を一部認容した。

〈判決文〉

イ　以上のとおり、被告は、亡甲野一郎に対し、プロミスに対して時効待ちの方法を採ることで終局的な借金問題の解決が遅れ、プロミスから訴訟を提起された場合に遅延損害金の付いた敗訴判決を受ける危険性があることなど、時効待ちの方法を採ることにデメリットがあることや利限残全額の弁済を行い、債務整理を早期に終了させることが可能であることを亡甲野一郎にきちんと説明せず、亡甲野一郎の意向をきちんと確認することなしに時効待ちの方法を採用することとし、回収した過払金から自らの弁護士報酬等を控除した残金を一括返還し、「債務整理終了のお知らせ」を件名とする書面を送付した際にも、時効待ちの方法を採ることのリスク等をきちんと説明しなかったというべきである。

その結果、亡甲野一郎は、利限残の債務が存在する債権者として唯一残存していたプロミスに対して早期の弁済を行う機会を逃したものであり、被告からプロミスに利限残全額の弁済を行い、債務整理を終局的に処理する方法を勧められていればそれを断ったとは考え難いことに加え、平成18年７月31日付けで被告が亡甲野一郎に送付した書面（乙12）の中に返還した金銭を保管すべきことや具体的な保管金額が記載されておらず、件名が「債務整理終了のお知らせ」とされ、法的素養の乏しい亡甲野一郎にとって、あたかも債務整理が全て終了したかのような誤解を招きかねないものであったことを考慮すると（乙第14号証の１によれば、亡甲野一郎の妻である原告はそのように誤解していたことがうかがわれる。）、被告には、平成18年７月31日の時点において、債務整理を受任した弁護士としての説明義務違反が認められ、被告は、亡甲野一郎に対し、債務不履行の責任を負うというべきである。

ウ　そして、上記のとおり亡甲野一郎の債務整理が遅滞したことは、上記説明義務違反のいわば必然的な結果というべきものであるから、被告の事務処理懈怠の有無（争点⑵）について判断するまでもなく、被告は、上記債務整理の遅滞によって亡甲野一郎に生じた損害につき、賠償責任を負うというべきである。

３　争点⑵（被告の事務処理懈怠の有無）について

⑴　前記２⑶ウのとおり、被告は、説明義務違反による債務整理の遅滞によって亡甲野一郎に生じた損害につき、損害賠償責任を負うというべきであるが、なお、本争点についても念の為に判断する。

⑵　前記２⑴のとおり、弁護士は、依頼者に対する善管注意義務を負うところ、その執務の裁量性を前提としても、弁護士は、依頼者のために的確かつ迅速に事務処理を行う義務があるというべきであり、弁護士職務基本規程においても、「弁護士は、事件を受任したときは、速やかに着手し、遅滞なく処理しなければならない。」と定めている（同規程35条）。

そして、弁護士は、個人の債務整理を受任したときは、自己破産、個人再生、分割弁済による任意整理等の処理のうち、個別の事案に応じた適切な処理方法を依頼者の意向を十分に考慮した上で選択し、破産や個人再生の申立て、債権者との和解交渉に速やかに着手し、遅滞なく処理すべきものと解される。

(3)　ところで、債務者から依頼を受けた弁護士が、貸金業者に対し、受任の通知をするとともに、債務の内容についての回答及び資料の開示を求め、更に債権者に対する調査結果を踏まえてする弁済方法の提案についての協力依頼をしてきたときは、貸金業者は、その申出が誠意のない単なる時間稼ぎであるとか、財産の隠匿を目的としているなど不当なものである場合は別として、原則として、これに協力し、弁護士の提案を誠実に検討することにしており、たとえ、既に公正証書等の債務名義を保持している場合であっても、弁護士の協力依頼になんら対応することなしに、いきなり強制執行の挙に出ることは控えているのが一般であり、貸金業者は、債務者との関係においても、当該債務者の依頼した弁護士からの受任通知及び協力依頼に対しては、正当な理由のない限り、これに誠実に対応し、合理的な期間は強制執行等の行動にでることを自制すべき注意義務を負担しているものであり、故意又は過失によりこの注意義務に違反し、債務者に損害を被らせたときは、不法行為責任を負うものと解するのが相当である（東京高等裁判所平成９年６月10日判決・高等裁判所民事判例集50巻２号231頁参照）。

このように弁護士が受任通知を出した後の債権者からの取立てが原則として禁じられている趣旨は、弁護士がその間に多重債務者の経済的更生を図るために債務を適切な形で整理することが期待されているためであると考えられる。

そのような見地から、弁護士が個人の債務整理を行う場合には、自己破産、個人再生、分割弁済による任意整理等の方法が基本的な方法として用いられており、被告が一般的と主張する分配通知又は債務免除通知を出して消滅時効が完成するのを待つ方法を採用した場合には、依頼者の早期の経済的更生に向けた借金（多重債務）問題の終局的な解決が遅延し、依頼者が債務者から訴訟を提起されて遅延損害金の付いた敗訴判決を受け、当該判決時から更に10年の時効期間となる危険性もあることから、依頼者に全く資力がないなどやむを得ない場合に例外的に用いる弁護士が存在する程度である（甲48ないし51、52の１及び２、53の１及び２、54の１及び２、乙17の１ないし４、同６ないし17、25の１ないし４）。

なお、被告は上記乙号証の文献の部分的な記載や被告の知己の弁護士の陳述書、弁護士間のメーリングリストへの投稿内容をもって自己の方針が一般的であることが裏付けられる旨主張する。しかしながら、上記文献の記載内容、記述の順序からすれば、弁護士による一般的な債務整理の方法は、自己破産、個人再生、分割弁済による任意整理等であり、被告のように債務整理の過程で回収した過払金による支払原資が存在する場合にも消滅時効を待つ方法を指示するものではないことは明らかである。また、被告の知己の弁護士の陳述書の内容も、債務額が僅少であり他方で責任財産がないケースなど限定的な場合の処理を述べているに過ぎないこと、上記メーリングリストへの投稿は一般への公開が予定されておらず責任を持った発言とはいえないこと（乙25の２）、日弁連多重債務対策本部事務局長を務めていた新里宏二弁護士は、被告の時効待ちの方針について、少なくとも日弁連や各単位会が行う研修等で広める債務整理の方法とは異なるもので、日弁連の「債務整理事件処置に関する指針」の中の「依頼の趣旨の尊重」や「リスクの告知」に反するものである旨報告していること（甲51）等の事情に鑑みれば、上記の被告の主張は到底採用できないというほかない。

(4) 以上を前提に、被告の事務処理懈怠の有無について検討する。

前記1の認定事実によれば、被告は、亡甲野一郎の債務整理を受任した後、過払金の発生が見込まれる債権者である武富士、アコム及びアイフルに対する過払金請求訴訟により、平成18年6月2日までに合計159万6793円の過払金を回収し、当該過払金の3割に相当する過払金回収報酬47万9038円、受任時の契約に基づく債務整理費用30万円及び訴訟費用2万1218円の計80万0256円を上記過払金から差し引いて受領した後、その残額から同月26日は楽天ＫＣに30万9000円を支払って同社との債務整理を終えたもので、被告が亡甲野一郎に電話した同年7月31日の時点で、楽天ＫＣに対する支払い後の残額である48万7537円を用いれば、プロミスの主張する分断計算に基づく亡甲野一郎の利限残の債務額29万7840円（遅延損害金等を含まない金額）を支払うことが可能であり、被告の主張する一連計算に基づく債務額11万7821円であれば更に余裕をもって支払いを行うことが可能であったことが認められる。

しかるに、被告は、平成18年7月31日の時点で、そのような事務処理を行わずに分配通知の方針を採用し、その後は、亡甲野一郎の意向を十分踏まえることなく、被告が一方的に要求した利限残の8割の一括弁済による和解に応じなかったプロミスに対し、和解を再提案するなどの債務整理に向けた交渉を一切行わなかったものである。

そして、被告は、日本弁護士連合会の〈略〉の支援を受け、弁護士過疎地であったＢ群島に初めて設けられた公設事務所の弁護士として、多重債務者の救済に取り組むＢ市役所の担当者から多数の依頼者を紹介されるなど、公設事務所であるがゆえの信用や利益を享受していたのであり、公設事務所では弁護士の交代に伴い債務整理の方針が変更となることも予想されるほか、依頼者の意向と弁護士の方針が合致しない場合に受け皿となり得る他の弁護士が少ないことに鑑みれば、借金（多重債務）問題の終局的な解決を望む依頼者に寄り添った形での債務整理を行うことが期待されていたものと考えられること、弁護士による受任通知後の消滅時効援用は信義則に反するのではないか等の問題も含まれること、被告の解任後に亡甲野一郎の債務整理を行った原告代理人は、プロミスとの間で和解交渉を行い、分割払による和解を成立させたこと等の事情を併せ考慮すると、被告の事務処理は、亡甲野一郎の債務整理を遅滞させたもので、受任者の善管注意義務に違背したものといわざるを得ない。

したがって、被告は、事務処理の懈怠による債務不履行責任を負う。

〈判決の意義と指針〉

この事案は、すでに紹介している【判決43】鹿児島地名瀬支判平成21・10・30判時2059号86頁、【判決49】福岡高宮崎支判平成22・12・22判時2100号50頁、【判決46】鹿児島地名瀬支判平成22・3・23判時2075号79頁、【判決50】福岡高宮崎支判平成22・12・22判時2100号58頁と同じ背景で発生した債務整理事件を受任した弁護士の損害賠償責任が問題になった事件である。

この判決の特徴は、

① 弁護士が、個人の債務整理を受任したときは、自己破産、個人再生、分割弁済による任意整理等の処理のうち、個別の事案に応じた適切な処理方法を依頼者の意向を十分に考慮したうえで選択し、破産や個人再生の申立て、債権者との和解交渉に速やかに着手し、遅滞なく処理すべきものとしたこと

② 弁護士が個人の債務整理を行う場合には、自己破産、個人再生、分割弁済による任意整理等の方法が基本的な方法であり、消滅時効が完成するのを待つ方法を採用した場合には、遅延損害金の付いた敗訴判決を受け、判決時からさらに10年の時効期間となる危険性もあり、依頼者に全く資力がないなどやむを得ない場合に例外的に用いる弁護士が存在する程度であるとしたこと

③ この事案で弁護士が時効待ちの方法をとることで終局的な借金問題の解決が遅れ、プロミスから訴訟を提起された場合に遅延損害金の付いた敗訴判決を受ける危険性があることなどを依頼者に説明せず、意向を確認しなかったことは、債務整理を受任した弁護士としての説明義務違反が認められ、依頼者に対して債務不履行の責任を負うとしたこと

があげられ、債務整理を受任した弁護士の債務整理の方法・方針とリスクに関する説明義務違反による委任契約上の債務不履行責任を肯定した事例判断として参考になる。

判　決　53	債務整理を受任した弁護士の事務処理上のリスクに関する説明義務違反を認めなかった事例 〔福岡高宮崎支判平成23・12・21金判1418号17頁〕

【事案の概要と判決要旨】

前記【判決52】鹿児島地名瀬支判平成23・8・18金判1418号21頁の控訴審判決であり、Yが控訴した。

この判決は、Yの説明義務違反を否定し、原判決中、Yの敗訴部分を取り消し、Xの請求を棄却した。

〈判決文〉

(2) 事件処理の経過に関する説明

ア 本件における債権整理について、控訴人は、債権者に対し、利限残から一定割合を減額して一括で支払うとの和解を提案し、応じなければ時効を待つという方法は、多くの弁護士の間で採用されている交渉術であって、時効待ちの方法を採った場合に債権者から訴訟提起され、遅延損害金の付いた敗訴判決を受けるといったリスクは存在せず、債務整理に時間を要して依頼者に不利益が生じるといったこともないから依頼者の選択には影響せず、そもそも説明責任を問われる手法ではないなどと主張する。

確かに、証拠（乙17の1ないし4，8，9等）によれば、クレジット・サラ金処置に

ついて弁護士等が利用している文献の中には、債務整理の方法として、提示した和解案や債務免除に債権者が応じない限りは利限残の支払を行わず、時間の経過により消滅時効が完成するのを待つといった方法が紹介されており、これに同調する弁護士がいることが認められることからすれば、控訴人がこのような方法を採用したことが、そのことだけで債務整理を担当する弁護士の受任事務における裁量を明らかに逸脱しているとはいえない。

しかしながら、弁護士に債務整理を依頼する依頼者は、経済的更生のためにできるだけ速やかに負債を終局的に処理したいと考えるのが通常であるが、分配通知や債務免除通知を出して消滅時効を援用する旨を告げただけでその後は債権者がこれに応じない限りは一切の交渉に応じないとの方法を採用した場合（本件における控訴人の手法であった。）、当該債務整理の終局処理は大きく遅延することになる。その結果、依頼者は債権者から訴訟を提起される可能性を残しながら日常生活を送ることを余儀なくされるほか、仮に敗訴判決を受ければ給与等の財産につき差押えを受ける危険性もある。また、依頼者の中には、勤務先や近隣住民との人的関係、家庭の事情等により、債権者から訴訟を提起され、そのことが周囲に知られることによって日常生活に少なからず悪影響が生じかねない場合も考えられるのであって、控訴人のいう債務整理の方法が依頼者たる債務者の生活設計において好ましくないこともあるというべきである。

そうすると、債務整理を依頼された弁護士は、債権者に対して分配通知等を送付し、これに応じない限りは消滅時効を援用する旨を告げるといった終局処理の遅延が避けられない方法を採用する場合においては、依頼者に当該方法のマイナス面を説明し、当該依頼者の意向や同人の置かれている状況、支払原資の有無、債権者側の対応状況等といった諸事情を踏まえて債務整理を進める義務があるというべきである。

イ　そこで検討するに、上記認定によれば、控訴人は、初回面談に際し、取り戻した過払金を用いて、利限残のある債権者に一括払での和解を提案するとの債務整理の方針について説明しているし（上記1(1)）、平成18年7月31日ころにも、亡甲野一郎に対しサラ金から回収した過払金や楽天KCやプロミスに対する利限残の額、プロミスだけが和解提示に応じてもらえないので5年の消滅時効を待つ方針であること、預り金を返還するが、プロミスとの交渉で必要になるかもしれないので保管したほうがよいこと、裁判所やプロミスから連絡があれば控訴人の方で対処することについて説明し（上記1(6)）、そのころ、上記説明とおおむね同内容が記載された連絡文書や帳簿写しを送付しており（上記1(6)）、亡甲野一郎も、その記載内容に目を通していたものと認めることができる。

そうすると、そのような説明を受けた亡甲野一郎としては、控訴人が、利限残のあるプロミスに対して一括払による和解提示を行っているが、プロミスが応じないため、このまま応じなければ消滅時効を待つとの構えで引き続き同内容の交渉を続ける方針であって、債務整理の終局処置に相当の時間がかかることが見込まれることや、消滅時効が成立するまでは利限残の支払義務が残り、裁判を起こされるかもしれないものの、その場合は控訴人に連絡すれば対応してもらえること、返金する預り金からプロミスへの返済原資を残しておいたほうがよいことについて一応の説明を受けた上で、そのような控訴人の債務整理の方針に異議を述べず、黙示に承諾したものと認めることができる。

また、控訴人は、プロミスとの和解交渉が困難になった平成21年4月以降は、亡甲野一郎やその妻である被控訴人に対し、サラ金の経営が厳しくなり、プロミスから提訴される可能性が高くなったことや、提訴を避ける上で、一括払のために一定額の金員を準備した方がよいことについて説明している（上記1⑽、⑾）。

以上によれば、事件処理の経過や方針について、控訴人に説明義務違反があったとまでは認められない。

〈判決の意義と指針〉

この事案は、すでに紹介している【判決43】鹿児島地名瀬支判平成21・10・30判時2059号86頁、【判決49】福岡高宮崎支判平成22・12・22判時2100号50頁、【判決46】鹿児島地名瀬支判平成22・3・23判時2075号79頁、【判決50】福岡高宮崎支判平成22・12・22判時2100号58頁と同じ背景で発生した債務整理事件を受任した弁護士の損害賠償責任が問題になった控訴審の事件である。

この判決の特徴は、

① 債務整理を依頼された弁護士は、債権者に対して分配通知等を送付し、これに応じない限りは消滅時効を援用する旨を告げるといった終局処理の遅延が避けられない方法を採用する場合においては、依頼者に当該方法のマイナス面を説明し、当該依頼者の意向や同人の置かれている状況、支払原資の有無、債権者側の対応状況等といった諸事情を踏まえて債務整理を進める義務があるとしたこと

② この事案では弁護士の説明義務違反を否定したこと

があげられる。この判決は、第1審判決が弁護士の説明義務違反を肯定したのに対し、これを否定し、前記の同じ背景事情のある事件の控訴審判決と同様に、弁護士の責任を否定したものであり、同様な問題を抱えるものである。

判　決　54	遺言に係る訴訟追行を受任した弁護士の遺産調査義務違反、和解案の説明義務違反を認めなかった事例 〔東京地判平成24・2・10判タ1404号156頁〕

【事案の概要と判決要旨】

Cは、平成19年10月に死亡したが、平成13年、昭和44年頃から共同生活をしていたAにマンション等を遺贈する旨の遺言（遺言書1）を作成していたところ、平成17年の作成名義に係り、全財産を実母Bに遺贈する旨の遺言書（遺言書2）が存在したことから、Aは、弁護士Yに遺言書2に係る遺言の無効確認請求訴訟の追行を委任し、審理において、遺言書2の筆跡とCの筆跡が異筆の可能性が高い旨の鑑定人作成の鑑定書が提出される等した後、Bの代理人弁護士Dから遺言書1が有効である場合には遺留分減殺請求権を行使する旨の通知をしたこと等から、裁判所が和解を勧告し、Yは、Dに和解案を提示し、これに沿った訴訟上の和解が成立したが、

Aが平成21年6月に死亡し、唯一の相続人Xが、Yに対して、前訴において民法1028条1号の解釈を誤った、Cの遺産の調査を怠り、遺留分の額とかけ離れた和解案を提示し、Aに内容の説明を怠った等を主張し、債務履行に基づき損害賠償を請求した。

この判決は、Yが民法1028条1号の解釈を誤ったことはなく、調査義務違反もなく、遺言書2が有効と判断される可能性があること、Aがマンションを是非確保したいと希望していたこと等から、和解案が不合理であるとはいえないし、Aに対して報告し、和解のメリット、内容を説明していたとし、説明義務違反を否定し、請求を棄却した。

〈判決文〉

3 争点(1)（被告は、民法1028条1号の解釈を誤り、かつ、東田の遺産を調査する義務を怠って、夏男が百子に支払うべき遺留分額とかけ離れた和解案を提示する債務不履行をしたか。）について

(1) 民法1028条1号の解釈を誤ったことについて

原告は、「被告が、前訴において、民法1028条1号の規定について、被相続人が遺贈をしたときは遺産全体ではなく遺贈された財産の3分の1の割合に相当する額が遺留分額となるとの解釈をしていた。」旨を主張し、その根拠として、(ア)被告和解提案書において、遺贈された財産の合計額から百子の取得分が算定されていること、(イ)本件和解において遺産総額の確認がされていないこと、(ウ)被告は、本件和解の当時、遺贈された財産の合計額を8243万9744円ないし9743万9744円と評価していたこと、(エ)被告は、紛議調停事件において前訴の和解金額の算定根拠等を回答しなかったことを指摘する。

確かに、(ア)被告和解提案書には、遺言書1により遺贈された財産の合計額から3000万円相当が百子の取得分と考えている旨の記載があり（前記認定事実(7)(ア)、(イ)本件和解においては、別紙和解条項中の遺産目録には、東田の遺産全体が掲げられず、遺贈された財産のみが掲げられており（前記前提事実(3)オ）、(ウ)被告は、遺贈された財産の合計額が本件マンションの価額を2000万円とすれば8243万9744円、3500万円とすれば9743万9744円となると認識していたこと（前記認定事実(4)ア）が認められる。

しかしながら、他方で、被告和解提案書において、上記遺贈の対象外の財産についても確認整理していること（前記認定事実(7)ア）からすれば、上記(ア)から(ウ)の事実から直ちに、被告が遺贈された財産を基準に遺留分を算定すべきと解釈していたものとは認められない。むしろ、前記認定事実(4)によれば、被告は、被相続人の遺産総額から百子の遺留分類を算定していたものと認めるのが相当であり、結局、被告において民法1028条1号を誤って解釈していたと認めるに足りる証拠はない。

なお、被告が、弁護士会での紛議調停事件において、前訴の和解金額の算定根拠等を回答しなかったと認めるに足りる証拠はないし、また、和解金額は、当事者双方の判決の見通しや置かれた状況、相手方の意向等諸般の事情を考慮して当事者双方が互譲して合意した金額であり、必ずしも説明可能な算定根拠があるとは限らない。

(2) 東田の遺産の調査義務違反について

原告は、「被告は、本件佐世保の土地及び親和銀行の預金が東田の遺産であることを

知り得たのに、民法1028条1号の解釈を誤ったため、その調査を怠った。」旨を主張する。

しかし、遺産に関する紛争につき受任した弁護士が、遺産の調査漏れがあったとしても、直ちにその委任契約の債務不履行があるとまではいえず、それが当該委任契約における依頼者の意向や費用（労力・時間）対効果を含めた諸般の事情を踏まえても、弁護士の任務懈怠に当たる場合にのみ債務不履行になると解するのが相当である。これを本件についてみると、被告が民法1028条1号の解釈を誤ったと認められないことは前記(1)の認定判断のとおりであり、また、本件佐世保の土地については、前訴において、夏男や原告からも何らの指摘もなく、互いに東田の遺産に属する財産を開示し合った櫻田弁護士からも指摘がなかったのであり、百子から筆跡鑑定の資料として提出された東田作成の手紙の一節として、「戸尾町の土地の名義は私でも、時期を見て三郎さん名義に生前贈与の形をとって変更するつもりです。」との記載があったにすぎないのであるから、被告が同土地の存在に気づかなかったとしても、被告の任務懈怠があったとまではいえないし、被告が親和銀行の預金を知り得たと認めるに足りる証拠もない。

したがって、原告の上記主張につき、被告に本件委任契約上の債務不履行があったとまでは認められない。

(3)〈略〉

4　争点(2)（被告は、依頼者である夏男に対して和解交渉に応じるメリット及び提示する和解案の内容等を説明する義務を怠ったか。）について

原告は、「被告は、夏男に対し、夏男において和解交渉に応じるべきか否かを判断するために、和解のメリット、判決の見通し、提示する和解案の内容等を夏男において理解できるように説明する義務を負っていたにもかかわらず、これを怠り、百子の遺留分は3分の1だから大体3000万円を支払わなければならないと結論を述べるのみで、和解案の内容及び3000万円の算定根拠を説明しなかった。」旨を主張する。

しかし、前訴において、被告は、夏男に対し、前記認定事実(1)のとおり、双方の主張書面及び書証の写しを送付し、期日の結果報告をその都度行うとともに、夏男らからの電話での質問等にも回答しており、前記認定事実(2)、(5)から(7)、(9)、(10)のとおり、裁判所から和解の示唆を受けた後、判決の見通しも含めた夏男における和解交渉に応じるメリット及びその前提となる百子の遺留分について説明し、夏男から和解に向けた了承を得ながら、最終的に本件和解条項案で和解をすることについて了承を得た上で本件和解をしていることが認められる。確かに、弁論の全趣旨によれば、この間、夏男は、和解より刑事告訴を望んだことがあり、本件和解を成立させて百子に3000万円を支払うことにつき、必ずしも、進んでこれを了承したわけではなく逡巡があったであろうこと、さらには、本件和解成立後に3000万円の支払をする必要性について疑問や後悔の念を抱いたことも窺われ、あるいは、被告の説明等に不信感をもったことも否定できないが、上記のような本件和解に至る経緯に照らすと、被告において、依頼者である夏男に対する説明義務を怠った債務不履行があったと認めることはできない。

〈判決の意義と指針〉

この事案は、弁護士が受遺者から他の遺言の無効確認等の訴訟を受任し、裁判所

の勧告により、訴訟上の和解が成立したが、依頼者が死亡し、その相続人が弁護士に対して損害賠償責任を追及した事件である。

この事案の特徴は、

① 弁護士の債務不履行が問題になったこと
② 弁護士が民法1028条1号の解釈を誤ったと主張されたこと
③ 遺言者の遺産の調査を怠り、遺留分の額とかけ離れた和解案を提示したと主張されたこと
④ 和解案の内容の説明を怠ったと主張されたこと

があげられる。

この判決の特徴は、

① 弁護士が民法1028条1号の解釈を誤ったとは認められないとしたこと
② 遺産に関する紛争につき受任した弁護士が、遺産の調査漏れがあったとしても、直ちにその委任契約の債務不履行があるとまではいえず、委任契約における依頼者の意向や費用（労力・時間）対効果を含めた諸般の事情を踏まえても、弁護士の任務懈怠にあたる場合にのみ債務不履行になるとしたこと
③ この事案では、弁護士が遺産である土地、銀行預金につき知らなかったとしても、調査義務違反による債務不履行にあたらないとしたこと
④ 弁護士が訴訟上の和解を成立させるにあたっては依頼者に説明をしたとし、説明義務違反を否定したこと

があげられ、弁護士の委任契約上の債務不履行を否定した事例として参考になる。この判決は、特に遺産の調査漏れについて、委任契約における依頼者の意向や費用（労力・時間）対効果を含めた諸般の事情を踏まえても、弁護士の任務懈怠にあたる場合にのみ債務不履行になるとした見解は、遺産をめぐる紛争を受任した弁護士にとって参考になる。

判　決　55	保険金の請求を受任した弁護士の債務不履行責任を認めなかった事例 〔大阪地判平成24・9・13判時2174号120頁〕

【事案の概要と判決要旨】

Aは、生命保険業を営むB株式会社の生命保険に加入していたところ、死亡し、相続人X_1、X_2は、弁護士Y_1に保険金の請求に関する処理を委任したが、保険金を受け取ることができなかったため、X_1らがY_1に対して債務不履行に基づき損害賠償を請求し（X_1らは、保険金請求権が消滅時効により消滅した旨を主張した）、Y_1が加入する弁護士賠償責任保険につきY_2株式会社に対して債権者代位に基づき保険金の支払を請求した。

この判決は、Aが糖尿病が疑われる重要な事実につき告知しなかったことを理由にBが生命保険契約を解除していたことから、この解除の効力を認め、Y_1の行為による損害の発生が認められないとし、Y_1に対する請求を棄却し、Y_2に対する訴えを却下した。

〈判決文〉

2　被告丙川に対する請求について

原告らは、三井生命に対し、本件保険契約に基づく保険金請求権を有していたところ、被告丙川による委任事務の履行の懈怠により、同請求権は時効により消滅し、請求することができなくなったとして、被告丙川に対し、同人の委任事務の履行の懈怠により発生した損害の賠償を請求している。これに対し、被告丙川は、三井生命は、花子の告知義務違反を理由に本件保険契約を解除したのであり、原告らは、消滅時効の成否にかかわらず、もともと、同請求権を有していなかったと主張する。

そこで、三井生命の本件保険契約の解除の有効性について判断する。

(1)〜(3)〈略〉

(4)　花子の告知義務違反にかかる事項と死亡原因との間に因果関係の不存在について

ア　損害保険に関する改正前の商法645条2項ただし書は、告知義務違反を理由に保険契約を解除できる場合であっても、「保険契約者ニ於テ危険ノ発生カ其告ケ又ハ告ケサリシ事実ニ基ツカサルコトヲ証明シタルトキハ此限リニ在ラス」と定め、生命保険についても同条が準用されている（改正前の商法678条2項）。

改正前の商法645条2項ただし書の趣旨は、告知義務違反という不誠実な行為があるものの、保険事故が告知義務違反とは何ら関係なしに発生した場合には、保険者は結果的にみて告知義務違反により事実上なんら不利益を受けなかったことになるから、告知義務が契約当事者間の利害の公正な調整を目的とするものであることに鑑み、このような場合にまで契約の解除を認める必要はないというものであると解される。

イ　上記のとおり、本件において解除の原因となった告知義務違反は、血糖及び総コレステロールの異常値であるから、告知義務違反を理由とする本件保険契約の解除が同条項ただし書により制限されるというためには、これらのいずれもが死亡との間に因果関係がない場合であることを要するというべきである。

そして、血糖及び総コレステロールの異常値は、花子の死因であると疑われている急性心筋梗塞を発生させる要因であること（丙11）に照らせば、花子の告知義務違反の事実と花子の死亡との間に因果関係がないと認めることはできず、他に告知義務違反と花子の死亡との間の因果関係の不存在を認めるに足りる証拠もない。

(5)　以上より、三井生命による本件保険契約の解除は有効であり、原告らは、消滅時効の成否にかかわらず、もともと本件保険契約に基づく保険金請求権を有していなかったのであるから、被告の丙川による法律事務の懈怠と、原告らの損害（保険金相当額）発生の事実が認められない。したがって、原告らが、被告丙川に対し、損害賠償を請求することはできない。

〈判決の意義と指針〉

この事案は、弁護士が生命保険の契約者の相続人らから保険金の請求に関する処理を受任したものの、保険金請求権が消滅時効にかかり、保険金を受け取ることができなかったため、相続人らが弁護士に対して債務不履行に基づき損害賠償を請求した事件である（保険会社に対する訴訟も当時に提起されているが、本書のテーマとは関連性がないので、割愛する）。この事案では、弁護士の債務不履行と損害の発生との間の因果関係の存否が主要な争点になったものであり、生命保険の契約者の保険会社に対する告知義務違反、保険契約の解除がその事情として主張されたことが背景にあったものである。

この判決は、生命保険の契約者（被相続人）の告知義務違反が認められ、保険会社の保険契約の解除が有効とされ、保険金請求権の消滅時効の成否にかかわらず、相続人らがもともと保険契約に基づく保険金請求権を有していなかったのであるから、弁護士による法律事務の懈怠と、依頼者らの損害（保険金相当額）発生の事実が認められないとし、弁護士の債務不履行責任を否定したものであり、その旨の事例判断として参考になる。

判　決　56	相続問題、債務整理を受任した弁護士の債務整理、不動産の売却に係る債務不履行責任を認めた事例 〔東京地判平成24・11・27判時2188号66頁〕

【事案の概要と判決要旨】

Xは、Aの姉であったところ、Aが死亡し、その子であるB、Cが債務の存在から相続放棄をし、Xが相続したことから、消費者金融業者4社に対する債務、土地、建物を相続した（建物には賃借人が居住していた）。Xは、弁護士Yに相続、債務整理を依頼し（当時、不動産には滞納処分がされていた）、Yは、債務の弁済のためには遺産である不動産を売却する必要があるとの方針を立て、賃借人らと立退きの交渉を開始し、1名の賃借人を除き、立退きがされ、建物の一部を取り壊し、Xの承諾を得て土地の一部の売却を行い、他方、消費者金融業者4社との交渉にあたり、2社との関係では取引関係の履歴を請求せず、他の2社との関係では取引関係の履歴の開示を受けたものの、引直し計算をせずに交渉をし、過払金を考慮することなく和解契約を締結する等した。XはYに対して債務整理に関する善管注意義務違反を主張し、債務不履行に基づき損害賠償を請求した。

この判決は、Yには任意整理の弁護士実務に照らして善管注意義務違反があり、債務の実質が224万円程度であるという正しい前提を説明していれば、Xが土地を更地にして売却する等の方針に同意をしなかったものと推認できる等とし（過払金相当額の損害419万3462円、土地の売却損害300万円、賃料の2年間の逸失利益499万200円の損害を認めた）、請求を認容した。

〈判決文〉

２　争点⑴（被告の善管注意義務違反の成否）について

⑴ア　〈略〉

イ　以上を前提に検討するに、松夫と消費者金融業者４社との間では、利息制限法所定の制限利率を超える利息の約定で長期間にわたる金銭消費貸借取引が継続していたことが明らかであり、かつ、期限の利益の喪失特約下での松夫による利息の支払が任意になされたものであると解すべき特段の事情も何らうかがわれないにもかかわらず、被告は、アコム及びプロミスとの関係では取引履歴さえ請求せず、アイフルと武富士との関係では取引履歴の開示を受けながら、これに基づく引直し計算をせず、漫然と、約定利率の適用を前提とする借入残高に基づいて消費者金融業者４社との間で債務整理の交渉を行い、依頼者である原告に著しく不利な内容の上記各和解契約を締結したものであって、債務整理を受任した弁護士としての善管注意義務に違反したというべきである。

なお、被告は、川崎北税務署及び中原区役所からいずれも差押えをした不動産についての公売処分を検討している旨の回答を受け、早期に対処する必要があった旨主張するが、現実に公売の公告がされて公売手続が進行していたわけではなく、消費者金融業者４社に取引履歴の開示を請求し、引直し計算に従った精算を求めることができないほど切迫した状況にあったとは到底認められない。したがって、滞納処分による差押えがされていたことは、消費者金融業者４社との間で過払金の有無を精査しないまま和解契約を締結したことの合理的理由にはならない。

⑵　〈略〉

⑶　本件分筆土地の売却について（その２）

ア、イ　〈略〉

ウ　進んで、この点に関する被告の善管注意義務違反について検討するに、被告は、原告から本件債務の整理等の事務を受任し、その財源として本件各土地の売買代金を充てることを予定していたのであるから、依頼者の利益を図るためには、可能な限り高値での売却を実現すべく適切に指導助言すべき注意義務があったというべきである。他方、被告は、丁原社からの紹介により原告から上記事務を受任し、丁原社と共同して上記事務処理に当たるとともに、本件各土地を売却する際の買主として、当初から丁原社を想定していたことが明らかである（実際にも、上記１⑸のとおり、被告は、原告に対し、「今後は当職と戊田社長と協議しながら弁済の処理を進めることとなります」と明言し、平成20年３月という早い時期に、債権者らに対し、土地の購入者が確定していることを通知しているところである。）。

このように、被告は、本件分筆土地の売却については、原告との関係からも、丁原社との関係からも、密接な関係を有する立場にあったのであり、被告の主張するように、「本件分筆土地の売買は原告と丁原社の問題であって被告の関知するところではない」などということは到底できない。そして、原告と丁原社が売買契約の直接の当事者となる場合、その売買代金いかんが、両者の利害が直接対立しかねない重要な問題になることは避けられないのであるから、被告において、丁原社に肩入れして原告の利益を犠牲にして廉価売却を行おうなどという意図は毛頭なかったにしても、そのような疑念を招くことのないよう、最低限、中立的な不動産業者に対し本件分筆土地の購入希望価格を提出させて有利な条件を提示した業者に売却するよう助言する程度のことは、委任契約上の義務として期待されていたというべきである。

ところが、被告は、そのような義務を果たすことなく、本件各土地の売却が緊急を要することであるかのような誤った前提に基づく不適切な助言（上記(2)）と相まって、原告をして、上記のような不正常な廉価での売買契約を締結するに至らせたのであり、これにより原告に生じた損害の賠償義務を免れないというべきである。

(4) 以上をまとめると、被告は、①消費者金融業者四社との取引について取引歴の開示を求め、引直し計算をした上で本件債務の処理方針を示すべきであるのに、漫然とこれを怠ったまま、平成19年9月27日に初めて原告と面談した際、本件債務の額は723万円以上であって原告はその支払義務を負っているという誤った前提に基づく説明をし、このような誤った前提に基づいて、本件各土地を更地にして売却せざるを得ないという不適切な助言をした点、②同日の面談及び平成20年5月30日に送付した「ご連絡書（重要）」において、本件債務に関する客観的状況はさほど切迫していたわけではないのに、非常に厳しい状況であって本件債務を整理するためには直ちに本件各土地又はその一部を更地にして売却する必要がある旨の必要以上に危機感を強調した説明をする一方、消費者金融業者の対応に関する原告の不安感を解消するような配慮をしなかった点、③賃借人四名の立退き交渉を済ませながら、本件建物の一部取壊しというおよそ費用対効果に見合わない中途半端な処理を助言した点、④原告が本件分筆土地を可能な限り高値で売却できるよう、丁原社以外の不動産業者にも購入希望価格を提出させるように勧めるなどの適切な指導助言をすることなく、不正常な廉価での売買契約を招いた点のそれぞれについて、弁護士委任契約上の善管注意義務違反があったというべきである。

〈判決の意義と指針〉

この事案は、貸金業者に対する債務、不動産を相続した依頼者が弁護士に相続、債務整理を委任し、弁護士が債務の弁済のためには遺産である不動産を売却する必要があるとの方針を立て、賃借人らと立退きの交渉をし、建物の一部を取り壊し、依頼者の承諾を得て土地の一部の売却を行い、貸金業者との交渉をし、一部の貸金業者との間では取引関係の履歴を請求せず、残る貸金業者との間では取引関係の履歴の開示を受けたものの、引直し計算をせずに交渉をし、過払金を考慮することなく和解契約を締結する等したため、依頼者が弁護士に対して債務不履行に基づき損害賠償責任を追及した事件である。この事案では、弁護士の事務処理の過誤として問題になっているのは、相互に関連しているところがあるが、一応別の事務処理が必要である不動産の売却（売買自体は、弁護士が代理人となったものではなく、依頼者と買主との間で行われたものの、弁護士が買主と密接な関係があり、弁護士の紹介があった）と貸金業者との間の債務整理（弁護士が取引関係の履歴を的確に過払金の計算に反映させていなかった）である。

この判決の特徴は、

① 弁護士が貸金業者との間で、取引履歴の開示を求めず、あるいは取引履歴を取得したものの、過払金の見直し計算をせず、過払金の有無を精査しないまま和解契約を締結したものであるとし、善管注意義務違反を肯定したこと
② 弁護士が土地の売却にあたり、依頼者の冷静な判断を誤らせるような危機感を必要以上にあおる説明をし、依頼者に土地を売却させたものであるとし、善管注意義務違反を肯定したこと
③ 弁護士が債務整理等の事務を受任し、その財源として土地の売買代金を充てることを予定していたから、依頼者の利益を図るためには、可能な限り高値での売却を実現すべく適切に指導助言すべき注意義務があったとしたこと
④ 弁護士としては、最低限、中立的な不動産業者に対し土地の購入希望価格を提出させて有利な条件を提示した業者に売却するよう助言する程度のことは、委任契約上の義務として期待されていたとしたこと
⑤ 弁護士は依頼者に土地の売却が緊急を要することであるかのような誤った前提に基づく不適切な助言と相まって、依頼者をして、不正常な廉価での売買契約を締結するに至らせたのであるとし、弁護士は損害賠償義務を免れないとしたこと
⑥ 損害として、過払金相当額の損害419万3462円、土地の売却損害300万円、賃料の2年間の逸失利益499万200円を認めたこと

があげられる。この判決は、相続問題、債務整理を受任した弁護士の杜撰な事務処理につき善管注意義務違反による委任契約上の債務不履行責任が認められた事例として参考になるものであり、特に不動産の売却に係る善管注意義務違反については特徴的な事例として参考になる。

判　決　57	**債権回収を受任した弁護士の債務不履行責任を認めなかった事例** **〔東京地判平成25・3・28判時2238号32頁〕**

【事案の概要と判決要旨】

歯科医師Xは、Aから勧誘を受け、Aが代表取締役であるB株式会社に9回にわたり株式投資契約を締結し、投資金を支払い、その結果、投資名目を理由に5798万円を詐取されたことから、弁護士Yに債権の回収に係る法律事務を委任し、着手金として105万円を支払い、実費として5万円を予納し、Yは、Aと交渉を行い、5800万円の債務承認、分割支払等を内容とする債務承認書に署名、押印をさせ、300万円を回収したものの、その余の回収が行われなかったことから、XがYに対して、Aの資産に仮差押えをせず、債権回収が不能になった等と主張し、債務不履行に基づき損害賠償、着手金等の返還を請求した。

この判決は、Ｙの善管注意義務違反を否定し、予納金の一部の返還請求を認容したが、その余の請求を棄却した。

〈判決文〉

ア　本件債務承認書作成について

(ア)　本件債務承認書の内容は、前記争いのない事実等(4)のとおりであり、丙川が承認する債務について、貸金債務か不法行為に基づく損害賠償債務かという債務の法的性質を記載していなかったこと、平成22年７月以降の毎月末日限りの約定弁済額が特定されていなかったこと、約定の分割弁済を遅滞した場合の期限の利益喪失に係る約定及び遅延損害金を支払う旨の約定が定められていなかったことは、原告が指摘するとおりである。

しかしながら、依頼者から債権回収に係る示談折衝を受任した弁護士としては、上記のとおり、善良なる管理者の注意義務をもって依頼者の法律上の権利及び利益を擁護し損害を防止するのに必要な最善の弁護活動をする義務を負うものであるが、その最善の弁護活動の内容は、具体的事案に応じて変わるものである。本件では、本件債務承認書の内容が上記のとおりであり、特に、平成22年７月以降の約定弁済額が特定されていないこと及び分割弁済の期限の利益喪失に係る約定が存在しない点で、将来的な債権回収の不確実性を残す内容であったと解さざるをえないが、その記載内容のみをもって、被告の弁護活動が最善のものではなく、原告に対する善管注意義務違反に該当すると解することはできない。

被告は、本件債務承認書により、丙川をして原告の被害総額に若干の遅延損害金を付加した5800万円の債務を承認させ、少なくとも平成22年６月30日に100万円の支払を約束させ、同年７月30日、同年８月31日及び同年９月30日の支払と同日までに少なくとも500万円を支払うことを約束させており、その弁済交渉の過程において原告の法律上の権利及び利益を擁護し損害を防止するのに必要な弁護活動をしたものと解され、これが最善ではなく、原告に対する善管注意義務違反に該当すると解すべき事情は認められない。

したがって、本件債務承認書作成について、被告に本件委任契約上の善管注意義務違反があるとはいえない。

(イ)　なお、本件において、原告が被告の弁護活動に対して不満を抱く原因の一つは、本件債務承認書の作成当時から、原告が本件債務承認書の内容のうち分割弁済額が少額であることについて納得しないまま本件債務承認書の作成を承諾したことにあるものと解される。本件債務承認書作成に際しての被告の原告に対する意思確認の方法は、上記１(3)において認定したとおりであるが、被告は、より慎重に原告の真意を確認することが望まれたものといわざるを得ない。

〈判決の意義と指針〉

この事案は、依頼者が弁護士に債権の回収を依頼し、弁護士が回収に関する事務処理を行ったところ、依頼者が債権の回収が一部不能になった等と主張し、弁護士の善管注意義務違反による損害賠償責任を追及する等した事件である。

この判決の特徴は、

①　弁護士が相手方と交渉を行い、債務を承認させ、債務承認書を作成させたこ

と

② 債務承認書の内容に一部不確実な部分が存在したこと

③ 弁済交渉の過程において依頼者の法律上の権利および利益を擁護し損害を防止するのに必要な弁護活動をしたものと解されるとしたこと

④ 弁護士の活動が最善ではなく、依頼者に対する善管注意義務違反に該当すると解すべき事情は認められないとしたこと

を判示するものであり、弁護士の善管注意義務違反を否定した事例判断を加えるものである。もっとも、この判決は、依頼者が不満を抱いた事情も指摘し、「本件では、…特に、平成22年7月以降の約定弁済額が特定されていないこと及び分割弁済の期限の利益喪失に係る約定が存在しない点で、将来的な債権回収の不確実性を残す内容であったと解さざるをえない」とか、「被告は、より慎重に原告の真意を確認することが望まれたものといわざるを得ない」と判示しているところであり、事務処理のあり方として参考になる。

判　決　58	**債務整理を受任した弁護士の事務処理上のリスクに関する説明義務違反を認めた事例** **〔最三小判平成25・4・16民集67巻4号1049頁、判時2199号17頁〕**

【事案の概要と判決要旨】

前記【判決53】福岡高宮崎支判平成23・12・21金判1418号17頁の上告審判決であり、Xが上告受理を申し立てた。

この判決は、消滅時効待ちの不利益やリスクを説明するとともに、債務を弁済する選択肢の説明をすべき義務を負っていた等とし、原判決を破棄し、本件を福岡高裁に差し戻した。

〈判決文〉

本件において被上告人が採った時効待ち方針は、プロミスがAに対して何らの措置も採らないことを一方的に期待して残債権の消滅時効の完成を待つというものであり、債務整理の最終的な解決が遅延するという不利益があるばかりか、当時の状況に鑑みてプロミスがAに対する残債権の回収を断念し、消滅時効が完成することを期待し得る合理的な根拠があったことはうかがえないのであるから、プロミスから提訴される可能性を残し、一旦提訴されると法定利率を超える高い利率による遅延損害金も含めた敗訴判決を受ける公算が高いというリスクをも伴うものであった。

また、被上告人は、Aに対し、プロミスに対する未払分として29万7840円が残ったと通知していたところ、回収した過払金から被上告人の報酬等を控除してもなお48万円を超える残金があったのであるから、これを用いてプロミスに対する残債務を弁済するという一般的に採られている債務整理の方法によって最終的な解決を図ることも現実的な選択肢として十分

に考えられたといえる。

このような事情の下においては、債務整理に係る法律事務を受任した被上告人は、委任契約に基づく善管注意義務の一環として、時効待ち方針を採るのであれば、Aに対し、時効待ち方針に伴う上記の不利益やリスクを説明するとともに、回収した過払金をもってプロミスに対する債務を弁済するという選択肢があることも説明すべき義務を負っていたというべきである。

しかるに、被上告人は、平成18年7月31日頃、Aに対し、裁判所やプロミスから連絡があった場合には被上告人に伝えてくれれば対処すること、プロミスとの交渉に際して必要になるかもしれないので返還する預り金は保管しておいた方が良いことなどは説明しているものの、時効待ち方針を採ることによる上記の不利益やリスクをAに理解させるに足りる説明をしたとは認め難く、また、プロミスに対する債務を弁済するという選択肢について説明したことはうかがわれないのであるから、上記の説明義務を尽くしたということはできない。そうである以上、仮に、Aが時効待ち方針を承諾していたとしても、それによって説明義務違反の責任を免れるものではない。

〈判決の意義と指針〉

この事案は、本書で何度か紹介している【判決43】鹿児島地名瀬支判平成21・10・30判時2059号86頁、【判決49】福岡高宮崎支判平成22・12・22判時2100号50頁、【判決46】鹿児島地名瀬支判平成22・3・23判時2075号79頁、【判決50】福岡高宮崎支判平成22・12・22判時2100号58頁と同じ背景で発生した債務整理事件を受任した弁護士の損害賠償責任が問題になった上告審の事件であり、すでに紹介したとおり、第1審判決が弁護士の説明義務違反を肯定したのに対し、控訴審判決が弁護士の説明義務違反を否定したため、上告審の判決が注目されたものである。

この判決は、債務整理に係る法律事務を受任した弁護士は、委任契約に基づく善管注意義務の一環として、時効待ち方針をとるのであれば、依頼者に対し、時効待ち方針に伴う不利益やリスクを説明するとともに、回収した過払金をもって貸金業者に対する債務を弁済するという選択肢があることも説明すべき義務を負っていたとしたこと、この事案では、弁護士は、依頼者に裁判所や貸金業者から連絡があった場合には自分に伝えてくれれば対処すること、貸金業者との交渉に際して必要になるかもしれないので返還する預り金は保管しておいた方がよいこと等は説明しているものの、時効待ち方針を採ることによる不利益やリスクを依頼者に理解させるに足りる説明をしたとは認め難いとし、説明義務違反を肯定したことに特徴がある。

この判決は、理論的に、弁護士の善管注意義務の一環としての説明義務を認めるとともに、説明義務の範囲として、弁護士のとる事務処理に伴う不利益やリスクを具体的かつ詳細に説明することを求めるものであり、弁護士にとって依頼者に対する説明義務が重要であることを示すものである。また、この判決は、具体的な事案につき弁護士の事務処理に伴う不利益やリスクの説明が十分でなかったとし、説明義務違反を認めた事例判断としても重要であり、参考になるものである。なお、この判決が最高裁の判決であることから、弁護士の説明義務の範囲、説明義務違反の判断基準について重要な先例となることはいうまでもない。

判　決　59	債務整理を受任した弁護士の債務不履行責任等を認めなかった事例 〔東京地判平成25・6・18判時2203号78頁〕

【事案の概要と判決要旨】

Xは、貸金業者A、B、C、Dから金銭を借り受けていたところ、平成20年10月、弁護士Yの事務所を訪問し、着手金8万4000円、報酬金8万4000円、Xが毎月実行金を支払う等の約定で債務整理を委任した。Yは、受任当日、Aらに対して債務整理開始通知と題する書面を送付し、AらのXに対する取立てが行われなくなり、YはA等から取引履歴の開示を受け、Aらと交渉等を行い、Xの代理人として、平成21年3月から4月にかけて、Aとの間でXの債務が存在しないこと等を内容とする和解契約、残債務が18万5000円とし、分割支払すること等を内容とする和解契約を締結し、Bとの間で過払金が14万円あり、返還を受けること等の内容の和解契約を締結した。Xは、毎月約定どおり4万円を合計5回Yに支払ったが、その余の支払をせず、Yから支払の督促を受けたことから、督促に疑問を感じ、弁護士Eに相談し、平成21年8月、前記委任契約を解除し、債務整理をEに依頼した。Eは、平成22年、Xの代理人として、A、Bに対して過払金の返還を請求する訴訟を提起したが、前記和解契約の抗弁が主張され、抗弁が採用され、敗訴判決を受けた。XはYに対して委任契約につき錯誤無効、締結の際の説明義務違反、事務処理上の義務違反を主張し、不当利得の返還、不法行為、債務不履行に基づく損害賠償を請求した。

この判決は、錯誤を認める証拠がないとし、錯誤の主張を排斥し、説明義務違反については、Y自身がXと直接面談しなかった可能性を認めつつ、この事実が直ちに説明義務等の義務違反となることを認めることは困難であるとし、説明義務違反の主張も排斥し、報告義務違反については、Yが必要に応じて経過報告をしていたものと推認されるとし、この主張を排斥し、誠実な事務処理義務違反については、YがXの同意を得て前記各和解を締結し、その内容は全体として合理的である等とし、この主張を排斥し、Xの請求を棄却した。

〈判決文〉

イ　不法行為について

(ア)　説明義務違反について

原告は、前記のとおり、債務整理の方針に係る被告の説明義務違反を主張するところ、本件証拠上、平成20年10月28日に原告が被告事務所において本件委任契約証書等の書面を作成するに際し、同事務所の事務員が原告に対していかなる内容の説明を行ったかは明らかではないものの、本件委任契約の委任事務自体が金融業者四社に係る債務整理事件という典型的な事件類型のものであることなどからすれば、その内容は弁護士による債務整理事件の処理に係る一般的なものであったことが容易に推認されるところであって、原告の前記供述を含む本件全証拠によるも、当該説明に関して原告に対する不法行為に該当するものとみられるような事情があったものと認めることはできない。なお、原告は、上記の際に被告自身が原告と直接面談しなかったこと自体が説明義務に違反する旨を主張するようであるが、当該事実が直ちに説明義務違反その他の原告に対する何らかの義務違反となるものとみることは困難であり、上記主張は採用することができない。

(イ)　経過報告義務違反・アイフル及びＣＦＪに係る誠実な事件処理義務違反について

a　原告は、前記のとおり、被告の経過報告義務違反を主張し、その供述中には、本件委任契約締結後、被告又は被告の事務所からは、委任に係る債務整理の進捗状況等について、一切連絡がなく、原告が数回行った電話による問い合せの際にも具体的な説明を受けられず、本件各和解契約に関しても説明も受けていないなどとする部分が存する。しかしながら、当該供述部分に信用性が認められないことは前記説示のとおりであり、他に被告につき委任事務の処理状況の報告に係る義務違反があったものとみるべき事実を認めるに足りる証拠はない。むしろ、前記認定のとおり、被告が原告の代理人としてアイフルとの間で交渉を行い、アイフル各和解契約を締結するに至り、その際、残債務18万5000円を和解金額として認めた上これを分割してアイフルに支払うこと等を約する内容のアイフル和解契約Ｂについては、その和解書（甲12）に原告の署名を求め、原告にその内容についての確認を得ていたことなどが認められることからすると、被告は、本件委任契約に係る委任者である原告に対し、必要に応じてその事務処理に係る経過報告を行っていたものと推認されるところであって、原告の上記主張は理由がないものというほかない。

b　原告は、被告のアイフル及びＣＦＪに係る事務処理について、本件各和解契約がいずれも通常の処理を行う場合に比して依頼者である原告に不利な内容となる権利義務を形成するものであり、これについて事前に原告の同意を得る義務を怠った旨等を主張する。

しかしながら、まず、アイフル各和解契約については、前記認定事実に〈略〉及び弁論の全趣旨を総合すれば、アイフル取引①がもとベネフィットと原告との間で行われていた取引に係る平成11年８月１日の時点の貸付残債権をアイフルが譲り受けて、その後、平成14年２月20日までの間、原告とアイフルとの間で行われた取引であり、また、アイフル取引②が平成７年10月19日から平成10年９月１日まで、アイフル取引③が平成18年６月27日から平成21年６月４日までいずれも原告とアイフルとの間で行われた取引であって、それらの取引履歴につきそれぞれ利息制限法所定の制限利率に引き直して充当計算すると、各最終取引日においてアイフル取引①については10万3295円の、アイフル取引②については７万5822円の各過払金が生じていたのに対し、アイフル取引③については28万2308円の借入残債務が存していたことが認められ、これらの事情からすれば、アイフル取引①、アイフル取引②及びアイフル取引③が事実上一個の連続した取引とみることのできない各別の取引があり、アイフル取引②に係る過払金については消滅時効の成立が認められ得ることを前提として締結されたものとみられるアイフル各和解契約の内容は、全体として合理的であり、格別原告に不利な内容のものとは認められない。

また、原告とＣＦＪとの間の取引については、〈証拠略〉により、平成21年４月６日時点における過払金元金が28万0608円であったことが認められるところ、被告が原告の代理人としてＣＦＪとの間で締結したＣＦＪ和解契約は、原告がその約半額の14万円の返還を受けることを内容とするものであるが、その締結日の翌日である同月７日を支払日とし、極めて早期の回収の実現を図ることをもその内容に含むものであることからすれば、その内容が直ちに不合理なものであるということはできず、通常の処理に比して原告に不利な内容のものであるとまで断ずることはできない。

その上、被告が、債務整理事件の処理において、金融業者との間で和解契約を締結する際には、事前に依頼者からの同意を得ることを徹底しており、現に、アイフル和解契約Ｂの締結に際し、その和解書（甲12）に原告の署名を求め、原告にその内容についての確認を得ていたことなどが認められることは前記のとおりであって、これらの事実からすれば、被告は、本件各和解契約の全てについて、あらかじめ原告の同意を得た上でそれらの締結を行ったものであることが強く推認されるものというべきであり、結局、原告の上記主張は理由がないものというほかない。

〈判決の意義と指針〉

この事案は、弁護士が報酬の分割払いの約定で依頼者から債務整理を受任し、貸金業者等と交渉し、一部の貸金業者等と和解契約を締結したが、依頼者が分割支払いを滞る等し、依頼者が他の弁護士に相談し、元の弁護士との委任契約を解除したうえ、後任の弁護士が代理をし、貸金業者等に過払金返還請求をしたところ、和解契約の抗弁が主張され、敗訴判決を受けたため、依頼者が元の弁護士に対して不当利得の返還、不法行為、債務不履行に基づく損害賠償を請求した事件である。

この判決は、委任契約の錯誤無効を否定したこと、弁護士の説明義務違反、報告義務違反、誠実な事件処理違反を否定したことに特徴があり、弁護士の債務不履行、不法行為を否定した事例判断を提供するものである。

判　決　60	債務整理を受任した弁護士の事務処理上のリスクに関する説明義務違反を認めた事例 〔福岡高判平成25・10・3判時2210号60頁〕

【事案の概要と判決要旨】

前記【判決58】最三小判平成25・４・16民集67巻４号1049頁、判時2199号17頁の差戻控訴審判決である。

この判決は、慰謝料20万円、弁護士費用２万円の損害を認め、Ｙの控訴を棄却した。

〈判決文〉

(1) 前記一の事実によれば、①控訴人がプロミスに提示した分配通知は、第一取引と第二取引が一連計算されることを前提とし、その利限残の約８割を弁済金として提示したものであるが、第一取引の終了から第二取引の開始まで約13年９か月が経過していることを考慮すれば、控訴人がＡに債務整理終了を通知した平成18年７月31日頃の時点で、プロミスが上記和解に応じる可能性は低かったこと、②プロミスが大手貸金業者であり、債権管理も厳格になされているであろうことを考慮すれば、プロミスがＡに対する債権を消滅時効に係るまで放置する可能性は低かったこと、③仮に訴訟となった場合、分断期間が長期間にわたることから、一連計算を前提とした判決が言い渡される可能性は低かったこと、④第一取引と第二取引が分断して計算されることを前提に、第二取引についてのみ引直し計算した場合であっても、引直し計算後の平成17年４月18日の最終取引日時点での残高は29万7840円にとどまること、⑤控訴人が過払金として回収した金額から、過払報酬、債務整理費用、裁判費用及び楽天KCへの和解金を控除した残金が48万7222円であることからすれば、控訴人がＡに債務整理終了のお知らせをした時点でプロミスと和解することは容易であったこと、⑥上記残金を返金する際、Ａに特に早期に上記48万7222円の返金を受けるべき資金需要があったことや、Ａにおいて早期に返金されることを希望していたという事情があったことはうかがえないことからすれば、控訴人が、Ａに対し、時効待ち方針を採った場合には、プロミスから訴訟提起され、分断期間が長期間にわたるから分断計算を前提として遅延損害金が付された敗訴判決を受けるリスクがある一方、上記残金を用いてプロミスとの間で一括払いによる和解をして早期に解決することも可能であることを説明すれば、Ａは、時効待ち方針よりも一括払いによる和解をして早期解決をすることを希望した可能性が高かったことが認められる。それにもかかわらず、控訴人の説明義務違反により、Ａは時効待ち方針を承諾した結果、約２年９か月間債務整理が終了しないという不安定な法的地位に立たされ、被控訴人訴訟代理人が、平成20年12月22日、控訴人のほかの元依頼者の代理人として、控訴人が債務整理を放置したことを理由とする損害賠償請求訴訟を提起し、そのことが同月23日及び24日に鹿児島県内のマスコミで大きく取り上げられたことをきっかけとして、Ａは、控訴人に対する不信感を抱き、解任するに至ったものである。以上の事実からすれば、Ａは、控訴人の説明義務違反により、債務整理につき早期解決の機会を奪われ、不安定な法的地位のまま推移させられたとの不利益を被ったものであり、これにより精神的苦痛を受けたことが明らかである。

以上の事実に加えて、⑦控訴人は、Ａに対し、48万7222円から振込手数料を控除した金額を返金した際、プロミスに対する利限残として29万7840円が残っており、返金した金はプロミスとの交渉に際して必要になるかもしれないので保管しておいた方がよいと説明したこと、⑧それにもかかわらず、Ａは、返金された分を生活費に費消してしまったこと、⑨控訴人は、Ａからの解任通知書を受け取り、Ａに対し、債務整理を残したことの清算として債務整理報酬30万円のうち10万円を返金すると通知し、同額から振込手数料を差し引いた９万9265円を返金したこと、⑩時効待ち方針を採用したことにより、債務整理の終了までの期間が長期にわたり、Ａは、プロミスとの間で、第二取引の利限残に遅延損害金を付した50万円を分割して支払うとの和解をせざるを得なかったものの、実際にはそのうち12万円を支払っただけで、残債務については免除を受けていることなどの事情を合わせ考慮すれば、Aが受けた精神的苦痛を慰謝する損害賠償額として20万円を認めるのが相当である。

〈判決の意義と指針〉

この事案は、前記【判決43】鹿児島地名瀬支判平成21・10・30判時2059号86頁、【判決49】福岡高宮崎支判平成22・12・22判時2100号50頁、【判決46】鹿児島地名瀬支判平成22・3・23判時2075号79頁、【判決50】福岡高宮崎支判平成22・12・22判時2100号58頁と同じ背景で発生した債務整理事件を受任した弁護士の損害賠償責任が問題になった上告審判決後の差戻控訴審の事件であり（この事案は、弁護士の依頼者に対する弁護過誤の類型の事件である）、上告審判決である【判決58】最三小判平成25・4・16民集67巻4号1049頁、判時2199号17頁が弁護士の説明義務違反を肯定したことを踏まえた差戻控訴審の事件である。

この判決は、依頼者が弁護士の時効待ちの方針をとったことによって精神的苦痛を受け、慰謝料として20万円、弁護士費用として2万円の損害を被ったとしたものであり、弁護士の説明義務違反による損害額を算定した事例として参考になる。

判　決　61	債権回収を受任した弁護士の債務不履行責任を認めなかった事例 〔東京高判平成25・12・16判時2238号19頁〕

【事案の概要と判決要旨】

前記【判決57】東京地判平成25・3・28判時2238号32頁の控訴審判決であり、Xが控訴した。

この判決は、Yが本件委任契約受任時には任意の支払を求める方法を選択したことは裁量の範囲内であり、説明義務として足りないところはないとし、債権回収手段の選択等の説明義務違反はなく、仮差押え等の法的手段を講じることも委任事項ではないとし、報告・説明義務違反を否定し、控訴を棄却した。

〈判決文〉

そこで検討するに、弁護士が受任する事務の内容は、一般に法律事務としての専門性が高く、その事務の性質上、受任者に一定の裁量権を伴うことが前提とされることに鑑みると、弁護士は、法律事務の受任時において、依頼者に対し、委任契約に基づく善管注意義務の発現として、依頼を受ける事務の内容に関して説明義務を負うとともに、派生する種々の問題点について説明すべき義務を負うと解するのが相当である。〈略〉

次に、被控訴人の説明内容の適否については、控訴人が回収を求めていた債権というのは、認定事実(1)で認定した別紙の内容の株式投資契約の投資金として丙川に交付した金員の未返還分と同契約に基づく未払配当金に係るものであるから、同契約を詐欺事案と捉えないで債権回収を図ろうとした被控訴人の判断は合理的な裁量の範囲内のものと解される（本件委任契約の前に水上弁護士が控訴人のために作成、送付した丙川に対する内容証明郵便においても、詐欺事案とは捉えておらず、同契約を前提とした未払配当金及び未返済投資金の支払を求めている。仮に同契約を詐欺事案と捉えると、丙川に請求できるのは、配当金名目の支払を損益相殺した後の未返済の投資金相当額の損害に限られることになるし、事情によっては、さらに、控訴人の損害発生に関する過失を理由に過失相殺がされることも考えられる。)。このような事案認識をした場合の債権回収手段としては、任意の支払を求める方法と法的手続により支払を求める方法とが考えられるが、本件委任契約時点では、丙川の対応がどのようになるのか予想できない状況にあったといえるから、任意の支払を求める方法を選択したことも、弁護士の裁量の範囲内のものとして許容されるものであると解される。

問題となるのは、被控訴人の以上の説明で、上記の説明義務に足りないところはないかであるが、控訴人は、①裁判上の手続（訴訟、保全等)、訴訟外の手続として公正証書の作成、任意の和解手続等の各種の債権回収手段があること、②それぞれの手段のメリット、デメリット、③今回選択すべき手段とその理由等について説明する義務があると主張する。

そこで判断するに、これらの説明事項は、一般的に受任時に説明すべき事項として考えられるものであるが、個別の事情により委任者の法的知識の程度や受任時の状況等の違いにより説明の要否及びその程度が異なることは事柄の性質上当然であるから、弁護士が法律事務を受任する時には常に以上の説明事項の全部を説明すべき義務があり、これを欠いたときには直ちに説明義務違反になるものとは解されない。

本件についてこの点をみるに、控訴人は、丙川からの債権回収に関して、本件委任契約締結前に、水上弁護士に相談をしており、また、同弁護士により、丙川に対して回収を求める債権に係る支払を求める内容の内容証明郵便の作成、送付をしてもらっていることからすると、その際に、上記①及び②の説明事項については一応の説明を受けているものと推認される。そして、その状態において、被控訴人は、先に説示したとおり、上記③の説明事項に当たる説明をしていることが認められるのであるから、被控訴人に控訴人主張の本件委任契約受任時における説明義務違反があると評価するのは困難である。

〈判決の意義と指針〉

この事案は、債権回収を受任した弁護士の善管注意義務違反を否定した第1審判決に対する控訴審の事件である。

この判決の特徴は、

① 弁護士が受任する事務の内容は、一般に法律事務としての専門性が高く、その事務の性質上、受任者に一定の裁量権を伴うことが前提とされることに鑑みると、弁護士は、法律事務の受任時において、依頼者に対し、委任契約に基づく善管注意義務の発現として、依頼を受ける事務の内容に関して説明義務を負うとともに、派生する種々の問題点について説明すべき義務を負うとしたこと

② この事案では、債権回収手段の選択等の説明義務違反はないとし、説明義務違反を否定したこと

③ 仮差押え等の法的手段を講じることも委任事項ではないとし、報告・説明義務違反を否定したこと

があげられる。この判決は、事件を受任する弁護士の説明義務を一般的に認めると

ともに、説明義務の範囲を依頼を受ける事務の内容だけでなく、派生する種々の問題点にも及ぶとしたものであり、理論的に弁護士の説明義務を明らかにしたことが参考になる。弁護士の説明義務については、受任前、受任時、受任に係る事務処理時、事務処理の終了時の各段階に及ぶものであり、説明義務を認めるか、根拠は何か、説明すべき範囲、事項は何か等の議論があったところ、近年、判例、裁判例において説明義務を認める傾向が定着したように考えられる。近年は、説明義務の範囲、説明義務違反の判断基準に議論が移っているようであり、今後の判例、裁判例の動向が注目される。

2 依頼者以外の者との関係における弁護過誤をめぐる裁判例

前記のとおり、弁護士の依頼者との間のトラブルをめぐる裁判例は、数多くあり、様々な内容と態様のトラブルを見かけたところである。弁護士は、依頼者との間だけでトラブルが発生するだけでなく、その業務を遂行上、依頼者以外の者、たとえばトラブルの相手方、その代理人弁護士、第三者ら間でトラブルが発生し、訴訟に発展することがある。

判　決　1	事件を受任し、報酬を受領した弁護士に対する依頼者の債権者による詐害行為取消権の行使を認めなかった事例 〔東京高判平成２・８・29判時1364号38頁〕

【事案の概要と判決要旨】

弁護士Ｙは、Ａから破産宣告申立事件、免責申立事件、貸金請求事件、詐欺被疑事件の依頼を受け、着手金、報酬として100万円受け取ったところ、Ａに対して貸金債権を有すると主張するＸが詐害行為を理由に報酬契約を取り消し、Ｙに対して100万円の支払を請求した。

第１審判決は、請求を棄却したため、Ｘが控訴した。

この判決は、不相当な報酬ではないとし、控訴を棄却した。

〈判決文〉

2 〈略〉「控訴人は、乙山は詐欺被告事件で有罪判決を受け、免責も不許可になった者であって、同人には控訴人のほかにも多数の債権者がいて、いずれも全く弁済を受けていないのに、被控訴人がこの事実を知りながら前記各事件を受任して着手金もしくは報酬を受領したことは、それ自体で詐害行為に該当する旨主張する。しかしながら、資力に乏しい債務者、破産者ないしは刑事事件の被疑者であっても、弁護士に事件を委任し、これを受任した弁護士が依頼者から着手金もしくは報酬を受領することは、その金額が不相当なものでない限り、非難されるべき根拠はない。債権者にしてみれば弁護士に委任して着手金もしくは報酬を支払う資力があるくらいなら、せめて債権者への弁済に充てるくらいの誠意を示してしかるべきだと思うのも理解できなくはないが、資力に乏しい債務者、破産者ないしは刑事事件の被疑者であるからといって、自己の権利ないしは利益を守るため法的に認められた手段を採ることまで禁じられるいわれはない。そして弁護士に事件を委任した場合に、相当な委任の対価を支払う義務が生じることもやむを得ないものである。控訴人の主張は債権者の立場に片寄りすぎるきらいがあって採用できない。」を加える。

〈判決の意義と指針〉

この事案は、弁護士が複数の事件を受任し、着手金、報酬を受領したところ、依頼者の債権者が報酬契約につき詐害行為取消権を行使し、着手金、報酬の支払（返還）を請求した事件である。この事案は、事件を受任し、報酬等の支払を受けた弁護士に対する債権者の詐害行為取消権による責任追及の類型の事件である。

この事案の特徴は、

① 弁護士が破産宣告申立事件、免責申立事件、貸金請求事件、詐欺被疑事件の依頼を受けたこと

② 弁護士が着手金、報酬として100万円を受領したこと

③ 依頼者の債権者が報酬等の額に不満を持ち、詐害行為取消権を行使したこと

があげられる。

この判決の特徴は、

① 資力に乏しい債務者、破産者ないしは刑事事件の被疑者であっても、弁護士に事件を委任し、これを受任した弁護士が依頼者から着手金もしくは報酬を受領することは、その金額が不相当なものでない限り、非難されるべき根拠はないとしたこと

② この事案では相当な対価であるとしたこと

③ 着手金、報酬の支払が詐害行為にあたらないとしたこと

があげられ、その旨の事例判断として参考になるものである。この判決は、着手金、報酬が不相当に高額である場合には、詐害行為の可能性を認めるものであるから、弁護士の実務上注意を払うことが必要である。なお、この事案では、破産管財人が選任されていないものであるが、破産管財人が選任された場合には、事情によっては破産管財人が破産者の依頼に係る弁護士に対して否認権を行使する可能性があり、現にこの類型の裁判例が近年公表されている。

判　決　2	請求異議訴訟の追行を受任した弁護士の訴訟追行等に係る不法行為責任を認めなかった事例 〔京都地判平成3・4・23判タ760号284頁〕

【事案の概要と判決要旨】

Xは、Aから金銭を借り受けていたところ、Y_1が代位弁済をし、Xの家財道具等につき債権回収として処分をしたため、XがY_1に対して不法行為に基づき損害賠償を請求する訴訟を提起し、勝訴判決を得たところ、Y_1が弁護士Y_2に委任して請求異議訴訟を提起し、控訴、上告を申し立てる等したため、Xが訴訟の提起、追行等の訴訟活動が不法行為にあたると主張し、Y_1、Y_2に対して損害賠償を請求した。

この判決は、Y_1、Y_2の各不法行為の成立を否定し、請求を棄却した。

〈判決文〉

1　およそ民事訴訟を提起したものが敗訴の確定判決を受けた場合において、右訴えの提起が相手方に対する違法な行為といえるのは、裁判を受ける権利（憲法32条）の尊重と応訴を強いられるものの経済的、精神的負担との調和の観点から、当該訴訟において提訴者の主張した権利又は法律関係が事実的、法律的根拠を欠くものである上、提訴者がそのことを知りながら又は通常人であれば容易にそのことを知りえたといえるのにあえて訴えを提起したなど、訴えの提起が裁判制度の趣旨目的に照らして著しく相当性を欠くと認められるときに限られるものと解するのが相当である（最高裁三小昭和63年1月26日判決・民集42巻1号1頁参照）。

2　右観点から本件を判断するに、被告桶川が請求異議訴訟において相殺を主張した受働債権は、不法行為に基づく損害賠償債権の遅延損害金の一部であるところ、民法509条の立法趣旨に鑑み、債務不履行による遅延損害金債権を受働債権とする相殺については、その債務不履行を構成する事実が同時に不法行為としても評価できる場合に限り同条の適用があるものと解する余地のあることは充分に考えうるところ、被告桶川が自己の原告に対する債権の満足を得られないまま、原告の提起した損害賠償請求訴訟に上告審まで争いながら敗訴した右訴訟の経過及び右訴訟の控訴審判決確定後間もなく被告桶川が右損害賠償債権の元本全部と遅延損害金の大半を執行官に提供して弁済した事情に照らせば、右請求異議訴訟が著しく相当性を欠いていたものと認めることはできない。

他に、被告桶川において原告の強制執行の不当な妨害目的を有していたことを認めるに足りる証拠のない本件では、被告桶川の請求異議訴訟の提起及び追行により原告に対する関係で不法行為が成立するものと断ずることはできない。

3　〈略〉

二　争点2について

1　依頼者から訴訟の提起・追行・上訴等の訴訟行為を委任された弁護士がいかなる場合に訴訟の相手方に対して不法行為責任を負うかについては、弁護士としての職務の性質からすれば、訴えの提起が違法であることを知りながらあえてこれに積極的に関与したり、違法提訴であることを容易に知りうるのに漫然とこれを看過して訴訟活動に及ぶなど、代理人としての行動それ自体が不法行為と評価しうる場合に限り、相手方に対して不法行為となると解するのが相当である。

2　そこで、被告野村が被告桶川の代理人として原告に対する請求異議訴訟を提起して追行し、さらに上訴した訴訟行為が弁護士としての職務上不法行為を構成するか否かについて判断するに、争点1で検討したように、被告野村が被告桶川の訴訟代理人としてなした前記請求異議訴訟の提起及び上告は、法律の専門家である弁護士という立場を考慮してもなお相当なものとして首肯しうるものであってこれを違法な行為であると解することはできない。

〈判決の意義と指針〉

この事案は、弁護士が訴訟で敗訴判決を受けた者から、請求異議訴訟の提起を受任し、その後、控訴、上告をしたため、請求異議訴訟の被告になった者が弁護士らに対して不当訴訟を主張し、不法行為に基づき損害賠償を請求した事件である。この事案は、訴訟の相手方に対する弁護士の不当訴訟の類型の事件である。

この事案の特徴は、

① 訴訟で敗訴判決を受けた者が請求異議訴訟の提起を弁護士に依頼したこと
② 弁護士が訴訟の提起、追行を受任したものの、敗訴判決を受けたこと
③ 弁護士が控訴、上告したこと
④ 請求異議訴訟の敗訴判決が確定したこと
⑤ 請求異議訴訟の被告になった者が弁護士らに対して不法行為責任を追及したこと
⑥ 不当訴訟に係る不法行為責任が主張されたこと

があげられる。

この判決の特徴は、

① 最三小判昭和63・１・26民集42巻１号１頁を引用し、訴訟において提訴者の主張した権利または法律関係が事実的、法律的根拠を欠くものであるうえ、提訴者がそのことを知りながらまたは通常人であれば容易にそのことを知り得たといえるのにあえて訴えを提起したなど、訴えの提起が裁判制度の趣旨目的に照らして著しく相当性を欠くと認められる場合には、訴訟の提起、追行が違法であるとしたこと
② 請求異議の理由として主張したことが根拠がないものではないとしたこと
③ 請求異議訴訟の提起が強制執行の不当な妨害目的を有していたとはいえないとしたこと
④ 弁護士が依頼者から訴訟の提起・追行・上訴等の訴訟行為を委任された場合、弁護士の不法行為責任については、訴えの提起が違法であることを知りながらあえてこれに積極的に関与したり、違法提訴であることを容易に知りうるのに漫然とこれを看過して訴訟活動に及ぶなど、代理人としての行動それ自体が不法行為と評価しうる場合に限るとしたこと
⑤ この事案では、請求異議訴訟の提起等は法律の専門家である弁護士という立場を考慮してもなお相当であり、違法な行為であると解することはできないとしたこと

があげられる。

この判決が引用する前記の最三小判昭和63・１・26民集42巻１号１頁は、訴訟の提起、追行（上訴を含む）が不法行為にあたるかの問題について重要な法理を明らかにしたものであるが、この判例による法理は、訴訟の当事者に関する不法行為責任に関するものであり、訴訟代理人になった弁護士に関する不法行為責任に関するものではない。この判決は、請求異議訴訟の原告の不法行為責任を否定したものであり、訴訟代理人になった弁護士の不法行為責任が否定されることは、当然の判断であるということができるが、弁護士の訴訟の提起、追行に関する不法行為に関する法理を提示しているところに特徴がある。訴訟の提起、追行を弁護士が受任した

場合、依頼者の説明、所持する証拠等を検討するだけでなく、自ら事実関係を調査し、証拠を収集し、依頼者に対する説明を経て、依頼者の意向を踏まえつつ、訴訟の内容を決定し、訴訟を追行するものである（具体的な訴訟においては、依頼者と弁護士との間に多様な協同関係が見られることはいうまでもない）。この場合、訴訟の提起、追行は、依頼者の判断によるところがあるが、訴訟事件を受任した弁護士にとっても、相当の責任と判断があることは否定できない。

前記の最三小判昭和63・1・26民集42巻1号1頁は、国民の裁判を受ける権利を前提とした不当訴訟に関する不法行為の法理を示したものであるが、この法理は、訴訟代理人である弁護士にとってそのまま適用されるのか、あるいはより厳格な法理が必要であるのか、さらにより緩和された法理で足りるのか、悩ましい問題である。この判決の示した法理は、訴訟代理人である弁護士にとってより緩和された内容であるということができるが、これで妥当であるかが問われよう。前記の最三小判昭和63・1・26民集42巻1号1頁によって訴訟を提起した者に不法行為が認められる場合には、訴訟代理人である弁護士について、民法719条1項の共同不法行為者の責任、同条2項の教唆者、幇助者の責任が認められるものであるから、これらの責任とことさらに異なる法理を認める必要もないであろう。

また、この事案は、依頼者から訴訟の追行を受任し、依頼者が敗訴判決を受け、判決が確定したような場合には、請求異議訴訟であっても、訴訟代理人である弁護士は、相手方（勝訴判決を得た者）から不当訴訟に係る不法行為責任を追及されるリスクを示すものである。

判　決　3	請求異議訴訟の追行を受任した弁護士の訴訟追行等に係る不法行為責任を認めなかった事例 〔大阪高判平成4・1・28判タ792号176頁〕

【事案の概要と判決要旨】

前記【判決2】京都地判平成3・4・23判タ760号284頁の控訴審判決であり、Xが控訴した。

この判決は、Y_2が請求異議訴訟の提起、追行等をしたことは不法行為にあたらないとし、控訴を棄却した。

〈判決文〉

そして、右のような事実関係の下においては、被控訴人桶川及びその代理人弁護士である被控訴人野村が、民法509条の相殺禁止の規定にかかわらず、公平の原則ないし信義則上、控訴人の被控訴人に対する前記遅延損害金の賠償債権を自働債権として、相殺できるものと解釈したことは無理からぬことであって、被控訴人桶川が、右相殺の意思表示をし、前記請求異議訴訟やこれに伴う強制執行停止の申立てをしたことをもって、これを一概に不当な行為ということはできないと解すべきである。

従って、右の点に関する控訴人の主張は採用できない。

8　さらに、控訴人は、一般に、仮処分命令が、意義もしくは上訴手続において取り消され、あるいは、本件訴訟において、原告敗訴の判決が言い渡され、その判決が確定した場合には、外に特段の事実がない限り、右申請人に過失があったものと推定するのが相当であるところ、強制執行停止決定も、実質的には、広義の仮処分決定ということができるから、本案である請求異議訴訟について、請求棄却の判決が確定している本件についても、特段の事実がない限り、被控訴人等に故意・過失があったものと推定すべきであると主張する。

㈠　しかし、仮処分と請求異議訴訟の提起及び上訴に伴う執行停止とは、その制度の趣旨・目的を異にするから、請求異議訴訟の本案について、原告敗訴の判決が確定したからといって、他に特段の事情のない限り、右請求異議訴訟の提起及び上訴に伴う執行停止を求めてその旨の停止決定を得た申立人（原告）に、故意・過失のあることが推定され、不法行為を構成するものとは解し難い。そして、前記７に認定のような事情のある本件においては、被控訴人桶川が、被控訴人野村を代理人として、控訴人主張の強制執行停止の申立てをしてその決定を得たことは、法律上認められた行為であって、控訴人主張のように、違法な不法行為になるものとは解し難い。

㈡　のみならず、被控訴人桶川の前記請求異議訴訟の提起及びその上訴に伴う強制執行の停止決定により、控訴人が、名古屋高等裁判所金沢支部昭和55年㈱第47号、第71号、同57年㈱第126号損害賠償請求控訴事件の判決（債務名義）に基づき、被控訴人桶川に対し、強制執行をしてその満足を得られなかった間に、訴外船津らが、控訴人主張の債務名義に基づき、控訴人を債務者、被控訴人桶川を第三債務者とする債権差押・転付命令を得たために、控訴人が、被控訴人桶川から、右判決に基づく106万7568円の損害賠償債権の弁済を得られなくなったとしても、控訴人が、その主張の106万7568円の損害を被ったとは認め難いというべきである。なぜなら、前記当事者間に争いのない事実及び弁論の全趣旨によれば、控訴人は、もともと、訴外船津らに対し、右と同額の合計106万7568円の求償債務の支払義務を負担していたことが認められるので、法律上は、控訴人は、前記判決に基づいて、被控訴人桶川から弁済を受けた106万7568円をもって、右船津らに、その債務の弁済をすべき関係にあって（その意味では、訴外船津らが、前記債権差押・転付命令を得てその弁済を得たことと実質的には変わりないことになる。）、右106万7567（ママ）円を、自己のために、究極的に取得し得る関係にはなかったというべきであるからである。〈略〉

㈢　また、請求異議訴訟の提起及び上訴に伴う強制執行停止の申立てをして、その旨の決定を得ることは、法律上制度として認められていることであり、かつ、弁護士費用は、訴訟費用として認められていない我が国の現行制度の下では、原告が請求異議訴訟の本案に敗訴し、その申立てにかかる右強制執行停止決定が失効ないし取り消されたからといって、当然に弁護士費用の賠償が求められるものではないと解すべきである。ただ、右強制執行停止決定に関する弁護士費用については、強制執行停止の申立てをした申立人主張の権利又は法律関係が事実的、法律的根拠を欠くものである上、申立人が、そのことを知り又は通常人であれば容易にそのことを知り得たのに、敢えて強制執行の申立てをしたなど、強制執行停止の申立てが、制度の趣旨目的に照らして、著しく相当性を欠くと認められるときに限って、不当な訴訟行為による損害として、弁護士費用の賠償が求められるものと解すべきところ、本件における全証拠によるも、右事実を認めることはできない。

(四)　よって、以上いずれにしても、被控訴人桶川が、前記強制執行停止の申立てをし、その旨の決定を得たことを理由とした控訴人の損害賠償請求は理由がなく、右の点に関する控訴人の主張も採用できない。

9　なお、控訴人は、被控訴人野村が、被控訴人桶川の訴訟代理人として、控訴人を相手方に請求異議訴訟を提起し、第1、2審とも敗訴しながら、さらに、上告をする一方で、船津らの代理人として、同一債権について事前求償債権請求訴訟を提起したこと、また、被控訴人桶川が船津らとの間の債権譲渡契約を合意解約しながら、請求異議訴訟の上告やこれに伴う強制執行停止の申立を取り下げなかったことは違法であると主張する。

しかし、原判決9枚目表3行目から同11枚目9行目までに記載の同一の理由により、右被控訴人野村の行為は、何ら違法行為ではなく、不法行為を構成しないものというべきであるから、右の点に関する控訴人の主張も、採用できない。

〈判決の意義と指針〉

この事案は、弁護士が訴訟で敗訴判決を受けた者から、請求異議訴訟の提起を受任し、その後、控訴、上告をしたため、請求異議訴訟の被告になった者が弁護士らに対して不当訴訟を主張し、不法行為に基づき損害賠償を請求した控訴審の事件である（この事案は、訴訟の相手方に対する弁護士の弁護過誤の類型の事件であり、第1審判決である前記【判決2】京都地判平成3・4・23判タ760号284頁は、弁護士の不法行為を否定し、請求を棄却したものである）。

この判決の特徴は、

①　前記の第1審判決と同様に、最三小判昭和63・1・26民集42巻1号1頁を踏まえ、請求異議訴訟の提起、敗訴後の控訴、上告が不当ではないとしたこと

②　上訴に伴う強制執行停止の申立てが不当ではないとしたこと

③　原告・申立人の不当な訴訟行為とはいえないとしたこと

④　訴訟代理人である弁護士の行為は何ら違法行為ではないとしたこと

があげられる。請求異議訴訟の提起、これに関連する訴訟行為につき訴訟代理人であった弁護士、依頼者の不法行為を否定した事例判断として参考になる。

判　決　４	訴訟追行を受任した弁護士の仮執行宣言、仮執行免脱宣言付勝訴判決による強制執行に係る不法行為責任を認めなかった事例 〔東京地判平成４・６・17判時1435号27頁〕

【事案の概要と判決要旨】

横田基地の周辺の住民Ａらは、弁護士Y_1、Y_2らを訴訟代理人として、Ｘ（国）に対して国家賠償責任に基づく損害賠償を請求する訴訟を提起し、東京高裁は、昭和62年７月、Ａらの請求を一部認容する、元本部分につき仮執行宣言、仮執行を免れるため全認容額の８割の額を担保とする仮執行免脱宣言を判決したが、Ｘの指定代理人Ｂは、判決前からY_1との間で仮執行宣言が付された場合の対応につき協議をする等していたところ、判決当日、Ｘは、担保を供託し、その旨の上申書と供託書受理証明書を提出したものの、Y_1、Y_2は、同日、執行官に動産の強制執行の申立てをし、執行官が郵便局保管の現金に執行をし、請求債権額全額をY_1に交付したため、ＸがY_1、Y_2に対して不法行為に基づき損害賠償を請求した。

この判決は、仮執行免脱担保がされると、仮執行宣言付判決の執行力は当然に消滅し、これを知りながら申立代理人として強制執行を申し立てた弁護士の行為は不法行為の責任原因があるとしたが（Y_1につき肯定したが、Y_2につき否定した）、このような強制執行も執行行為としては有効であり、勝訴原告に交付された金銭が敗訴被告の損害にならないとし、損害の発生を否定し、結局、請求を棄却した。

〈判決文〉

(一)(1)　債権者が、仮執行宣言及び執行免脱宣言が付された判決に基づき強制執行をする場合において、既に免脱担保が立てられていることを知りながら強制執行の申立てを行い、執行機関をして強制執行手続をとらせることは、不法行為としての違法性を備え得ると解すべきである。

言うまでもなく、強制執行は債務名義の執行力のある正本に基づいて行われるものであるから、観念的に実体上の請求権が存在しても、債務名義の執行力ある正本が存在しないかぎり正当な執行はなし得ない。強制執行をするために執行文の付与が必要な債務名義においては執行文の付された債務名義の正本が、その他の債務名義（承継執行文の不要な場合の仮執行宣言付支払命令）にあっては単に債務名義の正本がそれぞれ存在すれば、これにより強制執行を申し立てて執行機関をして強制執行手続をさせることは可能である。しかし、前記のように執行文は必ずしも債務名義の執行力の消長をすべて反映するものではないから、執行文の付与された債務名義の正本が存在しても、客観的にはその執行力が消滅している場合があり得る。執行文の不要な債務名義においては、なおのことそうした食い違いの生じる一般的可能性が高いことになろう。

したがって、債務名義ないしはその正本の執行力が消滅している場合にも、強制執行の申立てがなされ、執行力の消滅が強制執行手続に反映されずに強制執行手続が取り消されないまま完結してしまうことも起こり得るところであるが、民事訴訟手続は、実体上の請求権の実現方法として、債務名義という形で執行力を具現し、その執行力をもって強制執行手続により請求権の満足を得させることを予定しているのであって、執行力の存在は民事訴訟制度が予定している強制執行の前提条件なのであるから、執行力を欠いたまま強制執行の申立てをした場合には、右申立てやこれによる執行手続を続行させることに不法行為としての違法性が生じ得るのである。

債務名義の成立後に弁済等によって当該債務名義の基礎となった実体上の請求権が消滅しているのに、右債務名義に基づいて執行の申立てをすることが不法行為としての違法性を有することは一般に肯定されているが、これも、実体上の請求権の消滅により執行力が消滅したにもかかわらず強制執行を行った点に、違法性を認めるべき大きな根拠のひとつが存在するのであって、本件のように仮執行宣言付き判決の解除条件成就による執行力消滅の場合も、その点で違法性の生ずる基礎は同一である。

⑵ 被告らは、執行機関に対する執行停止・取消文書の提出がないかぎり債務名義ないしはその正本の執行力の消滅を現実に主張することはできない旨主張する。確かに、右執行力の消滅を強制執行手続に反映させるためには、右文書の提出が必要である。

しかしながら、本件で問題となっているのは、執行力の消滅にともなう執行手続の停止・取消の可否ではなく、執行力が消滅した場合に執行申立てを行って執行機関に執行手続をとらせたことの違法性の有無である。前述のように、強制執行手続は債務名義の執行力の存否を必ずしも完全に反映せずに開始・続行されることがあり得るが、これは、執行の迅速を図るためには債務名義の実質的審査権を執行機関に与えることが不適当であるという手続的要請から、当事者主義を加味して、（必要ならば執行文の付与された）債務名義の正本に基づいて執行が開始されるという構造を執行法が採用したことによるものであり、右手続的要請によって、民事訴訟手続の本来予定する必要不可欠な前提条件を欠落した執行申立ての違法性までが正当化されるものではない。

強制執行の執行法上の適否と、不法行為としての違法性の有無とは、評価の面を異にするのであって、強制執行が執行法上の評価として適法に完結したとしても、不当執行はあり得るのである。

⑶〜⑹ 〈略〉

㈡⑴⑵ 〈略〉

⑶ 次に、被告甲野の違法性の意識ないしその可能性につき検討する。

被告甲野は、仮執行免脱宣言が付された場合の仮執行宣言付判決に基づく強制執行の実態は、いわば執行の完了と執行機関に対する立担保証明文書の提出とのスピード競走であり、右文書の提出までは執行が可能で、かつ、執行しなければならないというのが弁護士の意識である旨主張する。

確かに、本件のような仮執行宣言付判決による強制執行に関する事案において、仮執行免脱担保の供託により債務名義の執行力が消滅し、債権者による執行申立てにつき不法行為が成立する旨を判示した裁判例は見当たらず、学説においても、特に右不法行為の成否という問題点を意識した議論は、ごく最近まで見られなかったようである。また、被告甲野自身は、本件供託により原事件判決の執行力が消滅したとは認識せず、したがって、執行力が消滅した債務名義による強制執行の申立ての不法行為としての違法性につき何ら検討することなく本件執行申立てに及んだ旨供述している。

(4)　被告甲野が、仮執行免脱担保が供託されたことを知った場合でも執行機関に供託証明書が提出されない限り、執行申立てをすることは差し支えないと考えていたとしても、それは法律の錯誤にすぎず、違法性の意識の可能性があれば、本件行為責任は免れない。そして、以下のとおり、被告甲野には違法性の意識の可能性があったものと認められる。

前述のとおり、仮執行免脱担保を立てたことによる仮執行宣言付き判決の執行力の消滅は比較的古くから論じられ、また、執行力の存在は民事訴訟手続が本来的に予定している強制執行の必要不可欠の前提条件であって、そのこと自体は法律実務家にとっていわば常識に属する。このことだけでも、違法性の意識の可能性、換言すれば正当な法解釈の可能性を肯定するのに不足はないと言うべきである。

被告らが主張する公害事件等における強制執行の先例が、いずれも、免脱担保が供託されたことを債権者が知っていても供託証明書が執行機関に提出されない限り、執行申立てやその続行が不法行為にならないという共通の認識があったと認める根拠とはならないことは、前記のとおりであるから、右先例を根拠に違法性の意識の可能性がなかったとすることもできない。

ところで、敗訴被告の財産所在地が多数ある場合に、勝訴原告が換価手続を要しない金銭に対する強制執行を選択したときには、申立の時期・場所を勝訴原告が任意に選択することができることもあって、免脱担保を立てた敗訴被告の側では、執行完了までに執行を阻止する法的手段をとることは事実上不可能であり、この場合は、強制執行の完了と立担保証明文書の執行官への提出が真の競争関係にあると言えないことは、前述のとおりである。本件において、国は、仮執行免脱宣言に基づいて免脱担保を供託しており、強制執行申立前に国がとり得る法律的措置は全て実行したほか、事実上、東京地方裁判所執行官室に、本件供託をした旨の供託書受理証明書を添付した上申書を提出しており、被告甲野はそのことを認識していた。その上で被告甲野は、即日執行の可能な横浜地方裁判所に対して、執行の完了まで比較的時間のかからない現金に対する強制執行を申し立てたもので、右執行申立てに対する執行停止・取消の申立て等の対抗措置を国が事実上とりえないこと、その場合仮執行免脱宣言とそれに基づく免脱担保の供託が執行手続上は無意味に帰してしまうことを、被告甲野は十分認識していたものと容易に推認できるところである。したがって、被告甲野としては、本件仮執行宣言付き判決に基づいて強制執行を申し立てるにあたり、同じ判決主文に掲げられた仮執行免脱宣言の付された趣旨を事実上無意味にする結果になってよいものかという観点から、反対動機を形成する契機は十分にあったと言わざるを得ない。この点は、被告甲野に違法性の認識の可能性があったか否かを判断するにつき、看過できない事情と言うべきである。

なお、原事件原告の被害救済の必要性及び弁護士としての職責の点がいずれも違法性を阻却する事由とは言えないことは前記のとおりであるから、これらの事由があったことを根拠に、違法性の意識を欠いたことについて相当の理由があるとすることはできない。

㈢　よって、本件執行を申し立て執行機関をして強制執行をなさしめた被告甲野の行為につき、不法行為の責任原因が認められる。

〈判決の意義と指針〉

この事案は、基地周辺の住民らが国に対して騒音公害等を主張し、損害賠償を請求する訴訟を提起し、高裁が請求を一部認容し、仮執行宣言と仮執行免脱宣言を付した判決を言い渡したが、国の指定代理人が判決期日に先立って、住民側の訴訟代理人の弁護士らと仮執行宣言がされた場合の対応を協議し、直ちに免脱担保の供託手続を行う、仮執行を猶予願いたい等の申入れをする等しており（仮執行免脱宣言がされなかった場合には、東京防衛施設局の振出しに係る持参人払小切手を用意し、これを対象とする執行をする旨の協議は成立した）、判決の言渡し後、仮執行免脱のための担保として供託をする等したものの、住民側の弁護士らの申立てにより郵便局に保管中の現金を差し押さえて強制執行がされ、現金が弁護士に交付されたため、国が強制執行を担当した住民側の弁護士らに対して不法行為に基づき損害賠償を請求した事件である。

この事案は、損害賠償請求訴訟において敗訴判決が予想され、強制執行を避けたい国が原告側の弁護士と対応を協議し、判決後にも仮執行免脱の担保を供託する等したにもかかわらず、強制執行が行われたため、弁護士の不当執行の不法行為責任が問題になったものである。この事案と同様な不当執行の問題は、金銭債権に係る支払訴訟が提起され、勝訴判決に仮執行宣言が付されたり、確定したような場合において、敗訴者（被告・債務者）の代理人が確実な方法による任意弁済の申出をする等の提案をしたにもかかわらず、これを無視して強制執行を実行したりしたときにも生じ得る。このようなことが問題になる背景には、強制執行の申立て、実行がされると、債務者である企業の各種の取引上、これらの事由が期限の利益喪失特約の内容として定められており、重大な悪影響が生じたり、企業の信用を毀損し、事業の遂行を妨害するような資産を対象として強制執行の申立て、実行がされることがあるからである。

この判決の特徴は、

①　債権者が、仮執行宣言および執行免脱宣言が付された判決に基づき強制執行をする場合において、すでに免脱担保が立てられていることを知りながら強制執行の申立てを行い、執行機関をして強制執行手続をとらせることは、不法行為としての違法性を備え得るとしたこと

②　強制執行の執行法上の適否と、不法行為としての違法性の有無とは、評価の面を異にするものであって、強制執行が執行法上の評価として適法に完結したとしても、不当執行はあり得るとしたこと

③　被告になった弁護士の一人につき不法行為を肯定し、他の弁護士につき不法行為を否定したこと

④　強制執行によって交付された金銭につき損害の発生を否定したこと

があげられる。

権利の行使であっても、行使の目的、方法によっては違法な権利行使として不法行為が認められるが、権利が債務名義を得たものであっても、権利行使の手続が強制執行手続による場合であっても、その例外ではないところ、この判決は、権利行使を受任した弁護士に参考になる法理を示したものであるということができる。この判決が弁護士の一人につき不法行為を肯定した判断は参考になるが、損害の発生を否定し、不法行為による損害賠償を否定した判断は極めて疑問である。

判　決　５	弁護士の訴訟提起、記者会見等に係る不法行為責任を認めなかった事例 〔東京地判平成７・７・26判時1558号45頁〕

【事案の概要と判決要旨】

Ｘは、Ａ株式会社の元社長であり、業務上横領事件で起訴された被告人であったところ、Ｂ大学法学部で刑法を専攻するＹ教授がＸの起訴、第１審判決時の報道を不正確に再現した雑誌の記事、新書の記事を掲載したため、ＸがＹに対して名誉毀損を主張し、不法行為に基づき損害賠償、謝罪広告の掲載を請求したのに対し、ＹがＸ、その訴訟代理人Ｚに対して不当訴訟の提起、記者クラブにおける訴状等の交付、記者会見による名誉毀損等を主張し、不法行為に基づき損害賠償を請求した。

この判決は、Ｘが新書の出庫停止、回収を約束したことから謝罪広告の掲載請求を棄却したものの、Ｘに対する名誉毀損を認め、Ｘの請求を認容し、訴状等の交付、記者会見は名誉毀損にあたるものの、真実性の証明があったとし、Ｙの請求を棄却した。

〈判決文〉

六　争点６（甲事件訴状記載しの事実記載等が名誉毀損に当たるか）について

被告丙川は、第二の二の５記載の甲事件訴状及び告訴状をマスコミ関係者に配布し記者会見をしたことが同人の名誉を毀損すると主張するが、この点については、右各記載は同人の不法行為を内容とするものであるから、一般人を基準にして、その人が社会から受ける客観的評価を低下させる事実を摘示したといえ、被告丙川の名誉を毀損するものである。

しかしながら、原告甲野の主張どおりSAPIOの記事の掲載及び中公新書の文章が被告丙川の名誉毀損による不法行為であると認められることは前記認定のとおりである。原告甲野の請求が一部棄却されているのは、その損害額の認定において原告甲野の主張が一部認められなかったにすぎず、名誉毀損に該当する不法行為が一部認められなかったものではない（中公新書の文章については、その名誉毀損に該当する記載内容は一部分であるが、右文章の執筆は全体で一個の行為というべきであり、一文毎あるいは一段落毎に一行為があると言い（ママ）えないことは明らかである。）。

そうすると、右訴状及び告訴状に記載された内容については真実性の証明があったものということができ、弁護士活動の正当性や訴状、告訴状という書面の性質論を論じるまでもなく、原告甲野及び被告乙山の行為に違法性はない。

〈判決の意義と指針〉

この事案は、会社の元経営者の業務上横領事件が発生し、法学部教授が雑誌、書籍に事件につき不正確な記載をしたことから、元経営者が教授に対して名誉毀損を主張し、損害賠償を請求したところ、教授が元経営者、その訴訟代理人の弁護士に対して不当訴訟の提起、記者会見による訴状等の配付、名誉毀損を主張し、損害賠償を請求した事件である。本書の関心の観点からいえば、後者の弁護士の不当訴訟の提起、訴訟等の名誉毀損が関心事であり、弁護士の訴訟等における不当訴訟、名誉毀損の類型の事件である。

この事案の特徴は、

① 法学部教授が会社の元経営者の業務上横領事件の起訴、第1審判決時に雑誌、書籍に事件につき不正確な記載をしたこと

② 元経営者が教授に対して名誉毀損による損害賠償を請求する訴訟を提起したこと

③ 弁護士が元経営者の訴訟代理人になったこと

④ 元経営者、弁護士が記者会見を行ったこと

⑤ 教授が元経営者、その訴訟代理人の弁護士に対して不当訴訟の提起、記者会見による訴状等の配付、名誉毀損を主張し、損害賠償を請求したこと

⑥ 弁護士の訴訟の提起、訴状・記者会見の内容等の責任が問われたこと

があげられる。

この判決は、大学教授の雑誌、書籍による名誉毀損に係る不法行為責任を肯定するとともに、弁護士らの不当訴訟の提起、名誉毀損に係る不法行為責任を否定したものであり、その旨の事例判断を提供するものである。

判　決　6	訴訟追行等を受任した弁護士の仮差押えの不当執行に係る不法行為責任を認めた事例 〔東京地判平成7・10・9判時1575号81頁〕

【事案の概要と判決要旨】

不動産業を営むX株式会社は、土地を購入し、建物の新築分譲する目的でA株式会社に建物の建築を請け負わせ、Y_1がAの下請けをしたところ、Aが下請代金を支払わなかったため、Y_1が弁護士Y_2に委任して、Aに代位し、AのXに対する請負代金債権を被保全権利としてX所有の土地につき仮差押えをした後、Y_2を代理人として本案訴訟を提起したが、請求棄却の判決がされ、Xの仮差押異議により仮差押決定が取り消され、仮差押えの申立ても却下されたため、XがY_1、Y_2に対して不法行

為に基づき損害賠償を請求した。

この判決は、Y_1、Y_2につき、特段の事情のない限り、過失が認められるとし、特段の事情を否定し、Y_1らの不法行為を肯定し（損害については、仮差押えの時点での売却価格の蓋然性を前提とし、実際に売却された時点までの資金運用を妨げられた金額として108万円余の損害を認め、価格下落の損害の主張を排斥した）、請求を認容した。

〈判決文〉

2　ところで、仮差押命令が、その被保全権利が存在しないために、当初から不当であるとして取り消された場合において、右命令を得てこれを執行した仮差押申請人が、右の点について故意または過失のあったときは、右申請人は、民法709条により、被申請人がその執行によって受けた損害を賠償すべき義務があるものというべく、一般に、仮差押命令が異議もしくは上訴手続において取り消され、あるいは、本案訴訟において仮差押申請人敗訴の判決が言い渡され、その判決が確定した場合には、他に特段の事情のない限り、右申請人において過失があったものと推定するのが相当である。

3　これを本件についてみると、右1認定の事実関係の下においては、本件仮差押申請人である被告茂及び被告茂から委任を受けてその訴訟代理人として本件仮差押を申請した被告太郎には、特段の事情のない限り、過失があったものと推定すべきであり、かつ、本件全証拠によっても、被告らの過失の推定を覆すに足りる特段の事情の存在を認めることはできない。

すなわち、被告らにおいて、本件仮差押の申請にあたって、事前調査を十分に行っていれば、原告と卓立建設との間の請負契約が既に合意解除されていることを容易に認識し得たはずであり（なお、原告から、本件仮差押登記後、まもなく、被告太郎に対し、卓立建設の原告に対する請負代金債権が、合意解除により、発生しないことに確定している旨の通知がなされ、右合意書のコピーも、別途、送付されている。）、精算金支払請求権の存否についても、久木元は、右請求権を有することを主張してはいるものの、甲第8号証の合意書の記載からは、そのような趣旨を読み取ることはできないし、また、原告が、残工事を発注したのは、丸善土地開発であり、再発注工事代金額は、1314万5300円であって、これらの事情も、現場を確認したり、同社に照会するなどすれば、容易に知り得た事柄であり、仮差押の密行性の要請を考慮しても、右の程度の事前調査義務は、当然、肯定すべきものであるから、結局、被告茂は、久木元の言い分を、被告太郎は、被告茂の言い分をいわば鵜のみにしたものといわざるを得ず、被告らにおいて、本件仮差押の被保全権利が存在するものと信じ、本件仮差押決定を得て、これを執行したことについて、相当の事由があったものとは到底認められない。

4　したがって、被告らは、共同不法行為に基づき、原告に対し、本件仮差押によって被った損害を賠償する義務があるというべきである。

二　争点2について

1　〈証拠略〉によれば、本件建物と目録四の建物の建築請負代金の合計（卓立建設と丸善土地開発に支払った請負代金の合計）が、3123万5300万円であり、床面積の比率によって、本件建物の建築請負代金相当額を算出すると、1601万5903円となり、これに、本件土地の購入代金1069万6400円を加算すると、2671万2303円となること、仮差押の対象となっていなかった目録三及び四の土地、建物は、平成4年6月9日に、2300万円で売却されていること、本件土地、建物は、平成5年4月2日に、1600万円で売却されていることが認められる。

2　そうすると、本件土地、建物は、本件仮差押がなければ、目録三及び四の土地、建物と同時期に、その投下資本の額2671万2303円を下回らない代金額で売却された蓋然性が高いというべきであるから、原告は、本件土地、建物が現実に売却された平成5年4月2日までの297日間、右金額に対する資金運用を妨げられたことになり、これを、民法所定の年5分の割合により算出すると、108万6788円となるが（1円未満切捨て）、右金額が、被告らの本件仮差押の申請、執行という不法行為と相当因果関係のある損害ということができる。

3　原告は、更に、本件土地、建物の価額が著しく下落したことによる損害を請求するが、これは、いわゆるバブル崩壊による予見できない特別損害にあたるというべきであるから（公知の事実）、失当であるといわなければならない。

〈判決の意義と指針〉

この事案は、不動産業者が土地を購入し、建物を新築分譲する目的で建物の建築を請け負わせたところ、元請業者が下請代金を支払わず、下請業者が元請業者に対する下請代金債権を保全するため、元請業者が発注者に対する請負代金債権を債権者代位により行使し、発注者の所有土地につき仮差押えをした後、本案訴訟を提起し、敗訴判決を受ける等したため、不動産業者が不法行為に基づき下請業者のほか、仮差押えの申立て等の代理人の弁護士に対して損害賠償を請求した事件である。この事案は、仮差押えの申立て、執行の相手方に対する弁護士の不法行為の類型の事件である。

この事案の特徴は、

① 弁護士が下請業者から下請代金の保全等の依頼を受けたこと

② 弁護士が下請代金債権を被保全権利とし、元請業者の発注者（不動産業者）に対する請負代金債権を債権者代位により行使したこと

③ 代位行使に係る請負代金債権を保全するため、発注者の販売予定の土地につき仮差押えの申立てをし、執行したこと

④ 弁護士が下請業者から本案訴訟等を受任したものの、敗訴判決を受ける等したこと

⑤ 発注者が下請業者のほか、その代理人である弁護士に対して共同不法行為責任を追及したこと

⑥ 損害としてバブル経済の崩壊による価格下落等が主張されたこと

があげられる。

この判決の特徴は、

① 判例に従って、仮差押命令が、その被保全権利が存在しないために、当初から不当であるとして取り消された場合において、同命令を得てこれを執行した

仮差押申請人は、故意または過失のあったときは、被申請人がその執行によって受けた損害を賠償すべき義務があるとし、仮差押命令が異議もしくは上訴手続において取り消され、あるいは、本案訴訟において仮差押申請人敗訴の判決が言い渡され、その判決が確定した場合には、他に特段の事情のない限り、同申請人において過失があったものと推定するのが相当であるとしたこと

② 仮差押えの申請人のほか、申請人の代理人についても、同様に不法行為責任を負い、過失が推定されるとしたこと

③ この事案では、過失の推定を覆す特段の事情が認められないとし、申請人と代理人の共同不法行為責任を肯定したこと

④ 下請業者、代理人の元請代金債権の前提となる事実関係の調査義務違反を肯定したこと

⑤ 仮差押えの時点での売却価格の蓋然性を前提とし、実際に売却された時点までの資金運用を妨げられた金額を損害として認めたこと

があげられる。この判決は、販売目的の不動産の仮差押えの申立て、執行について、不法行為責任の過失の推定に関する判例法理が申立人だけでなく、申立人代理人である弁護士にも適用し、実際にも弁護士の共同不法行為責任を肯定した事例判断として参考になるものである。

なお、この判決の前提となっている判例は、たとえば、最三小判昭和43・12・24民集22巻13号3428頁、判時547号40頁は、仮処分命令が不当であるとして取り消された場合において仮処分申請人に不法行為上の過失があるかが問題になった事案について、「仮処分命令が、その被保全権利が存在しないために当初から不当であるとして取り消された場合において、右命令を得てこれを執行した仮処分申請人が右の点について故意または過失のあつたときは、右申請人は民法709条により、被申請人がその執行によつて受けた損害を賠償すべき義務があるものというべく、一般に、仮処分命令が異議もしくは上訴手続において取り消され、あるいは本案訴訟において原告敗訴の判決が言い渡され、その判決が確定した場合には、他に特段の事情のないかぎり、右申請人において過失があつたものと推認するのが相当である。しかしながら、右申請人において、その挙に出るについて相当な事由があつた場合には、右取消の一事によつて同人に当然過失があつたということはできず、ことに、仮処分の相手方とすべき者が、会社であるかその代表者個人であるかが、相手側の事情その他諸般の事情により、極めてまぎらわしいため、申請人においてその一方を被申請人として仮処分の申請をし、これが認容されかつその執行がされた後になつて、他方が本来は相手方とされるべきであつたことが判明したような場合には、右にいう相当な事由があつたものというべく、仮処分命令取消の一事によつて、直ちに申請人に過失があるものと断ずることはできない」と判示しており、仮処分、仮差押えにつき重要な先例となっているものである。

判　決　7	弁護士の交渉相手に対する書面送付等に係る不法行為責任を認めなかった事例 〔東京地判平成7・10・31判タ922号268頁〕

【事案の概要と判決要旨】

弁護士Ｙは、Ａの代理人となり（Ｙは、全国霊感商法対策弁護士連絡会に属していた）、ＡがＢ社から物品を購入し、これにつきＸが霊感商法として関与した旨を主張し、Ｘに対して数回代金の返還を請求する書面を送付し、ＸがＹ所属の弁護士会にＹにつき懲戒の申立てをしたのに対し、Ｙが同様な内容を記載した弁明書、準備書面を提出したため、ＸがＹに対して不法行為に基づき慰謝料合計170万円の損害賠償を請求した（Ｘは、本人訴訟）。

この判決は、Ｙの書面の送付、弁明書等の記載につき不法行為を否定し、請求を棄却した。

〈判決文〉

一　争点1について

1　〈略〉

ところで、弁護士が依頼者の権利の実現を図るため、その調査した事実に基づき交渉による解決を図る場合においては、利害の対立する相手方の行為の不当性を指摘するため、相手方の名誉感情を刺激するような表現が含まれる場合があるのも、ある程度やむを得ない面があるといわなければならない。したがって、弁護士の相手方に対する書面等において、相手方の名誉を損なうような表現があったとしても、それが交渉における正当な言論と認められる限りは、その違法性は阻却され、不法行為を構成するものではないと解するのが相当である。しかしながら、弁護士による交渉や弁論活動といえども内在的制約があることは勿論であるから、当初から相手方当事者の名誉を害する意図でことさらに虚偽の事実または当該事件と何ら関連性のない事実を主張したり、あるいはその意図がなくとも、事実の解決ないし訴訟の追行上必要な限度を超えて、著しく不適切で非常識な表現内容、方法による主張をし、相手方の名誉を著しく害する場合などは、その内在的制約を超え、社会的に許容される範囲を逸脱したものとして、違法性を阻却されず、不法行為責任を免れないというべきである。〈略〉

2　〈略〉

3　以上認定の事実によれば、原告は、高橋から相談を受け、その被害の態様と、既に有していた統一協会による霊感商法の知識とを併せ考えて、本件もかかる霊感商法のひとつであると推認したものであり、更に、原告の2000万円の返還に関するこれまでの対応、高橋から原告が高橋の個人情報を把握していたと説明を受けていたこと、従来の事件によって把握していた霊感商法における原理講義の位置付けに関する知識等を総合して、原告も組織的霊感商法の一端を担っている可能性があると考え、よって、原告も売買代金返還の交渉相手とするのが相当であると判断したものと認められるのであって、右判断は、不合理なものとは言えない。したがって、被告の本件各通知は、社会的に許容される範囲を逸脱したものではなく、よって、不法行為は成立しない。

二　争点2について

1　原告は、被告が東京第二弁護士会綱紀委員会及び当裁判所に本件文書1ないし3を提出したことが不法行為になる旨主張する。

しかしながら、被告が右各文書を提出した行為は、懲戒申立事件の被申立人として、あるいは本件訴訟の被告として、いわば紛争の当事者が、自己の主張を尽くし、その権利を防御すべくなされた行為であって、懲戒処分における告知、聴聞の機会を保障し、当事者主義をとる我が国の民事訴訟法の下において当事者に自由に弁論を尽くさせることが極めて重要であることに鑑みれば、そこで提出された文書の中に、相手方の行為の不当性を指摘するため、相手方の名誉感情を刺激するような表現が含まれていたとしても、訴訟における正当な弁論活動と認められる限り、その違法性は阻却されると解すべきである。

2　そこで、検討するに、前記一2に認定の事実によれば、被告が、本件を、統一教会による組織的、計画的な霊感商法の一例と推認し、原告の原理講義が、他の信者による因縁話しをより効果的にする意味合いをもったものであったのではないかと判断したことが必ずしも不合理とはいえないことは前記のとおりである。

よって、本件文書1ないし3は、いずれも正当な弁論活動と認められ、その提出は、いずれも不法行為には該当しないというべきである。

〈判決の意義と指針〉

この事案は、物品を購入した者から事件を受任した弁護士が交渉の過程で相手方に対して霊感商法として関与した旨を記載した書面を送付し、相手方から懲戒の申立てを受けた際、同様な内容を記載した弁明書、準備書面を提出したため、相手方が弁護士に対して不法行為に基づき損害賠償を請求した事件である。この事案は、弁護士の受任事件の相手方に対する誹謗中傷の類型の事件である。

この事案の特徴は、

①　弁護士が物品を購入した者から代金の返還を依頼され、受任したこと

②　弁護士が交渉の過程で相手方に対して数回書面（通知書）を送付したが、その中に霊感商法に関与したことを記載したこと

③　相手方が弁護士につき懲戒の請求を所属弁護士会に対して行ったこと

④　弁護士が弁明書、準備書面を提出したが、その中で同様な記載をしたこと

⑤　相手方が弁護士に対して不法行為責任を追及したこと

⑥　相手方が霊感商法に関与したことがあるか、弁護士がどのような根拠で記載したかが問題になったこと

があげられる。

この判決の特徴は、

①　弁護士が依頼者の権利の実現を図るため、その調査した事実に基づき交渉による解決を図る場合においては、利害の対立する相手方の行為の不当性を指摘するため、相手方の名誉感情を刺激するような表現が含まれる場合があるのも、

やむを得ない面があるとしたこと

② 弁護士の相手方に対する書面等において、相手方の名誉を損なうような表現があったとしても、それが交渉における正当な言論と認められる限りは、その違法性は阻却され、不法行為を構成するものではないとしたこと

③ 弁護士による交渉や弁論活動は、当初から相手方当事者の名誉を害する意図でことさらに虚偽の事実または当該事件と何ら関連性のない事実を主張したり、あるいはその意図がなくとも、事実の解決ないし訴訟の追行上必要な限度を超えて、著しく不適切で非常識な表現内容、方法による主張をし、相手方の名誉を著しく害する場合などは、その内在的制約を超え、社会的に許容される範囲を逸脱したものとして、違法性を阻却されず、不法行為責任を免れないとしたこと

④ この事案につき、弁護士の認識が不合理とはいえない等とし、弁護士の不法行為を否定したこと

があげられる。この判決は、受任事件の交渉の過程において弁護士が交渉の相手方に送付した書面の記載、懲戒請求手続において提出した書面の記載につき不法行為を否定した事例判断を提供するものであるが、その前提として、不法行為の一般的な枠組みにつき、訴訟の段階と交渉の段階において同じ基準で不法行為の成否を判断すべきであると説示していることは、交渉と訴訟手続の各種の規律の違いに照らすと、疑問である。

判決8	不動産売買の売主の代理人になった弁護士の買主に対する不法行為責任を認めた事例 〔東京地判平成7・11・9判タ921号272頁〕

【事案の概要と判決要旨】

Xは、Y_1の紹介により、Aからその所有地（土地に借地権が設定され、他人の建物が建築されていた）を買い受けることになり、Aの代理人と称する弁護士Y_2に買付証拠金800万円、手付金1200万円を支払ったところ、Y_1が本当はAが本件土地を売却する意思がなく、これがあるかのように装って偽造した売却承諾書を交付し、Aの替え玉としてBを同行させ、売買契約書を作成させる等したものであったため、XがY_1、Y_2に対して不法行為に基づき損害賠償を請求した。

この判決は、Y_2において替え玉がAであると信じたのもある程度やむを得ないかもしれないものの、自ら直接Aに売買が本当に実在するかを確認するとか、替え玉がA本人であるかどうかを確認すべき業務上の注意義務があった等とし、Y_2の不法行為を認める等し（交付された金銭から被害弁償を控除した1680万円の損害を認めた）、請求を認容した。

〈判決文〉

4　被告森景の本人確認義務違反の過失による不法行為責任

右錯誤無効の重過失の判断における①ないし④の事実などに照らせば、細田と名乗る女性が細田本人であると被告森景が信じたのもある程度やむを得ないのではないかと窺わせる事情もない訳ではない。

しかしながら、一般に弁護士が法律事務に関して代理人を受任し、第三者と法律事務をするにあたっては、依頼者本人の意思に基づくものであるか否かを充分に確認すべき高度の注意義務があるというべきである。なぜなら、一般に弁護士が受任すれば相手方は本人とは直接交渉せずに、代理人弁護士を通じて交渉するのが社会的慣行になりつつあると言って差し支えないし、弁護士が代理人として活動するからには本人の意思に基づく依頼があるに違いないという相手方からの高い社会的信用が寄せられ、それによって弁護士は自由な活動が確保されているのであるから、その大前提として弁護士自身が依頼者本人の意思に基づく委任があるか否かを充分に確認し、替え玉などに騙されることのないようにしておくのが当然というべきだからである。

本件においては、前記認定事実によれば、㈠本件土地上には借地人の建物があり、複雑な親族関係の存在も窺え、地主の売却承諾書や借地人の建物明渡同意書の履行について不安が残るので、売主に代理人として弁護士をつけてほしいと原告が要求しており、そのことは、買付証拠金と手付金授受のときに、原告が直接に被告森景に対し、立会人ではなくて売主の代理人になってくれなければ金を払わないと明確に述べているのであるから、被告森景も、充分に認識できたはずである。また、㈡被告森景は、「弁護士」である自分が代理人になるからこそ、原告が最終的に800万円の買付証拠金や1200万円の手付金を交付するのだということを充分に理解していたはずである。

さらに、㈢本件においては、今後の手続や明渡等の諸問題を考慮し、原告から所有者らに対して直接に面談を求めたり、電話をかけたりしないことを約束する旨の念書（乙1の1）が原告から被告土屋に差入れられており、原告が売主細田本人に連絡をとろうとしても、とれないという特殊な状態にあることを、被告森景自身も、被告土屋から右念書を見せられていたから、知っていたはずである。また、㈣被告森景は、買付証拠金の授受のときには20万円を、手付金授受のときは30万円を、それぞれ被告土屋から報酬として受領しているのだから、報酬受領の面からみても相当の注意義務を尽くしてしかるべきである。加えて、㈤本件取引は、いわゆる地上げであって、不動産取引のなかでもリスクのある取引といえるし、金額も6578万円と高額であるから、慎重に対応すべきであった。さらに、㈥本件の売却承諾書や建物明渡同意書には公証役場の日付印が押されているが、そのような公証印は、かえって法律関係を仮装するために悪用される事例も皆無とは言い難く、公証役場の印があるからといって文書の内容の真実性までも担保されないことは弁護士である被告森景ならば充分に理解できたはずである。

以上の㈠ないし㈥の事情その他前記認定の本件事実経過に照らすと、被告森景としては、本件売買が本当に実在するのかどうかを、僅か一回だけ執行の立会いを依頼した程度の被告土屋や坂倉に頼って判断するのではなく、自ら直接細田本人に電話するとか、鈴木弁護士に確認の電話をするとか、あるいは、細田と名乗る古谷に対しても保険証や権利証、印鑑証明などで依頼者本人であることを充分に確認すべき業務上の注意義務があったというべきであり、被告森景がそのような慎重な対応をしていれば、本件においては、本件売買について売主細田本人の承諾がなく、古谷が細田の替え玉であったことにも気づくことができたものと推認される。

しかるに、被告森景は、これらの注意義務を怠り、売主細田本人の承諾がなく、古谷が細田の替え玉であったことに気づかなかったのであるから、同被告には過失があり、原告に生じた1680万円の損害を賠償すべき不法行為責任があると言わざるを得ない。右の結論は、弁護士に高度の注意義務を課することによって弁護士一般に対する高い社会的信頼を維持し、もって法律専門家である弁護士を通じて契約締結手続を円滑に実行させ、法律的紛争を迅速適性に解決させていくという見地に照らして、やむを得ないものと考える（なお、被告森景は、原告について様々な非難を加えているところ、裁判所から予備的に過失相殺の主張をする趣旨か否かという求釈明に対し、あくまでも自分には責任がないので、第１審においては、過失相殺の主張をしないと述べた。）。

〈判決の意義と指針〉

この事案は、不動産売買に売主の代理人になった弁護士が買主から買付証拠金、手付金の交付を受けたところ、売主が替え玉（成りすまし）であったため、買主が売買の紹介者のほか、弁護士に対して不法行為に基づき損害賠償を請求した事件である。この事案は、不動産売買を受任し、売買交渉、締結過程における弁護士の依頼者本人の確認過誤に係る、取引の相手方に対する不法行為の類型の事件である。

この事案の特徴は、

①　不動産売買につき紹介者の紹介により、買主が売買を行ったこと
②　弁護士が売主と称する者から売買契約を受任したこと
③　弁護士が買主から買付証拠金、手付金の交付を受けたこと
④　売主に不動産売却の意思がなかったため、これがあるかのように装って偽造した売却承諾書が作成、交付されたこと
⑤　売買契約書の締結日、売主として替え玉が利用されたこと
⑥　買主が紹介者、弁護士に対して不法行為責任を追及したこと
⑦　弁護士の売主本人の確認義務違反が問題になったこと

があげられる。

この判決の特徴は、

①　一般に弁護士が法律事務に関して代理人を受任し、第三者と法律事務をするにあたっては、依頼者本人の意思に基づくものであるか否かを充分に確認すべき高度の注意義務があるとしたこと
②　この事案では、この売買が本当に実在するのかどうかを、わずか１回だけ執行の立会いを依頼した程度の紹介者らに頼って判断するのではなく、自ら直接本人に電話するとか、弁護士に確認の電話をするとか、あるいは、保険証や権利証、印鑑証明などで依頼者本人であることを充分に確認すべき業務上の注意義務があったとしたうえ、このような慎重な対応をしていれば、売買について

売主本人の承諾がなく、替え玉であったことにも気づくことができたものと推認されるとし、弁護士の注意義務違反を認めたこと

③　弁護士の不法行為責任を肯定したこと

④　損害として買主が交付した金銭相当額の損害を認めたこと

があげられ、事例判断として参考になる。

弁護士が受任事件を処理するにあたって、原則として依頼者本人と面談する等して本人を確認し、本人の意思を確認することは当然の事柄であるが、この判決は、売買交渉、契約締結を受任した場合において依頼に係る売主本人の確認を怠ったことが取り上げられた事案について、買主に対して本人確認義務違反、不法行為が肯定された事例として、弁護士にとっては基本的な義務をあらためて示す内容を明らかにしたものである。

判　決　9	弁護士の訴訟提起に係る不法行為責任を認めなかった事例 〔東京地判平成８・２・23判時1578号90頁〕

【事案の概要と判決要旨】

大学院生Ｘは、研究の取材のためにＡ県を訪れた際、県立Ｃ高校の教諭で、Ｂ市の委嘱を受けてＢ市史の地理編の編纂委員・編集委員をしていたY_1と面識を得て、調査対象の紹介を受け、Ｂ市教育委員会の紹介によって調査等を行い、Y_1から市史の原稿の執筆の依頼を受け、原稿を送付したところ、Y_1がＸに無断でＸ執筆に係る論文に若干の改変を加え、その前後に自己の文章を加え、共同研究であると付記する等してＣ高校の学内誌に掲載して発行され、別刷を他に配布する等したため、ＸがY_1に対して著作権侵害、偽って論文の執筆を依頼した等と主張し、損害賠償等を請求し、Y_1は、弁護士Y_2を訴訟代理人としてＸに対して盗用などと記載した文書の送付等による名誉毀損等を主張し、損害賠償を請求する反訴を提起したのに対し、ＸがY_2に対して不当な反訴の提起等を主張し、損害賠償を請求した。

この判決は、Y_1の著作権および著作人格権侵害を認め、ＸのY_1に対する本訴請求を認容し、Ｘの行為が社会的相当性を逸脱したものとはいえない等とし、Y_1の反訴請求を棄却し、反訴の提起が違法であるとはいえない等とし、Y_2の不法行為を否定し、ＸのY_2に対する請求を棄却した。

〈判決文〉

４　争点５（被告丙川の訴訟活動に関する不法行為の成否）について

㈠　原告は、被告乙山が提起した反訴は違法な濫訴であり、弁護士である被告丙川は、弁護士法１条、２条に違反して、反訴が違法であることを容易に知ることができるのにこれを看過し、積極的に被告乙山に加担して反訴を提起し、さらに反訴事件及び甲事件において、違法な訴訟活動を行っており、被告丙川のこれらの行為は、被告乙山とは別個

の不法行為に当たる旨主張する。

ところで、法的紛争の当事者が当該紛争の終極的解決を求めて訴えを提起することは、法治国家において裁判を受ける権利として最大限尊重されなければならないから、原則として正当な行為であり、右訴えの提起が相手方に対する違法な行為といえるのは、当該訴訟において提訴者の主張する権利又は法律関係が、事実的、法律的根拠を欠くものであるうえ、提訴者が、そのことを知りながら、又は通常人であれば容易にそのことを知り得たといえるのにあえて訴えを提起したなど、訴えの提起が裁判制度の趣旨目的に照らして著しく相当性を欠くと認められるときに限られるものと解される（最高裁昭和63年１月26日第三小法廷判決・民集42巻１号１項（ママ））。また、訴えの提起が弁護士である代理人を通じてなされた場合、当該代理人の訴訟提起行為について、相手方に対する違法な行為といえるのには、当該代理人が、当該訴えの提起が違法であることを知りながらあえてこれに積極的に関与し、又は違法であることを容易に知り得るのに漫然とこれを看過してその行為に及ぶなど、代理人として訴訟を提起する行為が、それ自体別個の不法行為と評価されるような違法性を備えることが必要であると解される。そして、代理人の訴訟提起行為が、相手方に対して違法であるといえるか否かを判断するに当たっては、元来弁護士は、社会正義の実現の責務を負っているとはいえ、依頼者との委任契約に従い、依頼者の権利を擁護し、その者の正当な利益を守るために、依頼者にとって最も有利になるように考えて法的な措置を講ずることが要請されていることを留意すべきである。

また、代理人が当該訴訟で行う主張立証等の訴訟活動について、相手方に対する違法な行為であるといえるか否かを判断するにあたっては、右に述べたことのほかに、民事訴訟における弁論主義・当事者主義において、当事者双方がそれぞれの立場から忌憚のない主張と十分な立証を尽くすことが本来予定されていることから、これらの活動を萎縮させることがないように配慮する必要があり、代理人の行為が民事訴訟における訴訟活動としてなされる限り、これが相手方に対する違法な行為として不法行為が成立するためには、虚偽と知りながら、あえて虚偽の事実を主張し、又は虚偽の立証活動をなし、あるいは、その主張や立証活動の内容、方式、態様等が著しく適切さを欠く非常識なもので、相手方の名誉や法的な利益を著しく害するなど、その訴訟活動が社会的相当性を逸脱することが明らかなものに限られると解するのが相当である。

(二) 以上の見地に立って、原告の主張の当否を検討する。

(1) 原告は、被告乙山の反訴の提起は違法であり、被告丙川は、反訴の提起が違法であることを容易に知ることができるのにこれに看過して、被告乙山に加担して反訴を提起した旨主張する。

確かに、被告乙山の反訴の提起は、その当初において、原告は、被告乙山の研究補助者であり、原告には、独自の著作権及び著作者人格権がないのに、原告がこれをあるものと誤解して、第三者に対して違法行為を行ったことを請求原因として提起したものであり、その後に、これを主位的な主張として、予備的に、被告乙山が原告の権利侵害行為をしたとしても、原告の行為は社会的相当性を逸脱するものであり、不法行為に該当すると主張するに至ったことは、本件記録上明らかである。

しかし、被告乙山が予備的に主張するように、被告乙山が原告の権利を侵害したとしても、原告がそのことを第三者に告げる等の行為をすることについて、その動機、目的やその具体的な行為態様によっては、社会的相当性を逸脱するものとして、違法性を有するに至ることもあり得るものであり、本件訴訟における双方の主張立証の結果、先のとおり、被告乙山の右の主張が認められず、反訴の理由が認められないと判断されるとしても、直ちに、その反訴の提起自体が、法的根拠や事実的根拠を全く欠くものと評価されるべきものでないことはいうまでもない。

そして、前記１認定の事実経過によると、被告乙山が高等学校の教諭を退職したことについては、原告の各行為と直接の因果関係を認めることは困難ではあるものの、被告乙山がＢ市史の編纂委員及び編集委員の職を辞任したのは、原告の議員に対する事実経過の説明等の行為も一因となって被告乙山の著作権および著作者人格権侵害行為が議会でとりあげられ、新聞報道もなされるなど社会問題化したために、Ｂ市教育委員会の教育長の勧告を受けたためであると認められるのであり、このことや前記１認定の事実経過やその証拠の状況からすると、被告乙山が、原告の第三者に対する言動によって多大な精神的苦痛を受けたものとして反訴を提起することは、全く法的根拠や事実的根拠を欠き、被告乙山がこのことを容易に認識することができたもので、違法なものであるとの評価をすることはできないものというべきであり、被告乙山がこの点について裁判所の判断を求めるために反訴を提起することについて、違法性を肯認することはできない。

したがって、被告丙川が、被告乙山の代理人として、反訴を提起する訴訟行為を行ったことについて、違法性を認めることはできない。

〈判決の意義と指針〉

この事案は、訴訟を提起された被告が弁護士に訴訟の追行を依頼し、弁護士が訴訟代理人となり、反訴を提起し、名誉毀損等による損害賠償を請求したため、反訴を提起された原告が弁護士に対して不当な反訴提起による不法行為に基づく損害賠償を請求した事件である。

この事案の特徴は、

①　訴訟を提起された被告が弁護士に対して訴訟の追行を依頼したこと

②　被告が弁護士に依頼し、弁護士が訴訟代理人として反訴を提起したこと

③　反訴が名誉毀損等を主張し、損害賠償を請求するものであったこと

④　原告が弁護士に対して不当な反訴の提起を主張し、損害賠償を請求したこと

⑤　弁護士が訴訟の相手方当事者から不法行為責任を追及されたこと

があげられる。

この判決の特徴は、

①　最三小判昭和63・１・26民集42巻１号１頁を引用し、訴訟において主張する権利または法律関係が、事実的、法律的根拠を欠くものであるうえ、そのことを知りながら、または通常人であれば容易にそのことを知り得たというるのにあえて訴えを提起したなど、訴えの提起が裁判制度の趣旨目的に照らして著し

く相当性を欠くと認められる場合に限って不法行為になるとしたこと

② 訴えの提起が弁護士である代理人を通じてなされ、当該代理人の訴訟提起行為について、相手方に対する違法な行為といえるためには、当該代理人が、訴えの提起が違法であることを知りながらあえてこれに積極的に関与し、または違法であることを容易に知り得るのに漫然とこれを看過してその行為に及ぶなど、代理人として訴訟を提起する行為が、それ自体別個の不法行為と評価されるような違法性を備えることが必要であるとしたこと

③ 代理人の訴訟提起行為が、相手方に対して違法であるといえるか否かを判断するにあたっては、元来弁護士は、社会正義の実現の責務を負っているとはいえ、依頼者との委任契約に従い、依頼者の権利を擁護し、その者の正当な利益を守るために、依頼者にとって最も有利になるように考えて法的な措置を講ずることが要請されていることを留意すべきであるとしたこと

④ 民事訴訟においては弁論主義・当事者主義により、当事者双方がそれぞれの立場から忌憚のない主張と十分な立証を尽くすことが本来予定されるていことから、代理人の行為が民事訴訟における訴訟活動としてなされる限り、これが相手方に対する違法な行為として不法行為が成立するためには、虚偽と知りながら、あえて虚偽の事実を主張し、または虚偽の立証活動をなし、あるいは、その主張や立証活動の内容、方式、態様等が著しく適切さを欠く非常識なもので、相手方の名誉や法的な利益を著しく侵害するなど、その訴訟活動が社会的相当性を逸脱することが明らかなものに限られるとしたこと

⑤ この事案につき反訴の理由が認められなかったとしても、反訴の提起自体が、法的根拠や事実的根拠を全く欠くものと評価されるべきものではない等とし、代理人である弁護士の不法行為を否定したこと

があげられる。この判決の結論の当否は別として、訴訟の当事者が訴訟を提起したことにつき不法行為が成立するかは、前記の最三小判昭和63・1・26民集42巻1号1頁が重要な先例になっているところであるが、訴訟代理人となった弁護士の不法行為の成否に関するこの判決が提示する法理は、一つの見解であり、議論があろう。もっとも、不当な訴訟に提起につき原告に不法行為が認められる場合、原告の訴訟代理人となった弁護士の不法行為責任は、原告の不法行為とは別に不法行為が認められる場合、共同不法行為が認められる場合（民法719条1項）、教唆、幇助が認められる場合（同条2項）があり、それぞれの不法行為の各要件に従って判断されるべきであり、この判決の提示する前記の法理は未だ分析が不十分である。

判　決　10	仮差押えの申立て等を受任した弁護士の不当執行に係る不法行為責任を認めなかった事例 〔大阪地判平成9・3・28判タ970号201頁〕

【事案の概要と判決要旨】

Y_2は、弁護士Y_4を代理人としてX株式会社に対して動産仮差押えを申し立て、仮差押決定を得て執行したところ、本案訴訟を提起したものの（仮差押え、訴訟の提起等については、Y_2、Y_1、Y_3が共謀したと主張され、争点になっている）、敗訴判決が確定したことから（仮差押えの申立ては取り下げられ、仮差押えの執行が取り消された）、Y_2がXらに対してXの元代表者Aへの貸金債権につき債務引受けを主張し、貸金の支払を請求したのに対し、XがY_1、Y_2、Y_3、Y_4に対して不当な仮差押え等を主張し、共同不法行為に基づき損害賠償を請求した（Xの代表者との訴訟も含まれているが、本書の関心外であるので、省略する）。

この判決は、Y_1、Y_2の共謀による不当な仮差押えの申立て、訴訟の提起を認め、共同不法行為を認めたが、Y_4については、提訴者の言を信じて訴訟を提起する等しても不法行為責任を負わない等とし、不法行為を否定し、Y_2の請求を棄却し、XのY_1、Y_2に対する請求を認容し、その余の請求を棄却した。

〈判決文〉

3　乙被告大石の責任の有無

㈠　不当訴訟・不当仮差押えと弁護士の責任

⑴　弁護士は、法律上の紛争に関して依頼者の利益を適切に代弁し、その権利の実現を図ることを職務とするが、他方、基本的人権を擁護し、社会正義の実現を図ることをも使命としており（弁護士法1条1項、3条1項）、右公益的要請から、弁護士は、依頼された事項の目的又は手段・方法等が不当な場合には、当該事件を受任してはならないものとされている（弁護士倫理24条）。

⑵　ところで、対立する当事者の一方の代理人として行動することを職責とする弁護士は、当該訴訟の提起又は保全処分の申立て自体が相手方に対する不法行為を構成し、その依頼者が相手方に対し、損害賠償義務を負うという場合があっても、必ずしも右依頼者と運命をともにするわけではない。

すなわち、弁護士としては、法律の専門家としての立場から、保全処分の申立て、訴えの提起についての可否、当否を検討すべきであり、その結果、委任に基づいてなされる保全処分の申立て・訴えの提起が違法であることを認識しながら、あえてこれらに積極的に関与したり、または、違法な提訴又は申立てであることを容易に認識できるのに、漫然とこれを看過したような場合に初めて、相手方に対する不法行為責任を負うことになるというべきである。

そして、右検討の結果、訴訟の帰趨等について、弁護士の認識・見解と委任者の認識・見解との間に齟齬が生じた場合、当該弁護士が事件を受任して委任者の認識・見解どおりに訴えの提起等を行うか、事件を受任しないかについて、各弁護士の裁量に委ねられるべきであり、右の理は、訴訟の途中で弁護士と委任者の間の認識・見解の不一致が生じた場合も同様である。したがって、弁護士が、証拠のねつ造に関与するようなことがあれば格別、単に提訴者の言を信じて訴訟行為を行ったという一事をもって、応訴者に対し不法行為責任を負うということはできない。

㈡　乙被告大石の責任

⑴　前記のとおり、別件貸金元本債権の存否を判断するためには、本件各貸金の存否が重要であったのに、乙被告大石は、本件各貸金の貸付日、貸付金額、資金源等について十分な調査をしていたということはできない。

⑵　しかし、乙被告柳原の預金口座から出金された9000万円が原告会社の銀行口座に入金されており（前記第二・一２）、被告節子や前田が説明するとおり、別件消費貸借契約が貸主を乙被告柳原、借主を原告会社であると認識することに相当な理由があったと認められる。

さらに、本件各消費貸借契約について、被告節子と前田がそろって存在する旨述べていたこと、第一売買及び第二売買の代金合計金額は別件貸金及び本件各貸金の資金源として十分な金額であったことは、既に認定したとおりである。

⑶　右⑵のような事情に照らすと、別件仮差押え申立時、別件訴訟の提起時に、弁護士として提訴や仮差押えの申立てが違法であると容易に認識できる状況にあったとは認められない。その後、被告節子により供述の変遷が別件貸金をめぐる権利関係を複雑で分かりにくいものとしているが、このことの故に乙被告大石が別件訴訟を追行したことが直ちに違法であるとまでは即断することはできない。

したがって、原告会社の乙被告大石に対する請求（乙事件）は、その余の点を判断するまでもなく、理由がない。

〈判決の意義と指針〉

この事案は、弁護士の責任に関係する範囲で紹介すると、弁護士が依頼者の依頼により、株式会社に対する動産の仮差押えの申立てを受任し、仮差押決定を受け、仮差押えを執行し、本案訴訟の提起を受任し、訴訟を追行したものの、敗訴判決を受ける等したことから、仮差押え等の相手方である前記会社が依頼者らのほか、弁護士に対しても共同不法行為に基づき損害賠償を請求した事件である。この事案は、弁護士の仮差押え、訴訟の相手方当事者に対する不法行為の類型の事件である。

この事案の特徴は、

①　弁護士が依頼者から株式会社に対する動産の仮差押えの申立てを受任したこと

②　弁護士が仮差押決定を得て、執行したこと

③　弁護士が本案訴訟の提起を受任し、訴訟を提起し、追行したこと

④　依頼者が敗訴判決を受けたこと

⑤　仮差押えの申立ては取り下げられ、仮差押えの執行が取り消されたこと

⑥　依頼者らが前記会社に対して別に訴訟を提起したところ、会社が不当な仮差

押え、不当な訴訟を主張し、依頼者らのほか、弁護士に対しても不法行為責任を追及したこと

があげられる。

この判決の特徴は、

① 仮差押えの申立て、訴訟の提起につき申立人・原告、実質的な申立人・原告の共同不法行為責任を肯定したこと

② 代理人となった弁護士については、弁護士は、法律の専門家としての立場から、保全処分の申立て、訴えの提起についての可否、当否を検討すべきであり、その結果、委任に基づいてなされる保全処分の申立て・訴えの提起が違法であることを認識しながら、あえてこれらに積極的に関与したり、または、違法な提訴あるいは申立てであることを容易に認識できるのに、漫然とこれを看過したような場合に初めて、相手方に対する不法行為責任を負うとしたこと

③ 弁護士の認識・見解と委任者の認識・見解との間に齟齬が生じた場合、弁護士が事件を受任して委任者の認識・見解どおりに訴えの提起等を行うか、事件を受任しないかについて、各弁護士の裁量に委ねられるべきであり、この理は、訴訟の途中で弁護士と委任者の間の認識・見解の不一致が生じた場合も同様であるとしたこと

④ 弁護士が証拠のねつ造に関与するようなことがあれば格別、単に提訴者の言を信じて訴訟行為を行ったという一事をもって、応訴者に対し不法行為責任を負うということはできないとしたこと

⑤ この事案では、提訴や仮差押えの申立てが違法であると容易に認識できる状況にあったとはいえない等とし、弁護士の不法行為を否定したこと

があげられる。

この事案のような仮差押え、仮処分の申立てをし、執行された後、仮差押え等が取り消される等した場合には、申立人は、原則として不法行為上の過失が推定され(最三小判昭和43・12・24民集22巻13号3428頁等)、不法行為責任が認められやすくなっているが、この事案で興味深いのは、申立代理人（訴訟代理人）の共同不法行為の成否も問題になったことである。仮差押えは、申立人の一方的な主張・立証によって認められるものであるが（その実際上の効果は強力であり、事実上紛争を解決することも多い)、仮差押事件を受任した代理人である弁護士が申立人と同様な損害賠償責任を負うかが問題になる。この判決は、仮差押えの申立人の不法行為の要件とは別に、より厳格な要件の下、代理人である弁護士の不法行為責任を認めるものであり（過失の推定を否定する)、議論のある問題につき一つの見解を提示したものである。仮差押事件を受任する弁護士は、仮差押え審理手続が申立人の一方的な主張・立証によって行われ、相手方の反論の機会がないものであることを考慮すると、事案の内容に照らして通常相手方が主張・立証する事項を想定しつつ、その事項にも配慮しつつ、証拠の収集、主張の内容、立証の内容、申立ての可否・当否を

検討し、判断することが必要であり、依頼者とともに不当執行に係る不法行為が認められるリスクが相当にあるということができる。

判 決 11	刑事事件を受任した弁護士の被害者との示談交渉等に係る不法行為責任を認めた事例 〔高松高判平成17・12・8判時1939号36頁〕

【事案の概要と判決要旨】

Y_1は、出会い系サイトで交際相手を探していたところ、Xと知り合い、性交渉をしたり、Xの裸体写真を撮影する等したところ、平成13年4月、強姦被疑事件で警察署に逮捕された。弁護士Y_2がY_1の弁護人となり、Y_1のためにXとの示談をまとめる等し、Y_1が強姦被疑事件につき不起訴処分になった。XはY_1に対して強姦等を主張し、Y_2に対して示談や深夜の面談強要等を主張し、損害賠償等を請求した（Xは、損害賠償請求以外の請求をも行っているが、本書の関心の対象事項以外は省略している。内容は判決参照)。

第1審判決（後記の〈判決の意義と指針〉参照、徳島地判平成16・1・21判時1939号48頁）は、Y_1の不法行為責任を肯定し、Y_1に対する請求を認容したものの、Y_2の弁護活動が正当な弁護活動の範囲を超え、社会的に許容される範囲を逸脱したものとはいえない等とし、Y_2に対する請求を棄却したため、X、Y_1が控訴した。

この判決は、Y_2の活動が社会常識に照らし行き過ぎであった等とし、原判決を変更し、Y_1、Y_2に対する請求を認容した（Y_1の行為につき慰謝料300万円、弁護士費用30万円、Y_2の行為につき慰謝料80万円、弁護士費用10万円の損害を認めた)。

〈判決文〉

ア　まず、1審被告丙川が1審原告に対し、示談、面談を強要した等の点について検討する。

上記(1)認定の事実によれば、1審被告丙川は、平成13年4月25日の午前0時（深夜)、1審原告が1審被告の乙山の人格を無視した行為によって傷ついており、他人に会うことや親に知られることを嫌がっていることを認識しながら、1審原告に対し、執拗かつ強引に面会を求めた上、親との面会を求めたり、裁判の公開をことさら強調して、告訴の取り下げと示談を強硬に迫っている。更に、1審被告丙川は、同日、戊田課長から、「1審原告は1審被告丙川にはもうこれ以上会いたくないと言っている。」と告げられながら、同日27日には、嫌がる1審原告に対し二回にわたり電話をかけ、1審原告の困惑に付け込んで、強引に1審原告との再度の面会を実現させ、1審原告に対し、再度、告訴の取下げ等を強硬に迫っている。そして、1審被告丙川は1審原告がどうしても告訴を取下げないとみるや、同年5月7日には、1審原告を虚偽告訴罪で告訴し、告訴理由書（甲六）を提出している。

1審被告丙川のこれら一連の行為は、1審原告の心情を全く理解することなく、強引かつ一方的なものであって、起訴前の弁護活動であるとはいえ、社会常識に照らし、明らかに行き過ぎであるというほかない。

また、1審被告丙川は、1審原告や戊田課長に対して面談を申入れた際、わざわざ広島から来ているとか、1審原告が面会に応じないのは人道に反しているなどと述べているが、1審被告丙川が広島から来ているか否かは、1審原告にとっては全く関係のない事柄であるから、1審被告丙川の「わざわざ広島から来ている。」云々の点は、遠隔地で身柄を拘束された被疑者の弁護を引き受けた1審被告丙川の身勝手かつ自己中心的な考えというほかない。加えて、1審原告は、そもそも、1審被告乙山との間で示談を成立させるべき法的義務を負っていないばかりでなく、示談交渉に応じるべき法的義務も負っていないのであるから、1審被告丙川の「1審原告が面会に応じないのは人道に反する」云々の点もまた、刑事弁護人たる1審被告丙川の身勝手かつ自己中心的な考えというほかない。

なお、文献である「刑事弁護の手続と技法」には、起訴前弁護の在り方について、被害者が存在し、親告罪であったりした場合には、被疑者が冤罪の訴えをしていない限り示談した方がよいと指摘した上、被害者のもとへ直接足を運び、親や被疑者の家族を同行して謝罪に行くのが基本であり、どうしたら示談できるかについては、誠意を見せる、時間をかけるくらいで王道はないが、差し当たり示談の意思のあることと、当面はこの程度しか資力がないという謝罪の手紙を出し、振込口座名と今の気持ちなりを記入してほしいという回答書を返信用封筒で送ると、通常は80％くらい返事は返ってくる、旨の記述（134頁ないし135頁）がある。

しかし、1審被告丙川の上記一連の行為は、上記文献の記述に照らしても、1審原告の心情を全く理解することなく、強引かつ一方的なものであって、およそ1審原告に対し誠意を示したとは到底評価できない。

以上検討したところによれば、1審被告丙川の上記一連の行為は、社会的相当性を逸脱したものとして違法性を帯び、これにより1審原告は精神的苦痛を受けたものと認められるから、不法行為を構成するというべきである。

イ　次に、1審被告丙川が1審被告乙山の代理人として1審原告を虚偽告訴罪で告訴した手続（当審追加主張）について検討する。

上記⑴認定の事実によれば、1審被告丙川が1審被告乙山の代理人として1審原告を虚偽告訴罪で告訴したのは、1審被告乙山が強姦罪で勾留中（勾留延長後のもの）である平成13年5月7日であり、しかも、1審被告丙川は、同年4月28日には1審被告乙山から告訴手続に必要な委任状の交付を受けていたことからすると、上記告訴は、1審被告乙山の刑事処分を有利に図るためになされたものであるといわざるを得ない。

しかし、上記ニ⑵で補正の上引用した原判決「事実及び理由」第三の一⑵説示のとおり、1審被告乙山が1審原告と性交渉を持つ過程で、1審被告乙山が1審原告に暴力を振るったり、明らかに脅迫的な言辞を用いてホテルに連れ込んで性交渉に及んだことを窺わせる事情は見当たらないのであるから、1審被告丙川が、強姦罪の構成要件の一つである、姦淫の手段としての暴行又は強迫の事実があったと認められない以上、強姦罪が成立しないものと考え、1審原告の強姦の申告への対抗上、1審被告乙山の代理人として1審原告を逆に虚偽告訴罪で告訴したとしても、直ちに違法性を帯びるものと断ずることはできない。

また、上記虚偽告訴罪で告訴した後に提出した告訴理由書（甲６）は、１審原告の人格や名誉を損なう表現を用いており、弁護士として努めなければならない高い品性の保持（弁護士法２条）という観点からみて、不適切であると非難することはできるが、全体としてみて社会的相当性を大きく逸脱しており、正当な弁護活動の範囲を超えていて違法であると断ずることまではできない。

したがって、１審被告丙川が１審被告乙山の代理人として１審原告を虚偽告訴罪で告訴した手続が、不法行為を構成するものとは認められない。

ウ　次に、本件訴訟及びこれに先立つ本件仮処分事件及び本件保全異議事件において、１審被告丙川が１審被告乙山の代理人として答弁書や準備書面等を提出した点（当審追加主張）について検討する。

上記(1)認定の事実のとおり、本件訴訟及びこれに先立つ本件仮処分事件及び本件保全異議事件において、１審被告丙川が１審被告乙山の代理人として提出した答弁書や準備書面等は、基本的に告訴理由書（甲６）の記載内容と同趣旨の記載がなされているものがあり、１審原告の人格や名誉を損なう表現を用いていると認められるから、上記イと同様、やはり不適切であると非難することはできる。

しかし、本件事案は、１審原告と１審被告乙山との間において、１審被告乙山が１審原告と性交渉を持った意味（強姦罪の成否）、その前後の経緯について、事実関係や法的評価が激しく争われている事案であることが記録上明らかであり、そのような事案において、１審被告丙川が１審被告乙山の代理人として、自己の主張の正当性を明らかにするとともに、１審原告の主張の不当性を明らかにするため、上記のような表現を用いたものであるともいうことができることからすると、上記答弁書や準備書面等の提出が、全体としてみて社会的相当性を大きく逸脱しており、正当な弁護活動の範囲を超えていて違法であると断ずることまではできない。

したがって、１審被告丙川が、１審被告乙山の代理人として、上記答弁書や準備書面等を提出したことも、不法行為を構成するものとは認められない。

〈判決の意義と指針〉

この事案は、強姦被疑事件で逮捕された男の依頼により弁護人に選任された弁護士が被害者とされた女性と示談交渉を行い、示談が成立し、強姦被疑事件につき不起訴処分がされる等した後、女性が依頼者（男）のほか、弁護士に対して不法行為に基づき損害賠償を請求した控訴審の事件である。この事案は、刑事事件の弁護人の被害者に対する対応過誤の類型の事件、弁護士の訴訟活動における相手方に対する名誉毀損の類型の事件である（第１審判決は後記のとおりであるが、弁護士については、不法行為を否定したものである）。

この事案の特徴は、

①　男が出会い系サイトで交際相手として女性と知り合い、関係をもったこと
②　男が女性の裸体写真を撮影する等したこと
③　男が強姦被疑事件で警察署に逮捕されたこと
④　逮捕に係る警察署から遠く離れた弁護士会に所属する弁護士が男の弁護人に

なったこと
⑤　弁護人が女性に働きかけ、示談を成立させたこと
⑥　男が強姦被疑事件につき不起訴処分になったこと
⑦　弁護人がその過程で女性につき虚偽告訴罪で告訴したこと
⑧　女性が男、弁護人であった弁護士に対して不法行為に基づき損害賠償責任を追及したこと
⑨　女性が示談や深夜の面談強要等、準備書面等による名誉毀損等を主張したこと
があげられる。

この判決の特徴は、
①　弁護人であった弁護士の示談、面談に関する一連の行為は、被害者の心情を全く理解することなく、強引かつ一方的なものであり、起訴前の弁護活動であるとはいえ、社会常識に照らし、明らかに行き過ぎであるとしたこと
②　弁護士の不法行為を肯定したこと
③　虚偽告訴罪で告訴したことは不適切であるものの、正当な弁護活動の範囲を超えて違法であると断ずることはできないとしたこと
④　準備書面等の提出は不適切であるものの、正当な弁護活動の範囲を超えて違法であると断ずることはできないとしたこと
⑤　その他の弁護士の活動は不法行為を構成しないとしたこと
⑥　損害として慰謝料80万円、弁護士費用10万円を認めたこと
があげられ、弁護人の示談等の活動が不法行為にあたるとした事例として参考になる。

この判決の第1審判決である徳島地判平成16・1・21判時1939号48頁は、「コ　原告の代理人らは、被告丙川に対し、同年5月3日到達の内容証明郵便により、被告丙川が原告の拒否にもかかわらず、執拗に面談を要求したことなどを非難するとともに、現時点では示談の意志がないとして、原告やその家族と直接に面会することを拒否する旨通知した。
サ　これに対し、被告乙山は、同月7日、被告丙川を代理人として徳島地方検察庁に対し、原告が被告乙山に刑事処分を受けさせる目的でに（ママ）被告乙山によって強姦されたと池田警察官に虚偽の申告をしたことを理由に告訴した。告訴状の中には、①原告と被告乙山との関係は、被告乙山のイーメールによるセックス遊びの発信公募にアクセスした原告が、望みどおりに金銭5万円でセックス遊びを諒とし、被告乙山と同室内での性的交渉を合意の上、金銭の給付を期待して入浴にはじまり、入浴に終わった一連のセックス遊びの所為をなしたものとみるのが至当、②原告が親に知られない事件処理を強く希求している理由は、平素の非違行為（推測の域を出ないが、不純交遊、薬物濫用等）が親に発覚することを極度に忌み、これを回避しながら、被告乙山とのセックス遊びを種に、被告乙山から金員取得方を企図し、

画策してのことかと推測される、③被告丙川や梅子との対応について、原告は、語気激しくいきり立ち、俯き顔を隠して嗚咽するかと思うと、激しく喚きちらすなど、いかにも不自然な言動が目につき、恰も覚せい剤中毒者の中毒症状に似た精神障害を窺わせるのに十分な情況であったなどの記載がある。
(2) 以上認定した事実によると、被告丙川は、原告が被告乙山の人格を無視した行為によって傷つき、他人に会うことや親に知られることを嫌がっているにもかかわらず、深夜近くに強引に面会を求めたり、親に会わせることを求めたりして示談を迫り、その後、前記(11)のような内容の告訴状を作成して原告を告訴している。かかる被告丙川の行為は、原告の心情をいささかも理解することなく、強引かつ一方的であり、また、告訴状の記載内容には、原告の人格や名誉に関わる表現が含まれており、弁護活動として行き過ぎではないかと思われるとともに、弁護士としての見識を疑わせる面もある。

しかしながら、被告丙川が逮捕直後の事案の全容を十分把握できない状況のもとで、弁護人として被告乙山に刑事処分を受けさせないために、原告に強く示談を勧めて告訴の取り下げを求めたり、強姦の親告への対抗上、原告を逆に虚偽告訴罪で告訴し、その中で対立する原告の行動の不当性を指摘するため、原告の人格や名誉に関わる表現を用いることも、ある程度やむを得ない面があると言わなければならない。そして、前記認定の経過に照らすと、被告丙川の上記各行為は、正当な弁護活動の範囲を超え、社会的に許容される範囲を逸脱したとまでは言えないから、違法性は阻却され、不当行為に当たらないと解するのが相当である」と判示し、弁護人の活動が正当な弁護活動の範囲を超え、社会的に許容される範囲を超えたとまではいえないとし、不法行為に該当しないとしている。

判　決　12	訴訟追行を受任した弁護士の不法行為責任を認めなかった事例 〔東京地判平成18・9・25判タ1221号289頁〕

【事案の概要と判決要旨】

X株式会社の平成15年6月開催の株主総会において、A、Bを取締役に選任する決議がされ、Cは、Y弁護士を訴訟代理人として、Xに対してこの選任決議取消しを請求する訴訟を提起し、訴訟が係属中、Xが平成16年8月、同年12月、それぞれ株主総会を開催し、決議をした。YがCの訴訟代理人として各決議等の取消しを請求する訴訟をそれぞれ提起したものの（この間、前記の選任決議の取消しを請求する訴訟は、Cの勝訴判決となったが、これらの訴訟提起時には判決は確定しておらず、その後確定した）、敗訴判決を受け、確定したため（判決文においては、平成16年8月開催の総会が1総会、その決議取消しの訴えが1事件とされ、同年12月開催

の総会が2総会、その決議取消しの訴えが2事件とされている)、XがYに対して不当訴訟の提起を理由に不法行為に基づき損害賠償を請求した。

この判決は、取締役の選任決議が取り消された場合であっても、旧商法258条1項の適用がないとの考え方がないとはいえない等とし、訴訟を提起する法律的根拠が全くないとはいえないとし、Yの不法行為を否定し、請求を棄却した。

〈判決文〉

二　訴えの提起が不法行為となる場合について最高裁判例（昭和63年1月26日判決民集42巻1号1頁）は、提訴者が当該訴訟において主張した権利又は法律関係が事実的、法律的根拠を欠くものである上、同人がそのことを知りながら又は通常人であれば容易にそのことを知りえたのにあえて訴えを提起したなど、裁判制度の趣旨目的に照らして著しく相当性を欠く場合に限り、相手方に対する違法な行為となる旨を判示しており、その根拠として、法治国家における裁判を受ける権利の重要性に鑑み、訴え提起が不法行為となるか否かの判断に当たっては裁判制度の利用を不当に制限する結果とならないよう慎重な配慮が必要とされることを挙げている。

右の法理は、原告のみならず訴訟代理人弁護士にも基本的には当てはまると考えられる。

すなわち、依頼者が当該訴訟において主張しようとしている権利又は法律関係が事実的、法律的根拠を欠くものであり、かつ、弁護士がそのことを知りながら又は容易にそのことを知りえたのにあえて受任して訴えを提起したなど、裁判制度、弁護士制度の趣旨目的に照らして著しく相当性を欠く場合に限り、相手方に対する違法な行為となると言うことができる。

なお、弁護士の不法行為の成立については、依頼者（提訴者）の不法行為の成立とは別個にその成立の有無を考えるべきであろう。

具体的には、弁護士については、事実的根拠の点では原告本人と異なり原告本人の主張する事柄の正当性を第三者として検証することになるのであるから、この点については原告本人の場合と異なった配慮が必要とされると考えられる。

三　被告が、甲野には1総会を、甲野、丁川には2総会を招集する権限がないと考えて1・2事件の訴えの提起に携わったことの当否について

1　まず、1・2事件の訴えの提起時、また、1事件に関する控訴提起時には本件判決が確定していなかった（換言すれば、確定する可能性もあった）ことは当事者間に争いがない（なお、本件判決が確定する可能性があることは現時点においても変わりがない）から、この争点に関する法的問題は、結局、本件で問題となっている事実関係に旧商法258条1項（なお付言すれば、会社法では346条1項に当たる）は適用がないという被告の主張につき、全く法律的根拠を欠く不当なものであったか否かという問題に帰着する（もしもこれが肯定されるならば、たとえ本件判決が確定したとしても被告の主張は容れられる余地は全くなく、したがって被告の行為は違法であったと解される余地がありうるであろう。逆に、もしもこれが否定されるならば、被告の行為が違法であったと解される余地はないということになる。なお付言すれば、右の点は、1事件の第1審における審理の時点において、被告が、旧商法258条1項の解釈について本件訴えで主張しているような法的主張を明確に意識していなかった〔原告はこのことを準備書面2で指

摘している〕としても、そのことによって左右されるものではない。法的主張については、当事者がその全容を明確に意識していなかったとしても〔事実、そのような事態は民事訴訟一般においてまれではない〕、結果的にみて、問題とされている訴えがそれなりに理由のある法的な見解によって支持されるものでありうることが現在の時点で判明しさえすれば、そのような主張に基づく訴えは違法なものであったとは言えないことになるからである）。

2　旧商法258条1項の適用について

㈠　旧商法258条1項については、取締役が任期の満了又は辞任によって退任した場合に適用されるものであり、解任の場合については、会社の取締役に対する信頼関係が破れるのが普通であるから取締役に権利義務を継続させることは不適当である、との考え方が通常採られており（新版注釈会社法⑹85頁等）、この考え方は正当であると解される。

㈡　そうであるとすれば、取締役の選任決議が取り消された場合においても解任の場合と同様に考えて同項の適用がないとする考え方も、成り立つ余地がないとはいえないと考えられる。その選任決議が取り消されたような取締役は、たとえ従前は取締役であったとしても、現時点で会社との信頼関係が損なわれているのであるから、これに取締役の権利義務を継続させることは不適当であるとの考え方も成り立ちうると思われるからである。

㈢　もっとも、本件においては、原告、丙山、被告を含めた裁判上の和解（平成14年12月27日成立。甲1）において、丙山が、原告に対し、甲野が原告の取締役に選任された平成13年9月27日の株主総会における甲野の選任決議が有効である旨を確認していることが問題となりうる。

なぜならば、右のような事情を考慮すると、一般論としては取締役の選任決議が取り消された場合においては解任の場合と同様に考えて同項の適用がないとする考え方を採る場合であっても、当該決議の直前の取締役選任決議の効力は争わないと約している者がそのような主張を行うことは不適切であるとの考え方が採用されることがありうると思われるからである（むしろそのような考え方が法的には相当かと思われる。付言すれば、1事件の控訴審判決〔甲7〕も、その説示からみると、そのような考え方を採ったものではないかと考えられるところである）。

㈣　しかしながら、㈢の考え方につき、法的にみてそれとは異なる考え方がおよそありえないというほど一義的に正当かつ明白なものであり、したがって、被告が、論理的に推し進めれば㈢の考え方とは異なる考え方に帰着することとなるような法的見解を採って受任と訴えの提起に踏み切ったことがおよそ不当であって裁判制度の趣旨目的に照らして著しく相当性を欠く、とまで考えることはおよそ困難である。

㈤　そうすると、被告が、本件で問題となっている事実関係に旧商法258条1項は適用がないという主張に帰着することとなる前記第二の二の3、4のような法的見解に則って、1・2事件を受任し訴えを提起したことにつき、全く法律的根拠を欠き、弁護士としては通常ではおよそ考えられないような著しく不当な行為であったということはできない。

〈判決の意義と指針〉

この事案は、弁護士が依頼者から株式会社の株主総会における取締役選任の決議の取消訴訟を受任し、その旨の訴訟を提起していたところ、株式会社の敗訴判決がされ、その判決が確定するまでの間に、株式会社が同様な決議を二度行ったことから、弁護士が同じ依頼者から同様の依頼を受け、各決議の取消訴訟をそれぞれ提起したところ（その後、最初の訴訟につき勝訴判決を受け、確定した）、後続の訴訟につき敗訴判決を受け、確定したため、株式会社が弁護士に対して後続の訴訟につき不当訴訟を主張し、不法行為に基づき損害賠償を請求した事件である。なお、この事案では、株式会社は、弁護士の依頼者であり、訴訟を提起した当事者の不法行為責任を追及していない。

この判決の特徴は、

① 提訴者が訴訟において主張した権利または法律関係が事実的、法律的根拠を欠くものであるうえ、そのことを知りながらまたは通常人であれば容易にそのことを知りえたのにあえて訴えを提起したなど、裁判制度の趣旨目的に照らして著しく相当性を欠く場合に限り、相手方に対する違法な行為となるとの最高裁の判決に従うとしたこと

② この法理は、原告のみならず訴訟代理人弁護士にも基本的にはあてはまるとしたこと

③ 訴訟代理人である弁護士は、依頼者が訴訟において主張しようとしている権利または法律関係が事実的、法律的根拠を欠くものであり、かつ、弁護士がそのことを知りながらまたは容易にそのことを知りえたのにあえて受任して訴えを提起したなど、裁判制度、弁護士制度の趣旨目的に照らして著しく相当性を欠く場合に限り、相手方に対する違法な行為となるとしたこと

④ 弁護士の不法行為の成立は、依頼者（提訴者）の不法行為の成立とは別個にその成立の有無を考えるべきであるとしたこと

⑤ 弁護士については、事実的根拠の点では原告本人と異なり原告本人の主張する事柄の正当性を第三者として検証することになるのであり、この点については原告本人の場合と異なった配慮が必要であるとしたこと

⑥ この事案で訴訟の提起につき法律的根拠を欠くかどうかは、旧商法258条1項（現行会社法346条1項）の適用によるところ、弁護士が旧商法258条1項は適用がないとの法的見解に則って各事件を受任し、各訴えを提起したことは、取締役の選任決議が取り消された場合においても解任の場合と同様に考えて旧商法258条1項の適用がないとする考え方も、成り立つ余地がないとはいえず、全く法律的根拠を欠き、弁護士としては通常ではおよそ考えられないような著しく不当な行為であったということはできないとしたこと

があげられる。この判決は、弁護士の不当訴訟に係る不法行為を否定した事例判断を提供するものである。

訴訟が提起され、被告が勝訴判決を受け、判決が確定した場合、被告となった者が原告であった者に対して不当訴訟の提起を主張し、不法行為に基づき損害賠償を請求する訴訟を提起することがあるが（もっとも、実際上、被告が訴訟を提起された段階で、反訴等として原告に対して不当訴訟の提起を主張し、損害賠償を請求する訴訟を提起することも少なくない）、不当訴訟の提起につき当事者が不法行為責任を負うかは、この判決も引用する最判昭和63・1・26民集42巻1号1頁が重要な先例になっている。

この事案で問題になったのは、弁護士の不当訴訟の提起に係る不法行為責任の成否と判断基準であるが、基本的に前記の最高裁の判例によることが相当であり、弁護士の不法行為責任と依頼者（訴訟の当事者）の不法行為責任は別個に成否を判断すべきであるものの、要件、考慮事情、判断基準に異なるところがあるか、どのように異なるかである。

この判決は、弁護士については、事実的根拠の点では原告本人と異なり原告本人の主張する事柄の正当性を第三者として検証することになるのであり、この点については原告本人の場合と異なった配慮が必要であると判示し、一つの見解を示しているが、弁護士の法律実務家としての専門性、知識、経験に照らし、事実的根拠、法律的根拠につき根拠の有無、程度を検討し、考慮事情、判断基準を設定し、判断することが重要である。なお、法律的根拠の有無については、弁護士が専門家であるから、その判断過誤の責任が問われやすいが、その検討、判断にあたっては、法律の規定の有無・内容、立法担当者の解説書の有無・内容、最高裁判所の判決の有無・内容、下級裁判所の判決の有無・内容、学説の有無・内容、注釈書・教科書・法律専門的な論文の記載の有無・内容を考慮し、不法行為責任を認めるべき程度の法律的根拠がないかどうかを判断することが重要である。

判　決　13	弁護士の行政書士に対する懲戒請求に係る不法行為責任を認めなかった事例 〔東京地判平成19・6・25判時1989号42頁〕

【事案の概要と判決要旨】

行政書士Xは、Y_2から委任を受け、Y_2の夫Aの不貞行為の相手方Bに対する内容証明郵便を作成、送付したり、調停申立書を作成、提出したりしたが、その後、裁判の提起に備えて、Y_2が知人の紹介により弁護士Y_1に相談する等し、Xとの委任関係を解消する等した。Xは、これに対して、様々な内容のメールをY_2に送信したことから、Y_1がY_2の代理人としてXにつき東京都行政書士会に懲戒請求をし、XがY_1につき懲戒請求をし、ホームページに書込みをする等した（Y_1の肩書き、学歴、刑法抵触の疑義・嫌疑あり、虚偽告訴罪の疑いがある旨を掲載した）。XはY_1に対して名誉毀損を主張し、損害賠償を請求し（甲事件）、Y_1がXに対して名誉毀損、信用毀損を主張し、損害賠償、Y_2が恫喝を受けたと主張し、Xに対して損害賠償を請求した（乙事件）。

この判決は、Xに行政書士たるにふさわしくない重大な非行があったものであり、Y_1のY_2の代理人としての懲戒請求は何ら違法性がないとしたが、XのY_2に対する脅迫的言辞を認め、Xの懲戒請求、ホームページの書込みが不法行為にあたるとし、Xの甲事件の請求を棄却し、Y_1、Y_2の乙事件の請求を認容した（Y_1の損害額として110万円、Y_2の損害額として165万円を認めた）。

〈判決文〉

一　甲事件について

〈略〉

(1)　行政書士である被告は、本件懲戒請求申立てによって、名誉・信用等を毀損されるおそれがあり、また、これに対する弁明を余儀なくされるものであるから、原告乙山が主張する懲戒事由が事実上又は法律上の根拠を欠き、原告乙山がそのことを知りながら又は容易にそのことを知り得たのにあえて本件懲戒請求申立てをした場合には、それは違法な懲戒請求として不法行為に該当するというべきである。

(2)　しかしながら、本件においては、前記の前提事実（原告丙川から、関係解消を告げられた被告の対応）において示したとおり、本件懲戒請求申立てにおいて、指摘された事実が優に認められる客観的資料も存在するものであって、被告に、行政書士法に定められた懲戒事由があるとする本件懲戒請求申立ては、正当であることは多言を要しない。

とりわけ、本件における被告の言動のうち、行政書士として、最も重大で、本質的な違法行為は、原告丙川から、今後の手続については弁護士に依頼するので、これまでの被告との関係の解消を告げられたのに対して、それまでビデオ撮影は無償としていたのに、当該ビデオを3万5000円ないし5万円で買い取るように要求したこともさることながら（被告において、原告丙川の夫の不貞相手に対する民事裁判を本人訴訟で提起・追行させ、これに何らかの関与をして相当の報酬を得ようとの目論見を前提としてのビデオ撮影の無償化であったとしても、本件事案の下でのビデオの買取り請求が不相当なものであることは否定できない。）、あろうことか、「私がニュートラルなら、向こう側につく選択肢もあるのでは⁉」、「私を排除するなら、それなりの処世術はあります。事件を知っているだけに。」といった脅迫的言辞を含む電子メールを送信して、守秘義務を放棄するどころか、原告丙川の相手方側（夫の不貞相手）につくことまでも示唆し、更に、「それなりの処世術」という言葉で、一層、不穏な言動に及ぶことも仄めかしていることである。

このような被告の、原告丙川に関係解消を翻意させようとし、或いは腹いせ的に行われたと解される一連の不当な電子メール送信及びその後の言動が、行政書士の信用又は品位を害する行為（行政書士法10条）であり、行政書士たるにふさわしくない重大な非行（行政書士法14条）に該当すること（少なくとも、その余地が多分にあること）は、明白であるというべきである。

(3)　以上のとおり、原告乙山が行った本件懲戒請求申立ては、正当なものであって、被告に対する不法行為を構成するとは認められず、被告の請求は理由がない。

二　乙事件について

(1)〈略〉

(2)　原告乙山の請求について

ア　本件懲戒請求申立てを受けた被告が、弁護士である原告乙山に対して、社会的に相当な限度で面談を求めること自体は、直ちに違法性を帯びるということはできない。

しかるところ、本件においては、被告は、正当な本件懲戒請求申立てを逆恨みし、前提事実において示したとおり、原告乙山に対し、その意思に反して、かつ、行政書士会から直接交渉をする了承を得ていると虚偽の事実を告げて、直接の面談を強要し、そればかりか原告乙山の実家まで架電し、或いは、不相当な言辞を含むファックス送信や文書の送付を繰り返しているものであって、かかる被告の行動は、社会的に相当な限度を超えているというべきである。

イ　そして、被告が開設しているホームページのブログ中の本件記事は、少なくとも、原告乙山について、虚偽告訴罪（刑法172条）に抵触の疑義・嫌疑ありとする部分が、弁護士としての原告乙山の名誉や社会的信用を低下させるおそれがあることは明らかであるし、本件記事の掲載について、違法性阻却事由も見当たらない。

〈判決の意義と指針〉

この事案は、行政書士に事務処理を依頼した者が、裁判の提起に備え、弁護士に相談する等し、行政書士との委任関係を解消する等したところ、行政書士が依頼者に様々なメールを送信したことから、弁護士が依頼者の代理人となり、行政書士につき懲戒請求をし、逆に行政書士が弁護士につき懲戒請求をし、ホームページに様々な内容の書込みをしたため、行政書士と弁護士が相互に損害賠償責任を追及した事件である。この事件は、弁護士の紛争の相手方に対する名誉毀損の不法行為の類型の事件である。

この判決は、行政書士に対して懲戒請求をした者、その代理人である弁護士には、行政書士の言動に照らして、正当であったとし、不法行為を否定したものであり、その旨の事例判断を提供するものである。なお、他方の行政書士の責任については、この判決は、不法行為を肯定したものであり、その旨の事例判断を提供するものである。

判　決　14	弁護士の依頼者の取引の相手方に対する不法行為責任を認めなかった事例 〔名古屋地判平成20・4・9判時2060号91頁〕

【事案の概要と判決要旨】

X_1は、X_2株式会社の代表取締役であり（X_3は、X_1の妻、X_4は、X_1の子)、X_2の仲介により、Y_1がA所有の不動産を購入したところ、Y_1が弁護士Y_2を代理人として本件不動産の建築制限の説明を受けなかったなどと主張し、X_1、X_2に対して損害賠償を請求する訴訟を提起し（前訴）、前訴の第１審判決は、説明義務違反を認め、Y_1の請求を認容し、控訴審判決は、第１審判決を変更し、Y_1の請求を認容し、上告棄却、上告不受理決定がされたが、X_1ないしX_4が前訴においてY_1、Y_2が共謀して虚偽の事実を主張して判決を詐取したなどと主張し、損害賠償を請求した。

この判決は、X_1につき訴えの取り下げが擬制されるとし、判決の対象とせず、前訴判決の不当取得等を否定し、請求を棄却した（なお、判決理由は、ほぼ結論程度の簡単なものである）。

〈判決の意義と指針〉

この事案は、弁護士が依頼者を代理して訴訟を提起し、勝訴判決を得て確定したところ、同訴訟で被告らとなった者が虚偽の事実の主張、判決の詐取を主張して不法行為に基づく損害賠償を請求した事件であり（この事案は、弁護士の訴訟の相手方に対する不法行為の類型の事件である）、この判決は、弁護士による判決の詐取を否定したものであり、事例判断を提供するものである。

判　決　15	破産の申立てを受任した弁護士の破産管財人に対する不法行為責任を認めた事例 〔東京地判平成21・２・13判時2036号43頁〕

【事案の概要と判決要旨】

Ａ有限会社は、衣料品雑貨の卸売り等を業としていたが、経営が悪化し、Ａの代表者Ｂは、弁護士Ｙの経営する法律事務所で倒産処理について相談し、平成17年12月、Ｙに自己破産の申立てを委任し、事業を廃止したところ、Ｙは、Ｃ信用金庫を除く債権者らに債務整理開始通知（破産申立て予定）の書面を通知したものの、平成19年12月、ようやく破産手続開始決定の申立てをし、平成20年１月16日、Ｄ地方裁判所は破産手続開始決定をし、Ｘが破産管財人に選任され、ＸがＡの財産状況を調査したところ、Ｙの受任後資産が消失したことが判明したため、ＸがＹに対して財産管理の注意義務違反があったと主張し、不法行為に基づき損害賠償を請求した。

この判決は、財産の減少、消失を認めたうえ、Ｙの不法行為を肯定し（496万827円の損害を認めた）、請求を認容した。

〈判決文〉

一　被告の責任について

被告は、破産手続開始があるまで債務者の財産の管理権は債務者に存するから、破産申立てを受任した弁護士には、当然には債務者の財産の散逸を防止すべき法的義務はなく、それは道義的に期待されるにとどまるものであるとか、本件で被告が訴外会社から受任したのは破産申立てのみであって、財産管理は受任していないなどと主張する。

しかし、破産手続は、債務者の財産について、債権者による個別の請求・執行を禁止し、債権者に対し法律上の優先順位に従った平等な配当を行うための手続であり、その目的のために、債務者は、破産手続開始とともに破産財団を構成することとなる財産について、破産手続開始の前後を問わず、債権者のために保全することが求められ、偏頗弁済等、債権者の平等を害する行為が禁じられる（破産法160条以下の否認権に関する規定、同法265条以下の罰則規定を参照）。したがって、債務者から破産申立てを受任した弁護士は、債務者が負担するこのような責務を果たすべく指導するとともに、債務者に代わりこれらの責務を遂行することにより、早期に債務者をその負担から解放し、もって債務者の利益を実現すると同時に、上記のような破産手続の目的実現に協力するという公益的責務を遂行する者であり、このような立場から、債務者の財産を保全し、可及的速やかに破産申立てを行い、その財産を毀損することなく破産管財人に引き継ぐことが求められるのである。その際、破産申立てという財産的危機状況にある債務者は、債権者の弁済要求の強弱や債権者との人間関係の濃淡などから、得てして偏頗弁済を行いがちであり、また、財産隠匿や私消の誘惑にかられるものであるから、破産申立てを受任した弁護士は、これらの不当な財産処分が行われることのないよう、細心の注意を払うことが求められる。

一方、破産申立てを受任した弁護士からその旨の通知を受けた債権者は、個別の請求・執行を差し控えることとなるが、もしも、弁護士が破産申立ての受任通知を発しながら破産申立てを長期間せず、債務者の財産の散逸も防止しないという事態が許容されることとなければ、債務者としては、破産申立てを弁護士に委任して受任通知を発送して貰いさえすれば、債権者から請求・執行を受けることなく、財産の自由処分を引き続き行い得ることとなって、債権者を害すること著しいし、そのような事態が常態化すれば、受任通知を受けた債権者は、それを信頼することができず、個別の請求・執行を自制することがなくなり、早い者勝ちの無秩序と混乱を避け難い結果となり、倒産法制を設けた趣旨を没却することにもなりかねない。

以上のとおりであるから、破産申立てを受任し、その旨を債権者に通知した弁護士は、可及的速やかに破産申立てを行うことが求められ、また、破産管財人に引き継がれるまで債務者の財産が散逸することのないよう措置することが求められる。これらは、法令上明文の規定に基づく要請ではないが、上述の破産制度の趣旨から当然に求められる法的義務というべきであり、道義的な期待にとどまるものではないというべきである。そして、破産申立てを受任した弁護士が故意又は過失によりこれらの義務に違反して破産財団を構成すべき財産を減少・消失させたときには、破産管財人に対する不法行為を構成するものとして、破産管財人に対し、その減少・消失した財産の相当額につき損害賠償の責めを負うべきものと解する。

しかるところ、被告は、訴外会社の破産申立てを受任し、その旨を債権者に通知しながら二年間もその申立てをせず、受任時に存在した金員及び受任時から破産手続開始決定時までの間に入金された金員の大半が残存しないという事態を招来したのであるから、上記の義務に著しく違反し、破産管財人に対し本件差額相当額の損害を与えたものというべきであり、その間における訴外会社の支出が破産開始決定後に破産管財人としても支出すべき金員であるなどこれを破産財団に対して正当化しうる事実ないし事情があると認められない限り、その賠償義務を免れないというべきである。(「訴外会社の支出が破産財団に対して正当化しうる事実ないし事情のあること」は、上記不法行為に対する損益相殺若しくは違法阻却事由又はこれらに類似するものとして、被告がその主張立証責任を負担すべきものと解する。)。

〈判決の意義と指針〉

この事案は、有限会社の経営が悪化し、代表者が弁護士に自己破産の申立てを委任し、弁護士が債権者らに債務整理開始通知（破産申立予定）の書面を通知したものの、受任の約２年後、破産手続開始決定の申立てをし、破産手続開始決定がされ、破産管財人が破産者の財産状況を調査したところ、弁護士の受任後資産が消失したことが判明したため、破産管財人が弁護士に対して不法行為責任を追及した事件である。

この事案の特徴は、

①　破産の申立てを受任した弁護士の不法行為責任が問題になったこと
②　破産管財人が弁護士の不法行為責任を追及したこと
③　弁護士の財産管理の注意義務違反が主張されたこと
④　受任後、約２年を経過して破産の申立てがされたこと
⑤　その２年間に債務者（依頼者）の財産が散逸したこと

があげられ、破産の申立てを受任した弁護士の注意義務の有無、内容、相手方等を含む興味深い問題が提起されたものである。

この判決の特徴は、

①　債務者から破産申立てを受任した弁護士は、債務者が負担する破産財団を構成する財産を保全する責務を果たすべく指導するとともに、債務者に代わりこれらの責務を遂行することにより、早期に債務者をその負担から解放し、もって債務者の利益を実現すると同時に、破産手続の目的実現に協力するという公益的責務を遂行する者であるとしたこと
②　この弁護士は、このような立場から、債務者の財産を保全し、可及的速やかに破産申立てを行い、その財産を毀損することなく破産管財人に引き継ぐことが求められるとしたこと
③　破産申立てを受任し、その旨を債権者に通知した弁護士は、可及的速やかに破産申立てを行うことが求められ、また、破産管財人に引き継がれるまで債務者の財産が散逸することのないよう措置する、破産制度の趣旨から当然に求められる法的義務を負うとしたこと
④　破産申立てを受任した弁護士が故意または過失によりこれらの義務に違反して破産財団を構成すべき財産を減少・消滅させたときには、破産管財人に対する不法行為を構成するものとして、破産管財人に対し、その減少・消失した財産の相当額につき損害賠償の責めを負うとしたこと
⑤　この事案について受任後２年間、破産申立てを放置した弁護士の不法行為を

認めたこと

⑥ 債務者が支出した費用合計496万0827円の損害を認めたこと

があげられる。

弁護士が債務者から破産の申立てを受任し、実際に破産の申立てをするまでには、個々の事案の事情により相当の期間が必要であるが、事件によっては、弁護士が債権者らに受任等を内容とする通知をした後、相当長期にわたって実際上申立てが放置されることがある（事件によっては、破産の申立てがされたものの、申立てが取り下げられる等のこともある。旧和議法の時代においては、和議の申立てにあたって保全処分を得ながら、和議の申立てを取り下げるような濫用形態もめずらしくなく、議論の対象になっていた）。この判決は、破産の申立てを受任した弁護士の事務処理の懈怠を肯定することができるとしても、依頼者に対する注意義務違反としての意義は必ずしも重要ではなく、誰に対して、どのような注意義務を負うか、注意義務違反の判断基準が何かが問題になるところ、可及的速やかに破産申立てを行い、また、破産管財人に引き継がれるまで債務者の財産が散逸することのないよう措置する法的義務を負うとし、この義務違反による不法行為を肯定したものである。この判決は、理論的にも、事例判断としても議論を呼ぶ判断であるが、破産の申立てを受任した弁護士の法的な義務に関する重要な判断を示したものである。なお、この判決については、破産の申立てを受任した弁護士の破産管財人に対する不法行為責任を肯定したものであるが、破産管財人の法的な地位をめぐる問題にも影響を与えるものである。

判 決 16	弁護士の依頼者の取引の相手方に対する不法行為責任を認めなかった事例 〔名古屋高判平成21・3・19判時2060号81頁〕

【事案の概要と判決要旨】

前記【判決14】名古屋地判平成20・4・9判時2060号91頁の控訴審判決であり、X_1ないしX_4が控訴した。

この判決は、X_1につき控訴を却下したが、Y_1につき前訴の判決の詐取を認めたものの、Y_2が法律的なアドバイスをし、真実と虚偽の事実を区分けして認識し、虚偽の主張を構成をし、立証を進めたまでの事実は認められないとし、その不法行為を否定し、原判決を変更し、X_2の請求を認容し、X_3、X_4の請求を棄却した。

〈判決文〉

そうすると、被控訴人乙山は、市街化調整区域内の土地に権利制限があることにつき、ある程度知っており、その上で分かっていながら居住目的で本件土地建物を購入し、17年間目的どおりの居住利益を享受し、損害がないにもかかわらず、バブル時期に購入した本件土地建物を資金需要があって平成17年に売却したときには、大幅に価格が下落し、譲渡損を被ったので、それを回復するために、控訴人会社・太郎の説明義務違反により買うつもりのない物件を買わされて損害を被った旨の虚偽の主張立証を巧妙にして、かつ、古い時期のことで明確な証拠がないために控訴人太郎の反論が制約されることを利用して、前訴裁判所を欺罔し、本来なら請求が排斥されるはずの前訴（説明義務違反はない、損害がない等として請求棄却とされるはずのもの。）において勝訴判決を詐取し、その仮執行宣言に基づき平成19年5月23日預金債権についての執行及び詐害行為取消訴訟の提起に及んだ（甲21、弁論全趣旨）と認められる。したがって、前訴の提起行為に始まる前訴判決の詐取は不法行為に該当するというべきである。

(6)　被控訴人等の主張について

ア　被控訴人らは、前訴でも、①控訴人会社・太郎が都市計画法上の制限があることを被控訴人乙山に説明したか否か、及び②被控訴人乙山が戊田から上記制限があることを聞いてこれを知っていたか否かが争点となっていたのであり、前訴は本件と争点を同一にするから、本件は、確定した前訴判決を実質的に蒸し返すものにほかならず、しかも控訴人会社・太郎には前訴において訴訟代理人弁護士がついて攻撃防御を尽くす機会が十分に与えられていた旨を主張する。確かに、前訴において控訴人会社・太郎が、控訴理由書（乙6）において、上記①②の点を主張し、争点となっていたこと、控訴人一郎の陳述書（乙9の22。前訴では乙8）には、本件と同様の立場からするその主張が見られること、また、前訴控訴審の弁論終結後に控訴人会社・太郎が弁論再開申立書（乙7）を提出し、証人戊田及び丙田一夫を申請し、同人らの陳述書を添付したこと（Hの陳述書は本訴の甲12である。）等の事実が認められ、本訴におけるのと同一の争点が審理対象となっていたと認められる。

イ　しかし、前記(1)の最高裁判決にもあるとおり、著しく不公正な手段を利用し、前訴判決を詐取したというような場合には、前訴判決の既判力に触れることなく、前訴敗訴当事者は本来なされるべき判決を基礎にして、損害賠償請求をすることができると解するべきである。もちろん、紛争解決の1回性の原則が遵守されないと何度でも同じ紛争が訴訟対象となって混乱が生じるので、上記の要件のあてはめには十分留意しなければならないが、実質的に再審事由に当たるような場合だけではなく、公序良俗・正義に反するような結果がもたらされる場合にも、その主張が許されると解するのが相当である。ところで、本件においては、前記(5)のとおり、被控訴人乙山による前訴判決の取得は、控訴人会社・太郎の証拠取得困難の状況を背景にして、巧妙に虚偽事実を主張立証した結果であり、また、被控訴人乙山にはそもそも損害がないから、欺罔手段による前訴判決詐取は、本来責任のない控訴人会社・太郎に支払義務を負わせる理不尽なものであり、一方においてこれを有効なものとして通用させ、他方で反対の請求を許さないとされることは、著しく正義に反するというべきであるから、前訴の既判力の制約を受けない特別の場合であるというべきである。よって、上記アの被控訴人等の主張は採用することができない。

ちなみに、戊田からの説明に関する前記(2)ア(オ)の事実は、甲12によって認められるから、前訴において、仮に例えば戊田の甲12の陳述書が証拠とされていれば、事実認定が異なったものとなった可能性もあると解される。しかし、甲12は、前訴控訴審の弁論終結後に漸く控訴人会社・太郎から出され、かつ、戊田からの陳述書は別に乙20（本訴では甲11）として既に提出されており、乙20には、上記と反対か無関係な事実が簡単に記載されているだけであるため、前訴控訴審は、再開せず、甲12の陳述書を証拠採用しなかったこと、以上のような経緯がある（乙3）。そして、前訴における被控訴人乙山の立証は、前記のとおり、巧妙であり、他方で控訴人太郎側は古い事柄で適切な反論するのが難しかったこと、以上の事実があり、そのために、これらが重なって、被控訴人乙山による虚偽の立証が前訴裁判所に受け入れられるところとなったと窺われる。いずれにしろ、本訴で控訴人らのような主張をすることが前訴の既判力に触れて許されないものではない。

3　被控訴人等の責任の有無

したがって、被控訴人乙山は、控訴人会社の損害を賠償すべき義務があるというべきである。

これに対し、被控訴人丙川は、法律的アドバイスをし、前訴の構成に関わったことが窺われるが、それ以上に、真実と虚偽の事実とを区分けして認識した上、虚偽の主張を構成し、立証を進めたまでの事実は認められないので、不法行為責任は負わない。

〈判決の意義と指針〉

この事案は、弁護士が依頼者を代理して訴訟を提起し、勝訴判決を得て確定したところ、同訴訟で被告らとなった者が虚偽の事実の主張、判決の詐取を主張して弁護士らに対して不法行為に基づく損害賠償を請求した控訴審の事件である。この事案は、弁護士の訴訟の相手方に対する不法行為の類型の事件である。

この判決の特徴は、

①　依頼者の不法行為については、前訴の提起行為に始まる前訴判決の詐取は不法行為に該当するとし、依頼者の不法行為責任を肯定したこと

②　弁護士の不法行為については、この事案の弁護士が依頼者に法律的アドバイスをし、前訴の構成にかかわったことが窺われるものの、それ以上に、真実と虚偽の事実とを区分けして認識したうえ、虚偽の主張を構成し、立証を進めたまでの事実は認められないとし、不法行為責任を否定したこと

があげられる。この判決は、依頼者が判決の詐取する不法行為を行った場合における訴訟代理人である弁護士の不法行為責任を否定した事例判断を提供するものであるが、この判決の事実関係を前提とするものであり、事案によっては弁護士の不法行為が認められる可能性がある。弁護士が依頼者から訴訟事件を受任し、訴訟活動を行うにあたって、依頼者に対する事情聴取、調査の仕方、その結果の評価等によっては、弁護士の訴訟活動が不法行為に該当すると判断されるリスクがあるものであり、特に根拠のない主張・立証を繰り返すような訴訟活動を行う場合には、このリスクが高まるものである。

なお、この判決は、判決の詐取と既判力の問題を取り上げているが、最三小判昭和44・7・8民集23巻8号1407頁、判時565号55頁は、「原審における上告人の主張

によれば、被上告人は、上告人に対する別件貸金等請求事件において、裁判外の和解が成立し、上告人において和解金額を支払つたため、上告人に対して右訴を取り下げる旨約したにもかかわらず、右約旨に反し確定判決を不正に取得し、このような確定判決を不正に利用した悪意または過失ある強制執行によつて、上告人をして右判決の主文に表示された13万余円の支払を余儀なくさせ、もつて右相当の損害を負わせたので、上告人は、被上告人に対し右不法行為による損害の賠償を求めるというのである。

これに対し、原審は、右確定判決は当事者間に有効に確定しているから、その既判力の作用により、上告人は以後右判決に表示された請求権の不存在を主張することは許されず、再審事由に基づいて前示判決が取り消されないかぎり、右確定判決に基づく強制執行を違法ということはできない、したがつて、右強制執行の違法を前提とする上告人の本訴請求は、その余の点について判断するまでもなくその理由がないとして、右請求を排斥している。

しかしながら、判決が確定した場合には、その既判力によつて右判決の対象となつた請求権の存在することが確定し、その内容に従つた執行力の生ずることはいうをまたないが、その判決の成立過程において、訴訟当事者が、相手方の権利を害する意図のもとに、作為または不作為によつて相手方が訴訟手続に関与することを妨げ、あるいは虚偽の事実を主張して裁判所を欺罔する等の不正な行為を行ない、その結果本来ありうべからざる内容の確定判決を取得し、かつこれを執行した場合においては、右判決が確定したからといつて、そのような当事者の不正が直ちに問責しえなくなるいわれなく、これによつて損害を被つた相手方は、かりにそれが右確定判決に対する再審事由を構成し、別に再審の訴を提起しうる場合であつても、なお独立の訴によつて、右不法行為による損害の賠償を請求することを妨げられないものと解すべきである。

本件において、原審の確定するところによれば、被上告人は、上告人に対する別件貸金請求事件において、請求権債権を一部免除したうえで右訴を取り下げる旨の和解をし、右約旨に従つた弁済を受けたが、右訴の取下に関する債務を履行せず、自己の訴訟代理人に対してこの事実を告げなかつたため、右訴訟の手続は、その後に開かれた第一回口頭弁論期日において、上告人不出頭のまま終結され、被上告人側の主張するとおりの判決がなされたというのであり、上告人が右口頭弁論期日に出頭しなかつたのは、右和解契約が締結された結果、上告人としてはその趣旨に従つた弁済をし、被上告人が右訴の取下を約したことによるというのである。そして、原審は、上告人は右判決の送達を受けた後、人を介して被上告人に右訴の取下を申し入れ、その夫が同人に対して訴の取引をすすめていたとの事実を認めているのである。

これらの事実によれば、上告人は、和解によつて、もはや訴訟手続を続行する必要はないと信じたからこそ、その後裁判所の呼出状を受けても右事件の口頭弁論期日に出頭せず、かつ、判決送達後もなお控訴の手続をしなかつたものであり、その後に、被上告人が真に右請求権について判決をうるために訴訟手続を続行する気であることを知つたならば、自らも期日に出頭して和解の抗弁を提出し、もつて自己の敗訴を防止し、かりに敗訴してもこれを控訴によつて争つたものと推認するに難くない。しかも、原審は、右和解を詐欺によつて取り消す旨の被上告人の主張は採用し難い旨判示しているのであるから、被上告人において、右和解後上告人に対して特に積極的な欺罔行為を行ない、同人の訴訟活動を妨げた事実がないとしても、被上告人は、他に特段の事情のないかぎり、上告人が前記和解の趣旨を信じて訴訟活動をしないのを奇貨として、訴訟代理人をして右訴訟手続を続行させ、右確定判決を取得したものと疑われるのである。そして、その判決の内容が、右和解によつて消滅した請求権を認容したものである以上、被上告人としては、なお、この判決により上告人に対して前記強制執行に及ぶべきではなかつたものといえるのである。しからば、本件においては、被上告人としては、右確定判決の取得およびその執行にあたり、前示の如き正義に反する行為をした疑いがあるものというべきである。したがつて、この点について十分な説示をすることなく、単に確定判決の既判力のみから上告人の本訴請求を排斥した原判決は、この点に関する法令の解釈を誤り、ひいて審理不尽、理由不備の違法を犯したものというべく、その違法は原判決の結論に影響することが明らかであるから、論旨はこの点において理由があり、原判決は破棄を免れない。」と判示し、再審の訴えを経ないで、不法行為に基づく損害賠償請求権を行使することを認めており、重要な先例になっている。

判　決　17	破産の申立てを受任した弁護士の破産管財人に対する不当利得返還責任を認めた事例 〔大阪地判平成22・８・27判時2110号103頁〕

【事案の概要と判決要旨】

弁護士Ｙは、平成20年12月、Ａ株式会社の代表者ＢからＡの倒産手続等につき相談を受け、Ａ、Ｂから破産手続開始決定の申立てを受任し、平成21年１月、同申立てをし、Ｂ個人の申立てに係る着手金としてＡ名義の預金口座から40万円の支払を受けたが、Ａ、Ｂにつき破産手続開始決定がされ、弁護士Ｘが破産管財人に選任された後、ＸがＹに対してＡからＢの着手金を受領することが不当利得に当たると主張し、40万円の返還を請求した。

第１審判決は、請求を認容したため、Ｙが控訴した。

この判決は、不当利得を認め、控訴を棄却した。

〈判決文〉

二　争点(2)（法律上の原因の有無について）

⑴　株式会社とその代表者である代表取締役は、法律上、別個の法主体であるから、丙川は、破産会社の代表取締役であったとしても、丙川個人の破産申立着手金を破産会社の財産から支出することは当然には許されない。

この点につき、控訴人は、法人とその代表者である個人が同時に破産申立てをする場合の予納金額や破産管財人専任方法をとらえて、破産手続の実務において法人とその代表者たる個人の財産はほとんど一体として取り扱われているなどと主張しており、法人の代表者である丙川の破産申立着手金を当該法人である破産会社の財産から支出することが正当であると主張するようである。

しかし、破産手続上、法人の破産手続とその代表者たる個人の破産手続が別個の手続であることはいうまでもなく、両破産事件において同一人が破産管財人に選任されたからといって、法人とその代表者である個人の財産が明確に区別されずに一体として取り扱われているとはいえないことは明らかである。かかる取扱いは、両名が本来別人格であることを前提として、破産手続にかかる費用の節減及び手続の迅速化等の面において、共通の管財人を選任して調査に当たらせることが便宜であることなどをその理由とするものと解され、控訴人の主張は失当というほかない。

〈判決の意義と指針〉

この事案は、弁護士が株式会社、その代表者から破産の申立てを受任し、会社の預金口座から代表者個人の着手金の支払を受けたところ、破産手続が開始された後、破産管財人が前記申立代理人であった弁護士に対して、代表者個人に係る着手金につき不当利得の返還を請求した控訴審の事件である。この事案は、弁護士の着手金に係る破産管財人に対する不当利得返還義務の類型の事件である。

この判決は、株式会社とその代表者は別人格であり、財産が別である等とし、破産申立ての代理人であった弁護士の不当利得を認めたものであり、その旨の事例判断を提供するものである。弁護士が同時に会社と代表者について債務整理を受任したり、破産申立てを受任したりすることは少なくないが、この場合、依頼者は2人であり、委任契約も別個であり、着手金、報酬、費用等についても別個に定め、別個に清算することは当然である。実際には、これらを明確に定め、明確に合意をする等しない事例も散見されるようであり、この判決は、このようなリスクが現実化することを示すものとして参考になる。

判　決　18　弁護士の依頼者の取引の相手方に対する不法行為責任を認めなかった事例

〔大阪地判平成22・10・21判時2106号83頁〕

【事案の概要と判決要旨】

マンションの開発、分譲等を業とするＸ株式会社は、Ａ株式会社との間でＡ所有の土地の売買交渉を行い、弁護士ＹがＡの代理人として交渉を行ったところ、Ａが本件土地の引渡しまでに本件土地上の建物、杭等を解体、撤去することを特約として売買契約を締結したが、Ａが地中杭を撤去することことなく、本件土地を引き渡し、その後、解散する等したため、ＸがＹに対して不法行為に基づき撤去費用相当の損害賠償を請求した。

この判決は、ＡがＸの主張するような徹底的に地中杭を撤去すべき義務を負ったとはいえないし、Ａに対して地中杭を撤去する解体契約を締結するように助言すべき義務を負ったともいえないし、契約の相手方であるＸとの関係でＡにそのような助言をすべき不法行為法上の注意義務はない等とし、請求を棄却した。

〈判決文〉

以上の事実によれば、契約交渉過程において、原告担当者戊田が被告に対し「杭なんかもそれは抜いてもらわなければ困ります」と言ったという戊田証人の証言は、杭工事の費用が莫大であるのに対してその費用の検討が売買契約過程で全くされていないことからみて、信用しがたいものである。仮にそのような言葉を述べたことがあったとしても、その趣旨については、新築マンションの建築のための杭工事の障害となった本件土地の地中杭、すなわち地下２～３ｍ掘り下げたところから埋められていたψ1000杭（直径１ｍ）15本、ψ800杭（直径80cm）19本、深さ30ｍで打たれていた本件の地中杭について、引渡し前に予め、抜本的、徹底的に撤去することを明示的に求めた意味であると理解するのは、困難といわざるを得ない。

また、売買契約書の第10条の規定も一般的な条項にすぎない。不動産開発業者である原告の取引経験においても、引渡し後に地中障害物が発見されることも稀ではなく、その後に撤去費用の負担について交渉が必要となる場合もあるという。一方、本件では、売買代金の過半の撤去費用を要する前記の地中杭については、わずかの注意をすればその存在が分かったはずであるのにそれも調べないで、売主も買主も地中杭の存在に気づかないまま売買契約が締結されている。このような事情からすれば、本件土地の売買契約においては、たしかに第10条の規定の文言上は、既存杭（通常は、既存建物の地中杭を指していると解されるであろう。）を撤去する売主の義務が記載されているが、売主も買主も、地中杭の調査もしていないしその存在も知らずに契約を締結したことを前提として契約当事者の合理的な意思解釈をすれば、本件土地に残存していた地下２～３ｍより深い部分にある深さ30ｍの34本の地中杭について、新築マンションの施工方法を考慮することなく、予めその全部を抜本的かつ徹底的に撤去する義務まで規定したものと解するのは困難である。地中杭を原告が主張するような方法で新築建物の施工方法にかかわらず予め全て抜本的に撤去するには、地中杭の内容次第によっては、土地の利用方法や価格に照らして莫大な費用と時間がかかり、社会的経済的にみて無駄な投資となりかねない。その点からみても、買主の土地利用の方法が具体化した段階で、その目的に必要な限度で、事後的な売買代金の減額ないし瑕疵担保責任による調整をする方法が、むしろ一般的な契約実務の取扱いないし取引慣行であると考えられる。戊田証人が供述する原告の取引実務の事例もそのことを裏付けている。契約条項の形式的な記載を金科玉条として売主に完全な地中杭の撤去義務があると解するのは、取引慣行から見ても契約当事者の通常の予測の範囲を超えた過大な義務を課することになり、相当でないというべきである。

四　被告の過失について

前記認定事実によれば、被告は、乙山社の松竹に対する損害賠償請求及び松竹から乙山社に対する本件土地及び既存建物に設定された保証金返還請求権を担保にするための抵当権の実行禁止仮処分について、訴訟委任を受け、その委任事務の履行にあたって、松竹との紛争解決に重大な関連性を有する本件土地の原告への売却（売却代金や引渡条件などの売主の権利義務の内容等）についても、乙山社から原告との売買契約交渉の法律事務の委任を受けたものと認められる。

しかし、被告が本件土地の原告への売買契約交渉の委任を受けていた弁護士であるとしても、前記のとおり、乙山社が本件売買契約によって原告に対して原告の主張する方法で予め全ての地中杭を撤去すべき義務を負っていたとまでは認められない以上、被告が乙山社に対し、弁護士として、引渡し前に、全ての地中杭を予め全て撤去する内容の既存建物の解体契約を締結するように助言すべき注意義務があったとはいえない。

本件売買契約書の第10条により原告の主張するような地中杭の徹底的な撤去義務が含まれるとする契約解釈がされる可能性が全くないとはいえないとしても、そのような売買契約の成否を根底から揺るがすような莫大な費用が生ずる問題について、原告は、被告を代理人として乙山社との間で売買契約交渉をしている過程において、容易に調査できるはずの既存建物の杭伏図の調査についても、地中杭の撤去方法についても、何ら具体的な言及をしなかったのである。このような契約締結の事情からすれば、売主の通常の予測の範囲を超える過大な負担を生じさせるような原告主張のような極端な契約解釈の可能性を認識することは、売買契約交渉について受任していた法律の専門家である弁護士とはいえ、被告にとっても殆ど不可能であったというべきである。したがって、被告としては、原告の主張するような契約解釈の可能性を認識して、売買契約交渉を委任した依頼者である乙山社に対し、解体契約にあたって地中杭をすべて撤去すべきことを助言すべき義務があったと断ずるのも相当でない。

原告は、乙山社が本件土地売却後清算することを被告は知っていたのであり、同社清算後は本件土地の売買契約上の売主の責任をとれなくなるおそれがあることを十分認識していたのであるから、注意義務が加重される旨主張する。しかし、売買後の清算という事情は、買主である原告の権利保護に関し問題となる事柄である。本件土地の売買契約交渉の法律事務の委任を相手方契約当事者である乙山社から受けていたにすぎない弁護士である被告の立場において、買主である原告の立場を斟酌して乙山社に対する注意義務が加重されるべき根拠はない。また、原告から委任を受けていないから、原告に対する関係で注意義務を加重する根拠にもならない。本来、不動産取引の専門業者である原告において、自らの専門知識を活用し、あるいは弁護士に相談するなどして、十分に注意すべき事柄であり、取引相手方である売主から売買契約交渉の委任を受けていた弁護士に対し、買主に対する不法行為を加重する根拠とするのは、筋違いである。

〈判決の意義と指針〉

この事案は、弁護士が土地の所有者である会社から不動産会社への土地の売買交渉を依頼され、売買契約を締結したところ、売主である会社が特約に違反する等したことから、売買の相手方（買主）が売主の代理人であった弁護士に対して不法行為責任を追及した事件である。この事案は、弁護士の依頼者の売買交渉の相手方に対する不法行為の類型の事件である。この事案では、土地売買契約において、土地の引渡しまでに土地上の建物、杭等を解体、撤去することの特約が締結され、売主(弁護士の依頼者)が特約に違反したことから、売買の相手方が弁護士に対して不法行為に基づく損害賠償を請求したわけである。

この判決の特徴は、

① 売主が売買の買主の主張するような売買契約によってあらかじめすべての地中杭を撤去すべき義務を負っていたとまでは認められないとしたこと

② 売主から売買交渉の依頼を受けた弁護士が土地の引渡し前に、すべての地中杭をあらかじめすべて撤去する内容の既存建物の解体契約を締結するように助言すべき注意義務があったとはいえないとしたこと

③ 本来、杭の解体等については、不動産取引の専門業者である買主が自らの専門知識を活用し、あるいは弁護士に相談するなどして、十分に注意すべき事柄であり、取引相手方である売主から売買契約交渉の委任を受けていた弁護士に対し、買主に対する不法行為を加重する根拠とするのは筋違いであるとしたこと

があげられ、売主から売買交渉を受任した弁護士の売買交渉の相手方(買主)に対する不法行為を否定した事例判断を提供するものである。この判決の判断は、一般的には妥当であるということができるが、契約交渉の内容、経緯、交渉当事者の属性等の事情によっては、契約交渉の依頼者だけでなく、交渉を受任した弁護士が交渉の相手方に対して法的な義務、法的な責任を負う可能性があることは否定できないものであるうえ、依頼者に対する注意義務の遵守と交渉の相手方に対する不法行為責任の可能性という義務の衝突が生じることがあることに留意が必要である。

判 決 19	**債務者から債務の弁済等の交渉を受任した弁護士の交渉の相手方に対する不法行為責任を認めなかった事例** **〔東京地判平成22・12・2判タ1349号150頁〕**

【事案の概要と判決要旨】

A株式会社は、Y_1医療法人社団、Y_2株式会社との間でそれぞれ準委任契約を締結し、清掃業務を実施し、報酬債権を取得していたところ、X合同会社は、Aから貸金債権の代物弁済として報酬債権の譲渡を受け、Aから授与された権限に基づき債権譲渡の通知をし、Y_1らに支払を求めたところ、Y_1らから債権の弁済等の処理を受任した弁護士Y_3が譲渡通知が無効である等と主張したため、XがY_1、Y_2に対して譲受債権の支払を請求し、Y_3に対して不当な対応による不法行為に基づき損害賠償を請求した。

この判決は、債権譲渡の通知が譲渡人の代理人としてされたものであり、有効であるとし、Y_1、Y_2に対する請求を認容し、Y_3については、害意があるか、交渉の際の言動が社会常識に即した合理的な範囲を逸脱していたという特段の事情がない限り、違法とはいえないとしたうえ、本件では、特段の事情が認められないとし、不法行為を否定し、請求を棄却した。

〈判決文〉

2　被告丁田に対する請求について

(1)　原告は、被告丁田が被告Y_1会らの委任を受けて本件債権の弁済に関する交渉に当たっていた際に、弁護士としての誠実義務ないし注意義務に反して不当な対応をし、被告Y_1会らに弁済をさせなかったことが原告に対する不法行為を構成するとして、被告丁田に対し、損害賠償を求めている。

そこで、検討するに、この損害賠償請求は、要するに原告の被告Y_1会らに対する債権（本件債権）が被告丁田によって侵害されたという債権侵害の主張であって、同被告が原告に対する害意をもっていた、あるいは、交渉の際の言動が社会常識に即した合理的な範囲を逸脱していたという特段の事情がない限り、原告との関係において違法とはいえないものと解されるところ、このような特段の事情を認めるに足りる主張、立証はない。

すなわち、被告丁田は、本件債権譲渡が行われた直後の平成21年10月に、被告Y_1会らから本件債権の弁済等の処理を委任され、原告との交渉に当たっている（争いがない。）が、そもそも、本件債権譲渡や債権譲渡通知の有効性等に関する裏付けを細かく検討し、やや受け身勝ちに慎重な態度で交渉に臨むのは、本件債権の債務者たる被告Y_1会らの利益を守るべき代理人として自然なことというべきであって、被告丁田の側から積極的に債権者である原告の側に働きかけるのが当然であるということはない（その結果、遅延損害金の負担が増加したりするけれども、これは慎重に対処することに伴うリスクという被告らの側の問題である。）。そして、本件では、債権譲渡通知書の到達後に、通知書では原告に譲渡されたことになっていた報酬債権（清掃業務委託料）の請求書がZ社から被告Y_1会に届くなど、本件債権譲渡に関して疑問を生じ得る状況があり、他方で、関係書類の送信先にその事務所が指定されるなど、被告丁田からすれば、原告の代理人になっているように思われた高村弁護士と本件債権の弁済方法如何に踏み込んだ協議ができないといった状況にあったことからすれば（以上について、甲3の2、乙1、6の6等）、被告丁田において、一時は三者合意による解決を想定し、その旨の提案をしていたものの、これを取り止め（争いがない。）、交渉が中断した状態で、平成22年1月における本訴訟の提起を迎えたことを不当と断ずるのは相当ではない（なお、本訴訟の提起後も、被告らにおいて、一定の裏づけを伴う前記疑問等を主張するなどして請求の当否について争い、特に損害賠償請求に関してその法的な根拠を整理するように求めることは、裁判を受ける権利の行使として当然に認められ、特に不当とされるべきものではない。また、いうまでもないが、このように請求の当否について争う一方で、問題の早期解決という見地から譲歩して、本件債権の支払いをする旨の和解を提案することも、当然にあり得ることである。）。この点、被告丁田の側では、被告Y_1会らが既に支払っていた報酬債権（清掃業務委託料）の確認に関して不十分なところがあり（甲5の2等）、原告が主張しているように、このほかにも不適切なところがあったにしても、冒頭に指摘した観点を踏まえ、また、弁護士の職責を問題にする際には、ただ単に結果責任を問うのではなく、法律専門家として一定の裁量を認めるべきことをも考慮すると、本件における被告丁田の一連の対応が社会常識に即した合理的な範囲を逸脱していたとまでいうことはできず、ほかに前記特段の事情を認めるに足る主張、立証はない。

〈判決の意義と指針〉

この事案は、債権譲渡を受けた会社が、債務者に債権譲渡の通知をし、債権の支払を求めたところ、債務者から債務の弁済等の処理を受任した弁護士が譲渡通知が無効である等と主張したことから、債務者に対して譲受債権の支払を請求し、弁護士に対して不当な対応による不法行為責任を追及した事件である。この事案は、弁護士の弁済交渉の相手方に対する不当対応による不法行為の類型の事件である。

この判決は、この事案の損害賠償請求は、債務者に対する債権が債務者の弁護士によって侵害されたという債権侵害の主張であるとしたうえ、債権侵害においては、債権者に対する害意をもっていたか、あるいは、交渉の際の言動が社会常識に即した合理的な範囲を逸脱していたという特段の事情がない限り、債権者との関係において違法とはいえないとし、この事案では、このような特段の事情を認めるに足りる主張・立証はないとして、弁護士の不法行為を否定したことに特徴がある。この判決は、弁護士が債務者から債務の弁済交渉を受任し、弁済を拒否する主張をしたことによる不法行為責任の成否が問題になった興味深い事案について、債権侵害に係る不法行為責任を否定した事例判断として参考になる。

判決20　訴訟提起を募った弁護士の不法行為責任を認めなかった事例

〔大阪地判平成23・5・13判時2127号64頁〕

【事案の概要と判決要旨】

学習塾の経営等のフランチャイズシステムを展開するA株式会社は、それぞれ100%子会社であるX_1株式会社が東日本地区、X_2株式会社が西日本地区を担当して事業を行っていたところ、B有限会社の代表者Cは、X_1らのフランチャイジーとして全国で学習塾を経営する者らにAのシステムが詐欺であり、全国各地で訴訟が起き、弁護士Yが属するD法律事務所が担当していることなどを内容とする勧誘文書（Dの電話番号、ファクシミリ番号が記載されていた）を送付した。Cは、その後、フランチャイジーのE株式会社の代表者Fらとともに、同様に学習塾を経営する者らにX_1、X_2に対する訴訟上の和解の状況等を説明し、訴訟の提起を勧誘する文書（弁護団の連絡先、代表の肩書きを付し、Yの氏名、連絡先が記載されていた）を送付し、Yは、この勧誘文書を読んで問い合わせをしたフランチャイジーに訴訟の提起を勧誘する文書、すでに提訴した者の訴状の写し、フランチャイズ契約を解除する必要があることを説明した文書、被害状況を調査するための文書を送付し、数名のフランチャイジーに提訴に関する説明をする等し、X_1らを批判する訴状を別件訴訟において陳述した（フランチャイジーの中にはフランチャイズ契約を解除し、ロイヤリティの支払をしなくなったものもいた）。X_1、X_2は、Yに対して契約上の地位の侵害、名誉毀損を主張し、逸失利益、無形損害等の損害賠償を請求した。

この判決は、契約上の地位の侵害の主張については、Yによる文書の送付とフランチャイジーの契約解除、ロイヤリティの不払との間の相当因果関係がない等とし、不法行為を否定し、名誉毀損の主張については、Yが送付した文書の中にはX_1らが組織的に故意に詐欺行為を行っているとの印象を与えるとし、名誉を毀損するおそれのある記載であるとしつつも、送付した範囲、趣旨から、Yが文書を送付する方法でX_1らを相手方とする訴訟を提起する原告を募った行為は弁護士の職務として目的・手段ともに相当であり、正当行為として違法性が阻却されるとし、別件訴訟における訴状の記載はX_1らの名誉を毀損するおそれのある記載ではあるが、相応の根拠もないまま訴訟遂行上の必要性を超えて、著しく不適切な表現内容、方法、態様で主張したことを認めるに足りない等とし、正当行為として違法性が阻却されるとし、請求を棄却した。

〈判決文〉

イ　訴訟提起勧誘文書Ⅱに添付された訴状の写しに、本件掲載文言一が記載されていたことは当事者間に争いがない。

そこで、当該文言が、これを読んだ一般人に対してどのような印象を与えるかを検討する。

「教室を運営する意思も能力もないのに、加盟契約金等を支払わせることを目的として、とにかく教室開設を最優先させる」、「被告甲野塾は、原告に対して組織的に虚偽の説明を行い」、「被告甲野塾は20年以上前から以下のとおり詐欺商法を繰り返している」、「被告甲野塾らは長年にわたり共通した詐欺的商法を用いて、加盟者を勧誘してきた」、「詐欺的な経営方針」などの記述は、いずれも訴状における法的な主張・法律構成を示すものであるとしても、一般人の普通の注意と読み方を基準とすると、原告らが、経営指導する意思も能力もないのに、初めから加盟契約金等の取得を目当てに、組織的に故意に詐欺行為を行っているとの印象を与えるといわざるを得ない。

したがって、当該文言は、原告らが、初めから加盟契約金の取得を目当てに、故意に組織的に詐欺行為を行っている会社であるとの印象を与えるものであり、原告らの社会的評価を低下させ、原告らの名誉を毀損するおそれのある記載といえる。

ウ　しかし、前記一⑶認定の事実によれば、被告が送付した訴訟提起勧誘文書Ⅱ及び訴状の写しは問い合わせてきた特定のフランチャイジーに対してのみ送付されたもので、かつ、提訴前の準備を促す趣旨で同封されたものである。そうすると、被告が文書を送付する方法で原告らを相手方とする訴訟を提起する原告を募った行為は、基本的人権を擁護し、社会正義を実現するという弁護士としての職務として、又は被害者救済という信条に基づいて、広く全国の被害者を救済するために積極的に行われた側面があるということができ、事件との関連性は認められ、かつ、問い合わせてきた特定のフランチャイジーに対してのみ送付したものであって、訴訟提起勧誘文書Ⅱで、今後の主張・立証の準備をする上での参考資料として訴状の写しを同封する旨案内したものであるから、目的・手段ともに相当なものといえる。

以上によれば、被告における訴訟提起勧誘文書Ⅱとともに訴状の写しを送付したことは、弁護士としての正当な業務の範囲を逸脱したものとはいえないのであるから、正当行為として違法性が阻却されるというべきである。

〈判決の意義と指針〉

この事案は、フランチャイズをめぐる紛争が発生し、フランチャイジーがフランチャイザーのシステムが詐欺である旨を主張し、訴訟を提起した後、同様な事業を営む全国のフランチャイジーらに訴訟の提起を勧誘する文書（弁護士団、代表弁護士の氏名、連絡先が記載されていた）を送付し、問い合わせをした者に弁護士が訴訟の提起を勧誘する文書、すでに提訴した者の訴状の写し、フランチャイズ契約を解除する必要があることを説明した文書、被害状況を調査するための文書を送付し、数名のフランチャイジーに提訴に関する説明をする等したため、フランチャイズ事業者が弁護士に対して不法行為責任を追及した事件である。この事案は、訴訟提起の勧誘に関与した弁護士の相手方当事者に対する不法行為の類型の事件である。

この事案の特徴は、

① 特定の類型の紛争につき同一の相手方に対する訴訟の提起を事業者が勧誘し、弁護団がこれに関与したこと

② 相手方を非難する複数の文書が作成され、勧誘の対象者に送付、交付される等したこと

③ 弁護士の相手方に対する契約上の地位の侵害、名誉毀損が主張されたこと

があげられ、特に弁護士が集団訴訟を提起させることに関与した場合における不法行為責任の成否が問題になったものである。

この判決の特徴は、

① 交付等された文書の記載がフランチャイズ事業者らは初めから加盟契約金の取得を目当てに、故意に組織的に詐欺行為を行っている会社であるとの印象を与えるものであり、その社会的評価を低下させ、名誉を毀損するおそれのある記載といえるとしたこと

② 文書の交付等の目的・手段ともに相当なものであり、弁護士としての正当な業務の範囲を逸脱したものとはいえず、正当行為として違法性が阻却されるとしたこと

③ 弁護士の不法行為責任を否定したこと

があげられ、その旨の事例判断を提供するものである。もっとも、仮に訴状の記載、文書の記載が訴訟において敗訴判決を受ける等し、否定されたような場合には、こ

の判決の論理は妥当しないというべきであり、弁護士の正当業務行為に該当せず、名誉毀損等の不法行為責任が肯定される可能性がある。この判決の論理の合理性、相当性は限定的なものである。

判　決　21	債務整理を受任した弁護士の破産管財人に対する不法行為責任を認めた事例 〔横浜地判平成23・12・22金判1442号37頁〕

【事案の概要と判決要旨】

Ａ有限会社は、遊技場の経営を業とし、関連会社としてＢ有限会社、Ｃ有限会社があったところ（これらの会社の代表取締役はＤであり、その夫Ｅは、Ａの取締役であった)、経営が悪化し、平成19年５月、手形不渡りを出して倒産し、同月、Ａ、Ｂ、Ｃ、Ｄ、Ｅは、弁護士Ｙのほか３名の弁護士に債務整理に関する件を委任した。Ｙらは、それぞれの債権者らにあてて債務整理等の通知をする等し、その後、支援をすることの交渉中であるとか、再建を目指している等の内容の各通知をし、和解によって債務整理を行い、受任の際にＹが開設した銀行口座において弁護士報酬、手数料等が支払われ、債権者への支払、従業員給与等の支払がされる等した。Ｂの代表取締役がＤから債権者の代表者に交代する等し、Ｙは、Ｂ、Ｄ、Ｅの代理人を辞任し、Ａについては債権者の申立てによる破産手続開始決定がされ、Ｘが破産管財人に選任された。ＸはＹに対して報酬、手数料等の支払につき否認権を行使し、不当利得の返還、任意整理による金銭管理の善管注意義務違反の債務不履行、不法行為に基づき損害賠償を請求した。

この判決は、破産管財人による否認権の行使を否定し、不当利得の返還請求を棄却したが、破産者の財産の散逸につき債務整理を受任した弁護士の債権者の平等に反する弁済をしないよう指導・監督する義務違反を認め、弁護士の不法行為を肯定し、請求を一部認容した。

〈判決文〉

3　争点(2)（被告が本件弁護士報酬等の支払を受けた行為は、否認の対象となるか。）について

(1)　307万5000円の支払について

ア　被告は、第２・２(11)のとおり、平成19年７月20日、本件口座から307万5000円の支払を受けたところ、第３・２において判示したとおり、本件口座に預託された金銭は破産会社に帰属するから、被告は破産会社から上記金員の支払を受けたというべきである。

そして、上記金員の趣旨は、第２・２(11)のとおり、上記金員の領収書のただし書きに、本件債務者らにかかる同年６月20日までの任意整理事件の報酬並びに同月21日から同月末日までの残務整理の手数料（税及び実費込み）である旨の記載があることか

ら、被告は、本件債務者らの債務及び残務処理を行ったことに基づき、報酬と手数料の支払を受けたことになる。

そこで検討すると、第2・2⑿のとおり、当庁において、平成19年9月25日午前10時、破産会社について破産手続を開始する旨の決定がされていることに照らせば、同年6月20日までに破産会社の債務整理が成功に至ったと認めることはできない。また、破産会社以外の本件債務者らであるB社、C社、D及びEのための債務整理の報酬を破産会社が支払ったことは、B社及びC社の債務整理を破産会社の計算に行ったこととなり、その当否に疑義がないわけではないが、第3・1⑺のとおり、被告が破産会社の代理人として、破産会社の各債権者から一定範囲の債務の免除を得るなど破産会社の債務整理を進めたことにより、破産会社の債務総額が減少したことは明らかであって、これらの行為により破産会社の債務総額は9億0727万1522円から5億6036万1103円にまで減少したこと及び被告が同年5月から同年6月にかけてのb店の管理をしていたこと（乙15）、同月20日まではB社とC社の会計が実質的には破産会社のものであったことに照らすと、上記支払に対応する役務の提供があったものと認めることができる。

したがって、その減少した債務額に鑑みると、被告がその後更に95万円の支払を受けていることを考慮しても、被告が、前記307万5000円の支払を受けたことが相当性を欠くものとはいえない。

⑵ 95万円の支払について

第2・2⑾のとおり、被告は、同年7月27日、本件口座から95万円の支払を受けたところ、被告は、上記金員は上記残務整理や破産会社の債権者対応等が長引いたことに伴う追加手数料である旨の説明をしている。

この点についても、前記判示のとおり、前記債務整理が成功に至ったものではないが、破産会社の債務整理が一定程度成功していたこと、Fのもとで新B社が営業をするには、従前のB社からの引継ぎが欠かせないと考えられることに鑑みると、破産会社の残務整理に関連して被告が何らかの役務を提供したことを認めることができる。

したがって、被告が前記95万円の支払を受けたことが相当性を欠くものとまではいえないというべきである。

⑶ 以上によれば、破産会社が被告に対してした本件弁護士報酬等の支払は、破産法160条3項所定の「無償行為」に該当せず、前判示のとおり、破産会社の債権総額が減少したことに鑑みると、破産会社の債務整理として不相当とは言い難い報酬であって破産会社の債権者を害したものであるとまでは認めることができないから、同条1項1号、2号の否認権行使の要件は充たさないものというべきである。〈略〉

4 争点⑶（被告は、本件口座からの出入金につき、破産会社に対して善管注意義務を負うか）について

⑴ 被告は、第3・1⑻のとおり、F及びEからの指示を受けて本件出入金表のとおり本件口座から出入金をしたところ、第3・2において判示したとおり、本件口座内に預託された金銭の実質的所有者は破産会社であったから、被告が、破産会社の債務整理を継続して受任していたのであれば、被告の本件口座の支出について委任契約に基づく善管

注意義務違反が問題となる。

被告は、平成19年6月20日、破産会社の債権者に対し、破産会社の代理人として、同日以降もC社との問題を解決するために破産会社の代理人を継続する旨を通知し（乙13)、第3・1(7)アないしコで判示したとおり、破産会社の代理人として各債権者との合意書等（甲10及び12ないし18）に記名、押印して、破産会社の債権者との間で、各合意に関与して、債務の存在を確認し、一定の条件のもとでその免除を受ける合意をするなどして、破産会社の債務整理を継続しており、本件口座については、これを解約して預金を本件債務者らのいずれかに返還することもなく、そのまま本件口座の管理を続け、破産会社の各債権者に対する支払を本件口座の出金により行うなどしていた以上、被告が破産会社の債務整理を継続していたものというべきである。

(2)　これに対し、被告は、被告が平成19年6月4日にB社、D及びEの代理人を辞任し、それ以降は、被告の破産会社からの受任事項はC社関連の法律問題の解決に限定されており、破産会社の債務整理は受任事項とはなっていなかったと主張し、被告の本件回答書における同年6月4日の時点で破産会社の任意整理については辞任していた旨を回答した部分、甲9ないし11の合意書等の原案を作成したとするW弁護士も、被告は既に債務整理を辞任しており、甲9ないし18の合意書等の案文作成、交渉には関与していなかった旨回答した部分（乙31の2）を指摘し、被告本人も被告本人尋問においてこれに沿った供述をする。

しかし、被告の上記主張は、第2・2(10)及び(12)並びに第3・1(7)のとおり、被告が平成19年6月20日以降も破産会社の代理人として行動していたことと明らかに矛盾し、上記被告の本件回答書の記載部分、W弁護士の回答部分及び被告本人の供述部分は信用することができない。

そこで、被告がB社、D及びEの代理人を辞任した同月20日以降においても、被告の破産会社からの受任事項はC社関連の法律問題の解決に限定されておらず、同日以降も破産会社の債務整理を破産会社の委任に基づいて継続していたと解するのが相当である。

(3)　そこで、被告が本件口座からの出入金につき善管注意義務を負うか否かを検討する。

そもそも、被告は、債権整理事務を受任した法律の専門家である弁護士として高度の注意義務を負っていたのであるから、委任に係る善管注意義務の一環として、破産者の財産を散逸させず、また債権者の平等に反する弁済をしないよう破産者に指導・監督する義務を負っていたというべきである。

これに対し、被告は、債務整理の手続を進めるに当たって、破産者から指示があれば邪魔はせず協力しなければならないとの認識の下に本件口座を管理していたのであって、被告は受任者として上記の指導・監督義務までは負わないかのように主張するが、専門性や信頼性を与えられた弁護士制度の趣旨や、第2・2(3)のとおり、債務整理事務を受任した弁護士として、被告が各債権者に個別の執行・請求を差し控えるよう自ら依頼して協力を求めたことに照らして、債務整理事務を受任した弁護士である被告は、偏頗弁済等、債権者の平等を害する行為を差し控え、委任者の財産を保全することが求められるというべきである。また、債務整理を委任するなど財産的危機的状況にある債務者は、債権者の弁済要求の強弱や債権者との人間関係の濃淡などから、得てして偏頗弁済を行いがちであるから、債務整理事務を受任した弁護士は、これらの不当な財産処分が行われることのないよう、細心の注意を払うことが求められる。したがって、債務整理事務を受任した弁護士は、委任者に対し、債権者の平等に反する弁済をしないよう指導・監督する義務を負うと解すべきである。

しかるに、証拠（乙42、55及び被告本人）によれば、被告は、Ｆ及びＥからの指示のままに漫然と本件出入金表のとおりに本件口座から出入金をさせたことが認められ、これは債務整理を受任した弁護士が果たすべき上記義務に反したということができる。

〈判決の意義と指針〉

この事案は、弁護士が複数の関連会社等から債務整理を受任し、他の弁護士とともに、債務整理を行い、受任の際に弁護士が開設した銀行口座において弁護士報酬、手数料等が支払われ、債権者への支払、従業員給与等の支払がされる等したが、一部の依頼者からの代理人を辞任していたところ、依頼者の会社につき債権者の申立てにより破産手続開始が決定され、破産管財人が弁護士に対して報酬等につき否認権を行使し、不当利得の返還、債権者らへの弁済につき金銭管理者としての善管注意義務違反による損害賠償を請求した事件である。この事案は、弁護士が複数の関連会社、その役員らから債務整理を受任し、弁済する等して債務整理を行ったり、その過程で金銭の管理を行ったり、辞任したりした状況において、依頼者の一社につき破産手続開始決定がされ、破産管財人が債務整理事件を受任した弁護士の法的な責任を追及したところに特徴がある。

この判決の特徴は、

① 債務整理事件を受任した弁護士が報酬、手数料の支払を受けたことにつき相当性を欠くとはいえないとし、否認権の行使を否定したこと

② 債権整理事務を受任した法律の専門家である弁護士は、高度の注意義務を負うものであり、委任に係る善管注意義務の一環として、破産者の財産を散逸させず、また債権者の平等に反する弁済をしないよう破産者に指導・監督する義務を負うとしたこと

③ 債権整理を委任するなど財産的危機的状況にある債務者は、債権者の弁済要求の強弱や債権者との人間関係の濃淡などから、得てして偏頗弁済を行いがちであるから、債権整理事務を受任した弁護士は、これらの不当な財産処分が行われることのないよう、細心の注意を払うことが求められるとしたこと

④ 債務整理事務を受任した弁護士は、委任者に対し、債権者の平等に反する弁済をしないよう指導・監督する義務を負うとしたこと

⑤ この事案では弁護士にこの指導・監督義務違反が認められるとし、弁護士の不法行為を肯定したこと

があげられる。会社、その役員らから債務整理等の事件を受任し、複数の関連する依頼者がいる場合、どの範囲の事件を受任するかを明確にすることは当然であるとしても、誰から報酬、費用の支払を受けるかも明確にし、その内容を委任状に明確

に記載することが重要であるが、この事案には、このことが明らかでなかったことが背景事情の一つになっている。また、弁護士が受任した事件を辞任する場合には、その旨を明確にし、依頼者との間で認識を同じようにしていないと、後日の紛争の原因になるおそれがあるが、このこともこの事案の背景事情の一つになっている。

この判決は、まず、前記のとおり、弁護士が依頼者から支払を受けた報酬等につき破産管財人による否認権の行使が否定された事例判断を加えるものである。この判決は、次に、受任事件の処理のための金銭管理について、依頼者である破産者の財産を散逸させず、また債権者の平等に反する弁済をしないよう破産者をを指導・監督する義務を認めたうえ、この義務違反による不法行為を肯定したものであり、議論を呼ぶ判断を示したものであるが、債務整理等の事件を受任する弁護士に対する新たな観点からの高度な注意義務、善管注意義務を認めたことについては、今後の動向が注目されるところである。

特に近年、弁護士が債務整理、任意の倒産手続、法定の倒産手続を受任し、依頼者の有する資産の管理、処分、さらに報酬、費用の受領等をめぐる紛争が発生した場合、弁護士の注意義務の内容、範囲、程度について、従来みられなかった注意義務、注意義務違反が認められたりする事例が登場しているようであり、その注意義務の厳格化の傾向がみられ、弁護士にとって新たなリスクになっている。

判　決　22	債務整理を受任した弁護士の破産管財人に対する不法行為責任を認めなかった事例 〔東京高判平成24・8・30金判1442号26頁〕

【事案の概要と判決要旨】

前記【判決21】横浜地判平成23・12・22金判1442号37頁の控訴審判決であり、X、Yが控訴した。

この判決は、本件口座に預金された金員はBに帰属するものであり、否認の対象にならないとし、預金の払戻しはAに対する善管注意義務違反が問題になるものではなく、破産管財人と同等な財産保全義務、債権者平等等取扱義務があるとはいえず、本件の事情の下では善管注意義務違反も認められない等とし、Xの控訴を棄却し、Yの控訴に基づき、原判決中、Yの敗訴部分を取り消し、請求を棄却した。

〈判決文〉

5　争点(3)（破産会社に対する善管注意義務）について

(1)　上記3で説示したとおり、本件口座に入金された金員は、いずれも破産会社に帰属するものではなく、B社に帰属するものであって、同金員による支払については、原則として破産会社に対する善管注意義務違反が問題となるものということはできない。

(2)　次に、前記認定のとおり、第1審被告は、平成19年5月7日、破産会社及びB社等から債務整理又は破産申立てを受任したところ、債務整理の方針は、b店の営業を第三者に譲渡し、B社は、上記譲受人に対して、b店が賃借している建物に係る賃借人の地位を移転し、上記譲受人は、b店の新経営者として営業を継続し、破産会社は、上記譲受人から支払われる営業譲渡の売却代金で破産会社の債権者に対する債務の弁済をし、この債務整理が奏功しない場合には破産申立てをするというものであって、上記営業譲渡の猶予期間は各債権者の意向を踏まえて同年6月10日までとされた。しかし、同年6月3日、b店の建物賃貸人の反対によりb店の売却が事実上不可能となり、この時点で、当初の構想による債務整理が頓挫し、債務整理手続についての委任が終了した。第1審被告は破産申立てに方針を転換し、同月4日、横浜地方裁判所に破産申立て方針であることを説明し、同月7日には破産申立て前の事前相談を行う予定が組まれたが、事前相談を行う同月7日当日、Eの意向により上記破産方針は撤回され、I社がB社を支援することで各債権者への弁済がされることになった。第1審被告は破産申立ての方針が撤回されたことから、この関係でも代理人を辞任しようとしたところ、Eから、C社との法律問題の解決があることや、b店の機械・設備が撤去されると、B社の業務続行が不可能になるとして、しばらく辞任をしないでほしいと依頼され、これに応じ、破産会社の代理人として、同月8日及び同月13日、破産会社の債権者らに対し、支援会社がB社の支援をすることにつき交渉中であることなどを連絡する書面を発送した上、同月20日、破産会社の債権者らに対し、I社のFが新たにB社の代表取締役になり、その再建を目指すことに決定したこと、B社は、店舗の営業を継続し、破産会社の債権者に対して可及的速やかな支払を予定していること、第1審被告が、同日、B社、D及びEの代理人を辞任したこと、b店の「預り金」については、同月末まで第1審被告が管理し、Fに引き継ぐことになったこと、破産会社とC社との問題が残っているため第1審被告が破産会社の代理人を辞任せずに法律上の問題を争っていくことを通知した。

したがって、第1審被告は、この時点で、b店の「預り金」として本件口座に入金され管理していた金員をB社の代表者となったFに対して引き継ぐべきことになったものということができる。

(3)　第1審被告は、前記のとおり、本件口座に入金された金員について、平成19年6月21日以降、原判決別紙出入金表のとおり出金しているが、Fが同年7月25日にB社の代表者を辞任するまでは、B社の代表者F及び破産会社の実質的代表者Eからの指示を受けて出金し、その後は、債権者代表の有限会社Tの指示に基づいて出金し、同月27日までに全額が出金されているものであって、その過程において、管理の趣旨に反した出金がされたことを認めるに足りる証拠はない。

第1審被告は、本件債務者らの債務整理を受任したものであるが、この場合、第1審被告には依頼者である債務者らの財産や事業に対する強制調査権はなく、また、受任者として善管注意義務はあるものの、その手続は破産手続のように法定されたものではないから、第1審被告に破産管財人と同等の財産保全義務や債権者平等取扱義務があるものということはできない。

また、第1審被告は、I社がB社を支援することで各債権者への弁済をする方法による債務整理についての委任は受けていない上、この方法による債務整理の枠組みは、I社の支援を受けつつ、B社が破産会社の債務を支払うというのみであって、それ自体が破産手続に準じるような債権者間の平等配当を期待させるような内容ではなく、各債権者との個別交渉により破産の回避を目指すという方針となっていたのであるから、第1審被告に破産手続と同等の財産保全義務や債権者平等取扱義務があったということもできない。そして、破産会社の債権者らとの和解が個別にされることによって、9億円余りの債務が5億円程度に圧縮され、支援会社の支援も期待できていたことからみても、第1審被告に破産会社に対する善管注意義務違反があったと認めることはできない。

〈判決の意義と指針〉

この事案は、前記【判決21】横浜地判平成23・12・22金判1442号37頁の控訴審の事件である。

この判決の特徴は、

① 預金が破産会社に属するものではないとし、否認権の行使を否定したこと

② 債務整理を受任した弁護士は、依頼者である債務者らの財産や事業に対する強制調査権はなく、また、受任者として善管注意義務はあるものの、その手続は破産手続のように法定されたものではないから、破産管財人と同等の財産保全義務や債権者平等取扱義務があるとはいえないとしたこと

③ 個別の債権者との間でも、弁護士は、破産手続と同等の財産保全義務や債権者平等取扱義務があったとはいえないとしたこと

と判示し、債務整理を受任した弁護士の善管注意義務を否定した事例判断を提供するものである。もっとも、この判決については、第1審判決の内容と比較対照すると、弁護士の法的な責任の有無に関する結論の当否は別として、債務整理を受任した弁護士の注意義務につき破産管財人と同等の義務を負うものではないとの指摘をするだけで、積極的な注意義務を明らかにしないなど提示する法理、判断の論理には疑問が残るものである。

債務者が事実上倒産状態にあり、弁護士が債務者から債務整理等を受任した場合には、財産の調査・管理、債務の弁済、各種の権利との調整、各種の権利者との対応は、対立する利害関係者との適正な利害の調整、法令、契約の遵守等が求められるものであり、破産管財人とは異なるものの（この場合の利害調整は、破産法に明記されている）、弁護士としての高度の注意義務、善管注意義務を尽くして事務処理を行うことが必要である。債務整理等を受任した弁護士が自らの判断、事務処理によって債権者の利害関係者が損失、損害の発生の蓋然性を予見し得た場合には、前記の注意義務違反による不法行為責任を負うリスクが生じるものであり、事案によっては実際に前記の注意義務違反による不法行為責任を負うことは当然である。今後の弁護士の事務処理、リスクについては、第1審判決のほうが参考になる。

判　決　23	破産の申立てを受任した弁護士の破産管財人に対する不法行為責任を認めた事例 〔東京地判平成25・2・6判時2177号72頁〕

【事案の概要と判決要旨】

Ａ株式会社は、店舗販売、インターネットによる通信販売事業を行っていたところ、Ａの代表取締役Ｂは、多額の負債を抱えたことから、Ａの整理につき弁護士に依頼しようと思い、インターネットで法律事務所を探し、いくつかの法律事務所に予約を入れ、弁護士Ｙにも相談をした。Ｂは、平成23年８月25日、Ｙに資産、負債の事情を説明したところ、Ｙは、破産の申立てを勧め、Ｂは、その申立てを依頼したが（委任状の作成日は同月30日であり、委任の日は争点になっている）、自身の負債は自分で処理すると伝え、破産の申立ての依頼をしなかったが、その後、同年11月18日、Ｙは、Ａの破産の申立てをし、同年12月７日、破産手続開始決定がされた。Ｘが破産管財人に選任されたところ、その間、同年11月、Ｙは、Ｂから個人の破産申立てを受任し、破産の申立てを行い、Ｂは、前記面談日の前後に取引先から営業保証金を回収してＡの預金口座に振り込まれた後、同日後間もなくＢが自己の役員報酬等として受領し、費消していた。Ｘは、破産会社の財産が破産管財人に引き継がれるまでの間に散逸することのないよう措置する義務違反を主張し、Ｙに対して損害賠償を請求した。

この判決は、ＡとＹの委任契約は前記８月25日であるとしたうえ、破産の申立てを受任した弁護士は、破産制度の趣旨に照らし、債務者の財産が破産管財人に引き継がれるまでの間、財産が散逸することのないよう必要な措置をとるべき法的義務（財産散逸防止義務）を負うことを認め、また、正式な委任契約締結前であっても、依頼者の相談内容に応じた善管注意義務を負うとし、本件では、善管注意義務として委任契約後の資産管理は原則として弁護士が負うこと等の説明を行い、委任契約後は財産散逸防止義務として預金通帳等を弁護士が預かり、財産管理用の預り金口座に預貯金、現金等の入金を行うこと等の具体的な指示説明を行う必要があったのに、Ｙはこの説明を行わず、財産を適切に管理するための方策をとらなかったとし、財産散逸防止義務違反を肯定し、Ｂが自己のために費消した515万円余の損害を認め、請求を認容した。

〈判決文〉

二　争点(2)（被告の責任）について

(1)　債務者との間で同人の破産申立てに関する委任契約を締結した弁護士は、破産制度の趣旨に照らし、債務者の財産が破産管財人に引き継がれるまでの間、その財産が散逸することのないよう、必要な措置を採るべき法的義務（財産散逸防止義務）を負う。また、正式な委任契約締結前であっても、依頼者と弁護士の関係は特殊な信頼関係に立つものであるから、委任契約締結後に弁護士としての職責を全うし、正当な職務遂行をなすため、依頼者の相談内容等に応じた善管注意義務を負う。

(2)ア　本件では、平成23年8月25日に丙川が行った説明によって破産会社には一定の資産が存在する事実が確認できたのであるから、被告としては、上記善管注意義務として、委任契約後の破産会社の資産管理は原則として被告が行うこと等の説明を行い、また、委任契約後には財産散逸防止義務として、上記説明に加え、破産会社の預貯金通帳等を被告において預かること、あるいは、被告の開設にかかる破産会社の財産管理用の預り金口座に預貯金、現金等の入金を行うこと等の具体的な指示説明を行う必要があった。

また、被告は、同日、破産会社の代表取締役である丙川から、同人の給与の受領の可否について問われているところ、取締役の役員報酬請求権は一般の破産債権であって原則として役員報酬の受領が認められないこととなるのであるから、上記善管注意義務としてその旨の説明を行い、また、委任契約後には財産散逸防止義務として、上記説明に加え、破産会社の破産申立てまでの間に丙川が行った具体的労務の内容を把握し、労働債権性を有する部分の判定、労働債権性を有する部分の支払の可否等の判断を適切に行い、必要かつ妥当な範囲での支払を行う等の対応をとる必要があった。

しかし、上記認定事実のとおり、被告は丙川に対して上記のような説明を行っておらず、かつ、破産会社の財産を適切に管理するための方策もとっていない。

したがって、被告には財産散逸防止義務違反が認められる。

イ　被告は、本人尋問において、被告の預り金口座での管理を行う旨の説明や対応をした旨供述するとともに、同趣旨の記載がある戊田司法書士の陳述書（乙12）を提出する。しかし、破産会社の破産申立て手続に関する委任契約後、同契約の履行のために破産会社の資産管理にかかる被告の預り金口座が開設されたことを認めるに足りる証拠はなく、かえって戊田司法書士が丙川に対して送信したメールの内容では顧客（債権者）への返金手続を丙川に任せていることが窺われる。そうすると、被告の上記供述及び乙12号証は、その裏付けを欠き、他の証拠とも矛盾するから、採用することができない。

その他に被告は、委任契約締結後の丙川の対応の問題や、破産手続開始決定後の丙川の経済活動の点を指摘しており、上記認定事実のとおり、丙川には破産手続を申し立てる会社の代表者がとるべき対応として不適切、不十分な点が存在したことを窺わせる事情が認められ、破産手続開始決定後の丙川の経済活動を裏付ける証拠も存在する。しかしながら、上記アのとおり、被告において財産散逸防止義務を履行した事実が認められない以上、丙川の上記対応は、被告の責任を減免する事情とはならないというべきである。

〈判決の意義と指針〉

この事案は、弁護士が多額の債務を抱えた会社から債務整理の相談を受け、破産の申立てを勧め、他方、会社の代表者は自ら債務の処理をすることになったところ、弁護士が代理人となり、会社につき破産申立てがされ、破産手続開始決定がされた後、代表者から破産の申立てを受任する等したことから、会社の破産管財人が会社の破産申立代理人であった弁護士に対して会社の財産を費消した等と主張し、不法行為に基づき損害賠償を請求した事件である。

この事案の特徴は、

① 弁護士が会社から破産の申立てを受任したこと

② 弁護士が会社の代表者にも同様な申立てを勧めたものの、拒否されたこと

③ 会社の破産の申立てをしている間、代表者が会社の資産を自己のために費消したこと（自己の取締役の報酬として受領したこと）

④ 会社の破産管財人が破産申立代理人であった弁護士の不法行為責任を追及したこと

⑤ 破産管財人が弁護士の財産散逸防止義務違反を主張したこと

があげられる。

この判決の特徴は、

① 破産の申立てに関する委任契約を締結した弁護士は、破産制度の趣旨に照らし、債務者の財産が破産管財人に引き継がれるまでの間、その財産が散逸することのないよう、必要な措置を採るべき法的義務（財産散逸防止義務）を負うとしたこと

② 正式な委任契約締結前であっても、依頼者と弁護士の関係は特殊な信頼関係に立つから、委任契約締結後に弁護士としての職責を全うし、正当な職務遂行をなすため、依頼者の相談内容等に応じた善管注意義務を負うとしたこと

③ この事案では、弁護士が会社の財産確保を怠り、一般の破産債権である取締役の報酬債権として原則として受領することはできない等を説明し、財産散逸防止の対策を怠ったことを認め、弁護士の財産散逸防止義務違反を肯定したこと（弁護士の不法行為責任を肯定したこと）

④ 代表者が費消した金額相当の損害を認めたこと

があげられる。この判決は、従来、弁護過誤の実務において議論されている破産の申立ての代理人の依頼者の財産散逸防止義務（善管注意義務）を認め、その義務が正式な委任契約の締結前にも認められるとし、財産散逸防止義務違反の不法行為責任を肯定した事例判断として参考になるものである。

なお、この判決は、損害額については、

「三　争点(3)（原告の損害）について

上記一の(2)記載のとおり平成23年８月25日に委任契約が成立しているから、その時点で被告は委任契約に基づく財産散逸防止義務を負っていたにもかかわらず、上記二の(2)記載のとおり財産散逸防止義務に違反し、適切な対応をとっていない。

そして、上記一の(1)のイの認定事実のとおり、丙川は、平成23年８月29日以降、破産会社の資産を自己の預金口座に入金し、自己の債務の弁済等として費消しており、破産会社の破産財団を構成すべき財産を減少させている。

上記一の(1)のアの認定事実からすると、丙川は一応被告又は戊田司法書士の指示に従って破産会社の破産申立てまでの事務処理を行っているものと評価できるから、

被告において平成23年８月25日に財産散逸防止義務を尽くしていれば上記損害が生じなかった高度の蓋然性があるといえ、義務違反と損害との因果関係が認められる。」と判示し、515万5920円の損害を認めている。

判　決　24	**破産の申立てを受任した弁護士の破産管財人に対する不法行為責任を認めた事例** **〔東京地判平成26・４・17判時2230号48頁〕**

【事案の概要と判決要旨】

Ａ株式会社は、顧問弁護士であるＹに自己破産の申立てを委任し、Ｙは、Ａの債権者らに対して受任通知を発送したものの（Ａは、依頼の前に、Ｂ株式会社と事業の一部の譲渡契約を締結していたが、依頼後、Ａの関係者の預金口座に譲渡代金が振り込まれ、さらに他に振り込まれた）、11カ月を経過した後に破産手続開始決定の申立てをし、破産手続開始決定がされ、弁護士Ｘが破産管財人に選任されたことから、ＸがＹに対してＡの財産を散逸することを防止する措置を講ずべき義務違反を主張し、不法行為に基づき譲渡断金相当額2377万円余の損害賠償を請求した。

この判決は、受任通知を行った弁護士は、速やかに破産手続開始決定の申立てを行い、債務者の財産の散逸を防止するための措置を講ずべき法的義務を負い、この義務に違反して、破産財団を構成すべき財産を減少・消失させたときは、不法行為を構成するとし、本件では、ＡとＢとの間の事業譲渡契約を認識していたものの、譲渡代金の明確な説明を受けることができず、Ｂに問い合わせることもなく、譲渡代金が第三者の預金口座に振り込まれたものであり、一定の時期以降は振込みを防止することができたとし（614万円の損害を認めた）、請求を認容した。

〈判決文〉

二　本件事業の譲渡代金について

(1)　自己破産の申立てを受任し、その旨を債権者に通知した弁護士は、破産制度の趣旨に照らし、速やかに破産手続開始の申立てを行い、また、債務者の財産の散逸を防止するための措置を講ずる法的義務を負い、これらの義務に違反して破産財団を構成すべき財産を減少・消失させたときは、不法行為を構成するものとして、破産管財人に対し、損害賠償責任を負うものと解される。

(2)　上記認定のとおり、被告は、平成21年１月23日、甲野社から自己破産の申立てを受任し、同月28日、債権者へのその旨の通知を発したこと、同月23日までには、甲野社が本件事業を譲渡したことを丁原から告げられ、また、同年２月６日には、第二契約書の送信を受けて、本件事業譲渡契約の相手方が丙川社であることを認識したこと、譲渡代金の支払状況について丁原から明確な説明を受けることができず、この点について丙川社に問い合わせるようなこともしなかったこと、以上の事実が認められる。また、被告は丙川社の顧問弁護士であったこと、本件破産申立ては丙川社の代表取締役である丁川に紹介された丁原から受任したものであることのほか、甲野社の債権者の代理人弁護士ですら、本件事業の譲渡代金が甲野社に支払われていないことを丙川社の従業員から知らされたこと、以上の事実も認められ、これらの事実からすると、被告は、丙川社に問い合わせれば、本件事業の譲渡代金が甲野社に支払われていないこと及び同月30日にはそのうちの157万9580円が戊田の銀行預金口座に振り込まれたことを知ることができたというべきである。そして、戊田の銀行預金口座への振込みを止めるよう被告が丙川社に求めれば、丙川社がこれを拒否したとは考え難く、少なくとも同年２月26日以降の戊田の銀行預金口座への振込みは防止することができたと認められる。

したがって、被告は、債務者の財産の散逸を防止するための措置を講ずる義務に違反したものであり、過失があるというべきである。

なお、被告は、丁川との関係が悪化し、丁川に連絡をとることができなかったと供述するが、被告の供述によっても、丁川との関係が悪化した時期は、第二契約書の送信を受けた平成21年２月６日よりも後の時点（同年の春先頃又は夏頃以降）というのであるから、上記供述は、上記判断の妨げとなるものではない。

(3) 他方、同年１月30日に戊田の銀行預金口座に振り込まれた157万9580円については、事業譲渡の相手方が丙川社であることを同日までに被告が知り、又は知ることができたと認めるに足りる証拠はないから、被告がこの振込みを防止することができたとはいえない。

原告は、速やかに破産手続開始の申立てを行う義務に被告が違反したとも主張する。

しかし、〈証拠略〉によれば、甲野社には、本件破産申立ての費用に充てるための資産がなかったことから、被告は、これを捻出するため、甲野社を代理して、三菱ＵＦＪニコス株式会社に対して過払金の返還を請求し、平成21年８月12日、57万円の支払を受けて、これを本件破産申立ての費用に充てたことが認められる。

そうすると、同日までは、本件破産申立てをすることができなかったというほかないから、平成21年１月30日に振り込まれた金員について、上記義務の違反による損害と認めることもできない。

(4) 以上によれば、被告は、平成21年２月26日以降に戊田の銀行預金口座に振り込まれた合計942万円（前提となる事実(3)）から和解金として受領した合計328万円（前提となる事実(6)）を控除した残額である614万円について、損害賠償義務を負うというべきである。

〈判決の意義と指針〉

この事案は、会社の顧問弁護士が会社から自己破産の申立てを受任し、債権者らに対して受任通知を発送したが、その間、委任の前に、他の会社との間で事業の一部の譲渡契約を締結しており、委任後、依頼者の関係者の預金口座に譲渡代金が振り込まれ、さらに他に振り込まれたところ、11カ月を経過した後に破産手続開始決定の申立てをし、破産手続開始決定がされ、弁護士が破産管財人に選任された後、譲渡代金を回復するため、破産管財人が弁護士に対して不法行為責任を追及した事件である。

この事案の特徴は、

① 破産管財人が破産の申立てを受任した弁護士の破産申立者の財産散逸防止措置義務違反を主張したこと
② 問題の財産は事業譲渡契約に基づく譲渡代金であったこと
③ 弁護士が事業譲渡がされたことを認識していたこと

があげられる。

この判決の特徴は、

① 自己破産の申立てを受任し、その旨を債権者に通知した弁護士は、破産制度の趣旨に照らし、速やかに破算手続開始の申立てを行い、また、債務者の財産の散逸を防止するための措置を講ずる法的義務を負うとしたこと
② 弁護士がこれらの義務に違反して破産財団を構成すべき財産を減少・消失させた場合には、不法行為となり、破産管財人に対して損害賠償責任を負うとしたこと
③ この事案では、受任の約11カ月後まで破産申立てをしなかったこと
④ その間、事業譲渡の代金が数回に分けて支払われたこと
⑤ 最初の支払については当時破産申立てをすることができなかったとし、弁護士の義務違反による損害にあたらないとしたこと
⑥ その他支払分は散逸を防止することができ、損害にあたるとしたこと
⑦ 弁護士による債務者の財産の散逸防止措置義務違反を認めたこと
⑧ 弁護士による速やかに破産の申立てをすべき義務違反を認めなかったこと

があげられ、破産の申立てを受任した弁護士の破産管財人に対する不法行為責任を肯定した事例として参考になるものである。近年、破産の申立てを受任した弁護士について、受任後破産の申立ての間に依頼者（債務者）の保有する財産の散逸を防止すべき措置を講ずべき義務違反が問題とされる事件が発生し、裁判例においてこのような義務を認める事例が登場しており、この事案もそのような一例である（なお、この事案においては、破産管財人に対する不法行為責任が問題になっているから、最終的には破産者の債権者全体の利益が図られることが予定されていることになる）。しかも、この判決は、弁護士の不法行為を認めたものであり、弁護士にとって新たな類型のリスクを明らかにしたものということができる。弁護士が債務者から破産の申立てを受任するにあたっては、債務者、関係者から資産、債務の現状、経過について事情を聴取し、関連する証拠を収集し、資産の確保を図る等の事務処理を行うことになるが、短期間に細大漏らさず資産を的確に把握、確保することは困難なことがあり、しかも破産申立てまでの時間が短期間であると、その把握、確保は一層困難になる。破産の申立てを受任する弁護士にとっては、債務者の財産の散逸防止措置義務を前提として、慎重かつ的確な事務処理が求められるようになっているということができる。

判 決 25	債務整理、破産の申立てを受任した弁護士らの破産管財人に対する不法行為責任等を認めた事例 〔東京地判平成26・8・22判時2242号96頁〕

【事案の概要と判決要旨】

A株式会社は、平成23年2月、B法律事務所の代表弁護士であるY_1弁護士との間で、報酬を1260万円（消費税込み）として債務整理等を内容とする委任契約を締結し、B事務所に所属するY_1、Y_2弁護士らの弁護士が関与し、債務整理等を行い、Y_1は、同年3月8日以降、3回にわたり、報酬として合計1260万円を受領した。Aの代表者Cが同年3月6日死亡したため、同月15日、Aは、保険金9973万円余の支払を受け、B名義の預り金口座に振込送金され、Aは、同月14日、全従業員を解雇し、その後、Y_1、Y_2は、Aを代理し、Aの取締役であったD、Eに対して基本退職金、特別功労金、解雇予告手当、同月分の給与を支払い（Dに対して、合計1193万円余、Eに対して1136万円余）、従業員であったFに調整手当名下に70万円を支払い、Y_1らは、Aを代理し、同年3月16日、破産手続開始決定を申し立て、同日、破産手続開始決定がされ、Xが破産管財人に選任された。Xは、D、E、Fに対して前記各支払につき否認権を行使し、各受領に係る金銭の支払を請求したところ、全部認容する判決がされ、確定したため、Xは、前記各判決に基づきD、E、Fに対して強制執行を行ったが、ごく一部を回収したにすぎなかったことから、Xは、Y_1、Y_2に対して受任者としての注意義務に違反し、前記の支払に係る否認対象行為を行ったと主張し、共同不法行為に基づき回収不能の2344万円余の損害賠償、Y_1に対して報酬のうち600万円につき破産法160条1項1号または3項に基づき否認権を行使し、同額の支払を請求した。

この判決は、Aが同族会社であり、取締役会が開催されていなかったこと等の会社経営の状況を認定し、Dが実質的に取締役であり、Eが取締役の肩書きがあるものの、労働者であったとしたうえ、Dに対する基本退職金の支払が偏頗弁済にあたり、D、Eに対する特別功労金の支払は取締役名目の者への報酬であり、その支払が偏頗弁済にあたり、Dに対する解雇予告手当の支払が偏頗弁済にあたり、給与の一部が支払う義務のない支払であり、Fに対する調整手当の支払が合理的な根拠がないとし、合計2259万6954円の支払が破産財団を毀損するものであったとし、破産申立てに関する委任契約を締結した弁護士は、破産財団となるべき財産が散逸しないようにする義務を負うところ、Y_1とその法律事務所に所属し、申立ての代理を委任されたY_2はその義務を負うとしたうえ、本件では申立ての当日には破産手続開始決定および破産管財人の予定されている状況において、その前日に前記の各支払がされたことは、やむを得ない事情があるとはいえないとし、Y_1らの過失を肯定しする等し、Xの否認の主張を認め、結局、Y_1らに対する損害賠償請求、Y_1に対する原状回復請求をそれぞれ一部認容した。

〈判決文〉

ア　被告らの義務

債務者との間で同人の破産申立てに関する委任契約を締結した弁護士は、破産制度の趣旨に照らし、破産財団となるべき破産会社の財産が破産管財人に引き継がれるまでの間、その財産が散逸することのないよう、必要な措置をとるべき義務を負い、ことに預り金口座等に破産会社の現金を受入れ、破産会社の財産を管理する状況となった弁護士は、財産が散逸しないようにする義務を負うというべきである。それゆえ、かような弁護士は、破産手続開始決定後に財団債権となるべき債権など、それを弁済することによって他の債権者を害しないと認められる債権を除いては、これにつき弁済をしないよう十分に注意する義務がある。

被告乙山は、前提事実⑵のとおり、破産会社から破産手続を含む倒産処理手続の利用も視野に、債務整理に関する諸手続を受任していたところ、〈証拠略〉によると、被告らは、破産会社の工場が、平成23年３月11日、東日本大震災により棚が倒れる等の出費を要する被害を受け、事業継続の見込みがなくなり、破産手続開始の申立てを行うことを最終的に決断したことが認められるから、遅くとも上記の各支払を行った時点（平成23年３月15日）には、破産会社が破産手続開始の申立てをするとの方針が確定されていたと認められる。したがって、被告乙山は、同時点において、上記義務を負っていたというべきである。

また、前提事実⑵のとおり、被告丙川は、丁原法律事務所において破産会社に関する業務を担当し、破産手続開始の申立ての代理を委任されており、そのような事務を担当した弁護士として、被告乙山とともに、上記と同様の義務を負っていたと認められる。そして、被告丙川について、被告乙山が代表を務める法律事務所に所属する弁護士に過ぎなかったとしても、弁護士として上記業務を担当し、上記の各支払に当たった以上は、責任を免れ、あるいは軽減されることはないといわざるを得ない。

そして、前提事実⑶及び⑷のとおり、上記の各支払が、破産手続開始の申立ての前日になされ、申立ての当日には破産手続開始決定及び破産管財人の選任がなされていることからすれば、上記各支払の時点で、その翌日には申立てをすることが予定されており、かつ、この時点で、破産管財人への会社財産の引継ぎの準備が相当程度進んでいたことが強く推認される。かかる状況に鑑みれば、支払の適否が問題となる債務については、原則として弁済をすべきではなく、破産手続の中における判断に委ねるべきであるから、この時点で、他の債権者を害するような債務弁済を行った場合、原則として、被告らには注意義務違反があったというべきであり、それにもかかわらず、被告らがその責任を免れるのは、他の債権者を害しないとの確信を有するに至ったことについてやむを得ないといえる事情がある場合などに限られると解される。

イ　義務違反の有無

㈠　春夫に対する基本退職金及び解雇予告手当の支払について

被告らは、春夫に労働者性が認められると判断し、これを前提として、同人に対する基本退職金及び解雇予告手当の支払を行ったものであるが、上述のとおり、春夫には労働者性が認められない。

このことについて、被告らは、春夫の勤務実態等を精査した上で、春夫の労働者性の有無を判断したものであるから、義務違反には当たらない旨主張する。そして、実際に、被告乙山は、この点につき一定程度の具体的な検討を行った旨供述している（乙23、被告乙山本人尋問の結果）。

しかしながら、被告らにとっても、春夫が少なくとも名目上取締役であったことは明らかであるから、労働者性の有無の判断については慎重な検討を要することは被告らも認識していたと認められる。また、前記一(1)ア(ア)aで検討したとおり、春夫は、取締役会の開催がなかったにせよ、破産会社の取締役として、被告らとの打合せに多数会出席するなど、破産会社の経営における重要な決定に参与していることは、被告らにとっても明らかであったと認められる。それにもかかわらず、春夫に労働者性が認められると判断するためには、相当な根拠を要するところ、被告らの挙げる事情は、いずれも、春夫が労働者性を有し、その退職金債権が破産手続においては財団債権となるべき債権に該当するとの判断に至ったことにつきやむを得ないと評価するに足りず、他に被告らの注意義務違反を覆すに足りる事実は認め難い。

〈判決の意義と指針〉

この事案は、会社が法律事務所の代表弁護士に債務整理等を委任し、代表弁護士が事務所に所属する弁護士と受任に係る事務処理を行い、会社の取締役らに基本退職金、特別功労金、解雇予告手当、残給与を支払う等した後、破産の申立てをし、破産手続開始決定がされたが、破産管財人が取締役らに対して否認権を行使して訴訟を提起し、勝訴判決を得て強制執行したものの、一部の回収にとどまったこと等から、弁護士らに対して回収不能分につき共同不法行為に基づき損害賠償、報酬の受領につき否認権を行使し、報酬分の支払を請求した事件である。

この事案の特徴は、

① 債務整理、破産の申立てを受任した弁護士らが依頼者の資産を破産の申立て前に取締役らに対して基本退職金、特別功労金、解雇予告手当、残給与を支払い、解雇した従業員に調整手当を支払ったことが問題になったこと

② 破産管財人が取締役らに対して否認権を行使し、訴訟を提起する等し、一部の回収を行ったこと

③ 破産管財人が弁護士らに対して回収不能分につき財産散逸防止義務違反による共同不法行為責任を追及したこと

④ 破産管財人が弁護士が受領した報酬につき否認権を行使したこと

があげられる。

この判決の特徴は、

① 破産の申立てに関する委任契約を締結した弁護士は、破産制度の趣旨に照らし、破産財団となるべき破産会社の財産が破産管財人に引き継がれるまでの間、その財産が散逸することのないよう、必要な措置をとるべき義務を負うとしたこと

② 特に預り金口座等に破産会社の現金を受け入れ、破産会社の財産を管理する

状況となった弁護士は、財産が散逸しないようにする義務を負うとしたこと
③　このような弁護士は、破産手続開始決定後に財団債権となるべき債権など、それを弁済することによって他の債権者を害しないと認められる債権を除いては、これにつき弁済をしないよう十分に注意する義務があるとしたこと
④　事件を担当した勤務弁護士は、委任契約を締結した代表弁護士とともに同様な義務を負うものであり、勤務弁護士であることを理由に、義務が軽減されるものではないとしたこと
⑤　この事案では、問題の支払が破産手続開始決定の申立ての前日になされ、申立ての当日には破産手続開始決定および破産管財人の選任がなされていることから、この時点で、破産管財人への会社財産の引継ぎの準備が相当程度進んでいたことが強く推認されるとし、原則として弁済をすべきではなく、破産手続の中における判断に委ねるべきであるとしたこと
⑥　支払の時点で、他の債権者を害するような債務弁済を行った場合には、原則として、弁護士らには、他の債権者を害しないとの確信を有するに至ったことについてやむを得ないといえる事情がある場合などを除き、注意義務違反があるとしたこと
⑦　この事案では、このやむを得ない事由はなかったとしたこと
⑧　弁護士らの財産散逸防止義務違反による共同不法行為責任を肯定したこと
⑨　破産管財人の否認権の行使を肯定したこと

があげられる。この判決は、債務者から破産の申立てを受任した弁護士について、債務者の財産散逸防止義務を認めるとともに、この義務違反による不法行為責任を認めた事例として参考になるものであり、従来の裁判例によって認められつつある弁護士の財産散逸防止義務を定着させる意義を有するものである。また、この判決は、弁護士が債務者から破産申立て等の事務処理のために受領した報酬について、破産手続開始決定後、破産管財人による否認権の行使を行使した事例として興味深いものであり、事例として参考になる。

3 訴訟活動等に伴う名誉毀損等をめぐる裁判例

弁護士の業務は、様々な視点から分析することができるが、その多くの業務が依頼者、相手方等に関する情報を収集し、加工し、各種の書面等の手段を利用して情報を開示し、提供することによって行われる。これらの情報は、事件の当事者、関係者の属性、活動に関するものであるが、情報の中には、当事者等の名誉、信用、秘密、プライバシーに関するものも少なくない。

特に弁護士が依頼者にとって有利な内容の結果（訴訟の場合には、勝訴判決がこれにあたる）を得ようとすれば、相手方、その関係者について不利な内容の名誉、信用、秘密、プライバシーに関する情報を活用することが多いが、その情報の内容、情報が開示、利用される場面、手続等の事情によっては、相手方、その関係者（事件によっては、その代理人である弁護士等も含む）の名誉毀損、信用毀損、秘密漏洩、プライバシーの侵害等の法律問題が生じることがある。弁護士の業務は、見方を変えると、これらの法律問題に密接に関係しているものである。

判　決　1	弁護士の答弁書の作成、提出等の訴訟活動に係る名誉毀損の不法行為責任を認めなかった事例 〔東京高判平成元・3・22判タ718号132頁〕

【事案の概要と判決要旨】

弁護士Ｙは、別件訴訟において、地方公務員Ｘが提起した訴訟の被告であったＡの訴訟代理人として控訴審の答弁書（「金員を脅し取ろうとしている」、「脅し行為」などと記載した）を作成し、裁判所に提出する等の訴訟活動を行い、その後、ＸがＹに対して訴訟の提起、告訴、懲戒の申立てを行ったが、Ｘが前記の答弁書の記載が名誉毀損にあたるとし、Ｙに対して損害賠償を請求したのに対し、ＹがＸに対して訴訟の提起等につき不法行為に基づき損害賠償を請求した。

第１審判決は、名誉毀損を肯定し、Ｘの請求を一部認容し、Ｙの請求を棄却したため、Ｘ、Ｙが控訴した。

この判決は、答弁書の記載が許容される弁護士の訴訟活動の範囲内にあるとし、名誉毀損を否定し、Ｘの不法行為を一部肯定し、Ｙの敗訴部分を取り消し、Ｘの請

求、控訴を棄却し、Ｙの請求を一部認容した。

〈判決文〉

被控訴人は、右訴訟の控訴審における答弁書（別件答弁書）を作成するに当たり、控訴人の右訴訟における請求が理由のないことをいうために、控訴人の右執拗かつ不当な行為を明らかにして被告丙川が真実感じていたところを代弁するとともに、控訴人に対しその行動の不当性につき反省を求める意図の下に、原判決添付別紙一の主張を記載した。

右の訴訟は、控訴審、上告審とも控訴人の上訴は退けられ、昭和60年10月28日、第一審判決のとおり確定した。控訴人は、さらに再審の訴を提起したが、右訴えは却下された。

3　以上の事実によれば、控訴人の被告丙川に対する右一連の行為は、控訴人がその主張する請負代金過払い分を被告丙川からあくまでも取立てる意図の下に、自己が新潟県土木事務所の職員の地位にあることをも利し、あるいは被告丙川が悪質業者であることを報道機関を通じて広く一般に周知させる旨を被告丙川に通告する等社会常識上相当と目される手段の範囲を超えて、被告丙川及びその家族に不当な圧迫を加えるために行ったものと評価されてもやむを得ないものと認められるのであって、被告丙川がその家族を含め、控訴人の右一連の行為に苦慮困惑し不安に陥り、被告丙川において本来支払うべき理由のないものと確信し別件訴訟の第一審判決においても理由のないものと判断された金員を控訴人が債権取立名下に脅し取ろうとしていると考えたことは無理からぬものと認められる。そして、〈略〉によれば、別件答弁書中の原判決添付別紙一の記述は、控訴人提出の準備書面記載の主張に対する認否、反論に加え、被告丙川の主張として、事実関係に基づき控訴人の請求が理由のないことを述べた後に、更に控訴人の請求が不当であることを裏づけるために、前示認定の事実に即して記載したことが認められ、これをもって、別件訴訟と無関係ないし不必要な主張ということはできない。

そうとすると、被控訴人が控訴人の右一連の行為を社会常識上相当でなく法的にも許されないものと判断し、依頼者である被告丙川の考えを代弁して、右の記述に及んだことには十分に首肯し得る根拠があったというべきであり、その記述中の「金員を脅し取ろうとしている」、「脅し行為」との表現は、弁護士である被控訴人がしたものとしていささか断定的に過ぎ不適切とのそしりを免れないにしても、これをもって事実無根のもので真実に反するものと直ちにいうことはできず、したがって、被控訴人が別件訴訟において別件答弁書を提出し陳述した行為は、民事訴訟における弁論活動として許容される範囲を超えて控訴人に対する不法行為を構成するに足りる違法性を帯びたものと認めることはできない。

〈判決の意義と指針〉

この事案は、弁護士が別件訴訟の被告から訴訟の追行を委任され、訴訟代理人として控訴審の答弁書を作成し、答弁書の中に「金員を脅し取ろうとしている」、「脅し行為」などと記載し、裁判所に提出する等の訴訟活動を行ったことから、別件訴訟の原告であった者が弁護士に対して名誉毀損による損害賠償を請求した控訴審の事件である。この事案は訴訟の追行を受任した弁護士が答弁書による相手方に対する名誉毀損の類型の事件である（第１審判決は名誉毀損を認めた）。なお、この事案では、弁護士も相手方に対して不当訴訟等を主張し、損害賠償を請求したものである。

この事案の特徴は、

①　弁護士が訴訟の被告から訴訟の追行を受任したこと
②　弁護士が控訴審の答弁書において相手方を誹謗する記載をし、答弁書を裁判所に提出したこと
③　相手方は弁護士につき告訴、懲戒の申立て、訴訟の提起を行ったこと
④　相手方が弁護士に対して名誉毀損による損害賠償責任を追及したこと
⑤　第1審判決が名誉毀損を肯定したこと

があげられる。

この判決の特徴は、

①　弁護士が依頼者のために相手方の訴訟による請求等が社会常識上相当でなく法的にも許されないものと判断し、依頼者の考えを代弁して、答弁書を記載したことには十分に首肯し得る根拠があったとしたこと
②　答弁書の記載中、「金員を脅し取ろうとしている」、「脅し行為」との表現は、弁護士がしたものとしていささか断定的に過ぎ不適切とのそしりを免れないとしたこと
③　弁護士が別件訴訟において前記内容の答弁書を提出し陳述した行為は、民事訴訟における弁論活動として許容される範囲を超えて不法行為を構成するに足りる違法性を帯びたものと認めることはできないとしたこと
④　弁護士による答弁書の作成、陳述による名誉毀損を否定したこと

があげられ、その旨の事例判断を提供するものである。

訴訟は、当事者双方、各訴訟代理人による主張・立証等の訴訟活動の闘いであり、闘いが白熱することがあり（訴訟の現場では白熱した状況を生じさせようとする者もいる）、過激な内容、訴訟手続・方法の規律を逸脱した訴訟活動を行う者もみられる。

訴訟の現場では、訴訟活動の内容が相手方、その訴訟代理人を誹謗中傷したり、人格的な利益を損なったり、訴訟活動の根拠を全く欠くものであったり、虚偽の内容の主張・立証に関与したり、訴訟活動（訴訟活動の準備も含む）の手段・方法が法令に違反したり、公序良俗に反したり、社会常識から明らかに逸脱したものであったりする事例がみられることがある。訴訟代理人、当事者の相手方、その訴訟代理人に対する誹謗中傷は、さらに誹謗中傷を誘発することがあり、訴訟の審理にとっては不要な訴訟活動に発展することもある。これらの訴訟活動は、訴訟の事案、主張・立証に関連性、必要性がないものが通常であるし、主張・立証の相当性を欠くものが通常である。

これらの主張・立証がされたとしても、裁判長が訴訟指揮権を行使し、行き過ぎた主張・立証、不適切な主張・立証が直ちに排斥されることは稀であるため（相手方の訴訟代理人がこのような主張・立証の全部または一部の却下を求める事例があ

る)、後日、行き過ぎた訴訟活動等につき訴訟代理人、その依頼者である当事者本人等に対して損害賠償を請求する事態に発展することがある。行き過ぎた訴訟活動等を行った訴訟代理人、依頼者である当事者本人等の損害賠償責任は、訴訟という場の特殊性を考慮し、判断基準を設定し、責任の有無、内容を判断することができるかは、一つの問題であるが、裁判例はその特殊性を考慮し、訴訟の場合以外の場合と比較すると、より厳格な判断基準によって責任を判断する傾向がみられる（行き過ぎた訴訟活動等を行った訴訟代理人等の責任をより狭く理解するのが裁判例の傾向である)。

この判決前に訴訟等の場における主張、供述が名誉毀損にあたるかどうかが問題になった昭和時代の裁判例としては、弁護士、当事者本人の場合を含め、以下のものがある。

【参考資料】　訴訟の場における主張・供述が名誉毀損にあたるかが問題となった裁判例

▷東京地判昭和26・９・27下民集２巻９号1138頁（請求棄却の事例）
▷東京地判昭和31・11・５下民集７巻11号3129頁（請求棄却の事例）
▷東京高判昭和32・９・30東高時報８巻10号233頁（請求棄却の事例）
▷大阪地判昭和35・３・７判タ107号67頁（請求棄却の事例）
▷東京高判昭和42・７・19判タ215号162頁（請求認容の事例）
▷千葉地館山支判昭和43・１・25判時529号65頁（請求認容の事例）
▷東京地判昭和43・６・20判タ226号167頁（請求棄却の事例）
▷東京高判昭和44・１・30判時558号62頁（請求認容の事例）
▷東京地判昭和45・７・17判時616号83頁（請求棄却の事例）
▷東京高判昭和48・12・18判時732号51頁（請求棄却の事例）
▷東京地判昭和50・５・20判時799号57頁（請求棄却の事例）
▷東京地判昭和56・10・26判タ453号107頁（請求棄却の事例）
▷神戸地判昭和56・10・30判時1045号116頁（請求棄却の事例）
▷大阪地判昭和58・10・31判時1105号75頁（請求認容の事例）
▷大阪高判昭和60・２・26判時1162号73頁（請求認容の事例）

判　決　2	仮処分申請事件を受任した弁護士らの興信所の作成に係る調査報告書を疎明資料として提出したことに係る名誉毀損の不法行為責任を認めた事例 〔京都地判平成2・1・18判時1349号121頁、判タ723号151頁〕

【事案の概要と判決要旨】

弁護士Y_2らは、Y_1らの依頼によってAを相手方とする不動産処分禁止の仮処分申請事件を受任し、興信所を業とするY_3株式会社に依頼して作成した3通の調査報告書を疎明資料として裁判所に提出したところ、調査報告書にXらの名誉を侵害する記載が含まれていたため、XらがY_1らに対して不法行為に基づき損害賠償等を請求した。

この判決は、Y_2らの名誉毀損の不法行為を肯定し、請求を認容したが、Y_1ら、Y_3については、裁判所に提出することを知らなかったこと等を理由に不法行為を否定し、請求を棄却した。

〈判決文〉

1　被告丙川ら〈略〉が本件文書を裁判所に提出したのは、正当な弁護活動であるから、違法性が阻却されるべきであると主張するのに対し、原告らは、同被告らは専ら原告らの悪性を立証するために提出したもので、攻撃防御方法として許された範囲を明らかに逸脱しており、正当な弁護活動とはいえないと抗争する。

そもそも、弁論主義・当事者主義を基調とする民事訴訟法の下では、判決手続はもちろんのこと、決定手続においても、当事者が忌憚なく主張・立証・疎明をつくしてこそその目的を達しうるものであり、判決・決定手続における主張・立証・疎明活動は、いずれも一般の言論活動以上に強く保護されねばならず、特に民事における判決・決定手続は、私人間の紛争の終局的ないし付随的・暫時的解決の場であり、利害関係や個人的感情が鋭く対立する事項を対象とすることは法の予定するところであり、当事者の主張・立証・疎明活動が、客観的には他人の名誉を毀損している場合であっても、右活動の行き過ぎは、通常は、対立当事者側の反論並びに裁判所の訴訟指揮及び証拠・疎明資料の不採用決定によって是正されるものであるから、かなり広い範囲で正当な活動として違法性を阻却されるべきものと解すべきであり、右解釈は当事者の代理人である弁護士の活動にも、程度の差はあれ同様にあてはまるというべきである。しかしながら、強く保護を受けるべき当事者及びその代理人である弁護士の主張・立証・疎明活動といえども、当初から対立当事者側の名誉を毀損するという目的を有し、あるいはそのような意図がなくとも、主張・立証・疎明活動の表現内容・態様・方法、表現内容の真実性、主張内容との関連性、他のより名誉毀損に当たらない証拠・疎明資料による代替性等を総合判断して、社会的に許容される範囲を逸脱したことが明らかであると認められるような場合には、もはや内在的制約を越えた違法なものであって、違法性は阻却されず、不法行為責任を免れないものと解すべきである。

2・3　〈略〉

4　以上の認定事実関係のもとにおいて、前記見解に照らし、被告丙川らの裁判所に対する本件文書提出行為が正当な弁護活動として違法性を阻却するものであるか否かについて判断する。

㈠　まず、A、Bの各報告書については、前記二1、2及び三の2㈡、3の認定事実によれば、右各報告書には、原告らの名誉を毀損する部分が数多く存在し、その内容も原告会社の経営状態・資産等から、原告花子及び同太郎を人格的に非難する内容まで含みその態様・方法も、表現内容の最終責任者たる作成名義を一時秘匿したものであり、仮処分の疎明資料の提出という形で、通常、異議訴訟になるまで相手方の反論ができない形をとっているうえ、名誉毀損部分の多くが真実であることを証明できない根拠薄弱なものといわざるをえない。さらに、右各報告書の他、前記2㈠、㈡の認定事実によれば、被告丙川らが、本件仮処分申請に際し主張した保全の必要性を具体的に基礎づける事実は、訴外秋子と原告太郎が交際していたこと、訴外秋子が、原告太郎が代表取締役を勤める訴外戊田港湾に対し、被告旅館乙山の株式を譲渡したこと、右株式譲渡をめぐっての被告旅館乙と訴外戊田港湾との間でトラブルがあったこと、訴外戊田港湾の業種は原告会社と全く異なり、同族会社である原告会社の株主・不動産貸主になれば、原告会社の経営は混乱が必至であること等であり（以下「本件保全の必要性を具体的に基礎づける事実」という。）、総じて原告太郎と訴外戊田港湾に関連する事実であるところ、A報告書は、原告会社及び原告花子を主たる対象にしたもので、原告太郎や訴外戊田港湾に関する記載はほとんどないし（A報告書3がほとんど唯一のものである。）、B報告書は、原告太郎や訴外戊田港湾に関する記載はあるものの、真実性の証明されない名誉毀損部分を除くと、原告太郎や訴外戊田港湾に関する具体的記載はほとんど残らないから、いずれも本件保全の必要性を具体的に基礎づける事実との関連性に大きな疑問が残るうえ、右関連性の点でいえば、疎甲第7ないし第9号証（前記甲第41ないし第43号証）、第12号証の1、3（甲第48、第50号証）のように関連性がより深くより直接的な疎明資料が存在するのであって、このようなA、Bの各報告書における表現内容・態様・方法、表現内容の真実性、主張内容との関連性、他の疎明資料による代替性等を総合判断すると、右各報告書を疎明資料として裁判所に提出することは、弁護士として要求される慎重さを著しく欠いたものであり、社会的に許容される範囲を逸脱したことが明らかな活動であるというべきであるから、正当な弁護活動の内在的制約を越え、その違法性は阻却されないというべきである。

㈡　次に、C報告書については、同報告書の他、前記二の2、3及び三の2㈠、㈡、3の認定事実によれば、表現態様・方法について、A、Bの各報告書と同じようにいえるけれども、原告らの名誉を毀損する部分は一箇所であり、その内容も原告会社の経理に関する事項にとどまり、しかもその一部は真実性が証明されているといえる他、真実性の証明されない名誉毀損部分を除いても、原告太郎や訴外戊田港湾に関する具体的記載の大部分が残り、本件保全の必要性を具体的に基礎づける事実との関連性が肯定できるうえ、前記疎甲第7ないし第9号証、第12号証の1、3や一般の商業登記簿謄本では代替できない種類の記載も含まれているのであるから表現態様・方法、表現内容の一部の真実性に問題が残るにしても、表現内容、主張内容との関連性、他の疎明資料による代替性等をも考察し、それを総合判断すると、C報告書を疎明資料として裁判所に提出することは、弁護士として慎重さを欠いたとまではいえず、社会的に許容される範囲を逸脱したことが明らかな活動であるとまではいいがたいから、正当な弁護活動の内在的制約の範囲内として、違法性が阻却されるというべきである。

〈判決の意義と指針〉

この事案は、仮処分申請事件を受任した弁護士らが興信所に相手方、関係者の調査を依頼し、3通の調査報告書が作成され、これを受領した後、調査報告書を疎明資料として裁判所に提出したため、調査報告書に記載された関係者らが名誉毀損を主張し、弁護士らに対して損害賠償を請求した事件である。この事案は仮処分申請事件を受任した弁護士が相手方の関係者に対する調査報告書の提出の訴訟活動による名誉毀損の不法行為の類型の事件であり、受任事件の調査の過程で生じた派生的な事件である。

この事案の特徴は、

① 弁護士が依頼者から仮処分申請事件を受任したこと

② 弁護士が相手方らの調査を興信所に依頼したこと

③ 興信所は3通の調査報告書を作成し、弁護士に交付したこと

④ 調査報告書には相手方の関係者の名誉を損なう内容が記載されていたこと

⑤ 弁護士が3通の調査報告書を疎明資料として裁判所に提出したこと

⑥ 調査報告書に記載された関係者らが弁護士らに対して損害賠償責任を追及したこと

⑦ 調査報告書の提出等による名誉毀損、不法行為が問題になったこと

があげられる。

この判決の特徴は、

① 弁論主義・当事者主義を基調とする民事訴訟法の下では、当事者が忌憚なく主張・立証・疎明をつくしてこそその目的を達しうるものであり、主張・立証・疎明活動は、いずれも一般の言論活動以上に強く保護される必要があるとしたこと

② 特に民事における判決・決定手続は、私人間の紛争の終局的ないし付随的・暫時的解決の場であり、利害関係や個人的感情が鋭く対立する事項を対象とすることは法の予定するところであり、当事者の主張・立証・疎明活動が、客観的には他人の名誉を毀損している場合であっても、活動の行き過ぎは、通常は、対立当事者側の反論並びに裁判所の訴訟指揮および証拠・疎明資料の不採用決定によって是正されるものであるから、かなり広い範囲で正当な活動として違法性を阻却されるべきものと解すべきであるとしたこと

③ この解釈は当事者の代理人である弁護士の活動にも、程度の差はあれ同様にあてはまるとしたこと

④　当事者およびその代理人である弁護士の主張・立証・疎明活動といっても、当初から対立当事者側の名誉を毀損するという目的を有し、あるいはそのような意図がなくとも、主張・立証・疎明活動の表現内容・態様・方法、表現内容の真実性、主張内容との関連性、他のより名誉毀損にあたらない証拠・疎明資料による代替性等を総合判断して、社会的に許容される範囲を逸脱したことが明らかであると認められるような場合には、もはや内在的制約を越えた違法なものであるとしたこと

⑤　この事案では、各調査報告書のうち、2通の調査報告書については、疎明資料として裁判所に提出することは、弁護士として要求される慎重さを著しく欠いたものであり、社会的に許容される範囲を逸脱したことが明らかな活動であり、正当な弁護活動の内在的制約を越え、その違法性は阻却されないとしたこと

⑥　1通の調査報告書については社会的に許容される範囲を逸脱していないとし、違法性が阻却されるとしたこと

⑦　弁護士の名誉毀損に係る不法行為を肯定したこと

があげられる。

訴訟、仮処分等の裁判事件を受任した場合、弁護士は、委任の内容、趣旨に沿った事務処理をし、依頼者の権利、利益の確保、実現に努めることになるが、利害が対立する相手方、関係者がいるときは、相手方らの主張・立証等に対して適切、的確な反論・反証をすることが必要になることが多い。的確な反論・反証を行う場合、事件の内容、種類、争点によって、様々な方法、内容の反論・反証を工夫して行うことが重要であるが、相手方、関係者らの信用性のないこと、主張・立証と矛盾した言動をしていること等を反論・反証の内容とすることは少なくない。このような反論・反証を行う場合には、相手方、関係者らのプライバシーに属する情報、名誉・信用に関わる情報を調査することが多いし（弁護士が調査を依頼することもあるが、依頼者が調査を依頼することもある）、これらの情報を調査の対象としないときであっても、調査の過程で判明することは少なくないが、このような情報を文書、供述として裁判所に証拠として提出したり、文書において主張したりすることもまた少なくない。

この判決は、仮処分事件における立証につき名誉毀損が問題になった事案について、弁護士の不法行為責任の判断基準を比較的緩やかに解しているが、現在においてはさらに慎重な検討が必要であろう。特に訴訟等の事件の争点、相手方の主張・立証に関係がないか、乏しい場合には、名誉・信用に関する情報等の取扱いは慎重であるし、相手方以外の関係者の名誉・信用を毀損するおそれのある情報、センシティブなプライバシーに関する情報の場合には、一層慎重な検討、取扱いをしているのが実情である。

また、弁護士、当事者が前記のような調査を行うにあたっては、調査の方法も慎

重に検討することが必要であるし、仮に調査会社等に調査を依頼し、調査報告書が作成されたとしても、その調査報告書を証拠として提出する等、どのように利用するかは調査とは別の法律問題になり得るものであるから（名誉毀損は、この場面で問題になることが多い）、一層慎重な検討が必要である。

判　決　3	訴訟追行を受任した弁護士の準備書面の作成、陳述に係る名誉毀損の不法行為責任を認めた事例 〔東京地判平成５・７・８判時1479号53頁、判タ824号178頁〕

【事案の概要と判決要旨】

Y_1は、弁護士Y_2に依頼し、医師Ａに対して医療過誤による損害賠償を請求する訴訟を提起し、弁護士Ｘが Ａを代理したところ、Ｘが逸失利益等の調査のために調査事務所にY_1の身辺調査を依頼し、その事務所の作成に係る報告書を和解期日に裁判官に交付し、書証として提出したところ、Y_1、Y_2がＸは「倫理観が完全に麻痺し、事の是非、善悪の判別もできない、名誉毀損、恐喝を常套手段として使用している、悖徳の徒である、精神異常、品性は低劣、行為は卑劣等」と準備書面に記載し、陳述したため、ＸがY_1、Y_2に対して名誉毀損による不法行為に基づき損害賠償を請求したのに対し、Y_1らが反訴として名誉毀損による損害賠償を請求した。

この判決は、Y_1らの名誉毀損を肯定し、本訴請求を認容し（慰謝料として30万円を認めた）、反訴請求を棄却した。

〈判決文〉

1　そもそも、民事訴訟においては、当事者が十分に主張立証をつくすことによってその目的を達すべきものであるから、訴訟における主張立証行為の中に相手方やその代理人の名誉を毀損するような行為があっても、それが訴訟における正当な弁論活動と認められる限り、違法性を阻却されるというべきである。もっとも、当初から相手方当事者の名誉を害する意図でことさら虚偽の事実や当該事件となんら関連性のない事実を主張する場合や、主張の表現内容、方法、主張の態様が著しく適切さを欠く非常識なもので相手方の名誉を著しく害するものなど、社会的に許容される範囲を逸脱するものは、正当な弁論活動とはいえず、違法性を阻却されないというべきである。

2　これを本件についてみるに、被告らが第一事件の口頭弁論期日において、「原告は倫理感が完全に麻痺し、事の是非、善悪の判別もできない。弁護士であれば何をしてもかまわないという特権的な思い上がった意識、観念に取りつかれている。まともな主張立証ができない場合は、相手方に対して名誉毀損、恐喝を常套手段として使用していることが推測される。このような悖徳の徒が法曹の間に紛れて存在していることは不思議である。原告の回答は明白に原告が精神異常であることを示す。品性は低劣、行為は卑劣」との記載のある本件準備書面を陳述し、また、同準備書面を第二事件の書証として提出したことは著しく適切さを欠く常識を逸脱し、原告の名誉を著しく害するものであって、社会的に許容される範囲を逸脱するものであるので、正当な弁論活動とはいえないというべきである。

なお、被告らは、「原告が被告甲野の身辺調査を依頼し、本件一及び二調査報告書を証拠として提出したことは、恐喝、名誉毀損に該当するものであって、本件準備書面は右原告の犯罪行為に対する被告甲野及び被告乙山の抗議に原告が被告甲野及び被告乙山を誹謗したことから誘発されたものである原告の常習的かつ執拗な加害行為に対する必要やむをえない正当防衛行為である」旨主張するが、被告甲野が第二事件において、本件準備書面の内容、方法、態様によらなければ、その主張する目的を達することができないものとは到底いえないのみならず、後記のとおり原告の弁護活動は正当なものであるので、正当防衛行為とは認められず、被告らの右主張は採用できない。

3　そうとすれば、被告らは右違法行為による責任を免れることはできないというべきである。

〈判決の意義と指針〉

この事案は、医師が訴訟を提起され、弁護士が訴訟代理人となり、原告の逸失利益等の調査のために調査事務所に原告の身辺調査を依頼し、その事務所の作成に係る報告書を和解期日に裁判官に交付し、書証として提出したところ、原告、その訴訟代理人である弁護士が被告代理人につき「倫理観が完全に麻痺し、事の是非、善悪の判別もできない、名誉毀損、恐喝を常套手段として使用している、悖徳の徒である、精神異常、品性は低劣、行為は卑劣等」と準備書面に記載し、陳述したため、被告代理人である弁護士が原告、その代理人弁護士に対して名誉毀損による不法行為に基づき損害賠償を請求した事件である。

この判決の特徴は、

① 民事訴訟においては、当事者が十分に主張・立証を尽くすことによってその目的を達すべきものであるから、訴訟における主張・立証行為の中に相手方やその代理人の名誉を毀損するような行為があっても、それが訴訟における正当な弁論活動と認められる限り、違法性を阻却されるとしたこと

② 当初から相手方当事者の名誉を害する意図でことさら虚偽の事実や当該事件と何ら関連性のない事実を主張する場合や、主張の表現内容、方法、主張の態様が著しく適切さを欠く非常識なもので相手方の名誉を著しく害するものなど、社会的に許容される範囲を逸脱するものは、正当な弁論活動とはいえず、違法性を阻却されないとしたこと

③ この事案では、弁護士等の準備書面の記載は、相手方の訴訟代理人であった弁護士の名誉を著しく害するものであって、社会的に許容される範囲を逸脱するものであり、正当な弁論活動とはいえないとしたこと

④ 弁護士、その依頼者の名誉毀損による不法行為を肯定したこと

があげられ、事例判断として参考になる。この事案で問題になった準備書面の記載内容を読む限り、その必要性、相当性には大きな疑問を抱かせるものであり、この判決が正当な弁論活動といえないとした判断は合理的であるということができる。

訴訟において提出される準備書面等の書面の中には、不必要、不相当に相手方、

その訴訟代理人を挑発し、さらに誹謗中傷するものを見かけることがあるが、記載の内容、程度が重大な悪影響を及ぼす場合には、この事案のように、名誉毀損等を主張し、損害賠償を請求する訴訟を提起することも一つの方法であるものの、多くの場合には、無視したり、あるいはそのような準備書面等を提出すること自体が理由のないことを自認するものであるなどの簡潔な反論を加える程度にしておくことも選択できる方法である。

判　決　4	**訴訟代理人である弁護士の相手方の訴訟代理人である弁護士に関する主張、供述に係る名誉毀損の不法行為責任を認めた事例** **〔東京高判平成9・12・17判時1639号50頁、判タ1004号178頁〕**

【事案の概要と判決要旨】

弁護士Xは、建物収去、土地明渡しを請求する別件訴訟の原告代理人になり、弁護士Yが被告代理人になり、審理が行われたが、Xは、別件訴訟においてYがXの行為が弁護士法に違反する等と主張し、本件訴訟においてもYの本人尋問の供述がXの名誉を毀損すると主張し、Yに対して名誉毀損の不法行為に基づき損害賠償を請求した。

第1審判決は、民事訴訟の弁論活動の一環として社会的に許容される範囲を逸脱したとまではいえないとし、名誉毀損を否定し、請求を棄却したため、Xが控訴した。

この判決は、名誉毀損を肯定し、原判決を変更し、請求を認容した（慰謝料として50万円を認めた）。

〈判決文〉

二　民事訴訟手続における訴訟活動と名誉毀損の成立要件

我が国の民事訴訟制度は、当事者主義及び弁論主義を基本理念としている。訴訟制度の目的は、事件の真相を解明し、私的紛争の適正な解決を実現することにあり、法曹の一員である弁護士の訴訟活動も、この目的の実現に資することが要請されることはいうまでもない。しかし、当事者から訴訟代理を受任した弁護士としては、委任者たる当事者のために、その立場に立って主張・立証活動を尽くすべき責務を負うのであり、当事者双方の代理人が当事者主義と弁論主義の下にその活動を尽くすことによって、右の目的の実現が図られることが期待されているのである。そして、民事訴訟は、私的紛争を対象とするものであることから、必然的に、当事者間の利害関係が鋭く対立し、個人的感情の対立も激しくなるのが通常であり、したがって、一方当事者の主張・立証活動において、相手方当事者やその訴訟代理人その他の関係者の名誉や信用を損なうような主張等に及ばざるを得ないことが少なくない。しかしながら、そのような主張等に対しては、裁判所の適切な訴訟指揮により是正することが可能である上、相手方には、直ちにそれに反論し、反対証拠を提出する等、それに対応する訴訟活動をする機会が制度上確保されているのであり、また、その主張の当否や主張事実の存否は、事案の争点に関するものである限り、終局的には当該事件についての裁判所の裁判によって判断され、これによって、損なわれた名誉や信用を回復することができる仕組みになっているのである。

このような民事訴訟手続における訴訟活動の特質に照らすと、その手続において訴訟代理人がする主張・立証活動については、その中に相手方やその訴訟代理人等の名誉を損なうようなものがあったとしても、それが当然に名誉毀損として不法行為を構成するものではなく、相当の範囲において正当な訴訟活動として是認されるものというべく、その限りにおいて、違法性を阻却されるものと解するのが相当である。もとより、当初から相手方の名誉を毀損する意図で殊更に虚偽の事実を主張したり、訴訟上主張する必要のない事実を主張して、相手方の名誉を損なう行為に及ぶなどの場合は、訴訟活動に名をかりるものにすぎないから、その違法性の阻却を論ずる余地はない。しかし、その活動が、当事者の委任に基づき、その訴訟上の利益を擁護することを目的としてされる場合には、その主張するところにつき相当の根拠があると認められる限りにおいて、広くその正当性が認められるものというべきであり、そして、右に述べた訴訟活動の特質に照らして考えれば、その相当性が認められるためには、その主張するところが裁判所において認容される高度の蓋然性の存することまで要求されるものではなく、裁判所において認容される可能性があると考えるべき相当の根拠の存することをもって足りると解するのが相当である。

三1、2㈠〈略〉

㈡　⑤について

控訴人が関や藤井に虚偽の陳述をさせてむりやり黒を白にしようとする行為をしている旨の⑤に関する主張の具体的内容は、原判決別紙「名誉毀損の不法行為に該当する主張」九5から9までに記載されているところであって、その主要点は、昭和53年3月ころの荏原町の喫茶店ウィーンでの会合及び昭和56年9月の五反田の喫茶店サガでの会合への控訴人の出席いかんに関し、関に虚偽の書面を提出させ、藤井に虚偽の供述をさせた、との点にある。すなわち、被控訴人の右⑤に関する主張は、控訴人が別件訴訟の追行に当たって控訴人自身の行動に関して積極的に訴訟関係人に虚偽の書面を作成させ、又は虚偽の供述をさせて虚偽の証拠の作出に関与したとするものであって、被控訴人の前記①から④までに関する主張とは、様相を異にするものである。

そこで検討するに、証拠上、控訴人の喫茶店ウィーンでの会合の出席はこれを認めることができるが、控訴人の喫茶店サガでの会合への出席はこれを認めることができないことは、前示のとおりである。そこで、まず、この点に関する関の供述証拠を見てみると、同人は、別件訴訟の証人尋問において、控訴人と喫茶店ウィーンで会ったことがあると証言する（その時期は、本件買戻契約書作成より前の時期であるという。）一方、控訴人と五反田の喫茶店で会ったことがある、その際控訴人は中座したとも証言しているところ、その証言後、控訴人は、関に対し、「事実証明願」と題する書面を送付して関の回答を求め、その中で、控訴人は、「（控訴人が昭和52年7月2日に関宅を訪問したことを含めて）貴殿にお会いしたのは2回だけと記憶しているがいかがか。」との質問をして「そのように記憶している。」旨の回答を、「2回目は昭和53年4月ころまでの間の五反田の喫茶店での会合で、当職は20～30分で退席したが、いかがか。」との趣旨の質問をして「日時は定かでないが五反田の喫茶店で会合した。控訴人は途中で退席した。」との回答をそれぞれ得たほか、昭和56年秋ころ五反田の喫茶店サガで控訴人及び関らが会合したとの北村の証言を偽証であると指摘した上で、関の記憶を問い、「五反田の喫茶店での会合は先に述べたとおり」との趣旨の回答を得ていることが認められる。次に、藤井は、その陳述書において、「昭和56年9月10日に喫茶店サガで会合し全員が控訴人に委任したとの別件被告らの主張は、完全なつくり話である。」旨を記載する一方、その後に行われた別件訴訟における本人尋問においては、喫茶店サガでの会合に控訴人が出席したことがある旨を述べていることが認められる（もっとも、右本人尋問での喫茶店サガの会合は、昭和52、53年のこととして述べられているものであるから、客観的には、両者の間に矛盾はない。）。

被控訴人は、このような事情にかんがみ、殊に、関の供述証拠に関しては、別件訴訟における証言と「事実証明願」と題する書面に対する回答における陳述との間に外形上相反するとろがあることから、右「事実証明願」と題する書面及びこれに対する回答の作成時期及びその内容に照らし、また、藤井の供述証拠に関しても、前記のとおりこれと相対立する北村の供述証拠が存在すること、藤井の陳述書がその外形上控訴人の求めに応じて作成されたものと認められることなどから、これらの作成に控訴人の何らかの関与ないし働き掛けがあったのではないかと推測し、前記のような主張に及んだものと解される。しかしながら、これらの推測は、客観的な根拠に基づくものとは到底認めることはできないし、また、前記のような事情及び事実から直ちに、控訴人が別件訴訟の追行に当たって、関及び藤井に虚偽の書面を作成させる等して虚偽の証拠の作出に関与したと推測し、これを断定的な表現をもって訴訟上主張することは、その推論に飛躍がありすぎ、かつ、その「黒を白」等との表現も著しく穏当を欠くものといわざるを得ず、いかにその主張の目的とするところが被控訴人の主張に沿う証拠の信用性を強調するにあったにしても、前示の趣旨においても相当の根拠があるものと認めることはできず、訴訟活動として許容される範囲を逸脱しているものといわざるを得ない。

〈判決の意義と指針〉

この事案は、別件訴訟、本件訴訟における被告代理人である弁護士の主張が原告代理人である弁護士の名誉毀損にあたるとし、弁護士が弁護士に対して不法行為に基づき損害賠償を請求した控訴審の事件である。この事案は、訴訟の代理人同士であった弁護士の弁護士に対する訴訟活動による名誉毀損の類型の事件である。なお、第1審判決は、弁護士の名誉毀損を否定している。この事案では、名誉毀損にあたると主張されている事項は、「ⓐ控訴人と山本兄弟との間に、昭和52年ころ、本件マンション計画の実現に関して委任関係が成立したこと、ⓑ控訴人は、昭和56年6月ころ、亡山本唯雄から、本件買戻契約に基づく関に対する交渉について委任を受け、同年9月ころには、関係者が集まった会合において本件マンション計画の実現を再確認した上、その後、関に対する買戻交渉に当たったこと。ⓒところが、控訴人は、その後、関の利益のために行動するようになり、関から別件原告への旗の台の土地等の前記売買には別件原告の代理人的立場で関与したこと。ⓓ亡山本唯雄が控訴人を信頼してその財産の一部の管理を任せたこと。ⓔ控訴人は、関や藤井に虚偽の陳述をさせて、黒を白にしようとする行為をしていること」というものである。

この判決の特徴は、

① 民事訴訟における訴訟代理人の主張・立証活動については、訴訟活動の特質に照らすと、相手方やその訴訟代理人等の名誉を損なうものがあったとしても、当然に名誉毀損として不法行為を構成するものではなく、相当の範囲において正当な訴訟活動として是認されるとしたこと（違法性が阻却される）

② 当初から相手方の名誉を毀損する意図で殊更に虚偽の事実を主張したり、訴訟上主張する必要のない事実を主張して、相手方の名誉を損なう行為に及ぶなどの場合には、訴訟活動に名を借りるものにすぎず、違法性の阻却を論ずる余地はないとしたこと

③ 訴訟代理人の活動が、当事者の委任に基づき、訴訟上の利益を擁護することを目的としてされる場合には、その主張するところにつき相当の根拠があると認められる限りにおいて、広くその正当性が認められるとしたこと

④ 訴訟活動の特質に照らすと、その相当性が認められるためには、その主張するところが裁判所において認容される高度の蓋然性の存することまで要求される可能性があると考えるべき相当の根拠の存することをもって足りるとしたこと

⑤ この事案では、前記のⓐないしⓓにつき許容される範囲であるとしたものの、ⓔについては、断定的な表現をもって訴訟上主張することは、その推論に飛躍がありすぎ、かつ、その「黒を白」等との表現も著しく穏当を欠くとし、訴訟活動として許容される範囲を逸脱しているとして名誉毀損の不法行為を肯定したこと

⑥ 被害者である弁護士の慰謝料として50万円を認めたこと

があげられる。この判決は、民事訴訟における訴訟代理人である弁護士の主張による相手方の訴訟代理人である弁護士に対する名誉毀損の不法行為を肯定し、慰謝料50万円を認めた事例判断を提供するものであるが、主張の内容に照らし、限界的な事例であり、逆の結論でもあながち不合理であるとはいい難い。

判　決　5	訴訟代理人である弁護士の相手方の訴訟代理人である弁護士に関する主張に係る名誉毀損等の不法行為責任を認めなかった事例 〔東京地判平成９・12・25判タ1011号182頁〕

【事案の概要と判決要旨】

弁護士Ｘは、Ａを代理する訴訟において、相手方Ｂの代理人であった弁護士Ｙから弁論兼和解期日において、文書を示され、Ｘの名誉に関する文書であるとか、準備書面によって常軌を逸する訴訟活動を平然と行っている旨の主張を記載され、ＡらとＹとの訴訟において、答弁書、準備書面で侮辱中傷等の誹謗を繰り返し、個人攻撃をしている、弁護士倫理に反している、卑劣邪道な訴訟行為である、一連の非違行為がある等と主張される等したため、ＸがＹに対して名誉毀損等を主張し、不法行為に基づき損害賠償を請求した。

この判決は、名誉毀損等を否定し、請求を棄却した。

〈判決文〉

弁論主義を原則とする民事訴訟においては、当事者が十分に主張立証を尽くす事が重要であり、一方当事者の主張における表現が、感情的で激しく、相手方の名誉感情等を損なうものであり、その後の審理において右主張が真実であると認定できなかったとしても、その当事者において故意に、かつ、専ら相手方を中傷誹謗する目的のもとに、著しく適切さを欠く非常識な表現により主張した等の特段の事情がない限り、直ちにこれをもって名誉毀損として違法と評価することは相当ではないというべきである。

これを本件についてみるに、原告が指摘する被告の表現の中には感情的で激しく、原告の名誉感情を損なう内容のものも見受けられないではないが、前記認定に係る本件第一、第二事件及び本件訴訟における審理の経過、右表現における前後の脈絡（甲６、16、23、31、当裁判所に顕著な事実）等本件に顕われた一切の事実関係に、弁護士の職責が極めて重大であり、その訴訟活動に対し厳正な批判を加えることは高度の公益性を有するものと解されること等を併せ考慮すれば、右表現はいずれも、被告において故意に、かつ、専ら原告を中傷誹謗する目的のもとに用いられたものとまでは認め難い。

なお、原告は被告の表現だけを名誉毀損行為として問題にしているが、前記認定のとおり原告は、本件第一事件において被告の名誉を害するような表現を用いており、かつ、本件訴訟においても原告は被告に対して感情的で激しい表現を用い、被告の名誉感情を損なう内容を主張している箇所も認められる（当裁判所に顕著な事実）ことに留意する必要がある。

以上によれば、原告が指摘する被告の右表現が真実であるか否かについて判断するまでもなく、右表現をもって、違法と評価することができないというべきである。

〈判決の意義と指針〉

この事案は、訴訟の代理人であった弁護士が相手方の当事者の代理人であった弁護士から準備書面、期日において批判されたため、名誉毀損、名誉感情の侵害等による損害賠償を請求した事件である。

この事案の特徴は、

① 訴訟の代理人であった弁護士が相手方の当事者の代理人であった弁護士から弁論兼和解期日において文書を示され、批判されたこと

② 準備書面によって常軌を逸する訴訟活動を平然と行っている旨の主張を記載されたこと

③ 準備書面において答弁書、準備書面で侮辱中傷等の誹謗を繰り返し、個人攻撃をしている、弁護士倫理に反している、卑劣邪道な訴訟行為である、一連の非違行為がある等と記載されたこと

④ 弁護士も相手方の弁護士に対して審理の過程で批判を行ったこと

⑤ 弁護士が相手方の弁護士に対して名誉毀損等を主張したこと

⑥ 弁護士が相手方の弁護士の不法行為責任を追及したこと

があげられる。

この判決は、

① 弁論主義を原則とする民事訴訟においては、当事者が十分に主張・立証を尽くすことが重要であること

② 一方当事者の主張における表現が、感情的で激しく、相手方の名誉感情を損なうものであり、その後の審理において主張が真実であると認定できなかったとしても、その当事者において故意に、かつ、もっぱら相手方を中傷誹謗する目的のもとに、著しく適切さを欠く非常識な表現により主張した等の特段の事情がない限り、直ちにこれをもって名誉毀損として違法と評価することは相当ではないこと

③ この事案では相手方の弁護士の準備書面における表現の中には感情的で激しく、弁護士の名誉感情を損なう内容のものも見受けられること

④ この表現はいずれも、相手方の弁護士において故意に、かつ、もっぱら弁護士を中傷誹謗する目的のもとに用いられたものとまでは認め難いこと

⑤ その背景として、弁護士が相手方の弁護士につき名誉等を害するような表現を用いた主張をしていたことに留意する必要があること

⑥ 相手方の弁護士の用いた表現が真実であるかどうかを判断するまでもなく、違法と評価できないこと

を判示し、弁護士の訴訟活動における名誉毀損等の不法行為を否定した事例判断を提供するものである。この判決は、訴訟における双方の弁護士が相当に感情的な主張を繰り返した事案について、一方の弁護士の名誉毀損の不法行為を否定した事例として評価することができるものである。

判　決　6	訴訟代理人である弁護士の相手方当事者に関する準備書面の作成、陳述に係る名誉毀損の不法行為責任を認めなかった事例 〔東京地判平成９・12・26判タ1008号191頁〕

【事案の概要と判決要旨】

Xは、賃借していた建物の賃貸人Aから訴訟を提起されていたところ、Aの訴訟代理人である弁護士Yが従来の経緯につき準備書面においてXが異常性格である旨を主張したため、Yに対して名誉毀損を主張し、不法行為に基づき損害賠償を請求した。

この判決は、名誉毀損を構成するほどの違法性がないとし、請求を棄却した。

〈判決文〉

1　訴訟上の準備書面に記載された事実であっても、その内容が名誉毀損に該当する場合には不法行為を構成することがあるのはいうまでもない。

そこで本件をみるのに、前記争いのない事実に証拠（甲１）及び弁論の全趣旨を併せ検討すると、被告は前訴において平成８年３月11日付準備書面を提出し、その中で「三　被告の異常性格について」との一項目を設けて被告の訴訟提起を非難していることが認められるが、右項全体を検討すると、原告はかねてから上階や隣室の居住者の行動等を非難し、これを理由に家主に対し二度の損害賠償訴訟を提起し、いずれも棄却されて新たに前訴を提起するに至っていたという経緯が窺われ、これを踏まえて相手方代理人として、被告は原告が些細なことに託つけては訴訟を提起しているとし、その訴訟提起自体を論難する過程で原告の人格的側面にも問題があることを指摘したものと解される。すると、異常人格という表現自体は穏当を欠くところがあるとしても、右のような応訴の仕方自体を非難することまではできず、右記載をもって名誉毀損を構成するほどの違法性があるとまでは認め難いというべきである。

また、法廷での発言として取り上げる点も、前記認定の経緯に照らし、そのこと自体格別違法、不当と認めるには足りないというべきであり、少なくとも、損害賠償をもってするほどの違法性のないことは明らかというべきである。

〈判決の意義と指針〉

この事案は、建物の賃借人が賃貸人から訴訟を提起されていたところ、賃貸人の訴訟代理人である弁護士が準備書面において賃借人を批判する主張をし、法廷において批判する弁論をしたため、賃借人が弁護士に対して名誉毀損を主張し、不法行為に基づき損害賠償を請求した事件である。

この事案の特徴は、

①　建物の賃借人と賃貸人間にトラブルがあったこと（賃借人が賃貸人に対して数度訴訟を提起する等したこと）

②　賃借人が賃貸人から訴訟を提起され、弁護士が賃貸人の訴訟代理人になった

こと

③　弁護士が賃借人につき性格異常である旨の主張等をしたこと

④　弁護士が準備書面において賃借人につき被告の賃借人が名誉毀損を主張したこと

⑤　賃借人が弁護士に対して不法行為責任を追及したこと

があげられる。

この判決は、

①　弁護士が準備書面において「三　被告の異常性格について」との一項目を設けて、賃貸人と賃借人との間の従来のトラブルにつき賃借人を非難しているものの、内容の全体、従来の経緯を考慮し、賃借人が些細なことにかこつけては訴訟を提起しているとし、その訴訟提起自体を論難する過程で賃借人の人格的側面にも問題があることを指摘したものとしたこと

②　異常人格という表現自体は穏当を欠くところがあるとしても、応訴の仕方自体を非難することまではできず、この記載をもって名誉毀損を構成するほどの違法性があるとまでは認め難いこと

③　法廷での発言につきそのこと自体格別違法、不当と認めるには足りず、少なくとも、損害賠償をもってするほどの違法性がないこと

を判示しているものであり、弁護士の訴訟活動につき名誉毀損の不法行為を否定した事例判断を提供するものである。もっとも、この事案の準備書面の表現自体は相当に穏当を欠くものであるし、他に批判する仕方も十分にあるから、名誉毀損を否定した限界的な事例というべきであろう。

判　決　7	訴訟代理人である弁護士の相手方の訴訟代理人である弁護士らに対する不法行為責任を認め、相手方の弁護士らの名誉毀損の不法行為責任を認めなかった事例 〔東京地判平成10・2・27判タ1028号210頁〕

【事案の概要と判決要旨】

Aは、B、Cに不動産（複数の土地、建物）を賃貸していたが、賃料不払を理由に賃貸借契約を解除し、弁護士Yを代理人としてB、Cのほか、保証人に対して不動産の明渡し、賃料等の支払を請求する訴訟を提起した。Bらは、弁護士X_1、X_2を代理人に委任したものの（X_2が実質的に訴訟活動を行い、X_1は実質的には関与しなかった）、X_1らが代理人を辞任し、審理が終結された。弁護士X_3、X_4がBらの代理人になり、弁論の再開を申し立てたところ、その判決前、YがAの代理人としてX_1らにおいてBらに誤った助言をしたこと等を理由としてX_1らに対して損害賠償を請求する訴訟を提起し、Aの請求を棄却する判決がされた（不動産に関する訴訟は、B

らが請求を認諾し、Dとの関係で弁論が再開され、Aの請求を認容する判決がされる等したものであり、事案の経緯はさらに複雑であるが、判決文を参照されたい)。X_1、X_2、X_3、X_4はYに対してAのBらに対する訴訟を有利にしようとした不当な訴訟であり、準備書面に不当な記載があったこと等を理由に不法行為に基づき損害賠償を請求したのに対し、Yが反訴として名誉毀損を理由に損害賠償を請求した。

この判決は、弁護士が別件訴訟を提起したことが他の訴訟を有利に進行させる目的でしたものであり、不法行為にあたるとし、X_1、X_2らの本訴請求を認容し（慰謝料として、X_1につき20万円、X_2につき50万円、X_3につき50万円、X_4につき30万円を認めた)、Yの反訴請求を棄却した。

〈判決文〉

(4) ところで、弁護士である山田としては、右のような訴訟提起に当たっては、従来の裁判例に照らし、別件東京訴訟で主張したような訴訟に関する活動としての弁護士の行為が違法と認められるのは、同訴訟の第一審判決が判示するとおり、その目的及び態様等からして裁判制度の趣旨目的に照らして著しく相当性を欠く場合に限られることを当然認識していものであり、仮にそうでなくとも容易に認識できたはずである。

そして、熊谷訴訟における乙川らが相殺の主張を行った経緯及び丙山らが弁論再開の申立てを行った経緯は、前記２記載のとおりであり、こうした客観的事情の下では、山田が、右訴訟を提起するに当たって、乙川らの訴訟活動が裁判制度の趣旨目的に照らして著しく相当性を欠く行為であったと立証できる見通しの下に右訴訟の提起に及んだとは認め難く、そのような見通しがあったことを裏付ける証拠もない。

むしろ、別件東京訴訟は、山田が、熊谷訴訟の代理人として就任して間もなく、前述の「警告書」など威嚇的な内容の文書を次々と訴訟の相手方の代理人である乙川らに発した時期に提起されていること、右訴訟の提起時には、丙山及び丁村は、熊谷訴訟の代理人に就任した直後であって、同人らは、弁論の再開を申し立てた程度の以上の訴訟活動をしていなかったにもかかわらず、同人らについても、乙川及び甲野と同額の巨額の損害賠償を請求していること、山田は、前記「警告書」において乙川及び甲野に対して別件東京訴訟と同内容の請求権の存在を主張しておきながら、その後の熊谷訴訟についての乙川との和解交渉においては、簡単に右請求権が存在しないことを確認する和解案を作成していること等からすれば、前記認定の経過の中で行われた別件東京訴訟は、熊谷訴訟における大澤商事の訴訟代理人に就任した山田が、その請求には理由のないことを知りながら、又は容易に知り得たにもかかわらず、訴訟の相手方である大陸らの訴訟代理人であり、又はその直前まで訴訟代理人であった乙川らに対して不当な圧力をかけて、熊谷訴訟を大澤商事側に有利に進行させようとの目的から、あえて提起したものであると認められる。

(5) そして、このような訴えの提起は、訴訟代理人の活動として許される範囲を逸脱し、裁判制度の趣旨目的に照らして著しく相当性を欠く行為であるというべきであって、乙川ら４名に対する不法行為に当たると認められる。

二 争点２について

1 証拠（乙川、甲９）及び弁論の全趣旨によれば、山田は、別件東京訴訟の平成６年７

月11日付け準備書面において、乙川らが熊谷訴訟において訴訟代理人として相殺等を主張したことを悪質なものであると非難した上で「右のような行為が不問に付されては、一般社会は、弁護士という職業、その職業につく人間をどのような考えるであろうか。平然と不法行為に加担し、それにより不利益を受けないどころか、利益を享受する職業、そういうことを生業としている人間であると考えられてもやむを得ない。」と記載し、右書面を平成７年３月２日の別件東京訴訟の口頭弁論期日に陳述したことが認められる。

２　確かに、右の表現のうち「平然と不法行為に加担し、それにより不利益を受けないどころか、利益を享受する職業、そういうことを生業としている人間であると考えられてもやむを得ない。」という表現は、乙川らについて述べたものであるとすれば、穏当なものとはいい難い。

しかし、右記載部分を、前後の文脈から判断すれば、反訴被告としては、一般に弁護士は社会において高い評価を受けており、弁護士がその職務遂行の過程で不法行為に関与したにもかかわらず、それが放置されるならば、弁護士という職業に対する信用が失墜するという一般論を述べようとしたものであると理解するのが相当である。

したがって、右の表現を含む準備書面を陳述した山田の行為が違法な弁論活動であるとの本訴原告らの主張は認められない。

〈判決の意義と指針〉

この事案は、不動産の賃貸人が賃料不払いを理由に賃貸借契約を解除し、弁護士を代理人として不動産の明渡し、賃料等の支払を請求する訴訟を提起し、賃借人らが弁護士らを代理人に選任し、辞任後、別の弁護士らを代理人に選任する等し、賃貸人が賃借人らの代理人らに対して損害賠償を請求する訴訟を提起する等したところ、損害賠償請求訴訟が賃貸人の敗訴判決になったことから、賃借人側の訴訟代理人である弁護士らが賃貸人側の訴訟代理人である弁護士に対して不当訴訟の提起、準備書面による名誉毀損を主張し、損害賠償を請求したのに対し、賃貸人側の弁護士が反訴として不当訴訟の提起、訴訟の提起による名誉毀損を主張し、損害賠償を請求した事件である。

この事案の特徴は

①　弁護士が不動産の賃貸人から委任され、訴訟代理人として賃借人らに対して訴訟を提起したこと

②　賃借人らは、弁護士に委任し、訴訟を追行したこと

③　賃借人らの弁護士が辞任し、弁論が終結されたこと

④　賃借人らは別の弁護士らを訴訟代理人に選任し、弁論の再開を申し立てたこと

⑤　賃借人らの一部の者が請求を認諾し、残る者につき弁論が再開され、賃貸人の請求を認容する判決がされたこと

⑥　弁論の再開後、賃貸人は、同じ弁護士に委任し、賃借人らの訴訟代理人である弁護士ら全員を被告として賃借人らに誤った助言、指導を行った等と主張し、

損害賠償を請求する訴訟を提起したこと
⑦　同訴訟は賃貸人の敗訴判決がされたこと
⑧　賃借人側の弁護士ら（４名）が賃貸人側の弁護士に対して損害賠償を請求する訴訟を提起したこと（本訴）
⑨　不法行為の根拠として不当訴訟の提起、準備書面における記載の名誉毀損が主張されたこと
⑩　賃貸人側の弁護士が相手方の弁護士らに対して不当訴訟の提起、名誉毀損を主張し、損害賠償を請求する反訴を提起したこと

があげられる。この事案の背景にある事件は、賃貸人と賃借人らの間のトラブルであるが、このトラブルが派生的に、双方の代理人であった弁護士の間の訴訟に発展したものである。

この判決の特徴は、
①　賃貸人と賃借人らとの間の訴訟が提起された後、賃貸人が賃借人らの訴訟代理人に対して提起した訴訟は、前記訴訟を有利に進行させようとの目的で提起されたものであり、このような訴えの提起は訴訟代理である弁護士の活動として許される範囲を逸脱している等とし、弁護士の不法行為を肯定したこと
②　賃貸人側の弁護士の準備書面における記載、その陳述は穏当なものとはいい難いものの、前後の文脈から判断すると、弁護士が職務遂行の過程で不法行為に関与したにもかかわらず、それが放置されるならば、弁護士という職業に対する信用が失墜するとの一般論を述べようとしたものであり、違法な弁論活動とはいえないとし、弁護士の不法行為を否定したこと
③　賃借人らの訴訟代理人である弁護士らの本訴の提起に係る不法行為を否定したこと
④　前記不法行為による慰謝料額を50万円ないし20万円の範囲で認定したこと

があげられる。この判決は、前記の内容の事例判断として参考になるものであるが、特に依頼者の依頼によって、訴訟代理人となり、すでに係属していた訴訟の相手方の訴訟代理人である弁護士らに対して提起した訴訟について、不当な訴訟であるとされ、訴訟代理人である弁護士が訴訟活動として許された範囲を逸脱する等として、その不法行為責任を肯定した判断は事例として参考になる。

判　決　8	**弁護士の準備書面の作成、陳述に係る名誉毀損の不法行為責任を認めなかった事例** **〔東京地判平成10・11・27判時1682号70頁〕**

【事案の概要と判決要旨】

Y_1株式会社は、弁護士Y_2（Y_1の取締役を兼務）を代理人として出版社であるＡ

株式会社らに対して名誉毀損、信用毀損を主張して損害賠償を請求する訴訟を提起したところ、Y_2がX株式会社の発行に係る新聞記事につきブラックジャーナリトであり、Y_1が広告掲載を断ったため、仕返しとして攻撃する記事を掲載した等との準備書面を作成し、陳述したため、XがY_1、Y_2に対して名誉毀損を主張し、不法行為に基づき損害賠償を請求した。

この判決は、この準備書面が正当な弁論活動とはいえないものの、第三者が損害賠償を求め得るほどの違法性がないとし、請求を棄却した。

〈判決文〉

1　弁論主義・当事者主義の観点から、訴訟手続における主張は、それが他人の名誉を毀損するものであったとしても、要証事実と関連性を有し、その必要性があり、表現内容、方法、態様が適切である場合には、正当な弁論活動として、結果的に主張事実が真実であることの立証が得られなくとも、その違法性が阻却されると解すべきである。

2　そこで、右の観点から、原告の社会的評価を低下させる記載であると認められる記載㈧及び㈨を除く本件各記載（以下、「本件各記載」との表現は、記載㈧及び㈨を除くものとして用いる。）について、右各記載を本件準備書面に記載することが弁護士である被告甲野の正当な弁論活動（弁護活動）の範囲内にあると認められるか否かについて検討する。

被告甲野が別件訴訟において本件準備書面を提出・陳述したのは、あっぷる出版社らが本件訪販ニュース記事を証拠として提出し（ただし、右記事が別件訴訟における請求原因事実等と関連がないものであり、被告会社において敢えて反論の必要のないものであることは被告甲野が右準備書面で自認しているところである。）、その内容が被告会社における組織管理の在り方等を問題にするものであったことによるものであり、被告甲野において、右記事は事実と異なる部分がある等と主張する必要があると判断したことはやむを得ないところであるとしても、他の表現等によっても右記事内容の信用性等を弾劾することが十分に可能であった（弁論の全趣旨）にもかかわらず、十分な資料・根拠もないままに本件準備書面に本件各記載のような原告の社会的評価を低下させ兼ねない不穏当な表現を用いたものであることは前記認定のとおりであるから、被告甲野の右行為は社会的に許容される相当な範囲の弁論活動（弁護活動）ということはできない。

3　したがって、被告らの正当な弁護活動との主張も採用することができない。

五　しかしながら、本件各記載は、被告甲野が別件訴訟においてあっぷる出版社らが書証として提出した本件訪販ニュース記事の信用性等を弾劾するために提出・陳述した準備書面においてなされたものであって（被告甲野が殊更に原告の名誉あるいは名誉感情を害することを目的とし、原告を誹謗中傷するために本件各記載を用いたと認めるに足りる証拠はない。）、その記載内容等に不穏当な部分があるとしても、民事訴訟の場では、相手方の提出した主張や証拠の信用性等を弾劾するために相手方の名誉感情を害するような表現等が用いられることがままあり、準備書面に記載された主張は、その性質上、一方当事者が訴訟追行の必要等からしたものとして、それがそのまま真実であると受け取られることは通常極めて稀というべきであること、原告が発行する訪販ニュースは公称発行部数2万6000部を誇る業界紙であり〈証拠略〉、本件各準備書面は、右紙面に掲載され既に広く流布していた本件訪販ニュース記事の内容及び原告の業務のあり方等について、別件訴訟における弁論という極めて限られた場面で批判等を加えたものに過ぎないこと、本件準備書面が別件訴訟関係者以外の者に閲覧謄写されたり、配布されたりしたこと及び本件準備書面が提出・陳述されたことにより原告が具体的な損害を被ったことを認めるに足りる証拠もないこと等の事情に照らすと、被告甲野が本件準備書面を提出・陳述したことは、前記認定のとおり社会的に許容される正当な範囲の弁論活動（弁護活動）ということはできないものの、原告がこれによってその名誉を毀損されたとして損害賠償（慰謝料の支払）を求めることができる程の違法性を有するものでもないというべきである。

〈判決の意義と指針〉

この事案は、弁護士が別件訴訟において訴訟代理人として訴訟活動を行った際、別件訴訟の第三者である出版社を批判する内容の準備書面を作成し、陳述したため、出版社が弁護士、その依頼者に対して名誉毀損を主張し、損害賠償を請求した事件である。

この事案の特徴は、

① 弁護士が販売員を通じて洗剤等を販売する株式会社の取締役であったこと

② 弁護士が会社の訴訟代理人として別の出版社が発行した個人の著作に係る書籍が名誉毀損にあたると主張し、別の出版社らに対して損害賠償を請求する別件訴訟を提起したこと

③ 弁護士が別件訴訟において出版社の記事を批判する準備書面を作成し、陳述したこと

④ 別件訴訟においてこのような準備書面が作成されたのは、別の出版社が会社を批判するため出版社の発行に係る雑誌の記事を証拠として提出したこと

⑤ 出版社が弁護士、その依頼者である会社に対して損害賠償責任を追及したこと

⑥ 出版社が名誉毀損を主張したこと

があげられる。

この判決の特徴は、

① 弁論主義・当事者主義の観点から、訴訟手続における主張は、他人の名誉を毀損するものであったとしても、要証事実と関連性を有し、その必要性があり、表現内容、方法、態様が適切である場合には、正当な弁論活動として、結果的に主張事実が真実であることの立証が得られなくとも、その違法性が阻却されるとしたこと

② この事案では、十分な資料・根拠もないままに準備書面に出版社の社会的評価を低下させかねない不穏当な表現を用いたものであり、弁護士の社会的に許容される相当な範囲の弁論活動（弁護活動）ということはできないとしたこと

③ 民事訴訟の場では、相手方の提出した主張や証拠の信用性等を弾劾するために相手方の名誉感情を害するような表現等が用いられることがままあり、準備書面に記載された主張は、その性質上、一方当事者が訴訟追行の必要等からし

たものとして、それがそのまま真実であると受け取られることは通常極めて稀というべきであること

④　準備書面は、別件訴訟における弁論という極めて限られた場面で批判等を加えたものに過ぎないこと

⑤　準備書面が提出・陳述されたことにより出版社が具体的な損害を被ったことを認めるに足りる証拠もないこと等の事情を指摘し、社会的に許容される正当な範囲の弁論活動（弁護活動）ということはできないものの、名誉を毀損されたとして損害賠償（慰謝料の支払）を求めることができるほどの違法性を有するものではないとしたこと

⑥　弁護士らの名誉毀損の不法行為を否定したこと

があげられる。この判決は、自ら設定した訴訟の場における名誉毀損の不法行為の違法性が阻却される法理、要件に該当しないとしつつ、この事案の諸事情を考慮し、損害賠償を認めるほどの違法性がないとし、名誉毀損の不法行為を否定したものであるが、理論的には、二つの段階の違法性の阻却事由を認めるものであり、議論を呼ぶ内容の判断を示している。この判決の前段の違法性の阻却事由は他の裁判例においても見かける論理であるが、後段の阻却事由は理論的には否定できないものの、前段に解消されるものであるか、この事案が後段の違法性の阻却事由に該当するか等の問題は残るところである。

判　決　9	弁護士の仮処分申請事件における疎明資料の提出に係るプライバシー侵害の不法行為責任を認めた事例 〔東京高判平成11・9・22判タ1037号195頁〕

【事案の概要と判決要旨】

弁護士Ｙは、Ａの代理人としてＸらを相手方として家事調停を申し立て、申立書にＸの身上関係等（その亡夫の父の国籍、亡夫との間の子が特別養子であること等）を記載したところ、Ｂの代理人として仮処分申請をした際、家事調停申立書の控えを疎明資料として提出し、仮処分の債務者Ｃがこれを閲覧等したため、Ｘがプライバシー侵害を主張し、Ｙに対して損害賠償を請求した。

第１審判決は、プライバシー侵害を否定し、控訴した。

この判決は、プライバシー侵害を肯定し、原判決を取り消し、請求を認容した（慰謝料として30万円を認めた）。

〈判決文〉

二　不法行為の成否

1　本件文書について本件文書は家事調停申立書の控え（甲20の添付資料はその写し。甲4は更にその写し。）であるところ、その申立の理由欄には控訴人、その亡夫及び子の

身上、経歴、財産関係などのほか祭祀承継に関連して控訴人の亡夫の親や国籍や子の夏子は特別養子であること、親族間の紛争の実情や経過などが記載されており、これらは一般に第三者に知られたくないものとして、みだりに漏洩ないし公開されないという法律上の保護に値する利益（プライバシー）があるというべきである。

付言するに、本件文書は、家事調停申立書の控えであって、事件の関係人以外の者に対しては閲覧謄写が許されない（家事審判規則12条参照）家事調停事件記録と同視すべきものであり、第三者に知られたくない事項を含むものとしてその開示、漏洩から保護されるべき程度が高い文書であるというべきである。

被控訴人は本件文書に記載されている控訴人らの身上関係等主要部分は戸籍に記載されているからプライバシーとして保護されるに値しないかのような主張をする。しかし、戸籍の記載事項が一般にプライバシーに属することは明らかであって、それ故にこそ、戸籍法は昭和51年の一部改正により、それまでの戸籍簿、除籍謄本等の閲覧制度を廃止し、戸籍謄本等の交付請求については法務省令（戸籍法施行規則）で定める場合を除き、その事由を明らかにすべきものとし、それが不当な目的によることが明らかなときは、市町村長はその請求を拒むことができることとしているのである（戸籍法10条）。また、乙第15号証の１ないし３及び弁論の全趣旨によれば、控訴人訴訟代理人は水戸地方裁判所下妻支部に提起した訴訟において控訴人らの戸籍謄本を提出していることが認められるが、自らの意思で当該事件に提出したことにより、いかなる場面でも公表されることを許容する意思を表明したものではないから、本件での保護の必要性がなくなることにはならない（なお、控訴人は相手方である丙野一郎の戸籍謄本をも提出しているが、身分関係を明らかにするため必要であるから正当な訴訟行為である。）。被控訴人の右主張は失当である。

2　本件文書の民事保全事件における提出行為はプライバシー侵害に当たるか。

右に認定したとおり、本件文書は、控訴人のプライバシーに関する事項を記載した文書である。被控訴人は、これを控訴人とは関係のない別の民事保全事件の疎明資料として提出した。

民事保全の手続は、決定手続を原則とし、公開法廷における口頭弁論が行われる場合は限られている。また、民事保全事件の記録の閲覧、謄写、その謄本等の交付を請求できるのはいわゆる利害関係人に限られ、かつ、民事保全手続における密行性の要請から債権者以外の利害関係人については閲覧等について時期的制限が設けられている（民事保全法５条１項参照）。したがって、民事保全手続、とりわけ本件のような仮処分発令段階で債権者から提出された疎明資料が債務者を含む第三者に開示される機会は通常多くなく、開示されるとしてもその範囲も通常広範囲ではないといえるが、しかもなお、右の利害関係人の閲覧等を通じてその内容が債権者以外の第三者に開示されたり漏洩されたりする可能性を否定することはできず、弁護士たる被控訴人としては、その可能性を予見すべきであったというべきである。

なお、民事保全事件において、個人のプライバシーに関する資料が提出され、記録に編綴された場合、これを記録の閲覧等の対象から除外することのできる一般的な根拠はないから、その資料の提出が当事者の正当な訴訟活動として違法性が阻却される場合があるにしても、その資料が特に本件のような事件の当事者とは無関係な第三者のプライバシーに関する資料であるときは、その提出者において、提出の必要性、相当性について十分な吟味をし、正当な訴訟活動として許されるかどうかを検討することが求められるものである。このことは、そのような資料の提出者が弁護士である場合は、その使命及び職責に照らして当事者本人よりも強く要請されよう。

3　本件文書の民事保全事件における提出行為は、正当業務行為として違法性が阻却されるか。

弁論主義の下では、訴訟当事者に訴訟資料、証拠資料等の自由な提出を保証することにより、実体的真実を基礎とした誤りのない裁判を実現することが可能となるのであるから、民事訴訟における主張立証活動は、通常の言論活動よりも厚く保護されなければならず、このことは、民事保全事件においても当然に妥当することである。したがって、訴訟活動において相手当事者又は第三者の名誉、プライバシー等を損なうような行為がとられたとしても、それが直ちに相手方又は第三者に対する不法行為となるものではなく、その違法性の有無は、一方においてその訴訟活動の目的、必要性、関連性、その態様及び方法の相当性、他の方法による代替性の有無と、他方において被侵害利益であるプライバシー等の内容等を比較総合して判断すべきものと解せられる。そして、その検討において、訴訟活動によるプライバシー等の侵害が当事者間において生じる場合には、正当な訴訟活動の自由を根拠に違法性が阻却されることが少なくないであろうが、訴訟行為による当事者以外の第三者に対するプライバシー等の侵害については、訴訟活動の自由を理由に違法性が阻却されるかどうかの検討は、当事者間における場合よりも厳格であるべきものと考えられ、当該訴訟行為をすることが、これによって損なわれる第三者のプライバシーの保護を上回る必要性、相当性等について首肯できる特段の事情がない限り、違法性を帯びるというべきである。

そこで、被控訴人の本件文書提出行為についてみると、前記認定のとおり、本件文書は、丁野仮処分事件について親族間の紛争における面談強要禁止という仮の地位を定める仮処分の疎明資料として提出されたものであり、この種事件については債務者の審尋期日を経るのが原則であるが（民事保全法3条4項）、被控訴人は無審尋発令を求めて、同事件の裁判官面接において、被控訴人が他に同種の事件で無審尋で発令された事例があることを説明した上、疎明資料の添付資料として提出したものである。しかしながら、そもそも、丁野仮処分事件と被控訴人仮処分事件ないし一郎家事調停事件は、被控訴人が弁護士として各紛争ないし事件申立てに関与したという以上には事件としては関連性が全くなく、本件文書には控訴人のプライバシーに関する事項を記載してあったのであるから、弁護士たる被控訴人としては、本件文書を他の事件の疎明資料として提出することによる控訴人のプライバシー侵害のおそれに考慮を巡らせるべきであった。しかし、被控訴人は、丁野仮処分事件の訴訟活動として本件文書を提出する必要性を強調するのみで、本件全証拠によっても、およそ控訴人のプライバシー侵害への配慮をした形跡を窺うことができない。そして、債務者無審尋発令の事例を裁判官に説明することが広くは保全の必要性の疎明としてその必要性を肯定できるとしても、その事件の特定のために、ないしは、その無審尋発令の債務者への補完手段として調停申立の方法をとったことの疎明のために、控訴人のプライバシーに関する事項を記載した一郎家事調停申立書の控えの写しまでを、しかも関係者のプライバシー保護のために本件文書への相当な修正を施す等の配慮もせず、そのまま提出する必要性、相当性は認め難いというほかはない〈略〉。

以上の事情と、前記のとおりの本件文書による控訴人のプライバシーの内容の要保護性を比較勘案すると、被控訴人の丁野仮処分事件における本件文書提出行為は、控訴人のプライバシー保護の必要性を上回る必要性、相当性、関連性を有するとは到底認められず、その違法性は阻却されないというべきである

〈判決の意義と指針〉

この事案は、弁護士が家事調停の申立事件を受任し、家事調停申立書に相手方の身上関係を記載した後、別の依頼者の代理人として仮処分申請をした際、前記家事調停申立書の控えを疎明資料として提出し、仮処分の債務者がこれを閲覧等したため、前記調停事件の相手方がプライバシー侵害を理由に弁護士に対して損害賠償を請求した控訴審の事件である。

この事案の特徴は、

① 弁護士が依頼者から家事調停の申立事件を依頼されたこと

② 家事調停申立書に相手方の身上関係等を記載したこと

③ 記載内容が相手方の亡夫の父の国籍、亡夫との間の子が特別養子であったことや親族間の紛争の実情や経過等の事情であったこと（家事調停の場合には、関係者の身上関係、紛争の実情が審理において重要な事情になる）

④ 弁護士が別の依頼者から仮処分申請事件を受任したこと

⑤ 仮処分申請事件の審理のため前記家事調停申立書の控えを疎明資料として提出したこと

⑥ 調停事件の相手方が弁護士に対して損害賠償責任を追及したこと

⑦ 法的な根拠としてプライバシーの侵害が主張されたこと

⑧ 第1審判決がプライバシーの侵害を否定したこと

があげられる。

この判決の特徴は、

① 家事調停申立書に記載された事項が一般に第三者に知られたくないものであり、みだりに漏洩ないし公開されないという法律上の保護に値する利益（プライバシー）があるとしたこと

② 身上関係等は戸籍に記載されているが、プライバシーとして保護されるとしたこと

③ 民事保全事件において、個人のプライバシーに関する資料が提出され、記録に編綴された場合、記録の閲覧等の対象から除外することのできる一般的な根拠はないから、資料の提出が当事者の正当な訴訟活動として違法性が阻却される場合があるにしても、資料が事件の当事者とは無関係な第三者のプライバシーに関する資料であるときは、提出者において提出の必要性、相当性について十

分な吟味をし、正当な訴訟活動として許されるかどうかを検討することが求められるとしたこと

④　この吟味、検討は、資料の提出者が弁護士である場合には、使命および職責に照らして当事者本人よりも強く要請されるとしたこと

⑤　訴訟活動において相手当事者または第三者の名誉、プライバシー等を損なうような行為があった場合、違法性の有無は、一方においてその訴訟活動の目的、必要性、関連性、その態様および方法の相当性、他の方法による代替性の有無と、他方において被侵害利益であるプライバシー等の内容等を比較総合して判断すべきものであるとしたこと

⑥　訴訟活動によるプライバシー等の侵害が当事者間において生じる場合には、正当な訴訟活動の自由を根拠に違法性が阻却されることが少なくないとしたこと

⑦　訴訟行為による当事者以外の第三者に対するプライバシー等の侵害については、訴訟活動の自由を理由に違法性が阻却されるかどうかの検討は、当事者における場合よりも厳格であるべきであり、訴訟行為をすることが、これによって損なわれる第三者のプライバシーの保護を上回る必要性、相当性等について首肯できる特段の事情がない限り、違法性を帯びるとしたこと

⑧　この事案では、代理人であった弁護士が全証拠によっても、およそ調停事件の相手方のプライバシー侵害への配慮をした形跡を窺うことができない等とし、プライバシーの侵害を認め、違法であるとしたこと

⑨　慰謝料として30万円を認めたこと

があげられる。この判決は、裁判事件を受任した弁護士が相手方の身上関係等を記載した書面を別の依頼者の委任に係る事件の審理の疎明資料として提出したことが前記相手方のプライバシーの侵害の不法行為を肯定したものであり、判断基準の提示、事例判断として参考になる。

判　決　10	**訴訟追行等を受任した弁護士の相手方に対する準備書面等に係る名誉毀損の各不法行為責任を認めた事例** 〔水戸地判平成13・９・26判時1786号106頁〕

【事案の概要と判決要旨】

共同墓地の石塔、墓石の帰属をめぐってＡ家とＢ家に紛争が生じ、Ａ家のX_1、X_2夫婦を相手方として、Ｂ家のY_1が弁護士Y_2を訴訟代理人として複数回、長期にわたって繰り返して仮処分を申し立て、訴訟を提起し、Y_2が訴状、準備書面等においてX_1、X_2夫婦につき狂人であるなどの旨を記載する等したため、X_1、X_2、三男X_3が不当訴訟の提起、名誉毀損等を主張し、不法行為に基づき損害賠償を請求した

(訴訟の係属中、X_1、X_2が死亡し、三男X_3が相続し、訴訟を承継した)。

この判決は、不当な仮処分の申立て、不当な訴訟の提起については、Y_1の不法行為を肯定し、Y_2の不法行為を否定し、名誉毀損については、Y_2の名誉毀損を肯定し(Y_1の名誉毀損の責任は否定した)、Y_1らに対する請求を認容した(Y_2の名誉毀損による慰謝料については、X_1らにつき各30万円の損害を認めた)。

〈判決文〉

一　不当訴訟の主張(請求原因三(一)及び(二))について

〈略〉

(二)　昭和41年仮処分について

ア、イ　〈略〉

ウ　被告乙山について

昭和41年仮処分の提起について、被告竹夫ら5名が主張した権利又は法律関係が事実的法律的根拠を欠くことは上記のとおりであるが、その主なものは、本件石塔の占有管理の状況であって、物理的客観的な証拠に乏しいものであるから、弁護士による調査確認の方法としては当事者からの事情の聴取及び当事者が所持するものとして提示した書証等の確認にほぼ限られるところ、被告乙山は被告竹夫ら5名からその事情を確認し、その提示した書証を確認したことが認められ、その内容はそれ自体としては不合理なものではなく、さらなる調査の必要性や特段の疑問を抱かせるものではなかったと認められる。そして、前記のとおり、太郎は突然本件石塔を自宅に搬入し、その跡に別の墓石を移すなどしたものであるから、仮処分による本件石塔の保全の措置を認める必要性及び緊急性は高かったと認められる。

したがって、被告竹夫ら5名から法的手続をとることを委任された弁護士としては、相手方の権利を必要以上に侵害しないように配慮すべき義務があることを考慮しても、なお、昭和41年仮処分の申請をしたことが違法であって不法行為を構成するとまではいえない。

(三)　昭和62年仮処分及び昭和63年訴訟について

ア、イ　〈略〉

ウ　被告乙山について

昭和62年仮処分の申立て及び昭和63年訴訟の提起について、被告竹夫の主張が事実的法律的根拠を欠く上、被告竹夫がそのことを認識していたことは前記認定のとおりであるが、①太郎夫婦の主張立証が変遷していること、②江戸時代に改宗が容易であったかどうかは専門的な判断に属する事務であること、③太郎は、従前の慣習であった自家墓地内の通行を拒絶し、自家墓地内の通行を阻止するための柵等を設置し、自家の判断のみで本件墓石等や本件石塔を移動し、墓地の現状を変更したこと、④昭和59年仮処分及び昭和59年訴訟の判決において、被告竹夫の本件墓石の所有権の主張は認めるに足る証拠はないとされたが、他方本件墓石が原告家に帰属すると認定されたわけでもないこと、⑤前述のとおり、占有状況や丁原院過去帳の有無について被告乙山としては、相当の調査・確認をし、その内容はそれ自体としては、著しく不合理であるとまではいえず、被告竹夫による一郎住職及び二郎住職への偽証等の慫慂にも関与していないことなどの事情に照らすと、被告乙山は、被告竹夫の主張が事実的法律的根拠を欠いていることを認識していたとか、認識すべきであったとまでは認められない上、仮処分による本件墓石の保全の措置を求める必要性及び緊急性は高かったことが認められる。

したがって、被告竹夫から法的手続をとるよう委任を受けた弁護士としては、相手の権利を必要以上に侵害しないように配慮すべき義務があることを考慮しても、なお、昭和62年仮処分の申立て及び昭和63年訴訟を提起したことが違法であり、不法行為を構成するとまではいえない。

二〜四　〈略〉

五　訴訟手続内における中傷（請求原因三㈥）について

㈠　被告乙山について

被告乙山が準備書面等に請求原因三㈥のとおりの記載をしたこと及びこれらを陳述したことは当事者間に争いがないところ、各記載は太郎夫婦及び原告の名誉を毀損する表現であると認められる。また、〈証拠略〉によれば、被告乙山としては、被告竹夫らから、太郎らが理由がないのに何百年もそこにあった本件石塔を深夜に持ち出し、自宅に運んでしまったと聞いて、通常人がやることではないと考えて、その行為が不当であるということを指摘する意図で、前記各記載をしたものと認められる。

ところで、訴訟における主張立証行為は、その中に、相手方やその代理人の名誉を毀損するような行為があったとしても、それが訴訟における正当な弁論活動と認められる限り、違法性を阻却されるものと解すべきであり、当初から相手方当事者の名誉を侵害し、又は相手方当事者を侮辱する意図で、ことさら虚偽の事実又は当該事件と何ら関連性のない事実を主張する場合や、あるいはそのような意図がなくとも、相応の根拠もないままに、訴訟追行上の必要性を超えて、著しく不適切な表現で主張し、相手方の名誉を害し、又は相手方当事者を侮辱する場合などは社会的に許容される範囲を逸脱したものとして違法性を阻却されないというべきである。

これを本件についてみるに、被告乙山の意図は前記認定のとおりであるところ、太郎らの行為が不当であると指摘する意図であるならば、請求原因三㈥のような表現をする訴訟上の必要性があったとは認められないし、また、その記載について相応の根拠があったとも認められないというべきである。そうすると、前記各記載をして、その準備書面を陳述したことは、相応の根拠もないままに、訴訟追行上の必要性を超えて、著しく不合理な表現で主張し、太郎夫婦らの名誉を侵害したものであるから、不法行為に当たると認められる。

㈡　被告竹夫について

被告竹夫は、被告乙山に対して各訴訟の追行を委任し、太郎らが理由がないのに何百年もそこにあった本件石塔を深夜に持ち出し、自宅に運んでしまったなどと説明して、法的措置をとることについて相談したことが認められるところ、被告竹夫が、太郎夫婦らに対していかなる法的措置をとるか、準備書面等にいかなる内容を記載するかについて、具体的な指示はしておらず、その点については被告乙山に一任していたものと認められるから、前記各記載について、不法行為責任を負うものではないというべきである。

〈判決の意義と指針〉

この事案は、二つの家族間で墓石等をめぐる紛争が発生し、一方の家族が弁護士に依頼し、複数回、長期にわたって繰り返して仮処分を申し立て、訴訟を提起し、相手方につき記載した訴状、準備書面等を提出したところ、相手方の家族が弁護士、その依頼者に対して不法行為に基づき損害賠償を請求した事件である。

この事案の特徴は、

① 共同墓地の石塔、墓石の帰属をめぐって二つの家族間で紛争が発生したこと
② 一方の家族が弁護士に依頼し、弁護士が代理人となり、相手方の家族の夫婦に対して複数回、長期にわたって繰り返して仮処分を申し立て、訴訟を提起したこと
③ 依頼者が事情を説明し、弁護士が訴状、準備書面等の書面を作成し、裁判所に提出し、陳述したこと
④ 書面の記載中、相手方が狂人であるなどの旨の記載が問題になったこと
⑤ 不当な仮処分の申立て、不当な訴訟の提起が問題になったこと
⑥ 依頼者は弁護士に説明をしたが、どのような内容を記載するかにつき具体的な指示はしなかったこと
⑦ 名誉毀損が問題になったこと
⑧ 相手方となった夫婦、その子が弁護士、その依頼者に対して不法行為責任を追及したこと

があげられる。

この判決の特徴は、

① 不当な仮処分の申立て、不当な訴訟の提起については、依頼者の不法行為は肯定したものの、代理人である弁護士の不法行為を否定したこと
② 名誉毀損については、訴訟における主張立証行為は、その中に、相手方やその代理人の名誉を毀損するような行為があったとしても、それが訴訟における正当な弁論活動として認められる限り、違法性を阻却されるとしたこと
③ 当初から相手方当事者の名誉を侵害し、または相手方当事者を侮辱する意図でことさら虚偽の事実または当該事件と何ら関連性のない事実を主張する場合や、あるいはそのような意図がなくとも、相応の根拠もないままに、訴訟追行上の必要性を超えて、著しく不適切な表現で主張し、相手方の名誉を害し、または相手方当事者を侮辱する場合などは社会的に許容される範囲を逸脱したものとして違法性を阻却されないとしたこと
④ この事案では弁護士の意図は相手方らの行為が不当であると指摘する意図で記載したものであるとしても、そのような表現をする訴訟上の必要性があったとは認められないし、その記載について相応の根拠があったとも認められないとしたこと
⑤ 弁護士がそのような記載をし、準備書面を陳述したことは、相応の根拠もな

いままに、訴訟追行上の必要性を超えて、著しく不合理な表現で主張し、相手方夫婦らの名誉を侵害したとしたこと

⑥　弁護士の不法行為を肯定し、依頼者の責任については、弁護士に説明をしたが、どのような内容を記載するかにつき具体的な指示はせず、一任していたとし、不法行為を否定したこと

⑦　相手方の名誉毀損による慰謝料として各30万円を認めたこと

があげられる。

この判決が仮処分の申立て、訴訟の提起に係る不法行為責任について、依頼者の不法行為を肯定し、代理人である弁護士の不法行為を否定した判断は、事例を提供するものである。

また、この判決が準備書面等の記載等に係る名誉毀損の不法行為責任について、代理人である弁護士の名誉毀損の不法行為を肯定し、依頼者の不法行為を否定した判断は、その事実関係の認定とともに、事例として参考になるものであり、特に依頼者の責任を否定しつつ、弁護士の責任を肯定したことは注目される。

判　決　11	訴訟追行を受任した弁護士の準備書面の作成、陳述に係る名誉毀損の不法行為責任を認めなかった事例 〔東京地判平成14・6・17判タ1114号190頁〕

【事案の概要と判決要旨】

Xは、Y_1（国）の運営するA病院で治療、手術を受けたところ、適応のない手術であり、説明がなかった等と主張し、Y_1に対して国家賠償法に基づき損害賠償を請求する別件訴訟を提起し、弁護士Y_2がY_1の訴訟代理人となり、訴訟が追行されたが、Y_2がXにつき虚言癖がある等の最終準備書面を作成し、陳述する等したため、XがY_1、Y_2に対して名誉毀損を主張し、不法行為に基づき損害賠償を請求した。

この判決は、自らの主張ないし立場を防御するために行われたものであれば、その言動が多分に強調あるいは誇張された表現に及んだとしても、その意図ないし目的などからもっぱら人身攻撃に及ぶなど、訴訟活動の域を逸脱したものでない限り、許容されるとし、本件では不法行為にあたらないとし、請求を棄却した。

〈判決文〉

2　前記言動による不法行為の成否について

(1)　原告は、被告乙田の前記認定の言動（以下「本件言動」という。）が原告に対する名誉毀損の不法行為を構成するものであると主張するところ、本件言動には、例えば、前記(ア)の「虚言癖」「誇張癖」など、原告の性格、性向に対する否定的な評価を下している言動があるのであって、本件言動が行われた場面、その目的及び根拠などを捨象して、これをみれば、少なくとも本件言動のうち、当該言動は、原告の社会的な評価を低下させるか、その名誉感情を害するものであって、名誉毀損（ないし侮辱。以下同じ。）

の不法行為を成立させ得るものであったといわなければならない。

⑵ そこで、さらに進んで、本件言動が行われた場面、その目的及び根拠などを踏まえてなお、被告乙田の前記言動を含む本件言動が原告に対する名誉毀損の不法行為を構成するものであったか否かについて検討する。

まず、本件言動は、弁論の全趣旨から明らかなとおり、原告と被告国との間の別件訴訟という裁判の場面で行われた言動であって、裁判に内在する性質上、当事者の一方において、その主張に根拠があること、反対に、相手方の主張に根拠がないことを裁判所に理解させようとする余り、いきおい価値判断を含む表現を伴うことになりやすいものであるから、そのような判断の場面における言動に鑑みると、当該言動の目的及びその根拠などからみて、相手方の主張ないし立場を攻撃し、自らの主張ないし立場を防御するために行われたものであれば、その言動が多分に強調あるいは誇張された表現に及んだとしても、その意図ないし目的などからもっぱら人身攻撃に及ぶなど、訴訟活動の域を逸脱したものでない限り、許容、是認されるべきものであって、違法性を欠くというべきである。

そのような見地から本件言動の目的及び根拠などについてみると、被告国が提出した最終準備書面（8頁）における「虚言癖」「誇張癖」という記載は、同書（甲1）によると、丙田医師らが原告に対して「レーザー処置を中止するからもう手術しかないぞ。」「言うとおりにしろ。」「丙田先生に恥をかかせるんじゃねえ。」などと発言したことが記載され、その記載を前提として、これに引き続く記載であって、その全体を読めば、要するに、丙田医師らが本件手術を勧めた際の原告に対する発言が原告主張のような前記した発言（因みに、同書で引用されている原告主張の丙田医師らの発言は、原告訴訟代理人が提出した最終準備書面にも同旨の記載があるので、その引用自体に問題はない。）でなかったという被告国の主張を強調するために、丙田医師らが原告主張のような粗暴な発言をするはずがないことをいう帰結として、そのような粗暴な発言をしたと主張して憚らない原告に対して「虚言癖」「誇張癖」という表現を用いたことが明らかである。しかも、原告がインターネットの原告のホームページに掲載した丙田医師に関する記載（乙2、9ないし12）及びその掲載の是非をめぐる丙田医師の原告に対する仮処分申請事件（乙5、13）ないし損害賠償請求事件（乙15）なども併せ考えると、被告国の最終準備書面で用いられた前記表現は、別件訴訟における訴訟活動として許容、是認されるべき範疇のものであって、別件訴訟における攻撃・防御方法の提出という訴訟活動を離れ、いわばこれに藉口して、原告に対する人身攻撃のために行われたものであるとまでは到底いうことができない。もとより、別件訴訟では、丙田医師の説明義務違反を理由に、原告の被告国に対する請求が一部認容されているが、別件訴訟の判決（甲4）でも、丙田医師らが原告に本件手術を勧めた際の発言が原告主張のような粗暴なものであったとまでは認定されていない。

この点につき、原告は、本件言動において、被告乙田が丙田医師らの発言を「やくざのような言葉」と表現したことが古典的な詐欺論法であるとして、その当否も問題にしているが、原告の主張する丙田医師らの発言が、前記認定のとおり、粗暴なものであったことから、これを例えて「やくざのような言葉」と表現したにすぎず、被告乙田が具体的に言及している原告主張の丙田医師らの発言と比較対照できれば、これを不当ということはできない。また、原告は、別件判決では、被告国の訴訟代理人であった被告乙田の主張は、何ひとつ採用されていないのであって、それは、被告乙田の最終準備書面における主張が支離滅裂で、原告に対する不当な人格攻撃に及ぶほかなかったことを物語るものであるかのようにも主張するが、丙田医師らの発言については、前記説示のとおり、この点に関する原告の主張も採用されていないのであって、このことから原告の虚言癖、誇張癖をいう言動に対する前記判断が妨げられるものでもない。最終準備書面における筋力検査に関連して原告の虚言癖、誇張癖に言及した部分についても、自動の検査結果に対する問題を提起するため、本件手術を勧めた際の原告主張のような丙田医師らの発言に対する問題を提起したのと同様に、そのような表現を用いたにとどまることが明らかである。

さらに、原告は、難波証人に対する尋問についても、同証人が裁判所に出頭しようとしなかった理由を上申書に記載していることが分かっているのに、その理由を尋問し、これを公にさらすことによって、原告に対する誹謗中傷、侮辱を意図したものであったように主張するが、証人が出頭を拒絶し得る場合あるいは証言を拒絶し得る場合であれば格別、そうでなければ、出頭した証人が出頭を拒み、証言を拒もうとした理由が奈辺にあるかを質問することは、同証人の証言の信憑性にも影響することであって、その採否はともかく、尋問それ自体が不当というべきものではない。

しかるところ、難波証人の証人尋問調書（甲3）によれば、原告の指摘する尋問は、難波医師が原告の担当から外れた理由に引き続き、同医師の原告に対する恐怖心がとても強いために出頭しようとしなかったとして、その理由を証言している部分に係るものであって、その証言は、翻って、原告と防衛医科大学校病院における診察・治療のやりとりがどのようなものであったのか、その診察・治療の一場面に関与していた同証人の受け止め方にも結びつき得る尋問であって、別件訴訟の訴訟活動として許容、是認されるべき範疇の尋問にすぎないと認められ、これが原告に対する誹謗中傷、侮辱を意図した質問であったかのようにいう原告の主張は採用し得ない。

(3)　したがって、原告が問題にしている別件訴訟における被告乙田の本件言動は、当該言動が行われた場面、その目的及び根拠などを踏まえてみると、別件訴訟の訴訟活動として是認されるべき範疇にとどまるものであって、原告に対する名誉毀損の不法行為を構成するようなものではないといわなければならず、他に、以上の認定判断を覆し、本件言動をもって、原告に対する名誉毀損の不法行為が成立すると認めるに足りる証拠はない。

〈判決の意義と指針〉

この事案は、国の運営する病院の患者が国に対して国家賠償責任に基づき損害賠償を請求する訴訟（別件訴訟）を提起し、国が弁護士に訴訟の追行を委任し、弁護士が患者につき虚言癖がある等の内容の最終準備書面を作成し、陳述する等したため、患者（別件訴訟の原告）が国、弁護士に対して名誉毀損、侮辱の不法行為に基づき損害賠償を請求した事件である。

この事案の特徴は、

① 国の運営する病院の患者が医師の治療に不満を抱き、国に対して損害賠償を請求する別件訴訟を提起したこと
② 弁護士が国から訴訟の追行を受任したこと
③ 弁護士が最終準備書面において患者の信用性を否定する内容の記載をし、陳述したこと
④ 弁護士が医師に対する証人尋問において患者を批判する内容の尋問をしたこと
⑤ 弁護士が最終準備書面において患者につき虚言癖、誇張癖などの表現を使用したこと
⑥ 患者が弁護士の訴訟活動が名誉毀損、侮辱であると主張したこと
⑦ 患者が弁護士、国の損害賠償責任を追及したこと

があげられる。

この判決の特徴は、

① 裁判における言動は、裁判に内在する性質上、当事者の一方において、その主張に根拠があること、反対に、相手方の主張に根拠がないことを裁判所に理解させようとする余り、いきおい価値判断を含む表現を伴うことになりやすいものであるとしたこと
② 裁判における言動の目的およびその根拠などからみて、相手方の主張ないし立場を攻撃し、自己の主張ないし立場を防御するために行われたものであれば、その言動が多分に強調あるいは誇張された表現に及んだとしても、その意図ないし目的などからもっぱら人身攻撃に及ぶなど、訴訟活動の域を逸脱したものでない限り、許容、是認されるべきものであり、違法性を欠くとしたこと
③ 弁護士が最終準備書面で用いた表現は、別件訴訟における訴訟活動として許容、是認されるべき範疇のものであり、別件訴訟における攻撃・防御方法の提出という訴訟活動を離れ、いわばこれに藉口して、原告に対する人身攻撃のために行われたものであるとまでは到底いうことができないとし、名誉毀損等の不法行為を否定したこと
④ 弁護士の証人尋問における尋問が不当であるとはいえないとしたこと

があげられる。この判決は、訴訟活動における代理人であった弁護士の準備書面の記載、陳述等につき名誉毀損等の不法行為を否定した事例として参考になる。

判　決　12	訴訟代理人である弁護士の相手方の訴訟代理人である弁護士に対する準備書面等の作成、陳述に係る名誉毀損の不法行為責任を認めなかった事例 〔東京地判平成16・８・23判時1865号92頁、判タ1179号261頁〕

【事案の概要と判決要旨】

ゴルフ場に関する法律問題の専門家であり、多数の著作を行っている弁護士Ｘは、子供Ａが代表者であるＢ株式会社の訴訟代理人として、Ｃ株式会社に対してＢが買い受けたゴルフ会員権の預託金の返還を請求する訴訟を提起し、第１審訴訟において請求が認容されたものの、控訴審判決においてＢのゴルフ会員権の譲受行為は弁護士法73条に違反して無効である等とし、第１審判決を取り消したところ、上告審判決は弁護士法73条違反を否定し、控訴審判決を破棄し、原審に差し戻し、控訴審判決が請求を認容した。Ｃの訴訟代理人であった弁護士Ｙは、別件訴訟の上告審において答弁書を提出し、差戻し後の控訴審において準備書面を提出したが、Ｘを批判する内容を記載したため、ＸがＹに対して名誉毀損を主張し、不法行為に基づき損害賠償を請求した。

この判決は、一部の記載は誇張があるとしても、社会的な評価を低下させるものとはいえないし、他の部分の記載も訴訟活動として許容される範囲内のものであるとし、不法行為を否定し、請求を棄却した。

〈判決文〉

二　ところで、本件では、訴訟係属中に、訴訟代理人が訴訟活動の一環として提出し陳述された準備書面等において相手方の名誉を損なう表現をした場合に名誉毀損が成立するかどうかが争点になっているところ、民事訴訟は、私的紛争を対象とするものであるから、必然的に当事者間の利害が鋭く対立し、個人的感情の対立も激しくなるのが通常であり、したがって、一方当事者の主張・立証活動において、相手方当事者やその訴訟代理人その他の関係者の名誉や信用を損なうような主張に及ばざるを得ないことが少なくない。しかしながら、そのような主張に対しては、裁判所の適切な訴訟指揮により是正することが可能である上、相手方は、直ちにそれに反論し、反対証拠を提出するなど、それに対応する訴訟活動をする機会が制度上確保されており、また、その主張の当否や主張事実の存否は、事案の争点に関するものである限り、終局的には当該事件についての裁判所の裁判によって判断され、これによって、損なわれた名誉や信用を回復することが可能になっている。

このような民事訴訟における訴訟活動の性質に照らすと、その手続において当事者がする主張・立証活動については、その中に相手方やその訴訟代理人等の名誉を損なうようなものがあったとしても、それが当然に名誉毀損として不法行為を構成するものではなく、相当の範囲内において正当な訴訟活動として是認されるものというべく、その限りにおいて、違法性が阻却されるものと解するのが相当である。もっとも、訴訟活動に名をかりて、当初から相手方の名誉を毀損する意図で殊更に虚偽の事実を主張したり、訴訟上主張する必要のない事実を主張して、相手方やその訴訟代理人等の名誉を損なう行為に及んだ場合には、正当な訴訟活動として許容される範囲を逸脱したものとして、違法になるというべきである（東京高裁平成16年２月25日判決、判時1856号99頁以下参照）。

三　これを本件についてみると、前記前提事実(2)のとおり、甲16の答弁書が陳述された上告審及び甲17ないし19の準備書面が陳述された差戻後の控訴審を含め、別件訴訟においては、SYC の行為が弁護士法73条に違反するか、すなわち、SYC は、他人の権利（ゴルフ会員権）を譲り受け、訴訟、調停、和解その他の手段によって、その権利の実行をすることを業としているか否かという点も主要な争点であったところ、差戻前の控訴審係属中に SYC 及びその訴訟代理人である原告が当初類似事件があることを否認しながら、その後一転してこれを認めたことから、被告が、原告の訴訟活動について虚偽の主張・立証を行ったと非難することは、上記争点に関する SYC の主張の信用性を弾劾し、埼玉カントリーの主張を裏付けるため、さらには上告審や差戻後の控訴審を担当する裁判官に従前の訴訟経過を理解してもらうために必要であったから、被告がその旨を主張した行為は、訴訟行為に関連するし、かつ訴訟行為遂行のため必要であったということができる。

また、本件各記載のうち、原告が虚偽の主張立証をしたとか、裁判所や相手方を騙そうとしたとの表現は、穏当さを欠くようにも思えるが、前記前提事実(2)イ及び弁論の全趣旨によれば、SYC は、別件訴訟において、埼玉カントリーから類似事件の存在を主張された際、そのような事実は存在しないのであるから立証が不可能であると主張してこれを否認したこと、平成６年に設立された別の株式会社の履歴時効全部証明書（本件書証）を書証として提出したこと、埼玉カントリーから、類似事件の訴訟記録の謄写を申請中であると主張された後になって、一転して類似事件の存在を認めたこと、原告は、平成６年事件を除く類似事件において SYC の訴訟代理人を務めており、埼玉カントリーから類似事件の存在を主張された時点で当然類似事件の存在を知っていたが、訴訟戦術として敢えて類似事件の存在を否認したことが認められる。このような経緯によると、埼玉カントリーの訴訟代理人である被告の立場からすれば、SYC 及びその訴訟代理人である原告が虚偽の主張立証をしていると判断し、それを糾弾しようとして答弁書及び準備書面において上記の表現をしたことは、対立の激しい民事訴訟における訴訟活動としてはやむを得ないものと認められ、訴訟追行上の必要性を超えて著しく不適切な表現であるとまではいえない。

〈判決の意義と指針〉

この事案は、後記7弁護士をめぐるその他の裁判例【判決９】東京地判平成16・２・10判時1860号86頁、【判決11】東京地判平成16・４・22判時1864号114頁に関連する事件であるが、ゴルフ場に関する法律問題の専門家であり、多数の著作を行っている弁護士は、その子が代表者である会社の訴訟代理人として、ゴルフ場を経営する会社に対して買い受けたゴルフ会員権の預託金の返還を請求する訴訟を提起する等したことから、ゴルフ場経営会社の訴訟代理人である弁護士が訴訟の上告審において答弁書を提出し、差戻し後の控訴審において準備書面を提出し、その答弁書、準備書面において相手方の訴訟代理人である弁護士を批判する内容を記載したため（答弁書においては、明らかな虚偽の、かつ子供騙しのような、とぼけた主張、立証を行う旨が記載され、準備書面においては、嘘の主張・立証を法廷で平気で行う、裁判所および相手方を騙そうとしたものである、卑劣極まりない行為を犯したなどの旨が記載された)、批判された弁護士が批判した弁護士に対して名誉毀損を主張し、不法行為に基づき損害賠償を請求した事件である。

この判決の特徴は、

① 答弁書、準備書面の一部の記載は誇張があるとしても、社会的な評価を低下させるものとはいえないとしたこと

② 他の部分の記載も訴訟活動として許容される範囲内のものであるとしたこと

③ 弁護士の名誉毀損による不法行為を否定したこと

を判示したものであり、その旨の事例判断として参考になる。

判　決　13	訴訟追行を受任した弁護士の相手方に対する準備書面の作成等に係る名誉毀損の不法行為責任を認めた事例 〔東京地判平成18・3・20判時1934号65頁、判タ1244号240頁〕

【事案の概要と判決要旨】

Y_1は、Y_2弁護士を代理人として、A株式会社に対して退職慰労金請求訴訟を提起し(この事件の控訴審が別訴二)、X(Aの代表取締役Bの妻)、C(XとBの長男)に対して組合持分払戻請求訴訟を提起し(別訴一)、さらにAに対して株主権確認等請求訴訟を提起し(別訴三)、別訴一ないし三で準備書面等を作成し、裁判所に提出し、Y_3の作成に係る陳述書を別訴三において裁判所に提出したところ、Xは、Y_1、Y_2、Y_3に対して、これらの各書面にはXを誹謗中傷する内容が記載されていたと主張し、名誉毀損、プライバシーの侵害による不法行為に基づき、損害賠償を請求した。

この判決は、別訴における主張・立証の必要性が皆無であり、表現がことさらに刺激的、攻撃的である内容の準備書面等の部分の名誉毀損を認め、Y_1、Y_2に対する請求を認容し(慰謝料として20万円を認めた)、Y_3に対する請求を棄却した。

〈判決文〉

(3) 相手方当事者の悪性を強調するなどの方法により相手方の主張、供述の信用性を弾劾したり、相手方に不名誉な事実関係をあえて間接事実や補助事実として主張したりする主張立証活動は、事実関係に争いのある全ての民事訴訟において、その必要性を一概に否定することはできない。

しかしながら、訴訟当事者は、紛争における対立当事者であり、相手方に対する悪感情を抱いていることが珍しくなく、そのために、訴訟における主張、立証活動に名を借りて、相手方に不愉快な思いをさせて心理的打撃を与えることのみを主たる動機として相手方の名誉を傷つける事実関係の主張をし、またそのような事実関係を供述することも、ま

まみられるところである。

訴訟上の主張、立証活動を、名誉毀損、侮辱に当たるとして損害賠償を認めることについては、相手方の悪性主張のための正当な訴訟活動を萎縮させて民事訴訟の本来果たすべき機能を阻害することもあるから、慎重でなければならない。他方、訴訟の当事者が相手方の悪性立証に名を借りた個人攻撃に野放図にさらされ、訴訟以外の場面においては名誉毀損行為として刑罰や損害賠償の対象となる行為にも訴訟の場面においては相手方の動機いかんに関わらず耐えなければならないという状態が恒常化することも、相手方当事者からの不当な個人攻撃をおそれる者が訴訟の提起や正当な応訴、防御活動に消極的になり、ひいては民事訴訟の本来の機能を阻害するおそれがあることにも留意しなければならない。結局、両者のバランスをとって、民事訴訟の本来の機能を阻害しないように留意しながら判断していくほかないが、主要な動機が訴訟とは別の相手方に対する個人攻撃とみられ、相手方当事者からの中止の警告を受けてもなお訴訟における主張立証に名を借りて個人攻撃を続ける場合には、訴訟上の主張立証であることを理由とする違法性阻却は認められない。

(4) 前記認定事実に照らし、被告乙山、被告丙川及び被告丁原が各別訴において摘示した別紙主張一覧表各番記載の事実につき、各別訴において主張立証する必要性が認められるか否かについて検討する。

まず、別訴一の主な争点は、被告乙山、太郎及び原告の三名による組合契約締結の有無であるところ、被告乙山は、別訴一において、組合契約関係の存在を推認させる間接事実として、太郎から組合契約関係の清算について具体的な提案を受けたという事実を主張していたものであり、何故太郎がそうした提案をするに至ったのかという経緯として、原告が不倫を重ねていたことや、原告が太郎を口汚く罵ったこと等を主張したものをみることができ、これらの経緯の主張は、極めて迂遠ではあるが、上記争点と全く関係がないとは言い切れない。原告が学歴を査証して嘘をついているという事実については、原告の供述の信用性を弾劾する主張であるとすれば、訴訟当事者の立場に立ってみれば、これらについて一応の主張立証の必要性さえも否定することはできない。

次に、別訴二の主な争点は、被告乙山と太郎の退職慰労金支払の合意の有無であるところ、被告乙山は、太郎が被告乙山に対して「店一軒持たせる。」(店とはパチンコ店の意味である。)と述べた事実の間接事実として、太郎が被告乙山にそうした発言をせざるを得なかった経緯として、原告及び太郎が互いに他の異性と関係を持ち、事実上離婚状態にあった事実を主張したものとみることができるので、この経緯の主張も、迂遠であるとはいえ、上記争点と全く関係がないとは言い切れない。

さらに、別訴三の主な争点は、被告乙山が戊田の株主であるかどうか及び被告乙山に係る取締役解任決議をした株主総会の存否であるところ、被告乙山は、被告乙山名義の株式を太郎に譲渡した形になっていること等を指摘する甲野太郎商事側の主張に対して、被告乙山側において原告及び太郎が互いに他の異性と関係を持って事実上離婚状態にあった事実、原告が不倫を繰り返していた事実、原告が太郎を口汚く罵った事実等を主張立証し、それ故に太郎は甲野太郎商事内において面目を保ちたい状況であったということを導き、太郎所有の甲野太郎商事株式数を増やしてその社内における面目を保つために被告乙山所有株式を太郎に仮装譲渡したということを導くというのであれば、立証方法として極めて迂遠であって効果に乏しいことを別にすれば、争点と全く関係がないとまで断言することは困難である。また、原告が嘘をついて裁判所を騙したり、不正な経営を行ったりしているという事実の指摘は、原告の供述の信用性を弾劾することを主たる目的とする主張立証であるとすれば、違法性は阻却されると考えられる。

(5)　以上の認定判断に照らすと、相手方当事者（甲野太郎商事、原告、甲野一郎）の供述の信用性を否定したり、書証の成立を偽造文書であるとして否認したりするにとどまり、個人攻撃に及んでいるとはいえない部分（別紙主張一覧表のうち２番、15番、19番、30番から34番まで、36番、38番、39番）については、言葉遣いが乱暴で表現が攻撃的であり、訴訟行為に名を借りて真実は相手方当事者に心理的打撃を与えることだけを目的としたものではないかとの嫌疑も強く残るところではあるが、なお、訴訟上の正当な行為の範囲内に何とか踏みとどまっているものと評価することも可能であって、行為の違法性は阻却されるものというべきである。

(6)　訴訟が敵対当事者間における弁論と証拠による攻撃防御である以上は、筆のすべりというものもまた避けられないところである。本件おいては、最初に問題とされた平成15年２月の準備書面や控訴理由書における別紙主張一覧表の１番及び14番の記載（太郎と原告の離婚状態）は、争点（組合契約の有無、退職慰労金債権の存否）との関連性が極めて希薄で、主要事実を推認させる力がほとんどない間接事実であって、主張立証の必要性が低いものであるから、訴訟行為に名を借りて真実は相手方当事者に心理的打撃を与えることだけを目的としたものである疑いが濃厚である。他方、これらの記載は、繰り返してしつこく書かれたものではなく、一回きりの記載にとどまるのであって、相手方の警告を無視してあえて記載したものでもない。したがって、これらの記載も、なお、訴訟上の正当な行為の範囲内に何とか踏みとどまっているものと評価することも可能であって、行為の違法性は阻却されるものというべきである。

(7)　同様に、被告丁原にとっては、平成16年８月30日の陳述書の提出が原告から訴訟活動の問題点を指摘された初回である。そして、問題とされる部分（(5)に掲記した部分を除く、別紙主張一覧表のうち35番及び37番）は一箇所（35番）で原告の不倫の事実を指摘し、もう一箇所（37番）では原告のことを「狂乱女」という侮べつ的な用語で表現しているものであり、繰り返してしつこく書かれたものではなく、相手方の警告を無視してあえて記載したものでもない。したがってこれらの記載も、なお、訴訟上の正当な行為の範囲内に何とか踏みとどまっているものと評価することも可能であって、行為の違法性は阻却されるものというべきである。

(5)及びこの項における判断を総合すると、被告丁原に対する請求は理由がないことに帰する。

(8)　残余の部分、すなわち、原告側が被告乙山及び被告丙川に対し、平成15年２月に別紙主張一覧表の１番及び14番の記載が名誉毀損等の違法行為に当たるという警告を発した後の平成15年９月に提出された別訴一の第五準備書面中の残余の記載（別紙主張一覧表の３番から13番まで）及び平成16年８月に提出された別訴三の陳述書中の残余の記載（同16番から18番まで、20番から29番まで）については、訴訟行為に名を借りて原告に対する個人攻撃を行い原告に不愉快な思いをさせることを主たる目的とするものと推認されてもやむを得ないものであり、訴訟上の正当行為として違法性が阻却されるものとはいえないものというべきである。その理由は次のとおりである。

ア　各別訴の請求内容は、次のとおりであって、被告乙山の主張には一貫性がなく場当たり的であり、前の訴訟において明らかになった事実や裁判所の法的見解を前提にして次の訴訟を提起したという関係にもなく、民事訴訟実務においてはいわゆる無理筋とみられる主張ばかりが入れ替わり立ち替わり提出されているものである。この点を考慮すると、第三者的立場から見るとき、被告乙山には、繰り返し原告又は甲野太郎商事を相手方として訴訟を提起して原告を困惑させようとする意思があるものと推認されてもやむを得ないものというほかない。

(ア)　別訴二の退職慰労金請求は、①株式会社が存在し組合は存在しないことを前提とするものとみられ、②被告乙山の取締役解任の株主総会決議が有効に存在することを前提にするものとみられ、③甲野太郎商事の株主は甲野一郎とその支配下にある甲田社だけであることを前提するものとみられる。

(イ)　次いで提起された別訴一の組合持分払戻請求は、組合が存在し、株式会社（甲野太郎商事）は法人格が否認されるような形骸にすぎないことを前提とするものとみられる。

(ウ)　さらに提起された別訴三の株主権確認及び取締役地位確認請求は、①株式会社が存在し組合組織は存在しないことを前提とするものとみられ、②被告乙山も甲野太郎商事の株主であることを前提とするものとみられ、③被告乙山の取締役解任の株主総会決議は不存在であることを前提とするものとみられる。

イ　残余の記載は、各別訴における主張立証の必要性が皆無であるとまではいわないまでも、ほとんど皆無に近い間接事実又は補助事実に関するものである。

すなわち、別紙一における被告乙山の主張は、原告、太郎及び被告乙山の三人を組合員とする組合の存在を前提としながら、そのうち太郎と被告乙山の二名だけで（原告のいないところで）、組合の解散による事業の分割の話し合いがされたことが三名間の組合契約の存在を推認させる間接事実になるというのである。

原告のいないところで太郎と被告乙山の二人の間で話し合いが行われたというだけで原告を含む三名間の組合契約の存在を推認することなど、ほとんど不可能である。太郎が既に死亡した後であるから話し合いの内容も被告乙山の言いたい放題になるのであって、なおさら組合契約の存在を推認することは不可能である。

また、原告の不倫の話は組合の解散の話の動機にすぎないものとされていることからしても、原告の不倫の話を持ち出すことについて組合契約の存在及び組合解散の話の信用性が高くなるという関係にもない。組合解散の動機は何でもよいのであって、原告の不倫の話はとってつけたような印象をぬぐえない。

そもそも、事業の分割をするのに、ことさらに世上まれな組合の解散という手法を採用しなくても、株式会社である甲野太郎商事から太郎、被告乙山あるいはこれらの者が設立した営利法人が営業譲渡を受けるという方法を採用すれば、会社分割制度の存在しなかった当時でも事業分割は可能であったものであり、組合の解散という話を持ち出すこと自体が不自然である。甲野太郎商事という株式会社の形態で対外的取引も税務申告も実施してきた事業について、組合の解散という形態を採用して清算や事業分割が円滑に実行できるのかもはなはだ疑問である。

ウ　残余の記載の用語、表現振りも、もっと客観的な落ち着いた表現を採用することが可能なのに、ことさらに刺激的、攻撃的な用語、表現が繰り返し多用されており、訴訟行為の名を借りて原告に対する個人攻撃を行っているものと推認されてもやむを得ない程度に至っている。

たとえば、「このだらしなさであるから」、「こんな不倫女」、「狂気の男女関係」、「狂乱する激しい気性」、「凶暴な性格」、「恋をして狂乱状態となり」、などという用語が用いられている。また、別訴二の第五準備書面（11頁）の「話が複雑で頭が混乱するので、まず被告花子の男関係を年代順に掲げる。」という文章に引き続く別紙主張一覧表の4番から7番までの記載は、このように年代順に詳しく記載しないとなぜ「話が複雑で頭が混乱する」のか、第五準備書面全体を何度通読してもよくわからないものであり、原告に不愉快な思いをさせる個人攻撃目的があったことを十分にうかがわせる記載態様となっているものである。

エ　以上のアからウまでのいずれかが欠けたときは、違法性が阻却されないという結論を導き出すにはなお慎重な検討を要するとも言えるところである。しかしながら、以上のアからウまでの要素が全部そろう本件のような場合には、訴訟行為に名を借りた個人攻撃目的と推認されても仕方がないところである。

〈判決の意義と指針〉

この事案は、会社の役員であった依頼者から複数の訴訟の追行を受任した弁護士が訴訟の相手方当事者を批判する内容の準備書面等を作成し、提出し、陳述したため、相手方当事者が弁護士らに対して名誉毀損、プライバシーの侵害を主張し、不法行為に基づき損害賠償を請求した事件である。

この判決の特徴は、

①　訴訟上の主張、立証活動を、名誉毀損、侮辱にあたるとして損害賠償を認めることについては、相手方の悪性主張のための正当な訴訟活動を萎縮させて民事訴訟の本来果たすべき機能を阻害することもあるから、慎重でなければならないとしたこと

②　訴訟の当事者が相手方の悪性立証に名を借りた個人攻撃に野放図にさらされ、訴訟以外の場面においては名誉毀損行為として刑罰や損害賠償の対象となる行為にも訴訟の場面においては相手方の動機いかんにかかわらず耐えなければならないという状態が恒常化することも、相手方当事者からの不当な個人攻撃をおそれる者が訴訟の提起や正当な応訴、防御活動に消極的になり、ひいては民事訴訟の本来の機能を阻害するおそれがあることにも留意しなければならないとしたこと

③　両者のバランスをとって、民事訴訟の本来の機能を阻害しないように留意しながら判断するほかないとしたこと

④　主張・立証の主要な動機が訴訟とは別の相手方に対する個人攻撃とみられ、相手方当事者からの中止の警告を受けてもなお訴訟における主張・立証に名を借りて個人攻撃を続ける場合には、訴訟上の主張・立証であることを理由とする違法性阻却は認められないとしたこと

⑤　訴訟が敵対当事者間における弁論と証拠による攻撃防御である以上は、筆のすべりというものもまた避けられないとしたこと（違法性が阻却されるとした）

⑥　この事案では、相手方当事者から名誉毀損にあたると警告を発せられる前の準備書面等の記載は、違法性が阻却されるとしたこと

⑦　警告が発せられた後の準備書面等の記載の一部は、主張・立証の必要性が低いものであるから、訴訟行為に名を借りて事実は相手方当事者に心理的打撃を与えることだけを目的としたものである疑いが濃厚であり、「このだらしなさであるから」、「こんな不倫女」、「狂気の男女関係」、「狂乱する激しい気性」、「凶暴な性格」、「恋をして狂乱状態となり」などという用語が用いられていることは個人攻撃目的があったことを十分にうかがわせる等とし、名誉毀損の不法行為を認めたこと

⑧　慰謝料として20万円を認めたこと

があげられ、準備書面等の記載が名誉毀損にあたるとし、弁護士の不法行為を肯定した事例判断を提供するものである。

判　決　14	**上告審の弁論における訴訟代理人である弁護士らの答弁書の作成、陳述による相手方の訴訟代理人である弁護士に対する名誉毀損の不法行為責任を認めた事例** **〔東京地判平成22・5・27判時2084号23頁〕**

【事案の概要と判決要旨】

Y_1ないしY_7は、いずれも弁護士であり、Y_4は、Ａの委任を受け、訴訟代理人として貸金業を営むX_1株式会社（X_2は取締役）に対して過払金の返還等を請求する訴訟を提起し、第１審判決が請求を一部認容したことから、X_1が控訴し、控訴審判決にも不服であったX_1が上告受理等を申し立てたところ、最高裁は、上告受理の申立理由を一部取り上げ、平成21年６月12日、口頭弁論期日が指定され（本件第１事件）、Y_4のほか、Y_2、Y_3、Y_6が被上告人代理人になり、Y_1、Y_2、Y_7は、Ｂらの委任を受け、訴訟代理人としてX_1に対して過払金の返還等を請求する訴訟を提起し、第１審判決が請求を一部認容したことから、X_1が控訴し、控訴審判決にも不服であったX_1が上告受理等を申し立てた。最高裁は、上告受理の申立理由の一部を取り上げ、平成21年６月16日、口頭弁論期日が指定され（本件第２事件）、Y_1、Y_2、Y_7のほか、Y_3、Y_4が被上告代理人、Y_5が被上告復代理人になり、Y_8は、Ｃ協会の証券あっせ

ん・相談センター部長であったが、Y_3の依頼によって、最高裁に証拠として提出させる目的でX_1の営業実態に関する報告書を作成し、Y_3に交付し、Y_4は、本件第1事件につき、前記報告書を引用する等して上告答弁書を作成し、同報告書等とともに最高裁等に提出し、X_1の代理人であるX_3弁護士は、答弁書の記載の一部がX_1を誹謗中傷するなどと記載した準備書面を作成し、送付し、Y_2は、本件第2事件につき、前記報告書を引用する等して上告答弁書を作成し、同報告書等とともに最高裁等に提出した。X_1の代理人であるX_3弁護士は、答弁書の記載の一部がX_1、その取締役、代理人弁護士の名誉毀損であるなどと記載した準備書面を作成し、送付し、本件第1事件の口頭弁論期日において、X_3が前記報告書の撤回を求めたものの、Y_2、Y_3、Y_4、Y_6はこれに応じず、答弁書を陳述する等し、本件第2事件の口頭弁論期日において、X_3が前記報告書の撤回を求めたものの（記載内容は、判決文に別表として添付されている）、Y_1、Y_2、Y_3、Y_5、Y_7はこれに応じず、答弁書を陳述する等したため、X_1、X_2、X_3は、Y_1らの訴訟活動等による名誉毀損、信用毀損等を主張し、Y_1らに対して共同不法行為に基づき損害賠償を請求した（X_1につき2000万円、X_2、X_3につき各500万円の損害。本件第1事件、本件第2事件は、いずれもその一部の控訴審判決が破棄され、高裁に差し戻された）。

この判決は、X_1の名誉・信用の毀損、X_2、X_3の各名誉・信用の毀損、名誉感情の侵害を認めたうえ、訴訟活動が名誉毀損等として不法行為にあたるかは、訴訟活動と事件の争点との関連性、訴訟遂行のための必要性、主張方法等の相当性等を考慮し、正当な訴訟活動の範囲を逸脱している場合に限るとし、X_1、X_2に対する訴訟活動は正当な訴訟活動の範囲を逸脱したとはいえないとしたものの、X_3に対する訴訟活動は訴訟活動に名を借りて個人の人格を攻撃するものである等とし、不法行為を認め、Y_1らの共謀による共同不法行為を肯定し、慰謝料として50万円を認め、X_1、X_2の請求を棄却し、X_3の請求を一部認容した。

〈判決文〉

これに対し、本件各行為のうち、原告丙川に関する部分は、仮に原告丙川が原告エイワとの間で顧問契約を締結していたとしても、上告審における上記争点と、原告丙川の弁護士あるいは証券業協会のあっせん委員としての資質や能力、倫理観、個人の性格等とは、およそ関係がないことは明らかであり、それを上告審における口頭弁論において主張、立証する必要性も全くないものである。したがって、原告丙川に関する部分は、訴訟活動に名を借りて個人の人格を攻撃するものといわざるを得ず、到底正当な訴訟活動とはいえないものというべきである。被告らは、被告甲川が作成した平成14年12月4日付け「消費者金融㈱エイワに関する情報」と題する書面（添付資料2）に手を加えないまま証拠として提出することが証拠の真正を保つために必要であると主張するが、最高裁判所に提出するに当たって、一方で、情報提供者の氏名は黒塗りにしたり、削除したりするなど手を加えながらも、他方で、わざわざ、手書きの上記文書と同一内容の印字をした文書を添付資料として加えた上、あえて、原告丙川が能力がないのに証券業協会のあっせん委員に就任したかのような印象を与える記載をし、また、原告丙川が原告エイワの顧問弁護士であったため、業界の信用低下を防ぐために被告甲川の進言によってあっせん委員を更迭されたかのような印象を与える記載をした「報告書」を新たに作成した上、上告答弁書においてもそれに言及しているのであるから、被告らの上記主張は採用できない。

また、被告らは、原告丙川に関する記載についても、口頭弁論期日等において十分に反論の機会があったというが、もともと、上告審における争点とは全く関係がなく、被告らが訴訟手続に持ち出すこと自体に問題があるのであるから、原告らが口頭弁論期日等にあえて反論しなかったとしても、それはむしろ当然のことであって、後日、損害賠償請求訴訟を提起することを批難することはできない。原告らが記録の閲覧禁止を申し立てなかったことも、同様に批難することではない。

したがって、被告らの本件各行為のうち、原告丙川に関する部分、すなわち、行為A、行為Bのうち被告甲川作成の報告書を最高裁判所に送付した行為、行為Cのうち被告甲川作成の報告書を最高裁判所に送付した行為、概ね行為F、行為G、行為Jのとおりの各行為は、原告丙川に対する不法行為に当たるといえる。

被告弁護士らが、本件第一事件および本件第二事件について最高裁判所が上告受理決定をしたことを受けて、弁護団を結成し、最高裁判所において、原告エイワが悪意の受益者ではないという判断がされることを阻止し、貸金業法43条適用の認識及び「特段の事情」について、最高裁判所のこれまでの流れに逆行する緩和された判断がされることを防ぎたいという問題意識の下で、協議を重ねて、方針を決定し、手分けして上告答弁書を作成し、被告甲川作成の報告書を提出したことは、被告らもこれを自認するところである。したがって、本件第一事件及び本件第二事件において提出された上告答弁書及び文書等が殆ど同一の内容であることを指摘するまでもなく、被告弁護士らの間には、別表二の①、②、④から⑥、⑪の各「記載内容」欄の記載がある被告甲川作成の報告書を証拠とするために最高裁判所等に送付することについて共謀があったことは明らかである。

〈判決の意義と指針〉

この事案は、多数の弁護士が関与した事件であり、詳細は、実際に判決文を参照されたいが、依頼者から過払金返還訴訟の追行を依頼された複数の事件の訴訟代理人である複数の弁護士らが、相手方である貸金業者が控訴審判決に不服であるとし、上告受理申立てをし、口頭弁論が開かれることになり、貸金業者の営業実態に関する報告書を作成させる等し、これを基に答弁書を作成し、提出し、弁論を行ったところ、貸金業者、その取締役、訴訟代理人である弁護士が被上告人らの訴訟代理人弁護士ら、報告書を作成した者に対して名誉毀損、信用毀損に係る共同不法行為責任を追及した事件である。

この判決の特徴は、

①　貸金業者の代理人弁護士に関する口頭弁論における主張・立証（弁護士あるいは証券業協会のあっせん委員としての資質や能力、倫理観、個人の性格等に関する事項）は、訴訟の審理とはおよそ関係がないことは明らかであり、上告審における口頭弁論において主張・立証する必要性も全くないものであるとしたこと

②　この弁護士に関する部分は、訴訟活動に名を借りて個人の人格を攻撃するものといわざるを得ず、到底正当な訴訟活動とはいえないとしたこと
③　この事案では代理人である弁護士らの共謀があるとし、共同不法行為を肯定したこと

があげられ、弁護士らの訴訟の相手方の訴訟代理人である弁護士に対する名誉毀損に係る共同不法行為責任を肯定した事例判断として参考になるものである。

判　決　15	弁護士が元依頼者との間の訴訟において元依頼者の離婚原因等を主張・立証したことにつき、弁護士の名誉毀損、プライバシー侵害の不法行為責任を認めなかった事例 〔東京地判平成24・1・30判タ1374号156頁〕

【事案の概要と判決要旨】

Xは、バブル経済の時期に不動産投資を行い、損失を抱え、所有不動産に多額の債務の抵当権が設定されていたところ、妻との離婚事件につき弁護士Yに委任をし、離婚協議が成立する等した。Xは、その後、所有不動産の任意売却による債務整理をYに委任し、合計500万円を預託したところ、委任契約を解除し、Yに対して預り金の返還を請求した（第1事件)。訴訟において、Yが元妻との離婚原因に関する元妻の父の手紙等を証拠として提出したり、離婚原因がXの女性問題、家庭内暴力であると主張したことから、Xが名誉毀損、プライバシーの侵害を主張し、損害賠償を請求する訴訟を追加提訴した（第2事件)。

この判決は、相当額の報酬を算定する等し、200万円の返還義務を認め、手紙の提出が訴訟当事者としての権利に基づく正当行為であり、不法行為としての違法性が認められない等とし、請求を棄却した。

〈判決文〉

3　第2事件の請求について

被告が原告主張の記載内容を含む本件書面を第1事件の訴訟において準備書面又は書証として提出したことは、当事者間に争いがない。

原告は、本件書面の訴訟への提出は、債務整理に関する預り金返還請求とは何ら関連がないと主張するが、原告の主張は採用できない。

なぜなら、前記認定のとおり、原告は妻春子との離婚に際し、原告の債務に対して春子がしている連帯保証について、原告は、今後5年を目途に連帯保証を解除するよう金融機関との協議等最大限努力することを約束し、被告に対しては、債務整理にあたって銀行から春子の連帯保証の解除の同意が得られないことについて相談をしていたのであるから、そのような相談に基づいて春子との交渉にあたった被告の労苦を評価し、適正な弁護士報酬を算定するにあたっては、春子が離婚に際して原告に対してどのような感情を持っていたかなど、交渉や紛争解決の困難さに影響を与える離婚の背景事情の一切についても考慮

事情となり得る。したがって、本件文書の提出は、第1事件の主張・立証と関連性がないとはいえない。

なお、乙21号証について離婚の紛争当時に被告が原告に開示していなかったとしても、その書面は、春子の父が原告には知らせないことを前提として被告に送った信書であることが文面から明らかであるから、当時原告に開示しなかったものを第1事件の訴訟になって証拠としたからといって、直ちに違法になるとはいえない。

そして、訴訟において本件文書が開示されたとしても、直ちにそれを訴訟当事者以外の一般人が広く知るとはいえないから、原告の名誉ないしプライバシーが現実的具体的に著しく害されたとまではいえない。

したがって、本件文書を裁判所に提出した被告の行為は、訴訟当事者としての権利に基づく正当行為であって、不法行為としての違法性は認められない。

〈判決の意義と指針〉

この事案は、弁護士が依頼者から離婚事件を受任した経験があったところ、同じ依頼者から債務整理を受任したが、事務処理の途中で依頼者から委任契約を解除され、預託金の返還請求訴訟を提起された状況において、弁護士が前記の離婚事件において取得した元妻との離婚原因に関する元妻の父の手紙等を証拠として提出したり、離婚原因が依頼者の女性問題、家庭内暴力であると主張したため、依頼者が弁護士に対して名誉毀損、プライバシーの侵害による不法行為責任を追及した事件である。この事案は、預託金の返還をめぐる紛争に派生的に発生した事件であるが、弁護士が不法行為責任を追及された原因は、前の受任事件において取得した資料、情報を後に依頼者から提起された訴訟において利用したことにあることに最も顕著な特徴がある。この事案では、元の依頼者に対する名誉毀損、プライバシーの侵害が問題になっている。

この判決は、名誉毀損、プライバシーの侵害を否定したものであり、弁護士の不法行為を否定した事例判断を提供するものであるが、問題の文書の提出等の関連性、相当性については議論があろう。

4 弁護士の付随業務等をめぐる裁判例

弁護士は、訴訟の追行、示談交渉等の法律事件、法律事務に関わる業務を行うだけでなく（この業務は、中核的な業務ということができる）、これらに付随した事件、事務を受任することがあるし、法律専門家、法律実務家として様々な事務を依頼されることがある。弁護士の業務といっても、法律事件に限られるものではなく、依頼に係る業務の性質も、公的なもの、私的なものがあるし、業務の内容も、法的な意見、法的な調査、法的な確認、法的な判断・評価、法的な監視等を内容とするものがあり、依頼者も多様である。

弁護士がこれらの業務を行う場合にも、広くは社会全体、狭くは活動の対象になった者との間でトラブルが発生することがある。弁護士の付随的な業務は、時代を経るにつれ、拡大傾向がみられるとともに、弁護士の法的な責任が問われる場面も拡大しつつある。

判　決　1	賃貸人の顧問弁護士の賃借人に対する家財搬出等の不法行為責任を認めた事例 〔浦和地判平成6・4・22判タ874号231頁〕

【事案の概要と判決要旨】

貸金業者Ｘは、Y_1から建物を賃借していたところ、Y_1が賃料不払を理由に賃貸借契約を解除し、「賃借人が本契約の各条項に違反し賃料を１か月以上滞納したときまたは無断で１か月以上不在のときは、敷金保証金の有無にかかわらず本契約は何らの催告を要せずして解除され、賃借人は即刻室を明渡すものとする。明渡しできないときは室内の遺留品は放棄されたものとし、賃貸人は、保証人または取引業者立会いのうえ随意遺留品を売却処分のうえ債務に充当しても異議なきこと」との特約に基づき、Y_1の顧問弁護士である弁護士Y_2が解体業者Ａに依頼して、室内の家財を搬出し、廃棄させたため、ＸがY_1、Y_2らに対して不法行為に基づき損害賠償を請求した。

この判決は、賃貸借契約書に自力救済特約がある場合において、賃貸人が顧問弁護士に任せ、顧問弁護士の判断を信じたとしても、Y_1の過失は否定できない等とし、賃借人の貸室内の家財道具を廃棄処分したことにつき、Y_1、Y_2の不法行為責任を肯定し、家財道具の廃棄による財産的損害として250万円等の損害額を認め（過失相殺を3割認めた)、請求を認容した。

〈判決文〉

(一) 本件廃棄処分についての被告らの関与の有無について

(1) 右1に認定のとおり、本件明渡確認書には本日廃棄処分した旨記載されていること、右明渡確認書は被告甲野が本文を記載して持参したものであること、被告甲野は遺留品の目録を作るとか写真を撮るなどのことを具体的に指示していないこと、被告新井は遺留品が本件明渡確認書を作成した平成2年6月1日に運び出されることを知っており、具体的な保管場所が決まっていない以上廃棄されるであろうことを予感していたこと、被告新井は、本件廃棄処分後に原告の本件訴訟代理人に対し、原告の遺留品を保管する場所がないため、やむなく廃棄した旨回答していること等の事実に鑑みると、被告新井はもとより、被告甲野も本件廃棄処分がなされることを十分承知していたものというべきである。

(2) 被告らは、本件廃棄処分は由本の独断で行なわれたものであり、被告らは右処分に何ら関与していないと主張し、被告甲野は、本人尋問において、1本件明渡確認書を作成した平成2年6月1日には原告の遺留品を運び出すとは考えていなかったのであり、その後保管場所が見つかればそこへ移し、見つからなかった場合には法的手段をとるつもりであり、2本件明渡確認書を作成した後4、5日して、被告新井から由本が勝手に荷物を処分したとの連絡をうけ、由本に確認したところ、初めて本件廃棄処分がなされたことを知った旨供述する。

しかし、前記1に認定のとおり、被告甲野は、後日紛争が生ずることを防止するため、内山商事に対しては「引取り・廃棄証明書」、「廃棄物受領書」を作成するよう指示しているのにかかわらず、被告らの右主張からすれば、重要な役割をしたはずの由本に対しては、本件廃棄処分が同人の責任で行なわれたもので、被告らには全く関係がない旨の何らかの書面の作成を要求するなどした形跡がないが、このようなことは、被告甲野が法律の専門家である弁護士であることに照らし不自然であり、被告甲野の右供述部分はたやすく採用することはできず、他に前記認定を覆すに足りる証拠はない。

(二) 本件廃棄処分の違法性

(1) 前記1に認定の事実からすれば他に特別の事情がない限り被告らの関与した本件廃棄処分は違法というべきである。

(2) 被告らは、仮に本件廃棄処分について被告らに何らかの関与があるとしても、右処分は本件条項に基づいて行なわれたものであるから適法であると主張し、本件契約書に本件条項が記載されていることは当事者間に争いがない。

しかし本件条項は、要するに賃借人が賃料を1か月以上滞納した場合若しくは無断で1か月以上不在のときは、無催告で解除され、賃借人の室内の遺留品の所有権は放棄されたものとして、法の定める手続きによらず処分することができるというものであり、賃借人が予め賃貸人による自力救済を認める内容であると考えられるところ、自力救済は、原則として法の禁止するところであり、ただ、法律に定める手続きによったのでは権利に対する違法な侵害に対して現状を維持することが不可能又は著しく困難であると認められる緊急やむを得ない特別の事情が存する場合において、その必要の限度を超えない範囲内でのみ例外的に許されるに過ぎない。

従って、被告らが主張するように本件廃棄処分が本件条項にしたがってなされたからといって直ちに適法であるとはいえない。

(3)　さらに被告らは、自力救済として違法性は阻却されると主張する。

前記1で認定したとおり、確かに原告は6か月余も連絡先不明のまま賃料を滞納しているが、法律に定める手続き、すなわち訴訟を提起し、勝訴判決に基づき強制執行をすることができるのであり、右手続きによっては被告新井の権利を維持することが不可能又は著しく困難であると認められる緊急やむを得ない特別の事情があったと認めることはできない。〈略〉

(4)　〈略〉

なお、被告新井は、顧問弁護士である被告甲野に任せていたといっても、本件廃棄処分当日本件貸室に入って中の状況を確認しているなど前記1で認定の本件廃棄処分に至るまでの被告新井の関与の程度に鑑みれば、被告甲野が適法であると判断したことを信じたということのみで、同人に過失がなかったということはできない。

〈判決の意義と指針〉

この事案は、自力救済特約のある建物の賃貸借契約において、賃借人である貸金業者が賃料の支払を遅滞し、賃貸人が賃貸借契約を解除し、賃貸人の顧問弁護士が解体業者に依頼し、特約に基づき室内の家財を搬出、廃棄したため、賃借人が賃貸人、弁護士に対して不法行為に基づき損害賠償を請求した事件である。

この事案の特徴は、

①　弁護士が賃貸人の顧問弁護士であったこと

②　賃貸人が賃貸借契約書に「賃借人が本契約の各条項に違反し賃料を1か月以上滞納したときまたは無断で1か月以上不在のときは、敷金保証金の有無にかかわらず本契約は何らの催告を要せずして解除され、賃借人は即刻室を明渡すものとする。明渡しできないときは室内の遺留品は放棄されたものとし、賃貸人は、保証人または取引業者立会いのうえ随意遺留品を売却処分のうえ債務に充当しても異議なきこと」との特約（自力救済特約）を入れたこと

③　賃貸人が弁護士に相談し、特約が有効であるとの助言を得たこと

④　賃借人が賃料の支払を怠ったこと

⑤　賃貸人が賃貸借契約を解除したこと

⑥　弁護士が賃貸人の依頼により、特約に基づき解体業者に依頼して、室内の家財を搬出し、廃棄させたこと

⑦　弁護士らの不法行為責任が追及されたこと

があげられる。

この判決の特徴は、

①　賃貸借契約書に自力救済特約がある場合において、顧問弁護士がこの特約を適法であると判断したこと

② 賃貸人が家財道具の搬出等を顧問弁護士に任せたこと
③ 顧問弁護士らが特約に従って搬出等を実行したこと
④ 顧問弁護士らの搬出等は違法な自力救済であるとしたこと
⑤ 顧問弁護士、賃貸人の不法行為責任を肯定したこと
⑥ 家財道具の廃棄による財産的損害として250万円等の損害額を認めたこと（過失相殺を３割認めた）

があげられる。従前の自力救済に関する判例は、自力救済が原則として違法であることを明らかにしているところであるし、賃貸借契約における賃貸人の自力救済に関する下級審の裁判例も同様であるが、この事案では、賃貸人の顧問弁護士が特約を適法、有効と判断したうえ、賃貸人の依頼により、解体業者に賃借人の室内の家財道具を搬出させ、廃棄させたものであり、弁護士の付随業務上の重大なリスクを示したものである。この判決は、賃貸借の実務上、常識的な判断を示したものである。

判　決　2	破産管財人である弁護士らの不法行為責任を認めなかった事例 〔東京地判平成８・９・30判タ933号168頁〕

【事案の概要と判決要旨】

無限連鎖講を主宰していたＡにつき破産宣告がされたことから、弁護士 Y_1、Y_2ら４名は、破産管財人に選任され、管財事務を遂行し、破産財団に属する不動産を任意売却する等したところ、破産債権者ら（合計10名）が Y_1らの売却が不当に廉価であり、管財業務補助者として32名の弁護士を選任し、不要な出費をした等と主張し、Y_1、Y_2らに対して不法行為に基づき損害賠償を請求した。

この判決は、本件不動産をめぐる訴訟が係属していたこと等から、売却金額を上回る金額を提示した者があったとしても、現状有姿での買受けを希望した者に売却したものであり、善管注意義務違反にあたらない等とし、Y_1らの不法行為を否定し、請求を棄却した。

〈判決文〉

㈡ 右認定事実を総合勘案すると、増加する一方の滞納税額と破産債権者への早期配当の必要から本件物件の早期売却を企図しながら本件物件の帰属を巡る訴訟の帰趨と本件物件に存在する不法占有者らへの対応に苦慮していた被告両名が、右懸案事項をいずれも消滅させる旨の好条件を提示した野口敏也に対し破産裁判所の許可を得たうえ代金95億円で本件物件を売却したことは、時間的・労力的に限られた条件の下で行動する破産管財人としてやむを得ない判断であったと認めるのが相当であり（野口敏也にしても、転売差額金から前記上告取下料・借入金利・不法占有者の排除経費・転売実現までの諸経費等を考慮するとさほどの利益を取得したとは考えられない。）、従って、被告両名に破産管財人としての

注意義務違反があったということはできないというべきて（ママ）ある。原告らは、被告らが不法な利得を得る目的で買主たる野口敏也と共謀して本件物件を売却した旨主張し、これに沿うかのごとき証拠として原告高田茂登男本人尋問の結果があるから、同結果は推測にすぎず、また右共謀の存在を強く否定する被告甲野一郎本人尋問の結果に照らし、未だこれを認めるに足りない。

〈判決の意義と指針〉

この事案は、破産管財人に選任された弁護士らが破産財団に属する不動産を任意売却したところ、破産債権者らが不当に廉価の売却である等と主張し、破産管財人の善管注意義務違反による不法行為に基づき損害賠償を請求した事件である。この事案は、弁護士の管財業務の過誤の類型の事件である。

この事案の特徴は、

① 弁護士が破産管財人に選任されたこと

② この破産事件は社会的に大きな話題になった大規模な事件であったこと（天下一家の会等の事件である）

③ 破産管財人らが破産財団に属する不動産を任意売却したこと

④ 破産管財人が管財業務の補助者として多数の弁護士を復代理人に選任したこと

⑤ 破産債権者らが破産管財人らの善管義務違反を主張したこと（旧破産法164条参照。なお、現破産法85条参照）

⑥ 破産管財人らの不法行為責任が問題になったこと

があげられる。

この判決は、管財業務の内容、経過を認定し、破産管財人らの善管義務違反を否定したものであり、事例判断を提供するものである。破産管財人の善管注意義務は、破産管財人が管財業務を遂行するにあたっての重要な義務であり、従来、数は少ないものの、善管注意義務違反が問題になった裁判例が公表されている（破産管財人のこの義務違反による法的な責任は個人責任である）。破産管財人としては、通常、弁護士が選任されているところであり、破産管財人を受任した弁護士にとって善管注意義務の履行は重要な関心事であり、この判決は善管注意義務違反を否定した一例として参考になるものである。なお、破産管財の実務においては、破産管財人は、事前に破産裁判所（破産事件の担当裁判官）に相談したり、その同意を得て具体的な管財業務を行うことも多く、破産管財人の法的な責任の判断にあたって破産裁判所の判断もあわせて問題になることがある。

判　決　3	破産管財人である弁護士の不法行為責任を認めなかった事例 〔東京高判平成9・5・29判タ981号164頁〕

【事案の概要と判決要旨】

プラスチック成形部品の製造等を目的とするA株式会社は、Y_1株式会社、Y_2株式会社から多数の金型の貸与を受け、これを用いてオーディオ製品部品等を製造し、Y_1らに対して継続的に供給する契約を締結して取引を行っていたところ、Y_1らから競業避止契約の締結を迫られたこと等から、すでに注文を受けていた製品の納入を停止したものの、破産宣告を受け、弁護士Xが破産管財人に選任された。AがY_1、Y_2のために金型を保管していた状態を承継し、Xは、金型につき留置権を主張したが、金型が腐食し機能を失った。XはY_1らに対して売掛代金の支払を請求したのに対し、Y_1らがAの契約違反による損害賠償、違約金債権によって相殺を主張するとともに、Xに対して金型保管に関する善管注意義務違反を主張し、不法行為に基づき損害賠償を請求した。

第1審判決は、Xの請求を一部認容し、Y_1らの請求を棄却したため、Y_1らが控訴し、Xが附帯控訴した。

この判決は、Aの債務不履行を認め、相殺を肯定する等し、Xの善管注意義務違反を否定し、原判決を取り消し、Xの請求を棄却し、Xの附帯控訴を棄却した。

〈判決文〉

三　ところで、破産管財人は、善良な管理者の注意をもって職務を行うことを要するものであり、破産宣告に伴い破産者から第三者の取戻権の対象となる動産の占有を承継した場合には、取戻権者にこれを引渡すまでは、棄損、紛失等をすることのないようにしてこれを保管すべき注意義務があるというべきところ、その注意義務の内容は、その動産の性質、性状に基づく一般的な保管管理の方法をもとに、取戻権者と破産者との間のその動産に関する契約関係等において定められた保管管理の方法のほか、破産管財人が破産管財業務を遂行する上で知り又は知りえた情報等をも総合的に勘案して判断すべきものである。〈略〉

以上認定の事実によれば、被控訴人管財人としては、本件金型の占有を承継したAが、本件金型について行っていたと同程度の保管管理の方法によりこれを行えば、その注意義務を果たしたものと解するのが相当であるところ、前認定の事実によれば、同被控訴人は、昭和63年11月に本件金型をAの本社工場から移転するまでの間、Aが保管していたのと同様の方法、態様で本件金型を保管管理していたものであるが、長期間保存のための保管管理方法をとっていなかったため、3年以上にわたるAの工場内での保管の結果、右移転をした同月の時点ではすでに本件金型には腐食が生じて、金型としての機能を喪失していたものと解される（したがって、同月以降の移転後の不適切な保管方法による錆の発生等は、本件金型がすでにその機能を喪失した後のことであるというべきであるから、その保管方法の当否は、結論に影響しないことが明らかである。）から、その間に本件金型に腐食が生じたからといって、その注意義務を懈怠したことにはならないというべきである。

四　次に、控訴人ユニセフは、被控訴人管財人の本件金型の引渡義務不履行の結果、新たな金型の製作を余儀なくされたとして、その製作代金相当額の損害賠償を請求するところ、被控訴人管財人は、破産管財人に就任した昭和60年7月26日の当日、方峰社長からの事情聴取等により、本件金型が控訴人ユニセフからの預かり動産であり、同控訴人が昭和60年6月6日にその返還を請求したことを聞いているから（原審における被控訴人管財人）、同被控訴人は、本件金型が控訴人ユニセフの所有に係る動産であり、同控訴人に対して引き渡すべきものであることを承知していたことは明らかである。

しかし、控訴人ユニセフは、被控訴人管財人に対して本件金型の返還を求めることなく経過していたもので、前認定の事実によれば、同控訴人は、Aが本件金型の引渡に応じなかったことから、昭和60年6月14日の時点で、同控訴人の生産再開を急ぎ、損害の拡大を防ぐため、新たに同様の金型を金型製作業者に注文せざるを得なくなり、これにより本件金型返還という本来の給付は、同控訴人にとって無意味となったとの態度を表明していたものであり、現に、Aが同じ時に納品を停止した同じユニセフグループである一審相被告目黒電波測器株式会社は、Aに預けた金型の取戻しを諦めて同月中下旬には新規に金型の製作に着手していること（原審証人内藤雄二郎）からみても、同控訴人も、当然そのころまでに、本件金型の取戻しに代えて、新規に金型の製作に着手しているものと推認するのが相当であるところ、その製作には一般に3か月程度を要し、同年8月位までかかっているが（同証人、原審証人伊藤和幸〔第1回〕）、被控訴人管財人がAの工場の封印執行を終えたのが同年8月8日であり、Aの第1回債権者集会が開催されたのが同月30日であることからすると、新規の金型の製作はそのころまでに相当程度進捗していたものと推認するのが相当であるから、同控訴人において、その金型製作代金に係る損害は、既に相当程度に発生していたものであるが、被控訴人管財人が、同控訴人に対し、就任後、速やかに本件金型を返還しなかったために、同控訴人が、結局どの程度の損害を被ったのかについては、これを確知しうる証拠もない。したがって、控訴人ユニセフの右損害賠償請求については、これを認めることができない。

〈判決の意義と指針〉

この事案は、弁護士の活動が問題になった範囲で紹介すると、株式会社が破産宣告を受け、弁護士が破産管財人に選任され、破産会社の占有する金型の保管を承継したところ、金型が腐食し、機能を失ったため、金型の注文者が弁護士に対して善管注意義務違反を主張し、不法行為に基づき損害賠償を請求した控訴審の事件である（第1審判決は、破産管財人の不法行為を否定した）。この事案は、弁護士の破産管財過誤の類型の事件である。

この判決の特徴は、

①　破産管財人は、善良な管理者の注意をもって職務を行うことを要するとしたこと

②　破産管財人が破産宣告に伴い破産者から第三者の取戻権の対象となる動産の占有を承継した場合には、取戻権者にこれを引き渡すまでは、棄損、紛失等を

することのないようにしてこれを保管すべき注意義務があるとしたこと

③ 破産管財人の注意義務の内容は、動産の性質、性状に基づく一般的な保管管理の方法をもとに、取戻権者と破産者との間のその動産に関する契約関係等において定められた保管管理の方法のほか、破産管財人が破産管財業務を遂行するうえで知りまたは知りえた情報等をも総合的に勘案して判断すべきとしたこと

④ この事案では、破産管財人は破産者の金型を保管していたのと同程度の保管管理の方法をとっていたこと等から、金型に腐食が生じたとしても、注意義務の懈怠にはあたらないとしたこと

⑤ 破産管財人の善管注意義務違反を否定したこと

があげられる。破産管財人は、破産者の財産の占有、保管、管理の状態を承継し、管財事務を行うものであり、迅速にその状態を確認し、破産財団の増殖、換価のために財産を適切に管理、処分することが求められるところ、破産財団に属する財産には多種多様なものがあり、その種類、性状等に応じて適切に占有、管理を行うことが要請されるが、この判決は、第三者が取戻権を有する動産につき破産管財人の負う善管注意義務の内容を具体化、明確化し、この事案につき善管注意義務違反を否定したものとして参考になる。

判　決　4	禁治産者の後見人から事件を受任し、報酬を受領した弁護士の不当利得返還義務を認めた事例 〔東京地判平成11・1・25判時1701号85頁〕

【事案の概要と判決要旨】

Aが禁治産宣告を受けたことから、Y_1（Aの姉）は、後見人に選任され、A所有の土地を売却し、マンションの建築につき建築工事請負契約を締結したものの、違約金を支払ったり、弁護士Y_2にA関係事件の手数料、謝金の名目で500万円を支払う等した。Aが死亡し、養子X（Aの弟Bの妻であり、夫婦でAの養子になり、Bも死亡した）がY_1に対して後見人としての善管注意義務違反を主張し、Y_2（Y_2は、禁治産宣告前、Aを代理し、AとXとの離縁を求める訴訟を提起したことがあり、その訴訟は委任契約が無効であるとし、訴えが却下された）に対して報酬の支払につき不当利得の返還を請求した。

この判決は、Y_1の善管注意義務違反を認め、Y_1がY_2に報酬を支払った行為は財産目録が調整される前に急迫の必要もないのに行われた無権代理行為であり、Y_2がそのことに悪意であるとし、Y_2の悪意の不当利得を認め、請求を認容した。

〈判決文〉

2　次に、右500万円の支払が、急迫の必要がある行為だったかどうかについて検討するに、

被告丙川は、原告が一郎の所有する不動産を横領していたので、それを取り戻すために緊急処理を要するものだったのであり、急迫の必要性があった旨主張する。

しかし、前記二3で認定した事実に照らして考えれば、原告が一郎の本件各建物等の不動産を横領したと認めることはできないし、また、〈証拠略〉によれば、被告丙川は、昭和60年9月30日に報酬として500万円を受領してから半年近く経過した昭和61年2月25日に、一郎の後見人である被告春子の原告に対する本件各建物（被告の主張によれば原告に横領された一郎の建物）についての所有権移転登記抹消登記手続請求事件の訴状を起案し、同月27日、それを後見監督人である甲田に送り、訴え提起について同意を求めていることが認められ、このことからしても、右事件が、緊急処理を要する事件であったとは到底認め難く、他に緊迫の必要性があったことを認めるに足りる事情はない。

したがって、緊迫の必要性があったという被告丙川の主張は採用することができない。

3　そうすると、被告春子が、一郎の後見人として、財産目録を調製せず、かつ、急迫の必要がないにもかかわらず、被告丙川に対し、500万円の報酬を支払った行為は、無権代理行為となる（民法854条本文）が、これは善意の第三者に対抗することができないものである（同条ただし書）から、本件においても、被告丙川が右の点につき善意であったかどうか検討するに、〈証拠略〉によれば、被告丙川は、甲川を通じて、被告春子に対し、財産目録を調製するように助言していたこと、被告丙川は、被告春子が財産目録を調製していないということについて昭和60年までの間に甲川を通じてしばしば聞いていたこと、被告丙川は、500万円を受け取る際、被告春子に財産目録を調製したかどうか確認してないこと、被告丙川の言い分によれば、原告名義の本件各建物（被告丙川の主張によれば横領された建物）を取り戻さない限り財産目録の調製ができないというものであり、被告丙川は報酬の支払を受けた当時、本件各建物が原告名義のままであることを知っていたことが認められる。

以上の事実を総合すると、被告丙川は、500万円を受領した当時、被告春子が財産目録を調製していなかったことを知っていたと認めることができる。

また、右2で認定した事実によると、500万円の支払について急迫の必要がなかったことについても、被告丙川は知っていたと認めることができる。

4　そうすると、被告春子が、一郎の後見人として、被告丙川に対し、500万円の報酬を支払った行為は、財産目録が調製される前に行われたもので、急迫の必要もなかったものであり、被告丙川は、そのことについて悪意であったということができるので、右報酬支払い行為は、無権代理行為であり、かつ、それを被告丙川に対抗することができるというべきである。

したがって、その余の原告の主張について判断するまでもなく、被告丙川が受領した500万円は法律上の原因がなく不当利得となり、被告丙川は、悪意の受益者として、受領した500万円について利息を付して、一郎の相続人である原告に返還すべきである。

〈判決の意義と指針〉

この事案は、禁治産者の後見人が廉価で禁治産者の財産を売却する等したほか、弁護士に受任事件の手数料、謝金として500万円を支払う等したことから、禁治産者の死亡後、相続人が後見人の善管注意義務違反を主張し、損害賠償を請求するとともに、弁護士に支払済みの報酬につき不当利得の返還を請求した事件である。この事案は、禁治産者の後見人の後見過誤が問題になる状況において、弁護士が後見人から依頼された事件の報酬の不当利得の類型の事件である。この事案は、後見人の後見過誤という特徴をもつ事件が主要な内容であるが、本書の関心事に照らすと、後見人の後見過誤に関連して発生した弁護士の受領した報酬に関する悪意の不当利得という特徴のある事件である。

この事案では、禁治産者の後見人が財産目録の作成前に弁護士に事件を依頼し、弁護士がこれを受任し、手数料、謝金の名目で金銭を受領したことから、禁治産者の相続人が弁護士に対してこの報酬につき不当利得の返還を請求し、後見人の依頼と弁護士の受任（委任契約の締結）の効力、報酬支払の効力が争点になったというものである（民法854条参照)。

この判決の特徴は、

① 後見人の善管注意義務違反を認めるとともに、弁護士に対する不当利得の返還請求については、後見人の依頼に係る事件が緊急処理を要する事件であったとは到底認め難く、他に緊迫の必要性があったことを認めるに足りる事情はないとしたこと

② 弁護士もこの事情を知っていたとしたこと

③ 後見人の行為が民法854条の要件を満たすものではなく、無権代理行為であるとし、報酬の支払が無権代理行為であり、弁護士が同条但書所定の善意の第三者に該当しないとしたこと

④ 弁護士が悪意の受益者に該当するとしたこと

があげられる。この判決は、禁治産者の後見人から報酬の支払を受けた弁護士が、報酬の支払が無権代理行為である等とされ、悪意の受益者にあたるとした事例として参考になるものである。なお、この事案は、禁治産者の後見人と事件の依頼を受けた弁護士の事件の依頼、報酬の授受をめぐる問題であるが、成年後見制度においても同様な問題が生じ得るものであるから、現在でも参考になるものである。

判　決　5	**破産管財人である弁護士の管財業務上の不当利得返還義務を認めた事例** **〔横浜地判平成16・1・29判時1870号72頁〕**

【事案の概要と判決要旨】

銀行業を営むA株式会社は、B株式会社に融資をし、貸金債権を有しており、C株式会社が建物をB株式会社に賃貸したことに伴う敷金返還請求権につき質権を設定していたところ（同時に、D銀行、E銀行、F銀行、G銀行にも質権を設定した)、Aが、平成10年9月、債権、付随担保等をX会社に譲渡したが、平成11年1月、B

が破産宣告を受け、弁護士Ｙが破産管財人に選任され、その後、Ｙは、Ｃに賃料を支払わず、Ｃとの間で破産宣告後の賃料等を敷金に充当する旨の合意をしたため、ＸがＹに対して破産財団が賃料の支払を免れ、Ｘの質権が消滅したなどと主張し、不当利得の返還を請求した。

この判決は、破産財団から破産宣告後賃料等を支払うことは十分に可能であったと認め、質権を害してはならず、賃料等を不払にして敷金から充当されないように対処すべき担保保存義務を負うところ、Ｙがこの義務に違反したとし、不当利得の成立を認め、請求を認容した。

〈判決文〉

2　そこで、被告管財人が本件充当合意による本件質権の消滅を原告ら協定質権者との関係で正当化しうるかどうかが問題となる。

敷金の法的性質は、賃貸借の終了・本件建物の明渡後、賃借人の債務を控除し、残額が存在する場合に賃貸人が返還する条件の下に授受される停止条件付返還債務を伴う金銭所有権の信託的譲渡であるところ、破産会社は、原告に対し、本件敷金返還請求権について本件質権を設定し、本件賃貸借契約を忠実に履行することにより、質権者に損害を生じさせない旨を約したことが認められる（前提事実、〈証拠省略〉）。そうすると、原告ら協定質権者は、「本件敷金の停止条件付返還請求権（期待権）」に対して本件質権を有するから（民法129条）、破産会社は、本件質権設定者として、原告ら協定質権者の本件質権を害してはならず（同法128条）、本件宣告後賃料等5207万3142円を不払にして本件敷金から充当されないように対処すべき担保保存義務があると解するのが相当である。そうすると、被告管財人も破産会社の本件質権設定者の地位を引き継いだ以上、原告に対し、同様の担保保存義務があるといわなければならない。

3　ところが、被告管財人は、①前記のとおり、担保保存義務を負担し、本件宣告後賃料等を支払うに足りる十分な破産財団を保有していたにもかかわらず、これに違反し、殊更、本件宣告後賃料等を支払わずに本件充当合意を行い（法律上の原因の不存在）、②破産財団から出捐すべき本件宣告後賃料等5207万3142円の支払を免れ、その結果、③原告は、本件敷金返還請求権に認定されていた本件質権のうち、本件敷金配分合意に基づく262分の30相当の権利（596万2574円）を喪失し（本件充当合意により停止条件付返還請求権の停止条件の不成就が確定）、本件敷金の中から回収予定であった同金額を回収できなかったものであるから（損害）、損害と利得の間には直接の因果関係があり、破産財団には本件宣告後賃料等相当額について不当利得が成立したと認めるのが相当である。

4　そこで、被告管財人が悪意の不当利得者であるか否かが問題となる。

悪意の受益者（民法704条）とは、法律上の原因が存しないことを知っていたことを意味するところ、前提事実及び弁論の全趣旨に照らすと、被告管財人は、本件宣告後賃料等が破産財団から随時弁済しなければならない財団債権であるのみならず、破産財団をもって十分に弁済することが可能であることを知りながら、殊更、未払を続け、本件質権者の了解を得ることなく、本件充当合意を行い、本件賃貸借終了後の本件敷金返還請求権をゼロにし、被告財団から本件宣告後賃料等の出捐をしなかったものであるから、前記不当利得が成立する事実経過を認識していたというべきであり、悪意の受益者に当たることが明らかである。

そうすると、被告管財人は、本件充当合意をした時点で、悪意であったというべきであるから、各充当した時点以降の民法所定の年五分の割合による法定利息の支払を命じるのが相当である。

〈判決の意義と指針〉

この事案は、破産管財人の悪意の不当利得返還義務（民法704条）が問題になったものであるが、銀行が会社の有する敷金返還請求権（会社が建物を賃借していた）に質権を設定し、これを担保とする貸金債権を有していたところ、賃借人である会社が破産宣告を受け、弁護士が破産管財人に選任された後、弁護士は、賃貸人に賃料を支払わず、賃貸人との間で破産宣告後の賃料等を敷金に充当する旨の合意をしたため、銀行から貸金債権、担保権の譲渡を受けた会社が破産管財人に対して敷金の損失分（賃料等分の利得）の返還を請求した事件である。この事案は、破産管財人の管財業務の過誤の類型の事件である。この事案のような状況においては、破産管財人は、破産財団の増殖に努めるとしても、質権が設定されている敷金返還請求権が存在していることを認識しているから、質権者の権利に配慮すべき義務があるか等を検討し、権利を侵害しないよう判断すべきであったかが問われることになる。

この判決の特徴は、

① 敷金返還請求権の質権設定者は、質権者に対して質権を害してはならず、破産宣告後賃料等を不払いにして敷金から充当されないように対処すべき担保保存義務があるとしたこと

② 破産管財人も破産会社の質権設定者の地位を引き継いだものであり、質権者に対し、同様の担保保存義務があるとしたこと

③ 破産管財人は、担保保存義務を負担し、破産宣告後賃料等を支払うに足りる十分な破産財団を保有していたにもかかわらず、これに違反し、ことさら、敷金との充当合意をする等したものであり、不当利得の返還義務を負うとしたこと

④ この事案の事情から破産管財人は悪意であるとしたこと

があげられ、破産管財人が管財業務を行うにあたって担保保存義務に違反するとともに、敷金返還請求権の質権者に対して悪意の不当利得返還義務を肯定した重要な事例判断として参考になる。

判　決　6	破産管財人である弁護士の管財業務上の不当利得返還義務の一部を認め、不法行為責任を認めなかった事例 〔東京高判平成16・10・19判時1882号33頁〕

【事案の概要と判決要旨】

前記【判決5】横浜地判平成16・1・29判時1870号72頁の控訴審判決であり、Yが控訴した（Xは、控訴審において不法行為に基づく損害賠償請求を追加した）。

この判決は、充当の合意により質権者に損害を与えたものであるから、悪意の受益者として不当利得返還義務があるとしたものの、原状回復費用は敷金をもって充当できる特約があるところ、一般にも充当されているとし、この範囲では質権設定者としての義務に反したということはできないとし、原判決を変更し、請求を一部認容し、Xの追加請求は、不当利得返還請求を認容した範囲については判断の必要がなく、この範囲を超える請求は、不法行為を否定し、請求を棄却した。

〈判決文〉

(1)　破産会社は、訴外会社との間で本件質権設定契約を締結したのであるから、訴外会社から本件質権の譲渡を受けて質権者となった被控訴人に対しても、質権設定者としての義務を負い、したがって、本件質入れ債権である本件敷金返還請求権について、取立、免除、相殺、更改等これを消滅、変更させる一切の行為をしてはならない義務を負ったものというべきである。また、破産会社は、入居保証金担保差入証書（甲10）によって、訴外会社に対し、本件質権の目的となった本件敷金返還請求権の原契約である本件賃貸借契約を忠実に履行し、本件質権に損害を生じさせないことを確約している。

そして、破産会社が破産宣告を受けたことにより、破産管財人に選任された控訴人は、破産手続の目的である破産債権者の共同的満足に対する引当てとして破産会社の総財産をもって形成される破産財団の代表機関となり、破産財団の管理処分権限を専有し、破産財団の管理、換価、配当等を実施する者であるから、破産会社とは一応別個の立場に立つものであるが、他面、破産会社が訴外会社との間に締結した本件敷金の質権設定者としての地位をも承継するから、破産法上特別の定めがあるなど特別の事情のない限り、破産者が被控訴人に対して負担していた上記義務を承継したといわなければならない。

加えて、控訴人が本件充当合意をした本件賃貸借契約に係る未払賃料等6043万4590円のうち5207万3142円は、本件宣告後賃料等であって、双務契約に係る賃貸人の請求権として破産債権に優先する財団債権であるから、控訴人は、破産財団の資力が十分であればこれを随時弁済する義務がある（破産法49条、50条）。そして、控訴人は、破産財団には、①本件第二、第四賃貸借を合意解除した平成11年3月末日当時、約2億2000万円、②本件第三賃貸借を合意解除した同年6月21日当時、約5億8000万円、③本件第一賃貸借を合意解除した同年10月末日当時、約6億5000万円の銀行預金があったことを自認していることに照らすと、控訴人は、住友不動産に対し、随時本件賃貸借契約に係る賃料等を支払うことは十分に可能であったと認められる。

しかるに、控訴人は、財団債権として随時支払うべきであった本件宣告後賃料等の支払をしないで、住友不動産との間で、本件充当合意を成立させて、破産会社の預託した本件敷金を破産会社の本件宣告後賃料等に充当したため、本件敷金返還請求権の上に存する被控訴人の別除権をその限度で消滅させたのであり、控訴人の行為は、前記に判示した質権設定者の義務に違反するものであるし、また、破産法が定める上記義務にも違反するものといわなければならない。

そうすると、控訴人は、本件充当合意により破産財団から出捐すべき本件宣告後賃料等5207万3142円の支払を免れ、その結果、被控訴人は、本件敷金返還請求権の上に設定されていた本件質権のうち、本件敷金配分合意に基づく262分の30相当の権利を喪失し、本件敷金の中から596万2573円を回収できなかったものであり、被控訴人の受けた同額の損害と破産財団の利得の間には直接の因果関係があり、破産財団の利得は、上記に判示した控訴人の義務違反によってもたらされたものであって、法律上の根拠を欠くから、破産財団には本件宣告後賃料等相当額について不当利得が成立すると認められる(なお、本件宣告後賃料等のうち、原状回復費用1021万3714円については、特別の事情が認められることは後記(3)エのとおりである。)。

(2) そして、前記認定の事実及び〈証拠略〉によれば、控訴人は、本件宣告後賃料等が破産財団から随時弁済しなければならない財団債権であるのみならず、破産財団をもって十分に弁済することが可能であることを知りながら、殊更未払賃料等の支払をせずに、本件質権者の了解を得ることなく、住友不動産との間で本件充当合意を行って、本件賃貸借終了後の本件敷金返還請求権を減少させ、破産財団から本件宣告後賃料等の出捐しなかったものであるから、不当利得が成立する事実経過を認識していたというべきであり、控訴人は、悪意の受益者に当たるということができる。

そうすると、控訴人は、本件充当合意をした時点で、悪意であったというべきであるから、各充当等した時点以降の民法所定の年5分の割合による法定利息についても、その支払義務がある。

(3) そこで、控訴人の主張に従って、控訴人には、前記(1)に判示した本件質権設定者及び破産管財人としての義務を免れる、破産法上特別の定めなど特別の事情があったか否かを検討する。

ア 控訴人は、本件質権者においては本件敷金返還請求権が具体的に発生することについて保護に値する合理的期待を有していたとはいえず、破産手続において、一般の破産債権者はこのような質権者への優先弁済を受忍すべき立場にないことからすれば、債権者平等原則への配慮をすることなく、本件質権者の利益を優先させる合理的理由も見いだせないから、本件敷金が本件宣告後賃料等に充当されても、破産管財人による担保保存義務違反となるものではないと主張する。

しかしながら、破産会社の破産宣告時における未払賃料等836万1448円を除く本件宣告後賃料等5207万3142円は、財団債権となって破産財団から優先的に支払われるものであり、しかも、破産財団には、本件宣告後未払賃料等を十分支払える銀行預金があったから、本件質権者には本件敷金返還請求権が発生することについて保護に値する合理的期待がなかったとは認められないし、上記(1)に判示したとおり、控訴人は、財団債権について、破産管財人として随時弁済する義務を負っており、また、本件質入れ債権である本件敷金返還請求権については、取立、免除、相殺、更改等これを消滅、変更させる一切の行為をしてはならないという破産会社の質権設定者としての義務を承継していることをも考慮すれば、控訴人が、財団債権への随時の弁済を行わずに、本件充当合意を締結して本件敷金返還請求権を消滅させた行為が、担保保存義務に違反しないと解明することはできない。

イ～オ　〈略〉

(4)　〈略〉

四　不法行為の成否について

被控訴人が当審において追加した不法行為に基づく損害賠償請求のうち、上記において不当利得返還請求が認容された部分と重なりあう損害額を主張する部分については判断の必要がないので、原状回復費用1021万3714円の充当行為の違法について判断するに、前記一(3)エに判示したところによれば、控訴人が未払賃料等とともに原状回復費用1021万3714円についても本件充当合意をしたことについて、控訴人に義務違反があったと認めることはできないので、被控訴人の上記部分の不法行為に基づく損害賠償請求は失当である。

〈判決の意義と指針〉

この事案は、前記【判決5】横浜地判平成16・1・29判時1870号72頁の控訴審の事件であり、控訴審において破産管財人である弁護士の不法行為も主張されたものである。

この判決の特徴は、

①　質権設定者は、質入債権である敷金返還請求権について、取立て、免除、相殺、更改等これを消滅、変更させる一切の行為をしてはならない義務を負ったものであり、破産管財人はこの義務を承継したとしたうえ、破産管財人が財団債権への随時の弁済を行わずに、充当合意を締結して敷金返還請求権を消滅させた行為が担保保存義務に違反しないと解することはできないとし、不当利得の返還義務を肯定したこと（原状回復費用については否定した）

②　銀行の不法行為の主張については、不当利得返還義務を認める範囲では判断の必要がないとしたこと

③　原状回復費用の範囲では担保保存義務違反がないとし、破産管財人の不法行為を否定したこと

があげられ、事例判断を提供するものである。

判 決 7	破産管財人である弁護士の管財業務上の不当利得返還義務を認めなかった事例 〔東京高判平成16・10・27判時1882号39頁〕

【事案の概要と判決要旨】

銀行業を営むA株式会社は、B株式会社に融資をし、貸金債権を有しており、C株式会社が建物をB株式会社に賃貸したことに伴う敷金返還請求権につき質権を設定していたところ（同時に、D銀行、E銀行、F銀行、G銀行にも質権を設定した）、Aが債権、付随担保等をX株式会社に譲渡したが、平成11年1月、Aが破産宣告を受け、弁護士Yが破産管財人に選任された。その後、Yは、Cに賃料を支払わず、Cとの間で破産宣告後の賃料等を敷金に充当する旨の合意をしたため、XがYに対して破産財団が賃料の支払を免れ、Xの質権が消滅したなどと主張し、不当利得の返還、損害賠償を請求した。

第1審判決は、請求を一部認容したため、Yが控訴し、Xが附帯控訴した。

この判決は、破産管財人は総債権者の債権実現の引当てになる責任財産を確保すべきである等とし、Yの善管注意義務違反を否定し、不当利得の成立を否定し、原判決中Yの敗訴部分を取り消し、請求を棄却した。

〈判決文〉

ところで、建物及び駐車場の賃貸借契約（以下、単に「賃貸借契約」という。）の賃借人である破産者が破産宣告を受けた場合、破産宣告から賃貸借契約終了までに生じた賃料及び共益費等の債権（以下、単に「賃料等債権」という。）は、破産法47条7号の適用又は類推適用により財団債権となるものと解されるが、財団債権については破産管財人が債務者となり、当該賃貸借契約についての解除権も破産管財人に帰属する。

破産者が法人である場合、従前破産者がその業務活動に用いていた賃借施設は、清算業務に必要な限度でこれを使用し、清算業務の進捗とともにこれを縮小し解消しなければならない。したがって、最終的な賃貸借契約全部の解除を見据えながら、破産管財人は、賃貸人との間で、できる限り破産財団にとって有利な時期及び方法を獲得できるように折衝を重ねることとなるのであり、破産管財人には、上記の破産手続の目的に従い、第一次的に総債権者の利益のためにその職務を遂行することが要求され、その職務を行うに当たり、どうすることが上記の目的に適合することになるかについての判断については、破産財団の実情を掌握し、実際に清算業務を遂行する破産管財人の選択裁量を認めなければならない余地は小さくないものといわなければならない。そして、財団債権は賃料等債権に限らないのであって、破産法51条の規定に照らしても、財団債権の中から賃料等債権のみをその発生の都度他に先立って弁済しなければならない義務が破産管財人にあるということはできず、この理は、敷金返還請求権に質権が設定されていることによって変わるものということはできない。破産管財人は、破産法6条の規定によって破産財団に属すべきものと定められている破産者の総財産の管理機構として独立の地位にあり、破産債権者全体の共同の利益のために活動すべきものであるから、破産管財人が考慮しなければならないのは、敷金返還請求権に設定された質権をひたすら保存するなどという狭いものではなく、円滑な清算業務の進捗を図りつつ、破産財団に属する財産の一つである敷金返還請求権を活用して総債権者の債権実現の引当となる責任財産を確保することにあるといって差し支えないからである。

他方、破産者から敷金の交付を受けていた賃貸人においても、破産宣告後、直ちに賃貸借契約の解約申入れ（民法621条。最高裁昭和45年(オ)第210号同45年5月19日第三小法廷判決・判例時報598号60頁参照）をすることなく、破産管財人との合意により賃貸借契約を終了させることとし、その間、賃料等債権につきその発生の都度弁済を受けるか、賃貸物件の返還を受ける際に敷金に充当する処理をするかについては、破産管財人との協議により、両者の間の信頼関係に基づいて任意に選択できるところである。

⑵　敷金返還請求権の性質と同請求権に対する質権の実際上の効力

賃貸借契約における敷金契約は、授受された敷金をもって、賃料等債権、賃貸借終了後の目的物の返還（明渡し）までに生ずる賃料相当額の損害金債権、その他賃貸借契約により賃貸人が賃借人に対して取得することとなるべき一切の債権を担保することを目的とする賃貸借契約に付随する契約であり、敷金を交付した者の有する敷金返還請求権は、賃貸借終了後目的物の返還時において、上記の被担保債権を控除し、なお残額があることを条件として、その残額につき発生することになるものである（最高裁昭和46年(オ)第357号同48年2月2日第2小法廷判決・民集27巻1号80頁、最高裁平成12年(受)第836号同14年3月28日第一小法廷判決・民集56巻3号689頁参照）。したがって、敷金に対し絶対的な優先弁済権を有するのは賃貸借契約の賃貸人であり、敷金返還請求権の質権者は、敷金について賃貸人が有する被担保債権の充当後の残額についてのみ優先弁済権を有するにすぎない。

本件質権は、本件銀行5社が、平成10年4月30日、破産会社が本件各賃貸借契約に付随して賃貸人である住友不動産に差入れた敷金6050万8750円のうち6000万円につき設定されたものである。敷金返還請求権の性質は上記のとおりのものであり、賃貸借関係は、賃料等の不払があっても賃貸人が直ちに契約を終了させるとは限らないのであるから、本件銀行5社は、本件質権設定契約当時、債権担保の目的としては、破産会社（質権設定者）と住友不動産との賃貸借関係に依存した実際上不確定な停止条件付債権であることを前提として、上記の敷金返還請求権を質物としたものといわなければならない。実際にも、本件銀行5社は、平成10年4月30日、本件質権の設定を受けるに当たり、第一勧業銀行を幹事銀行として、破産会社と連名で、住友不動産に対し「質権設定承諾依頼書」を提出し、「質権の設定にかかわらず、本件各賃貸借契約に基づく住友不動産の破産会社に対する一切の権利は依然として質権に優先することを異議なく承認する」旨を明記して、これを質権設定承諾依頼の条件の一つとしていることが認められる。

⑶　本件相殺処理の背景となる破産財団の実情

本件破産手続において、控訴人は、住友不動産との合意により、破産宣告の2か月後の平成11年3月31日、居室部分及び倉庫部分について、それから3か月後の同年6月21日、駐車場部分について、さらにその4か月後の同年10月31日、事務所部分について、それぞれ賃貸借契約を終了させ、同社に対しその明渡しを了したが、上記各契約の終了時点において、破産財団には本判決別紙の「合意解除日の残高合計」欄に記載のとおりの預金が存在した。しかし、これは、賃料等債権の支払を回避してきたこと（なお、控訴人がこのような措置を採るについては、賃貸人である住友不動産の了解があったと考えるのが自然である。）を含めて、その時点までに破産財団に集積された金額であり、平成11年10月31日時点の預金額合計６億5140万3135円がほぼこの当時の配当原資額といえる。他方、同年12月１日現在の破産債権額は301億9460万3891円である。そうすると、単純に上記の配当原資額をすべて上記の破産債権の弁済に充てるとしても、その配当率は約2.16％となるにすぎない。

したがって、上記のとおりの破産財団の実情に照らせば、賃料等債権を支払うことのできる預金が存在したという一事をもって、控訴人が、住友不動産との間で本件各賃貸借契約の合意解除をするに当たり、敷金返還請求権についてもこれを協議の対象とし、本件相殺処理をしたことを不当と考えることはできない。

⑷ 小括

以上の次第であるから、本件相殺処理については、これを破産管財人の善管注意義務に違反するものと認めることはできない。

したがって、被控訴人の破産法164条１、２項に基づく損害賠償請求は、その余の点について判断するまでもなく、理由がない。

二 争点⑵（不当利得返還請求権の有無）について

⑴ 控訴人が破産宣告後の賃料等及び原状回復工事・残置物処理費用を敷金と相殺処理してその支払を免れても、それと同額が破産財団に属する敷金返還請求権から減少するから、本件相殺処理により破産財団に利得が生じないことは明らかである。

⑵ したがって、被控訴人の不当利得返還請求は、その余の点について判断するまでもなく、理由がない。

〈判決の意義と指針〉

この事案は、前記の【判決５】横浜地判平成16・１・29判時1870号72頁、【判決６】東京高判平成16・10・19判時1882号33頁の関連事件であり、同一の破産管財人の管財業務が問題になったものである（質権を有していた銀行は別の銀行であり、この銀行は質権等を債権回収会社に譲渡したものである）。

銀行が会社の有する敷金返還請求権（会社が建物を賃借していた）に質権を設定し、これを担保として貸金債権を有していたところ、賃借人である会社が破産宣告を受け、弁護士が破産管財人に選任された後、弁護士は、賃貸人に賃料を支払わず、賃貸人との間で破産宣告後の賃料等を敷金に充当する旨の合意をしたため、銀行から貸金債権、担保権の譲渡を受けた会社が破産管財人に対して敷金の損失分（賃料等分の利得）の返還等を請求した控訴審の事件である（この事案は、破産管財人の管財業務の過誤の類型の事件である。この事案においては、旧破産法164条２項、現85条２項に基づく破産管財人の損害賠償責任も争点になっている）。なお、第１審判決の詳細は明らかではないが、不当利得返還請求を一部認容したもののようである。

この判決は、前記内容の事案について破産管財人の善管注意義務違反を否定したこと（破産法164条２項所定の破産管財人の損害賠償責任も否定した）、破産管財人の不当利得返還義務を否定したことを判示したものであるが、この事案における質権者の権利・利益に対する配慮を欠き、破産管財人の職責を誤解したものであり、疑問の多い判断であるとともに、破産管財人の不当利得返還義務に関する判断の論理は、前記の【判決６】東京高判平成16・10・19判時1882号33頁とも全く異なるものである。

判　決　８	禁治産者の後見人職務代行者である弁護士の債務不履行責任を認めなかった事例 〔東京高判平成17・１・27判時1909号47頁、判タ1217号272頁〕

【事案の概要と判決要旨】

Ａ（大正５年生まれの女性）は、不動産業を営み、不動産を所有する等していたところ、平成元年１月、禁治産宣告を受け、夫Ｂが後見人に選任された。同年11月、Ｂにつき後見人の職務を仮に停止し、弁護士Ｙを後見人職務代行者に選任する旨の審判がされ、平成６年12月、Ｙは、Ｂの死亡に伴って後見人に選任された。平成５年１月、家庭裁判所の許可を得て、Ａの相続人の一人であるＣが経営するＤ株式会社（Ａが設立し、経営者になっていたものであり、自らも株式を有する同族会社である）に対して３億円を貸し付け、その債権が回収不能になり、平成８年６月にはＡも死亡したため、Ａの相続人であるX_1、X_2、X_3がＹに対して善管注意義務違反を主張し、債務不履行に基づき損害賠償を請求した。

第１審判決（東京地判平成12・11・30判タ1217号281頁。後記〈判決の意義と指針〉参照）が善管注意義務違反を否定し、請求を棄却したため、X_1らが控訴した。

この判決は、Ｄに対する融資の合理性・相当性を認め、回収が十分に可能であると判断したことも合理的であった等とし、善管注意義務違反を否定し、控訴を棄却した。

〈判決文〉

(1)　本件許可及び本件貸付けの実行までの間における善管注意義務違反について

ア　前記前提事実及び上記認定事実によれば、本件貸付けは、千葉家庭裁判所の家事審判官による本件許可に基づいて行われたものであるところ、本件許可は、当時、被後見人である花子の後見人職務代行者であった被控訴人の上申に基づいて行われたものではなく、花子の親族である二郎及び同人が代表取締役を務める甲野商会から提出された各上申書（甲４、乙１）に基づいて行われたものであり（なお、控訴人らが主張するように被控訴人自身が上記裁判所に本件許可を求めたことを認めるに足りる証拠はない。）、その上、被控訴人は、本件許可の直前になって、上記各上申書が上記裁判所に提出されていることを全く知らない中で、上記審判官から、上記各上申書の趣旨に沿って、甲野商会が本件不動産を日向から買受けるために花子の預金から資金の貸付けを受けることを許可する意向であると伝えられたものであって、その際、被控訴人は、上記審判官に対して、花子及び太郎の将来の看護療養費に多額の支出が予想されるので慎重に配慮されたい旨意見を述べたが、結局、その後間もなく、本件許可がされたものである。

イ　そして、被控訴人は、本件許可に基づいて本件貸付けを実行するに当たり、上記認定事実(4)のとおり、自ら調査した結果に基づき、花子が甲野商会の設立間もないころからその代表取締役で株主であったことなどから、甲野商会が本件不動産を買い受けることは実質上、花子が廉価で売却された本件不動産を買い戻すということができる、甲野商会に3億円を貸し付けたとしても花子には他に1億4000万円余の預金が存在する、本件不動産には先順位の担保権の存在を考慮に入れても十分な担保余力がある、甲野商会の経営するパチンコ店の平成4年当時の年間売上額が15億円程度であることからすると3億円の回収は十分可能であるなどと考え、これらの点から、本件許可に付された3条件を満たす形で本件貸付けを実行することには必要性と相当性があり、また、本件貸付金の回収の可能性も十分あるものと判断して、本件貸付けを実行したものである。

ウ　そこで前記前提事実及び上記1の認定事実に基づき、被控訴人の上記判断の相当性ないし合理性について検討すると、①もともと本件不動産は花子が所有（本件土地）又は太郎と共有（花子の持分10分の9）していたもので、それが花子の後見人となった太郎によって廉価にすぎる疑いのある価格で第三者に売却されたため、被控訴人が花子の後見人職務代行者となった後、それを取り戻すための訴訟まで提起していたこと、日向から本件不動産を買い受けようとした甲野商会は花子が中心となって本件不動産の所在地を本店所在地として設立（組織変更）し、設立間もなくのころから代表取締役となって、その経営に当たってきたものであり（二郎が設立当時27歳であったことからすると、その経営は花子が中心となっていたものと推認される。）、花子は、本件貸付け当時、代表取締役を辞任していたものの、25パーセントの株式を所有していたこと、本件不動産には花子と共に甲野商会の経営に当たってきた二男の二郎とその家族が居住していたこと、花子の預金から3億円を甲野商会に貸し付けたとしても、なお花子の預金は1億4000万円余あり、これは、花子や太郎の療養看護の資金としては十分なものといえることなどの点を併せ考えると、花子の意思を忖度すると、本件貸付けをすることが花子の意思に沿うものといえなくもなく、しかも、当時、控訴人らからも本件貸付けに反対である旨の意思表示は上記裁判所や被控訴人に対してされていなかったのであるから、本件不動産を花子自身が買い戻すものでなく、甲野商会は当時、既に花子がその経営から身を引いていたものであることを考慮に入れても、なお、被控訴人が花子の後見人職務代行者として本件貸付けの必要性があると判断したことには、それなりの相当性ないし合理性があるということができる。また、②本件不動産の平成2年4月1日時点における鑑定評価額は18億円余であったのに対し、本件不動産に本件貸付け当時設定されていた先順位の担保権の被担保権債務額は合計6億7500万円程度であったことからみて、当時、既に不動産価格が下落傾向にあったことを考慮に入れても、本件貸付金債権が本件不動産で十分担保されると判断したことにも、それなりの合理性があり（なお、この点については、後記(2)で詳述する。)、さらに、③甲野商会の当時の年間売上額が15億円程度であるとの信用調査機関の情報から、被控訴人が本件貸付金の回収が十分可能であると判断したことにも、これまた、それなりの合理性が認められる。

エ　ところで、後見人職務代行者又は後見人は、被後見人の財産を管理し、また、その財産に関する法律行為について被後見人を代表し（民法859条1項)、後見事務を遂行するに当たっては、善良な管理者の注意義務（善管注意義務）を負うものである（同法869条による同法644条の準用）が、家庭裁判所は、後見事務の監督として、後見監督人、被後見人の親族その他の利害関係人の請求によって、又は職権で、被後見人の財産の管理その他の後見の事務について必要な処分を命ずることができ（平成11年法律第149号による改正前の民法863条の2項)、後見人職務代行者又は後見人に対し、いつでも、被後見人の財産の管理その他の後見の事務に関し相当であると認める事項を指示することができる（家事審判規則84条）とされており、家庭裁判所は、後見人職務代行者や後見人との関係において、その後見事務の遂行を監督すべき立場に立つものであり、本件許可も、千葉家庭裁判所が上記各規定に基づき被控訴人に対し後見事務の監督の一環として行ったものと解される。

オ　本件許可の内容に加えて、上記のような本件許可の性質及び本件許可がされるに至った経緯にかんがみると、被控訴人が本件許可に基づき本件貸付けを実行することに必要性と相当性があり、また本件貸付金の回収の可能性も十分あると判断したことについて、上記ウで説示したとおりそれなりの相当性ないし合理性が認められる以上、被控訴人が本件許可に基づき本件貸付けを実行することとしたことについて、被控訴人に控訴人ら主張のような後見人職務代行者としての善管注意義務違反があったということはできないというべきである。

〈判決の意義と指針〉

この事案は、不動産業を営んできた高齢者の女性が禁治産宣告をされ、後見人に選任された夫につき職務の仮の停止がされたため、弁護士が後見人職務代行者に選任され、その後後見人に選任されたが、その間、後見人職務代行者のときに、弁護士が禁治産者の設立した同族会社に3億円を融資し、貸金債権が回収不能になったため、禁治産者の死亡後、共同相続人らが弁護士に対して債務不履行に基づき損害賠償を請求した控訴審の事件である。この事案は、禁治産者の後見人職務代行者、後見人に選任された弁護士の後見過誤の類型の事件である。

この事案の特徴は、

①　事業を営んでいた高齢の女性につき禁治産宣告がされたこと
②　夫が後見人に選任されたこと
③　夫につき後見人の職務が仮に停止されたこと
④　弁護士が後見人職務代行者の選任されたこと
⑤　その後、弁護士が後見人に選任されたこと
⑥　弁護士が禁治産者が設立した同族会社に3億円を融資したこと
⑦　融資にあたり家庭裁判所の許可を得たこと

⑧　当時、禁治産者の関係者から明確な反対がなかったこと
⑨　貸金債権が回収不能になったこと
⑩　禁治産者が死亡し、共同相続が開始したこと
⑪　相続人らの一部が後見人である弁護士の債務不履行責任を追及したこと
⑫　弁護士の善管注意義務が主張されたこと

があげられる。なお、第1審判決である東京地判平成12・11・30判タ1217号281頁は、弁護士の善管注意義務違反を否定し、債務不履行責任を否定したものである。

この判決の特徴は、

①　弁護士が禁治産者の後見人職務代行者として貸付の必要性があると判断したことには、それなりの相当性ないし合理性があるとしたこと
②　貸付にあたって設定した担保権で十分担保されると考えたことには、それなりの合理性があるとしたこと
③　信用調査機関からの情報から、弁護士が貸金債権の回収が十分可能であると判断したことにも、それなりの合理性があるとしたこと
④　弁護士が家庭裁判所の許可に基づき貸付を実行したことは、後見人職務代行者としての善管注意義務違反があったということはできないとしたこと

があげられる。

この事案は、禁治産者の後見人職務代行者、後見人に選任された弁護士が禁治産者の関係会社に高額の融資をし、回収不能になったため、禁治産者の死亡後、共同相続人らから債務不履行責任を追及されたものであり、弁護士の新たな類型の業務遂行上のリスクを示したものである。現在、禁治産宣告制度が廃止され、成年後見制度が導入され、弁護士が成年後見人として業務を行う機会が従来と比べて遥かに増加している状況にあり、成年後見人の不祥事も多数発覚しているところであり、成年後見人である弁護士の法的な責任が追及される事例が増加するものと予想される。

この判決は、禁治産者の関係会社に高額の融資を行うにつきその相当性・合理性、債権確保の合理性を検討し、弁護士の善管注意義務違反による債務不履行を否定したものであるが、この事案の特殊な事情が重視されたものと評価すべきであり、弁護士が遂行する後見事務に慎重さを求め、警鐘を鳴らす意味で事例判断として参考になるものである。

なお、第1審判決である東京地判平成12・11・30判タ1217号281頁は、以下のとおり、

「一　争点1（善管注意義務違反）について

原告らが被告の後見人職務代行者ないし後見人としての訴外花子の財産を適正に管理する義務を怠ったとする具体的事実の内容は、その主張によれば、訴外甲野商会へ4億円の貸付の許可を求めたこと、右に際して貸付を行う必要性の有無及び返済の確実性の有無の確認を怠り、適切な担保の設定、貸付実行後の利息の

徴収等の貸付金の管理を怠ったというものである。

しかしながら、原告らの主張は、貸付を行う者の側からする一般的な注意義務の主張に終始し、本件貸付当時貸付の必要性がなかったことや返済の見込みがなかったことを主張しているわけでもなく、また、右貸付の必要性なり返済の確実性の確認義務を怠ったと言うが、証拠（甲四、五、乙一）によれば、訴外花子の相続人の1人である訴外二郎が裁判所に本件貸付の許可を上申したもので、本件不動産の売主である訴外日向の代理人から右裁判所への事情説明や訴外甲野商会の代理人弁護士による本件物件の過去の売却、売買無効訴訟提起そして今回の買い戻しについての経過の説明があり、身内の1人である訴外二郎が経営する訴外甲野商会がこれを買い戻すことは、原告らからも当時明確な反対がなかったことが窺われ、これらの情報に基づいて裁判所は貸付金を3億円に限定して貸付許可をしたものであることが認められる。

前提事実、証拠（甲四、五、乙一、二）及び弁論の全趣旨によると、貸付の必要性については、本件不動産が以前訴外花子と同太郎の共有であった不動産であること、本人ら及び親族がその取り戻しを希望していたこと、所有者の訴外日向も売却意思の存在が窺われることから、一定の必要性ないし買い戻しの契機が認められ、返済の可能性については本件不動産の価値の変動による担保価値の流動性や貸付時の経済情勢といった不確定な要素がありうること、また、本件証拠上訴外甲野商会からの返済可能性が全くなかったとは認定できないこと、裁判所が貸付を許可するにあたって訴外甲野商会の代表者である訴外二郎の連帯保証、然るべき利息及び損害金の約定をも条件としていること、貸付金も4億円の上申に対して3億円に限定していることなどに照らすと、裁判所の貸付時にあたっての判断が不当であるとも言えず、ましてや被告においては本件証拠上本件貸付を主導的に推進したり、積極的に裁判所へ働きかけていた様子も証拠上窺われないこと、さらに証拠（甲六、乙三の1ないし3）によると貸付時に訴外二郎と連帯保証契約を締結しており、本件不動産に抵当権も設定し、一定の利息と遅延損害金の約定もしていることからすると、貸付の必要性、返済の確実性の確認にあたって、同人に善管注意義務違反があったものとは到底認定できない。

次に、原告らが主張するところの本件契約後の債権の管理について見ても、証拠（甲六、乙三の1ないし9、四、九ないし一二）によれば、貸付にあたって抵当権の設定及びその後の状況についても被告に特段の懈怠は認められず、抵当権の順位の変更については原告らも同意しており、利息金の催告も被告はしており何らこれらの点につき管理者としての懈怠は認められない。

二　これに対して、原告らは、前記のように貸付の必要性、返済の可能性ないし確実性の確認を怠ったことを抽象的に問題にするだけで、後見人職務代行者ないし後見人としての被告の具体的な義務違反の事実の指摘が一切ない。加えて、原告らの代理人は、本件訴訟の第1回弁論準備手続期日以降において、被告代理人からの具体的主張と立証の督促及び裁判所からの同様の要請にもかかわらず、一向にその具体的対応をせず期日を重ね、被告が訴外花子の後見人職務代行者及び後見人に選任されたときの一件記録の文書送付嘱託を申し立て、これにより被告の右義務違反の事実を明らかにして立証することが可能であり、それをもって立証を終える旨確約しておきながら、送付文書から証拠として提出してきたものによっても一向に被告の義務違反が明らかとならないだけでなく、具体的事実の指摘もないままに人証による更なる証拠調べの申請に及ぶなどしている。

このような原告ら代理人の訴訟追行態度及び別訴において訴外甲野商会及び訴外二郎に対して訴外花子の遺産管理者が貸金等返還を請求しているものの思うように進展しないことからすると、原告らの本訴提起及び追行による行動は、模索的に証拠資料を集めて訴外花子の後見人職務代行者ないし後見人の事務にあたった被告を糾弾するためにする訴訟と受け止めざるを得ない」と判示している。

判　決　9	弁護士の税務の助言に係る債務不履行責任等を認めなかった事例 〔東京地判平成17・6・24判タ1194号167頁〕

【事案の概要と判決要旨】

Xは、Aから建物収去土地明渡請求訴訟を提起され、弁護士Yを訴訟代理人として委任し、応訴し、土地をAから買い受け、その一部を売却してAに売買代金を支払う等の旨の訴訟上の和解を成立させた。その際、Yは、Xによる土地の売却につき分離課税の長期譲渡所得の適用があり、居住用財産の譲渡所得の特別控除の適用があると考え、その旨をXに助言しており、Xが確定申告をした際もその内容を記載したメモを作成していたところ、税務署からそれらの適用が否定され、更正処分等がされた。Xが処分の取消訴訟を提起し、裁判所がこれらの適用を否定する判断をしたため、XはYに対してYの判断が誤って課税され、税理士として受任した税務相談上の義務、弁護士として受任した委任契約上の義務違反を主張し、債務不履行、不法行為に基づき損害賠償を請求した。

この判決は、Yの助言について税務相談の委任契約の成立を否定し、訴訟の受任に付随してされたものであるとし、Yの善管注意義務違反を否定し、請求を棄却した。

〈判決文〉

1　争点(1)について

(1)　前記争いのない事実等記載のとおり、被告は税理士の資格を有する弁護士であるところ、原告の委任を受けて、基本事件の訴訟代理人として、訴訟行為を行ったこと、その過程において本件和解に至ったこと、原告は本件土地のうちの30坪の土地、その土地上の建物の建築資金及びその他1000万円を取得したいとの希望を有していたことが認められ、また証拠（甲6、原告本人、被告本人）によれば、被告は、原告に対し、本件和解成立前に、本件譲渡土地の譲渡所得が分離課税の長期譲渡所得であると判断し、本件譲渡土地の譲渡所得が分離課税の長期譲渡所得であること及びおよその税額を説明していたことが認められる。

⑵　そうすると、被告は、本件和解の過程において、訴訟代理人として、原告の希望を実現するためには、どの程度の税負担を前提とすればよいのかについて、被告の税理士としての知識をいかして計算して、その結果を原告に対し説明し、その上で和解に至ったものということができる。そうであれば、上記税額の説明等は、基本事件の訴訟活動に付随してなされたということができるのであって、改めて税務に関して相談する業務を原告から委任されたといった性質のものであると評価することはできない。

そして、原告において和解成立後に発生する課税問題について被告による指導等が必要であると感じたとしても、そのことから新たに税理士との間の税務相談の委任関係を締結する意思があったということもできない。

したがって、税理士である被告との間の税務相談の委任契約が締結されたとの原告の主張には理由がない。

2　争点⑵について

⑴　弁護士は、委任者に対し、善管注意義務を負担しているのであるから、委任者に対し、善管注意義務の内容として、和解を成立させる際には、当該紛争を処理するのに必要な限度で、課税問題について適切に判断し、自ら適切に判断することができない場合には税理士等に相談する等して、委任者に対し適切な判断をすることができるように情報を提供すべき義務を負担しているというべきである。

⑵　これを本件についてみると、本件譲渡土地の譲渡所得の課税問題について、弁護士としては適切な判断をすることができない場合であって、税理士等の専門家に相談するなどすべきであったとしても、被告は税理士としての資格を有し、税理士登録をしているのであるから、専門家としての意見を聴取したものと評価できるのであり、その意味において、専門家に相談するなどすべき義務を履行しているということになり、被告に善管注意義務違反はない。

また、原告は、弁護士には課税問題について自ら適切に判断することができない場合には税務署にも相談すべき義務があると主張するが、確定申告以前において、税務署が個別事案についての具体的な申告内容の適否についてまで判断することができるものとはいえないから、そのような義務があるものとはいえない。

⑶　なお、原告が、被告作成のメモ（甲2）に従って、確定申告をしたこと、同メモは、本件譲渡土地の譲渡所得について、これが分離課税の長期所得であること及び居住用財産の譲渡所得の特別控除の適用があることを前提に作成されていることは前記争いのない事実等記載のとおりであるが、本件譲渡土地の譲渡所得が分離課税の長期譲渡所得に当たらず、短期譲渡所得に当たるとしても、その取得費の認定によっては短期譲渡所得であっても損失が計上されることもあるのであって（甲5）、事実認定及び見解の相違によって、譲渡所得の額に差が生じ、そのため納付すべき税金の額に差が生じるこ

とになることからすると、本譲渡土地の譲渡所得について、これが分離課税の長期譲渡所得には当たらず、また居住用財産の譲渡所得の特別控除の適用がないと判断されたとしても、これをもって直ちに被告が原告に対しメモを作成して交付した行為が違法であると評価することもできない。

(4) したがって、被告に、弁護士としての善管注意義務違反があったということはできず、また被告の不法行為を基礎づける過失があったということはできない。

〈判決の意義と指針〉

この事案は、建物収去土地明渡請求訴訟を提起された者が弁護士を訴訟代理人として委任し、弁護士が応訴し、土地を訴訟の原告から買い受け、その土地の一部を売却して売買代金に支払う等の旨の訴訟上の和解を成立させた際、課税が話題になり、弁護士が売却する土地につき分離課税の長期譲渡所得の適用があり、居住用財産の譲渡所得の特別控除の適用があると考え、その旨を依頼者に助言し、依頼者が確定申告をした際、前記の適用を前提とした申告をしたが、税務署からその適用が否定され、更正処分等がされことから、依頼者が弁護士に対して債務不履行、不法行為に基づき損害賠償を請求した事件である。

この事案の特徴は、

① 弁護士が訴訟の被告から訴訟の追行を受任したこと

② 訴訟の係争物（土地）の買受け、土地の一部の売却による売買代金の支払等を内容とする訴訟の和解が成立したこと

③ 和解の際、土地の一部の売却に係る課税が話題になったこと

④ 弁護士が土地の売却につき分離課税の長期譲渡所得の適用があり、居住用財産の譲渡所得の特別控除の適用があると考え、その旨を依頼者に助言し、その旨のメモを作成し、依頼者に交付したこと

⑤ 依頼者はメモに従って控除の適用があることを前提として確定申告をしたこと

⑥ 税務署が控除の適用を否定し、更正処分等をしたこと

⑦ 依頼者が処分の取消訴訟を提起し、裁判所も同様に控除の適用を否定する判断をしたこと

⑧ 依頼者が弁護士の助言が誤っており、税理士として受任した税務相談上の義務、弁護士として受任した委任契約上の義務違反があると主張し、債務不履行責任、不法行為責任を追及したこと

があげられる。この事案は、訴訟追行、和解を受任した弁護士について、これに付随する税務上の助言の過誤が問題になったものである。

この判決の特徴は、

① 弁護士が訴訟上の和解の成立前、依頼者に譲渡土地の譲渡所得が分離課税の長期譲渡所得であると判断し、譲渡土地の譲渡所得が分離課税の長期譲渡所得であることおよびその税額を説明したこと

② 弁護士が和解の過程において、訴訟代理人として、依頼者の希望を実現するためには、どの程度の税負担を前提とすればよいのかについて、税理士としての知識をいかして計算し、その結果を原告に対し説明し、そのうえで和解に至ったとしたこと

③ 弁護士の税額の説明等は、基本事件の訴訟活動に付随してなされたとしたこと

④ 弁護士と依頼者に、新たに税理士との間の税務相談の委任関係を締結する意思があったとはいえないとし、税理士としての委任契約の成立を否定したこと

⑤ 弁護士は、善管注意義務の内容として、和解を成立させる際には、依頼者に紛争を処理するのに必要な限度で、課税問題について適切に判断し、自ら適切に判断することができない場合には税理士等に相談する等して、委任者に対し適切な判断をすることができるように情報を提供すべき義務を負うとしたこと

⑥ この事案では、譲渡土地の譲渡所得につき分離課税の長期譲渡所得にはあたらず、また居住用財産の譲渡所得の特別控除の適用がないと判断されたとしても、これをもって直ちに弁護士が依頼者にメモを作成して交付した行為が違法であると評価することはできないとしたこと

⑦ 弁護士としての善管注意義務違反があったとはいえないとしたこと

があげられる。この判決は、弁護士が訴訟事件を受任し、訴訟上の和解を成立させた際、税負担に関する依頼者に対する説明が誤っていた事案について、税務の委任契約の成立を否定し、弁護士の善管注意義務違反を否定し、税理士、弁護士としての委任契約上の債務不履行責任、不法行為責任を否定した事例を提供するものである。訴訟事件を受任し、訴訟上の和解の交渉、締結にあたって、依頼者に税負担の問題が生じることは通常の事態であり、弁護士の多くは、税理士としての業務を行っていたり、税負担の性質、内容につき明確な知識を有していたりするなどの特段の事情のない限りは、依頼者に税理士に相談するか、依頼者の依頼を受け、税理士に相談するかの事務処理を行い、税負担の助言にかかるリスクを回避するものであろう。この事案では、訴訟事件を受任した弁護士が誤った税負担につき説明、助言をし、しかもメモを作成して交付したというものであるから、依頼者が弁護士の作成したメモを信頼したことによる期待は相当なものであり、この判決が弁護士の債務不履行、不法行為を否定した判断は、その前提となる善管注意義務の内容、義務違反の判断基準につき疑問が残る。

判　決　10	破産管財人である弁護士の管財事務上の不当利得返還義務を認めた事例 〔最一小判平成18・12・21民集60巻10号3964頁、判時1961号53頁〕

【事案の概要と判決要旨】

前記【判決7】東京高判平成16・10・27判時1882号39頁の上告審判決であり、Xが上告受理を申し立てた。

この判決は、破産管財人が未払賃料等に敷金を充当し、敷金返還請求権の上に存する質権を消滅させたことは質権者に対する目的債権の担保価値を維持すべき義務に違反するとしたものの、本件では、破産裁判所の許可も得たうえで充当処理がされたこと等の事情にあり、善管注意義務違反になるとはいえないが、質権者の損失において破産財団が減少を免れたと評価すべきであるとし、不当利得の成立を認め、原判決の一部を破棄し、Xの請求を一部認容した。

〈判決文〉

1　債権が質権の目的とされた場合において、質権設定者は、質権者に対し、当該債権の担保価値を維持すべき義務を負い、債権の放棄、免除、相殺、更改等当該債権を消滅、変更させる一切の行為その他当該債権の担保価値を害するような行為を行うことは、同義務に違反するものとして許されないと解すべきである。そして、建物賃貸借における敷金返還請求権は、賃貸借終了後、建物の明渡しがされた時において、敷金からそれまでに生じた賃料債権その他賃貸借契約により賃貸人が賃借人に対して取得する一切の債権を控除し、なお残額があることを条件として、その残額につき発生する条件付債権であるが（最高裁昭和46年(オ)第357号同48年2月2日第二小法廷判決・民集27巻1号80頁参照）、このような条件付債権としての敷金返還請求権が質権の目的とされた場合において、質権設定者である賃借人が、正当な理由に基づくことなく賃貸人に対して未払債務を生じさせて敷金返還請求権の発生を阻害することは、質権者に対する上記義務に違反するものというべきである。

また、質権設定者が破産した場合において、質権は、別除権として取り扱われ（旧破産法92条）、破産手続によってその効力に影響を受けないものとされており（同法95条）、他に質権設定者と質権者との間の法律関係が破産管財人に承継されないと解すべき法律上の根拠もないから、破産管財人は、質権設定者が質権者に対して負う上記義務を承継すると解される。

そうすると、被上告人は、プロモントリアに対し、本件各賃貸借に関し、正当な理由に基づくことなく未払債務を生じさせて本件敷金返還請求権の発生を阻害してはならない義務を負っていたと解すべきである。

2　以上の見地から本件についてみると、本件宣告後賃料等のうち原状回復費用については、賃貸人において原状回復を行ってその費用を返還すべき敷金から控除することも広く行われているものであって、敷金返還請求権に質権の設定を受けた質権者も、これを予定した上で担保価値を把握しているものと考えられるから、敷金をもってその支払に当てることも、正当な理由があるものとして許されると解すべきである。他方、本件宣告後賃料等のうち原状回復費用を除く賃料及び共益費（以下、これらを併せて「本件賃料等」という。）については、前記事実関係によれば、被上告人は、本件各賃貸借がすべて合意解除された平成11年10月までの間、破産財団に本件賃料等を支払うのに十分な銀行預金が存在しており、現実にこれを支払うことに支障がなかったにもかかわらず、これを現実に支払わないで住友不動産との間で本件敷金をもって充当する旨の合意をし、本件敷金返還請求権の発生を阻害したのであって、このような行為（以下「本件行為」という。）は、特段の事情がない限り、正当な理由に基づくものとはいえないというべきである。本件行為が破産財団の減少を防ぎ、破産債権者に対する配当額を増大させるために行われたものであるとしても、破産宣告の日以後の賃料等の債権は旧破産法47条7号又は8号により財団債権となり、破産債権優先して弁済すべきものであるから（旧破産法49条、50条）、これを現実に支払わずに敷金をもって充当することについて破産債権者が保護に値する期待を有するとはいえず、本件行為に正当な理由があるとはいえない。そして、本件において他に上記特段の事情の存在をうかがうことはできない。

以上によれば、本件行為は、被上告人がプロモントリアに対して負う前記義務に違反するものというべきである。

3　破産管財人は、職務を執行するに当たり、総債権者の公平な満足を実現するため、善良な管理者の注意をもって、破産財団をめぐる利害関係を調整しながら適切に配当の基礎となる破産財団を形成すべき義務を負うものである（旧破産法164条1項、185条～227条、76条、59条等）。そして、この善管注意義務違反に係る責任は、破産管財人としての地位において一般的に要求される平均的な注意義務に違反した場合に生ずると解するのが相当である。この見地からみると、本件行為が質権者に対する義務に違反することになるのは、本件行為によって破産財団の減少を防ぐことに正当な理由があるとは認められないからであるが、正当な理由があるか否かは、破産債権者のために破産財団の減少を防ぐという破産管財人の職務上の義務と質権設定者が質権者に対して負う義務との関係をどのように解するかによって結論の異なり得る問題であって、この点について論ずる学説や判例も乏しかったことや、被上告人が本件行為（本件第3者賃貸借に係るものを除く。）につき破産裁判所の許可を得ていることを考慮すると、被上告人が、質権者に対する義務に違反するものではないと考えて本件行為を行ったとしても、このことをもって破産管財人が善管注意義務違反の責任を負うということはできないというべきである。〈略〉

第三1　〈略〉

2　〈一部略〉

本件質権の被担保債権の額が本件敷金の額を大幅に上回ることが明らかである本件においては、本件敷金返還請求権は、別途権である本件質権によってその価値の全部を把握されていたというべきであるから、破産財団が支払を免れた本件宣告後賃料等の額に対応して本件敷金返還請求権の額が減少するとしても、これをもって破産財団の有する財産が実質的に減少したとはいえない。そうすると、破産財団は、本件充当合意により本件宣告後賃料等の支出を免れ、その結果、同額の本件敷金返還請求権が消滅し、質権者が優先弁済を受けることができなくなったのであるから、破産財団は、質権者の損失において本件宣告後賃料等に相当する金額を利得したというべきである。

〈判決の意義と指針〉

この事案は、前記【判決5】横浜地判平成16・1・29判時1870号72頁、【判決6】東京高判平成16・10・19判時1882号33頁、後記の【判決11】最一小判平成18・12・21判時1961号62頁の関連事件であり、同一の破産管財人の管財業務が問題になったものである。銀行が会社の有する敷金返還請求権（会社が建物を賃借していた）に質権を設定し、これを担保として貸金債権を有していたところ、賃借人である会社が破産宣告を受け、弁護士が破産管財人に選任された後、弁護士は、賃貸人に賃料を支払わず、賃貸人との間で破産宣告後の賃料等を敷金に充当する旨の合意をしたため、銀行から貸金債権、担保権の譲渡を受けた会社が破産管財人に対して敷金の損失分（賃料等分の利得）の返還等を請求した上告審の事件である。この事案においては、旧破産法164条2項に基づく破産管財人の損害賠償責任も争点になっている。

この判決は、以下のことを判示している。

① 債権が質権の目的とされた場合において、質権設定者は、質権者に対し、当該債権の担保価値を維持すべき義務を負うとしたこと

② 質権設定者が債権の放棄、免除、相殺、更改等当該債権を消滅、変更させる一切の行為その他当該債権の担保価値を害するような行為を行うことは、前記義務に違反するとしたこと

③ 敷金返還請求権が質権の目的とされた場合において、質権設定者である賃借人が、正当な理由に基づくことなく賃貸人に対して未払債務を生じさせて敷金返還請求権の発生を阻害することは、質権者に対する前記義務に違反するとしたこと

④ 質権設定者が破産した場合において、破産管財人は、質権設定者が質権者に対して負う前記義務を承継するとしたこと

⑤ この事案では、破産宣告後の賃料等のうち原状回復費用については、敷金返還請求権に質権の設定を受けた質権者も、これを予定したうえで担保価値を把握しているから、敷金をもってその支払にあてることも、正当な理由があるとし、破産管財人の前記義務違反を否定したこと

⑥ 原状回復費用を除く賃料および共益費については、破産財団に賃料等を支払うのに十分な銀行預金が存在しており、現実にこれを支払うことに支障がなかったにもかかわらず、これを現実に支払わないで賃貸人との間で敷金をもって充当する旨の合意をし、敷金返還請求権の発生を阻害したことは、特段の事情がない限り、正当な理由に基づくものとはいえないとし、前記義務違反を肯定したこと

⑦ 前記の範囲で破産管財人の不当利得の返還義務を肯定したこと

⑧　破産管財人は、職務を執行するにあたり、総債権者の公平な満足を実現するため、善良な管理者の注意をもって、破産財団をめぐる利害関係を調整しながら適切に配当の基礎となる破産財団を形成すべき義務を負うとしたこと

⑨　善管注意義務違反にかかる責任は、破産管財人としての地位において一般的に要求される平均的な注意義務に違反した場合に生ずるとしたこと

⑩　本件では破産管財人の前記行為が質権者に対する義務に違反することになるのは、破産財団の減少を防ぐという破産管財人の職務上の義務と質権設定者が質権者に対して負う義務との関係をどのように解するかによって結論の異なり得る問題であり、学説や判例も乏しかったことや、破産裁判所の許可を得ていることを考慮すると、破産管財人が質権者に対する義務に違反するものではないと考えて行為を行ったとしても、善管注意義務違反の責任を負うということはできないとしたこと

この判決は、破産管財人の担保価値の維持義務、善管注意義務の存在、内容を明らかにしたものであり、理論的に重要な判断を示したものであるとともに、破産管財人の担保価値の維持義務違反を一部認め、この義務違反による敷金の不当利得返還義務を肯定し、善管注意義務違反を否定した事例として参考になる。この判決は、事案の内容によっては、破産管財人の善管注意義務違反が認められることが相当にあることを認めていることにも留意することが重要である。なお、この判決は破産裁判所の許可を根拠の一つとして指摘しているが、破産裁判所の判断が誤った場合にどのような判断になるのか興味深いし、事案によっては破産管財人とともに国（破産裁判所）の法的な責任が認められるべきである。

判　決　11	破産管財人である弁護士の管財事務上の不当利得返還義務を認めた事例 〔最一小判平成18・12・21判時1961号62頁〕

【事案の概要と判決要旨】

前記【判決６】東京高判平成16・10・19判時1882号33頁の上告審判決であり、Yが上告受理を申し立てた。

この判決は、【判決10】最一小判平成18・12・21民集60巻10号3964頁、判時1961号53頁と同様な判断を示し、破産管財人の行為が質権者に対する目的債権の担保価値を維持すべき義務に違反するものであり、破産財団に不当利得が成立するとした原審の判断は正当であるとしたが、悪意の受益者を認めた判断を破棄し、原判決を変更し、第１審判決を変更し、Xの請求、原審における追加請求を棄却した。

〈判決文〉

2　以上の見地から本件についてみると、上告人は、被上告人に対し、本件各賃貸借に関

し、正当な理由に基づくことなく未払債務を生じさせて敷金返還請求権の発生を阻害してはならない義務を負っていたと解すべきところ、前記事実関係によれば、上告人は、本件各賃貸借がすべて合意解除された平成11年10月までの間、破産財団に本件賃料等を支払うのに十分な銀行預金が存在しており、現実にこれを支払うことに支障がなかったにもかかわらず、これを現実に支払わないで住友不動産との間で本件敷金をもって充当する旨の合意をし、本件敷金返還請求権の発生を阻害したのであって、このような行為（以下「本件行為」という。）は、特段の事情がない限り、正当な理由に基づくものとはいえないというべきである。本件行為が破産財団の減少を防ぎ、破産債権者に対する配当額を増大させるために行われたものであるとしても、破産宣告の日以後の賃料等の債権は旧破産法47条7号又は8号により財団債権となり、破産債権に優先して弁済すべきものであるから（旧破産法49条、50条）、これを現実に支払わずに敷金をもって充当することについて破産債権者が保護に値する期待を有するとはいえず、本件行為に正当な理由があるとはいえない。そして、本件において他に上記特段の事情の存在をうかがうことはできない。

3 以上によれば、上告人の本件行為により本件敷金返還請求権の発生が阻害されたことによって、破産財団が法律上の原因なく本件賃料等4185万9428円の支出を免れ、その結果、同額の本件敷金返還請求権が消滅し、質権者が優先弁済を受けることができなくなったのであるから、破産財団は、質権者の損失において上記金額を利得したということができる。したがって、上告人は、4185万9428円の262分の30に相当する479万3064円につき、これを不当利得として被上告人に返還すべき義務を負うというべきである。

〈判決の意義と指針〉

この事案は、前記のとおり、銀行が会社の有する敷金返還請求権（会社が建物を賃借していた）に質権を設定し、これを担保として貸金債権を有していたところ、賃借人である会社が破産宣告を受け、弁護士が破産管財人に選任された後、弁護士は、賃貸人に賃料を支払わず、賃貸人との間で破産宣告後の賃料等を敷金に充当する旨の合意をしたため、銀行から貸金債権、担保権の譲渡を受けた会社が破産管財人に対して敷金の損失分（賃料等分の利得）の返還を請求した上告審の事件である。

この判決は、【判決10】最一小判平成18・12・21民集60巻10号3964頁、判時1961号53頁と同様な判断を明らかにしたうえ、本件では破産財団に賃料等を支払うのに十分な銀行預金が存在しており、現実にこれを支払うことに支障がなかったにもかかわらず、これを現実に支払わないで賃貸人との間で敷金をもって充当する旨の合意をし、敷金返還請求権の発生を阻害したことは、特段の事情がない限り、正当な理由に基づくものとはいえないとし、担保価値維持義務違反を肯定したこと、破産管財人の不当利得の返還義務を肯定したことに特徴があり、その旨の事例判断を加えたものである。

判　決　12	特別代理人に選任された弁護士の不法行為責任を認めた事例 〔岡山地判平成22・1・22判時2146号59頁〕

【事案の概要と判決要旨】

X（昭和50年生）は、Aの三男であり、兄B、Cがいる。Aは、平成2年、3年、D株式会社に所有土地（本件土地）を売却し、手付金を受領したが、平成3年8月に死亡した。CがXの後見人（未成年後見人）に就任し、Cは、Aの遺産分割を行うために、E弁護士を代理人として家庭裁判所に、Xの特別代理人の選任の申立てを行い、遺産分割が事実上成立している旨を上申し、Y弁護士を特別代理人として推薦し、家裁は、平成4年9月、遺産分割協議書のとおり遺産分割するにつきXの特別代理人としてYを選任する旨の審判をした。Eは、平成5年2月、Cの代理人として家裁に、再度、Xの特別代理人として遺産分割を変更するため、Yを選任されたい旨の申立てをし、同年4月、家裁は同様な審判をし、B、C、Yは、平成5年5月、遺産分割協議書に署名、捺印をした。これに従ってX、B、Cにつき相続に係る本件土地を含む各土地の所有権移転登記手続等がされ（Aの遺産の大部分をCが取得し、本件土地はCが取得した）、Cは、本件土地につき改めてDと売買契約を締結した。Cが本件土地等につき根抵当権を設定したところ、平成19年1月、根抵当権が実行されたことから、Xは、Yに対して、遺産の調査、遺産分割案の説明につき善管注意義務違反等を主張し、不法行為に基づき損害賠償を請求した。

この判決は、特別代理人は、家事審判法16条、民法644条により、その権限を行使するにつき善管注意義務を負い、遺産分割協議案が掲げられた場合、特別代理人は、被相続人の遺産を調査するなどして遺産分割協議案が未成年者保護の観点から相当であるか否かを判断すべき注意義務を負うとしたうえ、本件では遺産につきさしたる調査をしなかった等とし、Yの不法行為を認め、900万円余の損害を認め（Cが取得した遺産の中からXのために約2000万円を保管することを約しているとし、2000万円を損害額から控除した）、消滅時効の主張を排斥し、請求を一部認容した。

〈判決文〉

二　争点(1)について

利益相反行為についての特別代理人の選任（民法826条）は、家庭裁判所が取り扱う家事審判法9条甲類10号所定の審判事項である。特別代理人選任の申立てがされた場合、家庭裁判所は、当該行為が利益相反行為に該当するか否か及び利益相反性が認められる場合に未成年者の利益を保護するために誰が特別代理人として適任かという点について審理する。

特別代理人は、後見人のように包括的継続的な未成年者の保護機関ではなく、特定の行為について個別的に選任される代理人であり、その権限は、特別代理人選任の審判の趣旨によって定まる。そして、制度の理想としては、特別代理人には未成年者の財産状況、家庭環境、当該行為の必要性等の事情に通じ、専ら未成年者の利益を守って良心的に親権等を代行できる意思と能力を有する者が選任されるべきであるが、実際には、家庭裁判所が職権で適任者を探すことが困難であることから、親権者等の挙げる特別代理人候補者をそのまま特別代理人に選任することが多く、形骸化の懸念も指摘されている。このような事態を踏まえ、特別代理人選任の審判においては、特別代理人の権限の内容をできるだけ具体的に特定することが要請される。

遺産分割協議を行うための特別代理人選任の審判の場合、審判主文に遺産分割協議書案を掲げる場合と掲げない場合とがあるが、審判主文に遺産分割協議書案が掲げられている場合には、特別代理人の権限は具体的に特定されているから、当該遺産分割協議案に拘束されると解され、実務上もそのように運用されている。

もっとも、当該利益相反行為の相当性の判断は、本来、家庭裁判所ではなく特別代理人がすべきものである。本件のように、審判主文に遺産分割協議書案が掲げられている場合でも、特別代理人は、当該遺産分割協議書案のとおりの遺産分割協議を成立させるか否かの判断をする権限を有しているのであって、未成年者保護の観点から不相当であると判断される場合にまで当該遺産分割協議書案のとおりの遺産分割協議を成立させる義務を負うわけではない。このような場合には特別代理人は当該遺産分割協議を成立させてはならないと解される。そして、特別代理人は、家事審判法16条、民法644条により、その権限を行使するにつき善管注意義務を負う以上、被相続人の遺産を調査するなどして当該遺産分割協議案が未成年者保護の観点から相当であるか否かを判断すべき注意義務を負うと解すべきである。

また、特別代理人のかかる注意義務は、特別代理人候補者が特別代理人に選任された時から発生すると解される。原告は、特別代理人候補者が家庭裁判所からの打診を受諾した時以降善管注意義務を負うと主張するが、条文上の根拠がなく、上記のように解しても実際上の不都合はないというべきである。〈略〉

三　争点(2)について

上記一に認定した事実によれば、被告が第二回目の審判後に太郎の遺産について調査義務を尽くした形跡はなく、太郎の遺産の全体像を把握していた事実は窺えない。被告が原告、竹夫や戊田弁護士に積極的に問い合わせたり、関係者に不動産登記簿謄本や固定資産評価証明書等を提出させたり取り寄せるなどしていれば、「それ以外の遺産」として太郎名義の預貯金や本件各土地が存在することが明らかになったはずであるし、そうすれば、進んで本件各土地が売却されて本件売買代金が存在する事実を把握できた可能性もある。そして、このような事実が明らかになれば、変更後の遺産分割協議書は原告にとって不相当な内容であると判断されるはずである。そうすると、被告としては、このような遺産分割協議を成立させてはならなかったといえる。

しかるに、被告は、太郎の遺産についてさしたる調査をせず、戊田弁護士から要請されるままに特別代理人への就任を了解し、家庭裁判所の審判を経て変更後の遺産分割協議書に署名捺印したのであるから、特別代理人としての善管注意義務に違反したといえる。したがって、被告は、変更後の遺産分割協議書が成立したことによって原告に損害が生じた場合、これを賠償すべき不法行為責任を負うというべきである。

〈判決の意義と指針〉

この事案は、未成年者を含む共同相続人間で遺産分割を行った際、共同相続人の一人が未成年者の後見人になり、その後見人の申立てにより弁護士が特別代理人に選任され、事実上まとまっている遺産分割案を前提とし、遺産分割協議を行い、その後、これを変更する協議を行った際、再度弁護士が特別代理人に選任され変更協議を行ったため、未成年者であった者が弁護士に対して不法行為に基づき損害賠償を請求した事件である。この事案は、特別代理人である弁護士の付随業務である特別代理過誤の類型の事件である。

この事案では、弁護士が共同相続人のうち一人が未成年者の後見人になった後、その申立てによって特別代理人に選任され（民法860条、826条）、他の共同相続人らと遺産分割の協議、変更の協議を行ったが、協議内容が他の相続人に有利な内容であったため、特別代理人である弁護士の善管注意義務違反による不法行為責任の成否が問題になったものである。

この判決の特徴は、

① 特別代理人は、家事審判法16条、民法644条により、その権限を行使するにつき善管注意義務を負う以上、被相続人の遺産を調査するなどして当該遺産分割協議案が未成年者保護の観点から相当であるか否かを判断すべき注意義務を負うとしたこと

② 特別代理人が遺産調査を行っていれば、変更後の遺産分割協議書は未成年者にとって不相当な内容であると判断されるはずであり、特別代理人としては、このような遺産分割協議を成立させてはならなかったとしたこと

③ 特別代理人としての善管注意義務違反を認め、変更後の遺産分割協議書が成立したことによって未成年者に損害が生じた場合、これを賠償すべき不法行為責任を負うとしたこと

があげられる。この判決は、弁護士が遺産分割の際における未成年者の特別代理人に選任され、遺産分割協議を行ったことについて、遺産調査、協議に係る善管注意義務違反の不法行為責任を肯定したものであり、事例判断として参考になるものである。弁護士が遺産分割を前提として未成年者の特別代理人に選任される経緯は、様々なものがあろうが、他の共同相続人、その代理人らからの推薦による場合は少なくないものと推測されるところ、遺産分割の内容がすでに事実上まとまっていたり、大筋でまとまっていたりすると、自ら代理する未成年者の利益の内容・程度の検討、吟味が疎かになるおそれがあり、特別代理過誤が生じるおそれがある。この判決は、弁護士の特別代理人の業務、後見人の業務に参考になる事例判断を提供するものである。

判 決 13	破産管財人である弁護士の管財事務上の善管注意義務違反を認めた事例 〔釧路地判平成23・7・13金判1395号34頁〕

【事案の概要と判決要旨】

公的な金融事業を営むX株式会社は、A株式会社に債権を有し、Aらの所有に係る複数の不動産に抵当権を設定していた。A株式会社につき破産手続開始決定がされ、弁護士Yが破産管財人に選任され、Xは不足額につき2件の債権届出をし、Yは本件不動産を順次任意売却し、売却代金の一部からXに各支払をし、Xから各領収証を受領したが、Xが別除権の行使による不足額に関する不足額確定書を提出しない間に、最後配当の手続を実施し（X、他の金融機関については、不足額の証明がないものとして取り扱われた）、Xにつき配当額零円等とする配当表を作成し、配当を実施した。XはYに対して誤った配当表による配当を行った等の善管注意義務違反を主張し、破産法85条2項に基づき損害賠償を請求した。

この判決は、破産管財人が職務上知り得た事実、入手した資料に基づいて認定できる事実に合致しない配当を行うことは、破産管財人の善管注意義務に違反するとし、受けることのできた配当額の損害（1489万5594円）につき（過失相殺を4割認めた）、請求を一部認容した。

〈判決文〉

(4) 破産法198条3項は、いわゆる不足額責任主義（同法108条1項）を前提とすると最後配当に当たり別除権不足額が確定している必要があるため、その証明責任を別除権者に負わせる趣旨であり、当該別除権者が既に破産債権者としての地位を有していることにかんがみると、その配当に参加するに当たって届出その他の積極的行為を要求する趣旨であるとは解されない。また、その証明に当たっては、破産管財人がその職務上知り得た事実及び入手した資料について、更に証明することを要しないと解される。

このような取扱いは、別除権者が有している破産債権者としての地位に基づく物で、実体的な権利関係にも合致するのであるから、当該別除権者を優遇することにはならず、むしろ、破産者の財産等の適正かつ公平な清算を図るという観点からすれば、職務上知り得た事実及び入手した資料に基づいて認定できる事実に合致しない配当を行うことは、破産管財人の善管注意義務に違反するというべきである。

(5) 別除権者が弁済を受けた場合において、複数の債権があるとき、又は元本のほか利息等の請求権を有するときの充当方法は、充当に関する合意があるときはそれによるが、当該合意がない場合及び当該合意の事実が認定できない場合には、法定充当の規定に従って充当することになる。したがって、弁済の充当方法が不明で定まらないということは論理上ありえない。

(6) 前記(4)及び(5)を前提とすると、本件破産事件において、被告は、自ら関与して対象不動産の任意売却及びその受戻しを行い、別紙別除権目録記載の別除権が消滅し、又はこれによって担保される額が0円となったことを認識していたのであり、原告が合計1億2300万5578円の弁済を受けたことも把握していたから、法定充当の規定に従って計算を行い、届出債権1の残額すなわち別除権不足額を認定することができ、そのように認定すべきであった。そして、法定充当の規定によって計算される届出債権1に係る別除権不足額は、別紙法定充当計算書記載のとおり、2億5256万4702円である。

この点、被告は、原告が充当関係を示さなかった点を問題とするが、別除権不足額の証明に当たって、充当関係その他の事項を破産管財人に報告すべき旨の規定はなく、証明資料（前記(4)のとおり、破産管財人が職務上知り得た事実等を含む。）から別除権不足額を計算して認定できるのであれば、破産管財人において計算すべきである。

また、被告は、実務上、破産管財人に対する不足額確定報告書の提出をもって別除権不足額の証明があったものと解されている旨主張し、乙第3号証の文献（伊藤眞・岡正晶・田原睦夫ほか著『条解破産法』1286頁）を引用する。しかしながら、同文献は、別除権者が不足額確定報告書を提出するという実務の慣行を前提として、それが認定の資料となることを指摘するに止まり、いかなる場合に別除権不足額の証明があったかを論じているものではないと考えられる。むしろ、破産管財人の実務について記述した文献には、任意売却の際の領収書が提出されたときにも証明があったとするもの（例えば、東京地裁破産再生実務研究会編『破産・民事再生の実務〔新版〕中』201頁）もあるのであって、被告の主張は採用できない。

(7)　以上のとおり、別除権者が不足額確定報告書を提出するという実務の慣行に反して、不足額確定報告書が提出されない場合、破産管財人としては、直ちに別除権不足額の証明がなかったものと扱うことはできないところ、自ら充当計算を行うときは、当該別除権者との間で充当方法に関して意見が食い違ったり、違算をしたりするおそれもあるから、別除権者に対し不足額確定報告書の提出を求め、不明点があれば更に問い合わせるなどして、別除権不足額を認定するのが相当であり、被告としては、このような措置をとることでも足りたと考えられる。

(8)　前記(2)から(7)によれば、届出債権1（別除権不足額は2億5256万4702円）を配当手続に参加できる債権として扱わずに配当表を作成し、これに基づいて配当を行ったことは誤りであり、破産管財人としての善管注意義務に違反する。

〈判決の意義と指針〉

この事案は、債権者が債務者らの所有に係る複数の不動産に抵当権を設定していたところ（当該債権者は別除権を有する）、債務者につき破産手続が開始され、破産管財人が不動産を順次任意売却し、債権者が売却代金から一部の弁済を受けたものの、別除権行使の不足額に関する不足額確定書を提出しない間に、破産管財人が最後配当の手続を実施し、当該債権者につき配当額零円等とする配当表を作成し、配当を実施したため、当該債権者が破産管財人に対して損害賠償責任を追及した事件である。この事案は、弁護士の破産管財業務の過誤の類型の事件である。

この事案の特徴は、

①　破産管財人が配当にあたって別除権者の不足額の取扱いを誤ったこと

②　別除権者の別除権行使の不足額につき最後配当額が零円として、配当しなかっ

たこと

③ 破産管財人の善管注意義務違反が主張されたこと

④ 破産管財人の破産法85条２項に基づく損害賠償責任が問われたこと

があげられる。

この判決の特徴は、

① 破産法198条３項は、いわゆる不足額責任主義（同法108条１項）を前提とすると最後配当にあたり別除権不足額が確定している必要があるため、その証明責任を別除権者に負わせる趣旨であり、当該別除権者がすでに破産債権者としての地位を有していることにかんがみると、その配当に参加するにあたって届出その他の積極的行為を要求する趣旨ではないとしたこと

② 不足額の証明にあたっては、破産管財人がその職務上知り得た事実および入手した資料について、さらに証明することを要しないとしたこと、

③ 別除権者が不足額確定報告書を提出するという実務の慣行に反して、不足額確定報告書が提出されない場合、破産管財人としては、直ちに別除権不足額の証明がなかったものと扱うことはできないとしたこと

④ 破産管財人が自ら充当計算を行うときは、当該別除権者との間で充当方法に関して意見が食い違ったり、違算をしたりするおそれもあるから、別除権者に対し不足額確定報告書の提出を求め、不明分があればさらに問い合わせるなどして、別除権不足額を認定するのが相当であるとしたこと

⑤ 破産管財人が不足額が存在するのに、配当表を作成し、配当を行ったことは誤りであるとし、破産管財人の善管注意義務違反を肯定したこと

⑥ 別除権者が受けるべき配当額が1489万5594円であると認め、別除権者の過失が４割あるとし、過失相殺を認めたこと、別除権者が賠償を受けるべき損害が825万832円であるとしたこと

があげられる。

破産管財人は、管財業務の受任者として善良な管理者の注意をもって職務を遂行することが必要であり（破産法85条１項）、この注意を怠ったときは、利害関係人に対し、損害賠償義務を負うものであるが（同条２項。なお、旧破産法164条も同旨の規定であった）、この判決は、この規定に基づく破産管財人である弁護士の善管注意義務違反による損害賠償責任を肯定した事例判断として参考になるものである。

破産管財業務は、迅速な事務処理が必要であること、債権者、別除権者、取戻権者等の複雑な利害が対立する状況における事務処理が必要であること、最終的には破産財団の現金化と債権者等への弁済、配当による収支が必要であり、損得が明確になること、破産管財業務に関係する法令が抽象的であり、具体的な判断基準が明確でないことがあること、破産管財業務の事務処理上様々な観点から破産管財人には破産裁判所への依存関係があり、破産裁判所には破産管財人への依存関係があることといった特徴を指摘することができるが、破産管財人にとっては、管財業務過

誤というリスクを回避することが重要になっている。

この判決は、破産管財人の管財業務過誤の一事例を提供するとともに、管財業務の具体的な内容を行うにあたって参照した文献を十分かつ正確に理解することの重要性をあらためて示すものになっている。なお、破産法85条２項所定の損害賠償責任が破産管財人の個人責任であるのか、破産財団が負担する責任であるのかという問題が提起され、一部には破産財団が負担すべきであるとの議論、見解があるが、破産管財人の善管注意義務違反が認められる場合においてその損害賠償責任を破産財団が負担すべき根拠がないだけでなく、債権者らの利害関係人の理解は全く得られないものである。

破産管財人の管財業務の過誤が問題になった判例、裁判例としては、最二小判昭和45・10・30民集24巻11号1667頁・判時613号58頁、大阪地判昭和61・５・16判時1210号97頁、東京地判平成３・２・13金判879号29頁、前記【判決２】東京地判平成８・９・30判タ933号168頁、前記【判決３】東京高判平成９・５・29判タ981号164頁、東京地判平成９・10・28判時1650号96頁、前記【判決７】東京高判平成16・10・27判時1882号39頁、前記【判決10】最一小判平成18・12・21民集60巻10号3964頁・判時1961号53頁がある。

判　決　14	特別代理人に選任された弁護士の不法行為責任を認めた事例 〔広島高岡山支判平成23・８・25判時2146号53頁〕

【事案の概要と判決要旨】

前記【判決12】岡山地判平成22・１・22判時2146号59頁の控訴審判決であり、X、Yの双方が控訴した（Yは、権利の濫用の主張を追加した）。

この判決は、基本的に前記の第１審判決を引用し、損害額につきCの保管分の控除を否定し、消滅時効の主張・権利の濫用の主張を排斥し、過失相殺を５割認め、Xの控訴に基づき第１審判決を変更し、請求を一部認容し（Aの遺産総額から経費総額を控除し、３等分し、Xが分割協議によって取得分を控除した額が損害額であるとしたうえ、前記過失相殺をしている）、Yの控訴を棄却した。

〈判決文〉

【判決12】岡山地判平成22・1・22判時2146号59頁参照。

〈判決の意義と指針〉

この事案は、未成年者を含む共同相続人間で遺産分割を行った際、共同相続人の一人が未成年者の後見人になり、その後見人の申立てにより、弁護士が特別代理人に選任され、事実上まとまっている遺産分割案を前提とし、遺産分割協議を行い、その後、これを変更する協議を行った際、再度、弁護士が特別代理人に選任され、変更協議を行ったため、未成年者であった者が弁護士に対して不法行為に基づき損害賠償を請求した控訴審の事件である。この事案は、特別代理人である弁護士の特別代理過誤の類型の事件である。

この判決は、第１審判決を引用し、同様な判断を明らかにしたことに特徴がある。この判決は、第１審判決と同様に、弁護士が遺産分割の際における未成年者の特別代理人に選任され、遺産分割協議を行ったことについて、遺産調査、協議に係る善管注意義務違反の不法行為責任を肯定したものであり、事例判断として参考になる。

判　決　15	破産管財人である弁護士の管財事務上の善管注意義務違反を認めた事例 〔札幌高判平成24・２・17金判1395号28頁〕

【事案の概要と判決要旨】

前記【判決13】釧路地判平成23・７・13金判1395号34頁の控訴審判決であり、Ｙが控訴し、Ｘが附帯控訴した。

この判決は、基本的に前記の第１審判決を引用し、別除権者に対する破産管財人の責任を肯定し、Ｙの控訴を棄却し、Ｘの附帯控訴に基づき原判決を変更し（充当計算の違算を訂正した）、請求を認容した。

〈判決文〉

【判決13】釧路地判平成23・7・13金判1395号34頁参照。

〈判決の意義と指針〉

この事案は、債権者が債務者等の所有に係る複数の不動産に抵当権を設定していたところ（当該債権者は別除権を有する）、債務者につき破産手続が開始され、破産管財人が不動産を順次任意売却し、債権者が売却代金から一部の弁済を受けたものの、別除権行使の不足額に関する不足額確定書を提出しない間に、破産管財人が最後配当の手続を実施し、当該債権者につき配当額零円等とする配当表を作成し、配当を実施したため、当該債権者が破産管財人に対して損害賠償責任を追及した控訴審の事件である。

この判決は、基本的には、破産管財人である弁護士の善管注意義務違反を肯定した第１審判決を引用し、維持するものであり、別除権者が不足額確定報告書を提出するという実務の慣行に反して、不足額確定報告書が提出されない場合、破産管財人としては、直ちに別除権不足額の証明がなかったものと扱うことはできないとしたこと、破産管財人が自ら充当計算を行うときは、当該別除権者との間で充当方法に関して意見が食い違ったり、違算をしたりするおそれもあるから、別除権者に対し不足額確定報告書の提出を求め、不明分があればさらに問い合わせるなどして、別除権不足額を認定するのが相当であるとし、破産管財人が不足額が存在するのに、配当表を作成し、配当を行ったことは誤りであるとし、破産管財人の善管注意義務違反を肯定した事例判断として参考になる。

判　決　16	弁護士が犯罪利用預金口座等に係る資金の被害回復分配金の支払等に関する法律に基づく措置を求めたことによる不法行為責任を認めなかった事例 〔東京地判平成24・9・13判タ1384号212頁〕

【事案の概要と判決要旨】

弁護士Ｙは、高齢者であるＡの娘ＢからＡが詐欺被害に遭っているとの相談を受け、Ａと面談し、資料を調査し、Ｘ合同会社の名義の銀行業を営むＣ株式会社の預金口座が詐欺に利用されていると考え、Ｃにその旨の情報を提供し、本件口座に係る取引停止等の措置を求め、Ｃが犯罪利用預金口座等に係る資金の被害回復分配金の支払等に関する法律３条１項に基づき本件口座に係る取引を停止したことから、ＸがＹに詐欺によるものでないことを説明したところ、Ｙが詐欺によるものでないことを認め、Ａとの契約が錯誤無効であることを主張するに至ったため、ＸがＹに対して不法行為に基づき営業上の損害、信用毀損の損害等合計1612万円余の損害賠償を請求した。

この判決は、Ｙが収集した各種資料を総合すると、本件口座が犯罪に利用されていると考えるにつき合理的な理由があった等とし、不法行為を否定し、請求を棄却した。

〈判決文〉

⑴　法３条１項の措置を講ずるよう求め、本件停止措置を講じさせた被告の行為の違法性について

被告は、秋田からの電話相談を受けた後、三度にわたって直接春田と面談し、事実経過を把握するとともに、春田が所持していた資料や面談後新たに入手した資料を精査し、その内容や春田の認識していた事実との整合性を確認し、春田の供述の正確性を確かめており、その調査に不十分な点があったとはいえない。

そして、春田の供述する事実経過や被告が収集した各種資料を総合すると、本件口座が犯罪に利用されていると考えるにつき合理的な理由があったというべきであるから、被告が法３条１項に基づく措置を求め、本件停止措置を講じさせた行為は、違法とはいえない。

原告は、被告が、春田への融資に関与した登録貸金業者や司法書士に対し、原告による詐欺の有無等について、問合わせ等を行うべきであったと主張する。しかし、そのような調査を行えば、本件口座の名義人に察知され、預金を引き出されるなどの手段が講じられて、法３条１項の措置による被害回復が不可能となるおそれがあるから、被告が上記の調査を行うべきであったとはいえない。

また、原告は、被告が、原告の登記事項証明書を取得すべきであったのに、これをしな

かったから、被告の調査は不十分であると主張するが、同証明書を取得しなかったとしても、そのことから、被告の調査が不十分であったとはいえない。

(2) 本件停止措置が講じられた後の被告の行為の違法性について

ア 上記説示(1)のとおり、本件口座が犯罪に利用されたと疑うことに合理的な理由があったということができるから、本件停止措置は、法3条1項に基づき、適法に行われたものと認められる。そうすると、同措置の根拠である法3条1項の要件を欠くに至り、そのことを被告が認識したなどの特段の事情がない限り、被告が本件停止措置を解除するよう求めなかったとしても、違法とはいえないというべきである。

イ この点、原告は、被告に対し、本件口座への春田による振込みが原告と春田との間の業務委託契約に基づく業務委託料の支払であって、詐欺によるものではないと説明したところ、被告はこれを認め、これに代えて、錯誤による無効を主張するに至ったから、被告は、本件口座が犯罪行為に利用されたものではないことを認識していたと主張し、これに沿う証拠として、春田からの錯誤無効の申出により本件振込金を返還する旨記載された本件確約書を提出する。

しかし、(証拠省略)によれば、被告は、原告が本件振込金を全額返還すると申し出ている状況で、支払名目にこだわって支払を受けられなくなることを回避するため、原告にとって受入れやすい支払名目として錯誤無効と記載するよう提案したことが認められるから、本件確約書の記載によって、本件口座への振込みが詐欺によるものではないことを被告が認めたとはいえない。したがって、原告の上記主張は、採用することができない。

ウ 原告は、被告が、本件口座が犯罪に利用されているものではないと認識したにもかかわらず、すぐに本件停止措置の解除を求めず、解除を求める条件として、原告に本件確約書を送付させ、春田に対する権利を放棄させたから、被告のこのような対応は違法であると主張するが、上記説示のとおり、本件口座が犯罪に利用されているものではないと被告が認識したとはいえないから、本件停止措置の解除のために上記のような条件を提示したとしても、違法であるとはいえない。

〈判決の意義と指針〉

この事案は、犯罪利用預金口座等に係る資金の被害回復分配金の支払等に関する法律3条1項に基づき金融機関が預金口座に係る取引を停止したことによる事件であり、後掲の事件においては、銀行の法的な責任が問題になったのに対し、この事案においては、弁護士の法的な責任が直接に問題になったところに特徴がある。この事案は、弁護士が前記法律に基づき取引の停止等を要請し、銀行が同法3条1項に基づき預金口座につき取引停止措置を講じる等し、預金口座の取引停止措置等を講じられた会社が弁護士に対して不法行為に基づき損害賠償を請求した事件である。

この判決の特徴は、

① 弁護士が依頼者の供述、自ら各種資料を収集し、これを根拠に預金口座の取引停止措置を要請したものであり、預金口座が犯罪に利用されていると考えるにつき合理的な理由があったとしたこと

② 弁護士が犯罪利用預金口座等に係る資金の被害回復分配金の支払等に関する法律3条1項に基づく措置を求め、停止措置を講じさせた行為は、犯罪利用預金口座等である疑いがあると認めるときとの要件を満たすものとして、違法ではないとしたこと

③ 弁護士の不法行為を否定したこと

があげられる。弁護士が前記法律に基づき情報を提供するにあたっては、犯罪利用預金口座等である疑いがあると認めるときであることが事実関係上も、法律上も認められることが必要であり、特に「疑い」の要件をめぐる問題が生じる可能性があり、弁護士にとってのリスクになるところ、この判決は、弁護士の不法行為を否定した事例判断を提供するものである。弁護士が前記法律を利用するにあたっては、その要件の前提となる調査、事実の確認、評価等につき合理的な判断を行うことが必要であり、その判断に過誤がある場合には、弁護士の不法行為が認められる可能性があるところであり、この判決は、調査、事実の確認等につき慎重な対応が必要であること示している。

判　決　17	後見監督人である弁護士の債務不履行責任を認めた事例 〔大阪地堺支判平成25・3・14金判1417号22頁〕

【事案の概要と判決要旨】

Xは、脳性小児麻痺により幼児期から重度の知的障害等に罹患していたところ、A（Xの母の弟の妻）は、平成14年10月、Xにつき成年後見開始の申立てをし、家庭裁判所の家事審判官Bは、平成15年6月、成年後見を開始し、成年後見人としてA、C（Aの長男）を選任した後、後見監督等がされたが（その間、Cの解任が問題になったが、Cの代理人である弁護士Dの意見書の提出等があった）、平成17年3月、家事審判官Eは、職権で弁護士Y_1を後見監督人に選任したところ、平成15年8月から平成20年8月までの間に、A、C、その長女FによってX成年後見人名義の預金口座、X名義の預貯金口座から合計8986万円余が払い戻され、そのうち7451万円余が着服横領されていた。同年8月、家裁の担当書記官から連絡を受けたY_1がAらから財産状況等の報告がされていないことを知り、調査を行ったところ、Cらによる横領が発覚したことから（Aは、平成19年5月に死亡した）、家裁は、平成21年2月、Cを成年後見人を解任する等したため、XがY_1に対して後見監督人の善管注意義務違反を主張し、債務不履行に基づき、Y_2（国）に対して後見事務の監督が違法であったと主張し、国家賠償法1条1項に基づき損害賠償を請求し（甲事件）、Y_1が損害保険業を営むY_3株式会社に対して弁護士賠償責任保険契約に基づきXの請求に係る金額につき保険金の支払を請求した（乙事件）。

この判決は、Y_1が財産状況を把握せず、多額の金銭が横領されたことが後見監督

人の善管注意義務に違反するとし（4094万1404円の損害を認めた）、家事審判官の職務執行が違法であるというためには、当該審判官が違法もしくは不当な目的をもって権限を行使し、または権限の行使の方法が甚だしく不当であるなど、家事審判官がその付与された趣旨に背いて権限を行使し、または行使しなかったと認め得るような特別の事情が必要であるとしたうえ、本件では特別の事情が認められないとするとし、Y_3の免責特約による免責を否定する等し、ＸのY_1に対する請求、Y_1のY_3に対する請求を認容し、ＸのY_2に対する請求を棄却した。

〈判決文〉

2　争点１（被告乙山の責任）について

(1)　被告乙山は、本件裁判所により原告の後見監督人に選任されたのであるから、被後見人のために、善良なる管理者の注意をもって、後見人の事務を監督するなどの職務を負担していた（民法851条１号、852条、644条）。

しかるに、被告乙山は、前記認定のとおり、後見監督人に選任された後、一件記録の謄写をしただけで、成年後見人らによる原告の財産管理の状況を把握せず、その間に太郎らによって多額の金銭が横領されたものであるから、上記監督義務を怠ったものと認められる。

(2)　これに対し、被告乙山は、本件裁判所から、具体的な職務の指示がなかったから、成年後見人らに対して財産状況の報告等を求めなかったことが後見監督人としての「委任の本旨」に反するとはいえない旨主張する。

しかしながら、家庭裁判所は、必要があると認めるときに後見監督人を選任するのであるから（民法849条）、被告乙山は、その趣旨を理解し、家庭裁判所からの具体的な教示、指示がなくとも、後見監督人として、自らの判断で後見事務を監督すべき職務を誠実に履行しなければならなかったというべきであり、被告乙山の上記主張は採用することができない。そして、被告乙山は、後見監督人としての義務を履行するために、成年後見人の後見事務の状況等を把握しなければならず、謄写した一件記録等を検討して、原告が多額の流動資産を有していること、提出されている財産目録、収支計算書等は、約１年２か月以上前である第１回後見監督の際のものであること、第１回後見監督終了時に予定されていた次回監督立件の時期が到来していたこと、推定相続人ではない成年後見人らが自らの会社のために原告から金銭を借り受けることを考えていたことなどを把握し、すみやかに、太郎らに後見事務の報告や財産目録の提出を求め、後見事務や財産状況の調査（同法683条１項）をすべきであった。にもかかわらず、被告乙山は、後見監督人に選任されてから３年５か月弱の間、一切の調査をすることがなかったのであるから、前記善管注意義務違反があることは明らかである。

なお、被告乙山は、成年後見人や保佐人に選任されたときには裁判所から職務内容についての説明書面や定期的な照会を求める書面を交付されたが、原告の後見監督人に関しては同様の書面を交付されなかったことを指摘するが、これらの書面は、弁護士に限らず、成年後見人や保佐人に選任された者に宛てた注意喚起の書面にすぎず、これによって委任を受ける職務の内容が定まるものではないから、同趣旨の書面を交付されなかったことをもって監督義務が軽減されたり免除されたりするものではない。

⑶　被告乙山は、己野審判官から、後見人が今後も本人と利益相反となる行為をすることを求めてくる可能性があるなどとの趣旨の発言があったことも相俟って、成年後見人らから利益相反取引を希望する旨の連絡が来た場合に対応すれば足りるなどと思い込んでいたことが窺われる。

しかし、前記認定事実のとおり、己野審判官は、被告乙山の後見監督人選任に先立ち、太郎について、原告から金銭を借りようという考えが浮かぶこと自体、成年後見人の資質としてふさわしくないと考え、一旦は太郎を解任して被告乙山を成年後見人に選任しようと考えていたことに照らすと、己野審判官が被告乙山の後見監督人の職務を、利益相反行為について被後見人を代表すること（同法851条４号）に限定するような意図であったとは考え難いところであり、上記己野審判官の発言をもって被告乙山が後見事務の監督を怠ったことを正当化することはできない。

また、被告乙山は、定期的な財産状況等の報告は、本件裁判所から成年後見人らにさせているものと誤認していたことが窺われる。しかし、被告乙山が本件裁判所に対し、裁判所に提出されているはずであるという財産目録等につき問い合わせ、これを閲覧等しようとした形跡は認められないことなどに照らすと、被告乙山が監督義務を懈怠したことは明らかというべきである。

⑷　そして、被告乙山が監督義務を怠っている間に、太郎らは原告の財産の横領を繰り返していたというのであるから、被告乙山は、後見監督人としての善管注意義務違反により原告に生じた損害について賠償すべき責任を負う。

3　争点⑵（被告国の責任）について

⑴　裁判官がした争訟の裁判に上訴等の訴訟法上の救済方法によって是正されるべき瑕疵が存在したとしても、これによって当然に国家賠償法１条１項の規定にいう違法な行為があったものとして国の損害賠償責任の問題が生じるわけのものではなく、同責任が肯定されるためには、当該裁判官が違法又は不当な目的をもって裁判をしたなど、裁判官がその付与された権限の趣旨に明らかに背いてこれを行使したものと認め得るような特別の事情があることを必要とするものと解される（最高裁昭和57年判決参照）。

家庭裁判所による成年後見人の後見事務の監督の目的は、家庭裁判所が成年後見人の行う事務が適正にされているか否かを確認することにより、成年後見人の不相当な後見事務を早期に発見し、後見事務を適正なものへと修正し、適正な財産管理及び身上監護を実現することにある。家事審判官は、この目的を達成するために、必要に応じて、成年後見人に対し、後見事務の報告や財産目録の提出を求め、後見事務や被後見人の財産の状況を調査し（民法863条１項、平成24年最高裁判所規則第９号による廃止前の家事審判規則88条１項、３項、平成23年法律第53号による廃止前の家事審判法〔以下単に「家事審判法」という。〕９条１項甲類21号）、被後見人の財産の管理その他後見事務について必要な処分を命じたり（民法863条２項、家事審判法９条１項甲類21号）、成年後見人の追加的選任をしたり（民法843条３項、家事審判法９条１項甲類14号）、共同して又は事務を分掌して、権限を行使すべきことを定めたり、この定めを取消したり（民法859条の２第１項、２項、家事審判法９条１項甲類18号）、後見監督人を選任したり（民法849条、家事審判法９条１項甲類14号）、後見人ないし後見監督人を解任したり（民法

846条、852条、家事審判法9条1項甲類16号）することができる。そして、後見事務の監督の必要性及び程度は、被後見人の所有財産の多寡及び流動資産の割合、心身の状況、関係親族の有無、被後見人の財産管理及び身上監護を巡る親族間の紛争の有無、後見人の適格性、経済状態その他様々な事情により千差万別である。後見事務の監督は、このような監督の必要性・程度や監督に関わる裁判所内外の体制等を勘案しながら家事審判官がその名において行うものであるが、上記権限の行使等の具体的なあり方は、個々の事件について独立した判断権を有し、かつ、その職責を負う家事審判官の広範な裁量に委ねられているものと解するのが相当である。

このような後見監督に関する家事審判官の職務行為の内容、特質に鑑みると、家事審判官による後見事務の監督について、職務上の義務違反があるとして国家賠償法上の損害賠償責任が肯定されるためには、争訟の裁判を行う場合と同様に、家事審判官が違法若しくは不当な目的をもって権限を行使し、又は家事審判官の権限の行使の方法が甚だしく不当であるなど、家事審判官がその付与された趣旨に背いて権限を行使し、又は行使しなかったと認め得るような特別の事情があることを必要とするものと解すべきである。

この点につき、原告は、後見事務の監督については、争訟の裁判に関する最高裁昭和57年判決の判示によるのではなく、一般的な規制権限の不行使の場合と同様に、その権限を定めた法令の趣旨、目的や、その権限の性質等に照らし、具体的事情の下において、その不行使が許容される限度を逸脱して著しく合理性を欠くと認められるときには、国家賠償法上違法と判断されるべきであると主張する。しかし、原告のこの主張は、独立した判断権を有することなど裁判官の職務行為の内容、特質に照らし、採用することができない。

(2) そこで、前記認定の本件の経過に照らして検討する。

ア　第2回後見監督が開始された頃、実際には、太郎らによる不正な預貯金の払戻しがされていたから、担当家事審判官が当初考えていたとおり、このときに太郎を解任し、財産管理のため弁護士を成年後見人に選任していたならば、結果的に原告の多額の預貯金が払い戻されるのを防ぐことができたとはいえる。

しかし、この頃、担当家事審判官は、太郎が自らの経営する会社のために金銭消費貸借を考えていたことについて、その発想自体が成年後見人としてふさわしくないとは感じていたものの、太郎らが代理人弁護士を通じ、法律に則って、特別代理人選任又は後見監督人選任の申し立てをしており、格別の不正の兆候が見られたわけではなかったことからすれば、代理人弁護士からの反対意見を受けて、最終的には太郎に法律上の解任事由（民法846条）がないものと判断したことは不合理ではない。

また、担当家事審判官は、第2回後見監督において、太郎らに対し、後見事務についての問題を発見する上で重要な手掛かりになる財産目録、収支計算書等の提出等は求めなかったが、太郎らに対する監督を強化するため、弁護士である被告乙山を後見監督人に選任したことなどを考慮すると、このことが著しく不相当であったとはいえない。

イ　担当家事審判官は、第2回後見監督事件を終了させた際、次回立件時期を定めず、その後、3年以上の間、本件裁判所から、被告乙山に対して報告等を促したり、直接太郎らに対して財産目録、収支計算書等の提出等を求めたりしておらず、監督立件もしていない。

しかし、成年後見等事件の急増に伴い、後見等監督処分事件が累積的に増加している状況の下、あえて専門職の後見監督人を選任した事案に関しては、善良なる管理者の注意をもって成年後見人の後見事務を監督する責務を有する後見監督人から、必要に応じた後見事務の報告等されることが期待でき、後見監督人の報告等により不正行為等が疑われるような情報に接したときに、必要に応じて、前記監督権限を行使するものとしたとしても、それ自体は不合理とはいえない。そして、本件裁判所が不正行為等の兆候に格別接していない状況の下では、家事審判官らが能動的に調査等の権限を行使しなかったことをもって、甚だしく不当であるということはできない。

⑶　以上によれば、担当家事審判官らの不作為について、家事審判官の職務上の権限の趣旨に背いて権限を行使しなかったと認め得るような特段の事情があるとは認められない。

したがって、被告国は、原告に対して国家賠償法1条1項に基づく損害賠償責任を負わない。

〈判決の意義と指針〉

この事案は、成年後見が開始され、被後見人の親族二人が成年後見人に選任され、後見事務が行われていたが、成年後見人の解任が問題になる等し、弁護士が後見監督人（民法849条以下）に選任されたところ、その前後を通じて、長期にわたって被後見人の財産（預貯金）が成年後見人によって払い戻され、多額の財産が横領されたことが判明し、被後見人が後見監督人である弁護士の監督過誤に係る債務不履行責任、家事審判官の監督過誤に係る国の国家賠償責任を追及した事件であり、弁護士については、成年後見事務における後見監督人の監督過誤の類型の事件である。なお、この事案においては、弁護士が敗訴判決に備えて、弁護士賠償責任保険契約に基づく保険金の支払を損害保険会社に請求し、保険契約上の免責特約の適用も問題になっている。

この判決の特徴は、

①　後見監督人の責任については、後見監督人は、被後見人のために、善良なる管理者の注意をもって、後見人の事務を監督するなどの職務を負担するとしたこと

②　この事案の後見監督人である弁護士は、後見監督人に選任された後、一件記録の謄写をしただけで、成年後見人らによる被後見人の財産管理の状況を把握せず、その間に成年後見人らによって多額の金銭が横領されたものであり、監督義務を怠ったものであるとしたこと

③　成年後見人らによって横領された4094万1404円の損害を認めたこと

④　家事審判官（国）の責任については、裁判官の過誤による国の損害賠償責任が肯定されるためには、裁判官が違法または不当な目的をもって裁判をしたなど、裁判官がその付与された権限の趣旨に明らかに背いてこれを行使したもの

と認め得るような特別の事情があることが必要であるとしたこと

⑤　裁判官が成年後見において監督に関する権限を有するところ、この権限の行使等の具体的なあり方は、個々の事件について独立した判断権を有し、かつ、その職責を負う家事審判官の広範な裁量に委ねられているとしたこと

⑥　後見監督に関する家事審判官の職務行為の内容、特質に鑑みると、家事審判官による後見事務の監督について、職務上の義務違反があるとして国家賠償法上の損害賠償責任が肯定されるためには、家事審判官が違法もしくは不当な目的をもって権限を行使し、または家事審判官の権限の行使の方法が甚だしく不当であるなど、家事審判官がその付与された趣旨に背いて権限を行使し、または行使しなかったと認め得るような特別の事情があることを必要であるとしたこと

⑦　この事案では、特段の事情を否定し、国の責任を否定したこと

⑧　弁護士賠償責任保険契約の免責特約については、免責特約の要件を満たさないとし、その適用を否定したこと

があげられ、特に弁護士である後見監督人の法的な責任（債務不履行責任）を認め、高額な損害賠償責任を肯定した事例として参考になるものである。この判決が家事審判官の職務上の過誤、国の国家賠償責任を否定した判断には疑問が残るところであり、この判決が、「担当家事審判官は、第２回後見監督事件を終了させた際、次回立件時期を定めず、その後、３年以上の間、本件裁判所から、被告乙山に対して報告等を促したり、直接太郎らに対して財産目録、収支計算書等の提出等を求めたりしておらず、監督立件もしていない」としつつも、「成年後見等事件の急増に伴い、後見等監督処分事件が累積的に増加している状況の下、あえて専門職の後見監督人を選任した事案に関しては、善良なる管理者の注意をもって成年後見人の後見事務を監督する責務を有する後見監督人から、必要に応じた後見事務の報告等されることが期待でき、後見監督人の報告等により不正行為等が疑われるような情報に接したときに、必要に応じて、前記監督権限を行使するものとしたとしても、それ自体は不合理とはいえない。そして、本件裁判所が不正行為等の兆候に格別接していない状況の下では、家事審判官らが能動的に調査等の権限を行使しなかったことをもって、甚だしく不当であるということはできない」との判断は、家事審判官の責任放棄との批判も的外れではなかろう。近年、成年後見の実務においては、後見監督人が選任される事例が多くなっているもののようであるが、これは、後見監督人が後見過誤の責任を負い、家裁が責任を負う可能性を低減させる事実上の効果が生じるところ、後見監督人の報酬により、被後見人の経済的な負担が不当に増加することは成年後見制度の趣旨に照らし問題がある。

5 弁護士の懲戒をめぐる裁判例

弁護士が業務を遂行する場合、依頼者、相談者、相手方、これらの関係者らから苦情が提起されることが少なくない。これらの苦情は、弁護士の対応等の事情によって、本格的なクレーム、トラブルに発展することがあるし、さらに損害賠償等の金銭の支払の交渉、弁護士会への調停の申立て、懲戒の請求、訴訟の提起、刑事告訴、刑事告発等に発展することがある。

弁護士に対する懲戒の請求は、弁護士法に認められている制度であるが、誰でも弁護士が所属する弁護士会に申し立てることができるところ、実際に多いのは、依頼者、受任事件の相手方である。懲戒の請求がされた場合、実際に懲戒処分が認められないときであっても、弁護士にとっては弁明書の作成、事情聴取、事務処理等の負担のほか、信用毀損のおそれ、精神的な負担もあり、無視できない負担、不利益を強いられる。また、弁護士に対する懲戒の請求は、懲戒手続の開始のきっかけを提供するものであり、請求者が申立てを取り下げたとしても、手続自体の取下げの効果が生じるものでない。弁護士に対する懲戒の請求は、もちろん単独で利用されることもあるが、弁護士に対する責任追及の他の手段と同時並行的に、あるいは順次継続的に利用されることが少なくないし、他の目的を実現するための補助的な手段として利用されることもある。

判　決　1	弁護士に対する懲戒請求に係る不法行為責任を認めた事例（双方代理、守秘義務違反をめぐるトラブル） 〔東京地判平成4・3・31判時1461号99頁〕

【事案の概要と判決要旨】

Ａ夫妻は、借地上に建物を所有し、Ｂ株式会社に本件建物の５階を賃貸し、４階を娘夫婦であるＣ夫妻に賃貸していたところ、Ａ夫妻が本件建物の建替えを計画し、弁護士Ｘに委任した。Ｘは、Ｂに対して賃貸借契約を解除し、建物の明渡しを請求する訴訟を提起し、本件借地の所有権を取得していたＹ株式会社に本件建物の建替えを申し出た。ＹとＡ夫婦の間で、ＹがＡ夫妻から本件建物を買い取り、前記訴訟はA夫妻が追行する旨の申出がされ合意が成立し、Xが代理人として訴訟が追行された。YがC夫妻に4階の明渡しを求めたものの、これが拒否されたことから、XがC夫妻の代理人としてYと交渉したが、交渉が打ち切られたところ、YがXにつき双方代理、守秘義務違反等を理由として、Xの所属弁護士会に懲戒の請求をしたため（その後、Yが懲戒請求を取り下げ、他方、弁護士会綱紀委員会は懲戒手続に付さないことを相当とする議決をした）、XがYに対して不当な懲戒請求を主張し、損害賠償を請求した。

この判決は、Yが懲戒請求書を弁護士会に提出した際、正式受理をしばらく待ってほしい旨を要求し、その後C夫婦との間の調停が成立すると懲戒請求を取り下げたこと等を認定し、懲戒請求につき法律的、事実的根拠を欠くものであった等とし、不当な懲戒請求であったとし、請求を認容した（慰謝料として50万円を認めた）。

〈判決文〉

㈠　被告は、前記（第三の一5㈠①）のとおり、「原告は、リッショー電産株式会社に対する明渡訴訟において、形式的には伊藤夫妻の訴訟代理人であったが、本件土地賃借権等譲渡契約の成立後は、実質上は、本件建物の新所有者となって賃貸人の地位を引き継いだ被告の訴訟代理人であった。しかるに、原告は、その後橋場夫妻の代理人となって被告と交渉にあたったものであるから、右は、弁護士法25条2号の双方代理の禁止に違反する。」旨を懲戒事由として主張した。

しかし、前認定のとおり、原告は、被告の委任を受けてその代理人となったことはなく、また、伊藤夫妻の訴訟代理人として行ったリッショー電産株式会社に対する明渡訴訟についても、本件土地賃借権等譲渡契約成立後は譲渡人たる伊藤夫妻の被告に対する右契約上の義務の履行として引き続き行っていたものであって、被告の委任を受けて行っていたものでなく、実質的にみてみるとしても、原告が被告との信頼関係に基づいて右明渡訴訟を追行していたものとは未だいえない。そうとすると、原告が右リッショー電産株式会社に対する明渡訴訟の終了後新たに橋場夫妻の代理人となって被告との交渉に臨んだとしても、それは未だ双方代理とはいえないというべきである。被告の右主張は法律的または事実的根拠を欠くもので、採用することができない。〈略〉

㈡　次に、被告は、前記（第三の一5㈠②）のとおり、「原告は、橋場夫妻の代理人として被告と交渉中、本件土地賃借権等譲渡契約の交渉過程で知り得た被告と伊藤夫妻との契約上の秘密（特に、本件土地賃借権等の譲渡代金額の決定にあたり賃借人の立退料に充てられるものとして控除された金額）を具体的かつあからさまに主張し、もって弁護士法23条に違反して職務上知り得た秘密を漏らした。」旨を懲戒事由として主張した。

しかし、原告が伊藤夫妻の代理人として被告との間で本件土地賃借権等譲渡契約を結び、それ故に当然知っていた本件賃借権等の譲渡代金額や右代金額の決定にあたり賃借人の立退料に充てられるものとして控除された金額を橋場夫妻の代理人として被告との交渉中に指摘し、右控除額を賃借人に分配すべきであると主張したとしても、もともと原告と被告との間に委任、信頼関係はなく、また、その指摘、主張の相手方が第三者でなく被告であることにも鑑みると、それは未だ被告との関係において秘密の漏洩にはあたらないというべきである。被告のこの点に関する主張も法律的または事実的根拠を欠くものであって、採用することができない。

㈢　〈略〉

2㈠　右のとおり、被告の本件懲戒請求は法律的または事実的根拠を欠くものであった。

㈡　そこで、更に進んで、被告がそのことを知りながらあるいは相当の調査、検討をすれば通常人において容易にそのことを知り得たのに、あえて本件懲戒請求をしたといえるか否かについて検討する。

まず、本件全証拠によるも、被告が本件懲戒請求が法律的又は事実的根拠を欠くものであることを知りながらあえて懲戒請求をしたとの事実を認めることはできない。

しかしながら、いやしくも弁護士について非違行為ありとして懲戒請求をしようとする以上、その法律的及び事実的根拠について相当の調査と検討をすべきであり（「高度の調査、検討」までは必要ないのであろうが、「通常の調査、検討」では足らず、「相当の調査、検討」が要請されるというべきである。）、安易な懲戒請求は許されないものというべきところ、この観点から本件をみるに、被告が原告の懲戒事由として主張する前記第三の一5㈠の1及び2については、いずれも主として法律問題であるが、既に前記第三の二1の㈠及び㈡で説示したところに徴すると、被告の立場に立った通常人であれば、右の各主張が綱紀委員会において採用され得ないものであることは容易に知り得たものということができ、また、前記第三の一5㈠③についても、その1の点は、〈書証番号略〉の記載を検討し、これを作成した前記小野乙彦に十分に確かめる等の相当の調査、検討をすれば、原告が被告に橋場夫妻が伊藤夫妻の娘夫婦であることを告げなかった事実はないことが（少なくとも、告げなかった事実があるというにはなお相当の疑問が残ることが）容易にわかったはずであり、また、2の点についても、〈書証番号略〉のメモを十分に検討し、これを作成した前記石井馨に当時の記憶を正確に喚起させれば、原告が「橋場夫妻の要求をのまないならこの書面を他の賃借人にも配布する。」などと言った事実はないことが（少なくとも、言った事実があるというにはなお相当の疑問が残ることが）容易に分かったはずである（現に、前記（第二の二1㈢②）のとおり、被告は、本訴においては、「石井馨に対して補償額を他の賃借人にもバラしてやる旨述べたのは伊藤夫妻であり、原告は、その際、「そんな風にやられちゃあ、三正も困るよな。」と述べたものである。」旨主張しているのである。）。そうすると、被告の本件懲戒請求は、原告に対する関係では違法行為となり、不法行為を構成するというべきである。

㈢　なお、被告は、本件懲戒請求をなすにあたり予め前記伊東弁護士らに相談し助言を求めているが、右は本件懲戒請求の違法性をなんら左右するものではない。

〈判決の意義と指針〉

この事案は、弁護士の事務処理の過誤による損害賠償責任が問題になったものではなく、弁護士に対する懲戒請求（不当な懲戒請求）に係る懲戒請求者の不法行為の成否が問題になり、懲戒事由として、弁護士法25条2号所定の双方代理の禁止、同法23条の守秘義務違反が主張され、弁護士の事務処理の法令違反が問われた事件である。

この事案の特徴は、

① 弁護士が借地上の建物の所有者らから建物の一部の明渡請求訴訟を受任し、訴訟を追行していたこと
② 会社が借地を買い受け、所有権を取得したこと
③ 本件建物の所有者らと土地の所有者（会社）は、本件建物の売買、本件建物の所有者らの前記訴訟の追行を合意したこと
④ 弁護士は、継続して訴訟代理人として訴訟を追行したこと
⑤ 本件建物の所有者らの娘夫婦が本件建物の一部に賃借していたところ、会社が娘夫婦に明渡しを求めたこと
⑥ 弁護士が娘夫婦の代理人となり、会社と交渉をしたものの、交渉が打ち切られたこと
⑦ 会社が弁護士につき所属弁護士会に懲戒請求したこと
⑧ 懲戒の理由は、前記の合意成立後は、弁護士が会社の実質的な代理人として訴訟を追行したことを前提とし、弁護士法25条２号所定の双方代理の禁止、同法23条の守秘義務違反が主張されたこと
⑨ 会社が懲戒請求を取り下げ、弁護士会綱紀委員会は懲戒手続に付さないことを相当とする議決をしたこと
⑩ 弁護士が会社に対して不当な懲戒請求を理由に不法行為責任を追及したこと

があげられる。

この判決の特徴は、

① 弁護士法25条２号、23条違反をいずれも否定したこと
② 懲戒請求が法律的根拠または事実的根拠を欠くとしたこと
③ 懲戒請求が違法であり、不法行為を構成するとしたこと
④ 慰謝料として50万円を認めたこと

を判示したものであり、事例判断を提供する。なお、この事案のようなトラブルに発展した原因は複数あり得るが、借地の売買によって借地の所有権を取得した会社と借地上の建物の所有者らの間の借地上の建物の売買、訴訟の継続等に関する合意が成立した後、弁護士が継続して受任した訴訟につき会社が実質的な利害を有するに至った状況において、本件建物を賃借していた娘夫婦の明渡しをめぐる会社との間の事件を同一の弁護士が娘夫婦から受任したことにも一因があったものであり、トラブルの発生の余地はあったものである。また、弁護士法23条の規定中、「職務上知り得た秘密」とか、同法25条２号の規定中、「協議の程度及び方法が信頼関係に基づく」との意義、解釈は、一義的に明確であるとはいえず、相当の解釈の幅があるだけでなく、実際に適用される場合には判断者の相当のぶれが生じ得るものであるから、この事案のような状況において法的なリスクを軽減するためには相当の注意と配慮が必要である。

弁護士に対する懲戒請求と不法行為の成否との関係については、この判決の後、後記【判決15】最三小判平成19・４・24民集61巻３号1102頁、判時1971号119頁、判

タ1242号107頁が法理、判断基準を明らかにし、重要な先例になっている。この判決の提示する法理は、この最高裁の判例と類似したものであり、実質的には同じものとみることができる。

判　決　2	弁護士の弁護士らに対する懲戒請求等に係る不法行為責任を認めた事例（告訴をめぐるトラブル） 〔東京地判平成5・11・18判タ840号143頁〕

【事案の概要と判決要旨】

X_1、弁護士X_2は、X_2、X_3を訴訟代理人として、Yらに対し、訴訟を提起し（Yは被告本人であるだけでなく、弁護士・訴訟代理人であった）、X_1らの訴訟活動につき地方検察庁に有印私文書偽造等で告訴するとともに、X_2、X_3につき所属弁護士会に懲戒の請求をしたところ、嫌疑なしを理由として不起訴処分がされ、懲戒不相当の議決がされたため、X_1らがYに対して不法行為に基づき損害賠償を請求した。

この判決は、Yの調査が不十分であったとし、不法行為を肯定し、請求を認容した（慰謝料としてX_1につき30万円、X_2、X_3につき各50万円を認めた）。

〈判決文〉

1　そもそも、告訴、告発及び弁護士に対する懲戒請求はそれを受けた者の名誉を著しく損う危険を伴うものであるから、それらを行うには慎重な注意を要し、犯罪（懲戒事由）の嫌疑をかけるのに相当な客観的根拠があることを確認せずに告訴、告発及び懲戒請求をした場合には、相手方に対して不法行為に基づく損害賠償責任を免れない。

加えて、弁護士は、犯罪（懲戒事由）の嫌疑をかけるのに相当な客観的根拠の調査、検討について一般人より高度な能力を有するといえるから、弁護士が告訴告発及び懲戒請求をする場合には、右根拠の確認につき、一般人より高度な注意義務が課せられるというべきである。

2　これを、本件についてみると、被告本人尋問の結果及び弁論の全趣旨によれば、以下の事実が認められる。

〈書証番号略〉の作成経緯について、被告は、本件老人ホームの関係者に問合せをしておらず、〈書証番号略〉の作成の経緯についても、被告は、自らは本件老人ホームに問合せをせず、甲事件の依頼者であった大野守の母と妹が、本件老人ホームに行き、園長と事務長の山崎定治に同号証について尋ねたところ、園長は烈火のごとく怒り出し、山崎は自分が書いたことは認めて弁解しなかったという旨の報告を両名から受けたのみであり、〈書証番号略〉の作成の経緯については、被告は、国立西埼玉中央病院に電話で問合せたものの、既に利三九のカルテはなく、〈書証番号略〉の作成の担当者も判明しなかった。

そして、被告は、各文書の作成の経緯について、右の程度の調査をしただけで、専ら利三九が脳軟化症ではなかったという確信にのみ基づいて、それに反する甲事件での原告らの主張及び書証の提出につき、訴訟詐欺、有印私文書変造・同行使、有印私文書偽造教唆・同行使及び虚偽有印公文書行使の各犯罪を構成すると考えて本件告訴告発及び本件懲戒請求に及んだものである。

3 被告が弁護士であり、犯罪の嫌疑をかけるのに相当な客観的な根拠の確認につき一般人より高度な注意義務を課せられることからすれば、本件で被告のした調査はあまりに不十分であり、かつ告訴告発及び懲戒請求をした判断もあまりに軽率であったといわざるを得ない。

よって、本件告訴告発及び本件懲戒請求は、被告が犯罪（懲戒事由）の嫌疑をかけるにつき相当な客観的根拠の確認をせずにしたものであり、原告らに対する不法行為が成立する。

〈判決の意義と指針〉

この事案は、訴訟を提起された被告らのうち弁護士（訴訟代理人でもあった）が原告ら、その訴訟代理人らにつき有印私文書偽造等を理由に告訴をし、訴訟代理人らにつき所属弁護士会に懲戒の請求したため、原告ら、その訴訟代理人らが告訴等をした弁護士（別件訴訟の被告・訴訟代理人）に対して不法行為に基づき損害賠償を請求した事件である。

この事案の特徴は、

① 原告らが弁護士を含む者に対して訴訟を提起したこと

② 原告らの中に弁護士が含まれていたこと

③ 被告となった弁護士が原告らにつき告訴したこと

④ 被告となった弁護士が原告らのうち弁護士（訴訟代理人でもあった）につき所属弁護士会に懲戒の請求をしたこと

⑤ 告訴につき嫌疑なしを理由として不起訴処分がされたこと

⑥ 懲戒請求につき懲戒不相当の議決がされたこと

⑦ 告訴、懲戒請求をした弁護士の不法行為責任が追及されたこと

があげられる。

この判決の特徴は、

① 告訴、告発および弁護士に対する懲戒請求はそれを受けた者の名誉を著しく損なう危険を伴うものであるから、これらを行うには慎重な注意を要し、犯罪（懲戒事由）の嫌疑をかけるのに相当な客観的根拠があることを確認せずに告訴、告発および懲戒請求をした場合には、相手方に対して不法行為責任が認められるとしたこと

② 弁護士は、犯罪（懲戒事由）の嫌疑をかけるのに相当な客観的根拠の調査、検討について一般人より高度な能力を有するから、弁護士が告訴告発および懲戒請求をする場合には、根拠の確認につき、一般人より高度な注意義務が課せられるとしたこと

③ この事案の弁護士による告訴告発および懲戒請求をした判断があまりにも軽率であった等とし、弁護士の不法行為を肯定したこと

があげられ、弁護士による弁護士に対する懲戒請求等につき不法行為を肯定した事

例判断として参考になるものである。懲戒請求、告発は何人でも行うことができるが、弁護士が行う場合について、この判決は、一般人が行う場合と比較すると、より高度な注意義務が課せられるとしているものであり、実務上参考になる判断を示している。なお、この判決は、根拠のない告訴、告発、懲戒請求をすることは対象者に対する名誉毀損にあたることを前提とした判断を示しているものである。

判　決　3	弁護士らに対する懲戒請求に係る不法行為責任を認めた事例（土地の明渡しをめぐるトラブル） 〔東京地判平成7・12・25判タ954号205頁〕

【事案の概要と判決要旨】

弁護士X_1、X_2は、Aの委任により、A所有の土地を賃借するYに対して賃料不払により賃貸借契約を解除し、建物の収去、土地の明渡しを請求する訴訟を提起し、Yが賃料不払はないと主張していたところ（Yは、賃料の先払を主張し、これを示す文書を提出していた）、訴訟上の和解の試みが不調に終わったことから、YがX_1らにつき弁護士会に懲戒を請求したため（賃料の不払に関する虚偽の事実を主張して訴訟を提起したこと、弁護士としての使命職責を忘れ、被告の借地権等を剥奪しようとした非行があることを理由とした）、X_1、X_2がYに対して懲戒制度の趣旨目的を逸脱した懲戒請求であると主張し、不法行為に基づき損害賠償を請求した。

この判決は、懲戒請求は理由のないものであるとし、不法行為を認め（慰謝料を各50万円認めた）、請求を認容した。

〈判決文〉

2　以上認定の事実によれば、本件懲戒請求の理由は、必ずしも判然としない点もあるが、要するに、原告らは、被告から、二年分の地代を先払いしている旨指摘され、再三話合いを申し込まれたにもかかわらずこれを拒否し、二か月分未納であると偽って訴訟を提起したうえ、裁判所の勧める和解を拒否したものであり、原告らには、弁護士としての使命職責を忘れ、被告の借地権等を剥奪しようとした非行があるというものである。

そこで検討するに、前記認定の事実によれば、原告らが、被告から昭和63年末までの地代については支払済みであるとの指摘を受けた事実は認められるが、原告らや岸から証拠書類の提示を求められたにもかかわらずこれを提示しなかったことや岸が本件承諾書の存在を失念しており、別件訴訟提起前に原告らにその存在を告げていなかったため、原告らは、岸の代理人として平成5年5月分及び6月分の地代が不払いであるとして別件訴訟を提起したものであることが認められる。したがって、原告らが訴訟提起前に本件承諾書の存在を知っており、被告に対する請求が理由のないことを知りながら被告の借地権等を剥奪しようとして、偽りの訴訟を提起したものとは認められない。

また、原告らは、賃料不払いだけではなく、配水管の問題等をめぐって被告との間で信頼関係が破壊されたとして解除事由を追加していること等紛争の経緯にも鑑みると、原告らが和解を拒否したとしても非難に値するものではない。

以上によれば、被告の本件懲戒請求は、理由のないものであることが認められる。そして、被告は、前記認定の岸や原告丸山とのやりとり、さらに、別件訴訟における原告らの主張立証により、岸の側に誤解があり、原告らに懲戒事由がないことを容易に認識し得たはずである。それにもかかわらず、被告は、本件懲戒請求を行ったものであり、本件懲戒請求申立書の記載内容、表現等にも照らすと、本件懲戒請求は、弁護士懲戒制度の趣旨目的に照らして著しく相当性を欠くというべきであり、被告は、少なくとも過失による不法行為責任は免れないというべきである。

被告は、本件懲戒請求の目的は、原告らとの話合いによる解決を求めるというところにあり、原告らの懲戒を求めることにあったわけではない旨主張し、被告本人もこれに沿う供述をするが、前記のとおり原告丸山が和解を拒否して間もなく本件懲戒請求をしていること、被告は、原告丸山や原告らの事務所の事務員との電話での会話において、弁護士会の役員、検察庁、警視庁等に知り合いがいることを持ち出していること（乙一）等に照らすと、たやすく信用できず、むしろ、別件訴訟について自己に有利な解決を図ろうとした意図があったものと認められる。

また、被告は、本件懲戒請求申立書に、原告らが指摘するような主張を記載することは常套手段といえるし、本件懲戒請求は、第1回調査期日前に取り下げられているから、名誉と信用の毀損もなかったものと評価できる旨主張するが、前記のような表現が常套手段であるとはいえないし、また、懲戒請求を取り下げたからといって原告らに損害がなかったということにはならない。

二　争点2について

原告らは、本件懲戒請求により、東京弁護士会綱紀委員会での反論等負担を余儀なくされたうえ、弁護士としての名誉を毀損され、精神的苦痛を被ったことが認められるところ（甲七、八）、本件に顕れた一切の事情を考慮すると、被告が支払うべき慰謝料は、原告らそれぞれに対し、各50万円をもって相当とする。

〈判決の意義と指針〉

この事案は、建物所有の土地の賃貸借契約をめぐって賃貸人から訴訟（建物の収去、土地の明渡しを請求する訴訟）の提起を依頼された弁護士らが訴訟を提起し、訴訟上の和解交渉が行われたものの、不調に終わったところ、訴訟の相手方（被告）が弁護士らにつき所属弁護士会に懲戒の請求をしたため、弁護士らが懲戒請求者に対して不法行為に基づき損害賠償を請求した事件である。この事案において懲戒請求の理由として主張されたことは、賃料の不払いに関する虚偽の事実を主張して訴訟を提起したこと、弁護士としての使命職責を忘れ、被告の借地権等を剥奪しようとした非行があることである。

この判決は、懲戒請求には理由がないとし、この事案の懲戒請求申立書の記載内容、表現等にも照らすと、懲戒請求が弁護士懲戒制度の趣旨目的に照らして著しく相当性を欠くとし、懲戒請求者の過失による不法行為責任を肯定したこと、慰謝料として各50万円の損害を認めたことに特徴があり、事例判断を提供するものである。

判　決　4	懲戒請求を受けた弁護士の懲戒請求人、弁護士会、綱紀委員会委員に対する訴えを却下し、弁護士会会長等の不法行為責任を認めなかった事例 〔京都地判平成8・7・18判時1615号102頁〕

【事案の概要と判決要旨】

弁護士Xは、Aの訴訟代理人としてBに対して訴訟を提起し、Bとの間で訴訟上の和解を成立させ、Aの財産処分をする等していたところ、Y_1らがXに対して訴訟を提起し、XにつきXの所属するY_2弁護士会（Y_3らが会長、前会長）に懲戒の請求をし、Y_2の綱紀委員会（Y_4らが委員）は、懲戒に付するを相当とする旨の議決（XがAから訴訟代理権、特別授権、同意・承諾なく訴訟提起等を行ったことを理由とする）をする等したため、Xが懲戒請求人Y_1ら、Y_2、会長Y_3、綱紀委員会委員Y_4らに対して不法行為に基づき損害賠償を請求した（訴訟の提起時、懲戒手続は、懲戒委員会において審査中であった）。

この判決は、綱紀委員会委員に対する訴えは争訟性がないとし、訴訟要件を欠くものであり、不適法であるとし、懲戒請求人、代理人に対する訴えは紛争の成熟性を欠くものであり、不適法であるとし、会長の行為には違法性がない等とし、Y_1ら、Y_4らに対する訴えを却下し、Y_2に対する訴えは一部は却下し、一部は棄却し、Y_3らに対する請求を棄却した。

〈判決文〉

㈧　以上のとおり、弁護士会は、そもそも自主的・自律的な団体である上、弁護士法に基づく懲戒手続に関しての高度の自治権が保障されていること、その手続中での綱紀委員会の調査・議決は、懲戒委員会の審査の前提要件であるにとどまり、懲戒権行使のための予備的行為にすぎないこと、綱紀委員会の議決そのもの効力を独立して争うことは許されないと解されること、及び綱紀委員会の議決による被懲戒者に対する不利益も格別考慮すべきものでないことが明らかである。したがって、弁護士法の趣旨として、綱紀委員会の調査・議決は、弁護士会の純然たる内部問題であって、懲戒権につき高度の自治権を保障されている自律的団体である弁護士会の自治的判断が尊重されることを求め、会員弁護士に右限度での受忍を求めるとともに、その審査段階における司法審査の対象とするのを差し控えることも要請しているものと解するのが相当である。

㈨　そして、原告の被告綱紀委員会委員に対する訴えは、本件委員会の調査・議決に関与したことについての不法行為に基づく損害賠償を求めるものであって、綱紀委員会での議決の効力自体とは別の具体的な権利義務ないし法律関係に関する紛争の形式に拠っているため、本件議決の有効性はその前提問題にとどまるところである。しかし、本件委員会での調査・議決自体については司法審査を差し控えるべきところ、本訴の争点が本件委員会の調査・議決の適否であるから、前提問題であるとしても、右調査・議決を司法審査の対象する（ママ）ことは差し控えるべきところである。したがって、不法行為に基づく損害賠償請求ではあっても、司法判断に適しない本件委員会の調査・議決をその前提問題とし、争点とする以上、結局は、紛争の実態が司法判断による終局的な解決に寄与し得ない部分を含むことになり、本件訴訟は、法律上の争訟性を有しないものであるといわなければならない。

そうすると、原告の被告綱紀委員会委員に対する本件訴訟は、法律上の争訟性を有せず、いずれも訴訟要件を欠き不適法である。

(十)〈略〉

2～4〈略〉

二　被告弁護士会長ら及び被告弁護士会による不法行為の成否

1　被告弁護士会長らによる不法行為の成否

被告戊原による本件記載は、弁護士法64条所定の除斥期間3年の定めがある（第一事由の除斥期間は、訴訟の委任状作成日の平成3年9月27日から起算すると、平成6年9月27日が満了日となる。）ため、これに留意すべきことを理事者らに伝達する意図の下になされ、その趣旨及び主眼が本件委員会でなされる決議内容についての指示ないし要望を記載したことになく、単に外形的処理態様における留意点をメモ的記載としてなしたことにあることは明らかであり、右程度の記載をもって本件委員会への干渉をなしたものと解することは文理上の相当性がない。そして、本件懲戒請求についての懲戒委員会への審査請求をするか否かの判断が遅延することにより懲戒請求の趣旨を没却することがあっては、かえって被告弁護士会の責任が問われることもあり得るところであるから、弁護士会長の職責において許容される限度内にあると解される。そうすると、本件記載は、被告戊原が、弁護士会長として、理事者間など事務局内部において調査請求手続ないし審査請求手続に遺漏なきよう指示したにとどまり、何らの違法事由も見出し得ないところである。そして、被告戊原の本件記載に違法事由がない以上、被告甲川がこれを補正するための措置をとるべき理由もない。したがって、原告が被告弁護士会長らによる不法行為の成立を主張する点は、独自の見解によるものと評するほかなく、違法性を認定し得ないところである。

なお、綱紀委員会は、弁護士会の内部機関ではあるものの、他の機関と独立し、その議決を経てなされる弁護士会による懲戒委員会への審査請求は、綱紀委員会の議決に拘束され、弁護士会長もその調査・議決に関しては権限を有しないものである。したがって、被告弁護士会長らの行為が、綱紀委員会の調査・議決に影響を及ぼしうるとは通常いえず、それを肯定するためにはその具体的事実の主張が必要であるところ、原告は、共謀などの抽象的事実の主張をするのみで、具体的事実の主張をしていないので、原告主張の被告弁護士会長らの行為と本件議決ひいては本件懲戒事件への応答による原告の損害との間の因果関係を推認することも到底できないというべきである。

2　被告弁護士会の損害賠償責任の有無

被告弁護士会は、懲戒権の行使及び弁護士会に対する指導監督につき、国家賠償法上「公共団体」と解されるところ、被告弁護士会長らが故意又は過失により違法行為に及んだときは、損害賠償責任を負うことになるけれども、前記判示のとおり、被告弁護士会長らには原告主張の違法事由が存するとはいえないので、原告の被告弁護士会に対する請求はその余の点につき判断するまでもなく理由がない。

三　前記争点2(二)の共同不法行為責任については、前記判示のとおり、被告弁護士会長らの本件記載に関連する本訴請求部分が失当であり、被告弁護士会を除くその余の被告らに対する請求部分は、いずれもその個々の行為についての訴訟要件を欠くものであるから、原告主張の共同不法行為に基づく被告らの損害賠償責任を問う本件請求部分も、被告弁護士会に対する本件請求部分も含めて、右各結論に応じ、棄却ないし却下すべきものであると解する。

〈判決の意義と指針〉

この事案は、訴訟事件に関係して弁護士が懲戒を請求され、綱紀委員会の審査、議決、弁護士会の議決を経て懲戒処分を受けたため、弁護士が弁護士会の会長ら、綱紀委員会の委員ら、懲戒の請求者、代理人に対して損害賠償を請求した事件である。

この事案の特徴は、

①　弁護士が訴訟代理人として訴訟を追行し、訴訟上の和解をしたこと

②　弁護士が訴訟代理権、特別授権、同意・承諾なく訴訟提起等を行ったことを理由として懲戒請求を受けたこと

③　弁護士会の綱紀委員会は、懲戒に付するを相当とする旨の議決をしたこと

④　弁護士会の会長ら、綱紀委員会の委員ら、懲戒の請求者、代理人の不法行為の成否が問題になったこと

⑤　訴訟の提起時、懲戒手続は弁護士会の懲戒委員会に係属中であったこと

があげられる。

この判決の特徴は、

①　弁護士に対する懲戒制度を紹介したうえ、綱紀委員会の委員に対する訴えについて、法律上の争訟性を有せず、訴訟要件を欠き不適法であるとしたこと

②　弁護士会長らの行為については、この事案の主張では違法性がないとしたこと

③　弁護士会の責任については、主張に係る違法性がないとしたこと

④　懲戒請求人らに対する訴えは、懲戒事由の存否の判断は懲戒請求が審査中であり、弁護士会および懲戒委員会の自律的措置に委ねることが相当であり、紛争の成熟性を欠いているとし、訴えの利益を欠き不適法であるとしたこと

があげられ、珍しい事案であり、訴えの適法性につき議論があるが、参考になる判断を示したものである。

判　決　5	弁護士の懲戒請求につき戒告処分をした弁護士会、懲戒委員会委員長の不法行為責任を認めなかった事例 〔京都地判平成8・7・18判時1615号112頁〕

【事案の概要と判決要旨】

弁護士Xは、被告となったAから離婚等訴訟事件を受任し、訴訟代理人となったところ、仮差押えを受けていたA所有の不動産につきXの法律事務所の事務員Bらが代表取締役らを務めるC株式会社が購入するための便宜を図ったとして、懲戒を申し立てられ、Xの所属するY_1弁護士会の懲戒委員会（委員長はY_2弁護士）は、戒告する旨の議決をし、Y_1は戒告の懲戒処分を告知したため（Xの関与は、係争目的物の譲受禁止に直接該当するものとはいえないが、Xの仕方において、当事者として行ったものと同視し得る点があり、弁護士法28条、弁護士倫理16条に照らし弁護士の品位を失うべき非行にあたるという理由）、XがY_1、Y_2に対して不法行為に基づき損害賠償を請求した。

この判決は、本件訴えが法律上の争訟にあたらないとはいえない等としたうえ、議決、処分が違法ではないとし、不法行為を否定し、請求を棄却した。

〈判決文〉

二　被告弁護士会に対する請求の当否

1　原告は、被告弁護士会に対する本件請求のうち、被告弁護士会の本件処分についての責任原因として民法44条1項を主張する。

ところで、弁護士会がその会員弁護士に対して行う懲戒は、弁護士法の定めるところにより弁護士会に与えられた公の権能に基づくものであり、国家賠償法に定める公権力の行使に当たると解することができる。したがって、弁護士会に対し、その懲戒処分についての不法行為の成立を主張して損害賠償を請求することはできない。そして、不法行為責任に基づく請求と国家賠償責任に基づく請求とは訴訟物を別個にするところ、処分権主義の観点も併せ考慮すると、本訴請求は、不法行為責任に基づくものであるから、失当である。

2　もっとも、右訴訟物の選択結果について、原告の法律上の意見にすぎないとすると、本件請求を国家賠償法に基づく責任についての請求と解する余地もないとはいえないが、このように解しても、下記判示のとおり、右請求には理由がない。すなわち、

(一)　本件議決及び本件処分についての違法事由として、原告が罪刑法定主義に違反する違憲性及び解釈運用における権限濫用を主張する点については、まず、弁護士法56条1項所定の「品位を失うべき非行」の解釈・運用として、厳格な罪刑法定主義の要請を受けるものでないことは、前記判示の懲戒制度の趣旨及び機構等に照らして明らかであり、原告の右主張を採用する余地はない。

(二)　そして、原告の違憲性の主張を前提にする本件議決及び本件処分における権限濫用

の主張の点についても、前記判示の懲戒委員会の性質及び構成に照らし、弁護士会内部の他機関からの介入を排除していることも明らかであり、右主張も独自の理論に基づくところであり違法はない。

㈢　また、原告は、本件議決及び本件処分が原告に対する思想弾圧の目的に基づいてなされたものであると主張するけれども、原告の主張の各事情が存するとしても、本件処分により原告の思想が弾圧されると解するには、処分理由からみてもあまりに関連性を有しないので、原告主張の被告弁護士会における不当な目的の存在を推認することはできない

㈣　なお、原告は、被告弁護士会がその弁護士会館において本件処分を掲示し、新聞報道させた旨主張するけれども、被告弁護士会が懲戒処分の結果を掲示したことは同弁護士会の懲戒手続規程に沿ってなされたものであり、懲戒結果を秘匿すべき根拠ないし法的要請はないから、適法というべきである。

三　被告甲石に対する請求の当否

原告の被告甲石に対する請求は、本件委員会の委員長として本件処分に関する本件議決に関与したことを請求原因とするものであるところ、前記二の説示のとおり、本件処分及び本件議決についての違法事由は認められないので、被告甲石に対する右請求も理由がないといわなければならない。

また、懲戒委員会は、弁護士会の懲戒権の行使を担う機関として弁護士法に基づき設置され、その委員長は、懲戒委員会の構成員として弁護士会の行う懲戒権を付託されて遂行するものであって、弁護士法上も「法令によって公務によって従事する職員」（弁護士法69条、54条2項）とされており、かつ、懲戒権の行使は公権力の行使に該当するので、懲戒委員会の委員長は、公権力を行使する公務員に当たるというべきである。そして、国家賠償法に基づいて公務員個人の責任を直接問うことはできないと解すべきであるから、原告が民法44条2項ないし民法709条による不法行為責任として、損害賠償を請求することもできないというべきであり、この点からも被告甲石に対する請求は理由がない。

なお、原告は、公務員の個人責任が免責されることについて、憲法14条に反して違憲である旨主張するけれども、公務員個人に対する直接の損害賠償請求が否定されることには、公務の特殊性からの合理性があるので、原告の主張は採用できない。また、懲戒委員会の委員を公務員とするとは拡張解釈である旨主張するが、その前提に誤りがあり採用できない。

〈判決の意義と指針〉

この事案は、訴訟事件に関係して弁護士が所属弁護士会に懲戒を請求され、懲戒委員会の議決、弁護士会の議決を経て懲戒処分を受けたため、弁護士が弁護士会、懲戒委員会の委員長（弁護士）に対して不法行為に基づき損害賠償を請求した事件である。

この事案の特徴は、

①　掲載誌のコメントによると、事件は異なるものの、前記の【判決4】京都地判平成8・7・18判時1615号102頁の事案における弁護士と同一の弁護士の懲戒が問題になったもののようであること（なお、このコメントには必ずしも正確

でないところがある）

② 弁護士が訴訟の被告から訴訟事件を受任したこと

③ 依頼者の所有不動産が仮差押えを受けており、これを所属法律事務所の事務員らが代表取締役らを務める株式会社が購入することに関与したこと

④ 弁護士が懲戒請求を受けたこと

⑤ 弁護士会の懲戒委員会が戒告を議決したこと

⑥ 弁護士会が戒告の懲戒処分をしたこと

⑦ 弁護士会、懲戒委員会の委員長の不法行為責任を追及したこと

があげられる。

この判決の特徴は、

① 弁護士会の責任については、懲戒処分に違法はないとし、不法行為を否定したこと

② 弁護士会が懲戒処分の結果を掲示したことは弁護士会の懲戒手続規程に沿ってされたものであり、適法であるとしたこと

③ 懲戒委員会の委員長の責任については、懲戒委員会の委員長は弁護士法上「法令によって公務によって従事する職員」とされ、かつ、懲戒権の行使は公権力の行使に該当するので、公権力を行使する公務員にあたるとし、国家賠償法に基づいて公務員個人の責任を直接問うことはできないとし、責任を否定したこと

があげられ、事例判断として参考になる。

判　決　6	**弁護士会の懲戒請求に対する議決、所属弁護士の行為に係る不法行為責任を認めなかった事例** **〔横浜地判平成８・12・20判時1609号135頁〕**

【事案の概要と判決要旨】

Ｘは、Ｙ弁護士会に所属する弁護士Ａ、Ｂの懲戒請求をしたが（懲戒請求の理由は、判決文上一覧表にまとめられているものの、一覧表が掲載されていないため、不明である）、Ｙが懲戒不相当の議決をする等したため、Ｙに対して懲戒請求に適切な措置をとらなかったこと、Ａ、Ｂの行為につき不法行為（使用者責任）等に基づき損害賠償を請求した。

この判決は、個々の弁護士の業務が弁護士会の業務ではない等とし、請求を棄却した。

〈判決文〉

第三　争点に対する判断

一　懲戒請求について

原告は、原告の懲戒請求（弁護士法58条）に対し、被告が適切な措置をとらなかったことにより精神的苦痛を受けたとして、これを慰藉するための賠償を求めるが、同条の懲戒請求権は、弁護士会又は日本弁護士連合会の自主的な判断に基づいて、その会員である弁護士の綱紀、信用、品位等の保持の目的を達成するために、公益的見地から、右各会に特に認められたものであって、懲戒請求者個人の利益保護のためのものではないと解すべきである（最高裁判所昭和49年11月8日第二小法廷判決参照）。それゆえ、原告の懲戒請求に対し、被告がした懲戒不相当の措置によって、懲戒請求権者である原告が法的保護に値する具体的利益の侵害を受けたといえないことは明らかである。

よって、原告の懲戒請求に関する損害賠償請求は、その余の点について判断するまでもなく理由がない。

二　〈略〉

三　使用者責任（民法715条）について

原告は、被告の会員である弁護士らが、右弁護士らの事業の執行につき、原告に対し、人権侵害を行ったことから、被告が使用者責任を負うと主張する。しかし、民法715条は、ある事業のために他人を使用する者が、その事業の執行につき第三者に損害を加えた場合の責任を定めた規定であり、ここにいう「事業」は、使用者の行う事業であることが明らかである。

そして、弁護士会に属する個々の弁護士らが行う訴訟活動等の業務は、右各弁護士独自の業務であって、会員弁護士の指導、連絡及び監督に関する事務を行うと定められている弁護士会の事業でないことは明らかである。それゆえ、原告主張の個々の弁護士らの行為が弁護士会の事業の執行として行われたものとは認めることができないことも明らかである。

よって、原告の使用者責任についての主張も、その余の点について判断するまでもなく理由がない。

〈判決の意義と指針〉

この事案は、弁護士につき懲戒請求をした者が弁護士会が懲戒不相当を議決する等したことから、弁護士会に対して不法行為責任、使用者責任に基づき損害賠償を請求した事件である。

この事案の特徴は、

①　個人が建物等が建っている土地からの立退きを求められたこと

②　弁護士会に人権救済の申立てをしたこと

③　個人が前記立退きに関与すると推測される弁護士らにつき懲戒を請求したこと

④　弁護士会が懲戒不相当の議決をしたこと

⑤　懲戒請求をした個人が弁護士会が懲戒請求に対して適切な措置をとらなかったことにつき弁護士会の不法行為責任、前記弁護士らの行為につき使用者責任を追及したこと

があげられる。

この判決の特徴は、

① 弁護士会の懲戒不相当の措置によって懲戒請求者が法的に保護される具体的利益の侵害を受けたといえないとし、弁護士会の不法行為責任を否定したこと

② 弁護士会の所属弁護士である弁護士の業務は独自の業務であり、弁護士会の事業の執行として行われるものではないとし、弁護士会の使用者責任を否定したこと

があげられ、事例判断として参考になる。

なお、この判決が引用する最二小判昭和49・11・8判時765号68頁は、「思うに、弁護士の懲戒制度は、弁護士会又は日本弁護士連合会（以下日弁連という。）の自主的な判断に基づいて、弁護士の綱紀、信用、品位等の保持をはかることを目的とするものであるが、弁護士法58条所定の懲戒請求権および同法61条所定の異議申立権は、懲戒制度の右目的の適正な達成という公益的見地から特に認められたものであり、懲戒請求者個人の利益保護のためのものではない。それゆえ、懲戒請求者が日弁連の異議申立を棄却する旨の裁決に不服があるとしても、法律に特に出訴を認める規定がないかぎり、裁判所に出訴することは許されないというべきところ、右につき出訴を認めた法律の規定がないから、被上告人日弁連のした本件裁決の取消しを求める本件訴えは、不適法というほかはない。所論は、懲戒を受けた弁護士に対して出訴を認める以上、懲戒請求者にも出訴を認めるべきであるというが、懲戒がそれを受けた弁護士の身分に重大な影響を及ぼすものである以上、右の差異を認めることは当然であり、他面、懲戒請求者が弁護士の行為等によって権利を侵害されたとしても、その救済を求める方法は別途に存在するから、その保護に欠くるところはない」と判示している。

判　決　7	弁護士の懲戒請求をした者、その代理人弁護士の不法行為責任を認めなかった事例（報酬をめぐるトラブル） 〔東京高判平成９・９・17判タ982号216頁〕

【事案の概要と判決要旨】

弁護士Ｘは、Y_1株式会社と顧問契約を締結し、法律相談に応じ、事件を受任する等し、着手金、顧問料の支払を受けていたが、Y_1の代表者Ａは、Ｘの金銭要求の態度が強硬、強引であり、仕事内容に比べて高額すぎると考え、Ｘに支払った金員の半額の返還を求め、顧問契約の解約を通知したところ、Ｘが100万円をY_1の口座に振り込み、解決済みであるとの姿勢をとったところ、ＡがY_2弁護士に相談し、Y_2の原案に基づき、Y_1がＸに対して230万円の返還、返還しないときは弁護士会に審査を求めることを内容証明郵便で通知し、Ｘがこれを拒否すると、Y_1がY_2を代理人としてＸにつき所属弁護士会に懲戒請求をしたため（懲戒に付さない決定がされた）、Ｘが

Y_1、Y_2に対して不当な懲戒請求であると主張し、不法行為に基づき損害賠償を請求したのに対し、Y_1が不当利得の返還を請求した。

第1審判決は、Xの請求を一部認容する等したため、X、Y_1が控訴した。

この判決は、懲戒請求が事実的根拠はないが、違法とまではいえないとし、Y_1の控訴に基づき原判決中、Y_1の敗訴部分を取り消し、Xの請求を棄却し、Xの控訴を棄却した。

〈判決文〉

3　弁護士法58条は、弁護士の綱紀、品位、信用を保持し、弁護士会の有する懲戒権の行使の公正を担保するとともにその発動の活発化を期するため、公益的見地から、何人にも弁護士に対する懲戒請求権を認めている。これは、弁護士会が、個々の弁護士の職務の内外に及ぶ行動全般を把握しておくことは不可能であるということと、国の司法制度において重要な意味を有する弁護士懲戒制度を、国ではなく、弁護士で組織する団体である弁護士会（及び日本弁護士連合会）の自治に委ねたことから、弁護士会による懲戒権の発動を国民の監視下においてその適正を図るためであると理解される。したがって、懲戒請求に対し、弁護士会が懲戒請求の理由がないものとして懲戒委員会の審査に付さない旨の決定をしたからといって、それだけで直ちに右懲戒請求が違法となるものではない。しかし、他方懲戒を請求された弁護士にとっては、このための弁明を余儀なくされ、根拠のない懲戒請求によって名誉・信用等を毀損されるおそれがあるから、懲戒請求権の濫用とも目すべき場合、すなわち懲戒事由が事実上、法律上の根拠を欠くものである上、請求人が、そのことを知りながら又は通常人であれば容易にそのことを知り得た（この場合、高度の調査、検討を要請することは懲戒請求権の活発な利用を阻害する虞があるから妥当ではない。）のにあえて懲戒を請求するなど、懲戒の請求が弁護士懲戒制度の趣旨目的に照らし著しく相当性を欠くと認められる場合には、違法な懲戒請求として不法行為に該当し、そのために被請求人が被った損害について賠償責任を負うというべきである。

4　そこで、以下本件懲戒請求に右にいう違法性があったかどうかについて検討する。

請求理由㈠については、前記2㈡に記載のように、高木は、住所を第1審原告の法律事務所内とする名刺を所持し、斎藤を含め多数の者に配ったり、積徳インターナショナル社長の市川及び同社に籍を置いていた松尾に第1審原告のために事件を紹介して手数料をもらっている旨を離したりしていたことが認められるが、高木から事件の周旋を受けたことや手数料を支払ったことの点は第1審原告の強く否定するところであり、かえって原審における証人市川皓一の証言によれば、高木は話題の相当性や対人関係の配慮に欠け、積徳インターナショナル内で金銭面で問題を起こし出入り禁止になるなどその言動において問題の多い人物であることが窺われるから、その発言内容は信頼できず、他に請求理由㈠を認めるに足りる証拠はないから、請求理由㈠について懲戒事由としての事実的基礎があったとはいえない。

しかし、高木が事務所の所在地を第1審原告の法律事務所内とした名刺を持ち歩き、配り（実際にも高木は業務の連絡先として第1審原告の法律事務所の電話と机を使用していた。）、積徳インターナショナルの市川や松尾ら複数の人間に対して第1審原告に事件を周旋して金銭を得ているとの趣旨の発言を繰り返していたことは前認定のとおりであるところ、第三者からみれば、高木は第１審原告と電話と事務所を共通にするなど極めて密接な関係があるとみられてもやむを得ない立場にあり、そのような人間が第１審原告のために法律事件の周旋を行っている等と度々複数の関係者に述べていたことからすれば、高木が当時、以前勤めていた会社を辞めて特に収入がある状態ではなかったこと（このことは、本件懲戒請求までに積徳インターナショナルの市川を通じて第１審被告らの知るところとなっていたものと推認できる。）をも併せ考えると、斎藤及び第１審被告らにおいて高木の発言内容を十分あり得べきことと信じたことも無理からぬ事情があったというべきである（言い換えれば、第１審被告らにおいて高木の発言が虚偽であることを知っていたとか簡単な調査で容易に見抜くことができたとの事情は本件証拠上窺うことはできない。）。そして、もし、高木の発言が真実であるとすれば弁護士倫理（平成２年３月２日日弁連臨時総会決議）13条（弁護士は、依頼者の紹介を受けたことに対する謝礼その他の対価を支払ってはならない。）に反することは明らかであるから、請求理由㈠についてこれを懲戒事由とした第１審被告らの懲戒請求に違法性はないというべきである。なお、第１審被告らは、本件懲戒請求に先立ち、高木や第１審原告に対して事情聴取をしていないが、高木の発言内容については第１審被告乙山は、齋藤（伝聞）のほか、市川、松尾からも確認している上、丙四によれば、当時高木は、積徳インターナショナルの出入りを禁止され、第１審原告事務所への出入りもなくなっていたため、第１審被告乙山において容易に所在を知ることができる状況になかったことが認められるから、高木について事前聴取をしなかったことが第１審被告らの落度となるものではなく、また第１審原告は懲戒の被請求人たる弁護士なのであるから、弁護士懲戒制度の趣旨に照らし、第１審原告から事前に事実関係を確認することまでは要求されないというべきである。

〈判決の意義と指針〉

この事案は、弁護士の活動が問題になった範囲で紹介すると、弁護士と依頼者との間で高額な支払、金銭の返還等をめぐるトラブルが発生していた状況において、依頼者が顧問契約の解約を通知し、弁護士が100万円を依頼者の口座に振り込む等していたところ、依頼者が別の弁護士に相談する等し、別の弁護士が代理人となり、弁護士会に懲戒を請求する等したため、弁護士が元の依頼者、代理人の弁護士に対して損害賠償を請求した控訴審の事件である。

この事案の特徴は、

① 弁護士と顧問先である依頼者との間に高額な支払、金銭の返還等をめぐるトラブルが生じていたこと
② 依頼者が弁護士に対して金銭の返還を求めたこと
③ 依頼者が顧問契約を解約したこと
④ 弁護士が依頼者の預金口座に100万円を振り込み、解決済みであるとしたこと
⑤ 依頼者が不満を抱き、別の弁護士に相談し、金銭の返還を求めたこと
⑥ 依頼者が要求に応じないと懲戒請求をする旨の告知したこと
⑦ 実際に依頼者が別の弁護士を代理人として所属弁護士会に懲戒請求をしたこと

⑧　懲戒委員会が懲戒に付さない旨の決定をしたこと
⑨　弁護士が元の依頼者、代理人となった弁護士に対して違法な懲戒請求を主張し、不法行為責任を追及したこと

があげられる。

この判決の特徴は、

①　懲戒請求は、懲戒事由が事実上、法律上の根拠を欠くものであるうえ、請求人が、そのことを知りながらまたは通常人であれば容易にそのことを知り得たのにあえて懲戒を請求するなど、懲戒の請求が弁護士懲戒制度の趣旨目的に照らし著しく相当性を欠くと認められる場合には、違法な懲戒請求として不法行為に該当するとしたこと
②　この事案では懲戒請求の理由を検討し、いずれも事実的根拠がないものの、違法ではないとしたこと
③　懲戒請求をした者、その代理人弁護士の不法行為を否定したこと

があげられ、事例判断を提供するものである。

判　決　8	弁護士に対する懲戒請求に係る不法行為責任を認めた事例（利益相反をめぐるトラブル） 〔名古屋地判平成13・7・11判タ1088号213頁〕

【事案の概要と判決要旨】

Aが死亡し、妻B、子C、Yは、共同相続し、遺産分割の協議を行ったものの、解決が困難であったことから、Cが弁護士Xに交渉を委任し、Bからも委任状の交付を受け、XがYと交渉を行ったが、YがXの所属する弁護士会に対して、Xの活動がCの利益を優先し、Bの利益を損なっている等とし、苦情の申立てをし、さらに紛議調停の申立てをする等し、その後、Xは、Bの代理人を辞任し、Cを代理し、B、Yを相手方として遺産分割の調停を申し立てたところ、Yが弁護士会にXの懲戒を請求する等したため（弁護士会の綱紀委員会は、Yの申立てを懲戒委員会の審査に付さないとの決定をした）、XがYに対して不法行為に基づき損害賠償を請求した。

この判決は、B、Cの代理をしたことは抽象的には利益相反であるものの、本人の同意がある場合には差し支えない等とし、懲戒請求が著しく相当性を欠くとし、Yの不法行為を認め（慰謝料として100万円を認めた）、請求を認容した。

〈判決文〉

そこで検討するに、前記認定の事実によれば、二郎と花子の双方の代理人となることは抽象的には利益相反となりうる行為であるが、実質的に利害の対立がなく、本人の同意がある場合は差しつかえないところ、本件はそのような場合に該当すると認められるうえ、原告は

遺産分割調停の申立段階までに花子の代理人を辞任していることが認められ、また、原告が二郎の立場に立って行動し、花子の利益を損ねていること認めるに足りる証拠はなく（現に遺産分割調停は円満に成立している。）、その余の点は弁護士として非行に該当するものとは認められず、結局、原告に弁護士としての品位を失うべき非行があったとはいえない。そして、このことは、名古屋弁護士会綱紀委員会及び日本弁護士連合会懲戒委員会のいうとおりである。

以上によれば、被告の本件懲戒請求は、理由のないものであることが明らかであり、しかも、被告の立場に立った通常人であれば、上記各主張が上記綱紀委員会等において採用され得ないものであることは容易に知り得たものということができ、それにもかかわらず、被告は、本件懲戒請求を行ったものであり、本件懲戒請求申立書の記載内容、表現等にも照らすと、本件懲戒請求は、弁護士懲戒制度の趣旨目的に照らして著しく相当性を欠くというべきであり、被告は、少なくとも過失による不法行為責任は免れないというべきである。

被告は、本件懲戒請求するに際し、過去10年分の懲戒事例を参照したところ、その99パーセントが依頼者が申立人となっているもので、事件の相手方が申立人となる本件懲戒請求がまともに受け付けられるものかどうか自信がなかったし、あくまで事実を述べて事実を調べて下さいという趣旨で申し立てたと供述をするが、前記認定事実、とりわけ被告が本件懲戒請求を上記遺産分割調停係属中に申し立て（なお、同調停は原告が花子の代理人を辞任して二郎のみの代理人として申し立てている。）、しかも、わざわざ「（原告が）家裁でこれまでの職務姿勢のまま代理人を務めることは認められません。」との上申書を提出していることに照らすとたやすく信用できず、むしろ、原告の弁護士活動を牽制ないし制限して遺産分割について被告の意向にかなう解決を図ろうとした意図があったものと認められる。

よって、被告は、本件懲戒請求のために原告が被った損害について賠償責任を負うというべきである。

〈判決の意義と指針〉

この事案は、夫・父の死亡により、妻、二人の子が共同相続し、遺産分割協議が行われたが、まとまらず、子の一人が弁護士に交渉を委任し、妻からも委任状を受け、弁護士が他の子（相続人）と交渉を行ったところ、その相続人から弁護士会に苦情を申し立てられ、紛議調停を申し立てられ、懲戒を請求される等したため、弁護士が相続人に対して不法行為に基づき損害賠償を請求した事件である。

この事案は、共同相続において一部の相続人の依頼により遺産分割協議の交渉の代理人となった弁護士に対して、他の相続人から弁護士会への苦情の申立て、紛議調停の申立て、懲戒の請求（弁護士が最初に依頼を受けた相続人を代理し、他の相続人らを相手方として遺産分割の調停を申し立てたところ、懲戒の請求を受けたが、弁護士会の綱紀委員会は、これを懲戒委員会の審査に付さないとの決定をする等した）を受けたため、弁護士が他の相続人に対して不法行為に基づき損害賠償を請求したという特徴がある。共同相続が開始した場合における遺産分割協議の交渉は、共同相続人間の利害が対立し、秘密情報が錯綜する状況にあるため、弁護士が相談を受けたり、交渉、協議の委任を受けたりした場合には、利益相反、守秘義務違反等の微妙かつ困難な問題を抱えることがあり、交渉の進行、利害対立の状況に従って一層困難な問題が生じることがある。

この判決の特徴は、

① この事案の懲戒請求は理由のないものであることが明らかであるとしたこと
② この事案の懲戒請求者の立場に立った通常人であれば、懲戒請求事由に関する各主張が綱紀委員会等において採用され得ないものであることは容易に知り得たものであるとしたこと
③ 懲戒請求者の懲戒請求申立書の記載内容、表現等にも照らすと、弁護士懲戒制度の趣旨目的に照らして著しく相当性を欠くとしたこと
④ 少なくとも過失による不法行為責任は免れないとしたこと
⑤ 懲戒請求は、遺産分割調停の係属中に行われたものであり、弁護士の活動を牽制、制限し、遺産分割を自己の意向にかなう解決を図る意図があったとしたこと
⑥ 慰謝料として100万円の損害を認めたこと

があげられ、事例判断として参考になる。

判　決　9	**弁護士の懲戒処分を認めた事例（法律違反等の助言をめぐるトラブル）** **〔東京高判平成14・3・27判時1791号49頁〕**

【事案の概要と判決要旨】

弁護士Xは、ゴルフ場を経営するA株式会社、代表取締役B、株主等と他の株主C等との間に内紛が生じており、訴訟事件等につきAらの代理人になっていた（なお、Xは、Aの顧問弁護士であった）。平成11年11月28日、Aの定時株主総会が開催され、取締役6名の任期満了に伴う取締役の選任が主要な議題になり（定款上は、10名以内の取締役の選任が可能であり、累積投票が禁止されていた）、Bが8名の取締役を選任する議案を提出したのに対し、Cらの代理人が別の6名を候補者とする修正動議を提出する等したため、議場において選任する取締役を6名とすることになり、11名の候補者がいたことから、このうち6名を選任することになった。Bがその選任方法として、株主は1株を1票としてそれぞれの持株の範囲内で候補者11名の中から1名または複数名（6名を上限とする）を選んで投票する方法（たとえば、持株の範囲内で候補者の1名にその持株全部を投票することも、6名に分散して投票することも自由とする方法）を提案し、反対派の異議にもかかわらず、投票が行われ、Bらが取締役に選任され、この投票方法が商法所定の1株1議決権の原則に違反し、定款に違反するところ、XがこれをAの当時の経営陣B等に助言したものであるとして、Cの子DがE弁護士会に懲戒請求したところ、E弁護士会は、

懲戒しない旨の決定をしたが、Dが異議の申出をしたところ、Y連合会（日本弁護士連合会）がE弁護士会の決定を取り消し、戒告処分を行ったため、XがYに対して本件懲戒処分の取消しを請求した。

この判決は、弁護士に品位を失うべき非行があったとし、請求を棄却した。

〈判決文〉

二　そこで、本件投票方法の違法性について検討する。

株式会社においては、株主は、1株につき1議決権を有するものとされている（商法241条1項）。この規定は、強行規定であって、法が特別に例外を認めた場合のほかは、定款又は株主総会の決議をもってしても制限することは許されない。そして、株主総会において複数の取締役を選任する場合には、その選任されるべき各取締役ごとに1個の議案として議決されるものであるから、株主は、1株につき、その選任されるべき取締役の数だけ議決権を行使することができることになる。

しかし、この原則を貫くならば、取締役の全員が常に多数派株主によって選任されることになるところから、商法は、少数派株主の意見を取締役会に反映させ、あるいは少数派株主代表の取締役をして多数派株主代表の取締役の活動を監視せしめる途を開くための方法として、例外的に、複数の取締役の選任が行われる場合について累積投票制度（同法256条の3）を設けている。しかし、この制度においても、株主には1株につき選任すべき取締役の数と同数の議決権が与えれているから、1株1議決権の原則の例外を定めたものとはいえないのであり、本件投票方法のように株主に選任すべき取締役の数よりも少ない議決権しか与えずに累積投票と同様の投票方法を採用することは、1株1議決権の原則に反して株主の議決権を制限するものであり、定款又は株主総会の議決によっても許されないものといわざるを得ない。

三　次に、原告の行為が弁護士としての品位を失うべき非行に該当するか否かにつき検討する。〈略〉

四　以上によれば、本件投票方法が商法及び訴外会社の定款に違反する違法な取締役選任方法であると解すべきことは、少なくとも弁護士である原告には明らかであったというべきであるから、仮に原告の主張するように本件投票方法が必ずしも違法とはいえないとの見解があり得るとしても、そのような明らかに違法と解される本件投票方法を丁原らが本件総会において採用し、実施しようとしているのを容認し、積極的に支持して、これを現実に実施せしめ、その後の訴訟事件にまで発展した紛争の原因を作出したことは、そのような取締役選任方法が商法上違法とはいえない旨を準備書面等で主張するのとは次元を異にし、法律実務家である弁護士としては、軽率との非難を免れないばかりでなく、著しく不見識であり、弁護士として品位を失うべき非行に当たるものといわざるを得ない。

〈判決の意義と指針〉

この事案は、会社の顧問弁護士が株主総会における取締役選任の決議にあたって、一部の株主の異議にもかかわらず、自分が助言した投票方法を採用させ、決議が行われたことから、懲戒が請求され、所属弁護士会は懲戒をしない旨の決定をしたのに対し、日本弁護士連合会がその決定を取り消し、戒告処分に付したため、弁護士がその戒告処分の取消しを請求した事件である。

この判決の特徴は、

① 弁護士が助言した投票方法が定款または株主総会の議決によっても許されないものとしたこと

② 明らかに違法と解される投票方法を会社の経営者らが株主総会において採用し、実施しようとしているのを容認し、積極的に支持して、これを現実に実施せしめ、その後の訴訟事件にまで発展した紛争の原因を作出したことは、法律実務家である弁護士としては、軽率との非難を免れないばかりでなく、著しく不見識であり、弁護士として品位を失うべき非行にあたるとしたこと

があげられ、事例判断として参考になるものである。なお、この判決は、「仮に原告の主張するように本件投票方法が必ずしも違法とはいえないとの見解があり得るとしても、そのような明らかに違法と解される本件投票方法を丁原らが本件総会において採用し、実施しようとしているのを容認し、積極的に支持して、これを現実に実施せしめ、その後の訴訟事件にまで発展した紛争の原因を作出したこと」を認定しているものであり、弁護士の助言によって新たに訴訟事件が発生したことを認めているものであり、本書第1部第2章⑤弁原紛争、弁原事件で紹介した「弁原紛争」「弁原事件」の事例の一例ということができる。

判　決　10	弁護士に対する懲戒請求に係る不法行為責任を認めた事例（質問に対する回答等をめぐるトラブル） 〔神戸地判平成15・4・18判時1837号74頁〕

【事案の概要と判決要旨】

Ｙは、Ａ株式会社ら複数の会社らと損害保険契約を締結していたところ、交通事故に遭ったと主張し、Ａらに対して保険金等の支払を求めた。弁護士Ｘは、Ａの代理人として、Ｙに保険金は支払えないなどを通知し、Ｙの代理人であるＢ弁護士は、Ａらの代理人Ｘに交通事故につき質問をファックスで送付したところ、Ｘが回答する義務はないなどの回答を書面で行ったことから、ＹがＸの所属するＣ弁護士会に懲戒を申し立てたが（懲戒の申立理由は、保険証書写し等を紛失し、交付を依頼したのに、拒絶したこと、質問への回答を拒絶したこと、態度および対応に誠実性がないこと等である）、Ｃ弁護士会が懲戒しない旨を決定する等した。ＸはＹに対して違法な申立てであると主張し、不法行為に基づき損害賠償を請求した（Ｙは、Ａらに対して保険金等の支払等を請求する訴訟を提起したが、第１審判決は請求を棄却し、控訴審判決は控訴を棄却した）。

この判決は、懲戒の申立ての理由には、虚偽ないし正確性を欠く事実が含まれ、違法であり、相当な根拠もなくされた懲戒の申立てであり、弁護士としての社会的

信用、名誉を侵害された等とし、不法行為を肯定し（慰謝料として70万円の損害を認めた）、請求を認容した。

〈判決文〉

4　弁護士法58条1項は、「何人も、弁護士について懲戒の事由があると思料するときは、その事由の説明を添えて、その弁護士の所属弁護士会にこれを懲戒することを求めることができる。」と規定して、弁護士懲戒制度の運用の公正を担保するため一般市民にも弁護士に対する懲戒申立権を認めているが、弁護士に対する懲戒申立は、当該弁護士の社会的名誉や信用を害するものであるから、懲戒事由の存在について相当な根拠もなくなされた懲戒請求で、一般人にも必要な注意をすれば相当な根拠を欠くことを知り得た場合には、当該懲戒請求は違法であり、請求者は当該弁護士に対して損害賠償責任を負うと解するのが相当である。

本件においては、前述のとおり、保険証券等の必要書類の写しを請求したのか、質問に対する回答を求めたのかの点において、委任した小林弁護士に確認もしなかった点で被告には過失があり、かつ、書類の写しを請求せざるを得なくなった理由として、阪神・淡路大震災で紛失したという虚偽の事実を敢えて本件懲戒申立にかかる事件で主張したものであり、原告に回答ないしは写し送付の義務があるか否かの判断のために必要な前提事実にこのような虚偽ないしは正確性を欠く事実が含まれていたものであるから、被告の本件懲戒申立は違法であり、被告に故意・過失があると認められる。

〈判決の意義と指針〉

この事案は、交通事故に遭ったと主張する者が保険会社らに対して保険金の支払を求めたところ、保険会社の代理人である弁護士が保険金は支払えないなどを通知する等したことについて、保険金の請求者が弁護士につき弁護士会に懲戒を請求し（その理由は、保険証書写し等を紛失し、交付を依頼したのに、拒絶したこと、質問への回答を拒絶したこと、態度および対応に誠実性がないこと等である）、弁護士会が懲戒しない旨を決定する等したため、弁護士が懲戒請求者に対して不法行為に基づき損害賠償を請求した事件である。

この判決は、懲戒請求の前提事実に虚偽ないし正確性を欠く事実が含まれていたものであるとし、懲戒請求者の不法行為を肯定したものであり、その旨の事例判断を加えるものである。

判　決　11	弁護士の懲戒処分を認めた事例（利益相反をめぐるトラブル） 〔東京高判平成15・4・24判時1932号80頁〕

【事案の概要と判決要旨】

Xは、A弁護士会に所属する弁護士であり、Bの作成した公正証書遺言において遺言執行者として指定されていたところ、Bが死亡したため、その相続人C、Dの

代理人弁護士Ｅから遺言執行者として相続財産目録の交付を依頼された。Ｘは、調査中につき猶予を求める旨の通知をしていたが、Ｃ、Ｄが遺産につき遺留分減殺請求の調停を申し立てた際、Ｂの相続人の一人であるＦから代理人になることを依頼され、これを受任したことから、ＣがＡに対してＸにつき懲戒の申立てをしたところ、Ａが遺言執行者に就職したとは認められないとし、懲戒に付さない旨の決定をした。ＣがＹ連合会（日本弁護士連合会）に異議の申し出をしたところ、Ｙが弁護士倫理26条２号に違反するとし、Ｘにつき戒告処分をしたため、ＸがＹに対して処分の取消しを請求した。

この判決は、遺言執行者が遺留分減殺請求事件について特定の相続人の代理人になることは弁護士倫理に反するとし、請求を棄却した。

〈判決文〉

二　争点(2)について

(1)　遺言執行者は、相続財産の管理その他遺言の執行に必要な一切の権利義務を有し（民法1012条）、遺言執行者がある場合には、相続人は、相続財産の処分その他遺言の執行を妨げるべき行為をすることができない（同1013条）。すなわち、遺言執行者がある場合には、相続財産の管理処分権は遺言執行者にゆだねられ、遺言執行者は善良なる管理者の注意をもって、その事務を処理しなければならない。したがって、遺言執行者の上記のような地位・権限からすれば、遺言執行者は、特定の相続人ないし受遺者の立場に偏することなく、中立的立場でその任務を遂行することが期待されているのであり、遺言執行者が弁護士である場合に、当該相続財産を巡る相続人間の紛争について、特定の相続人の代理人となって訴訟活動をするようなことは、その任務の遂行の中立公正を疑わせるものであるから、厳に慎まなければならない。弁護士倫理26条２号は、弁護士が職務を行い得ない事件として、「受任している事件と利害相反する事件」を掲げているが、弁護士である遺言執行者が、当該相続財産を巡る相続人間の紛争につき特定の相続人の代理人となることは、中立的立場であるべき遺言執行者の任務と相反するものであるから、受任している事件（遺言執行事務）と利害相反する事件を受任したものとして、上記規定に違反するといわなければならない。

〈判決の意義と指針〉

この事案は、公正証書遺言において遺言執行者として指定されていた弁護士が、遺言者の死亡後、共同相続人の一部から遺産につき遺留分減殺請求の調停を申し立てられた際、共同相続人の一人から代理人になることを依頼され、これを受任したことから、懲戒の請求がされ、弁護士会が遺言執行者に就職したとは認められないとし、懲戒に付さない旨の決定をしたのに対し、日本弁護士連合会が弁護士倫理26条２号に違反するとし、戒告をしたため、弁護士が処分の取消しを請求した事件である。この事案は、弁護士にとって弁護士の倫理違反が生じやすい遺産をめぐる紛争における事件処理が問題になったものである。

この判決は、遺言執行者が遺留分減殺請求事件について特定の相続人の代理人になることは弁護士倫理に反するとし、弁護士に対する懲戒処分（戒告）を肯定したものであり、その旨の事例判断を加えるものである。なお、この事案で問題になった弁護士倫理26条は、現在の弁護士職務基本規程28条にあたるものである。

判　決　12	訴訟の当事者の相手方の訴訟代理人である弁護士に対する準備書面の作成等による名誉感情の侵害の不法行為責任を認めず、懲戒請求の不法行為責任を認めた事例 〔東京地判平成17・2・22判タ1183号249頁〕

【事案の概要と判決要旨】

A株式会社は、Yに対して貸金の保証債務の履行を請求する訴訟（別件訴訟）を簡易裁判所に提起し、Aの従業員Bが訴訟代理人になって訴訟を追行し、Bは、別件訴訟の第1審において会社登記簿の写しを書証として提出したところ、別件訴訟の第1審は、A勝訴の判決をした。Yが控訴し、別件訴訟の控訴審において、弁護士XがAの訴訟代理人になり、審理が行われたが、Yが前記写しが偽造であるなどと主張し、Xは偽造を認めたものの、貸付の際に見落としたなどと主張したのに対し、Yは訴訟代理人を通じて、控訴審の弁論終結後、Xが書証の真正を確認せず第1審裁判官を誤らせたことは弁護士倫理に違反するなどと記載した準備書面を作成して提出し、弁護士会に第1審判決に基づき給料を差し押さえたことが懲戒事由にあたるとして懲戒を請求したことから（別訴控訴審判決は、別訴第1審判決を取り消し、Aの請求を棄却した）、Xは、Yに対して、準備書面、懲戒申立書に記載されたことが誤りである等と主張し、不法行為に基づき慰謝料1000万円の損害賠償を請求した。

この判決は、準備書面の表現自体が著しく不当なものとはいえず、この表現部分が誤りであることは客観的に明らかであり、裁判所が真実と即断し、Xに対する評価を誤ることはほとんど考え難いとし、Xの名誉感情の侵害を否定、準備書面の提出自体が不法行為であるということはできないとし、事実と認められない懲戒申立書を作成し、懲戒を請求したことは不法行為にあたるとし、慰謝料として100万円を認め、弁護士費用の損害を否定し、請求を一部認容した。

〈判決文〉

2　争点(1)　被告準備書面の提出が、原告の名誉感情を害する不法行為か

訴訟は、当事者が互いに主張立証を交わし、争う場であるから、本来的に、相手方の感情を害する側面を有するのであって（自ら真実と信ずる最も肝心な部分を相手が必ず否定する。）、勝敗の帰趨について予断を許さない局面においては、その傾向が一層顕著になることもまた十分に考えられる。これは訴訟活動に内在する性質であるから、一方当事者が訴訟活動の名を借りて、相手方の名誉を害する意図をもってことさらに、名誉を毀損し、名誉感情を害する行為に出た場合又は訴訟上の攻撃防御方法と無関係に若しくは著しく不相当な表現を用いた場合はともかく、相手方の感情を害する記載があったことをもって、

直ちに不法行為における違法を断ずることは妥当ではない。

被告準備書面には、原告が謄本の偽造を省みることなく、訴訟活動を行っているなど不実の記載があるが（甲15）、前記局面での、訴訟上の攻撃防御方法の一環として行われており、表現自体は、著しく不当な表現とはいえず（しかも別訴の経緯に照らせば、この表現部分が誤りであることは客観的に明らかであって（甲7）、これを原告とともに受領した別訴控訴審が真実と即断し、原告に対する評価を誤ることはほとんど考え難い程度の書面である。）これをもって、違法に、原告の名誉感情を害する行為とすることはできない。

そうして被告が原告の名誉又は名誉感情を害する意図をもって被告準備書面を提出した事実を認めるに足りる証拠はない。

したがって被告準備書面の提出自体を不法行為であるとすることはできない。

3　争点⑵　本件懲戒請求が原告の業務を妨害する不法行為か

懲戒請求は、これを請求された弁護士にとっては、このための弁明を余儀なくされ、根拠のない懲戒請求によって、名誉・信用等を毀損されるおそれがあるから、懲戒事由が事実上又は法律上の根拠を欠き、通常人がそのことを知りながら又は通常人であれば容易にそのことを知り得たのにあえて懲戒を請求するなど、懲戒の請求が弁護士懲戒制度の趣旨目的に照らし著しく相当性を欠くと認められる場合には、違法な懲戒請求として不法行為に該当する。

被告は、給料債権が差し押さえられ、勤務先で詰問を受けたにせよ、なんら裏付けをとろうともせず、原告がシティズを別訴控訴審において代理したことを捉え、「被調査人（原告）は、甲91②（別訴甲91）が偽造文書であったが、B（借主）が偽造したものであり、シティズは関係ないと反論し、偽造公文書により裁判官の判断を誤らせて勝ち得た判決の下に、すでに請求人（被告）を脅迫して140万円余を支払わせ、十二分の資金を回収しているにもかかわらず、請求人の給料を差し押さえた」などと、事実とは認められない記載をした本件懲戒申立書を弁護士会に提出したのであって、これが事実上の根拠を欠くことは、被告において容易に知り得たといえるし、さらには被告がその根拠について全く無頓着無関心であったと認められ（甲2、5、被告、弁論の全趣旨）、したがってまた、被告は他人の損害に全く無関心無頓着であったというほかない。このような被告の様態は、悪意に近似する重大な過失に該当し、本件懲戒請求は不法行為に該当する。

〈判決の意義と指針〉

この事案は、その内容、経過がやや複雑であるが、別件訴訟の控訴審における訴訟代理人である弁護士が第1審において提出された文書の写しにつき、相手方から偽造を主張された際、これを認め、取引の際に見落としたなどと主張したのに対し、相手方が訴訟代理人を通じて、控訴審の弁論終結後、弁護士が書証の真正を確認せず第1審裁判官を誤らせたことは弁護士倫理に違反するなどと記載した準備書面を作成して提出し、弁護士会に第1審判決に基づき給料を差し押さえたことが懲戒事由にあたるとして懲戒を請求したため、弁護士が準備書面、懲戒請求につき不法行為に基づき相手方に対して損害賠償を請求した事件である。

この判決の特徴は、

①　準備書面の提出については、訴訟は、当事者が互いに主張・立証を交わし、

争う場であるから、本来的に、相手方の感情を害する側面を有するのであり、勝敗の帰趨について予断を許さない局面においては、その傾向が一層顕著になることとしたこと

② 一方当事者が訴訟活動に名を借りて、相手方の名誉を害する意図をもってことさらに、名誉を毀損し、名誉感情を害する行為に出た場合または訴訟上の攻撃防御方法と無関係にもしくは著しく不相当な表現を用いた場合はともかく、相手方の感情を害する記載があったことをもって、直ちに不法行為における違法を断ずることは妥当ではないとしたこと

③ 相手方の準備書面には不実の記載があるものの、表現自体は、著しく不当な表現とはいえず、違法に、弁護士の名誉感情を害する行為とはいえないとしたこと

④ 懲戒請求については、懲戒事由が事実上または法律上の根拠を欠き、通常人がそのことを知りながらまたは通常人であれば容易にそのことを知り得たのにあえて懲戒を請求するなど、懲戒の請求が弁護士懲戒制度の趣旨目的に照らして著しく相当性を欠くと認められる場合には、違法な懲戒請求として不法行為に該当するとしたこと

⑤ この事案では懲戒の理由が事実上の根拠を欠くことは、容易に知り得たといえ、その根拠について全く無頓着無関心であったものであり、悪意に近似する重大な過失に該当するとし、不法行為を認めたこと

⑥ 弁護士の慰謝料として100万円を認めたこと

⑦ 弁護士が不法行為の被害者である場合における弁護士費用の損害を否定したこと

があげられる。この判決は、準備書面の記載に係る名誉感情の侵害の不法行為を否定した事例、懲戒請求に係る不法行為を肯定した事例、不法行為に基づく損害賠償につき弁護士費用の損害を否定した事例を提供するものである。

判 決 13	弁護士の懲戒処分を認めた事例（報告をめぐるトラブル） 〔最一小判平成18・9・14判時1951号39頁〕

【事案の概要と判決要旨】

米国法人であるA会社は、Bから建物を賃借していたところ、Bの代理人であるC弁護士から更新拒絶の通知を受け、X弁護士に賃貸建物の明渡しに関する交渉を委任し（賃貸建物は、A会社の関係会社であるD会社に転貸されていた）、Xは、Dの副社長Eから交渉の方針等の連絡を受け、Aの意思決定を受けたうえで交渉し、明渡しの猶予、解決金の分割支払、敷金の返還等を内容とする合意を成立させ、解決金の受領、送金等の事務を処理する等したところ（その後、Xは、再交渉をする

等した)、ＡらがＸにつき分割金の受領に関する虚偽報告、独断の再交渉と追加立退料の受領に関する未報告を理由としてＸの所属するＦ弁護士会に懲戒請求をし、Ｆは、業務停止３カ月の懲戒処分をし、Ｙ連合会（日本弁護士連合会）に審査請求をしたところ、Ｙが審査請求を棄却する旨の裁決をしたため、ＸがＹに対して裁決の取消しを請求した。

第１審判決は、本件の事情の下では、弁護士の品位を失うべき非行にあたらないとか、弁護士倫理に違反する点は見当たらないとし、裁決を取り消したため、Ｙが上告受理を申し立てた。

この判決は、弁護士に対する懲戒処分については弁護士会に合理的な裁量があるとし、弁護士にとって預かった金品に関する報告義務は重要なものであることを踏まえ、弁護士が報告をしなかったことにつき懲戒処分したことは、本件の事実関係を前提としても懲戒処分が裁量権の逸脱または濫用にあたらないとし、原判決を破棄し、Ｘの請求を棄却した。

〈判決文〉

⑴　弁護士に対する所属弁護士会及び上告人（以下、両者を含む意味で「弁護士会」という。）による懲戒の制度は、弁護士会の自主性や自律性を重んじ、弁護士会の弁護士に対する指導監督作用の一環として設けられたものである。また、懲戒の可否、程度等の判断においては、懲戒事由の内容、被害の有無や程度、これに対する社会的評価、被処分者に与える影響、弁護士の使命の重要性、職務の社会性等の諸般の事情を総合的に考慮することが必要である。したがって、ある事実関係が「品位を失うべき非行」といった弁護士に対する懲戒事由に該当するかどうか、また、該当するとした場合に懲戒するか否か、懲戒するとしてどのような処分を選択するかについては、弁護士会の合理的な裁量にゆだねられているものと解され、弁護士会の裁量権の行使としての懲戒処分は、全く事実の基礎を欠くか、又は社会通念上著しく妥当性を欠き、裁量権の範囲を超え又は裁量権を濫用してされたと認められる場合に限り、違法となるというべきである。

⑵　弁護士倫理規定（平成２年３月２日日本弁護士連合会臨時総会決議。弁護士職務基本規程（平成16年日本弁護士連合会会規第70号）の施行により平成17年４月１日廃止）は、信義に従い、誠実かつ公正に職務を行うこと（４条)、名誉を重んじ、信用を維持するとともに、常に品位を高め教養を深めるように努めること（５条）という基本倫理を掲げた上、依頼者との関係において、良心に従い、依頼者の正当な利益を実現するよう努めなければならないこと（19条)、依頼者に対し、事件の経過及びその帰すうに影響を及ぼす事項を必要に応じ報告し、事件の結果を遅滞なく報告しなければならないこと（31条)、事件に関する金品の清算及び引渡し並びに預かり品の返還を遅滞なく行わなければならないこと（40条）を宣明している。

上記の事件処理の報告義務は、委任契約から生ずる基本的義務（民法645条）であり、依頼者に対し適切な自己決定の機会を保障するためにその前提となる判断材料を提供するという趣旨で、事件を受任した弁護士が負うべき重要な義務である。また、金品の引渡し等の義務も、委任契約から生ずる基本的な義務である（民法646条)。そうすると、特に依頼者のために預かった金品に関する報告は重要なものというべきである。さらに、依頼事項に関連して相手方や第三者から金品を預かった場合、そのことを依頼者に報告することも報告義務の内容となるというべきである。

(3) 前記事実関係によれば、被上告人は、第2回分割金300万円を平成6年11月30日に受領しながら、その報告をせず、かえって、同年12月13日、アンヌ・ラフォレットから最新の情報の報告を求められたにもかかわらず、同月21日及び28日にはいまだ受領していない旨の、また、同7年1月6日には同日小切手で受領した旨の、いずれも事実に反する報告をしたものである。この点に関し、被上告人は、外為法の制約の下で、取扱銀行に不審を抱かれないようにするため、受領の日を偽る意図の下に上記のような報告をした旨主張するが、大倉節子にもアンヌ・ラフォレットにもその意図を説明していない。そして、別文書による報告や電話等による口頭説明を含め、真実の報告をせず、その事情の説明をしなかったことについて、やむを得ない事情があったことはうかがわれない。

また、追加金300万円については、被上告人は、これを受け取ったこと、これを乙山竹夫に返還しようとしたこと及び同人から頼まれて預かり保管したことを、依頼者に一切報告していない。追加金300万円が、原審の説示するとおり、依頼の趣旨に反しない要求をして受領したものであるとすれば、本来、その受領の事実を報告した上で、返還をすることについて了承を得るべきであるし、相手方から再度預かるよう求められたときには、そのことを依頼者に報告した上で、慎重な対応をすべきものである。

そうすると、被上告人の上記各行為は、弁護士倫理規定31条、40条の趣旨に反し、依頼者に不審感を抱かせるに足りるものといわざるを得ず、原審認定に係る経緯や被上告人の主観的意図を考慮したとしてもなお、上記各行為が弁護士法56条1項所定の「品位を失うべき非行」に当たるとし、業務停止三月の懲戒処分を相当とする旨の判断が社会通念上著しく妥当を欠くものとはいえない。したがって、本件懲戒処分が裁量権の逸脱又は濫用に当たるということはできない。

五 なお、被上告人は、本件懲戒請求が、報酬の支払を免れるための濫用的申立てであり、また、懲戒請求者らの意思に基づかないものであって、却下されるべきである旨主張するが、懲戒請求は、弁護士会による懲戒権の発動を促す申立てにすぎず、懲戒権発動の端緒となるものにすぎないから、懲戒請求が不適法であることが当然に発動された懲戒権の行使自体を違法とするものではなく、被上告人の上記主張は、主張自体失当である。また、被上告人は、第二東京弁護士会綱紀委員会において変更後の事由(すなわち本件懲戒処分の前提とされている事由)について弁明する機会を与えられなかったという手続的瑕疵があると主張するが、綱紀委員会は、懲戒委員会に審査を求めるか否かを調査する機関にすぎず、その調査において、被請求人は、通知を受け、期日に出頭し、陳述する権利を法律上認められているわけではない上(弁護士法71条は、同法67条2項を準用していない。)、被上告人の主張を前提としても、第二東京弁護士会綱紀委員会で問題とされた事由は変更の前後を通じて実質的に同一の事実関係を前提とするものということができるし、その後の懲戒委員会での懲戒手続等においては、変更後の事由に基づく懲戒請求を前提とし、被上告人の弁明等も踏まえた審査が行われるものであることも明らかである。(弁護士法67条。被上告人の主張によっても、その後の懲戒手続における手続的瑕疵はうかがわれない。)。そうすると、被上告人の上記主張も失当というべきである。

〈判決の意義と指針〉

この事案は、弁護士が建物を賃借する依頼者から、賃貸人により建物の明渡しを求められたため、建物の明渡しに関する交渉を受任し、和解（合意）の成立、解決金の受領、送金等の事務処理を行ったものの、依頼者らが報告をしなかったことがあることを理由に懲戒請求をし、所属弁護士会が業務停止3カ月の懲戒処分をし、弁護士が日弁連に審査請求をしたところ、日弁連が審査請求を棄却する旨の裁決をしたことから、弁護士が日弁連に対して裁決の取消しを請求した上告審の事件である。第1審判決である東京高裁は、弁護士が事務処理の過程で一部の事項につき報告を誤り、報告をしなかったとしても、様々な事情があり（この判決がこれらの事情を詳細に紹介しているので、判決文参照)、これらの事情を考慮し、虚偽の報告については弁護士倫理が禁圧しようとするものとはおよそ異なり、弁護士の品位を失うべき非行とはいえないとし、未報告については本件の事情の下では弁護士倫理に違反する点は見当たらず、弁護士の品位を失うべき非行にあたるということはできないとし、前記懲戒処分を取り消したものである。

この判決の特徴は、

① 「品位を失うべき非行」といった弁護士に対する懲戒事由に該当するかどうか、また、該当するとした場合に懲戒するか否か、懲戒するとしてどのような処分を選択するかについては弁護士会の合理的な裁量に委ねられているとしたこと

② 弁護士会の裁量権の行使としての懲戒処分は、全く事実の基礎を欠くか、または社会通念上著しく妥当性を欠き、裁量権の範囲を超えまたは裁量権を濫用してされたと認められる場合に限り、違法となるとしたこと

③ 弁護士の事件処理の報告義務は、委任契約から生ずる基本的義務であり、依頼者に対し適切な自己決定の機会を保障するためにその前提となる判断材料を提供するという趣旨で、事件を受任した弁護士が負うべき重要な義務であるとしたこと

④ 弁護士の金品の引渡し等の義務も、委任契約から生ずる基本的な義務であるとしたこと

⑤ 特に依頼者のために預かった金品に関する報告は重要なものであるとしたこと

⑥ 弁護士が依頼事項に関連して相手方や第三者から金品を預かった場合、そのことを依頼者に報告することも報告義務の内容となるとしたこと

⑦ この事案の弁護士の各行為は、弁護士倫理規定31条、40条の趣旨に反し、依頼者に不審感を抱かせるに足りるものといわざるを得ず、諸事情を考慮したとしてもなお、弁護士法56条1項所定の「品位を失うべき非行」にあたるとし、業務停止3カ月の懲戒処分を相当とする旨の判断が社会通念上著しく妥当を欠

くものとはいえないとしたこと

を明らかにしたものであり、重要な判断を示している。なお、この判決は、この事案では、懲戒請求をした者が後に請求を取り下げていたところ、懲戒請求は、弁護士会による懲戒権の発動を促す申立てにすぎず、懲戒権発動の端緒となるものにすぎないから、懲戒請求が不適法であることが当然に発動された懲戒権の行使自体を違法とするものではないと判示しているが、この判断も弁護士にとって懲戒請求のリスクの回避を検討するうえで重要である。

この判決は、弁護士会の弁護士に対する懲戒処分については合理的な裁量に委ねられ、違法となる場合を明確にしたという意義があるだけでなく、弁護士の事件処理の報告義務が委任契約から生ずる基本的義務である等、重要な義務であるとし、この事案では、弁護士が様々な事情により事務処理の過程で報告を誤り、報告しなかった事柄を考慮しても、弁護士の品位を失うべき非行にあたり（前記東京高裁の判決は、これらの事情を考慮し、弁護士の品位を失うべき非行にあたらないと判断したものである）、業務停止３カ月の懲戒処分が妥当性を欠くとはいえないとした重要な事例判断として参考になるものである。この判決は、最高裁の判決であることに照らしても、弁護士の倫理に係る内容としても、弁護士の実務に重要な判断を示したものである。弁護士が依頼者からの依頼に係る事務処理を行う場合、他の要請とともに、依頼者に対して説明し、依頼者の同意・了解を得、依頼者に対して報告することは、事務処理上の基本的な要請であるが、この判決は、このような基本的な要請をあらためて示したものであるということができる。

判　決　14	弁護士の懲戒処分を認めた事例（職務外の行為をめぐるトラブル） 〔東京高判平成18・９・20判タ1240号192頁〕

【事案の概要と判決要旨】

不動産業者であるＡ株式会社は、宅地分譲を行い、私道を開設し、Ｘ弁護士は、Ａから分譲地を購入し、他の私道共有者の承諾書面を得ないまま、Ａにガス管を埋設するための工事を施工させたが、他の私道共有者がガス管、下水道管を埋設する工事をしようとした際、承諾書面に署名せず、Ａが工事に着手すると、警察に110番電話をする等して阻止し、他の共有者らにＡがＸとの交渉の場に暴力団風の男を同席させて威迫的言動を行い、虚言に満ちた一方的な業者であること等を記載した文書を配布する等したため、ＡがＸの所属するＢ弁護士会に懲戒を請求したところ、Ｂの懲戒委員会が弁護士法56条所定の非行があったとし、戒告をする旨の議決をし、Ｂはその旨の懲戒処分をしたため、ＸがＹ連合会（日本弁護士連合会）に審査請求をしたところ、Ｙが審査請求を棄却する旨の裁決をしたため、ＸがＹに対して裁決

の取消しを請求した。

この判決は、Bの認定、手続には裁量権の逸脱、濫用はないとし、Xの身勝手と糾弾されてもやむを得ないし、Aの名誉を侵害する行為もあったとし、戒告処分が相当であるとし、請求を棄却した。

〈判決文〉

⑵　上記の認定、説示で明らかなとおり、原告は、Aの分譲した本件土地上に自宅を建築するに当たって、本件私道を掘削してガス管を設置し、いわゆるライフラインを滞りなく享受しながら、相前後して同じくAから分譲地を購入して本件私道の共有者となった隣人から本件私道を掘削してガス管や水道管を埋設するための本件工事を請け負った同社が、原告に対し、本件私道の共有者として掘削の承諾を求めたにもかかわらず、自宅のガス管設置工事における承諾書の扱い等を顧慮することもなく、正当な理由がないにもかかわらずこれに応じず、これとは本来別個の問題である電柱やトランスの移設を交換条件に持ち出したりして、その承諾を拒否したものである。加えて、原告は、Aが依頼者との関係でやむなく本件工事に着手するや、警察に通報したり、Aとの交渉過程で、5000万円という法外の違約金請求を含む一方的かつ強圧的な提案を行って、殊更に交渉を紛糾させたほか、本件私道の共有持分権を盾に取って（なお、原告が本件仮処分の申立てに当たり、もう1つの根拠とした債権的請求権が認められないことは、上記のとおりである。）、権利の濫用とも評価される本件仮処分を申し立てて、長期間にわたってその施工を事実上妨害するに至り、隣人のライフラインの享受を妨げたものである。

このような原告の行為は、自己の要求の貫徹ばかりに目を奪われ、隣人の生活に不可欠なライフラインの享受を正当な理由もなく妨げる行為といって差し支えなく、身勝手と糾弾されてもやむを得ないものであり、弁護士法56条所定の非行に該当すると評価することができる。

⑶　次いで、原告が近隣住民に送付した本件配布文書は、Aにおいて原告が金目当てに本件工事に反対していると近所に触れ回ったことに対抗したという事情があるとしても、Aを執拗に非難し、暴力団紛いの者まで雇う悪質な業者であると繰り返し断ずるものであり、その名誉を侵害する内容であるということができる。そして、そもそも同社において原告が金目当てであると考えた契機は、上記のとおり、原告が交渉の席で5000万円という不当かつ過大な違約金の支払いを求めてきたからであって、こうしたAの非難は原告が自ら招いたとみることができる点も考え合わせると、本件配布文書の送付も弁護士法56条所定の非行に当たるというべきである。

⑷　他方で、原告が本件工事の承諾の交換条件にした電柱やトランスの移設問題について、トランスの搭載に関する東京電力等の説明が十分でなく、原告において、殊に幼い娘を抱えてトランスから放射される電磁波の影響を危惧し、本件工事共々設置の窓口になっていたAに対し、本件工事の承諾と引き換えにしてでもその移設を実現しようと要求したことは、心情的に理解できる点がないではない。また、原告の本件工事の承諾拒絶に正当な理由は見い出しがたいものの、Aは、承諾を得るべく原告と交渉を続けていたのであって、それにもかかわらず、突如として何の断りもなく本件工事に着手したものであり、こうした交渉のルールを踏み外したともいえる着工が、原告の態度を硬化させてしまったことも

否めない。さらに、Aが申し立てた懲戒請求において、原告とともに対象弁護士とされた丙川弁護士は懲戒処分を受けず、Aが原告を相手方として提起した損害賠償請求訴訟においては、同社が請求を放棄し、懲戒請求を取り下げるという和解が成立し、現に同社は原告に対する懲戒請求を取り下げている。

しかしながら、本件懲戒請求処分も指摘するところの前記認定に係る本件非行の内容に加え、懲戒権限の行使に当たり、懲戒事由の該当性や処分の選択については、所属弁護士会や被告の合理的な裁量に委ねられていることを考慮すると、上記の原告にとって有利なまたは同情すべき事情の存在、原告の主張する過去の懲戒事例等を斟酌しても、原告を戒告にした本件懲戒処分が、裁量権の範囲を逸脱し又は濫用したものと解することはできないというべきである。

〈判決の意義と指針〉

この事案は、弁護士が購入した土地、近隣の土地の利用をめぐる紛争が発生し、関係者から懲戒の請求を受け、弁護士会が戒告の懲戒処分をし、日本弁護士連合会に審査請求をしたものの、棄却する裁決を受けたため、裁決の取消しを請求した事件である。

この事案の特徴は、

① 会社が私道を開設する等して土地を分譲したこと

② 弁護士が会社から土地を購入したこと

③ 弁護士が他の分譲に係る所有者の承諾書面を得ないまま、ガス管を埋設するための工事を会社に施工させたこと

④ 他の私道共有者がガス管、下水道管を埋設する工事をしようとした際、弁護士が承諾書面に署名しなかったこと

⑤ 会社が工事に着手すると、弁護士が警察に110番電話をする等して阻止したこと

⑥ 弁護士が他の共有者らに会社が交渉の場に暴力団風の男を同席させて威迫的言動を行い、虚言に満ちた一方的な業者であること等を記載した文書を配布したこと

⑦ 会社が弁護士につき弁護士会に懲戒を請求したこと

⑧ 弁護士会が戒告の懲戒処分をしたこと

⑨ 会社が弁護士に対して損害賠償を請求する訴訟を提起しところ、その後、請求を放棄し、懲戒請求を取り下げる旨の和解が成立したこと

⑩ 弁護士が日本弁護士連合会に審査請求をしたところ、審査請求を棄却する旨の裁決がされたこと

⑪ 弁護士が東京高裁に裁決の取消しを請求したこと

があげられる。

この判決は、弁護士の隣人の生活に不可欠なライフラインの享受を正当な理由もなく妨げる行為が身勝手と糾弾されてもやむを得ないものであり、弁護士法56条所定の非行に該当する等とし、弁護士に対する戒告処分につき裁量権の範囲を逸脱し

または濫用したものと解することはできないとしたものであり、弁護士の私生活上の行動につき戒告処分をした旨の事例判断として参考になる。

判　決　15	弁護士の懲戒請求をした者、その代理人弁護士の不法行為責任を認めた事例（訴訟の提起をめぐるトラブル） 〔最三小判平成19・４・24民集61巻３号1102頁、判時1971号119頁、判タ1242号107頁〕

【事案の概要と判決要旨】

Ａ有限会社（代表者はY_1）は、Ｂ有限会社を債務者、Ｃ株式会社を第三債務者として債権仮差押えをした後、Ｂを被告として本案訴訟を提起し、請求棄却判決を受けるなどして、同判決が確定した（弁護士Y_2がＡの訴訟代理人、弁護士ＸがＢの訴訟代理人であった）。Ｂは、Ａから前記事件の担保につき権利行使の催告を受け、Ａに対して損害賠償請求訴訟を提起し、請求認容判決を受け、控訴審において訴訟上の和解が成立したが（前記の訴訟と同様に、弁護士ＸがＢの訴訟代理人、Y_2がＡの訴訟代理人であった）、訴訟上の和解の前に、ＡがＸの所属するＣ弁護士会に濫訴に類するなどと主張してＸの懲戒を請求した（Y_2が代理人であった）。Ｃが懲戒しない旨の決定をし、ＡがＤ連合会（日本弁護士連合会）に異議の申出をし（Y_2が代理人であった）、Ｄが異議の申出を棄却する旨の決定をし、ＡがＤを被告として決定の取消しを請求する訴訟を提起したものの（Y_2が訴訟代理人であった）、訴えを却下する判決がされる等したことから、ＸがY_1、Y_2に対して名誉・信用毀損を主張し、不法行為に基づき損害賠償を請求した。

第１審判決は、不法行為を認め、慰謝料50万円を認め、請求を認容したため、Y_1らが控訴した。

控訴審判決は、弁護士の懲戒請求制度の趣旨を逸脱し、懲戒請求権の濫用と認められるなどの特段の事情が認められる場合において、違法性を帯びるとしたうえ、本件では濫用にあたらないとし、原判決を取り消し、請求を棄却したため、Ｘが上告受理を申し立てた。

この判決は、弁護士の懲戒請求が事実上または法律上の根拠を欠く場合において、請求者が、そのことを知りながらまたは通常人であれば普通の注意を払うことによりそのことを知り得たのに、あえて懲戒を請求するなど、懲戒請求が弁護士懲戒請求制度の趣旨目的に照らし相当性を欠くと認められるときは、違法な懲戒請求として不法行為を構成するとしたうえ、本件では不法行為が成立するとし、原判決中、Ｘの敗訴部分を破棄し、Y_1らの控訴を棄却した。

〈判決文〉

ア　弁護士法58条１項は、「何人も、弁護士又は弁護士法人について懲戒の事由があると思料するときは、その事由の説明を添えて、その弁護士又は弁護士法人の所属弁護士会にこれを懲戒することを求めることができる。」と規定する。これは、広く一般の人々に対し懲戒請求権を認めることにより、自治的団体である弁護士会に与えられた自律的懲戒権限が適正に行使され、その制度が公正に運用されることを期したものと解される。しかしながら、他方、懲戒請求を受けた弁護士は、根拠のない請求により名誉、信用等を不当に侵害されるおそれがあり、また、その弁明を余儀なくされる負担を負うことになる。そして、同項が、請求書に対し恣意的な請求を許容したり、広く免責を与えたりする趣旨の規定でないことは明らかであるから、同項に基づく請求をする者は、懲戒請求を受ける対象者の利益が不当に侵害されることがないように、対象者に懲戒事由があることを事実上及び法律上裏付ける相当な根拠について調査、検討をすべき義務を負うものというべきである。そうすると、同項に基づく懲戒請求が事実上又は法律上の根拠を欠く場合において、請求者が、そのことを知りながら又は通常人であれば普通の注意を払うことによりそのことを知り得たのに、あえて懲戒を請求するなど、懲戒請求が弁護士懲戒制度の趣旨目的に照らし相当性を欠くと認められるときには、違法な懲戒請求として不法行為を構成すると解するのが相当である。〈略〉

イ　前記確定事実によれば、丁原社は自ら足利支部に戊田社を被告として別件請負代金訴訟を提起したというのであり、戊田社が丁原社を被告として別件損害賠償訴訟を提起したのも、足利支部が丁原社からの本件担保の取消しの申立てを受け、戊田社に対して本件担保について権利行使の催告をしたことによるというのであるから、戊田社が民訴法上の土地管轄を有する足利支部に別件損害賠償訴訟を提起するのは、法律上も、また事実経過からも当然のことであり、何ら違法、不当な行為であるということはできない。

したがって、上告人が戊田社の訴訟代理人として同訴訟を足利支部に提起したことが弁護士としての品位を失うべき非行に当たるはずもなく、本件懲戒請求等が事実上、法律上の裏付けを欠くことは明らかである。そして、被上告人乙山は、法律家ではないとしても、丁原社による別件仮差押事件の申立て当時から、その代表者として上記申立てを含めて事業活動を行っていた者であり、戊田社による足利支部に対する別件損害賠償訴訟の提起が正当な訴訟行為であり、何ら不当なものではないことを十分に認識し得る立場にあったということができる。そうすると、被上告人乙山は、通常人としての普通の注意を払うことにより、本件懲戒請求等が事実上、法律上の根拠に欠けるものであることを知り得たにもかかわらず、あえて丁原社の代表者としてこれを行ったものであって、本件懲戒請求等は、弁護士懲戒制度の趣旨目的に照らし相当性を欠くと認められ、被上告人乙山は、本件懲戒請求等による上告人の名誉又は信用の毀損について不法行為責任を負うというべきである。

また、被上告人丙川は、別件請負代金訴訟の第１審及び控訴審並びに別件損害賠償訴訟の控訴審において丁原社の訴訟代理人として訴訟活動に携わり、かつ、法律実務の専門家である弁護士として、本件懲戒請求が事実上、法律上の根拠に欠けるものであることを認識し得る立場にあったことは明らかである。被上告人丙川は、それにもかかわらず、本件懲戒請求の請求書を作成し、本件懲戒請求につき丁原社の代理人を務めたものであり、このような行為は弁護士懲戒請求の趣旨目的に照らし相当性を欠くと認められるから、被上告人丙川は、これによって上告人の名誉又は信用が毀損されたことについて不法行為責任を負うというべきである。

(2) 別件取消訴訟の提起について

原審は、丁原社による別件取消訴訟の提起について、上告人はどのような権利が侵害されたのかにつき具体的な主張、立証をしていない上、被上告人乙山において別件取消訴訟の提起が事実上、法律上の根拠を欠くものであることを知り、あるいは容易に知ることができたことや、被上告人乙山が、殊更上告人に不利益を被らせる目的で上記の訴訟提起をしたなどの事情を認めるに足りる的確な証拠もないことを理由として、被上告人らの行為が不法行為に当たるとまではいえないとする。しかしながら、上告人は、別件取消訴訟が本件異議の申出を棄却する決定に対する不服申立ての方法として提起されたことをもって、不法行為に当たると主張しているものであり、前記確定事実によれば、被上告人らは、別件取消訴訟を本件異議の申出を棄却する決定に対する不服申立ての方法と位置付けてこれを提起したものであることが認められる。そして、前記のとおり、本件懲戒請求等が根拠のない懲戒事由に基づくものであるといえる以上、別件取消訴訟の提起も根拠のない懲戒事由に基づくものであり、これによっても上告人の名誉又は信用が毀損されるというべきである。しかも、懲戒請求をした者は、異議の申出を棄却する日弁連の裁決に対して取消訴訟を提起することが法律上認められていないのである（最高裁昭和49年（行ツ）第52号同年11月８日第二小法廷判決・裁判集民事113号151頁参照）。そうすると、別件取消訴訟が事実上又は法律上の根拠に欠けるものであり、被上告人らが通常人としての普通の注意を払うことによりそのことを知り得たことは明らかであって、被上告人らは、別件取消訴訟の提起による上告人の名誉又は信用の毀損についても、不法行為責任を負うものというべきである。

〈判決の意義と指針〉

この事案は、訴訟の代理人になった弁護士に対して、相手方の当事者の代表者、その代理人の弁護士が懲戒の請求をし、弁護士会が懲戒しない旨の決定をした後、日弁連に異議の申出をし、異議の申出を棄却する旨の決定をした後、決定の取消しを請求する訴訟を提起する等したため、弁護士が懲戒請求者、代理人の弁護士に対して信用・名誉毀損を主張し、不法行為に基づく損害賠償責任を追及した上告審の事件である。

この判決の特徴は、

① 懲戒請求を受けた弁護士は、根拠のない請求により名誉、信用等を不当に侵害されるおそれがあり、また、その弁明を余儀なくされる負担を負うことになるとしたこと

② 弁護士に対して懲戒請求をする者は、懲戒請求を受ける対象者の利益が不当に侵害されることがないように、対象者に懲戒事由があることを事実上および法律上裏付ける相当な根拠について調査、検討をすべき義務を負うものとしたこと

③ 懲戒請求が事実上または法律上の根拠を欠く場合において、請求者が、その

ことを知りながらまたは通常人であれば普通の注意を払うことによりそのことを知り得たのに、あえて懲戒を請求するなど、懲戒請求が弁護士懲戒制度の趣旨目的に照らし相当性を欠くと認められるときには、違法な懲戒請求として不法行為を構成するとしたこと

④　この事案では、懲戒請求をした者の代表者、代理人の弁護士の懲戒請求、取消訴訟の提起に係る不法行為を肯定したこと

があげられ、懲戒請求者、その代理人の弁護士の不法行為に関する法理を明らかにし、具体的に適用して不法行為を肯定したものであり、理論的にも、事例としても重要な判決であり、現に重要な先例となっているものである。

判　決　16	弁護士の懲戒請求をした者の日弁連に対する業務妨害を認めた事例 〔東京地判平成19・7・20判タ1269号232頁〕

【事案の概要と判決要旨】

Ｙは、弁護士Ａら３名につき所属弁護士会に懲戒を請求したが、懲戒しない旨の議決が確定した後、Ｘ連合会（日本弁護士連合会）の事務局にその説明を求める等とし、頻繁に電話をかけ、訪問し、面談の要求を繰り返し、訪問した際には対応した者につきビデオカメラで撮影する等したため、ＸがＹに対してＸの建物への立入り、架電、面会要求等の方法による直接交渉の禁止を請求した。

この判決は、Ｘの平穏に業務を遂行する権利の侵害等を認め、侵害行為の差止めを求める権利を認め、請求を認容した。

〈判決文〉

(1)　原告は、平穏に業務を遂行する権利に基づいて、別紙物件目録記載の建物への立入り及び面談強要等の差止めを求めているところ、かかる業務を遂行する権利は、財産権行使の一内容と評価できるのであるから、原告の請求は、結局のところ、建物等の所有権ないし占有権等の財産権に基づく請求を含むものと理解できる。

そして、法人は、平穏に業務を遂行する権利を侵害され、その後も侵害が継続する蓋然性が高い場合には、財産権あるいはその一内容である業務遂行権に基づき、侵害行為を差し止める権利を有すると解される。

(2)　そこで、被告が原告の平穏に業務を遂行する権利を侵害し、その侵害が継続するおそれがあるかについて検討するに、本件では、別紙被告の架電・訪問時の対応記載のとおり、被告は、平成17年３月ころから平成18年10月にかけて、原告に架電し、原告事務局を訪問しているところ、この１年８か月における架電及び訪問の回数は、架電は1980回、訪問は95回と極めて多数回に及んでいる。そのうち、平成17年４月から10月には、ほぼ連日架電が繰り返され、その回数は、多い日には１日100回を超えることもあった。また、被告は、平成18年６月以降は、平日はほぼ連日のように原告事務局を訪問し、その都度ほぼ１時間

にわたって原告事務局に滞在し、原告職員の度重なる退去要請にもかかわらず、原告職員が警察官を要請するまで退去しないことも度々あった。その際、被告は、綱紀委員会の議決書及び異議申出に対する決議書には理由が付されていないことなどを繰り返し述べ、原告職員が、決議書等に記載のとおりであって付加して説明する事項はないなどと書面によって回答し（甲1ないし4）、口頭でも再三にわたり同趣旨の説明をしたにもかかわらず、被告は原告に対し、同様の主張・要求を繰り返している（甲5）。このような被告の度重なる架電及び訪問の都度に、原告職員らは対応を強いられており、その対応に要する精神的負担、時間的負担を考えると、原告の業務遂行に著しい支障が生じていることは明らかである。

また、別紙被告の架電・訪問時の対応記載のとおり、被告は、平成18年6月下旬ころから同年8月下旬ころまでは、頻回にわたり原告事務局内のビデオ撮影を行い、原告職員らの姿を撮影しており、これにより、原告職員らが大きな精神的負担を感じ、原告の正常な職務遂行が困難ないし不可能となったことも認められるところである（甲5）。

以上のとおり、被告の架電及び訪問の目的、回数、態様などからして、被告の原告に対する上記行為が、原告が有する財産権である業務遂行権をその受忍限度を超えて侵害していることは明らかであるというべきである。

そして、被告の架電及び訪問の行為が1年8か月もの長期間にわたって継続していること、被告自身は、本人尋問においても、自らの行為の正当性を強く述べるのみであることからすれば、今後も、被告が同様の方法で架電及び訪問の行為を継続する蓋然性は高く、原告の業務遂行権が侵害されるおそれは継続しているものというべきである。

(3)　以上のとおりであり、原告は、被告に対し、請求の趣旨第1項記載の差し止めを請求する権利を有する。

〈判決の意義と指針〉

この事案は、弁護士の取引、弁護士の弁護過誤をめぐる裁判例ではなく、弁護士に対する懲戒請求に派生して発生した事件である。この事案は、弁護士に対して懲戒請求をした者が、懲戒しない旨の議決が確定した後、不満をもち、日本弁護士連合会（日弁連）の事務局に頻繁に電話をかけ、訪問し、面談の要求を繰り返し、訪問した際には対応した者につきビデオカメラで撮影する等し、日弁連に対する業務妨害（日弁連に対するクレーム）が問題になったものである。

この判決は、日弁連に対する業務妨害の内容を詳細に認定し、平穏に業務を遂行する権利を侵害され、その後も侵害が継続する蓋然性が高い場合には、財産権あるいはその一内容である業務遂行権に基づき、侵害行為を差し止める権利を有するとしたうえ、日弁連の差止請求権の行使を肯定したものであり、業務妨害に関する事例判断として参考になる。

判　決　17	懲戒された弁護士の弁護士会綱紀委員会委員に対する損害賠償請求等の訴えを却下した事例 〔東京地判平成20・３・17判時2041号85頁〕

【事案の概要と判決要旨】

弁護士Ｘは、弁護士Ａと共同して事務所を経営した後、独立し、自ら事務所を経営していたところ、ＡがＸにつきＢ弁護士会に対して懲戒を請求した。Ａの主張は、共同事務所の機材等の無断持出し等のほか、Ｘが共通の顧問先等に対してＡの事務所職員との不倫関係を記載した文書を送付したこと（本件行為）が含まれていた。Ｙ弁護士は、本件を担当したＢの綱紀委員会の委員であり、主査を務め、Ａ、Ｘから事情を聴取する等し、本件綱紀委員会は、本件行為につき懲戒委員会に事案の審査を求めることを相当とする議決をし（本件議決。Ａの主張する他の事由は、審査を求めないことを相当とする議決がされた）、Ｂ弁護士会の懲戒委員会は、本件行為は品位を失うべき非行にあたるとし、Ｘを戒告に処する旨を議決した。ＸはＹに対して本件綱紀委員会が法令の解釈適用を誤って本件議決をし、その後も本件議決を是正しなかったことが不法行為にあたると主張し、損害賠償、本件議決が無効であることの確認を請求した。

この判決は、弁護士法は、弁護士会の綱紀委員会の調査および議決については、懲戒権につき高度の自治権を保障された自律的団体である弁護士会の内部問題としてその判断が尊重されることを求め、会員である弁護士等には一定程度の不利益の受忍を求めているものであり、当該調査および議決は司法審査の対象にならないものと解するのが相当であるところ、本件の損害賠償請求は、綱紀委員を務めていた個人を被告として前記内容の不法行為を主張するものであり、綱紀委員会の議決の有効性、適否を直接問題とするものではないが、この問題に対する判断を示すことが不可欠であることに照らすと、司法審査を差し控えるのが相当であり、不適法であるとし、本件の無効確認請求は、本件議決の有効性等を直接問題にするものであり、不適法であるとし、各訴えを却下した。

〈判決文〉

(2)　本件各損害賠償請求について

ア　法制度上、高度の自律権が保障されている団体内部の法律上の紛争については、それが一般市民法秩序と直接の関係を有しない内部的な問題にとどまる場合には、原則として当該団体の自治的、自律的措置にゆだね、法律上の争訟に当たらないものとして司法判断を差し控えるべきであるところ、前記(1)イのとおり、弁護士会は高度に自主的かつ自律的な団体であり、弁護士等に対する懲戒手続に関しては、弁護士会の高度の自治権が保障されている。また、前記(1)ウ、エのとおり、懲戒手続における弁護士会の綱紀委員会の調査及び議決は、懲戒委員会の審査の前提要件にとどまり、懲戒委員会の判断を拘束するものではなく、弁護士会による懲戒権行使のための予備的な行為にすぎないものである。しかも、これによって対象弁護士等が受ける不利益は、格別重大なものであるとか実質的なものであると認めることができず、弁護士としての活動に制限を加えるものでもない。

以上の点に加え、前記(1)オのとおり、綱紀委員会の議決の取消しを求めて訴えを提起することは許されないと解されることの趣旨をも併せ考慮すると、弁護士法は、弁護士会の綱紀委員会の調査及び議決については、懲戒権について高度の自治権を保障された自律的団体である弁護士会の内部問題として、その判断が尊重されることを求め、他方、会員である弁護士等には上記程度の不利益の限度で受忍を求めているというべきであるから、当該調査及び議決は司法審査の対象とはならないものと解するのが相当である。

イ　本件各損害賠償請求は、綱紀委員を務めていた被告個人を被告として、本件議決を行ったこと及び本件議決を是正しなかったことが不法行為に当たるとして損害賠償を求めるものであり、司法審査の対象とはならない綱紀委員会の議決の有効性ないし適否を直接問題とするものではない。しかしながら、原告は、本件議決について法令の解釈適用の誤りがあったことをもって不法行為に当たると主張しており、損害賠償請求の当否を判断するならば、本件議決の有効性ないし適否に対する判断を示すことが不可欠であることに照らすと、本件各損害賠償請求についても、紛争の実態が司法判断による終局的な解決になじまない部分を含むことになるから、司法審査を差し控えるのが相当である。

したがって、本件各損害賠償請求は、法律上の争訟性を有しないというべきであるから、不適法であり、却下を免れない。

〈判決の意義と指針〉

この事案は、共同事務所を構成していた弁護士間でトラブルが発生し、弁護士が独立した後、他方の弁護士につき弁護士会に懲戒請求をし、綱紀委員会の委員・主査が双方の弁護士に事情聴取をする等し、懲戒委員会に事案の審査を求めることを相当とする議決をし、弁護士会が戒告に処する旨を議決したため、懲戒された弁護士が前記主査に対して不法行為に基づき損害賠償、本件議決が無効であることの確認を請求した事件である。なお、この事案の特徴は、弁護士会の綱紀委員会の委員・主査の法的な責任が追及されたところである。

この判決は、いずれの請求に係る訴えも不適法であり、却下したものであり、事例として参考になる。

判 決 18	弁護士の懲戒請求をした弁護士の不法行為責任を認めなかった事例（非弁提携をめぐるトラブル） 〔東京地判平成20・8・26判タ1283号157頁〕

【事案の概要と判決要旨】

X弁護士は、多重債務者であったY_1から債務整理を依頼されたところ、Xが委任を解消し、Y_2弁護士に債務整理を依頼し、Y_2にXが事務所の事務員に債務整理の事件処理を一任していた旨を話したところ、Y_2は、Y_1の所属弁護士会にXにつき懲戒を請求したため、XがZ弁護士を訴訟代理人として、Y_1、Y_2に対して虚偽の事実を摘示して懲戒を請求したと主張し、不法行為に基づき損害賠償を請求したのに対し（甲事件）、Y_2がX、Zに対して不当訴訟等を理由に不法行為に基づき損害賠償を請求し（乙事件）、さらにZがY_2に対して不当訴訟等を理由に不法行為に基づき損害賠償を請求した（丙事件）。

この判決は、Xの債務整理の受任態様が懲戒事由にあたると判断したことは一応の合理性があるとし、懲戒請求が相当性を欠いているとはいえないとし、Y_1らの不法行為を否定し、不当訴訟等を否定し、いずれの請求も棄却した。

〈判決文〉

2　争点(1)（甲事件における原告乙山及び被告丁田の責任原因）

(1)ア　原告甲野は、原告乙山及び被告丁田に対し、同人らが共謀の上、虚偽の事実を摘示して本件懲戒申立てを行ったことが不法行為を構成する旨主張する。

イ　〈略〉

ウ　上記前提事実によれば、原告乙山が、平成18年7月31日、原告甲野が被告丁田から家計の状況等の事情聴取をせず、事件処理の方針決定を全て弁護士事務所の事務員に任せきりにするなど弁護士のなすべき職務を怠ったとして、弁護士法58条1項に基づき、第一東京弁護士会に対し、本件懲戒申立てを行ったことが認められる。

しかし、原告乙山は、平成18年7月5日に被告丁田から上記事実関係について聞き取りを行っている上、同月10日には、被告丁田が同内容を非弁提携弁護士報告書（乙1）に記載したことが認められるから、原告乙山が被告丁田の述べた内容を信用できるものと判断したことには一応の合理性が認められる。また、原告乙山は、本件懲戒申立てをするに当たって、弁護士が債整（ママ）整理を受任する際に事件処理の方針決定までを事務員に任せることは「弁護士について懲戒の事由があると思料するとき」（弁護士法58条1項）に該当すると判断していたものと認められ（上記認定事実(5)、弁論の全趣旨）、その判断にも一応の合理性が認められる（乙3，4，6，7）。そうすると、原告乙山による本件懲戒申立てが事実上又は法律上の根拠を欠いているものとは認められず、原告乙山がそのことを知りながら又は普通の注意を払うことによりそのことを知り得たのに、あえて懲戒を請求するなど弁護士懲戒制度の趣旨目的に照らし相当性を欠いているものとも認められないから、原告乙山による本件懲戒申立ては不法行為を構成しない。原告甲野の原告乙山に対する主張は理由がない。

エ　〈略〉

(2)ア　原告甲野は、原告乙山に対し、原告甲野が本件債務整理を受任している間に、原告乙山が同事件に不当に介入して被告丁田から同事件を受任したことは不法行為（弁護士職務基本規程72条違反）を構成する旨主張する。

イ　しかし、被告丁田が原告甲野に対して発送した内容証明郵便（甲2）には、「貴殿との契約を解約させていただき、法律相談センターの担当弁護士にあたらめて整理の依頼をすることになりましたのでご連絡致します」との記載があり、被告丁田が原告甲野との契約を解約した後に原告乙山に対して改めて債務整理を依頼しようとしていたことが認められるから、上記1で認定したとおり、本件債務整理に関して原告甲野と被告丁田の委任関係が解消した後に、原告乙山が被告丁田から本件債務整理を受任したものと認められる。そして、原告乙山が被告丁田に対して解約通知書の雛形を交付した以上に、原告甲野の受任していた本件債務整理事件に介入したことを認めるに足りる証拠はない。そうすると、原告甲野が本件債務整理を受任している間に原告乙山が同事件に不当に介入したとまでは認められず、原告甲野の主張は理由がない。

(3)ア　原告甲野は、原告乙山に対し、同人が本来の事務処理とは無関係であるにもかかわらず、被告丁田に対して非弁提携弁護士報告書（乙1）の作成を強いて同人の内心を侵害した上で、本件懲戒申立てを行ったことは不法行為を構成する旨主張する。

イ　しかし、同主張は、被告丁田の権利侵害を主張するものであり、原告甲野の権利侵害を主張するものではないから、理由がない。

3　争点(3)（乙事件における原告甲野及び原告丙川の責任原因）について

(1)　原告乙山は、原告甲野及び原告丙川が共謀して勝訴の見込みが全くないと認識しながら、非弁提携弁護士の取締りという弁護士業務を妨害するという不当な目的のもとに甲事件を提起したことは不法行為を構成する旨主張する。

(2)　〈略〉

(3)　〈一部略〉

以上に認定した事実に照らすと、甲事件における損害賠償請求が事実的、法律的根拠を欠くものとまでは認められず、原告甲野及び原告丙川が原告乙山に対する損害賠償請求権を有しないことを知り、又は容易にそのことを知り得たともいえないというべきである。〈略〉

4　争点(5)（丙事件における原告乙山の責任原因）について

(1)ア　原告丙川は、原告乙山が乙事件を提起したことは不法行為を構成する旨主張する。

イ　〈略〉

ウ　上記2(1)ウで認定した事実及び弁論の全趣旨によれば、原告乙山は、乙事件の提起に当たっても、被告丁田の供述内容を信用できると判断し、その判断には一応の合理性が認められる反面、原告甲野の供述内容を信用できないものと考えていたことが認められる。そうすると、原告乙山の乙事件における損害賠償請求が、事実的、法律的根拠を欠くものであったとは認められず、原告乙山が原告丙川に対して損害賠償請求権を有しないことを知り、又は容易にそのことを知り得たともいえないというべきである。原告丙川の主張は理由がない。

〈判決の意義と指針〉

この事案は、多重債務の整理事件から派生した弁護士らの間における紛争である。この事案は、弁護士が多重債務者から債務整理を依頼されたものの、依頼者が委任を解消し、他の弁護士に債務整理を依頼したが、その際、最初の弁護士が債務整理の事件処理を事務員に一任している旨を話したことから、後の弁護士が最初の弁護士につき所属弁護士会に懲戒を請求したため、最初の弁護士が懲戒請求による不法行為に基づき後の弁護士に対して損害賠償を請求し、後の弁護士が最初の弁護士、その訴訟代理人である弁護士に対して不当訴訟の提起等による不法行為に基づき損害賠償を請求し、さらに最初の弁護士の訴訟代理人である弁護士が後の弁護士に対して不当訴訟の提起等による不法行為に基づき損害賠償を請求した事件である。この事案は、弁護士の弁護士に対する懲戒請求に係る不法行為の類型の事件、弁護士の弁護士に対する不当訴訟の類型の事件、弁護士の弁護士に対する業務妨害の類型の事件であり、弁護士間の3件の不法行為の成否が問題になった事件である。この事案は、本来の事件は、多重債務の整理であるが、その処理の過程で前記の3件の不法行為に基づく損害賠償事件が派生的に発生したものである。

この判決の特徴は、

① この事案では、懲戒申立てが事実上または法律上の根拠を欠いているものとは認められず、弁護士がそのことを知りながらまたは普通の注意を払うことによりそのことを知り得たのに、あえて懲戒を請求するなど弁護士懲戒制度の趣旨目的に照らし相当性を欠いているものとも認められないとし、懲戒申立てに係る不法行為を否定したこと

② 訴訟の提起に係る不法行為を否定したこと

があげられ、その旨の事例判断を提供するものである。この判決は、債務整理事件の受任、解任に関係し、派生的に発生した損害賠償事件について、いずれも最高裁の関連する判例を前提とし、弁護士の各不法行為を否定したものであるが、事件を受任した弁護士の新たな類型のリスクを示すものとして参考になる。

判　決　19	タレントである弁護士がテレビ番組で刑事事件の弁護人らを批判し、懲戒請求を呼びかけたことにつき不法行為責任を認めた事例 〔広島地判平成20・10・2判時2020号100頁〕

【事案の概要と判決要旨】

X_1ないしX_4は、弁護士であり、少年A（犯行当時18歳）による殺人事件の差戻し控訴審等の弁護人であった。本件刑事事件は、無期懲役を相当とする差戻し前の控

訴審判決が上告審判決によって破棄され、差戻し控訴審でＡに対する死刑判決が言い渡される可能性があり、X_1らの弁護方針、弁護活動が社会的な議論の対象になるなど、その動向が社会的な関心を呼んでいた。弁護士でタレントであったＹは、Ｂテレビ局の番組においてX_1らの活動を批判する発言をし、番組は、全国18の地方テレビ局によって放映されたところ、本件発言がX_1らに対して弁護士会に懲戒を請求することを呼びかける内容を含むものであったことから、本件番組以降、X_1らに対する懲戒請求が多数行われたため、X_1らは、Ｙに対してテレビ放送において公衆に対してX_1らに対する懲戒請求を求めたことにより、X_1らが経済的損害、精神的損害を被ったと主張し、不法行為に基づき損害賠償を請求した。

この判決は、Ｙの本件発言は、単なる懲戒制度の紹介にとどまらず、X_1らを含む弁護団に属する弁護士に対する懲戒を大規模に行うようマスメディアを通じて呼びかけるものであることは否定する余地がないとし、X_1らの社会的評価を低下させるものであるとしたうえ、公共の利害に係り、もっぱら公益を図る目的であったことは認めたものの、その大部分につき真実であることの証明がないか、真実であると信じたことに相当な理由があることを認めることができないとし、マスメディアを通じて公衆に対して特定の弁護士に対する懲戒請求をするよう呼びかけ、弁護士に極めて多数の懲戒請求に対応せざるを得なくするなどして不必要な負担を負わせることは、当該弁護士に不必要な心理的物理的負担を負わせて損害を与えるものとして、弁護士懲戒制度の趣旨目的に照らして相当性を欠き、不法行為に該当するところ、本件発言の一部は名誉毀損とは別個の不法行為にあたる等とし（慰謝料として各弁護士につき200万円の損害を認めた）、X_1らの請求を一部認容した。

〈判決文〉

(3)　本件発言イについて

ア　名誉毀損に該当するかどうかについて

本件発言イは、原告らが本件刑事事件において真実は本件被告人がそのような主張をしていなかったのに、本件弁護団が上記①及び②の主張を創作したという事実を摘示し、ひいては虚偽の事実を主張しているという事実を想起させるものである。

原告らを含む本件弁護団が本件被告人の弁解として虚偽の事実を創作して主張したという事実は、原告らがその人格的価値について社会から受ける客観的評価を低下させるものであると判断される。

イ　違法性阻却事由について

本件全証拠を検討しても、原告らが本件刑事事件において本件被告人の主張として上記①及び②の主張を創作したことを認めるに足りない。

被告は、本件被告人が本件刑事事件について最高裁判所により破棄差戻しの判決がされる前の第１審及び第２審においては事実関係について争っていなかったから、一般市民にあっては、原告らを含む本件弁護団が本件被告人の主張を創作したと考えたなどと主張する（ちなみに、この主張は懲戒請求をするにあたって一般市民がどのような認識を有していたかに関するものであって、被告自身の行為の際の被告の認識をいうものではない)。刑事事件において被告人が主張を変更することはしばしばみかけられることであるし、本件でも原告らが選任される前の従前の弁護人の方針により上記主張をしなかったことも十分に考えられるから、原告らが創作したものであるかどうかについては弁護士であれば少なくとも速断を避けるべきことである。

したがって、摘示された事実の重要部分について真実であることの証明があったとはいえないし、弁護士である被告において真実であると信じたことについて相当な理由があるとも認めることができない。

ウ　以上によれば、本件発言イは原告らの名誉を毀損し、不法行為に当たるというべきである。

(4)　本件発言ウないしオについて

ア　名誉毀損に該当するかどうかについて

前述のとおり、本件発言ウないしオは原告らを含む本件弁護団に属する弁護士について懲戒請求をすべきことを呼びかけるものであり、原告らが懲戒に相当する弁護活動を行っていることをその前提とするものである。

懲戒に相当する弁護活動を行っていることは原告らが弁護士として社会から受ける客観的評価を低下させるものであることはいうまでもない。

イ　違法性阻却事由について

原告らの弁護活動が懲戒に相当するものでなく、摘示された事実の重要部分について真実であることの証明があったとはいえないし、被告においてそのように信じたことについて相当な理由があることを認めることができないことは後述のとおりである。

二(1)ア　〈略〉

イ　懲戒請求を呼びかける行為の相当性について

弁護士について懲戒の事由があると思料する者は、当該弁護士の所属弁護士会に対し、自ら懲戒請求を申し立てれば十分であって、公衆に対し特定の弁護士に対する懲戒請求をするように呼びかけ、当該弁護士に対し多数の懲戒請求をさせる必要があると解すべき場合は一般に想定できない。

殊に、マスメディアを通じて公衆に対して特定の弁護士に対する懲戒請求をするように呼びかけ、弁護士に極めて多数の懲戒請求に対応せざるを得なくするなどして不必要な負担を負わせることは、弁護士会により懲戒制度を通じた指導監督に内在する負担を超え、当該弁護士に不必要な心理的物理的負担を負わせて損害を与えるものとして、上記弁護士懲戒制度の趣旨目的に照らして相当性を欠くものと判断され、不法行為に該当すると判断される。なお、ここで問題とすべきは懲戒請求を呼びかける行為自体の違法性であって、個々の懲戒請求が不法行為としての違法性を具備していないとしてもそのことからそのような呼びかけをすることが違法性を具備しないということにはならない。すなわち、その性質上は適法行為であっても、たとえばその回数や規模によっては一定の損害を与えることは可能であって、そのことを予見すべき場合には適法行為を使嗾(しそう)することをもって不法行為であると評価すべき場合があることを否定することはできない。

被告は本件発言ウないしオにより懲戒請求の数が多ければ多いほど懲戒請求がされ

やすくなるという説明をして、本件放送の視聴者らに対し原告らに対する懲戒請求をすることを呼びかけた。そして、このような方法によって公衆に対して懲戒請求を呼びかける必要性があったことに係る被告の主張については後述のとおりその合理性を認めることができないし、原告らに懲戒事由があることにつき事実上又は法律上の根拠を欠く場合であり、被告がそのことを知りながら又は通常人であれば普通の注意を払うことによりそのことを知り得たと評価すべきことも後述するとおりである。その結果、後述のとおり、原告らは一人当たり600件を超える極めて多数の懲戒請求を申し立てられ、それに対応するため不必要な心理的物理的負担を負わされて精神的及び経済的な損害を被ったと認められるから、本件発言ウないしオは総合して名誉毀損とは別個の不法行為に当たると判断される。〈略〉

(2)ア、イ　〈略〉

ウ　〈一部略〉

甲3及び13の③によれば、原告らを含む本件弁護団がした上記①に係る主張も被告人の意向に沿ったものであったと認めることができるから、これをもって弁護士としての品位を失うべき非行であるとはいえないし、弁護士法56条1項所定のその他の懲戒事由にも当たらない。また、上記のとおり刑事訴訟制度上被告人がその主張を変更することが許されないと解する余地はないから、この点においても弁護人において被告人の意思に沿った弁護活動をすることは非難を受ける筋合ではない。

したがって、これが懲戒事由に当たると主張することは事実上及び法律上の根拠を欠くというほかなく、弁護士である被告は、上記のような弁護人の使命・職責について当然知るべきであるから、上記根拠を欠くことについても知らなかったとはいえない。

〈判決の意義と指針〉

この事案は、少年による凶悪な殺人事件の差戻し控訴審が係属し、弁護人らの弁護活動等が社会的に話題になっていたところ、タレントである弁護士がテレビ番組においてコメンテーターとして出演し、弁護人らの活動を批判し、懲戒請求を呼びかけたものであり、実際に多数の懲戒請求がされる等したため、弁護人である弁護士らがタレントである弁護士に対して不法行為に基づく損害賠償責任を追及した事件である。

この事案は、タレントである弁護士による弁護人である弁護士に対するテレビ放送における懲戒請求の呼びかけの類型の事件であり、弁護士の不法行為責任が問題になったものであるが、弁護士の弁護過誤、弁護士業務が問題になったものではなく、弁護士がテレビ放送を通じて弁護士に対する懲戒請求を呼びかけた行為が問題になったものである。弁護士がテレビ番組に継続的に出演する事例は、近年、多くのテレビ番組で見られ、増加しているようであるが、出演する番組も、法律相談、法律問題のコメント、法律紛争の解決劇に限らず、社会的な話題、政治的な問題等のコメント、バラエティと呼ばれる番組等、多岐にわたっているところであり、いずれも弁護士の肩書きを用いて出演し、発言をしていることが特徴である。

弁護士がテレビ番組に出演しているからといって、その出演活動のすべてが弁護士の業務ということはできないが、弁護士の肩書きを用いて出演し、法律問題に関わる話題について法律専門家として発言し、解説する場合には、弁護士の業務と無関係ということもできないであろう。この事案は、弁護士であるタレントが弁護士の肩書きを用いてテレビ番組に出演し、当時係属中の刑事事件における弁護団の活動を批判し、懲戒請求を呼びかけ、その不法行為責任が問題になったところに特徴がある。

この判決の特徴は、

① 発言の一部につき名誉毀損による不法行為を認めたこと

② 弁護士について懲戒の事由があると思料する者は、当該弁護士の所属弁護士会に対し、自ら懲戒請求を申し立てれば十分であって、公衆に対し特定の弁護士に対する懲戒請求をするように呼びかけ、当該弁護士に対し多数の懲戒請求をさせる必要があると解すべき場合は一般に想定できないとしたこと

③ ことに、マスメディアを通じて公衆に対して特定の弁護士に対する懲戒請求をするように呼びかけ、弁護士に極めて多数の懲戒請求に対応せざるを得なくするなどして不必要な負担を負わせることは、弁護士会により懲戒制度を通じた指導監督に内在する負担を超え、当該弁護士に不必要な心理的・物理的負担を負わせて損害を与えるものであり、不法行為に該当するとしたこと

④ 懲戒請求を呼びかける行為自体の違法性は、個々の懲戒請求が不法行為としての違法性を具備していないとしても、そのことからそのような呼びかけをすることが違法性を具備しないということにはならないとしたこと

⑤ 懲戒請求の性質上は適法行為であっても、回数や規模によっては一定の損害を与えることは可能であり、そのことを予見すべき場合には、適法行為を使嗾（しそう）することをもって不法行為であると評価すべき場合があるとしたこと

⑥ この事案では、懲戒請求の呼びかけにつき不法行為を認めたこと

⑦ 各弁護士につき200万円の慰謝料を認めたこと

があげられる。この判決は、名誉毀損による不法行為の成否の判断の当否は別として、懲戒請求の呼びかけと不法行為の成否については常識的な判断を示したものということができる。

判　決　20	タレントである弁護士がテレビ番組で刑事事件の弁護人らを批判し、懲戒請求を呼びかけたことにつき不法行為責任を認めた事例 〔広島高判平成21・7・2判時2114号65頁〕

【事案の概要と判決要旨】

前記【判決19】広島地判平成20・10・2判時2020号100頁の控訴審判決であり、Yが控訴し、X_1らが附帯控訴した（X_1らは請求を拡張した）。

この判決は、名誉毀損を否定したが、懲戒請求を勧奨したことが不法行為にあたるとし、原判決を変更し、X_1らの請求を一部認容し（慰謝料としてX_1ら各自につき80万円を認めた）、X_1らの附帯控訴を棄却した。

〈判決文〉

(ア)　本件弁護団の弁護活動が懲戒事由にあたらないこと、弁護士である控訴人は、そのことを認識していたとみるべきことは、前記説示のとおりである。

(イ)　控訴人は、発言アにより本件弁護団には懲戒事由があるとした上、発言ウにより視聴者らに弁護団への懲戒請求を呼びかけ、発言エでは、懲戒請求が極めて容易かつ簡便にできるとし、発言オでは、多数の懲戒請求があれば弁護士への懲戒処分がなされるとして、視聴者らの懲戒請求が懲戒処分に対して効果がある旨告げている（発言オの内容が誤りであることは前記のとおりである。）。結局、控訴人は、圧倒的影響力をもつテレビ放送という媒体を利用し、虚偽の事実（発言オ）をない交ぜにして、本件弁護団には懲戒事由があるとの表現で弁護方針を批判し、懲戒請求への積極的参画を呼びかけることで弁護団への非難を誇張して表現しつつ、視聴者に積極的に非難に加わることを求めたものといわざるを得ない。

控訴人のこの発言により、視聴者らは、容易に、本件弁護団の弁護活動には懲戒事由に該当する看過できない誤りがあり、懲戒請求の手続は容易かつ簡便であり、何万、何十万という形で懲戒請求が集中すれば、懲戒処分がなされる蓋然性が高いものと理解し、懲戒請求に及んだものと認められる（控訴人の発言と本件番組後になされた懲戒請求との間には因果関係が認められることは前記のとおりである。）。

以上を総合すると、弁護士である控訴人は、被控訴人らに対する懲戒請求に理由がないことを知りながら、視聴者に対し、あたかも懲戒事由が存するかのような誤った発言をし、この前提に基づき、懲戒請求は簡易で、かつ、多数の懲戒請求によってこそ懲戒の目的を達し得ると、誇張的に懲戒請求を勧奨し、その結果、多数の者が懲戒請求に及んだものとみることができる。

控訴人の上記懲戒請求の勧奨は、弁護士懲戒制度の本来の趣旨目的を逸脱し、多数の者による理由のない懲戒請求を集中させることによって、被控訴人らを含む本件弁護団の弁護方針に対する批判的風潮を助長し、その結果、被控訴人らの名誉感情等人格的利益を害するとともに、不当な心身の負担を伴う弁駁、反論準備等の対応を余儀なくさせたものと評さざるを得ず、控訴人は、このことについて、不法行為責任を免れないというべきである。

エ　なお、付言する。

本件刑事事件において、被控訴人らを含む弁護団が、その主張にかかる内容が一見奇異で非日常的であり、一般にはたやすく理解しがたいものであったにせよ、各自の信念と見識のもとに、誠実かつ真摯に弁護活動を行ったことは疑いを入れない。

控訴人は、刑事弁護の経験を持つ弁護士として、刑事弁護人の職責やその困難性を身をもって知るという、本件番組には唯一弁護士の資格を持つコメンテーターとして出演していたのであるから、刑事弁護人の職責を適切に紹介した上で、自説を述べるべきであったといえる。それにもかかわらず、控訴人は、適切な説明や紹介を十分にしないまま、本件弁護団の弁護方針や内容に対する他の出演者らの疑問や批判に同調し、弁護団への批判的意見を懲戒請求制度に絡めて開陳し、それにとどまらず、番組視聴者に懲戒請求を勧奨した。もとより、控訴人が本件弁護団の弁護方針、弁護活動に対する批判的見解を述べるのは、表現の自由の範囲内においては何ら咎められるべきものではないが、テレビという大きな影響力をもつメディアの番組において専門家として発言する以上、発言内容に慎重を期すべきは当然であり、正確かつ客観的な情報を提供した上で、自説を披瀝すべきであったと考える。

〈判決の意義と指針〉

この事案は、前記【判決19】広島地判平成20・10・2判時2020号100頁の控訴審の事件である。

この判決の特徴は、

① タレントである弁護士のテレビ番組における懲戒請求の勧奨は、弁護士懲戒制度の本来の趣旨目的を逸脱し、多数の者による理由のない懲戒請求を集中させることによって、弁護団の弁護方針に対する批判的風潮を助長し、その結果、弁護士らの名誉感情等人格的利益を害するとともに、不当な心身の負担を伴う弁駁、反論準備等の対応を余儀なくさせたものであるとし、不法行為責任を肯定したこと

② 慰謝料として各弁護士ごとに80万円を認めたこと

があげられ、その旨の事例判断を提供するものであり、テレビ番組における発言による批判の悪影響の実態に即した判断を示したものである。なお、この判決が、「控訴人は、刑事弁護の経験を持つ弁護士として、刑事弁護人の職責やその困難性を身をもって知るという、本件番組には唯一弁護士の資格を持つコメンテーターとして出演していたのであるから、刑事弁護人の職責を適切に紹介した上で、自説を述べるべきであったといえる。それにもかかわらず、控訴人は、適切な説明や紹介を十分にしないまま、本件弁護団の弁護方針や内容に対する他の出演者らの疑問や批判に同調し、弁護団への批判的意見を懲戒請求制度に絡めて開陳し、それにとどまらず、番組視聴者に懲戒請求を勧奨した。もとより、控訴人が本件弁護団の弁護方針、弁護活動に対する批判的見解を述べるのは、表現の自由の範囲内においては何ら咎められるべきものではないが、テレビという大きな影響力をもつメディアの番組に

おいて専門家として発言する以上、発言内容に慎重を期すべきは当然であり、正確かつ客観的な情報を提供した上で、自説を披瀝すべきであったと考える」との説示部分は、テレビ番組において法律問題に関する弁護士が発言するにあたっての常識的な留意事項ということができる。

判　決　21	弁護士の懲戒請求に係る不法行為責任を認めなかった事例（公正証書原本不実記載等をめぐるトラブル） 〔東京高判平成21・7・29判時2055号66頁〕

【事案の概要と判決要旨】

Ａ株式会社の顧問弁護士である弁護士Ｘは、Ａの社長Ｂ、常務Ｙに下請代金の支払原資を確保するため、公正証書を債務名義とする債権差押え・転付命令を活用した債権回収の方法を助言し、Ａが債権の一部につき架空の債務弁済契約公正証書を作成するにあたり、Ｘが代理人として、同じ法律事務所のパートナーである弁護士Ｃとともに公正証書の作成に関与し、Ｃに回収させた金銭をＸ名義の預金口座に送金させる等したため、Ｙが公正証書原本不実記載等の非違行為をしたとし、所属弁護士会に懲戒請求をし、懲戒請求が懲戒委員会の審査に付さないことを相当とする旨の議決がされたことから、ＸがＹに対して懲戒請求が不法行為にあたると主張し、損害賠償を請求した。

第１審判決は、不法行為の主観的要件を欠くとし、請求を棄却したため、Ｘが控訴した。

この判決は、懲戒請求が全く事実上の根拠を欠くものとはいえないとし、控訴を棄却した。

〈判決文〉

⑵　以上の検討によれば、控訴人は、丙川建設の顧問弁護士として、丙川社長や被控訴人に対して、甲田信金に対する工事代金の振込が約定されたことに端を発して、下請業者らに対する下請工事代金の支払原資を確保するため、公正証書を債務名義とする債権差押・転付命令を活用した債権回収の方法を助言したことが認められる。

被控訴人は、この点に関し、平成14年２月７日及び同月14日に控訴人との間で丙川建設の工事代金の回収について打ち合わせを行った際に、控訴人から下請業者の工事金額を超える金額、すなわち架空又は水増しした債権額で債務弁済契約公正証書を作成することの助言を受けたとの趣旨を陳述書等及び本人尋問において述べる。しかし、被控訴人の当該供述部分等は、次の理由から信用することができない。すなわち、①被控訴人が、打ち合わせの席で控訴人から草稿を渡されて作成したと述べる覚書（甲25）には、「株式会社丙川建設から株式会社戊原社に対する債権譲渡を承認し」との記載があるが、この部分は、控訴人の助言にかかる債権回収スキームとは矛盾するものである上、その前後の記述とも整合しておらず、到底、法律の専門家である控訴人が起案した文章とは解されない。②また、控訴人は、丙川建設の顧問弁護士ではあるが、同社の経営や経理に深く関与してしていたことを示す証拠は存しないから、控訴人が丙川建設の受注工事における下請業者名や各下請業者の工事残代金について詳細を認識していたものとは解されず、それ故、控訴人が同覚書に記載された下請業者の工事金額を見たとしても、これが水増しされたものと認識することが出来たものとはいえない。③同様に、平成14年第0110号及び同年第0111号公正証書の債権者として、被控訴人が選定した戊田社が、丙川建設に対し下請工事代金を有していないことを、公正証書作成当時に認識し得たとする証拠は被控訴人の供述部分以外にはなく、丙川社長は、控訴人との間で下請業者らの債権額を水増しする話し合いをしたことはないと否定している。④さらに、本件懲戒請求書及び異議申立書の記載内容からすると、被控訴人は、控訴人が丙川建設又は丙川社長の代理人として、丙川建設の任意整理時における被控訴人の行動を糾弾していることに反感を有する関係にあると解される。⑤加えて、仮に、被控訴人の述べるとおりであるとすれば、端的に、信頼のおける１社あるいは２、３社との間で内々に債務弁済契約公正証書を作成して債権差押・転付命令を取得し、回収金を丙川建設が取得して、必要な下請業者に支払うようにすれば簡便であるのにこのような方法はとられていないのである。以上のことから、被控訴人の上記供述部分は信用性に欠け、採用することができず、他に被控訴人の主張する事実を認めるに足りる証拠はない。

そうすると、控訴人が、架空の債権又は水増しした債権に基づいて債務弁済契約公正証書を作成し、債権差押・転付命令を取得して債権の迂回回収を図るように指導・助言したものとは認めることができないというべきである。

⑶　〈略〉

⑷　控訴人は、債権回収スキームを提案しただけでなく、自ら、代理人となり、また控訴人が依頼した丙田弁護士とともに債務弁済公正証書を作成し、同弁護士をして、丙川建設の債権を回収させ、自らの名義で開設した銀行口座に送金させるところまで関与しているのであるから、これらの手続を行う過程において、債務名義作成時に前提としていた下請業者の工事代金額に相違が生じ、本来は生じるはずのない残金が発生するなど、予定していたところとは異なる事態が生じた場合には、法を遵守すべき立場にある弁護士として法的に不適切な事態が生じていないか疑義を質しておくべき職務上の責務があると解される。

しかるに、控訴人は、被控訴人から振込先表の提示を受けて、公正証書による債務名義の金額との相違に気付き、下請業者に工事代金を支払っても残金が生じたことを知った時点では、既に強制執行済みの平成14年第0093号公正証書を債務名義とする債権回収に何か問題はないかとの疑いを持ち得たはずであるところ、当時入院中の丙川社長から特段の指示がなかったからとして、丙川社長に尋ねることはせず、丁原部長には、その機会があったのにもかかわらず、何ら質す事はなかったのである。そして、その後行われた戊田社を債権者とする同年第0110号公正証書による強制執行については、上記の経緯からして、控訴人は、同債務名義上の債権に問題がある可能性を認識し得たはずであるのに、丙田弁護士に強制執行の中止を指示することなく、同弁護士をして債権差押・転付命令を得させたものである。このような控訴人の対応は、法を遵守すべき立場にある弁護士に期待される通常の執務のあり方としては、不相当なものといわざるを得ない（この点につき、控訴人は何ら合理的な説明をしていない)。すなわち、控訴人は、架空の工事代金債権又は水増しした債権に基づいて債務弁済契約公正証書を作成し、債権差押・転付命令を取得して債権回収を図るように指導助言したわけではないが、この債権回収スキームを実行していく過程において、工事代金に水増しのもの又は架空のものがあることを認識し、これを是正する機会があったにもかかわらず、結果として工事代金の水増し等を見過ごしたまま債権回収に関与したものということになる。

以上の検討によれば、被控訴人が、控訴人は実際は債務弁済契約公正証書を作成した当初から、下請業者の工事代金に水増しのもの又は架空のものがあることを認識していたのではないかとの疑いを持ったとしても無理からぬところがあるといわざるを得ない。そうすると、本件懲戒請求が全く事実上の根拠を欠くものと評価することはできないというべきである。

〈判決の意義と指針〉

この事案は、会社の顧問弁護士が会社において債権回収をすることにつき、公正証書による債権差押え・転付命令を活用した債権回収の方法を助言し、弁護士が同僚の弁護士とともに公正証書の作成（公正証書に記載された債権が水増し等されていた)、預金口座への送金等を行ったところ、会社の常務が顧問弁護士に対して公正証書原本不実記載等の非違行為をしたとを理由として弁護士会に懲戒請求をし、懲戒請求が懲戒委員会の審査に付さないことを相当とする旨の議決がされ、弁護士が会社の常務に対して不法行為に基づき損害賠償を請求した控訴審の事件である。

この判決は、弁護士の懲戒請求に係る不法行為責任に関する前記【判決15】最三小判平成19・4・24民集61巻3号1102頁、判時1971号119頁、判タ1242号107頁を踏まえ、弁護士が債権回収スキームを提案しただけでなく、自ら、代理人となり、また同僚の弁護士とともに債務弁済公正証書を作成し、同弁護士をして、丙川建設の債権を回収させ、自らの名義で開設した銀行口座に送金させるところまで関与していること等を指摘し、懲戒請求者が弁護士において下請業者の工事代金に水増しのものまたは架空のものがあることを認識していたのではないかとの疑いをもったとしても無理からぬところがあり、懲戒請求が全く事実上の根拠を欠くものと評価することはできないとし、不法行為を否定したものであり、その旨の事例判断として参考になる。なお、この判決は、弁護士の助言・指導について、一部の強制執行については、「控訴人は、同債務名義上の債権に問題がある可能性を認識し得たはずであるのに、丙田弁護士に強制執行の中止を指示することなく、同弁護士をして債権差押・転付命令を得させたものである。このような控訴人の対応は、法を遵守すべき立場にある弁護士に期待される通常の執務のあり方としては、不相当なものといわざるを得ない」などと指摘していることは、弁護士にとって事務処理上注意が必要であることを示している。

判 決 22	弁護士の登録請求の進達拒絶をした弁護士会の会長の個人責任を認めなかった事例 〔京都地判平成21・11・19判タ1339号94頁〕

【事案の概要と判決要旨】

弁護士Xは、A弁護士会に登録していたところ、自ら登録取消しを請求し、登録が取り消され、その後、債権者の申立てによって破産宣告を受けたが、破産廃止決定を受けたことから、B弁護士会（Yが会長）に日本弁護士連合会宛の弁護士名簿登録請求をしたものの、Bの資格審査会が復権をしていないとして進達拒絶の議決をし、Bが進達を拒絶する決定をしたため、XがYに対して不法行為に基づき逸失利益、慰謝料等の損害賠償を請求した。

この判決は、Bの進達拒絶は公共団体の公権力の行使にあたり、Yが公務員にあたるとし、公務員の個人責任を否定し、請求を棄却した。

〈判決文〉

(5) もっとも、国家賠償法１条１項の適用があるためには、京都弁護士会の会長及び資格審査会の会長であった被告が「公共団体の公権力の行使にあたる公務員」であったことが要件となるが、国家賠償法１条１項にいう「公務員」とは、国家公務員法や地方公務員法にいう公務員に限定されるものではなく、広く、公権力を行使する権限を委託された者をいうと解すべきである。上記のとおり、上記登録請求の進達拒絶という公権力の行使についての弁護士会及び資格審査会の権限は、弁護士法によって法定されたものであり、その会長の職務も、法定されたものであるところ、同法が刑法その他の罰則の適用については、法令により公務に従事する職員とみなしている（同法35条３項、54条２項）ことも考え合わせると、弁護士法は、被告について、国家賠償法１条１項にいう「公務員」の地位を認めているものというべきである。

原告は、被告が、国家賠償法１条１項にいう「公務員」ではないと主張するが、その主張は、上記のとおり、失当である。

〈判決の意義と指針〉

この事案は、弁護士が債権者の申立てによって破産宣告を受け、その後、破産廃止決定を受けたことから、弁護士会に日本弁護士連合会宛の弁護士名簿登録請求をしたものの、弁護士会の資格審査会が復権をしていないとして進達拒絶の議決をし、弁護士会が進達を拒絶する決定をしたため、弁護士が弁護士会の会長に対して不法行為に基づき損害賠償を請求した事件である。この事案は、弁護士の責任が問題になったものであるが、弁護士会の会長としての個人責任が問題になったものである。

この判決は、弁護士会の進達拒絶が公共団体の公権力の行使にあたるとしたうえ（国家賠償法１条１項参照）、弁護士会・資格審査委員会の会長が公務員にあたり、公務員の個人責任の追及は認められないとし、会長である弁護士の責任を否定したものであり、その旨の判断として参考になる。

判　決　23	弁護士の懲戒請求に係る不法行為責任を認めなかった事例（利益相反をめぐるトラブル） 〔東京地判平成22・３・12判タ1328号147頁〕

【事案の概要と判決要旨】

Ａ株式会社は、Ｂ株式会社から多額の金銭を借り受け、Ｃ株式会社の支配下にあったＤ株式会社の株式の過半数を取得し、Ｄの親会社となり、Ａの代表取締役Ｅ、取締役Ｆ、ＧがＤの取締役となる等した（Ｄの従前の取締役Ｈ、Ｉも取締役として残った）。Ｄは保有する現預金をＡに預託し、Ａはさらに Ｂに預託した。ＡはＢに対する預託金返還債権につきＡのＢに対する株式購入資金の借入債務の担保として質権を設定したが、Ａの保有する子会社Ｄの株式の一部を市場で売却したことにつき株式売却がインサイダー取引に該当するのではないかとの疑惑が生じ、Ｄの取締役、監査役らの間で紛争が生じた。取締役会でＨ、Ｉ、監査役ＪがＥ、Ｆを追及するようになったところ、Ｅ、Ｆは、弁護士ＸにＤの顧問弁護士を依頼し（Ｄには、他にも顧問弁護士がいた）、Ｘは、Ｄの臨時取締役会を自己の法律事務所で開催し、Ｅが在席していたものの、実質的に議長を務め、Ｈ、Ｉを非常勤とするなどの内容の議案を採決する等した。その後、Ｄの執行役員Y_1、Y_2、従業員Y_3らがＤの顧問弁護士Ｋに相談し、Ｘに対する懲戒請求をすることとし、Ｋの紹介を受けた弁護士Ｌに請求書を起案してもらい、Ｘの臨時取締役会の言動につき弁護士職務基本規程27条１号違反等を理由とする懲戒の請求をしたため（Ｘの所属するＭ弁護士会綱紀委員会が懲戒委員会に事案の審査を求めないことを相当とする議決をした）、ＸがY_1ら（合計14名）に対して、懲戒請求に係る不法行為に基づき損害賠償を請求した。

この判決は、Y_1らが懲戒事由として説明した社会的事実関係は事実的根拠があり、品位を失うべき非行に該当すると解することに法的な根拠がないと断ずることは困難であるとし、不法行為を否定し、請求を棄却した。

〈判決文〉

①　弁護士に対する懲戒請求は、請求の事由とする社会的事実が事実上の根拠を欠き、又は、当該社会的事実が弁護士の品位を損なうと解すべき法律上の根拠を欠くものと認められ、かつ、懲戒請求者が、懲戒事由とした社会的事実が根拠のないものであったり、当該社会的事実が弁護士の品位を損なうものでないことを知りながら、又は通常人であれば普通の注意を払うことにより知り得たのに、あえて懲戒を請求するなど、懲戒請求が弁護士懲戒制度の趣旨目的に照らし相当性を欠くと認められるとき、違法な懲戒請求として不法行為を構成すると解される（最高裁平成17年㈹第2126号同19年４月24日第三小法廷判決・民集61巻３号1102頁）のであり、これを平易に言い換えると、普通の人が普通に考えたとき、弁護士としての社会的信頼を損なうと思える社会的事実について、法律的専門知識を有する者に相談するなどして、なお、対象弁護士に対し、相応の社会的不信を抱いても無理からぬものがあるときは、不法行為を構成しないものというべき

である。

② 懲戒請求をする者は、対象者に懲戒事由があることを事実上及び法律上裏付ける相当な根拠について調査、検討をすべき義務を負うというべきであり、懲戒請求の事由とする社会的事実について、自ら体験した事実でない場合には、当該事実があるかないかについて慎重な調査をしなければならず、また、当該事実があると思料することに相当性が認められる場合であっても、当該事実が懲戒にあたるべき事実であるか否かについて、慎重な検討をしなければならないと解すべきであるが、前者については、懲戒請求者が自ら体験した事実に基づくときは、更に調査を必要とする特段の事情が認められない限り、自己の体験に基づく懲戒請求をすることが妨げられるものではないというべきであり、また、懲戒事由として説明した社会的事実関係が、懲戒事由に該当するか否かについては、少なくとも被告らのような法律の専門家でない一般人についていえば、弁護士に相談するなり、相応の検討を行えば足りるものというべきである。

4 以上の見地から、前記認定事実に基づいて検討するに、本件においては、被告らの本件懲戒請求が不法行為を構成すると解することはできない。

すなわち、

(1) 本件懲戒請求において被告らが「懲戒を求める事由の説明」をして取り上げた原告の行為は、平成19年5月16日の本件取締役会における原告の言動であるところ、特に、議事を主宰し、SA社、S_1、S_2の利益を擁護し、SGH社に不利益な方向に議事を進めたことを問題とするものである。そして、本件懲戒請求者である被告らは、その背景事情として、SA社副社長であったS_2が、当初は、SA社に十分な資金があると説明し、SGH社株式を買い取るための120億円は、SA社独自の資金として予め証券会社に預託してあると述べていたのに、実際には、LB社から借り入れた120億円を上記買取資金に使用し、しかも、LB社からの借入債務について、SGH社の現預金等120億円を担保提供させ、借入債務を返済する能力がSA社にないことから、本件CMSにより寄託されたSGH社の現預金等120億円は、LB社による質権実行により、そのままSA社のLB社に対する債務の弁済に充当されるおそれが現実化していた状況にあったこと、SGH社の会計監査人が株価暴落を引き起こすおそれのある多額の貸倒引当金計上を勧告する中、SA社の社長、副社長であるS_1、S_2が、SA社保有のSGH社株式を売却した事実が判明してインサイダー取引の疑惑がもたれていたことを具体的に指摘していたものであって、原告が、上記状況を十分知っていたのに、SGH社の顧問弁護士の立場にありながら、SGH社に不利益な、SA社、S_1、S_2に利益な方向に向けて議事を進行させたことを特に問題としていたものであることは明らかである。

(2) そして、本件取締役会に至る客観的事実経過は前記認定のとおりであって、次のとおり要約することができ、被告らが本件懲戒請求で指摘した背景事実は、ほぼそのまま認められるものであり、被告らが本件懲戒請求に際し、懲戒事由として説明した社会的事実関係は、事実的根拠があるものというべきである。

〈判決の意義と指針〉

この事案は、その内容、経緯はやや複雑であるが、役員等の間で内紛の生じた株式会社の顧問弁護士を依頼された弁護士が臨時株主総会を自己の法律事務所で開催し、役員に関係する議案を議決する等したことから、役員等が弁護士に対して懲戒請求をしたため（弁護士会の綱紀委員会が審査を求めない旨の決定をした）、弁護士が懲戒請求をした役員等に対して不法行為に基づき損害賠償を請求した事件である。

この判決は、弁護士に対する懲戒請求と不法行為の成否に関する前記【判決15】最三小判平成19・4・24民集61巻3号1102頁、判時1971号119頁、判タ1242号107頁に従い、懲戒請求の事由は、事実的根拠があるとし、不法行為を否定したものであり、その旨の事例判断を提供するものである。

判　決　24	弁護士の登録請求の進達拒絶をした弁護士会の会長の個人責任を認めなかった事例 〔大阪高判平成22・5・12判タ1339号90頁〕

【事案の概要と判決要旨】

前記【判決22】京都地判平成21・11・19判タ1339号94頁の控訴審判決であり、Xが控訴した。

この判決は、Yが公務員にあたり、公務員の個人責任を否定し、控訴を棄却した。

〈判決文〉

したがって、弁護士会の資格審査会が弁護士名簿登録請求の進達を拒絶する旨の議決をすること及び弁護士会がこれを受けて上記登録請求の進達を拒絶する旨の決定をすることは、いずれも国家賠償法1条1項にいう「公共団体の公権力の行使」に該当するものと解するのが相当である。

そして、弁護士会は、弁護士法に基づいて、国の機関の指揮及び監督を受けることなく（同法第3章、第5章、第7章、第8章参照）、弁護士等に対する指導及び監督等に関する事務を行う法人であり、弁護士会の資格審査会は、弁護士名簿登録請求の進達拒絶という公権力の行使に関わる機関として弁護士法によって設置されたものであるところ、弁護士会の会長は同会の代表者であり（同法35条1項）、また、資格審査会の会長は同資格審査会の会務を総理する者であって（同法54条1項）、いずれも刑法その他の罰則の適用については法令により公務に従事する職員とみなされていること（同法35条3項、54条2項）を併せ考えると、被控訴人が弁護士会の会長及び弁護士会の資格審査会の会長として弁護士名簿登録請求の進達拒絶に関与した行為は、国家賠償法1条1項にいう「公共団体の公権力の行使にあたる公務員」としての行為に該当するものというべきである。

(4)　そうすると、被控訴人が、京都弁護士会の資格審査会の会長として、同会が控訴人からなされた弁護士名簿登録請求の進達を拒絶する旨の議決をしたことに関与した行為のほか、京都弁護士会の会長として、同会が上記議決を受けて上記登録請求の進達を拒絶する旨の決定をしたことに関与した行為が、仮に違法であったとしても、被控訴人が個人として不法行為責任を負うものではない（最高裁昭和30年4月19日民集9巻5号534頁、最高裁昭和53年10月20日民集32巻7号1367頁各参照）。

〈判決の意義と指針〉

この事案は、前記【判決22】京都地判平成21・11・19判タ1339号94頁の控訴審の事件である。

この判決は、弁護士会の進達拒絶が公共団体の公権力の行使にあたるとしたうえ（国家賠償法1条1項参照）、弁護士会・資格審査委員会の会長が公務員にあたり、公務員の個人責任の追及は認められないとし、会長である弁護士の責任を否定したものであり、第1審判決と同様に、その旨の判断として参考になる。

判　決　25	弁護士の懲戒請求に関与した弁護士の不法行為責任を認めなかった事例 〔東京地判平成23・3・25判時2115号57頁〕

【事案の概要と判決要旨】

Y_1は、A弁護士法人（Xが代表弁護士）との間で債務整理を委任する契約を締結し、Aに所属する司法書士Bが債務整理を担当する等し、Y_1と債権者らとの分割弁済の和解契約をまとめたところ、Y_1はC弁護士会に所属するY_2弁護士に委任し、Aに対して、債務整理にあたってY_1への連絡、同意を得ないで和解をした等の内容の書面を送付し、Y_1がXの所属するD弁護士会にXの懲戒を申し立てる等したため（Dは、その後、懲戒しない旨を決定した）、XがY_1、Y_2に対して違法な懲戒請求、Y_1の煽動等を主張し、不法行為に基づき損害賠償を請求した。

この判決は、Y_1が包括的な同意はあったものの、個別の同意がなかったことから和解の方法に問題があると考え、懲戒請求をしたものであり、事実上または法律上の根拠を欠くとはいえない等とし、不法行為を否定し、請求を棄却した。

〈判決文〉

ア　弁護士法58条1項に基づく懲戒請求が不法行為を構成するのは、当該請求が事実上又は法律上の根拠を欠く場合において、請求者が、そのことを知りながら、又は通常人であれば普通の注意を払うことによりそのことを知り得たのに、あえて懲戒を請求するなど、懲戒請求が弁護士懲戒制度の趣旨目的に照らし相当性を欠くと認められるときに限られるものと解される（最高裁平成19年4月24日第三小法廷判決・民集61巻3号1102頁参照）。

イ　これを本件懲戒請求についてみるに、被告乙山は、前記(1)のとおり、丁原法律事務所と本件債権者との和解交渉について、戊田から、毎月の預かり金用の送金額の範囲内で随時和解を行うこと及びすべての債権者との間で和解契約が成立した後に和解の結果を書面で報告することになるが、被告乙山から連絡があれば和解の進捗状況及び結果を随時報告することについて説明を受け、これに同意したものであるから、被告乙山は、丁原法律事務所に対し、本件債務整理の事務の履行に当たり、債権者との間で個別の和解契約を成立させることについて、事前に包括的な同意を与えていたというべきである。

したがって、原告ないし丁原法律事務所が、本件債務整理の事務の履行に当たり、被告乙山の同意を得ないまま本件債権者との間で個別の和解契約を成立させたとは認められないということになる。

しかし、その一方で、被告乙山は、甲田大学を卒業したが、丁原法律事務所との間で本件債務整理委任契約を締結するまで、弁護士に対して法律問題を相談し、事務処理を委任した経験がなかったことは前記のとおりであって、被告乙山において法律や弁護士の業務内容等について十分な知識を有していたとは認め難いところがある。その上、被告乙山は、戊田からの前記電話をビニールハウスでの仕事中に受けたというのであるから、その場で、戊田の説明内容をきちんと正しく理解して記憶することができなかったとしても、それには無理からぬ事情があるというべきである。

そして、丁原法律事務所が、本件債権者との間で個別に和解契約を締結するに先立ち、その都度被告乙山に連絡をとって個々の契約内容を説明して同意を得たのでないことは争いがないところである。

そのため、被告乙山においては、戊田の前記電話及びその後の丁原法律事務所の担当者による送金の督促等により、丁原法律事務所と本件債権者との間で和解交渉が進められていることは認識していたものの、これまでに判示したところに被告乙山の供述を併せて考えれば、被告乙山は、平成20年6月13日以降約6か月余りにわたり、丁原法律事務所から、本件債権者との間の和解契約の成立内容等については何の連絡も受けなかったところ、同年12月2日に至り、戊田から、ＳＢＩに対して和解金を一括返済するために不足分7万5000円を入金するよう求められて初めてＳＢＩとの間で和解契約が成立したことを知ったこと、被告乙山は、事前の連絡もないまま、分割払いではなく一括返済を内容とする上記和解契約が締結されていたことに納得できず、丁原法律事務所に対する不信感を募らせ、知人から紹介を受けた被告丙川に対し、電話で、丁原法律事務所の和解の方法が一般的なものなのかどうかについて尋ねたこと、被告乙山は、被告丙川から、弁護士が和解を成立させる際には、その都度依頼者に報告して個別の同意を得て交渉するのが一般的な方法である旨の説明を受けたため、丁原法律事務所の和解の方法には問題があるのではないかと判断して本件懲戒請求に及んだものということができる。

さらに、被告丙川が、被告乙山から相談を受けた際、弁護士が依頼者から委任を受けた事項について和解を成立させる際の一般的な方法として説明した内容は、それ自体決して不合理なものとはいえない。

以上を総合して考えると、十分な法律知識等を有するわけでない被告乙山が、被告丙川から上記のような説明を聞いて、丁原法律事務所の和解の方法について問題があると考え、その代表弁護士である原告につき、弁護士として行うべきことを行っていない非行があると判断して本件懲戒請求を行ったことについて、およそ事実上又は法律上の根拠を欠くにもかかわらず、あえて懲戒請求を行ったとは認められないというべきである。

ウ　なお、東京弁護士会が本件懲戒請求について原告を懲戒しなかった旨の決定をしたことは前記のとおりであるが、本件懲戒請求が認められなかったことだけをもって、被告乙山の行った本件懲戒請求がそもそも事実上又は法律上の根拠を欠くものであったとすることはできない。むしろ、上記決定は、その理由において、ＳＢＩとの間の和解契約について、「依頼の趣旨に反するものとまではいえない。」と記載し、また、「任意整理にあっては、（中略）委任契約にあたって包括的に依頼を受けることは、不合理とまではいえない。」と記載するなど、本件債務整理における丁原法律事務所の対応について問題があるとした被告乙山の指摘に対して全面的かつ明確に排斥したとは直ちに解されないような理由を述べているのである。

したがって、東京弁護士会が本件懲戒請求について懲戒しない旨の決定をしたことを捉えて、被告乙山の行った本件懲戒請求が事実上又は法律上の根拠を欠くと認めることはできない。

エ　以上によれば、本件懲戒請求が原告に対する不法行為を構成するとは認められない。

二　争点(2)（被告丙川が被告乙山の行った本件懲戒請求について共同不法行為責任を負うか否か）について

原告は、被告乙山の行った本件懲戒請求が不法行為を構成することを前提として、被告丙川が被告乙山に対して原告の懲戒を求めるよう扇動したから、共同不法行為が成立するなどと主張するが、そもそも、前記一において判示したとおり、本件懲戒請求が原告に対する不法行為を構成するものとは認められない以上、原告の被告丙川に対する請求は、その前提を欠くものといわなければならない。のみならず、本件全証拠によっても、被告丙川が被告乙山に対して原告の懲戒を求めるよう扇動した事実を認めることはできないし、また、被告丙川が被告乙山の相談を受けて説明した内容というのも、前記一(1)イにおいて認定した範囲にとどまり、それを超える説明をしたとの事実を認めるに足りる証拠はない。

また、原告は、被告丙川につき、弁護士として、被告乙山から情報を適切に引き出すなどした上で、その説明が客観的事実に合致するかどうかについて調査すべき義務を負っていることを前提として、この調査義務を怠り、被告乙山による本件懲戒請求を幇助したとし、また、上記調査義務を怠ったこと自体が原告に対する不法行為を構成する旨主張する。

しかし、原告の主張立証によっても、どのような根拠に基づいて、被告丙川が、原告又は丁原法律事務所との関係で、被告乙山の説明内容が客観的事実に合致するかどうかについて調査すべき法的義務を負うことになるのかが明らかではない。また、〈証拠略〉によれば、被告丙川が被告乙山の説明を聞いた後に丁原法律事務所宛に送付した書面には、事実関係を確認するため、「貴法人のご意見をうかがいたく、本書面を呈上します。」と記載していたことが認められ、同書面の記載内容を全体としてみれば、被告丙川において丁原法律事務所の意見を尋ねようとしていたものであり、この事実に照らせば、被告丙川について、原告主張のような調査義務の懈怠があったとは認められない。

〈判決の意義と指針〉

この事案は、弁護士法人が債務者から債務整理を依頼され、司法書士に事件を担当させる等し、債権者らとの間で和解契約をまとめたところ、依頼者が不満を抱き、他の弁護士に依頼し、弁護士法人に書面を送付し、弁護士法人の代表弁護士につき懲戒請求をする等したことから、代表弁護士が依頼者、受任弁護士に対して不法行為責任を追及した事件である。

この判決は、弁護士法人が債権者との間で個別に和解契約を締結するに先立ち、そのつど依頼者に連絡をとって個々の契約内容を説明して同意を得たのでない等の事情を指摘し、弁護士会が懲戒請求について懲戒しない旨の決定をしたことを捉えて、懲戒請求が事実上または法律上の根拠を欠くと認めることはできないとし、不法行為を否定したものであり、その旨の事例判断を提供するものである。

判　決　26	**タレントである弁護士がテレビ番組で刑事事件の弁護人らを批判し、懲戒請求を呼びかけたことにつき不法行為責任を認めなかった事例** 〔最二小判平成23・7・15民集65巻5号2362頁、判時2135号48頁〕

【事案の概要と判決要旨】

前記【判決20】広島高判平成21・7・2判時2114号65頁の上告審判決であり、Yが上告受理を申し立てた。

この判決は、受忍限度論により、不法行為上違法とはいえないとし、X_1らの上告を棄却し、原判決中、Yの敗訴部分を破棄し、第1審判決を取り消し、請求を棄却した。

〈判決文〉

(1)　前記認定事実によれば、本件被告人は、無期懲役の判決を受けた第1審及び第一次控訴審においては、本件公訴事実を認めていたのに、第一次上告審において初めて故意を否認し始めたところ、第1審原告らを含む本件弁護士団は、第一次上告審が、本件否認の主張を排斥した上で、第一次控訴審の判決を破棄し、死刑の選択を回避するに足りる特に酌量すべき事情があるかどうかにつき審理を尽くさせるために本件刑事事件を原裁判所に差し戻したにもかかわらず、第二次控訴審においても改めて本件否認の主張を展開したというのである。そして、第1審被告が、以上のような本件刑事事件の経過や本件否認の主張の内容を踏まえ、本件否認の主張をすることは弁護士としての職責に反する旨を詳細に主張していることは記録上明らかである。本件発言が、上記の主張に沿ったものであることからすると、第1審被告としては、第1審原告らの本件弁護活動が本件被告人に不利益な弁護活動として、懲戒事由に該当すると考えていたとみるのが相当であって、第1審原告らに対する懲戒請求に理由がないことを知りながら本件呼び掛け行為をしたとの原審の上記事実認定は、経験則に反するものといわざるを得ない。

(2)　ところで、刑事事件における弁護人の弁護活動は、被告人の言い分を無視して行うことができないことをその本質とするものであって、被告人の言い分や弁護人との接見内容等を知ることができない場合には、憶測等により当該弁護活動を論難することには十分に慎重でなければならない。前記認定事実によれば、第1審被告は、本件被告人本人の言い分や本件弁護団との接見内容等本件弁護活動の当否に関する重要な情報を直接に有しているわけではないにもかかわらず、これを論難し、本件呼び掛け行為を行ったというのであって、第1審被告が、弁護士であることを考慮すると、刑事弁護活動の根幹に関わる問題について、その本質についての十分な説明をしないまま、上記(1)のような考えの下に、多数の視聴者が懲戒請求をすれば懲戒の目的が達せられる旨の発言をするなどして視聴者による懲戒請求を勧奨する本件呼び掛け行為に及んだことは、上記の問題の重要性についての慎重な配慮を欠いた軽率な行為であり、その発言の措辞にも不適切な点があったといえよう。そして、第１審原告らについて、それぞれ600件を超える多数の懲戒請求がされたことにより、第１審原告らが名誉感情を害され、また、上記懲戒請求に対する反論準備等の負担を強いられるなどして精神的苦痛を受けたことは否定することができない。

(3) しかしながら、本件呼び掛け行為は、懲戒請求そのものではなく、視聴者による懲戒請求を勧奨するものであって、前記認定事実によれば娯楽性の高いテレビのトーク番組における出演者同士のやり取りの中でされた表現行為の一環といえる。その趣旨とするところも、報道されている本件弁護士活動の内容は問題であるという自己の考えや懲戒請求は広く何人にも認められるとされていること（弁護士法58条１項）を踏まえて、本件番組の視聴者においても同様に本件弁護士活動が許せないと思うのであれば、懲戒請求をしてもらいたいとして、視聴者自身の判断に基づく行動を促すものである。その態様も、視聴者の主体的な判断を妨げて懲戒請求をさせ、強引に懲戒処分を勝ち取るという運動を唱導するようなものとはいえない。他方、第１審原告らは、社会の耳目を集める本件刑事事件の弁護人であって、その弁護活動が、重要性を有することからすると、社会的な注目を浴び、その当否につき国民による様々な批判を受けることはやむを得ないものといえる。そして、第１審原告らについてそれぞれ600件を超える多数の懲戒請求がされたについては、多くの視聴者等が第１審被告の発言に共感したことや、第１審被告の関与なくしてインターネット上のウェブサイトに掲載された本件書式を使用して容易に懲戒請求をすることができたことが大きく寄与しているとみることができる。のみならず、本件懲戒請求は、本件書式にあらかじめ記載されたほぼ同一の事実を懲戒事由とするもので、広島弁護士会綱紀委員会による事案の調査も一括して行われたというのであって、第１審原告らも、これに一括して反論をすることが可能であったことや、本件懲戒請求については、同弁護士会懲戒委員会における事案の審査は行われなかったことからすると、本件懲戒請求がされたことにより、第１審原告らに反論準備等のために一定の負担が生じたことは否定することができないとしても、その弁護士業務に多大な支障が生じたとまでいうことはできない。

(4) これまで説示したところによれば、第１審被告の本件呼び掛け行為は、弁護士としての品位を失うべき非行に当たるとして、弁護士会における自律的処理の対象として検討されるのは格別、その態様、発言の趣旨、第１審原告らの弁護人としての社会的立場、本件呼び掛け行為により負うこととなった第１審原告らの負担の程度等を総合考慮すると、本件呼び掛け行為により第１審原告らの被った精神的苦痛が社会通念上受忍すべき限度を超えるとまではいい難く、これを不法行為法上違法なものであるということはできない。

〈判決の意義と指針〉

この事案は、前記【判決20】広島高判平成21・７・２判時2114号65頁の上告審の事件である。

この判決の特徴は、

① 刑事事件における弁護人の弁護活動は、被告人の言い分を無視して行うこと

ができないことをその本質とするものであり、被告人の言い分や弁護人との接見内容等を知ることができない場合には、憶測等により当該弁護活動を論難することには十分に慎重でなければならないとしたこと

② 弁護士が被告人と弁護団との接見内容等弁護活動の当否に関する重要な情報を直接に有しているわけではないにもかかわらず、これを論難し、本件呼びかけ行為を行ったことは、刑事弁護活動の根幹に関わる問題について、その本質についての十分な説明をしないまま、多数の視聴者が懲戒請求をすれば懲戒の目的が達せられる旨の発言をするなどして視聴者による懲戒請求を勧奨する呼びかけ行為に及んだことは、慎重な配慮を欠いた軽率な行為であり、その発言の措辞にも不適切な点があったとしたこと

③ 弁護人らがそれぞれ600件を超える多数の懲戒請求がされたことにより、名誉感情を害され、懲戒請求に対する反論基準等の負担を強いられるなどして精神的苦痛を受けたことは否定することができないとしたこと

④ 呼びかけ行為は、懲戒請求そのものではなく、視聴者による懲戒請求を勧奨するものであり、娯楽性の高いテレビのトーク番組における出演者同士のやり取りの中でされた表現行為の一環であるとしたこと

⑤ 呼びかけ行為の趣旨が、報道されている弁護士活動の内容は問題であるという自己の考えや、懲戒請求は広く何人にも認められるとされていること（弁護士法58条１項）を踏まえて、番組の視聴者においても同様に弁護士活動が許せないと思うのであれば、懲戒請求をしてもらいたいとして、視聴者自身の判断に基づく行動を促すものであるとしたこと

⑥ 呼びかけ行為の態様も、視聴者の主体的な判断を妨げて懲戒請求をさせ、強引に懲戒処分を勝ち取るという運動を唱導するようなものとはいえないとしたこと

⑦ 弁護人らは、社会の耳目を集める刑事事件の弁護人であり、社会的な注目を浴び、その当否につき国民による様々な批判を受けることはやむを得ないものとしたこと

⑧ 弁護人らに反論準備等のために一定の負担が生じたことは否定することができないとしても、その弁護士業務に多大な支障が生じたとまでいうことはできないとしたこと

⑨ 結論として、これらの事情を考慮し、弁護士の呼びかけ行為は、弁護士の非行として弁護士会における自律的処理の対象として検討されるのは格別、その態様、発言の趣旨、弁護人らとしての社会的立場、呼びかけ行為により負うこととなった弁護人らの負担の程度等を総合考慮すると、呼びかけ行為により弁護人らの被った精神的苦痛が社会通念上受忍すべき限度を超えるとまではいい難く、不法行為法上違法なものということはできないとしたこと

があげられる。この判決は、タレントである弁護士がテレビ番組においてコメンテー

ターとして出演し、弁護人らの活動を批判し、懲戒請求を呼びかけたものであり、実際に多数の懲戒請求がされる等した事案について、弁護人らの弁護活動の問題点を重視し、テレビ番組で弁護人らの懲戒請求を呼びかけるという重大な言動を軽視し、諸事情を羅列し、受忍限度の基準によって、不法行為上の違法性を否定したものであるが、事実関係の認識も、論理も、結論も疑問の残るものであり、説得力に乏しいものである。

判　決　27	弁護士の懲戒処分を認めなかった事例（公正な裁判をめぐるトラブル） 〔東京高判平成24・11・29判時2198号59頁〕

【事案の概要と判決要旨】

弁護士Xは、F弁護士会に所属する弁護士であるところ、在留資格のないフィリピン女性Aから、AはBと婚姻し、子Cがいるものの、東京入管横浜支局からCがBとの子でなく、フィリピン人Dの子であり、CをBの戸籍から抜くよう要求されていること等を説明され、対応を受任した。XはBと面談する等し、Bを原告とし、Cとの間に親子関係不存在確認請求訴訟の訴状を作成し、Bが押印し、裁判所に提出し、家庭裁判所は、本件では嫡出推定を排斥するに足りる特段の事情が存せず、Cは、Bの子と推定されるとし、訴えを却下する判決をし、同判決が確定した。Xは、判決の結果を前記横浜支局に通知したところ、その後、AがBとの婚姻が偽装である等を告白する等し（その後、CがBを相手方として家庭裁判所に親子関係不存在確認調停の申立てをし、家庭裁判所は、CとBとの間に親子関係が存在しないことを確認する旨の当事者間の合意に代わる審判をした）、前記横浜支局長EがF弁護士会にXの懲戒を請求し、同弁護士会が弁護士職務基本規程74条違反し、弁護士法56条1項に該当するとし、業務停止1カ月の懲戒処分をしたため、XがY連合会（日本弁護士連合会）に審査請求をしたものの、Y連合会が審査請求を棄却する旨の裁決をしたことから、XがYに対して裁決の取消しを請求した。

この判決は、XがBと面談した時点では婚姻が偽装であり、CがBの子でないと認識していなかった等とし、裁決が重要な事実関係につき全く事実の基礎を欠くものであるとし、裁決を取り消した。

〈判決文〉

一　弁護士に対する所属弁護士会及び被告（以下、両者を含む意味で「弁護士会」という。）による懲戒の制度は、弁護士会の自主性や自律性を重んじ、弁護士会の弁護士に対する指導監督作用の一環として設けられたものである。また、懲戒の可否、程度等の判断においては、懲戒事由の内容、被害の有無や程度、これに対する社会的評価、被処分者に与える影響、弁護士の使命の重要性、職務の社会性等の諸般の事情を総合的に考慮することが必要である。したがって、ある事実関係が「品位を失うべき非行」といった弁護士に対する懲戒事由に該当するかどうか、また、該当するとした場合に懲戒するか否か、懲戒するとしてどのような処分を選択するかについては、弁護士会の合理的な裁量にゆだねられているものと解され、弁護士会の裁量権の行使としての懲戒処分は、重要な事実関係について全く事実の基礎を欠くか、又は社会通念上著しく妥当性を欠き、裁量権の範囲を超え又は裁量権を濫用してされたと認められる場合に限り、違法となるというべきである（最高裁平成15年（行ヒ）第68号同18年9月14日第一小法廷判決・裁判集民事221号87頁参照）。

二(1)〜(3)〈略〉

(4)　前記前提事実のとおり、本件裁決及びその前提となった被告の懲戒委員会の議決は、原告は、遅くとも、ジョナサンでBと面談した時点で、AとBとの婚姻が偽装であり、CはBの子ではないこと、BがCを自分の戸籍から抜くために訴訟を提起しようと考えていることを知ったことを基礎となる事実関係として行われたものである。しかしながら、上記認定事実によれば、原告は、ジョナサンでBと面談をした時点では、いまだ、AとBとの婚姻が偽装であり、CはBの子ではないことを認識していなかったものであり、また、Bは、別件訴訟の目的は親子関係を否定しない判決を得ることにあることを理解していたものである。したがって、本件裁決は、重要な事実関係について全く事実の基礎を欠くものであって、違法であるといわざるを得ない。

〈判決の意義と指針〉

この事案は、渉外家族に関係する強制退去をめぐる事件において、弁護士が在留資格のない外国人の依頼で真実でない事実を記載した訴状を作成する等したことから、入国管理当局の請求により、所属弁護士会から業務停止1カ月の懲戒処分を受け、日弁連に審査請求をしたものの、審査請求を棄却する旨の裁決がされたため、弁護士が裁決の取消しを請求した事件である。

この判決は、日弁連の裁決が重要な事実関係について全く事実の基礎を欠くものであって、違法であるといわざるを得ないとし、裁決を取り消したものであり、その旨の事例判断として参考になる。

判　決　28	弁護士の懲戒処分を認めた事例（名誉毀損、プライバシーの侵害をめぐるトラブル） 〔東京高判平成25・5・8判時2200号44頁〕

【事案の概要と判決要旨】

弁護士Xは、Aから夫Bの暴力行為等につき相談を受け、離婚事件を受任し、当日、Bに電話をし、自宅からの退去を申し入れたところ、Bが帰宅した際、玄関ドアを強く引っ張り、ドアチェーンが歪んだことから、翌日、Bの勤務先の上司CにBが傷害罪、器物損壊罪の犯罪を行っている旨を話し、B、Cの職場の大臣官房に懲戒処分を求める申告書を提出したため、BがXにつき所属弁護士会に懲戒請求をした。弁護士会が品位を失うべき非行であるとし、業務停止2カ月とする懲戒処分

をし、XがY連合会（日本弁護士連合会）に審査請求をしたところ、Yが審査請求を棄却する旨の裁決をしたため、XがYに対して裁決の取消し等を請求した。

この判決は、Xの行為がB、Cに対する名誉・信用を毀損する等とし、懲戒処分を相当とする判断には裁量権の逸脱または濫用はないとし、請求を棄却した。

〈判決文〉

そうすると、原告は、一方当事者である花子から聴取した事実しか把握しておらず、相手方である松夫の言い分は不明である上、器物損壊については客観的証拠を確認していないという段階にあり、松夫につき、傷害罪や器物損壊罪が成立するか断定し難い状況であったにもかかわらず、松夫の勤務先の上司である丙川に対し、松夫がこれらの犯罪を犯したと断定した上、プライバシーにも関わる事実を暴露して松夫の社会的評価を低下させたものということになる。すなわち、原告の上記行為は松夫のプライバシーを侵害するとともに名誉・信用を毀損するものと評価されてもやむを得ないと解される。また、原告は、丙川に対し、上司として松夫を厳重に指導してもらいたいと要求しているが、松夫の上司にすぎない丙川には夫婦間の私的なことを指導監督する権限はなく、法律専門職である弁護士の要求としてはいささか的はずれというほかない。その上、原告のこの要求は、ＤＶ法10条の保護命令等の法的手続によることなく、職場による抑止力を働かせようと企図するものと評価される。そうすると、これは法的手続によらず自己の権利を実現すること、すなわち、自力救済ないしこれに準ずるものと解される。

ところで、自力救済は、これを許容すると社会秩序の混乱を招くことから原則として許されない。もっとも、例外的に、事態が急迫し、法的手続による救済を待ついとまがなく、かつ、後になっては回復が困難である等の事情が認められる場合には、違法性を欠くものとして、自力救済が許容されることがある。以上の規範は、法令及び法律実務に精通すべき弁護士としては通常人にもましてこれを遵守すべきであり、これに反するときは品位保持義務違反になるものと解される。以下では、このような観点からも検討を加えることにする。

原告は、５月11日に松夫が花子に対し、暴力行為に及んでいるから、緊急にそのような行為をやめさせるためにＤＶ法による保護命令を申立てる時間的猶予はなかった、松夫の行為をできるだけ速く抑止し、花子の安全を守るため、丙川へ最低限必要な限度で事実を告知し、調査及び部下に対する適切な指導を求めたもので、弁護士としての正当業務行為である旨主張する。これは、５月12日の原告の行為が自力救済に当たるとしても、例外的に違法性を阻却する趣旨を含むものと解される。

そこで判断するに、上記一⑵及び⑷に認定したとおり、花子は、５月11日午前中の原告との相談を終えた後、自宅のドアにチェーンを掛けて、同日夜に松夫が帰宅した際に室内へ入ることを拒絶し、その後、鍵も交換してしまったのであるから、松夫が自宅に入ることは事実上出来なくなっている。したがって、松夫が自宅に入室し花子に対し、暴力行為を行う危険性は考えられない。なお、急迫性の判断に当たっては、花子の松夫に対するＤＶ損害賠償事件において、松夫による花子への複数回の暴行が認定されている（前提事実⑻）ことは、考慮要素の一つにはなるが、上記判断を左右するものとは解されない。

また、このような状況においても、原告が、仮に、真に松夫による暴力行為の危険性を心配し、花子の安全を確保する必要性が高いと判断したのであれば、直ちに、花子を一時避難させた上、ＤＶ法10条の保護命令の申立てをすることにより比較的短期間のうちに裁判所の命令を得て、花子の安全を確保することは容易であった。すなわち、本件においては、法的手続による救済を得るいとまがなかったとは解されない。一方、丙川には部下である松夫の夫婦間の私的なことを指導監督する権限がないことは上記に説示したとおりであるから、原告が行った丙川に対する上記通告行為によっては、原告が企図したという「松夫の行為をできるだけ速く抑止し、花子の安全を守る」ことには効果がないと解される。そうすると、原告の行為は、弁護士の執務として著しく相当性を欠くものであり、自力救済として違法性を阻却するものとはいえず、弁護士としての正当業務であるともいえない。

したがって、原告の上記主張は、失当である。

(カ)　以上によると、原告の懲戒請求事実一の行為については、松夫の名誉・信用を毀損するものであり、弁護士の執務として著しく相当性を欠くものというほかなく、弁護士法56条一項にいう「品位を失うべき非行」に該当するものというべきである。〈略〉

〈判決の意義と指針〉

この事案は、弁護士が依頼者（妻）から夫の暴力行為等につき相談を受け、離婚事件を受任した後、夫、勤務先の上司に電話したり、勤務先の大臣官房に懲戒処分を求める申告書を提出したため、夫が弁護士会に懲戒請求をし、業務停止２カ月とする懲戒処分がされたことから、弁護士が日本弁護士連合会に審査請求をし、審査請求を棄却する旨の裁決がされたため、弁護士がその裁決の取消し等を請求した事件である。

この判決の特徴は、

①　弁護士が依頼者から聴取した事実しか把握していなかったにもかかわらず、相手方に犯罪が成立すると、相手方の上司に断定して伝え、相手方のプライバシーを侵害し、名誉・信用を毀損したと評価されるとしたこと

②　弁護士の行為は、法的な手続によらないで権利を実現する自力救済ないしこれに準ずるものであるとしたこと

③　弁護士の行為は、弁護士の執務として著しく相当性を欠くものであり、自力救済として違法性を阻却するものとはいえず、弁護士としての正当業務であるともいえないとしたこと

④　弁護士の品位を失うべき非行に該当するとしたこと

があげられ、その旨の事例判断を提供するものである。

判　決　29	弁護士の懲戒処分を認めた事例（誠実・公正な業務遂行等をめぐるトラブル） 〔東京高判平成25・９・18判時2212号26頁〕

【事案の概要と判決要旨】

弁護士Ｘは、Ａ株式会社（代表者はＢ）から債務整理事件を受任し、Ａ所有不動

産を売却し、代金2億8000万円から弁護士費用を受領したほか、Xの二男Cが代表者、Xが監査役であるD株式会社を仲介業者として仲介手数料740万円余を受領し、Aに数千万円の売掛金があることを認識しながら、回収の努力をせず、債権者集会等の債権者に対する説明の機会を設けず、Xが受任していないBの債務整理の受任通知書を発送する等したことから、債権者EがXの所属するF弁護士会に懲戒の請求をしたところ、Fが業務停止2カ月の懲戒処分をし、Y連合会（日本弁護士連合会）に審査請求をしたのに対し、Yが審査請求を棄却する旨の裁決をしたため、XがYに対して裁決の取消しを請求した。

この判決は、弁護士としての品位を失うべき非行があるとし、懲戒処分が相当であるとし、請求を棄却した。

〈判決文〉

二　懲戒事由該当性及び懲戒の相当性

(1)　弁護士に対する所属弁護士会及び被告（以下、両者を含む意味で「弁護士会」という。）による懲戒の制度は、弁護士会の自主性や自律性を重んじ、弁護士会の弁護士に対する指導監督作用の一環として設けられたものである。また、懲戒の可否、程度等の判断においては、懲戒事由の内容、被害の有無や程度、これに対する社会的評価、被処分者に与える影響、弁護士の使命の重要性、職務の社会性等の諸般の事情を総合的に考慮することが必要である。したがって、ある事実関係が「品位を失うべき非行」といった弁護士に対する懲戒事由に該当するかどうか、また、該当するとした場合に懲戒するか否か、懲戒するとしてどのような処分を選択するかについては、弁護士会の合理的な裁量にゆだねられているものと解され、弁護士会の裁量権の行使としての懲戒処分は、全く事実の基礎を欠くか、又は社会通念上著しく妥当性を欠き、裁量権の範囲を超え又は裁量権を濫用してされたと認められる場合に限り、違法となるというべきである（最高裁判所平成18年9月14日第一小法廷判決・裁判集民事221号87頁）。そして、本件債務整理事件において、原告は、債務者である依頼者丙川社の代理人である弁護士として、業務遂行に当たり、依頼者の利益を図るべき職務上の義務があるとともに、関係する第三者である債権者等の権利及び公益にも配慮して、弁護士に要請される倫理を遵守しつつ誠実かつ公正に業務を行う義務を有するものと解される。

(2)　以上のような観点から、一で認定した本件事実関係に基づき懲戒事由該当性等について検討する。

ア　本件受任通知書

(ア)　貸金業者は、債務者等が債務の処理を弁護士等に委任し、弁護士等から書面によりその旨及び債務整理についての協力依頼の旨の通知（以下「受任通知」という。）がされた場合において、正当な理由がないのに、債務者等に対し、債務の弁済を要求すること等が禁止されており（貸金業法21条1項9号参照）、また、貸金業者でない債権者についても、上記の受任通知があった場合には、これに誠実に対応し、合理的な期間は債権の取立てのほか強制執行等の行動に出ることを自制すべき注意義務を負担するものと解される。そうすると、弁護士が、債権者に対し、債務者から受任した事実がないのに、債務整理等を受任した旨事実と異なる受任通知を発した場合には、債権者は、適法な取り立ての機会を不当に制限され、その結果債権を回収することができず、損失を被る可能性があると考えられる。

　したがって、原告が戊田個人の債務整理を受任していないにもかかわらず、これを受任した旨記載した本件受任通知書を送付したことは、弁護士として第三者である債権者等の権利に配慮して誠実かつ公正に業務を行う義務に違反し、多数の債権者の利益を害するおそれを招いたものというべきである。

(イ)　〈略〉

イ　事件処理

(ア)　原告には債務者である依頼者丙川社の利益を図るべき職務上の義務があるとともに、関係する第三者である債権者等の権利及び公益にも配慮して、誠実かつ公正に業務を行う義務があるところ、その義務の具体化として、債権者に対する配当の原資となるべき資産の維持、増殖等に努めることが求められていたということができる。

　しかし、原告は、上記認定のとおり、売掛金を把握した上で、その回収をするという基本的事務を行うことを怠り、的確で公正な事件処理のために債務整理に着手した後できるだけ早期に作成すべき債権者一覧表、売掛金一覧を含む資産目録を速やかに作成せず、また、売掛金の回収をしていないのであって、一般債権者及び債務者の利益を図るべき職務上の義務を怠ったというほかない。また、債権者集会を開催していないことも、同様に一般債権者の利益を軽視することになるものというべきである。

(イ)～(オ)　〈略〉

ウ　弁護士費用

(ア)　上記認定によれば、原告は柳町のマンションの売却代金から弁護士費用内金420万円を受領し、丁原社が柳町のマンション及び本社ビルの売却代金から仲介手数料として合計825万3000円を受領しているが、丁原社は、原告の次男である松夫が代表取締役を務め、原告も監査役として名を連ねる会社であり、このような処理は、原告の弁護士費用を確保するためにされたものである。そうすると、丁原社が取得した仲介手数料は、原告の弁護士費用を確保するために、本来得られないはずの収入を潜脱的な方法で取得したことになり、また、その仲介手数料が、丁原社の収入として扱われているとすれば、丁原社は、本来発生しない手数料を得たことになり、原告が身内の関係する会社の利益を図ったとみられてもやむを得ないと解される。このことは、著しく不明朗な方法により原告自身又は関係者の利益を図ったとみるほかないのであって、弁護士に要請される品位保持の観点から極めて問題であることは明らかである。

(イ)　原告は、銀行が弁護士費用及び仲介手数料を控除することを認めているのであって、正当なものである旨、丁原社は現に不動産仲介業務を行っており、松夫が経営する会社か否かは関係ない旨、仲介手数料を受け取らなければ、その分は銀行に対する債務返済に充てられるのであって、一般債権者の利益を無視したことにならない旨主張するが、いずれも上記認定・評価を左右するものということはできない。

また、原告は、弁護士費用について、東日本銀行の担当者が丁原社の仲介手数料名目で差し引くことを了解したと弁明したが、原弁護士会の懲戒委員会は、この点について金融機関に照会調査しないまま、その弁明を疑わしいとしており、不当である旨主張する。しかし、金融機関の了解のあることは、上記認定・評価を左右するものではない以上、金融機関への調査がされていないとしても、これを不当ということはできない。

(3) 小括

以上のとおり、原告の上記行為は、著しく相当性を欠き、弁護士としての品位を失うべき非行に該当するものというべきである。

そして、以上によれば、被告及び被告懲戒委員会が是認する原弁護士会の判断は、当裁判所の認定及び判断と整合しており誤りはない。そこで、処分の程度についてみるに、本件債務整理事件において、丙川社の代表者である戊田が売掛金についての詳細な資料を原告に渡さなかったことが、原告が遂行すべき事務の遅滞につながった一因であること、いささか面倒な背景事情のある案件であったこと、そのこともあって戊田は原告の仕事ぶりに一定の感謝の念を抱いていること等原告に酌むべき事情もみられる。しかしながら、これらを最大限考慮しても、本件非違行為の性質が単なる事件処理の遅滞に止らず、弁護士費用の収受に関するものも含み、また、多数の債権者の利益を害するおそれのあるものであることを鑑みると、業務停止二月という本件懲戒処分が社会通念上著しく妥当性を欠くとは解されない。したがって、本件裁決については、事実の基礎を欠き又は社会通念上著しく妥当性を欠き、裁量の範囲を超え又は裁量権を濫用してされたと認めるべき点は見当たらず、これを違法とする理由はない。

〈判決の意義と指針〉

この事案は、弁護士が会社から債務整理事件を受任し、会社の不動産の売却にあたって、自己の関連会社に売買の仲介をさせ、売掛金債権の回収の努力をせず、債権者に対する説明の機会を設けない等があったことから、債権者が弁護士につき懲戒の請求をし、弁護士会が懲戒処分をし、日弁連に行った審査請求が棄却されたため、裁決の取消しを請求した事件である。

この判決の特徴は、

① 弁護士の個々の行為を個別に検討し、弁護士の行為は、著しく相当性を欠き、弁護士としての品位を失うべき非行に該当するとしたこと

② 日弁連、懲戒委員会が是認する所属弁護士会の判断（業務停止２カ月の懲戒処分）は、裁判所の認定および判断と整合しており、誤りはないとしたこと

③ 日弁連の裁決については、事実の基礎を欠きまたは社会通念上著しく妥当性を欠き、裁量の範囲を超えまたは裁量権を濫用してされたと認めるべき点は見当たらず、これを違法とする理由はないとしたこと

があげられ、その旨の事例判断を提供するものである。

判　決　30	弁護士の懲戒処分を認めた事例（プライバシーの侵害をめぐるトラブル） 〔東京高判平成25・10・30判時2232号19頁〕

【事案の概要と判決要旨】

弁護士Ｘは、Ａ夫婦から近隣の居住者であるＢとの間の近隣トラブルと嫌がらせ等につき相談を受け、交渉を依頼され、Ｂに嫌がらせ等を抗議する内容の書面を２通郵送し、Ｂがこれに対し、書面の内容が事実ではない旨の電話をし、その後、Ｘは、Ｂの勤務する会社の人事部責任者宛に前記２通の書面を添付し、Ｂへの指導監督その他必要な対応を要望する旨の通知書を送付する等したことから、ＢがＸの所属するＣ弁護士会に懲戒の請求を行ったところ、Ｃの懲戒委員会は、Ｘの一部の行為につき弁護士法56条１項の品位を失うべき非行にあたるとし、戒告する旨を議決し、Ｃは、戒告の懲戒処分をし、ＸがＹ連合会（日本弁護士連合会）に審査請求をしたのに対し、Ｙが審査請求を棄却する旨の裁決をしたため、ＸがＹに対して本件裁決の取消しを請求した。

この判決は、Ｂの勤務先に前記内容の通知書を送付したことは弁護士の行為として不適切であり、その品位を失うべき非行にあたり、弁護士会の懲戒処分に裁量権の逸脱または濫用はないとし、請求を棄却した。

〈判決文〉

イ　前記アによると、本件通知書は、まず、近隣住民同士である懲戒請求者と依頼者らとの間で生じ、継続している本件紛争において懲戒請求者が執った嫌がらせ行為等の内容を具体的にその勤務先に知らせるものである。そして、通知事項の内容は、近隣居住者間に生じ、継続している争い事であり、懲戒請求者の勤務先の業務とは直接的にも間接的にも関係しない懲戒請求者の私的な生活範囲に属する事柄であると認められる。これは、正にプライバシー情報であり、勤務先など第三者に知られたくない情報である。また、本件通知書は、懲戒請求者の依頼者らに対する嫌がらせ行為等が不法行為等に該当するということを前提として、その勤務先に指導監督その他必要な対応を求めるものである。このような通知を紛争当事者以外の者に対して行うには、正当な理由がある場合に限り、かつ、当該行為等が行われた事実の存在を確認し、それが不法行為等に当たると評価されるかという当てはめをした上でする必要があるというべきである。

この点について判断するに、まず、勤務先が従業員のプライベートな行為等について指導監督をし、介入する権限を有し又は義務を負う根拠は、特段の事情がない限り、認められない。そして、本件紛争は、上記のとおり懲戒請求者の勤務先である丁原社の業務に直接的にも間接的にも関係しないものであるから、丁原社が公共的企業であることを考慮しても、上記特段の事情を認めることはできず、かかる通知をする正当な理由を欠く。

原告は、本件懲戒請求手続及び本件審査請求手続の中で、通知書面一及び通知書面二に関して、事実調査を行い、その調査結果に基づいた適切な抗議文書である旨、本件通知書に関して、正しい信念に基づくものであって、依頼者の正当な権利を擁護するものである旨主張するが、〈証拠略〉によれば、原告は、本件紛争に関する事実調査を行ってはいるが、聴取調査としては、本件紛争の一方当事者である依頼者らと子息の三人から事情聴取を行うにとどまり、本件紛争の相手方である懲戒請求者はもとより、本件紛争を知り得る第三者的立場に立つ近隣居住者からの事情聴取は行っていない。また、原告は、現地調査として、懲戒請求者の自宅の確認、写真撮影、住民票の取り寄せ、周辺住宅の登記簿謄本の取り寄せ、依頼者ら宅のファクシミリの記録の確認等をしているが、懲戒請求者による当該行為そのものの存在が確認できる録画や音声はなかったことが認められる。加えて、原告は、前記認定事実(4)のとおり、通知書面二を懲戒請求者に送付した後、懲戒請求者から電話で通知書面二に記載されている内容は真実ではない旨告げられたが、その点について更なる調査等をしたことを認め得る証拠はない。そうすると、本件通知書を送付する前提として原告の事実確認が十分であったということは困難である。

(2) 本件懲戒対象行為の懲戒事由該当性について

ア 前記(1)イのとおり、本件通知書は、懲戒請求者の私的な生活範囲に属する事柄を内容とするものであるところ、そのようなプライバシー情報を、懲戒請求者の勤務先とはいえ、懲戒請求者においてみだりに知られたくない第三者であり、本件紛争の部外者である丁原社に知らせることは、懲戒請求者に事前の了解を得ている場合は別として、正当な理由を欠くものである。そして、本件では、その了解が得られる見込みはない。

なお、原告は、本件懲戒請求手続及び本件審査請求手続の中で、本件通知書送付以前に、依頼者妻が丁原社に対して懲戒請求者による嫌がらせを通知する文書の送付等をしており、丁原社は、本件通知書送付前の時点で、懲戒請求者と依頼者らとの間の本件紛争を知っていた旨主張している。確かに、前記認定事実(1)のとおり、依頼者妻が、本件通知書送付以前に、丁原社の人事部に属するお客様センター等に電話して、懲戒請求者から暴言をはかれた等の申告をしたり、懲戒請求者による嫌がらせに抗議する内容の書面を丁原社の人事部宛てに送付していることが認められる。しかし、依頼者妻が丁原社に電話した内容や送付した抗議書面の内容は詳らかでなく、他方、本件通知書には通知書面一及び通知書面二が添付されており、それらに記載されている懲戒請求者及びその妻による嫌がらせ行為等は具体的で詳細なものであり、その全部について丁原社が把握していたとは考え難い。そうすると、丁原社は、懲戒請求者と依頼者らとの間に本件紛争が生じているという事実の限度で把握していたといえるものの、本件通知書が送付されたことにより、その把握内容を超えて、それまで知らなかった懲戒請求者の私的な生活範囲に属する本件紛争における具体的な行為等を知るに至ったものと認めるのが相当であるから、原告の上記主張は採用できない。

本件通知書による通知は、弁護士である原告が判断して行ったものであるが、その通知事項の内容は、上記のとおり、みだりに懲戒請求者のプライバシー情報を第三者に知らしめるものであり、弁護士の行為として不適切であるといわざるを得ないものである。

〈判決の意義と指針〉

この事案は、弁護士が近隣トラブルの相談、交渉の依頼を受け、相手方に嫌がらせ等の抗議書面を郵送し、相手方が反発した後、相手方の勤務会社の人事部責任者宛に前記書面を添付し、指導監督その他必要な対応を要望する旨の通知書を送付する等し、相手方が弁護士の懲戒の請求を行い、懲戒処分（戒告）を受け、日弁連が審査請求を棄却したため、裁決の取消しを請求した事件である。

この判決は、弁護士がトラブルの相手方の勤務先の会社に通知書を送付したことは、相手方の私的な生活範囲に属する事柄を内容とするものであり、このようなプライバシー情報を、紛争の部外者である勤務先の会社に知らせることは、相手方に事前の了解を得ている場合は別として、正当な理由を欠くものであり、本件では、その了解が得られる見込みはないとし、弁護士の行為として不適切であり、その品位を失うべき非行にあたり、弁護士会の懲戒処分に裁量権の逸脱または濫用はないとしたものであり、その旨の事例判断として参考になる。

6 弁護士の業務全般の責任をめぐる裁判例

弁護士が事件の受任、受任事件の事務処理の過程において依頼者、関係者らとの間でトラブルが生じ、訴訟に発展し、法的な責任、倫理上の責任を負うことがあり、そのような責任をめぐる裁判例を紹介してきた。

現代社会における弁護士の活動は、社会の需要に応じて拡大しているところであり、活動の拡大に伴い、弁護士のトラブル、責任が問題になる分野は必然的に拡大しつつある。弁護士は、弁護士として活動するだけでなく、社会人としても活動しているが、弁護士の責任は、前者の場面における責任だけでなく、後者の場面における責任も問題になり得る。後者の場面においては、弁護士の業務、弁護士の地位が特徴的なものではないが、その活動の背景には日頃からの弁護士の思考、行動の慣れが影響を与えることは否定できない。

本項においては、主として前者の場面における弁護士の責任が問題になった裁判例を紹介し、後記の7においては、主として後者の場面における弁護士の責任等が問題になった裁判例を紹介する。

判　決　1	弁護士の報酬等の受領につき否認権の行使を認めなかった事例 〔東京地判平成9・3・25判時1621号113頁〕

【事案の概要と判決要旨】

弁護士Yは、医療機器の販売等を業とするA株式会社から任意整理を受任し、取引先等から3億4000万円余を回収したものの、破産を選択することになり、Aの代理人として破産宣告の申立てをし、破産宣告がされ、弁護士Xが破産管財人に選任され、Yに対して過大な着手金、報酬を受領した等と主張し、否認権を行使し、適正額を超えるものとして2307万円余の支払を請求した。

この判決は、着手金等の支払がYの役務の提供と合理的均衡を失するものとはいえないとし、否認権の行使を否定し、請求を棄却した。

〈判決文〉

1　弁護士による債務者の責任財産の保全活動としての任意整理や自己破産の申立てに対する着手金ないし報酬金の支払行為であっても、その金額が役務の提供と合理的均衡を失する場合には、その合理的均衡を失する部分の支払行為は、破産債権者の利益を害する行為として否認の対象となり得る。そこで、本件着手金等が、弁護士会の報酬会規、当該事件の難易、弁護士が当該事件に費やした労力及び時間、その成果等の諸般の事情に照らしても、本件任意整理事件及び本件自己破産事件についての着手金及び報酬金並びに費用として合理的均衡を失するものであるかどうかを判断する。

2、3〈略〉

4　このように、本件着手金等3737万5000円のうち242万6582円、すなわち本件着手金等の約6パーセントは、右3㈤の相当額を上廻るものということができるが、この程度の差額にとどまるときは、役務の提供と合理的均衡を失するものとまでは認められず、したがって、本件着手金等のうち2307万5000円の支払行為が破産債権者を害するとはいえない。

〈判決の意義と指針〉

この事案は、弁護士が株式会社から債務の任意整理を受任し、事務処理を行った後、破産宣告の申立てを受任し、代理人として破産宣告の申立てをする等し、会社につき破産宣告がされ、破産管財人が着手金、報酬の受領が過大であると主張し、代理人であった弁護士に対して否認権を行使した事件である。

この判決の特徴は、

①　弁護士による債務者の責任財産の保全活動としての任意整理や自己破産の申立てに対する着手金ないし報酬金の支払行為について、金額が役務の提供と合理的均衡を失する場合には、合理的均衡を失する部分の支払行為は、破産債権者の利益を害する行為として否認の対象となり得るとしたこと

②　この事案では弁護士に対する2307万5000円の支払が合理的均衡を失していないとし、否認権の行使を否定したこと

があげられる。破産の実務においては、破産手続の申立代理人の受領した着手金、報酬等の受領が高額であり、過大である等の主張、申出が破産管財人、債権者からされる事例がみられるが、この事案は、破産管財人が現実に否認権を行使したものであるところ、この判決は、前記の合理的均衡の基準を提示し、実際には否認権の行使を否定した事例判断として参考になるものである。破産に至るような財産・負債の状況においては、破産債権者らは、破産者の財産の変動に強い関心を抱いているし、破産管財人も慎重な調査を行っているから、破産手続の申立てを受任した弁護士としては、報酬等の決定、受領、事務処理にあたって相当な慎重さが必要であり、この判決は、そのことを示す事例としても参考になる。

判　決　2	弁護士の弁護士に対する週刊誌におけるコメントにつき名誉毀損を認めなかった事例 〔東京地判平成10・1・30判タ984号219頁〕

【事案の概要と判決要旨】

弁護士Xは、オウム真理教の代表役員Aが起訴された際、刑事事件の私選弁護人であったところ、週刊誌を発行するY_1株式会社がX弁護士逮捕のウルトラCなどとする記事を週刊誌に掲載し、弁護士Y_4がこの記事中にコメントを付したため、XがY_1、発行人Y_2、編集人Y_3、Y_4に対して名誉毀損等を主張し、損害賠償を請求した。

この判決は、記事に免責事由が認められるとし、弁護士のコメントはXが能力の低い弁護士であるとするものの、免責事由が認められるとし、請求を棄却した。

〈判決文〉

6(一)　さらに引き続いて、本件記事は、この裁判所の姿勢を批判するある弁護士が、「実際、甲野弁護士が主任弁護人となれば、Aや教団と結託して公判の進行を妨害しても、裁判所は打つ手がなくなってしまいます。甲野弁護士をはずすしか、まともな裁判は期待できません」（記述⑨）とコメントしていることを掲載し、続いて、東京地検の関係者の「甲野弁護士のような、いい加減な弁護人だったから、Aは死刑になったなどと批判されることも想起できるからです。」（記述⑩）とのコメントを掲載することにより、東京地検も原告が弁護人を務める裁判では国民の納得が得られないのではないかと心配していることを指摘し、さらに原告の能力が極めて低いことを示す、「甲野さん一人体制なら、Aは3回死刑になる」との冗句（記述⑪）を掲載した（同頁5段17行目まで）。

(二)(1)　このうち、記述⑨は、原告がMと結託して、公判の進行を妨害する可能性があり、原告を外すしかまともな裁判は期待できないとの特定の弁護士による意見ないし評価の記事であり、原告がMの弁護人として業務を適切に遂行できない懸念を表明するもので、原告の評価を低下させる内容であるが、この記事は、弁護士としての業務の適切な遂行に関する意見ないし評価であり、前記一の2の検討のとおり、公共の利害に関する事実に係り、また、特段の事情も認められず、その目的は、本件記事全体の論旨から、専ら公益を図ることにあると認められる。

そして、前記一の1の認定事実によれば、前述のとおり、原告については、Mが原告を弁護人から解任するなどしたため、同被告の刑事事件の第一回公判期日が延期されたこと、原告は、いかに多忙であったとはいえ、Mの弁護人として供述調書等の証拠について十分な準備、検討作業をほとんどしておらず、また、Mの右行為が刑事事件の公判引き延ばし策ではないかと疑われて不思議でない状況にあったことが認められ、しかもそのことは広く世間一般に報道されていたと認められる。また、記述⑨を人身攻撃のための記事とみることはできない。

したがって、この意見ないし評価の記事の前提とする事実は重要な部分において真実の証明があったというべきであり、少なくとも意見ないし評価の主体がこの事実を真実と信ずるについて相当の理由があったといわなければならない。

そうだとすれば、記述⑨は、違法性を欠き、又は少なくとも故意過失を否定されるというほかはない。

⑵　また、記述⑩は、ある東京地検の関係者において、Mが死刑になったのは原告がいい加減な弁護士だったからだとの批判も想起できる、との意見を表明するものであり、右記述は、読者に対し、原告の弁護士としての能力、意欲が低いとの印象を与えるものであるといえる。

しかしながら、Mの刑事事件の弁護人である原告の能力、意欲に関する意見の表明は、前記一の2において検討したとおり、公共の利害に関する事柄であるということができ、本件記事が、専ら公益を図る目的でこれを記載したことは、本件記事全体の論旨から明らかである。

そして、前記一の1の認定事実によれば、原告が、Mの弁護人として供述調書等の証拠について十分な準備、検討作業をしていないまま、他方で、Mの利益に反し一部の供述調書の写しを報道機関に流布させるような行為をしていたことが認められ、右認定事実に照らすと、記述⑩を人身攻撃のための記事と認めることはできず、いまだ意見、論評としての域を逸脱したとまでいうことはできないから、右記述における意見の前提とする事実は、重要な部分において真実の証明があったというべきであり、少なくとも意見ないし評価の主体がこの事実が真実と信ずるについて相当の理由があったことが明らかである。

したがって、記述⑩は、原告に対する社会的評価を低下させるものではあるが、違法性を欠き、又は少なくとも故意過失を否定され、原告に対する不法行為とはならないというべきである。

⑶　記述⑪は、記述⑧と同様、読者に対し、原告が能力の低い弁護士であるとの印象を与えるものといえるが、同様に、原告に対する不法行為となるとはいえない。

〈判決の意義と指針〉

この事案は、社会の耳目を集めた宗教法人の代表者らの刑事事件において代表役員の私選弁護人になった弁護士について、週刊誌が記事を掲載し、弁護士がコメントを寄せたため、私選弁護人であった弁護士が週刊誌の発行会社らのほか、コメントをした弁護士に対して名誉毀損を主張し、損害賠償を請求した事件である。

この事案の特徴は、

①　弁護士が社会的に注目された刑事事件の私選弁護人に選任されたこと

②　週刊誌が弁護士の能力等を批判する記事を掲載したこと

③　弁護士が私選弁護士人の能力に疑問を付けるコメントをしたこと

④　私選弁護人である弁護士が週刊誌の発行会社等のほか、コメントを付した弁護士に対して名誉毀損を主張したこと

⑤　弁護士が弁護士に対して不法行為責任を追及したこと

があげられる。

この判決の特徴は、

①　週刊誌の記事につき真実であるか、真実であると信ずるにつき相当の理由が

ある等とし、名誉毀損の不法行為を否定したこと

② 弁護士のコメントの中には私選弁護士の弁護士が能力の低い弁護士であるとの印象を与えるものの、真実であるか、真実であると信ずるにつき相当の理由があり、意見、論評としての域を逸脱したとはいえない等とし、名誉毀損の不法行為を否定したこと

があげられ、弁護士の弁護士に対する名誉毀損の不法行為を否定した事例判断を提供するものである。

判 決 3	共同法律事務所の解散・清算の事例 〔東京地判平成13・12・26判時1864号108頁〕

【事案の概要と判決要旨】

弁護士Xは、弁護士Aと渉外事務所を共同で経営していたところ、弁護士Yが米国留学から帰国する予定になり、Xに渉外事務所に共同経営者として加わりたい旨を申し込み、Xがこれを承諾したものの、Aが同意しなかったことから、Xが渉外事務所を解散し、昭和59年4月、Yと合意し、共同して渉外事務所を開設した。金融機関から資金の融資を受けるなどして経営していたが、XとYは、相手方がその売上げと比較して経費を使いすぎる、事務所の預金口座から金員を引き出しすぎるなどと不満を抱くようになり、昭和64年1月以降は損益を共通とすることをやめ、売上げ、経費を個別にする、共通の経費は各2分の1ずつ負担する、その余の経費は各自が負担するなどの合意をしたものの、Yは、平成3年3月31日、他の弁護士と共同して法律事務所を開設し、Xとの合意を破棄する等した。XはYに対して、パートナーシップ契約の締結により、原則として平等に負担・分配する旨の合意があると主張し、銀行に対する立替金、事務所ビルの賃料の立替金等の支払を請求し、Yが反訴として、組合契約の締結により、解散時の残余財産から債務を控除した残額、事務所の債務の弁済による求償権があると主張し、残額等の支払を請求した。

この判決は、事務所の開設にあたり、組合として運営する旨を合意し、債務を内部的に平等して負担し、依頼者と損益を共通にすること、従業員と施設を共同して利用することとしたものの、利益に関する合意はなかったとし、組合契約が平成3年3月31日に解除されたとしたうえ、Yが借入金の負担部分を返済したことを認めたが、賃料、共益費の支払をしていないとし、本訴請求を一部認容し(375万円余の支払)、反訴請求を一部認容した(1億1698万円余の支払)。

〈判決文〉

一 原告は、本件事務所は原告と被告との間のパートナーシップ契約に基づいて開設されたと主張し、被告は、本件事務所は原告と被告との間の組合であると主張するので、まず、この点について判断する。

わが国において、外国との取引関係に関連する法律事務を主な取扱事務とするいわゆる渉外事務所の運営形態として、パートナー制と称して、所属弁護士中のパートナーと呼ばれる特定の弁護士による共同経営という方式を採用する例は多い。しかし、我が国には、英米法国における法人の一形態であるパートナーシップと同一の法制度は存在しないのであるから、本件事務所の運営については、原告と被告との間の契約の内容に基づいて決すべきことになる。

そして、我が国においては、当事者に共通する目的及びその目的を当事者全員の共同の事業として営むという二点について合意が成立することにより組合契約が成立するとされているところ（民法667条1項。なお、出資の履行は、各組合員の義務であるにとどまり、組合契約の成立要件ではない。）、原告と被告とは、主として外国との取引関係に関する法律事務を取り扱うという共通の目的を有し、依頼者と損益を共通にすることにより本件事務所を原告と被告との共同の事業として運営してゆくことを合意していたことについては当事者間に争いがないのであるから、原告と被告との間には、本件事務所を組合として運営する旨の合意が存在したというべきである。

二　そうすると、本件事務所の利益分配及び債務の内部的負担割合については、原被告間の組合契約における何らかの合意があれば、この合意に従って処理されるべきことになる。そこで、以下、このような合意の有無及び内容について判断する。

本件事務所開設に当たり、原告と被告とが、相互の債務を内部的に平等に負担すること、依頼者と損益を共通にすること、従業員と施設を共同して利用すること及び当座預金口座を共用することを合意したことについては、当事者間に争いがない。

これに加えて、原告は、被告との間で、利益分配の割合は原則として平等とするけれども、事務所全体の収益に対する各パートナーの貢献度に応じて増減を行う旨の合意をしたと主張し、この主張に沿った供述（〈証拠略〉中の記載を含む。）をする。しかし、利益分配を行うためには、まず事務所全体の収支の決算を行い、分配可能額を確定する必要があるところ、〈証拠略〉によると、本件事務所においては、原告、被告を含む所属弁護士の税務申告以外の目的で決算が行われたことがなかったことが認められる。

また、原被告各自の貢献度に応じた利益配分額の調整を行うためには、何をもって評価の対象となる貢献とするか、評価の対象となった貢献をどのように金銭的に評価するなどの点について具体的な基準を定立しておく必要があるが、本件事務所においては、開設当時においても、その後においても、利益分配の調整基準について、原告と被告とが協議して何らかの基準を設けたこと又は利益分配に関する何らかの協議をしたことを認めるに足りる証拠はなく、かえって、原告と被告とは、上記争いのない事実等⑽記載のとおり、各自、必要な金額を随時引き出していたことが認められる（原告本人、被告本人）。

以上検討したところによれば、本件事務所開設に当たり、原告と被告との間に、各自の貢献度に応じた利益分配を行う旨の合意が存在したと認めることができないのはもちろんのこと、原告と被告との間に、利益分配に関する何らかの合意があったと認めることもできない。

〈判決の意義と指針〉

後記【判決5】東京高判平成15・11・26判時1864号101頁の〈判決の意義と指

針〉参照。

判 決 4	会社の仮代表取締役である弁護士の不法行為責任を認めた事例 〔千葉地判平成14・3・27判タ1106号170頁〕

【事案の概要と判決要旨】

X株式会社は、テナントが入っている建物をA株式会社から買い受けたが、その際、テナントに対する賃料債権が第三者によって差し押さえられていたものの、Aの仮代表取締役である弁護士Y_1がその差押えの効力が売買後の新賃貸人に対して及ばないと考え（後に、最三小判平成10・3・24民集52巻2号399頁、判時1639号45頁、判タ973号143頁によりこの見解が否定された）、この事実を告げないまま、また、Xの問い合わせに対しても自己の見解を回答し、売買契約が締結されたものであったため（Y_1は、Aの債務の整理のため債務処理等を行うため、仮代表取締役に就任していた）、Xが不法行為に基づきY_1に対して損害賠償を請求するとともに、損害保険業を営むY_2株式会社に対して弁護士賠償責任保険契約に基づき、かつY_1の無効による債権者代位を主張し、保険金の支払を請求した。

この判決は、売買契約の締結にあたって差押えの効力に関するリスクを告げるべきであった等とし、Y_1の不法行為責任を肯定し、弁護士の仮代表取締役としての行為が弁護士賠償責任保険の対象であることを認め、債権者代位も認めて、Y_1、Y_2に対する請求を認容した。

〈判決文〉

(2) (1)に認定したところによれば、被告甲野は、弁護士でありながら、両様の見解の成り立ちうる前記のような法律問題につき、賃料債権に対する債権差押えの効力は建物が売買された場合には新所有者には及ばないとの、後に前記最高裁判決によって否定された法的見解を疑いのないものと軽信し、本件売買前の飯田からの問い合わせに対してそのように回答し、また、飯田や安田が本件売買前に原告に対して、原告の本件土地建物買受けをためらわせる結果を招く可能性の高い本件差押えの事実を告げないであろうことを予期しながらこれを放置し、本件売買契約の履行のための期日にこれに立ち会った際にも原告に対してみずから右事実を告げたり問い質したりしなかったものであり、また、原告は、本件建物から得られる賃料収入に期待し、それによって売買代金調達のための借金を返済することを予定して本件売買を行ったものであって、前記差押えの事実を告げられ、そのことにより買主は賃料が取得ができない危険性が高いことを予測したならば（前記のとおり、本件においては、原告がそのような予測をすることは十分に可能であった）これを買い受けることはなかったものと認めることができる。

そうすると、被告甲野の本件不作為は重大な過失に基づくものであり、また、これによって原告に前記賃料が取得できないという結果がもたらされたものというほかはないから、本件不作為は原告に対する不法行為（以下「本件不法行為」という）を構成するといわざるをえない。

この点に関し、被告らは、不動産業者が仲介し、宅地建物取引主任が重要事項を説明している契約について、売主から改めて買主に説明すべき義務はないし、売買に必要な事項の説明がなされたと信じていた被告甲野に過失はないと主張するが、本件売買に関わった飯田や安田が本件差押えの事実を告げていなかったこと、また、被告甲野において、その不告知を予期しながらこれを放置したとみられることは前記のとおりであるから、右主張は理由がない。

なお、被告らは、賃借人が居住する建物の買主、ことに本件建物のように抵当権が設定されてこれが既に実行され、あるいは税金について差押えの手続が進行しているよう建物の買主は、賃料の差押えの事実の有無をみずから調査すべきものであり、その反面、被告甲野に原告の主張するような説明義務は存在しないと主張するが、そのような建物の賃料差押えの事実は、建物に存在する瑕疵ともいえ、売主は買主の瑕疵担保責任あるいは契約上の責任を追及することが可能と解されるのであり、そのような事実を買主に告知すべき不法行為法上の注意義務、あるいは契約法上の法的義務ないしは信義則上の義務を売主に負わせることは合理的である反面、賃借人の居住する建物の買主に対して、その売主との関係で、その存在によって売主の不法行為法上の注意義務が否定されてしまうような高度の調査義務が課されるなどと解することはできず、右のような事情は、後記のとおり、せいぜい過失相殺事由として斟酌することができるにとどまるものと解される。

〈判決の意義と指針〉

この事案は、テナント（賃借人）が入っている建物を所有する会社は、債務の整理を行っており、弁護士が仮代表取締役に選任され、テナントに対する賃料債権が第三者によって差し押さえられていたところ、弁護士がこの事実を告げないまま、差押えの効力が売買後の新賃貸人に対して及ばないとの見解の下、建物を会社に売却したため、買主が売主の仮代表取締役である弁護士に対して不法行為に基づき損害賠償を請求するとともに、弁護士との間で弁護士賠償責任保険契約を締結していた保険会社に対して保険金の支払を請求した事件である。

この事案の特徴は、

① 弁護士が債務整理を実行中の会社の仮代表取締役に選任されたところ、会社がテナントが入っている建物を所有していたこと
② 会社が建物の売却をしたこと
③ 会社のテナントに対する賃料債権は第三者によって差し押さえられていたこと（継続的債権の差押えにあたる。民事執行法151条参照）
④ 弁護士は差押えの効力が売買後の新賃貸人に対して及ばないとの見解を有していたこと
⑤ 弁護士は建物の買主に差押えの事実を告げないまま売却したこと
⑥ 弁護士は買主の問い合わせに対して自己の見解を回答したこと
⑦ 建物の新所有者である買主の有する賃料債権につき差押えの効力が及んだこ

と

⑧ 買主が仮代表取締役である弁護士に対して不法行為に基づく損害賠償責任を追及したこと

⑨ 弁護士が損害保険会社と弁護士賠償責任保険契約を締結していたこと

⑩ 買主が損害保険会社に対して債権者代位によって保険金の支払を請求したこと

があげられる。

この判決の特徴は、

① 弁護士は、賃料債権に対する債権差押えの効力は建物が売買された場合には新所有者に及ばないとの、後に最高裁判決によって否定された法的見解を疑いのないものと軽信し、買主からの問い合わせに対してそのように回答する等したこと

② 買主は建物から得られる賃料収入に期待し、それによって売買代金調達のための借金を返済することを予定して売買を行ったものであって、差押えの事実を告げられ、そのことにより買主は賃料の取得ができない危険性が高いことを予測したならば、これを買い受けることはなかったとしたこと

③ 弁護士の本件の不作為は重大な過失に基づくものであり、買主に対する不法行為を構成するとしたこと

④ 差押えがなければ取得できるはずであった賃料相当額が因果関係のある損害であるとしたこと

⑤ 過失相殺を３割認めたこと

⑥ 過失相殺後の損害賠償額が合計約6781万円余であると算定したこと

⑦ 弁護士の仮代表取締役としての事務が弁護士損害賠償責任保険の対象であるとしたこと

⑧ 弁護士が無資力である等の債権者代位の要件を認めたこと

があげられる。

この判決は、弁護士の仮代表取締役としての活動につき不法行為責任を肯定し、重大な過失による不法行為であると認めた事例として参考になる。また、この判決は、法的な見解が対立し得る法律問題について後日最高裁の判決によって否定される見解を採用し、活動した場合において、弁護士の不法行為責任を肯定した特徴のある判断事例としても参考になる。この判決は、さらに、仮代表取締役としての弁護士の行為につき弁護士賠償責任保険を適用した事例判断としても参考になる。

なお、この事案で問題になった法律問題に関する最三小判平成10・３・24民集52巻２号399頁、判時1639号45頁、判タ973号143頁は、建物の賃料債権の差押えの効力が発生した後に建物を譲り受けた者が賃貸人の地位の移転に伴う賃料債権の取得を差押債権者に対抗することの可否が問題になった事案について、「自己の所有建物を他に賃貸している者が第三者に右建物を譲渡した場合には、特段の事情のない限り、

賃貸人の地位もこれに伴って右第三者に移転するが（最高裁昭和35年(オ)第596号同39年8月28日第二小法廷判決・民集18巻7号1354頁参照）、建物所有者の債権者が賃料債権を差し押さえ、その効力が発生した後に、右所有者が建物を他に譲渡し賃貸人の地位が譲受人に移転した場合には、右譲受人は、建物の賃料債権を取得したことを差押債権者に対抗することができないと解すべきである。けだし、建物の所有者を債務者とする賃料債権の差押えにより右所有者の建物自体の処分は妨げられないけれども、右差押えの効力は、差押債権者の債権及び執行費用の額を限度として、建物所有者が将来収受すべき賃料に及んでいるから（民事執行法151条）、右建物を譲渡する行為は、賃料債権の帰属の変更を伴う限りにおいて、将来における賃料債権の処分を禁止する差押えの効力に抵触するというべきだからである。

これを本件について見ると、原審の適法に確定したところによれば、本件建物を所有していた矢野孝夫は、被上告人の申立てに係る本件建物の賃借人4名を第三債務者とする賃料債権の差押えの効力が発生した後に、本件建物を上告人に譲渡したというのであるから、上告人は、差押債権者である被上告人に対しては、本件建物の賃料債権を取得したことを対抗することができないものというべきである」と判示している。

判　決　5	共同法律事務所の解散・清算の事例 〔東京高判平成15・11・26判時1864号101頁〕

【事案の概要と判決要旨】

前記【判決3】東京地判平成13・12・26判時1864号108頁の控訴審判決であり、Xが控訴し、Yが附帯控訴した。

この判決は、本件事務所の開設にあたって本件事務所の運営につき個別具体的な合意があったと認めるに足りる証拠はないから、本件事務所の法律関係は民法上の組合として判断を進めるのが相当であるとし、民法の組合に関する規定から当然に組合員が債務も利益も平等に分配されるとの解釈を導き出すことは困難であるとしたうえ、開設の経緯、弁護士としての実績、給与と報酬、解散時の経緯等を併せ検討すると、配分的正義あるいは信義公平に照らし、XとYの利益の配分は全期間を通じて6対4の割合で行うことが相当であり、鑑定の結果等を考慮し、YがXに清算金218万円余の支払義務があるとし、原判決中、Xの本訴請求を棄却した部分を取り消し、Xの本訴請求を一部認容し、Yの反訴請求を棄却した。

〈判決文〉

第三　当裁判所の判断

一　〈一部略〉他に本件事務所の運営について個別具体的な合意があったことを認めるに足りる証拠はないのであるから、本件事務所の法律関係はこれを民法上の組合と解して

判断を進めるのが相当というべきである。〈略〉

二 〈略〉

三～五 〈略〉

六 〈一部略〉

以上のとおりであるところ、控訴人と被控訴人との間には本件事務所の利益分配について明確な合意を認めることができないことは前記認定のとおりであるが、同所で検討判断した結果を踏まえ、以上認定の事実経緯を併せ考察すると、配分的正義の要請あるいは信義公平に照らし、上記利益の分配は、昭和59年４月１日から平成３年３月31日までの期間を通じて、控訴人が６割、被控訴人が４割の各割合で行うのを相当と認める（なお、この点に関する鑑定の結果は、算術的、平均的平等の観点に立つものであって、採用することはできない。)。

そこで、以下には、本件事務所の平成３年３月31日時点における利益については上記割合に基づき、同時点における借入金債務については前記認定の各２分の１の割合に基づきそれぞれ分配を検討し、本件事務所の解散に伴う損益の分配を判断することとする。

〈判決の意義と指針〉

共同法律事務所において事務所を経営する弁護士間の法律関係は、詳細な契約書を作成する事例もあるが、基本的な事項につき契約書を作成し、詳細は協議、運用に委ねるような事例、口頭の合意による事例等、様々なものがある。特段の合意がない場合には、この控訴審判決のように民法上の組合と解するとの見解が合理的であろう。共同法律事務所が解散に至る経過、解散の内容は、個々の事例ごとに多様であり、文字どおり事案ごとに検討し、判断するほかないが、この第１審判決、控訴審判決は、共同法律事務所の解散・清算の事例判断を提供するものである。

判 決 6　訴訟提起の際の記者会見における弁護士の名誉毀損の不法行為責任を認めた事例

〔東京地判平成17・３・14判時1893号54頁〕

【事案の概要と判決要旨】

Y_1は、大学病院の医師Ｘを受診したが、治療方針に不満を抱き、診療の際にセクシュアル・ハラスメントを受けたなどと主張し、弁護士Y_2に委任してＸを被告として訴訟を提起し、Y_2が司法記者クラブで訴状の写しを配付して記者会見を開くなどしたところ、日刊紙を発行するY_3株式会社がＸの実名で記事に掲載したため（前記訴訟は、Ｘの勝訴で確定した)、ＸがY_1に対して不当訴訟の提起を主張して不法行為に基づき損害賠償、Y_2に対して名誉毀損、プライバシーの侵害を主張し、Y_3に対して名誉毀損、プライバシーの侵害を主張して不法行為に基づき損害賠償、謝罪広告の掲載を請求した。

この判決は、Y_2につき名誉毀損の不法行為を認める等し（Y_2のＸに対する慰謝料

として50万円、弁護士費用の損害として５万円を認めた）、請求を認容した。

〈判決文〉

二　本件記者会見等による不法行為の成否

１　〈略〉

２　被告乙山の本件記者会見等への関与の有無

被告乙山が本件記者会見等に関与していたことを認めるに足りる証拠はなく、かえって、〈証拠略〉によれば、同被告は、本件記者会見等を被告丙川に依頼していないことはもとより事前に了知すらしていなかったものと認められる。

よって、被告乙山が本件記者会見等に関与したことを理由とする原告の同被告に対する損害賠償請求は理由がない。

３　本件記者会見等による原告の名誉毀損の有無

㈠　前記１認定事実を踏まえて、本件記者会見等による原告の名誉毀損の有無について判断する。

被告丙川は本件記者会見等により前提事件の訴状の内容を公表したものであるが、前記１認定のとおり、同記者会見では、被告丙川は事実関係については同乙山の主張であるとの前提で説明し、ことさらに原告を非難する発言まではせず、原告が事実関係を争っていることにも言及していたこと、事実関係の詳細よりも被告乙山の主張事実に対する法的評価の説明が主要な内容であったことからすれば、本件記者会見等は、全体として、被告乙山が原告に対し名誉毀損等及び診察上のセクシュアル・ハラスメントを理由として前提事件の訴えを提起したとの事実を摘示したにとどまるものと解される。これに対し、原告は、本件記者会見等において原告による名誉毀損等及びセクシュアル・ハラスメントの事実それ自体が摘示されたと主張するが、被告丙川の供述（丙16、被告丙川本人尋問の結果）を検討しても、同被告が、被告乙山の主張事実であるとの前提を超えて原告による名誉毀損等及びセクシュアル・ハラスメントの事実があったとの印象を与える発言に及んだとまで認めることは困難であり、他にこれを認めるに足りる証拠はない。

もっとも、原告が名誉毀損等及び診察上のセクシュアル・ハラスメントを理由として訴訟を提起されたとの事実が摘示されれば、少なくとも原告において提訴者から名誉毀損等やセクシュアル・ハラスメントと受け取られるような何らかの行為があったのではないかという印象を与えるものであり、ことにセクシュアル・ハラスメントがいわゆる破廉恥行為の範疇に属する不祥事であることは社会通念上明らかであるから、本件記者会見等は、原告の社会的評価を低下させその名誉を毀損するものといえる。

㈡　なお、この点に関し、被告丙川は、本件記者会見等やこれを踏まえてなされた提訴報道は、その性質上、名誉毀損等及びセクシュアル・ハラスメントの事実は単に一方当事者の主張にすぎないとの前提で受け取られるものであるから、これによって原告の社会的評価は低下しない旨主張するが、著明な医師である原告が、名誉毀損行為や患者の診察に当たってのセクシュアル・ハラスメント行為を行ったことを理由とする係争を抱えていること自体が、社会通念上、その社会的評価を低下させる事実であることは明らかであるから、被告丙川の同主張は採用できない。

4 本件記者会見等による名誉毀損の違法性又は故意・過失が否定されるか

(一) 対抗言論の法理による違法性阻却の有無

被告丙川は、本件記者会見等による同被告の名誉毀損行為は、原告の被告乙山に対する違法な言論行為に対抗してなされたものであるから、いわゆる対抗言論の法理によって同名誉毀損行為の違法性が阻却される旨を主張する。

しかしながら、原告の本件発言部分が被告乙山に対する不法行為に当たらないことは前記一3(二)で説示したとおりであり、他に原告の同被告に対する違法な言論行為の存在をうかがわせる事情は認められないから、被告丙川の右主張はその前提を欠くものといわざるを得ない。

(二) 弁護士の訴訟活動による違法性阻却の有無

また、被告丙川は、本件記者会見等は、弁護士の訴訟活動の一環として相当な態様でなされたものであるから、違法性が阻却される旨を主張する。

しかしながら、そもそも記者会見等は、報道関係者等に対する積極的な情報提供を目的としてなされるものであり、訴訟を遂行する上で必要不可欠な行為とはいえないから、これを訴訟上の主張立証活動と同視することはおよそできない。したがって、本件記者会見等を通常の表現行為とは異なる訴訟活動の範疇に属するとの前提で、その違法性阻却の可否を論ずることは相当でなく、被告丙川の前記主張は採用できない。

なお、弁護士が提訴に関連して行う記者会見については、弁護士の業務に関連して行われる活動とは評価できるが、弁護士の業務それ自体とまでみることができるかには疑問の余地がある。とりわけ、本件記者会見については、前記認定のとおり、被告乙山の依頼や事前の承諾に基づくものですらなく、被告丙川の独断で行われたものであることからすれば、これについて、弁護士の訴訟活動に関連して行われた活動、業務行為であると評価することができるかについても疑問があるところである。したがって、本件記者会見等につき弁護士の正当な業務であるから違法性が阻却されるとの主張も採ることができない。

(三) 目的の公益性、事実の公共性及び真実性ないし相当性の有無

事実の摘示を伴う名誉毀損行為にあっては、その行為が公共の利害に関する事実に係り、かつ、その目的が専ら公益を図ることにあった場合に、摘示された事実がその重要な部分について真実であることの証明があったときには、その行為には違法性がなく、仮に当該事実が真実であることの証明がないときにも、行為者において当該事実を真実を信ずるについて相当の理由があれば、その故意又は過失は否定され、いずれにせよ不法行為は成立しない。被告丙川は、このような見地から、本件記者会見等による名誉毀損につき違法性がなく、あるいは故意又は過失が否定される旨主張するので、以下検討する。

前記1認定のとおり、被告丙川は、新潟地方裁判所の訴状の閲覧等の取扱いに関する不正確な理解に基づき、同裁判所の手間を省き、自らがすすんで報道関係者等に前提事件の訴状の写しを交付すべきであると考え、右訴状写しを司法記者クラブ幹事社にファクシミリ送信し、また、その後複数の報道関係者から頻繁に電話での問い合わ

せを受けるなどして、自己の事務所の日常業務に支障が生ずる事態となったことから、同業務の確保、情報の一元化、相訴訟代理人への迷惑防止等の目的で記者会見を行ったものである。そうすると、被告丙川が本件記者会見等を行ったこれらの動機は公益を図ることとは特に関係がないものというべきであり、少なくとも、その目的が専ら公益を図ることにあったとみることは困難である。

この点、被告丙川は、本件記者会見等を行うに当たり、前提事件が社会性の高い事件であることから正確な情報提供をすべきであることを考慮したとも供述するが、前提事件がその性格や内容からみて一義的に社会性の高い事件類型に属し、あるいは個別具体的な事情からそのように評価することのできる事件であるとみることができるかには疑問の余地がある上、前記１認定のとおり、同被告は、被告乙山や相訴訟代理人との事前の打ち合わせも経ずに、また、報道関係者から特に要請を受けたわけでもないのに、独断でその日のうちに記者会見の開催に踏み切っていることを併せ考慮すれば、その開催は同被告の事務所業務の確保に主眼があったと評価されてもやむをえず、右供述は前記判断を左右するものではない。

したがって、事実の公共性や真実性ないし相当性につき判断するまでもなく、被告丙川の前記主張は採用できない。

〈判決の意義と指針〉

この事案は、大学病院の医師を受診した患者が、診療の際にセクシュアル・ハラスメントを受けたなどと主張し、弁護士に委任し、医師を被告として訴訟を提起し、弁護士が司法記者クラブで訴状の写しを配付して記者会見を開くなどしたため（この訴訟は医師の勝訴判決がされ、確定した）、医師が弁護士に対して名誉毀損、プライバシーの侵害等を主張し、損害賠償を請求した事件である。

この事案は、訴訟事件を受任した弁護士が、訴訟の提起の際、依頼者に事前の了解を得ることなく、依頼者が同席することなく、司法記者クラブで記者会見を行ったところに特徴がある。事件を受任した弁護士が依頼者、関係者と同席し、あるいは単独で事件につき記者会見を開いたり、取材等に応じたり、インターネット上で情報を提供したりするような事例を見かけたり、訴訟事件を受任した弁護士が同様な情報提供をする事例も見かけることもあるが、このような弁護士による情報提供は、その目的、対象、内容、方法等の事情によっては、名誉・信用毀損、プライバシーの侵害、名誉感情の侵害、営業権の侵害、営業妨害等の法的な責任を負うことがある。

特に記者会見は、マスメディアの記者等を前に行われるものであり、弁護士らの発言等が社会に広く提供されることが予定され、あるいは希望して行われるものであるから、他の情報提供の場合よりも、法的な責任を負うリスクが高いということができよう。なお、弁護士が記者会見において発言等した場合、他の者の発言等と異なり、法的な責任が軽減されるなどの事情はないというべきである。

この判決の特徴は、

①　医師が患者から名誉毀損等および診察上のセクシュアル・ハラスメントを理

由として訴訟を提起されたとの事実が摘示されれば、名誉毀損等やセクシュアル・ハラスメントと受け取られるような何らかの行為があったのではないかという印象を与えるものである等とし、記者会見等は、医師の社会的評価を低下させるとしたこと

② 対抗言論の法理による違法性阻却の主張を排斥したこと

③ 弁護士が提訴に関連して行う記者会見は、弁護士の業務に関連して行われる活動とは評価できるとしたものの、弁護士の業務それ自体とまでみることができるかには疑問の余地があるとし、正当な業務による違法性の阻却を否定したこと

④ 目的の公益性による免責を否定したこと

⑤ 弁護士の記者会見等につき名誉毀損の不法行為を肯定したこと

⑥ 医師の被った損害について、慰謝料50万円、弁護士費用5万円を認めたこと

があげられる。この判決は、受任事件の訴訟の提起にあたって記者会見を行った弁護士につき名誉毀損の不法行為を肯定した事例判断として参考になる。

判 決 7	弁護士が主導して行った債権譲渡が公序良俗違反により無効であるとした事例 〔東京地判平成17・3・15判時1913号91頁〕

【事案の概要と判決要旨】

Yは、平成15年9月頃、約200万円の負債を抱えたため、弁護士Aに債務整理を依頼したところ、消費者金融業を営むX株式会社の担当者との間で債務内容につき合意することができず、XがYに対してカードキャッシング契約に基づく貸金の返還を請求する訴訟を提起したのに対し（AがYの訴訟代理人になった）、YがBのXに対する不当利得返還請求権の譲渡を受け（Aら弁護士が主導して債権譲渡を行わせた）、反訴としてXに対して譲受債権の支払を請求した。

この判決は、Aの関与によりされた債権譲渡が公序良俗に違反するとし、Xの本訴請求を認容し、Yの反訴請求を棄却した。

〈判決文〉

イ まず、弁護士法73条は、「何人も、他人の権利を譲り受けて、訴訟、調停、和解その他の手段によって、その権利の実行をすることを業とすることができない。」と規定しているところ、被告が、本件債権譲渡を「業」としてしたことを認めることはできないから、本件債権譲渡が同条に直接違反するものとはいえない。

また、弁護士法28条は、「弁護士は、係争権利を譲り受けることができない。」と規定しているところ、本件債権譲渡の法律主体は被告であるから、やはり、本件債権譲渡が同条に直接違反するものとはいえない。

また、弁護士法25条の趣旨を受ける弁護士倫理26条2号は、弁護士が「受任している

事件と利害相反する事件」については職務を行ってはならないと規定しているところ、本件債権譲渡を前提とした反訴の提起自体が、被告及び甲田の債務整理受任事件と直接利害相反するものと認めるのは困難である。

さらに、弁護士法72条本文は、「弁護士又は弁護士法人でない者は、報酬を得る目的で訴訟事件（中略）その他一般の法律事件に関して鑑定、代理、仲裁若しくは和解その他の法律事務を取り扱い、又はこれらの周旋をすることを業とすることができない。」と規定しているところ、被告が本件債権譲渡を受けて反訴を提起したこと自体が同条によって直接禁止される行為であるということも困難である。

そうすると、本件債権譲渡に関する被告又は被告訴訟代理人らの行為について、これらの各規定の直接適用はできないものというほかない。

ウ　もっとも、弁護士法73条の趣旨は、非弁護士が権利の譲渡を受けて事実上他人に代わって訴訟活動を行うことによって生ずる弊害を防止し、国民の法律生活に関する利益を保護しようとする点に、また、弁護士法28条の趣旨は、弁護士が事件に介入して利益を上げることにより、その職務の構成、品位が害せられることを未然に防止しようとする点に、それぞれ存するものと解される。

また、弁護士倫理26条2号の趣旨は、弁護士が、法律上及び事実上の利益・利害が相反する事件について職務を行うことを防止し、もって当事者の利益を保護するとともに、弁護士の品位を保持し、さらには、弁護士の職務の公正さと弁護士に対する信用を確保しようとする点に存するものと解される。

さらに、弁護士法72条本文前段の趣旨は、弁護士業務の誠実適正な遂行の担保を通して当事者その他関係人の利益を確保し、もって、法律秩序全般を維持し、確立させようとする点に存するものと解される。

エ　ところで、前記に認定した本件紛争の経緯に、被告が本人尋問に出頭しないことにつき民事訴訟法208条の規定の趣旨を併せると、本件債権譲渡は、乙山弁護士や丁原弁護士ら乙野法律事務所に所属する弁護士主導のもとに斡旋されたものであることが明らかである。

そして、これら一連の行為を実質的に見れば、乙野法律事務所の弁護士らが主体となり、報酬を得る目的で、業として、自らが債務整理を受任した依頼者のうち原告に対して不当利得返還請求権を有している不特定多数の者から原告に対して貸金債務を負担している不特定多数のものに同不当利得返還請求権を譲渡させ、これらの権利の実現を訴訟等の手段を用いて実行しているものということができる。

かかる行為は、前記の弁護士法73条及び28条の趣旨に抵触するものというべきであり、かつ、斡旋の際の説明内容や、対価の額及び支払態様、これらと債務整理事件の報酬との関係によっては、原告に対して不当利得返還請求権を有している不特定多数の依頼者の利益を損ねるという、前記の弁護士倫理26条2号の趣旨に具体的に反するおそれが高い、看過し難い行為であるというべきである。

そうすると、かかる債権譲渡行為の私法上の効力を認めてこれを放任することは、不特定多数の関係人の利益を損ね、広く弁護士業務の誠実適正な遂行やこれに対する信頼を脅かし、ひいては法律秩序を害するおそれがあると認められるのである。

よって、かかる態様による債権譲渡は、公序良俗に反し無効であると解するのが相当である。

(3) これを本件についてみれば、本件債権譲渡は、その斡旋の方法、対価の額、その支払方法等に照らし、前言の理由により公序良俗に反して無効なものと認められる。

〈判決の意義と指針〉

この事案は、債務整理を依頼された弁護士が消費者金融業者と交渉をしたものの、合意が成立せず、消費者金融業者が債務者に対して貸金の返還を請求する訴訟を提起したことから、弁護士が主導し、他人の不当利得返還請求権の譲渡を受けさせ、消費者金融業者に対して反訴として譲受債権の支払を請求させた事件であり、弁護士の関与による不当利得返還請求権の譲渡の公序良俗違反が問題になったものである。この事案は、弁護士の法的な責任が直接に問題になったものではないが、弁護士の関与による取引につき公序良俗違反が問われたものである。

この判決の特徴は、

① この事案の債権譲渡に関する弁護士らの行為につき弁護士法、弁護士倫理の各規定の直接適用はできないとしたこと

② 弁護士法73条の趣旨は、非弁護士が権利の譲渡を受けて事実上他人に代わって訴訟活動を行うことによって生ずる弊害を防止し、国民の法律生活に関する利益を保護しようとするものであるとしたこと

③ 弁護士法28条の趣旨は、弁護士が事件に介入して利益を上げることにより、その職務の構成、品位が害せられることを未然に防止しようとするものであること

④ 弁護士倫理26条2号の趣旨は、弁護士が法律上および事実上の利益・利害が相反する事件について職務を行うことを防止し、もって当事者の利益を保護するとともに、弁護士の品位を保持し、さらには、弁護士の職務の公正さと弁護士に対する信用を確保しようとするものであること

⑤ 弁護士法72条本文前段の趣旨は、弁護士業務の誠実適正な遂行の担保を通して当事者その他関係人の利益を確保し、もって、法律秩序全般を維持し、確立させようとするものであること

⑥ この事案の債権譲渡は、弁護士らの主導のもとに斡旋されたものであることが明らかであるとしたこと

⑦ この事案の債権譲渡は、一連の行為を実質的にみれば、弁護士らが主体となり、報酬を得る目的で、業として、自らが債務整理を受任した依頼者のうち特定の消費者金融業者に対して不当利得返還請求権を有している不特定多数の者から、この業者に対して貸金債務を負担している不特定多数のものに同不当利得返還請求権を譲渡させ、これらの権利の実現を訴訟等の手段を用いて実行しているものであるとしたこと

⑧ この行為は、前記の弁護士法73条および28条の趣旨に抵触するものというべ

きであり、かつ、斡旋の際の説明内容や、対価の額および支払態様、これらと債務整理事件の報酬との関係によっては、前記の弁護士倫理26条2号の趣旨に具体的に反するおそれが高い、看過し難い行為であるとしたこと

⑨　この事案の債権譲渡は、公序良俗に反し無効であるとしたこと

を判示するものであり、同一の法律事務所に所属する弁護士らの斡旋によって行われた債権譲渡が公序良俗に反して無効とされた事例判断として参考になる。

判　決　8	共同法律事務所の解散・清算の事例 〔東京地判平成18・4・26判時1966号78頁〕

【事案の概要と判決要旨】

弁護士Xは、A法律事務所の経営弁護士であったところ、昭和52年、弁護士Y_1が勤務弁護士として入所し、Xは、昭和54年、B法律事務所（旧事務所）を開設し、Y_1が共同経営者となった。Y_2弁護士は、昭和60年に旧事務所に入所し、平成2年、経営弁護士になり、Y_3弁護士は、昭和61年に旧事務所に入所し、平成6年、経営弁護士になり、平成7年8月当時、旧事務所の経営弁護士は、X、Y_1、Y_2、Y_3、C弁護士、D弁護士であった。その後、事務所の経営をめぐり内部で対立するようになり、同年8月、Y_1ないしY_3、Cは、X、Dに対し、同年9月1日をもってY_1らを経営弁護士とする新しい法律事務所（新事務所）を開設する旨を通知したところ、Xらも新事務所への参加を希望したたため、Xらと、Y_1らは、協議を行い、Xが新事務所の経営弁護士ではなく、非常勤顧問に就任し、Dが独立採算とし、将来の新事務所開設の際に独立すること等を内容とする合意が成立した（本件合意には、Xの執務室を設けないこと、Xの任期を70歳までとすること、Xが旧事務所で主任として取り扱ってきた顧客につき新事務所での売上げの10%、Xが新規に新事務所に紹介する顧客につき新事務所での売上げの15%をXに支払う等の内容が含まれていた（本件顧問契約条項））。Y_1ないしY_3、Cは、新事務所を開設したが、Xら、Y_1らは、Xの顧問在任中、新事務所内に執務室を提供すること等を内容とする覚書を取り交わした。Y_1らは、平成14年6月頃までに、新事務所とE法律事務所との合併の準備を進め、Xにその旨を伝え、同年8月19日に本件顧問契約の期間が満了するため、これとは異なる顧問契約書案を提示したが、Xはこれを拒絶し、本件合併に参加しないことになった。Y_1らは、新聞社等に対し、本件合併、合併後の事務所名を公表することとし（合併発表、事務所名にXの姓が使用されていた）、同年7月4日、新聞に本件合併に関する記事が掲載された。新事務所とE事務所は、同年10月1日合併し、新事務所は解散し、Y_1らは、本件合併について新事務所名（Xの姓が記載されていた）を記載した挨拶状を顧問先等に送付した。Xは、平成7年9月1日から平成14年9月30日までの間、新事務所で事件処理をし、Xの労務によって新

事務所が得た金員は3億9500万円を下らないものであり、同額の不当利得をしたものであると主張し、Y_1ないしY_3に対し、不当利得の返還を請求するとともに、報道発表の際に合併後の事務所の名称からXの姓を外すように申し入れたにもかかわらず、Xの姓を使用して発表し、挨拶状に使用したなどと主張し、氏名権の侵害、名誉毀損に基づき損害賠償を請求し、これに対し、Y_1らは、反訴として、Xに対し、Xが依頼者の遺言執行者としての職務によって得た報酬のうち、Xの顧問料に相当する金額を差し引いた金額の支払を請求した。

この判決は、本件合意の締結時には、Xの稼働を予定し、新事務所における稼働の対価も本件顧問契約に基づく顧問料に含まれる旨の合意があったものであり、Xの稼働による新事務所の売上げに法律上の原因がないとするXの主張は採用できないとし、Xの不当利得返還請求を棄却し、Xの主張に係る名誉毀損を否定し、氏名権の侵害については、本件報道当時、Xが多数の顧客を抱え、その売上額が年間数億円に上っていたことから、Xの承諾なしに、本件合併後の事務所にXの姓を使用することがXの権利、利益を侵害する面のあることは否定できないものの、Xが従前の経緯から本件合併後の事務所に参加する可能性があると考えたことには無理からぬ面があり、Y_1らが本件合併後の法律事務所の仮称としてXの姓を用いた名称を報道発表したとしても、社会通念上、違法にXの氏名権を侵害したということはできないとし、Xの損害賠償請求も棄却し、本件合意の趣旨、文言等から、本件顧問契約において、Xが新事務所の業務外で事件を受任することが禁止されているとはいえず、Y_1の主張に係る事務処理が新事務所の業務として受任したとはいえない等とし、Y_1らの反訴請求を棄却した。

〈判決文〉

カ　原告は、顧問料は、旧事務所の清算金又は退職金の趣旨で支払われたものであって、新事務所における稼働に対する対価としての趣旨を含まないと主張する。

しかし、本件合意書及び本件覚書には、顧問料の趣旨が旧事務所の清算金又は退職金の趣旨に限られることや原告の稼働に対して別途対価を支払うことをうかがわせる記載はない。また、本件合意書においては、第三項で旧事務所の清算方法について定められ、原告らは旧事務所のパートナーとしての権利一切を放棄し、新事務所は旧事務所の債務の履行を原則として引き受ける旨が規定されている。よって、顧問料の趣旨が旧事務所の清算は退職金の趣旨に限られ、新事務所における稼働に対する対価の趣旨を含まないとの原告の主張は採用できない。

そして、本件全証拠によっても、平成10年5月16日の本件要望書の交付後本訴提起に至るまで、原告が被告らに対して、顧問料以外に新事務所での稼働に対する対価の支払を要求した事実は認められず、かえって、〈証拠略〉によれば、原告は、新事務所での顧問の任期に関して、被告らに交付した書面（乙六）において、「これまで通りクレディット率でお支払い戴きたく」と記載したのみで、それ以外の報酬の支払を要求していないことが認められるところである。

キ　結局のところ、前記認定事実、〈証拠略〉によれば、原告は、新人弁護士のころから一人前の渉外弁護士にするべく育ててきた被告らが、ソニー株式会社からの一億円を超える酬約を旧事務所の預金口座に入金すべきであるにもかかわらず、原告に隠して別の口座に入金させて新事務所の開設資金とした上、原告らに対し、一方的に旧事務所から脱退する旨を通告し、そのために原告が新事務所の顧問にならざるを得ない事態になったとの思いから、被告らに対してかねてより愛憎入り交じった気持ちを抱いていたところ、被告らが、原告が旧事務所において要求したにもかかわらず認められなかったクライアントクレジットの制度を新事務所において採用し、平成９年10月ころには、勤務弁護士のクライアントクレジット率が20％に引き上げられるに及んで、原告の顧問料率が10％又は15％に据え置かれたままであることに強い不満を抱き、原告の稼働分の対価を別途被告らに対して求めるに至ったと認めるのが相当である。

(4)　以上のとおり、原告と被告らとの間では、顧問料に原告の新事務所における稼働の対価としての趣旨も含まれる旨の合意があったというべきであるから、原告の稼働による新事務所の売上げに法律上の原因がないとする原告の主張は採用することができない。

よって、その余の点について判断するまでもなく、原告の不当利得返還本訴請求には理由がない。

二(1)〜(3)ア　〈略〉

イ　氏名権の侵害について

(ア)　前記認定のとおり、本件覚書においては、原告の顧問料の基礎となる新事務所における売上げが年間5000万円を下回るまでの間は、新事務所の名称から「甲野」の姓を消さないことが定められているところ、本件挨拶状送付までの間に原告の新事務所における売上げが年間5000万円を下回った事実を認めるに足りる証拠はないから、被告らが新事務所の名称に「甲野」の名を用いたのは、本件覚書による原告と被告らとの間の合意に基づくものであるということができる。

(イ)　本件挨拶状においては新事務所の名称を用いたのみであり、新事務所の名称とは別に原告の姓を用いたことは認められないから、被告らによる本件挨拶状の送付が原告の氏名権を侵害したものとはいえない。また、本件報道発表のうち新事務所の名称に「甲野」の姓が用いられている部分についても同様である。

この点、原告は、新事務所に所属した日本人弁護士17名のうち９名が退所したとの事情の下においては、新事務所が合併の主体であるということはできないのであるから、そのように新事務所の実体を備えていない被告ら弁護士集団が原告の姓の入った新事務所の名称を使用することは、合意の範囲外であり、許されない旨を主張する。

しかし、新事務所解散時のパートナーは被告ら３名であったところ、その全員が勤務弁護士数名と共に丁川法律事務所との合併に参加するというのであるから、被告ら合併に参加する弁護士と新事務所との連続性は保たれているというべきであり、まったく無関係な弁護士の集団が原告の姓を冒用した場合と同視することはできない。

(ウ)　本件報道発表においては、単に新事務所の名称の一部として原告の姓が用いられたにとどまらず、本件合併後の事務所の仮称中に原告の姓が用いられたところ、本件合併後の事務所名に「甲野」の姓を入れることについて、原告と被告らとの間に合意があったことは認められず、かえって、原告は、被告らに対し、平成14年6月28日ころ、戊田総合法律事務所か別の事務所に移籍し本件合併後の事務所には参加しないので本件合併後の事務所名から「甲野」の姓を外すように要請したものである。

そして、前記認定事実、〈証拠略〉によれば、共同事務所の事務所名には当該事務所に参加している主な弁護士の姓を冠することが多いこと、原告は長年にわたり原告の所属している事務所に自己の姓を冠しており、それを被告らは知っていたこと、本件報道発表をした当時、原告は新事務所において多数の顧客を抱え、その売上額は年間数億円に上っていたことが認められ、原告の承諾なしに、本件合併後の事務所に「甲野」の姓を使用することが、原告の権利、利益を侵害する面のあることは否定できない。

しかし、前記認定の事実、〈証拠略〉によれば、原告が被告らに対し本件合併後の事務所名から「甲野」の姓を外すように要請した当時、原告の移籍先の法律事務所が確定していなかったこと、その後も本件報道発表までの間に原告が被告らに対して移籍先の法律事務所が確定した旨伝えたことはないこと、被告らは、原告がいったん本件合併に参加しないとの意思を示したとしても、後日翻意する可能性があると考え、原告の退路を断たないために、本件合併後の法律事務所の仮称として、原告の姓を用いた名称を発表したものであることが認められるところ、前記認定のとおり、原告は、本件合意書締結後、原告から被告らに対し本件通知をして本件合意の無効を主張し、新事務所の移転に際して、その作業を妨害し、甲田・乙原・丙田法律事務所に移籍する予定である旨述べながら、再度新事務所への参加を希望し、本件覚書を締結したという経緯があるのであるから、被告らが、原告が再び翻意して本件合併後の事務所に参加する可能性があると考えたことには無理からぬ面があるといえる。そうすると、被告らが本件合併後の法律事務所の仮称として原告の姓を用いた名称を報道発表したとしても、社会通念上、違法に原告の氏名権を侵害したものということはできない。

〈判決の意義と指針〉

この判決は、共同法律事務所の解散・清算の事例判断を提供するものである。

判　決　9	弁護士の留置権の行使を認めた事例 〔東京地判平成18・7・19判時1962号116頁〕

【事案の概要と判決要旨】

Xは、プロレス興業等を目的とするA株式会社の代表取締役であり、B株式会社にAへの出資を求め、XがBから金員の預託を受け、Aに貸し付け、Xがこの金員をAの新株の現物出資に充て、株券の引渡しを受けて、Bに引き渡す等していたところ、X、Aは、プロレスの経費負担等をめぐってBと対立し、Bから出資金の返還等を求められた。X、Aは弁護士YにBとの間の紛争解決を委任し、Yは、Bと交渉し、Bとの間で、Bから株券48万株の返還を受けるのと引換えに、清算金6490万円を支払う旨の和解を成立させ、X、Aから清算金の立替弁済の依頼を受け、4500万円を立替弁済し、抵当権の設定費用30万円を立替払いし、Aから1500万円の弁済を受けた。XはYに対して委任契約に基づく受取物の返還請求権に基づき本件株券の返還を請求した（Yは、民法650条1項に基づき、3030万円の支払を受けるまで、本件株券を留置する旨の留置権を主張した）。

この判決は、Yの立替金返還請求権と本件株券の間には留置権の成立要件である牽連性が認められ、民法298条1項・2項所定の消滅事由が認められないとし、留置権を認め、支払と引換えを条件として請求を認容した。

〈判決文〉

三　争点(3)（被告の本件株券の占有は不法行為によって始まったといえるか。）について

(1)　原告は、本件立替金返還請求権は被告の弁護士倫理に違反した行為から発生したものであることから、同請求権は強行法規に反して無効であると主張する。

確かに、本件立替弁済は実質的には原告及び全日本プロレスと被告とが貸借関係を結ぶ行為であると考えられるが、弁護士倫理は、弁護士各人の行為指標にとどまるのであって、これに違反する行為が直ちに私法上も無効になるものとはいえないから、原告の上記主張は採用することができない。

(2)　原告は、被告の本件株券の取得は、第三者に本件株券を売却することを目的としたものであると主張するが、本件全証拠によっても、被告が当初から原告の承諾を得ずに本件株券を第三者に売却することを意図してこれを取得したことを認めるに足りないから、原告の主張は採用することができない。

(3)　原告は、被告が、テラオとの間で本件解約合意書を締結した後、本件株券の取得を奇貨として、全日本プロレスの支配権を奪取しようとしたものであり、民法644条、弁護士法28条、弁護士倫理16条に違反した旨主張する。

確かに、〈証拠略〉によれば、被告は、平成17年3月下旬ころ、原告その他の全日本プロレスの関係者に対し、「私が全日本プロレスのオーナーのようなものである」旨発言したことが認められる。

しかし、被告が、例えば、本件株券が自己に帰属することを主張して、原告に無断でその処分をしたり、株主権を行使したりしたのであれば格別、上記のような発言をしただけでは、被告による本件株券の占有を不法行為によって始まったものと同視することはできない。よって、原告の上記主張も採用することができない。

(4)　以上のとおり、原告の上記主張はいずれも採用できず、被告の本件株券の占有は、不法行為によって始まったものということはできない。

〈判決の意義と指針〉

この事案は、弁護士が株式会社、その代表者から紛争解決を受任し、相手方と交渉し、株券48万株の返還を受けるのと引換えに、清算金を支払う旨の和解を成立させた後、清算金の立替弁済の依頼を受け、立替弁済をする等したが、会社が弁護士

に受取物である株券の引渡しを請求し、弁護士が株券につき留置権を主張したことから、留置権の成否（民法295条２項参照）が争点になった事件である。この事案は、弁護士が委任契約の履行の過程で受領した株券の占有に係る不法行為が問題になった事件である。

この事案の特徴は、

① 株式会社、その代表者が出資者との間で出資金の返還等をめぐって紛争が発生したこと
② 会社らが弁護士に紛争の解決を委任したこと
③ 弁護士が紛争の相手方と交渉し、株券の返還を受けるのと引換えに、清算金を支払う旨の和解を成立させたこと
④ 弁護士が依頼者から清算金の立替弁済の依頼を受けたこと
⑤ 弁護士が依頼者のために立替弁済をしたこと
⑥ 弁護士が依頼者から立替金の一部の弁済を受けたこと
⑦ 依頼者が弁護士に対して委任契約に基づき受取物である株券の返還を請求する訴訟を提起したこと
⑧ 弁護士が株券につき留置権を主張したこと
⑨ 弁護士の株券の占有が不法行為によって始まったものであるかが争点になったこと（民法295条２項）

があげられる。

この判決は、弁護士の主張する立替金返還請求権と株券の間には留置権の成立要件である牽連性が認められるとしたこと、弁護士の株券の占有が不法行為によって始まったものではないとしたこと等を判示したものであり、その旨の事例判断を提供するものである。

判　決　10	訴訟提起の際の記者会見における弁護士の不法行為責任を認めなかった事例 〔東京高判平成18・８・31判時1950号76頁〕

【事案の概要と判決要旨】

前記【判決６】東京地判平成17・３・14判時1893号54頁の控訴審判決であり、X、Y_1らの双方が控訴し、Xは、附帯控訴をした。

この判決は、Y_1の不当訴訟の提起による不法行為、Y_2の名誉毀損、プライバシーの侵害を否定する等し、Y_1らの控訴に基づき、原判決中、Y_1らの敗訴部分を取り消し、Xの請求を棄却し、Xの控訴、附帯控訴を棄却した。

〈判決文〉

(4) 〈一部略〉

一般国民が民事訴訟の提起された事実をどう認識しているかを直接認定するに足りる証拠はないが、次のとおりいうことができる。民事訴訟の提起の報道に接した国民の中にはそのことによって原告の主張する被告の行為が真実であると認識する者が皆無ではないといえよう。また、現代における教育の普及や各種の民事訴訟の原告敗訴の例もしばしば報道されていることからすれば、訴訟であるから原告の主張が必ずしも正当であるとは限らず、裁判所の判断を待たなければ原告の主張の真否は判明しないと一面では理解しつつも、「火の無い所には煙は立たぬ」という諺を想起して原告の主張する事実に近いことが存在したかもしれないと疑いを抱いて受け止める者が相当にあるのではないかと思われる。これらの事情を考えると、1審原告が診察上のセクハラ及び名誉毀損等を理由として民事訴訟を提起されたのと事実に接した一般国民は、真相は不明であるが、少なくとも1審原告において提訴者からセクハラや名誉毀損等と受け取られるような何らかの行為があったのかもしれないという印象を受けるところ、ことに現代では、診察上のセクハラが破廉恥行為に当たるとの社会通念が形成されつつあるから、本件記者会見等で摘示されたセクハラ及び名誉毀損等を理由として1審被告乙山が1審原告に対し前提事件を提訴した事実自体は、その限度で1審原告の社会的評価を低下させその名誉を毀損するものといえる。

⑸　違法性阻却事由、故意・過失の阻却事由について

1審原告は、医科大学教授の職にあり、かつ、性同一性障害者に対する医療分野における先駆的立場にある医師であるところ、前提事件の原告である1審被告乙山が請求原因事実とするのは、医科大学附属病院の医療現場における1審原告の患者に対するセクハラや週刊誌記者に対する患者に関する発言についての名誉毀損等の事実であり、かつ前提事件が事実上・法律上の根拠を欠いていることを認識しながら、あるいは一般人において容易に認識できたのに、あえて提起されるなどの裁判制度の目的を逸脱する不当な訴訟ではないばかりか、社会的弱者の人権擁護に資するものとして新潟弁護士会が設けたひまわり基金の運営資金により援助が決定された事件であって、このような1審原告の立場や前提事件の内容からすれば、前提事件の訴えが提起された事実及びその請求原因とされた事実が何かは公共の利害に関する事実に係るものということができる。

そして、1審被告丙川は、司法記者から問い合わせを受けたことから、そのような前提事件の内容、性質に鑑み、司法記者が事件内容を正確に理解し、報道が適切にされることを目的に本件記者会見等をしたことが認められるから、本件記者会見等の目的は公益を図ることにあったものというべきである。

前提事件が提訴されたこと、その請求原因事実が訴状に記載され1審被告丙川が本件記者会見で説明した内容であったことは真実である。したがって、本件記者会見等をしたことによる名誉毀損には違法性はなかったと認められる。

⑹　本件記者会見等によるプライバシー侵害について

ア　1審原告は、前提事件の訴えが提起されたことは、一般人に知られておらず、また、その内容からして1審原告にとって公表を欲しないことが明らかな私生活上の事実であるから、1審被告丙川が本件記者会見等により事実を公表したことは、1審原告のプライバシーを侵害すると主張する。

個人の私的領域に属する事柄については、それが一般に知られておらず、かつ、一般人の感受性を基準として公表を欲しないと認められる場合には、当該個人は、それについてみだりに公表されない法的保護に値する利益（プライバシーの利益）を有する。

イ　1審原告が、前記の請求原因事実に基づいて前提事件の訴えが提起された事実は、その請求原因事実が前記のような内容であるから、一般人の感受性を基準として公表を欲しない事項であるということができる。

しかしながら、前記のとおり前提事件は、医科大学附属病院教授で性同一性障害者に対する医療分野で先駆的立場にある医師である1審原告による医科大学附属病院での診察時の患者に対するセクハラを請求原因の一つとし、その件についての週刊誌の記事中での1審原告の発言が名誉毀損等にあたることも請求原因とされているものであり、医科大学教授の大学病院での診察中の行為という高度の専門的職業にある者の職業上の行為が問題とされている点からも、自ら週刊誌の記者の取材に応じた発言が記載された週刊誌の記事が問題とされている点からも、まさしく、1審原告の社会的活動、社会に向けての発言に関わる事柄であり、個人の私的領域に属する事柄ということはできない。

したがって、1審原告が前記の請求原因事実に基づいて前提事件の訴えを提起された事実は1審原告のプライバシーとして保護されるべき事柄ではない。

また、上記のような社会的活動、社会に向けた発言に関して前提事件の訴えの被告となった1審原告の氏名も、それらの行為の主体を特定する事柄であり、しかも、本件週刊文春記事には1審原告の実名が明示されていたことを考えると、プライバシーとして保護されるべき事柄ではない。

〈判決の意義と指針〉

この事案は、大学病院の医師を受診した患者が、診療の際にセクシュアル・ハラスメントを受けたなどと主張し、弁護士に委任し、医師を被告として訴訟を提起し、弁護士が司法記者クラブで訴状の写しを配付して記者会見を開くなどしたため（この訴訟は医師の勝訴判決がされ、確定した）、医師が弁護士に対して名誉毀損、プライバシーの侵害等を主張し、損害賠償を請求した控訴審の事件である。

この判決の特徴は、

①　訴訟を提起した者の訴訟代理人弁護士の記者会見によって、民事訴訟の提起の報道に接した国民の中には原告の主張する被告の行為が真実であると認識する者が皆無ではないこと

②　現代における教育の普及や各種の民事訴訟の原告敗訴の例もしばしば報道されていることからすれば、訴訟であるから原告の主張が必ずしも正当であるとは限らず、裁判所の判断を待たなければ原告の主張の真否は判明しないと一面では理解しつつも、「火の無い所には煙は立たぬ」という諺を想起して原告の主張する事実に近いことが存在したかもしれないと疑いを抱いて受け止める者が相当にあるとしたこと

③　この事案では、医師が診察上のセクハラおよび名誉毀損等を理由として民事訴訟を提起されたとの事実に接した一般国民は、真相は不明であるが、少なく

とも医師において提訴者からセクハラや名誉毀損等と受け取られるような何らかの行為があったのかもしれないという印象を受けるとしたこと

④　現代では、診察上のセクハラが破廉恥行為であるとの社会通念が形成されつつあり、記者会見等で摘示されたセクハラおよび名誉毀損等を理由として医師に対し前提事件を提訴した事実自体は、その限度で医師の社会的評価を低下させ、名誉を毀損するとしたこと

⑤　患者の弁護士による記者会見等は、公共の利害に係り、公益の目的が認められ、真実であるといえるとし、違法性の阻却事由があるとしたこと

⑥　プライバシーの侵害は、すでに週刊誌で公表されたこと等から否定したこと

があげられる。この判決は、訴訟を提起した者の訴訟代理人である弁護士が記者会見等によって訴訟の提起、内容等に関する情報を提供したことについて、相手方である医師の社会的評価の低下を認めたものの、違法性阻却事由があるとし、不法行為を否定し、プライバシーの侵害を否定した事例を提供するものであるが、名誉毀損の免責に関する判断は、判文上、十分な説得力があるとはいえないものである。なお、この判決は、この事案のような訴訟の提起の際に原告、あるいは原告の訴訟代理人である弁護士が記者会見等において訴訟の提起、訴訟の内容、訴訟の見込み、訴訟の提起の経緯その他の関連する情報を新聞記者らに提供することによる相手方に対する社会的な影響を検討しているが、情報提供の必要性、提供に係る情報の内容・範囲、根拠の有無・程度、提供の仕方、表現の仕方等の事情によっては、この判決の指摘をまつまでもなく、訴訟の相手方に対する社会的評価の低下を容易に認めることができるものであり、訴訟を受任した弁護士にとって相当なリスクになるものである。

判　決　11	弁護士の過誤につき弁護士賠償責任保険契約の免責を認めた事例 〔大阪地判平成18・９・１金判1334号50頁〕

【事案の概要と判決要旨】

弁護士Ｘは、損害保険業を営むＹ株式会社と他人に損害を与えるべきことを予見しながら行った行為（不作為を含む）に起因する賠償責任は免責される旨の特約のある弁護士賠償責任保険契約を締結していた。Ｘは、Ａ株式会社と顧問契約を締結し、ＡがＢから飲食店を賃借した事件を受任し、Ａと協議のうえ、Ｂに補修工事を求め、その戦術として賃料の支払の停止を助言したものの、賃貸借契約を解除され、明渡訴訟で敗訴したことから、ＡがＸに対して弁護過誤を理由として損害賠償を請求し、Ａの勝訴判決がされ、Ｘが暫定的に2000万円を支払う等し、その後、訴訟上の和解が成立したため、ＸがＹに対して保険契約に基づき保険金の支払を請求した。

この判決は、保険契約の免責特約に該当することを認め、請求を棄却した。

〈判決文〉

イ　本件催告によって生じた、丙野産業に損害が発生する危険を回避する手段は、催告期間内に賃料（修繕義務未履行により賃料の一部の支払を拒めるのであれば、その残額部分）の支払又は供託をすることであり、弁護士である原告は、当然にそのことを認識していたと認められる。

しかるに、原告は、丙野産業に対し、一般的抽象論として、賃料の支払を停止すれば本件賃貸借契約が解除されるおそれがあるという説明はしたものの、本件催告により解除が現実の危機となっており、本件催告に応じなければ本件賃貸借契約が解除され、本件店舗を明け渡さなければならなくなる旨説明して、事態の緊急性と重大性を認識させた上で、金策の具体的可能性を問うようなことをせず、乙川との間で、上記(1)エ認定の程度の会話を行うことしかしなかった。

ウ　この点、原告は、本件催告当時、丙野産業は、本件催告に応じて支払ないし供託をすることができなかったから、損害回避手段がなかったと主張し、確かに、当時、乙川が、原告の問いかけに対し、「まとまってそんだけの金額は今ちょっとできないですね」と答えたことは上記(1)エ認定のとおりである。

しかし、丙野産業が、自らの判断で、本件催告の約２か月後に、催告額の約８割の金額を供託していることは、上記(1)オ認定のとおりであって、丙野産業が、原告からの指示や助言がなく、事態の緊急性と重大性の認識があったとは認め難い状況で、かかる金額の供託を行っていることからすれば、本件催告時に、原告による適時適切な指導助言等が行われていれば、相当額の支払ないし供託をすることができた可能性はあったと推認することができるのである。原告は、乙川の上記発言や、丙野産業が行った供託が、催告期限を過ぎ、催告額に満たないこと、丙野産業が銀行借入れ債務につき滞納していたことを指摘するが、いずれも現実に行われた供託に基づく上記推認を覆すに足りる事情といえない。

エ　さらに、原告は、仮に、損害回避手段があったとしても、原告は、損害回避手段があることを認識していなかったとも主張する。

しかし、原告は、本件催告当時、上記イのような対応しか行っておらず、もとより、丙野産業との間で、事態の緊急性と重大性を前提に、どの程度であれば何時までに支払や供託ができるのかなどといった、資金繰り等に関する慎重かつ充分な協議を行った様子は窺われない。原告が丙野産業に、損害回避手段があるか否かを正確に認識していなかったとしても、それは、原告自身が同社に対する適時適切な指導助言等をしなかった結果なのであるから、そのことを捉えて、損害回避手段の認識がなかったことになるものではない。

オ　以上によれば、前記認定事実によれば、原告は、本件催告時、本件賃貸借契約が解除され、丙野産業に損害が生じる可能性が高いことを予見し、かつ、これを回避すべき手段があることを認識しながら、上記(1)エ認定の程度の会話を行うのみで、回避すべき措置を講じなかったというのであるから、かかる原告の不作為は、本件免責約款に定める「他人に損害を与えるべきことを予見しながら行った不作為」に該当するというべきである。

〈判決の意義と指針〉

この事案は、弁護士が損害保険会社との間で弁護士賠償責任保険契約を締結していたところ、依頼者から受任事件の過誤責任を問われ、敗訴判決を受け、損害賠償金を支払う旨の訴訟上の和解を成立させる等したことから、損害保険会社に対して保険金の支払を請求した事件である。

この事案は、依頼者から弁護過誤を問われた弁護士が保険金の支払を請求し、損害保険契約上の他人に損害を与えるべきことを予見しながら行った行為（不作為を含む）に起因する賠償責任は免責される旨の特約の適用が争点になったものである。弁護士の多くは、この事案で問題になっている弁護士賠償責任保険契約を締結し、弁護士の業務遂行に伴ういくつかのリスクに対応する措置を講じているが、弁護士の過誤の全般、あるいは大半につき保険金が支払われるものではなく、損害保険会社の免責が相当に広く認められているところであり、この事案では、この保険契約上の免責特約の適用、損害保険会社の免責の当否が主要な争点になったものである。

この判決は、株式会社の顧問弁護士が、会社において飲食店を賃借中、賃貸人との間の紛争にあたって、戦術として賃料の支払の停止を助言したため、賃貸人が賃貸借契約を解除し、明渡訴訟を提起し、依頼者である賃借人が敗訴判決を受けたことが、前記の免責特約に該当するかが問題になった事案について、弁護士としては、賃料の供託をしなければ賃貸借契約が解除されるおそれがあること、賃貸人からされた催告により賃貸借契約の解除が現実の危機となっている状況において、催告に応じなければ賃貸借契約が解除され、店舗を明け渡さなければならなくなる旨を説明すべきであったことを指摘し、他人に損害を与えるべきことを予見しながら行った行為という免責特約の要件を満たすとしたものであり、弁護士としての助言のあり方、免責特約の解釈として参考になる判断を示したものである。弁護士の多くは、自らの過誤につき弁護士賠償責任保険契約によるカバーを期待し、免責特約の適用を想定していないのが実情であり、この判決は、弁護士に保険契約によるリスク対策の限界をあらためて示すものである。

判　決　12	**弁護士の開設したホームページに送信された情報につき弁護士の守秘義務違反の不法行為責任を認めた事例** **〔大阪地判平成18・9・27判タ1272号279頁〕**

【事案の概要と判決要旨】

Xは、勤務先で生じたセクハラ問題につきA弁護士らに相談し、その処理を依頼していたところ、B弁護士会に所属するY弁護士がインターネット上でポルノ・買春問題を対象とするC研究会を主催し（弁護士の肩書きを明記していた）、守秘義務を守ることを明記して被害の情報を集めており、C研究会のホームページに前記問題、悩みにつき相談のメールを送信したのに対し、YがAにXから送信があり、Xが実在するかを確認する電話をし、このことが発覚したため、Xが守秘義務違反を主張し、Yに対して不法行為に基づき損害賠償を請求した。

この判決は、Yは委任関係がなくても守秘義務を負うとし、Xの了解を得ないまま受任弁護士Aにメールがあったことを漏らしたことが不法行為にあたるとし（慰謝料として20万円を認めた）、請求を認容した。

〈判決文〉

(2) 弁護士法23条は、弁護士はその職務上知り得た秘密を保持する義務を負うと規定し、弁護士倫理第20条にも同旨の規定がある。

原告と被告との間に、本件メールのみによって委任関係が発生すると考えることはできない。しかし、上記の規定から明らかなとおり、弁護士が守秘すべき秘密とは、委任関係を有する依頼者の秘密に限定されるものではなく、弁護士が職務上知り得た秘密が広くその対象になると解されるのであるから、原告と被告との間に委任関係がないことは、被告が原告に対する関係で守秘義務を負うと解することの妨げとなるものではない。

上記の規定にいう「職務上知り得た」とは、弁護士でなければ知ることができなかったであろうが、弁護士であるが故に知り得たという意味であると解される。本件メールは、被告が静岡県で活躍している弁護士であることを理由として、原告がセクハラを受けたことや受任弁護士の対応に関する原告の心情を伝えたうえ、不満足な内容の和解で解決するほかないのか、司法の場で解決することはできないのかと述べるものであって、被告が弁護士でなければ、原告が自分のセクハラ被害をメールで伝えることもなく、受任弁護士の対応に不満を述べるはずもないと考えられることからすると、原告がセクハラ被害を受けたことだけでなく、原告がセクハラ被害を受けたことにつき受任弁護士に相談していること、そのことに対する不満、不安を被告に述べたということも、被告がその職務上知り得たことがらにあたると解される。

また、秘密とは、世間一般に知られていない事実で、社会通念上、本人が第三者、特に利害関係のある第三者に知られたくないと考える事実、考えるであろう事実を意味すると解される。本件で、原告が被告に本件メールを送信したことが秘密にあたるかということが問題となるが、原告が丙山弁護士、丁木弁護士に事件処理を委任しているときに、その同じ内容を、丙山弁護士、丁木弁護士に内緒で他の弁護士に相談していること丙山弁護士、丁木弁護士に知られれば、丙山弁護士、丁木弁護士としては、自分たちが原告から信頼されていないのではないかと考え、原告との関係が悪化することは容易に予想されるところである。したがって、原告が、丙山弁護士、丁木弁護士に依頼しているセクハラ問題につき、丙山弁護士らの対応についても記載された本件メールを同じ弁護士である被告に送信したことは、原告にとって秘密にあたると解するのが相当である。

(3) したがって、被告は、原告から本件メールの送信を受けたことを丁木弁護士ら第三者に守秘すべき義務があるというべきである。

2 被告は、弁護士であり、原告から本件メールの送信を受けたことについては守秘義務が生じることを認識すべき立場にあるから、これに反して、丁木弁護士に対し本件メールの送信を受けたことを話したことは、少なくとも過失によって、被告が負う守秘義務に違反したものであり、これは、原告に対する不法行為にあたるというべきである。

〈判決の意義と指針〉

この事案は、勤務先で生じたセクハラ問題につき弁護士らに相談していた者が、インターネット上でポルノ・買春問題に関する研究会を主催していた弁護士に前記問題、悩みにつき相談のメールを送信したところ、この弁護士が相談者の実在の有無を当初の弁護士に確認する電話をし、このことが発覚したため、相談者が電話確認をした弁護士に対して守秘義務違反を主張して損害賠償責任を追及した事件である。

この事案の特徴は、

① 弁護士がセクハラに関する研究会を主催していたこと

② 弁護士が研究会のホームページ（弁護士の肩書きを記載していた）を開設し、ポルノ・買春問題の情報収集、相談を行っていたこと

③ 勤務先でセクハラ問題を抱え、別の弁護士に相談をしている者がいたこと

④ 相談者が前記のホームページにメールを送信し、セクハラ問題の相談等をしたこと

⑤ ホームページを主催していた弁護士が相談者の実在の確認のため前記の別の弁護士に確認の電話をしたこと

⑥ 相談者の確認の電話をしたことが発覚したこと

⑦ 相談者が電話確認をした弁護士の守秘義務違反を主張したこと

⑧ 相談者が守秘義務違反の不法行為責任を追及したこと

があげられる。

この判決の特徴は、

① 相談者がホームページにセクハラ問題に関するメールを送信したことにより、ホームページを主催する弁護士と相談者との間に委任関係が発生したとはいえないとしたこと

② 弁護士が弁護士法23条により負う守秘義務の守秘すべき秘密とは、委任関係を有する依頼者の秘密に限定されるものではなく、弁護士が職務上知り得た秘密がその対象となるとしたこと

③ 弁護士と相談者との間に委任関係がないことは、弁護士が相談者に対する関係で守秘義務を負うと解することの妨げとなるものではないとしたこと

④ 「職務上知り得た」とは、弁護士でなければ知ることができなかったであろうが、弁護士であるが故に知り得たという意味であるとしたこと

⑤ 相談者の送信したメールは、その内容に照らし、自分がセクハラ被害を受けたことだけでなく、セクハラ被害を受けたことにつき受任弁護士に相談していること、そのことに対する不満・不安を被告に述べたということも、弁護士がその職務上知り得たことがらにあたるとしたこと

⑥ 秘密とは、世間一般に知られていない事実で、社会通念上、本人が第三者、特に利害関係のある第三者に知られたくないと考える事実、考えるであろう事

実を意味するとしたこと

⑦ この事案では、受任弁護士の対応が記載されていたことから、相談者にとって秘密にあたるとしたこと

⑧ ホームページを主催した弁護士の守秘義務違反の不法行為を肯定したこと

⑨ 慰謝料として20万円の損害を認めたこと

があげられる。

守秘義務は、弁護士にとっては、基本的な義務であり（弁護士法23条、旧弁護士倫理20条、弁護士職務基本規程23条。なお、弁護士法の規定と弁護士倫理の規定は、守秘義務の範囲が異なる）、重大な義務であるところ（刑法134条1項）、依頼者の秘密だけでなく、職務上知り得た秘密の保持には十分な注意が必要である。守秘義務違反は、事情によっては、弁護士の懲戒事由、さらに処罰事由になるだけでなく、秘密の主体との関係で債務不履行、不法行為上の損害賠償責任の根拠になるものであるが、この事案は、不法行為上の損害賠償責任が問題になったものである。

この事案は、前記のとおり、弁護士が研究会を主催し、研究会のホームページ上にメールによる相談があったものであり、弁護士の守秘義務違反の前提として、相談者と弁護士との間に相談の関係があったか、弁護士としての守秘義務を負うかが問題になったものであるが、この判決は、この前提問題を肯定したうえで、前記のとおり、弁護士の守秘義務違反を肯定したものであり、その旨の事例判断として参考になり、一つの見解を示したものの、微妙な判断である。

この事案で弁護士の守秘義務違反が認められるかどうかの最終的な結論は別として、相談者から疑問を抱かれるおそれがあることは否定できないところであり、弁護士が自ら開設するホームページ等のウェブサイトでメールを利用する相談に応じたり、他の名義で開設し、弁護士が関与するウェブサイトで同様に相談に応じたりする場合には、相談内容の秘密の保持につき十分な注意を払うことが必要であり、重要であることは多言を要しない。

判　決　13	民事再生手続開始決定の申立てに関与した弁護士の資産売却に係る不法行為責任を認めなかった事例 〔東京地判平成19・1・24判タ1247号259頁〕

【事案の概要と判決要旨】

A株式会社は、B株式会社のグループ会社であり、ゴルフ場、スキー場等のリゾート施設を経営していたところ、Bが和議の申立てをし（その後、民事再生手続開始決定の申立てを行ったが、弁護士Yはこれらの申立ての代理人の一人であった）Aは、Yを代理人として民事再生手続開始決定の申立てを行ったが（Yは、Bの顧問弁護士等であった）、その前にCは、Aにつきプレパッケージ式による清算型民事再

生手続においてAの施設の営業譲渡を受けることを予定し、X株式会社を設立し、XとAとの間で施設売買の基本合意書を締結し、Xが権利金として3000万円を支払う等し、裁判所の許可が得られたものの、再生計画案が提出されず、民事再生手続が廃止され、破産宣告がされた。監督委員であったDが破産管財人に選任され、Dが入札等を経て、E株式会社に営業譲渡をしたため、XがYに対して説明義務違反等を主張し、不法行為に基づき損害賠償を請求した。

この判決は、民事再生手続前に営業譲渡先として選定された会社が最終的に営業譲渡先として外されたとしても予測されたリスクであり、説明義務を負う根拠は明らかではない等とし、請求を棄却した。

〈判決文〉

3　以上の認定事実、証拠判断に基づいて考えるに、本件支出に関し、被告に説明義務違反があったとする原告の主張は採用することができない。

すなわち、原告は、本件支出には、共益債権化ができないリスク、回収不能のリスクがあったのに、被告がその説明を怠ったため本件支出をしたと主張するが、まず、そもそも、甲野は、新宿高原リゾートに現金がないことは知悉しており、本件支出を民事再生手続中において現金で回収することができるなどとは考えておらず、本件営業譲渡代金から差し引くことによって事実上回収することを予定していたのであるから、本件支出の「共益債権化」を問題とする余地はない。また、回収不能のリスクについては、甲野は、本件に先行して、大阪ホテル池袋代表者として、丙山親子と交渉して大阪ビレッジ大塚を譲り受けているのであって、倒産手続に関わることによるリスクを知らなかったはずはない上、特に、相川弁護士に相談して、「共益債権化」という契約文言について疑問を呈された後、被告に対し、仮登記を求めるなど、原告側からの出損の回収について危険性を懸念した行動を採っていることからすると、回収不能のリスクを十分わきまえて行動していたことが明らかであるから、被告の言動いかんが原告の本件支出回収のリスク認識を誤らせたということはできない。また、被告において、回収不能が有り得ないことなど積極的に原告を誤導した事実も認められないことは前示のとおりである。したがって、本件支出の回収可能性について、被告に説明義務違反があったと認めることはできない。

4　次に、原告は、被告が本件3000万円や別表記載2の費用について「共益債権化」を怠ったとか、別表記載1の支出を民事再生手続申立後にするように助言すべき義務を怠ったなどと主張するが、原告が上記各支出を民事再生法上の「共益債権」として回収することなど予想だにしていなかったことは前示のとおりであり、関係者間では、上記各支出は、営業譲渡代金を実際上その分減額することによって、原告が実質的に回収することを予定していたにすぎず、仮に営業譲渡が実現しない場合には管理委託業務による収支精算に際して清算することを合意していたのであるから、これらについて被告に「共益債権化」すべき義務があったなどと解する余地はない。

〈判決の意義と指針〉

この事案は、株式会社から民事再生手続開始決定の申立てを受任した弁護士が、プレパッケージ式による清算型民事再生手続の申立てをし、その再生計画において会社の施設の営業譲渡を受けることを予定して設立された株式会社が施設売買の基本合意書を締結し、権利金として3000万円を支払い、裁判所の許可が得られたものの、民事再生手続が廃止され、破産宣告に至り、破産管財人が入札等を経て、別の株式会社に営業譲渡をしたことから、営業譲渡を受ける予定であった会社が前記申立ての代理人であった弁護士に対して不法行為に基づき損害賠償責任を追及した事件である。この事案は、弁護士の民事再生手続における取引の相手方に対する取引過誤の類型の事件である。

この事案の特徴は、

① 弁護士が株式会社の依頼により、プレパッケージ式による清算型民事再生手続の申立てをしたこと
② この申立てにあたっては、新たに設立される株式会社が再生計画において申立てに係る会社の施設の営業譲渡を受けることが予定されたこと
③ 株式会社が設立されたこと
④ 設立された会社が施設売買の基本合意書を締結し、権利金として3000万円を支払い、裁判所の許可を得たこと
⑤ その後、民事再生手続が廃止され、破産宣告になったこと
⑥ 破産管財人が入札等を経て、別の株式会社に営業譲渡をしたこと
⑦ 設立された会社が前記申立ての代理人である弁護士に対して不法行為責任を追及したこと
⑧ 不法行為の根拠として支出の回収不能に関する弁護士の説明義務違反が主張されたこと

があげられる。

この判決の特徴は、

① 再生手続において営業譲渡を受ける予定であった株式会社（代表者）が支出に係る権利金の回収不能のリスクを十分わきまえて行動していたことが明らかであるから、弁護士の言動いかんが支出回収のリスク認識を誤らせたということはできないとしたこと
② 弁護士が回収不能があり得ないことなど積極的に会社を誤導した事実も認められないとしたこと
③ 会社による支出の回収可能性について、弁護士に説明義務違反があったと認めることはできないとしたこと

があげられ、プレパッケージ式による清算型民事再生手続の申立ての代理人であった弁護士が再生計画のスポンサーに対する説明義務違反、不法行為を否定した事例判断として参考になるものである。

判　決　14	弁護士の開設したホームページに送信された情報につき弁護士の守秘義務違反の不法行為責任を認めなかった事例 〔大阪高判平成19・2・28判タ1272号273頁〕

【事案の概要と判決要旨】

前記【判決12】大阪地判平成18・9・27判タ1272号279頁の控訴審判決であり、Yが控訴し、Xが附帯控訴した。

この判決は、本件メールは心情を吐露したものであって、法律相談にあたらず、インターネット上の団体の主催者として知り得た事項であるとし、守秘義務を負わない等とし（なお、仮定的に守秘義務を負うとしても、実在の確認は弁護士活動として正当な理由があるとした）、原判決を取り消し、請求を棄却した。

〈判決文〉

(2)ア　弁護士法23条は、弁護士はその職務上知り得た秘密を保持する権利を有し、義務を負うと規定し、弁護士倫理20条（現行弁護士職務基本規程23条）にも正当な理由がないのに職務上の秘密を漏らすことを禁じる旨の規定がある。上記の規定にいう「職務上知り得た」とは、弁護士がその職務を行うについて知り得たという意味であり、弁護士が弁護士法3条の依頼者から依頼を受け、訴訟事件等その他一般的法律事務を処理する上で知り得た事項についての守秘義務が課せられ、また、将来依頼を受ける予定で知り得た事項にも及ぶが、他方、そのような弁護士としての一般的法律事務を行うものではない、例えば、弁護士会の会務を行う際に知り得た事実については弁護士として守秘義務は及ばないと解される。

上記認定のとおり、被控訴人は、APP研の共同主催者である控訴人に対し、いきなり本件メールを送信したものであって、APP研は、ポルノ・買春問題を取り扱い、ポルノグラフィ被害の情報を得ようとしていたことは、ホームページに明示されており、APP研の活動に関係して、APP研のポルノ・買春問題の情報提供の範疇に入らない内容が記載された本件メールが突然控訴人に送られたに過ぎない。

確かに、控訴人は弁護士の資格を有するものであることを明らかにしてAPP研を共同主催するものであるが、これは、APP研の信頼を高めるためのものであって、一般的な法律事件について事務を処理しようとする意思が表示されたものであるとは認めることができないし、控訴人にそのような意思があったことを認めることはできない。したがって、控訴人の受けた本件メールは、APP研の活動に関して一方的に送信されたものであって、控訴人が弁護士として職務を行う上で知り得た事項とはいえないものである。

そして、上記認定の事実によると、被控訴人が控訴人に一方的に送信した本件メールの内容も控訴人に対し、積極的な解決や相談を持ちかけた内容ではなく、被控訴人が本件セクハラ問題に遭遇した具体的経過、依頼した弁護士との意見の相違があり悩んでいるなどの単なる心情を吐露したものに過ぎないものであって、上記のとおり、積極的に何らかの法律上の意見や判断を求めているものではないから、これを直ちに法律相談であると認めることはできない。

イ　仮に、本件メールが被控訴人から弁護士である控訴人に対してなされた法律相談であり、弁護士が職務上知り得た事項であるとしても、以下の説示のとおり、控訴人の行為は、弁護士としての守秘義務に違反する違法な行為などということはできない。すなわち、被控訴人も全く面識のない弁護士にそのような内容の本件メールを送信すれば、弁護士である控訴人において、本件メールがいたずらではないかとの疑問を抱くのは当然であり、被控訴人が実在の人物であるか、書かれた内容が事実であるか、本件セクハラ問題の相手方の主張や証拠及び紛争処理に関する態度が不明であることに加え、控訴人の回答がいかなる使われ方をするのかなど被控訴人の意図などについて懸念を抱き、必要な範囲で裏付けの調査をする必要が生じてくることは容易に推測できる。そうすると、仮に、被控訴人においても、控訴人が本件メールが単なる心情吐露したメールではなく、控訴人が弁護士であることに着眼した法律相談であるとの認識であれば、控訴人が本件メールの内容について、被控訴人のプライバシー権などに配慮した上で、何らかの手段で裏付け調査した上で、回答することを予測し得たものと認めることができる。上記認定の事実によると、控訴人は、受任弁護士である丁木弁護士が信頼できる弁護士であると判断した上で、被控訴人の実在を確かめる趣旨で電話を架け、丁木弁護士の返事から少なくとも被控訴人の実在を確認でき、控訴人が本件メールの相談について回答する必要のないものであると判断したにすぎないのである。

　したがって、本件メールが控訴人と全く面識のない被控訴人による突然の一方的なメールの送信である以上、その際、控訴人が受任弁護士に被控訴人から本件メールがあったことを告げ、被控訴人が実在の人物であるかどうかを確かめることは、正当な弁護士活動であるといえ、これに加え、尋ねた相手も弁護士であって、互いに守秘義務を負う者であって、それ以上第三者に伝播されるものではないことを考慮すると、少なくとも弁護士としての正当な行為であといえ、控訴人に課せられた守秘義務に違反するものではない。

ウ　ところで、秘密とは、世間一般に知られていない事実で、本人が特に秘匿しておきたいと考える性質を持つ事項（主観的意味の秘密）に限られず、一般人の立場から見て秘匿しておきたいと考える性質を持つ事項（客観的意味の秘密）を意味すると解される。上記認定の事実によると、本件メールには、被控訴人がセクハラ被害を受けたことや受任弁護士の対応に関する被控訴人の不満などの心情を伝えたうえ、被控訴人が不満足と考える内容の和解で解決するほかないのか、司法の場で解決することはできないのかと述べるものであって、詳細な事実関係の記載に加え、受任弁護士が取った助言等についての不満や悩みを訴えるものであって、それ自体は一応上記の秘密に該当すると認められる。

　しかし、上記認定の事実によると、被控訴人は、本件メールの内容については、集会などにおいて、同様の内容を述べ、他の弁護士にも同様の内容を相談したことがあるのであるから、本件メールの内容が秘密性を有するとしても、被控訴人自ら秘匿性を開放し、明らかにしているといえ、APP研のホームページに送信フォームを用いて本件メールを控訴人に送信したことを考慮しても、被控訴人が本件メールの内容を秘匿しておきたいと考えていたとみることは困難である。

そして、本件では、被控訴人が控訴人に本件メールを送信したこと自体が秘密にあたるかということが問題となるが、被控訴人が丙山弁護士、丁木弁護士に事件処理を委任しているときに、被控訴人が受任弁護士との関係悪化を懸念することがあり得ることは当然であるとしても、他方、突然本件メールを送信された控訴人としては、少なくとも送信者が実在するのかについて確かめる必要があり、その相手方が被控訴人の受任弁護士である場合には、被控訴人から控訴人に対し、突然本件メールがあったことを伝えなければ、受任弁護士から被控訴人の実在の有無についての回答を得られないことになりかねないのであるから、その限度では、被控訴人から控訴人に本件メールがあったことを告げる行為は、上記のとおり、控訴人の正当な理由によって守秘義務を免れる行為といえ、弁護士が守秘義務に違反するとはいえないと解すべきである。

(3) 次に、控訴人が被控訴人に対して、APP研の一員として活動の一環として、守秘義務を負うか否かについて検討する。上記認定の事実によると、APP研はポルノ・買春問題について特にポルノグラフィ被害についての情報提供を募ることを明示しており、ポルノグラフィ被害者のプライバシー権に配慮して守秘義務を守ることを明示しているが、セクハラ問題などの法律相談やこれについて既に依頼した弁護士との意見の食い違いについて相談を受け付ける等の記載はなく、本件メールのような法律相談とも心情を吐露したメールとも取れるような内容についてまで、上記の守秘義務の範囲に入らないと考える余地はある。しかし、このようなAPP研が求めるポルノグラフィの被害情報を得ようとする際、APP研が求める被害情報とは若干異なるが、女性が性的被害を被ったとの被害情報について、APP研が求める情報でないとして、あえて守秘義務を負わない趣旨であると解することはできないから、本件メールのような送信者が性的被害を被ったことを内容とする情報を受けたような場合にも、送信者のプライバシー権を守るために守秘義務を負うというべきであり、共同主催者である控訴人も上記守秘義務を負い、これをみだりに第三者に漏らしたとすれば、不法行為責任を負わざるを得ない。

しかしながら、上記認定のとおり、被控訴人から控訴人に対し、突然一方的な本件メールがあった場合に、控訴人としては、本件メールに返事を出すべきか否かについて、検討するため、本件メールの中に名前が出てくる受任弁護士がかねてから信頼のできる弁護士であることから、受任弁護士に被控訴人からの本件メールがあったことを告げ、被控訴人が実在の人であるかどうかを尋ねたことは、それ自体には性的被害についてのプライバシーの権利を侵害するような秘匿すべき事項を含んでおらず、被控訴人が丙山弁護士、丁木弁護士に事件処理を委任しているときに、被控訴人が控訴人に本件メールを送信したことを知られると、その同じ内容を、丙山弁護士、丁木弁護士に内緒で他の弁護士に相談してセカンドオピニオンを求めたとして、受任弁護士との信頼関係が悪化することまでもが、上記守秘義務違反となるものではない。

(4) したがって、上記事実関係の下では、控訴人は、被控訴人から突然本件メールの送信を受けたことから、送信者である被控訴人が実在するか否かを、守秘義務を負う受任弁護士に問い合わせたに過ぎず、控訴人の上記行為は正当な理由に基づいて守秘義務を負わない事項であって、控訴人に何らかの守秘義務に違反する違法な行為があったと認めることはできない。

〈判決の意義と指針〉

この事案は、前記【判決12】大阪地判平成18・9・27判タ1272号279頁の控訴審の事件である。

この判決の特徴は、

① 弁護士の守秘義務は、弁護士としての一般的法律事務を行うものではない事実には及ばないとしたこと

② 本件ではホームページにメールが送信されたものであり、弁護士が主催する研究会の活動に関係して、研究会の情報提供の範疇に入らない内容が記載され突然送信されたにすぎないとしたこと

③ 弁護士が受けたメールは研究会の活動に関して一方的に送信されたものであり、弁護士として職務を行ううえで知り得た事項とはいえないとしたこと

④ メールの内容は積極的な解決や相談を持ちかけた内容ではなく、セクハラ問題に遭遇した具体的な経過、依頼した弁護士との意見の相違があり悩んでいるなどの単なる心情を吐露したものにすぎないものであり、積極的に何らかの法律上の意見や判断を求めているものではないから、これを直ちに法律相談であると認めることはできないとしたこと

等と判示し、弁護士の守秘義務違反を否定したものであるが、これに加えて、仮にメールが弁護士に対してなされた法律相談であり、弁護士が職務上知り得た事項であるとしても、弁護士としての守秘義務に違反する違法な行為などということはできないとしたものである。この判決は、その理由として、全く面識のない弁護士に前記のような内容のメールを送信すれば、弁護士において、メールがいたずらではないかとの疑問を抱くのは当然であり、送信者が実在の人物であるか、書かれた内容が事実であるか、セクハラ問題の相手方の主張や証拠および紛争処理に関する態度が不明であることに加え、弁護士の回答がいかなる使われ方をするのかなどその意図などについて懸念を抱き、必要な範囲で裏付けの調査をする必要が生じてくることは容易に推測でき、弁護士がメールの内容について、送信者のプライバシー権などに配慮し、何らかの手段による裏付け調査したうえで、回答したことを予測し得た等とし、弁護士が送信者の受任弁護士に実在の人であるかどうかを確認することが守秘義務に違反するものではないと判示したものである。

この判決は、その論理の内容、展開を検討すると、弁護士のメールの送信者に対する守秘義務違反を否定する理由をあれこれ積み重ねているが、不法行為の成否の結論の当否は別として、いささか違和感を禁じ得ないものである。

まず、この事案では、弁護士らが主催する研究会に弁護士の肩書きを付し、インターネットによる書込みを認めるシステムが開放されていたものであるから、誰でも関心をもった者が書き込むことが認められ、その書込みの内容には弁護士の肩書きを信頼し、書き込んだ内容が他に漏らされないことを信用することは否定できないところ、この判決は、「被控訴人が控訴人に一方的に送信した本件メールの内容も

控訴人に対し、積極的な解決や相談を持ちかけた内容ではなく、被控訴人が本件セクハラ問題に遭遇した具体的な経過、依頼した弁護士との意見の相違があり悩んでいるなどの単なる心情を吐露したものに過ぎないもの」などと認定し、このような事実関係を基に論理を展開しているが、送信者がメールを送信することは一方的であり、突然のことが多く、この事案のメールの内容が単なる心情の吐露とはいい難いものであるし、送信者の実在性を確認する方法は、受任弁護士に問い合わせる方法以外にも存在すること（他の方法によることも一般的に行われているし、この事案のメールに対応しない選択もあり得たものであろう）等の事情を考慮すると、この判決の論理には疑問が残る。なお、弁護士がインターネットを活用するにあたって、ホームページ等のウェブサイトを開設し、あるいは関与する場合には、この事案のような問題を含め、守秘義務違反、名誉毀損、プライバシーの侵害、人格権の侵害等の法律問題が直接面識のない者等との間に生じるリスクが伏在するものであるし、そのリスクが少なくないことは注意が必要である。

判　決　15	**弁護士がマンション紛争の関係者につき調査会社に身辺調査を依頼し、作成された調査報告書をマンションの区分所有者らに開示したことによる不法行為責任を認めた事例** **〔東京地判平成19・3・26判タ1252号305頁〕**

【事案の概要と判決要旨】

マンションの区分所有者Xは、他の区分所有者らとともに管理組合の設立を計画し、集会を開催し、管理規約の承認、役員の選任等をし、従前管理を委託されていたA管理会社に管理委託契約を解除するとともに、積立金、関係書類の引継ぎ等を要求したところ、Aの代理人弁護士Y_1との間で紛争が生じ、XがY_1に対して所属弁護士会に懲戒を請求する等した。Y_1はB調査会社に対してXの身辺調査を依頼し、Bが調査報告書を作成し、マンションの区分所有者らに開示し、Aの代表者Y_2らがマンションに監視カメラを設置してXの監視をする等したため、XがY_1、Y_2に対してプライバシーの侵害等を主張し、共同不法行為に基づき損害賠償を請求した。

この判決は、調査会社に調査を依頼したことは社会的に受忍すべき限度を超えていないとしたものの、調査報告書を開示したことはプライバシーの侵害にあたるとし、Y_1に対する請求を認容し（慰謝料として30万円を認めた）、Y_2の関与を否定し、請求を棄却した。

〈判決文〉

イ　本件調査行為及び本件開示行為のプライバシー侵害該当性

(ア)　私生活をみだりに開示されない利益及び私生活に関する情報をみだりに取得されない

利益は、プライバシー（私生活の平穏を侵害されない利益）として不法行為法上保護に値する利益であると解するのが相当である。以下、本件調査行為及び本件開示行為が、これらの利益を侵害する不法行為に当たるか判断する。

(イ) 本件調査行為について

a 被告丙山が調査会社に依頼して原告の身辺を調査したことは当事者間に争いがないところ、本件調査行為は、原告の私生活に関する情報をみだりに取得されない利益を侵害したものと解する余地がある。

しかしながら、仮に本件調査行為が当該利益を侵害するものだとしても、調査会社を使った個人ないし法人に対する調査が、社会的に一定の必要性と有用性があるものと認識され、社会生活上様々な場面で広く行われていることにかんがみれば、調査目的及び調査対象の相当性、調査の必要性、調査行為の態様の相当性等を考慮し、当該調査行為が被調査者にとって社会的に受忍すべき限度を超えないものと認められる場合には、当該調査行為の違法性は阻却されるものと解するのが相当である。

b 本件調査行為当時、本件マンション①の管理組合設立を巡って原告や他の区分所有者と被告ら及びTは対立状態にあったこと及び原告が管理組合の設立運動の中心人物の一人として活動し、被告丙山と折衝した際にも対立的なやりとりをしたこと等からすれば、本件懲戒請求がなされたことを知った同被告が、同請求も原告が中心となって行ったものと考え、対応策を練るために原告に関する身辺調査を行ったことは、同被告の弁護士という立場に照らし軽率のそしりを免れないものではあるが、あながち社会的相当性を欠く行為とまでいうことはできない。本件マンション②の管理組合に原告が関わる調査事項についても、同請求は本件マンション①の管理組合設立を巡る争いから派生してなされたものと考えられることからすれば、原告が理事を務める別のマンションの管理組合に関して原告がどのような行為を行っていたかは、同被告が同請求に対する対応を練るに際して関連性がないとはいえない。また、本件調査行為の態様も、本件調査報告書からは本件マンション②の住民ないし管理人に対する聞き込みが主であったと推認されるところ、当該聞き込みが不穏当な態様でなされたものであったと認めるに足りる証拠はなく、その他原告の私生活上の平穏を害するような態様で調査がなされたと認めるに足りる証拠はない（なお、原告は本人尋問において、調査会社の者に尾行されたと供述するが、本件全証拠によってもそのような事実は認めることはできない。また、乙62の調査報告書からは、調査会社の者が原告の実家の近隣に聞き込みを行ったことが推認されるが、当該調査は同被告が依頼した調査事項とは直接の関連性はなく、同被告の指示に基づいて行われたものと認めるに足りる証拠はない。）。

c 以上の点にかんがみれば、本件調査行為は、原告にとって社会的に受忍すべき限度を超えないものであって違法とまでは認められないというべきであるから、不法行為を構成しないものと解するのが相当である。

ウ 本件開示行為について

a 私生活をみだりに開示されない利益としてのプライバシーの侵害に対して法的保護が与えられるためには、開示された内容が、①私生活上の事実又は私生活上の事実らしく受け取られるおそれのある事柄であること、②一般人の感受性を基準にして当該私人の立場に立った場合、第三者に対する開示を欲しないであろうと認められる事柄であること、③一般の人々に未だ知られていない事柄であることが必要であると解するのが相当である。

本件調査報告書には、本件マンション②において、原告が他の住民ないし管理人から嫌われ、人格等について批判されていることに関する記載があり、これは①私生活上の事実ということができ、②一般人の感受性を基準にして原告の立場に立った場合、第三者に対する開示を欲しない事柄であり、③本件マンション②の一部の住人ないし管理人以外の者には未だ知られていない事柄であると認められる。また、本件開示行為によって原告は精神的苦痛を受けたものと認められるので、本件開示行為は原告のプライバシーを侵害するものと解するのが相当である。

〈判決の意義と指針〉

この事案は、マンションの区分所有者らが、管理業者の間で管理組合の設立をめぐる紛争が発生し、区分所有者らが管理組合を設立する等し、管理業者との管理委託契約を解除する等し、管理業者の代理人である弁護士との間で紛争が発生し、区分所有者が弁護士につき所属弁護士会に懲戒を請求する等したことから、弁護士が調査業者に当該区分所有者の身辺調査を依頼し、作成された調査報告書を区分所有者らに開示する等したため、区分所有者が不法行為に基づく弁護士の損害賠償責任を追及する等した事件である。この事案は、弁護士の紛争の相手方に関するプライバシーの侵害の類型の事件であるが、マンションの紛争に派生して発生した事件であるということもできる。

この判決の特徴は、

① 私生活をみだりに開示されない利益および私生活に関する情報をみだりに取得されない利益は、プライバシー（私生活の平穏を侵害されない利益）として不法行為法上保護に値する利益であるとしたこと

② 調査会社を使った個人ないし法人に対する調査は、社会的に一定の必要性と有用性があるものと認識され、社会生活上様々な場面で広く行われていることにかんがみれば、調査目的の態様の相当性を考慮し、当該調査行為が被調査者にとって社会的に受忍すべき限度を超えないものと認められる場合には、当該調査行為の違法性は阻却されるとしたこと

③ 本件では調査は、懲戒請求がなされたことを知った弁護士が、対応策を練るために区分所有者に関する身辺調査を行ったものであり、弁護士という立場に照らし軽率のそしりを免れないものではあるものの、あながち社会的相当性を欠く行為とまでいうことはできないとし、不法行為を否定したこと

④ 調査報告書の開示は、その内容には一部の住人ないし管理人以外の者には未だ知られていない事柄があり、開示によって区分所有者が精神的苦痛を受けたものであり、プライバシーを侵害する不法行為を肯定したこと

⑤ 慰謝料として30万円を認めたこと

があげられ、弁護士の紛争の関係者に対するプライバシーの侵害に係る不法行為を認めた事例判断として参考になるものである。

判　決　16	弁護士の過誤につき弁護士賠償責任保険契約の免責を認めた事例 〔松山地判平成19・6・25金判1334号62頁〕

【事案の概要と判決要旨】

弁護士Xは、損害保険業を営むY株式会社との間で他人に損害を与えるべきことを予見しながら行った行為に起因する賠償は免責される旨の特約のある弁護士賠償責任保険契約を締結していたところ、Aの弁護人として保釈を請求し、裁判所から保釈保証金5000万円で保釈許可決定を受けた。Bは、Cの依頼により保釈保証金に充てるため、Xに事前に連絡することなく、Xの預金口座に1500万円を振り込む等して5000万円が準備され、Xが保釈保証金を納付した。Aが保釈されたが、Xにとって誰が1500万円を準備したかが明らかになっていなかった状況において、裁判所から保釈保証金5000万円の還付を受け、Aに返還したところ、BがXに対して代理受領委任上の利益の侵害を主張し、損害賠償を請求する訴訟を提起し、Xが敗訴判決を受けて確定したことから、XがYに対して前記1500万円、訴訟に要した弁護士費用150万円につき保険契約に基づき保険金の支払を請求した。

この判決は、保険契約の免責特約の適用を認め、請求を棄却した。

〈判決文〉

(2)　上記認定事実によれば、Aは平成7年3月27日Bの保釈保証金に充てるため原告名義の預金口座に保釈保証金1500万円を振込送金していること、Aは平成7年6月ころ原告の事務所を訪ね原告に面会し、Bの刑事裁判が終了して原告が保釈保証金の還付を受ければ内金1500万円はAに支払ってほしいと依頼していること、原告は覚書にいったん記名押印した後に、さらに本件覚書を作成し、自署押印したことが認められ、これらの事実によれば、原告は、本件覚書に署名押印することによって、Aに対し、BとAとの間の保釈保証金1500万円の代理受領の委任契約の内容を了承し、Bの保釈保証金5000万円の還付を受ければ、その内金1500万円をAに直接支払うことを約したものと認めることができる。

なお、原告は、本件覚書の宛名がAではなく、Bであることを根拠として、本件覚書は代理受領委任契約を原告が承認した文書ではないと主張する。確かに、本件覚書の宛名はBとなってはいるが、そのことから直ちに上記認定に疑問が生ずるものではなく、原告の上記主張は採用できない。

(3)　そして、上記1(8)エに認定のとおり、原告は平成12年3月29日保釈保証金5000万円の還付を受けBに対し上記5000万円全額を返還しているが、原告は本件覚書に署名押印することによってAに対しBとAとの間の保釈保証金1500万円の代理受領の委任契約の内容を了承し、Bの保釈保証金5000万円の還付を受ければ、その内金1500万円をAに直接支払うことを約したものであるから、原告は、Aの承諾を得ることなく保釈保証金5000万円全額をBに返還すれば、Aに損害を与えるべきことを予見しながら、保釈保証金5000万円全額をBに返還したものと認められる。

(4)　したがって、原告の本件賠償責任は、弁護士特約条項3条1号に規定されている「他人に損害を与えるべきことを予見しながら行った行為（不作為を含みます。）」に該当し、被告は原告に対して本件保険契約に基づく保険金支払義務を負わないというべきである。

〈判決の意義と指針〉

この事案は、弁護士が損害保険会社と他人に損害を与えるべきことを予見しながら行った行為に起因する賠償は免責される旨の特約のある弁護士賠償責任保険契約を締結していたところ、弁護士が被告人の弁護人として保釈を請求し、裁判所から保釈保証金5000万円で保釈許可決定を受けた際、うち1500万円の準備、納付、還付、返還をめぐる紛争が発生し、弁護士が1500万円を準備した者から損害賠償請求訴訟を提起され、敗訴判決を受けたことから、損害保険会社に保険金の支払を請求し、免責特約の適用が問題になった事件である。

この判決は、弁護士が1500万円を準備した者の承諾を得ることなく保釈保証金5000万円全額を被告人に返還すれば、準備をした者に損害を与えるべきことを予見しながら、保釈保証金5000万円全額を被告人に返還したものであるとし、弁護士特約条項3条1号に規定されている「他人に損害を与えるべきことを予見しながら行った行為（不作為を含みます。）」に該当し、損害保険会社は保険者である弁護士に保険契約に基づく保険金支払義務を負わないとしたものであり、免責特約を適用し、保険会社の免責を肯定したものであり、その旨の事例判断を提供するものである。

弁護士は、その業務上のリスクの回避、軽減のために、損害保険会社との間で弁護士賠償責任保険契約を締結していることが多いが、同保険契約には前記内容の特約が含まれているものであり、常に弁護士が保険金の支払を受けられるものではない。免責特約の解釈、適用の範囲によっては、弁護士が想定外の負担を負う可能性があるため、免責特約の解釈は、弁護士にとって重大な関心事である。損害保険会社が免責特約による免責を受ける要件である損害の予見は、その解釈によっては、弁護過誤の類型の事案の多くが免責される可能性があると考えられ、損害保険契約を締結する弁護士の期待とは認識の齟齬があるようにも思われる。弁護士の損害保険契約の免責特約に関する今後の裁判例の動向が注目されるところである。

判 決 17	弁護士の過誤につき弁護士賠償責任保険契約の免責を認めた事例 〔大阪高判平成19・8・31金判1334号46頁〕

【事案の概要と判決要旨】

前記【判決11】大阪地判平成18・9・1金判1334号50頁の控訴審判決であり、Xが控訴した。

この判決は、保険契約の免責特約の適用を肯定し、控訴を棄却した。

〈判決文〉

ウ　控訴人は、本件催告当時、丙野産業は、本件催告に応じて賃料の支払又は供託をすることができなかったから、損害回避手段がなかったと主張するが、この主張は控訴人の上記不作為と丙野産業の損害との間の因果関係を争う趣旨のものと解される。

確かに、当時、乙川が、控訴人の問いかけに対し、「まとまってそんだけの金額は今ちょっとできないですね。」と答えたことは上記(1)エ認定のとおりである。しかし、丙野産業が自らの判断で、本件催告の約2か月後に、催告額の約8割の金額を供託していることは、上記(1)カ認定のとおりであって、丙野産業が控訴人からの指示や助言がなく、事態の緊急性と重大性の認識があったとは認め難い状況で、かかる金額の供託を行っていることからすれば、本件催告時に、控訴人による適時適切な指導助言等が行われていれば、相当額の支払又は供託をすることができた高度の蓋然性があったと推認することができる。したがって、控訴人の上記不作為と丙野産業の損害との間に因果関係はあったと認めることができる。

控訴人は、乙川の上記発言や、丙野産業が行った供託が、催告期限を過ぎ、催告額に満たないこと、丙野産業が銀行借入れ債務につき滞納していたことを指摘するが、いずれも現実に行われた供託に基づく上記推認を覆すに足りる事情とはいえない。

エ　さらに、控訴人は、仮に、損害回避手段があったとしても、控訴人は、損害回避手段があることを認識していなかったとも主張する。

しかし、そもそも、控訴人が、丙野産業との間で、事態の緊急性と重大性を前提に、いつまでにどの程度の金額であれば支払又は供託ができるのかといった、資金繰り等に関する協議まで行わないことには、損害回避手段がないことの認識に達しようもないところ、そのような様子は窺われないのであって、単に控訴人が丙野産業に適時適切な指導助言等をしなかったために、損害回避手段の有無に対する明確な認識を持ち得なかったというにすぎないから、上記主張は採用できない。

オ　以上のとおり、控訴人は、本件催告時、本件賃貸借契約が解除され、丙野産業に損害が生じる可能性を認識し、損害発生の蓋然性が高いことを認識し、かつ、これを防止すべき義務があるのに、上記(1)エ認定の程度の会話を行うのみで、損害を防止すべき措置を具体的に指導しなかったというのであるから、かかる控訴人の不作為は、弁護士特約条項3条1号後段に定める「他人に損害を与えるべきことを予見しながら行った行為」に該当するものというべきである。

〈判決の意義と指針〉

この事案は、弁護士が損害保険会社との間で弁護士賠償責任保険契約を締結していたところ、依頼者から受任事件の過誤責任を問われ、敗訴判決を受け、損害賠償金を支払う旨の訴訟上の和解を成立させる等したことから、損害保険会社に対して保険金の支払を請求した控訴審の事件であり、依頼者から弁護過誤を問われた弁護士が保険金の支払を請求し、損害保険契約上の他人に損害を与えるべきことを予見しながら行った行為（不作為を含む）に起因する賠償責任は免責される旨の特約の適用が争点になったものである。

この判決の特徴は、

① 弁護士による適時適切な指導助言等が行われていれば、依頼者が相当額の支払または供託をすることができた高度の蓋然性があったと推認することができるとしたこと

② 弁護士が依頼者に適時適切な指導助言等をしなかったために、損害回避手段の有無に対する明確な認識を持ち得なかったとしたこと

③ 弁護士は、催告時、賃貸借契約が解除され、依頼者に損害が生じる可能性を認識し、損害発生の蓋然性が高いことを認識し、かつ、これを防止すべき義務があるのに、損害を防止すべき措置を具体的に指導しなかったから、弁護士特約条項に定める「他人に損害を与えるべきことを予見しながら行った行為」に該当するとしたこと

を判示したものであり、前記の第１審判決と同様に、弁護士の弁護過誤につき損害保険会社の免責特約の適用を肯定し、その免責を認めた事例判断として参考になる。

判　決　18 （決　定）	弁護士の報酬の受領に対する否認権の行使を認めた事例 〔神戸地伊丹支決平成19・11・28判時2001号88頁〕

【事案の概要と判決要旨】

A株式会社は、平成18年３月頃、B株式会社に対する借入金債務の任意整理、過払金返還につき、多重債務問題が専門である旨を標榜していた弁護士Yに委任し、同年５月、手形不渡りを出したことから、A、その代表者C、その妻DがYに破産手続開始決定の申立てを委任し、Yが着手金を受領したほか、Bからの過払金の返還を受けたものの、YとCらの意見が対立したことから（破産手続開始決定の申立てに関する委任は終了した）、Yが預り金から228万5500円を返還したところ（この間の交渉、合意の詳細は、判決文参照）、その後、同年12月、Aらにつき破産手続が開始され、XがAの破産管財人に選任された後、XがYに対して弁護士報酬のうち247万8000円につき否認権を行使し、否認の請求をした。

この決定は、破産手続開始決定の申立て前に事件を受任した弁護士の報酬の支払

につき役務提供と合理的均衡を失する部分の否認権の行使を肯定し（206万3725円）、精算合意に基づく支払の一部等の否認権の行使も肯定し、請求を認容した。

〈判決文〉

(2) 弁護士の着手金や報酬金（中途解約による精算分も含む。）支払についての合意や支払行為の否認の可否について

ア 破産申立代理人が破産者から支払を受けるべき弁護士報酬は、共益費にあたる部分のみが財団債権になると解され、破産手続開始前に支払を受けた弁護士報酬についても、共益費相当額を超える部分は否認の対象となると解されているところ、弁護士による債務者の責任財産の保全活動としての任意整理ないし過払金返還請求や自己破産の申立てに対する着手金ないし報酬金の支払行為も、その金額が役務の提供と合理的均衡を失する場合、合理的均衡を失する部分の支払行為は、破産債権者の利益を害する行為として否認の対象となりうるというべきである。

イ そうすると、本件において、相手方が破産者から支払を受けた報酬金等が、破産者から受任した事件についての着手金及び報酬金として合理的均衡を失するものであるかどうかを判断する必要があるところ、本件のような報酬支払行為の否認事件においては、弁護士と依頼者の意思にかかわらず、他の破産債権者を害する限り報酬金等の支払いを相当と認めることはできないのであるから、弁護士報酬の相当額を判断するにあたっては、弁護士が依頼者を相手方とする弁護士報酬請求事件において当事者の意思が報酬額算定における重要な要素の一つとなるのと異なり、客観的な相当額を算出する必要があるというべきである。

ウ そこで、上記のような観点から、相手方が破産者から受任した事件について着手金及び報酬金等の相当額を、事件の難易、弁護士が費やした労力及び時間、その成果等の諸般の事情を総合考慮し、さらに、廃止前の報酬規程や弁護士会の報酬規定（これらの規程等は廃止前においても法的拘束力を有していたものではないが、現在においてもなお充分に弁護士報酬の客観的基準の一つとなりうるものであると解される。）も参照した上で算出し、それを基準として、否認権行使の対象となるかどうかを判断する。

(3)ア 〈略〉

イ ところで、前記認定事実によれば、相手方は、過払金返還請求「訴訟」について完全成功報酬制を採用していることを明らかにしているところ、一般に、示談交渉は訴訟提起よりも要する時間や労力が少ないから、過払金返還に係る「示談交渉」についてもそれに係る「訴訟」を提起する場合と同様に完全成功報酬制を採用しているものと考えるのが自然である。仮に、過払金返還請求について訴訟提起の場合と示談交渉の場合とを別異に取扱うということであれば、そのことを破産者が了承していることが必要であるというべきであるが、本件において、破産者がそのような別異の取扱いを了承していたことを認めるに足りない。そうすると、本件委任契約締結時、相手方が同契約に基づいて破産者から受領できる金員は、過払金返還請求事件二件に要する費用としての名目に限られ、着手金名目で金員を受領する権限はないというべきであり、本件着手金支払は、相手方が行った上記事務処理がその対価としてなされたものと認めるに足りず、それらの対価として破産者が経済的利益を受けているとはいえないから、破産法160条三

項にいう「無償行為」にあたるというべきである。

ウ　さらに、本件精算合意第一項において、破産者は「過払金返還請求」事件の着手金10万5000円の支払義務（本件着手金支払が有効であること、及び、過払金返還請求事件の着手金残金として8万5000円の支払義務があること）を承認しているが、すでに述べたとおり、破産者には本件委任契約に基づく相手方に対する「過払金返還請求」事件についての着手金支払義務があるとは認められず、同条項記載の支払義務の承認及びこれに基づく破産者の相手方に対する8万5000円の支払はいずれも破産者に義務がないものであるから、破産法160条3項にいう「無償行為」にあたるというべきである。

エ　以上により、本件着手金支払、本件精算合意第一項（着手金残金支払義務の承認及びそれに基づく支払行為）について、いずれも破産法160条3項に基づき、申立人が否認権を行使することができる。

〈判決の意義と指針〉

この事案は、弁護士が会社から過払金の返還事件、会社、その代表者、その妻から破産手続開始決定の申立てを受任し、着手金を受領し、過払金の返還を受けたところ、金銭をめぐる紛争が発生し、預り金の一部を返還したものの、破産手続開始決定後、会社の破産管財人が弁護士の受領した弁護士報酬につき否認の請求（破産法173条、174条）をした事件である。この事案は、過払金の返還、破産手続開始の申立てを受任した弁護士の弁護士報酬をめぐる事件であるが、破産管財人が弁護士報酬につき否認を請求したことに特徴がある。

この決定の特徴は、

① 破産申立代理人が破産者から支払を受けるべき弁護士報酬は、共益費にあたる部分のみが財団債権になるとしたこと

② 破産手続開始前に支払を受けた弁護士報酬についても、共益費相当額を超える部分は否認の対象となると解されるとしたこと

③ 破産手続開始前の弁護士による債権者の責任財産の保全活動としての任意整理ないし過払金返還請求や自己破産の申立てに対する着手金ないし報酬金の支払行為も、その金額が役務の提供と合理的均衡を失する場合、合理的均衡を失する部分の支払行為は、破産債権者の利益を害する行為として否認の対象となり得るとしたこと

④ 否認権の対象になるかどうかは、弁護士が破産者から受任した事件について着手金および報酬金等の相当額を、事件の難易、弁護士が費やした労力および時間、その成果等の諸般の事情を総合考慮し、さらに、廃止前の報酬規定や弁護士会の報酬規定も参照したうえで算出し、それを基準として判断するとしたこと

⑤ この事案では、着手金支払、精算合意につき破産法160条3項に基づき、否認権を行使することができるとしたこと

があげられ、弁護士が破産手続開始前に行った依頼者のための過払金の返還事件、破産手続開始申立事件に関して受領した弁護士報酬の一部につき破産管財人の否認

権の行使を肯定した事例判断として参考になる。

判　決　19	弁護士の過誤につき弁護士賠償責任保険契約の免責を認めた事例 〔高松高判平成20・1・31金判1334号54頁〕

【事案の概要と判決要旨】

前記【判決16】松山地判平成19・6・25金判1334号62頁の控訴審判決であり、Xが控訴した。

この判決は、保険契約の免責特約の適用を認め、控訴を棄却した。

〈判決文〉

エ　上記(1)で認定した事実によれば、B刑事事件の1審判決に対し、控訴人は、Bの他の弁護人とともに、即日、控訴すると共に再保釈の請求をして保釈保証金6000万円での保釈許可決定を得て、本件保釈金を保釈保証金6000万円の一部に充当する手続をした後、Bの弁護人を辞任しているところ、他方で、控訴人は、平成11年6月28日、Bから、2000万円を出捐したDとBとの間の保釈金返還約束につき、保釈金の出捐者がBであることを誓約し、D以外の保釈金の出捐者が存在し紛争が生じた場合にはBにおいて責任をもって解決する旨記載された同日付け誓約書（甲13）の交付を受け、B刑事事件の控訴審判決後の平成12年3月29日、Bの依頼を受けて裁判所から本件保釈金の還付を受けた控訴人は、Bからの本件保釈金全額の返還依頼に基づき、本件保釈金全額をBに返還し、その際、Bから、本件保釈金はBの自己資金をEの使いとして控訴人に手交したことに間違いない旨記載された同日付け誓約書（甲16）の交付を受けている。

上記ウで説示したとおり、控訴人は、遅くとも平成7年8月31日までに、BとAの間において、Aが出捐した1500万円の同人への返還を確実なものとするため、本件保釈金が控訴人に還付された時点で、本件保釈金の中から1500万円をAが控訴人から直接支払を受ける権限をBがAに付与する合意が成立していることを認識した上、本件保釈金の中から1500万円をAに直接返還することをAに対し承諾したと認められることからすると、控訴人が、1500万円の代理受領権限を有するAの意向を確認することなく、Bからの依頼のみに基づき、漫然と本件保釈金の全額をBに返還した行為は、AとBとの間の1500万円の代理受領に関する合意上のAの利益を侵害するものといわざるを得ない。

そして、上記ア及びイで説示したとおり、控訴人は、本件保釈金の出捐者がA、乙野建設及びDであり、同人らが控訴人に対し、本件保釈金還付の時点で本件保釈金の中から直接Aらに支払うよう求めていることを認識していたほか、遅くとも平成7年8月31日までに、BがAに1500万円の受領権限を付与したことを認識した上でAに対しこれを承諾し、本件覚書（甲4）にも自署、押印しながら、他方で、平成11年6月28日にBから誓約書（甲13）の差入れを受け、本件保釈金全額をBに返還した際もBから誓約書（甲16）の差入れを受け、しかも、上記各誓約書の記載内容（本件保釈金の出捐者）が従前の控訴人の認識と異なることを当然知っていたと考えられることからすると、控訴人は、本件保釈金全額を出捐者であるA、乙野建設及びDではなくBに返還すれば、Aらが出捐額と同額の損害を被り、控訴人とAら出捐者との間で紛争が生じるであろうことを認識した上、現実に紛争が生じた場合にはBに全責任を負わせることにより控訴人の責任を免れる意図の下、あえて本件保釈金全額をBに返還したと認めるのが相当である。

オ　そうだとすると、前件高裁判決で控訴人が負うとされた本件賠償責任は、少なくとも、本件保釈金全額をBに返還すればAに出捐額1500万円相当の損害を与えるべきことを控訴人が予見した上で、あえて本件保釈金全額をBに返還したという行為に起因するものと認められ、本件特約条項3条1号にいう「他人に損害を与えるべきことを予見しながら行った行為（中略）に起因する賠償責任」に当たると認めるのが相当であるから、被控訴人は、本件賠償責任によって被った控訴人の損害について、これをてん補すべき義務を免れるというべきである。

〈判決の意義と指針〉

この事案は、前記【判決16】松山地判平成19・6・25金判1334号62頁の控訴審の事件である。

この判決の特徴は、

① 誓約書の差入れは、保釈金全額を出捐者である者らではない者に返還すれば、出捐者らが出捐額と同額の損害を被り、弁護士と出捐者らとの間で紛争が生じるであろうことを認識したうえ、現実に紛争が生じた場合には受領者に全責任を負わせることにより弁護士の責任を免れる意図の下、あえて保釈金全額を受領者に返還したと認めるのが相当であるとしたこと

② 出捐者に出捐額1500万円相当の損害を与えるべきことを弁護士が予見したうえで、あえて保釈金全額を受領者に返還したという行為に起因するものと認められるとしたこと

③ 免責特約にいう「他人に損害を与えるべきことを予見しながら行った行為（中略）に起因する賠償責任」にあたると認めるのが相当であるとしたこと

を判示したものであり、前記の第1審判決と同様に、弁護士の弁護過誤につき損害保険会社の免責特約の適用を肯定し、その免責を認めた事例判断として参考になるものである。

判　決　20	**雇用された弁護士の経営弁護士に対する報酬請求を認めた事例** **〔東京地判平成20・12・16判時2034号46頁、判タ1303号168頁〕**

【事案の概要と判決要旨】

Xは、法律・特許事務所を経営する弁護士であり、Yは、平成14年3月から平成18年12月までの間、一時期を除きXに雇用された外国法事務弁護士である（オース

トラリアの弁護士であり、ＹはＸから時給を基準として賃金を得ていた）。Ｘは、平成８年、インドにおいて提起された国際仲裁事件につき、日本のＡ株式会社から代理事務を受任し、Ｙも担当者となり、ＸとＹは、ＸがＡから受け取る報酬額の20％に相当する額をＹに支払うなどの内容の合意をし（合意①）、ＸとＹは、その後、ＸがＡから受け取る報酬額のうち１億円を超える部分に限り、それぞれ45％の割合で取得するなどの内容の合意をした（合意②）。本件仲裁事件は、Ａに有利な仲裁判断がされ、終了したが、Ｘは、Ａとの間で、報酬額の希望に相当の隔たりがあったことから交渉をし、総額２億円を５回支払で合意をし、Ａからその一部として5000万円を受け取り、その後、5000万円を受け取り、Ｙの預金口座に1000万円を振り込んだものの、Ｘは、本件訴訟においてＹに対して合意①および②を解除し、Ｙに対して弁護士報酬支払債務が1000万円を超えて存在しないことの確認を請求したのに対し（第一事件）、Ｙが反訴としてＸに対して、主位的に本件仲裁事件の委任者であるＡから受け取る報酬総額の50％に相当する額を支払う旨の合意の成立等を主張し、報酬支払合意または不当利得に基づき前記受領に係る１億円の50％から1000万円を控除した4000万円の支払、予備的に報酬支払合意に基づき前記１億円の20％から1000万円を控除した1000万円の支払を請求し（第二事件）、さらに、ＸがＹの合意違反を理由に、加算報酬合意に関する部分を解除したと主張し、既払いの1000万円の返還を請求した（第三事件）。

この判決は、ＹのＸ事務所における勤務、本件仲裁事件の処理状況、ＸとＡとの報酬交渉、ＸとＹとの合意内容等を認定したうえ、第一事件であるＸの債務不存在確認の訴えについては、Ｙの反訴が提起されており、確認の利益がないとし、訴えを却下し、第二事件であるＹの反訴については、Ｙの主張に係る報酬支払の合意の成立が認められないとし、また、合意①および②が錯誤無効であるとはいえず、本件仲裁事件の事務処理に関する寄与度等を判断するまでもなく不当利得が成立しないとし、主位的請求を棄却したが、予備的請求については、Ｘの契約解除の効力を否定し、予備的請求を認容し、第三事件のＸの請求を棄却した。

〈判決文〉

(1) 被告は、原告と被告が平成18年11月６日に原告が被告に対して本件仲裁事件の報酬の50％相当額を支払う旨の合意をしたと主張し、これに沿う供述をする。

しかし、これを裏付ける的確な証拠はないといわざるを得ない上、上記認定の、(a)被告が原告事務所に復帰した直後の平成14年７月２日に原告が乙山社から受け取る報酬額の20％に相当する額を被告の報酬として支払う（第５条２項(a)）との内容を含む合意①が締結された後、平成15年４月７日に上記第５条２項(a)の内容を改めた上、被告が報酬の変更要請を更に出さないものとする旨の内容を含む合意②を締結したという経緯、(b)原告が被告に対して平成18年11月６日午後４時20分ころに「誤解しないでください！」との件名及び「原契約変更の提案は、あなたが乙山社からの報酬の合意部分を受け取る時期についてだけです。」といった記載のある電子メール及び同年12月17日に「私は、あなたが私たちの合意を確約することを条件に、あなたに20％の分配金を送ります。」

との記載のある電子メールをそれぞれ送信し、現にその後被告に対して乙山社から受領した5000万円の20％に相当する1000万円を支払ったこと、(c)被告が本来は原告から非常勤として一時間当たりの賃金4200円ないし6000円で雇用された者にすぎないこと、(d)本件仲裁事件の乙山社側の現地の弁護士ら、仲裁人、インド商工会議所連盟の書記官らが作成した連絡文書等に乙山社の代理人として原告の氏名の記載がある上、インド商工会議所連盟又はその書記官に送付された複数の書面にも原告の署名があり、さらに原告も本件仲裁事件の証人尋問の期日に一回出頭し、被告らに対して尋問事項を指示するなどしたことによると、原告も本件仲裁事件に関する代理事務の処理に相当程度寄与していたものと認められることなどに照らせば、被告の上記供述を採用することはできず、被告の主張は採用できない。

(2)～(7)　〈略〉

四　〈略〉

五(1)、(2)　〈略〉

(3)　上記認定のとおり、被告は平成18年9月19日に原告に無断で丁原に対して「私は乙山社が上訴したら成功する合理的なチャンスがあり、そしてOCCLが上訴した場合にはその上訴は成功することはほとんどなかっただろうと考えます。」、「OCCLから回収した金員はすべて、最初に上述した私の費用を差引き、残金は私が75％、乙山社が25％受領することにしましょう。」、「私はこの提案を甲野先生に見せています。彼は私の乙山社に対する提案に反対していません。」といった記載のある電子メールを送信しているところ、この行為は、原告が受任した本件仲裁事件の代理事務及びこれに関する報酬の支払を受ける権利を、原告に無断で、原告から被告に移転させようとする行為であるものと認められる。なお、被告は、原告が上記電子メールの送信に同意していた旨主張するが、これを裏付ける的確な証拠はない上、原告が平成8年に受任した本件仲裁事件の代理事務及び報酬に関する権利を10年後の平成18年9月ころになって被告に全面的に移転させる合理的理由も認められないから、被告の上記主張は採用できない。

しかし、上述のとおり、合意①及び②により増額された被告の報酬が被告の賃金等の後払的な性格を併せ有する一方で、本件仲裁事件がOCCL及び乙山社の各請求がいずれも認められない形で終了したことから、本件仲裁事件に関する原告及び被告の代理事務の処理が同年2月にはほぼ終了していたこと、被告が乙山社に対して上記電子メールの送信のような勧誘ないし提案をしたのが一回のみであり、しかもこの提案が乙山社により拒否されており、原告ないしその依頼者である乙山社に大きな被害が生じたものとも認められないことを併せ考慮すれば、被告の上記電子メールの送信行為をもって、原告が合意①及び②を解除することができるものと解するのは困難である。

(4)　そうすると、原告は、被告に対し、合意①及び②に基づき、乙山社から支払を受けた報酬合計一億円の20％に相当する2000万円から既払の1000万円を控除した1000万円及びこれに対する平成20年9月2日から支払済みまで民法所定の年5分の割合による遅延損害金を支払う義務を負うものと認められる。

〈判決の意義と指針〉

この事案は、法律事務所に雇用された外国法事務弁護士が経営弁護士とともに国際仲裁事件を受任し、事務処理をしたところ、経営弁護士との間で報酬をめぐる紛争が発生し（外国法事務弁護士が不満をもち、報酬増額を求めたり、依頼者に直接支払を求める等し、経営弁護士が報酬に関する合意を解除したりしたものであるが、詳細は判決文参照）、訴訟になった事件である（第一事件から第三事件が提起されている）。

この判決は、報酬に関する合意の解除の効力を否定し、結論として、1000万円の支払を求める外国法事務弁護士の予備的請求だけを認容したものであり、弁護士間の報酬に関する合意に基づく報酬の算定事例を提供するものである。

判　決　21	弁護士の弁護士賠償責任保険契約に基づく保険金の支払請求を認めなかった事例 〔東京地判平成21・1・23判タ1301号226頁〕

【事案の概要と判決要旨】

弁護士Ｘは、損害保険業を営むＹ株式会社との間で、弁護士賠償責任保険契約を締結していたところ（責任の範囲について、弁護士法に規定される弁護士の資格に基づいて遂行した業務に起因して、法律上の損害賠償責任を負担することによって被る損害を填補する旨の特約が締結されていた）、ＸがＢのＡに対する貸金返還訴訟について訴訟を受任し、訴訟代理人として活動をし、Ａが敗訴判決を受けた後も、Ａから控訴審の訴訟を受任したが、控訴期間内に控訴の申立てをせず、控訴期間の徒過によって敗訴判決が確定し、ＸとＡは、ＸがＡに代わってＡがＢに対して支払うべき金員を支払う旨の覚書を締結し、ＸとＢの代理人である弁護士Ｃは、1600万円を弁済する示談契約を締結し、ＸがＢに1600万円を支払ったため、ＸがＹに対して前記保険契約に基づき保険金の支払を請求した。

この判決は、前記第１審判決が控訴審において取り消される高度の蓋然性があったとはいえず、控訴期間の徒過と1600万円の支払との因果関係がないとし、請求を棄却した。

〈判決文〉

1　争点1（損害との相当因果関係の立証の程度）について

原告は、控訴期間徒過の不作為と損害との相当因果関係の立証について、原訴訟の控訴審において原判決が取り消され、1600万円を下回る支払を命じる判決が得られる可能性があったことを立証すれば足りると主張する。

そこで検討すると、本件訴訟において、控訴期間徒過の不作為と原告による1600万円の支払とが相当因果関係を有するというためには、原告は、原告の控訴期間徒過の不作為により丙山が1600万円の損害を被ったこと、すなわち、丙山が原判決に対して適法に控訴を行っていれば、原訴訟の控訴審において原判決が取り消され、1600万円を下回る支払を命じられる判決が得られたことを是認し得る高度の蓋然性を証明する必要があり、その判定は、通常人が疑いを差し挟まない程度に真実性の確信を持ち得るものであることを必要とすると解するのが相当である。

2⑴～⑶〈略〉

⑷ 以上によれば、原訴訟に提出された証拠に照らし、原判決の判断に合理性を欠く点があるとはいえないし、また、原告が控訴審において証人尋問の申出をする予定であったという一色及び二宮の証言及び供述についても上記判示のとおりであるから、丙山が原判決に対して適法に控訴を行っていれば、原訴訟の控訴審において原判決が取り消され、1600万円を下回る支払を命じる判決が得られたことを是認し得る高度の蓋然性を認めることはできず、控訴期間徒過の不作為と原告による1600万円の支払とが相当因果関係を有するということはできない。

〈判決の意義と指針〉

この事案は、弁護士が損害保険会社と弁護士賠償責任保険契約を締結していたところ、貸金請求事件の訴訟を受任し、第1審判決が敗訴となった後、控訴審の訴訟を受任したものの、控訴期間内に控訴を申し立てず、敗訴判決が確定し、依頼者に代わって貸金を弁済した後、保険会社に対して保険金の支払を請求した事件である。

この事案の特徴は、

① 弁護士が損害保険会社と弁護士賠償責任保険契約を締結していたこと
② 保険契約においては、責任の範囲について、弁護士法に規定される弁護士の資格に基づいて遂行した業務に起因して、法律上の損害賠償責任を負担することによって被る損害を填補する旨の特約があったこと
③ 弁護士が貸金返還請求訴訟の被告から訴訟を受任したこと
④ 第1審判決が依頼者の敗訴判決になったこと
⑤ 弁護士が控訴を受任したこと、弁護士が控訴期間を徒過しても控訴の申立てをしなかったこと
⑥ 依頼者の敗訴判決が確定したこと
⑦ 弁護士と依頼者が示談をしたこと
⑧ 弁護士が示談金を支払ったこと
⑨ 弁護士の示談金の支払と控訴期間の徒過との間の因果関係（弁護士賠償責任保険に基づく保険金支払の要件の一つである）の有無が争点になったこと

があげられる。

この判決の特徴は、

① 控訴期間徒過の不作為による1600万円の支払とが相当因果関係を有するというためには、第1審判決に対して適法に控訴を行っていれば、控訴審において第1審判決が取り消され、1600万円を下回る支払を命じられる判決が得られたことを是認し得る高度の蓋然性を証明する必要があること
② この因果関係の判定は、通常人が疑いを差し挟まない程度に真実性の確信を持ち得るものであることが必要であるとしたこと
③ この事案では、訴訟に提出された証拠に照らし、第1審判決の判断に合理性

を欠く点があるとはいえないこと等により、控訴審において第1審判決が取り消され、1600万円を下回る支払を命じる判決が得られたことを是認し得る高度の蓋然性を認めることはできず、相当因果関係があるとはいえないとしたことがあげられ、弁護過誤が弁護士賠償責任保険契約上の要件（因果関係の存在）を否定した事例判断として参考になる。

判　決　22	雇用された弁護士の経営弁護士に対する報酬請求を認めた事例 〔東京高判平成21・7・30判タ1313号195頁〕

【事案の概要と判決要旨】

前記【判決20】東京地判平成20・12・16判時2034号46頁、判タ1303号168頁の控訴審判決であり、Xが控訴し、Yが附帯控訴し、予備的請求を拡張した。

この判決は、合意①の解除の効力を否定したものの、合意②の解除の効力を肯定し、控訴を棄却し、附帯控訴に基づき拡張された予備的請求を認容した。

〈判決文〉

(4) 他方、合意②は、合意①を修正する体裁をとっているものの、前記認定の事実関係からすると、被控訴人への報酬分配額を有利に変更する見返りとして、被控訴人においてもそれ以上の増額要求をしないことが合意されたものと認められ、合意①自体には増額要求を禁ずる約旨が含まれていないこと及び被控訴人の違反行為が報酬増額要求禁止の定めへの違反に限られることも合わせ考えると、被控訴人の違反行為により控訴人において解除し得る契約は合意②に限られ、被控訴人の行為が合意①の解除事由にまで該当するものとは認められない。控訴人は、仮に解除が認められないとしても、被控訴人の報酬分与請求は信義に反し、又は権利の濫用であると主張するが、合意①に基づく被控訴人の請求が信義に反し権利を濫用するものであるとは認められない。

〈判決の意義と指針〉

この事案は、法律事務所に雇用された外国法事務弁護士が経営弁護士とともに国際仲裁事件を受任し、事務処理をしたところ、経営弁護士との間で報酬をめぐる紛争が発生し、訴訟になった控訴審の事件である。

この判決は、弁護士間の報酬に関する合意に基づく報酬の算定事例を提供するものである。

判　決　23	弁護士の過誤につき弁護士賠償責任保険契約の免責を認めた事例 〔大阪地判平成21・10・22判タ1346号218頁〕

【事案の概要と判決要旨】

Ａ弁護士は、損害保険業を営むＹ株式会社との間で弁護士賠償責任保険契約を締結していたところ（直接であると間接であるとを問わず、被保険者が、被保険者の他人に損害を与えるべきことを予見しながら行った行為（不作為を含む）に起因する賠償責任を負担することによって被る損害を填補しない旨の特約（免責条項）があった）、Ｘ社会福祉法人は、ＡにＢ府から交付される補助金の管理を依頼し（債権者からの差押え等を受けることを避けることも目的であった）、Ａが特別擁護老人ホームの建設に伴う補助金の一部５億8000万円余を預金口座に預かったが、その後、Ｘの理事長Ｃの口座に保管金のうち２億6000万円余を送金したため（Ｃは、その後、私的に流用した）、Ｘは、Ａに対して委任契約上の債務不履行に基づき損害賠償を請求する訴訟を提起したことから（その後、Ａの善管注意義務違反による債務不履行に基づく損害賠償責任が認められ、Ａが敗訴した）、ＸがＹに対して保険契約に基づき保険金の支払を請求した（Ｙは、免責条項による免責を主張した）。

この判決は、補助金は刑罰をもって禁止され、流用された補助金は交付決定を取り消されて返還を命じられることもあり、補助金が流用されることによってＸが被る損害は確定する等とし、ＡがＸに損害を与えるべきことを予見しながら補助金の流用を認めてＸに損害を生じさせたものであり、保険契約の免責条項に該当するとし、請求を棄却した。

〈判決文〉

⑵　流用した補助金返還の見込みに関する甲野弁護士の認識について

甲野弁護士は、花子が補助金を一時的に私用に利用することがあっても、花子は資産家であり、必ず返還するであろうと考えていた、それは、これまでの太郎や花子との付き合いの中で感じていたことである、と述べている（甲21）。

しかし、原告の主張する甲野弁護士の認識といっても、要するに太郎が医院を経営し外国車を収集していたとか、花子がＢ社という食品会社を経営し、乙山家での食事の時にＢ社では１か月に１億円から２億円の運転資金を動かしていると花子から聞いたことがあるという程度のことで、会社の内情も知らなかったのである（甲16の甲野弁護士の供述調書16頁）。違法であることを分かっていながら会社の資金繰りのために２億円を超える多額の補助金流用を甲野弁護士に申し出た花子や、これを了承した太郎が、その補助金を返還することができると信じたと認めるには、具体的客観的な根拠とは到底言い難い。したがって、花子が補助金を返還することができると考えていたという甲野弁護士の弁解は、信用し難いものである。もっとも、返還できなければ、補助金等に係る予算の執行の適正化に関する法律に違反する補助金の目的外使用や補助金の横領という犯罪に荷担したことが発覚しかねないことも考えると、返還することができると信じたという限度では、甲野弁護士の言い分を仮に一応信じるとしても、上記認定の事実を前提とすれば、甲野弁護士としては、少なくとも花子が補助金を返還できず、ひいては原告に損害が生ずる高い蓋然性があることは認識していたと認めざるを得ない。

(3) まとめ

上記認定判断によれば、そもそも補助金は、流用が刑罰をもって禁止され、流用された補助金は交付決定を取り消されて返還を命じられることもあるのであるから、補助金が流用されることにより社会福祉法人が被る損害は、いったん補助金が流用された時点において確定的に生じるものであって、仮に流用された補助金が後に返還されたとしても、それは、いったん発生した損害が、事後的に補填されたものにすぎないと評価するのが相当である。したがって、仮に甲野弁護士が流用された補助金が返還されると信じていたとしても、前記のように流用が厳格に禁止される補助金の性質を熟知しながら花子に流用を認めた時点において、甲野弁護士は、原告に損害を与えることを認識しながら原告に損害を発生させたものである。そうすると、甲野弁護士は、補助金の流用により原告に損害を与えるべきことを予見していたと認めるのが相当である。

仮に、補助金が流用されることによって直ちに損害が生ずるのではなく、流用された補助金が後に返還されないことによって原告に損害が発生するという考え方をとったとしても、前記認定判断によれば、甲野弁護士は、補助金が返還されない蓋然性が高いこと、ひいては返還されないことによって原告に損害を与える蓋然性を（ママ）高いことを認識しながら流用を認め、かつ、原告との委任契約に基づく弁護士としての職務上の義務として流用を回避すべき権限を有し義務を負っていることも認識していたと認めるべきであるから、いずれにしても、免責条項の解釈適用上「損害を与えるべきことを予見」していたことにあたると解するのが相当である。

原告は、免責条項の解釈上、甲野弁護士が原告に損害を当たるべきことを現実に予見していたことが必要であると主張する。しかし、免責条項は、損害を「与えるべき」ことを予見していたことを要件としており、「与えるべき」という文言は、必然性ないし可能性を意味し、確定性を意味しないと解するのが自然である。また、弁護士賠償責任保険契約の性質上、弁護士としての職務上の責任をある程度広く保険で補償するように解すべきであるという点では、原告の主張ももっともであると考えられるが、他方で、ほぼ確実に損害が発生することを認識していたといえるほど損害が発生する高度の蓋然性を認識しながら行った行為についてまで補償することとなると、不当に補償の範囲が広がりすぎることになり、保険におけるモラルハザードの危険が生ずることにもなる。損害保険について定める商法641条が、保険者は被保険者の悪意若しくは重大な過失により生じた損害を填補する責任を負わないとしていることも踏まえると、上記免責条項は、商法641条の趣旨を踏まえ、被保険者に重大な過失がある場合を除外することにより、このようなモラルハザードを防ぐ目的で定められたものと考えられる。したがって、上記免責条項の文言や規定の趣旨を踏まえて考えると、上記免責条項の規定の解釈としては、損害が発生することを被保険者が確定的かつ現実に認識していた場合に限られるものではなく、損害を与える蓋然性が高いことを認識していることをもって足りるものと解するのが相当である。

4　結論

以上によれば、甲野弁護士は、原告に損害を与えるべきことを予見しながら補助金の流用を認めて原告に損害を生じさせたものであり、甲野弁護士が花子に補助金の流用を認めたことは、免責条項にいう「他人に損害を与えるべきことを予見しながら行った行為」にあたり、被告は、これに起因して甲野弁護士が原告に対する損害賠償義務を負ったことによって被った甲野弁護士の損害を填補する義務を負わない。

〈判決の意義と指針〉

この事案は、弁護士賠償責任保険契約を締結していた弁護士が社会福祉法人が地方自治体から交付される補助金の管理を依頼され、自己の預金口座で保管中、法人の代表者から依頼され、代表者に補助金の一部を送金したところ、代表者が私的に流用したことから、法人が弁護士に対して債務不履行に基づく損害賠償を請求する訴訟を提起し、勝訴判決を受け、保険会社に対して保険金の支払を請求した事件である。この事案は、弁護士の責任が直接に問題になったものではなく、弁護士賠償責任保険における弁護士の責任が問題になり、直接であると間接であるとを問わず、被保険者が、被保険者の他人に損害を与えるべきことを予見しながら行った行為（不作為を含む）に起因する賠償責任を負担することによって被る損害を填補しない旨の特約（免責条項）の適用が主要な争点になったものである。

この判決の特徴は、

①　弁護士が補助金が返還されない蓋然性が高いこと、ひいては返還されないことによって法人に損害を与える蓋然性が高いことを認識しながら流用を認め、かつ、法人との委任契約に基づく弁護士としての職務上の義務として流用を回避すべき権限を有し義務を負っていることも認識していたとしたこと

②　弁護士が免責条項の解釈適用上「損害を与えるべきことを予見」していたとしたこと

③　ほぼ確実に損害が発生することを認識していたといえるほど損害が発生する高度の蓋然性を認識しながら行った行為についてまで補償すると、不当に補償の範囲が広がりすぎることになり、保険におけるモラルハザードの危険が生ずることにもなるとしたこと

④　免責条項は、商法641条の趣旨を踏まえ、被保険者に重大な過失がある場合を除外することにより、モラルハザードを防ぐ目的で定められたものと考えられるとしたこと

⑤　免責条項の文言や規定の趣旨を踏まえて、免責条項の規定は、損害が発生することを被保険者が確定的かつ現実に認識していた場合に限られるものではなく、損害を与える蓋然性が高いことを認識していることをもって足りるものと解するとしたこと

があげられる。この判決は、弁護士賠償責任保険上の免責特約の解釈事例として参

考になるとともに、保険会社の免責を肯定した事例判断を提供するものであるが、この判決が、免責特約の解釈、適用の仕方によっては、弁護士の職務上の過誤に関する保険金による補填を不当に制限する一方、不当に補償の範囲が拡大し、モラルハザードの危険が生じるという問題が内在していることを指摘することは、事柄の本質を突いたものである。

判　決　24	弁護士法人の事業協力契約上の債務不履行責任を認めた事例 〔東京地判平成22・3・12判時2085号113頁〕

【事案の概要と判決要旨】

X_2は、日本人男性とフィリピン人女性との間に生まれた混血児の諸権利、福祉を保護する等を目的とするフィリピンのNGO法人であり、X_1は、X_2の活動のうちフィリピンにおける遺棄混血児の調査、登録等を行うフィリピンのNGO法人であり、Y弁護士法人の代表者であるA弁護士は、X_1、X_2の理事等であった。X_1らとYは、平成19年5月、X_1らが児童の全国調査、国籍確認等の業務を行い、Yが法律事務の協力をし、活動資金を提供するなどの内容の事業協力契約を締結したものの、同年8月、Yが虚偽報告等を理由に契約を解約したため、X_1、X_2がYに対して契約関係の確認、債務不履行、名誉毀損に基づく損害賠償を請求した。

この判決は、X_1らの活動により高度の信頼関係を維持することが困難な事情があるとし、契約の解約が有効であるとしたが、その前の事業の運営につき協力、資金提供の債務不履行を認め、名誉毀損を否定し、損害賠償請求を一部認容した。

〈判決文〉

三　争点(2)（被告による本件契約違反の有無及び原告らに生じた損害）

(1)　債務不履行

上記二のとおり、本件解約は有効であるから、本件契約は平成19年8月24日に終了し、被告は同日以降本件契約に基づく協力及び資金提供義務を負わない。

もっとも、本件契約は同月1日から本件解約がされた同月24日までの間は有効に存在しており、被告は同期間における原告が行った本件事業について協力及び資金提供を行う義務を負っているところ、前提事実のとおり、被告は同月1日以降原告らに協力及び資金の提供を行っていないから、同義務を怠ったものといえる。

したがって、被告は、同月1日から同月24日までの間における原告に対する協力及び資金提供義務について、本件契約に違反する債務不履行があるといえる。

(2)　原告らに生じた損害

ア　事業運営費用について

上記一(4)認定のとおり、原告らは本件解約以降も全国調査登録事業を行っているところ、〈証拠略〉によれば、同事業のうち平成19年8月1日から同月24日の間に本件事業について原告CJFCAに生じた費用として、71万2829円（≒平成19年８月ないし12月の各月の予算金額の合計である181万7713.18ペソ×24日／８月１日から12月31日までの153日×2.5（１ペソ＝2.5円）。小数点以下四捨五入。）の範囲で損害が生じたものと認められる。

これに対し、原告DAWNは、予算概要及び補助金と支出と題する書面を提出するが、前提事実のとおり、原告DAWNは本件事業のみを行っているわけではないから、本件契約に基づき被告が資金提供義務を負う業務に係る支出であるか明らかでなく、上記書面記載の損害が生じたとは認められない。

イ　JFC登録事務費用について

原告CJFCAは、JFC登録事務費用として6565万円の損害が生じた旨主張するが、上記二のとおり、本件解約は有効であり、本件全証拠によっても本件解約がされた平成19年８月24日までに原告らにおいて同金額の費用を支出したとは認められないから、被告における上記(1)の債務不履行によりかかる損害が生じたとは認められない。

ウ　無形の損害について

上記二のとおり、本件解約は有効であるから、被告の正当な理由のない一方的な解約により無形の損害が生じたとする原告の主張には理由がない。

〈判決の意義と指針〉

この事案は、弁護士法人が外国のNGO法人と法律事務の協力をし、活動資金を提供するなどの内容の事業協力契約を締結し、契約を解約したことから、外国のNGO法人が弁護士法人に損害賠償を請求した事件である。

この判決は、前記契約の解約は有効であるとしたものの、解約されるまでの間の弁護士法人の協力および資金提供義務違反の債務不履行を肯定したものであり、その旨の事例判断を提供するものである。

判　決　25	弁護士の弁護士賠償責任保険契約に基づく保険金の支払請求を認めた事例 〔東京地判平成22・５・12判タ1331号134頁〕

【事案の概要と判決要旨】

弁護士Ｘは、損害保険業を営むＹ株式会社との間で弁護士賠償責任保険契約を締結していたところ、Ａから覚せい剤取締法違反被告事件の弁護を受任し、弁護活動を行ったが、Ａが第１審で懲役１年の有罪・実刑判決を受け、控訴したものの、控訴趣意書の提出期限を誤認し、同趣意書を期限までに提出しなかったことから、実刑判決が確定し、Ａとの間で、損害賠償として200万円の支払、刑務所に入所し出所するまでの賃借部屋の賃料83万7600円の支払の示談をしたとし、ＸがＹに対して保険契約に基づき保険金の支払を請求した。

この判決は、本件刑事事件につき控訴審で執行猶予となる蓋然性はおよそ認め難いから、執行猶予の判決が得られなかったこととの相当因果関係は認められないが、控訴をして保釈されていることから実刑が確定するまでには未だ多少の日数を要するとの期待、打算との相当因果関係があるとし、弁護料10万円の範囲で請求を認容した。

〈判決文〉

1　本件保険契約にいう「弁護士法に規定される弁護士の資格に基づいて遂行した業務に起因して、法律上の損害賠償責任を負担することによって被る損害」とは、その文言自体から明らかなとおり、被保険者である弁護士が弁護士業務の遂行上の過誤によって第三者に法律上の損害賠償責任を負担した場合のその負担額をいうものと解される。原告は、弁護士会への懲戒請求を防止するため、あるいは脅迫を伴った執拗な賠償要求をやめさせるために支払う和解金も、明らかに異常な額でない限り上記損害に含まれる旨主張するが、そのような理由で支払う金員が上記「法律上の損害賠償責任」に含まれないことは上記のとおり明らかである。なお、「社会正義を実現することを使命」とし（弁護士法１条１項）、「高い品性の陶やに努め」なければならない（同法２条）弁護士としては、懲戒請求を金銭を支払うことで防ぐというようなことに汲々とせず、また、不法・不当な賠償要求に対してはたとえ弱みがあったとしても毅然とした態度を取るべきであって、そうせずに、懲戒請求を金銭で防ぎ、不法・不当な賠償要求に屈して金銭を支払ったうえ、それら金銭を保険金で賄うべく保険金請求をし、仮にそのような請求が認められるとするならば、多数の弁護士が契約をしていると思われる本件保険契約と同じ弁護士賠償責任保険契約は、弁護士の矜持を捨てたものといわざるを得なくなろうが、ほどんどの被保険者たる弁護士はそのようなことを容認しないであろうし、容認しないと信じたい。

2⑴　それでは、原告が本件保険事故により乙山に対して負担すべき法律上の損害賠償責任はいかほどであろうか。まず、証拠（甲６、７）によれば、以下の事実が認められる。

㈠～㈢　〈略〉

⑵　原告は、本件被告事件の場合には、控訴審において執行猶予となる蓋然性が高かったと主張するが、１審判決の量刑理由のとおり、乙山の犯罪傾向は相当に根深いものがあり、控訴審において執行猶予となる蓋然性があったとはおよそ認め難い。そして、原告が控訴審において主張する予定であった事柄については、原告が本件被告事件に関する証拠を提出しないためにその真偽は不明といわざるを得ないが、仮に事実であるとしても、それら事実はいずれも１審において既に顕れていたと思われるものであり、１審においても、それら事実を当然考慮のうえで実刑判決を言い渡したはずであって、それら事実があったからといって控訴審において執行猶予となる蓋然性が高かったということはできない。

したがって、本件保険事故と乙山が控訴審において執行猶予付きの判決を得られなかったこととの間には相当因果関係はなく、このことについて、原告が乙山に対して法律上の損害賠償責任を負うことはない。

⑶　もっとも、乙山としては、控訴をしている以上、控訴審において執行猶予付きの判決を得られるかもしれないとの期待を抱くことはあり得ることであり、仮にその可能性が乏しいと思っていたとしても、控訴をして釈放されていることから実刑が確定するまで

には未だ多少の日数を要するとの施設収容の引延ばしの打算はあり得ることであって、このような期待や打算を喪失させたことは、本件保険事故と相当因果関係があるというべきであり、それによって被った損害（相当慰謝料額）については、原告が乙山に対して法律上の損害賠償責任を負うものとして、本件保険契約上のてん補の対象となると認められる。

そこで、その相当慰謝料額であるが、前記のとおり、控訴審において執行猶予となる蓋然性があったとはおよそ認め難いこと、原告は、乙山から、本件被告事件の弁護料として10万円を受領しているのみである一方、乙山に対し、保釈保証金の多くを貸し付けていること、施設収容の引延ばしそれ自体の他に、乙山がその引延ばしを欲する特別の事情は証拠上認められないことなどの事情に照らせば、原告が乙山に対して支払うべき相当慰謝料額は、10万円と認めるのが相当である。

〈判決の意義と指針〉

この事案は、弁護士賠償責任保険契約を締結していた弁護士が、刑事事件を受任し、弁護活動を行い、控訴したが、控訴趣意書を提出期限までに提出しなかったことから、実刑判決が確定し、依頼者に損害賠償として200万円等の支払をする示談をしたと主張し、損害保険会社に保険契約に基づき保険金の支払を請求した事件である。

この判決の特徴は、

① 弁護士賠償責任保険契約に定める「弁護士法に規定される弁護士の資格に基づいて遂行した業務に起因して、法律上の損害賠償責任を負担することによって被る損害」とは、被保険者である弁護士が弁護士業務の遂行上の過誤によって第三者に法律上の損害賠償責任を負担した場合のその負担額をいうとしたこと

② 依頼者が控訴審において執行猶予付判決を得られる蓋然性が高かったとはいえないとし、保険事故（弁護過誤）との相当因果関係がないとしたこと

③ 依頼者が控訴をして釈放されていることから、実刑が確定するまでには未だ多少の日数を要するとの施設収容の引延ばしの打算はあり得るとし、弁護士がこのような期待や打算を喪失させたことは、保険事故と相当因果関係があるとしたこと

④ 弁護士が依頼者に対して法律上の損害賠償責任を負うのは、慰謝料10万円であるとしたこと

があげられ、弁護士による刑事事件の弁護過誤に係る法律上の損害賠償責任が実刑による施設収容の引延しの期待、打算の喪失による範囲で認められるとした事例判断として参考になる。

判 決 26	弁護士の告訴、記者会見における発言等に係る不法行為責任を認めた事例 〔長野地上田支判平成23・1・14判時2109号103頁〕

【事案の概要と判決要旨】

A県のB高校の高校1年生Cは、高校に不登校になる等していたところ、Cの母Y_1は、B高校の対応に不満を抱く等していたが、平成17年12月、Cが自宅で自殺したことから、Y_1、その委任を受けた弁護士Y_2が、B高校のX校長がCに対する殺人罪等を犯したとする告訴状を警察署長に提出したり、記者会見を開き、告訴状を記者に配布して説明したり、損害賠償を請求する訴訟を提起する等したため、XがY_1、Y_2に対して不法行為に基づき損害賠償、謝罪広告の掲載を請求した。

この判決は、本件告訴が違法であり、記者会見の発言、ブログの記載が名誉毀損にあたり、Y_2の行為が正当業務行為にあたらない等とし、Y_1、Y_2の共同不法行為を認め（慰謝料として150万円、弁護士費用として15万円の損害を認めた）、請求を認容した。

〈判決文〉

第一三　争点一（本件告訴による不法行為の成否）に対する判断

一　判断基準について

告訴は、それを受けた者の名誉等を著しく損ない、精神的苦痛を与える危険を伴うものであるから、特定人を告訴しようとする者は、事実関係の慎重な調査を要するというべきであり、犯罪の嫌疑をかけるのに相当な客観的根拠があることを確認せずに告訴をした場合には、その相手方に対して不法行為責任を負うものというべきである。

二　本件告訴のうち殺人罪に係る告訴について

〈略〉

(1)〜(4)〈略〉

(5)　小括

ア　以上のとおり、本件告訴のうち、殺人罪に係る事実経過について、①原告において、竹夫がすぐにでも自殺するような精神状態にあったと認識し、かつ、自殺を予見することは極めて困難であったこと、②原告には、竹夫を殺害する動機など存在しなかったこと、③本件各通知書面等は、原告ないし本件高校関係者らが、竹夫の進級の可否を心配し、その善後策を検討する趣旨で送付したものと認められること、④12月3日の話合いは、原告が部下に命じて実施されたものではない上、被告花子も、竹夫が本件高校に登校することには賛成していたことの各事情が認められる。

これらの事情を総合すれば、原告が、本件告訴状記載の方法によって、竹夫を殺害したなどとは到底推認することはできない。かえって、原告は、竹夫が早期に本件高校に登校するようになり、穏便に問題が解決することを真に願っていたものと容易に推認することができ、被告花子もこれに応じて、双方とも竹夫の元気な本件高校への復帰を願っていた。そうすると、本件告訴のうち殺人罪に係る告訴は、事実に反する内容であったものというべきである。

イ、ウ　〈略〉

エ　よって、本件告訴のうち、原告が殺人罪を犯したとする本件告訴は、被告らに事実関係の慎重な調査を要すべき注意義務があるにもかかわらず、殺人罪という犯罪の嫌疑をかけるのに相当な客観的根拠もなく、また、その確認もせずに本件告訴をしたといってよく、原告に対する不法行為に当たる。そして、前記告訴は、被告らが話合いの上で行ったものであるから、被告らによる共同不法行為となる。

三　本件告訴のうち名誉毀損罪に係る告訴について

(1)〜(3)　〈略〉

(4)　よって、本件告訴のうち、竹夫の名誉毀損に係る本件告訴は、被告らに事実関係の慎重な調査を要すべき注意義務があるにもかかわらず、名誉毀損という犯罪の嫌疑をかけるのに相当な客観的根拠もなく、また、その確認もせずに本件告訴をしたといってよく、原告に対する不法行為に当たる。そして、前記告訴は、被告らが話合いの上で行ったものであるから、被告らによる共同不法行為と評価することができる。

第一四　争点二（被告らによる本件記者会見及び本件ブログにおける名誉等の毀損の有無等）に対する判断

一　被告らによる本件記者会見の内容及び本件ブログの掲載経過については、前記第三の前提事実のとおりである。

なお、被告丙川は、本件ブログには関与していない旨供述する。しかしながら、長野地裁における民事訴訟事件で、被告花子は、ブログの掲載内容については被告丙川らに確認していた旨明確に供述していること、この時点において、被告花子が、ブログに関して虚偽の供述をする必要性はまったく認められないこと、他方、被告らによる本件記者会見までした被告丙川が、インターネット上とはいえ、どのような掲載をするのかについて、興味がないはずがないことなどの事情に照らせば、被告丙川の前記供述は、にわかに信用することはできない。

二　以上の被告らによる本件記者会見の内容によれば、被告丙川は、本件告訴状等の資料を配付した上で、本件告訴内容を口頭でも説明していることから、本件告訴内容がほぼそのとおりの会見結果になったと認められる。その結果、集まった新聞記者等によって、各紙で新聞報道された。係る被告らによる本件記者会見に係る摘示事実は、いずれも、一般人の通常の注意をもって見聞した場合に、原告が竹夫を殺害したり、竹夫の名誉を毀損するなどの犯罪行為を行ったとの印象を受けるものと認められ、係る状況は、前記第一三で検討した本件告訴の場合と異なるところではない。そうすると、被告らによる本件記者会見によって、被告らは、原告の社会的評価を低下させ、その名誉等を毀損したと認められる。

三　さらに、本件ブログは、被告花子において開設していたものであり、本件ブログへの本件告訴状等の掲載についても、結局、前記二と同様に、一般人の通常の注意をもって見た場合に、原告が竹夫を殺害したり、竹夫の名誉を毀損するなどの犯罪行為を行ったとの印象を受けるものと認められる。

そして、本件ブログには、原告が竹夫を追いつめ自殺に追いやったものであり、殺人罪に当たる旨の記載があるばかりか、本件告訴状の内容も掲載されていた以上、前記第一三で判断した本件告訴の違法性と異なるところはなく、被告らは、本件ブログによっても、原告の名誉等を毀損したものである。

四　被告らによる本件記者会見による説明及び本件ブログによる掲載は、いずれも被告らが話し合って行われたものであるから、被告らによる共同不法行為と評価することができる。

第一五、一六〈略〉

第一七　争点五（被告丙川の行為について正当業務行為として違法性が阻却されるのか否か）に対する判断

一　一般に、弁護士は、依頼者の依頼の趣旨に沿うよう、委任された法律事務を処理することが要求されるところ、依頼者の依頼内容が公序良俗に違反し明白に違法な場合や、その依頼内容を実現すると違法な結果が招来されることについて弁護士に悪意又は重過失が認められるような場合等の例外的な場合を除いては、弁護士が依頼者の依頼によって行った行為は、正当業務行為として当該弁護士については違法性が阻却されると解するのが相当である。

二　そこで検討するに、被告丙川において、本件告訴の内容及び本件告訴等に係る各摘示事実が真実であるかについて、基本的な調査ないし検討さえ尽くしていないものといわざるを得ないことは前記のとおりである。また、被告丙川には、本件告訴をしたこと及び原告の名誉等を毀損したことにつき、重大な過失があるものというべきである。

したがって、被告丙川の原告に対する不法行為につき、正当業務行為としてその違法性が阻却されることはない。

〈判決の意義と指針〉

この事案は、弁護士が自殺した高校生の親から高校の校長に対する刑事告訴を依頼され、告訴状を作成し、提出したり、記者会見をする等したことから、校長が親だけでなく、弁護士の不法行為責任を追及した事件である。この事案では、弁護士の告訴状の作成、提出、記者会見の発言、ブログへの掲載に係る不法行為責任が問題になったところに特徴がある。

この判決の特徴は、

①　刑事告訴については、相当な客観的根拠がなく、不法行為にあたるとしたこと

②　記者会見については、弁護士が告訴状等の資料を配付したうえ、告訴内容を口頭でも説明し、告訴内容がほぼそのとおりの会見結果になり、新聞記者等によって新聞報道されたものであり、名誉毀損にあたるとしたこと

③　ブログについては、弁護士の関与を認め、同様に、記載内容が名誉毀損にあたるとしたこと

④　弁護士は、依頼者の依頼の趣旨に沿うよう、委任された法律事務を処理する

ことが要求され、依頼者の依頼内容が公序良俗に違反し明白に違法な場合や、その依頼内容を実現すると違法な結果が招来されることについて弁護士に悪意または重過失が認められるような場合等の例外的な場合を除いては、弁護士が依頼者の依頼によって行った行為は、正当業務行為として弁護士については違法性が阻却されるとしたこと

⑤　この事案では弁護士に重大な過失があるとし、正当業務行為であることを否定したこと

⑥　弁護士の不法行為責任を肯定したこと

⑦　慰謝料150万円、弁護士費用15万円の損害を認めたこと（ほかに、謝罪広告の掲載請求が認容された）

があげられる。この判決は、刑事告訴を依頼された弁護士が、依頼者とともに刑事告訴、記者会見の発言、ブログへの記載に係る共同不法行為責任を肯定したものであり、事例判断として参考になるが、弁護士の正当業務行為として違法性が阻却されない場合として、依頼者の依頼内容が公序良俗に違反し明白に違法な場合や、その依頼内容を実現すると違法な結果が招来されることについて弁護士に悪意または重過失が認められるような場合等の例外的な場合に限るとする判断基準の提示は、悪意・重過失に限定する根拠は明らかではなく、議論を呼ぶものである。

判　決　27	**会社の顧問弁護士らの会社のホームページにおける記載に係る不法行為責任を認めなかった事例** **〔東京地判平成24・4・11判タ1386号253頁〕**

【事案の概要と判決要旨】

Y_1株式会社は、ゴム製品の製造、販売等を業とし、東京証券取引所第2部に上場していたところ、監査役Xが事業の投融資の判断に際して慎重な事業性調査、与信調査がされないまま実行され、損失が生じ、取締役の善管注意義務、忠実義務違反という重大な任務懈怠があった等との内容の監査報告書を作成し、報告したことから、Y_1の顧問弁護士Y_2、Y_3が重大な任務懈怠があるとの意見は全くの誤りであるなどの内容をY_1のホームページの投資家向け情報のプレスリリース欄に掲載し、東京証券取引所の開示システムにも掲載する等したため、Xが信用毀損を主張し、Y_1、Y_2らに対して1650万円（信用毀損の損害1500万円）の損害賠償、謝罪広告の掲載を請求した。

この判決は、本件の記載は意見の表明ないし評論の表明であるところ、取締役の任務懈怠は公共の利害に関する事実に係り、もっぱら公益を図る目的であるし、本件記載の前提事実は真実であり、論評の域を逸脱するものではないとし、違法性の阻却を認め、請求を棄却した。

〈判決文〉

(1) 名誉毀損の類型には、事実の摘示型と意見ないし論評の表明型とがある。事実の摘示であるか意見ないし論評の表明であるかどうかは、証拠等によりその存否を決することができる事項は事実の摘示であり、証拠等によってその存否を決することができない事項は意見ないし論評の表明である。

(2) 本件リリースにおける本件記載は、①「甲野監査役自身は、当社が第3回新株予約権を㈱A（以下「同社」）に割り当てた当時から同社の監査役を務めている」、②「光ファイバー関連事業の投資については、当時、当社の発行済み株主総数に比肩する大量の新株予約権の引受権利者である同社の事業提案によるものであり」、③「当社はこれをもってエクイティファイナンスの資金の使途として本事業への投資を実施した」、④「もし仮に本事業の投資が甲野監査役の述べるとおりの違法行為であるとすれば、同社が当社に違法行為を教唆したことになり、同社の監査役である甲野監査役も相応の責任を負うこととなります。このような立場にある甲野監査役が、なぜに自らの違法行為を認めて、自己矛盾と言わざるを得ない意見を述べられたのか。当社としては理解に苦しむところであります。」と記載されている。

上記①ないし③は、いずれも証拠等によりその存否を決することのできる事項であるから、事実の摘示であるのに対し、上記④は、本件光ファイバー事業への投資に関する原告の言明が自己矛盾であるかどうかは証拠等によってその存否を決することができない事項であって、意見ないし論評の表明である。〈略〉

(3)、(4) 〈略〉

2(1) 〈略〉

(2) 前記「前提事実」に、証拠（乙ロ25, 27、33、証人丙山三郎）及び弁論の全趣旨を総合すると、被告会社は東京証券取引所第2部に上場する株式会社であること、原告監査意見は、被告会社の監査役による監査報告書の中で、同社の監査役である原告が同社の取締役に任務懈怠があったとの意見を述べるものであり、これが平成20年6月下旬の定期株主総会の招集通知の中で表明され、株主に郵送されたこと、これに対し、被告会社の取締役会は、原告監査意見が事実に反し株主に対して被告会社の信用を低下させるものであると判断し、原告監査意見が事実と異なることを株主に伝えることを目的として、同社の取締役会の認識を説明することとしたこと、そこで、被告会社の顧問弁護士であった被告乙川らは、被告会社の取締役会の上記意向を受け、被告会社の株主又は株主となろうとする者の利益のために本件記載を含む本件リリースを作成したことが認められる。

そうすると、本件意見表明は、被告会社の取締役の任務懈怠の有無という株主を始めとする多数の利害関係者の公共の利害に関する事実に係り、かつ、被告会社の株主を始めとする多数の利害関係者に対し、原告監査意見に対する被告会社の取締役会側の認識を説明することを目的とするものであって、その目的は専ら公益を図ることにあるということができる。

〈判決の意義と指針〉

この事案は、弁護士の法的な責任が別の紛争から派生的に発生したものであるが、株式会社の監査役が取締役の善管注意義務、忠実義務違反という重大な任務懈怠があった等との内容の監査報告書を作成し、報告したことから、会社の顧問弁護士らが、監査役の意見は全くの誤りであるなどの内容を会社のホーページの投資家向け情報のプレスリリース欄に掲載し、東京証券取引所の開示システムにも掲載する等したため、監査役が弁護士の不法行為責任を追及した事件である。

この判決は、弁護士のホームページ等における記載が公共の利害に関する事実に係り、もっぱら公益を図る目的であるし、記載の前提事実は真実であり、論評の域を逸脱するものではないとし、違法性の阻却を認め、弁護士の不法行為を否定したものであり、その旨の事例判断を提供するものである。

判　決　28	弁護士らの記者会見等における発言につき名誉毀損の不法行為責任を認めなかった事例 〔広島地判平成24・5・23判時2166号92頁〕

【事案の概要と判決要旨】

Xは、母子殺人事件で最高裁まで争い、死刑判決が確定したが（犯行当時、18歳。Z_1ないしZ_3は、Xの弁護人である弁護士である）、最高裁に上告中、Y_1が同事件につきXの実名を記載し、顔写真、Y_1宛ての手紙等を掲載して書籍を著作し、Y_2が出版し、Z_1らが記者会見等においてY_1の取材方法等を批判したため、XがY_1、Y_2に対して肖像権の侵害、プライバシー権の侵害、人格権の侵害等を主張し、損害賠償、出版の差止めを請求したところ（慰謝料1100万円、弁護士費用100万円）、Y_1、Y_2がX、Z_1ないしZ_3に対して本件書籍をめぐる発言により名誉権が侵害されたと主張し、損害賠償を請求した（慰謝料1000万円、弁護士費用100万円）。

この判決は、手紙の掲載につきプライバシー権の侵害、顔写真の掲載につき肖像権の侵害等を認め（Y_1につき慰謝料40万円、Y_2につき慰謝料30万円等の損害を認めた）、X、Z_1らの発言等が名誉毀損にあたらないとか、違法性がない等とし、名誉毀損を否定し、Xの損害賠償請求を認容し、Y_1の請求を棄却した。

〈判決文〉

(4)　本件発言5について

上記1⒅の認定事実のとおり、被告丁原は、平成21年11月26日の本件甲事件第一回口頭弁論期日の終了後、記者会見（記者レクチャー）を行い、「被告甲野は、原告に友人として接触しており、手段を選ばない取材で、その取材方法には取材者としての倫理観が欠如しており、営業目的が先行している」旨発言した（本件発言5）。

本件発言5については、本件書籍の取材方法や出版の当否等を問題にするものとして、公共の利害に関する事実に係り、かつ、その目的が専ら公益を図ることにあったといえるし、同発言は上記のとおり本件甲事件第一回口頭弁論期日後に行われた記者会見（記者レクチャー）においてされた発言であること、被告甲野が原告に対する広島拘置所での物品差入物受付票の「職業欄」に「無職」と記載し「続柄欄」に「友人」と記載していること(甲事件の乙2の7)、上記1認定に係る原告と被告甲野との交渉経過等、本件書籍出版に至るまでの経緯、その間に相互に交わされた数々の私信の内容、本件書籍の内容等からすると、本件発言5の前提となる事実の主要部分が真実であるか、被告丁原においてこれを真実と信じるについて相当な理由があったというべきである。

したがって、本件発言5について名誉毀損は成立せず、他にこれを認めるに足りる証拠はない。この点に関する被告甲野及び被告乙山の主張は理由がない。

(5) 本件発言6ないし本件発言9について

ア 上記1⒃の認定事実のとおり、被告丙川は、平成21年10月24日、仙台市で開催された市民集会（題名は「仙台市民集会　裁判員制度の時代の死刑と人権」、以下「本件集会」という。）に参加し、「私たちが実名を出すこと自体が彼（原告）の社会復帰を妨げると主張したことに対しては、彼（原告）は死刑、そして、良くても無期懲役、そして今、無期懲役は事実上終身刑だから社会に復帰することは基本的にはない。従って、彼の更生を考える必要はないということを主張しています。私どもは、それを見てびっくりしたわけですね。」(本件発言6)、「確かに出版の自由を止めることは、大変重要な、あるいは重大なことであるかもしれないわけですけれども、私は、この表現というのは、彼を救うということに名を借りて、あるいは実名をタイトルに載せるということのセンセーショナルさに名を借りて、出版という手段でもって行った一種の営業行為じゃないかというふうに思っているわけです。」(本件発言7)、「実名を掲載するということに関しては、彼はその内容如何によって承諾すると。だから原稿を見せてほしい。それで、周りの人やそういう人たちに迷惑がかからなければ、自分は、承諾するという、いわゆる承諾前の状態にあったわけです。しかし、彼の下には原稿が送られてきませんでしたし、実は、この本は売られたわけですけれども、売られた本自体も彼の所に送られてきていないし、出版しましたという報告も来ていないわけです。結局、私どもが買い求めて、彼の所に送って初めて彼の所に届いたわけです。」(本件発言8)、「こういう形で徹底して彼は利用されたわけです。また今回はこういうかたちで民間人に商売の道具として彼は利用されたのです。」(本件発言9）などと発言した。

イ 本件発言6ないし本件発言9については、被告丙川が「裁判員裁判と死刑」に関し本件事件について講演を求められ、本件書籍の問題点を述べた上、参加者に対し死刑問題と裁判員制度について考えてもらうために、本件集会で講演し、これらの発言をするに至ったものであり（弁論の全趣旨)、公共の利害に関する事実に係り、かつ、その目的が専ら公益を図ることにあったといえる。

そして、本件発言6については、同発言をするまでに出版された本件書籍の中で、被告甲野自身、現実問題として、最高裁から差し戻された控訴審で死刑判決が下っており、再度の上告審で死刑判決が覆る可能性は極めて低い（ほとんど不可能である）旨を述べていることからすると、被告丙川において、本件発言6の前提となる事実の主要部分を真実と信じるについて相当な理由があったというべきである。

また、本件発言7については、上記のとおり、本件書籍には、表紙に「A君を殺して何になる－光市母子殺害事件の陥穽－」と大書して、原告の実名を含んだものをタイトルとし、表紙の帯に、本文中での原告の言葉を、末尾に原告の実名を記載して一部引用しているほか、本文中においても、原告をすべて実名で表現するなど、実名をセンセーショナルに使用しているとの感を拭いきれないものであること等からすると、本件発言7の前提となる事実の主要部分が真実であるか、被告丙川において、これを真実と信じるについて相当な理由があったというべきである。

さらに、本件発言8については、同発言のうち、「実名を掲載するということに関しては、彼はその内容如何によって承諾すると。だから原稿を見せてほしい。それで、周りの人やそういう人たちに迷惑がかからなければ、自分は、承諾するという、いわゆる承諾前の状態にあったわけです。」との部分は、原告が本件仮処分申立てに当たり自ら作成した陳述書（甲事件の甲11の1）においても同旨のことを述べていたこと、上記発言のうち「彼の下には原稿が送られてきませんでした」との部分については、原告が本件書籍出版前に、その原稿の送付を受けたことがなかったことは事実であること、上記発言のうち、「実は、この本は売られたわけですけれども、売られた本自体も彼の所に送られてきていないし、出版しましたという報告も来ていないわけです。結局、私どもが買い求めて、彼の所に送って初めて彼の所に届いたわけです。」との部分については、証拠（証人戊田）及び弁論の全趣旨によると、被告甲野及び被告乙山は、平成21年10月7日付けで本件書籍を発送したが、それが、原告のもとに届いたのは、被告戊田が本件書籍の発売を知って直ちにこれを入手し、そのコピーを原告に交付した後であったため、被告丙川において、上記のような発言をするに至ったこと、以上の諸事情を総合すると、本件発言8の前提となる事実の主要部分が真実であるか、被告丙川において、これを真実と信じるについて相当な理由があったというべきである。

次に、本件発言9については、以上認定、説示したところ及び上記1認定に係る本件書籍出版に至るまでの経緯、その間に原告、被告甲野相互に交わされた数々の私信の内容、本件書籍の内容等からすれば、本件発言8の前提となる事実の主要部分が真実であるか、被告丙川において、これを真実と信じるについて相当な理由があったというべきである。

ウ　以上によると、本件発言6ないし本件発言9についていずれも名誉毀損は成立せず、他のこれを認めるに足りる証拠はない。この点に関する被告甲野及び被告乙山の主張は理由がない。

〈判決の意義と指針〉

この事案は、やや複雑であるが、弁護士の法的な責任に限定して紹介すると、母子殺人事件で最高裁まで争い、死刑判決が言い渡された事件が上告中、被告人（犯行当時、少年）の実名を記載し、顔写真、手紙等を掲載して書籍を著作した者について、被告人の弁護人である弁護士らが記者会見等において取材方法等を批判したため、著作者、出版者が弁護士らに対して書籍をめぐる発言により名誉権が侵害されたと主張し、損害賠償を請求した事件である。この事案は、弁護士の受任に係る刑事事件に関連する書籍の著作者らに対する名誉毀損の類型の事件である。なお、この事案の刑事事件をめぐっては、前記5弁護士の懲戒をめぐる裁判例の【判決19】広島地判平成20・10・2判時2020号100頁、【判決20】広島高判平成21・7・2

判時2114号65頁、【判決26】最二小判平成23・7・15民集65巻5号2362頁、判時2135号48頁がある。

この判決は、争点になった弁護士らの発言を個別に検討し、社会的な評価を低下させるものではないとか、発言の内容が真実であることにつき相当の理由がある等とし、名誉毀損による不法行為を否定したものであり、その旨の事例判断を提供するものである。

判決 29	弁護士報酬の一部が暴利行為にあたり無効とした事例 〔東京地判平成25・9・11判時2219号73頁〕

【事案の概要と判決要旨】

X_1、X_2は、会社を経営する夫婦であったところ、子であるAが道路を歩行中、Bの運転する自動車に衝突され、死亡したことから、弁護士Yに法律相談をし、相談料として5万円を支払い、刑事告訴をすることを依頼し、着手金および報酬として100万円を支払い、Bに対して民事訴訟を提起することを依頼し、着手金として100万円を支払い、自賠責保険金の請求手続を依頼し、報酬として255万円を支払ったところ、区検察庁はBにつき公訴を提起し、略式命令が請求され、簡易裁判所がBを罰金に処し、保険会社から自賠責保険金として3000万2140円を受領したが、X_1、X_2は弁護士報酬等が業務内容に比して著しく高額であり、暴利行為に該当する等と主張、Yに対して支払済みの弁護士報酬等の返還を請求した。

この判決は、法律相談料は適正であり、刑事事件の報酬は高額に過ぎるとはいえないとし、民事事件の着手金が高額に過ぎるとはいえないとしたが、自賠責保険金の請求に関する報酬が高額に過ぎるとし、暴利行為に該当するとし、無効であるとして、相当報酬額が100万円であるとし、155万円の範囲で請求を認容した（なお、本判決に対して、X_1らが控訴し、Yが附帯控訴したが、控訴審判決は、205万円の返還義務を認め、原判決を変更し、請求を認容した）。

〈判決文〉

(3) 報酬金について

原告らは、平成23年5月11日、本件事故に基づく損害に関し、自動車損害賠償保障法（以下「自賠法」という。）に基づく損害賠償金の請求・受領を被告に委任し（乙七の四）、被告は、損害賠償金の請求を行って、同年6月16日には3000万円余りを受領し、同月27日、これを原告らに引渡し、その報酬として255万円を受領した。

被告は、本件事故による損害賠償請求を受任し、3000万円余りを受領したのであるから、この経済的利益をもとに、弁護士委任契約書記載の報酬規定に照らし、原告らと協議のうえで報酬額を定めたものであり、高額に過ぎるとはいえない、被告は、刑事事件記録等を検討した結果、亡三郎の過失が大きくなると考え、訴外丙川への請求に先立ち、自賠責保険に対する被害者請求を行う方が良いとの認識に立ち、被害者請求を行い、上記支払を受けた等主張する。

そして、被害者請求とは、自賠法3条による保有者の損害賠償責任が発生したときに、被害者が自賠責保険会社に対し、保険金額の範囲内で損害賠償額の支払を直接請求することをいい（自賠法16条）、被害者請求により受領しうる損害賠償額は、保険金額の範囲内であり、その支払基準は通常の損害賠償をする場合の基準に比して低額であるが、自賠責保険においては、被害者に過失がある場合に、これによる減額が一般の過失相殺に比して被害者に有利に取り扱われることとされているから、被害者の過失が大きいと考えられる場合においては、訴訟提起等による解決よりも結果的に多額の損害賠償金を受領することができる場合があり（甲二一参照）、本件で、訴外丙川が罰金50万円の略式命令を受けた後、刑事事件記録を取寄せ検討したところ、亡三郎の過失が大きいと考えた被告が、まず自賠責保険に対する被害者請求を行うことにしたのは妥当な処理であると考えられる。

ところで、旧報酬会規38条では、簡易な自賠責請求（自動車損害賠償責任保険に基づく被害者による簡易な損害賠償請求）について、給付金額が150万円を超える場合は、給付金額の2％とし、損害賠償請求権の存否又はその額に争いがある場合には、弁護士は、依頼者との協議により適正妥当な範囲内で増減額することができると定めているところ、被告の主張や供述を前提としても、自賠責保険の請求に関する限り、本件が、通常の事案と比べて困難を伴ったとは認められず、旧報酬会規が、民事事件や示談交渉事件の弁護士報酬とは別に、簡易な自賠責請求について報酬の基準を定めていること、自賠責請求に関する委任状の作成を受けた段階で、報酬金に関し説明がなされた形跡は認められないこと、着手金額を決めるに際し、訴外丙川らに対する訴訟提起に関する金額も含んでいたが、これは被告において、刑事事件記録を検討した段階で、訴訟提起をしない方がよいとの見解を持ち、実際に被告は訴訟提起に関与していないこと等の事情に照らせば、被告は、原告らから、損害賠償請求を一括して受任し、また、原告らと被告との紛争が生じたのは、被告が、訴外丙川らへの訴訟提起に消極的な姿勢を明確にした段階であり、報酬金を支払う段階では特に争いは生じていないことを考慮しても、通常の民事事件の基準に照らして報酬を定めるのは相当とはいえない。

そうすると、報酬金に関する合意は、高額に過ぎるため、暴利行為に該当し無効といわざるを得ず、弁護士の報酬額につき当事者間に別段の定めがなかった場合において、裁判所がその額を認定するには、事件の難易、訴額及び労力の程度等により当事者の意思を推定して相当報酬額を定めるべきであることに照らせば、本件においては前記認定の事実を総合考慮し、100万円の範囲でこれを認めるのが相当である。

〈判決の意義と指針〉

この事案は、弁護士が依頼者から法律相談、刑事告訴、民事訴訟の提起、自賠責保険金の請求事件を受任し、各事件ごとに着手金、報酬等を受領したところ、依頼者が弁護士報酬等が業務内容に比して著しく高額であり、暴利行為に該当する等と主張し、弁護士に対して支払済みの弁護士報酬等の返還を請求した事件である。

この判決の特徴は、

①　法律相談料は適正であるとしたこと

②　刑事事件の報酬は高額に過ぎるとはいえないとしたこと

③ 民事事件の着手金が高額に過ぎるとはいえないとしたこと
④ 自賠責保険金の請求に関する報酬が高額に過ぎるとし、暴利行為に該当し、無効であるとしたこと

があげられ、弁護士報酬の合意につき暴利行為（公序良俗違反）による無効を認めた事例判断として参考になるものである。なお、この事案では、弁護士報酬の合意につき公序良俗違反のみが問題になっているが、事案の内容によっては消費者契約法も問題になり得る。

判　決　30	弁護士法人におけるパワハラを認めた事例 〔東京地判平成27・１・13判時2255号90頁〕

【事案の概要と判決要旨】

Ｙ弁護士法人は、主として債務整理を取り扱っており、平成25年５月当時、弁護士４名が所属し、従業員は８名、Ａは事務局長であった。Ｘは、平成20年８月、Ｙにアルバイトとして採用され、同年11月、正社員となったが、Ｙは、平成25年５月、Ｘに重大なミスがある等とし解雇したため、Ｘは解雇の無効等を主張し、Ｙに対し、雇用上の地位の確認、賃金等の支払等とともに、Ａのパワハラによる不法行為に基づき損害賠償を請求した。

この判決は、Ｙの主張に係る解雇事由を否定し、解雇を無効とする等し（Ｘは、すでに他の法律事務所に勤務している）、パワハラについては、ＡがＸの机の上に指導書面をおいたこと、業務改善の提案をしたＸに不利益を課すことをほのめかしたこと、等が不法行為にあたるとし（慰謝料20万円、弁護士費用２万円の損害を認めた）、地位確認請求等を棄却し、賃金等の請求の一部を却下したものの、パワハラに係る損害賠償請求等を一部認容した。

〈判決文〉

４　パワハラについて

⑴ア　丁原が、平成25年５月24日、大きく乱雑な字で「甲野様へ　はぁ～？？時効の事ムで受任（@52500）じゃないんでしょ？なぜ減額報酬を計上しないの？？ボランティア？？はぁ～？？理解不能。今後は全件丙田さんにチェックしてもらう様にして下さい」と記載したＡ４の用紙を原告の机の上に置いたことは争いがない。上記の文書を置いたことは、その文面自体から業務指導の範囲を超えた原告に対する嫌がらせとみるほかないのであって、不法行為に当たる。

イ　丁原が、平成24年12月26日、原告に対して、「徹底的にやるぞ」と言ったことは争いがないところ、この点についての原告の主張は、この争いがない事実やその日に原告が全件について和解前に弁護士が確認してほしいと申し入れた経緯に符合するものであって、この主張に沿う原告供述は信用できる。

原告がその当時被告から不当な利益を得ようとしているような状況は見当たらない

のであって、被告の主張は採用できない。

丁原の言動は、業務体制の改善の提案をした原告に対して逆に不利益を課すことをほのめかすものであって、不法行為を構成する。

ウ　丁原が、弁護士費用の一部を精算していなかった原告に対し、他の職員の前で「これこそ横領だよ」と言ったとする原告供述は、原告が当日交際相手に送ったメールの記載（甲20）に裏付けられており、信用できる。原告を犯罪者呼ばわりしたことは、不法行為に当たる。

エ　丁原が、原告の接客態度について、「気持ち悪い接客をしているからこういう気持ち悪いお客さんにつきまとわれるんだよ。甲野さんはこういう気持ち悪い男が好きなのか」と言ったとする原告供述は、原告が当日交際相手に送ったメールの記載（甲22）に裏付けられており、信用できる。丁原のこの言動は、原告に対する侮辱であって、不法行為に当たる。

〈判決の意義と指針〉

この事案は、債務整理事件を取り扱う弁護士法人に雇用された従業員が解雇され、従業員が解雇の無効等を主張し、雇用上の地位の確認、賃金等の支払等を請求したほか、幹部従業員によるパワハラを主張し、不法行為に基づき損害賠償を請求した事件である。法律事務所は、その法的な形態は別として、従業員を雇用したり、人材派遣業者から派遣を受けたり、臨時に従業員を雇用したりして、弁護士の業務の補助的な業務を行わせることが多いが（法律事務所の中には、弁護士、その家族だけで業務を行うものもある）、従業員を雇用する等する場合には、経営弁護士、弁護士法人との間で雇用契約等の契約を締結することになるため、雇用をめぐる紛争が発生することがあるし、近年、社会の関心を集めているパワーハラスメント等の問題も生じることがある。

この判決の特徴は、

① 解雇の効力について、弁護士法人の主張に係る解雇事由を否定し、解雇を無効としたこと

② パワハラについて、幹部従業員が従業員の机の上に指導書面をおいたこと

③ 業務改善の提案した従業員に不利益を課すことをほのめかしたこと

④ 他の職員の前で横領であると指摘したこと

⑤ 接客態度を批判したことが不法行為にあたるとしたこと

⑥ パワハラに係る損害として、慰謝料20万円、弁護士費用２万円を認めたこと

があげられ、弁護士法人における従業員の解雇を無効とし、パワハラによる不法行為を肯定した事例として参考になる。

7　弁護士をめぐるその他の裁判例

弁護士は、弁護士としての業務を遂行する場合であっても、様々なトラブルに直面するが（巻き込まれることもあるし、自ら生じさせることもある）、社会生活、経済活動を行う場合にも、様々なトラブルに直面することがある。弁護士がトラブルに直面した場合、トラブル解決の専門家（トラブル・シューター）であるからといって、自らが抱えるトラブルの解決の適切な専門家ということはできない。弁護士が抱えるトラブルが訴訟に発展した各種の事例を紹介したい。

判　決　1	弁護士の受任した税務につき、弁護士の死後、その手伝いをしていた子が処理したときの原状回復義務を認めた事例 〔東京地判平成元・12・25判時1361号72頁〕

【事案の概要と判決要旨】

Ｘは、その先代Ａから相続した遺産の相続税の納税事務につき、Ｙの父である弁護士Ｂに相談し、事務処理を依頼したところ、Ｂが死亡し、Ｂの仕事の手伝いをしていたＹが事務を引き継ぎ、事務処理が行われたが、Ｂ、ＹがＸの所有に係る多数の土地を売却したものの、納税事務が円滑に進行しなかったため、ＸがＹに対して預り金の返還等を請求した。

この判決は、報酬または費用として取得し得るものであることを立証しない限り、委任事務処理にあたり受領した金員を委任者に返還すべきであるとし、請求を認容した。

〈判決文〉

(一)　被告は、この請求に関し、本件委任契約では事務処理費用や報酬については個々の事務処理と離れて計算・支払を行うという方法が取られたのであるから、原告が個々の金員がすべて事務処理費用や報酬ではないということを立証しない限り、個々の金員について被告が返還義務を負うとすることはできないと主張する。

確かに、〈証拠略〉によれば、事務処理費用や報酬は、基本的には、個々の事務ごとに計算するのではなく、一定の範囲の事務全体に対するものとして売却代金等の中から取得するという方法が取られたことが認められるから、この方法によれば、被告の主張するように、ある土地の売買代金は全額事務処理費用として被告らが取得できるということが起こりうる。

㈡　しかし、委任契約における受任者は、委任事務の処理状況を委任者に報告する義務を負っており（継続中は請求があったとき、委任終了後は請求を待たず遅滞なく。民法645条)、委任事務を処理するに当たって受け取った金員は、それが報酬（同法648条）または事務処理の費用（同法649条、650条）として正当に取得できるものでない限り、受任者はこれを委任者に引き渡すことを要するのであるから（同法646条)、受任者は、委任事務処理に当たって受け取った金員が受任者において報酬または費用として正当に取得できるものであることを立証しない限り、返還すべき義務を免れないものというべきである。

㈢　したがって、本件においては、原告らが主張する金員が委任事務を処理するに当たって被告らが受け取ったものであれば、①委任事務全体の計算から、原告主張の金額を被告らが報酬または費用として取得することができるものであることが立証されるか、②原告の主張する個別の金員を、被告らが個別の合意その他の理由により報酬または費用として取得できるものであることが立証されない限り、被告はその返還義務を免れないものというべきである。

〈判決の意義と指針〉

この事案は、弁護士が依頼者から相続した遺産の相続税の納税事務につき事務処理を依頼され、事務処理を行っていたところ、弁護士が死亡し、弁護士の子がその仕事の手伝いをしており、弁護士の事務処理を引き継いで行い、多数の土地を売却したものの、納税事務が円滑に進行しなかったため、依頼者が弁護士の子に対して預り金の返還等を請求した事件である。

この事案の特徴は、

①　弁護士が相続税の納税事務を依頼されたこと

②　弁護士が事務処理を行っていた途中で死亡したこと

③　弁護士の子が、父である弁護士の業務を手伝っていたこと

④　弁護士の子が事務処理を引き継いで行ったこと

⑤　依頼者が事務処理の途中で事務処理に不満をもち、事務処理の預り金の返還等を請求したこと（民法646条参照）

⑥　弁護士、その子の費用、報酬の控除の当否（原状回復義務の当否、範囲）が問題になったこと（民法648条、649条、650条参照）

があげられる。この事案は、弁護士の弁護過誤の事件ではないが、弁護士の子が父である弁護士の事務処理を手伝っていたところ、父の死亡に伴い、事務処理を承継して行い、費用、報酬の請求の当否（弁護士の子の原状回復義務）が問題になったものであり、弁護士の死亡後における受任契約等の承継をめぐる問題を提起したものである。

この判決の特徴は、

①　父である弁護士の死亡により、事務手伝いを行っていた子が委任関係を承継したとしたこと

②　報酬または費用として取得し得るものであることを立証しない限り、委任事

務処理にあたり受領した金員を委任者に返還すべきであるとしたこと

③ この事案では②の立証がない等としたこと

があげられる。この事案においては、そもそも弁護士が法律事務を受任していたところ、その死亡により、事務を手伝っていた子が委任関係を承継するかが問われるべきであり、この判決の論理には疑問が残るものである。

判 決 2	弁護士に対する名誉毀損を認めた事例 〔大阪地判平成4・10・23判時1474号108頁〕

【事案の概要と判決要旨】

弁護士Xは、弁護士Aら7名の弁護士とともに共同事務所を経営し、大規模な悪質商法事件を引き起こしたB株式会社の破産管財人であったところ、AがBの悪質商法と類似の商法を行っていたC株式会社らに対する損害賠償請求事件29件のCらの代理人となったが、うち3件については共同事務所所属の全員の弁護士が受任した旨の訴訟委任状を作成し、裁判所に提出し、裁判上の和解が成立し、その和解調書には代理人としてXの氏名が記載されたことから、Y_1株式会社の発行する月刊誌、Y_2株式会社の発行する新聞において記者Y_3、Y_4の執筆によりXが「二股こうやく、マッチポンプ型弁護士」である旨の記事が掲載されたため、XがY_1らに対して名誉毀損を主張し、不法行為に基づき損害賠償等を請求した。

この判決は、名誉毀損を認め、請求を認容した。

〈判決文〉

(二) 右取材経過に鑑みると、被告榎は、和解調書におけるセントラル交易の訴訟代理人欄に原告の名前が列記されてあったことから、原告がセントラル交易らの代理人として法廷等で活動していたと即断し、原告が取材時に右調書に原告の名前が記載されることとなった経緯を説明したにもかかわらず、それを詭弁と即断して、本件記事においては、その説明要旨を正確には紹介しないままに、他の弁護士の談話の形で原告の行動を非難している。しかも、それら弁護士の談話は、具体的な事実関係を基に聴取したものではなく、被告榎の誤解した事実を前提として行われているにもかかわらず、紙面上においては、当該弁護士が原告の行為を直接指して「鬼追さんのやっていることは二股こうやく以外のなにものでもない」となじった旨の記載となっており、取材事実とも異なるものである。

被告榎としては、原告からセントラル交易の代理人として実質的に活動していたことを否定され和解調書に原告の名前が載ることとなった経緯を説明されている以上、それでも原告がセントラル交易の代理人として実質的に活動したとして本件記事を作成するにあたっては、事柄の重要性に鑑み、和解の相手方やセントラル交易代表者、管財人等に対しても取材を行い真偽を確かめるべきであって、軽率に、これらも行わないまま、ましてや異なる前提に対するコメントを流用して、原告の説明に理由がなく、原告の行為は非難されるべきであると結論付けている本件記事につき、被告榎が真実に合致すると信じるにつき相当の理由があったとは言えない。よって、その余の点を判断するまでもなく、被告榎の抗弁は理由がなく、同被告は損害賠償責任を負担する。

〈判決の意義と指針〉

この事案は、共同法律事務所に所属する弁護士が大規模な悪質商法事件を起こした会社の破産管財人であったところ、同事務所の他の弁護士らが悪質商法と類似の商法を行っていた会社の代理人として訴訟の追行、裁判上の和解を行い、その際、同事務所所属の全弁護士が事件を受任した旨の委任状が作成され、和解調書に代理人として記載されたことから、月刊誌、新聞の記事に「二股こうやく、マッチポンプ型弁護士」である旨の記事が掲載されたため、前記弁護士が名誉毀損による損害賠償等を請求した事件である。この事案は、弁護士の名誉毀損による不法行為責任が問題になったものではなく、弁護士としての活動が月刊誌、新聞によって批判され、記事の内容の真実性、名誉毀損の不法行為責任の成否等が問題になったものである。

この判決は、取材記者の取材が不十分であった等とし、記事内容の真実性の証明、真実であると信ずる相当の理由を否定し、名誉毀損を肯定したものであり、事例判断を提供するものである。なお、共同法律事務所においては、実際には一部の弁護士が事件を受任し、事務処理を行うことが予定されているにもかかわらず、受任事件を所属する全弁護士が受任した旨の委任状が作成され、各種の書面に全弁護士の氏名が記載されることは珍しくないところ（しかも、押印は実際に事務処理を行う弁護士の代印の事例も見かけることがある）、この場合、実際には関与していない弁護士の弁護士法、弁護士職務基本規程上の義務違反、あるいは義務違反の疑いが生じることがあるし、実際に事務処理をした弁護士の債務不履行につき関与していない弁護士の債務不履行責任が問題になることがある。実際には事務処理に関与していない場合であっても、委任状、書面に名義が使用されることを承諾したときは、法的な責任のリスクが相当にあり、実際に法的な責任を認めた裁判例もあるところであり、十分な注意が必要である。

判　決　3	**弁護士による顧問弁護士に関する解任通知に係る名誉毀損を認めなかった事例** **〔東京地判平成5・5・25判時1492号107頁〕**

【事案の概要と判決要旨】

弁護士Xは、A社、B社、C社の顧問弁護士であったが、弁護士YがA社等の代理人として、A社等の取引先39社に宛てて、Xが顧問弁護士の任務を解かれた旨の書面を作成し、送付したため、XがYに対して名誉毀損を主張し、不法行為に基づき損害賠償を請求した。

この判決は、顧問弁護士に関する解任通知をしたことは弁護士の正当業務行為であるとし、名誉毀損を否定し、請求を棄却した。

〈判決文〉

(一〇) 被告は、以上のような経過を踏まえて、依頼者であるドラエーグの依頼の内容の法律上問題がなく、そうであれば依頼者の意向に沿った処理をすべきであると判断し、別紙二、三の書面を作成し、本件通知をした。

被告は、別紙二の書面の起案に当たって、「解任された」という表現では原告の弁護士としての立場が失われてしまうと考え、「その地位を解かれました」との表現を用いることにし、同様に別紙三の書面の作成についても「解任」と意訳できるところを「任務を解かれました」と訳出した。

2(一) 一般に、弁護士は依頼者の依頼の趣旨に沿うよう委任された法律事務を処理することが要求されるところ、依頼者の依頼の内容が公序良俗に反する等明白に違法な場合、あるいは右依頼の内容を実現することが違法な結果を招来することにつき弁護士が悪意又は重過失であった場合等例外的な場合を除き、弁護士が依頼者の依頼により行った行為は、正当業務行為として違法性が阻却されるものと解するのが相当である。特に、弁護士の業務の性質上、弁護士が依頼者の依頼に従い業務を行うことが、依頼者と利害の対立する立場にある者の名誉、信用に抵触することになる場合は少なくないのであり、かかる場合でも弁護士としてその任務を尽くす必要があることはいうまでもない。したがって、本件通知の必要性があったこと並びに通知の内容、手段及び方法が相当なものであると認められるときは、正当業務行為性を失わないものというべきである。

これに対し、原告は、本件通知が正当業務行為として違法性が阻却されるためには、原告の名誉、信用に優越する公益が存在したこと、右公益を守る緊急の必要性があったことの要件が更に必要である旨主張するが、独自の見解であって採用することができない。

(二) これを本件についてみるに、被告はドラエーグの依頼により本件通知を行ったものであり、原告が解任通知の効力を争っていたことから、協力金が原告の管理する口座に振り込まれること、原告の関与によりライセンシー間に混乱が生じることを防ぐ必要があり、かつ、前示1(八)〜(一〇)認定の事実によれば、本件通知の内容、手段及び方法は相当なものであったものと認められる。したがって、本件通知は正当業務行為として違法性が阻却されるというべきである。

(三) これに対し、原告はクレージュ三社の代理人を解任された事実を争い、自らクレージュ・オム社及びクレージュ・デザイン社の代理人を辞任した旨主張し、これに沿う〈証拠略〉が存在する。

しかし、本件では、原告を解任する旨の通知の法的効力が争点ではなく、本件通知が原告に対する不法行為を構成するか否かが争点であるから、原告が主張するように、解任が有効なものか否かを確定する必要があるとは解されない。前示1認定のとおり、被告は、ドラエーグからクレージュ三社は原告の顧問弁護士の地位を解く意向であることを聞き、解任通知(乙四)が原告に発送された事実を確認していたのであるから、被告としては、右解任行為の事実が存在することを前提に行動すれば足りる（むしろ、行動する義務がある）というべきである。原告の右主張は前提を異にするものであり、採用できない。

原告は、さらに、被告、泰道及びドラエーグの三名は、原告が協力金を使い込んだ旨の事実をでっち上げ、これを種に解任の事実をちらつかせて原告を脅し、協力金をクレージュ・デザイン社の管理下に置こうとしたものであり、乙四号証の書面は解任通知の形をとった脅しである旨主張する。

しかし、本件全証拠によっても、被告、泰道及びドラエーグの三名が共謀の上原告主張の計画を立て、これに基づいて被告が行動していたことを認めることはできない。原告は、別事件の尋問調書で、被告が本件通知をしたのは泰道の指示によると信じている旨供述するが、裏付けを欠く単なる憶測にすぎず、右供述部分は採用できない。

〈判決の意義と指針〉

この事案は、弁護士が会社等の顧問弁護士であったところ、会社から解任され（解任につき紛争が生じた）、会社から依頼を受けた弁護士が解任につき任務を解かれた旨の書面を作成し、会社の取引先等に送付したため、弁護士が書面を作成、送付した弁護士に対して名誉毀損による不法行為責任を追及した事件である。

この事案のように、弁護士が顧問弁護士を解任された場合には、依頼者にとっては必要かつ相当な範囲で解任をした旨を通知することが必要になることがある。この事案は、通知を依頼された弁護士が通知をしたことによる名誉毀損の不法行為責任を問われたものであるが（送付する書面の内容、文言につき慎重な検討が行われたようであり、任務を解かれた旨の文言が選択されている）、理論的には、通知の依頼者の同様な責任も問題になり得る。

この判決の特徴は、

① 弁護士は依頼者の依頼の趣旨に沿うよう委任された法律事務を処理することが要求され、依頼者の依頼の内容が公序良俗に反する等明白に違法な場合、あるいは依頼の内容を実現することが違法な結果を招来することにつき弁護士が悪意または重過失であった場合等例外的な場合を除き、弁護士が依頼者の依頼により行った行為は、正当業務行為として違法性が阻却されるとしたこと

② 弁護士の業務の性質上、弁護士が依頼者の依頼に従い業務を行うことが、依頼者と利害の対立する立場にある者の名誉、信用に抵触することになる場合にも、弁護士としてその任務を尽くす必要があるとしたこと

③ この事案の通知については、通知の必要性、通知の内容、手段および方法が相当なものであると認められる場合には、正当業務行為性を失わないとしたこと

④ この事案では正当業務行為であるとし、名誉毀損の不法行為を否定したこと

があげられ、事例判断として参考になる。もっとも、この判決の提示する弁護士が悪意または重過失であった場合等例外的な場合を除き、弁護士が依頼者の依頼により行った行為は、正当業務行為として違法性が阻却されるとの法理は、名誉毀損を

含む不法行為の一般原則、弁護士の業務の性質に照らし、重過失に限定することには合理的な根拠があるとはいい難く、疑問が残る。

名誉毀損は、社会的評価を低下させる各種の行為をいうものであるが、特定の者と契約関係を形成し、維持していることも社会的評価の一部を構成するものであり、これが解消され、あるいは義務違反等の理由で解消された場合には、解消自体が名誉毀損にあたるかが問題にされたり、解消を開示したことが名誉毀損にあたるかが問題にされることがある。事案によっては契約関係の解消等が名誉毀損にあたることがあるから、解消の対象者に対する影響をも考慮し、解消の理由、解消の開示の範囲・方法等を検討することが重要である。

判 決 4	弁護士と司法書士会の紛争につき双方の名誉毀損を認めた事例 〔浦和地判平成6・5・13判時1501号52頁〕

【事案の概要と判決要旨】

弁護士Xは、顧問先のA株式会社の依頼により増資に伴う株式会社変更登記の登記申請を代理したところ、Y_1司法書士会（埼玉司法書士会）がAに商業・法人登記は司法書士のみが法人からの嘱託に基づき申請代理ができる旨司法書士法に定められており、次回以降の登記申請の際は司法書士に嘱託するようお願いする旨の書面を送付したため、XがY_1に対して名誉・信用毀損を主張し、損害賠償を請求し、Y_2（国）に対してY_1への監督義務違反等を主張し、損害賠償を請求する等したところ（他の請求もあるが、省略する）、Xが訴状においてY_1を劣位下等な職能集団と記載したため、Y_1がXに対して名誉毀損を主張し、損害賠償を請求した。

この判決は、登記申請代理業務は弁護士法3条1項にいう一般の法律事務に含まれ、Y_1の書面がXに対する名誉毀損にあたり、訴状の記載がY_1に対する名誉毀損にあたる等とし、XのY_1に対する請求を認容し（パート雇用による損害40万円、仮処分申請による損害25万円、本件訴訟提起の提訴、追行の費用50万円、慰謝料50万円の合計165万円の損害を認めた）、Y_2に対する請求を棄却し、Y_1の請求を認容した（慰謝料として100万円の損害を認めた）。

〈判決文〉

4 結論

以上のとおりであるから、弁護士は司法書士会に入会することなく一般的に登記申請代理業務を行うことができるものというべきである。

そうすると、原告の本件登記申請は適法であるところ、前記のとおりこれを違法であるとする趣旨の本件文書を、被告司法書士会の会長である松本が原告の顧問先へ送付した行為は、被告司法書士会が原告の名誉、信用を毀損した行為と評すべきであり、他に特段の事情がない限り違法性を免れない。

五　被告司法書士会の違法性阻却の主張について

1　被告司法書士会は、本件文書の送付は、自由競争の範囲内の社会的に許容された行為、又は法律上正当な業務行為であるから違法性が阻却されると主張する。

2　しかし、〈証拠略〉によれば、本件文書は、非司法書士排除活動の効果を高める目的でされたものであることが認められ、これが原告の顧問先に直接送付されたものであること、その内容は、競合関係にある弁護士と司法書士の登記業務について、一方が他方の業務を違法であると指摘する趣旨であることを考えると、このような行為を自由競争の範囲内の社会的に許容された行為、又は法律上正当な業務行為と認めることはできない。

従って、右主張は採用できない。

六　請求の原因3㈣（過失）について

1　〈証拠略〉によれば、本件文書送付以前に弁護士法3条の解釈として、弁護士は司法書士の業務を行うことができる旨記載されている文献や司法書士法19条1項但し書の「他の法律」に弁護士法が該当する旨記載されている文献が相当数あること、また、昭和60年5月30日の参議院法務委員会で法務省民事局長が司法書士法19条1項但し書の「他の法律」には弁護士法などがあると回答していることが認められる。

これらの事実からすれば、弁護士が一般的に登記申請代理業務を行うことができるか否かの問題は、互いに専門職である弁護士と司法書士の職域そのものに関する事項である上、双方の利害が正面から対立するものであり、しかも、被告司法書士会が主張するような解釈が定説とされているものでなかったことは同被告において十分予見できたものである。その上、本件文書は、司法書士と利害が対立する関係にあり、法律の専門家でもある原告に対してではなく、原告の顧問先である乙山建設に直接送付されたものである。

そうしてみると、松本としては、少なくとも他の文献を調査したり、弁護士会、法務省等に問い合わせをする等の注意義務を尽くすべきであったといわなければならない。

2　しかるに、松本は右注意義務に反し、登記実務家の機関紙の記載を軽信し、本件登記申請は違法であるとして原告の顧問先に本件文書を送付したのであるから、松本には過失があったものと認めるのが相当である。

3　松本が被告司法書士会の会長であることは前記のとおり当事者間に争いがない。

4　そうすると、請求の原因3㈢について判断するまでもなく、被告司法書士会は民法44条1項により、原告の被った後記損害について賠償する責任がある。

七〜九　〈略〉

第二　Z事件について

一　〈略〉

二　〈一部略〉

1　違法性について

㈠　弁論主義・当事者主義を基調とする民事訴訟の下では、当事者が自由に忌憚のない主張を尽くすことが重要であり、このことからすれば、たとい相手方の名誉を失墜するような主張がされたとしても、それがことさら害意をもってなされたもの等でない限り、原則として違法性が阻却されるものと解される。

(二) しかし、当初から相手方当事者の名誉を害する意図で、ことさら虚偽の事実又は当該事件と関係のない事実を主張し、あるいはそのような意図がなくとも、相応の根拠がないままに訴訟遂行上の必要性を越えて、著しく不適切な表現内容、方法、態様で主張をし、相手方の名誉を害する場合は社会的に許容される範囲を逸脱したものとして違法性が阻却されないものと解すべきである。

(三) 本件で問題となっているのは、被告司法書士会を「劣位下等」な集団と表現した点である。

一般に「劣位」とは他より劣っている地位という意味であり、「下等」とは品位、品質、等級が劣っていることの意味である。同じ法律業務に携わるものとして弁護士は司法書士に比較してより高度の知識を要求されその試験制度もより厳しい。しかし、弁護士と司法書士とはいずれも独立した専門の職業である上、前記認定のとおり、少なくとも登記業務について両者は競合関係にあり、優劣の関係にはない。原告が、弁護士と司法書士の右相違点を主張したいために前記のような表現を用いたであろうことは推測されるのであるが、「劣位下等」という表現を用いなければ右関係を表現できないわけではない。

(四) これらの諸点を考えると、原告の用いた前記表現は訴訟遂行上の必要性を越えた著しく不適切、不穏当なものであって、被告司法書士会の名誉を著しく害したものと認められる。

(五) 従って、原告は本件訴状を陳述したことにより、被告司法書士会の名誉を違法に毀損したものというべきである。

〈判決の意義と指針〉

この事案は、弁護士と司法書士会との隣接する専門職同士の紛争であり、弁護士が顧問先の依頼により増資に伴う株式会社変更登記の登記申請を代理したところ、司法書士会が前記顧問先に商業・法人登記は司法書士のみが法人からの嘱託に基づき申請代理ができる旨司法書士法に定められており、次回以降の登記申請の際は司法書士に嘱託するようお願いする旨の書面を送付したことから、弁護士が司法書士会に対して名誉・信用毀損を主張し、損害賠償を請求する訴訟を提起し、訴状において司法書士を誹謗する内容を記載したため、司法書士会が弁護士に対して名誉毀損を主張し、損害賠償を請求した事件である。

この事件の内容、背景は、一般の人にはなかなか理解し難いものであり、司法書士会が前記のような書面を送付するに至った動機、経緯も理解し難いところである。

この事案の特徴では、

① 司法書士会の弁護士に対する書面の送付に係る名誉毀損、信用毀損による不法行為が問題になったこと

② 弁護士の司法書士会に対する訴状に係る名誉毀損の不法行為が問題になったこと

があげられる。

この判決の特徴は、

① 司法書士会の名誉毀損、信用毀損による不法行為については、弁護士の登記申請は適法であり、これを違法であるとする趣旨の文書を司法書士会の会長が弁護士の顧問先へ送付した行為は、司法書士会が弁護士の名誉、信用を毀損した行為であるとし、名誉毀損、信用毀損を肯定したこと

② 弁護士の名誉毀損については、訴状に「劣位下等」という表現を用いたことは訴訟遂行上の必要性を越えた著しく不適切、不穏当なものであるとし、弁護士が司法書士会の名誉を違法に毀損したものであるとし、名誉毀損を肯定したこと

③ 弁護士の損害として、パート雇用による損害40万円、仮処分申請による損害25万円、本件訴訟提起の提訴、追行の費用50万円、慰謝料50万円の合計165万円の損害を認めたこと、司法書士会の損害として慰謝料100万円の損害を認めたこと

があげられる。この判決は、司法書士会の弁護士に対する書面の送付による名誉毀損、信用毀損の不法行為を肯定し、弁護士の司法書士会に対する訴訟行為による名誉毀損の不法行為を肯定した事例として参考になるものである。なお、この判決は、弁護士の慰謝料を50万円認め、司法書士会の慰謝料を100万円認めているが、その均衡については疑問が残る。

判　決　5	弁護士と司法書士会の紛争につき双方の名誉毀損を認めた事例 〔東京高判平成7・11・29判時1557号52頁〕

【事案の概要と判決要旨】

前記【判決4】浦和地判平成6・5・13判時1501号52頁の控訴審判決であり、X、Y_1が控訴した（Xは、請求を拡張した）。

この判決は、登記申請代理業務は弁護士法3条1項にいう一般の法律事務に含まれ、Y_1の書面がXに対する名誉毀損にあたり、訴状の記載がY_1に対する名誉毀損にあたる等とし（基本的には第1審判決を引用している）、Xの控訴を棄却し、拡張に係る請求を一部認容し、Y_1の控訴を棄却した。

〈判決文〉

「なお、一審被告司法書士会は、本件文書には、弁護士の登記申請代理業務を違法と指摘した文言はどこにもなく、社会的に許容される範囲内のものであり、本件文書の内容が違法というためには、誰がみても不快感を覚える程度の客観性が必要であると主張する。

しかしながら、本件文書の内容が違法というためには、誰がみても不快感を覚えるような

客観性は必要ではなく、前記1のとおり、本件文書を受領した者は、その者が法律の専門家ででもない限り、弁護士が登記申請代理業務を行うことは違法であると受け取るであろうことは推測に難くなく、本件文書の内容は違法であることは明らかであるから、1審被告司法書士会の右主張は採用できない。」を加える。

〈判決の意義と指針〉

この事案は、弁護士と司法書士会との隣接する専門職同士の紛争であり、【判決4】浦和地判平成6・5・13判時1501号52頁の控訴審の事件である。

この判決の特徴は、

① 基本的に第1審判決を引用し、同判決の認定、判断を維持したものであるから、司法書士会の名誉毀損、信用毀損による不法行為については、弁護士の登記申請は適法であり、これを違法であるとする趣旨の文書を司法書士会の会長が弁護士の顧問先へ送付した行為は、司法書士会が弁護士の名誉、信用を毀損した行為であるとし、名誉毀損、信用毀損を肯定したこと

② 弁護士の名誉毀損については、訴状に「劣位下等」という表現を用いたことは訴訟遂行上の必要性を越えた著しく不適切、不穏当なものであるとし、弁護士が司法書士会の名誉を違法に毀損したものであるとし、名誉毀損を肯定したこと

③ 弁護士の損害として、パート雇用による損害40万円、仮処分申請による損害25万円、本件訴訟提起の提訴、追行の費用50万円、慰謝料50万円の合計165万円の損害を認めたこと

④ 司法書士会の損害として慰謝料100万円の損害を認めたこと

があげられ、第1審判決と同様である。この判決は、第1審判決と同様に、司法書士会の弁護士に対する書面の送付による名誉毀損、信用毀損の不法行為を肯定し、弁護士の司法書士会に対する訴訟行為による名誉毀損の不法行為を肯定した事例として参考になるものである。しかし、弁護士の慰謝料を50万円認め、司法書士会の慰謝料を100万円認めているが、その均衡については疑問が残る。

判 決 6 （決 定）	弁護士の破産を認めた事例 〔東京高決平成12・3・2判タ1054号223頁〕

【事案の概要と判決要旨】

Xら（97名）は、多重債務者であり、業者の紹介により、弁護士Yに債務の整理を委任し、着手金、相談料等を支払ったところ、Yが受任事件の処理のほとんどを事務員に任せ、債務整理を行わなかったため、Xらが委任契約が錯誤により無効であり、不当利得返還請求権を有すると主張し、Yにつき破産宣告を申し立てた。

原決定は、委任契約が錯誤により無効であるとし、Yが支払不能の状態にあると

し、破産宣告をしたため、Yが即時抗告した。

この決定は、委任契約の無効を認め、Yの支払不能の状態であることを肯定し、抗告を棄却した。

〈判決文〉

抗告人は、取引経過を開示した業者には元金より減額した金額での提案をし、開示しない業者には元金凍結の分割返済の提案をしており、債権者別残債額一覧にある債権調査表額は、最初から利息制限法所定の利率に引き直した金額が回答された場合には、その金額を記載しており、また取引経過を開示しない業者に対してはそもそも元金より減額した金額での提案をすることは不可能である旨主張する。右主張に係る元金の趣旨は不明であるが、抗告人が業者に対し貸付元金を減額した金額又は貸付元金で和解提案をしたことを認めるに足りる資料はない。ところで、抗告人が業者と交渉した結果、業者主張の債権額より減額された金額が支払金額となったというのであれば、抗告人の取扱いからすると、交渉の結果減額された債権額は和解債権額欄に記載され、これが債権調査表額欄に記載されることはないと考えられ、そして和解債権額欄に記載された金額が、債権調査表額欄に記載された金額より低いことはほとんどないのであるから、抗告人が業者との交渉により債権額を減額したケースはほとんどないということができ、業者が最初から利息制限法所定の利率に引き直した金額を債権額として回答した場合には、この金額を債権調査表額欄に記載することは抗告人の取り扱いからして当然のことである。

また、抗告人は、弁護士にとって公正かつ誠実な職務遂行とは、単に利息制限法に引き直して示談交渉等をすることだけでなく、平穏な生活の維持やプライバシーの確保も重要であり、相手方らがこのような処理を望んでいたとは考えられない旨主張する。しかしながら、多重債務者から債務整理を委任された弁護士が、利息制限法に従った処理を求めて金融会社と交渉することが平穏な生活の維持やプライバシーの確保を阻害するとは考えられないし、相手方らが、抗告人に対してこのような処理を望んでいたことは、抗告人による債務整理後に、他の弁護士らが相手方らから委任を受けて、利息制限法に従った方法による債務整理をやり直していることからも明らかであり、右主張は理由がない。

三　右事実によると、抗告人は、多数の多重債務者の受任事件の処理をほとんど事務員に任せ、必要な証拠書類の調査をすることもなく、また、利息制限法を超える利息につき、これを同法所定の利率に引き直した金利で計算することもなく、単に業者の主張する債権額をそのまま分割して支払うことを中心とした債務整理を予定し、現にそのような内容で債務整理をしたことが認められる。

多重債務の整理を考えていた相手方らとしては、紹介業者から債務整理をするのにいい弁護士がいるとして抗告人の紹介を受け、抗告人がその受任事件を事務員任せにすることなく、必要な証拠書類等の調査をし、利息制限法等の法律に従って処理するなど通常の弁護士が行うような方法で債務を整理してくれるものと考えて、抗告人と債務整理委任契約を締結したのであり、抗告人の事務処理が前記のようなものであれば、債務整理委任契約を締結しなかったと推認されるのであって、相手方らは、いずれも抗告人と債務整理委任契約を締結するに当たり、錯誤があったと認められる。

〈判決の意義と指針〉

この事案は、多重債務者らが業者の紹介により、弁護士に債務の整理を委任し、着手金、相談料等を支払ったところ、弁護士が債務整理を行わなかったため、委任契約が錯誤により無効であり、不当利得返還請求権を有すると主張し、弁護士につき破産宣告を申し立てた抗告審の事件である。この事案は、弁護士に対する破産宣告申立ての事件である（原決定は、委任契約が錯誤により無効であるとし、Yが支払不能の状態にあるとし、破産宣告をした)。この事案は、多数の多重債務の債務整理を受任した弁護士が依頼者らから破産宣告の申立てを受けたという特徴のある事件である。

この決定の特徴は、

① 弁護士が多数の多重債務者の受任事件の処理をほとんど事務員に任せ、必要な証拠書類の調査をすることもなく、また、利息制限法を超える利息につき、これを同法所定の利率に引き直した金利で計算する債権額をそのまま分割して支払うことを中心とした債務整理を予定し、現にそのような内容で債務整理をしたとしたこと

② 多重債務の整理を考えていた依頼者らは、紹介業者から債務整理をするのにいい弁護士がいるとして紹介を受け、弁護士がその受任事件を事務員任せにすることなく、必要な証拠書類等の調査をし、利息制限法等の法律に従って処理するなど通常の弁護士が行うような方法で債務を整理してくれるものと考え、債務整理委任契約を締結し、弁護士の事務処理が前記のようなものであれば債務整理委任契約を締結しなかったと推認したこと

③ 依頼者らには弁護士との債務整理委任契約を締結するにあたり錯誤があったとしたこと

④ 弁護士が支払不能の状態であることを認めたこと

⑤ 破産宣告をした原決定が相当であるとしたこと

があげられる。この決定は、多数の依頼者と弁護士との間の債務整理に関する委任契約の錯誤無効を肯定し、弁護士の破産宣告を相当とした事例として参考になるものである。

判　決　7	裁判官の弁護士に対する名誉毀損を認めた事例 〔前橋地判平成15・7・25判時1840号33頁〕

【事案の概要と判決要旨】

X_1は、弁護士X_2を代理人としてA県らを被告として、B地裁C支部に訴訟を提起し、裁判官Y_1が裁判長として担当し、Y_1によって審理において期日の指定、期日変更の申立ての却下がされるなどし、直ちに弁論が終結され、15分の休廷の後に判決

が言い渡される等したため、X_1らがこれらのY_1の措置が違法であると主張し、Y_1、Y_2（国）に対して損害賠償を請求する本件訴訟を提起したところ、Y_1が本件訴訟は裁判所の適法な訴訟活動に対して因縁をつけて金をせびる趣旨であり、荒れる法廷と称する現象が頻発した時代にもあまり例がないような新手の法廷戦術であるとの答弁書を作成し、同答弁書は第１回口頭弁論期日において陳述が擬制されたことから、X_1らが名誉毀損も主張した。

この判決は、Y_1の訴訟指揮については違法ではないとしたものの、答弁書の記載内容は名誉毀損にあたるとし、Y_2に対する請求を棄却し、Y_1に対する請求を認容した（X_1、X_2につき各10万円の慰謝料を認めた）。

〈判決文〉

(2)　ところで、民事訴訟は、私的紛争を対象とするものであることから、必然的に、当事者間の利害関係が鋭く対立し、個人的感情の対立も激しくなるのが通常であり、したがって、一方当事者の主張・立証活動において、相手方当事者やその訴訟代理人その他の関係者の名誉や信用を損なうような主張等に及ばざるを得ないことが少なくない。しかしながら、そのような主張に対しては、裁判所の適切な訴訟指揮により是正することが可能である上、相手方には、直ちにそれに反論し、反対証拠を提出するなど、それに対応する訴訟活動をする機会が制度上確保されているのであり、また、その主張の当否や主張事実の存否は、事案の争点に関するものである限り、終局的には当該事件についての裁判所の裁判によって判断され、これによって、損なわれた名誉や信用を回復することができる仕組みになっているのである。

このような民事訴訟手続における訴訟活動の特質に照らすと、その手続において当事者がする主張・立証活動については、その中に相手方やその訴訟代理人等の名誉を損なうようなものがあったとしても、それが当然に名誉毀損として不法行為を構成するものではなく、相当の範囲において正当な訴訟活動として是認されるものというべく、その限りにおいて、違法性を阻却されるものと解するのが相当である。

(3)　本件で原告らが問題としている被告甲野の答弁書における表現は、「本件訴訟は、裁判所の適法な訴訟活動に対し、因縁をつけて金をせびる趣旨であり、荒れる法廷と称する現象が頻発した時代にもあまり例がないような、新手の法廷戦術である。」というものである（以下「本件表現」という。）。

本件表現のうち、取り分け「因縁をつけて金をせびる」という部分は、社会通念上、その表現部分から暴力団組員等の反社会的人物が金銭をゆすり取るかのごとき印象を与えるものといえるから、これによって原告らの名誉は毀損されたものと認めることができ、被告甲野には、本件表現により原告らの名誉を毀損したことについて、少なくとも過失があるものというべきである。

被告甲野は、「因縁をつけて金をせびる」の字義は「無理な理屈をつけて相手を困らせ、金を無理に求める」という程度の意味にすぎないから、本件訴訟の実体の下においては、名誉毀損に当たらないと主張する。しかしながら、名誉毀損という社会的評価の低下が問題とされている本件においては、本件表現の字義にとどまらず、それが社会に与える印象等の内容を問題とすべきであるから、被告甲野の上記主張は採用することができない。

(4) そこで、以下、本件表現が正当な訴訟活動として是認され名誉毀損についての違法性が阻却されるかどうかについて検討する。

本件表現から受ける印象は上記(3)に記載したとおりであり、その表現は著しく穏当を欠くものといわざるを得ない。

また、本件表現が被告甲野の答弁書中になされた経緯を見ると、被告甲野の答弁書の「第3 当被告の主張」の中の「1 判決に必要な事実」、「2 公務員の個人責任はない」、「3 行為を欠く」、「4 違法性を欠く」に続く「5 本件訴訟の公共性」の項の冒頭に本件表現が記載されており、本件表現は、別件訴訟における被告甲野の行為が違法であることを理由とする原告らの損害賠償請求が理由のないことを個々の根拠を挙げて主張した後のまとめの部分の冒頭でなされたものである。このような場合、被告甲野は、原告らが問題とした別件訴訟における訴訟指揮が適法である旨及び原告らの請求を棄却すべきである旨主張すればよいのであって、あえて本件表現のような著しく穏当を欠く表現を用いて主張をする必要はないものというべきである。被告甲野は、裁判所が本件訴訟のうち被告甲野の別件訴訟における訴訟指揮が問題となっている部分の大局観を正確かつ迅速に把握するのに有用であると考えて、本件表現をわざわざ記載したなどと主張するが、本件表現の目的が被告甲野の主張するとおりであったとしても、上記のとおりの表現内容や必要性の乏しさに照らすと、正当な訴訟活動として是認される範囲を逸脱しているものといわざるを得ない。

そうすると、本件表現行為は、正当な訴訟活動として是認されるものとはいえず、名誉毀損についての違法性が阻却されることはないものというべきである。

〈判決の意義と指針〉

この事案は、弁護士の過誤が問題になったものではなく、被告となった裁判官の原告となった弁護士らに関する答弁書の記載につき名誉毀損の不法行為にあたるかが問題になった珍しい類型の事件である。

この事案の特徴は、

① 弁護士が依頼者の訴訟代理人として県らを被告として地裁支部に訴訟（別件訴訟）を提起したこと

② 裁判長が審理において期日の指定、期日変更の申立てを却下するなどし、直ちに弁論を終結したこと

③ 裁判長によって15分の休廷の後に判決が言い渡される等したこと

④ 依頼者、弁護士が裁判長の措置が違法であると主張し、裁判長、国に対して損害賠償を請求する訴訟（本件訴訟）を提起したこと

⑤ 被告となった裁判長が本件訴訟は裁判所の適法な訴訟活動に対して因縁をつけて金をせびる趣旨であり、荒れる法廷と称する現象が頻発した時代にもあまり例がないような新手の法廷戦術であるとの答弁書を作成し、第一回口頭弁論期日において陳述が擬制されたこと

⑥ 弁護士らが答弁書の記載が名誉毀損にあたるとし、主張を追加したこと

があげられる。

この判決の特徴は、

①　裁判長の訴訟指揮については違法ではないとしたものの、答弁書の記載内容は名誉毀損にあたるとし、裁判長の名誉毀損による不法行為を肯定したこと

②　弁護士らにつき各10万円の慰謝料を認めたこと

があげられ、事例として参考になるものである。訴訟実務の現場においては、様々な言動をする裁判官がみられ、判断の内容、当否は別として、中には社会常識を逸脱した言動、根拠を欠く言動、粗暴とも思われる言動をする裁判官もみられるのも現実である。法廷等の訴訟実務の現場においては、当事者、代理人である弁護士らの関係者、さらに国民一般にとって裁判に相応しい落ち着いた場所、雰囲気の中で冷静な裁判官の活動、弁護士の活動を期待することは当然であり、この事案は訴訟において被告となった裁判官が著しく穏当を欠き、不要な内容、表現の書面を裁判所に提出したものであり、残念な事件である。

判　決　8	書籍による弁護士に対する名誉毀損を認めた事例 〔東京地判平成15・12・17判タ1176号234頁〕

【事案の概要と判決要旨】

弁護士Xは、A弁護士会に所属する弁護士であり、患者側の立場から医療過誤事件を担当し、B事故センターを設立する等していたところ、書籍の発行等を業とするY_1株式会社がルポライターY_2において執筆したXにつき医療事故の闇等と題する記事を含む『モンダイの弁護士』と題する書籍を出版し、販売したため（発行部数1万8000部）、XがY_1、Y_2、編集者Y_3に対して名誉毀損を主張し、不法行為に基づき損害賠償を請求した。

この判決は、本件書籍の中の記述がXにつき不誠実な弁護士であるとの印象を与えるものであるとし、名誉毀損を認め（問題の記述は、Xに法律相談をした元看護師の供述の取材をもとに作成されたものであった）、請求を認容した（慰謝料として300万円を認めた）。

〈判決文〉

前記認定事実に、証拠（乙3、4、6、被告Y_1本人24頁ないし32頁、44頁ないし47頁等）及び弁論の全趣旨によれば、被告Y_1は、原告が本件記述①の発言を否定していることを認識し、さらに、取材過程において、原告から再三にわたり慎重な取材を求められたにもかかわらず、乙山の記述等を安易に信用して、一方当事者である原告には、本件記述①の発言の有無について質問すらせず（乙2、5、7、甲3には、その旨の質問事項はない。）、乙山がA医大病院を休職した経緯、本件医療事件が解決された経緯に関する資料等、乙山の記述等の信用性を判断するために必要な客観的な証拠を十分に収集することなく、本件記述①を執筆したものと認められる。本件ルポの入稿の締切りが迫っていたことは、十分な調査、検討をして事実を正確に確認した上で執筆すべき責任を軽減するものではあり得ない。

そして、被告Y_1が入手していた平成13年11月7日付けの手紙（乙21）には、乙山が原告のことを「私利私欲のためなら、会員をだますことなど何とも思っていない」とか「悪徳弁護士」とか記しており、乙山が原告に対し強い敵意ないし反感を抱いていたことが被告Y_1にも明らかであったと認められること、乙山の書く文章には前記のとおり時系列に照らし不正確な記述があり、そのことは被告Y_1も認識し得たということができること、A医大病院を休職する前後に、乙山が神経症、心身症、敏感関係妄想（周囲の人たちから迫害され、観察され、警察によって手配されているといった被害的関係妄想が主症状であり、妄想は病因となった体験の周囲に集中し、そこから次第に妄想大系が形成される。（甲19）等の診断を受けたことがあり（甲21）、被告Y_1もそのことを知っていたこと（被告Y_1本人21頁、25頁、26頁）などを併せ考慮すると、被告Y_1において、原告が本件記述①の発言をしたと信じたとしても、そのように信じたことに相当の理由があるということはできない。

(2)〜(4)〈略〉

(5) 小括

以上のとおり、本件記述は、いずれも真実であるとは認められず、被告Y_1において、これらを真実と信ずることに相当の理由があったともいえない。そして、被告Y_2が本件記述を含む本件書籍を編集し、被告会社がこれを発行、販売するに当たり、被告Y_1のしたこと以上に何らかの事実確認をしたとの事情は全くうかがわれない。そして、本件書籍は、被告会社が発行を企画し、被告Y_1にその一部に当たる本件ルポの執筆を依頼したものである。これらによれば、被告らの執筆、編集、発行、販売の各行為は、争点(3)について判断するまでもなく、原告の名誉及び社会的信用を毀損する不法行為に当たるということができる。

〈判決の意義と指針〉

この事案は、患者側の立場から医療過誤事件を担当する弁護士について、出版社がルポライターの執筆に係る医療事故の闇等と題する記事を含む『モンダイの弁護士』と題する書籍を出版し、販売したため、弁護士が名誉毀損を主張し、出版社、執筆者、編集者の不法行為責任を追及した事件である。

この判決は、書籍の問題の記述がいずれも弁護士の社会的評価を低下させ、取材も不充分であり、真実ではなく、真実と信ずる相当の理由があるとはいえない等とし、名誉・社会的信用の毀損による不法行為を認めたうえ、慰謝料として300万円を認めたものであり、名誉毀損、信用毀損を肯定した事例判断を加えるものである。

判　決　9	月刊誌による弁護士に対する名誉毀損を認めなかった事例 〔東京地判平成16・2・10判時1860号86頁〕

【事案の概要と判決要旨】

ゴルフ場に関する法律問題の専門家であり、多数の著作を行っている弁護士Xは、その子Aが代表者であるB株式会社の訴訟代理人として、C株式会社に対してBが買い受けたゴルフ会員権の預託金の返還を請求する訴訟を提起し、第１審訴訟において請求が認容されたものの、控訴審判決（東京高判平成12・３・29金判1090号40頁）においてＢのゴルフ会員権の譲受行為は弁護士法73条に違反して無効である等とし、第１審判決を取り消したところ、上告審判決（最三小判平成14・１・22民集56巻１号123頁）は弁護士法73条違反を否定し、控訴審判決を破棄し、原審に差し戻し、控訴審判決が請求を認容したところ、ゴルフ関係の書籍の出版を業とするＹ株式会社が弁護士ＤらのＸを批判する記事を月刊誌「ゴルフ場セミナー」に掲載したため、ＸがＹに対して名誉毀損を理由に不法行為に基づき損害賠償、謝罪広告の掲載を請求した。

この判決は、問題になった二つの記事のうち、一つの記事はＸの社会的評価を低下せさるものではないとし、名誉毀損を否定し、他の記事はＸの社会的評価を低下させることは認めたものの、意見ないし論評の前提事実の重要な部分が真実と信じる相当の理由がある等とし、名誉毀損を否定し、請求を棄却した。

〈判決文〉

イ　事実の公共性、目的の公益性（争点⑸）について

本件記事二の内容は、前記のとおり本件高裁判決等、預託金返還問題に関する判決の紹介及びそれに対する筆者の意見が中心であり、また「本判決は被控訴人（原告）側が上告しており今後は最高裁の判断となるが、とりあえず一つ歯止めがかけられたことではゴルフ場事業者にとっては朗報である。」と記載し、本件高裁判決は未だ確定していないことを明記している。このような本件記事二の内容、本件高裁判決の前記判断内容及び前記前提となる事実で認定した本件記事二の掲載、発行当時のゴルフ場の経営環境等によれば、本件記事二は、本件雑誌の大半の読者と想定されているゴルフ場経営者向けに参考となる情報の提供を目的としているものと認められ、これによれば、本件記事二について事実の公共性及び目的の公益性が認められる。

エ　事実の真実性（争点⑹）について

前記認定のとおり、本件記事二については、①理事会の譲渡承認を受けることなく預託金返還請求権を行使することができず、かつ、預託金ビジネスは弁護士法73条に違反すると判断した本件高裁判決の内容、②原告又は原告が所属する弁護士事務所がゴルフ場運営会社側顧問を多数引受けていながら、一方で会員側の預託金返還請求訴訟の代理人となっている事実を前提として、本件高裁判決に依拠する限り、弁護士法に触れるような預託金ビジネスの代理人を務めるなどした原告の対応が納得できないと批判して、原告の弁護士としてのモラルについて批判的な意見を表明したものと認められる。

〈証拠略〉によれば、①は少なくとも本件高裁判決中に裁判所の認定判断として判示されており、真実と信じる相当の理由が認められ、②は真実であると認められる。なお、本件記事二においては、「本判決は被控訴人（原告）側が上告しており今後は最高裁の判断となるが」と記載されており、本件高裁判決が未だ確定していないことを明記している。

以上によれば、原告の主張する本件記事二中の前記名誉毀損に当たると主張されている部分については、意見ないし論評の前提とされている事実のうち重要な部分について真実

と信じる相当の理由があるものと認められる。

オ　意見ないし論評としての域を逸脱していないか（争点(7)）について

本件記事二の内容によれば、本件記事二には、「訴訟代理人弁護士の『モラル』」との表現が使われているものの、原告がモラルに反すると明確に表現しているわけではなく、「本件の対応について納得できない。」「依頼人に対し事前に適切なアドバイスが、なぜできなかったのか不思議でならない。」などと表現して原告を批判するにとどまる。しかも、本件高裁判決の被控訴人代理人であった原告の弁護士としての対応を批判することは、本件高裁判決の紹介と密接に関連しており、このことが、意見ないし論評の域を逸脱するとはいえない。また、これ以外の記載についても、特段、原告の人格攻撃に及ぶなど、意見ないし論評の域を逸脱していると窺われる点は認められない。

したがって、本件記事二の掲載、発行は、意見ないし論評としての域を逸脱しているとは認められない。

〈判決の意義と指針〉

この事案は、ゴルフ関係の書籍の出版社がゴルフ場に関する法律問題の専門家であり、多数の著作を行っている弁護士の訴訟等の活動を批判する別の弁護士の執筆に係る記事を月刊誌に掲載したため、弁護士が出版社に対して名誉毀損による損害賠償、謝罪広告の掲載を請求した事件である。

この判決の特徴は、

① 問題になった記事の一つは弁護士の社会的評価を低下させないとし、名誉毀損を否定したこと

② 他の記事は社会的評価を低下させるが、記事内容の公共性、目的の公益性、意見ないし論評の前提とされている事実の重要な部分につき真実と信ずる相当の理由を認め、意見ないし論評の域を逸脱していないとし、名誉毀損の不法行為を否定したこと

があげられ、弁護士を批判する書籍の記事の名誉毀損による不法行為を否定した事例として参考になる。

判　決　10	裁判官の弁護士に対する名誉毀損を認めなかった事例 〔東京高判平成16・2・25判時1856号99頁〕

【事案の概要と判決要旨】

前記【判決7】前橋地判平成15・7・25判時1840号33頁の控訴審判決であり、X_1、X_2、Y_1が控訴した。

この判決は、Y_1の答弁書につきおよそ損害賠償請求が認容される余地のない不当なものであることを強調するために問題になった表現を用いたものと推認され、別件訴訟を離れて直接X_1ら自身の性格、行状等を誹謗中傷したり、虚偽の事実を述べたものではないこと、問題の表現は本文だけで全体で19頁に上る答弁書のごく一部

に過ぎず、単なる金銭目当ての不当訴訟という趣旨で述べられたものでないことは答弁書全体の内容、前後の文脈から明らかであること等を指摘し、名誉毀損の違法性が阻却されるとし、名誉毀損の不法行為を否定し、原判決中、Y_1の敗訴部分を取り消し、X_1らの請求を棄却し、X_1らの控訴を棄却した。

〈判決文〉

被控訴人甲野の答弁書は、「第三　当被告の主張」「一　判決に必要な事実」「二　公務員の個人責任はない」「三　行為を欠く」「四　違法性を欠く」「五　本件訴訟の公共性」「六　本件審理に関する意見」の各項目について全19頁にわたって述べたものである。本件表現は、「五　本件訴訟の公共性」の項の冒頭に記載されており、上記答弁書の本件表現の直前の部分には、裁判官の争訟の裁判につき国家賠償法一条の責任が肯定されるための要件について判示した最高裁判所の判例を引用した上、被控訴人甲野の行為に違法はないとする記載があり、次いで、「五　本件訴訟の公共性」として本件表現の記載があり、これに続いて、「確定した最高裁判所判例により、裁判官個人は個人責任を負わないのにあえて当被告を被告とすることは、裁判官を恫喝する効果を有する。これは、ことなかれ主義よろしく裁判官の萎縮を招く等、司法全体の健全性を損なう作業である。」等の記載があり、更に「本件での『実質勝訴』は、裁判官忌避が排斥された後の代替手段として裁判官個人を被告とする国家賠償訴訟を提起する法廷戦術を社会へ普及させることに大きく手を貸す結果を招く。」「本件受訴裁判所及び周囲の関係者は、本件訴訟の前記政治性と公共性をよくよく深慮し、司法の将来を誤ることのないよう、迅速かつ的確な判断をすべきである。」「これ（註・答弁書を指す。）を作成した所以は、相被告の便宜のためのほか、司法の将来を憂える心からに尽きる。」との記載がある。本件表現は、別件訴訟における被控訴人甲野の行為が違法であることを理由とする控訴人らの損害賠償請求が、およそ認容される余地のない損害賠償請求訴訟であることを個々の根拠を挙げて主張した後のまとめの部分の冒頭に記載されたものであり、特に別訴訴訟における行為の適法性、判例における争訟の裁判に係る国家賠償責任の違法性の限定及び裁判官の個人責任の否定等を重要な根拠として挙げた上、請求棄却の判決を求めたものであり、その後の準備書面（平成14年7月12日付け）において、被控訴人甲野の職務行為に係る本件訴訟が訴権の濫用である等として訴えの却下を求めるに至ったものであって、被控訴人甲野の上記主張は、本件における訴訟行為の中心部分を構成するものとして位置付けられているものであって、本件訴訟と関連性があり、必要性もあるということができる。そして、上記説示のとおり、①別件訴訟における被控訴人甲野の職務行為には何ら違法は存しないこと、②最高裁判所の確定した判例法理により、争訟の裁判の違法性は、裁判官がその付与された権限の趣旨に明らかに背いて行使したものと認められるような特別の事情がある場合に限られるとされていること、また、③最高裁判所の確定した判例法理により、裁判官の個人責任は否定されていることに照らせば、いずれの観点からしても、被控訴人甲野に対する損害賠償請求が認容される余地が全く存しないことは明らかであり、それにもかかわらず、あえて被控訴人甲野個人を被告として本件訴訟が提起されたことの意味は必ずしも明らかではない。このような事情にかんがみ、被控訴人甲野は、本件訴訟の趣旨について、およそ損害賠償請求が許容される余地のない不当なものであることを強調するために、本件表現を用いたものと推認されるのであり、本件訴訟を離れて直接控訴人ら自身の性格、行状等を誹謗中傷したり、虚偽の事実を述べたものでもない。そして、控訴人らの被控訴人甲野に関するこれまでの一連の訴訟等の経過は上記認定のとおりであり、控訴人らの主張及び被控訴人甲野の訴訟指揮等は従前から激しく対立しており、それに伴って互いに高度の緊張関係にあり、時に激しい穏当を欠く表現が用いられてもやむを得ない状況にあった上に、本件表現は、本文だけで全部で19頁に上る答弁書のごく一部に過ぎず、単なる金銭目当ての不当訴訟という趣旨で述べられたものではないことは答弁書全体の内容及び本件表現の前後の文脈から明らかである。もとより裁判官は、その職務を離れた私人としての生活においても、その職責と相いれないような行為をしてはならず、また、裁判所や裁判所に対する国民の信頼を傷つけることのないように、慎重に行動すべき義務を負っており、被控訴人甲野としては慎重に訴訟活動をすべきであったということは出来るが、職務行為の違法を理由に裁判官個人に対して提起された訴訟においては、一般私人と同等の訴訟活動が保障されるべきであると考えられるから、上記裁判官の義務を理由として直ちに本件の違法性を根拠づけることはできない。以上によれば、本件表現のうち「因縁をつけて金をせびる」という記載部分が一般人に与える印象において措辞として甚だ適切さを欠くものであることは否定できないが、訴訟行為として相当性を欠いた表現であるとまでは断定し難いから、違法性は阻却されるというべきである。

〈判決の意義と指針〉

この事案は、裁判官の訴訟活動による弁護士らに対する名誉毀損を肯定した第1審判決である【判決7】前橋地判平成15・7・25判時1840号33頁の控訴審の事件である。

この判決の特徴は、

① 裁判官の作成した答弁書において、訴訟の趣旨についておよそ損害賠償請求が許容される余地のない不当なものであることを強調するために、問題の表現を用いたものと推認され、訴訟を離れて直接弁護士ら自身の性格、行状等を誹謗中傷したり、虚偽の事実を述べられたものでもないこと

② 弁護士らの裁判官に関するこれまでの一連の訴訟等の経過は、弁護士らの主張および裁判官の訴訟指揮等は従前から激しく対立しており、それに伴って互いに高度の緊張関係にあり、時に激しい穏当を欠く表現が用いられてもやむを得ない状況にあったこと

③ 問題の表現は、本文だけで全部で19頁に上る答弁書のごく一部に過ぎないこと

④ 単なる金銭目当ての不当訴訟という趣旨で述べられたものではないこと

を指摘し、裁判官は、その職務を離れた私人としての生活においても、その職責と相いれないような行為をしてはならず、また、裁判所や裁判所に対する国民の信頼を傷つけることのないように、慎重に行動すべき義務を負っており、被控訴人甲野としては慎重に訴訟活動をすべきであったということはできるが、職務行為の違法を理由に裁判官個人に対して提起された訴訟においては、一般私人と同等の訴訟活動が保障されるべきであると考えられるとし、裁判官の義務を理由として直ちに本

件の違法性を根拠づけることはできないとし、問題の表現のうち「因縁をつけて金をせびる」という記載部分が一般人に与える印象において措辞として甚だ適切さを欠くものであることは否定できないが、訴訟行為として相当性を欠いた表現であるとまでは断定し難いから、違法性は阻却されるとし、名誉毀損の不法行為を否定したものである。

訴訟は、利害が対立する双方の当事者、代理人による法廷における闘争であり、時には闘争が過熱することがあるものの、冷静で品位が保たれた法廷における闘争でなければ、充実した公平な審理は確保されないし、合理的で妥当な判断は期待することが困難であることは明白である。法廷において冷静さ、品位を確保することは裁判官、弁護士の重要な職責であるところ、裁判官自らがこの要請に反する訴訟活動をすることは、この判決が指摘するように、甚だ適切さを欠くものである。

判　決　11	月刊誌による弁護士に対する名誉毀損を認めた事例 〔東京地判平成16・4・22判時1864号114頁〕

【事案の概要と判決要旨】

ゴルフ場に関する法律問題の専門家であり、多数の著作を行っている弁護士Xは、子供Aが代表者であるB株式会社の訴訟代理人として、C株式会社に対してBが買い受けたゴルフ会員権の預託金の返還を請求する訴訟を提起し、第1審判決において請求が認容されたものの、控訴審判決においてBのゴルフ会員権の譲受行為は弁護士法73条に違反して無効である等とし、第1審判決を取り消したところ、上告審判決は弁護士法73条違反を否定し、控訴審判決を破棄し、原審に差し戻し、控訴審判決が請求を認容したところ、雑誌の出版を業とするY株式会社がXを批判する記事を月刊誌「財界展望」に二度にわたり掲載したため、XがYに対して名誉毀損を理由に不法行為に基づき損害賠償、謝罪広告の掲載を請求した。

この判決は、一度目の記事につき名誉毀損を否定したものの、二度目の記事につき名誉毀損を肯定し、第一事件の請求を棄却し、第二事件の請求を認容した（慰謝料を100万円認めた）。

〈判決文〉

イ　本件記事一の真実性ないし相当性

本件記事一の公共性及び掲載の公益性が認められるとしても、被告が不法行為責任を免れ得るためには、本件記事に摘示された事実が真実であるか、真実でないとしても、これを真実であると信じたことにつき、相当の理由が認められる場合でなくてはならないので、その見地からみると、前提となる事実に〈証拠略〉を総合すれば、①原告がエス・ワイ・シーの訴訟代理人を別件訴訟で務めていたこと、②原告がもと第二東京弁護士会副会長で、ゴルフ場関連の分野では第一人者とされ、著作も多いこと、③エス・ワイ・シーは、別件訴訟において、会員権取得後、名義変更手数料支払・入会手続をとらないで預託金返還請求訴訟を提起していること、④別件訴訟以外にも、エス・ワイ・シーを原告とする預託金返還請求訴訟で、原告がエス・ワイ・シーの訴訟代理人を務め、東京地方裁判所が請求を認容する判決を言い渡していること、⑤別件控訴審判決がエス・ワイ・シーの預託金返還請求を棄却していること、⑥別件控訴審判決では、ゴルフクラブの会員権のうち、プレー権と預託金返還請求権とを分離して、名義変更手数料支払・入会手続をとらないで、預託金返還請求権を行使することはできないとしたうえで、エス・ワイ・シーの弁護士法73条違反が指摘されていること、⑦エス・ワイ・シーの弁護士法73条違反の根拠として「(エス・ワイ・シーが) 900万円で転売する予定で購入したものである旨主張するが……相場が500万円にも達しない会員権を900万円で購入する個人がいるとは到底考え難」く、「住地ゴルフは被控訴人（注—エス・ワイ・シー）代理人が顧問弁護士を務める会社であり、アルテックも、被控訴人が本店を移転する前の本店所在地と同一の地番に本店を置く会社であって、三社は全く関連のない会社とは言い難いもので、……預託金返還請求権の行使を容易にするため、右のような転々譲渡の形式を取ったのではないかの疑問を払拭し難い」と指摘されているほか、エス・ワイ・シーが同種訴訟を５件も提起していることが指摘されていること、⑧弁護士法は、弁護士以外による債権回収代行を業務として行うことを72条で禁止し、業として回収目的で債権を取得することも73条で禁止していること、以上の事実は、本件記事一をもっぱら構成している事実であるが、真実であるといわなければならない。

ウ　本件記事一の意見・論評としての相当性

もっとも、本件記事一は、前記イの事実を摘示することにとどまるものではなく、これを前提に、エス・ワイ・シーの弁護士法違反と原告の関与・責任とを関連づける印象を与えるものであって、その意味での意見ないし論評の相当性が問題となるところ、本件記事一に摘示された事実が真実であっても、当該事実を前提とする意見ないし論評については、それが人身攻撃に及ぶなど、意見ないし論評としての域を逸脱したものでなければ、その違法性が阻却されるべきところ、この見地から見ると、①別件控訴審判決で、エス・ワイ・シーの行為が弁護士法違反との判断を受けたとしても、また、別件訴訟以外の預託金返還請求訴訟につき、原告がエス・ワイ・シーの訴訟代理人を務め、さらに、原告が住地ゴルフの顧問弁護士であったとしても、そのことから直ちにエス・ワイ・シーの弁護士法違反につき、原告が関与し、責任があるということにはならないから「著名弁護士の手法」などといった、エス・ワイ・シーが別件控訴審判決で弁護士法違反との判断を受けたことに原告が関与し、責任があるかのような記載は論評としての適切さに欠けるものということができないわけではない。

しかしながら、本件記事一は、原告が自ら弁護士法違反の行為を行ったと記載したものではなく、「著名弁護士の手法」といった記載も、それ自体としては、原告が弁護士法違反の指摘を受けたエス・ワイ・シーの訴訟代理人となっていたことをもっぱら問題とするにとどまるものである。そして、当時においても、預託金会員制ゴルフクラブの会員の預託金の返還請求が問題となっていたことは当裁判所にも顕著であるが、エス・ワイ・シーの行っている償還ビジネスについては、その内容に照らして、弁護士法違反の成否が議論されて当然であると解されるのに、最高裁判所の判例もない状況であったから、別件控訴審判決が弁護士法に違反すると指摘したエス・ワイ・シーにつき、もと第二東京弁護士会副会長を務めたばかりでなく、ゴルフ場関係の分野で第一人者と目されている原告がその訴訟代理人となっていたことが問題提起されるのは止むを得ないものであったというほかなく、本件記事一の記載は、この点に関する意見ないし論評として、その域を逸脱するものであるとまでいうことはできない。

この点につき、原告は、本件記事一が別件上告審判決で誤りとされた別件控訴審判決を根拠とするものであって、論評としてみても、不相当であると主張する。しかし、別件控訴審判決が別件上告審判決で破棄されているからといって、別件控訴審判決が言い渡された時点では、同判決が預託金償還ビジネスの一環として提起されている預託金返還請求訴訟に及ぼす影響は多大なものがあったといわなければならないし、同判決で弁護士法違反を指摘されたエス・ワイ・シーにつき、原告が訴訟代理人として関係している以上、原告の見解も含め、問題提起されることそれ自体は甘受されるべきものである。そのような見地からみれば、本件記事一が論評として不相当であったという原告の主張は採用し得ない。

〈判決の意義と指針〉

この事案は、前記【判決9】東京地判平成16・2・10判時1860号86頁の関連事件である。雑誌の出版社がゴルフ場に関する法律問題の専門家であり、多数の著作を行っている弁護士の訴訟等の活動を批判する記事を月刊誌に掲載したため、弁護士が出版社に対して名誉毀損による損害賠償、謝罪広告の掲載を請求した事件である。

この判決は、一度目の記事につき社会的評価を低下させるものの、有責性が阻却されるとし、名誉毀損の不法行為を否定したこと、二度目の記事につき意見ないし論評としての名誉毀損の不法行為を肯定したこと、慰謝料として100万円を認めたことに特徴があり、その旨の事例判断として参考になる。

判　決　12	**相手方当事者の答弁書による弁護士に対する名誉毀損を認めた事例** **〔京都地判平成18・8・31判タ1224号274頁〕**

【事案の概要と判決要旨】

弁護士Xは、他の弁護士5名とともに、Aらから依頼を受け、Aらの被相続人Bが貸金業者であるY株式会社から利息制限法所定の利率で金銭を借り受け、過払金が発生していると主張し、代理人となり、Yに対して過払金の返還を請求する訴訟を提起したところ、Yが過払元金が1万円程度であれば、訴訟を提起しても弁護士費用等がかかり、経済的メリットがないにもかかわらず、訴訟提起をした行為は単に弁護士費用を稼ぎたいだけの行為であるとしか考えられないなどと記載した答弁書を作成し、第1回口頭弁論期日において陳述が擬制されたため、XがYに対して名誉毀損を主張し、不法行為に基づき損害賠償（慰謝料10万円）を請求した。

第1審判決は、外部的名誉の毀損を否定し、名誉感情が害されたことを認めたも

のの、金銭をもって慰謝すべきほどではないとし、請求を棄却したため、Xが控訴した。

この判決は、名誉毀損を肯定し、原判決を取り消し、請求を認容した（慰謝料として10万円の損害を認めた）。

〈判決文〉

ところで、被控訴人は、別訴事件の訴訟活動の一環として、本件答弁書を提出したのであるから、当該行為が訴訟活動として違法性を阻却される否かにつき、さらに検討する。民事訴訟においては、当事者間の利害が鋭く対立し、個人的感情の対立が激しくなるのが通常であり、そのため、一方の当事者の主張・立証活動において、相手方当事者その外の関係者の名誉や信用を損なう主張等がなされることがあるが、それに対し、相手方は直ちに反論等をすることができ、かつ、当該主張の当否や主張事実の存否は、事案の争点に関するものである限り、終局的には当該事件についての裁判所の裁判によって判断され、これによって、損なわれた名誉や信用を回復することが可能である。このような民事訴訟における訴訟活動の性質等に照らすと、その手続において当事者が行う主張・立証活動により、相手方等の名誉が毀損されたとしても、それが当然に不法行為を構成するものではなく、訴訟行為と関連し、訴訟遂行のために必要であり、主張方法も不当とは認められない場合には、違法性が阻却されるが、訴訟活動に名を借りて、訴訟上主張する必要のない事実を主張し、相手方等の名誉を損なう行為に及んだなど、正当な訴訟活動として許容される範囲を逸脱していると評価できる場合には、不法行為が成立するというべきである。

そこで、以上を前提として、本件につき検討するに、証拠（甲１）及び弁論の全趣旨によると、被控訴人は、別訴事件における秋子らの請求が権利濫用又は信義則に反することを主張するために、本件表現を用いたと認められるが、本件表現は、控訴人が別訴事件を受任した動機を非難するものであり、本件表現に摘示された事実が、秋子らの上記請求が権利濫用に該当したり信義則に反することを根拠付ける事実になるとはおよそ考えられないし、被控訴人が同事実をもって秋子らの上記請求が権利濫用等になることを根拠付けると考えたことを正当化する理由も見い出し難い。したがって、被控訴人の上記主張が別訴事件の訴訟行為と関連し、訴訟遂行のために必要であったということはできないし、そのように考えたことに正当な理由もない。

なお、別訴事件の提起・遂行により控訴人が秋子らから報酬等を受領することは当然であるものの、証拠（甲２、３）及び弁論の全趣旨によると、別訴事件を提起・遂行する目的は秋子らの損失の回復のためにあると認められるから、被控訴人による本件表現は真実を摘示したものとは認め難く、本件表現が違法との評価を受けることは免れない。別訴事件において秋子ら及び被控訴人が主張する過払金額や、控訴人が別訴事件と本件との併合審理を求めたことなども、上記認定を左右するものではない。

したがって、被控訴人が別訴事件において本件答弁書を提出したことは、正当な訴訟活動として許容される範囲を逸脱しているというほかなく、違法性を阻却されない。

〈判決の意義と指針〉

この事案は、弁護士が多重債務者らから過払金の返還事件を受任し、訴訟を提起したところ、貸金業者が答弁書に弁護士を批判する内容を記載し、口頭弁論期日において擬制陳述されたことから、弁護士が貸金業者に対して名誉毀損による不法行為に基づき損害賠償を請求した控訴審の事件である。

この事案で問題になった答弁書は、過払元金が1万円程度であれば、訴訟を提起しても弁護士費用等がかかり、経済的メリットがないにもかかわらず、訴訟提起をした行為は単に弁護士費用を稼ぎたいだけの行為であるとしか考えられないなどと記載されたものである。なお、第1審判決は、外部的名誉の毀損を否定し、名誉感情が害されたことを認めたものの、金銭をもって慰謝すべきほどではないとし、請求を棄却したものである。

この判決の特徴は、

① 民事訴訟においては、当事者間の利害が鋭く対立し、個人的感情の対立が激しくなるのが通常であり、一方の当事者の主張・立証活動において、相手方当事者その外の関係者の名誉や信用を損なう主張等がなされること

② 相手方は直ちに反論等をすることができ、かつ、当該主張の当否や主張事実の存否は、事案の争点に関するものである限り、終局的には当該事件についての裁判所の裁判によって判断され、これによって、損なわれた名誉や信用を回復することが可能であるとしたこと

③ 民事訴訟における訴訟活動の性質等に照らすと、その手続において当事者が行う主張・立証活動により、相手方等の名誉が毀損されたとしても、それが当然に不法行為を構成するものではないとしたこと

④ 訴訟行為と関連し、訴訟遂行のために必要であり、主張方法も不当とは認められない場合には、違法性が阻却されるが、訴訟活動に名を借りて、訴訟上主張する必要のない事実を主張し、相手方等の名誉を損なう行為に及んだなど、正当な訴訟活動として許容される範囲を逸脱していると評価できる場合には、不法行為が成立するとしたこと

⑤ この事案では、正当な訴訟活動として許容される範囲を逸脱しているとしたこと

⑥ 慰謝料として10万円の損害を認めたこと

があげられる。この判決が呈示する訴訟活動における名誉毀損の不法行為に関する見解は、裁判例の流れに沿ったものであるところ、この事案につき名誉毀損を肯定した判断は、答弁書の記載内容に照らすと、逆の結論もあり得るものであり、限界的な事例として参考になるものである。

判　決　13	弁護士に対するプライバシーの侵害、名誉毀損を認めなかった事例 〔東京地判平成18・9・7判時1970号56頁〕

【事案の概要と判決要旨】

ゴルフ関係の雑誌等を出版するＹ株式会社は、Ｘ弁護士、その所属する法律事務所が多数のゴルフ場経営会社の顧問を引き受けながら、他方で会員側の預託金返還請求訴訟の代理人になっていることを批判する記事を雑誌に掲載し、出版したところ、ＸがＹに対して損害賠償を請求する訴訟を提起し、Ｘの敗訴判決が確定したが、その訴訟において、Ｙが前記記事を執筆したＡの陳述書を証拠として提出し、その陳述書にＸが韓国籍の若い女性と海外旅行をしたことが記載されていたため、ＸがＹに対し、プライバシーの侵害、名誉毀損を主張し、不法行為に基づき損害賠償を請求した。

この判決は、陳述書の提出が相当な訴訟活動の域を逸脱するものではないとし、プライバシーの侵害等を否定し、請求を棄却した。

〈判決文〉

ア　民事訴訟においては当事者が自由に主張し、証拠を提出して互いに攻撃防御を尽くすことが適正な裁判の実現に不可欠であることからすれば、本件陳述書の提出が正当な訴訟活動の範囲を逸脱する違法な行為に該当する場合というのは、本件訴訟の争点、審理経過に照らして本件訴訟と関連性がない場合、あるいは関連性は否定されないにせよ、本件陳述書により侵害される原告の被侵害利益の内容等も併せ考慮したとき、その提出が相当性を欠く場合と認められる場合等に限られるというべきである。

イ　これを本件について見るに、前記認定事実によれば、①別件訴訟においては本件記事掲載の目的の公益性も争点になっており、原告はその点について、原告が被告の意向に反して預託金債務の株式化による償還問題の抜本的解決を提唱したために被告が原告の信用失墜を目的として報道に名を借りて誹謗記事を書いたという主張をしていたこと、②本件陳述書は、この争点についての原告の主張に対する反論として被告と原告との関係が悪化した原因が預託金債務の株式化の提唱とは無関係であることを立証しようとするものであることが認められるのであり、本件陳述書が別件訴訟の争点と関連性を有することは明らかである。

また、本件陳述書は、原告と被告との関係悪化の原因が原告が主張するような事情ではないことを具体的に立証するために、原告と同伴で海外旅行をした女性が韓国籍でビザを取得していなかったことから原告と被告との間でトラブルが生じたこと等の具体的事実を記載し、その裏付証拠として添付資料を添付したものであって、別件訴訟の当事者である原告による訴訟上の主張に対する反論として提出されたものであることを考慮すれば、既婚者である原告が妻以外の女性を同伴して海外旅行をしたという事実が公表されたという原告の被侵害利益の内容を考慮しても、本件陳述書の提出は、相当な訴訟活動の枠を逸脱するものではなかったと認められる。

〈判決の意義と指針〉

この事案は、ゴルフ関係の雑誌等の出版会社が、多数のゴルフ場経営会社の顧問である弁護士につき、会員側の預託金返還請求訴訟の代理人になっていることを批判する記事を雑誌に掲載し、出版したことから、弁護士が出版会社に対して損害賠償を請求する訴訟を提起し（敗訴判決が確定した）、その訴訟において、出版会社が記事を執筆した者の弁護士に関する内容の陳述書を証拠として提出したため、弁護士が出版会社に対して不法行為に基づき損害賠償を請求した事件である。

この事案の特徴は、

① 弁護士が雑誌の記事による不法行為を主張し、雑誌の出版会社に対して損害賠償を請求する訴訟を提起したこと

② 出版会社が証拠として記事の執筆者の陳述書を提出したこと

③ 陳述書には、弁護士が韓国籍の若い女性と海外旅行をしたことが記載されていたこと

④ 前記訴訟は弁護士の敗訴判決で確定したこと

⑤ 弁護士が再度、出版会社に対して不法行為に基づき損害賠償を請求する訴訟を提起したこと

⑥ 陳述書によるプライバシーの侵害、名誉毀損が主張されたこと

があげられる。

この判決の特徴は、

① 民事訴訟においては当事者が自由に主張し、証拠を提出して互いに攻撃防御を尽くすことが適正な裁判の実現に不可欠であること

② 証拠である陳述書の提出が正当な訴訟活動の範囲を逸脱する違法な行為に該当する場合は、訴訟の争点、審理経過に照らして訴訟と関連性がない場合、あるいは関連性は否定されないにせよ、陳述書により侵害される当事者の被侵害利益の内容等も併せ考慮したとき、その提出が相当性を欠く場合と認められる場合等に限られるとしたこと

③ この事案では出版会社が陳述書を提出したことは、訴訟の争点と関連性を有し、弁護士の主張に対する反論であったこと等から、陳述書の提出は、相当な訴訟活動の枠を逸脱するものではなかったとしたこと

④ 出版会社によるプライバシーの侵害、名誉毀損の不法行為を否定したこと

があげられ、その旨の事例判断として参考になる。

判 決 14	弁護士の不正につき弁護士会、日弁連の不法行為責任等を認めなかった事例 〔奈良地判平成20・11・19判時2029号100頁〕

【事案の概要と判決要旨】

弁護士Aは、Y_1弁護士会の会員であったところ、Bから訴訟の提起を受任し、預り金を受領したものの、訴訟を提起せず、Bから懲戒請求を受け、Y_1により戒告処分を受け、Cから事件を受任し、民事保全手続の供託金を受領したものの、手続をせずに放置し、Cから懲戒請求を受け、X_2、X_3、X_4を含む依頼者から約2億円を詐取または横領し、懲戒請求を受け、X_1株式会社から売買をめぐる事件を受任し、供託金として1200万円を詐取し、詐欺罪で起訴され、懲役5年6月の判決を受けて服役し、Y_1から除名処分を受け、破産宣告を受けたため、X_1らがY_1、Y_2連合会（日本弁護士連合会）に対して国家賠償法1条または不法行為に基づき損害賠償を請求した。

この判決は、Y_1については、弁護士会の指導監督による是正が特に必要な場合等の特段の事情の存在する場合のほかは、弁護士を個別具体的に指導監督することは許されないところ、特段の事情が認められない等とし、Y_2については、指導、監督義務を否定し、請求を棄却した。

〈判決文〉

(1) 争点(1)（被告弁護士会の過失の有無）について

ア 被告弁護士会の弁護士に対する指導監督権の内容について

弁護士法上、弁護士会は、弁護士の使命及び職務にかんがみ、その品位を保持し、弁護士事務の改善進歩を図るため、弁護士の指導、連絡及び監督に関する事務を行うことを目的とするものと定められている（同法31条1項。なお、平成14年4月1日施行に係る平成13年法律第41号による改正により、本項の「弁護士」は「弁護士及び弁護士法人」に改められている。）。しかし、そこにいう「指導、連絡及び監督」の意味については、弁護士の弁護権ないしその職務の高度の独立性、職務上知り得た事実についての守秘義務（弁護士法23条、刑法134条1項）に照らすと、専ら、所属弁護士の具体的な業務執行や事件処理にわたらない範囲での研修や研究等の一般的な指導監督をすることができるにとどまり、受任事件の処理に関して個別具体的に指導監督することは、明らかに違法な弁護活動、実質的に弁護権を放棄したと認められる行為、あるいは職業的専門家である弁護士及び弁護士法人としての良識から著しく逸脱した行為が存在するなどして、弁護士会の指導監督による是正が特に必要な場合等、特段の事情が存在する場合のほかは、許されないものと解するのが相当である。

イ 被告弁護士会の戊田に対する指導監督権行使の懈怠の有無について

(ア) 原告らは、平成6年懲戒請求事件後、遅くとも平成12年9月までに、被告弁護士会が、同事件に対する対応として、①戊田に対し、適正な業務監査を実施し、預り金と報酬等との混交を戒め、定期的にその収支内容を報告するよう指導監督を行い、②新聞などマスコミを通じて、戊田が依頼者に対して詐欺・横領を行っていた可能性が濃厚である旨公表し、③同人を業務停止以上の懲戒処分に付すべきであったし、仮にこれが認められないとしても、平成９年懲戒請求事件に対する対応として、遅くとも平成12年９月までに、上記①、②の対応及び④戊田につき綱紀委員会において懲戒相当の議決をすべきであったと主張する。

しかし、原告ら主張の業務監査は、必然的に、当該弁護士に対し、その事務所への立入りを受忍させあるいは関係書類の提出を強制するなどの義務を課することを前提とするものであって、弁護士の弁護権ないしその職務の独立性、職務上知り得た事実についての種皮義務を侵害するおそれが非常に高いといわざるを得ないから、法令の規定がない限り、これを行うことは許されないというべきである。そして、当時、被告弁護士会がかかる業務監査をすることができる旨を定めた法令の規定が存在したことは認められない。

また、弁護士会が、綱紀委員会や懲戒委員会の懲戒に関する意見表明の前に、当該弁護士に詐欺・横領等の可能性が濃厚であることを公表することについても、それが当該弁護士に対する著しい不利益処分であり、ときにその名誉・信用を甚だしく毀損し回復不可能な損害を与える場合があることに照らせば、これを認める法令・会則等の規定があるか、又は当該弁護士の非行が重大であって、公表せずにいることによる依頼者等への被害の発生及び拡大が明白であり、公表の緊急の必要性があると認められる場合でなければ、公表することは許されないというべきところ、当時、被告弁護士会につきかかる公表をすることができる旨を定めた法令ないし会則等の規定が存在したことは認められない。

そして、前記一(2)で認定した事実によれば、平成６年懲戒請求事件については、綱紀委員会の調査及び懲戒委員会の審理によって被告弁護士会が知り得た事実は、戊田が甲田から委任を受けたにもかかわらず、事件処理をせずに放置し、また委任内容について虚偽の報告をしたことであって、戊田が綱紀委員会の委員らに対して当初から事件を処理するつもりがないのに甲田に金銭を交付させた、あるいは預り金を故意に流用したなどと述べたり、そのような事実を探知するに足りる証拠が提出されたなどの事情は窺われない。また、平成９年懲戒請求事件については、戊田は、綱紀委員会の調査に際し、亀田弁護士に対して、事件に着手できなかった理由を述べ、また預り金の流用はないと説明して、同弁護士を通じて綱紀委員会に対する弁明を行い、それを裏付ける証拠として大和信用金庫の預金証書を提出するなどしているのである。以上の事情に鑑みれば、平成６年及び平成９年懲戒請求事件の審理において、戊田につき、明らかに違法な弁護活動、実質的に弁護権を放棄したと認められる行為、職業的専門家である弁護士及び弁護士法人としての良識から著しく逸脱した行為が存在していることが認められる状況であったとすることはできないし、戊田の非行が重大であって、公表せずにいることによる依頼者等への被害の発生及び拡大が明白であり、公表の緊急の必要性があると認められる場合であったとすることもできない。

以上のとおりであるから、被告弁護士会が原告らの主張する内容の指導監督をすべき義務を負っていたと解することはできない。

(イ) 〈略〉

ウ 〈略〉

(2) 争点(2)（被告日弁連の過失の有無）について

原告らは、被告日弁連が弁護士に対し、上記第二の四(1)ア①ないし⑤記載の事項について指導徹底する義務があったのに、これを怠ったと主張する。

しかし、弁護士の行いうる法律事務（弁護士法３条）には、法律事務を処理するのに必要な金銭の管理を行うことも当然含まれると解されること、前記のとおり、弁護士会の弁護士に対する監督のうち、事件処理の内容にわたる事項については、指導監督にも一定の制約があること、まして、原告らが主張するような弁護士事務所に対する立入調査を行い、個別口座の開示を求めることなどは、法令等の規定もないのに、弁護士に対する指導監督権の行使として行いうるものではないことなどに照らせば、被告日弁連につき、原告らの主張するような指導ないし監督を行う義務があったということはできない。したがって、原告らの被告日弁連に対する請求には理由がない。

〈判決の意義と指針〉

この事案は、弁護士の責任ではなく、弁護士会の弁護士に対する監督責任が問題になったものであり、弁護士が複数の依頼者から懲戒の請求を受け、懲戒処分がされ、最後には所属弁護士会から除名処分を受け、詐欺罪で実刑判決を受け、破産宣告を受けたことから、依頼者ら（着手金等の詐欺、横領の被害者ら）が所属弁護士会、日弁連に対して損害賠償責任を追及した事件である。

この判決の特徴は、

① 所属弁護士会の責任については、所属弁護士会は、もっぱら、所属弁護士の具体的な業務執行や事件処理にわたらない範囲での研修や研究等の一般的な指導監督をすることができるにとどまり、受任事件の処理に関して個別具体的に指導監督することは、特段の事情が存在する場合のほかは許されないとしたこと

② 特段の事情がある場合としては、明らかに違法な弁護活動、実質的に弁護権を放棄したと認められる行為、あるいは職業的専門家である弁護士および弁護士法人としての良識から著しく逸脱した行為が存在するなどして、弁護士会の指導監督による是正が特に必要な場合等であるとしたこと

③ この事案ではこの特段の事情が存在しなかったとし、所属弁護士会の責任を否定したこと

④ 日弁連の責任については、指導、監督義務がないとし、その責任を否定したこと

があげられる。この事案は、事件の依頼者らが弁護士の詐欺、横領によって被害を被ったところ、弁護士に対して損害賠償責任を追及したものではなく、所属弁護士会、日弁連に対して指導、監督義務違反による損害賠償責任を追及したものであり、新しい類型の責任が問題になったものであるところ、この判決は、所属弁護士会に

ついては、前記の特段の事情が存在する場合には、損害賠償責任が認められるとしたものであり、理論的に注目されるとともに（個々の弁護士の不正行為の実態と弁護士会の指導、監督の実態等の事情によっては、当該弁護士の行為による被害者に対して弁護士会の損害賠償責任が認められることがあることになる）、弁護士会にとっては厳格な責任のリスクを負わせるものである。この判決は、日弁連の責任については、指導、監督義務を否定するものであり、事例判断を提供するものである。

判　決　15	弁護士法人の主張に係る不法行為を認めなかった事例 〔東京地判平成21・２・19判時2059号72頁〕

【事案の概要と判決要旨】

Ｘ弁護士法人（代表者は弁護士Ａ）は、その設立にあたって、税理士Ｙに節税に関する相談をしたところ、資本金額を1000万円として設立したが、Ｘが、Ｙの従業員が誤った回答をし、過大な消費税を負担することになったなどと主張し、Ｙに対して不法行為に基づき損害賠償を請求した。

この判決は、Ａの供述には疑問点が多い等とし、請求を棄却した。

〈判決文〉

ア　原告は、平成17年３月22日の面談（本件面談）の際、戊田から、資本金額は幾らでもいいという趣旨の回答を聞かされたと主張し、原告代表者も尋問において同様の供述をしている。しかしながら、この主張ないし供述には、次のとおり、様々な疑問があるものといわざるを得ない。

(ア)　まず、原告は、当初、戊田からの回答があったのは平成17年３月11日ころであったと主張し（訴状、平成20年１月22日付、同年４月４日付各準備書面）、原告代表者の陳述書（甲四）にも同旨の記載があったところ、その後、戊田からの回答を受けた日を同年３月22日と変更した（平成20年４月30日付準備書面、甲一八）。しかしながら、この主張ないし供述の変更は、単に日時の変更というのにとどまらず、戊田が一人で乙山の許を訪ねてきて回答したのか（前者の主張ないし供述は、これを前提にしているものと考えられる。）、確定申告書の作成を終えた被告松夫が、挨拶も兼ねて、戊田を同道して乙山の許を訪ねた際に、戊田が回答したのか（後者）という状況の説明にも大きな変更があり、更に、同年４月１日という法人設立の日時を基準として考えると、その約10日前という直前ともいえる時期になってようやく回答があったのか、それとも約３週間という比較的余裕のある時期に回答があったのかという印象の全く異なるはずの出来事についての説明変更になっているのであって、単純な勘違いや記憶違いとは考えられない主張ないし供述の変更であるといわざるを得ない。

(イ)　また、被告松夫は、節税の観点から法人の資本金額をどの程度にするのがよいのかを質問された場合には、消費税ばかりでなく法人税その他の税も念頭に置いた上で、法人の規模・種類・事業内容、経費支出の多寡等様々な要素を考慮に入れて判断する必要があるから、これらの点について確認をし、資料の提供を求めるはずであると供述するところ、この供述は、租税特別措置法も含めた複雑な税法体系を踏まえて考えるならばもっともな事柄であるし、質問を受けた税理士として当然の反応であるということができる。しかしながら、乙山が電子メールで質問をしたという平成17年2月24日から本件面談のあった同年3月22日までの間、被告ら（戊田を含む。）からこれらの点についての質問がなかったことは乙山自身が認めているところであるし（原告代表者。なお、原告は、戊田からの問合わせに答えて乙第七号証の一五の資料を送付したと主張しているが、たとえそうだとしても、これらは弁護士法人に関する法律の定め等についての資料にすぎず、上記のような疑問点に答えるような性質のものではない。）、本件面談の際にもそのような質問はなかったというのであり、この点も極めて不自然であるといわざるを得ない。

(ウ) 更に、原告の主張ないし原告代表者の供述によれば、本件面談の場には、税理士である被告松夫が同席していたにもかかわらず、税理士ではなく単なる事務職員にすぎない戊田が回答をしたというのであるが、①丙川会計事務所の代表である被告松夫がわざわざ訪問してきているにもかかわらず、一介の事務職員にすぎない戊田が被告松夫を差し置いて回答をした（しかも、原告代表者の供述によれば、被告松夫が「戊田から回答させる」と述べたわけでもないのに、戊田が勝手に話し始めたのだという。）ということ自体不自然であるばかりではなく、②節税という観点から最も適切な資本金額という質問事項は、税法に関する専門的な知識がなければ答えられない事柄であって、まさに税理士が答えるべきものであるにもかかわらず、税理士である被告松夫ではなく、税理士資格を持たない戊田が回答することも不自然であるといわざるを得ない。更に、③戊田からの回答を聞いた乙山が、税理士である被告松夫に質問や確認をしようとしないというのも不自然であって、結局、本件面談当日のやりとりに関する原告の主張ないし原告代表者の供述は余りにも不自然であるといわざるを得ない。

(エ) 以上の点を踏まえ、更に、被告松夫及び戊田証人の各供述を併せ考えてみると、本件面談当日のやりとりに関する原告の主張ないし原告代表者の供述には疑問点が多く、そのまま採用することは到底困難であるというほかはない。

イ 原告は、被告らに質問をした証拠として甲第二号証（戊田宛の本件第一メール）を提出しているところ、発信された電子メールが届かないことは通常考えられないところであるから、本件第一メールが戊田の許に届いていた可能性があることは否定できないところである。しかしながら、戊田がこれを見逃した可能性や、税理士である被告らではなく事務職員にすぎない戊田に送られた本件第一メールを真剣に受け取らなかった可能性もあり得るところであって（むしろ、仮に本件第一メールによる質問が被告らに認識されていたとすれば、当然されるはずの法人の規模・種類・事業内容、経費支出の多寡等についての質問がされていないことは上記のとおりなのであって、このことは、戊田や被告らが本件第一メールを認識していなかったことをうかがわせる事実であるということができる。）、質問のための電子メールが発信されていたからといって、これに対する回答があったと決めつけることはできない。

また、原告は、本件面談の際に作成したメモであるとして甲第七号証の一、二を提出しているが、これらが本件面談の際に作成されたことを裏付ける客観的証拠が存在するわけではない以上、これも上記認定判断を左右するものではない。

そして、他に原告の主張を裏付けるに足りるだけの証拠を見出すこともできないところである。

〈判決の意義と指針〉

この事案は、弁護士法人が、その設立にあたって、税理士に節税に関する相談をし、資本金額を1000万円として設立されたところ、税理士の従業員が誤った回答をした等と主張し、弁護士法人が税理士に対して不法行為責任を追及したものであり、弁護士の責任が問題になったのではなく、税理士の責任が問題になった事件であるが、弁護士の取引をめぐる事件として取り上げたものである。

この判決は、弁護士法人と税理士側の交渉経過を詳細に認定し、弁護士法人の主張、その代表者である弁護士の陳述書の記載、供述が余りにも不自然である等とし、弁護士法人の主張、弁護士の供述を排斥し、税理士の不法行為を否定したものであり、弁護士の取引をめぐる紛争の事例判断を提供するものである。

判決16（決定）	債権回収を受任した弁護士の債権譲渡が公序良俗に反するとはいえないとした事例 〔最一小決平成21・8・12民集63巻6号1406頁、判時2059号61頁〕

【事案の概要と判決要旨】

中国のA有限公司は、Y協同組合との間で外国人研修事業につきYが費用を負担する旨の契約を締結していたところ、弁護士XがAから債権の回収を依頼され、債権の譲渡を受け、XがYに対して負担金の支払を請求する訴訟を提起し、Yの預金債権につき仮差押えを申し立てたが、保全異議審、保全抗告審において係争権利の譲受けを禁止する弁護士法28条の趣旨に照らし、譲渡の私法上の効力が否定されるなどとし、申立てを却下する等したため、Xが特別抗告を申し立てた。

この決定は、債権の譲受けが公序良俗に反するとはいえないとし、原決定を破棄し、本件を広島高裁に差し戻した（補足意見がある）。

〈判決文〉

債権の管理又は回収の委託を受けた弁護士が、その手段として本案訴訟の提起や保全命令の申立てをするために当該債権を譲り受ける行為は、他人間の法的紛争に介入し、司法機関を利用して不当な利益を追求することを目的として行われたなど、公序良俗に反するような事情があれば格別、仮にこれが弁護士法28条に違反するものであったとしても、直ちにその私法上の効力が否定されるものではない（最高裁昭和46年(オ)第819号同49年11月7日第一小法廷判決・裁判集民事113号137頁参照）。そして、前記事実関係によれば、弁護士である抗告人は、本件債権の管理又は回収を行うための手段として本案訴訟の提起や本件申立てをするために本件債権を譲り受けたものであるが、原審の確定した事実のみをもって、本件債権の譲受けが公序良俗に反するということもできない。

〈判決の意義と指針〉

この事案は、弁護士が外国の法人から債権の回収を依頼され、債権譲渡を受け、訴訟を提起し、仮差押えの申立てをし、民事保全の手続において、弁護士の債権譲受けにつき弁護士法28条違反、公序良俗違反、債権譲渡の効力が問題になった事件である。

この決定の特徴は、

① 債権の管理または回収の委託を受けた弁護士が、その手段として本案訴訟の提起や保全命令の申立てをするために当該債権を譲り受ける行為は、他人間の法的紛争に介入し、司法機関を利用して不当な利益を追求することを目的として行われたなど、公序良俗に反するような事情があれば格別、仮にこれが弁護士法28条に違反するものであったとしても、直ちにその司法上の効力が否定されるものではないとしたこと

② この事案では公序良俗違反とはいえないとしたこと

があげられ、弁護士の業務遂行に参考になる判断を示したものである。

判　決　17	共同法律事務所における弁護士間の紛争の事例 〔東京地判平成22・3・29判時2099号49頁〕

【事案の概要と判決要旨】

弁護士Ｘと弁護士Ｙは、司法研修所同期の弁護士であり、平成12年１月頃から平成15年12月頃まで共同法律事務所を経営し、平成15年11月頃からは弁護士Ａを加えて総合法律事務所を経営していたところ、Ｘが平成16年５月頃Ｙらに行き先を告げることなく本件事務所を退去し、法律事務所を開設したが、その間、ＸがＹにおいて本件事務所の事務員と不倫をしている旨を第三者に申し向けるなどし、平成17年11月には、ＸがＹと事務員との密会の現場を写真撮影しようとした際、ＹがＸを蹴るなどし、ＸがＹにつき懲戒の請求をする等したため、ＸがＹに対して組合契約に基づき出資金の払い戻し等を請求し（甲事件）、Ｙの暴行傷害につき不法行為に基づき損害賠償を請求し（乙事件）、ＹがＸに対して不倫の虚偽の事実を言いふらし、懲戒請求をするなどしたことにつき名誉毀損、写真撮影につきプライバシーの侵害、事務所の備品を持ち出したこと、事務所から離脱したことにつき不法行為に基づき損害賠償等を請求した（丙事件）。

この判決は、Ｙの暴行傷害につき不法行為を認め、Ｘの言いふらしにつき名誉毀損、写真撮影につきプライバシーの侵害を認め、甲事件、乙事件、丙事件の請求を一部認容した。

〈判決文〉

二　争点(2)（乙事件）について

〈略〉

(2)　以上認定事実によると、原告は、被告にその右下腿部を10回程度蹴られたことにより、全治約１週間の右下腿部打撲の傷害を負ったことが認められる。そうすると、原告は、被告の上記暴行に起因する傷害により精神的損害をも被ったものというべきであるところ、被告の原告に対する上記認定にかかる暴行の態様や経緯、他方、本件騒動は、原告が公道上で被告の写真を無断で撮影したため、被告が原告からカメラを取り上げようとしたことに端を発するものであること等本件に顕れた一切の事情を考慮すると、原告が受けた上記精神的損害にかかる慰謝料としては、10万円が相当である。〈略〉

(3)　〈略〉

三　争点(3)（丙事件）について

(1)　名誉毀損等に係る損害賠償請求権の成否について

ア　〈略〉

イ　上記ア(ア)ないし(エ)、(カ)、(キ)で認定した事実のとおり、原告は、多数の人に対し、被告と甲田が不倫をしているなどの文書を送付したり告げて回っているところ、被告が不倫をしているなどの風評は被告の家庭人及び弁護士としての社会的評価を低下させるものであるから、原告の係る行為は被告の名誉を毀損する不法行為に当たるというべきである。上記認定にかかる原告の行為態様をはじめ本件に顕れた一切の事情を考慮すると、原告の上記行為による慰謝料の額は30万円が相当である。

また　被告は、本件騒動の際、原告が所持していたカメラを取り上げようと原告ともみ合いになったことは上記認定のとおりであり、被告は原告の撮影を明確に拒絶していたにもかかわらず、上記ア(オ)で認定した事実によれば、原告は、被告が同ホテルから立ち去った後も、被告を追尾し、本件中華料理店の前でも被告の写真を撮影している。これらも事情に照らすと、原告の被告に対する撮影行為は、被告の肖像権ないしプライバシーを侵害する不法行為に当たるというべきである。上記認定にかかる原告の行為態様をはじめ本件に顕れた一切の事情を考慮すると、原告の上記行為による慰謝料の額は３万円が相当である。

したがって、原告の名誉毀損等に係る損害賠償請求は、33万円の支払を求める限度で理由がある。

ウ　被告は、原告が不倫を理由に被告に対する懲戒申立てを行ったことや、被告に対する紛議調停において、被告が不倫している旨主張したことについて、名誉毀損による不法行為を主張する。しかしながら、弁護士の懲戒請求自体は弁護士法58条１項で規定された行為であるし、証拠（乙三七の①、②）によれば、平成16年第37号紛議事件は、原告が本件事務所の離脱後の清算等を求めるものであるところ、被告と甲田の不倫の事実は、原告が本件事務所を離脱した経緯を説明する中で触れられているにすぎないことが認められることにかんがみると、原告の上記行為が直ちに被告の名誉を毀損するものとして違法な行為であるとはいい難く、それ自体では不法行為には当たらないというべきであるから、被告の上記主張を採用することはできない。

さらに、被告は、原告が、平成16年3月2日ころから同月15日ころまでの間に、原告及び被告の依頼者である甲川冬子や税理士である乙原一郎に対し、同年3月中旬ころ、原告及び被告と司法修習の際のクラスメイトであった丙田二郎弁護士に対し、同年5月ころ、原告及び被告と司法修習の際のクラスメイトであった甲山四郎弁護士、乙川五郎弁護士及び丙原六郎弁護士に対し、被告と甲田が不倫をしている旨申し向けたり、文書を送付したりしたとして、これら行為が不法行為に当たると主張し、その旨陳述（乙四三）する。しかしながら、同陳述以外にはこれらの事実を裏付ける客観的な証拠はなく、被告の上記主張を認めるには足りない。

(2) 〈略〉

(3) 事務所分裂に係る損害賠償請求権の成否について

ア 被告は、原告が被告に対して耐え難い不快感を持っており、いずれ被告と喧嘩をすることにより事務所を分裂せざるを得なくなり、その結果、被告の本件事務所開設に関する出費が無駄になることを認識予見し又は予見し得たにもかかわらず、被告及び丙川弁護士に対して本件事務所の開設を提案し、その開設後に同事務所から離脱することで分裂させたとして、原告のこれら行為が不法行為に当たる旨主張する。

イ 被告は、原告が被告に対して本件事務所の開設を提案してきた旨陳述（乙四三）するものの、他方、原告は、被告が本件事務所の開設を提案してきた旨陳述（甲一二）している上、被告の上記陳述を裏付ける客観的証拠はないし、原告が本件事務所開設時において、近い将来に原告と被告が喧嘩して、本件事務所が分裂すると予見ないし認識し得たことを認めるに足りる証拠もない。

ウ したがって、原告が被告に対して本件事務所からの離脱に関して不法行為責任を負うということはできないから、被告の上記主張を採用することはできない。

〈判決の意義と指針〉

この事案は、内容が複雑で、多数の請求が行われているが、本稿の検討事項を前提とすると、二人の弁護士が共同法律事務所を開設し、その後、総合法律事務所を経営していたところ、一方の弁護士が退所し、別に法律事務所を開設する等したが、相互に暴行傷害、名誉毀損、プライバシーの侵害を理由とし、不法行為に基づき損害賠償等を請求した事件である。なお、この事案では、共同法律事務所の関係について民法上の組合であることを前提とし、出資金の払戻請求の当否も問題になったものである。

この判決の特徴は、

① 弁護士の一人による暴行傷害の不法行為を肯定したこと

② 弁護士の他の一人による文書の送付の一部につき名誉毀損の不法行為を肯定したこと

③ 追尾、写真の撮影につき肖像権、プライバシーの侵害の不法行為を肯定したこと

④ 懲戒請求につき不法行為を否定したこと

⑤ 共同法律事務所の分裂、離脱につき不法行為を否定したこと

があげられ、共同法律事務所の元経営弁護士間の不法行為の事例判断を提供するものである。

判　決　18	会社を経営する高齢者が会社の顧問弁護士に全財産を遺贈する遺言を無効とした事例 〔京都地判平成25・4・11判時2192号92頁〕

【事案の概要と判決要旨】

A（大正5年生まれ）は、夫Bが婚姻を機会にC株式会社を設立し、Bが死亡後、Cの代表取締役を務め、一手に経営を行い、Aの親戚Dは、昭和41年に入社した古参の社員であり、Aを支えていたところ、Aは、めまいによって階段から転倒し、病院に入院した後、平成14年1月以降、継続的に医師の診察を受けることになり、日常生活において他人の介護・介助を必要とするようになった。Y弁護士は、平成15年からCの顧問弁護士となり、Aは、病院の退院後体調が芳しくない状態であったが、平成15年12月11日、遺産をすべてYに遺贈する、遺言執行者をE弁護士にする旨の自筆証書遺言（本件遺言）を作成した（Aは、その後、自分が死んだらCの株式をDに譲渡し、Cの経営を任せることを伝えた）。Aは、平成16年11月から平成17年3月の間病院に入院し、アルツハイマー病と診断され、Aの自宅を訪問したF公証人に本件遺言書につき自己の遺言書である旨を申述する等し、平成21年2月18日に死亡したことから（平成21年3月、DがCの代表取締役に就任した）、Aの妹の養女X（Aの姪で、代襲相続人）は、Yに対して本件遺言時にAの遺言能力がなかったこと、本件遺言が公序良俗に反する等と主張し、Yに対して本件遺言の無効確認を請求した。

この判決は、意思表示が本来の効果を生ずるためには、その意思表示がもたらす結果を正しく理解する精神能力が必要であり、どの程度の精神能力が必要であるかは、画一的に決めることはできず、意思表示の種別や内容によって異なるとし、公証人への申述当時においては、Aに認知症の中核的な症状が非常に顕著に顕れていたことが明らかであるとし、遺言能力がなかったとし、本件遺言書が秘密証書遺言としては無効であるとするとともに、本件遺言書作成当時においては、初期認知症の段階にあり、本件遺言が文面こそ単純であるものの、数億円の財産を無償で他人に移転させるものであり、本件遺言がもたらす結果が重大であること、Cの経営にもたらす影響がかなり複雑であること、本件遺言の内容がAの生活歴からしていかにも奇異なこと等の事情を指摘し、本件遺言がもたらす結果を理解する遺言能力に欠けていたとし、自筆証書遺言としても無効であるとし、Xの請求を認容した。

〈判決文〉

四　本件遺言書作成（平成15年12月11日）当時の遺言能力

⑴ 前記のとおり、平成17年10月当時、竹子が認知症の中核的な症状が顕著であり、西陣病院のMRI検査の結果や診断結果からも明らかなとおり、竹子の認知症の症状は、胸の病変に由来するのである。

そして、①低酸素血症と診断され、平成14年1月から自宅で介護を受けながら在宅酸素療法を続けていたこと、②平成14年10月8日のMRI検査でラクナ梗塞が認められること、③遅くとも平成14年12月ころから尿失禁や味覚障害といった認知症の初期症状がみられたこと、④介護保険の要介護認定のための訪問調査において、痴ほう症老人の日常生活自立度が、平成14年11月11日時点で「Ⅰ」、平成15年11月11日の時点で「Ⅱｂ」とされていたこと、⑤平成15年11月11日時点では、短期記憶もできず、夜間不眠・昼夜逆転があり、ひどい物忘れがあるとされたことを総合すれば、竹子は、本件遺言書作成の当時、既に、低酸素血症又はクラナ梗塞を原因とする血管性認知症あるいはアルツハイマー型認知症を発症しており、初期認知症の段階にあったと認めるのが相当である。

⑵ 初期認知症の状態の者については、一律に意思能力・遺言能力が否定されるわけではないものと考えられる。遺言がもたらす結果が単純なものである場合（遺言の文面が単純かどうかではない。）、それほどの精神能力までは必要とされないであろうから、そのような遺言との関係では、初期認知症の状態にある者の遺言能力は直ちに否定されないものと思われる。

⑶ しかしながら、本件遺言は文面こそ単純ではあるが、数億円の財産を無償で他人に移転させるというものであり、本件遺言がもたらす結果が重大であることからすれば、本件遺言のような遺言を有効に行うためには、ある程度高度の（重大な結果に見合う程度）の精神能力を要するものと解される。

⑷ また、本件遺言は文面こそ単純であるが、本件遺言が訴外会社の経営にもたらす影響はかなり複雑である。

本件遺言をすると、①呉服業界に知識のない被告が経営を差配する可能性がある、②被告が丙山と仲違いした場合、経営をよく知る丙山が更迭されてしまう、③丙山が経営移譲を受けようとしても、贈与税や譲渡代金の負担が発生するため、被告から丙山に株式譲渡が困難となる、④被告が死亡すれば被告の相続人が訴外会社の株主になる、という様々な事態が予想される。

⑸ 上記⑶及び⑷の事情を考慮するならば、小学校高学年レベルの精神能力がありさえすれば、本件遺言に関する遺言能力が肯定されるとすべきではない。そうでなければ、私的自治の理念に適った行動ができない者の思慮不足な行動を、私的自治の名の下に放置してしまう危険が大きいと思われる。

本件遺言に関する遺言能力は、もう少し高い精神能力―ここでは仮に「ごく常識的な判断力」と表現する―が必要というべきである。

⑹ ところで、竹子は、被告に訴外会社の経営を委ねるつもりなどなく、本件遺言書を作成した約4か月後（平成16年4月）、丙山を呼び出し、将来の訴外会社の経営を任せる旨を伝えている。竹子は、丙山を後継者にする意図を有していたのであり、被告に訴外会社の経営者になって欲しくて本件遺言をしたのではないのである。

丙山を後継者にしようと考えるなら、被告に全資産を遺贈するといった遺言などしないのが当たり前であり、もし、そのような遺言をしていたのなら、遺言を変更するか、本件株式だけでも生前に丙山に贈与するかしたはずである。

竹子に「ごく常識的な判断力」さえあれば（正確な法的知識がなくとも）、本件遺言の内容を思い出し、本件株式まで被告に渡してしまうことが不都合ではないかという心配—丙山への株式移転に支障が生じるのでは、あるいは被告が死んだら誰が株主になるのだろうといった程度の心配—が浮かんでくるはずであり、そうすると、竹子は、その心配を、わきまえのある者（被告や戊原税理士）に相談し、問題を解決しようとしたはずである。

(7)　ところが、前記第二に認定の事実経過に照らせば、竹子は、丙山を後継者にするには不都合な遺言をしているのに、全く心配をしていない（心配をしたなら、被告や戊原税理士に本件遺言に関する相談をもちかけたはずなのにその形跡が全くうかがえないのである。）。したがって、竹子は、本件遺言をした場合の利害得失を「ごく常識的な判断力」のレベルでさえ、全く理解していなかったものといわなければならない。

(8)　さらに、訴外会社は、竹子の親戚である丙山が経営の片腕となっており、同じく竹子の親戚である原告が中心店舗（祇園店）の店長になっていて、同族的色合いが濃い会社であるのに、なぜ、縁のある親戚に対しては、本件株式はおろか、会社経営の基盤となり得る預金さえも全く遺そうとはせず、赤の他人の被告に本件株式を含む全遺産を遺贈しようというのは、竹子の生活歴からすれば、いかにも奇異なことである。

竹子は、死後に入る墓の件で甲田家に縁を感じていたことが明らかであり、四郎や原告のように、長らく親しくしていた親戚に何も財産を遺そうとしなかったというのも、やはり、かなり奇異なことといわざるをえない。

このことは、竹子が、本件遺言がもたらす利害得失を理解する能力が著しく減衰していたことを示す一つの事情となり得ると思われる。

(9)　上記(3)ないし(8)の事柄に加え、竹子が、平成15年12月当時、既に、低酸素血症又はラクナ梗塞を原因とする血管性認知症又はアルツハイマー型認知症を発症していたことをあわせ考えるならば、本件遺言書作成当時、竹子は、本件遺言がもたらす結果を理解する精神能力に欠けていたものと認めるのが相当である。

したがって、本件遺言書は、平成15年12月11日作成の自筆証書遺言としても無効である。

〈判決の意義と指針〉

この事案は、弁護士の法的な責任が追及された事件ではないが、同族会社の代表者が一時期会社の顧問弁護士であった者に会社の全株式を含む全財産（数億円）を遺贈する旨の遺言をしたため、遺言の効力が問題になった事件である。

この判決は、この事案の遺言は、遺言者に遺言能力がなかったとし、秘密証書遺言としても、自筆証書遺言としても無効であるとしたものであり、事例判断として参考になるものである。この判決は、遺言に至る経緯、会社経営の実情、遺言者の精神的能力、遺言の影響等を詳細に認定したうえ、この遺言が遺言者の生活歴から奇異である等と指摘し、赤の他人である弁護士が遺言者の全財産につき遺言を受けるという特異な事案について、遺言を無効としたものであり、判断基準、判断のあり方として参考になる。

判　決　19	顧問契約が弁護士法72条に違反し、公序良俗に反して無効とした事例 〔東京地判平成25・8・26判時2222号63頁〕

【事案の概要と判決要旨】

X有限会社（代表者はA）は、都心において寿司屋を経営していたところ、Aが紹介したBが経済的に破綻したことから、これに出資したCらから出資金の返済を求められ、長期にわたり執拗に恐喝を受け、金員を喝取される等し、Aは、D弁護士から身辺警護業等を目的とするY株式会社の代表者E（警視庁の元刑事）を紹介され、XがYとの間で、平成23年11月、諸問題の解決に関する相談等につき顧問契約を締結し、合計510万円を支払ったが、Xは、平成24年4月、顧問契約が弁護士法72条に違反して無効である等の理由で前記510万円の返還を求める書面を送付し、Yに対して前記510万円の返還を請求した。

この判決は、恐喝事件が弁護士法72条所定の法律事件にあたり、警察に被害届を作成提出し、取調べに同行すること等が法律事務にあたるとし、顧問契約が同条に違反し、公序良俗に反して無効であるとし、請求を認容した。

〈判決文〉

弁護士法72条は、弁護士でない者は、報酬を得る目的で法律事件に関して法律事務を取り扱うことを業とすることができないと規定しており、恐喝事件（刑法249条1項）が、弁護士法72条にいう「法律事件」にあたることは明らかであり、恐喝被害事件について、被害者の立場から、警察に対して被害届を作成提出し（犯罪捜査規範（昭和32年7月11日国家公安委員会規則第2号）61条）、警察の捜査（刑事訴訟法189条）を促す活動をすることについて、第三者が証拠品を預かって被害届を起案し、被害届の提出やその後の取調べに同行するなどして被害者に助力することが、弁護士法72条にいう「法律事務」にあたることもまた明らかである。

丁原は、恐喝被害の拡大を防止するため、被害届の提出等による捜査の促しなど甲田らによる恐喝行為に対する対抗手段をとることという法律事務を主として行う対価として、顧問料等の報酬を被告が得る目的で、被告代表者の立場で、被告の業務として原告との顧問契約を締結したのであるから、被告は、弁護士でないにもかかわらず、報酬を得る目的で法律事件に関して法律事務を取り扱うことを業とするために、この顧問契約を締結したものというべきである。したがって、本件顧問契約は、弁護士法72条に違反して、弁護士でない者が法律事件に関して法律事務を取り扱うことを業として、これによる報酬を得る目的で締結されたものであるから、公の秩序に反する事項を目的とする法律行為であるということができ、民法90条により無効とされるべきものである。顧問契約の当事者が被害者である乙山ではなく乙山が寿司店を経営している会社である原告であることや、顧問契約書の第1条には、恐喝事件の被害に対する対応などの法律事務を依頼する趣旨が含まれておらず、むしろただし書により法律事務が明文で除外されていることは、顧問契約書の書式を使用している被告が、本件顧問契約が弁護士法に違反していることが明らかにならないようにするため、便宜的に定型の顧問契約書を使用して原告との間の顧問契約という形式で契約を締結したからに過ぎず、上記のとおり弁護士法に違反して法律事務を受託する内容の契約が成立したとの認定を妨げる事情にはならない。

被告は、顧問契約の具体的内容は、原告代表者が、甲田らからの脅迫行為に困っていたため、寿司店を経営する原告の会社の安全な運営や警備、原告代表者自身の警備を行うというものであると主張する。たしかに、原告代表者が乙野から電話を受ける時に丁原が立ち会ったことはあるが（原告代表者本人）、丁原の手帳（乙６の１～40）を見ても、警察への捜査への助力の記載が詳細にある反面、警備等の活動に関する記載はほとんどなく、乙山と電話連絡を取っていた記録があるにすぎないことからしても、月額20万円もの顧問料報酬が、上記の警備等を主たる目的として約束されたものとは解されない。したがって、被告主張の内容が、顧問契約の趣旨の一部に含まれていたとしても、それは甲田らによる恐喝行為に対する対抗手段をとるという法律事務に付随する事務に過ぎないと評価すべきものであって、顧問契約が全体として弁護士法72条に反する事項を目的として無効とされるべきものであるという上記の判断を左右しない。

〈判決の意義と指針〉

この事案は、弁護士の取引が直接に関係しているものではないが、刑事事件に関わるトラブルに巻き込まれた有限会社が、弁護士の紹介により、元刑事が経営する身辺警護業等を目的とする株式会社との間で、諸問題の解決に関する相談等につき顧問契約を締結し、報酬等を支払った後、顧問契約が弁護士法72条に違反して無効である等と主張し、支払った報酬等の返還を請求した事件である。この事案は、顧問契約の弁護士法72条違反、公序良俗違反による無効が問題になった事件である。

この判決の特徴は、

① 株式会社は弁護士でないにもかかわらず、報酬を得る目的で法律事件に関して法律事務を取り扱うことを業とするために、顧問契約を締結したとしたこと

② 顧問契約は、弁護士法72条に違反して、弁護士でない者が法律事件に関して法律事務を取り扱うことを業として、これによる報酬を得る目的で締結されたものであり、公の秩序に反する事項を目的とする法律行為であり、民法90条により無効であるとしたこと

があげられ、その旨の事例判断を加えるものである。

判　決　20	成年後見人である弁護士に対する名誉毀損、業務妨害の不法行為を認めた事例 〔東京地判平成26・7・9判時2236号119頁〕

【事案の概要と判決要旨】

弁護士Xは、Aの成年後見人に選任され、後見人の事務として、Aが代表取締役のB有限会社の閉鎖ないし解散手続を遂行しようとしたところ、Bの確定申告手続を行っていた税理士YがXについて、X法律事務所に約2ヵ月にわたり誹謗中傷、成年後見人の辞任、廃業を求める文書36通をファックスしたり、C区社会福祉協議会の運営に係るサポートCの専門相談員に相応しくない旨の意見を表明したり、Xの所属するD弁護士会に37次に及ぶ懲戒請求をしたり、東京家裁の成年後見センターにXがAの財産を処分し、利益を得ている旨の上申書を提出したりしたため、XがYに対して名誉毀損、業務妨害等を主張し、不法行為に基づき損害賠償を請求した。

この判決は、Yの名誉毀損、業務妨害による不法行為を認め（慰謝料として100万円の損害を認めた）、請求を認容した。

〈判決文〉

1　争点1（本件ファックス送信行為が不法行為に該当するか）について

(1)　前記前提事実(6)のとおり、被告は、本件ファックス送信行為に及んでいるところ、そのファックスの内容には、①原告が後見人制度を悪用し、丁原社を乗っ取る者であること、②甲田は、原告所属事務所による会社の乗っ取り工作のため、昨年から会社を閉めろと言われ続けてきたことによって、精神的に苦しみ、業務の運営に支障をきたすとともに、取引先を失い、毎日、生殺しの生き地獄であると言っている旨の記載がある。上記の各記載は、いずれも原告の本件成年後見業務が違法又は不当であるとの事実を摘示するものである。

しかしながら、本件ファックス送信行為は、いずれも原告所属事務所に対してされたものであり、その文書が送付された相手方が特定の者に限られ、その文書の記載内容が広く伝搬する蓋然性があることを認めるに足りる証拠もないから、本件ファックス送信行為によって、直ちに原告の社会的評価が低下したものと認めることはできず、名誉毀損には該当しないというべきである。

次に、本件ファックス送信文書の中には、原告が成年後見人を辞任することを求め、いつ弁護士業を廃業するのかなどと迫る記載もあり、それらの表現は、原告の成年後見人及び弁護士としての名誉感情に影響を及ぼすものではある。しかし、それらの表現が原告の人格的価値を著しく貶めるものとまではいえず、違法性が強度で、社会通念上許される限度を超える侮辱行為であるとまでは認められない。

(2)　他方、本件ファックス送信行為は、平成25年8月23日から同年11月1日までの間、複数回にわたり、2日間ないし7日間連続して文書を送信するというものであり、一日に2回又は3回文書が送信された日が7日ある。また、本件ファックス送信行為では、ほぼ同一内容の文書が繰り返し送信され、「甲田氏、戊田氏、乙山氏を生殺しの生き地獄にする権利は何か」、「丁原社を乗っ取る理由は何か」、以前に送信した文書に対する「返答をしない理由は何か」などといった多数の質問事項につき、原告及び原告所属事務所の弁護士らに回答を求めるとともに、原告に対し、甲田を廃業に追い込んだ責任をとって弁護士業を廃業するよう迫るものである。

このように、約二か月間という比較的短い期間に、同旨の表現を含む合計36通もの文書を原告に送信し、執拗に回答を迫り、弁護士業の廃業を迫るという本件ファックス送信行為の内容や態様を考慮すると、原告が本件ファックス送信文書へ対応することを迫られ、原告の本件成年後見業務を含む弁護士業務に一定の支障を生じさせることは容易に予測できるところであり、現に、前記前提事実(6)のとおり、原告は、多数の本件ファックス送信文書に対して、短期間に複数の回答書を作成して、被告、戊田あるいは甲田に送付するなどの対応を余儀なくされているのであるから、原告の弁護士業務に支障が生じたと認めるのが相当である。

(3)　したがって、本件ファックス送信行為は、社会通念上許容される範囲を逸脱して原告の弁護士業務を妨害するものであり、その限度で不法行為を構成するというべきである。〈略〉

2　争点２（サポートＣにおける被告の行為が不法行為に該当するか）について

(1)　サポートＣにおける本件妨害行為の有無について

ア　サポートＣを設置するＣ区民社会福祉協議会地域福祉推進課長丙田二郎作成の平成26年２月17日付け調査嘱託に対する回答（以下「本件調査嘱託に対する回答」という。〈証拠略〉はその写しである。）によると、被告が、平成25年９月２日、サポートＣを訪れ、同所の職員に対し、原告について、成年後見制度を悪用して会社の乗っ取りをしている、何の権限もないのに会社の解散を進めようとしている悪徳弁護士である、成年後見人としてふさわしくない、サポートＣの相談員を辞めさせた方がよい旨発言したことが認められる。

イ　この点について、被告は、本件調査嘱託に対する回答は、原告が作成したものであり、信用することができない旨主張する。

しかしながら、本件調査嘱託に対する回答には、上記アの認定事実に係る記載の他、被告が平成25年７月22日に丁原社の登記を調べると、松子が代表取締役であったことなど、被告が述べた内容が具体的かつ詳細に記載されていること、被告が、サポートＣの職員に成年後見人に対する苦情を述べたのに対し、同職員は、成年後見人となっている者に対する苦情の類については受け付けられないため後見センターを案内した旨が記載されているところ、被告は、実際に比較的近接した時点である同年９月上旬に後見センターを訪問している（前記前提事実(7)）ことに照らすと、本件調査嘱託に対する回答の信用性を肯定することができる。もとより、同回答を原告が作成したことを認めるに足りる証拠はない。

したがって、被告の上記主張は採用することができない。

(2)　不法行為の成否について

ア　サポートＣにおける本件妨害行為は、原告が、①成年後見制度を悪用して丁原社を乗っ取る者であること、②権限なく丁原社の解散を進めようとする悪徳弁護士であることを摘示し、かかる事実を前提として、③原告が成年後見人及びサポートCの専門相談員にふさわしくないとの意見を述べたものである。

原告は、C区内の法律事務所に在籍し、成年後見業務を業務分野とする弁護士であり、サポートCの専門相談員を務める者である（前記前提事実(1)ア）から、サポートCに対し、成年後見人ないし専門相談員である原告に関して苦情や処分の要求などの相談があった場合は、同所あるいはC区民社会福祉協議会として適切な対応や措置を講じるために、その相談内容を、両組織内において周知して共有することが推認されるところである。そこで、前記①及び②の事実の摘示並びに③の意見表明は、弁護士ないし成年後見人としての原告の社会的評価を低下させるものと認められるから、名誉ないし信用を毀損する不法行為に該当する。〈略〉

イ、ウ、エ 〈略〉

3、4 〈略〉

5 争点5（後見センターにおける被告の行為が不法行為に該当するか）について

(1) 後見センターにおける妨害行為の有無について

前記前提事実(7)のとおり、被告が、後見センターに対し、平成25年11月11日に本件上申書を提出したことが認められる。

原告は、これに加え、同年9月上旬頃、被告が後見センターを訪れ、同センターの担当書記官に対し、口頭で原告を「後見制度を悪用して会社を乗っ取る弁護士」であるなどと誹謗中傷し、松子の成年後見人から外すよう要求した旨主張する。

しかしながら、被告が口頭により上記の誹謗中傷に及んだことを認めるに足りる証拠はない。

(2) 不法行為の成否について

ア 前記前提事実(7)のとおり、本件上申書には、原告が後見業務から逸脱した不適切な行為をしていること、後見人には、会社を解散させる権限はなく、株主総会招集許可申立てをするなど有り得ないこと、既に松子の借地権は売却され、原告の借金の返済や弁護士事務所の諸経費に使用されていると思われること、後見センターに対し、成年後見人である原告の適切な処分を求めることなどが記載されている。このような表現内容は、原告が、成年後見人の権限を逸脱して本件成年後見業務を違法に行っていることや、松子の財産を処分して自らがその利益を取得している事実を摘示するものである。

弁論の全趣旨によれば、原告は、東京家庭裁判所から一年間に数件程度、後見人の選任決定を受けている者であると認められる上、家庭裁判所は、選任した後見人が後見業務を適切に行っているかを監督する責務を負っていることに照らせば、後見センターに対し、原告が成年後見業務を違法に行っている旨の事実を摘示すれば、後見センターは後見業務の監督のために、東京家庭裁判所内の関係部署の裁判官ないし職員にその摘示内容を伝達して原告の後見業務を調査することは容易に想定できるところである。したがって、被告による本件上申書の提出は、成年後見業務を行う弁護士である原告の社会的評価を低下させるものとして、原告の名誉ないし信用を毀損すると認めるのが相当である。

〈判決の意義と指針〉

この事案は、弁護士が成年後見人に選任され、後見人の事務として、成年被後見人が代表取締役の有限会社の閉鎖ないし解散手続を遂行しようとしたところ、会社の確定申告手続を行っていた税理士が弁護士の法律事務所に約2ヵ月にわたり誹謗中傷、成年後見人の辞任、廃業を求める文書36通をファックスしたり、社会福祉協議会の運営に団体の専門相談員に相応しくない旨の意見を表明したり、弁護士の所属する弁護士会に37次に及ぶ懲戒請求をしたり、東京家裁の成年後見センターに弁護士が財産を処分し、利益を得ている旨の上申書を提出したりしたため、弁護士が税理士に対して名誉毀損、業務妨害等による不法行為に基づく損害賠償を請求した事件であり、弁護士が成年後見人としての事務処理を行うにあたって被害を受けた特異な事件である。

この判決は、税理士の行為の一部につき名誉毀損等を否定したものの、他の行為につき名誉・信用毀損、業務妨害の不法行為を肯定したものであり、その旨の事例判断を提供するものである。

判　決　21	未成年後見人を監督する家事審判官の過失を認めた事例 〔宮崎地判平成26・10・15判時2247号92頁〕

【事案の概要と判決要旨】

Xは、平成13年、婚姻していなかったAとBとの間で生まれ、Aが認知し、Aらと同居していたところ、Bが交通事故により死亡し、Xが死亡保険金を受け取ることとなり、祖母Cの申立てにより、家裁は、CをXの未成年後見人に選任し（Aも同様な申立てをしたが、却下された)、平成20年7月、C名義の銀行の預金口座に自賠責保険金2401万1245円が振り込まれ（そのうち2262万円余がXの取得分)、平成21年6月、任意保険金4152万8087円が振り込まれたところ、Cがその後、6回にわたり合計3863万円余を横領したことから（その間、AがXの未成年後見人の解任の申立て等を行い、解任の理由として、Cが金にルーズであり、Xが食い物にされるおそれがあり、二度も自己破産をしていたこと等をあげていた)、XがY（国）に対して国家賠償法1条に基づき2599万円余の損害賠償を請求した。

この判決は、家裁が未成年後見人に対する監督を行ううえではXが受領する保険金の出入りを監督することが一番重要であったとし、担当の家事審判官は保険金の収支を明らかにする措置をとるべきであるのに、これを怠ったとし、請求を一部認容した（2511万円余の損害を認めた)。

〈判決文〉

(2)　家事審判官の行為の違法性

ア 上記認定事実アのとおり、原告について未成年後見人の選任が申し立てられたのは、原告の実母で単独親権者であったBが突然本件交通事故によって死亡し、原告に多額の保険金が支払われることが予想されたため、原告の後見人を選任して、本件交通事故の示談交渉手続などを進め、今後支払われる保険金を受領することにあったから、原告の未成年後見人は、本件交通事故を原因として原告が取得するであろう多額の保険金を適正に管理することが重要な職務となっていた。そして、このことから、家庭裁判所が未成年後見人に対する監督を行う上で一番重要な点は、原告が受領する保険金の出入を監督する点にあり、家事審判官は、Cが宮崎家庭裁判所都城支部に未成年者後見人選任の申立てをした平成19年2月当初から、このことを認識していたと認められる。

また、原告の未成年後見人に選任されたCが宮崎家庭裁判所に提出する財産目録や収支状況報告書の記載、その裏付けとなる預貯金通帳の記載には特に注意して確認する必要があったといえる。

イ 上記認定事実オのとおり、宮崎家庭裁判所書記官は、平成20年3月25日、G弁護士から、保険金請求の進捗状況について、自賠責保険（○○株式会社）を先にもらえるよう準備している最中であり、自賠責保険で不足する分の××株式会社に対する任意保険分は、その後になり、訴訟で解決していくことになる予定である旨の説明を受けていたから、家事審判官は、同日の時点で、原告が自賠責保険金と任意保険金の支払を受けることを認識していたと認められる。

そして、上記認定事実コのとおり、平成21年9月11日、Cは、本件財産目録（平成21年6月末日を基準とする。）や本件収支状況報告書（平成21年1月から同年6月末日までの期間を対象とする。）を提出し、保険金の入金の事実及びその入金先を申告し、その裏付け資料も併せて提出しているところ、上記のとおり、Cに対する後見監督においては、保険金の出入に注視することが重要であることから、本件自賠責保険金の入金について、Cに確認する必要があったといわざるを得ない。

ウ 上記認定事実カ、セのとおり、平成20年7月11日、本件自賠責保険金2401万1245円がC名義のK銀行の預金口座に振り込まれたにもかかわらず、Cは、それを報告せず、担当調査官から何回確認されても「出ていない。」と虚偽の事実を述べていたが、上記認定事実キのとおり、Cが平成20年7月22日に宮崎家庭裁判所に提出した同月21日付け財産目録は、平成20年6月末日を基準とし、また、収支状況報告書は、平成20年2月から同年6月末日までの期間を対象としていたから、本件収支状況報告書には、平成20年7月1日からの収支が記載されていなければならない。ところが、上記認定事実コのとおり、本件収支状況報告書には平成20年7月1日から同年12月末日までの記載が全くなく、不完全な報告になっている。また、上記認定事実コのとおり、本件財産目録には、原告の財産であるはずの保険金が、C名義の通帳に入金されていて、明らかに不適切な管理がなされている。加えて、上記認定事実エのとおり、Cの解任申立事件（宮崎家庭裁判所平成20年(家)第7138号）において、H弁護士は、Cの金銭管理に問題があることを種々主張立証していた。

以上のような事情に照らせば、家事審判官は、Cが本件自賠責保険金は支払われていないと述べていたとしても、遅くとも平成21年9月11日の時点で、未成年後見人である

Cが原告の財産を横領している可能性を容易に認識し得たと認められる。

エ　しかるに、家事審判官は、平成20年７月１日から同年12月末日までの収支について、Cに通帳の写しの提出を求めたり、Cに報告させるなどの措置を取らず、また、G弁護士に保険金請求の進捗状況について照会するなどの方法で、本件自賠責保険金の支払の有無及びその額につき把握する措置を取っていないから、更なる被害を防止する措置を怠ったといわざるを得ない。

したがって、上記家事審判官の対応は、家事審判官に与えられた権限が逸脱されて著しく合理性を欠くと認められ、国家賠償法一条一項が適用される違法な行為といわざるを得ない（以下、上記家事審判官の対応を「本件違法行為」という。）。

〈判決の意義と指針〉

この事案は、弁護士の弁護過誤が問題になったものではなく、裁判官（家事審判官）の過誤が問題になったものであるが、未成年者の母が交通事故により死亡し、未成年者が保険金を受け取ることとなり、未成年者の祖母の申立てにより、祖母が未成年者の後見人に選任された後、後見人が未成年者の受領に係る保険金を預金口座で保管中、横領したため、未成年者が後見人の監督を担当していた家事審判官の過失を主張し、国に対して国家賠償責任を追及した事件である。この事案では、家裁の裁判官の監督義務違反の有無が問題になったが、具体的には、未成年後見人に対する監督を行うにあたり、未成年者の受領する保険金の出入りを監督するため、保険金の収支を明らかにする措置をとるべき義務違反が認められるかが問題になったものである。

この判決の特徴は、

①　この事案においては未成年者の後見人を選任するのは、未成年者の母の死亡による保険金の受領、管理にあることが前提となっており、家裁が未成年後見人に対する監督を行ううえで一番重要な点は、未成年者が受領する保険金の出入を監督する点にあり、家事審判官は当初からこのことを認識していたとしたこと

②　家事審判官は未成年後見人が家裁に提出する財産目録や収支状況報告書の記載、その裏付けとなる預貯金通帳の記載には特に注意して確認する必要があったとしたこと

③　家事審判官は、平成20年７月１日から同年12月末日までの収支につき通帳の写しの提出を求めたり、報告させるなどの措置をとらない等、自賠責保険金の支払の有無およびその額につき把握する措置をとらず、さらなる被害を防止する措置を怠ったとしたこと

④　家事審判官の対応は、家事審判官に与えられた権限が逸脱されて著しく合理性を欠くとし、国家賠償法１条１項の違法な行為であるとしたこと、2511万円余の損害を認めたこと

があげられる。

判　決　22	顧問契約が弁護士法72条に違反し、公序良俗に反して無効とした事例 〔東京地判平成27・1・19判時2257号65頁〕

【事案の概要と判決要旨】

X株式会社は、エレベーターの保守管理業を営み、Aは、保険代理業を営み、保守管理業者の事業協同組合の組合員に保険契約の斡旋を行っていたところ、Xは、Aに紛争の相談をし、Aから別件の紛争も解決であるとし、顧問契約の締結を提案され、平成21年12月、Aとの間で、Xの経営活性化全般への指導・助言、関連する対外折衝を含む全般を対象とする顧問契約を締結し、顧問料、相談料、書類作成料等を支払ったが、XがAの行った行為は弁護士法72条本文、民法90条に違反すると主張し、Aに対し、支払済みの顧問料等につき不当利得の返還請求をし、Aが死亡したため、Aの妻Yが訴訟を承継した。

この判決は、Aが法的紛争の解決能力においてあたかも弁護士以上の能力を有しているかのように振る舞って顧問契約を締結させ、顧問料等として弁護士報酬にも匹敵する高額の金員を支払わせ、紛争の相談・打ち合わせ、司法書士への指導助言、裁判関係の書類の作成を行っていたとし、これらの行為が弁護士法72条本文の法律事務を取り扱ったものにあたり、顧問契約が同条本文に違反する事項を目的とする契約として民法90条により無効である等とし、請求を認容した。

〈判決文〉

2　上記認定事実によれば、亡松夫は、別件紛争を抱えて困惑する原告に対して、自己が、法的紛争の解決能力において、あたかも弁護士以上の能力を有しているかのように振る舞って本件顧問契約を締結させ、同契約に基づき、顧問料や個別の相談料・文書作成料等として、弁護士報酬にも匹敵する高額の金員を支払わせていたことが認められる。そして、その事務の内容としても、法律事件に発展していた別件紛争に関する相談・打合せ、司法書士への指導助言、内容証明作成、反訴状・答弁書・抗告申立書等の作成などを行っていたのであるから、これらの行為は、弁護士法72条本文にいう「報酬を得る目的で訴訟事件、非訟事件（中略）その他一般の法律事件に関して（中略）代理、（中略）その他の法律事務を取り扱」うことに当たるものというべきである。また、本件ＰＲ文書の内容からすれば、亡松夫は、自らこうした法律事務の取扱いを業としていることを吹聴していたことが窺え、本件のように長期間の多数回にわたる相談料等の徴収や、その取り決めとしての本件顧問契約を締結するといった態様から見ても、亡松夫がそれを「業と」して行っていたことも優に認められる。

したがって、本件顧問契約は、弁護士法72条本文に違反する事項を目的とする契約として民法90条により無効であり、亡松夫が同契約に基づいて受領した金員は、全て不当利益となるというべきである。

〈判決の意義と指針〉

この事案は、弁護士の法的な責任が問題になったものではなく、弁護士以外の者が締結する等した行為（顧問契約を締結し、顧問料、相談料、書類作成料等を受領する等した行為）が弁護士法72条本文、民法90条に違反するかが問題になった事件である。

この判決は、弁護士法72条本文、民法90条違反を認めたものであり、その旨の事例判断を加えるものである。

判例索引

【最高裁判所】　（年月日順）

最一小判昭和37・2・1民集16巻2号157頁、判時289号12頁 …… 8
最三小判昭和37・5・8集民60号559頁 …… 8
最三小判昭和43・12・24民集22巻13号3428頁 …… 360
最三小判昭和44・7・8民集23巻8号1407頁、判時565号55頁 …… 377
最二小判昭和45・10・30民集24巻11号1667頁、判時613号58頁 …… 490
最二小判昭和48・11・30民集27巻10号1448頁、判時725号42頁、判タ303号145頁 …… 9
最二小判昭和49・11・8判時765号68頁 …… 515
最三小判昭和63・1・26民集42巻1号1頁 …… 336, 337, 339, 356, 357, 369
最三小判平成10・3・24民集52巻2号399頁、判時1639号45頁、判タ973号143頁 …… 579, 581
最二小判平成12・3・24民集54巻3号1126頁、判時1708号110頁、判タ1027号101頁 …… 230
最三小判平成14・1・22民集56巻1号123頁 …… 662
最一小判平成18・9・14判時1951号39頁 …… 527
最一小判平成18・12・21民集60巻10号3964頁、判時1961号53頁 …… 479, 482, 483, 490
最一小判平成18・12・21判時1961号62頁 …… 481, 482
最三小判平成19・4・24民集61巻3号1102頁、判時1971号119頁、判タ1242号107頁 …… 503, 534, 552, 556
最一小決平成21・8・12民集63巻6号1406頁、判時2059号61頁 …… 678
最二小判平成23・7・15民集65巻5号2362頁、判時2135号48頁 …… 560, 641
最三小判平成25・4・16民集67巻4号1049頁、判時2199号17頁 …… 324, 328, 330

【高等裁判所】

東京高判昭和28・5・11判時7号14頁 …… 8
東京高判昭和31・11・20判タ66号56頁 …… 8
東京高判昭和32・9・30東高時報8巻10号233頁 …… 408
東京高判昭和34・3・13判時185号21頁 …… 8
東京高判昭和38・7・1判タ151号74頁 …… 8
福岡高判昭和38・7・31判時352号65頁 …… 8
東京高判昭和42・7・19判タ215号162頁 …… 408
東京高判昭和44・1・30判時558号62頁 …… 408
大阪高判昭和48・9・28判時725号52頁 …… 9

東京高判昭和48・12・18判時732号51頁……408
名古屋高判昭和50・11・28判時810号42頁……9
東京高判昭和53・2・21判時893号40頁……9
福岡高判昭和55・9・17判時999号72頁、判タ435号115頁……9
大阪高判昭和60・2・26判時1162号73頁……408
大阪高判昭和63・8・10判タ679号185頁……9
東京高判平成元・3・22判タ718号132頁……405
東京高判平成2・8・29判時1364号38頁……333
東京高判平成3・12・4判時1430号83頁、判タ786号206頁……9
大阪高判平成4・1・28判タ792号176頁……337
名古屋高判平成5・6・29判時1473号62頁、家月46巻11号30頁……54
東京高判平成7・11・29判時1595号60頁、判タ904号134頁……9
東京高判平成7・11・29判時1557号52頁……654
東京高判平成9・5・29判タ981号164頁……457, 490
東京高判平成9・9・17判タ982号216頁……515
東京高判平成9・12・17判時1639号50頁、判タ1004号178頁……415
福岡高判平成11・8・10判時1714号87頁……226
東京高判平成11・9・22判タ1037号195頁……428
東京高決平成12・3・2判タ1054号223頁……655
東京高判平成12・3・29金判1090号40頁……662
高松高判平成12・12・14判時1769号76頁……234
東京高判平成14・3・27判時1791号49頁……520
東京高判平成15・4・24判時1932号80頁……523
東京高判平成15・11・26判時1864号101頁……578, 582
東京高判平成16・2・25判時1856号99頁……663
東京高判平成16・10・19判時1882号33頁……464, 469, 470, 481, 482
東京高判平成16・10・27判時1882号39頁……467, 479, 490
東京高判平成17・1・27判時1909号47頁、判タ1217号272頁……470
高松高判平成17・12・8判時1939号36頁……361
東京高判平成18・8・31判時1950号76頁……595
東京高判平成18・9・20判タ1240号192頁……531
大阪高判平成19・2・28判タ1272号273頁……606
大阪高判平成19・8・31金判1334号46頁……615
高松高判平成20・1・31金判1334号54頁……619

東京高判平成20・12・25判時2051号54頁 …… 10
名古屋高判平成21・3・19判時2060号81頁 …… 375
広島高判平成21・7・2判時2114号65頁 …… 548, 560, 561, 640
東京高判平成21・7・29判時2055号66頁 …… 550
東京高判平成21・7・30判タ1313号195頁 …… 625
大阪高判平成22・5・12判タ1339号90頁 …… 556
大阪高判平成22・5・28判時2131号66頁 …… 10, 295
福岡高宮崎支判平成22・12・22判時2100号50頁 …… 300, 305, 311, 314, 325, 330
福岡高宮崎支判平成22・12・22判時2100号58頁 …… 302, 311, 314, 325, 330
広島高岡山支判平成23・8・25判時2146号53頁 …… 490
福岡高宮崎支判平成23・12・21金判1418号17頁 …… 312, 324
札幌高判平成24・2・17金判1395号28頁 …… 491
東京高判平成24・8・30金判1442号26頁 …… 392
東京高判平成24・11・29判時2198号59頁 …… 563
東京高判平成25・3・13判時2194号22頁 …… 10
東京高判平成25・5・8判時2200号44頁 …… 564
東京高判平成25・9・18判時2212号26頁 …… 566
福岡高判平成25・10・3判時2210号60頁 …… 328
東京高判平成25・10・30判時2232号19頁 …… 570
東京高判平成25・12・16判時2238号19頁 …… 330

【地方裁判所】

東京地判昭和26・9・27下民集2巻9号1138頁 …… 408
神戸地洲本支判昭和30・3・28判時47号16頁 …… 8
東京地判昭和31・11・5下民集7巻11号3129頁 …… 408
東京地判昭和35・3・3判タ105号64頁 …… 8
大阪地判昭和35・3・7判タ107号67頁 …… 408
東京地判昭和38・8・14判タ154号70頁 …… 8
東京地判昭和38・11・28判タ157号74頁 …… 8
東京地判昭和40・4・17判タ178号150頁 …… 114
大阪地判昭和41・6・6判タ191号187頁 …… 8
東京地判昭和41・12・17判時473号14頁 …… 8
東京地判昭和42・5・12判タ209号209頁 …… 8
神戸地判昭和42・9・18判時517号76頁 …… 8
千葉地館山支判昭和43・1・25判時529号65頁 …… 116, 408

大阪地判昭和43・1・30判タ219号168頁……8
東京地判昭和43・6・20判タ226号167頁……408
東京地判昭和43・7・31判時547号58頁、判タ227号194頁……8
新潟地判昭和43・9・27判時547号68頁……8
東京地判昭和45・4・7判タ253号278頁……8
東京地判昭和45・7・17判時616号83頁……408
福岡地判昭和45・9・30判タ257号246頁……8
東京地判昭和46・6・29判時645号89頁……118
京都地判昭和48・7・27判時722号87頁……8
東京地判昭和49・3・13判時747号75頁……122
東京地判昭和49・3・25判時753号36頁……123
東京地判昭和49・8・28判時760号76頁……125
東京地判昭和49・12・19判時779号89頁……126
東京地判昭和50・5・20判時799号57頁……408
東京地判昭和50・6・25判時800号72頁、判タ330号333頁……9
東京地判昭和51・8・30判時847号67頁……9
東京地判昭和52・9・28判時886号71頁……130
東京地判昭和54・4・27判タ394号111頁……9
東京地判昭和54・5・30判タ394号93頁……131
東京地判昭和54・11・13判時657号63頁、判タ409号126頁……133
大阪地判昭和55・8・22判タ449号228頁……9
東京地判昭和55・10・24判時1001号69頁……9
東京地判昭和56・1・26判タ452号137頁……9
東京地判昭和56・5・20判時1028号73頁、判タ465号150頁……9
東京地判昭和56・10・26判タ453号107頁……408
神戸地判昭和56・10・30判時1045号116頁……408
東京地判昭和57・5・10判時1064号69頁、判タ485号128頁……135
高知地判昭和58・4・14判タ530号208頁……139
京都地判昭和58・6・28判タ533号189頁……9
大阪地判昭和58・9・26判時1138号106頁、判タ533号185頁……141
大阪地判昭和58・10・31判時1105号75頁……408
東京地判昭和58・11・14判時1115号106頁、判タ519号167頁……9
東京地判昭和59・5・28判時1151号91頁……9
横浜地判昭和60・1・23判時1181号119頁、判タ552号187頁……146

東京地判昭和60・1・28判時1169号66頁、判タ556号158頁 …… 9
京都地判昭和60・2・28判時1166号127頁、判タ554号270頁 …… 149
東京地判昭和60・9・25判タ599号43頁 …… 151
東京地判昭和61・1・28判タ623号129頁 …… 154
大阪地判昭和61・5・16判時1210号97頁 …… 490
横浜地判昭和61・10・17判時1227号114頁、判タ637号145頁 …… 9
東京地判昭和61・12・24判タ648号185頁 …… 9
東京地判昭和62・1・26判時1264号81頁、金判790号37頁 …… 9
東京地判昭和62・6・18判時1285号78頁 …… 9
東京地判昭和62・10・15判タ658号149頁 …… 157
東京地判平成元・10・31判時1353号63頁 …… 9
東京地判平成元・12・25判時1361号72頁 …… 645
京都地判平成2・1・18判時1349号121頁、判タ723号151頁 …… 409
東京地判平成2・3・2判時1364号60頁 …… 9, 160
千葉地松戸支判平成2・8・23判タ784号231頁 …… 162
福岡地判平成2・11・9判時1379号119頁 …… 165
東京地判平成2・12・20判時1398号80頁 …… 9
東京地判平成2・12・20判タ758号209頁 …… 169
東京地判平成3・2・13金判879号29頁 …… 490
東京地判平成3・4・19判時1403号42頁 …… 9
京都地判平成3・4・23判タ760号284頁 …… 334, 337, 339
東京地判平成3・6・6判タ773号196頁 …… 9
東京地判平成4・1・31判時1435号75頁 …… 171
東京地判平成4・2・25判時1444号99頁 …… 9
東京地判平成4・3・31判時1461号99頁 …… 500
東京地判平成4・4・28判時1469号106頁、判タ811号156頁 …… 9, 175
東京地判平成4・6・17判時1435号27頁 …… 340
大阪地判平成4・10・23判時1474号108頁 …… 647
東京地判平成5・5・25判時1492号107頁 …… 648
東京地判平成5・7・8判時1479号53頁、判タ824号178頁 …… 413
大阪地判平成5・9・27判時1484号96頁、判タ831号138頁 …… 179
東京地判平成5・11・18判タ840号143頁 …… 504
浦和地判平成6・4・22判タ874号231頁 …… 452
浦和地判平成6・5・13判時1501号52頁 …… 651, 654, 655

東京地判平成６・８・25判タ894号216頁……187
東京地判平成６・11・21判タ881号191頁……188
東京地判平成７・２・22判時1554号85頁、判タ905号197頁……9, 191
東京地判平成７・３・13判タ890号140頁……9
広島地判平成７・７・17判時1564号98頁、判タ895号153頁……193
東京地判平成７・７・26判時1558号45頁……344
東京地判平成７・８・25判タ911号125頁……198
東京地判平成７・10・９判時1575号81頁……345
東京地判平成７・10・31判タ922号268頁……349
東京地判平成７・11・９判タ921号272頁……351
東京地判平成７・12・25判タ954号205頁……506
東京地判平成８・１・30判タ953号204頁……10
東京地判平成８・２・23判時1578号90頁……354
東京地判平成８・４・15判時1583号75頁……200
千葉地判平成８・６・17判時1620号111頁……202
京都地判平成８・７・18判時1615号102頁……508, 512
京都地判平成８・７・18判時1615号112頁……511
東京地判平成８・７・22判タ944号167頁……10
東京地判平成８・９・30判タ933号168頁……455, 490
横浜地判平成８・12・20判時1609号135頁……513
千葉地判平成９・２・24判タ960号192頁……206
東京地判平成９・３・25判時1621号113頁……573
大阪地判平成９・３・28判タ970号201頁……358
東京地判平成９・10・28判時1650号96頁……490
東京地判平成９・12・19判タ981号173頁……10
東京地判平成９・12・25判タ1011号182頁……419
東京地判平成９・12・26判タ1008号191頁……421
東京地判平成10・１・30判タ984号219頁……575
東京地判平成10・２・５判タ1008号178頁……10, 211
東京地判平成10・２・27判タ997号229頁……10
大阪地判平成10・２・27判時1660号86頁……212
東京地判平成10・２・27判タ1028号210頁……422
東京地判平成10・３・16判タ1015号168頁……10
東京地判平成10・３・18判タ1013号170頁……215

東京地判平成10・3・18判タ1029号288頁……217
東京地判平成10・6・26判タ1046号182頁……10
東京地判平成10・11・13判タ1039号157頁……219
東京地判平成10・11・27判時1682号70頁……425
東京地判平成11・1・25判時1701号85頁……459
東京地判平成11・1・26判タ1041号220頁……221
大阪地判平成11・2・15判時1688号148頁……223
東京地判平成11・6・29判タ1081号220頁……10
高松地判平成12・7・14判時1769号79頁……231, 234
東京地判平成12・11・30判タ1217号281頁……470, 473
東京地判平成12・12・26判タ1069号286頁……235
大阪地判平成13・1・26判時1751号116頁……238
名古屋地判平成13・7・11判タ1088号213頁……518
水戸地判平成13・9・26判時1786号106頁……432
東京地判平成13・12・26判時1864号108頁……577, 582
東京地判平成14・1・28判タ1107号233頁、金判1158号45頁……242
千葉地判平成14・3・27判タ1106号170頁……579
東京地判平成14・3・29判時1795号119頁……10
東京地判平成14・6・17判タ1114号190頁……436
東京地判平成15・3・25判時1839号102頁……10
神戸地判平成15・4・18判時1837号74頁……522
前橋地判平成15・7・25判時1840号33頁……657, 663, 665
東京地判平成15・12・1判タ1153号161頁……245
東京地判平成15・12・17判タ1176号234頁……660
徳島地判平成16・1・21判時1939号48頁……361, 364
横浜地判平成16・1・29判時1870号72頁……461, 464, 466, 469, 481
東京地判平成16・2・10判時1860号86頁……441, 661, 668
東京地判平成16・4・22判時1864号114頁……441, 666
東京地判平成16・4・27判タ1187号241頁……247
東京地判平成16・7・9判時1878号103頁……250
東京地判平成16・8・23判時1865号92頁、判タ1179号261頁……440
東京地判平成16・10・27判時1891号80頁、判タ1211号113頁……253
東京地判平成17・2・22判タ1183号249頁……525
東京地判平成17・3・14判時1893号54頁……583, 595

東京地判平成17・3・15判時1913号91頁……587
東京地判平成17・3・23判時1912号30頁……255
東京地判平成17・6・24判タ1194号167頁……475
東京地判平成17・6・28判タ1214号243頁……10
東京地判平成17・7・8判タ1252号275頁……10
東京地判平成17・10・12判タ1196号77頁……10
大阪地判平成17・10・14判時1930号122頁……260
東京地判平成17・11・14判タ1203号201頁……262
東京地判平成18・3・20判時1934号65頁、判タ1244号240頁……442
東京地判平成18・4・26判時1966号78頁……590
東京地判平成18・7・19判時1962号116頁……593
京都地判平成18・8・31判タ1224号274頁……668
大阪地判平成18・9・1金判1334号50頁……598, 615
東京地判平成18・9・7判時1970号56頁……671
東京地判平成18・9・25判タ1221号289頁……365
大阪地判平成18・9・27判タ1272号279頁……600, 606, 609
東京地判平成18・11・21判タ1246号210頁……10, 264
大阪地判平成18・12・8判時1972号103頁……267
東京地判平成19・1・24判タ1247号259頁……603
福岡地判平成19・3・1判タ1256号132頁……272
東京地判平成19・3・26判タ1252号305頁……610
東京地判平成19・6・25判時1989号42頁……369
松山地判平成19・6・25金判1334号62頁……613, 619, 620
東京地判平成19・7・20判タ1269号232頁……537
東京地判平成19・7・31判タ1294号108頁……10
東京地判平成19・8・24判タ1288号100頁……10
神戸地伊丹支決平成19・11・28判時2001号88頁……616
東京地判平成20・3・17判時2041号85頁……539
名古屋地判平成20・4・9判時2060号91頁……371, 375
大阪地判平成20・4・21判タ1286号163頁……10
大阪地判平成20・5・14判タ1287号185頁……274
東京地判平成20・5・30判時2021号75頁……10
東京地判平成20・6・19判タ1314号256頁……277
横浜地判平成20・7・10判時2074号97頁……10

東京地判平成20・8・26判タ1283号157頁……541
広島地判平成20・10・2判時2020号100頁……543, 548, 549, 640
東京地判平成20・11・14判タ1309号225頁……10
奈良地判平成20・11・19判時2029号100頁……673
東京地判平成20・12・16判時2034号46頁、判タ1303号168頁……10, 620, 625
東京地判平成21・1・23判タ1301号226頁……623
東京地判平成21・2・13判時2036号43頁……372
東京地判平成21・2・19判時2059号72頁……676
東京地判平成21・3・25判タ1307号174頁……278
横浜地判平成21・7・10判時2074号97頁……10
大阪地判平成21・10・22判タ1346号218頁……626
鹿児島地名瀬支判平成21・10・30判時2059号86頁……282, 294, 300, 302, 305, 311, 314, 325, 330
京都地判平成21・11・19判タ1339号94頁……553, 556, 557
大阪地判平成21・12・4判時2105号44頁……285, 295
岡山地判平成22・1・22判時2146号59頁……484, 490
東京地判平成22・1・27判タ1328号126頁……288
東京地判平成22・3・12判タ1328号147頁……554
東京地判平成22・3・12判時2085号113頁……629
鹿児島地名瀬支判平成22・3・23判時2075号79頁……292, 302, 305, 311, 314, 325, 330
東京地判平成22・3・29判時2099号49頁……679
東京地判平成22・5・12判タ1331号134頁……630
東京地判平成22・5・27判時2084号23頁……447
大阪地判平成22・8・27判時2110号103頁……379
大阪地判平成22・10・21判時2106号83頁……380
東京地判平成22・12・2判タ1349号150頁……383
東京地判平成22・12・17判タ1355号169頁……296
長野地上田支判平成23・1・14判時2109号103頁……633
東京地判平成23・3・25判時2115号57頁……557
東京地立川支判平成23・4・25判時2117号28頁……305
大阪地判平成23・5・13判時2127号64頁……385
東京地立川支判平成23・5・25判時2117号28頁……10
釧路地判平成23・7・13金判1395号34頁……487, 491

鹿児島地名瀬支判平成23・8・18金判1418号21頁……308, 312
横浜地判平成23・12・22金判1442号37頁……388, 392, 394
東京地判平成24・1・30判タ1374号156頁……10, 450
東京地判平成24・2・10判タ1404号156頁……314
東京地判平成24・3・29判タ1384号180頁……10
東京地判平成24・4・11判タ1386号253頁……636
広島地判平成24・5・23判時2166号92頁……638
大阪地判平成24・9・13判時2174号120頁……317
東京地判平成24・9・13判タ1384号212頁……492
東京地判平成24・11・27判時2188号66頁……319
東京地判平成24・11・30判タ1394号191頁……10
東京地判平成25・2・6判時2177号72頁……395
大阪地堺支判平成25・3・14金判1417号22頁……494
東京地判平成25・3・28判時2238号32頁……322, 330
京都地判平成25・4・11判時2192号92頁……682
東京地判平成25・6・18判時2203号78頁……326
東京地判平成25・7・18判タ1410号332頁……10
東京地判平成25・8・26判時2222号63頁……685
東京地判平成25・9・11判時2219号73頁……641
東京地判平成26・4・17判時2230号48頁……398
東京地判平成26・7・9判時2236号119頁……687
東京地判平成26・8・22判時2242号96頁……401
宮崎地判平成26・10・15判時2247号92頁……690
神戸地尼崎支判平成26・10・24金判1458号46頁……10
東京地判平成27・1・13判時2255号90頁……643
東京地判平成27・1・19判時2257号65頁……693

〔著者略歴〕

升 田　純（ますだ　じゅん）

〔略　　歴〕昭和25年４月15日生まれ
昭和48年　　国家公務員試験上級甲種・司法試験合格
昭和49年３月　京都大学法学部卒業
昭和52年４月　裁判官任官、東京地方裁判所判事補
昭和56年７月　在外研究・米国ミシガン州デトロイト市
昭和57年８月　最高裁判所事務総局総務局局付判事補
昭和62年４月　福岡地方裁判所判事
昭和63年７月　福岡高等裁判所職務代行判事
平成２年４月　東京地方裁判所判事
平成４年４月　法務省民事局参事官
平成８年４月　東京高等裁判所判事
平成９年４月　裁判官退官、聖心女子大学教授
平成９年５月　弁護士登録
平成16年４月　中央大学法科大学院教授

〔主要著書〕『高齢者を悩ませる法律問題』（判例時報社、平成10年）
『要約マンション判例155』（学陽書房、平成21年）
『現代社会におけるプライバシーの判例と法理』（青林書院、平成21年）
『モンスタークレーマー対策の実務と法〔第２版〕』（民事法研究会、平成21年）
『警告表示・誤使用の判例と法理』（民事法研究会、平成23年）
『判例にみる損害賠償算定の実務〔第２版〕』（民事法研究会、平成23年）
『一般社団法人・公益法人の役員ハンドブック』（民事法研究会、平成23年）
『風評損害・経済的損害の法理と実務〔第２版〕』（民事法研究会、平成24年）
『不動産取引における契約交渉と責任』（大成出版、平成24年）
『民事判例の読み方・学び方・考え方』（有斐閣、平成25年）
『現代取引社会における継続的契約の法理と判例』（日本加除出版、平成25年）
『インターネット・クレーマー対策の法理と実務』（民事法研究会、平成25年）
『変貌する銀行の法的責任』（民事法研究会、平成25年）
『名誉毀損の百態と法的責任』（民事法研究会、平成26年）
『最新 PL 法関係判例と実務〔第３版〕』（民事法研究会、平成26年）
『実戦　民事訴訟の実務〔第５版〕』（民事法研究会、平成27年）
など

なぜ弁護士は訴えられるのか
――判例からみた現代社会と弁護士の法的責任――

平成28年11月13日　第１刷発行

定価　本体6,900円＋税

著　者　升 田　純
発　行　株式会社　民事法研究会
印　刷　藤原印刷株式会社

発行所　株式会社　民事法研究会
〒150-0013　東京都渋谷区恵比寿3-7-16
〔営業〕TEL 03(5798)7257　FAX 03(5798)7258
〔編集〕TEL 03(5798)7277　FAX 03(5798)7278
http://www.minjiho.com/　info@minjiho.com

落丁・乱丁はおとりかえします。　ISBN978-4-86556-121-0 C3032　¥6900E
カバーデザイン：袴田峯男